Handbuch Vertragsverhandlung und Vertragsmanagement

Planung, Verhandlung, Design und
Durchführung von Verträgen

herausgegeben von

Dr. Benno Heussen

bearbeitet von

Dr. Benno Heussen, Rechtsanwalt, Berlin
Dr. Martin Imbeck, Rechtsanwalt, München
Dr. Norbert Mayer, Notar, Pfarrkirchen
Wolfram Meven, Rechtsanwalt und Steuerberater, Düsseldorf
Sieghart Ott, Rechtsanwalt, München
Dr. Gerhard Pischel, LL.M., Rechtsanwalt München
Dr. Reiner Ponschab, Rechtsanwalt, München
Dr. Bernd Wegmann, Notar, Ingolstadt
Dr. Gabrielle H. Williamson, Rechtsanwältin, Brüssel

2. Auflage
2002

Verlag
Dr. Otto Schmidt
Köln

Zitierempfehlung:
Heussen (Hrsg.) / *Bearbeiter*, Vertragshandbuch, 2. Aufl., Teil ... Rz. ...
(z.B. Teil 3 Rz. 24)

Die Deutsche Bibliothek – CIP-Einheitsaufnahme

Handbuch Vertragsverhandlung und Vertragsmanagement: Planung, Verhandlung, Design und Durchführung von Verträgen / hrsg. von Benno Heussen. Bearb. von Benno Heussen ... – Köln: O. Schmidt, 2002
ISBN 3-504-06123-5

Verlag Dr. Otto Schmidt KG
Unter den Ulmen 96–98, 50968 Köln
Tel.: 02 21/9 37 38-01, Fax: 02 21/9 37 38-9 21
e-mail: info@otto-schmidt.de
www.otto-schmidt.de

© 2002 by Verlag Dr. Otto Schmidt KG

Das Werk einschließlich aller seiner Teile ist urheberrechtlich geschützt. Jede Verwertung, die nicht ausdrücklich vom Urheberrechtsgesetz zugelassen ist, bedarf der vorherigen Zustimmung des Verlages. Das gilt insbesondere für Vervielfältigungen, Bearbeitungen, Übersetzungen, Mikroverfilmungen und die Einspeicherung und Verarbeitung in elektronischen Systemen.

Das verwendete Papier ist aus chlorfrei gebleichten Rohstoffen hergestellt, holz- und säurefrei, alterungsbeständig und umweltfreundlich.

Umschlaggestaltung: Jan P. Lichtenford, Mettmann
Gesamtherstellung: Bercker Graphischer Betrieb GmbH & Co. KG, Kevelaer
Printed in Germany

Fritjof Haft gewidmet,
dessen Arbeiten eine wesentliche
Grundlage dieses Buches bilden

Geleitwort

Die Verhandlung und der Abschluß von Verträgen gehören in der Wirtschaft zum Tagesgeschäft. Es gibt kaum eine Entscheidung des Unternehmensmanagements oder eine Empfehlung seiner Berater, die nicht zu einem Vertrag führen oder auf bestehende Verträge Einfluß nehmen. Dabei werden die meisten der Vertragsprojekte in der Praxis auf Basis von Vorlagen erstellt, die das Unternehmen für seine eigenen Zwecke entwickelt hat oder von seinen Beratern übernimmt.

Dennoch – jede Vertragsverhandlung läuft anders und bringt für die beteiligten Partner immer eine gewisse Streßsituation, wenn auch häufig in unterschiedlicher Ausprägung. „Auf schnelle Fragen gib langsame Antwort" oder „Wenn Du entdeckst, daß Du ein totes Pferd reitest, steig ab" – solche und ähnliche Weisheiten des Volksmundes (bzw. der Dakota-Indianer) mögen durchaus ihre Berechtigung haben, ersetzen aber nicht das profunde rechtliche Wissen, das für einen erfolgreichen Vertragsabschluß heute unabdingbar geworden ist.

Hier setzt das vorliegende Handbuch an: Es erklärt die Werkzeuge, um im Rahmen der Vertragserstellung zu einer Lösung im Hinblick auf die Verteilung von Chancen und Risiken auf beide Parteien zu kommen. Das Buch beschreibt im Detail die Arbeitstechniken für die Planung, Verhandlung und Durchführung von Verträgen. Schritt für Schritt wird gezeigt, an welchen Stellen rechtliche Risiken besonders zu beachten sind und welche taktischen Varianten zur Verfügung stehen, um die eigene Position optimal durchzusetzen.

Zwei Kapitel der Neuauflage erscheinen mir besonders beachtenswert:

- **Vertragsplanung:** Diese Phase wird in der Praxis auch wegen des üblichen Zeitdrucks oft genug übersprungen. Das Kapitel beschreibt, wann eine solche Vorgehensweise vertretbar ist und wann unter allen Umständen eine Planungsphase einzuleiten ist, um die Risiken im Griff zu behalten.
- **Vertragscontrolling:** Die spätere Überprüfung, inwieweit man die ursprüngliche Konzeption tatsächlich hat realisieren können, sollte zum festen Bestandteil großer Vertragsprojekte gehören. Das Buch liefert ein Instrumentarium, um einen Vergleich zwischen Intention der Managemententscheidung und tatsächlicher Ausgestaltung des Vertragswerks zu ermöglichen.

Die Neuauflage hat neben der Aktualisierung der vertrags- und gesellschaftsrechtlichen Teile in verschiedenen Bereichen Erweiterungen erfahren. Hierzu zählen insbesondere die Ergänzungen um steuerliche Aspekte sowie um spezielle Hinweise zum Verhandeln mit europäischen Behörden – beides Themenkreise, deren Bedeutung eher noch zunimmt und bei denen Nachlässigkeiten überproportionalen Schaden auslösen können.

Geleitwort

Jeder, der mit den vielschichtigen Rechtsfragen bei Austausch- und Gesellschaftsverträgen betraut ist, wird in dem Werk eine unverzichtbare Unterrichtungsquelle finden. Man darf dem engagierten Autorenteam wünschen, daß sein Appell Früchte trägt, Juristen von Anfang an ins Verhandlungsteam einzubeziehen, wenn das Vertragsmanagement uneingeschränkten Erfolg haben soll. Das Buch dient nicht nur Rechtsanwälten, Wirtschaftsprüfern, Steuer- und Unternehmensberatern als verläßliche Vertragsgrundlage, sondern bietet auch dem Management einen tiefen Einblick in die – häufig nicht deckungsgleiche – rechtliche Denkweise. Kurzum: Dem Werk ist intensive Nutzung durch die Praxis zu wünschen.

Frankfurt, im März 2002   Prof. Dr. Dieter Endres
                                             PricewaterhouseCoopers,
                                             Frankfurt am Main

Vorwort

Vertragsmanagement ist im Schwerpunkt Sache der Manager, **Vertragsgestaltung** hingegen diejenige der Anwälte. Die strenge Trennung zwischen beiden war solange sinnvoll, als die Planung, Verhandlung und Durchführung von Verträgen noch überschaubar war und die Anwälte sich im wesentlichen nur mit den Rechtsfragen beschäftigen mußten.

Das hat sich – vor allem in der internationalen Wirtschaft – in den letzten Jahren deutlich geändert: Die erheblich angestiegene **Komplexität** von Vertragsprojekten kann ein einzelner nur noch selten bewältigen, das Bild der Tatsachen muß aus vielen Einzelaspekten zusammengesetzt werden, und so überschneiden sich Vertragsmanagement und Vertragsgestaltung an vielen Stellen.

Ein einheitliches **Vertragsdesign** kann unter diesen Bedingungen nur entstehen, wenn alle Beteiligten trotz der immer höheren Anforderungen an das Fachwissen die Übersicht nicht verlieren, gelernt haben, im Team zu arbeiten, und flexibel auf wechselnde Situationen reagieren können.

Dadurch ergeben sich immer wieder Spannungen zwischen Managern und Anwälten. Das vorliegende Buch versucht, eine Brücke zwischen beiden zu schlagen, denn in der bisherigen Literatur über Vertragsverhandlung und Vertragsgestaltung gibt es keine Darstellung, die **beide Perspektiven** skizziert: Erst dadurch wird nämlich sichtbar, daß bei Verträgen **Form** und **Inhalt** engstens verflochten sind (form follows function).

Inhaltlich kann man alle zwei- oder mehrseitigen Verträge in zwei große Gruppen einteilen:

- **Austauschverträge**: Das sind alle Verträge, bei denen **Leistungen** und **Gegenleistungen** sich **gegenüberstehen** und jede Seite gegenüber der anderen Ansprüche und Einwendungen geltend macht, die sich in **unterschiedlichen** Vertragszielen ergänzen. Dieses Spektrum reicht von einfachen Kaufverträgen und Werkverträgen bis hin zu komplexen Verträgen über Industrieanlagenprojekte oder Firmenkäufe.

- **Gesellschaftsrechtliche Verträge**: Bei ihnen schließen mehrere Personen sich zu einem **einheitlichen** Vertragsziel zusammen, das den Vertrag charakterisiert. Diese Verträge sind mehr durch sich **überschneidende Solidarpflichten** als durch die jeweiligen Einzelinteressen gekennzeichnet.

Der erste Schwerpunkt des Buches besteht in einer bis ins Detail gehenden Darstellung aller **Werkzeuge** für die **Vertragsverhandlung**. Der vertraute Begriff des **Projektmanagements** wird auf Verträge übertragen, die jedenfalls dann, wenn es sich um komplexe Individualverträge handelt, stets selbst Projekte oder Teile von Projekten sind.

Die Autoren plädieren dabei für **ergebnisorientiertes Verhandeln**, wie es etwa im Rahmen des Harvard-Konzepts (*Fischer/Ury/Patton/Salacuse*), aber auch von anderen Autoren (*Haft/De Bono/Pascale/Athos*) entwickelt worden ist: *„Unsere Wettbewerbsfähigkeit beruht auf unserer Geschicklichkeit, Menschen so zu organisieren, daß Möglichkeiten und Ergebnisse zum Vorschein kommen und nicht Sackgassen, Stagnation, Bürokratie und unnötige Reibung."* (*Pascale/Athos*, S. 25).

Ergebnisorientiertes Verhandeln schließt taktisches Verhalten (Entwurfsregie/Verhandlungsregie) dabei keinesfalls aus, nutzt es jedoch nicht destruktiv, sondern **konstruktiv** im Sinne einer **strategischen Linie**.

Der zweite Schwerpunkt des Buches besteht in den **Basis-Checklisten**, die für beide Typen entwickelt und kommentiert werden. Sie sind zusammen mit umfangreichen Erläuterungen der **Arbeitstechnik** und des **taktischen Verhaltens** als Werkzeuge konzipiert, die die Grundstruktur für einzelne Vertragstypen vorgeben.

Die Entwicklung einzelner Muster, die dieser Struktur folgen, gehört zur Arbeit der Anwälte, ihre konkrete Verwendung im Einzelfall zu derjenigen der Manager. Das Buch ist so konzipiert, daß beide sowohl die **Werkzeuge** wie die **Anwendungen** verstehen lernen.

Durch den **modularen Aufbau** der Basis-Checklisten entsteht so erstmals die Möglichkeit, Verträge unter den Gesichtspunkten des Qualitätsmanagements zu entwerfen und ein angemessenes Vertrags-Controlling einzurichten. Diese Kontrolle bedeutet nicht Starrheit, sondern Beherrschung der Elemente von Statik und Dynamik, die die Verträge in wechselnden Situationen bestimmen.

Der dritte Schwerpunkt liegt im Bereich der **Vertragsdurchführung**. Von ihm sind Anwälte und Rechtsabteilungen allzuoft ausgeschlossen, und man findet in der Praxis nahezu nie ein **Vertragscontrolling**, das der Nachkalkulation entspräche, wie sie bei Bau- und Industrieprojekten üblich ist.

Zum **Bereich internationaler Verhandlungen** enthält vor allem Teil 1 eine Fülle praktischer Hinweise, einzelne Fragen des Internationalen Privatrechts sind in Teil 2 und beim Vertragsrecht behandelt.

Die **zweite Auflage** enthält jetzt ein neues Kapitel über „**Verhandlung in Brüssel**" (*Gabrielle Williamson*), und vielleicht werden wir künftig einzelne Länderberichte aufnehmen können. Jetzt ist auch das vertragsrelevante **Steuerrecht** behandelt (*Wolfram Meven*). Auf die bisherigen Funktionsmuster haben wir verzichtet, weil häufige Leseranfragen uns zeigten, daß in detailliert ausgearbeiteten **Checklisten** die systematische **Grundstruktur** leichter erkennbar ist und wir darüber hinaus die Grundformen **gesellschaftsrechtlicher Verträge** abdecken konnten (*Gerhard Pischel*). Wir haben das um so unbefangener getan, als die neue Reihe **AnwaltsCheckbuch** (siehe Klappentexte) für eine Vielzahl von Verträgen kommentierte Texte und Text-Alternativen anbietet, die den jeweiligen Vertragstyp vollständig erschließen.

Die **Grundidee** des Buches ist es, allgemein gültige Strukturen für alle Arten von Verträgen zu entwickeln, die es erlauben, früher gewonnenes Wissen systematisch fortzuentwickeln. Es ist ein erster Versuch, Ideen des **Wissensmanagements** auf das Vertragsdesign und die Vertragsverhandlung anzuwenden. So wird ein erster, aber wichtiger Schritt in Richtung auf **anwaltliches Qualitätsmanagement** getan. Das geschieht mit drei Werkzeugen:

– Alle Vertragsentwürfe haben eine **einheitliche Struktur**, die unabhängig vom jeweiligen Rechtsgebiet, ja sogar von der Rechtsordnung verwendet werden kann.

– Die Hinweise zum Vorgehen sind stets **zeitlich gegliedert**, beginnen also bei der Planung und enden bei der Kontrolle der Ergebnisse.

– Das Vertragsmanagement wird über **Checklisten** gesteuert, die jeder Benutzer in sein eigenes Textsystem übernehmen und mit seinem eigenen Know-how verbessern kann: Niemand würde sich heute mehr in ein Flugzeug setzen, das nicht mit Checklisten gewartet wird, unsere Verträge hingegen machen wir im wesentlichen noch wie vor hundert Jahren.

Alle Autoren, vor allem *Sieghart Ott* und *Martin Imbeck*, haben an den relevanten Stellen die zum 1. 1. 2002 in Kraft getretene **Schuldrechtsreform** eingearbeitet.

Dieses Buch ist *Fritjof Haft* gewidmet, der sich als erster in Deutschland mit der Kunst der Vertragsverhandlung beschäftigt und die amerikanische Literatur auf diesem Gebiet bei uns bekanntgemacht hat. Wir alle haben von ihm gelernt, komplexe Sachverhalte zu strukturieren und verständlich zu schreiben.

Besonderen Dank schulden die anwaltlichen Autoren aber auch ihren Auftraggebern, mit denen sie als Berater zusammengearbeitet haben: Ohne deren Vertrauen, den Mut zum Risiko und das persönliche Engagement hätten wir die Erfahrung nicht machen können, die wir in diesem Buch weitergeben.

München, im März 2002   Benno Heussen

Inhaltsübersicht

	Seite
Geleitwort *(Dieter Endres)*	VII
Vorwort *(Benno Heussen)*	IX
Inhaltsverzeichnis	XVII
Literaturverzeichnis	LXV

	Rz.	Seite
Einführung *(Benno Heussen)*	1	1

Teil 1
Vertragsmanagement
(Benno Heussen)

		Rz.	Seite
1	Vertragsplanung	1	27
2	Vertragsdesign	217	99
3	Vertragsverhandlung	368	163
4	Vertragsdurchführung	635	281
5	Vertragscontrolling	686	305

Teil 2
Austauschverträge – Basischeckliste und Kommentierung
(Martin Imbeck)

		Rz.	Seite
6	Einführung	1	311
7	Basischeckliste für Austauschverträge	9	314
8	Kommentierung der Basischeckliste	9	317

Teil 3
Verhandeln in Brüssel
(Gabrielle H. Williamson)

		Rz.	Seite
9	Einleitung	1	405
10	Struktur der EU und ihre Organe und Institutionen	7	407
11	Verhandeln mit der Europäischen Kommission in ihrer Funktion als Vollzugsbehörde	29	415
12	Verhandeln mit den europäischen Institutionen im Gesetzgebungsverfahren	124	451
13	Verträge mit den europäischen Institutionen	152	460
14	Schlußfolgerungen	156	462

Teil 4
Gesellschaftsrechtliche Verträge – Basischeckliste und Kommentierung mit Einzelformulierungsvorschlägen
(Bernd Wegmann/Norbert Mayer)

		Rz.	Seite
15	Vorbereitung von Gesellschaftsverträgen und Konzepten	1	463
16	Allgemeine Gestaltungsfragen für alle Gesellschaftsverträge	62	485
17	Gestaltungsfragen bei einzelnen Gesellschaftsverträgen	229	541
18	Vertragsabschluß	556	661
19	Vertragsdurchführung	558	663

Teil 5
Vertragsgestaltung und Fiskus
(Wolfram Meven)

20	Einführung	1	679
21	Vertragsplanung	19	685
22	Austauschverträge	30	691
23	Gesellschaftsrechtliche Verträge	82	711
24	Steuerrechtliches Vertrags-Controlling	200	757

Teil 6
Vertragsrecht
(Sieghart Ott)

25	Einführung	1	761
26	Vorbereitung des Vertragsabschlusses	15	765
27	Vertragsinhalt und Vertragsstruktur	108	799
28	Vertragsabschluß	195	837
29	Durchführung von Verträgen	211	845

Teil 7
Außergerichtliche Konfliktbeilegung
(Reiner Ponschab)

30	Institutionen und Verfahren im In- und Ausland	1	853

Anhang
(Benno Heussen/Gerhard Pischel/Bernd Wegmann)

		Rz.	Seite
I.	Allgemeine Hinweise *(Heussen)*	1	879
II.	Checklisten für Austauschverträge *(Heussen/Pischel)*	17	887
III.	Checklisten für Gesellschaftsverträge *(Heussen/Pischel)*	22	911
IV.	Checkliste für komplexe Vertragsprojekte *(Heussen)*	27	959
V.	Abrede über die außergerichtliche Streitbeilegung *(Wegmann)*	48	969

Sachregister. 977

Inhaltsverzeichnis

	Seite
Geleitwort *(Dieter Endres)*	VII
Vorwort *(Benno Heussen)*	IX
Inhaltsübersicht	XIII
Literaturverzeichnis	LXV

Einführung
(Benno Heussen)

	Rz.	Seite
I. Funktion der Verträge im Rechtssystem	1	1
1. Verträge, Gesetze und soziale Regeln	1	1
2. Risiken und Risikoprognosen	13	4
a) Risiken	13	4
b) Risikoprognosen	16	5
3. Verhandeln als soziales Ritual	18	6
II. Statisches und dynamisches Vertragsverständnis	21	7
III. Komplexität, Strategie und Taktik	29	9
1. Verträge und vernetztes Denken	29	9
2. Strategie und Taktik	35	12
a) Verbindungen und Gegensätze	35	12
b) Strategie	37	12
c) Taktik	38	12
IV. Vertragsmanagement und Vertragsgestaltung	47	15
1. Vertragsmanagement	48	15
a) Vertragsplanung	59	18
b) Vertragsdesign	60	19
c) Vertragsverhandlungen	61	19
d) Vertragsdurchführung	72	22
e) Vertragscontrolling	74	22
f) Zwölf Grundregeln des Vertragsmanagements	75	22
2. Vertragsgestaltung	77	24

Teil 1
Vertragsmanagement

1 Vertragsplanung
(Benno Heussen)

	Rz.	Seite
I. Strategie und Taktik	1	28
1. Vertragsstrategie	1	28
2. Vertragstaktik	12	31
3. Grenzen der Taktik	19	33
II. Planungsfaktoren	21	34
1. Informationen	24	36
a) Informationen geben	28	37
b) Informationen nehmen	30	37
c) Informationen prüfen und aktualisieren	31	37
d) Einfluß auf das Vertragsmanagement	33	38
2. Machtverhältnisse und Beziehungen	35	39
3. Zeitrahmen und Prioritäten	39	40
4. Finanzielle Mittel	46	42
5. Einsatz von Projektteams	50	43
6. Berater	53	44
a) Beratungsgebiete	53	44
b) Auswahl von Beratern	60	47
c) Beraterverträge	61	47
d) Zusammenarbeit beim Vertragsmanagement	66	49
aa) Vereinbarung von Funktion, Rolle und Tätigkeitsumfang	66	49
bb) Grundregeln für die Zusammenarbeit	71	51
e) Krisensituationen	75	52
f) Haftung von Beratern	79	54
aa) Haftung gegenüber dem Auftraggeber	80	54
bb) Haftung gegenüber Dritten	83	55
cc) Beweislast, Schaden und Verjährung	85	56
dd) Sekundärhaftung	88	57
ee) Haftung des Beraters für eingeschaltete Dritte	90	57
7. Kommunikation	92	58
8. Entschlossenheit	98	59
9. Feste Strukturen und Flexibilität	104	61
a) Auffangplanung	106	61
b) Vertragskonzeption	107	62
c) Flexible Regelungen	110	62
d) Änderungsvereinbarungen	115	64
10. Störfaktoren	119	65

	Rz.	Seite
III. Risikobewertung	127	67
IV. Zusammenarbeit zwischen Managern, Unternehmensjuristen und Rechtsanwälten	137	70
1. Rechtsfragen im Unternehmen	137	70
a) Risikomanagement	139	71
b) Manager, Unternehmensjuristen und Rechtsanwälte	141	72
2. Rechtsmanagement in der Aufbauorganisation	150	76
a) Tatsachen und Rechtsfragen	150	76
b) Aufgabenverteilung nach Servicegesichtspunkten	155	77
3. Rechtsmanagement in der Ablauforganisation	159	78
4. Kosten und Nutzen	164	80
5. Zusammenfassung	169	82
V. Planungsszenarien	170	83
VI. Vertragsvorbereitung	174	85
1. Planung	175	85
2. Interne Organisation, Teamwork	180	87
3. Ideensammlung	182	87
4. Tatsachen und Meinungen	187	89
5. Tatsachen und Bilder	191	89
6. Dokumentation	193	90
7. Informationen über den Vertragspartner	194	90
8. Rechtslage	195	91
9. Entwurfsregie	200	93
10. Interne Abstimmung der Entwürfe	207	95
11. Verträge mit ausländischen Vertragspartnern	210	96
12. Letter of Intent	214	97

2 Vertragsdesign
(Benno Heussen)

	Rz.	Seite
I. Entwurfsstrategie	217	100
1. Vertragsformen	217	100
2. Begriff: Vertragsdesign	221	102
3. Strategie und Taktik	229	103
II. Werkzeuge für das Vertragsdesign	233	105
1. Checklisten	234	105
2. Vertragsmuster	237	107
3. Vertragssammlungen	238	107
4. Rechtsprechung	239	107
5. Literatur	240	108

Inhaltsverzeichnis

	Rz.	Seite
6. Datenbankinformationen	241	108
7. Softwareunterstützung	242	108
8. Einbindung in das Firmennetzwerk	246	109
9. Einbindung der Anwälte in das Netzwerk	247	109
10. Videokonferenzsysteme	248	110
11. Hardwareausstattung	250	110
III. Arbeitstechnik	251	111
1. Zettelsystem	253	112
2. Charts, Mind-mapping	256	113
3. Texte	259	115
4. Teamwork	261	116
IV. Elemente des Vertragsdesigns	263	116
1. Struktur von Verträgen	263	116
2. Modulare Vertragssysteme	271	118
3. Standardverträge und §§ 305 ff. BGB	276	120
4. Sprache und Begriffe	279	122
a) Umgangssprache	281	123
b) Fachsprachen	282	123
c) Juristische Fachsprache	283	123
d) Fremdsprachen	284	124
e) Sprachstile	287	125
aa) Neutraler Vertragsstil	290	126
bb) Konstruktiver Vertragsstil	291	126
cc) Destruktiver Vertragsstil	295	127
dd) Gesichtsverlust	296	127
ee) Stilistische Eleganz	297	128
ff) Nur das Notwendige formulieren	298	128
V. Vertragsinhalt	300	129
1. Umfang des Vertrages	301	129
2. Risikobeschreibung und Risikoverteilung	302	130
3. Entscheidungsfreiheit	305	131
4. Systemverantwortung	308	132
5. Mitwirkungspflichten	309	132
6. Hauptleistungen und Nebenleistungen	310	133
7. Regelung von Rechtsfolgen	311	133
8. Gesetzliche Begriffe	312	134
9. Schließung von Lücken	313	134
10. Inhaltliche Ausgewogenheit	315	134
11. Schiedsgutachter	316	135
VI. Ein System für die Entwicklung vertraglicher Regeln	318	135
1. Der Gestaltungsraum der Verträge	318	135
2. Die Entwicklung gesetzlicher und vertraglicher Regeln	319	136

	Rz.	Seite
3. Thesen	320	136
4. Probleme der gesetzlichen Lösung	323	137
a) Szenario: Leistungsstörungen bei Austauschverträgen	323	137
aa) Die gesetzliche Lösung	324	138
bb) Probleme der gesetzlichen Lösung	325	138
b) Szenario: Ausscheiden von Gesellschaftern	326	139
5. Alternativen	328	141
a) Leistungsstörungen bei Austauschverträgen	329	141
aa) Veränderung des Leistungsinhalts	330	141
bb) Kosten- und Risikovermeidung (cheapest cost avoider)	331	142
cc) Risikoübernahme durch Dritte (cheapest insurer)	333	142
dd) Risikoübernahme durch den Überlegenen (Superior risk bearer)	332	142
ee) Formale Vorgehensmodelle	334	143
ff) Reduzierung des Streitrisikos	335	143
b) Ausscheiden von Gesellschaftern	337	144
6. Elemente, die die Risikoverteilung und Risikoakzeptanz beeinflussen	343	150
a) Ökonomische Analyse der vertraglichen Risikoverteilung	343	150
aa) Gesetzliche Zuweisung der Risiken	345	150
bb) Interpretation der Ermessensspielräume	346	151
cc) Risikokategorien	347	151
b) Analyse der ideellen Interessen und emotionalen Lagen der Parteien	348	152
c) Macht, Information und Spiele	349	152
d) Das Problem der Gerechtigkeit	351	153
e) Ergebnisorientierte Verhandlungsführung	352	154
f) Vorsorgliche Verminderung der Streitrisiken	353	154
g) Komplexität	355	154
h) Check and Balance	356	155
7. Naives Vorgehen bei der Entwicklung vertraglicher Regeln in der Praxis	358	156
8. Systematisch richtiges Vorgehensmodell bei der Entwicklung von vertraglichen Rechtsregeln	360	157
a) Phase 1: Abduktion	362	158
b) Phase 2: Induktion	363	158
c) Phase 3: Analogie	364	159
d) Phase 4: Deduktion/Vereinbarung	365	160
e) Überblick	366	160
f) Zusammenfassung	367	161

3 Vertragsverhandlung
(Benno Heussen)

	Rz.	Seite
I. Verhandlungsstrategie	368	165
II. Psychologische Faktoren bei Vertragsverhandlungen	378	168
1. Positionen, Status und Machtspiele	380	169
2. Argumente	381	169
3. Unbewußte Motive	382	170
4. Flexibilität und Zuverlässigkeit	383	170
5. Angenehme Verhandlungssituationen	384	170
6. Mißtrauen und Vertrauen	385	171
7. Wahrheit und Lüge	386	171
III. Strategische Modelle	388	172
IV. Verhandlungsstil	395	174
1. Neutrales Verhalten	400	177
2. Destruktives Verhalten	402	178
3. Konstruktives Verhalten	405	179
4. Bewertung der Stilformen	407	179
5. Klarheit des Stils und Stilwechsel	413	183
6. Sprache, Verhalten und Körpersprache	415	183
a) Aktives Zuhören	418	185
b) Unterbrechungen	419	185
c) Endlose Reden	420	185
7. Direkte und indirekte Kommunikation	421	186
a) Indirektes Verhalten	423	186
b) Direktes Verhalten	424	187
V. Logische, komplexe und emotionale Intelligenz	426	188
VI. Sieben Konfliktelemente	427	188
VII. Verhandlungsorganisation	432	191
1. Ad-hoc-Verträge	432	191
2. Beweis des Vertragsschlusses	434	192
3. Komplexe Verträge	435	193
4. Verträge ohne Verhandlungskonferenzen	436	193
5. Verträge als Ergebnis von Verhandlungskonferenzen	438	194
a) Vorverhandlung	439	194
b) Entwurfsverhandlung	440	194
c) Schlußverhandlung	442	195
6. Organisation von Verhandlungen	446	197
a) Taktische Überlegungen	446	197

				Rz.	Seite
	b)	Verhandlungsregie		449	198
	c)	Themen		453	199
	d)	Tagesordnung		455	200
	e)	Teilnehmer		456	200
		aa)	Verhandlungen unter vier Augen	456	200
		bb)	Verhandlungsteams	457	201
		cc)	Rollenspiele	460	202
		dd)	Spannungen im Team	461	202
		ee)	Aus der Rolle fallen	462	203
	f)	Ort		465	204
	g)	Zeit		468	206
		aa)	Zeitplanung	468	206
		bb)	Taktik	469	206
		cc)	Pausen	471	207
		dd)	Zwischenergebnisse	472	207
		ee)	Fehlende Strukturierung	473	207
	h)	Arbeitstechnik		474	208
	i)	Organisatorische Details		476	209
		aa)	Sitzordnung	477	209
		bb)	Unterlagen vorbereiten	478	210
		cc)	Visitenkarten	479	210
		dd)	Visuelle Hilfsmittel	480	211
		ee)	Protokolle	481	211
		ff)	Dokumente und Anlagen	482	211
		gg)	Getränke	483	212
		hh)	Rauchen	484	212
		ii)	Essen	485	212
		jj)	Alkohol	486	213
		kk)	Aktenführung	487	213
		ll)	Aktenkoffer	488	214
		mm)	Mobiltelefone	489	214
		nn)	Computer	490	214
		oo)	Taschenrechner	491	215
		pp)	Telefax, E-Mail	492	215
		qq)	Sekretariatsdienste	493	215
		rr)	Ausweichräume	494	215
		ss)	Entertainment	495	216
		tt)	Schlaf	496	216
		uu)	Sprachprobleme	497	216
		vv)	Übersicht behalten	499	218
VIII.	**Verhandlungsregie**			**500**	**219**
	1. Allgemeines			500	219
	2. Werkzeuge der Verhandlungsregie			502	219

	Rz.	Seite
a) Übersicht	502	219
b) Grundregeln	503	221
3. Übernahme der Verhandlungsregie	504	221
4. Tatsachenorientiertes Verhalten	507	223
5. Verhandlungsteams	508	223
6. Einsatz der Werkzeuge	510	224
a) Ergebnisse zusammenfassen	511	224
b) Wiederholen	512	225
c) Regeln brechen	513	225
d) Strukturen schaffen	515	226
aa) Informieren	516	226
bb) Strukturieren	517	226
cc) Detaillieren	518	227
dd) Dokumentieren	519	228
ee) Bewerten	520	228
ff) Entscheiden	521	229
IX. Verhandlungsablauf	**522**	**229**
1. Anfangsphase	524	230
2. Vereinbarung über Protokolle	528	232
3. Verhandlung über den Vertragsinhalt	529	232
a) Statements	529	232
b) Verhandlungsstil	533	234
c) Störfelder	534	235
d) Forderungen stellen	535	235
e) Reaktion auf Forderungen	536	236
f) Abwarten und Schweigen	537	236
4. Bewertung der eigenen Position	538	236
5. Lösungen suchen: Die Bilanz der Zugeständnisse	541	238
a) Kultureller und sozialer Hintergrund	542	238
b) Komplexes Denken	543	239
c) Verhandlungsstil	547	242
aa) Lob des Konjunktivs	548	242
bb) Fragen und Schweigen	549	243
cc) Scheinzugeständnisse	550	243
d) Gegenüberstellung von Leistung und Gegenleistung	551	244
e) Objektive Risikobewertung	556	246
f) Emotionale Bewertung	557	246
g) Rechtliche Bewertung	559	247
h) Vorteile für beide Seiten suchen	560	248
i) Alternativen anschaulich machen	562	249
j) Entscheidungskompetenzen	565	250
k) Letzte Forderungen	566	251

	Rz.	Seite
X. Schwierige Verhandlungssituationen	568	251
1. Allgemeine Verhaltenshinweise	569	252
a) Vier-Stufen-Plan bei offenen Krisen	571	253
b) Strategien der Leere	575	254
c) Unsinnige Forderungen	578	255
d) Auflösen von Pattsituationen	579	256
e) Ultimative Forderungen	581	257
f) Übersicht über die Fallgruppen	582	258
2. Neutrale Probleme	583	258
3. Beeinflussung des Verhandlungsablaufs	586	260
4. Taktieren	591	262
a) Zu hohe Forderungen	592	263
b) Zu geringe Forderungen	593	263
c) Zurücknehmen von Zugeständnissen	595	264
d) Inhaltsleere Zusagen	596	264
e) Unbegründete Zweifel	597	264
5. Manipulation von Tatsachen	598	265
6. Manipulation von Meinungen	602	266
7. Destruktion und Machtspiele	605	267
a) Offene Konfrontation	609	269
b) Prinzipienreiterei	610	269
c) Skepsis	612	270
d) Drohungen	613	270
e) Unhöflichkeiten	614	270
8. Interne Konfliktsituationen	615	271
a) Denkverbote	616	272
b) Änderungen von Anweisungen	618	273
c) Gefühlsschwankungen	619	273
XI. Abbruch der Verhandlungen	622	274
XII. Formeller Vertragsschluß	629	277

4 Vertragsdurchführung
(Benno Heussen)

	Rz.	Seite
I. Planung der Durchführung	635	281
II. Planungsfaktoren	639	283
III. Strategie und Taktik	641	284
IV. Durchführungsregie	645	286
V. Projektteams bei der Durchführung	647	286

	Rz.	Seite
VI. Wirksamkeit des Vertrages	649	287
VII. Sicherung der Leistungen	651	287
VIII. Treuhandabwicklungen	652	288
IX. Geld- und Sachleistungen	653	288
X. Leistungsänderungen	656	289
XI. Rechtshandlungen im Bereich der Vertragsdurchführung.	660	291
XII. Der Vertrag in der Krise	661	292
1. Strategie und Taktik	661	292
2. Auslöser für die Krise	664	293
3. Verhinderung von Vertragskrisen	665	294
4. Umgang mit der Presse	668	295
5. Rechtliche Bewertung	669	295
6. Unterstützung durch Berater in der Krise	671	297
7. Krisensitzungen	673	298
8. Rückabwicklung des Vertrages	682	301

5 Vertragscontrolling
(Benno Heussen)

	Rz.	Seite
I. Begriff	686	305
II. Werkzeuge	687	305
III. Bandbreite des Vertragscontrollings	690	307
IV. Vertragsdokumentation	691	307
V. Nachkalkulation	694	308
VI. Gemeinsames Controlling von Ergebnissen	695	309

Teil 2
Austauschverträge – Basischeckliste und Kommentierung

	Rz.	Seite
6 Einführung *(Martin Imbeck)*	1	311
7 Basischeckliste für Austauschverträge *(Martin Imbeck)*	9	314

8 Kommentierung der Basischeckliste
(Martin Imbeck)

	Rz.	Seite
I. Vorfragen.	9	317
1. Formerfordernisse.	10	317
a) Gesetzliche Formerfordernisse	13	318
aa) Vertragstypus und Vertragszweck	14	318
bb) Einzelne Vertragsbestandteile	16	319
(1) Schuldbestärkung und -sicherung.	17	319
(2) Dinglicher Vollzug	18	320
(3) Sonstige Vertragsbestandteile	19	320
cc) Zustimmungs- oder Ermächtigungshandlungen	20	320
b) Formbedürftigkeit von Vorverträgen	22	321
c) Umfang der Formbedürftigkeit	24	322
d) Probleme der Schriftform	26	323
aa) Einheitlichkeit der Urkunde	26	323
bb) Schriftform und Telekommunikation	29	324
e) Besondere prozedurale Pflichten	30	325
aa) Trennung von Urkunden	30	325
bb) Hinweis- und Belehrungspflichten.	31	325
2. Vertragssprache.	32	325
3. Übertragung von Rechten und Pflichten	35	326
a) Drittbegünstigung.	35	326
b) Schutzpflichten zugunsten Dritter	37	327
c) Abtretung von Ansprüchen aus dem Vertrag	41	329
d) Antizipierter Vertragsübergang	45	330
4. Vertragspartner.	46	331
a) Vertretung.	46	331
aa) Dokumentation der Vertretungsmacht	46	331
bb) Vertreter ohne Vertretungsmacht.	47	331
cc) Einräumung von Vertretungsmacht zwischen den Vertragsparteien	48	332
dd) Vollmacht an Dritte?	49	332
ee) Vertretung Minderjähriger	50	332
b) Zugangsvereinbarungen	51	332
aa) Empfangsvollmacht.	52	333
bb) Modifikation allgemeiner Zugehensregelungen.	53	333
c) Mehrheit von Vertragspartnern	55	334
d) Änderung in der Person des Vertragspartners	57	334
aa) Änderung im Gesellschafterbestand bei Personengesellschaften	58	335
bb) Rechtsformwechsel	60	336
cc) Verschmelzung oder Spaltung des Vertragspartners.	61	337

	Rz.	Seite
dd) Insolvenz des Vertragspartners	63	337
ee) Tod des Vertragspartners	66	339
e) Geschäftsfähigkeit der Vertragspartner	67	339
5. Verhältnis zu anderen Verträgen	68	340
a) Formaspekt	69	340
b) Einwendungsdurchgriff	70	340
c) Koordination/Systemverantwortung	72	341
6. Einfluß Dritter auf den Vertrag	74	342
a) Öffentlich-rechtliche Beschränkungen	75	342
aa) Einfluß auf die Wirksamkeit	75	342
bb) Einfluß auf die Erreichung des Vertragszwecks	79	344
b) Privatrechtliche Beschränkungen	80	345
aa) Schlicht schuldrechtliche Beschränkungen	80	345
bb) Beeinflussung der Wirksamkeit des Vertrages	81	345
cc) Einfluß Dritter auf die Durchführung des Vertrages	82	345
c) Vorkaufsrechte	83	346
7. Haftungsrisiken aus dem Leistungsaustausch	85	347
a) Vermögensübernahme (§ 419 BGB a. F.)	86	347
b) Haftung aus Firmenfortführung (§ 25 HGB)	87	348
c) Haftung des Betriebsübernehmers (§ 613a BGB)	89	348
d) Steuerliche Risiken	91	349
e) Haftungsrisiko beim Erwerb von Gesellschaftsanteilen	93	350
aa) Kapitalgesellschaften	93	350
bb) Personengesellschaften	94	350
f) Öffentlich-rechtliche Haftung	95	351
8. Externe Effekte des Vertragsinhalts	96	351
a) Gesetzes- und Vertragsumgehung	97	351
b) Steuerrechtliche Folgen	99	352
aa) Berücksichtigung von Steuerfolgen	100	352
bb) Planung von Steuerfolgen	101	353
II. Vertragliche Grundlagen	102	353
1. Vertragsrubrum	103	353
2. Präambel oder Vorbemerkung	105	355
a) Erläuterungsfunktion	106	355
b) Dokumentationsfunktion	107	355
c) Struktur der Präambel oder Vorbemerkung	108	356
3. Registerstand	109	356
4. Begriffsdefinitionen	110	356
5. Geltungsbereich des Vertrages	111	357
a) Sachlicher Geltungsbereich	111	357
b) Räumlicher Geltungsbereich	112	358
6. Rangfolge von Regelungen	113	358
a) Verhältnis zwischen Vertrag und Gesetz	113	358
aa) Zwingendes Gesetzesrecht	114	358

	Rz.	Seite
bb) Dispositives Recht der Vertragstypen	117	359
b) Einbeziehung von Regelungssystemen außerhalb des Vertragstextes	119	360
aa) Regelungsprogramme von Dritten	119	360
bb) Allgemeine Geschäftsbedingungen	121	360
c) Interne Rangfolge	127	363
III. Inhalt der Leistungen	128	363
1. Sachleistung	129	364
a) Leistungsart	129	364
aa) Allgemeines	129	364
bb) Beschaffenheitsvereinbarungen/Zusicherungen/ Garantien	132	365
cc) Leistungsinhalt bei Typenmischung	137	367
b) Leistungsmodalitäten	139	367
c) Leistungsvorbehalte	140	368
d) Mitwirkung des Vertragspartners	144	369
e) Leistungen Dritter	145	370
f) Leistungszeit	146	370
2. Geldleistung	147	370
a) Vergütung	147	370
aa) Abdingung gesetzlicher Regelungen	148	371
bb) Festpreis	149	371
cc) Preisrahmen	150	371
dd) Vergütung nach Aufwand	152	371
ee) Preisgleitklauseln	153	372
ff) Preisverrentung	154	372
gg) Abhängigkeit der Geldleistung vom Umsatz, Gewinn etc.	156	373
hh) Wertsicherungsklauseln	159	374
ii) Umsatzsteuer	161	375
b) Zahlungsmodalitäten	162	375
aa) Fälligkeitsregelungen	162	375
bb) Rechtsfolgen bei Abschlagszahlungen und Vorschüssen	163	375
cc) Boni/Skonti/Rabatte	164	375
dd) Aufrechnung	165	376
ee) Zurückbehaltungs-/Leistungsverweigerungsrechte	166	376
3. Leistungsbestimmungsrechte	167	376
4. Regelung des Verzuges	169	377
IV. Sicherung der Leistungen	173	379
1. Sicherung der Sachleistung	173	379
a) Gewährleistung	173	379

	Rz.	Seite
b) Garantien	174	379
c) Rügepflichten, Fristen	175	380
d) Qualitätssicherungsvereinbarungen	177	380
e) Bürgschaften	178	381
f) Anwartschaftsrechte, Vormerkung	179	381
2. Sicherung der Geldleistung	180	382
a) Wahl des Zahlungsweges	180	382
b) Eigentumsvorbehalt	181	382
c) Typische Kreditsicherheiten	182	383
aa) Sicherungsmittel	183	383
(1) Sicherungsübereignung	183	383
(2) Sicherungszession	184	384
(3) Grundpfandrechte	185	384
bb) Sicherungsabreden	186	384
d) Sicherung des Zahlungsflusses	191	387
e) Drittsicherheiten	192	387
aa) Bürgschaft	193	387
bb) Schuldbeitritt	194	388
cc) Garantie	195	388
3. Allgemeine Leistungssicherung	196	389
a) Versicherungen	197	389
b) Informationsrechte und -pflichten	198	389
c) Konkurrenz- und Geheimnisschutz	199	390
4. Allgemeine Haftungsvereinbarungen	201	390
a) Regelung einer Haftung wegen Pflichtverletzung im vorvertraglichen Bereich	202	390
b) Verschuldensregelungen	203	391
c) Haftungsausschlüsse und Haftungsbegrenzungen	204	391
d) Regelung der Haftungsfolgen	205	392
e) Verjährungsregelungen	208	393
V. Vertragsdurchführung	**209**	**393**
1. Leistungsvollzug	209	393
2. Beginn und Beendigung des Vertrages	210	393
a) Beginn des Vertrages	210	393
b) Laufzeit	211	394
c) Vertragsbeendigung	212	394
aa) Ordentliche Kündigung	213	394
bb) Außerordentliche Kündigung	214	394
cc) Rücktrittsrechte	216	395
3. Vertragsanpassung/Vertragsänderung	217	395
4. Abnahme und Übergabe	220	397
5. Besondere Nebenpflichten	221	397
6. Abwicklungs- und nachvertragliche Pflichten	222	397
a) Abfindungen bei Vertragsbeendigung	222	397

	Rz.	Seite
b) Herausgabepflichten	223	397
c) Unterlassungs- und sonstige Pflichten	224	398
VI. Allgemeine Bestimmungen	225	398
1. Rechtswahl	225	398
2. Erfüllungsort und Gerichtsstand	227	399
a) Vereinbarung des Erfüllungsortes	227	399
b) Gerichtsstandsvereinbarungen	228	399
3. Schriftformklauseln	229	399
4. Salvatorische Klauseln	230	400
5. Schiedsregelungen	232	401
a) Schiedsgutachten	232	401
b) Schiedsgerichtsvereinbarungen	233	401
6. Kosten/Steuern	235	402
VII. Anlagen	236	402

Teil 3
Verhandeln in Brüssel

9 Einleitung 1   405
(Gabrielle H. Williamson)

10 Struktur der EU und ihre Organe und Institutionen
(Gabrielle H. Williamson)

I. Die Europäische Union	7	407
II. Die Europäische Kommission	11	408
1. Vorschlagsrecht im Gesetzgebungsverfahren	12	409
2. Kommission als „Hüterin der Verträge"	14	410
3. Verwaltung des Haushalts	16	410
III. Der Rat der Europäischen Union	17	410
IV. Das Europäische Parlament	19	411
1. Selbstverständnis des Europäischen Parlaments	20	411
2. Organisation	21	412
V. Der Wirtschafts- und Sozialausschuß	22	412
VI. Der Ausschuß der Regionen	24	413
VII. Das Gesetzgebungsverfahren	26	413

11 Verhandeln mit der Europäischen Kommission in ihrer Funktion als Vollzugsbehörde
(*Gabrielle H. Williamson*)

	Rz.	Seite
I. Planung	29	416
1. Allgemeines	29	416
2. Problembewußtsein und -identifizierung	33	417
a) Allgemeines	33	417
aa) Bedeutung des Europarechts	33	417
bb) Kommissionsentscheidungen gerichtet an einzelne Unternehmen	34	418
cc) Beschwerderecht	35	418
b) EG-Kartellrecht	38	419
aa) Allgemeines	38	419
bb) Das allgemeine Kartellverbot, Art. 81 EGV	39	420
(1) Zwischenstaatlichkeitsklausel	40	420
(2) Extensive Auslegung von Art. 81 Abs. 1 EGV	41	421
(3) Freistellung gemäß Art. 81 Abs. 3 EGV	42	421
(4) Struktur der bisherigen Gruppenfreistellungsverordnungen	44	422
(5) Neuartige Gruppenfreistellungsverordnung für vertikale Vereinbarungen	45	423
(6) Bisherige Verfahren der Einzelfreistellungen	46	423
(7) Bisherige Form der Anmeldung	47	424
(8) Comfort Letters	48	424
(9) Wirkung der Freistellung	50	425
(10) Reform der Verordnung 1017/68/EEG	53	426
(11) Untersuchungsbefugnisse der Kommission	54	427
(12) Beschwerderecht von Konkurrenten	55	428
(13) Form der Beschwerde	57	428
(14) Veröffentlichungserfordernis	58	429
cc) Das Verbot des Mißbrauchs einer marktbeherrschenden Stellung, Art. 82 EGV	59	429
(1) Marktbeherrschende Stellung	62	430
(2) Sachlich und räumlich relevanter Markt	63	431
(3) Wann liegt eine marktbeherrschende Stellung vor?	64	431
(4) Mißbrauch einer marktbeherrschenden Stellung	65	432
dd) Fusionskontrolle	68	432
(1) Rechtlicher Rahmen	68	432
(2) Zusammenschluß von gemeinschaftsweiter Bedeutung	71	433
(3) Begründung oder Verstärkung einer marktbeherrschenden Stellung	73	434

	Rz.	Seite
(4) Anmeldeverfahren	74	435
(5) Vorprüfungsverfahren	76	436
(6) Beteiligung Dritter	78	436
c) Recht der staatlichen Beihilfen	79	437
aa) Begriff „staatliche Beihilfe"	81	438
bb) Anmeldepflicht von staatlichen Beihilfen	84	439
cc) Rolle der betroffenen Unternehmen im Verfahren	87	439
d) Grundfreiheiten	88	440
3. Beauftragung eines Experten	90	441
a) Erfahrung im Umgang mit Kommission	91	441
b) Kontakte zu Unternehmen und Verbänden	93	442
c) Fremdsprachenkenntnisse	94	442
4. Zuständige Abteilung innerhalb der Kommission	96	443
5. Checkliste	100	444
II. Durchführung	101	445
1. Kontaktaufnahme	101	445
2. Informelles Vorgespräch	104	445
a) Besetzung der Delegation	106	446
b) Briefing	107	447
3. Einleitung des Verfahrens	110	447
4. Die offizielle Anhörung	116	449
5. Checkliste	120	449
III. Strategiekontrolle	121	450

12 Verhandeln mit den europäischen Institutionen im Gesetzgebungsverfahren
(Gabrielle H. Williamson)

	Rz.	Seite
I. Planung	124	451
1. Allgemeines	124	451
2. Monitoring- und Informationsservice	127	452
3. Kontaktaufnahme mit betroffenen Wirtschaftsverbänden, Unternehmen und anderen privaten Organisationen	131	453
II. Durchführung	134	454
1. Kontaktaufnahme mit der Kommission	134	454
2. Rolle des Europäischen Parlaments im Gesetzgebungsverfahren	137	454
3. Besonderheiten bei der Kontaktaufnahme	141	455
4. Treffen mit einem Parlamentarier	144	457
5. Kontakte mit Rat und Mitgliedstaaten	146	457

Inhaltsverzeichnis

	Rz.	Seite
6. Zeitfaktor	147	458
7. Checkliste	150	458
III. Strategiekontrolle	151	459

	Rz.	Seite
13 Verträge mit den europäischen Institutionen	152	460
(Gabrielle H. Williamson)		
14 Schlußfolgerungen	156	462
(Gabrielle H. Williamson)		

**Teil 4
Gesellschaftsrechtliche Verträge – Basischeckliste und Kommentierung mit Einzelformulierungsvorschlägen**

15 Vorbereitung von Gesellschaftsverträgen und Konzepten
(Bernd Wegmann/Norbert Mayer)

	Rz.	Seite
I. Konzeptionierung, Vorbemerkungen	1	464
1. Prämisse	1	464
2. Zeitliche Abfolge	2	465
3. Dokumentation	3	465
II. Rechtliches Konzept	4	465
1. Entscheidung: Interessenverfolgung durch gemeinsame Gesellschaft	4	465
a) Gemeinsame Gesellschaft oder losere Kooperation	5	466
aa) Lose Kooperationsformen ohne Gesellschaftsbildung	6	466
(1) Abgestimmte Zulieferungs- und Abnahmeverpflichtungen	6	466
(2) Dienstvertragsbeziehungen mit Ergebnisbeteiligung, Aktienoptionspläne	7	466
(3) Partiarische Darlehen	8	466
(4) Kartellabsprachen	9	466
bb) Gemeinsame Zweckverfolgung	10	467
b) Gemeinsame Gesellschaft möglich	11	467
aa) Wettbewerbsrechtliche Hindernisse	12	467
bb) Berufsrechtliche Hindernisse	13	467

	Rz.	Seite
cc) Steuerrechtliche Hindernisse	14	468
dd) Kartellrechtliche Hindernisse	15	468
2. Interessen und Perspektiven	16	468
a) Zeitliche Dauer des gemeinsamen Engagements	16	468
b) Projektbezug der Gesellschaft	17	468
c) Engagement der Gesellschafter in der Gesellschaft	18	469
aa) Erforderlichkeit aus der Sicht der Gesellschaft und Bereitschaft und Fähigkeit der Gesellschafter	18	469
bb) Finanzielles Engagement	19	469
cc) Tätigkeitsverpflichtungen	22	470
(1) Geschäftsführung und Vertretung	22	470
(2) Sonstige Tätigkeiten	23	470
dd) Besondere Kenntnisse und Nutzungen	24	470
ee) Außenwirkung des Engagements eines Gesellschafters	25	470
ff) Personenbezug des Engagements	26	471
3. Gesellschaftsform	27	471
a) Zivilrechtliche Aspekte	28	471
aa) Haftung	28	471
(1) Konzernhaftung	30	472
(2) Haftung in der Gründungsphase	32	473
(3) Haftung des GmbH-Geschäftsführers	36	475
bb) Übertragbarkeit und Vererblichkeit der Gesellschafterstellung	37	476
cc) Selbstorganschaft/ Drittorganschaft	39	476
dd) Firma	40	477
ee) Handwerks-GmbH	41	477
ff) Zulässigkeit von Einmann-Gesellschaften	42	477
gg) Rechnungslegung und Publizität	43	478
b) Arbeits- und mitbestimmungsrechtliche Aspekte	44	478
aa) Sozialversicherungspflicht und Altersversorgung	44	478
bb) Mitbestimmung	45	479
c) Steuerliche Aspekte	46	479
4. Nutzung vorhandener Unternehmen oder Gesellschaften eines Gesellschafters	47	479
a) Sinnhaftigkeit der Nutzung	50	480
b) Umstrukturierung	51	481
aa) Rechtsformänderungen	52	481
bb) Beitritt der weiteren Gesellschafter	53	481
III. Betriebswirtschaftliche und steuerliche Prüfung des Konzepts	54	481
1. Prüfungsumfang	54	481
a) Betriebswirtschaftliche Checkliste	54	482
b) Steuerliche Checkliste	55	482

	Rz.	Seite
2. Organisation der Überprüfung	56	483
a) Interne oder externe Konzeptprüfung	56	483
b) Herbeiführung der Prüfung	57	483
aa) Zuständigkeit	57	483
bb) Formulierung	58	484
c) Durchführung der Prüfung	59	484
d) Rezeption des Prüfungsergebnisses	60	484
IV. Schlußkonzept	61	484

16 Allgemeine Gestaltungsfragen für alle Gesellschaftsverträge
(Bernd Wegmann/Norbert Mayer)

	Rz.	Seite
I. Form des Gesellschaftsvertrags	62	488
1. Rechtliches Formerfordernis	62	488
a) Notarielle Beurkundung bei Gründung einer GmbH und einer Aktiengesellschaft	62	488
b) Notarielle Beurkundung von Umwandlungen	63	488
c) Schriftform bei der Partnerschaft	64	488
d) Reduziertes Schriftformerfordernis bei der EWIV	65	489
e) Grundsätzlich Formfreiheit bei sonstigen Gesellschaftsverträgen	66	489
f) Formbedürftigkeit in Einzelfällen	67	489
aa) Grundbesitz im Gesellschaftsvermögen	68	489
bb) Doppelgesellschaften	69	489
cc) Auswirkung	70	490
2. Urkundliche Gestaltung	71	490
II. Beteiligungsfähigkeit in- und ausländischer Gesellschafter und Gesellschaften	72	490
1. Beteiligungsfähigkeit inländischer Gesellschaften	72	490
a) GbR	72	490
b) oHG, KG	73	491
c) GmbH	74	491
2. Ausländische natürliche Personen	75	491
3. Ausländische Gesellschaften	76	491
III. Basischeckliste und Aufbauschema für Gesellschaftsverträge	78	492
IV. Kommentierung der Basischeckliste	79	493
1. Vertragliche Grundlagen	80	493
a) Bezeichnung	80	493
aa) Vorbemerkungen	80	493

	Rz.	Seite
(1) Innengesellschaften	80	493
(2) Außengesellschaften	81	493
bb) Grundsätze	84	494
cc) Formulierungsbeispiele	86	495
b) Namensrechte	87	495
aa) Vorbemerkungen	87	495
bb) Interessenlage	88	495
cc) Formulierungsbeispiele	89	496
c) Sitz	91	496
aa) Vorbemerkung	91	496
bb) Grundsätze	92	496
cc) Vorgreiflichkeit	93	496
d) Gesellschaftszweck/Unternehmensgegenstand	94	497
aa) Vorbemerkungen	94	497
bb) Bedeutung	95	497
(1) Schwerpunkt der Tätigkeit	95	497
(2) Kompetenz von Gesellschaftsorganen	96	497
(3) Formbedürftigkeit des Gesellschaftsvertrags	97	497
cc) Formulierung	98	498
e) Gesellschafter, Beteiligungsverhältnisse	100	498
aa) Vorbemerkungen	100	498
(1) Namen der Gesellschafter	100	498
(2) Beteiligungsquote	102	499
f) Besondere Anforderungen an Gesellschafter	103	499
aa) Beteiligungsfähigkeit in- und ausländischer Gesellschafter	103	499
bb) Gesellschaftsvertragliche Beschränkungen	104	499
cc) Formulierungsbeispiele	105	500
g) Gesellschafterstämme/Gesellschaftergruppen	107	501
aa) Vorbemerkungen	107	501
bb) Formulierungsbeispiele	109	501
h) Dauer der Gesellschaft	110	502
aa) Vorbemerkungen	110	502
(1) Bedeutung	110	502
(2) Gestaltung	111	502
bb) Formulierungsbeispiele	112	502
i) Geschäftsjahr	114	502
aa) Vorbemerkungen	114	502
bb) Formulierungsbeispiele	115	503
j) Kapital der Gesellschaft, Einlagen der Gesellschafter	117	503
aa) Definition	117	503
(1) Beiträge	118	503
(2) Einlagen	119	503
bb) Gestaltung	120	504

	Rz.	Seite
k) Dienstleistungs- und Nutzungsüberlassungspflichten. . . .	121	504
aa) Abgrenzung gesellschaftsvertraglicher Pflichten von Leistungspflichtigen aufgrund zusätzlicher Abreden.	121	504
bb) Gestaltung	122	505
2. Innere Ordnung der Gesellschaft.	123	505
a) Geschäftsführung	123	505
aa) Abgrenzung Geschäftsführungsbefugnis – Vertretungsmacht	123	505
bb) Kein Recht zur Zwecküberschreitung und zu Grundlagenänderungen.	124	505
cc) Selbst- und Fremdorganschaft	125	506
b) Buchführung, Bilanzierung	127	506
aa) Gesetzliche Regelung	127	506
bb) Gesellschaftsvertragliche Regelung.	128	506
c) Kontrollrechte der Gesellschafter	129	507
aa) Gesetzliche Regelung	129	507
bb) Gesellschaftsvertraglich mögliche Ergänzungen	130	507
(1) Beiziehung von Dritten.	130	507
(2) Mißbrauchsgefahr.	131	507
d) Gesellschafterversammlung, Stimmrecht, Einwendungsrechte.	132	508
aa) Gesellschafterversammlung als Entscheidungsforum	132	508
bb) Nähere Gestaltung	134	508
e) Ergebnisverwendung.	136	509
aa) Verluste.	136	509
(1) Keine Verlustteilnahme bei Kapitalgesellschaften	136	509
(2) Verlustteilnahme bei Personenhandels- gesellschaften, GbR und stiller Gesellschaft	137	510
bb) Gewinne	138	510
f) Wettbewerbsfragen	140	511
aa) Erforderlichkeit einer Regelung.	140	511
bb) Interessenlage.	141	511
cc) Abgrenzung zu arbeitsvertraglichen Wettbewerbsregelungen	142	511
dd) Gesetzliche Regelungen des Wettbewerbsverbots. . . .	144	512
(1) Grundsatz.	144	512
(2) GbR.	145	512
(3) OHG.	146	512
(4) KG	148	513
(5) GmbH.	149	513

	Rz.	Seite
(6) AG	152	514
(7) Weitere Gesellschaften	153	514
ee) Verhältnis zum Kartellverbot	154	515
ff) Steuerliche Gefahren im Zusammenhang mit dem Wettbewerbsverbot	155	515
gg) Regelungsmöglichkeiten und Regelungsgrenzen	157	516
hh) Grenzen der Regelungsbefugnis, insbesondere Mandanten- und Branchenschutzklauseln	158	517
3. Außenverhältnisse der Gesellschaft	159	517
a) Vertretung der Gesellschaft oder der Gesellschafter	159	517
aa) Definition	159	517
bb) Fremd-/Selbstorganschaft	160	517
cc) Vertragliche Regelung	161	518
dd) Gestaltung, Adressaten der Vertretungsmacht	162	518
ee) Verleihung der Vertretungsmacht, Umfang, Registrierung, Legitimationsurkunde	163	518
(1) Umfang	164	518
(2) Registrierung	165	519
(3) Legitimationsurkunde	166	519
b) Haftungsbeschränkung	167	519
4. Strukturänderungen der Gesellschaft	168	520
a) Aufnahme weiterer Gesellschafter/Gesellschafterwechsel	168	520
aa) Kapitalgesellschaften	168	520
(1) GmbH	168	520
(2) AG	169	520
bb) Personengesellschaften	170	521
b) Kündigung eines Gesellschafters	171	521
aa) Definition	171	521
bb) Zulässigkeit	172	521
cc) Form	173	522
dd) Wirkung	174	522
ee) Gestaltung	175	522
(1) Kündbarkeit	175	522
(2) Adressat der Kündigung	176	523
(3) Form der Kündigung	177	523
(4) Zeitpunkt der Wirksamkeit der Kündigung	178	523
(5) Folgekündigung	179	524
c) Ausschließung von Gesellschaftern	180	524
aa) Vorbemerkungen, Tatbestände	180	524
bb) Gestaltungsrecht der weiteren Gesellschafter	184	525
cc) Regelungsbedarf	185	525
d) Tod eines Gesellschafters	186	526
aa) Vorbemerkungen	187	526
bb) Gestaltungsüberlegungen	189	526

	Rz.	Seite
(1) Bei Personengesellschaften	194	527
(2) Bei der GmbH und der AG	197	528
cc) Testamentsvollstreckung	198	528
(1) Personengesellschaften	199	529
(2) Kapitalgesellschaften	201	529
e) Abfindung	202	529
aa) Erforderlichkeit einer Abfindungsregelung	202	529
bb) Interessenlage	204	530
(1) Interesse der Gesellschaft bzw. der Mitgesellschafter bzw. eintrittswilliger Dritter	205	530
(2) Interessenlage des Gesellschafters bzw. sonstiger Dritter	206	530
(3) Abfindungsklausel zur Streitverhütung	207	530
(4) Differenzierungsmöglichkeiten	208	531
(5) Möglichkeiten	209	531
cc) Beurteilung von Abfindungsklauseln durch die Rechtsprechung	210	531
dd) Rechtsfolgen	211	532
ee) Differenzierungskriterien	212	533
ff) Insbesondere: Abfindung nach dem „Stuttgarter Verfahren"	213	534
gg) Zusammenhang der Abfindungsregelung mit Kapitalkonten	215	535
hh) Erb- und familienrechtliche Auswirkungen von Abfindungsklauseln	216	535
f) Weitere Ansprüche des ausscheidenden Gesellschafters	219	536
aa) Rückgewähr von Gegenständen, die ein Gesellschafter der Gesellschaft zur Nutzung überlassen hat	220	536
bb) Befreiung von Schulden bzw. Sicherheitsleistung	221	537
cc) Gestaltungsüberlegungen	222	537
(1) Rückgewähr von Gegenständen, die zur Nutzung überlassen wurden	222	537
(2) Befreiung von Schulden bzw. Sicherheitsleistung	223	537
g) Nebenansprüche beim Ausscheiden	224	538
aa) Vertraulichkeit	224	538
bb) Herausgabe von Unterlagen	225	538
5. Allgemeine Bestimmungen	226	538
a) Sonstige Bestimmungen	226	538
aa) Vollständigkeitsklausel	226	538
bb) Vertragsänderungen	227	538
b) Teilnichtigkeit	228	539

17 Gestaltungsfragen bei einzelnen Gesellschaftsverträgen
(Bernd Wegmann/Norbert Mayer)

	Rz.	Seite
I. Gesellschaft des bürgerlichen Rechts	229	547
1. Vertragliche Grundlagen	229	547
a) Bezeichnung	229	547
aa) Innengesellschaften	229	547
bb) Außengesellschaften	230	547
cc) Formulierungsbeispiele	231	548
(1) Grundstücksverwaltende Gesellschaft Gesellschaft mit Sachbezeichnung	231	548
(2) Gewerblich tätige Gesellschaft mit gemischter Sach- und Namensbezeichnung	231	548
b) Namensrechte	232	548
c) Sitz	233	548
aa) Vorbemerkungen	233	548
bb) Formulierungsbeispiele	234	549
d) Gesellschaftszweck/Unternehmensgegenstand	235	549
e) Gesellschafter, Beteiligungsverhältnis	236	549
aa) Vorbemerkungen	236	549
bb) Formulierungsbeispiele	237	549
f) Besondere Anforderungen an Gesellschafter	238	550
g) Gesellschafterstämme/ Gesellschaftergruppen	239	550
aa) Vorbemerkungen	239	550
bb) Formulierungsbeispiel	240	551
h) Dauer der Gesellschaft	241	551
i) Geschäftsjahr	242	551
j) Kapital der Gesellschaft, Einlagen der Gesellschafter	243	551
k) Dienstleistungs- und Nutzungsüberlassungspflichten	244	552
2. Innere Ordnung der Gesellschaft	247	553
a) Geschäftsführung	247	553
aa) Vorbemerkungen	247	553
bb) Gestaltung	248	553
(1) Geschäftsleitung durch Nichtgesellschafter trotz Selbstorganschaft	249	554
(2) Geschäftsführung durch einzelne Gesellschafter	250	554
cc) Formulierungsbeispiele	251	554
(1) Gesellschaft mit gesellschaftsfremdem Geschäftsleiter	251	554
(2) Gesellschaftsinterne Geschäftsführung	252	555
b) Buchführung, Bilanzierung	253	555
aa) Vorbemerkungen	253	555
bb) Formulierungsbeispiele	254	555

	Rz.	Seite
c) Kontrollrechte der Gesellschafter	255	556
aa) Vorbemerkungen	255	556
bb) Formulierungsbeispiel	256	556
d) Gesellschafterversammlung, Stimmrecht, Einwendungsrechte	257	556
aa) Vorbemerkungen	257	556
bb) Formulierungsbeispiel	258	557
e) Ergebnisverwendung	259	558
aa) Vorbemerkungen	259	558
(1) Verweisung	259	558
(2) Gesetzliche Regelung	260	558
bb) Vertragsgestaltung	261	558
(1) Rücklagenbildung durch Gewinnthesaurierung	261	558
(2) Bewältigung von Verlusten	262	559
cc) Formulierungsbeispiel	263	559
f) Wettbewerbsfragen	264	561
aa) Vorbemerkungen	264	561
bb) Gestaltung	265	561
cc) Formulierungsbeispiele	266	562
3. Außenverhältnisse der Gesellschaft (Vertretung, Haftungsbeschränkung)	268	563
a) Verweisung	268	563
b) Gesetzliche Regelung	269	563
aa) Umfang der Vertretungsmacht	270	563
bb) Legitimationsurkunde	271	563
cc) Keine Haftungsbeschränkung auf das Gesellschaftsvermögen oder quotale Haftung durch eingeschränkte Vertretungsmacht, sondern nur durch einzelvertraglicheAbreden	272	564
c) Formulierungsbeispiele	273	564
(1) Vertretungsmacht ohne Haftungsauftrag	273	564
(2) Vertretungsmacht einer GbR mit Haftungsbegrenzungsauftrag	274	565
4. Strukturänderungen der Gesellschaft	275	565
a) Aufnahme weiterer Gesellschafter/ Gesellschafterwechsel	275	565
aa) Vorbemerkung	275	565
bb) Gestaltung	276	565
cc) Formulierungsbeispiele	277	566
b) Kündigung eines Gesellschafters	278	567
aa) Vorbemerkung	278	567
bb) Gesetzliche Regelung und Regelbarkeit	279	567
cc) Formulierungsbeispiele	280	567

	Rz.	Seite
c) Ausschließung von Gesellschaftern	282	568
aa) Vorbemerkung	282	568
bb) Formulierungsbeispiel	283	569
d) Tod eines Gesellschafters	284	569
aa) Vorbemerkung	284	569
bb) Gestaltung	285	570
cc) Formulierungsbeispiele	286	570
e) Abfindung	289	571
aa) Vorbemerkung	289	571
bb) Gestaltung	290	571
cc) Formulierungsbeispiele	291	572
f) Weitere Ansprüche beim Ausscheiden	293	573
g) Sonstige Bestimmungen	294	573
II. Offene Handelsgesellschaft	295	573
1. Vertragliche Grundlagen, Vorbemerkungen	295	573
2. Zweck: Betrieb eines Gewerbes bzw. vermögensverwaltende Tätigkeit	296	574
3. Firma	298	575
4. Sitz der Gesellschaft	301	575
5. Gegenstand des Unternehmens	302	576
6. Rechte und Pflichten der Gesellschafter, insbesondere Stimmrecht	303	576
a) Vorbemerkung	303	576
b) Gestaltung	304	576
7. Informationsrecht	308	578
8. Wettbewerbsverbot	309	578
9. Grundsatz der rechtlichen Selbständigkeit	310	578
10. Beitragsleistung	311	578
a) Gegenstand der „Beiträge", Umfang und Bewertung	311	578
b) Leistungsstörungen bei der Einlageerbringung	315	579
11. Kapitalanteil und Gesellschafterkonten	318	580
a) Gesetzliche Regelung	318	580
b) Gestaltung	319	581
12. Entnahmen	321	582
13. Buchführung und Bilanzierung, Jahresabschluß	322	582
14. Geschäftsführung	323	583
15. Vertretung	324	583
16. Verfügung über den Gesellschaftsanteil	325	584
17. Tod eines Gesellschafters	326	584
18. Abfindung	327	584
III. Partnerschaftsgesellschaft	328	584
1. Vor- und Nachteile der Partnerschaft	329	585
2. Rechte und Pflichten der Gesellschafter	330	585

	Rz.	Seite
IV. EWIV (Europäische wirtschaftliche Interessenvereinigung)	331	586
1. Vorbemerkungen	331	586
2. Vertragliche Grundlage	332	586
3. Rechte und Pflichten	333	587
4. Geschäftsführung und Vertretung	334	587
V. Kommanditgesellschaft	335	587
1. Gesellschaftszweck	335	587
2. Firma, Sitz	336	587
3. Geschäftsführung und Widerspruchsrecht der Kommanditisten	338	588
4. Stimmrecht-Gesellschafterbeschlüsse	340	589
5. Informationsrecht	341	589
6. Vertragliche Änderungen der Kontrollrechte des Kommanditisten	342	590
7. Wettbewerbsverbot	343	590
8. Haftung des Kommanditisten	344	590
a) Vorbemerkung	344	590
aa) Pflichteinlage	345	590
bb) Haftsumme	346	590
b) Gestaltung	347	591
aa) Wiederaufleben der Haftung bei Rückzahlung der Haftsumme	348	591
bb) Haftung vor Eintragung	349	592
9. Gewinn und Verlust	350	592
10. Entnahmen, Buchführung und Bilanzierung	351	592
11. Vertretung der Gesellschaft nach außen	352	593
12. Strukturänderungen der Gesellschaft	353	593
a) Vorbemerkung	353	593
b) Gestaltung	354	593
aa) (Isolierter) Beitritt bzw. Ausscheiden eines Gesellschafters	354	593
bb) Gesellschafterwechsel – Übertragung eines Kommanditanteils unter Lebenden	356	594
cc) Umwandlung der Gesellschafterstellung (Komplementär in Kommanditist bzw. umgekehrt)	358	595
dd) Schenkungen, insbesondere im Rahmen einer vorweggenommenen Erbfolge	359	595
13. Beendigung der Gesellschaft	361	596
VI. Stille Gesellschaft, Unterbeteiligung	362	596
1. Stille Gesellschaft	362	596
a) Gesetzliche Regelung	362	596

	Rz.	Seite
b) Gestaltung	365	597
aa) Anwendungsbereich	365	597
bb) Rechte und Pflichten der Gesellschafter	367	598
(1) Leistung der Einlage	367	598
(2) Gewinn- und Verlustbeteiligung	368	598
(3) Kontroll- und Überwachungsrechte	370	599
(4) Haftung	371	599
cc) Innere Organisation	372	600
dd) Vertretung der Gesellschaft nach außen	373	600
ee) Strukturänderungen der Gesellschaft	374	600
ff) Beendigung der Gesellschaft	376	600
(1) Auflösung	376	600
(2) Auseinandersetzung	377	601
2. Unterbeteiligung	380	603
a) Begriff, Formen, Vor- und Nachteile	380	603
b) Rechte und Pflichten der Gesellschafter	383	604
c) Geschäftsführung und Vertretung	386	605
d) Kontroll- und Informationsrechte	387	605
e) Wechsel des Unterbeteiligten	388	605
f) Beendigung der Gesellschaft, Auseinandersetzung	389	606
g) Sonstige Auflösungsgründe	390	606
h) Auseinandersetzung, Vermögensbeteiligung	391	606
i) Allgemeine Bestimmungen	394	607
VII. GmbH	395	607
1. Vertragliche Grundlagen	395	607
a) Firma	395	607
aa) Vorbemerkung	395	607
bb) Grundsätze	396	607
cc) Formulierungsbeispiele	397	608
b) Namensrechte	398	608
aa) Vorbemerkung	398	608
bb) Formulierungsbeispiel	399	609
c) Sitz	400	609
aa) Vorbemerkung	400	609
bb) Formulierungsbeispiel	401	609
d) Unternehmensgegenstand	402	609
aa) Vorbemerkung	402	609
bb) Verweisung	403	609
e) Stammkapital	404	610
aa) Vorbemerkung	404	610
bb) Formulierungsbeispiel	406	610
f) Gesellschafter, Einlagen	407	610

	Rz.	Seite
aa) Gesetzliche Regelung	407	610
bb) Formulierungsbeispiel	408	611
g) Bareinlage oder Sacheinlage	409	611
aa) Vorbemerkung	409	611
bb) Bareinlage	410	611
cc) Sacheinlage	411	612
dd) Mischeinlagen	412	612
ee) Fälligkeit der Einlageverpflichtung	413	612
h) Gesellschafterstämme, Gesellschaftergruppen	414	613
aa) Vorbemerkung	414	613
bb) Formulierungsbeispiel	415	613
i) Dauer der Gesellschaft	416	613
j) Geschäftsjahr	417	613
k) Dienstleistungs- und Nutzungsüberlassungspflichten	418	614
2. Innere Ordnung und Außenverhältnisse der Gesellschaft	419	614
a) Geschäftsführung und Vertretung	419	614
aa) Vorbemerkung	419	614
(1) Vertretung	420	614
(2) Geschäftsführung	422	615
bb) Formulierungsbeispiele	423	615
b) Buchführung, Bilanzierung	425	616
aa) Vorbemerkung	425	616
bb) Formulierungsbeispiel	426	616
c) Kontrollrechte der Gesellschafter	427	616
d) Gesellschafterversammlung, Stimmrechte, Einwendungsrechte	428	617
aa) Verweisung	428	617
bb) Formulierungsbeispiel	429	617
e) Ergebnisverwendung	430	618
aa) Vorbemerkung	430	618
(1) Verluste	430	618
(2) Gewinne	431	618
bb) Formulierungsbeispiel	432	618
f) Wettbewerb	433	619
aa) Vorbemerkung	433	619
bb) Formulierungsbeispiel	434	619
3. Strukturänderungen der Gesellschaft	435	620
a) Verfügung über Geschäftsanteile	435	620
aa) Vorbemerkung	435	620
bb) Gestaltung	436	620
cc) Formulierungsbeispiele	438	621
b) Kündigung durch den Gesellschafter	440	622
c) Ausschließung von Gesellschaftern	441	622
aa) Vorbemerkungen	441	622

	Rz.	Seite
bb) Gestaltung	442	623
cc) Formulierungsbeispiel	444	624
d) Tod des Gesellschafters	445	624
e) Abfindung	446	625
4. Allgemeine Bestimmungen	447	625
VIII. GmbH & Co. KG	**448**	**625**
1. Vorbemerkung und Erscheinungsformen	448	625
a) Vorbemerkung	448	625
b) Erscheinungsformen	449	626
aa) Typische GmbH & Co. KG	449	626
bb) Beteiligungsidentische GmbH & Co. KG	450	626
cc) Einheits-GmbH & Co. KG	451	626
dd) Publikums-GmbH & Co. KG	452	627
2. Gestaltungsfragen außerhalb der „Verzahnungsproblematik"	453	627
a) Firmierung bei GmbH und bei KG	454	628
aa) Vorbemerkung	454	628
bb) Formulierungsbeispiele	455	628
b) Unternehmensgegenstand	456	628
aa) Vorbemerkung	456	628
bb) Formulierungsbeispiele	457	629
c) Befreiung von § 181 BGB	458	629
aa) Vorbemerkung	458	629
bb) Gestaltungsgrundsätze	459	629
cc) Formulierungsbeispiele	460	630
dd) Handelsregisteranmeldung und -eintragung	462	630
3. Verzahnung der Beteiligungen bei der GmbH und der KG	463	631
a) Identitätsgrundsatz	465	631
b) Ergänzung der Bestimmungen betr. die Verfügung über Geschäftsanteile/Beteiligungen	466	632
aa) Vorbemerkung	466	632
bb) Freie Veräußerlichkeit der Beteiligungen gewünscht	467	632
cc) Eingeschränkte Veräußerlichkeit gewünscht	468	632
dd) Ankaufs- und Vorkaufsrechte	469	633
c) Formulierungsbeispiele	470	633
aa) Sonst freie Veräußerlichkeit des Geschäftsanteils und der Beteiligung	470	633
bb) Sonst bestehendes Vorkaufsrecht bei der Veräußerung des Geschäftsanteils/der Beteiligung	472	633
cc) Anbietungspflicht mit Ankaufsrecht	474	634

	Rz.	Seite
d) Ergänzung der Bestimmungen beim Tod des Gesellschafters.	475	634
aa) Bei sonst freier Vererblichkeit.	475	634
bb) Qualifizierte Nachfolgeregelung.	476	634
(1) Qualifizierte Nachfolgeregelung bei der GmbH.	477	635
(2) Regelung des Scheiterns.	478	635
e) Ergänzung der Bestimmungen beim Zwangsausscheiden.	479	635
IX. AG, insbesondere kleine AG.	**480**	**636**
1. Allgemeine Vorbemerkungen.	480	636
a) Grundlagen.	480	636
b) „Kleine AG".	481	636
c) Gründe für die AG.	482	636
d) Personalistische, insb. Familien-AG.	484	637
aa) Personalisierung durch satzungs- und schuldrechtliche Abreden.	484	637
bb) Beispiele.	485	637
cc) Sicherung des Fortbestands der schuldrechtlichen Abreden bei Einzelrechtsnachfolge.	486	638
dd) Formulierungsbeispiele.	487	638
(1) Ankaufsrecht.	487	638
(2) Vertragsstrafe.	488	638
e) Vorbemerkungen zur folgenden Checkliste.	489	638
2. Vertragliche Grundlagen.	490	639
a) Firma.	490	639
aa) Verweisung.	490	639
bb) Rechtsnatur.	491	639
b) Namensrechte.	492	639
aa) Verweisung.	492	639
bb) Rechtsnatur.	493	639
c) Sitz.	494	639
aa) Verweisung.	494	639
bb) Rechtsnatur.	495	639
d) Unternehmensgegenstand.	496	639
aa) Verweisung.	496	639
bb) Aktienrechtliche Besonderheiten.	497	640
cc) Formulierungsbeispiel.	499	640
dd) Rechtsnatur.	500	640
e) Grundkapital.	501	640
aa) Verweisung, Vorbemerkungen.	501	640
bb) Rechtsnatur.	502	641
f) Einteilung des Grundkapitals.	503	641

	Rz.	Seite
aa) Vorbemerkungen	503	641
bb) Nennbetragsaktien	504	641
cc) Stückaktien	505	641
dd) Formulierung	506	641
(1) Nennbetragsaktien	506	641
(2) Stückaktien	506	641
ee) Rechtsnatur	507	641
g) Inhaber- oder Namensaktien	508	642
aa) Grundsätzliches Wahlrecht	508	642
bb) Unterschiede zwischen Namens- und Inhaberaktien	509	642
cc) Formulierung	510	643
(1) Inhaberaktien	510	643
(2) Namensaktien	510	643
(3) Ergänzung bei Vinkulierung von Namensaktien	510	643
h) Gesellschafter, Einlagen	511	643
aa) Gesetzliche Regelung	511	643
bb) Formulierungsbeispiele	512	643
i) Bareinlagen, Sacheinlagen, Sachübernahmen	513	644
aa) Vorbemerkungen	513	644
bb) Formulierungsbeispiel	514	644
j) Fälligkeit der Einlageverpflichtungen	515	644
aa) Vorbemerkungen	515	644
bb) Satzungsgestaltung	516	645
cc) Formulierungsbeispiele	517	645
k) Gesellschafterstämme/Gesellschaftergruppen	518	645
aa) Vorbemerkungen, Verweisung	518	645
bb) Formulierungsbeispiel	519	646
cc) Eingeschränkte satzungsmäßige Gestaltungsmöglichkeiten	520	646
(1) Einfluß auf die Organbesetzung	520	646
(2) Formulierungsbeispiele	521	647
(a) Entsendungsrecht in den Aufsichtsrat	521	647
(b) Vinkulierung mit Gruppierung	521	647
(c) Sonstige Übertragungen	521	647
l) Dauer der Gesellschaft	522	647
m) Geschäftsjahr	523	647
n) Dienstleistungs- und Nutzungsüberlassungsverpflichtungen	524	647
3. Ordnung der Außenverhältnisse der Gesellschaft	525	648
a) Geschäftsführung und Vertretung	525	648
aa) Vorbemerkungen	525	648
bb) Vertretung	526	648

	Rz.	Seite
cc) Geschäftsführung	527	649
dd) Formulierungsbeispiele	528	649
(1) Satzungsmäßige allgemeine Bestimmung über die Geschäftsführung und Vertretung	528	649
(2) Konkreter Bestellungsakt und Festlegung der Vertretungsbefugnis (im Urkundenmantel bei anwesenden Aufsichtsratsmitgliedern)	529	650
b) Buchführung, Bilanzierung	530	650
c) Kontrollorgan Aufsichtsrat	531	650
aa) Grundlagen	531	650
bb) Satzungsbestimmungen	532	651
cc) Musterformulierung zum Aufsichtsrat	533	651
dd) Kontrolle durch die Gesellschafter	534	652
d) Hauptversammlung, Stimmrechte, Einwendungsrechte	535	652
aa) Grundlagen, Verweisung	535	652
bb) Formulierungsbeispiel	536	653
e) Ergebnisverwendung	537	654
aa) Verweisung	537	654
bb) Formulierungsbeispiel	538	654
4. Strukturänderungen der Gesellschaft	539	655
a) Verfügungen über Aktien	539	655
b) Ausschließung von Gesellschaftern	540	655
c) Tod eines Gesellschafters	541	656
d) Abfindung	542	656
e) Sonstige Bestimmungen	543	657
X. Betriebsaufspaltung	**544**	**657**
1. Vorbemerkung und Erscheinungsformen	544	657
a) Vorbemerkung	544	657
b) Erscheinungsformen	547	658
aa) Echte Betriebsaufspaltung	547	658
bb) Unechte Betriebsaufspaltung	548	658
cc) Umgekehrte Betriebsaufspaltung	549	658
dd) Kapitalistische Betriebsaufspaltung	550	658
ee) Mitunternehmerische Betriebsaufspaltung	551	659
2. Gestaltungsgrundsätze	552	659
a) Nutzungsüberlassungsvertrag	552	659
aa) Höhe des Nutzungsentgelts	553	659
bb) Vertragsdauer	554	659
b) Verzahnung der Gesellschaftsverträge	555	659

	Rz.	Seite

18 Vertragsabschluß.......... 556 661
(Bernd Wegmann/Norbert Mayer)

19 Vertragsdurchführung
(Bernd Wegmann/Norbert Mayer)

	Rz.	Seite
I. Anforderung von Beiträgen, speziell Geltendmachung von Einlagen...............................	558	664
1. Zuständigkeit.......................................	558	664
2. Verfahren...	559	664
a) Personengesellschaften...........................	559	664
b) GmbH	560	664
c) Einberufung Gesellschafterversammlung............	561	664
3. Formulierungsbeispiele............................	562	664
a) Beschluß der Gesellschafterversammlung	562	664
b) Anforderungsschreiben gegenüber dem Gesellschafter..	563	665
II. Jahresabschluß und Ergebnisverwendung, Prüfung, Feststellung	564	665
1. Zuständigkeit.......................................	564	665
2. Frist	566	666
3. Prüfung...	567	666
4. Verfahren	568	667
III. Publizitätspflichten	569	667
1. Jahresabschlußbezogene Publizitätspflichten	569	667
a) Betroffene Gesellschaften.........................	569	667
b) Umfang der Publizitätspflicht	570	667
aa) Kleine Gesellschaften	571	668
bb) Mittelgroße Kapitalgesellschaften	572	668
cc) Große Gesellschaften	573	668
dd) Sanktion....................................	574	668
2. Gesellschafterliste	575	668
a) Keine jährliche Gesellschafterliste	575	668
b) Ad-hoc-Einreichung..............................	576	668
IV. Ordentliche Gesellschafterversammlung	577	669
1. Gegenstand..	577	669
2. Vorbereitung......................................	578	669
3. Durchführung.....................................	579	670
4. Formulierungsbeispiel Einladungsschreiben	580	671
V. Außerordentliche Gesellschafterversammlung und Gesellschafterversammlung auf Verlangen einer Minderheit...................................	581	672

	Rz.	Seite
1. Außerordentliche Gesellschafterversammlung	581	672
a) Erfordernis	581	672
b) Tagesordnung	582	672
c) Vorbereitung, Durchführung	583	672
2. Gesellschafterversammlung auf Minderheitenverlangen	584	672
a) Grundsätze	584	672
b) Muster Einberufungsverlangen	585	673
c) Behandlung durch die Geschäftsführung/durch den Vorstand	586	674
VI. Krisenszenario: Kündigung eines Gesellschafter-Geschäftsführers	587	674
1. Betroffene Rechtsverhältnisse	587	674
a) Bei der GmbH	587	674
b) Bei Personengesellschaften	588	674
2. Gesellschafterversammlung	589	675
3. Spezielles Durchführungsproblem bei der GmbH	590	675
4. Gewährung von Gehör	591	675
VII. Wirtschaftliche Krisenszenarien	592	676
1. Einfache „Unterbilanz" bei der GmbH	592	676
a) Feststellung	592	676
b) Folge	593	676
c) Vermeidung von Folgen	594	676
2. Kapitalverlust von $^1/_2$	595	676
3. Insolvenzreife	596	676

Teil 5
Vertragsgestaltung und Fiskus

20 Einführung
(Wolfram Meven)

	Rz.	Seite
I. Bedeutung der Steuerfragen bei Austauschverträgen	1	679
II. Bedeutung der Steuerfragen bei Gesellschaftsverträgen	6	680
III. Internationales Recht	9	681
1. Steuerliches Kollisionsrecht/anwendbares Recht	9	681
a) Umsatzsteuer	10	681
b) Grunderwerbsteuer	11	681
c) Zölle und Verbrauchsteuern	12	682
d) Ertragsteuern	13	682
2. Steuerfragen in ausländischen Rechtssystemen	14	682

21 Vertragsplanung
(Wolfram Meven)

	Rz.	Seite
I. Priorität der steuerrechtlichen Aspekte für verschiedene Gestaltungsmöglichkeiten	19	685
II. Zusammenarbeit zwischen Rechtsanwälten und Steuerberatern	20	685
III. Einholung verbindlicher Auskünfte bei den Finanzbehörden	21	686
1. Zusage nach Betriebsprüfung	23	687
2. Lohnsteuerauskunft/Zollauskunft	24	687
3. Verbindliche Auskunft	25	687
IV. Zusammenarbeit mit ausländischen Anwälten und Steuerberatern	28	688

22 Austauschverträge
(Wolfram Meven)

	Rz.	Seite
I. Formfragen	30	691
II. Vertragssprache	32	692
III. Steuerchecklist und Kommentar	33	692
1. Checkliste Austauschverträge	33	692
2. Kommentar Checkliste Austauschverträge	34	693
a) Umsatzsteuer	34	693
aa) Ausgangsumsatz	35	693
bb) Vorsteuerabzug	41	695
cc) Steuerentstehung	45	696
dd) Abtretung „Vorsteuerguthaben"	47	697
b) Grunderwerbsteuer/Verkehrsteuern	49	698
aa) Steuergegenstand	50	698
bb) Bemessungsgrundlage	52	699
cc) Steuerschuldner	53	700
c) Zölle und Verbrauchsteuern	54	700
aa) Verbrauchsteuern	55	700
bb) Zölle und Einfuhrumsatzsteuer	56	700
d) Ertragsteuern	57	701
IV. Einzelprobleme	61	703
1. Rückbeziehung	61	703

	Rz.	Seite
2. Haftungsfragen	63	704
3. Steuerklauseln	64	704
a) Umsatzsteuer	66	705
b) Grunderwerbsteuer/Verkehrsteuern	67	705
c) Zölle und Verbrauchsteuern	68	705
d) Ertragsteuern	69	706
V. Durchführung	**71**	**706**
1. Steuererklärungs- und Meldepflichten/Fristen	71	706
a) Umsatzsteuer	72	706
b) Grunderwerbsteuer	75	708
c) Zölle und Verbrauchsteuern	76	708
d) Ertragsteuern	78	709
2. Besondere Meldepflichten	79	709
3. Einbehaltungspflichten	80	709
a) Umsatzsteuer	80	709
b) Ertragsteuern	81	710

23 Gesellschaftsrechtliche Verträge
(Wolfram Meven)

	Rz.	Seite
I. Planung	**82**	**712**
1. Steuerrechtlicher Systemunterschied	83	713
a) Mitunternehmerschaft	84	713
b) Körperschaften	88	714
c) Ausländische Gesellschaftsformen	89	714
d) Steuerrechtliche Konsequenzen	90	715
e) Gesetzesänderungen	94	717
f) Belastungsvergleich	96	718
aa) Alte Rechtslage bis 2000	97	719
bb) Neue Rechtslage ab 2001	99	720
2. Wahl der Gesellschaftsform	100	721
a) Checkliste Gesellschaftsform	101	721
b) Kommentar Checkliste Gesellschaftsform Personengesellschaft	102	722
aa) Gewinn- und Verlustausgleich	102	722
bb) Entnahmen	103	722
cc) Gesellschaftervergütungen/Pensionsrückstellungen	104	722
dd) Verdeckte Gewinnausschüttungen	105	723
ee) Zeitpunkt der Ergebniszurechnung	106	723

			Rz.	Seite
ff)	Beteiligung ausländischer Gesellschafter		107	723
gg)	Finanzierung		108	724
hh)	Umfang Betriebsvermögen/Transfer/ Nutzungsüberlassung.		109	724
ii)	Steueranrechnung		111	725
jj)	Grunderwerbsteuer		112	725
kk)	Erbschaftsteuer.		113	725
ll)	Gewerbesteuer		114	726
mm)	Behandlung der Anschaffungskosten		115	726
nn)	Steuerrechtliche Haftung		116	727
c) Kommentar Checkliste Gesellschaftsform Kapitalgesellschaft			117	727
aa)	Gewinn-/Verlustausgleich		117	727
bb)	Entnahme		118	728
cc)	Gesellschaftervergütungen/ Pensionsrückstellung.		119	728
dd)	Verdeckte Gewinnausschüttungen.		120	728
ee)	Zeitpunkt der Ergebniszurechnung		122	729
ff)	Beteiligung ausländischer Gesellschafter		123	730
gg)	Finanzierung		124	730
hh)	Umfang Betriebsvermögen/Transfer/ Nutzungsüberlassung.		125	731
ii)	Steueranrechnung		126	731
jj)	Grunderwerbsteuer.		127	732
kk)	Erbschaftsteuer.		128	732
ll)	Gewerbesteuer		129	733
mm)	Behandlung der Anschaffungskosten		130	733
nn)	Steuerrechtliche Haftung		131	733
II. Gründung			132	733
1. Checkliste Gesellschaftsvertrag.			133	734
a) Personengesellschaft			133	734
b) Kapitalgesellschaft			134	734
2. Kommentar Checkliste Gesellschaftsvertrag			135	735
a) Personengesellschaft			135	735
aa)	Kapitalkonten/sonstige Gesellschafterkonten		135	735
bb)	Gewinnermittlung/Gesellschaftervergütungen		136	735
cc)	Gewinn-/Verlustzurechnung		138	736
dd)	Regelstatut KG.		139	737
ee)	Sacheinlagen		140	737
ff)	Sonderbetriebsvermögen		142	737
gg)	Geschäftsjahr		143	738
hh)	Gründungskosten.		145	738
ii)	Beginn der steuerlichen Existenz		146	738

	Rz.	Seite
b) Kapitalgesellschaft	147	739
aa) Wettbewerbsverbot	147	739
bb) Sacheinlagen	148	739
cc) vGA-Klausel	149	739
dd) Dienstleistungsverpflichtungen/ Gesellschaftervergütungen	150	739
ee) Gewinnermittlung, Unterschied Handelsbilanz/ Steuerbilanz	151	740
ff) Gewinnverteilung	152	740
gg) Geschäftsjahr	153	740
hh) Gründungskosten	154	740
ii) Beginn der steuerlichen Existenz	155	741
III. Durchführung	156	741
1. Allgemeine Meldepflichten	156	741
a) Anmeldung	156	741
b) Umsatzsteuer	158	742
c) Verkehrsteuern	159	742
d) Ertragsteuern (Gewerbe-, Einkommen-, Körperschaftsteuer)	160	742
e) Lohnsteuer/Sozialversicherung	162	743
f) Verbrauchsteuern/Zölle	163	743
g) Kapitalertragsteuer	164	743
2. Verträge der laufenden Geschäftstätigkeit	165	743
IV. Umstrukturierung	166	744
1. Gesellschafterwechsel	167	744
a) Personengesellschaft	167	744
b) Kapitalgesellschaft	170	745
2. Umwandlungen	172	746
a) Gesamtrechtsnachfolge	173	747
aa) Verschmelzung	173	747
bb) Spaltung	176	748
cc) Formwechsel	179	749
b) Einzelrechtsnachfolge	180	749
aa) Einbringung/Sacheinlage	180	749
bb) Verdeckte Sacheinlage	182	750
3. Weitere Umwandlungsmöglichkeiten	183	750
a) Tauschgutachten/Mitunternehmererlaß	184	750
b) Realteilung	186	751
c) Anwachsung	187	752
d) Betriebsaufspaltung	189	752
4. Steuerrechtlich motivierte Umwandlungen	191	753

	Rz.	Seite
V. Beendigung	194	755
1. Personengesellschaft	195	755
a) Veräußerung	195	755
b) Liquidation	196	755
2. Kapitalgesellschaft	197	756
a) Veräußerung	197	756
b) Liquidation	198	756

24 Steuerrechtliches Vertrags-Controlling
(Wolfram Meven)

	Rz.	Seite
I. Begriff	200	757
II. Steuerplanung	201	757
III. Dokumentation	202	758
IV. Erklärungs- und Meldepflichten	204	759
V. Verbesserung von Checklisten	205	759

Teil 6
Vertragsrecht

25 Einführung
(Sieghart Ott)

	Rz.	Seite
25 Einführung	1	761

26 Vorbereitung des Vertragsabschlusses
(Sieghart Ott)

	Rz.	Seite
I. Rechtliche Qualifikation von Vorbereitungsmaßnahmen	16	766
1. Letter of intent/Absichtserklärung	16	766
a) Begriff	16	766
b) Zweck	18	766
c) Form	19	767
d) Rechtliche Bedeutung	20	767
e) Rechtsfolgen des Fehlens eines Letter of intent	21	767
f) Literatur	23	768
2. Memorandum of Understanding	24	768
3. Third Party Legal Opinion	26	768
a) Begriff	26	768
b) Rechtliche Bedeutung und Rechtsfolgen	28	769
c) Literatur	29	769

	Rz.	Seite
4. Isolierte Geheimhaltungsvereinbarung	30	769
5. Vorvertrag und Option	31	770
6. Vertrauensschadenshaftung	36	771
7. Handelndenhaftung	38	771
II. Aufklärungs- und Schutzpflichten	43	773
1. Aufklärungspflichten	44	773
a) Grundsätze	44	773
b) Folgen	45	774
c) Beispiele	46	774
2. Schutzpflichten	47	775
III. Verpflichtung zur Vertraulichkeit	48	776
1. Zivilrechtlicher Schutz	49	776
2. Strafrechtlicher Schutz	54	777
IV. Verschulden bei Vertragsverhandlungen	56	778
1. Vertrauenshaftung	57	778
2. Erfüllungsgehilfen	60	779
3. Eigenhaftung des Vertreters	61	779
4. Beweislast	63	780
V. Allgemeine Geschäftsbedingungen/Formularverträge	64	781
1. Begriff	65	781
2. Persönlicher und sachlicher Geltungsbereich	66	781
a) Sachlicher Anwendungsbereich	66	781
b) Persönlicher Anwendungsbereich	67	782
3. Einbeziehung	68	783
4. Zulässigkeit der Klauseln	69	783
5. Verbraucherverträge	70	784
VI. Vollmachten	73	786
1. Verhandlungsvollmacht	74	786
2. Abschlußvollmacht	76	787
3. Duldungs- und Anscheinsvollmacht	78	788
a) Duldungsvollmacht	79	788
b) Anscheinsvollmacht	80	788
4. Vollmachtloser Vertreter	81	788
VII. Konsens und Dissens	83	789
1. Offener Einigungsmangel	84	789
2. Versteckter Einigungsmangel	85	790
VIII. Scheinvertrag	86	791
IX. Anfechtbarkeit	88	791
1. Irrtum	89	791

	Rz.	Seite
2. Täuschung und Drohung	92	792
3. Dauerschuldverhältnisse	93	793
4. Vermögensverschiebungen	96	794
X. Geschäftsgrundlage	97	794
XI. Sittenwidrigkeit	101	796
1. Allgemeines	102	797
2. Wucher	106	798
XII. Gesetzliche Verbote	107	798

27 Vertragsinhalt und Vertragsstruktur
(Sieghart Ott)

	Rz.	Seite
I. Vertragsparteien	108	800
1. Bezeichnung der Vertragsparteien	108	800
2. Einbeziehung Dritter	109	800
II. Präambel/Vorbemerkung	112	801
1. Funktion	112	801
2. Inhalt	113	802
III. Bezeichnung des Vertragsgegenstandes	114	802
1. Haupt- und Nebenpflichten	116	803
2. Zusicherungen	118	805
3. Haftungsklauseln	121	806
IV. AGB und ihre Bedeutung	122	806
1. Begriff	123	807
2. Anwendungsbereich	124	807
3. Inhaltskontrolle	129	808
V. Bedeutung des gesetzlichen Leitbildes	131	809
1. Individualverträge	132	809
a) Inhaltskontrolle	133	809
b) Vertragsauslegung	136	810
c) Neue atypische Vertragsformen	137	811
d) Dogmatische Nachbemerkung	138	811
2. AGB-Verträge	141	812
VI. Bedeutung öffentlich-rechtlicher und strafrechtlicher Vorschriften für private Verträge	142	813
VII. Kartellrechtliche Probleme	145	814

	Rz.	Seite
VIII. Bedeutung von EG-Richtlinien	146	815
IX. Gemischte Verträge	147	815
1. Erscheinungsformen	148	815
2. Rechtliche Einordnung	149	816
X. Sicherheiten	150	817
1. Anzahlungen/Abschlagszahlungen	151	817
2. Eigentumsvorbehalte	152	818
3. Abtretungen	153	818
4. Bürgschaften	154	818
5. Garantien	155	819
6. Akkreditive	157	820
7. Vertragsstrafen	158	820
8. Break-fee-Vereinbarungen	159	820
XI. Preisklauseln	160	821
1. Wertsicherungs- und ähnliche Klauseln	161	821
2. Indexierungsverbot	162	821
3. Freistellungen und Genehmigungen	163	822
4. Mietverträge	165	823
5. Rechtsfolgen	167	824
6. Kein Fremdwährungsverbot	168	824
XII. Zeitvereinbarungen	169	824
1. Nachfristklauseln	170	824
2. Fixgeschäfte	174	826
XIII. Konkurrenzschutzklauseln	176	827
1. Wettbewerbsklauseln	177	827
2. Alleinvertriebsklauseln	181	828
XIV. Optionen	183	829
XV. Schiedsgerichtsklauseln	184	829
1. Vorteile	185	830
2. Nachteile	186	830
3. Formvorschriften	187	831
XVI. Übliche Schlußbestimmungen	188	832
1. Salvatorische Klauseln	189	832
2. Gerichtsstandsklauseln	190	832
3. Rechtswahlklauseln	191	833
4. Schriftformklauseln	193	833
XVII. Checkliste für Vertragsgestaltungen	194	834

28 Vertragsabschluß
(Sieghart Ott)

	Rz.	Seite
I. Formerfordernisse	196	837
1. Gesetzliche Formerfordernisse	197	837
2. Gewillkürte Schriftform	201	839
3. Telefax-Problematik	202	839
4. Digitale Signatur	205	840
II. Heilungsmöglichkeiten	207	841
III. Kaufmännisches und berufliches Bestätigungsschreiben	208	842

29 Durchführung von Verträgen
(Sieghart Ott)

I. Auslegung/Lückenfüllung	212	845
II. Anfechtung/Kündigung/Rücktritt	213	845
III. Vertrauensschutz bei Rückabwicklung	215	846
IV. Bereicherungsrechtliche Fragen	216	846
V. Verbraucherschutz	217	847
VI. Vorsorgliche Beweissicherung	219	847
1. Selbständiges Beweisverfahren	220	848
2. Privatgutachten	222	849
3. Eidesstattliche Versicherungen	223	849
4. Gedächtnisprotokolle	225	850
5. Fotographische Dokumentationen	226	851
6. Telefon-Mitschnitte	227	851

Teil 7
Außergerichtliche Konfliktbeilegung

30 Institutionen und Verfahren im In- und Ausland
(Reiner Ponschab)

I. Wesen und Bedeutung von Außergerichtlicher Konfliktbeilegung (AKB)	1	853
1. Konfliktentscheidungen durch Dritte (heteronome Konfliktbeilegung)	2	854

Inhaltsverzeichnis

	Rz.	Seite
2. Konfliktlösungen durch die Parteien (autonome Konfliktbeilegung)	3	854
II. Entwicklung der Institutionen der Außergerichtlichen Konfliktbeilegung	10	857
1. Entwicklung in der Bundesrepublik Deutschland	10	857
2. Entwicklung in USA und anderen Ländern	23	862
III. Die Bedeutung von AKB beim Konfliktmanagement von Verträgen	30	865
1. Die Stufen des Konfliktmanagements bei Verträgen	30	865
2. Vorteile von AKB	35	867
a) Interessengerechte Lösungen	36	867
b) Erhaltung guter Geschäftsbeziehungen	39	869
c) Ersparnis von Zeit	40	869
d) Ersparnis von Kosten	41	870
e) Planungssicherheit	44	872
f) Kontrolle über den Verhandlungsprozeß	45	872
g) Diskretion/Ausschluß der Öffentlichkeit	46	872
h) Besondere Sachkunde	47	873
i) Informelle (unförmliche) Verfahrensweise	48	873
IV. Systematische Darstellung einzelner Verfahren der AKB	50	874
1. Verhandlung	52	875
2. Moderation	53	875
3. Mediation/Vermittlung	54	876
4. Schlichtung	55	876
5. Neutraler Experte	56	876
6. Schiedsgutachten/Schiedsrichter	57	876
7. Schiedsschlichtung (Med/Arb)	58	877
8. Spezielle Schiedsverfahren (Tailored Arbitration)	59	877
9. Michigan Mediation	60	877
10. Miniverfahren (Mini-trial)	61	877

Anhang

I. Allgemeine Hinweise (*Benno Heussen*)		
1. Zweck	1	879
2. Inhaltliche Hinweise	4	880
3. Verwaltung von Vertragsmustern	5	880
3.1 Allgemeine Vertragsverwaltung	6	880
3.2 Standardmuster und Standardklauseln	7	881
4. Stilistische Hinweise	8	882

	Rz.	Seite
5. Inhaltliche Gliederung zwischen Text und Anlagen	9	882
6. Anlagen als Muster	10	883
7. Numerierungssysteme	13	884

II. Checklisten für Austauschverträge (*Benno Heussen/ Gerhard Pischel*)

	Rz.	Seite
1. Dienstvertrag für freie Mitarbeiter	17	887
2. Vertrag für Handelsvertreter	18	890
3. Vertrag eines GmbH-Geschäftsführers	19	897
4. Mietvertrag über Gewerbeimmobilie	20	900
5. Lizenz- und Know-how-Vertrag	21	905

III. Checklisten für Gesellschaftsverträge (*Benno Heussen/ Gerhard Pischel*)

	Rz.	Seite
1. Gesellschaft Bürgerlichen Rechts	22	911
2. Gesellschaft mit beschränkter Haftung	23	921
3. Kommanditgesellschaft	24	933
4. Aktiengesellschaft (kleine AG)	25	945

IV. Checkliste für komplexe Vertragsprojekte (*Benno Heussen*)

	Rz.	Seite
1. Planung	27	960
a) Informationen	28	960
aa) Ziele, die der Vertrag erreichen soll	28	960
bb) Eigene Interessen	28	960
cc) Interessen des Vertragspartners	28	960
dd) Interessen Dritter	28	960
ee) Informationen über den Vertragspartner	28	960
ff) Due Diligence	28	961
gg) Wirtschaftsauskünfte	28	962
b) Alternativen	29	962
c) Zeitrahmen	30	962
d) Finanzielle Mittel	31	962
e) Andere Beteiligte	32	963
f) Störfaktoren	33	963
g) Risikobewertung	34	963
h) Projektmanagement	35	964
i) Vorvertragliche Vereinbarungen	36	964
2. Vertragsdesign	37	964
a) Austauschverträge	38	964
b) Gesellschaftsrechtliche Verträge	39	964
3. Vertragsverhandlung	40	965
a) Verhandlungsregie	40	965
aa) Austauschverträge	40	965
bb) Gesellschaftsverträge	40	966

	Rz.	Seite
b) Abbruch der Verhandlungen	41	966
c) Vertragsschluß	42	966
aa) Klärung, welche Personen Unterschriften leisten	42	966
bb) Formelle Voraussetzungen von Vollmachten	42	966
cc) Inhaltliche Voraussetzung der Vollmachten	42	966
dd) Haftungsbefreiungen für Unterzeichner, die inhaltlich nicht haften wollen (zum Beispiel Treuhänder, Anwälte etc.)	42	966
ee) Offenes Ansprechen ungeklärter Fragen und Hinweis darauf, daß an ihnen der Vertrag scheitern wird, wenn sie nicht geklärt (oder wenigstens umgangen) werden können	42	966
ff) Verteilung von Verantwortlichkeiten gerade in der Schlußphase für alles, was noch beizubringen ist (formelle Dokumente, Bestätigungen, Erklärungen Dritter)	42	967
gg) Festlegung des Schlußtermins (Closing) und dessen Vorbereitung	42	967
4. Vertragsdurchführung	43	967
a) Herbeiführen der Wirksamkeit	43	967
b) Leistungsänderungen	44	967
c) Erfüllung	45	967
d) Vertragsauflösung	46	967
5. Vertragscontrolling	47	968

V. Abrede über die außergerichtliche Streitbeilegung
(Bernd Wegmann)

	Rz.	Seite
1. Erfaßte Streitigkeiten	48	969
2. Auswirkung auf Klageerhebung u.a.	50	970
3. Beginn und Ende des Verfahrens	52	973
4. Verfahrensgrundsätze	53	973
5. Verfahrensziel, Formfragen	54	974
6. Benennung des Mediators/Schlichters	55	974
7. Verfahrensdokumentation	56	975
8. Einzelrechtsnachfolge	57	975
9. Kosten	59	976

Sachregister		977

Literaturverzeichnis

1. Handbücher und Formularbücher

Bopp u. a. Steuerliches Vertrags- und Formularbuch, 4. Aufl. 2000;

Brambring/Jerschke (Hrsg.), Beck'sches Notarhandbuch, 3. Aufl. 2000;

Brandmüller/Brandmüller, Vertrags- und Formularbuch Recht und Steuern (Loseblatt, Stand 1998 (auch auf CD-ROM);

Braun/Günther, Steuer-Handbuch des Rechtsanwalts (Loseblatt), 2. Aufl. 1992;

Büchting/Heussen (Hrsg.), Beck'sches Rechtsanwaltshandbuch, 7. Aufl. 2001/2002;

Heidel/Pauly/Amend, AnwaltFormulare, 2. Aufl. 2000 (auch auf CD-ROM);

Heidelberger Musterverträge (einzelne Vertragsmuster zu einer Vielzahl von Rechtsgebieten);

Henn, Handbuch des Aktienrechts, 6. Aufl. 1998;

Hennerkes (Hrsg.), Unternehmenshandbuch Familiengesellschaften, 1997;

Hoffmann-Becking/Schippel, Beck'sches Formularbuch zum Bürgerlichen-, Handels- und Wirtschaftsrecht, 7. Aufl. 1998 (auch auf Disketten für Windows);

Hopt (Hrsg.), Vertrags- und Formularbuch zum Handels-, Gesellschafts-, Bank- und Transportrecht, 2. Aufl. 2000 (auch auf CD-ROM);

Limmer/Krauß, Vertragsmusterhandbuch für die Rechtspraxis 2000 (auch auf CD-ROM);

Münchener Vertragshandbuch Band I–IV, 4. Aufl. 1996 (auch auf Diskette und teilweise auf CD-ROM);

Nath/Schilling/Fingerhut, Formularbuch für Verträge, 9. Aufl. 2001;

Peter/Crezelius, Gesellschaftsverträge und Unternehmensformen, 6. Aufl. 1995;

Reichert, Der GmbH-Vertrag, 3. Aufl. 2001;

Reithmann/Albrecht/Basty, Handbuch der notariellen Vertragsgestaltung, 8. Aufl. 2001;

Schachner, Rechtsformularbuch für das Unternehmen, 3. Aufl. 1995 (auch auf Diskette);

Schaub, Arbeitsrechtliche Formularsammlung und Arbeitsgerichtsverfahren, 7. Aufl. 2000;

Sommer, Die Gesellschaftsverträge der GmbH + Co. KG, 2. Aufl. 1997;

Spitzbarth, Vollmachten im Unternehmen, 4. Aufl. 2000;

Wurm/Wagner/Zartmann, Das Rechtsformularbuch, 15. Aufl. 2000.

2. Vertragsgestaltung und Vertragsmanagement

Beisel/Klumpp, Der Unternehmenskauf, 3. Aufl. 1996;

Bernstorff, Graf von, Rechtsprobleme im Auslandsgeschäft, 4. Aufl. 2000;

Bernstorff, Graf von, Vertrags-, Kauf-, Handels- und Gesellschaftsrecht in den Mitgliedstaaten der Europäischen Union, 1998;

Bernstorff, Graf von, Vertragsgestaltung im Auslandsgeschäft, 4. Aufl. 1997;

Bernstorff, Graf von, Risikomanagement im Auslandsgeschäft, 3. Aufl. 2001;

Großfeld, Internationales und europäisches Unternehmensrecht, 2. Aufl. 1995;

Heussen, Anwalts-Checkbuch Letter of Intent, 2002;

Hölters (Hrsg.), Handbuch des Unternehmens- und Beteiligungskaufs, 5. Aufl. 2001;

Hofmeister, Management by Controlling, 1993;

Holzapfel/Pöllath, Recht und Praxis des Unternehmenskaufs, 10. Aufl. 2001;

Kumar/Haussmann, Handbuch der internationalen Unternehmenstätigkeit, 1992;

Langenfeld, Vertragsgestaltung, 2. Aufl. 1997;

Liebs, Der Unternehmenskauf, 1995;

Lutter, Der Letter of Intent, 3. Aufl. 1998;

Malik, Wirksame Unternehmensaufsicht, 2. Aufl. 1999;

Mintzberg, Strategische Planung, 2000;

Reithmann/Martini, Internationales Vertragsrecht, 5. Aufl. 1996;

Schäfer/Ott, Lehrbuch der ökonomischen Analyse des Zivilrechts, 3. Aufl. 2000;

Schmidt, Karsten, Gesellschaftsrecht, 4. Aufl. 2001;

Schmidt, Karsten, Handelsrecht, 5. Aufl. 1999;

Schmittat, Einführung in die Vertragsgestaltung, 1. Aufl. 2000;

Vollkommer, Anwaltshaftungsrecht, 1989.

3. Allgemeine Grundlagen der Vertragslehre

Dörner, Die Logik des Mißlingens – Strategisches Denken in komplexen Situationen, 1995;

Kaufmann, Arthur Das Verfahren der Rechtsgewinnung – eine rationale Analyse, 1999.

4. Verhandlungslehre

Böning, Moderieren mit System, 2. Aufl. 1994;

Buschbell, Zeitmanagement für Rechtsanwälte, 3 Aufl. 1998;

Dommann, Faire und unfaire Verhandlungstaktiken, 6. Aufl. 1999;

Fisher/Ury/Patton, Das Harvard-Konzept, 19. Aufl. 2000;

Fisher/Ertel, Arbeitsbuch Verhandeln – so bereiten Sie sich schrittweise vor, 2000;

Fisher/Kopelman/Kupfer-Schneider, Beyond Macchiavelli, 1994;

Gelb, Das Leonardo-Prinzip, 1998;

Goleman, Emotionale Intelligenz, 1996;

Gomez/Probst, Die Praxis des ganzheitlichen Problemlösens, 3. Aufl. 1999;

Gordon, Managerkonferenz – Effektives Führungstraining, 1995;

Green, Power – Die 48 Gesetze der Macht, 1999;

Haft, Strukturdenken – Der Schlüssel zum erfolgreichen Reden und Verhandeln, 1985;

Haft, Verhandeln und Mediation – die Alternative zum Rechtsstreit, 2. Aufl. 2000;

Haft, Juristische Rhetorik, 6. Aufl. 1999;

Hartig, Modernes Verhandeln, 1995;

Haynes, Konferenzen erfolgreich gestalten, 1999;

Kirckhoff, Mind-mapping: Einführung in eine kreative Arbeitsmethode, 12. Aufl. 1998;

Lao-Tse, Tao-Te-King, Kommentar und Übersetzung, Ernst Schwarz, 1995;

Macioszek, Chruschtschows dritter Schuh, 7. Aufl. 1997;

Mastenbroeck, Verhandeln – Strategie, Taktik, Technik, 1992;

Morris, Bodytalk – Körpersprache, Gesten und Gebärden, 1997;

Sun Tsu, Wahrhaft siegt, wer nicht kämpft – die Kunst der richtigen Strategie, 8. Aufl. 2000;

Ury, Schwierige Verhandlungen, 1995;

Vester, Unsere Welt – ein vernetztes System, 10. Aufl. 1999;

Vester, Neuland des Denkens, 11. Aufl. 1997.

5. Außergerichtliche Konfliktbeilegung

Breidenbach, Mediation, 1995;

Ponschab/Schweizer, Kooperation statt Konfrontation – Neue Wege anwaltlichen Verhandelns, 1997.

6. Allgemeine rechtliche Literatur

Baumbach/Duden/Hopt, Handelsgesetzbuch, 30. Aufl. 2000;

Borgmann/Haug, Anwaltshaftung, 3. Aufl. 1995;

Feuerich/Braun, Bundesrechtsanwaltsordnung (BRAO), 5. Aufl. 2000;

Flume, AT Allgemeiner Teil des bürgerlichen Rechts, Band II, Das Rechtsgeschäft, 4. Aufl. 2000;

Franzen, Anwaltskunst, 3. Aufl. 2001;

Hartstang, Anwaltsrecht, 2. Aufl. 1994;

Henssler/Prütting, Bundesrechtsanwaltsordnung, 1997;

Heussen, Anwalt und Mandant – Ein Insider-Report, 1999;

Jessnitzer/Blumberg, Bundesrechtsanwaltsordnung, 9. Aufl. 2000;

Kleine-Cosack, Bundesrechtsanwaltsordnung, 3. Aufl. 1997;

Lingenberg/Hummel/Zuck, Kommentar zu den Grundsätzen des anwaltlichen Standesrechts, 2. Aufl. 1988;

Münch-Komm/Bearbeiter, Münchener Kommentar zum Bürgerlichen Gesetzbuch, 1. Aufl. 2000 ff.;

Rennen/Caliebe, Rechtsberatungsgesetz, 3. Aufl. 2001;

Schneider, E., Logik für Juristen, 5. Aufl. 1999;

Vollkommer, Anwaltshaftungsrecht, 1989.

7. Literatur über einzelne Länder

7.1 Europa

Law Pack (Hrsg.), Legal Forms, Letters & Agreements, 7th edition 2001;

Walkley/Byrne, Negotiating Technical Assistance Agreements & Technology Licenses (Loseblatt).

7.2 USA

Burnbaum, Drafting Contracts, 1993;

Burnham, Contract Drafting Guidebook, 1992;

Clarke Boardman Callaghan (Hrsg.), Uniform Commercial Code Legal Forms (Loseblatt);

Dern, Warren's Forms of Agreements – Desk Edition (Loseblatt);

Fox, International Commercial Agreements, 3rd edition 1998;

Fox/Fox, Corporate Acquisitions & Mergers (Loseblatt);

Kutten, Computer Software (Loseblatt);

Litwak, Contracts for the Film & Television Industry, 2nd edition 1999;

Matthew Bender (Hrsg.), International Exporting Agreements (Loseblatt);

Priens/Louwers, International Computer Law (Loseblatt);

Ridley/Quittmeyer/Matuszeski, Computer Software Agreements (Loseblatt);

Shippey, A Short Course in International Contracts, 1999;

Siviglia, Commercial Agreements (Loseblatt).

7.3 Asien

Rowland, Japan-Knigge für Manager, 3. Aufl. 1999.

8. Zeitschriften

BB, Betriebs-Berater;

BGHZ, Entscheidungen des Bundesgerichtshofs in Zivilsachen;

BVerfG, Entscheidungen des Bundesverfassungsgerichts;

FLF, Finanzierung Leasing Factoring;

GRUR, Gewerblicher Rechtsschutz und Urheberrecht;

Journal of Conflict Resolution (Harvard University, USA);

JZ, Juristen Zeitung;

LM, *Lindenmaier/Möhring*, Nachschlagewerk des BGH;

Negotiation Journal (Harvard University, USA);

NJW, Neue Juristische Wochenschrift;

NJW-RR, NJW-Rechtsprechungs-Report Zivilrecht;

WM, Wertpapier-Mitteilungen Teil IV.

9. CD-ROM

Business Transactions in Eastern Europe
Business Transactions in Germany
Doing Business in Canada
Doing Business in France
Doing Business in Ireland
Doing Business in Japan
Doing Business in Spain
Doing Business in the UK
Doing Business in the US

Einführung

	Rz.
I. Funktion der Verträge im Rechtssystem	1
1. Verträge, Gesetze und soziale Regeln	1
2. Risiken und Risikoprognosen	13
a) Risiken	13
b) Risikoprognosen	16
3. Verhandeln als soziales Ritual	18
II. Statisches und dynamisches Vertragsverständnis	21
III. Komplexität, Strategie und Taktik	29
1. Verträge und vernetztes Denken	29

	Rz.
2. Strategie und Taktik	35
a) Verbindungen und Gegensätze	35
b) Strategie	37
c) Taktik	38
IV. Vertragsmanagement und Vertragsgestaltung	47
1. Vertragsmanagement	48
a) Vertragsplanung	59
b) Vertragsdesign	60
c) Vertragsverhandlungen	61
d) Vertragsdurchführung	72
e) Vertragscontrolling	74
f) Zwölf Grundregeln des Vertragsmanagements	75
2. Vertragsgestaltung	77

I. Funktion der Verträge im Rechtssystem

1. Verträge, Gesetze und soziale Regeln

Ein Vertrag ist eine Vereinbarung zwischen mindestens zwei Parteien, die aus der Sicht der Parteien bindende Verpflichtungen für eine oder mehrere Seiten auslöst. **1**

Verträge gehören mit Sicherheit zu den **ältesten Formen**, in denen **Recht** entsteht, und sind wahrscheinlich früher entstanden als Gesetze (*Herzog*, Staaten der Frühzeit, 1988, S. 287 ff., 301 ff.; *Wesel*, Frühformen des Rechts in vorstaatlichen Gesellschaften, 1985, S. 89 ff., 344). Sie stehen in einem **Spannungsfeld** zwischen sozial wirksamen, aber nicht unter allen Umständen als bindend angesehenen Versprechen und allgemein gültigen sozialen Regeln, wobei diese beiden Bereiche in ihren jeweiligen Entwicklungen unendlich komplex ineinandergreifen: Aus einzelnen Zusagen mögen soziale Regeln ebenso entstanden sein wie aus natürlichen Zwangslagen, und irgendwann war die Entwicklung in den westlichen Rechtsordnungen (**Römisches Recht**) so weit, daß man den **subjektiven Anspruch** eines einzelnen gegenüber einem anderen erkennen und daraus eine ganze Reihe rechtlicher Folgerungen ableiten konnte. **2**

Diese Entwicklung ist nicht selbstverständlich. Blickt man in die älteste Kultur des Ostens (China), entdeckt man zwar ein in hohem Maße leistungsfähiges Staatsgebilde mit Gesetzen, Verordnungen und unzähligen geschriebenen und ungeschriebenen sozialen Regeln, ein Vertragsmodell, wie das Römische Recht es entwickelt hat, ist aber weder dort noch in jüngeren asia- **3** tischen Kulturen (Japan) entstanden (*Zweigert/Kötz*, S. 280 ff.). Dieser Widerspruch wird uns noch an mehreren Stellen beschäftigen: Auch heute noch können Staaten und Wirtschaftsordnungen außerordentlich effektiv sein, ohne einen einheitlichen Grad von gesetzlicher Durchformung oder vertragliche Systeme zu besitzen, wie sie in den westlichen Kulturen und Rechtsordnungen bekannt sind. Will man dieses Phänomen näher untersuchen, darf man nicht an der Oberfläche haften bleiben, denn natürlich findet sich in Japan seit Ende des letzten Jahrhunderts ein voll ausgebildetes, vom Westen übernommenes Rechtssystem, das uns bis in die Details vertraut vorkommen wird: Wer z. B. Urteile japanischer Gerichte liest, die bei uns zum Teil in Fachzeitschriften (IPRax) übersetzt veröffentlicht werden, stößt auf einen für den deutschen Juristen ganz vertrauten Urteilsaufbau und -stil. Gleichwohl wäre es falsch anzunehmen, die Japaner verfügten über ein dem westlichen Verständnis vergleichbares Rechtsdenken (*Rahn*, passim). Sie **benutzen** zwar einzelne Elemente als **Werkzeuge**, diese Werkzeuge sind aber in ganz anders geartete informelle Abstimmungen, Regeln und Verhaltensweisen eingebunden, als wir dies kennen.

4 In den westlichen Rechtssystemen sind demgegenüber Verträge immer als „**vereinbarte Gesetze**" zu betrachten, an die sich beide Seiten halten müssen, wenn sie nicht Sanktionen erleiden wollen. Diese Definition gilt sowohl in Rechtsordnungen, die in erheblichem Umfang Gesetzesrecht enthalten (Deutschland, Frankreich, Italien und die Länder der romanischen Rechtstradition), als auch in jenen Ländern, die mehr der angelsächsischen Tradition des Case Law verpflichtet sind (England, USA) (ausführlich *Zweigert/Kötz*, S. 314 ff.).

5 Je umfangreicher und detaillierter der gesetzliche Rahmen ist, in dem Verträge sich bewegen, um so kürzer fallen sie aus, weil die Verträge sich stillschweigend auf Gesetze beziehen können, während in den Ländern, die vom Case Law geprägt sind, erheblich mehr geregelt werden muß, wenn es keinen Streit geben soll.

Es ist aber auch möglich, auf einen bestimmten gesetzlichen Rahmen überhaupt zu verzichten und ausdrücklich zu vereinbaren, daß **keine Rechtsordnung** den Vertrag bestimmen soll, was manchmal bei **internationalen Verträgen** notwendig ist. Bei solchen Verträgen ist der Regelungsbedarf naturgemäß am höchsten.

6 **Zusammengefaßt**: Verträge müssen – abhängig vom gesetzlichen Rahmen – alles das regeln, was im Gesetz nicht allgemein geregelt wird. Der Vertrag muß ferner alle Änderungen von gesetzlichen Vorschriften und Rechtsprechungslinien enthalten, die die Parteien nicht akzeptieren wollen (sofern solche Änderungen gesetzlich zulässig sind).

Der Inhalt des Vertrages ist damit wesentlich davon abhängig, ob Gesetz und Rechtsprechung ein bestimmtes Konflikt- und Risikopotential schon gesehen und geregelt haben oder ob es daran fehlt.

Es ist heute weitgehend dem politischen Zufall überlassen, ob der **Gesetzgeber** sich einer bestimmten Thematik annimmt oder nicht. Darunter leiden bei uns vor allem die klassischen Rechtsgebiete wie etwa das Schuldrecht, die über eine jahrtausendealte Rechtstradition verfügen und gleichwohl an der einen oder anderen Stelle (z. B. bei den Verjährungsvorschriften) den erheblichen Änderungen in Naturwissenschaft, Technik und den Geschäftsusancen angepaßt werden müßten. Für die Frage, ob z. B. die Gewährleistungsfrist für komplexe Werkleistungen statt sechs Monate auf zwei Jahre erhöht werden sollte, interessiert sich keine politische Partei, obgleich die Diskussion darüber schon fast 30 Jahre alt ist. Die Folge: In einer hohen Anzahl von Verträgen muß die Frage der Verjährungsfristen immer wieder neu individuell durchdacht werden, und dieses Beispiel ist kein Einzelfall. 7

Genauso aufwendig ist es, Regeln, die sich aus der **Rechtsprechung** ergeben, in die Verträge einzuarbeiten, solange diese Regeln noch nicht in Gesetzen Eingang gefunden haben oder nicht völlig herrschende Ansicht sind.

Es gibt allerdings auch Bereiche, in denen der Gesetzgeber selbst beim besten Willen nichts regeln könnte. Ein gutes Beispiel ist die Durchführung von komplexen Werkleistungen, z. B. im Industrieanlagenbau, bei Bauvorhaben oder bei der Erstellung von Computerprogrammen oder Systeminstallationen. Das Gesetz enthält nur wenige Vorschriften im Werkvertragsrecht, die die Phase zwischen Vertragsabschluß und -abnahme inhaltlich strukturieren, und das ist keine Lücke in dem oben beklagten Sinn, sondern ein **bewußt** für die Parteien **offengehaltener Freiraum**, in dem sie ihre individuellen Bedürfnisse für die Durchführungsphase unterbringen sollen. Gerade daraus ergibt sich aber der intensive Regelungsbedarf in diesem Bereich, und daraus folgt die hohe Fehlerquote bei Verträgen, die solche bewußt gelassenen Lücken nicht ausfüllen. 8

Wer einen Vertrag von hinreichender Qualität erstellen will, kann also nur selten auf die häufigen Hinweise des Managements Rücksicht nehmen, gute Verträge seien kurz und knapp, denn der Rest finde sich ja in den Gesetzen. Dies ist für die Länder des Case Law schon auf den ersten Blick nicht richtig, weil es dort vielfach an gesetzlichen Regeln und Präjudizien fehlt, es paßt aber auch nicht auf die Rechtssituation in Deutschland, weil nicht einmal in den klassischen Rechtsgebieten alles geregelt ist, worüber die Parteien sich einigen müssen. 9

Art und Umfang der Verträge hängt, wie oben schon skizziert, unmittelbar mit dem **gesellschaftlichen** und **sozialen Umfeld** zusammen, in dem die Vereinbarung steht. Entscheidend ist, ob durch den Vertrag direkt oder indirekt Verbindlichkeiten begründet, verändert oder aufgehoben werden sollen, auf die eine Seite sich später berufen will. Diese **Erwartung** entscheidet, ob und wie ein Vertrag zu gestalten ist. Sind z. B. voll ausgebildete und lückenlose gesetzliche Regeln vorhanden, die im wesentlichen nicht geändert werden dürfen (Wohnraummietrecht), ist es mit kurzen Verträgen getan, in anderen 10

Fällen (z. B. Leasingverträge) braucht man umfangreiche und detaillierte Regelungen.

11 Vertragsgestaltungen sind auch dort oft nicht möglich, wo die **Machtverhältnisse** es der einen Partei unmöglich machen, etwas anderes zu tun als die Vorstellungen der Gegenseite anzuerkennen (Bankrecht).

Verträge setzen dort ein gewisses **Gleichgewicht** voraus, wie es beim Verhältnis Bank/Kunde manchmal noch gegeben ist, denn ganz ohne Kunden kann auch keine Bank existieren. Vertragsgestaltung hat daher im **öffentlich-rechtlichen Bereich,** wo die Über-/Unterordnung eine größere Rolle spielt, meist einen geringen Spielraum.

12 Die **Grenzen** der **Vertragsgestaltung** sind demnach leicht zu ziehen. Es sind:

– alle **gesetzlichen Vorschriften**, die durch Verträge nicht geändert werden können;

– die allgemeine Grundregel, daß **sittenwidrige** und knebelnde **Verträge** rechtsunwirksam sind, wobei sich dies oft auch auf den Inhalt der Leistungen bezieht (§ 138 BGB);

– bei **Standardverträgen**: die Regeln der §§ 305 ff. BGB;

– die in Deutschland unmittelbar geltenden Vorschriften des **EG-Rechts**;

– Unwirksamkeitsgründe, die sich aus den Regeln des **internationalen Privatrechts** bei internationalen Verträgen ergeben.

2. Risiken und Risikoprognosen

a) Risiken

13 Jeder Vertrag dient einem bestimmten Ziel und ist so ein wesentliches Werkzeug für den Vertragserfolg. Natürlich treten die Erfolge des Vertrages häufig ohne oder sogar gegen ihn ein. Man sagt zu Recht, daß der beste Vertrag nach dem Abschluß für immer in der Schublade verschwindet, weil alle Beteiligten ihre Verpflichtungen kennen und danach handeln. Viele Manager ziehen daraus den falschen Schluß, der Vertrag sei von Anfang an nutzlos gewesen, und bedauern die durch ihn ausgelösten Kosten. Das ist in vieler Hinsicht unrichtig, denn die Arbeit an den Verträgen setzt eine umfassende Information über das geplante Vorhaben und eine entsprechende **Risikobewertung** voraus. In vielen Fällen werden die Risiken überhaupt erst sichtbar, wenn man an **Vertragstexten** arbeitet. Dabei geht es keinesfalls nur um rechtliche Risiken, sondern häufig genug um das Zentrum des Vertrages – den Leistungsinhalt –, also z. B. die Qualitätsbeschreibung, die Zahlungsbedingungen u. a. Manager kennen oft nur Preis und Leistung in den gröbsten Umrissen, wenn sie nicht schon viele leidvolle Erfahrungen mit gescheiterten Verträgen gemacht haben, bei denen ganz andere Faktoren eine Rolle gespielt haben (zu den Erfolgsfaktoren Teil 1, Rz. 21 ff., 378 ff., 639 f.).

Die **Risikoverteilung**, die der Vertrag vornimmt, kann man am einfachsten mit dem System der Herz- und Venenklappen vergleichen. Der Transport des Blutes im Blutkreislauf von unten nach oben wäre aus statischen Gründen wider die Schwerkraft gar nicht möglich, wenn das jeweils hochgepumpte Blut nicht durch die zwischengeschalteten Klappen, die sich hinter ihm schließen, zurückgestaut und durch die Herzpumpe jeweils ein weiteres Stück vorangetrieben würde. Nach dem gleichen System funktioniert auch der Herzmuskel selbst mit den Vorhöfen, Kammern etc. 14

Das Rechtssystem und die in ihm verankerten **Verträge** machen mit den Leistungsströmen, die jeweils auszutauschen sind, genau das gleiche: Sie **schotten** einzelne **Risikofaktoren** voneinander **ab**, isolieren sie und sorgen damit gleichzeitig dafür, daß einzelne Störfaktoren den Gesamterfolg des Vertrages nicht gefährden. Ein einfaches Beispiel: Bei einem Kaufvertrag über ein Grundstück wird der Käufer erst dann unanfechtbarer Eigentümer, wenn er in das Grundbuch eingetragen worden ist oder durch eine Auflassungsvormerkung einen vergleichbaren Rechtsstatus erhalten hat. Will er möglichst sicher planen, dann dürfte er den Kaufpreis für das Grundstück an den Verkäufer erst zahlen, wenn diese Bedingungen eingetreten sind. Dem steht das Interesse des Verkäufers entgegen, das Eigentum am Grundstück nicht schon zu verlieren (oder eine frühzeitig eingetragene Auflassungsvormerkung wieder löschen zu müssen), wenn der Käufer die Finanzierung nicht zustande bringt. Die vertragliche (und im Gesetz nicht vorgesehene!) Lösung: Der Käufer hinterlegt den Kaufpreis auf einem Treuhandkonto (Anderkonto) des Notars und beweist damit seine Zahlungsfähigkeit, der Notar wiederum darf das Geld erst weitergeben, wenn die Interessen des Käufers hinreichend gesichert sind. 15

Zu dieser Grundfigur der **gegenseitigen Interessensicherung** gibt es unzählige Varianten, die von den Finanzierungsmodellen des Käufers, der Grundbuchlage und anderen Faktoren abhängen. Sie alle müssen individuell vertraglich gestaltet werden, und selbst Standardlösungen muß man bei jedem einzelnen Vertrag immer wieder neu durchdenken. Ohne den Vertrag als Gestaltungsmittel wäre all dies nicht möglich.

b) Risikoprognosen

Der Vertrag regelt aber nicht nur erkannte Risiken, sondern führt beide Parteien zwangsläufig dahin, nach weiteren möglichen Risiken zu suchen, diese in ihren Auswirkungen abzuschätzen und den Regelungsbedarf festzustellen. Dabei geht es um **technisch/kaufmännische** Risiken wie z. B. die Wahrscheinlichkeit, ob ein bestimmter Subunternehmer zeit- und qualitätsgerecht zuliefert oder ob man bestimmte Risiken versichern kann. Es geht aber auch um **rechtliche** Risikoeinschätzungen, die sich etwa auf die künftige Entwicklung der Rechtsprechung beziehen, wenn die Parteien bestimmte Formulierungen suchen, die der künftigen Auslegung standhalten sollen. 16

17 Je phantasievoller (aber auch realistischer) solche **Risikoprognosen** ausfallen, um so mehr bewährt der Vertrag sich in der Praxis. Erfahrungsgemäß gelingt es keiner Partei vor Eintritt in die Verhandlung, alle denkbaren Varianten zu durchdenken oder sich darüber eine Meinung zu bilden. Das liegt nur teilweise an mangelhafter Vorbereitung, nicht selten aber daran, daß bestimmte Perspektiven erst im Verhandlungsgespräch entwickelt und die regelungsbedürftigen Prognosen bestimmt werden. *Murat Ferid* zitiert aus dem französischen Rechtskreis den Satz: *„Contracter, c'est prévoir"* (Verträge schließen heißt Vorhersehen [zit. bei *Vorbrugg*, Anwaltliche Vertragsgestaltung, AnwBl. 1996, 251, 254]), was jedenfalls für die westlichen Rechtskreise eine prägnante Formulierung ist. Sie heißt aber negativ gewendet auch: Risiken, die man nicht geregelt hat, muß im Zweifel derjenige tragen, den sie nach allgemeinen Regeln treffen! In östlichen Rechtskreisen sieht man die Dinge jedoch anders: Dort erwartet man nicht, daß die Parteien bei Vertragsschluß alle wesentlichen Risiken vorausplanen können, hier gilt vielmehr: Wenn die Umstände sich ändern, müssen beide Parteien die Bereitschaft haben, auch die vertraglichen Grundlagen dem anzupassen. In diesen unterschiedlichen Sichtweisen liegt viel Spannungspotential bei internationalen Verträgen.

3. Verhandeln als soziales Ritual

18 Oft genug ist der Vertragsentwurf und die Verhandlung über ihn die erste wirklich wirksame **Kommunikationsplattform**, auf der die Parteien sich nach unverbindlichen Vorgesprächen treffen und zusammenraufen. Verträge sind a priori Kommunikationswerkzeuge, doch die darin für beide Parteien steckenden Chancen werden nicht immer voll genutzt: Wenn ein künftiger Vertragspartner Risiken, die der andere sieht, beharrlich ignoriert und nicht geregelt haben will, kann man daraus den Schluß ziehen, daß er entweder zu ignorant oder zu selbstsicher (oder beides) ist, als daß man mit ihm einen gemeinsamen Erfolg erreichen könnte. Wie gut wäre manche Partei beraten, die Vertragsverhandlung als **Test** für die **Eigenschaften** des künftigen **Vertragspartners** zu betrachten, so wie dies in den asiatischen Kulturen (vor allem in Japan) seit jeher Tradition ist (dazu ausführlich Teil 1, Rz. 21 ff.).

19 Die Vertragsverhandlung bewegt sich als soziales Ritual wie ein Ballet nach Notaten, die im Recht, in der Soziologie und in der Psychologie verankert sind, und sie wird von technischen, kaufmännischen und politischen Faktoren bestimmt, die die Parteien nur sehr begrenzt wirklich planen können. Beide Parteien wollen ja gleichzeitig von dem anderen eine **verbindliche Risikoübernahme**, wie sie andererseits anstreben, ihre eigenen Leistungen möglichst im **Unverbindlichen** zu halten. Das ist der eigentliche Hintergrund des „Negotiation Dance" (*Raiffa*), des Verhandlungsrituals, das ohne taktische Spiele und strategisches Dazwischenhauen gar nicht denkbar ist.

Kein Wunder, daß das Vertragsverhandeln in früheren Kulturen eine **soziale** 20
Veranstaltung mit hohem Stellenwert und ebenso viel Spaß wie Aggression gewesen ist. Anders wäre es kaum erklärbar, daß, wie *Malinowski* schildert, die Tobriander viele Tage in ihren mit Muschelketten beladenen Booten über die Südsee gesegelt sind, um in mehrtägigem Tausch nichts anderes heimzubringen als die gleiche Menge Muschelketten, die sie gegen die ihren in schwierigen Verhandlungen eingetauscht hatten (*Malinowski*, Argonauten des westlichen Pazifik, 1979, S. 385 ff.). Der Vertrag enthält also en miniature alle Elemente, die das Leben im Guten wie im Schlechten auszeichnen, das planerische Kalkül, den bewegten Kampf, Scherz, Ironie und tiefere Bedeutung, Zuneigung und Haß, und zwar in all den Variationen, die sich in den Personen der Vertragsverhandler finden. Darüber berichtet Teil 2 im einzelnen.

II. Statisches und dynamisches Vertragsverständnis

Verträge als rechtliche Regelungsformen haben ebenso wie Gesetze und soziale Regeln **statische** und **dynamische** Elemente. 21

Verträge müssen eine hinreichende Statik besitzen, weil sie sonst als Gerüst für die Absichten der Parteien nicht tauglich wären, sie müssen geplant und berechenbar sein, brauchen Klarheit in den Eckdaten und Kernaussagen und müssen über Bereiche verfügen, die nur **einvernehmlicher Änderung** zugänglich sind.

Andererseits müssen Verträge auch **Dynamik** besitzen, d. h. Phantasie, Beweglichkeit, Alternativen, Sollbruchstellen und andere Elemente, die sie hinreichend **flexibel** machen.

Der Begriff „Vertragsbeziehung" umfaßt diese beiden Elemente der **beweglichen Bindung** und zeigt sie in ihrem dialektischen Verhältnis zueinander. Im Vertrag müssen beide Elemente in lebendiger Spannung in doppeldeutigem Sinn „aufgehoben" sein: In der statischen Perspektive wirkt die Lage und die Beziehung zwischen den einzelnen Kräften, in der dynamischen ihre Wirkung zueinander. 22

In den westlichen Rechtsordnungen haben sich auf dem Hintergrund der jeweiligen Kulturen die statischen Elemente weit deutlicher konturiert als die dynamischen. In den östlichen Kulturen hingegen liegen die Schwerpunkte genau umgekehrt:

Im **westlichen Verständnis** muß der Vertrag in erster Linie die Risiken **rechtlich** wirksam **verteilen** und erzwingbare Bindungen schaffen. Die Hürden für Vertragsanpassungen bei geänderten Verhältnissen sind außerordentlich hoch (Wegfall der Geschäftsgrundlage). Im **östlichen Verständnis** hingegen ist der Vertrag lediglich das formelle Resultat einer nicht rechtlich, sondern **sozial** verstandenen Bindung, die den anderen im Kern nicht verletzen darf und Änderungen zugänglich sein muß.

23 Da die Wurzeln des Vertragsverständnisses bei den östlichen Kulturen gerade nicht im rechtlichen Bindungsbereich liegen, sondern im sozialen Austausch, betrachtet man die im Westen übliche Berufung auf die Unveränderbarkeit der vertraglichen Vereinbarungen als agressiv-ablehnendes Verhalten und mangelndes soziales Verständnis der Grundregeln.

Daran hat sich auch durch die Tatsache nichts geändert, daß viele östliche Staaten, so vor allem Japan, westliche Rechtssysteme übernommen haben. Diese Übernahme geschah nämlich (etwa um 1870) unter erheblichem außenpolitischen Druck und konnte aus naheliegenden Gründen in die viel tiefer liegenden Zonen des Verständnisses über den Zweck von Verträgen nicht eindringen.

Auf dieser tieferen Ebene kollidieren Realitätserfahrungen, die vom rechtlichen Regelwerk gar nicht beeinflußbar sind. Während man im westlichen Verständnis Ziele durch Handeln erreicht und Ursache und Wirkung immer noch recht simpel verknüpft werden, orientiert sich die östliche Sicht an dem Satz „*Durch Nicht-Handeln bleibt nichts ungeordnet*" (*Lao-Tse*, Kapitel 3, S. 68).

24 Das Wissen um diese Unterschiede und die intensive Beschäftigung mit ihnen ist nicht etwa deshalb erforderlich, weil wir uns in diesem Buch am Rande auch mit internationalen Vertragsbeziehungen beschäftigen. Vielmehr leistet die dynamische Vertragsperspektive auch und gerade auf dem Hintergrund westlicher Rechtsordnungen ganz Erhebliches sowohl im Bereich des **Vertragsdesign** als auch – und vor allem – bei der **Vertragsverhandlung**. Das Harvard-Konzept, das im Teil 1, Rz. 391 f. im Detail vorgestellt wird, enthält alle Elemente eines dynamischen Vertragsverständnisses, ohne daß seine Entwickler darauf besonders zu sprechen kommen, respektiert aber auch die im Westen nötige Statik.

25 Es war nicht leicht, Texte aus östlichen Kulturen zu finden, aus denen sich die Grundprinzipien des dortigen Vertragsverständnisses ableiten lassen, denn eine juristische Literatur in unserem Sinne ist außerhalb der Adaption des westlichen Rechts weder in China noch in Japan entstanden. Für meine Überlegungen habe ich daher zwei Werke zugrunde gelegt, aus denen sich diese Grundregeln ableiten lassen, obgleich sie nicht von Juristen stammen.

Das erste ist **Lao-Tses** weltbekannter Text „**Tao-Te-King**", ein Buch, das einem (oder mehreren) Gelehrten am Hofe der chinesischen Dynastie Chu in der Zeit zwischen 500–300 v. Chr. zugeschrieben wird. Es enthält eine Reihe von Lebensregeln und dunklen Sätzen, die nur mit tiefem historischen Wissen interpretierbar sind. Einige dieser Sätze lassen sich teils direkt, teils indirekt auf das Verständnis von Verträgen und dem Verhalten bei ihrer Verhandlung und Durchführung beziehen. Für uns ist an *Lao-Tses* Texten vor allem die ständige – in unserer Sicht dialektische – Bildung von **Gegensatzpaaren** interessant, die den Leser immer wieder belehren sollen, daß seine eigene Sicht der Dinge nicht die einzig mögliche ist: *„Als Gegenteil ist oft das Wort erst wahr"* (*Lao-Tse,* Kapitel 78, S. 279).

Ein zweites Buch ist weit weniger abstrakt und daher eine gute Ergänzung für das erste: **Sun-Tsu,** ein General (oder mehrere Generale) aus der Periode der „Streitenden Reiche" in China (403-221 v. Chr.), trug Grundregeln über strategisch und taktisch richtiges Verhalten unter dem Titel **„Die Kunst der Strategie"** zusammen. Es enthält neben einer Reihe von praktischen Hinweisen, die man so oder anders auch bei *Clausewitz* finden könnte, einige sehr tiefe Sätze über das Verständnis von Planung und Erfolg und ergänzt *Lao-Tses* Text, der ja in nahezu gleicher Zeit entstanden ist, auf überzeugende Weise. 26

Übertragen auf die Thematik des vorliegenden Buches findet man bei *Lao-Tse* Wichtiges zur Vertragsgestaltung, bei *Sun-Tsu* hingegen zur Vertragsverhandlung und zur Vertragsdurchführung, wobei seine Beiträge sich keinesfalls nur auf die „kriegerischen Aspekte" des Vertrages beschränken, sondern Wertvolles über den kreativen Umgang mit dem geschlagenen Feind und mithin über Vergleiche und ähnliche Themen enthalten. 27

Natürlich hat die Umsetzung dieser Überlegungen auf Vertragsverhandlungen auch ihre Grenzen. Ihr Wert liegt in erster Linie darin aufzuhellen, daß die Instrumente moderner Psychologie, wie sie zum Beispiel im **Harvard-Konzept** angewandt werden, weit zurückreichende Wurzeln im Verständnis menschlichen Verhaltens haben und daß rechtliche Instrumente im Bereich der Vertragsgestaltung bei weitem nicht alles bewältigen, was an Problemen auftaucht. **Kurz:** Die richtige Zusammensetzung statischer und dynamischer Elemente innerhalb jeder Vertragsbeziehung ist ganz unabhängig vom jeweiligen kulturellen Hintergrund von hohem Wert. 28

III. Komplexität, Strategie und Taktik

1. Verträge und vernetztes Denken

Verträge sind – von den typischen Alltagsgeschäften einmal abgesehen – komplexe Gebilde. Sie sind bestimmt von 29

– der Informationslage,
– den Machtverhältnissen,
– den technischen Faktoren,
– den wirtschaftlichen Hintergründen,
– den rechtlichen Grundlagen,
– dem erwarteten Ergebnis,

die alle auf den Vertrag und die Personen, die an ihm mitwirken, Einfluß nehmen.

30 Die Vielfalt der Vertragstypen und Vertragsziele kann man zweckmäßig in zwei große Gruppen aufteilen, nämlich

- die **Austauschverträge**: Das sind alle Verträge, bei denen eine oder mehrere Parteien Leistungen – welcher Art auch immer – austauschen. Hier reicht das Spektrum vom einfachen Bargeschäft des täglichen Lebens (Zeitungskauf) bis zu hoch komplexen Langzeitverträgen (Errichtung von Industrieanlagen);
- die **gesellschaftsrechtlichen Verträge**: Das sind Verträge, bei denen mehrere Personen sich zu einer rechtlichen Einheit (Gesellschaft) zusammenschließen, die dann ihrerseits am Rechtsverkehr teilnimmt (zum Beispiel durch Abschluß weiterer Austausch- oder gesellschaftsrechtlicher Verträge).

Der Vertrag legt in beiden Fällen den rechtlichen Handlungsrahmen zwischen den Parteien fest, innerhalb dessen sie sich bewegen sollen.

Diesen Rahmen darf man sich aber nicht als festes, unverrückbares Element vorstellen oder gar – wie Ingenieure dies gewohnt sind – als Brücke zwischen den Parteien, die so wie entworfen stets richtig planbar und unwandelbar den Leistungs- und Informationsaustausch sichern soll. Wenn der Vertrag über die Risikoverteilung und die Verfahrensregeln wesentlich hinausgeht, verfehlt er gerade wegen seiner Starrheit seinen Zweck; er ist aber auch unbrauchbar, wenn die Risikoverteilungen unklar und die Verfahrensregeln nicht zwingend sind.

31 Der Vertrag erreicht seinen Erfolg also nicht durch absolut präzise Festlegung einzelner Faktoren, sondern durch das Zusammenspiel heterogener Wirkungen wie:

- Informationsaustausch,
- Begründung von kommunikativen Wegen,
- Berufung auf moralische Appelle,
- Abschottung von Risiken,
- Gründung von Vertrauen für Vorinvestitionen,
- Beendigung anderweitiger Verhandlungen,
- In-Aussicht-Stellen von Schaden,
- Einschränkung vorhandener Alternativen.

All diese vielfältigen Wirkungen werden zwar mit rechtlichen Mitteln erreicht, wirken sich aber keinesfalls nur im rechtlichen Regelwerk aus: Niemand schließt einen Vertrag, um sich am Ende durch Prozesse Geld zu verschaffen, auch wenn Verträge oft genug als Werkzeuge in einem ganz anders gemeinten Machtspiel eingesetzt werden. Der Vertrag macht die **Erfüllung** zwar **erzwingbar**, trägt aber zum Erfolg nur dann bei, wenn er **Krisen verhindern** hilft. Im Grunde ist der Vertrag bereits **gescheitert**, wenn die Krise nicht mehr mit seiner Hilfe, sondern nur noch mit **prozessualen** Mitteln zu behandeln ist. Aus diesem Grund sind Erfüllungsklagen, also Prozesse mit dem Ziel, den Vertragspartner dazu anzuhalten, seine Leistung zu erbringen, extrem selten, obgleich sie in der rechtlichen Dogmatik in Deutschland eine große Rolle spielen (in England und den USA gibt es den Klagetyp nur in seltenen Ausnahmefällen).

Man kann sich leicht vorstellen, daß so komplexe Sachverhalte allein mit logischen Mitteln nur schwer beherrschbar sind. Im Grunde gehört die formale **Logik,** mit der Juristen ständig arbeiten, zu den Formen der **Ästhetik,** kann also ohne jeden Realitätsbezug betrieben werden. Die Realität ist nicht logisch und die Logik nicht real. Man kann „unwiderlegbare" Argumente in Fülle sammeln, ohne damit eine einzige **Vertragskrise** bewältigen zu können. Kurz: Man muß Vertragsbeziehungen als „Prozeß" verstehen, ein ganz interessantes Begriffsspiel, denn wenn am Ende des Vertrages tatsächlich nur noch der Prozeß steht, dann bleibt nichts anderes als trockene Bilanzierung von Schäden übrig. 32

Verträge müssen also in ihrer Komplexität mit den Werkzeugen des „vernetzten Denkens" (*Vester*) verstanden werden. (Für **betriebswirtschaftliche** Entscheidungen bietet das Buch von *Gomez/Probst* einen fast vollständigen Überblick über die derzeitige Foschung und Praxis.) Dabei bietet die Logik in komplexen Systemen durchaus Hilfsmittel zum Verständnis überschaubarer Bereiche an bestimmten Schnittstellen. Man muß aber auch deren Begrenztheit verstehen, was vielleicht erst gelingt, wenn man ein paarmal erlebt hat, wie man mit logisch-rechtlicher Argumentation scheitern kann. Welche **psychologischen Faktoren** dabei eine Rolle spielen, ist in der wichtigen Arbeit von *Dörner* anschaulich dargestellt. *Dörner* hat Personen mit Hilfe von computersimulierten Entscheidungsprogrammen bei diesen Entscheidungen beobachtet. Eine wesentliche Erkenntnis ist dabei, daß instabile Personen zum Über- oder Untersteuern neigen, also übertrieben reagieren und dabei nicht viel Fragen stellen, während andere Personen, die viel Zeit in die Informationsphase stecken und dann – dauernd fragend – behutsam reagieren, die besten Ergebnisse erzielen. 33

Kurz: Man muß Logik und Planung mit Emotionen und innerer Stabilität in ein ausgewogenes Verhältnis bringen. Das drückt sich etwa in dem Satz aus: „*Große Staaten regiert man, wie man kleine Fische brät*" (*Lao-Tse*, Kapitel 60, S. 223). Kleine Fische – so lehren die Kommentare zu *Lao-Tse* – werden vorsichtig und gleichmäßig behandelt, nicht aufgeteilt oder zerstückelt und im ganzen verspeist. Auf Verträge übertragen bedeutet das: Man kann nicht willkürlich einzelne Regelungen aus dem Zusammenhang reißen, sondern sollte alle zugrundeliegenden **Regeln**, die im Vertrag meist nur zum Teil angesprochen werden können, in ihrer komplexen **Gesamtheit** sehen, die nicht nur aus logischen Überlegungen oder emotionalen Reaktionen besteht. Erst dann darf man endgültige Entscheidungen treffen. 34

2. Strategie und Taktik

a) Verbindungen und Gegensätze

35 Verträge haben zwei unterschiedliche Eigenschaften, deren jeweiliges Überwiegen dafür ausschlaggebend ist, welche strategischen und taktischen Mittel man ergreift:

– Ein Vertrag ist immer die **Brücke** zwischen zwei Vertragsparteien, über die Leistung und Gegenleistung ausgetauscht werden müssen, und bedarf daher der **Verankerung** auf beiden Seiten.

– Ein Vertrag kann aber nur dann zustande kommen, wenn die **Interessen** beider Parteien **gegensätzlich** sind: Wenn auf dem Markt nur Verkäufer, aber keine Käufer auftauchen, kann es keinen Kaufvertrag geben!

36 Diese beiden gegensätzlichen Elemente prägen den Vertrag in **unterschiedlichen Stadien**: Zu Beginn der Verhandlung bis zum Vertragsschluß dominieren die gegensätzlichen Interessen, und sie müssen auch für beide Seiten so klar wie möglich erkennbar gemacht werden, damit der Vertrag nicht unter falschen Voraussetzungen abgeschlossen wird. Ist er aber einmal geschlossen, dann kommt es im Bereich der Durchführung darauf an, das **gemeinsame Ziel** der jeweiligen **Vertragserfüllung** zu betonen und die Interessengegensätze zurücktreten zu lassen.

Um das zu erreichen, werden jeweils unterschiedliche strategische und taktische Mittel eingesetzt.

b) Strategie

37 Strategie setzt sich aus den Grundüberlegungen zusammen, die sich auf das Vertragsziel richten. Die Vertragsstrategie umfaßt:

– Planung,

– Entwürfe,

– Verhandlungen,

– Durchführung,

– Kontrolle,

und in all diesen Phasen dienen die taktischen Werkzeuge in der jeweiligen Situation dem geplanten Erfolg.

c) Taktik

38 Taktik umfaßt alle Verhaltensweisen, Werkzeuge und Mittel, die man einsetzt, um die strategische Linie möglichst genau zu verwirklichen.

Theoretisch wäre es vielleicht denkbar, daß beide Parteien, wenn sie beginnen, einen Vertrag zu gestalten, einfach alle ihre Überlegungen vollständig auf den Tisch legen, um dann gemeinsam zu vergleichen, welche gemeinsamen und welche getrennten Ziele es gibt, die zum Erfolg führen können. **Praktisch** hingegen ist ein solches Verhalten undenkbar, denn auch bei Gesellschaftsverträgen, bei denen gemeinsame Ziele noch leichter bestimmbar sind als bei Austauschverträgen, gibt es immer noch eine Fülle **gegenläufiger Interessen**, die – vorzeitig definiert und dargelegt – einen Vertragsabschluß mit Sicherheit verhindern und/oder die Durchführung eines Vertrages unmöglich machen würden.

Beide Parteien müssen also – gerade **um** zum Erfolg zu kommen – einen Teil ihrer Absichten für sich behalten, um dann – wie beim Stunt-Pokern – Schritt für Schritt ihre Überlegungen aufzudecken und ihre gegenseitigen Interessen auszugleichen.

Dabei sind die strategischen **Ziele** beider Parteien in den Grundzügen offenkundig, der **Weg** dahin ist es aber nur selten: So ist bei Austauschverträgen klar, daß man möglichst alle Risiken vermeiden und die andere Seite möglichst umfangreich binden will, aber ebenso klar ist beiden Seiten, daß dieses Ziel so nicht erreichbar ist, weil es sonst keinen Vertrag gäbe. Richtiges taktisches Verhalten bedeutet unter diesem Aspekt also nicht einfach Heuchelei über die eigenen Absichten (denn die müssen der Gegenseite im wesentlichen klar sein), sondern ist eine Reaktion auf die geahnten Absichten der Gegenseite, die man Schritt für Schritt durch eigenes Verhalten zu korrigieren denkt. Im Zuge der Verhandlungen werden solche Hoffnungen oft zerstört. Das Ziel der Verhandlung ist es aber gerade, solche Zerstörungen mit Zugeständnissen auszugleichen, die die andere Seite sich abhandeln läßt. **Taktik** bedeutet also immer auch **Respekt** vor den Plänen der Gegenseite und hat eine Menge **Spielerisches** an sich, wie es in richtigen Spielen wie zum Beispiel dem Poker mehr als selbstverständlich ist: Dort ist nahezu jeder Einsatz taktisch überlegt, und die Wahrheit wird nur Blatt für Blatt offengelegt. 39

Grundlage aller taktischen Überlegungen ist dabei für alle Seiten die **Information:** *„Wer andere kennt, ist klug; wer sich selbst kennt, ist weise; wer andere bezwingt, ist kraftvoll; wer sich selbst bezwingt, ist unbezwingbar"* (*Lao-Tse*, Kapitel 33, S. 156). 40

Nur in einer Verhandlungssituation, in der es gar kein **Informationsgefälle** zwischen beiden Parteien gibt, sind die taktischen Mittel beschränkt. In diesen Fällen kommt es aber meist gar nicht erst zum taktischen Spiel, sondern beide Parteien bleiben in ihren Positionen, wohl sehend, daß die andere Seite die eigenen Strategien voll durchschaut.

Es gibt eine berühmte Geschichte über zwei Schwertmeister, die sich zu einem Kampf treffen, einander gegenübertreten, nach wenigen Minuten des Verharrens ohne Bewegung voreinander verbeugen und sich dann wieder ver- 41 abschieden. In dieser Situation – so sagen die Kommentare – erkannten beide, daß sie – bei der ersten eigenen Bewegung durchschaut – den Kampf verlieren würden, beide erkannten aber auch, daß der andere das gleiche wußte und sich daher nicht bewegen würde.

So etwas kommt in der Praxis sehr häufig vor, so typischerweise in der **Patt-Situation,** die bei Gesellschaften entsteht, bei denen beide Parteien 50% der Anteile halten und der Gesellschaftsvertrag keinem von beiden ein Übergewicht gibt. Solche Situationen sind oft nur durch „Weggehen" aufzulösen, was Anwälte ihren Mandanten oft nicht klarmachen können.

42 Das Bild von den unbewegten Parteien legt den Verdacht nahe, daß starres **Festhalten** an **Prinzipien** und Grundsätzen ganz am Ende zum Erfolg führt. Diese Regel gilt aber nur dann, wenn wirklich beide Parteien gleiche Ausgangspositionen haben, was in der Realität selten genug vorkommt. Dort siegt, wie Lao-Tse feststellt, die Flexibilität immer über die Prinzipien: *„Das Weiche besiegt das Harte"* (Lao-Tse, Kapitel 36, S. 160), und konkreter sagt Sun-Tsu: *„Wasser kennt keine beständige Form: Wer fähig ist zu siegen, indem er sich dem Gegner entsprechend wandelt und anpaßt, verdient es, ein Genie genannt zu werden"* (Sun Tsu, S. 146).

Das bedeutet: Nur bei gleicher Informationslage und gleicher Stärke besteht die Anpassung in eine Haltung, die der **Starrheit** des anderen angeglichen ist, ist es aber anders, dann wird die **Flexibilität** siegen.

43 Die Wahrnehmung der Realität und flexible Reaktionen sind in Vertragsbeziehungen die Grundvoraussetzung dafür, daß man seine eigenen Interessen realisiert.

Diese **Flexibilität** läßt sich nur erreichen, wenn man innerhalb der Vertragsbeziehung genügend Freiräume läßt, die undefiniert bleiben und richtig verstanden das stille, unbewegte Zentrum sind, um das einzelne Aktionen sich drehen: *„30 Speichen umringen die Nabe; wo nichts ist, liegt der Nutzen des Rades"* (Lao-Tse, Kapitel 11, S. 93).

44 In Vertragsbeziehungen kommt es mithin niemals darauf an, Prinzipien durchzusetzen, sondern darauf, zu einem bestimmten **Ergebnis** zu gelangen. Dieses Ergebnis kann bei Vertragsverhandlungen darin bestehen, daß man an einem bestimmten Punkt erkennt: Mit **diesem** Vertragspartner kann es keinen Erfolg geben! In solchen Fällen ist der **Abbruch** der Verhandlungen der **Erfolg,** den man anstreben sollte, und eine solche Entwicklung der Dinge kann dann völlig unschädlich sein, wenn man früh genug über **Alternativen** nachgedacht hat.

45 Man darf bei all diesen Überlegungen aber nicht vergessen, daß unsere **Fähigkeit** zu **vernetztem Denken,** zu komplexer Planung und zu strategisch richtigem Verhalten sehr **begrenzt** ist. Schon wenn man sich nur logisch richtig verhält und ziemlich einsichtig plant, vorbereitet, abstimmt, verhandelt und Verträge fair durchführt, erreicht man hohe Erfolgsquoten. Wenn man

darüber hinaus Erfahrungen sammelt und die Geschicklichkeit im Umgang mit komplexen Situationen schult, vermeidet man auf jeden Fall die gröberen Fehler, auch wenn man die Komplexität der Gesamtsituation nicht annähernd richtig einschätzt.

Im naturwissenschaftlichen Bereich versucht man, komplexe Verhältnisse und Zusammenhänge mit Hilfe der **Chaostheorie** zu entschlüsseln. Daraus sind für bestimmte Simulationen Computerprogramme entstanden, die auf „ungefährer Logik" (fuzzy logic) beruhen und für einzelne Bereiche (z. B. Retrieval-Systeme und Steuerungs-Systeme) schon zu bemerkenswerten Ergebnissen geführt haben. Ob man mit Hilfe solcher Werkzeuge demnächst auch die Auflösung komplexer Vertragssituationen leichter bewältigen kann, ist nicht annähernd abzusehen. 46

IV. Vertragsmanagement und Vertragsgestaltung

Das **Vertragsmanagement** umfaßt alle planerischen und organisatorischen Tätigkeiten, die dazu dienen, den Vertrag zu gestalten und zu realisieren. Es setzt sich aus fünf Elementen zusammen, und zwar: 47

– Vertragsplanung
– Vertragsdesign
– Vertragsverhandlung
– Vertragsdurchführung
– Vertragscontrolling.

Die **Vertragsgestaltung** betrifft alle Regeln, mit deren Hilfe die jeweilige Planung etc. in rechtlich richtige Formen umgesetzt wird.

1. Vertragsmanagement

Hinter dem Begriff „Vertragsmanagement" scheint sich nichts zu verstecken: Was Verträge sind, weiß jeder, und was Management ist, glaubt jeder zu wissen. Gleichwohl ist es eine Aufgabe, die sich vom einfachen Vertragsentwurf erheblich unterscheidet. Da sieht man an dem folgenden Fall[1]: 48

Ein Versicherungskonzern geht online. Die Versicherungen sollen nicht nur über das herkömmliche Vertriebsnetz, sondern auch über Webseiten vertrieben werden, und alle Aufgaben sind offensichtlich verteilt: Die Finanzplanung steht, die Programmieraufgaben sind vergeben, Räume sind gemietet, Personal wird über Headhunter gesucht, und natürlich erhält die Rechtsabteilung laufende Nachrichten über den Fortschritt der Planung.

---
1 Alle Einzelheiten dieses Fallbeispiels sind erfunden und beruhen nicht auf tatsächlichen Ereignissen.

49 Die Rechtsabteilung hat zu einigen kartellrechtlichen und versicherungsaufsichtsrechtlichen Spezialfragen Gutachten teils selbst angefertigt, teils vergeben und die Online-AGB selbst bearbeitet. Plötzlich geht eine Konkurrenzversicherung mit einem ähnlichen E-Commerce-Konzept in den Markt. Jetzt entsteht Hektik! Zwar werden in aller Eile die Gutachten fertiggestellt, es fehlen aber die Texte, die die gutachtlichen Inhalte umsetzen sollen – es sind verschiedene Varianten ausgearbeitet worden, die auf unterschiedliche Marketingstrategien passen –, und über diese Strategien haben die Marketingvorstände noch nicht entscheiden können. Der Druck des Vorstandes spült den letzten guten Willen aus dem Projekt. Im Endergebnis wird nicht nur der ursprüngliche Einführungstermin verpaßt, sondern das Projekt gerät völlig ins Schlingern und geht um ein halbes Jahr verspätet ans Netz.

Wie hätte man das verhindern können?

50 Die Hauptursache für eine solche Entwicklung besteht in der mangelnden Koordination zwischen den Planungsaufgaben des Managements und den rechtlichen Bewertungsaufgaben der Rechtsabteilungen und/oder eingeschalteten Anwälte.

51 Allzu oft vermittelt das Management den Juristen das Gefühl, ihre Arbeit sei lediglich eine Arabeske des Projekts, und wenn harte Verhandlungstaktiken der anderen Seite dann die Erkenntnis dämmern lassen, daß ohne rechtliche Planung überhaupt nichts zustande kommt, entsteht Hektik und Druck, was wiederum Ungenauigkeit der Ergebnisse und widerwillige Zuarbeit zur Folge hat. Man hätte im Beispielsfall die Sache richtigerweise ganz anders angepackt:

– Sobald die Entscheidung getroffen wurde, das Online-Projekt zu starten, hätten die juristischen Aufgaben (Sachverhaltsermittlung/Gutachten/Vertragstexte) bereits ausformuliert, einzelnen Verantwortlichen zugewiesen und in den Zeitplan eingepaßt werden können.

– Dann wäre von Beginn an augenfällig gewesen, daß Gutachten ohne Texte nichts wert sind.

– Der Zeitbedarf zwischen der Vorlage juristisch einwandfreier Texte, ihrer Überprüfung durch das Management, der Drucklegung und Vervielfältigung, der Schulung der Vertriebsmitarbeiter etc. wäre realistisch eingeschätzt worden.

– Der Druck der Konkurrenz hätte sich dann wohl gar nicht ausgewirkt, denn auf den ersten Blick hätte man sehen können: Dieser Zeitplan ist nicht verkürzbar! Einem solchen Argument hätte sich ein Vorstand auch beugen müssen.

52 Aus all dem sieht man: Management besteht aus der Fähigkeit, komplexe Vorhaben zu planen und durch geeignete Führungs- und Kontrollmaßnahmen tatsächlich zu verwirklichen. Der Vertragsmanager muß – gleichgültig ob er Betriebswirt, Ingenieur oder Jurist ist – alle Aspekte, die der Vertrag

aufwirft, übersehen und entscheiden, was zu ihrer Umsetzung nötig ist. Das ist weit überwiegend eine **praktische** und keine intellektuelle **Leistung**, die dann besonders gut gelingt, wenn man „die Besten begeistern" kann. Management ist eine (die wichtigste) **Serviceaufgabe** in einem Unternehmen (*Fredmund Malik*, „Wirksame Unternehmensaufsicht" passim). Visionen und Launen können ihr nur schaden.

Das Vertragsmanagement hat daneben auch eine **kreative Seite**, die man durch Checklisten etc. nicht erfassen kann. Von Mozart wird berichtet, daß er eine Sonate oder den ganzen Satz einer Sinfonie trotz ihrer hohen Komplexität „gleichzeitig hören" konnte, bevor er auch nur eine Note zu Papier brachte (*Mintzberg*, Strategische Planung [2000], S. 370). Da die Begabung zum Vertragsmanagement (im Gegensatz zur musikalischen Begabung) nicht zu unseren Erbanlagen gehört, kann man die Fähigkeit, viele Probleme „gleichzeitig" zu sehen und Lösungsanstöße zu geben, nur durch Erfahrung und Schulung lernen. Dazu gehört auch die **Form**, in der man sich mit den Beteiligten abstimmt, Anweisungen gibt oder sich sonst nach außen verhält: Verträge sind nämlich komplexe und teilweise sensible Gebilde, die im Gegensatz zu unternehmensinternen Aufgaben immer auch Personen außerhalb der eigenen Einflußmöglichkeiten betreffen, die ihre eigenen Vorstellungen zum Vertrag haben. Eigene Leute kann man notfalls unter Druck setzen, den künftigen Vertragspartner nur selten.

53

Daraus müßte man den Schluß ziehen, Rechtsabteilung, Anwälte, rechtliche Gutachter etc. vollständig und so früh wie möglich in das Vertragsmanagement mit einzubeziehen. Tatsächlich aber geschieht das selten und meist zu spät. Vor allem wird nicht erkannt, daß **Verträge** eine **tatsächliche Basis** haben und sich inhaltlich ändern, wenn diese Basis sich verschiebt. Wenn es zum Beispiel aus verbraucherschutzrechtlichen Gründen notwendig ist, bestimmte Unterschriften einzuholen, dann muß die organisatorische Basis dafür geschaffen werden, das zu tun. Rechtsregeln sind nicht selten die Stützpfeiler organisatorischer Strukturen, und wenn man sie ändert, fallen diese Strukturen zusammen. Selten trifft man bei Managern das Verständnis für diese Zusammenhänge. Die Folge: Die Notwendigkeit des rechtlichen Beitrags zur Planungssicherheit wird weit unterschätzt, und wenn das Projekt ins Schlingern gerät, ist man enttäuscht, daß die Juristen den beweglichen Zielen (Moving Targets) nicht so flink folgen können, wie es die Marketingstrategen sich wünschen. Nur deshalb werden die Anwälte oft genug als „Sand im Getriebe" des Vertrages erlebt, obgleich ihr Beitrag immer darin besteht, Projekte zu ermöglichen und nicht zu verhindern.

54

Betriebswirtschaftlich gesprochen bilden Vertragsplanung und Vertragsdesign die **Aufbauorganisation,** die übrigen Elemente die **Ablauforganisation.** Blickt man in die Praxis, so muß man feststellen, daß beides mehr als improvisiert gehandhabt wird. De facto existiert es kaum und geht in den allgemeinen Managementabläufen unter. Vertragsplanung in dem Sinne, daß zu ei-

55

nem frühen Zeitpunkt gefragt wird, welche juristischen Werkzeuge zur Erzielung des wirtschaftlichen Erfolgs eingesetzt werden sollen, ist äußerst selten und nur bei gut organisierten Firmen anzutreffen. Gegen die **wichtigste Grundregel** wird ständig verstoßen. Sie lautet: Sobald einmal der Entschluß gefaßt ist, bestimmte Beziehungen durch Verträge zu regeln, müssen die **Anwälte sofort,** und zwar möglichst erhebliche Zeit vor der tatsächlichen Vertragsverhandlung, über die Absichten **informiert** und ihre **Hinweise eingeholt** werden.

56 Viele Vertragsverhandlungen würden einen ganz anderen Verlauf nehmen, wenn das geschähe. Ist etwa geplant, daß ein Vertrag mit einem Konkurrenzunternehmen abgeschlossen werden soll, dann muß vor allen anderen Überlegungen geprüft werden, ob das Vorhaben kartellrechtlich genehmigungsfähig ist, und die Gespräche hierüber mit den deutschen und europäischen Kartellämtern müssen früh anlaufen, wenn beabsichtigte Zeitpläne eingehalten werden sollen. Gleiches gilt aber nicht nur im Kartellrecht, sondern z. B. auch beim Grundstückskauf, bei dem der Grundstückswert oft genug von den baurechtlichen Ausnutzungsmöglichkeiten abhängig ist, die zu Beginn von Verhandlungen selten feststehen.

57 Die Aufgabe der Anwälte ist es, all das so **früh wie möglich** zu ermitteln und damit die Zielrichtung der weiteren Verhandlungen zu bestimmen. Bei vielen weiteren Fragen können sie dann „außen vor bleiben".

In der Praxis sieht es aber meist ganz anders aus: Die Rechtsabteilung oder die beauftragten Anwälte erhalten Vertragsentwürfe, die in allen kaufmännischen Details (vor allem auf der Preisseite!) ausgehandelt sind, und sollen dann meist unter hohem Zeitdruck irgend etwas dazu sagen. Daß dabei nur **rechtliche Persilscheine** herauskommen können, liegt auf der Hand und hat in vielen Fällen zur Folge, daß rechtliche Gestaltungsmöglichkeiten, die zu einem früheren Zeitpunkt noch gegeben gewesen wären, endgültig entfallen.

58 Es sind aber nicht nur die rechtlichen Chancen, die bei diesem verfehlten Verfahren zerstört werden: Viel schlimmer ist es, daß **wirtschaftliche Alternativen** (Verhandeln mit einem anderen Vertragspartner, bei dem es diese Rechtsprobleme nicht gibt) durch den Zeitablauf längst verschüttet wurden und man am Ende nur zwischen einer schlechten Lösung oder gar keiner zu wählen hat. Meist wird dann die schlechte Lösung gewählt, weil man durch den Verhandlungsabbruch „sein Gesicht verliert"! (Teil 1, Rz. 296, 622).

a) Vertragsplanung

59 In der Vertragsplanung (Teil 1, Rz. 1 ff.) geht es zunächst darum, zu ermitteln, welche Ziele der Vertrag erreichen soll. Diese Ziele sind meist kaufmännisch/technisch vorgegeben, können aber auch andere Bereiche einschließen, so etwa den Wunsch nach künstlerischem Ausdruck, politischem Einfluß und anderen Faktoren.

Ein wesentliches Anliegen unserer Darstellung besteht darin, deutlich zu machen, daß alle rechtlichen Wirkungen, die man etwa festlegen kann, immer nur den Sinn haben können, diese Ziele zu realisieren, und nicht dazu dienen, ein Eigenleben zu führen.

b) Vertragsdesign

Vertragsdesign ist die Gesamtheit der Regeln, die den Entwurf im Aufbau, in seinen Formen und in seiner Sprache bestimmen (zum Begriff im einzelnen Teil 1, Rz. 221 ff.). 60

Gute Verträge entstehen nur, wenn sie kreativ gestaltet werden, und Kreativität steht immer in einem Spannungsverhältnis zu strengen Strukturen, die man wiederum benötigt, um Verträge als Planungs- und Ordnungswerkzeuge verwenden zu können:

Ein Vertrag, der die eigene **Position** im Hinblick auf einen künftigen Prozeß **sichern** soll, hat andere Schwerpunkte als ein anderer, dem die **Durchführung** des Vertrages, also eine **ergebnisorientierte** Vertragsgestaltung, mehr am Herzen liegt.

c) Vertragsverhandlungen

Faßt man den Begriff des Verhandelns weit, dann umfaßt er nicht nur den Kern rechtlich relevanter Verträge, sondern jede Art **kommunikativer Strategie,** die zu einem von beiden Seiten akzeptierten Ergebnis führen soll. Das kommt täglich in vielen standardisierten Situationen vor und wird gleichwohl nie zur Routine, weil die Bedingungen, unter denen verhandelt wird, immer wieder unterschiedlich sind: Der Manager, der soeben mit seinem Betriebsrat über Gehaltsstrukturen verhandelt und dort der Mächtigere ist, wird sich häufig genug unmittelbar danach gegenüber seinem Kunden in untergeordneter Rolle wiederfinden. 61

Verhandlungen nehmen häufig genug eine **überraschende Wendung** und erfordern unmittelbares schnelles Eingehen auf die Situation. 62

Deshalb zählen rechtliche Argumente nur zu einem geringen Anteil, und das mag auch einer der Gründe sein, warum man den Beitrag von **Anwälten** für überflüssig, wenn nicht gar störend hält. An diesem Vorbehalt sind Anwälte nicht unschuldig: Sie tragen zu schwierigen Vertragsverhandlungen oft genug nicht mehr bei als die stete Warnung vor unklaren Formulierungen und sehen sich dabei im besten Einklang mit der Haftungsrechtsprechung, die von Anwälten stets verlangt, den „sicheren Weg" zu empfehlen.

Richtig wäre es demgegenüber, schwirige Situationen durch eine Fülle von Vorschlägen aufzulösen, wobei es dem Anwalt natürlich unbenommen bleibt, darauf hinzuweisen, was ein sicherer und was ein weniger sicherer 63

Weg ist. Was Mandanten allzu oft genug vermissen, ist das Fehlen von **Aussagen, die die Sache weiterbringen.**

Bei technischen Verträgen trifft man auf das gleiche Problem, wenn man mit **Ingenieuren** redet, die dazu neigen, alles für „nicht machbar" zu erklären, was sie nicht schon realisiert haben.

64 Auch **Kaufleute**, die immerhin noch am risikofreudigsten sind (weil niemand von ihnen den Vorschlag des sicheren Weges verlangt), sind davon nicht frei, wenn es um Finanzierungsfragen geht.

Kurz: Ingenieure, Kaufleute und Juristen müssen zwar ihre jeweilige **spezialisierte Sicht** zu den Verhandlungen beitragen, es darf aber keine Sicht dominieren, sie müssen sich vielmehr **ergänzen**.

65 All das wäre noch relativ einfach, wenn alle, die am Verhandlungstisch sitzen, dem Idealbild des gut informierten, emotional beherrschten und ergebnisorientierten Verhandlungsteilnehmers entsprächen, wie es ein Teil der modernen Kommunikationstheorie (*Habermas*) wohl voraussetzt. Die Wahrheit kann aber im Diskurs nur dann erfolgreich entdeckt werden, wenn alle darin übereinstimmen, daß jede behauptete Tatsache nichts weiter als eine **Arbeitshypothese** ist, die jedesmal neu in Frage gestellt werden muß, wenn sich neue Aspekte ergeben. Ein solches Verfahren **überfordert** eine normale Vertragsverhandlung und bietet vor allem dann keine Lösung, wenn uninformierte, wenig intelligente und im schlimmsten Fall hysterische Gesprächsteilnehmer aufeinandertreffen, die das Ziel der Verhandlungen darin sehen, ihre Positionen so lange zu wiederholen, bis sie selbst beim Zuhören müde werden und ein mögliches Endergebnis längst aus den Augen verloren haben.

66 Solche Situationen kommen viel zu oft vor, als daß man sie als „schwierige Verhandlungen" bezeichnen dürfte. Man kann ihrer nur Herr werden, wenn man nicht nur mit **logischen Argumenten** an die Sache herangeht, sondern die **Gefühle** aller **Beteiligten** (einschließlich der eigenen) ernst nimmt und versucht, damit zu arbeiten. Dazu fehlen uns bisher in vieler Hinsicht die Werkzeuge. Anders in den östlichen Kulturen: Dort ist man aufgrund des andersartigen sozialen Hintergrundes nahezu gezwungen, auch extreme Verhandlungssituationen durch geduldiges Zuhören und Gewährenlassen zunächst zu entschärfen und dann solange darauf einzuwirken, bis Ermüdungserscheinungen eintreten und man am Ende doch ein für alle mehr oder weniger akzeptables Ergebnis zusammenbringt (in Japan: *Nemawashi* = „*gemeinsam die Baumwurzeln freilegen*", d. h. einer Sache auf den Grund gehen; in afrikanischen Kulturen: *Palaver*).

67 Dieses Verfahren gelingt natürlich nur, wenn man viel Geduld mitbringt und **soziale Sanktionen** in Aussicht stellen kann, falls die extremen Positionen nicht am Ende aufgegeben werden. Eine weitere Voraussetzung ist, daß alle Beteiligten im Rahmen des komplizierten Rituals von Geben und Nehmen (Japanisch: giri) ihr **Gesicht behalten** können.

68 Dieser Begriff ist auch in unseren Kulturen von weit höherer Bedeutung, als allgemein angenommen wird. Jeder von uns ist bestrebt, bei Verhandlungen seine Fassade zu schützen, wir entwickeln nur andere Mittel hierzu, in erster Linie die **Rationalisierung,** also den Versuch, etwas logisch argumentativ zu begründen, was letztlich nichts anderes als ein emotionaler Aufschrei ist. Die Amerikaner allerdings scheinen manchmal die Notwendigkeit, das Gesicht zu wahren, nicht allzu ernst zu nehmen, da es dort als Zeichen der Schwäche gilt, seine Position nicht in offener Auseinandersetzung (**challenge**) wahrzunehmen und die Standhaftigkeit der Gegenseite nicht in der Auseinandersetzung (**encounter**) zu testen.

Von dieser Attitüde blättert aber recht bald der Putz, wenn die Machtposition nicht so eindeutig ist, daß man sich das leisten kann, und es führt bei genügender Differenz der Kulturen oft genug zum Scheitern von Verhandlungen, die erfolgreich hätten beendet werden können.

69 Das **Wahren des Gesichts** ist ein allgemein menschliches Bedürfnis, wenn es auch in den **östlichen** Kulturen eine besondere Bedeutung hat.

Man sieht das am japanischen Begriff *kao no tatsu* (gesichtwahrend handeln), wobei der Begriff *kao* die Bedeutung „breit gefächerte Beziehungen" hat. Nimmt man das wörtlich, dann ist dort ein Mensch mit vielen Beziehungen ein solcher mit „breitem Gesicht", was tiefe Rückschlüsse auf die psychologische Verankerung diese Begriffs zuläßt. Wer sein Gesicht verliert, verliert damit auch „viele Beziehungen" und gerät damit in eine isolierte Situation, die man im Osten weit mehr zu fürchten hat als bei uns.

Im **Westen,** im Bereich der **statischen Vertragssysteme,** nimmt man diese Überlegungen wenig ernst, obgleich sie hier ebenfalls erhebliche Bedeutungen haben.

70 Eine Gefahr des vorsichtig angepaßten Abstimmens von Gruppeninteressen auf ein einheitliches Ergebnis soll aber nicht verschwiegen werden: Natürlich gibt nicht jeder, der letztlich dem Druck der Gruppe folgt, deshalb nach, weil er die besseren Argumente der anderen eingesehen hat. Viel Nachgeben ist da auch **Nachgiebigkeit,** und so kommt es nicht selten vor, daß ein schließlich im langen Palaver erzieltes allgemeines Einverständnis am Ende zu nichts weiter führt als einem **gutem Gefühl,** ohne daß die daraus gewonnenen Ergebnisse realistisch, sinnvoll oder umsetzbar wären. Wer hierfür in unseren Bereichen Anschauungsmaterial sucht, wird in den Protokollen der Parteitage, die ja stets genügend zu verhandeln haben, ausreichendes Material finden.

71 Man kann die Voraussetzungen für erfolgreiche Vertragsbeziehungen zusammenfassend wie folgt kennzeichnen:

– Man muß **die eigenen Ziele** kennen.
– Man braucht die Fähigkeit, die **Perspektive wechseln** zu können (eigene Sicht der Dinge/die Sicht der andere Seite/die Auffassungen Dritter).

– Man muß die **eigene Position** und das **Verständnis** für die Perspektiven der anderen überzeugend (bildhaft, nicht nur argumentativ) **darstellen** können.

d) Vertragsdurchführung

72 Die Vertragsdurchführung umfaßt alle organisatorischen Maßnahmen und Verhaltensregeln, die nach Festlegung der Risikoverteilung im späteren Verlauf durch den Vertrag notwendig werden, um die durch die Planung vorgegebenen Ziele tatsächlich zu erreichen.

73 Das Vertragsmanagement soll eine hohe Qualität der Vertragsgestaltung sichern helfen. Wenn das gelungen ist, wird man im Bereich der Vertragsdurchführung keine nennenswerten rechtlichen Probleme mehr antreffen, denn, wie oft gesagt wird, bleibt dann „der Vertrag in der Schublade".

Verträge können aber beim besten Willen aller Beteiligten nicht alle Situationen vorausplanen, die bei der Vertragsdurchführung entstehen. Dann muß das Vertragsdesign und die Vertragsgestaltung die Werkzeuge bereithalten, die man benötigt, um solche Krisen bewältigen zu können.

e) Vertragscontrolling

74 Das Vertragscontrolling ist eine Aufgabe, die jede Partei für sich zu erledigen hat. Da die Vertragsziele für jeden der Vertragsschließenden unterschiedlich sind, muß er auch selbst bewerten können, ob sie erreicht wurden und welche Differenzen es ggf. zwischen Ziel und Realität gegeben hat.

Im industriellen Bereich ist eine Kontrolle von Ziel und Ergebnis – vor allem im Wege der Nachkalkulation von Projekten – nicht nur Standard, sondern auch durch Qualitätsnormen (DIN/ISO 9000 ff.) vorgegeben. Für Verträge gilt das noch nicht. Wir versuchen in diesem Buch erste Ansätze für ein **Vertragscontrolling** zu skizzieren, so wie es sich in der näheren Zukunft entwickeln kann.

f) Zwölf Grundregeln des Vertragsmanagements

75 Die nachfolgenden Grundregeln sind zum wenigsten juristischer Natur. Sie spielen aber zur Vorbereitung rechtlicher Formulierungen eine erhebliche Rolle und müssen daher in allen Stadien des Vertragsmanagements beachtet werden.

> ▷ 1. **Risikoverteilung:** Durch Verträge werden Risiken und Risikoprognosen verbindlich verteilt.
> Phantasievolle **Risikoprognosen** bestimmen die Qualität des Vertrages.

▷ 2. **Ergebnisorientierung:** Verträge müssen den **Vertragszielen** dienen. Widersprechende Vertragsziele müssen verhandelt und gewichtet werden.

▷ 3. **Verfahrensregel:** Ergebnisse hängen immer auch vom **Verfahren** und von den **Verhandlungsbedingungen** ab (Information, Motivation, Intelligenz, Raum, Zeit, Mittel, Wege, Strukturierung, Verhandlungsstil etc.).

▷ 4. **Komplexität und Flexibilität:** Vertragsbeziehungen sind **komplexe Gebilde** – Ursachen und Wirkungen sind vielfältig verflochten und oft weder planbar noch gestaltbar. Sie müssen deshalb flexibel sein, wenn sie nicht brechen sollen.

▷ 5. **Zauberregel:** Jeder will am liebsten alles sofort umsonst.

▷ 6. **Information und Kommunikation:** Wissen ist Macht. Ohne Information kann man nichts richtig einschätzen, ohne Kommunikation (Reden, Schweigen, Gefühlsäußerungen, allgemeines Verhalten) kann keine Vertragsbeziehung entstehen.

▷ 7. **Strukturieren und Dokumentieren:** Strukturieren (teile und herrsche) und Dokumentieren (Unterschrift statt Handschlag) von Ideen **verändert** deren Qualität.

▷ 8. **Phantasie:** Lösungen wachsen aus (oftmals kleinen) Phantasien und sind bis zuletzt durch (oftmals triviale) Ereignisse zerstörbar.

▷ 9. **Anregen, nicht überreden:** Man kann niemanden ändern. Aber man kann sein **Interesse** für eine Lösung wecken, die er dann eher akzeptiert, wenn er sie selbst (mit)gefunden hat.

▷ 10. **Unterbewußtsein:** Entscheidungen werden selten nur durch Argumente und fast immer durch das Unterbewußtsein, die Gefühle und Phantasien der Beteiligten beeinflußt, die Argumenten nicht zugänglich sind. Jeder denkt (fühlt, phantasiert) sich bis zuletzt seinen Teil.

▷ 11. **Bilanz der Zugeständnisse:** Keine endgültigen Zugeständnisse, bevor man die Bilanz der gegenseitigen Zugeständnisse nicht abgestimmt hat. Die Kosten-/Nutzenbilanz kann aus beliebigen Elementen bestehen (Geld, Sachen, Rechte, Phantasien und Emotionen).

▷ 12. **Überblick behalten:** Segeln und steuern, nicht rudern. Dabei Wind (auch Gegenwind!) nutzen.
Mutig Vertrauen **investieren,** aber gleichzeitig Ergebnisse **kontrollieren.**

All diese **Statements** sind nicht mit rechtlichen Mitteln faßbar, sie setzen vielmehr technische und kaufmännische Intelligenz und flexible Ausnutzung der Situation voraus. Sie münden aber alle letztlich wieder in **vertragli-**

chen **Formulierungen,** die das Ergebnis der Verhandlung im Guten wie im Schlechten widerspiegeln.

2. Vertragsgestaltung

77 Wenn Vertragsplanung, -design und -verhandlung gut gelungen sind, ergeben sich in vielen Fällen auch qualitativ hochstehende Vertragsinhalte. Die jahrhundertelange Arbeit der Juristen – vor allem der Anwälte – hat im Bereich der Vertragsgestaltung eine Form und Vielfalt entwickelt, auf die man in den meisten Fällen als Anregung – und gelegentlich als Kopie – zurückgreifen kann.

78 Gerade diese Formenvielfalt, wie sie sich in Handbüchern, Formularbüchern und anderen Werken der juristischen Literatur findet, ist nicht unproblematisch:

– Die Benutzung von **Formularbüchern** mag gefährlich werden, wenn man meint, in den vorgeschlagenen Formularen sei für alle denkbaren Situationen das Notwendige enthalten. Formularbücher unterstützen zwar das assoziative Denken, verführen aber auch zur Scheinsicherheit und können damit den kritischen Blick auf besondere Situationen versperren.

– Ausgearbeitete **Vertragsformulare** können nicht zur gleichen Zeit die unterschiedlichen Perspektiven mehrerer Parteien widerspiegeln. Wie die Erfahrung zeigt, nützt auch das schlichte Umdrehen einzelner Formulierungen wenig, da man sich allein damit die gegensätzliche Perspektive nicht erarbeiten kann.

– Für viele **individuelle Vertragsgestaltungen**, die nicht auf Standardsituationen passen, **fehlen** geeignete Formulare.

79 In den Teilen 2, 4 und 5 versuchen wir, diese Schwierigkeiten zu beheben. Dort werden Werkzeuge für die Vertragsgestaltung vorgestellt, mit deren Hilfe man im Bereich der **Austauschverträge** und der **gesellschaftsrechtlichen Verträge** selbst Vertragsmuster entwerfen kann.

Sie sind **modular** aufgebaut und versuchen mit der Technik der **Checklisten** alle denkbaren Gesichtspunkte zu erfassen, über die nachgedacht werden muß.

80 Natürlich können Checklisten mit dieser Zielsetzung kein Formularbuch ersetzen, sie können aber dabei helfen, Formularbücher zu ergänzen und in all den Fällen, in denen die Formularbücher nicht mehr weiterhelfen, eigene Lösungen zu finden, die eine höhere Qualitätssicherheit haben, als die freie Entwicklung eines Vertrages es sonst gestattete.

Wir verkennen dabei nicht, daß diese Werkzeuge notwendig **abstrakt** bleiben und vom Benutzer selbst mit Leben ausgefüllt werden müssen.

Dem steht aber der bedeutende Vorteil gegenüber, daß durch möglichst vollständige Fragestellungen die Gesamtproblematik auch dann sichtbar werden sollte, wenn man sie zunächst nicht entdeckt hat. Auch wenn Checklisten selbst niemals vollständig sein können, so sind sie jedenfalls leichter ergänzbar als ausgebildete Vertragsmuster und werden in vielen Fällen gerade wegen ihrer Abstraktheit Querfragen und Assoziationen auslösen, die nicht einmal die Autoren bedacht haben.

Teil 1
Vertragsmanagement

1 Vertragsplanung

	Rz.
I. Strategie und Taktik	1
1. Vertragsstrategie	1
2. Vertragstaktik	12
3. Grenzen der Taktik	19
II. Planungsfaktoren	21
1. Informationen	24
a) Informationen geben	28
b) Informationen nehmen	30
c) Informationen prüfen und aktualisieren	31
d) Einfluß auf das Vertragsmanagement	33
2. Machtverhältnisse und Beziehungen	35
3. Zeitrahmen und Prioritäten	39
4. Finanzielle Mittel	46
5. Einsatz von Projektteams	50
6. Berater	53
a) Beratungsgebiete	53
b) Auswahl von Beratern	60
c) Beraterverträge	61
d) Zusammenarbeit beim Vertragsmanagement	66
aa) Vereinbarung von Funktion, Rolle und Tätigkeitsumfang	66
bb) Grundregeln für die Zusammenarbeit	71
e) Krisensituationen	75
f) Haftung von Beratern	79
aa) Haftung gegenüber dem Auftraggeber	80
bb) Haftung gegenüber Dritten	83
cc) Beweislast, Schaden und Verjährung	85
dd) Sekundärhaftung	88
ee) Haftung des Beraters für eingeschaltete Dritte	90
7. Kommunikation	92

	Rz.
8. Entschlossenheit	98
9. Feste Strukturen und Flexibilität	104
a) Auffangplanung	106
b) Vertragskonzeption	107
c) Flexible Regelungen	110
d) Änderungsvereinbarungen	115
10. Störfaktoren	119
III. Risikobewertung	127
IV. Zusammenarbeit zwischen Managern, Unternehmensjuristen und Rechtsanwälten	137
1. Rechtsfragen im Unternehmen	137
a) Risikomanagement	139
b) Manager, Unternehmensjuristen und Rechtsanwälte	141
2. Rechtsmanagement in der Aufbauorganisation	150
a) Tatsachen und Rechtsfragen	150
b) Aufgabenverteilung nach Servicegesichtspunkten	155
3. Rechtsmanagement in der Ablauforganisation	159
4. Kosten und Nutzen	164
5. Zusammenfassung	169
V. Planungsszenarien	170
VI. Vertragsvorbereitung	174
1. Planung	175
2. Interne Organisation, Teamwork	180
3. Ideensammlung	182
4. Tatsachen und Meinungen	187
5. Tatsachen und Bilder	191
6. Dokumentation	193
7. Informationen über den Vertragspartner	194
8. Rechtslage	195

	Rz.		Rz.
9. Entwurfsregie	200	11. Verträge mit ausländischen Vertragspartnern	210
10. Interne Abstimmung der Entwürfe	207	12. Letter of Intent	214

I. Strategie und Taktik

1. Vertragsstrategie

1 Unter dem Begriff Vertragsstrategie sind alle Überlegungen zusammenzufassen, die sich um den Abschluß und die Durchführung des Vertrages drehen. Die Vertragsstrategie ist dabei ein Teil der **Gesamtstrategie**, die sich auf ein bestimmtes Vorhaben oder Projekt bezieht. Die Bandbreite ist erheblich: Die Vertragsstrategie kann sich ebenso auf einen mehrjährigen Einkaufsvertrag für halbfertige Produkte als auch auf einen Firmenkauf oder die Entwicklung eines modularen Vertragssystems (Rz. 271) erstrecken.

Natürlich gibt es auch viele Verträge in der Unternehmenspraxis, die keine besonderen strategischen Überlegungen erfordern. Diese Fälle sollten aber immer in eine bestimmte – strategisch geplante – Vertragsstruktur eingebunden sein und sich nicht, wie in den meisten Fällen, aus der Unternehmenspraxis einfach organisch entwickeln.

2 Durch strategische Überlegungen will man das Projekt „in den Griff bekommen", man befindet sich zunächst abtastend, dann in immer engerem Kontakt in einem Ringkampf mit dem Vertragspartner, bei dem man je nach Situation oben oder unten zu liegen kommt. „*Ringen hat nichts mit Kraft, sondern mit Kontrolle zu tun*" (John Irving), es sind also niemals die allgemeinen Machtverhältnisse, sondern es ist immer nur das Ausmaß der Kraft ausschlaggebend, die jeder der beiden in der jeweiligen Situation konkret einsetzen kann.

Dabei ist der Vertrag nur **ein** strategisches Mittel, denn die angestrebte Kontrolle des Vertragspartners kann sich aus allem zusammensetzen, was nötig ist, um ihn zu veranlassen, seinen Teil zum Gelingen beizutragen. Das sind z. B. persönliche Bindungen, Überzeugung durch Dritte, Berufung auf Konventionen, Informationsirrtümer – kurz: jeder einzelne der Planungsfaktoren (Rz. 21 ff.) kann richtig oder falsch gehandhabt werden.

3 Die Planung dieser Strategie ist immer eine **Führungsaufgabe** der Geschäftsführung bzw. des Vorstandes, der mit der Rechtsabteilung oder den Anwälten die richtige Vorgehensweise abstimmen muß, denn in diesem Bereich geht es keinesfalls nur um juristische Fragen, es ist vielmehr immer auch die **Unternehmensstrategie** berührt.

4 In der Praxis erlebt man eine frühzeitig und intelligent geplante Vertragsstrategie nur selten. Die meisten Manager und Anwälte vertrauen darauf, daß sie ein Naturtalent für Vertragsgestaltung und Vertragsverhandlungen haben

(daher jederzeit spontan reagieren können), und meinen, der **Zeitaufwand** für die Vertragsplanung stehe in keinem Verhältnis zu den Ergebnissen. Diese Haltungen führen nur dann nicht zu Problemen, wenn die Dingen normal laufen und wenn die Machtverhältnisse so verteilt sind, daß man sich das leisten kann. Wird aber plötzlich die Zeit knapp, werden Budgets gekürzt oder verändern sich andere Umstände, dann hilft die beste Intuition nichts, wenn man keine frühzeitig vorbereitete Alternativplanung hat: „*Der Individualist, der über keinerlei Strategie verfügt und glaubt, einem leichten Gegner gegenüberzustehen, wird unvermeidlich verlieren*" (*Sun Tsu*, S. 178).

Die Vertragsstrategie muß dabei einen Spannungsbogen schlagen, wenn sie erfolgreich sein will:

– Jede Partei hat in der Regel **entgegengesetzte** Projektziele.

– Diese können aber nur erreicht werden, wenn beide Parteien einen Vertrag abschließen, in dem diese **unterschiedlichen Projektziele** rechtlich miteinander verbindlich **verknüpft** werden.

Solche strategischen Ziele sind etwa:

– Ein Unternehmen der Fertigungsindustrie will eine Ingenieurfirma kaufen, um das dort vorgefundene Know-how nutzen zu können – die Ingenieurfirma will lieber selbständig bleiben oder sich so teuer wie möglich verkaufen.

– Der Autor eines Trickfilms, der über die Filmrechte verhandelt, will die Verwertungsrechte an den Figuren behalten – die Produktionsfirma hat es aber auf genau diese Rechte abgesehen.

– Ein Verlag will die gesamte EDV auf eine neue Software umstellen, und zwar möglichst zum Festpreis – das Softwarehaus hingegen kann den Umfang der Arbeiten nicht annähernd genau genug kalkulieren.

In all diesen Situationen haben beide Parteien gute Gründe, den Vertrag zu wollen, stehen aber andererseits in dem Dilemma, daß sie mit dem Vertrag ihre eigenen Ziele nur erreichen können, wenn auch die eigenen Bedingungen angemessen erfüllt werden. Die Vertragsstrategie muß versuchen, dieses Dilemma aufzulösen.

Dieser Spannungsbogen wird von Managern deshalb selten richtig erkannt, weil es bei anderen strategischen Überlegungen nicht immer notwendig ist, Interessengegensätze zu verknüpfen: Will man etwa im Rahmen einer Vertriebsstrategie einen neuen Auslandsmarkt erobern, muß man zwar damit rechnen, daß die vorhandene Konkurrenz darauf abwehrend reagieren wird, man muß sich mit ihr aber nicht an einen Tisch setzen und darf das in vielen Fällen aus kartellrechtlichen Gründen auch gar nicht. Die allgemeine Unternehmensstrategie ist also selten ein „Ringkampf", weil es an einer nahen Berührung der beiden Kontrahenten fehlt.

8 Die Besonderheit der **Vertragsstrategie** ist also gewöhnungsbedürftig und **muß gelernt werden.**

Dabei helfen bestimmte Eigenschaften, die *Sun Tsu* wie folgt benennt (S. 65):

– Intelligenz,
– Glaubwürdigkeit und Vertrauen,
– Mitgefühl mit der Situation anderer,
– Mut,
– Konsequenz.

Diese Aufzählung liest sich, wie das bei alten Texten häufig geht, ganz selbstverständlich. Bei genauerem Hinsehen – wenn man etwa die Gegensätze der genannten Eigenschaften zu entwickeln sucht – sieht man schnell, daß die Auswahl wohlüberlegt getroffen wurde.

9 Negativ gewendet muß die Strategie nämlich folgende Eigenschaften vermeiden:

– Uninformiertheit und Dummheit,
– Verlogenheit und Unzuverlässigkeit,
– Verständnislosigkeit und Rechthaberei,
– Unentschlossenheit,
– Inkonsequenz und Disziplinlosigkeit.

Von diesen Fehlern kommen fehlende Information, Blindheit für die Position des anderen und Inkonsequenz bei Vertragsverhandlungen außerordentlich oft vor, wobei viele Manager diese Schwächen durchaus erkennen, oft aber aufgrund gewachsener Firmenkulturen nicht wirklich beseitigen können: Für ausreichende Information wird den Verhandlungsführern zu wenig Zeit gelassen, beachtenswerte Sichtweisen des Vertragspartners dürfen nicht akzeptiert werden, weil dies dem eigenen Image widerspricht, entscheidungsreife Vorlagen werden weder akzeptiert noch verworfen und dergleichen mehr. Die wünschenswerten Eigenschaften können Verhandlungsteams daher nur entwickeln, wenn sie die nötige **Unterstützung** durch die **Firmenkultur** und die **Geschäftsführung** haben, denn *„die Treppe wird von oben gekehrt"*.

10 Ist das strategische Ziel einmal bestimmt, dann muß das **Vertragsziel** ins Auge gefaßt werden. Während das strategische Ziel naturgemäß immer kontrovers bleibt, ist das Ziel des Vertrages die Herstellung einer **konstruktiven Vertragsbeziehung**, die es beiden Parteien am Ende erlaubt, ihre jeweiligen Ziele zu erreichen. Für die Zeit der Vertragsdurchführung befinden sich beide Parteien nämlich trotz gegenläufiger Interessen im gleichen Boot, und der Vertrag soll dazu beitragen, daß dieses Boot nicht kentert.

11 Der Vertrag bietet Hilfe bei der Vertragsdurchführung, wenn er

- das **gemeinsame** Ziel realistisch darstellt,
- die **unterschiedlichen** Interessen, Risiken und Konfliktpotentiale der Parteien deutlich macht,
- **Verhaltensregeln** – vor allem für Konflikte – entwickelt, wenn sie im Gesetz fehlen,
- **Sanktionen** abgestuft so regelt, daß die Vertragserfüllung auch in Krisen möglichst noch gesichert bleibt.

2. Vertragstaktik

Während die Strategie das Projektziel und das Vertragsziel definiert, befaßt sich die Vertragstaktik mit den **Werkzeugen**, **Mitteln** und **Wegen,** mit denen diese Ziele erreicht werden sollen. Wenn das strategische Ziel etwa lautet, etwas möglichst billig zu erwerben, dann muß man in taktischer Hinsicht bestrebt sein, den Verkäufer unter Preisdruck zu setzen. Die Mittel dazu sind vielfältig (Rz. 200 ff., 229 ff., 378 ff., 469 ff., 529, 598 ff.) und durchziehen das gesamte Vertragsmanagement von den ersten Vorbereitungen über das Design bis hin zur Verhandlung und zur Durchführung.

Die Entwicklung und Nutzung taktischer Werkzeuge bedeutet keinesfalls, die Strategie der **ergebnisorientierten Vertragsgestaltung** aufzugeben. Vielmehr sollen die taktischen Werkzeuge gerade dem Zweck dienen, den **Erfolg** dieser Strategie durch Kontrolle zu **sichern,** denn nur so können natürliche Vorteile und Übergewichte einer Seite, wie sie sich vor allem aus gegebenen Machtverhältnissen herleiten, wieder austariert werden. **Taktik** soll nicht schaden, sondern **Bindung durch Kontrolle** erzeugen – wozu letztlich der andere mit gleichen taktischen Mitteln beiträgt!

Allerdings entwickeln sich Auswahl und Anwendung taktischer Mittel ganz anders, wenn man im Sinne herkömmlicher Vertragstaktik beim Entwurf und der Verhandlung von Verträgen hauptsächlich **negativ** daran denkt, wie man aus einem möglichen Konfliktfall möglichst viel herausschlagen will. In einem solchen Fall versucht man durch den Vertragstext,

- den anderen möglichst eng zu binden und schwere **Sanktionen einzubauen,** ohne daß er das merkt,
- entsprechenden **Bindungen** selbst **auszuweichen,**
- **Texte** immer dann **unklar** zu lassen, wenn dies (vermeintlich) der eigenen Position dient (in der Praxis wendet sich das oft genug gegen einen selbst),
- mit **Formulierungen** um **Positionen** statt um **Ergebnisse** zu kämpfen.

Eine **ergebnisorientierte Vertragstaktik** geht anders vor: Sie versucht, das strategische Ziel eines klaren und ausgewogenen Vertragstextes zu erreichen, und achtet beim Vertragsmanagement darauf, daß die Art und Weise, wie die Verhandlungen geführt und der Vertrag realisiert wird, von beiden

Parteien als **gemeinsame Aufgabe** betrachtet wird, soweit die Interessengegensätze dies zulassen.

16 Taktik besteht nicht nur aus Intuition, sondern aus einfachen, aber oft **widersprüchlich** wirkenden Werkzeugen, die mit Phantasie benutzt werden wollen. Sie sind in ihrer Wirkung bei den Planungsfaktoren (Rz. 21 ff.) und im weiteren Verlauf der Darstellung beschrieben. Vorab eine Übersicht:

▷ **Nähe** zum Vertragspartner herstellen,
▷ **Distanz** zum Vertragspartner halten,
▷ **Zeitdruck** erzeugen,
▷ Verhandlungen **verlangsamen,**
▷ eigene Informationslage **aufdecken,**
▷ eigene Informationslage **verstecken,**
▷ **großzügige** Angebote machen (ernstgemeint oder zum Schein),
▷ sich mühsam alles **abhandeln lassen** (ernstgemeint oder zum Schein),
▷ die **Alternativen** des anderen beschränken,
▷ dem anderen **neue Alternativen** aufzeigen, die er selbst nicht sieht,
▷ **Arbeitsteilung** anbieten,
▷ **Arbeitsteilung** ablehnen,
▷ den anderen in Vorkosten und in **Vorinvestitionen** treiben,
▷ den anderen durch **Dritte** beeinflussen,
▷ den anderen unter **Entscheidungsdruck** setzen,
▷ selbst Entscheidungen **verzögern,**
▷ Kräfte **bündeln,**
▷ Kräfte **verteilen,**
▷ den anderen **vollständig** und richtig informieren,
▷ den anderen **unvollständig** und halbrichtig informieren,
▷ den anderen **falsch** oder nicht informieren,
▷ **Kompromißbereitschaft** offen austesten,
▷ eigene Forderungen zu **hoch** ansetzen,
▷ berechtigte Forderungen zum Schein **abweisen,**
▷ Texte **klar** und abgestimmt formulieren,
▷ scheinbar klare Texte **unabgestimmt** lassen (um sie später anders interpretieren zu können),

- ▷ Texte bewußt **unklar** lassen,
- ▷ frühzeitige **Scheinzusage** geben (um dann im Detail unnachgiebig zu werden),
- ▷ gute Angebote **zum Schein ablehnen**, um noch bessere zu bekommen,
- ▷ sich einen **Verbündeten** beim Vertragspartner **suchen,**
- ▷ rationale Situationen durch gezielte Emotionen **irritieren,**
- ▷ Krisensituationen durch Unbeteiligtsein ins **Leere laufen** lassen,
- ▷ **eigene Verpflichtungen** bewußt nicht, schlecht oder unter Verzug erfüllen,
- ▷ die **Verpflichtungen** des **anderen** unnachgiebig einfordern,
- ▷ Einsatz von **Presseveröffentlichungen,**
- ▷ Erzeugung von **politischem Druck,**
- ▷ Einsatz von **Beziehungen** und **Vermittlern.**

Diese Liste ließe sich beliebig verlängern, reduziert sich aber auf einer abstrakteren Ebene im Grunde auf zwei Begriffspaare, nämlich auf

- Realität und Schein,
- Statik und Dynamik.

So abstrakt diese Begriffspaare sein mögen, so bestimmen sie doch im Grunde die verschiedenen Stilarten, aus denen sich jede Taktik zusammensetzt.

Entscheidend wichtig ist dabei, daß man sich innerlich vollkommen frei fühlt, die richtigen taktischen Mittel in der gegebenen Situation einzusetzen. Wer grundsätzlich davon überzeugt ist, daß er am Ende nachgiebig sein muß, wird sein taktisches Ziel genauso verfehlen wie derjenige, der es für richtig hält, an seinen Positionen grundsätzlich festzuhalten: *"In der Regel mußt du ... deine Taktik hundertmal, bei jedem Schritt verändern. Du mußt vorrücken, wenn du siehst, daß du vorrücken kannst, du mußt dich zurückziehen, wenn du siehst, daß du in einer Sackgasse steckst"* (*He Yanxi*, Kommentator zu *Sun Tsu*, dort S. 109).

3. Grenzen der Taktik

Natürlich gibt es Grenzen taktischen Verhaltens. Zum einen sind dies alle gesetzlichen Verbote, wozu im Bereich der Vertragsverhandlung in erster Linie der Eingehungsbetrug (§ 263 StGB) und alle Formen sittenwidrigen Verhaltens (§ 138 BGB, § 823 BGB) gehören.

Innerhalb dieser Grenzen ist das Vermeiden eigener Fehler und die Ausnutzung von Fehlern der Gegenseite immer legitim, um die eigene Position und damit die eigenen strategischen Ziele zu erreichen. Das wird augenfällig, wenn man sich klarmacht, daß Vertragsverhandlungen aus der Sicht des Unterlegenen ohne den Einsatz solcher Mittel oft genug ins Leere laufen müßten: Wer für Amnesty International über die Freilassung von Gefangenen verhandelt, ist gut beraten, sich tiefe Gedanken über Strategie und Taktik auch in problematischen Formen seines Vorgehens zu machen, wenn er dabei Erfolg haben will.

20 Diese Grundregel ändert sich allerdings dann, wenn man es sich aufgrund strategischer Vorgaben **selbst verbietet,** bestimmte taktische Mittel einzusetzen, die in die Welt des Scheins gehören, so vor allem die bewußte oder in Kauf genommene Fehlinformation, das Erzeugen von Druck- und Knebelungssituationen etc. etc. Es gibt nur sehr wenige Menschen, die eine solche Entscheidung treffen und wirklich durchhalten können. Mahatma Gandhi z. B. war selbst dazu fähig, konnte seine Anhänger aber immer nur durch Hungerstreiks dazu drängen, an diesen Grundsätzen festzuhalten. In einer vergleichbaren Situation wird der Manager sich selten finden. Gandhi war aber innerhalb seiner selbst gesetzten moralischen Grenzen ein außerordentlich erfahrener Taktiker, der formale Gesetzesverstöße wie z. B. im Rahmen seiner Paßverbrennungsaktionen in Südafrika durchaus in Kauf genommen hat. Die Ablehnung heimlicher Strategien, die gerade in dieser Verletzung zum Ausdruck kommt, ist gleichzeitig ein guter Beweis für die Kraft der zuvor entwickelten Strategie.

II. Planungsfaktoren

21 Um Planung und Strategie nicht der Intuition der Beteiligten zu überlassen, ist es zweckmäßig, die Faktoren zu strukturieren, die Strategie und Taktik bestimmen. Dies sind:

– Informationen,
– Machtverhältnisse und Beziehungen,
– Zeitrahmen und Prioritäten,
– Finanzielle Mittel,
– Einsatz von Projektteams,
– Beratung,
– Kommunikation,
– Entschlossenheit,
– Flexibilität,
– Störfaktoren.

Eine Reihe dieser Faktoren beziehen sich auf Tatsachen (so vor allem die Informationen, die Machtverhältnisse und die finanziellen Mittel), andere erschließen psychologische und emotionale Zonen, die für das strategische Er-

Planungsfaktoren Rz. 23 **Teil 1**

gebnis aber von gleichem Gewicht sind, so vor allem die Kommunikationsstrategie.

Diese Planungsfaktoren sind unter allen Gesichtspunkten (so vor allen den rechtlichen/kaufmännischen/technischen) zu bewerten, die die Entscheidung letztlich tragen sollen. Im vorliegenden Zusammenhang werden sie insofern kommentiert, als sie unmittelbar für die rechtliche Bewertung und die Vertragsfassung von Bedeutung sind. Nur auf diesen Aspekt beziehen sich die Hinweise und Checklisten, die demnach nur einen **Teil der Planungsarbeit** unterstützen können. Ein praktisches Werkzeug ist der **Planungspfeil**, bei dem das Vorhaben auf eine Zeitachse und eine Tätigkeitsachse gelegt wird. Hier wie bei allen anderen graphischen Hilfsmitteln liegt ein besonderer Wert darin, das Chart nicht nur einmal zu erstellen, sondern in den **verschiedenen Phasen** der **Planung** immer wieder neu an den jeweiligen Sachstand **anzupassen.** So gewinnt man auf einfache Weise ein anschauliches Bild von der **Differenz** zwischen Planung und Realität. 22

Chart zur Planung von Vertragsverhandlungen 23

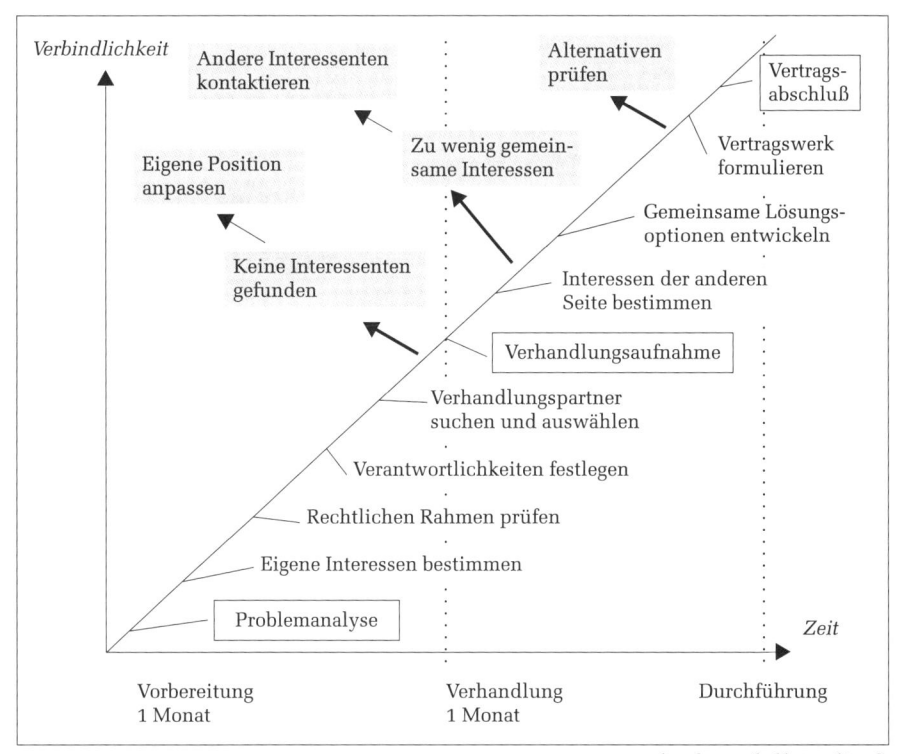

© denkmodell Berlin ®

Das obige Beispiel eines Planungs-Charts bildet den geplanten Verhandlungsprozeß in bezug auf die Dimensionen **„Zeitbedarf"** und **„Verbindlichkeitsgrad"** ab. Die beispielhaft eingezeichnete Gerade kann in Ablaufphasen untergliedert und durch wichtige Arbeits- und Entscheidungsschritte charakterisiert werden. In der oberen Hälfte der Grafik werden **Sollbruchstellen** und mögliche **Verhandlungsalternativen** dargestellt.

1. Informationen

24 Informationen sind das wichtigste Planungselement, denn alle anderen Faktoren hängen davon ab: Wer über die Machtverhältnisse nicht informiert ist, kann mit ihnen ebensowenig rechnen wie jemand, der seine finanziellen Ressourcen oder diejenigen des Vertragspartners nicht kennt oder nicht realistisch einschätzen kann.

25 In einer vielfältig vernetzten Umgebung stehen allgemeine Informationen den meisten zur Verfügung, um so wichtiger ist es, sich frühzeitig zu überlegen, woher man **besondere Informationen** erhalten kann, die nicht allgemein zugänglich sind.

„Wenn du die anderen und dich selbst kennst, wirst du auch in hundert Schlachten nicht in Gefahr schweben; wenn du die anderen nicht kennst, aber dich selbst kennst, dann siegst du einmal und verlierst einmal; wenn du die anderen nicht kennst und dich selbst nicht kennst, dann wirst du in jeder einzelnen Schlacht in Gefahr sein" (Sun Tsu, S. 110).

26 **Information** wird **genommen** und **gegeben**. Dabei ist die Information, die man sich über die eigene Situation holt, naturgemäß einfacher zu erlangen als diejenige über den anderen, und trotzdem stößt man innerhalb von Konzernen oder komplexeren Organisationen schon intern auf erhebliche Probleme. Das interne Sammeln von Informationen geschieht am besten anhand von Checklisten, die man sich projektbezogen anfertigt. Solche **Fragen lauten** etwa:

– Wer ist für die **Informationssammlung** verantwortlich?
– Wie ist unsere **Position** im **Markt**?
– Welchen **Zeitrahmen** haben wir zur Verfügung?
– Welche **finanziellen Mittel** sind budgetiert?
– Wer arbeitet im **Projektteam**?
– Brauchen wir **Unterstützung** von **Dritten**?
– Wer ist für die **Vertretung** nach außen zuständig?
– Wann sollten wir das Projekt **abbrechen**?
– Welche **Alternativen** stehen uns zur Verfügung?
– Was kann die Planung **störend** beeinflussen?

Die gleichen Fragen stellt man sich dann spiegelbildlich, indem man versucht, sich über die Position der anderen Seite Klarheit zu verschaffen, also wie dort die Position im Markt, die Budgets, die Kompetenzen und die Informationswege sind etc. etc.

Das Geben und Nehmen von Informationen in einem vergleichsweise unkritischen Stadium ganz am Beginn eines Projekts ist auch ein guter Test für die Firmenkultur und das künftige Verhandlungsklima, in dem man sich bewegen wird. Selten genug wird diese Chance genutzt. 27

a) Informationen geben

Die Frage, was man von diesen **Informationen** in welchem Stadium des Projekts **preisgibt**, hängt immer von der **konkreten Situation** ab. 28

Zunächst ist zu bedenken, daß die Gegenseite allgemein verfügbare Informationen vor allem über Wirtschaftsdatenbanken (Creditreform, Ecodata, Bürgel etc.) beziehen kann. Viele Firmen wissen gar nicht, was dort über sie gespeichert ist, obgleich es nach den Datenschutzgesetzen jederzeit Auskunft darüber gibt. Es ist z. B. ein grober **Planungsfehler**, wenn man Kreditgespräche führt, die sich wider Erwarten längere Zeit hinziehen, um dann zu spät zu entdecken, daß das Zögern der Bank in erster Linie darauf beruht, daß die Bonitätsauskünfte falsch oder völlig veraltet waren.

In **taktischer** Hinsicht ist es keinesfalls selbstverständlich, alles offen darzulegen, was die Gegenseite ohne große Schwierigkeiten erhalten kann. Wird dort nämlich der Fehler gemacht, sich nicht aus allgemein zugänglichen Quellen zu informieren, dann ist jede freimütig gegebene Information eine Geste des **Vertrauens**, die letztlich in die „**Bilanz der Zugeständnisse**" Eingang findet (mehr dazu unten Rz. 541 ff.). 29

b) Informationen nehmen

Erhaltene Informationen dürfen nie ungeprüft hingenommen werden, und die **Prüfung** sollte man **dokumentieren**, damit man geprüfte von ungeprüften Informationen unterscheiden kann. So können etwa Bankauskünfte durch Nachfragen bei anderen Banken ebenso überprüft werden wie Presseveröffentlichungen, Umsatzzahlen oder technische Angaben. 30

c) Informationen prüfen und aktualisieren

Die Informationssammlung darf auch keinesfalls mit dem Vertragsschluß aufhören, wie es nur allzu oft geschieht. Bonitätsschwächen im Bereich der Vertragsdurchführung können ein Projekt ebenso gefährden wie sich wandelnde Marktsituationen oder technische und gesetzliche Änderungen. 31

Selbst wenn beide Seiten bei Beginn eines Projekts über alle Informationen verfügen, die relevant sind, würde das doch gegen **künftige Risiken** nichts helfen.

32 Der finanzielle und organisatorische Aufwand, der mit der Informationssammlung verbunden ist, wird oft genug als nutzlos betrachtet, vor allem dann, wenn die Informationssammlung sich in den Bereich der **Alternativplanung** hinbewegt. Man begründet das meist damit, daß man am Anfang noch gar nicht absehen kann, welche Informationen letztlich relevant werden, und hält dann den investierten Aufwand für überflüssig. Wie falsch diese Ansicht ist, zeigt der Blick nach Japan, wo bekanntlich das Sammeln von Informationen außerordentlich intensiv betrieben wird und die Projektplanungszeit sich dadurch deutlich erhöht. Aus vielen wissenschaftlichen Untersuchungen weiß man aber, daß dieser Aufwand sich später wieder kompensiert, weil die Zeit für die Durchsetzung bei besserer Informationslage deutlich sinkt (dazu noch näher unten Rz. 41 ff.). Daß mit diesem System darüber hinaus erhebliche Entscheidungsfehler vermieden werden, liegt auf der Hand.

d) Einfluß auf das Vertragsmanagement

33 Die Informationssammlung hat auch einen wesentlichen Einfluß auf das Vertragsmanagement und die Art und Weise, wie Verträge entworfen und verhandelt werden. Jede Information, die die andere Seite vorlegt und die sich als richtig erweist, stärkt das Vertrauen, und umgekehrt sinkt es dramatisch, wenn man das Gefühl hat, ständig mit veralteten, unrichtigen oder halben Informationen bedient zu werden. Bei Vertragsverhandlungen wird oft genug das Klima dadurch beeinträchtigt, daß beide Parteien über Dinge streiten, die keiner von ihnen genau weiß: *„Je weniger Licht man auf ein Problem wirft, um so mehr erhitzt es die Gemüter"* (*Desmond Morris*).

Wer in der Information überlegen ist, hat auch ein einfaches Mittel, mit Selbstüberschätzung, Arroganz und Rechthaberei fertig zu werden, die ihm vielleicht auf der anderen Seite begegnen, denn all diese Attitüden lassen sich nur solange aufrechterhalten, bis sie durch die Realität zerstört werden.

34 Aus alldem ergeben sich folgende Regeln:
   – Alle relevanten Informationen müssen so **früh wie möglich** zusammengetragen werden,
   – Informationen sind zu **prüfen,**
   – die **Weitergabe** von Informationen ist Gegenstand der Verhandlung,
   – man kann Informationen über sich selbst **beeinflussen,**
   – Informationen müssen vom Beginn bis zum Ende des Projekts **aktuell** gehalten werden.

2. Machtverhältnisse und Beziehungen

„Macht korrumpiert und absolute Macht korrumpiert absolut. Alle großen Männer haben dunkle Seiten." Von diesem Satz, den *Lord Acton* eher beiläufig in einem seiner politischen Essays geschrieben hat, ist die erste Hälfte weltbekannt geworden, die zweite hingegen hört man nicht so oft, sie hat aber trotzdem ihre Richtigkeit. Absolute Macht unter allen Bedingungen ist auch in Diktaturen und Monopolen selten anzutreffen: Die Machtverhältnisse werden nämlich von den anderen Planungsfaktoren (vor allem von der Information, die ihrerseits Macht ist) stark relativiert und können sich daher nicht immer und überall in gleicher Qualität durchsetzen. Aus diesem Grund trifft auch die ironische Bemerkung zu, daß Macht zwar korrumpiert, das **Fehlen** von Macht aber absolut korrumpiert: Gegen absolute Macht kann man sich in der Tat oft nur durch Bestechung wehren, und das ist nur dann nicht korrupt, wenn es das einzige Werkzeug der Notwehr ist, über das man verfügt. 35

Damit sind wir schon mitten in den konkreten Themen: 36

Natürlich erscheint die Situation eines kleineren oder mittelständischen Betriebes, der der Automobilindustrie zuliefert, für eine denkbare Verhandlungsstrategie zunächst hoffnungslos (Lopez-Syndrom). Gleichwohl muß auch das mächtigste Unternehmen seine Rechtsverhältnisse durch Verträge gestalten und muß daher auch die Verhandlung zulassen. Am Ende muß sich aber jeder fragen, ob ihm mit einem Vertragsabschluß gedient ist, der wegen der harten Bedingungen das Standing des Vertragspartners so untergräbt, daß man sich auf seine Leistung am Ende nicht mehr wird verlassen können. Solange **wirtschaftsrechtliche Gesetze** (Kartellrecht, Wettbewerbsrecht, AGB-Recht) das Schlimmste verhindern, gibt es also auch für Vertragspartner mit schlechteren Ausgangslagen Chancen, sich durchzusetzen. Das mag oft nicht beim Preis der Fall sein, der für Kaufleute leider oft genug der einzige Fetisch ist, um den sich die Verhandlung dreht. Es könnte aber sehr wohl eine Erhöhung der **Mitwirkungsleistungen** des mächtigen Vertragspartners, eine **Unterstützung** bei der **Informationssammlung** und damit der eigenen Planungssicherheit, eine **Hilfe** bei der **Produktentwicklung,** der **Finanzierung** oder vieles andere zur Folge haben, das die Situation am Ende **ausgewogen** macht.

Wie immer ist auch hier taktisch richtiges Verhalten ausschlaggebend. Bei komplexen technischen Verträgen, bei denen auf beiden Seiten die Ingenieure das Sagen haben, sieht man zum Beispiel oft, daß der unterlegene Vertragspartner im technischen Projektleiter der anderen Seite seinen Verbündeten gegenüber den Kaufleuten von beiden Seiten findet (von den Juristen ganz zu schweigen) und gemeinsam mit diesem unrealistische Qualitätsforderungen abwehrt. 37

Ein kleinerer Vertragspartner kann auch dann leichteres Spiel haben, wenn die andere Seite aufgrund eigener Planungsfehler zum Beispiel hohe Vorinvestitionen hatte, die ohne Vertragsschluß verloren wären, Alternativlösungen aufgrund des Zeitdrucks nicht mehr verhandelbar sind, die eigenen Abnehmer drängen und dadurch insgesamt der Zeitrahmen zu eng wird.

38 Wer solche Zwangslagen erkennt, kann sich auch in schwierigen Situationen durchsetzen und damit seinerseits das entscheidende taktische Ziel erreichen: Die **Kontrolle** der **Gesamtsituation** ist entscheidend.

Dabei spielen psychologische Faktoren immer eine viel größere Rolle, als man allgemein annimmt, da vieles sich im Unterbewußtsein abspielt (s. Rz. 378 ff.). Das Bestreben, **Gesichtsverluste** zu vermeiden, beeinflußt den Gang von Verhandlungen auch in Europa viel intensiver, als den meisten bewußt wird, und viele Verhandlungen scheitern daran, daß Empfindlichkeiten der anderen Seite nicht richtig erkannt werden.

3. Zeitrahmen und Prioritäten

39 **Unstrukturierte Zeit dehnt sich unendlich.** Das ist eine der wenigen Regeln ohne Ausnahme, wie man an vielen gescheiterten Projekten sehen kann, die ohne richtige Milestones, bindende Zeitvereinbarungen und ähnliche Hilfsmittel angegangen wurden, mit denen man Zeit strukturiert. Die Zeit hat wirklich nur die Qualität, die man ihr gibt. Das stellt man immer wieder fest, wenn man versucht, mit einem pensionierten Manager einen Termin zu bekommen: In der Regel ist das schwieriger als zu Zeiten seiner aktiven Laufbahn.

Man kann sogar umgekehrt sagen: Aus Projekten, die man nicht bewußt unter Zeitdruck setzt, wird in der Regel nichts: *„Daher habe ich von Unternehmungen gehört, die zwar ungeschickt, aber schnell waren, aber ich habe nie eines gesehen, das geschickt und langwierig gewesen wäre"* (Sun Tsu, S. 81).

40 Wie man die Schwerpunkte in der Zeitplanung eines Gesamtprojekts setzt, hängt von sehr vielen Faktoren ab, die man nicht verallgemeinern kann. Trotzdem gibt es grundsätzliche Haltungen zum **Zeitaufwand** für das Vertragsmanagement, die man etwa wie folgt charakterisieren kann:

- Unternehmen, die auch im übrigen dazu neigen, sich erst umfassend zu informieren, dann sorgfältig abzuwägen und vorsichtig zu entscheiden, verhalten sich beim Vertragsmanagement ganz genauso. Dieses, für den Osten typische Verhalten hat den Vorteil hoher Planungssicherheit und **beschleunigt** die **Vertragsdurchführung** erheblich, weil es in dieser Phase dann nahezu keine ungeklärten Fragen mehr gibt.

- Die andere Methode, die bei westlichen Unternehmen eher üblich ist, besteht in einer ziemlich schnellen Entscheidung nach Klärung wichtiger Eckdaten, und bei diesem Verfahren bleibt den Anwälten meist zu wenig Zeit, die notwendige Qualität bei der Vertragsgestaltung zu entwickeln. Erfahrungsgemäß gibt es später bei der Vertragsdurchführung interne Abstimmungsprobleme oder unbedachte Schwierigkeiten, so daß beide Wege am Ende den gleichen Zeitbedarf hervorrufen.

Zeitverhalten bei Projekten

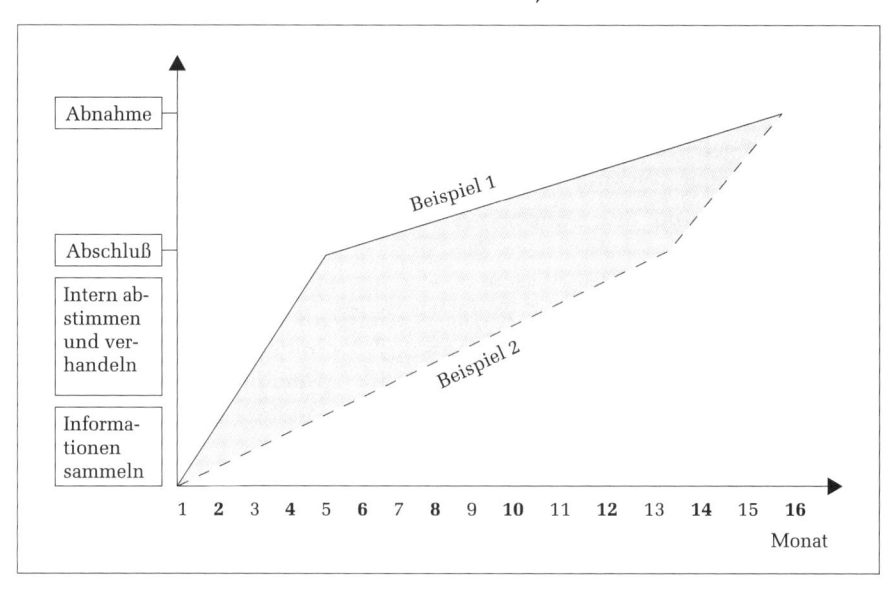

Im ersten Beispielsfall ist der Vertragsabschluß im vierten Monat erfolgt, der Projektabschluß hingegen erst im sechzehnten Monat, während im anderen Fall der Vertragsabschluß sich dreizehn Monate hingezogen hat, die Durchführung dann aber in drei Monaten gelang. Natürlich sind beim zweiten Verfahren viele Vorarbeiten schon in der Vertragsanbahnungsphase erledigt worden, während im ersten Fall diese Tätigkeiten erst geraume Zeit nach Vertragsabschluß begonnen wurden. Im Endergebnis zeigt sich jedoch, daß es sich eher lohnt, in die Planungs- und Vorbereitungsphase mehr Zeit zu stecken, weil man sie anderenfalls in die Durchführungsphase investieren muß.

Bei richtiger Zeiteinteilung kann man sich eine Menge Fehler leisten. Bei falscher Zeiteinteilung aber potenzieren sich die Fehler extrem, weil man unter unstrukturiertem Zeitdruck nur noch schwer Informationen sammeln, miteinander reden oder die Finanzierung sicherstellen kann etc.

Falsche Zeiteinteilung führt zur Aneinanderreihung von **fehlerbehafteten Ad-hoc-Entscheidungen**, und oft genug sind es gerade die großen Unternehmen, die wegen ihrer eigenen komplexen Struktur diese Dinge nicht in den Griff bekommen.

Die Zeiteinteilung und das Setzen von **Prioritäten** hängen engstens zusammen, weil bestimmte Aufgaben einen zeitlichen Vorlauf brauchen und daher unabhängig von ihrem Gewicht für die Entscheidungen vorgezogen werden müssen.

44 Schließlich spielt der Zeitfaktor bei der Suche nach **Alternativen** eine Rolle: Je früher man erkennt, daß ein Projekt keine Erfolgschancen hat, um so eher kann man noch auf Alternativen ausweichen.

Wie wichtig die Ausnutzung des Zeitfaktors in taktischer Hinsicht ist, liegt auf der Hand: Selbst wenn man nicht die taktischen Möglichkeiten hat, den anderen unter Zeitdruck zu setzen, so kann man doch dessen Planungsfehler, die die gleiche Wirkung haben, für sich nutzen.

45 Auch **Strategie** und **Zeit** hängen zusammen, denn jede Strategie hat eine kurzfristige und eine langfristige Perspektive, die nicht unbedingt zur gleichen Zeit sichtbar werden müssen.

Zeitplanung wird auch als wichtiges taktisches Mittel eingesetzt, indem man selbst versucht, Zeit zu gewinnen und der anderen Seite Zeit zu nehmen. Dieser Druck kann leicht unfaire Formen annehmen (ausführlich unten Rz. 468 f.).

4. Finanzielle Mittel

46 Geld spielt für die Planung immer eine Rolle, vor allem, wenn es um das Aushandeln von Preisen geht. Der Umgang mit Geld scheint so einfach zu sein, daß in diesem Bereich die Fehlerquote besonders hoch liegt: Wer glaubt, ein höherer Preis sei immer besser als ein niedrigerer und es sei immer klug, Zahlungen zurückzubehalten, wenn man etwas zu beanstanden hat, kann damit anspruchsvolle Projekte schneller ruinieren als mit jeder anderen Methode.

Konflikte dieser Art erlebt man z. B. oft bei anspruchsvollen Bau- und Softwareprojekten, die nach der Vorstellung des Kunden aufgrund der sehr harten Marktverhältnisse für den Hersteller seit längerem meist nur noch über Festpreisangebote vergeben werden.

47 Man verschiebt damit das Kalkulationsrisiko voll in den Bereich des Herstellers, gibt diesem aber selten genug in der Vorbereitungsphase Gelegenheit, diese Risiken realistisch abschätzen zu können. In vielen Fällen kommt es dann zwar zum Vertragsschluß, es gibt aber nie ein vollendetes Projekt, weil der Anbieter es unter diesen Preiskonditionen einfach nicht packen, geschweige denn die Schäden ersetzen kann, die für den Besteller intern im Laufe eines fehlgeschlagenen Projektes anwachsen. Die meisten Softwarehäuser könnten aufgrund ihrer geringen Kapitalausstattung nicht einen einzigen größeren Schadensfall überleben, so daß der Besteller zwar einen Vertrag in der Hand hat, aber seine Schadensersatzforderung nur auf dem Papier steht.

Ähnlich entwickeln sich die Dinge, wenn Teilzahlungen geleistet werden sollen, denen Mängel gegenüberstehen. Solange diese Mängel nicht erkennbar die Gesamtleistung gefährden, muß mit Zurückbehaltungsrechten vorsichtig umgegangen werden, wenn man in einer weiterhin belastbaren und vertrauensvollen Vertragsbeziehung stehen will.

Große Fehler werden auch im Bereich der eigenen **Refinanzierung** und der **Liquiditätsplanung** gemacht. 48

Daß die Liquiditätsplanung unmittelbaren Einfluß auf die Vertragsdurchführung hat (Fälligkeitsregeln etc.), ist manchen Managern nicht genügend klar, und die genaue Abstimmung zwischen **Leistungen, Finanzplanung, Fälligkeiten** und **Sicherheiten** erfordert intensive Abstimmung zwischen verschiedenen Interessen auf seiten beider Vertragspartner und Dritter (insbesondere der Banken).

Verträge, bei denen die Vertragspartner ihre Leistungen refinanzieren müssen, sind von diesen Risiken besonders bedroht. Offenkundig ist das im Bereich der Grundstückskaufverträge: Nur selten bleibt die Zeit, einen geplanten Kauf so frühzeitig mit der kreditgebenden Bank abzustimmen, daß diese ihre Entscheidung rechtzeitig vor der notariellen Beurkundung treffen kann. Wenn – wie üblich – die Kaufverpflichtung eingegangen werden muß, bevor man weiß, ob man eine Finanzierung bekommt, können diese Risiken nur durch Optionsrechte, Rücktrittsrechte oder andere juristische Werkzeuge abgefangen werden, wenn nicht erheblicher Schaden entstehen soll. Auch bei **Langzeitverträgen** jeder Art sind die Schnittstellen zwischen der Finanzplanung und der rechtlichen Gestaltung von höchster Bedeutung. 49

5. Einsatz von Projektteams

Verträge, die nicht standardisiert oder als unproblematische Massengeschäfte vor sich gehen, erfordern die Definition von Verhandlungskompetenzen und die Einrichtung einer Verhandlungsorganisation (Vertragsmanagement), wenn die anstehenden Aufgaben erfolgreich gelöst werden sollen. Es mag ausreichen, einem Manager die Aufgabe für das Vertragsmanagement zu übertragen, bei größeren Projekten werden regelmäßig Teams entstehen, die dann eine **Binnenstruktur** brauchen. 50

Die Einrichtung einer solchen Organisation und der zugehörigen Kompetenzen macht allen Beteiligten die Bedeutung eines bestimmten Vorhabens klar. Wo es hingegen kein Vertragsmanagement gibt, kann man niemanden zur Verantwortung ziehen, und jeder dieser Planungsfehler wirkt sich unmittelbar auf das Verhandlungsergebnis aus. Oft genug fehlt im Unternehmen die „Vertragsakte", in der alle Informationen, die das Vertragsprojekt betreffen, zusammenfließen, weil diese – der normalen Aufbauorganisation des Unternehmens folgend – auf verschiedene Abteilungen verteilt sind. Resultat: Es entstehen große Informationslücken, und die Kommunikation leidet erheblich.

Von absolut ausschlaggebender Bedeutung ist die Bildung von Projektteams bei Unternehmenskäufen oder anderen größeren **Vorhaben**, die nicht zum **gewöhnlichen Geschäftsbetrieb** gehören. Hier ist ein Funktionieren des Vertragsmanagements um so bedeutungsvoller, als Berater (Steuerberater, Wirt- 51 schaftsprüfer, Rechtsanwälte, Unternehmensberater) zugezogen werden müssen, die für ihre Arbeit ein **einheitliche Anlaufstelle** mit Entscheidungskompetenzen brauchen.

52 Die Auswahl des Managers, der ein Projektteam oder eine Vertragsverhandlung führt, bedarf genauester Einschätzung. Er sollte unterhalb der Entscheidungsebene liegen, also möglichst nicht selbst Geschäftsführer sein (was bei kleineren Unternehmen allerdings selten möglich ist), mit dem Unternehmen und all seinen Vorzügen und Mängeln gut vertraut sein und alle Eigenschaften aufweisen, die zu einem guten Verhandler gehören (Rz. 395 ff., 502 ff., 541 ff.).

6. Berater

a) Beratungsgebiete

53 Bei den meisten Vertragsprojekten ist der Einsatz externer Berater unverzichtbar. Es handelt sich um

– Rechtsanwälte,

– Notare,

– Steuerberater,

– Wirtschaftsprüfer,

– Unternehmensberater,

– Technische Gutachter,

– Finanzberater,

– Presseberater,

– Politische Berater,

– Verbandsberater.

Dazu kommen oft noch Dolmetscher oder andere Fachleute, die keine umfassenden Berateraufgaben haben, sondern einzelne übertragene Aufgaben lösen. Diese Berater frühzeitig auszuwählen und innerhalb des Projekts zu koordinieren ist eine wichtige Aufgabe des Vertragsmanagements, weil Fehler in diesem Bereich den Erfolg unmittelbar beeinträchtigen können.

54 In vielen Fällen steht man diesem Aufwand kritisch gegenüber. Typisch sind folgende Argumente:

– es sei zeitlich zu aufwendig, den Berater mit allen Hintergrundinformationen zu versehen, die für seinen Rat erforderlich sind,

– der Berater störe die Verhandlungskultur,

– der Berater werde außer Bedenken zur Sache selbst nichts beitragen,

– die Kosten seien zu hoch.

Diese Argumente werden um so ernster genommen, wenn das Unternehmen selbst über entsprechende Fachleute, vor allem Juristen, Steuerfachleute oder Ingenieure verfügt, die man in das Projekt integrieren kann. Solche Fachleute kennen naturgemäß das Unternehmen und meist auch den Vertragspartner gut, haben mit den übrigen Mitgliedern des Projektteams (bestenfalls) keine Kommunikationsprobleme und lassen sich daher in das Projekt einfach einfügen.

Gleichwohl gibt es wichtige Gesichtspunkte, die für den Einsatz von Beratern sprechen und gegen die entstehenden Kosten abgewogen werden müssen: 55

▷ **Übergreifende Fachkenntnisse:** Auch ein sehr fähiger Manager/Jurist/Steuerberater, der im Unternehmen arbeitet, kauft nicht jeden Tag Firmen oder schließt komplexe Verträge ab. Auch wenn er sein Fachwissen aus Büchern ergänzen kann, fehlt ihm die konkrete Anschauung aus Parallelprojekten. Die Berater bringen oft aus vergleichbaren Projekten auch Kenntnisse mit, die nicht nur ihren eigenen Fachbereich betreffen (insbesondere im Bereich des Vertrags- und Projektmanagements).

▷ **Befangenheit:** Jeder Mitarbeiter des Unternehmens ist auf Grund der bestehenden Unternehmenshierarchie in seinen Aussagen befangen und muß stets auf seine eigene Stellung und die der anderen Teambeteiligten Rücksicht nehmen.

▷ **Vier-Augen-Prinzip:** Es erfordert die Zuziehung außenstehender Fachleute für die Bewertung der eigenen Vorschläge. Sind Fachleute gleicher Richtung im Haus, wird der Wert des Vier-Augen-Prinzips sogar verstärkt, weil sie sich gegenseitig in ihren Fachkenntnissen ergänzen.

▷ **Kreativität:** Von einem guten Berater kann man kreative Vorschläge für kritische Situationen erwarten und nicht nur (was meist befürchtet wird) die Formulierung von Bedenken, die man ohnehin selbst hat.

▷ **Distanzierung:** Der Einsatz von Beratern ermöglicht die zeitweise Distanzierung von bestimmten Verhandlungsergebnissen, die der Berater erreichen soll und die der Genehmigung bedürfen. Dadurch kann man Verhandlungen beschleunigen oder verlangsamen.

▷ **Waffengleichheit**: Berater stellen die Waffengleichheit zu der anderen Partei her, soweit diese selbst beraten ist.

▷ **Rückendeckung**: Berater geben dem Management Rückendeckung für kritische Fragen der Aktionäre und Aufsichtsräte.

▷ **Haftungsansprüche**: Berater verschaffen dem Unternehmen einen Haftungsanspruch für Fehlberatung, der gegen eigene Mitarbeiter nicht gegeben ist.

56 Eine schwierige Aufgabe ist es, mehrere **Berater** zunächst untereinander und dann mit dem eigenen **Projektteam** zu **koordinieren**. Das geschieht am einfachsten durch eine klare **Aufgabenbeschreibung** in den **Beraterverträgen**, so daß der Einsatz der Rechtsanwälte, die diese Aufgabe übernehmen, am **Anfang** steht. Schon hier werden erhebliche Fehler gemacht, weil es meist gegenüber den eingeschalteten Steuerberatern und Wirtschaftsprüfern, die das Unternehmen ohnehin kontinuierlich begleiten, an der Definition der besonderen Aufgaben fehlt, die im Rahmen des Vertragsmanagements auf sie zukommen.

Das läßt sich durch richtige Auswahl des Beraters vermeiden, denn ein qualifizierter Berater weiß, daß er *„helfen, wenigstens nicht schaden"* soll, wie *Hippokrates* zutreffend von den Ärzten sagt.

57 Darüber hinaus ist es gerade am Anfang von Projekten zwar schmerzhaft, meist aber hilfreich, wenn zunächst die **Nachteile** von Verträgen intensiv geprüft werden, denn *„Vorteile und Nachteile sind eng verwoben – lerne zuerst die Nachteile kennen, dann kannst du leichter die Vorteile erkennen"* (*Li Quan*, Kommentator zu *Sun Tsu*, dort S. 82).

58 Zu frühe Phantasien über mögliche Vorteile *(„Gier frißt Hirn")* sind für jedes Projekt schädlich, und es ist besser, man bewegt sich von einer zurückhaltenden Betrachtungsweise zu einer positiveren Sicht der Dinge als umgekehrt. Die Erfahrung, daß **Anwälte** oft mehr hindern als vorwärts bringen, liegt denn auch nicht selten daran, daß sie viel zu spät eingeschaltet werden und man ihnen keine Chance läßt, ihre Ideen früh genug einzubringen: In vielen Fällen könnte man das Projekt dann noch in eine andere Richtung bringen, was unter Zeitdruck später gar nicht mehr möglich ist.

Darüber hinaus muß man lernen, den Beitrag, den ein Berater am besten leisten kann, frühzeitig zu sehen: Der **Notar** etwa, der einen Vertrag beurkundet, darf auf Grund der gesetzlichen Vorschriften keine der beiden Parteien einseitig beraten und hat seine Stärke darin, die **Durchführbarkeit** von Verträgen kritisch zu beleuchten, er darf aber eine gestellte Frage nicht zugunsten einer Partei einseitig beantworten, so z. B. mit welchen Haftungsklauseln eine Partei gegenüber der anderen im Vorteil sein kann.

59 Bei Vertragsentwürfen von **Steuerberatern** gibt es immer wieder das Problem, daß der Entwurf zwar die steuerlichen Perspektiven, nicht aber andere, so etwa die gesellschaftsrechtlichen oder haftungsrechtlichen Perspektiven berücksichtigt und deshalb zwischen steuerlichen und anderen Perspektiven kein Gleichgewicht herstellt. Das gilt natürlich auch umgekehrt für anwaltliche Entwürfe, die steuerlich nicht durchdacht sind.

Am gefährlichsten ist das Abschreiben von Verträgen aus früheren Projekten, bei denen vielleicht ein Berater mitgewirkt hat, so daß man nun den Eindruck hat, die Dinge müßten nicht erneut durchgeprüft werden. Gesetze und Rechtsprechung ändern sich so schnell, daß bei diesem Verfahren **Scheinsicherheiten** entstehen, die sich schädlich auswirken können.

Auf technische Sachverständige, Unternehmensberater und andere Ratgeber lassen sich diese Überlegungen unschwer übertragen.

b) Auswahl von Beratern

Kennt man Berater nicht schon aus anderer Zusammenarbeit, gibt es eine feste Regel, die man einhalten sollte: Berater muß man sich **empfehlen** lassen. 60

Aus der Werbung kann man einen Teil der Berater nicht ermitteln, denn Notare z. B. dürfen überhaupt nicht werben, Rechtsanwälte, Steuerberater, Wirtschaftsprüfer nur eingeschränkt, und gerade die qualifiziertesten sehen aus Imagegründen häufig davon ab.

Die Empfehlungen können von Verbänden, von befreundeten Unternehmen, ja sogar von der anderen Partei stammen, die einen Berater in einem anderen Zusammenhang kennengelernt hat.

Ob der Berater ein Spezialist oder ein Generalist sein soll, hängt von der Aufgabenstellung ab. (Zur Auswahl von Rechtsanwälten ausführlich: *Heussen* in *Umgang mit Anwälten*, S. 46 ff.)

c) Beraterverträge

Das Rechtsverhältnis des Auftraggebers zum Berater wird durch den Beratervertrag bestimmt, der in der Regel ein Dienstvertrag ist, gelegentlich aber (so vor allem bei Gutachten) auch ein Werkvertrag sein kann (näher *Ponschab* in Beck'sches Rechtsanwaltshandbuch, S. 1147 ff.). 61

Die Notare bilden hier allerdings eine Ausnahme, weil ihre Rechte und Pflichten einschließlich ihrer Kosten (über die nicht verhandelt werden kann) in der Bundesnotarordnung und dem Kostengesetz bestimmt festgelegt sind und von den Parteien nicht geändert werden können.

Bei den übrigen Beratern können Art und Umfang der Tätigkeit im Beratervertrag genau eingegrenzt und beschrieben werden. Der Beratervertrag sollte mindestens umfassen:

– Auftragsbeschreibung,
– Kompetenzen,
– Honorar,
– Haftung.

Wenn mit Rechtsanwälten, Steuerberatern und Wirtschaftsprüfern keine ausdrückliche Honorarvereinbarung abgeschlossen wird, richtet sich das Honorar nach den jeweiligen **gesetzlichen Gebührenordnungen** und damit nach dem **Gegenstandswert** des Vertrages. 62

Er kann vor allem bei Langzeitverträgen (Lizenzen), Unternehmenskäufen oder Immobilienverträgen sehr hoch liegen, weshalb das sich danach zu bemessende Honorar weit über einem angemessenen Stundenhonorar liegt.

Rechtsanwälte dürfen im Rahmen von laufenden Beratungsverträgen und außerhalb von Prozessen Zeithonorare vereinbaren (was früher nicht möglich war).

63 Manche Berater können bei Standardprojekten, deren Umfang sie übersehen können, auch **Festpreise** anbieten, deren Höhe bei Anwälten, Steuerberatern und Wirtschaftsprüfern am Umfang der übernommenen Verantwortung orientiert sein muß.

64 Bei Stundenhonoraren erweist sich in der Praxis, daß gerade am Anfang, wenn es um die Erfassung der Informationen geht, der Zeitaufwand erheblich höher ist als im weiteren Verlauf des Projekts. Das mag einer der Gründe dafür sein, daß man versucht, den Berater erst **spät einzuschalten**, wenn manches schon geklärt ist, oder ihm gar nur einzelne Detailaufgaben zuzuweisen, die sich aus der gesamten Problematik herauslösen lassen.

Dieses Verfahren hat **wesentliche Nachteile**: Die Fülle der möglichen Alternativen und Optionen, die am Anfang eines Projekts oft genug vorhanden sind und die verschiedene steuerliche und rechtliche Lösungen zugelassen hätten, verengen sich im Zuge der Verhandlungen immer mehr, so daß der gute Rat, es auch anders zu versuchen, aus praktischen Gründen gar nicht mehr angenommen werden kann. Der Wert des Beraters besteht aber gerade darin, die Planung am **Anfang** mit seinen Vorschlägen günstig zu beeinflussen. Gibt man ihm immer nur Detailaufgaben, so schränkt man darüber hinaus auch seine **Haftung** für die gesamte Planung in seinem Aufgabenbereich ein.

65 Die meisten Berater schlagen bezüglich ihrer Haftung eine **Haftungsvereinbarung** vor. Dazu muß man wissen, daß formularmäßige Haftungsbeschränkungen, wie sie sich vor allem in den AGB der Rechtsanwälte, Wirtschaftsprüfer und Steuerberater immer wieder finden, auch gegenüber Kaufleuten rechtsunwirksam sind. **Wirksam** ist jedoch eine **individuelle Haftungsvereinbarung**, die der Berater mit einer entsprechenden Versicherung auch so abdecken kann, daß sie werthaltig ist. Versicherungssummen um 3 000 000 € bis 5 000 000 € für jedes Einzelprojekt sind bei Anwälten durchaus üblich, und im Wege der Einzelversicherung kann mit Einschaltung von Rückversicherern auch eine höhere Summe vereinbart werden, wobei die Prämien allerdings beträchtlich sind.

d) Zusammenarbeit beim Vertragsmanagement

aa) Vereinbarung von Funktion, Rolle und Tätigkeitsumfang

Die Vereinbarung der Rolle, die der Berater zu übernehmen hat, kann nicht abstrakt im vorhinein bestimmt werden, da sie von der jeweiligen Situation abhängig sein wird. Entscheidend kommt es auf das vertrauensvolle Zusammenspiel von Auftraggeber und Berater an, denn *„die Beziehung zwischen Berater und Klient beruht mehr auf Feingefühl als auf Planung und ist mehr Kunst als Wissenschaft"* (*Salacuse*, The Art of Advising Negotiators, Negotiation Journal ... 1995, 393). 66

Die wichtigste Regel für den Berater lautet: Er muß den Rahmen, in dem er tätig ist, **vorher** abstecken und Art und Umfang seiner Vollmacht mit seinem Auftraggeber genau abstimmen. Erfahrungsgemäß entstehen immer wieder Situationen, in denen man als Berater eine bestimmte Konzession für vernünftig hält, die vom eigenen Mandanten später als unzumutbar zurückgewiesen wird. Der Berater kommt dann in eine sehr schwierige Situation, weil sein eigener Goodwill an die in Aussicht gestellte Konzession geknüpft war und seine Glaubwürdigkeit unter solchen Rückziehern erheblich leidet.

Ein Berater kann **offen** auftreten, also unmittelbar mit der Gegenseite verhandeln, er kann **verdeckt** im Hintergrund bleiben, ohne daß die Gegenseite merkt, daß ein Berater eingeschaltet wurde, und er kann **parallel** zu den eigenen Verhandlungen des Auftraggebers von Fall zu Fall eingesetzt werden. *Salacuse* (a. a. O., S. 391 ff.) unterscheidet anschaulich drei Rollen, die man (frei übersetzt) wie folgt bezeichnen kann: 67

– der Diener,
– der Regisseur,
– der Partner.

Der **Diener** steht in der Rolle eines Mitarbeiters seines Mandanten und hat nur das auszuführen, wozu er beauftragt ist. Kreative Vorschläge in irgendeiner Richtung soll er nicht geben, er wird begrenzt informiert und er erhält nur Teilaufgaben zugewiesen. Folglich haftet er auch nur, wenn er auf Grund der ihm gegebenen Informationen Mängel hätte erkennen müssen.

Der **Regisseur** wird eingesetzt, um das gesamte Vertragsmanagement zu steuern. Oft übernehmen **Unternehmensberater** diese Rolle bis hin zu völlig selbständiger Vertragsverhandlung. Der Regisseur macht die fremde Sache zur eigenen, und die Gefahr dieser Rolle besteht in der Überschreitung der Kompetenzen. Sie realisiert sich meist dann, wenn ein Berater dieser Art selbständig Zusagen macht, Verträge unterschreibt etc., weil er dann über die Beraterposition hinaus wie ein vollmachtloser Vertreter selbst haften kann (§§ 177, 179 BGB).

Der **Partner** ist weder Diener noch Regisseur, er erhält vollständige Informationen, soll kreative Beiträge leisten, muß aber nach der Rollenverteilung immer dann hinter seinem Auftraggeber zurücktreten, wenn dieser das verlangt. Seine Pflicht ist es, in allen Situationen auf Fehler hinzuweisen, er darf aber nicht zur Vermeidung von Fehlern das Ruder an sich reißen.

68 Auf den ersten Blick scheint die Partnerrolle die einzige, die einem selbständigem Berater gerecht wird. Das trifft aber auf jene Fälle nicht zu, in denen der Verhandlungsführer über hohe eigene Fachkompetenz verfügt und lediglich einen **Coach** braucht (Dienerrolle), und in anderen Fällen mag es für einen unsicheren Auftraggeber von großem Nutzen sein, wenn der Berater die Rolle des Regisseurs zu übernehmen bereit ist, auch wenn er im Gegenzug eine ausdrückliche Haftungsbeschränkung für den Fall verlangt, daß er Fehlentscheidungen trifft. Anwälte sehen sich z. B. in der Rolle des Konkursverwalters oder Testamentsvollstreckers, in der ihnen aus gesetzlichen Gründen die Rolle des Regisseurs zufällt, häufig vor vergleichbaren Abgrenzungsproblemen.

69 Die Rollen vermischen sich in der Praxis also immer wieder, was für den Berater unter Haftungsgesichtspunkten latent gefährlich sein kann. Wenn etwa in einer bestimmten Verhandlungssituation dem Mandanten zur Lösung schwieriger Probleme nichts mehr einfällt, mag der partnerschaftliche Berater eine Lösung sehen und sich gedrängt fühlen, diese unabgestimmt auf den Verhandlungstisch zu legen. In einer solchen Situation muß er erkennen, daß er seine bisher definierte **Rolle überschreitet** und zum Regisseur wird. Er darf das nicht ohne Abstimmung tun, was zwingend voraussetzt, daß die Verhandlung unterbrochen und die Rolle neu geklärt wird. Solche „Auszeiten" kommen immer wieder vor. Werden sie zu häufig verlangt, erkennt man (und meist auch die Gegenseite) die Mangelhaftigkeit seiner Vorbereitung.

Es ist für beide Seiten außerordentlich wichtig, die in Frage kommenden **Rollen** frühzeitig bei Übernahme des Auftrags zu **klären** – vielleicht auch im Beratungsvertrag als Möglichkeiten zu beschreiben – und nicht erst in Krisensituationen zu entscheiden, was vom Berater eigentlich verlangt wird.

70 Welchen Teil der Berater in- oder außerhalb von Verhandlungen übernimmt, hängt von der jeweiligen Situation ab. Es kann sich empfehlen,
– völlig im Hintergrund zu arbeiten und lediglich als **Coach** tätig zu sein,
– **gemeinsam** mit dem Mandanten zu verhandeln,
– allein **ohne den Mandanten** zu verhandeln bis zu dem Zeitpunkt, wo die endgültigen Entscheidungen zu treffen sind.

Alle diese Optionen haben unterschiedliche Vor- und Nachteile und sind im Rahmen der Aufgabenverteilung festzulegen (ausführlich unten Rz. 500 f.).

bb) Grundregeln für die Zusammenarbeit

Die wichtigste Grundregel für den Umgang mit Beratern lautet: **Der Berater muß umfassend informiert werden!** Nur wenn das der Fall ist, kann er seine Aufgabe wirklich wahrnehmen. Manche Auftraggeber scheuen allerdings davor zurück, ihre Berater vorbehaltlos zu informieren, weil sie dann fürchten, daß Fehler aufgedeckt werden. Diese Taktik geht selten auf, denn irgendwann – vor allem in späteren Verhandlungsstadien – sind Fehler nicht mehr zu vertuschen und dann wegen der fortgeschrittenen Zeit um so weniger zu korrigieren.

Darüber hinaus kann man einen Berater, den man nicht vollständig informiert, nicht haftbar machen, wenn etwas schiefgeht. Aus all diesen Gründen muß der Berater frühzeitig eingeschaltet und mit ihm vereinbart werden, in welchem Umfang er dann tätig ist. Bei geschickter Steuerung kann man sogar eine Menge Kosten sparen, indem man nach der Anfangsinformation den Berater „stand by" hält und ihm erst dann wieder Beratungsverantwortung zuweist, wenn das Projekt sich ein Stück weit entwickelt hat. Ein Berater muß nicht bei jeder Sitzung des Projektteams mitwirken, er sollte aber alle Protokolle bekommen, damit er rechtzeitig eingreifen kann, wenn er sieht, daß sich Probleme entwickeln.

Der partnerschaftlich eingeschaltete Berater wird sich in all diesen Fällen eher auf die Kontrolle beschränken als sich berufen fühlen, wesentliche Anregungen zu machen – jedenfalls so lange, als das, was geschieht, im geplanten Rahmen bleibt.

Vor allem für Anwälte gilt: Man kann mit **rechtlichen** Formulierungen **nicht** die wirtschaftliche Situation **verbessern,** sondern nur unter **Kontrolle** halten. Der Vertrag kann aber nur dann alle erkannten Risiken regeln, wenn man sie entweder aus dem konkreten Projekt oder aus parallelen Erfahrungen bereits kennt.

Das richtige Zusammenspiel zwischen Berater und Auftraggeber greift ineinander wie in einer Kette: Der **Information** folgt die **Bewertung,** der **Bewertung** die **Information,** und so ergänzen sich die beiden Rollen, die Auftraggeber und Berater jeweils einnehmen.

Aus all dem ergeben sich folgende Grundregeln:

Der **Auftraggeber** muß

▷ den Berater so **früh** wie möglich **einschalten** (und ggf. im „stand by" belassen),

▷ ihn **offen,** umfangreich und selbstkritisch **informieren,**

▷ ihn **aktiv** mit anderen Beratern, dem Verhandlungsteam und der Gegenseite **koordinieren,**

▷ seine **Aufgabe** klar definieren,
▷ den **Kostenrahmen** festlegen,
▷ die **Kompetenzen** verteilen.

74 Der **Berater** ist verantwortlich für

▷ Annahme von Aufträgen nur bei vorhandener **Fachkompetenz**, ausreichender Zeit und **Fehlen** von **Interessenkonflikten**,
▷ **Vereinbarung** der **Rolle** und Abstimmung des Rollenwechsels, wenn dies angezeigt erscheint,
▷ **Einhaltung** der ihm zugewiesenen **Kompetenzen**,
▷ klare **Empfehlungen**,
▷ klare **Gewichtung** von Risiken,
▷ **Freihalten** seiner Empfehlungen von sachfremden Faktoren, insbesondere **Eigeninteressen**,
▷ **Vermeidung** von **Eigenwilligkeiten**,
▷ **Überprüfung**, ob er vollständig und richtig **informiert** wurde,
▷ **Überprüfung** und Ergänzung der **Planung**,
▷ **Überwachung** der Projektentwicklung mit der **Planung**,
▷ **Hinweis** auf Planungs- und Durchführungsfehler,
▷ **Aufdeckung** von **Mißverständnissen** zwischen den Beteiligten,
▷ **Strukturierung** der Aufgabe in seinem eigenen Bereich,
▷ **Kontrolle** angestrebter **Ergebnisse**,
▷ **Beendigung** des Auftrages bei **Vertrauensverlust**,
▷ Bei Rechtsanwälten, Steuerberatern und Wirtschaftsprüfern: **Beratung** über die Haftungsansprüche des Mandanten gegen ihn selbst (Sekundärhaftung).

e) Krisensituationen

75 Es gibt typische Probleme, die im Umgang mit Beratern auftreten.

Der Auftraggeber wünscht sich zu Recht einen Berater, der **schnell, engagiert** und **zuverlässig** arbeitet. Das ist aber nur möglich, wenn er selbst genügend dazu beiträgt und das Vertrauen des Beraters in die ihm erteilten Informationen nicht durch Nachlässigkeit oder schlechte Organisation gefährdet.

Auftraggeber versuchen oft, die Last des kaufmännischen Verhandelns auf den Berater abzuwälzen, indem sie von Anwälten verlangen, mit „juristischen Definitionen" etwas abzusichern, was in Wirklichkeit nur das Ergebnis kaufmännischer Verhandlung sein kann. Auch von Gutachtern wird allzu oft verlangt, Zusicherungen über ihre Untersuchungsergebnisse zu geben, die man ihnen fairerweise nicht abverlangen sollte.

Man gibt den Beratern auch kein Chance, wenn man wesentliche Teile der Verhandlungsmaterie selbst verhandelt, um dann – nach entsprechenden Hinweisen – zu merken, daß es noch ganz andere Probleme gibt, an die man nicht gedacht hat und so zu peinlichen Nachverhandlungen gezwungen ist. Diese Fehler sind so häufig, daß man sie fast nicht schildern mag: Der Kaufmann, der von den ganzen Planungsfaktoren nichts weiter verstanden hat, als daß der Preis den Ausschlag gibt, verhandelt diesen zuallererst, ohne sich hinreichend darum zu kümmern, was er für den Preis bekommen soll. Natürlich hat er eine Vorstellung von der Sachleistung. Daß aber eine Sachleistung verschiedene Qualitätsstufen haben kann, daß zusätzliche Haftungsübernahmen Geld kosten, daß der Preis einer Investition anders ausfallen kann, wenn Wartungsleistungen dahinter stehen, etc.: Diese und viele andere Gesichtspunkte, die bei sorgfältiger Planung vor Beginn der Verhandlung durchdacht worden wären, fehlen in der Praxis allzu oft. Ist die Preisseite einmal festgenagelt, bewegt sich bei möglichen Zugeständnissen (z. B. Garantien) nicht mehr sehr viel: Daran können dann auch die Anwälte nichts ändern. 76

Diese Schwierigkeiten steigen, wenn man Berater unter unangemessenen Zeit- oder Leistungsdruck setzt. *„Ein gutes Pferd läuft unter dem Schatten der Peitsche"*, wie ein sehr zutreffendes Sprichwort sagt, und wenn man als Auftraggeber allzu sehr drängt, erregt man Widerwillen und provoziert Fehler. Aus anwaltlicher Sicht gilt: Haftungsfälle gibt es meist bei querulatorischen und überanspruchsvollen Mandanten. Das bedeutet nicht, daß der Auftraggeber nicht fordernd auftreten kann – er muß nur partnerschaftliche Rücksicht zu nehmen wissen, denn die Fähigkeiten seines Beraters bestimmen sich nicht zuletzt daraus, daß er auch andere Mandate betreut, aus denen er das Wissen schöpft, das er seinem Auftraggeber weitergeben kann.

Berater werden auch häufig genug von den **internen Spannungen** und **widersprüchlichen Interessen** des Projektteams zerrieben. Ein technischer Gutachter etwa, der in einem Pilotprojekt bestimmte Sicherungsmaßnahmen empfiehlt, die Geld kosten, sieht sich oft mit zu knapp kalkulierten Budgets konfrontiert: Sie werden von den **Finanzleuten** hartnäckig verteidigt, die den **Fehlschlag** des Projekts **nicht** auszubaden haben. 77

Am meisten leiden Berater unter dem *„häufig starken Wunschdenken der Anfangsphase"* (*Meins*, S. 25): Sie werden in Verhandlungen mit engen Vorgaben geschickt, die sie erfüllen sollen, um zu erleben, daß in der Verhandlung dann vorschnelle Konzessionen gemacht werden, sobald sich Widerstand regt. All das muß im Projektteam vorher sorgfältig abgestimmt werden, will man nicht das Standing des Beraters aufs Spiel setzten. Dazu muß man bereit sein, dem Berater die Kritik an den eigenen Vorstellungen zu gestatten, ihn über interne Abstimmungsprobleme zu informieren und in die Meinungsbildung kreativ mit einzubeziehen.

78 Natürlich wird das Verhältnis zwischen Auftraggeber und Berater auch durch unsachgemäßes, teils egozentrisches Verhalten von Beratern gefährdet. Dazu gehören fachliche Fehler ebenso wie mangelnde Strukturierung, Unpünktlichkeit und schlechte Erreichbarkeit.

Beide Seiten müssen sich also innerlich darauf einstellen, daß es solche internen Spannungen geben kann, die nur dann aufzulösen sind, wenn sie bereit sind, die Beratungsbeziehungen aktiv zu pflegen, durch Information und Kommunikation zu stützen und Meinungsverschiedenheiten offen und fair auszutragen.

Das schließt die **Fähigkeiten** beider Seiten ein, **verunglückte** Beratungsbeziehungen, an denen niemals eine Seite einseitig Schuld trägt, zur richtigen Zeit **abzubrechen.**

f) Haftung von Beratern

79 Wenn Beratungsfehler vorliegen, stellt sich immer die Frage, in welchem Umfang der Berater dafür die Haftung zu übernehmen hat. Es ist in Deutschland bislang selten üblich, daß Auftraggeber sich das verlorene Geld aus gescheiterten Projekten bei ihrem Berater zurückholen. Es kommt aber immer häufiger vor.

Das Ausmaß der Beraterhaftung ist von dem jeweils geschlossenen Vertrag abhängig, soweit sie sich nicht – wie bei den Notaren, für die sich der Auftragsumfang aus dem Gesetz ergibt – aus allgemeinen Grundsätzen herleitet.

aa) Haftung gegenüber dem Auftraggeber

80 ▷ **Rechtsanwälte** haften in der Regel wegen positiver Vertragsverletzung des Geschäftsbesorgungsvertrages (§ 675 BGB) bzw. bei Dauerberatungsverträgen des Dienstvertrages (§ 611) auf Schadensersatz oder im Falle der Erstattung eines Gutachtens aus Werkvertrag (BGH, NJW 1992, 1159).

▷ **Steuerberater** haften in der Regel wegen „positiver Vertragsverletzung" des Geschäftsbesorgungsvertrages (§ 675) auf Schadensersatz (NJW 1995, 3248); wenn konkrete Einzelleistungen (z.B. Erstattung eines Gutachtens) erbracht werden, wird nach Werkvertragsrecht gehaftet.

▷ **Unternehmensberater** haften im Rahmen eines Beratungs- und Auskunftsvertrages bei der Erteilung falscher Auskünfte aus sogenannter positiver Vertragsverletzung des Geschäftsbesorgungsvertrages (§ 675 BGB) auf Schadensersatz (BGH, NJW 1990, 1907).

▷ **Technische Ingenieure** (Architekten, Statiker) haften nach Werkvertragsrecht (§ 633) zunächst auf Nachbesserung, gemäß § 634, 635 BGB auf Wandelung, Minderung und im Falle des Verschuldens auf Schadensersatz:

- für Architekten BGH, NJW 1974, 898;
- für Statiker BGH, NJW 1972, 625;
- Vermessungsingenieure BGH, NJW 1972, 901;
- Sachverständige BGH, NJW 1995, 392;
- und Baubetreuer BGH, NJW-RR 1991, 914.

▷ **Wirtschaftsprüfer** haften wie Steuerbevollmächtigte und Steuerberater grundsätzlich aufgrund positiver Vertragsverletzung des Geschäftsbesorgungsvertrages (§ 675 BGB) (BGH, NJW-RR 1986, 1307).

Neben der vertraglichen Haftung haften alle Berater nach den allgemeinen deliktischen Regeln gemäß § 823 Abs. 2 BGB in Verbindung mit § 263 StGB und nach § 826 BGB, was auf seiten des Beraters allerdings eine vorsätzliche Schädigung des Auftraggebers voraussetzt und deshalb selten vorkommt (für Anwälte erweiternd: BGH, NJW 1992, 2821). 81

Berater verletzen ihre Pflichten, wenn der geschuldete Rat oder die Auskunft nicht gewissenhaft und vollständig erteilt wird (BGH, NJW 1984, 355; BGH, NJW 1992, 1159). 82

Einzelne Pflichtverletzungen sind angenommen worden, wenn:

- ein Hinweis, daß hinreichende **Erkenntnisquellen fehlen**, nicht gegeben worden ist (BGH, WM 1962, 923),
- eine besonders zu begründende **Nachforschungspflicht** verletzt worden ist (BGH, DB 1974, 2392),
- eine Pflicht zur **Richtigstellung fehlerhafter Auskünfte** versäumt wird, sobald die Unrichtigkeit erkannt worden ist (für Rechtsanwälte BGH, NJW 1992, 836), was jedoch nicht in Betracht kommt, wenn die Auskunft aufgrund der Veränderung von Umständen (Gesetzesänderungen) unrichtig wird. Dann kann jedoch in Ausnahmefällen eine Benachrichtigungspflicht entstehen.

bb) Haftung gegenüber Dritten

In Betracht kommt eine **vertragliche Haftung** von Beratern auch ohne den ausdrücklichen Abschluß eines Beratervertrages dann, wenn aufgrund be- 83 sonderer Umstände angenommen werden kann, daß ein solcher Vertrag stillschweigend zustande gekommen ist.

Dies wird angenommen, wenn der Sach- und Fachkundige eine Auskunft gibt, die erhebliche Bedeutung für den Empfänger hat, und erkennbar war, daß die Auskunft Grundlage für eine wesentliche Entscheidung des Empfängers sein soll (BGH, NJW 1992, 2080).

84 Eine Beraterhaftung gegenüber Dritten kommt ferner nach den Grundsätzen eines **Vertrages mit Schutzwirkung zugunsten Dritter** dann in Betracht, wenn der geschädigte Dritte in den Schutzbereich des Beratervertrages nach entsprechender Wertung einbezogen werden kann (BGH, NJW-RR 1986, 484). Voraussetzung ist, daß mit der Weiterverwendung eines Gutachtens oder einer Auskunft zu rechnen ist und die geschützte Personengruppe objektiv abgrenzbar ist (BGH, NJW 1984, 355; BGH, NJW-RR 1986, 484).

Dies ist anzunehmen, wenn derjenige, der ein Gutachten in Auftrag gibt, regelmäßig auch Interessen anderer gewahrt wissen will und die Weitergabe des Testates an Dritte für den Berater zumindest erkennbar war und der Berater besonderes Vertrauen genießt (BGH, NJW 1995, 392).

cc) Beweislast, Schaden und Verjährung

85 Die Beweislast für die Unrichtigkeit oder die Unvollständigkeit der gegebenen Auskunft trägt der Geschädigte.

Dem Verletzten ist der Schaden, der durch das enttäuschte Vertrauen auf die Richtigkeit und die Vollständigkeit der Auskunft entstanden ist, zu ersetzen (BGH, NJW-RR 1995, 619). Demnach ist er so zu stellen, wie er bei pflichtgemäßem Verhalten stehen würde (BGH a. a. O.). Das bedeutet, daß der Geschädigte den Schaden, den er dadurch erlitten hat, daß er auf den falschen Rat oder die fehlerhafte Auskunft vertraut und sich demgemäß entschieden hat, ersetzt bekommt. Für den Umfang ist sodann die hypothetische Betrachtung anzustellen, wie der Geschädigte wirtschaftlich gestanden hätte, wenn der Rat oder die Auskunft richtig erteilt worden wäre und er dieser Empfehlung gefolgt wäre.

86 Zur Beweiserleichterung besteht weitgehend eine Vermutung, daß der Geschädigte sich bei vertragsgerechter Beratung beratungsgemäß verhalten hätte (BGH, NJW-RR 1992, 1110; BGH, NJW 1992, 1159; einschränkend BGH, NJW 1993, 3259).

Eine Einschränkung der Beraterhaftung kann aufgrund eines Mitverschuldens des Geschädigten entstehen, wenn dieser Anlaß zu Rückfragen bei erkennbar unvollständiger Auskunft hatte (BGH, NJW 1989, 2882).

87 Die vertraglichen Ansprüche aus sogenannter positiver Vertragsverletzung verjähren grundsätzlich nach 3 Jahren (§ 195 BGB); vertragliche Ansprüche nach § 635 BGB verjähren in 2 Jahren (§ 634a BGB). (Die Schadensersatzan-

sprüche sowohl aus Geschäftsbesorgungs- als auch aus Werkvertrag gegen Anwälte verjähren nach § 51 BRAO in drei Jahren.)

dd) Sekundärhaftung

Rechtsanwälte, Wirtschaftsprüfer und Steuerberater haben anders als sonstige Berater (insbesondere Unternehmensberater) darüber hinaus die Pflicht, ihren Mandanten ausdrücklich darauf aufmerksam zu machen, wenn sie einen Fehler festgestellt haben, den sie selbst verursacht haben. 88

Diese Pflicht hat die Rechtsprechung entwickelt, um den Auftraggeber optimal zu schützen, auch wenn sie damit den Anwälten einen erheblichen Interessenkonflikt zumutet: Es fällt niemandem leicht, einen Fehler zuzugeben und, noch weniger, den Mandanten ausdrücklich darauf aufmerksam zu machen, daß sich hieraus Ansprüche für ihn ergeben können. Gleichwohl hat die Rechtsprechung so hohe Anforderungen gestellt, denn andernfalls wären die Mandanten im Grunde gezwungen, die gesamte Tätigkeit ihrer jeweiligen Berater immer noch durch einen weiteren Anwalt daraufhin überprüfen zu lassen, ob Fehler vorgekommen sind, die zum Schadensersatz berechtigen.

So ergibt sich für den Mandanten ein „Sekundäranspruch", der neben den Haftungstatbestand aus der Vertragsverletzung tritt (BGH, NJW 1992, 836). 89
Ob diese Rechtsprechung sich nach Inkrafttreten der Schuldrechtsreform (1. 1. 2002) ändern wird, muß abgewartet werden.

ee) Haftung des Beraters für eingeschaltete Dritte

Berater, die Dritte mit der Erfüllung ihrer Pflichten aus einem Geschäftsbesorgungsvertrag betrauen, haften für dessen Pflichtverletzungen, falls die Ausführung des Auftrages durch einen Dritten von dem Auftraggeber gestattet ist, nicht selbst (zur analogen Anwendung des § 664 BGB: BGH, NJW 1993, 1704 [1705]). 90

Ist die Einschaltung eines Dritten hingegen nicht ausdrücklich gestattet und ist diese auch nicht aus den Umständen zu entnehmen, haftet der Berater, der sich zur Erfüllung seiner Verpflichtungen dritter Personen bedient, gemäß § 278 BGB für deren Verschulden.

Beschäftigt der Auftraggeber von Anfang an mehrere Berater **parallel**, so besteht zwischen ihm und den jeweiligen Beratern ein eigenständiges Vertragsverhältnis, in dessen Rahmen die einzelnen Berater im Falle einer eigenen Pflichtverletzung für den von ihnen verursachten Schaden haften. 91

7. Kommunikation

92 Die Kommunikation unter den Beteiligten ist der Planungsfaktor, der regelmäßig am wenigsten wahrgenommen wird. Wir alle kommunizieren selbstverständlich miteinander, halten uns meist für Naturtalente auf diesem Gebiet und schätzen das ganze Thema als nicht planbar ein.

93 Vergleicht man diese unter Managern typische Selbsteinschätzung mit der nahezu uferlosen Literatur, die sich mit Kommunikationsproblemen beschäftigt, dann ist entweder die Selbsteinschätzung falsch oder die Literatur überflüssig. Die wesentlichen Überlegungen zum diesem Thema finden sich bei Rz. 522 ff., 568 ff. Hier seien nur die Grundlinien angedeutet:

Kommunikation unter mehreren Menschen führt unvermeidlich zu **gruppendynamischen Prozessen**, die sowohl die interne Arbeit des Projektteams wie die Verhandlung selbst beeinflussen.

94 Naturgemäß kann man diesen Bereich in der Planung nur schwer erfassen. Man kann aber die Grundvoraussetzungen planen, unter denen Kommunikation die Chance hat, grobe Irrtümer, Mißverständnisse und Fehler zu vermeiden. Auch wenn man auf diesem Gebiet viel weiß, läßt sich dieses Wissen nicht immer auf die jeweilige Firmenkultur übertragen, denn diese entsteht in der Praxis und ist innerhalb von Vertragsprojekten nur in geringem Umfang zu beeinflussen.

Die Firmenkultur hängt in erster Linie davon ab, ob ein Unternehmen eher hierarchisch oder eher nach Profit-Centern organisiert ist, wieviel Freiheitsräume den einzelnen Managern innerhalb ihrer Verantwortungsbereiche zugestanden werden, wie stark die formelle Hierarchie, wie mächtig die gegenläufigen informellen Machteinflüsse sind und vieles mehr (sehr anschaulich *Pascale/Athos* beim Vergleich zwischen ITT [USA] und Matsushita [Japan]).

95 Betrachtet man das **interne Projektteam,** so wird die Situation dadurch nicht einfacher, daß dort Berater mitwirken, die jeweils eigene Elemente ins Spiel bringen, die durch die Firmenkultur nur mittelbar zu lenken sind. Fest steht: Das Entstehen kreativer Lösungen für auftauchende Probleme ist in streng hierarchisch geführten Firmen weniger wahrscheinlich als in anderen, andererseits können kurzfristige Entscheidungen, die von oben kommen, Projekte manchmal schneller vorwärts bringen, als wenn sie in vielen Gremien untereinander abgestimmt werden müssen. Solche schnellen Entscheidungen können aber genau in die falsche Richtung führen, und im Zweifel haben mehrere, flexibel miteinander kooperierende Einheiten (*„getrennt marschieren, vereint schlagen"*) eher die Chance, sich schwierigen Situationen anzupassen, als Organisationen, die mehr im Über-/Unterordnungsstil geführt werden: Dort werden Entscheidungen zwar oft leichter gefällt, andererseits aber ihre Spezialisierung durch Statusdenken und interne Spannungen im Verhandlungsteam verhindert oder auch gar unmöglich gemacht.

Ideal wäre eine Mischung beider Elemente in einem Unternehmen, das sowohl klare Kompetenzzuweisungen und entscheidungsfähige Manager als auch die nötige Lernfähigkeit aufweist: *„Der General lehrt die Soldaten, die Soldaten lehren den General und jeder Soldat lehrt jeden Soldaten"* (*Mao Tse Tung*). In der Praxis findet man das aber sehr selten.

Betrachtet man die Kommunikation zwischen den am Vertragsprojekt beteiligten Vertragspartnern, dann komplizieren sich die Dinge vor allem dann, wenn **unterschiedliche Unternehmenskulturen** aufeinanderstoßen. Das wirkt sich nicht immer aus und ist auch schwer erkennbar, denn wenn es überhaupt zu Verhandlungen kommt, bemühen beide Projektteams sich um ein Klima, das die jeweiligen strategischen Ziele erreichbar erscheinen läßt. 96

Entstehen dann im Verlauf der Verhandlungen die unvermeidbaren Spannungen, werden sie durch taktische Überlegungen überspielt, denn *„was den Gegner bewegt, sich zu nähern, ist die Aussicht auf Vorteil"* (*Sun Tsu*, S. 132). Erst wenn der Schaden größer scheint als der erzielbare Vorteil, kommt es zu wirklichen Krisensituationen, die aber in vielen Fällen durch Einsatz von Beratern, den Außendruck und andere Faktoren in Grenzen gehalten werden. Der Mut, schwierige Verhandlungen **abzubrechen,** ist dabei selten. Wirklich kritisch wird es meist erst in der **Durchführungsphase,** und dann wiederum zwingt die beiderseits erkannte Schwierigkeit, den einmal geschlossenen Vertrag vielleicht wieder auflösen zu müssen, beide Seiten zu notwendiger, wenn oft auch ungeliebter Solidarität. 97

8. Entschlossenheit

Erfolgreiches Vertragsmanagement setzt von beiden Seiten immer wieder die Fähigkeit voraus, Entscheidungen, deren Auswirkungen letztlich nicht ganz planbar oder nur annähernd abschätzbar sind, zu treffen und die damit verbundenen Risiken in Kauf zu nehmen. 98

Obgleich Planung notwendig ist, darf man nicht verkennen, daß sie nicht auf eine Spitze getrieben werden darf, die letztlich die Entscheidung selbst gefährdet, denn *„je mehr wir wissen, je tiefer und umfassender unsere Einsichten sind, desto schwerer wird unser Handeln, und wer alle Folgen eines jeden Schrittes immer voraussähe, der würde gewiß bald aller Bewegung entsagen"* (*Heinrich Heine*).

Die Fähigkeit, Entscheidungen zu treffen, wird von drei wesentlichen Faktoren bestimmt, und zwar: 99

- der **Kompetenz**, die dem jeweiligen Projektteam zur Verfügung steht,
- der **Hoffnung**, daß die eigenen strategischen Ziele erreicht werden können, und
- dem **Gefühl**, daß die Arbeit des Projektteams innerhalb des eigenen Unternehmens **anerkannt** wird.

100 Sind die **Kompetenzen** zu stark **beschränkt** und muß für relativ einfache Zwischenentscheidungen stets nachgefragt werden, beeinflußt das nicht nur den Elan, sondern führt zu **Zeitverzögerungen** und allen damit verbundenen Nachteilen. Darüber hinaus leidet vor allem dann, wenn die andere Seite weiter gehende Kompetenzen hat, das Ansehen innerhalb der Gruppe, und es gibt nichts Schlimmeres für einen Manager, als in einer Verhandlung in Aussicht gestellte **Entscheidungen** (vor allem Kompromisse) in der nächsten Sitzung unter Berufung auf höhere Stellen **zurücknehmen** zu müssen. Der Rat, alles offenzulassen, hilft dabei in der Praxis nicht weiter, denn jede Verhandlung hat eine Reihe von Themen, die unter engen zeitlichen und räumlichen Bedingungen abgearbeitet und irgendwann auch erledigt sein sollen, und man kann nicht alle Entscheidungen, die letztlich in die „Bilanz der Zugeständnisse" gehören, ganz ans Ende verschieben (dazu näher unten Rz. 541 ff.).

101 Auch die Hoffnung auf das Erreichen der strategischen Ziele wird mehr und mehr in Frage gestellt, wenn Verhandlungen sich zwischen halben Zusagen, Vorstößen und Zurücknahmen von Positionen hin und her bewegen. Verhandlungen brechen aber immer zusammen, wenn der Rückhalt im eigenen Unternehmen nicht mehr sichtbar ist, Personen oder Kompetenzen wechseln und keiner mehr bereit ist, für ein bestimmtes Verhandlungsergebnis die Verantwortung zu tragen. Die Fähigkeit, entschlossen Entscheidungen zu treffen, hängt aus naheliegenden Gründen wesentlich mit der emotionalen und psychologischen Verfassung der Personen zusammen, die in der Verhandlung stehen. Verträge stehen nicht isoliert im Raum, sondern dienen einem Zweck, den jede Seite richtigerweise aus ihrer jeweils unterschiedlichen Perspektive sieht. Man kann bekanntlich von einem halb vollen Glas auch sagen, daß es halb leer sei. Beurteilen beide Parteien die Situation gleichermaßen optimistisch, werden sie eher zum Ergebnis kommen, als wenn beide Seiten pessimistisch sind. Damit soll keinesfalls gesagt werden, daß die optimistische Perspektive eher die richtige ist, denn sie kann – wenn sie die Realität nicht richtig einschätzt – ebenso wie die pessimistische zu übertriebenen Reaktionen führen. *Dörner* („*Die Logik des Mißlingens*") hat die Wichtigkeit von Fehleinschätzungen und daraus resultierender Überreaktion deutlich dargestellt.

Solchen Entwicklungen kann man nur sehr begrenzt planerisch begegnen, entscheidend ist letztlich immer das Geschick in der **Verhandlungssituation**, das aber keinesfalls nur auf Intuition beruht, sondern sehr wohl von der Organisation der Verhandlungsbedingungen abhängt.

102 Ein wichtiges Mittel ist die Einrichtung einer
– **Arbeitsebene**, in der die Verhandlungen geplant, vorbereitet und durchgeführt werden und die alle nötigen Kompetenzen hat, die sie für Zugeständnisse innerhalb einer bestimmtem Brandbreite benötigt, und einer

– **Entscheidungsebene**, die das Projektteam stützt, nur in wirklich gravierenden Fällen eingreift und vorgelegte Entscheidungen zügig erledigt.

Bei der **Vertragsdurchführung** kommt es entscheidend darauf an, daß vor allem in Krisensituationen die Kräfte gebündelt werden und sich nicht verzetteln: *„Die Wucht der Streitkräfte gleicht Steinen, die man gegen Eier wirft: Dies ist eine Sache von Leere und Fülle"* (Sun Tsu, S. 124). In der deutschen Militärtradition, die in diesen wie in vielen anderen Punkten auf jahrtausendalte Regeln zurückgreift, heißt der vergleichbare Satz (leider weit weniger poetisch): *„Nicht kleckern, sondern klotzen."* 103

Um diese Regel in der Praxis realisieren zu können, darf ein Projektteam nicht nach **Vertragsschluß** auseinandergerissen werden oder ist jedenfalls durch ein anderes Team zu ersetzen, das die Vertragsdurchführung kompetent überwacht und im Bedarfsfalle entschlossen eingreift.

9. Feste Strukturen und Flexibilität

Viele Verhandlungen, vor allem in Europa und den USA, werden von Positionskämpfen, Statusargumenten und ähnlichen starren Elementen geprägt, über die vor allem in der psychologischen Literatur oft Negatives gesagt wird, weil die Verhandlungssituation durch sie sehr schwierig werden kann. 104

Man darf auf der anderen Seite aber nicht übersehen, daß der **Status** und die mit ihm verbundenen **Rituale** eine Situation für alle Beteiligten auch sichtbar strukturieren und daher besser einschätzbar machen.

In vielen Situationen sind feste Strukturen notwendig, um überhaupt weiterzukommen, und die Gefahren einer unnötigen oder gar schädlichen Verhärtung kann man leicht dadurch vermeiden, daß man die **innere Bereitschaft** besitzt, Positionen stets zu überprüfen und gegebenenfalls zu ändern. Wenn man **Positionen** als **Arbeitshypothesen** (*Popper*) versteht und die Verhandlungssituation offenhält, sind sie nicht schädlich. 105

a) Auffangplanung

Die Szenarien, die das Team zu Beginn seiner Tätigkeit zu entwerfen hat, sollten alle vernünftigen Alternativen umfassen, die aus der Vertragsverhandlung entstehen können (unten Rz. 622 ff., 656 ff.). Geht es etwa um die unternehmensweite Einführung neuer Softwareprogramme, die meist nicht nur technische, sondern auch organisatorische Eingriffe in die Unternehmensstruktur bedeuten, so ist es zu wenig, wenn man am Anfang den Entschluß faßt, einen geeigneten Vertragspartner zu suchen, der die geplante Aufgabe realisieren soll. Vielmehr muß man damit rechnen, daß bei einem so komplexen Projekt Hindernisse und Schwierigkeiten auftauchen, auf 106

Grund deren man die ursprüngliche Planung ändern und diesen Gegebenheiten anpassen muß.

So kann man etwa daran denken, zunächst im Rahmen eines **Pilotprojekts** bestimmte Teilaufgaben vorzuziehen und die weiteren Schritte vom Erfolg dieses Projekts abhängig zu machen. Ist das nicht möglich, so empfiehlt sich ein **Stufenplan**, der für die nächste Stufe ein anderes Vorgehen als das ursprünglich geplante möglich macht, ohne daß die ersten schon erreichten Stufen wieder wertlos werden (Auffangplanung).

Kommt auch das nicht in Frage, so gibt es in allen Fällen mindestens eine weitere Alternative zum Vertragsabschluß: Das ist das **Fallenlassen des Projekts** (jedenfalls mit diesem Vertragspartner) und die endgültige Umplanung oder Weiterverfolgung mit einem anderen.

b) Vertragskonzeption

107 All diese Überlegungen haben unmittelbaren Einfluß auf die Vertragskonzeption.

Im ersten Fall wird man eher dazu neigen, einen **Pilotprojektvertrag** abzuschließen, und sich allenfalls bestimmte Kapazitäten durch Optionsverträge sichern, die die weiteren Stufen gegebenenfalls umfassen.

108 Im zweiten Fall wird man eher einen **Rahmenvertrag** konzipieren, der jeweils abgestufte Teilleistungen und ein weitgehendes Leistungsänderungsrecht des Auftraggebers in bezug auf Art und Umfang der Leistung enthält. Daß man in einem solchen Fall nicht gleichzeitig Festpreise und fixe Termine für das Gesamtprojekt verlangen kann, liegt auf der Hand. Die dadurch entstehenden höheren Kosten sind – verglichen mit dem Risiko eines auch nur teilweisen Scheiterns – in den meisten Fällen angemessen und auch viel leichter kalkulierbar.

109 Im dritten Fall schließlich, in dem man sich immer befindet, wenn es außer einem einzigen Vertragspartner derzeit keine ersichtliche Alternative gibt, tut man gut daran, eine **Auffangplanung** zu installieren, die es ermöglicht, auch ohne die neuen Programme das Unternehmen funktionsfähig zu halten.

c) Flexible Regelungen

110 Das Bedürfnis nach solchen flexiblen Regelungen ist den meisten Managern klar, man nutzt aber bei weitem nicht alle **rechtlichen Möglichkeiten** innerhalb der Vertragskonzeption, um die nötige Flexibilität zu zumutbaren Kosten einzukaufen. So kommt es besonders bei EDV-Systemumstellungen vor, daß man statt eines kleinen Pilotprojekts im Sinne einer Probestellung gleich das gesamte neue System neben das alte setzt und parallel über eine längere Zeit betreibt, ungeachtet der dadurch entstehenden ganz erheblichen

eigenen Organisationskosten. Solche Fehlplanung wird erleichtert, wenn die dabei entstehenden Personalkosten im Budget nicht eingestellt werden und dort nur die Kosten der Neuinvestition auftauchen – eine bedenkliche Augenwischerei, die vielfach ihren Grund darin hat, daß das Kostencontrolling und die Nachkalkulation für eigene Projekte bei vielen Unternehmen in einem traurigen Zustand sind.

Der flexible Übergang in solchen Systemen kann natürlich mit rechtlichen Mitteln allein nicht bewältigt werden, die Vertragskonzeption kann dabei aber viel helfen. Der Auftragnehmer ist in diesen Fällen oft dankbar, wenn man auch hier **Risikobegrenzungen** durch gestaffelte **Teilprojekte** anbietet, obgleich er ursprünglich lieber den Gesamtauftrag für zwei bis drei Jahre nach Hause getragen hätte. 111

Fehlt diese Flexibilität, dann kann es entweder nur ein Erfolg oder ein Mißerfolg werden, nicht jedoch ein für beide Teile oft genug hinreichender Teilerfolg.

Auch wenn man ein einheitliches Projekt verhandelt, das derartige Abstufungen nicht benötigt, tut man gut daran, künftig mögliche Entwicklungen in die Überlegungen einzubeziehen (**Risikoprognosen**). Im Bereich der **Preisgleitklauseln** sind solche Anpassungen üblich. Im Bereich der **Leistungsänderungen** hingegen fehlt es oft an praktikablen Lösungen in den Verträgen. 112

Die Rechtsprechung billigt bekanntlich ein Recht zur Vertragsanpassung nur unter sehr eingeschränkten Bedingungen zu, und zwar dann, wenn 113

– beide Parteien bestimmte Entwicklungen **beiderseits** nicht vorausgesehen haben und

– aufgrund **äußerer,** von den Parteien **nicht beeinflußbarer Faktoren** das Verhältnis von Leistung und Gegenleistung schlechthin unzumutbar auseinandergedriftet ist (Wegfall der Geschäftsgrundlage).

Dabei rechnet die Rechtsprechung den betroffenen Parteien das, was sie hätte vorhersehen müssen, auch dann zu, wenn sie es tatsächlich nicht vorausgesehen haben. Kurz: Wenn die Parteien sich nicht schon vor Vertragsschluß auf bestimmte Verhaltensregeln einigen, die bei Änderungen bestimmter Planungsfaktoren eintreten, kann man eine Anpassung nur in seltenen Fällen erzwingen.

Alternativplanung ist auch dann taktisch wertvoll, wenn man nicht ernsthaft annimmt, daß die Alternative wirklich relevant wird. 114

Dieser Gedanke bewährt sich vor Vertragsschluß immer dann, wenn man mit einem anderen möglichen Vertragspartner noch im Gespräch ist und glaubhaft auf parallele Abschlußmöglichkeiten verweisen kann. Im Bereich der Grundstückskäufe ist das jedenfalls immer dann ein Zaubermittel, wenn es um spekulativen Erwerb geht, bei technischen Projekten ist es weniger wirksam, es sei denn, der alternative Anbieter ist technisch und preislich wirklich vergleichbar (was selten genug vorkommt).

d) Änderungsvereinbarungen

115 Weit schwieriger wird es **nach Vertragsschluß**, denn dann ist die vertragliche Bindung vorhanden und die Auflösung des Vertrages sowie das Überwechseln zu einem anderen Vertragspartner nie ohne drohende Verluste möglich. Gleichwohl muß man auch und gerade hier immer schon dann Alternativen aufbauen, wenn das Vertrauen in die Leistungsfähigkeit des Vertragspartners ernsthaft gestört ist. Natürlich kann man bei nachhaltigem Verzug oder nachhaltiger Leistungsstörung den Vertrag in rechtlicher Hinsicht immer beenden. Praktisch ist das aber keinesfalls immer möglich: Wenn die Kündigung zu höheren Schäden führt, als man sie gegenüber seinem Vertragspartner jemals wieder einklagen und eintreiben lassen kann, bleiben alle diese Überlegungen Makulatur, und man muß sich letztlich doch arrangieren, um den eigenen Schaden gering zu halten.

116 Bei vielen Verträgen, so vor allem bei **komplexen Projektverträgen,** ist es immer wieder notwendig, den ursprünglichen Vertrag später geänderten Umständen anzupassen. Teils beruht das auf entsprechenden Einbruchklauseln in den Verträgen, teils ergeben sich neue Situationen, auf die beide Seiten richtig reagieren wollen.

In rechtlicher Hinsicht gilt grundsätzlich, daß eine Anpassung von Verträgen an geänderte Umstände nur unter den sehr eingeschränkten Bedingungen von Treu und Glauben (§ 242 BGB) möglich ist. Es kann daher nur in sehr seltenen Fällen eine Partei die andere zur Vertragsanpassung zwingen. Hierdurch ergeben sich im Grunde gleichberechtigte Situationen wie vor dem Vertragsschluß, und nicht selten ist eine bei Vertragsschluß unterlegene Partei dann in einer stärkeren Stellung, weil die andere Partei auf eine Zustimmung angewiesen ist, die sie nicht erzwingen könnte.

117 Änderungsverhandlungen können sich auch dann empfehlen, wenn die Umstände sich nicht geändert haben, aber neue Einsichten in das Verhältnis von Leistung und Gegenleistung zu gewinnen sind. Hat man z. B. einen Mietvertrag über fünf Jahre abgeschlossen und fallen die Mieten im dritten Jahr erheblich, so wird man oft erfolgreiche Verhandlungen über eine Senkung des Mietpreises führen können, wenn man eine Vertragsverlängerung anbietet.

Wer mit dem Änderungsverlangen eines Vertragspartners konfrontiert wird, muß den taktischen Wert, den diese Situation für ihn hat, also richtig einschätzen, um seine Verhandlung erfolgreich gestalten zu können.

118 **Zusammengefaßt:** Sowohl vor Vertragsschluß wie im Bereich der Vertragsdurchführung darf man nicht statisch denken, sondern man muß immer wieder flexibel reagieren und Alternativen aufbauen, wenn man seine strategischen Ziele erreichen will.

10. Störfaktoren

Schließlich muß die Vertragsplanung noch alle Störfaktoren berücksichtigen, die in den Phasen der Vorbereitung, der Verhandlung und der Vertragsdurchführung auftreten können. Das ist eine besonders schwierige Aufgabe, denn „*fähig zu sein, etwas* **erstmalig** *zu tun, etwas zu* **erahnen,** *bevor es Realität wird, etwas zu* **sehen,** *bevor es hervortritt: Dies sind die drei Fähigkeiten, die sich in Abhängigkeit voneinander entwickeln. Dann wird nichts erahnt, sondern durch Einsicht verstanden, nichts wird unternommen, ohne daß eine Reaktion einträte, nirgendwo tritt man hin, ohne daraus Nutzen zu ziehen*" (*Zhong-Keji*, zit. bei *Cleary* in *Sun-Tsu*, S. 15).

Während nämlich die Erfolgsfaktoren jedenfalls dann, wenn man vergleichbare Projekte schon realisiert hat, schon einigermaßen überschaubar sind, kann man nur schwer voraussahnen, woran ein Projekt scheitern könnte, wenn man das noch nicht erlebt hat.

Richtige Einschätzung von Störfaktoren verhindern in der Verhandlungsphase einen fehlerhaften Vertragsschluß und ermöglichen in der Durchführungsphase frühe, schnelle und gebündelte Reaktionen, vor allem dann, wenn die Störung von dritter Seite kommt und beide Parteien ein gleichgerichtetes Interesse an ihrer Beseitigung haben.

In der Phase der **Vorbereitung** und der **Vertragsverhandlung** spielen regelmäßig folgende Störfaktoren eine Rolle:

▷ fehlende Informationen,
▷ fachliche Inkompetenz,
▷ fehlende Entscheidungskompetenzen,
▷ Sturheit und Rechthaberei,
▷ Unzuverlässigkeit,
▷ Kleinlichkeit,
▷ Unentschlossenheit,
▷ fehlende Kompromißfähigkeit,
▷ bewußt falsche Informationen,
▷ Taktieren und Manipulieren,
▷ fehlende Offenheit und Heuchelei,
▷ Geheimniskrämerei,
▷ unrealistisches Wunschdenken,
▷ aufgedeckte Fehlplanungen,
▷ unüberwindbare Spannungen im Projekt,

▷ Änderungen von Planungsfaktoren durch eine der Parteien,
▷ Änderungen der Einflußgrößen auf die Planung durch Zufall oder Dritte.

121 Wie man auf solche Störungen reagieren soll, muß der Entscheidung im Einzelfall überlassen bleiben. Mit rechtlichen Mitteln ist meist nicht viel zu helfen, der Anwalt kann in schwierigen Verhandlungssituationen, die in diesen Störfaktoren ihren Grund haben, meist nur moderierend wirken. Auch wenn solche Störungen gegebenenfalls beseitigt sind, schwächen sie das Vertrauen und damit oft genug das ganze Projekt.

122 **Nach** dem **Vertragsschluß** sind es im wesentlichen drei Problemzonen, die bewältigt werden müssen, und zwar:

▷ Planungsfehler, die erst später wahrgenommen werden,
▷ Leistungsstörungen und Verzug,
▷ Kommunikationsprobleme.

123 Im Gegensatz zu Situationen während der Vertragsverhandlung, in welcher die beiden Parteien sich gegenseitig zu nichts zwingen können, ist die Situation nach Vertragsschluß eine ganz andere: Jede Partei, die vorsätzlich oder fahrlässig gegen den Vertrag verstoßen will, muß sich darüber im klaren sein, daß die andere Partei hierauf mit rechtlichen Sanktionen reagieren kann. Dieses Risiko ist für jede Partei so lange bedrohlich, als die daraus entstehenden Ansprüche noch erfüllbar sind. Gehen die Ansprüche hingegen über die finanziellen Möglichkeiten eine Vertragspartners hinaus, erlebt man immer wieder stures Verharren auf Rechtspositionen, wie man dies bei manchen sehr großen Unternehmen allzu häufig sieht. Ganz ähnlich aber reagieren Vertragspartner mit stark unterlegenen Positionen (dazu unten Rz. 610 f.).

124 Bei den **Planungsfehlern**, die erst nach Vertragsschluß entdeckt werden, muß diejenige Partei das Risiko tragen, der der Fehler zuzuordnen ist. Sie wird aber immer versuchen, die Gegenseite in die Verantwortung mit hineinzuziehen, und zwar meist mit der Behauptung, bestimmte Informationen zu Aufklärungs- oder Mitwirkungspflichten seien unterlassen worden.

In dieser Situation kommt es entscheidend darauf an, ob die andere Seite ihrerseits den Vertragserfolg noch will oder – teils aus ganz anderen Motiven – den Fehler zum erwünschten Vorwand nimmt, ihre eigene Ausstiegsstrategie vorzubereiten. Wenn das so ist und die Ursache des Planungsfehlers zu Lasten des anderen eindeutig festgestellt werden kann, geht die Rechnung in rechtlicher Hinsicht in der Regel auf, denn auf das Motiv einer berechtigten Vertragskündigung kommt es niemals an. Die Vertragsreue (unten Rz. 629 ff.) hat in diesem Bereich ein weites Spielfeld.

Bei **Gewährleistungsfällen** und **Verzug** ist die Situation ganz ähnlich, nur ist die **Beweisführung** für den anderen Vertragspartner meist viel einfacher, wenn nur der Vertragsverstoß selbst eindeutig lokalisierbar ist. Auch hier hängt das weitere Geschehen in taktischer Hinsicht nur von der Frage ab, ob die Partei, die einen Rechtsanspruch hat, der sie berechtigt, sich vom Vertrag zu lösen, ihn deshalb nicht wahrnimmt, weil dies ihre Strategie durcheinander brächte. Auch in diesen Fällen bleibt meist ein ausreichend hoher Schadensersatzanspruch gegeben, um den man sich dann abhängig von der weiteren Vertragsentwicklung gegebenenfalls streiten kann. 125

Rechtlich schwierig ist hingegen die dritte Gruppe zu behandeln. Natürlich beruhen **Kommunikationsstörungen** letztlich auf Verhalten und Eigenschaften, wie sie in der Liste zu Störfaktoren bei der Vertragsverhandlung genannt worden sind. All diese Schwierigkeiten lassen sich aber letztlich überwinden, wenn die Parteien sich in aktiver und kreativer Kommunikation befinden. Dazu kann sie allerdings niemand zwingen, hier kommt es entscheidend auf das Vertragsklima an, das in der Verhandlung aufgebaut und in der Vertragsdurchführung gepflegt worden ist. Man kann in einer Faustformel sagen: Prozessualen Streit zwischen den Parteien gibt es immer erst dann, wenn sie nicht mehr miteinander sprechen (können), und die erste Aufgabe des anwaltlichen Beraters in Krisensituationen ist es, alles zu versuchen, um die Kommunikation wieder in Gang zu bringen. Welche Mittel hier zur Verfügung stehen, zeigen Rz. 571 ff. und 661 ff. im Detail. 126

III. Risikobewertung

Die Bewertung von Risiken ist in jeder Phase des Vertragsmanagements erforderlich. Im Grunde müßte man nach Abschluß der eigenen internen Planung und der Einschätzung der Möglichkeiten des Vertragspartners eine **Zwischenbilanz** ziehen. Diese Zwischenbilanz müßte dann je nach wechselnder Vertragslage bis zum Ende der Verhandlungen fortgeschrieben werden, um in jeder Lage entscheiden zu können, ob die diskutierten Risiken im Verhältnis zur geplanten Strategie übernommen werden können. Die **rechtlichen** Risiken spielen dabei nur eine, wenn auch bedeutende Rolle, die **technischen** und **finanziellen** Risiken, die Faktoren, die die Parteien nicht beeinflussen können, und alle sonstigen Planungsfaktoren müssen in diese Überlegungen einbezogen werden. 127

Diese Risikobewertung wird dadurch erheblich erschwert, daß nicht alle Risiken absicherbar sind: Das finanzielle Risiko z. B., das darin besteht, daß der Auftraggeber nicht zahlt, kann man noch relativ einfach mit Bürgschaften abfangen, das Risiko hingegen, daß die Leistung an technischen Problemen scheitert, ist selten inhaltlich durch Alternativplanung und meist wiederum nur durch unzureichenden finanziellen Ausgleich (aus Erfüllungsbürgschaften) abzusichern.

128 Schließlich kommt hinzu, daß die Risikofaktoren untereinander nie im schlichten Ursache-Wirkungs-Verhältnis stehen, sondern untereinander engstens vernetzt sind und sich gegenseitig bedingen. In vielen Bereichen kann man das nicht hochrechnen, auch wenn man modernste Planungsmittel (Netzplantechnik) oder Risikoabbildungen durch computergesteuerte Szenarien als Werkzeuge einsetzt.

129 Bei großer Vereinfachung sind immer folgende Überlegungen relevant:

▷ Die Situation ist aus allen informatorisch erfaßbaren **Perspektiven** zu sehen, und diese sind zu integrieren.
▷ Die **Vernetzung** der einzelnen Risikofaktoren ist – soweit faßbar – vorzunehmen und zu analysieren.
▷ Die **Dynamik** der Faktoren untereinander muß bewertet werden.
▷ Die **Verhaltensmöglichkeiten** der Beteiligten sind alternativ hochzurechnen und gegebenenfalls zu simulieren.
▷ Die **Einflußmöglichkeiten** über Bereiche, die nicht beeinflußt werden können, müssen erfaßt werden.
▷ Soweit **Lenkung** möglich ist, sind die Werkzeuge zu bestimmen.
▷ Die **Problemlösung** ist zu entwerfen und die Zustimmung der anderen Beteiligten – soweit erreichbar – herbeizuführen.

130 Man kann dieses Verfahrensmodell an einem Einzelproblem manchmal noch durchspielen, bei Situationen, bei denen viele Faktoren eine Rolle spielen, ist ohne computergestützte Simulation nichts machbar. Das mag einer der Gründe dafür sein, daß komplexe Lenkungsmodelle dieser Art in der Praxis noch keine große Rolle spielen. Dort ist nach wie vor das herkömmliche Ursache-Wirkungs-Schema in meist sehr einfacher Form relevant. Dadurch entsteht zwar de facto nur eine Scheinrealität, aber letztlich kommt es, wie oben gezeigt, im wesentlichen auf die kommunikative Übereinstimmung an. Diese ist natürlich immer erzielbar, wenn alle Beteiligten von den gleichen (wenn auch falschen) Voraussetzungen ausgehen.

131 In der Praxis trifft man immerhin manchmal den Versuch, Risiken wenigstens in herkömmlicher Weise einigermaßen abzuschätzen. Dabei wird oft übersehen: Mehrere **Risikofaktoren** addieren sich nicht einfach, sondern sie **multiplizieren sich**, denn eine Kette ist nur so stark wie ihr schwächstes Glied. Um das anschaulich zu machen, gehen wir in einem Beispielfall von

Risikobewertung Rz. 133 **Teil 1**

der Annahme aus, daß in einem typischen **Fusions-Projekt sechs Risikofaktoren** eine Rolle spielen, und zwar

– **technische** Probleme, weil es sich um ein Pilotprojekt handelt,
– **finanzielle** Probleme, weil die Bonität des Vertragspartners fragwürdig ist,
– **personelle** und/oder **organisatorische** Probleme, weil bestimmte Fachleute möglicherweise ausfallen,
– **Kommunikationsprobleme**, weil die Parteien unterschiedliche Firmenkulturen haben,
– **Veränderungen** des Marktes, die Umplanungen nach sich ziehen können,
– das **Fehlen** von **Alternativen**, wenn ein bestimmtes Risiko sich verwirklicht.

Die Aussage, daß Risikofaktoren sich multiplizieren und nicht nur addieren, bleibt ziemlich abstrakt, wenn man sie sich nicht in einer Übersicht wie der unten skizzierten im Detail klarmacht. 132

Risikofaktoren	Wahrscheinlichkeit der Überwindung	Gesamtwahrscheinlichkeit	Auffangplanung	Wahrscheinlichkeit + Auffangplanung
1. Technische Probleme	80 %	80 %	+ 20 %	100 %
2. Finanzielle Probleme	80 %	64 %	+ 10 %	74 %
3. Personelle und/oder organisatorische Probleme	80 %	51 %	+ 10 %	61 %
4. Kommunikationsprobleme	80 %	40 %	+ 10 %	50 %
5. Risiko von Marktveränderungen	80 %	32 %	+ 10 %	42 %
6. Wegfall von Alternativen	80 %	26 %	–	26 %

Diese Übersicht geht von der Annahme aus, daß jedes einzelne Problem mit achtzigprozentiger Wahrscheinlichkeit nicht eintritt. Die zweite Spalte zeigt, wie die Wahrscheinlichkeit des Erfolgs sinkt, wenn mehr als ein Problem sich realisiert. Kommen also zu den technischen Problemen auch finanzielle Probleme, sinkt die Wahrscheinlichkeit des Gelingens auf 64%, kommt es noch zu personellen oder organisatorischen Problemen, sinkt sie auf 51%, dann auf 40%, um schließlich beim Zusammentreffen aller Faktoren auf eine Erfolgs-Wahrscheinlichkeit von nur 26% herabzusinken! 133

134 Nun wird man annehmen können, daß auftretende Probleme immer mit einer gewissen Wahrscheinlichkeit auch bewältigt werden können. Nehmen wir an, technische Probleme treten auf, können aber mit hundertprozentiger Wahrscheinlichkeit wieder behoben werden, dann läßt sich, wie die dritte Spalte zeigt, die Scharte völlig auswetzen: Die Wahrscheinlichkeit des Gelingens steigt, weil der Faktor 20 addiert werden kann, wieder auf 100%.

Dem steht aber auch eine andere mögliche Entwicklung gegenüber: Angenommen, nur bei einem einzigen Faktor (z. B. den finanziellen Problemen) sei die Wahrscheinlichkeit, daß sie auftreten und nicht lösbar sind, hundert Prozent, dann nützt es nichts, wenn die anderen Risikofaktoren alle nicht eintreten, denn dann bricht das Projekt genau an dieser Stelle zusammen.

135 Das Beispiel geht auch nur von sechs Faktoren aus, die zu denjenigen gehören, die bei komplexen Verträgen immer zu bedenken sind und sich auch häufig genug realisieren. Nicht selten gibt es weit mehr Störfaktoren, die vor allem dann planerisch nicht abgesichert werden, wenn sie selten auftreten oder von geringer Bedeutung erscheinen. Ein einziger dieser Faktoren kann das Risiko des Scheiterns sofort auf hundert Prozent hochtreiben, wenn sich keine alternativen Lösungen zeigen. Solche Lösungen sind **nach Vertragsschluß** ohne Zustimmung des Vertragspartners aber **selten durchsetzbar**. Läßt sich z. B. auf Grund einer Änderung des Baurechts eine bestimmte Geschoßflächenzahl bei einem geplanten Bauvorhaben nicht verwirklichen und sind damit gegebene Zusagen nicht mehr erfüllbar, dann hängt es bei bestimmten Vertragsgestaltungen ganz vom Belieben des Vertragspartners ab, ob er den Kaufvertrag rückgängig machen oder sich mit einer Minderung zufriedengeben will, es sei denn, man hat schon bei der Vertragsplanung an diese Möglichkeit gedacht und im Vertrag die Klausel aufgenommen, daß für einen solchen Fall der Kaufpreis sich in einem bestimmten Verhältnis mindert.

136 Die Vertragsplanung ist das einzige Mittel, jene Risiken zu erfassen und zu bewerten, die für das Projekt mit hoher Wahrscheinlichkeit relevant werden können, und die Auffangplanung möglichst schon in das Vertragskonzept zu integrieren. Geschieht das nicht, sinkt die Wahrscheinlichkeit des Gelingens, wie man oben sehen kann, dramatisch.

IV. Zusammenarbeit zwischen Managern, Unternehmensjuristen und Rechtsanwälten

1. Rechtsfragen im Unternehmen

137 Das Vertragsmanagement durchzieht das gesamte Unternehmen: *Horst* (BB 1995, 1096) gibt einen anschaulichen Überblick, der den üblichen Unternehmensstrukturen folgt, und zeigt, welche Abteilungen des Unternehmens sich schwerpunktmäßig auf einzelne Rechtsgebiete konzentrieren müssen. So hat die Personalabteilung mit dem Arbeitsrecht, das Marketing mit dem

Wettbewerbsrecht, Entwicklung und Herstellung mit der Produkthaftung und die Unternehmensstrategie mit Steuer- und Kartellrecht zu tun. Es sind **zwölf Schwerpunktgebiete,** von denen jedes sich wiederum in zwei bis drei kleinere Rechtsgebiete unterteilen ließe. Jedes von ihnen fordert angesichts der Vielzahl von Einzelregelungen, ständig neu erlassenen und überarbeiteten Gesetzen und der unübersehbaren Anzahl von Verträgen ein **Spezialwissen,** das wohl nur wenige Juristen – geschweige denn die Manager – auch nur annähernd beherrschen könnten. Wie kommt es, daß gleichwohl nur wenige Unternehmen überhaupt einen Juristen beschäftigen (der sich darüber hinaus auch meist nur auf das Arbeitsrecht konzentriert), und warum findet man nur bei wenigen größeren Unternehmen eine richtig organisierte Rechtsabteilung mit mehreren Juristen, Sekretariaten, Bibliotheken und der sonstigen Infrastruktur, die man braucht, um ordentlich arbeiten zu können?

Die Antwort ist schnell gefunden: Rechtliche Regeln, die meist eine lange Geschichte hinter sich haben, drücken in vielen Fällen nichts weiter aus als das, was die meisten für vernünftig und angemessen halten, und werden im übrigen ja nur dann gebraucht, wenn es Auseinandersetzungen gibt. Laufen die Dinge so, wie sie sollen, werden sie nur unbewußt realisiert und gar nicht wahrgenommen. Darin besteht ein wesentlicher Unterschied etwa zur Arbeit der Ingenieure: Ist eine Brücke schlecht entworfen, bricht sie bei der ersten Benutzung zusammen, die Fehler eines schlechten Vertrages hingegen bemerkt man nicht, solange Leistung und Gegenleistung richtig ausgetauscht werden. Ein guter Vertrag kann also eine gute Leistung nicht weiter verbessern, man bemerkt seinen Wert erst in der **Krise**. Einer unserer Mandanten, ein dynamischer Vertriebsmann, hat dafür den Begriff „Schüsse unter die Wasserlinie" geprägt: Nur wenn eine Vertragskrise so akut wird, daß das Schiff wirklich absaufen kann, greift man nach dem Vertrag, vorher kann er egal sein.

138

a) Risikomanagement

Rechtsmanagement – wie *Horst* die Tätigkeit der Juristen für das Unternehmen anschaulich nennt – ist daher Risikomanagement und besteht aus drei Bereichen:

139

– Es müssen alle **gesetzlichen** und sonstigen rechtlichen **Regeln**, die die Tätigkeit des Unternehmens bestimmen, ermittelt und in der Organisation des Unternehmens berücksichtigt werden.
– Durch die Vertragsgestaltung müssen **Risiken** ausgewogen **verteilt** werden.
– In Krisensituationen muß das **Vertragsmanagement** sicherstellen, daß das Unternehmen **schnell, engagiert** und **zuverlässig** reagieren kann.

140 In allen drei Bereichen stellt man in der Praxis erhebliche Defizite fest. Vielen Managern ist der oben skizzierte rechtliche Hintergrund ihrer Entscheidungen nicht klar. Das muß nicht verwundern, wenn man berücksichtigt, daß auch Juristen nur begrenzte Chancen haben, die jeweils aktuelle Rechtslage auch nur annähernd zuverlässig festzustellen. Wenn typische juristische Begriffe auftauchen („Gerichtsstand"; „Eigentumsvorbehalte"), ist das noch relativ einfach. In anderen Fällen werden die rechtlichen Gestaltungsmöglichkeiten im Rahmen von Verträgen oft genug nicht erkannt. Bei der Vertragsgestaltung ist meist nicht nur unbekannt, wann ein Vertrag am Ende wirklich zustande kommt (mündliche Vorgespräche, Bestätigungsschreiben, Letter of Intent, schriftlicher Abschluß?), welche Sonderprobleme sich aus Auslandsbezügen ergeben und welche Gestaltungsmöglichkeiten man bei der Risikoverteilung hat (Pflichtenheft für Mitwirkungsleistungen des Auftraggebers; formalisierte Vertragsänderungsverfahren etc.).

b) Manager, Unternehmensjuristen und Rechtsanwälte

141 Die meisten Manager verlassen sich auf Rückfragen bei erfahrenen Kollegen. Nach der auch in der Medizin geltenden Regel „Häufiges ist häufig, Seltenes ist selten" erfahren sie damit meist genug über die **Standardsituationen.** Die immer notwendige Rückfrage bei den Unternehmensjuristen in schwierigeren Situationen führt aus der Sicht der Manager oft genug zu unbefriedigenden Ergebnissen:

– Da problematische Rechtsfragen ohnehin erst sehr spät entdeckt werden, wird die Antwort immer sofort gebraucht, und dafür hat der meist überlastete Unternehmensjurist – wenn es ihn denn gibt – nicht die Zeit.

– Nicht selten sind die Fragen dann so speziell, daß man für ihre Beantwortung wirklich den Spezialisten bräuchte, und der steht (gerade wegen des Zeitdrucks) selten sofort zur Verfügung.

– Bekommt man endlich eine Antwort, so ist sie nicht immer so einfach und klar, wie der Manager sich das wünscht. Meist gibt es Vorbehalte, die die Entscheidungen eher komplizierter als einfacher machen, und am Ende erlebt der Manager immer wieder, daß er den Rechtsproblemen ohnehin nicht ausweichen kann, gleichgültig wie er sich verhält.

142 Diese Erfahrungen führen viele Manager zu dem falschen Schluß, daß Juristen nur der Sand im Getriebe der Geschäfte sind und die Manager im Grunde nur an der Arbeit hindern. Nur wenige Manager drücken das so sarkastisch aus wie der Großvater eines unserer Partner, als man ihm eröffnete, sein Enkel wolle Anwalt werden: „*Anwalt wird man nicht, Anwalt hält man sich.*" Diese Auffassung zeigt sich gelegentlich am internen Status von Unternehmensjuristen, denen nur eine Alibifunktion zugesprochen wird. Den Anwälten des Unternehmens geht es bei dieser Auffassung auch nicht anders: Sie werden für die unvermeidbaren Prozesse eingesetzt, mit

deren Hilfe der Schrott weggeräumt wird, der beim unternehmerischen Handeln notwendig anfällt, oder man benutzt sie im besten Falle als würdige Leichenbestatter, die bestimmte Probleme zu Grabe tragen müssen. Um den Besuch bei der Beerdigung (das ist die Wahrnehmung der mündlichen Verhandlungen bei Gericht) drückt der Manager sich deshalb gern, weil die dort ausgesprochenen Warnungen für richtiges künftiges Verhalten ja aus den oben angegebenen Gründen nur als sinnlos empfunden werden.

Man kann Juristen auch ganz anders einsetzen. Juristen lernen in ihrer Ausbildung mehr als alle anderen Berufe, wie man in ein beliebiges Chaos **Strukturen** bringt (das ist die zentrale Aufgabe des Gesetzgebers), wie man **Rechte** und **Pflichten fair verteilt** (das ist die Aufgabe der Gerichte) und wie man **Entscheidungen** mit Machtmitteln **durchsetzt** (das ist die Tätigkeit der Vollstreckungsgerichte, Gerichtsvollzieher etc.). 143

Diese Grundfähigkeit können Unternehmensjuristen und Anwälte in allen drei Bereichen einsetzen, in denen rechtliches Risikomanagement stattfindet: 144

– Die für das Unternehmen typischerweise relevanten rechtlichen Vorschriften werden systematisch gesammelt, für das Verständnis der Mitarbeiter auf den jeweiligen Entscheidungsstufen aufbereitet und ihre Anwendung geschult (**Informationsbroker**).

– Im Bereich der Vertragsplanung werden Standardverträge als Werkzeuge für die Manager entworfen und die Verhandlungsführung mit rechtlichen Hinweisen **taktisch** unterstützt (**Vertragsmanager**).

– Für den Krisenfall sind typische Szenarien und Frühwarnsysteme entwickelt, mit deren Hilfe Manager und Juristen **gemeinsam** handeln und entscheiden können: Nur so kann der Informationswert der Krise für künftige Fälle voll genutzt werden (**Krisenmanager**).

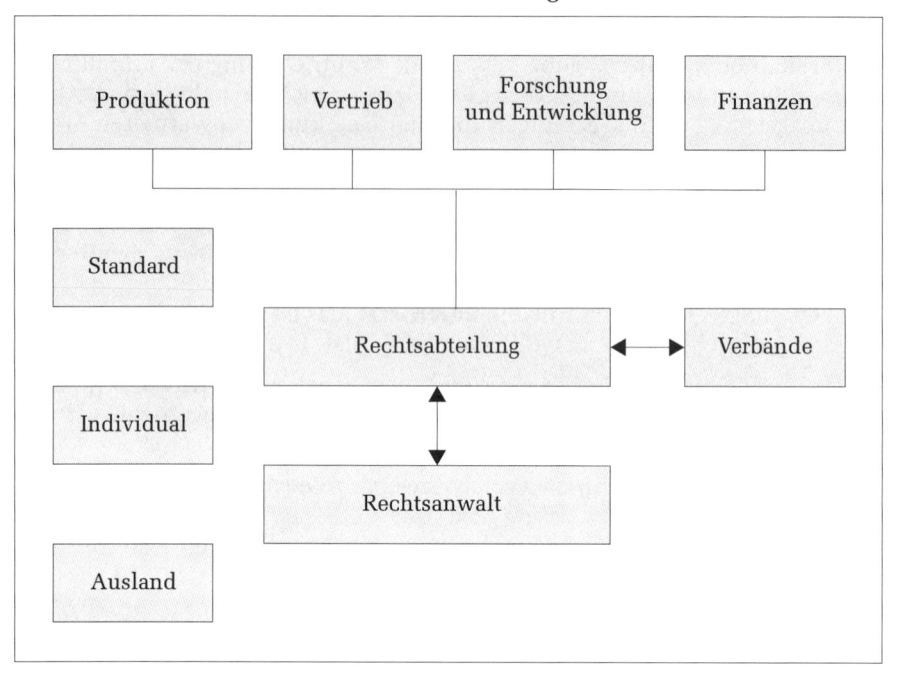

145 **Rechtliches Risikomanagement**

```
   Produktion     Vertrieb     Forschung        Finanzen
                               und Entwicklung

   Standard
                       Rechtsabteilung  ◀▶  Verbände
   Individual
                            ▲
                            ▼
                       Rechtsanwalt
   Ausland
```

146 Rechtliches Risikomanagement kann diese Qualität nur erreichen, wenn die **Zusammenarbeit** zwischen den Managern, den Unternehmensjuristen – sofern solche vorhanden sind – und den Anwälten stimmt.

Auch große Unternehmen, die mehrere Unternehmensjuristen beschäftigen, können einen wesentlichen Teil ihrer Prozesse (Zivilverfahren ab Landgerichtsebene) nicht selbst führen, und dort, wo sie selbst auftreten können (Arbeitsgerichte, Verwaltungsgericht erster Instanz), sollten sie es nicht immer tun: Prozesse können ja nur entstehen, wenn die außergerichtliche Konfliktregelung gescheitert ist, und das ist oft genug ein Indiz für Grundlagenfehler in der rechtlichen Einschätzung und/oder dem Konfliktmanagement. Solche Fehler können oft nur entdeckt werden, wenn Außenstehende sich mit der Sache beschäftigen (Vier-Augen-Prinzip).

147 Der Erfolg der Zusammenarbeit zwischen den Unternehmensjuristen und den Rechtsanwälten hängt – was oft übersehen wird – immer davon ab, daß die Manager solange in den Fall involviert bleiben, bis er gelöst worden ist. Die typische **Fluchtneigung** der Manager, die Szene zu verlassen, sobald es um rechtliche Argumente geht, muß unbedingt unterbunden werden. Nur dann, wenn sie die rechtlichen Auswirkungen ihrer Entscheidungen in allen Facetten zu sehen bekommen, lernen Manager, wie sie sich in vergleichbaren Situationen später richtig verhalten, und entwickeln Verständnis für die

Voraussetzungen **kreativer** juristischer **Arbeit** (bei der schlichten Schrottbeseitigung ist das allerdings überflüssig).

Um das zu erreichen, müssen folgende Voraussetzungen geschaffen werden: 148

– Das Rechtsmanagement muß bei der **Aufbauorganisation** berücksichtigt werden.
– Die **Ablauforganisation** muß Unternehmensjuristen und Anwälte vor allem im Bereich des Krisenmanagements informatorisch und taktisch einbeziehen.
– Die **Schnittstellen** zwischen Managern, Rechtsabteilung und Rechtsanwälten müssen klar definiert sein.
– Unternehmensjuristen und Anwälte müssen intensiv in die **Informationswege** des Unternehmens einbezogen werden, auch soweit es nicht um offenkundig rechtlich relevante Themen geht; die **Kommunikation** zwischen Managern und Juristen muß intensiver werden, auch wenn das Zeit und Geld kostet.
– Unternehmensjuristen und Anwälte müssen ihre Tätigkeit als **Service** für das Unternehmen und die Manager verstehen; die Manager sollten diesen Service als Unterstützung und nicht als Behinderung auffassen.

Nur so kann man erreichen, daß das Rechtsmanagement eine Qualitätsstufe erreicht, wie sie in anspruchsvollen Qualitätsmanagementsystemen für Produktion, Vertrieb und/oder Unternehmenssteuerung erreicht werden kann. Die Normenreihe DIN/ISO 9000 ff. widmet diesen Bereichen allerdings noch wenig Aufmerksamkeit und beschränkt sich im wesentlichen auf die herkömmliche „Vertragsprüfung" (etwa Ziff. 4.3 bei DIN/ISO 9001 und Ziff. 5.2 ff. DIN/ISO 9000 Teil 3).

Die wirkliche Leistungsfähigkeit einer solchen Zusammenarbeit zwischen 149
Juristen und Managern liegt aber ohnehin in Eigenschaften, die sich nicht normieren lassen.

Man kann sie mit drei Begriffen charakterisieren:

– **schnell:** Rechtsprobleme außerhalb von Standardsituationen tauchen meist überraschend auf. Man bewältigt sie nicht mit ausführlichen Gutachten, sondern mit Vorschlägen, die im **wesentlichen** in die richtige Richtung zielen.
– **engagiert:** Es gehört zu den Machtspielen der Anwälte, möglichst unbeteiligt zu erscheinen, was alle anderen aus der Fassung bringen kann. Die gebotene distanzierte Betrachtung der Situation muß durch **engagierte Teilnahme** ausgeglichen werden, wenn die Zusammenarbeit klappen soll.
– **zuverlässig:** Das Präsenzwissen über Standardsituationen muß **umfassend** sein; bei unbekannten oder schwierigen Fragen muß schneller Zugriff auf Spezialisten möglich sein.

2. Rechtsmanagement in der Aufbauorganisation

a) Tatsachen und Rechtsfragen

150 Rechtsmanagement besteht, wie die Übersicht (Rz. 151) zeigt, nur zu etwa 30% aus der Lösung rechtlicher Probleme. Oft ist schon die Tatsache, daß es überhaupt Rechtsprobleme gibt, durch die Routine der Tagesabläufe verdeckt und wird im übrigen auch deshalb verdrängt, weil die Manager dann die eigenen Kompetenzgrenzen anerkennen und die Juristen fragen müssen. Wie oft werden Verträge von Vertriebsmanagern gekündigt, ohne sich über die dann entstehenden Abfindungsprobleme Gedanken zu machen, und wie selten denkt jemand an den Datenschutz, wenn er die EDV-Wartung mit einem Outsourcing-Vertrag außer Haus gibt.

151 Die wesentliche Tätigkeit der Unternehmensjuristen und der Anwälte (ca. 70%) besteht daher in der

– Ermittlung der Tatsachen,

– Definition der Probleme,

– Information aller Beteiligten,

– Kommunikation mit Dritten,

– Vermittlung von Kompromissen zwischen den Beteiligten.

Viele dieser Tätigkeiten müssen **sofort** ergriffen werden, noch bevor man überhaupt die Chance hat, sich über die zutreffende Lösung der Rechtsfragen Gedanken zu machen. Das kann ohne Qualitätsverluste nur gelingen, wenn jede Stelle der Aufbauorganisation daraufhin geprüft wird, welche Rechtsprobleme dort auftauchen können und wer sie lösen soll.

152 Das setzt eine intensive **Analyse** der **Aufbauorganisation** voraus, wie man am einfachsten im **Bereich der Vertragsabschlüsse** zeigen kann. Es dürfte wohl keinen Manager geben, zu dessen Aufgaben es nicht gehört, über Verträge zu verhandeln, und viele haben Vollmacht, sie abzuschließen. Entscheidet man sich dafür, alle Verträge durch eine **zentrale Rechtsabteilung** zu überprüfen und gegenzeichnen zu lassen, ist das ein sicherer Weg, der aber auch Scheinsicherheiten auslösen kann: Wenn die Rechtsabteilung mit akuten anderen Situationen (Krisenfälle) beschäftigt ist, wird sie die routinemäßige Überprüfung von Verträgen immer zurückstellen müssen oder kann nur eine sehr flüchtige Bewertung abgeben. Darüber hinaus liegt der wirkliche Wert in der rechtlichen Bewertung von Verträgen nicht in schriftlichen Gutachten, sondern in einem **intensiven Dialog** zwischen Juristen und Managern über Ziel und Gestaltung des Vertrages, ein Dialog, der oft von taktischen Überlegungen geprägt ist, die sich erst aus dem Gespräch ergeben. Das braucht **Zeit**.

153 Beauftragt man die Anwälte mit der Vertragsüberprüfung, so ist das Kapazitätsproblem vielleicht geringer (weil Anwälte notfalls nachts arbeiten müs-

sen), ob man aber den wichtigen kommunikativen Teil der Aufgabe lösen kann, ist damit noch nicht gesagt.

Die Lösung kann darin bestehen, **Standardverträge** für Standardsituationen zu entwerfen, es kann aber auch richtig sein, rechtliche Probleme einfach zu ignorieren und in den Fällen, in denen das schiefgeht, draufzuzahlen. Im Bereich Produkthaftung und Umweltschutz wird man gut beraten sein, die Juristen in die Frühwarnsysteme einzuschalten, weil es hier **strafrechtliche** Risiken gibt, die man als Geschäftsführer/Vorstand nicht vermeiden kann. Trotzdem fehlt es erstaunlicherweise gerade hier oft an der notwendigen Sensibilität für das Organisationsverschulden (§ 14 StGB), das sich im mangelhaften rechtlichen Design der Aufbauorganisation niederschlägt. 154

b) Aufgabenverteilung nach Servicegesichtspunkten

Die zentrale Frage der Aufbauorganisation ist die **Aufgabenverteilung** zwischen Managern, Unternehmensjuristen und Rechtsanwälten (Outsourcing). 155

Die übliche Zuweisung von Prozessen, Spezialaufgaben und Spitzenbelastungen in den Tätigkeitsbereich der Anwälte beruht zwar auf grundsätzlich richtigen Überlegungen, greift aber erheblich zu kurz, wenn nicht zuvor geklärt wird, was die Beteiligten fairerweise voneinander erwarten können. Man nähert sich der Antwort am einfachsten, wenn man den **Service-Aspekt** in den Vordergrund stellt. Service wird immer gegenüber **Personen** und **nicht** gegenüber **Institutionen** erbracht. Auch wenn es die Interessen des Unternehmens sind, die die Juristen berücksichtigen müssen, so sind sie auch von den Interessen der Unternehmer (Manager) bestimmt, was oft genug auch Anlaß zu **Interessenkonflikten** zwischen dem Unternehmen und unter den Managern gibt. Kurz: Auch der Unternehmensjurist sieht sich wie der Anwalt in einem komplexen Umfeld, das zunächst einmal strukturiert werden muß, bevor man zusammenarbeiten kann. Man kann dabei die Unternehmensjuristen und Anwälte durchaus in der gleichen Situation sehen, auch wenn es im Bereich der **Unabhängigkeit,** der **Weisungsgebundenheit** und der **Haftung** erhebliche Unterschiede geben mag (die wesentlich von der Firmenkultur bestimmt sind): Wenn beide Berufsgruppen serviceorientiert arbeiten, ebnen sich diese Unterschiede weitgehend ein.

Die entscheidenden Kriterien, die man bei der Zuweisung einzelner Aufgaben zur Rechtsabteilung oder zu den Anwälten berücksichtigen muß, sind demnach folgende: 156

– Die Sammlung von **Tatsachen** und **Informationen** wird im Schwerpunkt immer **intern** vorzunehmen sein, da ein Außenstehender meist zu wenig über Organisation, Hierarchien und Kompetenzen wissen und psychologische Faktoren (persönliche Empfindlichkeiten etc.) schlecht einschätzen kann.

– Die **Kernkompetenzen** müssen im Unternehmen verbleiben, weil sonst die Arbeit der Anwälte nicht kontrollierbar ist: Wenn es keinen Unternehmensjuristen gibt, der diese Aufgabe wahrnehmen kann, muß mindestens ein Manager (z. B. als Vertragsmanager) die Qualität der anwaltlichen Arbeit einschätzen können.

157 An diesen beiden Kriterien gemessen, kann man im Einzelfall schnell entscheiden, ob man z. B. die Standardverträge selbst (oder mit Hilfe der Verbände) entwirft und von den Anwälten nur überprüfen läßt oder ob es ratsam ist, einen Anwalt hinzuzuziehen, der innerhalb einer Branche spezialisiert ist und Know-how aus Konkurrenzunternehmen mitbringt, über das manchmal auch die Verbände nicht verfügen. Auch die Frage, ob z. B. **Tochtergesellschaften** im **Ausland** über die eigene Rechtsabteilung oder die inländischen Anwälte betreut werden, die dann ihrerseits ausländische Kollegen einsetzen, ist von Fall zu Fall sehr unterschiedlich zu beantworten: Für das eine Unternehmen ist die Kontrolle der Tochtergesellschaften eine Kernkompetenz, für ein anderes hingegen nicht.

158 Beim Einsatz von Spezialisten gibt es eine wichtige organisatorische Grundregel: Man muß den Spezialisten möglichst kennen, **bevor** das Problem akut wird! Wie oft wird man als Anwalt von einem neuen Mandanten unter höchstem Zeitdruck in eine krisenhafte Situation gerufen und hat kaum eine faire Chance, die Unternehmensstruktur und Firmenkultur unter dem gegebenen Zeitdruck so kennenzulernen, daß man einen vernünftigen Rat geben könnte. Man sollte sich den Spezialisten rechtzeitig suchen und ihn mit einzelnen Aufgaben im Rahmen der Strukturberatung betrauen. Dann können beide Seiten sich bei überschaubaren Einzelaufgaben kennenlernen, was die **Zusammenarbeit** in der **Krise** erheblich unterstützt.

3. Rechtsmanagement in der Ablauforganisation

159 Es gibt zwei grundsätzlich verschiedene Situationen, in denen Rechtsprobleme sich bemerkbar machen:
– **Standardsituationen:** Das ist alles, was zum Tagesgeschäft gehört und von Branche zu Branche sehr unterschiedlich ausfallen kann. Für ein Maklerbüro z. B. ist es wichtig, daß die Zugangsnachweise für jedes einzelne Angebot richtig organisiert und dokumentiert werden, weil jeder Fehler das ganze Honorar kosten kann; bei einem Hardwarehändler kommt es eher auf die Auftragsbestätigungen an; bei einem Produktionsunternehmen hat jede Abteilung ihre eigenen Standardsituationen.
– **Krisensituationen:** Sie entstehen entweder, wenn typische Fehler aufgrund mangelhafter Planung überraschend auftreten oder untypische Fälle, die man nicht einplanen kann, sichtbar werden.

Die Ablauforganisation muß unterschiedliche Regeln für beide Fälle aufstellen und bestimmen, wer im einen und im anderen Fall die notwendigen Entscheidungen treffen kann.

In Standardsituationen wird das häufig die Geschäftsführung sein, in Krisensituationen muß auch dann entschieden werden können, wenn die Geschäftsführung nur schwer erreichbar ist. 160

Daraus ergibt sich auch automatisch, wer der „Mandant" des Unternehmensjuristen oder des Anwalts ist. Davon hängt – wie oben skizziert – für den Erfolg eine Menge ab. Die Definition des Mandanten ist dabei nicht immer frei von **Interessenkonflikten**, die zwischen mehreren Hierarchieebenen oder auch auf gleicher Ebene unter den Managern ausbrechen können. So mag der Vertrieb an frühzeitiger Freigabe von neuen Produkten interessiert sein, während Forschung und Entwicklung eher zur Vorsicht raten. Hier ist es Aufgabe der Juristen, Entscheidungsvorschläge für die Risikobewertung abzugeben, die die Interessen aller „Mandanten" berücksichtigen. Die Situation ist hier ähnlich wie bei mehrgliedrigen Familiengesellschaften.

Für Standard- wie für Krisensituationen ist die Ablauforganisation in **sechs Schritten** anzupassen: 161

– Diagnose des Problems,
– Feststellung der Tatsachen,
– Kommunikation,
– Entscheidung,
– Durchführung,
– Controlling.

In allen sechs Bereichen trifft man auch bei erfahrenen Unternehmen immer wieder auf die gleichen Fehler. Sehr oft wird die Diagnose vernachlässigt und nur auf Zuruf entschieden, und besonders selten wird nach Bewältigung von Krisen die entscheidende Frage gestellt: **Was kann man daraus lernen?** Nur dann können die gewonnenen Erfahrungen kreativ genutzt werden.

Aber auch im Bereich der **Information** und **Kommunikation** fehlt es sehr oft. Man lernt als Anwalt erst in vielen Jahren, daß die Informationen, die man benötigt, keinesfalls auf der Straße liegen, sondern oft detektivisch ermittelt werden müssen. Ähnlich wie Patienten, die ihren Ärzten auch nicht immer alles sagen wollen, halten Manager teils aus **Selbstschutz,** teils aufgrund von **Verdrängung** viele wichtige Dinge zurück, die man dann von der Gegenseite in überraschenden Situationen präsentiert bekommt, ohne dann noch vernünftig reagieren zu können. 162

Auch die **mangelhafte Kommunikation** ist ein Dauerproblem, das allein durch flache Hierarchien nicht beseitigt wird, denn immer noch hat Wissen etwas mit Macht zu tun und wird selten ohne Gegenleistung verteilt. Amerikanische Anwälte, für die die Richtigkeit der gegebenen Informationen aus prozessualen Gründen eine noch viel größere Bedeutung hat als für uns, müssen in Einzelinterviews vorsorglich alles nochmals an der Quelle überprüfen, was die Inhouse-Juristen ihnen aufgearbeitet haben, und gewinnen so häufig ein realistischeres Bild, als uns das möglich ist. Den richtigen Mittelweg muß man finden.

163 Wie schon bei der Aufbauorganisation hängt letztlich aber alles davon ab, daß Rechtsabteilungen und Anwälte **agieren** und nicht nur **reagieren** und darin die notwendige Unterstützung ihrer Mandanten einschließlich der Geschäftsführung (und manchmal auch der Gesellschafter) haben, denn jeder Service muß sich der **Firmenkultur** anpassen, wenn er erfolgreich sein soll.

4. Kosten und Nutzen

164 **Rechtsmanagement** ist immer ein **Kostenfaktor,** und zwar auch dann, wenn man weder einen Unternehmensjuristen hat noch häufig einen Anwalt beschäftigt. Viele Unternehmen verlieren jeden Tag eine Menge Geld, ohne zu merken, daß diese Verluste durch besseres Vertragsmanagement leicht aufgefangen werden könnten, und noch mehr Verluste entstehen durch ungeschickte Reaktionen in Krisen, falsch geplante und geführte Prozesse oder den Zeitaufwand, den die Manager benötigen, um mit ihren unbeholfenen Bordmitteln rechtliche Krisen zu lösen, die sie als solche teilweise gar nicht erkennen. Rechtsmanagement findet immer statt und löst immer einen Aufwand aus, auch wenn man ihn nicht erkennt. Man muß also erst untersuchen, wie es im konkreten Fall gehandhabt wird, bevor man Verluste und Kosten definieren und Verbesserungsvorschläge machen kann.

165 Dabei muß man den Zeitaufwand von Managern und Unternehmensjuristen realistisch berechnen. Er liegt intern für ein durchschnittliches Managergehalt von ca. 100 000 € unter Einrechnung organisatorischer und anderer Nebenkosten abhängig von der Produktivität des einzelnen zwischen ca. 260 und 400 € pro Stunde (ausführlicher Kostenvergleich: *Horst,* BB 1995, 1096 ff.).

Höherrangige oder ältere Manager verdienen entsprechend mehr, so daß die Stunde eines Vorstandsvorsitzenden mit etwa 1 Mio. € Jahresgehalt einem Stundensatz zwischen 1 200 und 2 500 € entspricht (weil die organisatorischen Begleitkosten relativ gesehen weniger steigen), während sehr teure Anwälte (nach allem was man so hört) nur sehr selten mehr als 800 € pro Stunde berechnen können. Die Kosten der Anwälte sind naturgemäß immer sichtbarer als die **versteckten Kosten,** die Unternehmensjuristen und Manager in diesem Bereich auslösen – sie müssen deshalb aber nicht höher sein. Kurz: Je höherrangiger ein Manager, um so weniger sollte er sich mit Rechtsproblemen beschäftigen.

166 Im Rahmen des **Outsourcings** stellt sich die Frage besonders, ob es preiswerter ist, einen Unternehmensjuristen zu beschäftigen oder die Dinge außer Haus zu geben. Ein realistischer Vergleich setzt, wie *Horst* nachgewiesen hat, nicht nur die Berücksichtigung der **Umgebungskosten,** sondern auch einen **Produktivitätsvergleich** voraus, so daß man am Ende vielleicht sogar zu dem Ergebnis kommen könnte, Anwälte seien preiswerter als Unternehmensjuristen. Nur: Auf die Kostengesichtspunkte darf es letztlich erst ankommen, wenn das Rechtsmanagement für die Bedürfnisse des jeweiligen Unternehmens richtig strukturiert und organisiert ist, und das läßt sich nicht abstrakt bewerten, sondern hängt immer vom Einzelfall ab. Kein Anwalt kann den Syndikus ersetzen, der in einem Unternehmen gebraucht wird, um die interne Information und Kommunikation zwischen mehreren Abteilungen aufrechtzuerhalten oder z. B. die für Standardprozesse relevanten Daten an den richtigen Stellen abzurufen und aufzuarbeiten. Jeder außenstehende Jurist, der diese Aufgabe lösen wollte, würde dafür erheblich mehr Zeit benötigen, wenn es ihm überhaupt gelänge, an die entsprechenden Informationen heranzukommen. Der Vorteil, nicht in die Unternehmenshierarchie eingebunden zu sein, der den Rechtsansichten der Anwälte gelegentlich ein größeres Gewicht verleiht, ist mit dem untrennbaren Nachteil verbunden, daß sie nicht hinter die Kulissen sehen können.

Man kann nicht leugnen, daß intensivere Zusammenarbeit zwischen Managern, Unternehmensjuristen und Anwälten **mehr Zeit** kostet als die übliche Methode, den Juristen eine Aktennotiz vor die Füße zu werfen und sie um Stellungnahme zu bitten. Da diese Methode aber so fehlerträchtig ist, wie wohl jeder erfahren haben wird, ist es dann fast besser, man fragt die Juristen erst gar nicht und schreibt die Verluste ab.

167 Im Gegensatz zu früher wird man heute bei den wenigsten Unternehmen im Bereich der Rechtsabteilungen noch Geld sparen können, denn, soweit man es in der Praxis zu sehen bekommt: Rechtsabteilungen sind nicht überbesetzt. Der eigentliche Vorteil des Outsourcings ist also nicht die Einsparung von Unternehmensjuristen, sondern das Know-how darüber, wie man aus **Kosten Investitionen** macht, die im Bereich des Rechtsmanagements den höchsten Ertrag bringen. Dieser Ertrag besteht z. B. in

– erhöhter **Planungssicherheit,**
– **besseren Argumenten** für Streitfälle,
– intensiverer **Erfahrung** für Folgeprojekte,
– effizienterem Einbringen von Argumenten in **Vertragsverhandlungen,**
– erhöhten **Spezialkenntnissen** bei richtigem Einsatz von Spezialisten.

168 Wie umfangreich und differenziert z. B. ein **Vertragshandbuch** ausfällt, hängt vom Einzelfall ab. Es kann in Papierform, in Datenbanken und/oder Textsystemen entwickelt werden und folgende Elemente umfassen:

- **Benutzerhinweise**,
- Checklisten für typische **Abläufe** (sie können von den Mitarbeitern zum jeweiligen Vorgang kopiert und als Gedächtnisstütze verwandt werden),
- **Kommentare** zu den Checklisten,
- **Standardverträge**,
- Checkliste für typische **Standardmodule**,
- **Prüfcheckliste** für Entwürfe des Vertragspartners,
- Checkliste für die **Rechtsabteilung**,
- Checkliste für **Geschäftsführer** und Vorstand,
- Checkliste für den **Aufsichtsrat**,
- Checkliste für das **Unternehmenscontrolling**,
- **Stichwortregister**.

Je nach Anzahl der Mitarbeiter, die das Vertragshandbuch benötigen, muß die Pflege (ca. ein- bis zweimal im Jahr) ebenfalls systematisiert werden (der Wartungsvertrag des Vertrages).

5. Zusammenfassung

169
- Rechtliche Regeln und Verträge werden im Unternehmen meist nur bewußt, wenn **Krisen** auftreten.
- Das **Risikomanagement** darf nicht nur die Bewältigung von Krisen umfassen, sondern muß vorsorglich Krisensituationen vermeiden helfen.
- Die **Kernkompetenzen** des Rechtsmanagements müssen im Unternehmen verbleiben: Der Unternehmensjurist oder mindestens ein spezialisierter Vertragsmanager muß fachlich in der Lage sein, mit beauftragten Rechtsanwälten zusammenzuarbeiten.
- Die wichtigste Aufgabe des Unternehmensjuristen ist die **Informationssammlung** und **interne Koordination** innerhalb des Unternehmens; daneben muß er die rechtlichen Standardsituationen beherrschen.
- Die typische Aufgabe der Anwälte ist die Bearbeitung von **Spezialgebieten**, die Hilfe bei **Sofortmaßnahmen**, die Überbrückung von **Kapazitätslücken**, die **Prozeßführung** und die fachliche Beratung beim Aufbau von **Vertragssystemen**.
- **Outsourcing** wird nicht immer Kosten einsparen können. Bei richtiger Organisation kann man aber erhöhte Planungssicherheit, bessere Beratungsqualität und tieferes Spezialwissen erreichen.

V. Planungsszenarien

Das Denken in Ursache-Wirkungs-Abläufen legt es nahe, von Planungsschritten oder einem Planungsablauf zu sprechen. Mit dem Begriff des Planungsszenarios soll angedeutet werden, daß die Planung ihrerseits ein Vorgang ist, der nicht in strengen Gesetzmäßigkeiten, sondern gerade in der Anfangsphase in natürlichem Chaos vor sich geht. Gerade im Anfang des Planungsgeschehens, wenn viele unterschiedliche Bewertungen von Tatsachen und unzählige Meinungen aufeinandertreffen, wäre es völlig verfehlt, strenge Abläufe zu planen, weil man sich sonst die Kreativität zerstört, die in dieser Phase am wichtigsten ist (ausführlich *Liebig*, S. 21 ff.). 170

Auch bei einem kreativ-chaotischen Planungsverfahren, in dem z. B. einzelne „Planungsinseln" entstehen, die sich erst langsam strukturieren, muß man sich darüber im klaren sein, daß man sich im Stadium der Planung nicht nur bei unverbindlichen Vorüberlegungen befindet. Viele Manager achten nicht darauf, daß diese **Grenzen fließend** sind, und springen aufgrund höherer Entschlüsse und eines plötzlich verkürzten Zeitrahmens von unverbindlichen eigenen Vorüberlegungen direkt in die Verhandlungen mit Vertragspartnern. Solche Entwicklungen kann man nur verhindern, wenn man so früh wie möglich das Projekt definiert und klarmacht, daß es um **verbindliche Planung** geht, die in welcher Weise auch immer strukturiert werden muß. 171

Was dann zu geschehen hat, hängt von der Art des Projekts, der Firmenkultur und vielen anderen Faktoren ab, die von Fall zu Fall unterschiedlich sind. Die wichtigsten Planungsfaktoren, die man nahezu immer berücksichtigen muß, sind oben beschrieben. Ihr Zusammenwirken im zeitlichen Ablauf ist nun darzustellen.

„Der neunstöckige Turm begann mit dem Häufchen Lehm, die Reise von tausend Meilen mit einem Schritt" (*Lao-Tse*, Kapitel 64, S. 240). Dieser weltbekannte, meist aber nur in der zweiten Hälfte zitierte Satz wirft ein interessantes Licht auf die **Unterschiedlichkeit** der Planverfahren. Es gibt solche, bei denen der Plan zeitliche oder räumliche Distanzen überwinden muß (diese beginnen mit dem ersten Schritt), und andere, bei denen die Aufgabe darin liegt, ungeordnete Lagen zu strukturieren (*Lehm*). 172

Bei beiden Verfahren kann man im groben folgende Phasen unterscheiden:

▷ Vorbereitung,
▷ Verhandlung,
▷ Durchführung,
▷ Kontrolle.

Feiner aufgegliedert zeigen sich danach folgende Planungsschritte:
1. Situation analysieren
2. Verantwortung festlegen
3. Ziele, Alternativen und Auffangpositionen definieren
4. Mittel und Wege finden
5. Prioritäten setzen
6. Zeitrahmen festlegen
7. Mit dem Vertragspartner verhandeln
8. Risiken und Chancen bewerten
9. Lösungen suchen
10. Entscheiden
11. Durchführen
12. Kontrollieren

173 Bei der **Situationsanalyse** kommt es entscheidend darauf an, alle Überlegungen zum Problem völlig offenzuhalten und grundsätzlich alles (aber auch alles) in Frage zu stellen einschließlich der Frage, ob das Projekt selbst überhaupt sinnvoll ist. Diese offene Haltung darf nicht mit der in vielen Unternehmen anzutreffenden Bereitschaft verwechselt werden, jede neue Idee mit **Denkverboten** abzuwürgen (dazu unten Rz. 616 f.). Man kann kritische Fragen durchaus in kreativer Form stellen, muß dann aber mehr tun als darauf hinweisen, daß das Projekt etwas ganz anderes ist als das, was man schon immer gemacht hat.

Ohne unterstützende Firmenkultur sind offene **Brainstormings** zu Beginn von Projektphasen nicht realisierbar, und wenn Projekte über diese Anfangsschwierigkeiten nicht hinwegkommen, dann bleibt nichts anderes übrig, als zunächst die Firmenkultur zu ändern, bevor man sich an komplexe Planungsprozesse heranwagen darf.

Das Setzen von **Prioritäten** ist nicht nur nach Abschluß der Vorplanung, sondern danach in jeder Phase des Projekts nötig, wenn bei beschränkten Kapazitäten mehrere Aufgaben gleichzeitig zu erledigen sind.

Kreative Lösungen im Planungsstadium sind entscheidend davon abhängig, daß die Fähigkeit und Bereitschaft besteht, in jeder Lage die **Perspektive** zu **wechseln** und die Sichtweite anderer nicht nur zuzulassen, sondern sie **arbeitshypothetisch** zu begreifen und ernst zu nehmen.

VI. Vertragsvorbereitung

Wenn die unter I. bis V. dargestellten Überlegungen vollständig entwickelt worden sind, wird man sich der Frage zuwenden, wie der Vertrag organisatorisch vorzubereiten ist. Dabei merkt man immer wieder, daß kleine Verträge oft genauso schwer vorzubereiten und zu behandeln sind wie komplexere Vorhaben, wenn sie von Standardsituationen abweichen. Gerade in starken Positionen neigt man dazu, **notwendige Informationen** zu unterlassen und **Details** zu übersehen oder die eigene Position in Frage zu stellen. 174

Erfahrungsgemäß neigt man im Planungsstadium dazu, sich nur die eigenen Ziele vor Augen zu führen, nicht aber mit ausreichender Tiefe zu überdenken, welche Position die Gegenseite wohl einnehmen wird. Man wird dann oft von Forderungen überrascht, auf die man sich besser hätte vorbereiten können.

Qualitativ hochwertige Planung bildet daher für alle in Frage kommenden Perspektiven Szenarien aus, die den jeweils besten und schlechtesten Fall einschließlich der **Eckdaten** beschreiben, die die eigene Position und diejenige der anderen Seite beschreiben.

Erst so gewinnt man die Chance, so früh wie möglich die **Details** zu sehen, auf die es später oft entscheidend ankommt.

1. Planung

Art, Umfang und Ablauf der Vertragsvorbereitung hängen unmittelbar mit der **Form** und dem **Inhalt** des Vertrages zusammen. 175

Die standardisierten Geschäftsvorfälle des täglichen Lebens bedürfen natürlich keiner besonderen Vorbereitung, da man bei ihnen die vertraglichen Voraussetzungen und die Konsequenzen, die der Vertrag haben wird, immer intuitiv richtig einschätzen kann.

Außerhalb dieses Bereichs gibt es jedoch eine **Fülle** von **Sachverhaltsgestaltungen**, bei denen man die übliche Praxis einer Ad-hoc-Entscheidung überprüfen und sich überlegen sollte, ob ein unbedeutend erscheinender Vertragsschluß nicht doch weitreichende Konsequenzen haben kann, die eine sorgfältigere Vorbereitung rechtfertigen. 176

Dabei ist die gedankliche Vorbereitung und **Risikoeinschätzung** viel bedeutender als ein vollständiger Rückgriff auf die Werkzeuge, Arbeitstechniken und anderen Elemente des Vertragsdesigns, von denen man meist nur Teile benutzen kann. Hat man es sich aber einmal angewöhnt, bestimmten Fragen im Bereich der **Vertragsvorbereitung** auch dann nachzugehen, wenn es sich um einen **Routinefall** handelt, erreicht man dadurch erhöhte Planungssicherheit. Hierzu gehört vor allem eine möglichst umfassende Information über die eigenen Perspektiven und über die Person des Vertragspartners und dessen voraussichtliche Sicht der Dinge.

177 Die nachfolgenden Hinweise zur Vorbereitung beziehen sich auf die Entwicklung eines individuellen, komplexen Einzelvertrages, also die umfassendste Aufgabe, die gegebenenfalls zu lösen ist. Der sicherste Planungsablauf ist folgender:

▷ **Ermittlung** des allgemeinen **Planungsziels,**
▷ Festlegung der **Funktion** des Vertrages im Rahmen der Gesamtplanung,
▷ Zuweisung der **Planungsverantwortung,**
▷ Durcharbeiten der **Planungsfaktoren** (oben Rz. 21 ff.),
▷ Ermittlung der **eigenen Interessen** und vorhersehbaren Verpflichtungen,
▷ Abschätzung der **Interessen** des **Vertragspartners,**
▷ Ermittlung und Bewertung der **Interessen Dritter,**
▷ Erarbeitung der **Gesamtstrategie,**
▷ Durchdenken einzelner **Szenarien,**
▷ Ermittlung aller möglichen **Alternativen,**
▷ Festlegung der **Abbruchkriterien** für das Projekt,
▷ Definition des **Zeitrahmens,**
▷ Erarbeitung der ersten **internen Entwürfe,**
▷ **Abstimmung** dieser Entwürfe,
▷ Aufnahme des **Kontakts** mit der **Gegenseite,**
▷ Einarbeitung der **Vorschläge** des Vertragspartners,
▷ Vorbereitung der **Verhandlungsstrategie** mit internen Checklisten etc.

178 Diese Ideallinie, die natürlich auch ideale Ausgangslagen und Fähigkeiten voraussetzt, wird in der Praxis selten erreicht. Es gibt jedoch einen **Grundlagenfehler,** den man versuchen muß unter allen Umständen zu vermeiden: Das sind verfrühte Gespräche und Verhandlungen mit einem Vertragspartner, die man führt, bevor man die eigene Position hinreichend durchdacht hat. Diesen Fehler kann man auch unter schwierigen Bedingungen (Zeitdruck, komplexe Sachverhalte) vermeiden, indem man nur früh genug die richtigen **Prioritäten** setzt, zu denen in erster Linie die Klärung der **eigenen Gedankenwelt** gehört. Bei der Vertragsvorbereitung und mehr noch bei der Vertragsverhandlung ist nichts schädlicher als ein ständiger Wechsel der eigenen Positionen, die aufgrund mangelhafter eigener Planung immer wieder korrigiert werden müssen.

Aber auch wenn die eigene Position geklärt ist, sollte man versuchen, außerhalb von mehr oder weniger unverbindlichen Kontaktgesprächen eine richtige Vertragsverhandlung erst zu führen, wenn man selbst mindestens eine voll **ausgearbeitete Checkliste**, möglichst aber schon einen **Vertragsentwurf** entwickelt hat, dessen Design man selbst bestimmt: So kann man die taktischen Vorteile der **Entwurfsregie** in vollem Umfang nutzen.

2. Interne Organisation, Teamwork

Auf die Arbeit im Team (Rz. 66 ff.) und die Zusammenarbeit mit Anwälten und anderen Beratern (oben Rz. 137 ff.) ist schon hingewiesen worden.

Wie Projektteams organisiert werden, hängt von der Firmenkultur, den Management-Techniken, die die Beteiligten beherrschen, ihrer Kommunikationsfähigkeit, der Art des Projekts und vielen anderen Faktoren ab. Für das Gelingen der Vorbereitung in rechtlicher Hinsicht ist entscheidend, daß

– einem **führenden Manager** die **Verantwortung** für die Vertragsvorbereitung zugewiesen wird und
– die **Kompetenzen**, über die er verfügt, sowohl für ihn selbst als auch für die anderen Beteiligten, mit denen er zusammenarbeitet, klar definiert sind.

Fehlt es daran, können erhebliche Unsicherheiten über die wirklichen Planungsziele entstehen, Entscheidungen, die man für verbindlich hält, werden häufig korrigiert und damit die Autorität des führenden Planers untergraben, wodurch in extremen Fällen das gesamte Projekt auseinanderfallen kann.

Bei **Planungsgruppen** aus mehreren Personen hängt der Erfolg wesentlich davon ab, daß die Beteiligten das Brainstorming beherrschen und sich gruppendynamischer Prozesse bewußt sind (zum Ablauf: *Liebig*, S. 249 f.). Das gilt auch dann, wenn ein rein **hierarchischer Entscheidungsstil** gepflegt wird: Gruppendynamik entsteht nämlich unter allen Umständen auch und gerade in hierarchisch organisierten Unternehmen – sie ist dort nur schwerer zu entdecken als in flexibler geführten Organisationen (dazu noch unten Rz. 508 f.).

3. Ideensammlung

Ob die Ideensammlung (Brainstorming) wirklich gelingt, hängt entscheidend von der **Firmenkultur** ab. Sie muß es ermöglichen, daß alle Beteiligten den Mut aufbringen, nach neuen Ideen zu suchen, ohne sich von eigenen Interessen und Statusfragen behindern zu lassen. Hierzu muß man

– die **Differenz** zwischen Wunsch und Wirklichkeit **analysieren** können,
– vorbehaltlos fragen, wie man auf eine bestimmte Situation **Einfluß** nehmen kann,

– sich vorsorglich fragen, was man tut, wenn **keine Lösung** gefunden wird.

183 Die Ideensammlung wird wesentlich beeinträchtigt, wenn es Teilnehmer gibt, deren **innere Haltung** einen offenen Ideenaustausch verhindert. Zerstörerisch wirkt vor allem das typische **Double-bind-Verhalten,** wie man es in strengen Hierarchien antrifft. Es kann bildhaft mit folgenden Sätzen illustriert werden:

▷ „Konflikte müssen ausgetragen werden – aber nicht mit dem Chef."

▷ „Teamarbeit ist notwendig – aber Anerkennung wird individuell verteilt."

▷ „Fehler dürfen nie verschwiegen werden, aber wehe dem, der sie verursacht hat."

184 Hilfreiche Mittel, um solche Einstellung zu korrigieren, sind **Regeln** für Brainstormings, die man vereinbart, bevor man in die Phase der Ideensammlung eintritt. Solche Regeln lauten etwa:

– **keine formellen Regeln** für die Besprechung;
– Zuziehung **aller** an dem Entscheidungsprozeß interessierten **Personen;**
– **Wortmeldungen** zunächst durch die **Rangniederen** und Zurückhaltung der Ranghöheren;
– Zulassung von **Vier-Augen-Gesprächen** aller Beteiligten in den Pausen;
– Nur **offene Aufzeichnungen** bezüglich der diskutierten Ideen (keine internen Protokolle oder Aktennotizen für Personen, die nicht teilgenommen haben, also auch nicht für Vorgesetzte).

185 Ein weiterer Erfolgsfaktor besteht im Vorhandensein einer oder mehrerer Personen, die in kritischen Situationen die Fähigkeit entwickeln, als **Moderator** zu wirken. Wenn ein vorgesetzter Manager diese Eigenschaft hat und die Meinungsbildung „von unten nach oben" (japanisch: ringi-System) fördert, entwickeln die Dinge sich meist erfreulich, es kann aber auch ein Berater, vor allem der eingeschaltete Anwalt, diese Funktion leichter als andere übernehmen, weil er außerhalb der Firmenhierarchie steht.

186 Es wird sich in der Regel nicht empfehlen, ein Brainstorming zu veranstalten, an dem die **andere Seite** teilnimmt: Taktische Überlegungen zwingen nahezu immer dazu, bestimmte Ideen verdeckt zu halten, und damit fällt ein wesentliches Grundelement offener Ideensammlungen weg.

4. Tatsachen und Meinungen

Beim Sammeln und Bewerten von Ideen und Vorschlägen, die im Rahmen der Vertragsvorbereitung entwickelt werden, müssen Tatsachen und Meinungen sorgfältig voneinander unterschieden werden. Unter **Tatsachen** kann man alles verstehen, was durch Beobachtungen Dritter festgestellt werden kann, während **Meinungen** subjektive Einschätzungen von Tatsachen sind, die mehr oder weniger „realistisch" sind.

187

Die Unterscheidung wird immer deutlich an den Gefühlen, die, sobald sie geäußert werden, von Dritten als Tatsachen feststellbar sind und daher nicht geleugnet werden können, während sie andererseits als subjektives Empfinden in einer bestimmten Situation reinen Meinungscharakter haben können.

Beide Bereiche haben natürlich erhebliche Überschneidungen, die sich für Juristen am einfachsten beobachten lassen, wenn man die Rechtsprechung zur falschen Tatsachenbehauptung (Verleumdung) im Verhältnis zur Beleidigung (Ehrverletzung) näher analysiert.

188

Für die Vertragsvorbereitung ist dieser Unterschied deshalb so wichtig, weil man im Bereich der Tatsachen immer leichter eine Übereinstimmung zwischen mehreren Positionen erzielen kann als im Bereich der Meinungen. Wenn innerhalb heftiger Diskussionen keiner der Beteiligten merkt, ob er über Tatsachen oder Meinungen streitet, ist die Gefahr eines Abgleitens ins Irrationale hoch und eine gemeinsame Zielbildung eher unwahrscheinlich.

189

In der Praxis wirkt sich das so aus: Immer wieder weist in kritischen Gesprächssituationen der Vorbereitungsgruppe oder bei späterer Verhandlung mit dem Vertragspartner ein Beteiligter engagiert darauf hin, daß dies oder jenes eine Tatsache sei, die doch niemand leugnen könne. Wenn in einer solchen Situation alle Beteiligten sich zunächst einmal darum bemühen zu klären, ob man wenigstens von der Tatsachenqualität einer bestimmten Behauptung überzeugt ist, kann die Verhandlung immer noch ein Ergebnis bringen. Prallen jedoch lediglich Meinungen aufeinander, werden die meisten Verhandlungen ergebnislos abgebrochen oder der Widersprechende beugt sich nicht den **Argumenten,** sondern den **Machtverhältnissen.**

190

5. Tatsachen und Bilder

Bei der Erarbeitung der eigenen Position sollte man sich im Bereich der Informationssammlung möglichst nicht nur mit der Zusammenstellung von Tatsachen begnügen, sondern sich darüber hinaus bemühen, Zusammenhänge herzustellen und diese möglichst plastisch abzubilden. „*Bilder sagen mehr als Worte*", und noch mehr sagen **bewegte Bilder**, die man durch Charts, Mind-mapping oder durch andere Darstellungsformen (graphische Software) entwickeln kann (ausführlich: *Liebig,* Entscheiden, S. 76 f., 386 f.).

191

Bei der späteren Vertragsverhandlung sind solche Techniken aus Zeitgründen oft nicht einsetzbar (wohl aber immer empfehlenswert). Bei der internen Abstimmung hat man aber bei guter Zeitplanung immer die Gelegenheit, die Entwicklung verschiedener Modelle hochzurechnen und Szenarien zu bilden, die **anschaulich** machen, wo im Zweifel die richtigen Entscheidungen liegen.

192 Dabei empfiehlt es sich, **grafische** oder **tabellarische Übersichten** herzustellen, in denen z. B. der derzeitige Informationsstand, die vorhandenen Alternativen und mögliche Lösungen nach **einheitlichen Schemata** aufbereitet werden, um das Vergleichen zu erleichtern.

Der Einsatz graphischer Darstellungen kann bei späteren Verhandlungen mit der anderen Seite von unschätzbarem Wert sein, um Mißverständnisse zu vermeiden.

6. Dokumentation

193 Die Protokolle und schriftlichen Ausarbeitungen, die so entstehen, sind wichtige Voraussetzungen nicht nur für die spätere Vertragsdokumentation, sondern vor allem für Berater wichtig, die nicht an allen vorbereitenden Sitzungen teilnehmen können und möglichst umfassend informiert werden sollen.

7. Informationen über den Vertragspartner

194 Bei allen Verträgen ist es unabhängig von ihrem Inhalt wichtig zu wissen, mit wem man es zu tun hat. Die nachfolgenden Informationen über den Vertragspartner müssen so früh wie möglich **erhoben**, spätestens vor Vertragsschluß noch einmal **überprüft** und während der Vertragsdurchführung **aktuell gehalten** werden, weil sie in allen Phasen des Vertrages relevant sein können:

1. Firmenbezeichnung
2. Rechtsform
3. Hauptsitz
    ▷ Eingetragen im Handelsregister von ...
    ▷ Handelsregisterauszug liegt vor: ja/nein;
4. Niederlassungen
    ▷ Niederlassungen/Beteiligungen Inland (Handelsregisterauszug erforderlich, falls Vertrag mit der Niederlassung zustande kommt),

▷ Niederlassungen/Beteiligungen Ausland (Handelsregisterauszug erforderlich, falls Vertrag mit der Niederlassung zustande kommt);

5. Kapitalausstattung

    ▷ Eigenkapital (falls Auszug aus der Bilanz erhältlich, diesen anfordern/bei veröffentlichungspflichtigen Firmen letzte Bilanz vom Handelsregister anfordern;

6. Organisationsstruktur

    ▷ Organigramm des Kunden mit allen Unternehmen,
    ▷ Mitarbeiterzahl, Hauptniederlassungen, Niederlassungen Inland/Niederlassungen Ausland,
    ▷ Zeichnungsrechte;

7. Wirtschaftliche Informationen

    ▷ Umsatzentwicklung der letzten fünf Jahre Inland/Ausland,
    ▷ Gesamtumsätze teilen sich auf einzelne Tätigkeitsbereiche wie folgt: …
    ▷ Gewinne,
    ▷ Kalkulationsgrundlagen,
    ▷ Patente, Warenzeichen;

8. Zahl der Mitarbeiter

9. Tätigkeitsbereiche

Einzelne Tätigkeitsbereiche des Kunden, die für den Vertrag relevant sind:

10. Wirtschaftsauskünfte

    ▷ Creditreform etc.,
    ▷ Wirtschaftsdatenbanken,
    ▷ Bankverbindungen,
    ▷ vertrauliche Mitteilungen durch … .

8. Rechtslage

Der Erfolg bei der Prüfung der Rechtslage hängt im wesentlichen davon ab, wie zutreffend die Ermittlung der relevanten Tatsachen war. Es ist ein Grundirrtum von Managern, daß Anwälte rechtlich brauchbare Aussagen machen können, ohne bis ins Detail zu wissen, worum es geht. Die Frage, ob zum Beispiel ein bestimmtes Vertriebssystem kartellrechtlich und/oder wettbewerbsrechtlich zulässig ist, kann von unscheinbaren Details abhängen, die zunächst aufzuklären sind. Welche Tatsachen relevant sind, kann wiederum

195

nur der Anwalt festlegen, so daß eine erfolgreiche Arbeit wesentlich von seiner frühzeitigen Einschaltung abhängt (oben Rz. 66 f.).

196 Manager sind gegenüber der Einholung von **Rechtsgutachten** im Rahmen der Vertragsvorbereitung sehr zurückhaltend, wenn sie dazu nicht gezwungen sind, um sich höheren Ortes Rückendeckung zu verschaffen. Auch in diesen Fällen werden oft nur **steuerliche** Prüfungen vorgenommen, die Klärung der anderen Rechtsfragen (due diligence) überläßt man oft ihrer zufälligen Klärung im Rahmen der Vertragsentwürfe oder der späteren Verhandlungen. Ob dieses Verhalten zu hinreichender Planungssicherheit führt, hängt vom Einzelfall ab. Man muß natürlich zugeben, daß noch so umfangreiche Rechtsgutachten in den seltensten Fällen eine endgültige rechtliche Planungssicherheit schaffen, denn nicht alle Fragen sind durch gesetzliche Regeln und Rechtsprechungslinien so klar entwickelt, daß man stets auf ihnen aufbauen könnte. Diese Lage findet sich aber auch bei technischen Fragen (z. B. Statikgutachten), bei denen es in der Praxis viel häufiger zu gutachtlichen Festlegungen kommt. Wer Vertragsplanung betreibt, ohne seinen Beratern eine ausreichende Aufklärung der Tatsache zu gestatten, muß die damit verbundenen Unsicherheitsfaktoren hinnehmen.

197 Es gibt einen **Mindestumfang**, in dem die **Rechtslage** bei Verträgen unabhängig von ihrem jeweiligen Inhalt geprüft werden muß. Es handelt sich um die Themenlisten, die in Teil 6 (Vertragsrecht) entwickelt werden. Aufzuklären ist die Rechtslage daher bezüglich

– aller Gesetze, die den Vertrag beeinflussen,

– öffentlich-rechtlicher Genehmigungen,

– zivilrechtlicher Zustimmungen,

– allgemeiner Wirksamkeitsvoraussetzungen,

– vertraglicher und gesetzlicher Rechte Dritter.

198 Oft ist es auch erforderlich, die **Rechtslage** nicht nur für die gewählte Konstruktion, sondern auch für mögliche **Alternativen** zu prüfen, die später in den Verhandlungen eine Rolle spielen können. Wendet sich nämlich die Verhandlung plötzlich solchen Alternativen zu und verwirft man die ursprünglich angedachten Konstruktionen, besteht selten genug Zeit, deren rechtliche Voraussetzungen zu klären – eine der am schwersten beherrschbaren **Fehlerquellen** im Zuge der Vertragsentwicklung.

199 Auch die Prüfung der Rechtslage setzt voraus, daß man gelernt hat, in **Szenarien** zu denken, also Rechtslagen nicht nur statisch zu sehen, sondern ihre mögliche **Entwicklungen** zu **prognostizieren**. Das ist vor allem dann notwendig, wenn der Vertragspartner aufgrund der Gesetzeslage **Wahlrechte** hat, so etwa die Möglichkeit, entweder Nachbesserung oder Schadensersatz zu verlangen, ohne daß die verpflichtete Partei das beeinflussen kann. Wählt nämlich die eine Seite zum Beispiel die Nachbesserung und ist die andere Seite hierzu aus technischen Gründen nicht fähig (wäre es anders, wäre der

Fehler wahrscheinlich gar nicht entstanden), muß rechtzeitig für einen zuverlässigen Subunternehmer gesorgt werden, wenn nicht das Recht zur Selbstnachbesserung verlorengehen soll (§ 637 BGB). Vertragsstrategie bedeutet: Kontrolle über die Situation (oben Rz. 1 ff., Einf., Rz. 35), und in solchen Details wirkt sie sich aus.

9. Entwurfsregie

Die Entwurfsregie, deren taktische Bedeutung oben im einzelnen skizziert ist, erreicht man am einfachsten dadurch, daß man sich so früh wie möglich bemüht, einen **konsistenten Vertragstext** zu erstellen. Hat nämlich die eine Seite einen Vertragsentwurf vorgelegt, so verzichtet in den meisten Fällen die andere Seite auf die Erarbeitung eines eigenen Gegenentwurfs, weil man (zu Unrecht) den taktisch hohen Wert der Entwurfsregie gering einschätzt und die Kosten fürchtet. 200

Die hier gebotene **Schnelligkeit** kann auch ein **unterlegener Vertragspartner** entwickeln und sich dadurch entscheidende Vorteile verschaffen. Jede Änderung an seinem Vertragsentwurf wird nämlich – ob die Gegenseite das nun will oder nicht – als Konzession interpretiert, auch wenn sie gegebenenfalls nur der Klarstellung des Textes dient. Solche **formalen Konzessionen** müssen oft genug durch **inhaltliche Zugeständnisse** erkauft werden.

Der einfachste Weg, die Entwurfsregie zu erringen, ist das frühzeitige **Angebot** an die Gegenseite, einen eigenen Vertragsentwurf vorzulegen. Dieses Angebot wird von einem unerfahrenen Vertragspartner, der das unberechtigte Selbstbewußtsein entwickelt hat, er könnte seine Vorstellungen gegen jeden beliebigen Entwurf jederzeit durchsetzen, als freundliche Geste empfunden, während sie ihm in Wirklichkeit eine wichtige strategische Position nimmt. 201

Erfahrenen Vertragspartnern gegenüber, bei denen man davon ausgehen kann, daß sie ein entsprechendes Angebot ablehnen werden, kann man sich durch schnelles Handeln gleichwohl in die gleiche Situation bringen: Wer als erster – auch unabgestimmt – seinen Vertragsentwurf vorlegt, zwingt die andere Seite damit, entweder an diesem Entwurf entlang zu verhandeln oder sich die Mühe und Kosten zu machen, einen eigenen Gegenentwurf vorzulegen, was oft genug aufgrund falscher Einschätzung der dadurch entstehenden taktischen Vorteile unterlassen wird.

Natürlich ist die **Entwurfsregie** immer auch von den **Machtverhältnissen** zwischen den Parteien bestimmt. Das wirkt sich vor allem bei Verträgen aus, die bei größeren Unternehmen in **Standardformen** existieren, über die kleinere Unternehmen nicht verfügen: Der Abschluß eines Forschungs- und Entwicklungsvertrages ist für einen Großkonzern ein Alltagsgeschäft, das Ingenieurbüro, das ihn abschließen soll, hat aufgrund der gegebenen 202

Machtstrukturen selten die Gelegenheit, hierzu eigene Alternativen zu entwickeln.

Bei dieser Sachlage muß man sich immer bewußt sein, daß Machtverhältnisse nicht ewig dauern und daß es gerade bei Großkonzernen immer wieder einzelne Abteilungen gibt, die von den vorhandenen Entwürfen in anderen Abteilungen keine Ahnung haben. Wenn in diesen Fällen die Verträge nicht einheitlich durch zentrale Rechtsabteilungen koordiniert werden, hat man immer wieder die Chance, mit eigenen Entwürfen durchzudringen, auch wenn die Gegenseite irgendwo einen geeigneten Standardvertrag gehabt hätte.

203 Kann man gegen die Standardverträge eines mächtigen Vertragspartners in den wesentlichen Grundzügen nichts ausrichten, so verbleibt doch bei den meisten Vertragsprojekten im Bereich **individueller Regeln** noch genügend **Spielraum**. Es gibt außerhalb der Massen-AGB nahezu keinen Vertrag, der nicht auch individuelle Vereinbarungen enthält, und in diesen Fällen muß der kleinere Vertragspartner sich darauf konzentrieren, seine Vorstellungen in diesen individuellen Teilen möglichst umfassend zu regeln. Gelingt das, sind aufgrund individueller Verhandlung gleichzeitig auch die allgemeinen Regeln der Standardformulare außer Kraft gesetzt. Ein typisches Beispiel ist etwa die Haftung des Bürgen, die in Bankformularen stets im Detail beschrieben ist. Solange diese Bürgschaften noch nicht unterschrieben sind, kann man mit den Banken in den meisten Fällen darüber sprechen, eine Höchstbetragsbürgschaft zum Beispiel nur auf den Hauptsachebetrag zu beschränken und die (manchmal viel gefährlicheren) Zinsen auszunehmen. Ein anderes Mittel, die Inanspruchnahme aus Bürgschaften einzuschränken, sind Vereinbarungen mit der Bank, anderweitige Sicherheiten zunächst zu realisieren, bevor sie auf die Bürgschaft zurückgreift oder den Schuldner in vereinbarter Weise zu überwachen etc. etc. Solche Vereinbarungen sind viel wertvoller als alles, was man mit allgemeinen juristischen Formeln entwickeln könnte.

204 Bei Verträgen, bei denen es um **technische Leistungen** geht, gilt als Faustformel, daß die individuelle Verhandlung über den Leistungsinhalt – also den Teil, der am wenigsten von rechtlichen Regeln geprägt ist – das hauptsächliche taktische Ziel sein muß, denn der **Leistungsinhalt** kann von Formularverträgen nur sehr begrenzt geregelt werden. Dadurch ergeben sich auch bei Verträgen, die sonst bis aufs letzte Komma vorgeschrieben sind (z. B. die Beschaffungsbedingungen der öffentlichen Hand VOB/B, VOL/B, BVB etc.), noch erhebliche Spielräume für individuelle Verhandlungen.

205 Man muß auf die Entwurfsregie verzichten, wenn man nicht das notwendige Know-how hat (oder die Kosten scheut, es zu erwerben), um einen anständigen Vertrag zu erstellen, oder wenn die Machtverhältnisse so sind, daß man keine Chance hat, sie zu gewinnen.

Es ist oft auch aufgrund gegebener Machtverhältnisse nicht möglich, an Vertragsentwürfen, die die andere Seite vorlegt, Wesentliches zu ändern.

Bei **Standardverträgen** muß man ohnehin auf das **Aushandeln** des Standardtextes verzichten, wenn man sich den Schutz des AGB-Gesetzes erhalten will.

In solchen Situationen hat man manchmal noch die Möglichkeit, bestimmte günstige Interpretationen in Begleitbriefen (side letters) unterzubringen.

10. Interne Abstimmung der Entwürfe

Vertragsentwürfe müssen zunächst intern abgestimmt werden. Das ist einfacher gesagt als getan, weil Manager für alles mögliche Zeit haben, aber nicht dafür, Verträge zu lesen. Die Meinung, man müsse den Anwälten nur sagen, was man wolle, die dann entstandene Formulierung könne man aber – auf Grund fehlender Fachkenntnisse – gar nicht richtig bewerten, ist schon beim ersten Hinsehen falsch: Die Qualität von Verträgen lebt in erster Linie davon, daß diejenigen sie verstehen, die sie benutzen sollen. Verträge sind nicht dazu da, Juristen intellektuell zu erfreuen, sie müssen vielmehr **praktisch handhabbar** sein. Ein intelligent mitlesender Mandant ist für jeden Anwalt eine erfreuliche, wenn auch seltene Erfahrung: Wer einmal miterlebt hat, wie sich ein Vertrag aus groben Entwürfen durch intensive Zusammenarbeit der beteiligten Projektgruppen zu einem individuellen und intelligenten Werk entwickelt, in dem die Verfasser ihre eigenen Absichten richtig widergespiegelt finden, wird sich nicht wundern, daß die Gegenseite solchen Entwürfen meist wenig entgegenzusetzen hat. Bei intensiver interner Abstimmung werden nämlich viele Argumente, die die Gegenseite gegen bestimmte Formulierungen erheben wird, schon durchdacht, so daß in der Verhandlung die Gegenargumente sofort bereitliegen.

Wenn es unter Zeitdruck nicht möglich ist, ausreichende interne Abstimmungen vorzunehmen, ist es für Anwälte in Sozietäten manchmal hilfreich, einen anwaltlichen Partner den Vertrag ohne jede Vorinformation lesen zu lassen, so wie ein Richter ihn läse. Jeder juristische Text wirft Fragen nach den Motiven und Hintergründen auf, und diese Fragen führen meist zur Aufdeckung von Inkonsistenzen, logischen Brüchen, Lücken und anderen Mängeln, die erste Fassungen immer aufweisen.

Bei größeren Projekten empfiehlt es sich, neben dem Vertragsentwurf noch schriftliche Darstellungen von taktischen und strategischen Konzepten niederzulegen und wenigstens diese mit den zuständigen Managern zu besprechen. Dieses Verfahren gewährleistet, daß die gröbsten Mißverständnisse zwischen Mandanten und Anwälten so früh wie möglich und nicht erst in der Verhandlung entdeckt werden. Leider bleiben aber auch viele derartige Hinweise ungelesen.

11. Verträge mit ausländischen Vertragspartnern

210 Wenn Verträge mit **fremdsprachigen Vertragspartnern** geschlossen werden sollen, ergeben sich eigene Probleme.

Dabei sind die einfachsten Fälle noch diejenigen, bei denen z. B. ein deutsches Unternehmen mit einem amerikanischen Unternehmen einen Vertrag nach amerikanischem Recht schließt. Hier wird das deutsche Unternehmen meist einen amerikanischen Anwalt einschalten, der die Entwurfsverantwortung trägt und seinem deutschen Kollegen nur zu berichten hat. Dessen Aufgabe wiederum besteht darin, seinem Mandanten die Art des Vorgehens (und manchmal auch die Höhe der Kosten) zu erklären, ohne daß ihn jedoch eine inhaltliche Verantwortung träfe.

211 Schwieriger wird es schon, wenn ein ausländischer Vertragspartner mit mangelhaften Sprachkenntnissen ohne eigenen deutschen Anwalt oder mit einem Anwalt auftritt, dessen Sprachkenntnisse nicht besser sind als die seines Mandanten. Man ist in diesen Fällen nur dann auf der sicheren Seite, wenn man die Entwurfsregie hat und der Vertrag in deutscher Sprache und nach deutschem Recht abgefaßt ist. Das Risiko, daß die Gegenseite dann Mißverständnissen unterliegt, hat sie selbst zu tragen. Wenn man in solchen Fällen Arbeitsübersetzungen in die Fremdsprache schafft, muß in jedem Fall klargestellt werden, daß die **deutsche Sprachfassung führt.**

Besondere Schwierigkeiten tauchen auf, wenn man sich über die Frage des anzuwendenden Rechts und der Vertragssprache nicht schon im Vorbereitungsstadium bewußt ist und sie möglicherweise sogar für rechtlich irrelevant hält. Viele Manager können sich seltsamerweise nicht vorstellen, daß auch im vereinten Europa jedes Land nach wie vor eine eigene Rechtsordnung hat, und noch weniger wissen, daß z. B. in den USA jeder Bundesstaat eine eigene zivilrechtliche Gesetzgebung hat, so daß es an einem einheitlichen Bürgerlichen Recht wie etwa in Deutschland fehlt.

212 Wenn man über all das nichts weiß, kann es zu seltsamen Situationen kommen: Die eine Seite legt einen Vertrag nach deutschem Recht in englischer Sprache vor (weil das die Verhandlungssprache ist), die andere Seite bringt ohne jegliche Vorankündigung in die Verhandlung einen eigenen Entwurf mit, der zwar in englischer Sprache abgefaßt ist, aber italienisches Recht zugrunde legt. Da in der Schweiz gezahlt werden soll, einigt man sich schnell und „unproblematisch" auf Schweizer Recht (das beiden Parteien unbekannt ist) und einen Gerichtsstand in Paris (weil dort die International Chamber of Commerce ihren Sitz hat).

Ein Manager, der einen solchen Vertrag abschließt, ohne seine Juristen oder Anwälte zu fragen, muß sich darüber im klaren sein, daß eine auch nur näherungsweise Abschätzung von Prozeßrisiken praktisch nicht möglich ist. Man kann dann in einer Krisensituation auch nur sehr schwer Verhaltensmaßregeln entwickeln, die über die Empfehlung zu weit gehender Nachgiebigkeit hinausgehen.

Bei all dem ist das Risiko, daß die beiden Parteien sich aufgrund unterschiedlicher Sprachkenntnisse oder Einschätzungen schon in der Sache mißverstehen, noch gar nicht erörtert: Wenn Russen und Libanesen auf Englisch verhandeln, kann man sich vorstellen, daß schon die Sprache des Vertrages selbst das wesentliche Auslegungsproblem bietet, aber auch verhandlungssicher Englisch sprechende Manager und Anwälte haben selten genug ausreichende Kenntnisse, um schriftliche Verträge aufzusetzen oder zu kontrollieren. 213

12. Letter of Intent

Der Letter of Intent hat den Zweck, die **Vertrauenswirkungen,** die durch die Aufnahme von Vertragsverhandlungen entstehen, zeitlich zu fixieren (erst mit Zugang des Briefes soll das Vertrauen entstehen können) und darüber hinaus die an sich unbegrenzte Haftung für Vertrauensschaden auf bestimmte Rechtswirkungen einzuschränken (Zum Thema im Detail: *Heussen*, Anwalts-Checkbuch Letter of Intent, 2002). Diese Rechtswirkungen sind frei vereinbar. 214

Typisch sind etwa: 215

▷ **Verbote**, während der Verhandlungen mit einer anderen Partei **parallel zu verhandeln,**

▷ **Geheimhaltungsvereinbarungen** für bestimmte Verhandlungsthemen,

▷ **Preisgabe** bestimmten **Know-hows,**

▷ Verbot der **Benutzung** von **Know-how** nach Abbruch der Verhandlungen,

▷ Verpflichtung zu bestimmten personellen und sachlichen **Vorinvestitionen,**

▷ **Erstattungsregelungen** für solche Kosten,

▷ **Haftungsvereinbarungen,** die gegenständlich oder summenmäßig begrenzt sind,

▷ **Haftungsausschlüsse,**

▷ Regelungen der **Kosten** für die Vereinbarungen,

▷ **Rechtswahl, Gerichtsstand** u. a. allgemeine Bestimmungen (die allerdings in der Regel fehlen).

216 Gibt es keinen Letter of Intent, hat es ein Vertragspartner, wenn er Vertrauensschaden erlitten hat, zwar in der Regel sehr viel schwerer, zu beweisen, daß die andere Seite mit Vorinvestitionen etc. rechnen mußte, er kann im Schadensfall aber seine Ansprüche, wenn er über die Beweisklippe hinwegkommt, unbegrenzt geltend machen. Solche Ansprüche können sein:

- Ersatz von Vorinvestitionen,
- Ersatz von aufgewendeten Beratungskosten, insbesondere Anwaltskosten,
- Schadensersatz wegen entgangenen Gewinns,
- Schadensersatz wegen des enttäuschten Vertrauens.

Liegt hingegen ein Letter of Intent vor, dann beschränken sich die Rechtsfolgen auf die konkreten Regelungen, die zumeist Art und Umfang der Haftung ansprechen, weil sonst der Austausch von Absichtserklärungen keinen großen Wert hätte.

2 Vertragsdesign

	Rz.
I. Entwurfsstrategie	217
1. Vertragsformen	217
2. Begriff: Vertragsdesign	221
3. Strategie und Taktik	229
II. Werkzeuge für das Vertragsdesign	233
1. Checklisten	234
2. Vertragsmuster	237
3. Vertragssammlungen	238
4. Rechtsprechung	239
5. Literatur	240
6. Datenbankinformationen	241
7. Softwareunterstützung	242
8. Einbindung in das Firmennetzwerk	246
9. Einbindung der Anwälte in das Netzwerk	247
10. Videokonferenzsysteme	248
11. Hardwareausstattung	250
III. Arbeitstechnik	251
1. Zettelsystem	253
2. Charts, Mind-mapping	256
3. Texte	259
4. Teamwork	261
IV. Elemente des Vertragsdesigns	263
1. Struktur von Verträgen	263
2. Modulare Vertragssysteme	271
3. Standardverträge und §§ 305 ff. BGB	276
4. Sprache und Begriffe	279
a) Umgangssprache	281
b) Fachsprachen	282
c) Juristische Fachsprache	283
d) Fremdsprachen	284
e) Sprachstile	287
aa) Neutraler Vertragsstil	290
bb) Konstruktiver Vertragsstil	291
cc) Destruktiver Vertragsstil	295
dd) Gesichtsverlust	296
ee) Stilistische Eleganz	297
ff) Nur das Notwendige formulieren	298

	Rz.
V. Vertragsinhalt	300
1. Umfang des Vertrages	301
2. Risikobeschreibung und Risikoverteilung	302
3. Entscheidungsfreiheit	305
4. Systemverantwortung	308
5. Mitwirkungspflichten	309
6. Hauptleistungen und Nebenleistungen	310
7. Regelung von Rechtsfolgen	311
8. Gesetzliche Begriffe	312
9. Schließung von Lücken	313
10. Inhaltliche Ausgewogenheit	315
11. Schiedsgutachter	316
VI. Ein System für die Entwicklung vertraglicher Regeln	318
1. Der Gestaltungsraum der Verträge	318
2. Die Entwicklung gesetzlicher und vertraglicher Regeln	319
3. Thesen	320
4. Probleme der gesetzlichen Lösung	323
a) Szenario: Leistungsstörungen bei Austauschverträgen	323
aa) Die gesetzliche Lösung	324
bb) Probleme der gesetzlichen Lösung	325
b) Szenario: Ausscheiden von Gesellschaftern	326
5. Alternativen	328
a) Leistungsstörungen bei Austauschverträgen	329
aa) Veränderung des Leistungsinhalts	330
bb) Kosten- und Risikovermeidung (cheapest cost avoider)	331
cc) Risikoübernahme durch Dritte (cheapest insurer)	332
dd) Risikoübernahme durch den Überlegenen (Superior risk bearer)	333

	Rz.		Rz.
ee) Formale Vorgehensmodelle	334	d) Das Problem der Gerechtigkeit	351
ff) Reduzierung des Streitrisikos	335	e) Ergebnisorientierte Verhandlungsführung	352
b) Ausscheiden von Gesellschaftern	337	f) Vorsorgliche Verminderung der Streitrisiken	353
6. Elemente, die die Risikoverteilung und Risikoakzeptanz beeinflussen	343	g) Komplexität	355
		h) Check and Balance	356
a) Ökonomische Analyse der vertraglichen Risikoverteilung	343	7. Naives Vorgehen bei der Entwicklung vertraglicher Regeln in der Praxis	358
aa) Gesetzliche Zuweisung der Risiken	345	8. Systematisch richtiges Vorgehensmodell bei der Entwicklung von vertraglichen Rechtsregeln	360
bb) Interpretation der Ermessensspielräume	346	a) Phase 1: Abduktion	362
cc) Risikokategorien	347	b) Phase 2: Induktion	363
b) Analyse der ideellen Interessen und emotionalen Lagen der Parteien	348	c) Phase 3: Analogie	364
		d) Phase 4: Deduktion/Vereinbarung	365
c) Macht, Information und Spiele	349	e) Überblick	366
		f) Zusammenfassung	367

I. Entwurfsstrategie

1. Vertragsformen

217 Jeder schließt täglich, ohne daß ihm dies klar wird, eine Vielzahl von Verträgen ab und/oder wirkt als Vertragspartei an der Vertragsdurchführung mit.

Natürlich schadet es nicht, wenn man das Mittagessen im Restaurant nicht als Vertrag begreift, denn die Zahl derjenigen, die wegen einer Schnecke im Salat einen Prozeß beginnen, der sich auf vertragliche Minderung stützt, ist gering (AG Burgwedel, NJW 1986, 2647, m. Anm. *Wolf*, NJW 1987, 821; *Freckmann*, NJW 1987, 3113; *Wolf* und *Freckmann*, NJW 1988, 1251).

Aber auch im Bereich des Wirtschaftsrechts werden viele Verträge mit ihren juristischen Risiken nicht als solche erkannt, weil Vertragsabschluß und Vertragsdurchführung selbstverständlich erscheinen. Die Grenzen sind aber fließend: Wer einen zehnjährigen Mietvertrag mit einer Monatsmiete von 10 000 € abschließt, hat eine Investition im Gesamtwert von 1 200 000 € vorgenommen, was auch eine größere Firma schon zum Nachdenken veranlassen sollte.

218 Neben diesen – stets berechen- und planbaren – **Erfüllungsansprüchen** sind aber die **Schadensersatzansprüche**, die aus kleineren Verträgen drohen, noch viel gewaltiger. Ein mittelständisches Unternehmen etwa, das einen elektronischen Schalter an einen Automobilhersteller liefert, für den es pro Stück 1 € berechnen kann, riskiert bei jeder Lieferung, für die es vielleicht 10 000 €

berechnet, den Rückruf von 10000 Automobilen, wenn dieses Teil an sicherheitsrelevanten Stellen eingebaut wird – ein Schadenspotential von Millionen €! Mit jeder einzelnen Triviallieferung dieser Art kann der Bestand des gesamten Unternehmens gefährdet sein. Ich will nicht behaupten, daß es eine Vertragsgestaltung gibt, die dieses Risiko irgendwie begrenzen kann. Das ist wohl einer der Hauptgründe, warum die meisten Zulieferer gar nicht erst darüber nachdenken, über solche Risiken zu verhandeln, weil die Machtverhältnisse zwischen den Parteien das offenbar verbieten. Dadurch entsteht aber in gefährlicher Weise eine Atmosphäre der **Gleichgültigkeit gegenüber Risiken**, die dann zum Schaden führen kann, wenn es nicht um den **Standardfall**, sondern zum Beispiel um unerkannte **Pilotprojektrisiken** geht, bei denen man durchaus eine Chance gehabt hätte, die Haftung in geeigneter Weise zu begrenzen.

Will man also Vertragsrisiken richtig einschätzen lernen, dann muß man sich über die Formen klar werden, in die Verträge sich in der Praxis „verkleiden". Dies sind: 219

– **mündliche** zweiseitige **Vereinbarungen**, und zwar unabhängig davon, ob sie mit oder ohne Zeugen erfolgen, ob sie intern (Aktennotiz) dokumentiert oder durch Briefe bestätigt werden,

– **einseitige** mündliche **Zusagen**, die im kaufmännischen Verkehr wirksam werden können, wenn man ihnen nicht widerspricht (kaufmännisches Bestätigungsschreiben),

– **einheitliche Vertragsdokumente**,

– **notarielle Urkunden**,

– **gerichtliche Vergleiche**.

Natürlich ist bei vielen dieser Vertragsformen die Beweiskraft nur eingeschränkt, und deshalb sind Manager oft der Ansicht, ein schlecht beweisbarer Vertrag sei überhaupt keiner. Das ist ein gefährlicher Irrtum!

Zu den Vertragsformen im weiteren Sinne gehören aber nicht nur diejenigen Verträge, die als **Austauschverträge** Leistungsbeziehungen regeln oder als **Gesellschaftsverträge** die Rechtsbeziehungen zwischen Gesellschaftern bestimmen. Auch wenn der Begriff „Vertrag" auf **Koalitionsabreden** im politischen Bereich, auf **Aktionärsabsprachen** oder andere **informelle Vereinbarungen** ohne erzwingbaren rechtlichen Inhalt nicht direkt anwendbar ist, so gelten doch die Regeln für die Gestaltung solche Abreden und ihre Verhandlung im **gleichen Umfang** wie für Verträge. Die Verhandlungslehre ist in ihren wesentlichen Grundzügen (Harvard-Konzept) nicht bei der Arbeit an rechtlich bindenden Verträgen, sondern in Situationen entstanden, in denen keine der beiden Parteien zwangsweise etwas hätte durchsetzen können. Gerade hier bewährt sich das Modell in besonderem Maße, und zwar gerade des- 220 halb, weil keine der Parteien sich letztlich auf eine Prozeßposition zurückziehen kann und daher mit dem **Rücken zur Wand** verhandelt.

2. Begriff: Vertragsdesign

221 Der Begriff „Vertragsdesign" ist in diesem Buch **neu geprägt**. Er lehnt sich nicht nur an das allgemeine Verständnis von „Design" als der Gesamtheit der Gestaltungselemente von Gegenständen an, sondern ist darüber hinaus durch seine Verwendung in den DIN-Normen abgesichert, wo es etwa in DIN/ISO 9004 unter 8.1 heißt: *„Die Auslegung und das Design sollten so sein, daß das Produkt oder die Dienstleistung ... realisierbar, verifizierbar und lenkbar ist"* (DIN TB Nr. 226, S. 193).

Diese Definition bezieht sich, wie man sieht, neben den Produkten auch auf die **Dienstleistungen**. Betrachtet man einen Vertrag als das Produkt einer Dienstleistung, kann man die Definition wie folgt übersetzen:

Die Auslegung und das Design des **Vertrages** *sollten so sein, daß der Vertrag* **realisierbar, verifizierbar** *und seine* **Durchführung lenkbar** *ist.*

222 Der Begriff „Auslegung" ist in der DIN-Definition allerdings nicht im juristischen Sinne gemeint: Man versteht darunter den Anwendungsbereich und den Rahmen, in dem Produkte und Dienstleistungen sich entfalten (so ähnlich wie man Teppiche auslegt). Der **juristische** Begriff der Auslegung läßt sich gleichwohl auf das Design beziehen, denn es geht dabei niemals nur um äußere Gestaltungselemente wie etwa den Stil des Vertrages, sondern natürlich immer auch um den Inhalt („**form follows function**").

223 Das wesentliche Problem bei der Vertragsauslegung besteht darin, daß Verträge in den **unterschiedlichen Phasen** auch **unterschiedlich interpretiert** werden:

- Im Zeitpunkt der **Verhandlung** hat man immer die Hoffnung, die Gegenseite werde die tatsächlich aus dem Vertrag ableitbaren **Risiken geringer** bewerten als man selbst, denn diese **Bewertung** beeinflußt immer die **Einschätzung** der **Gegenleistung**,

- Ist die **Krise** oder der Konflikt hingegen ausgebrochen, legt man Wert auf eine möglichst **exzessive Risikodarstellung** dessen, was man selbst leisten mußte.

224 Das Vertragsdesign besteht aus folgenden Elementen:

- Form des Vertrages,
- Aufbau, Gliederung und Struktur des Vertrages,
- Sprache des Vertrages.

225 Eine handschriftlich auf Hotelpapier in einer Bar niedergelegte Vereinbarung hat ein vollkommen anderes Design als eine notarielle Urkunde, auch wenn

beide Dokumente für sich völlig ausreichend sind, um etwa eine Darlehensschuld zu begründen.

Dieser Unterschied wirkt sich in dreierlei Hinsicht aus:
- Wirksamkeit des Vertrages,
- Beweiskraft der Urkunde,
- Auslegung des Vertragsinhalts.

Die **Wirksamkeit** des Vertrages kann u. a. davon abhängen, ob etwa der Darlehensnehmer nicht etwa leichtsinnig einen zu hohen Zinssatz akzeptiert hat. Das ist wahrscheinlicher, wenn der Vertrag in einer Bar am Rande eines Rennplatzes abgeschlossen wurde, und weniger wahrscheinlich, wenn es vor einem **Notar** geschah, der darüber hinaus ab einer bestimmten Zinshöhe zur **Belehrung** über die Unangemessenheit von Zinssätzen verpflichtet ist. 226

Die **Beweiskraft** über den **Vertragsinhalt** ist naturgemäß ganz anders, wenn der Vertrag nur zwischen den beteiligten Vertragspartnern unter fragwürdigen Umständen vereinbart wurde oder ob – wie beim Notar – eine neutrale Person den Vorgang überwacht und die Verantwortung für die richtige juristische Formulierung übernommen hat.

Die **Auslegung** schließlich bezieht niemals nur den **Text** der Urkunde, sondern auch die **Umstände** mit ein, unter denen sie zustande gekommen ist, und die Unterschiedlichkeit beider Situationen kann im Streitfall zu völlig abweichenden Beurteilungen führen. 227

Ähnliche Unterschiede gibt es zwischen mündlichen und schriftlichen Verträgen. 228

Schriftliche Verträge haben als Urkunden die **Vermutung** der **Vollständigkeit** und **Richtigkeit** für sich, auch wenn sie von Privatpersonen erstellt wurden, für notarielle Urkunden gilt das verstärkt.

Mündliche Verträge, bei denen nur die Vertragspartner anwesend waren, sind im Streitfall dann nicht beweisbar, wenn die andere Seite den Vertragsschluß bestreitet, da sie selbst im Verfahren nicht Zeuge sein kann.

Vergleichsverträgen vor **Gericht** wird eine so hohe formale Qualität zugemessen, daß sie nur unter ganz eingeschränkten Bedingungen wieder angefochten werden können.

Kurz: **Vertragsdesign** und **Vertragsinhalt** sind engstens miteinander verwoben.

3. Strategie und Taktik

Die Anwendung der Regel „form follows function" auf Verträge führt zu der strategischen Empfehlung, zunächst die **Funktion** eines Vertrages zu bestim- 229 men, bevor man sein Design festlegt. An dieser Schnittstelle sieht man am deutlichsten den Einfluß, den das Vertragsdesign auf die **Entwurfsstrategie** hat. Die Entwurfsstrategie hängt unmittelbar mit der **Entwurfsregie** (oben Rz. 200 ff.) zusammen, also der Möglichkeit, den Vertrag als erster zu entwerfen und die Verhandlungen am eigenen Entwurf zu steuern. Sie ist eines der **wichtigsten strategischen Mittel** bei der Vertragsverhandlung, von der der Erfolg der Verhandlung wesentlich abhängen kann.

Die **Funktion**, die ein Vertrag wahrnehmen soll, hängt von den **strategischen Zielen** ab, die mit ihm verfolgt werden sollen. Ein solches Ziel kann zum Beispiel darin bestehen, daß der Vertragspartner durch den Vertrag gebunden ist, auch wenn diese Bindung nur sehr schwach ist (etwa beim Letter of Intent). Auch in diesem Fall schafft der Vertrag strategische Positionen, indem er die Parteien daran hindert, während der Laufzeit der **Vorverhandlungen nicht parallel** mit **anderen** zu verhandeln, wenn dies im Letter of Intent so vereinbart wurde.

230 Demgegenüber stehen **komplexe Projektverträge**, die nicht nur taktisch verwertbare Bindungen erzeugen, sondern **Arbeitsplattformen** herstellen, die eine **feste Statik** haben und es den Parteien ermöglichen, auch in schwierigen Krisensituationen miteinander zurechtzukommen. Man kann das Spektrum etwa so darstellen:

- **Erste Stufe**: Der Vertrag erzeugt Bindungen welcher Art auch immer, die gegebenenfalls nur taktisch nutzbar sind.
- **Zweite Stufe**: Der Vertrag verteilt Risiken zwischen den Parteien.
- **Dritte Stufe**: Der Vertrag bietet Werkzeuge für das Krisenmanagement.
- **Vierte Stufe**: Der Vertrag ist so entworfen, daß Krisen verhindert werden.

231 Abhängig von diesen jeweiligen Funktionen weisen Verträge **stilistische** *Eigenschaften* auf, die man nicht abstrakt als gut oder schlecht, erwünscht oder unerwünscht qualifizieren kann, diese Eigenschaften sind vielmehr Formen, die der jeweiligen Funktion folgen. Typische Begriffspaare sind:

starr – flexibel

klar – unklar

offen – verdeckt

ausführlich – knapp

höflich – unverbindlich

232 Die Überlegungen zum Vertragsdesign gelten nicht nur für den Fall, daß man die Möglichkeit hat, die Entwurfsregie zu übernehmen. An dieser Möglichkeit fehlt es zum Beispiel, wenn man mit großen Unternehmen verhandelt, die für bestimmte Rechtsverhältnisse **Standardverträge** verwenden, die sie grundsätzlich nicht ändern wollen. Auch in einem solchen Fall spielt das Vertragsdesign eine Rolle, denn auch in Standardsituationen gibt es immer

wieder Einzelheiten, die **individuell** zu regeln sind, und oft genug hat man in diesem Bereich die Chance, auf das Vertragsdesign Einfluß zu nehmen. Ebenso kann man natürlich zu vorgelegten Entwürfen eigene **Gegenentwürfe** machen: Wenn das eigene Vertragsdesign geschickter als dasjenige der anderen Seite ist, zieht die Gegenseite ihren Entwurf möglicherweise zurück, so daß man den am Anfang verlorenen Boden wieder gutmachen kann. Solche Situationen sind häufig, wenn zum Beispiel über Ingenieurleistungen verhandelt wird und die eine Seite eine Vertragssprache verwendet, die die eigenen Ingenieure nicht oder unzureichend verstehen. Legt dann die andere Seite einen Text vor, der den letztlich entscheidenden Ingenieuren hinreichende Klarheit über die Begriffe verschafft, kann sie damit die **inhaltliche Struktur** der Vereinbarungen wesentlich beeinflussen.

II. Werkzeuge für das Vertragsdesign

Die Werkzeuge, die im Bereich des Vertragsdesigns benutzt werden, sind: 233

– Checklisten,

– Vertragsmuster,

– Vertragssammlungen,

– Formularbücher,

– Rechtsprechung,

– Literatur,

– Datenbankinformationen.

Der geschickte Gebrauch dieser Werkzeuge „*erfordert keine Naturbegabung, sondern Training, unermüdliches Training. Ein Boris Becker kann schon Tennis spielen und trainiert trotzdem jeden Tag sechs Stunden, und Arthur Rubinstein hat bis wenige Monate vor seinem Tod täglich acht Stunden Etüden gespielt...*" Manager und Anwälte „brauchen... **eine effektive persönliche Arbeitsmethode**" (*Malik*, Präsident der Wirtschaftshochschule Sankt Gallen, Managermagazin 6/1996, S. 250 f.).

1. Checklisten

Checklisten, die man selbst für typische Fälle entwickelt hat, stehen deshalb 234
an erster Stelle, weil sie das eigene Know-how am besten repräsentieren. Man kann zwei Arten unterscheiden:

– Checklisten zur **Vorbereitung** des **Vertrages**:

  Sie sind so aufgebaut, daß sie dem Gang der Vertragsvorbereitung angepaßt sind (Rz. 174 ff.). Man kann sie zeitlich so aufbauen, daß das, was zuerst zu prüfen ist, am Anfang steht, oder auch so, daß die wichtigsten Fragen (Vertragseckdaten) zunächst zu prüfen sind, während die mehr formalen Aspekte sich später entwickeln.

– Checklisten für den **Vertragsentwurf:**

Diese Checklisten sind an der Struktur des jeweiligen Vertrages orientiert und werden in diesem Buch beispielhaft erläutert (Teile 2–5). Dabei mußte die Vielzahl der einzelnen Vertragstypengestaltungsmöglichkeiten auf ein **Grundmuster** reduziert werden. Sie sind daher als **Basis-Checklisten** zu betrachten, aus denen man für jeweils typische Einzelfälle (z. B. Grundstückskaufvertrag, Firmenkaufvertrag etc.) die konkrete Anwendung entwickelt.

Der Entwurf von Checklisten und der Umgang mit ihnen ist in Deutschland noch nicht selbstverständlich. Anders in den USA: Dort geben zum Beispiel die Anwaltskammern Checklisten für typische Verträge (z. B. Grundstückskaufverträge) heraus, um eine Mindestqualität der anwaltlichen Beratung zu sichern.

235 Checklisten haben den unschätzbaren Vorteil, daß bei richtiger Handhabung die **Erfahrung** aus **jedem einzelnen Vertrag**, den man erstellt, in die Checkliste **Eingang** finden kann. Man hat dieses Werkzeug früher wohl deshalb nicht so oft benutzt, weil ohne Einsatz von Computern eine Checkliste sehr **schwer** zu **pflegen** ist. Mit modernen Textsystemen, die es erlauben, neben den Text der Checkliste **parallele Kommentare** zu setzen und diese je nach Fallgestaltung auszudrucken oder in den Hintergrund treten zu lassen, ist das alles viel einfacher.

In einer vorbereitenden Checkliste kann man zum Beispiel typische Fragen, die man als Anwalt gegenüber dem Mandanten zu stellen hat, unterbringen und fallbezogen ergänzen. Mandanten, die verstanden haben, daß sie an ihren eigenen Verträgen mitarbeiten müssen, wenn eine bestimmte Qualität erreicht werden soll, werden damit zu ganz anderer **Mitarbeit motiviert,** als dies bei herkömmlichen Verfahren der Fall ist.

236 Eigene Checklisten kann man selbstverständlich auch dazu benutzen, Vertragsentwürfe, die die andere Seite vorlegt, auf Übereinstimmung mit der eigenen Interessenlage zu überprüfen. Man stellt dabei aber recht bald fest, daß es sehr schwierig sein kann, die eigene Denkstruktur auf Entwürfe von anderer Hand zu übertragen. In solchen Fällen kann es sich empfehlen, eine eigene **Prüfcheckliste** zu entwerfen, die sich nicht an die eigene Vertragsstruktur anlehnt, sondern nur die Themen benennt, um die es geht. Solche Checklisten sind dann wertvoll, wenn sie mit eingebauten Kommentaren versehen werden, in denen Erfahrungen aus früheren Verhandlungen aufgenommen werden.

2. Vertragsmuster

Vertragsmuster stehen in den allgemeinen Formularbüchern in großer Anzahl zur Verfügung. Ohne sie könnte man eigene Checklisten nur auf der Basis der eigenen Erfahrung entwickeln – und das kann lange dauern.

237

Vertragsmuster leiden oft unter dem Problem, daß in ihnen die **Perspektive** des **Verfassers** nicht klar genug offengelegt worden ist. Ein Mietvertrag, den ein mächtiger Vermieter wie zum Beispiel eine Wohnungsbaugesellschaft entwirft, sieht natürlich ganz anders aus als ein anderer, den ein mächtiger Nachfrager (z. B. eine Lebensmittelfilialkette) gegenüber einem Vermieter durchsetzen kann.

Checklisten, die der **künftigen Vertragsstruktur** folgen, können oft mit **Vertragsmustern** sinnvoll verknüpft werden, indem die jeweils unterschiedlichen Perspektiven in typischen Formulierungen ausgedrückt werden.

3. Vertragssammlungen

Allgemein zugängliche Vertragsmuster werden ideal durch eigene Vertragssammlungen ergänzt, die man wie folgt aufbaut:

238

– Verträge, bei denen man **selbst** die **Entwurfsregie** übernommen hat: Sie werden in der Regel in der eigenen Textverarbeitung zu finden sein.

– Verträge, die die **andere Seite** vorgelegt hat oder die von **dritter Hand** stammen: Diese Dokumente verwaltet man am besten in der Struktur der eigenen Bibliothek und erfaßt sie dort wie Bücher, wobei sich als Ablageform Stehsammler bewährt haben. Bei guter Druckqualität kann man sie auch in einem **Scanner** erfassen.

Solche Vertragssammlungen sind allerdings nur dann wirklich wertvoll, wenn man sie mit Volltext-Retrievalsystemen erschließen kann (s. unten Rz. 242 ff.).

4. Rechtsprechung

Die Rechtsprechung wird durch Zeitschriften und Datenbanken erschlossen. Wenn man sich schwerpunktmäßig mit wenigen Vertragsgebieten befaßt, kann man Rechtsprechungshinweise in die Kommentare von Checklisten sinnvoll **einarbeiten**, in anderen Fällen ist der Pflegebedarf bei weitem zu hoch. Dann muß man sich darauf beschränken, Gebiete, in denen die Rechtsprechung sich dynamisch entwickelt, so zu kennzeichnen, daß keine **Scheinsicherheiten** durch Rückgriff auf ältere Urteile entstehen.

239

5. Literatur

240 Die Fundstellen in der Literatur sind für die Vertragspraxis nur als Hintergrundinformationen verwertbar. Zwar mag es im einen oder anderen Fall argumentativ hilfreich sein, wenn man auf eine **sich entwickelnde** oder gar **herrschende** Meinung in der Literatur verweist, für den anwaltlichen Berater hilft das wenig, da er stets den „sicheren" Weg empfehlen muß, und das ist der Weg, der entweder in der Rechtsprechung schon gegangen wird oder sich als sehr wahrscheinlich abzeichnet (ausführlich unten Teile 2, 4 und 6). Die Rechtsprechung zur Anwaltshaftung, die den Anwalt verpflichtet, **Rechtsprechungsentwicklungen**, die in der Literatur diskutiert werden, vorauszuahnen, geht weit über das hinaus, was man den Anwälten fairerweise zumuten kann. Der Versuch, das zu korrigieren, ist leider aussichtslos, und es hilft den Anwälten gar nichts, wenn sie auf die Meinung namhafter Fachleute hinweisen, die den Rechtsprechungslinien entgegenlaufen.

6. Datenbankinformationen

241 Datenbanken enthalten neben Informationen über Rechtsprechung und Literatur auch eine Menge von Tatsachen, die für Vertragsentwürfe verwertbar sind. Dazu gehören **Preisindizes**, Informationen über **Gesetzgebungsvorhaben** und **Presseberichte** über Entscheidungen, die noch nicht veröffentlicht sind. Sie müssen bei komplizierten Fällen ebenfalls beigezogen werden.

7. Softwareunterstützung

242 Der Einsatz dieser Werkzeuge wird entscheidend dadurch bestimmt, daß man sie durch geeignete Software unterstützen kann. Die Tatsache, daß bestimmte Urteile in Zeitschriften und Datenbanken zur Verfügung stehen, kann derzeit noch nicht optimal genutzt werden, da es keine geeigneten „**Pfadfinder**" gibt, mit denen man durch die Informationsflut **steuern** kann.

Eine gute Übersicht gibt der Katalog „Elektronische Medien" (auch auf CD-ROM) von Schweitzers Sortiment, der die vorhandene Software für Juristen darstellt (auch im Internet unter www.schweitzer-sortiment.de).

243 Erhebliches Know-how zieht man aber auch aus Vertragsentwürfen, die man von der Gegenseite zugeschickt erhält oder von Dritten zur Verfügung gestellt bekommt. Es ist selten sinnvoll, solche Entwürfe in die eigenen Textsysteme zu übernehmen, da der Aufwand selbst dann hoch ist, wenn man **Textscanner** benutzt. In diesen Fällen ist es meist ausreichend, wenn man solche Verträge wie Bücher behandelt, in der Bibliothek in einem geeigneten **Ordnungssystem** ablegt und sie nur durch **Stichworte** erschließt.

Es gibt auf dem Markt professionelle Suchsysteme, von denen einige ausdrücklich für Juristen bestimmt sind. Hierzu gehören z.B.: 244

- LARS,
- Doctriev/Lawtriev,
- Folio Views,
- Easy Archive,
- Visual Recall,
- i-Manage.

Für welches dieser Systeme man sich entscheidet, hängt davon ab, ob der Umgang einfach und der Zugriff schnell ist.

Eigene Vertragssammlungen oder fremde Verträge, die man sammelt, um das 245 eigene Know-how zu unterstützen, können ohne ein solches System nur sehr mangelhaft erschlossen werden. Allerdings sind die Zugriffszeiten nach wie vor noch nicht unter allen Umständen zufriedenstellend. Der Preis der obengenannten Produkte bewegt sich bei ca. 700 bis 1 000 € pro Arbeitsplatz, während hochprofessionelle Volltextretrieval-Systeme (z. B. für Verlage) Einzelpreise um 40 000 bis 50 000 € haben und daher für die Anwaltspraxis oder Rechtsabteilung oft ausscheiden.

8. Einbindung in das Firmennetzwerk

Viele Unternehmen verwenden bereits Office Management-Systeme, mit 246 denen die Mitarbeiter über ihre jeweiligen Computer miteinander Nachrichten versenden (Mail), ihre Terminkalender abstimmen (Schedule) oder gemeinsam auf Projektplanungsprogramme zugreifen. In dieses Netzwerk muß die Rechtsabteilung einbezogen sein, weil sie sonst vom Informationsstrom abgeschnitten wird. Die Erstellung und Verhandlung von Verträgen kann man auch als Projekt interpretieren und so in das Projektmanagement des Unternehmens einbeziehen.

9. Einbindung der Anwälte in das Netzwerk

Die meisten Anwaltsbüros dürften heute auf jedem Schreibtisch einen Computer haben. Wenn Anwälte sich angewöhnt haben, selbst mit dem Computer zu arbeiten, was mehr und mehr der Fall ist, ist es sinnvoll, auch die Anwaltsbüros in die Netzwerkarchitektur des Unternehmens einzubeziehen. Das gilt sowohl im Inland wie auch im Ausland und kann gerade dann zu bedeutenden Organisationsvorteilen führen, wenn man mit entfernt liegenden Niederlassungen in den USA oder Japan etc. zu korrespondieren hat. Für solche Verbindungen bestehen folgende technische Möglichkeiten: 247

- Internet / TCP/IP,
- Onlinedienste (AOL, T-online, Compuserve),
- ISDN/WAN/MPR,
- Mailsysteme über ISDN (z. B. Microsoft Mail).

Nach unserer Erfahrung ist Microsoft Mail über ISDN im Inland äußerst preisgünstig einsetzbar und sehr einfach zu bedienen, während die Oberflächen von Internet und Compuserve etc. dem Laien immer wieder Rätsel aufgeben. Wie bei allen Softwareprodukten gilt auch hier: Je öfter man es benutzt, desto selbstverständlicher wird es.

Alle Systeme stellen allerdings hohe Anforderungen an die Datensicherheit!

10. Videokonferenzsysteme

248 Es bestehen grundsätzlich zwei Möglichkeiten, Videokonferenzsysteme zu betreiben:

Einmal sind das große Systeme mit großem Bildschirm und leistungsfähigen Videokarten sowie Hochleistungskommunikationsleitungen wie beispielsweise gebündelte ISDN-Stränge, die überwiegend dazu eingesetzt werden, Konferenzsäle transatlantisch miteinander zu verbinden.

Hierbei fallen Investitionskosten in Höhe von mindestens 35 000 € je Niederlassung an.

249 Zum anderen gibt es die Möglichkeit, mit Personal-Video-Conference-Systems zu arbeiten. Hierbei werden die einzelnen PCs im Bundle mit Kameras und Videokarten sowie ISDN-Verbindungskarten ausgerüstet, die allerdings ein kleines Bild mit einer kleinen Auflösung produzieren und nur dazu geeignet sind, als bessere Bildschirmtelefone zu fungieren. Dieser Markt expandiert sehr stark, es sind schon Produkte ab 1 500 € pro Arbeitsplatz erhältlich, wirklich brauchbare Technik kostet jedoch ca. 4 000 € pro Arbeitsplatz.

Nach unserer Erfahrung werden Videokonferenzsysteme nur dann intensiv genutzt, wenn sie einen festen Platz in den Kommunikationssystemen eines Unternehmens haben. Der technische Aufwand für die Pflege ist erheblich höher als die Anschaffungskosten, auch sind die Übertragungskosten nicht gering, und oft stören Details wie z.B. unzureichende Tonqualität, Bildstörungen etc. Zum jetzigen Zeitpunkt dürften solche Systeme noch mehr Probleme als Lösungen aufwerfen.

11. Hardwareausstattung

250 Für neuere Computer ist die Bewältigung solcher Aufgaben technisch ohne weiteres möglich, und die Preise sind erträglich. Ältere Baujahre werden Schwierigkeiten haben. Es hat jedoch keinen Sinn, in diesem Bereich an den Bedürfnissen der Rechtsabteilung und der technischen Ausstattung der Anwaltsbüros zu sparen, wenn Ingenieure und Kaufleute mit Computern ausgerüstet sind und diese zur Kommunikation nutzen, weil es sonst immer wieder Probleme bei der Informationsübertragung gibt.

III. Arbeitstechnik

Beim Entwurf von Verträgen stößt man auf ein **Organisationsproblem**, das man nur bewältigen kann, wenn man über geeignete Arbeitstechniken verfügt.

Die einzelnen Arbeitsschritte, die vorzunehmen sind, wenn man einen eigenen Entwurf fertigen oder den Entwurf der Gegenseite bewerten will, sind in diesem Kapitel im einzelnen geschildert.

Wer diese Schritte konsequent und in geordneter Weise nachzuvollziehen versucht, wird feststellen, daß er von den ersten Ideen bis zum endgültigen Entwurf alles immer wieder umstellen muß, denn man erhält die **Informationen** nicht in strukturierter, sondern in **ungeordneter Form**. Bevor man etwa die Chance hat, die gesetzlichen Regelungen oder einzelne Rechtsprechungslinien im Detail zu verfolgen, muß man zunächst **Tatsachen erfassen**, **gliedern** und **bewerten**, denn ein wirklich guter Vertrag lebt im wesentlichen davon, daß man in einem möglichst frühen Stadium alle denkbaren Eventualitäten durchspielt.

Man muß die Gesamtaufgabe
- ▷ in den wesentlichen Umrissen **planen**,
- ▷ in mehrere Teilbereiche **aufteilen**,
- ▷ einen Zeitrahmen **festlegen**, in dem der Entwurf zu erledigen ist,
- ▷ das angestrebte Ergebnis in geeigneter Weise **kontrollieren**.

Kommt man dann in das Entwurfsstadium, so muß man
- ▷ übersichtlich **gliedern**,
- ▷ logische **Gedankenfolgen erzeugen**,
- ▷ sprachlich **verständlich formulieren**,
- ▷ **Ergebnisse** vielfältig **abstimmen**.

All das gelingt nur, wenn man für das gegebene Thema
- ▷ das Material **sammelt**, um jede einzelne Detailfrage zu lösen,
- ▷ es in alle seine **Detailaspekte** zerlegt,
- ▷ den Stoff **gliedert**,
- ▷ Teilentwürfe für jeden einzelnen Problemkreis **skizziert**,
- ▷ um am Ende den **Gesamttext zusammenzufügen.**

Kurz: Man trifft bei diesem Verfahren immer wieder auf den Grundgedanken: **Teile und herrsche**, der auch in **taktischer Hinsicht** eine große Rolle spielt. Die Arbeitstechnik muß einem dabei helfen, davon möglichst wirkungsvoll Gebrauch zu machen.

1. Zettelsystem

253 Eine ebenso einfache wie wirkungsvolle Methode besteht darin, sich jeden Gedanken, jeden Hinweis, jede Tatsache, jede Meinung, kurz: jeden Gedanken, auf den man bei der Vorbereitung kommt, auf jeweils einen getrennten Zettel zu schreiben.

Dieser Zettel hat zweckmäßig das (Quer-)Format DIN A 5, weil man bei Zetteln dieser Größenordnung keine Scheu davor hat, nur eine einzige Zeile zu schreiben (was bei DIN A 4 nicht zutrifft), und weil Zettel dieser Größe unschwer in normalen Leitz-Ordnern abgelegt werden können, wofür kleinere Zettel nicht geeignet sind.

Verwendet man das Zettelsystem von Anfang an, dann kann man mit Fragen anfangen und die jeweils gefundene Antwort darunterschreiben, hat aber immer die Freiheit, jeden **Gedanken**, jede **Frage** und jeden **Hinweis** an derjenigen Stelle, an der man gerade arbeitet, so zu **ordnen**, daß die jeweilige Arbeitsphase **unterstützt** wird.

254 Anwälte, die so arbeiten, gehen etwa folgendermaßen vor:

– Beim ersten **Gespräch** mit dem Mandanten notieren sie alle Fragen, Hinweise, Ideen oder sonstige Gedanken, die aus dem Mandantengespräch entstehen, jeweils auf einen **Zettel**.

– Nach dem Gespräch arbeitet man diese Gedanken anhand der eigenen **Erfahrung** und der vorhandenen **Know-how-Sammlung** (Checklisten, Formulare etc.) in Ruhe durch, woraus sich weitere **Fragen** ergeben.

– Die Beantwortung dieser Fragen wird entweder der Mandant vornehmen, oder man kann sie durch eigene **Ermittlungen** klären.

– Sodann bringt man alle Einzelfragen in eine vollkommen **neue Ordnung**: Es ist die **Reihenfolge** der **Themen**, die man einhalten will, wenn man mit der Gegenseite spricht.

– Aus dem Gespräch mit der Gegenseite ergeben sich **neue Fragen**, Hinweise und Anhaltspunkte, denen man nachgehen wird.

– Daraus entsteht – in ganz anderer Struktur – der erste **Vertragsentwurf**, über den verhandelt wird.

– In der **Vertragsverhandlung** selbst notiert man in gleicher Weise alle Ideen, die am Verhandlungstisch geäußert werden. Hier entsteht ein entscheidender Vorteil des Systems: Man braucht diese Ideen nicht irgendwie systematisch zu ordnen, sondern kann sie am Ende der Verhandlung in die **schon vorhandene Struktur** an geeigneter Stelle einfügen.

– Dadurch gelingt es besonders schnell, **Verhandlungsprotokolle** zu schreiben, wenn das notwendig ist.

– Auch der **Vertragsentwurf** schreibt sich anhand der vielfältig ergänzten Einzelgedanken einfacher fort, bis er schließlich zur **Endfassung** gelangt.

Dieses Verfahren hat den ungewöhnlichen Vorzug, in jeder beliebigen Phase der Vertragsvorbereitung Kreativität zuzulassen, begrenzt aber den Aufwand erheblich, um sie zu **strukturieren**. Das Verfahren ist **offen** für jede neue Idee und erleichtert erheblich deren **Bewertung**.

Es ermöglicht auch, einzelne Fragen zu **delegieren** und überall dort auch zu **systematisieren**, wo es erforderlich ist, **zwingt** aber nie zu einer **bestimmten Vorgehensweise**.

Darüber hinaus läßt sich aus dem Zettelsystem immer auch sofort nach Vertragsschluß eine **Dokumentation** entwickeln, mit der man belegen kann, über welche Fragen man nachgedacht hat, denn vieles, was besprochen worden ist, findet sich in den endgültigen Verträgen nicht mehr wieder.

255

Der besondere Wert des Verfahrens besteht schließlich darin, daß es **ohne** irgendwelchen **systematischen Brüche** sowohl für die eigene Vorbereitung von Entwürfen als auch für jede Art von Verhandlungen während der **Vertragserstellung** wie bei der **Vertragsdurchführung** eingesetzt werden kann. Für mich hat sich die Grundidee „Ein Zettel – ein Gedanke" nicht nur bei wissenschaftlichen Arbeiten, sondern auch und gerade beim Vertragsmanagement als das wesentliche Hilfsmittel erwiesen.

2. Charts, Mind-mapping

Für Anwälte, die hauptsächlich mit Texten arbeiten, ist es meist ungewohnt, mit **Zeichnungen (Charts)** zu arbeiten, in denen bestimmte Rechtsbeziehungen graphisch dargestellt sind. Obwohl viele Juristen seit Studentenzeiten die Zeichnungen der Repetitoren und Professoren gewöhnt sind, vergessen sie den Vorteil dieser Methode in der Praxis allzu oft. Auch bei einfachen Verträgen bewährt es sich immer wieder, wenn man sich die Beziehungen zwischen den Parteien und Dritten durch **Skizzen** klarmacht, und zwar sowohl bei **Tatsachen** wie bei **Rechtsbeziehungen**.

256

Die herkömmlichen Zeichnungen werden seit einigen Jahren durch ein neues Verfahren unterstützt, das die typischerweise statischen Charts beweglich macht: **Mind-mapping** ist, wie der Name sagt, ein Verfahren, in dem nicht nur statische Tatsachen zeichnerisch erfaßt, sondern auch Entwicklungen von Beziehungen einfach sichtbar gemacht werden können.

257

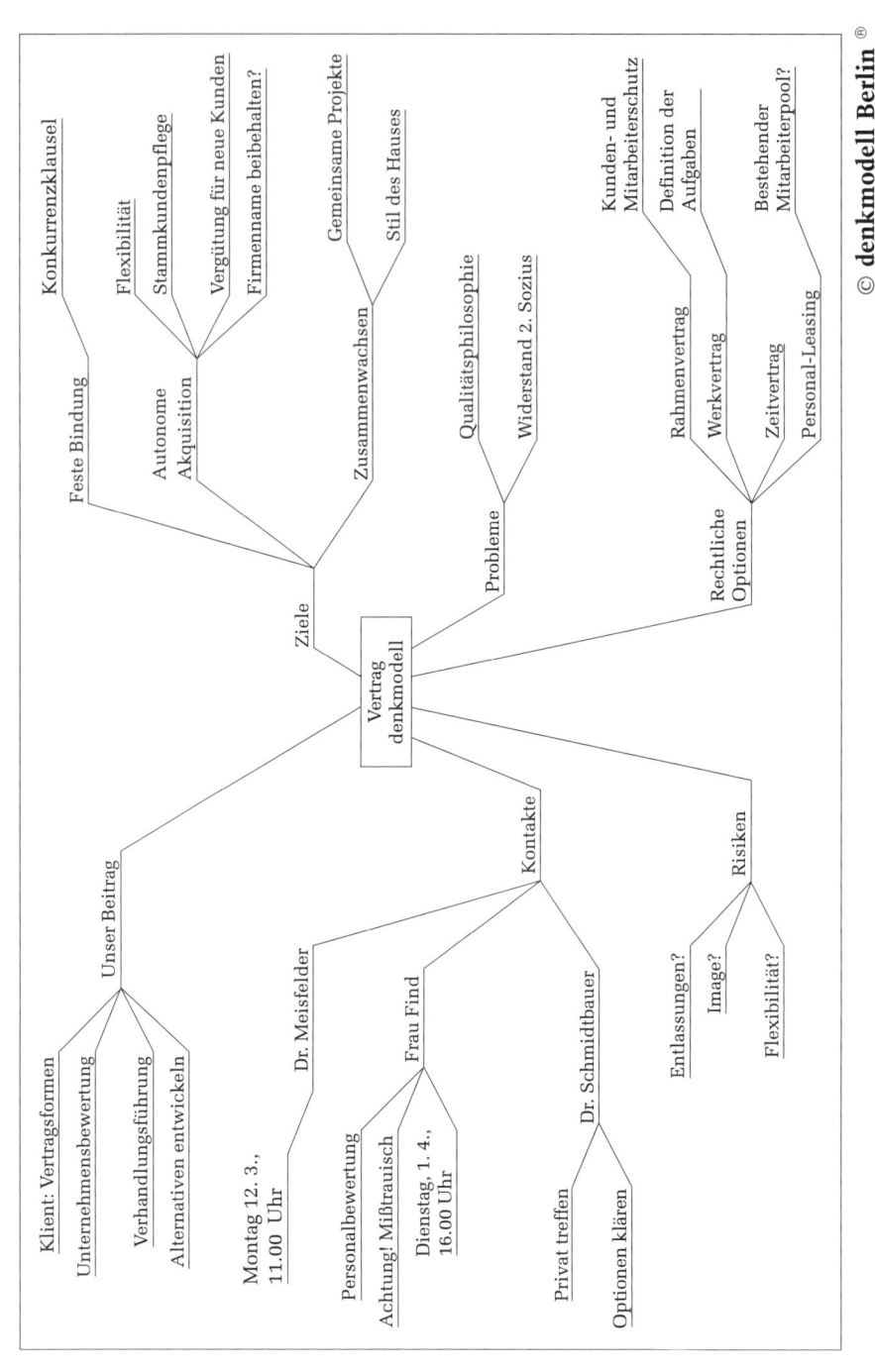

Mindmap „Vertrag denkmodell":

- **Ziele**
  - Feste Bindung
    - Konkurrenzklausel
  - Autonome Akquisition
    - Flexibilität
    - Stammkundenpflege
    - Vergütung für neue Kunden
    - Firmenname beibehalten?
  - Zusammenwachsen
    - Gemeinsame Projekte
    - Stil des Hauses
- **Probleme**
  - Qualitätsphilosophie
  - Widerstand 2. Sozius
- **Rechtliche Optionen**
  - Rahmenvertrag
    - Kunden- und Mitarbeiterschutz
  - Werkvertrag
    - Definition der Aufgaben
  - Zeitvertrag
  - Personal-Leasing
    - Bestehender Mitarbeiterpool?
- **Risiken**
  - Entlassungen?
  - Image?
  - Flexibilität?
- **Kontakte**
  - Dr. Schmidtbauer
    - Privat treffen
    - Optionen klären
  - Frau Find
    - Personalbewertung
    - Achtung! Mißtrauisch
    - Dienstag, 1. 4., 16.00 Uhr
  - Dr. Meisfelder
    - Montag 12. 3., 11.00 Uhr
- **Unser Beitrag**
  - Klient: Vertragsformen
  - Unternehmensbewertung
  - Verhandlungsführung
  - Alternativen entwickeln

© **denkmodell Berlin**®

Das oben skizzierte Zettelsystem kann bei einfachen Sachlagen durch Charts im Mind-mapping-Verfahren ersetzt werden, wenn sie durch **Schlagworte** dargestellt werden können. Das nachfolgende Beispiel zeigt typische Schlagworte, wie sie im Rahmen einer Vertragsplanung verwandt werden. Wenn man die Erläuterungsbücher zum Mind-mapping beizieht (*Kerkhoff*), wird man oft Schwierigkeiten haben, die Charts zu lesen. Im beigefügten Beispiel wird jedoch gezeigt, daß solche Charts bei richtiger graphischer Darstellung sehr übersichtlich gestaltet werden können. 258

All das ist allerdings ohne ein bißchen Training und vielleicht die Teilnahme an Seminaren nicht ohne weiteres lernbar. Man muß das System in seiner **Anwendung** erlebt haben, um seinen Nutzen wirklich zu begreifen.

3. Texte

Man sollte sich angewöhnen, endgültig ausgearbeitete juristische Texte erst dann zu formulieren, wenn man sich über die Tatsachen und die Bewertungen, die man vorzunehmen hat, im klaren ist. Dieser gute Vorsatz wird durch den **Zeitdruck**, der meist durch ungeeignete Planungen entsteht, oft genug zunichte gemacht. Trotzdem sollte man als Anwalt immer wieder die Wünsche der Mandanten abwehren, Vertragstexte in einem Stadium zu fertigen, in dem man die Interessen des Mandanten nicht klar genug sieht – geschweige denn die Vorstellungen der Gegenseite erahnt. 259

Man kann sich einem so ungeeigneten Vorgehen gegenüber aber nur zur Wehr setzen, wenn man eine **Alternative** anzubieten hat, die dem Mandanten und der Gegenseite einleuchtend erscheint. Sie besteht darin,

– die wichtigsten **Daten** und eigenen **Positionen** kurz und präzise zu **beschreiben**,

– die Gegenseite **aufzufordern**, **Zustimmung** und **Ablehnung** in einer gewissen Breite grundsätzlich zu **definieren**,

– die **Struktur** des **Vertragsentwurfs** mit der Gegenseite **abzustimmen** und

– erst dann einen Text zur Verfügung zu stellen. (Dabei ist man aus taktischen Gründen meist gut beraten, wenn man einzelne Positionen – so vor allem die Preise – bewußt **offenläßt**, um die Verhandlungssituation nicht zu blockieren.)

All diese Verfahren sind erst möglich, wenn man **softwareunterstützt** arbeitet. Erst dann kann man die eigenen Texte der Gegenseite nicht nur in Papierform, sondern als **Diskette** zuschicken oder über **E-Mail** zur Verfügung zu stellen, so daß die Gegenseite dann in der eigenen Struktur weiterarbeiten oder diese kommentieren kann. (Achtung: Viren!) 260

Nur bei softwareverwalteten Texten, die über Retrieval-Systeme voll erschlossen werden können, lassen sich Checklisten, Bausteine und Kommentare relativ schnell so zusammensetzen, daß man nicht nur selbst, sondern auch der Mandant und die andere Seite damit arbeiten kann.

4. Teamwork

261 Während Anwälte und ihre Mandanten früher sehr isoliert nebeneinander her gearbeitet haben, ist es heute aufgrund moderner Werkzeuge und Arbeitstechniken ohne Teamwork nicht mehr zu schaffen. Damit entsteht eine **Binnenkultur** zwischen Mandanten, Beratern und Gegnern, die im besten Fall das **Verhandlungsklima** unterstützen oder in einem frühen Stadium bewirken kann, daß die Parteien einsehen, wie weit sie in ihren Positionen noch auseinander sind.

262 Der Erfolg des Teamworks (ausführlich Rz. 180 f.) hängt entscheidend davon ab, ob man sich auf einheitliche Arbeitstechniken und Werkzeuge **einigen** kann, denn wenn jeder in seiner eigenen Struktur individuell tätig ist, wird es schwer, Informationen und Daten auszutauschen und Schnittstellen kompatibel zu halten. Wie im Teamwork gearbeitet, wie Brainstorming repressionsfrei sichergestellt und brauchbare Arbeitsresultate gesichert werden, zeigt Teil 12 im einzelnen: Alle dort entwickelten Hinweise, die für die Verhandlungen mit der Gegenseite gelten, haben die gleiche Bedeutung bei der internen Abstimmung innerhalb eingesetzter Projektteams.

IV. Elemente des Vertragsdesigns

1. Struktur von Verträgen

263 Aufbau, Stil und Struktur von Verträgen unterliegen – abgesehen von Besonderheiten bei notariellen und anderen formgebundenen Verträgen – keinen besonderen gesetzlichen Vorschriften.

Strukturlose Verträge (zum Beispiel in Form eines Briefwechsels) sind also meist genauso rechtswirksam wie sorgfältig ausgearbeitete schriftliche Urkunden.

264 Die Auslegung eines Vertrages kann sich aber als recht schwierig herausstellen, wenn der Vertrag wenig oder keine Strukturen hat, seine Gedankenführung ständig durcheinandergeht, er Regelungslücken aufweist etc. Solche **Strukturmängel** können Teil eines **taktischen Konzepts** sein, wenn man anstrebt, die Regelungen im unklaren zu lassen und mehrdeutig zu halten. In der Regel sind solche Strukturschwächen aber **unbeabsichtigt** und erschweren nur die Arbeit mit dem Vertrag.

265 In diesem Buch sind in den Teilen 2, 4 und 5 Strukturvorschläge einerseits für **Austauschverträge**, andererseits für **gesellschaftsrechtliche** Verträge gemacht, die sich von herkömmlichen Lösungen an einigen Punkten (wenn auch nicht sehr erheblich) unterscheiden. Viele der Strukturelemente, die

dort vorgestellt werden, stehen an den traditionell bekannten Stellen. So hat es sich etwa eingebürgert, **Präambeln** grundsätzlich an den **Beginn** eines Vertrages zu setzen, die **Gerichtsstandsregeln** hingegen an den **Schluß**. Von solchen allgemeinen Usancen sollte man möglichst nicht abweichen, weil alle daran gewöhnt sind. Neu ist an der vorgeschlagenen Struktur aber etwa die Trennung von **Leistungsinhalt** und **Leistungssicherung** oder etwa der Vorschlag, die **Vergütungsregelung** grundsätzlich an den **Schluß** der Vereinbarung zum Leistungsinhalt zu setzen. Dahinter steht eine **taktische Idee:** Dieser Aufbau zwingt den Vertragsverfasser, sich darüber klar zu werden, daß er über Vergütung am besten erst spricht, wenn zuvor klar ist, was dafür geleistet werden soll. Diese Wirkung kann man natürlich auch mit **Vorbereitungs-Checklisten** erreichen, im Vertrag ist es nicht unbedingt notwendig, ebenfalls so zu gliedern.

Ein gutes Beispiel für die **Notwendigkeit** einer **Umgliederung** ergibt sich, wenn in einem Vertrag verschiedene Preise für verschiedene Leistungen vereinbart werden, die Anzahl dieser Elemente aber nicht groß genug ist, um eine Verweisung in die Anlagen zu rechtfertigen. 266

In einem solchen Fall ist es meist nicht sinnvoll, in dem einen Bereich des Vertrages alle Leistungen aufzuzählen und erst mehrere Seiten später die dazugehörigen Vergütungen aufzulisten, es empfiehlt sich vielmehr, zu **jeder Leistung** auch gleich die **vereinbarte Vergütung** zu setzen.

Entscheidend ist auch nicht, **wie gegliedert** wird, sondern vielmehr, daß innerhalb einzelner Vertragstypen **einheitlich gegliedert** wird. Wir machen im vorliegenden Buch den Versuch, eine einheitliche Gliederung für alle **Austauschverträge** und alle **gesellschaftsrechtlichen Verträge** vorzulegen, wissen aber natürlich, daß man diese Struktur nicht unter allen Umständen durchhalten kann. Wir haben den vorgeschlagenen Aufbau in vielen Praxisfällen quer durch viele Rechtsgebiete getestet und festgestellt, daß er im wesentlichen so bleiben kann – die Anpassungsarbeiten müssen wir dem Leser für den Einzelfall überlassen. 267

Das Lob der **Flexibilität** soll auch an dieser Stelle wiederholt werden: Die einzelnen Elemente, aus denen der Vertrag zusammengesetzt ist, sind in den Vorschlägen thematisch zusammengefaßt und **modular** so **gegliedert**, daß sie auch **ohne** wesentlichen **Bezugsverlust** neu zusammengesetzt und anders aufgebaut werden können. Der Wert der vorgeschlagenen Vertragsstrukturen liegt also in erster Linie in dem Versuch, eine **möglichst vollständige Aufzählung** der **Themen** zu gewährleisten, die bei Austauschverträgen und gesellschaftsrechtlichen Verträgen in der Regel überdacht werden müssen. 268

Die vorgeschlagene Struktur geht in beiden Bereichen von **komplexen Individualverträgen** aus: dies deshalb, weil es einfacher ist, einzelne Elemente wegfallen zu lassen, als bei einer kürzeren Fassung weitere hinzuzufügen.

269 Ein wichtiges Element der Strukturvorschläge ist die Empfehlung, **Vertragstext** und Anlagen konsequent zu trennen und **Leistungsinhalte** möglichst in die **Anlagen** zu verweisen, wenn sie einen bestimmten Komplexitätsgrad überschreiten. Dieses Verfahren hat vor allem bei technisch anspruchsvollen Projektverträgen auch einen taktischen Sinn: **Ingenieure** und **Kaufleute** können sich für ihre Zwecke im Rahmen der Vertragsdurchführung meist mit den Anlagen zurechtfinden, in denen ihre Sprache verwandt wird (Rz. 282). Sind diese aber eingebettet in eine Fülle juristischer Formulierungen, fällt es ihnen sehr viel schwerer, die für sie relevanten Textstellen herauszufinden und zu interpretieren.

270 Trotz der Komplexität empfehlen wir darüber hinaus, so weit als möglich nur **eine Urkunde** für einen Vertrag anzufertigen, es sei denn, es müssen aus taktischen Gründen mehrere Urkunden sein. Das ist etwa der Fall, wenn jemand einen GmbH-Anteil treuhänderisch für einen anderen hält, da der Sinn der Treuhandschaft gerade in der **Diskretion** besteht, die verlorenginge, wenn der Vertrag beim Handelsregister einschließlich der Treuhandregelung hinterlegt würde. Abgesehen von solchen Sonderfällen sollte man willkürlich zusammengesetzte Verträge jedoch möglichst vermeiden. Ein Beispiel: Bei Softwareprojekten werden in den meisten Fällen Hardware, Software, Wartung, Schulungen und andere Begleitleistungen erbracht, und nicht selten findet man über jeden dieser Leistungsteile einen in sich geschlossenen mehrseitigen Vertrag, so daß die Gesamtleistung in fünf bis sechs einzelne Urkunden aufgesplittet ist. Das erzeugt nicht nur Papierberge, weil viele Klauseln sich wiederholen, sondern gibt bei der Interpretation der Verträge immer wieder Anlaß zur Frage, ob denn eine einheitliche Leistung oder eine zeitlich gestaffelte vereinbart worden sei, was gravierende Auswirkungen auf Erfüllung und Gewährleistung hat (Systemverantwortung). Die Lösung liegt in der Konstruktion eines **modularen Vertragssystems**.

2. Modulare Vertragssysteme

271 Nur selten gibt es Verträge, die allein im Raum stehen. Selbst bei einem Grundstückskaufvertrag, bei dem es nur um den Erwerb einer schon bestehenden Immobilie geht, müssen die Kreditverträge und die Sicherheitenverträge mit dem Kaufvertrag koordiniert werden. Wird hingegen ein Grundstück gekauft, auf dem noch kein Gebäude errichtet ist, schließen sich meist die Bauverträge, Architektenverträge und die Verträge für die Fachplaner an, und nach Fertigstellung sind Mietverträge, Maklerverträge und andere zu berücksichtigen. Eine Gesamtübersicht über alle in Frage kommenden Vertragstypen, die bei der Immobilienentwicklung eine Rolle spielen, zeigt, daß es sich um bis zu 30 einzelne Verträge handeln kann, die am Ende miteinander koordiniert und abgestimmt werden müssen. Bei Computerprojekten ist die Situation noch komplexer, und es gibt viele Bereiche, die ähnlich strukturiert sind.

Daraus ergibt sich die Notwendigkeit, die **einzelnen Verträge** untereinander auf ein gemeinsames Projektziel hin **abzustimmen**, das erreicht werden soll. Wenn man Vertragspartner hat, die bereit sind, die **Systemverantwortung** zu übernehmen, kann man die Probleme zwar auf sie verlagern, diese aber haben dann denselben **internen Koordinationsbedarf**, dem der Auftraggeber ausgewichen ist.

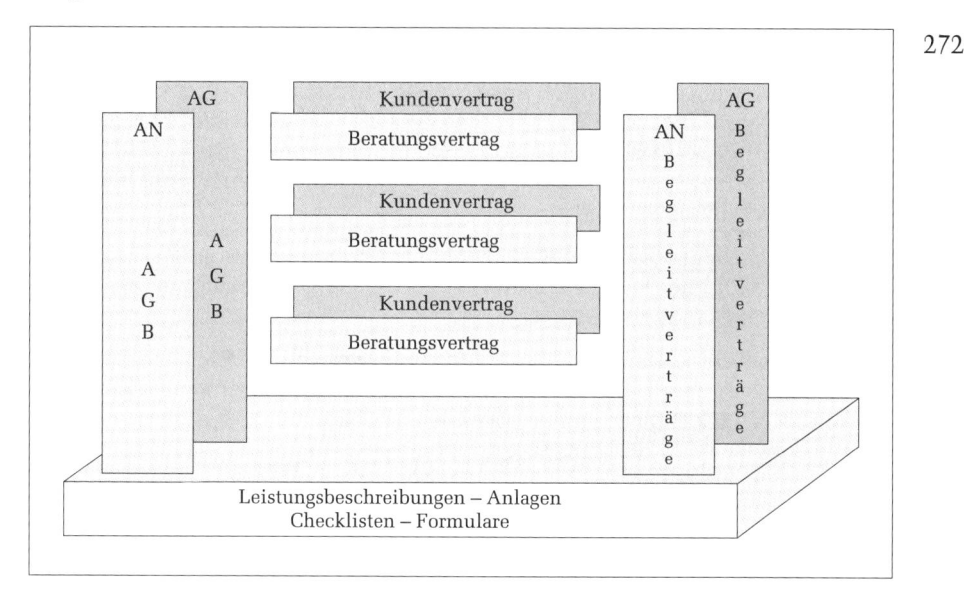

272

```
┌─────────────────────────────────────────────────────────────┐
│       AG          Kundenvertrag            AG     B         │
│   AN                                  AN    B     e         │
│              Beratungsvertrag               e     g         │
│                                             g     l         │
│                  Kundenvertrag              l     e         │
│         A                                   e     i         │
│    A    G    Beratungsvertrag               i     t         │
│    G    B                                   t     v         │
│    B                                        v     e         │
│                  Kundenvertrag              e     r         │
│                                             r     t         │
│              Beratungsvertrag               t     r         │
│                                             r     ä         │
│                                             ä     g         │
│                                             g     e         │
│                                             e               │
│         Leistungsbeschreibungen – Anlagen                   │
│               Checklisten – Formulare                       │
└─────────────────────────────────────────────────────────────┘
```

Hinreichende **Planungssicherheit** kann man in diesem Bereich nur gewinnen, wenn man nicht in einzelnen Verträgen, sondern in **Vertragssystemen** denkt, bei denen die einzelnen Elemente **modular** miteinander **verknüpft** sind. Wichtigste Voraussetzung dafür ist eine möglichst einheitliche Struktur, die man jedenfalls für den Bereich der Austauschverträge einerseits und der Gesellschaftsverträge andererseits erreichen kann. Das wesentliche Ziel der in diesem Buch vorgestellten Basis-Checklisten (Teile 2 und 4) besteht darin, anschaulich zu machen, welche Themen einheitlich behandelt werden können, auch wenn die Zielsetzung jedes einzelnen Vertrages im Einzelfall unterschiedlich ist. Das gilt nicht nur für die **Vertragsinhalte**, sondern vor allem auch für die stets wechselnden **taktischen Perspektiven**, die die Vertragsparteien in den unterschiedlichen Rechtsbeziehungen einnehmen müssen: Gegenüber einem mächtigen Auftraggeber, der ein Bauwerk in Auftrag gibt, kann ein Generalunternehmer eine taktisch untergeordnete Position haben, gegenüber seinen eigenen Subunternehmern hingegen ist er in der Regel derjenige, der die **Entwurfsregie**, die **Verhandlungsregie** und die **Durchführungsregie** (z. B. bei der Bauleitung) übernimmt und die wesentlichen Vertragsinhalte bestimmen kann.

273

274 Arbeitet man innerhalb einer stets wiederholten und vertrauten Vertragsstruktur, fällt es zudem leichter, diese jeweils gegensätzlichen Perspektiven situationsgerecht einzunehmen und taktisch richtig zu verhandeln.

Aus dem gleichen Grund ist es einfacher, Checklisten innerhalb **abgestimmter Vertragsmodule** zu entwickeln, wenn man es schafft, die Entwurfsregie zu behalten. Der wahre taktische Wert liegt wie immer darin, daß man sich „in bekanntem Gelände" bewegt. Kann man das nicht, dann ist der **zeitliche Aufwand** und damit auch der **Kostenaufwand** erheblich größer, den man einsetzen muß, um vorgelegte Verträge, deren Struktur man nicht kennt, auf die hinter ihnen liegenden Motive abzuklopfen. Dabei erhöht sich der Verhandlungsaufwand in gleichem Maße, wenn man eigene – in Konfliktfällen oft ausprobierte – Texte mühsam gegenüber dem Vertragsentwurf der Gegenseite durchsetzen muß.

Kann man statt dessen mit einem eigenen modularen Vertragssystem antreten, fällt es viel leichter, Konzessionen zu machen, weil man deren Reichweite besser abschätzen kann.

275 Neben diesen Gesichtspunkten, die letztlich wesentliche Elemente der **Planungssicherheit** darstellen, spielen in der jüngeren Diskussion die **Qualitätsnormen DIN/ISO 9000 ff.** eine maßgebliche Rolle.

Diese Normengruppe legt **inhaltlich** nichts fest, sondern regelt nur das **formelle Vorgehen**, das bei **Produkten** und **Dienstleistungen** eingehalten werden muß, wenn ein Unternehmen zertifiziert werden will. Diese Zertifikation spielt im Bereich der Fertigungsunternehmen jetzt schon eine große Rolle und strahlt immer stärker in den Bereich der Dienstleistungen und der individuellen Fertigung aus. Auch wenn man mit guten Gründen dieser Entwicklung kritisch gegenüberstehen kann (näher *Heussen/Schmidt*, CR 1995, 181), so muß man doch damit rechnen, daß die Unternehmenspraxis mehr und mehr von den Anforderungen der DIN/ISO 9000 ff. bestimmt wird. In ihrem Rahmen ist in bezug auf die Verträge **mindestens sicherzustellen**, daß Vertragstexte und zugehörige Dokumentationen im Unternehmen an geeigneter Stelle **archiviert** und **überwacht** werden, und es sind Mindestanforderungen zu erfüllen (so z. B. Bonitätsprüfungen der Vertragspartner), die sich wenigstens mittelbar auf den Vertragsinhalt niederschlagen. Der Aufwand, all das sicherzustellen, ist bei der Verwaltung unterschiedlicher Einzelverträge erheblich höher, als wenn man modulare Vertragssysteme verwaltet und pflegt.

3. Standardverträge und §§ 305 ff. BGB

276 Unter diesem Begriff werden alle Verträge zusammengefaßt, die für die Verwendung in **mehr als drei Einzelfällen** geplant worden sind. Ihr Inhalt wird wesentlich durch die §§ 305 ff. BGB bestimmt. Die Rechtsprechung hat die Tendenz, nur den wirklichen Einzelvertrag von den besonderen Bedingungen

über Standardverträge auszunehmen. Zu den Standardverträgen zählen also nicht nur **vorgedruckte Allgemeine Geschäftsbedingungen** oder Vertragsbedingungen welcher Art auch immer, sondern auch **alle Verträge**, die in einem bestimmten Projekt mit mehreren Vertragspartnern **einheitlich abgeschlossen** werden sollen. Wird etwa eine Eigentumswohnungsanlage errichtet, bei der mehr als drei Wohnungen verkauft werden sollen, dann gelten die Regeln der §§ 305 ff. BGB bereits für den **ersten Verkaufsfall,** und ebenso ist es bei **Zulieferverträgen**, die für mehrere Zulieferer **einheitlich konzipiert** werden, auch wenn es zunächst nur zu einem einzelnen oder einem weiteren Vertrag kommt.

Die §§ 305 ff. BGB gehen von der Grundidee aus, daß Verträge, die mehrfach verwandt werden sollen, nicht allzu weit vom „**gesetzlichen Leitbild**" (§ 307 BGB) abweichen dürfen. Dieses Leitbild wird durch gesetzliche Regeln und Rechtsprechungslinien bestimmt, wobei es bei Vertragsbeziehungen zu **Kaufleuten größere Spielräume** gibt als im Verhältnis zu privaten Endkunden.

Auf die äußere Form solcher Verträge kommt es grundsätzlich nicht an. Es ist also gleichgültig, ob sie gedruckt oder nur in Textsystemen verwaltet sind, und die Rechtsprechung geht sogar so weit, Standardklauseln anzunehmen, wenn diese nur von Fall zu Fall „aus dem Gedächtnis des Verwenders" verwendet werden (BGH, NJW 1991, 1678 – Maklerprovision).

277

Typische Abweichungen vom gesetzlichen Leitbild sind:
– Verwendung pauschaler **Haftungsbeschränkungsklauseln,**
– **einseitige Überwälzung** von **Risiken** auf den Vertragspartner, die im Gesetz nicht vorgesehen sind, wenn dem nicht entsprechende Konzessionen gegenüberstehen,
– **überraschende und mehrdeutige Klauseln**, die an versteckter Stelle die Risikoverteilung zugunsten des Verwenders beeinflussen (§ 305c BGB).

Es gibt nur **eine wirksame Einbruchstelle** im AGB-Gesetz, mit der diese Beschränkungen ausgehebelt werden können: Gemäß § 305b BGB gilt das Gesetz nicht für Klauseln, die **individuell verhandelt** worden sind, wobei unter „Verhandeln" nur eine Haltung des Verwenders akzeptiert wird, die es dem Vertragspartner tatsächlich (und nicht nur theoretisch) ermöglicht, eine Vertragsklausel zu **ändern**. Ein bloßes **Beharren** auf der eigenen **Rechtsposition** hilft nicht.

278

Trotz aller Schwächen, die die §§ 305 ff. BGB haben, muß man anerkennen, daß ohne seine strengen Regeln der einzelne gegenüber mächtigen Unternehmen keine wirkliche Chance hätte, seine Interessen durchzusetzen, denn in der Verhandlung hat er dazu praktisch wenig Chancen. In taktischer Hinsicht ergibt sich daraus für beide Seiten:
– Wer AGB entwirft und verwendet, muß seinem Vertragspartner eine **faire Chance** geben, Klauseln, die vom gesetzlichen Leitbild abweichen, zu sei-

nen Gunsten zu **korrigieren**, und das ist beweiskräftig in der Regel nur nachzuweisen, wenn man solche Klauseln **tatsächlich** und nicht nur scheinbar **zur Disposition stellt**. Bei Haftungsbeschränkungen etwa muß dem Vertragspartner eine Wahlmöglichkeit geboten werden, die mehr ist als eine bloße **Scheinalternative**.

– Wer sich umgekehrt in der Rolle dessen wiederfindet, der Allgemeine Geschäftsbedingungen akzeptieren soll, muß sorgfältig versuchen, gerade solchen **Verhandlungen auszuweichen**, denn wenn er sich in die Verhandlung hineinziehen läßt und eine **Kompromißlösung** hinnimmt, kann er sich davon nicht mehr später unter Hinweis auf die sonst gültigen Regeln des AGB-Gesetzes distanzieren.

4. Sprache und Begriffe

279 Die **Sprache** ist das wesentliche **Werkzeug** der **Vertragsgestaltung**. Wer Verträge nur als **juristische** Werkzeuge versteht, wird Schwierigkeiten dabei haben, Verträge in einer anderen als der juristischen Sprache abzufassen. Wer so denkt, versteht den Vertrag in erster Linie als ein Mittel, um bei späteren Auseinandersetzungen seine Position gut **prozessual** vertreten zu können. Dann wird der Vertrag nämlich von den Richtern in seine Einzelteile zerlegt, analysiert und dann wieder insgesamt betrachtet, wobei es natürlich für den Richter hilfreich ist, sich in einer ihm bekannten Sprachwelt bewegen zu können. Für ihn ist es viel einfacher, in einem Vertrag zu lesen: *„Der Besitz geht am 1. 1. 1996 auf den Käufer über"* als etwa *„Der Käufer kann das Grundstück ab 1. 1. 1996 betreten"*. Im ersten Fall kann man kaum am gewollten Besitzübergang zweifeln, im zweiten hingegen kann es sich nur um ein auf bestimmte Planungszwecke beschränktes Betretungsrecht handeln ohne die vielfältigen **rechtlichen Folgen** des Besitzübergangs.

Ich habe oben ausführlich erläutert, daß die Funktion des Vertrages als prozessuales Hilfsmittel bei weitem nicht seine wichtigste ist. Ein Vertrag, über den prozessiert wird, ist kein lebendiger Organismus, sondern nur noch tote Materie, an der die **Richter** als **Pathologen** wirken, um aus dem zerfallenden Humus des Einzelfalls neue Strukturen von allgemeinem Interesse für die Rechtsanwendung entstehen zu lassen.

280 Viel wichtiger als diese Funktion ist die Eigenschaft des Vertrages, den Parteien bei der **Vertragsdurchführung** zu helfen. Dabei können andere als juristische Sprachebenen von ausschlaggebender Bedeutung sein.

Folgende Sprachebenen kann man unterscheiden:

– die allgemeine Umgangssprache,
– die ingenieurtechnischen und kaufmännischen Fachsprachen,
– die juristische Fachsprache,
– die Fremdsprachen.

a) Umgangssprache

Die allgemeine **Umgangssprache** wird bei Verträgen überall dort benutzt, wo man keinen Fachjargon benötigt. Ihr wesentliches Problem besteht darin, daß bestimmte Begriffe umgangssprachlich anders als in juristischer Fachsprache verwandt werden (z. B. „Besitz"). Die Aufgabe der Juristen besteht darin, ihren eigenen Begriffskatalog zu erkennen und dort, wo er sich mit der allgemeinen Sprache überschneidet, die erforderliche Definitionsarbeit zu leisten. 281

Juristische und damit vor allem die anwaltliche Arbeit ist mißlungen, wenn der Vertrag nichts weiter als eine umgangssprachliche Beschreibung der Absichten der Parteien ohne eine rechtliche Strukturierung enthält, die seine innere Statik ausmacht.

b) Fachsprachen

Fachsprachen haben stets ihr eigenes Vokabular. Wie umfangreich es ist, kann man sich kaum vorstellen. Als Faustformel gilt, daß einzelne Fachsprachen (z. B. im Bereich der Computertechnologie) mindestens so viele Begriffe haben wie die allgemeine Umgangssprache (zwischen 10 000 bis 20 000 Wörter), so daß auch Fachleute nicht immer sicher sein können, die Begriffe richtig zu benutzen, sofern es überhaupt in den Fachsprachen eindeutige Begriffe gibt. Diese Eindeutigkeit liegt zum Beispiel bei Begriffen vor, die in **Normen** und **Standards** (DIN/ISO) definiert sind, bei vielen gängigen Begriffen **fehlen** aber solche **Definitionen,** und dann kann es auch unter Fachleuten vorkommen, daß derselbe Begriff mit ganz unterschiedlicher Bedeutung gesehen wird. Für das Vertragsdesign besteht die Aufgabe darin, alle Begriffe, die einer Fachsprache zugehören, entweder zu definieren oder wenigstens innerhalb derselben Urkunde **konsistent** zu **verwenden** und nicht für ein und dieselbe Sache verschiedene Begriffe aus **Umgangssprache** und **Fachsprache** zu verwenden. 282

c) Juristische Fachsprache

Im Bereich der **juristischen Fachsprache** schließlich sollten es die Juristen wenigstens am einfachsten haben, es erweist sich aber manchmal, daß die Probleme gerade dann am größten werden, wenn man sich in dieser Begriffswelt aufhält. So sind etwa Begriffe wie „Mangelfolgeschaden" oder „Lizenz" keinesfalls eindeutig definierbar und können oft nur durch Beispielsbildungen für bestimmte Konfliktfälle erschlossen werden. 283

Fachleute, die über eigene Sprachen mit **hohem Bestimmtheitsgrad** verfügen, wollen es oft nicht wahrhaben, daß ausgerechnet die **juristische Sprache** nur **selten** über **eindeutige Begriffe** verfügt. Dort gibt es fast nie eindeutige

Begriffe, sondern im besten Fall solche, die mit hoher Wahrscheinlichkeit von der Mehrzahl der Interpreten den gleichen Sinn zugesprochen erhalten.

Mit diesen Unschärfen muß man leben, denn ein Vertrag, der sie alle durch geeignete Definitionen und stilistische Eleganz, Beispielsbildungen ausräumen wollte, könnte praktisch nicht mehr gestaltet werden.

d) Fremdsprachen

284 Für **Fremdsprachen** gilt sinngemäß das für die Fachsprachen Gesagte: Hier besteht das Problem häufig darin, fremdsprachliche Begriffe, die in andere Umgangssprachen Aufnahme gefunden haben (so vor allem die Anglizismen wie: „interface", „update" etc.), so zu verwenden, daß klar ist, ob sie in ihrer heimatlichen Bedeutung oder in der Bedeutung verwandt werden, die sie gerade in Deutschland als fremdsprachliche Begriffe gefunden haben. Im Bereich der Computerindustrie, wo es viele Begriffe in deutscher Sprache nicht gibt, ist diese Abgrenzung besonders schwer.

285 **Zusammengefaßt**: Ein Vertrag enthält sehr **selten nur einen Sprachstil**, meist setzt er sich mindestens aus **Umgangssprache** und **juristischer Sprache** zusammen, und wenn weitere Sprachelemente dazukommen, kann die Erarbeitung eines konsistenten Textes schon redaktionell ein erhebliches Problem werden. Für das Vertragsdesign bedeutet das, daß man sich bei allen Formulierungen über die **Sprachebene** klar sein muß, in der man sich jeweils aufhält. Diese Sprachebene hängt meist vom **natürlichen Verständnis** der Personen ab, die an dem Vertrag mitwirken. Wenn etwa ein erfahrener Generalunternehmer mit einem ebenso fachkundigen Rohbauunternehmen einen Vertrag über ein Bauwerk abschließt, dann können sich in der Urkunde vielfältige bautechnische Fachbegriffe finden, die genau so stehenbleiben können, wie die Parteien sie konzipiert haben, denn bei der späteren Auslegung kann man darauf vertrauen, daß ein **Sachverständiger** die Begriffe **eindeutig** wird festlegen können.

In einem Bauträgervertrag hingegen, der mit einem privaten Käufer abgeschlossen wird, dürfen manche Klauseln nicht so technisch ausfallen, damit bei der Durcharbeitung des Vertrages nicht immer wieder Detailfragen auftauchen, die die Verhandlung unnötig erschweren.

286 Damit sind wir bereits wieder im Bereich der taktischen Überlegungen. Die **Sprache** des **Vertrages** muß ja seiner **Funktion dienen**, und so kommt es, daß etwa beim Vertragsdesign von Vertriebsverträgen die Perspektive der künftigen Vertragspartner (zum Beispiel Franchisenehmer) und ihr **Verständnishorizont** berücksichtigt werden müssen, will man hinreichend interessierte Vertragspartner bekommen. Die Sprache eines Vertrages kann für den künftigen Vertragspartner so abstoßend sein, daß die Verhandlungen über ihn sich sehr schwierig gestalten. Besonders fatal ist es, wenn die Absichten, die hinter schwierigen Formulierungen stecken, sich gar nicht ge-

gen den Vertragspartner richten, sondern aus allgemeinen Erwägungen (Einheitlichkeit der Begriffsbildung etc.) so gewählt werden, daß er Mühe hat, sie zu verstehen. Man kann auch **marketing-orientierte Vertriebsverträge** entwerfen und so die Verhandlungen über den Vertrag **taktisch unterstützen**.

e) Sprachstile

Innerhalb der einzelnen Sprachtypen gibt es unterschiedliche Sprachstile, wobei die **Variationsbreite** bei der allgemeinen **Umgangssprache** natürlich viel größer ist als bei den Fachsprachen. 287

Die Wahl des Stils wird wesentlich durch **taktische Überlegungen** bestimmt.

Diese taktischen Möglichkeiten umfassen etwa

– **Verstecken** von **Risiken** hinter unklaren Formulierungen,

– Bilden **abstrakter Regeln** zur Verdeckung von Dissens,

– bewußte **Unklarheiten**,

– **Verwischung** von **Tatsachen** und **Wertungen** (vor allem durch Verwendung unbestimmter Rechtsbegriffe),

– Verwendung **fachlich wirkender** Begriffe, die tatsächlich nicht definiert sind (z. B. „frustrierter Aufwand"; „Mangelfolgeschaden"; „freier Mitarbeiter"; „Kundenschutz").

Derartiges ist natürlich nur dann sinnvoll, wenn man aus der **begrifflichen Vieldeutigkeit** später Nutzen ziehen kann. Befindet man sich in der anderen Situation, muß man auf **Begriffsklärung** hinwirken. 288

Begriffserklärung geschieht am einfachsten durch

– **einheitliche Definitionen** von Begriffen vor oder nach dem Haupttext,

– **klare Präambeln**, die die Beschreibung der Geschäftsgrundlagen umfassen,

– **Bildung** von **Beispielen**, insbesondere **Rechenbeispielen** für typische Abrechnungen,

– **Auslegungsklauseln**.

Die taktischen Möglichkeiten, die sich durch die Verwendung von Begriffen und bestimmten Formulierungen erschließen, sind ohnehin begrenzt und nicht ungefährlich, denn der Wunsch, daraus später **Vorteile** zu ziehen, kann sich immer ins **Gegenteil verkehren**. Unrealistisch ist der gegenüber Anwälten immer wieder geäußerte Wunsch, eine Formulierung zu erarbeiten, die im Streitfall die eigene Position sichert, obgleich diese in den Verhandlungen nicht offengelegt worden ist. Hier werden die **juristischen Möglichkeiten** oft **überschätzt**. 289

Folgende Stilarten kann man unterscheiden:
- neutraler Stil,
- konstruktiver Stil,
- destruktiver Stil.

aa) Neutraler Vertragsstil

290 Ein Vertrag ist in neutralem Stil gehalten, wenn er sich im wesentlichen juristischer und anderer Fachbegriffe bedient, auf taktisch verwendbare Begriffe und Werkzeuge weitgehend verzichtet und versucht, die Interessengegensätze der Parteien so ausgewogen wie möglich herauszuarbeiten.

Er versucht, die Probleme so **konkret** und **klar** wie möglich **anzusprechen**, Begriffe einheitlich zu verwenden und **Auslegungshilfen** durch stilistische Unterstützung zu bieten. Gute Notarverträge zeichnen sich durch diese Eigenschaften aus.

Das bedeutet aber nicht, daß der neutrale Stil den anderen Stilarten in jeder Hinsicht überlegen sei. Größere Projektverträge zum Beispiel brauchen mehr als einen neutralen Stil. Bei ihnen muß darüber hinaus konstruktive **Hilfe** für die **Vertragsdurchführung** geboten werden, die ohne (häufig wechselnde) Einseitigkeiten und Hervorhebungen schlecht dargestellt werden können.

bb) Konstruktiver Vertragsstil

291 Der so entstehende konstruktive Stil zeichnet sich durch drei Eigenschaften aus:
- Information,
- Strukturierung,
- Ausgewogenheit.

Konstruktiv entworfene Verträge sind, soweit es um **Informationen** und **Tatsachen** geht, zwar neutral, sie strukturieren aber das **Gemeinsame** und das **Trennende** je nach der Interessenlage der Parteien unterschiedlich und bilden im Vertragstext ausgewogen das Endergebnis der Diskussionen ab, die die Parteien im Zuge der Vertragsverhandlungen zu kontroversen Themen geführt haben. Konstruktive Verträge werden sehr selten von einem Verfasser bestimmt, sie sind meist das Ergebnis **kreativer Zusammenarbeit mehrerer Verfasser**, die zum Gesamtergebnis das Ihre beitragen.

292 Von den Inhalten abgesehen, drückt sich das auch in **formalen Einzelheiten** aus. Während ein neutral formulierter Vertrag sich eher in die Fachvokabeln flüchtet und etwa vom „Käufer" und „Verkäufer" spricht, wird ein konstruktiv entworfener Vertrag einen **persönlichen Stil** bevorzugen und versu-

chen, die Parteien unter ihrem jeweiligen Namen anzusprechen (wodurch der Text sich ohnehin sehr viel leichter liest, weil er weniger abstrakt ist).

Ein **konstruktiver Vertragsstil** nimmt auch auf **Empfindlichkeiten** der Parteien Rücksicht, indem er zum Beispiel Begriffe verwendet, die dem Vertragspartner **vertraut** sind, und nicht um des Prinzips willen unter allen Umständen auf dem „fachlich richtigen" Begriff besteht. 293

Eine taktisch bedeutende Leistung bringt jemand zustande, der einen Vertrag bereits so entwirft, daß die eigenen Interessen zwar optimal gesichert sind, der Vertragspartner aber **seine** Sicht der Dinge im Vertrag widergespiegelt findet, bevor er überhaupt Gelegenheit hatte, sie in der Vertragsverhandlung unterzubringen. 294

Das widerspricht der herkömmlichen „Basarmentalität" und kann daher die völlig falsche Taktik bei Vertragspartnern sein, die etwas begriffsstutzig sind und noch viel Freude am Kuhhandel haben. Trifft man auf differenziertere Verhandler, ist die Wirkung hingegen oft genug erstaunlich.

cc) Destruktiver Vertragsstil

Destruktiver Vertragsstil ist daran erkennbar, daß er in erster Linie die gegebenen **Machtpositionen** zum Ausdruck bringt und kein nennenswertes Interesse am Vertragserfolg erkennen läßt: Dabei versucht der Verfasser, gegnerische Rechtspositionen im Ansatz zu zerstören, aus eigenen Verantwortungen zu flüchten, Regelungen im ungewissen zu lassen etc. 295

Solche Verträge sind häufig in **Befehlsform** abgefaßt („*Der Franchisenehmer hat spätestens bis zum 1. des Monats Berichte mit folgendem Inhalt abzuliefern: . . .*").

Stilelemente dieser Art findet man naturgemäß besonders häufig bei Standardverträgen mächtiger Vertragspartner (Banken, Versicherungen, Konzerne), ohne daß diese davon einen besonderen Vorteil hätten: Solche Verträge werden von der Rechtsprechung unabhängig von ihren stilistischen Elementen immer kritisch betrachtet, und gerade deshalb wäre manchem Verwender anzuraten, seine stilistischen Demonstrationen zugunsten geschmeidiger Formulierungen aufzugeben. Eine bemerkenswerte Ausnahme zu dieser „Konzernregel" findet sich bei vielen Verträgen, die IBM entworfen hat (ich sollte bei diesem Lob darauf hinweisen, daß wir IBM nicht vertreten).

dd) Gesichtsverlust

Schon beim Vertragsentwurf spielt die Rücksichtnahme auf einen möglichen Gesichtsverlust des Vertragspartners eine große Rolle. Man kann die Gegenseite durch Entwürfe, die weit **überwiegend unannehmbare Inhalte vorschlagen**, so verärgern, daß es gar nicht erst zur Verhandlung kommt, 296 oder dadurch **taktische Gegenmaßnahmen** provozieren, mit denen man selbst nicht mehr fertig wird. Neben dem inhaltlichen Ungleichgewicht kann aber bereits die Menge des Papiers, das man in einem ersten Entwurf präsentiert, die Gegenseite zu **Abwehrreaktionen** veranlassen, auch wenn dies bei komplexen Verträgen unberechtigt sein mag. Wenn man mit solchen Reaktionen rechnen muß, ist es geschickter, zunächst nur die wesentlichen Verhandlungspunkte zu formulieren und allgemeine Regelungen nur thematisch anzudeuten, ohne sie mit Text zu hinterlegen: Auf diese Weise kann man mit zehn vorläufig ausformulierten Seiten ins Gespräch kommen, wohl wissend, daß die Endfassung den drei- bis vierfachen Umfang haben wird.

ee) Stilistische Eleganz

297 Wenn alle anderen Ziele, die sich durch Struktur und Stil von Verträgen realisieren lassen, im wesentlichen erreicht sind, kann man auch versuchen, einen Vertrag stilistisch elegant zu machen. In der Praxis bleibt dafür in der Regel wenig Zeit, und meist steht Eleganz auch im Gegensatz zu den anderen Elementen des Vertragsdesigns (*Vorbrugg*, AnwBl. 1996, 251 [256], weist richtig auf die Bedeutung der *„Vertragsästhetik"* hin).

ff) Nur das Notwendige formulieren

298 Eine der schwierigsten Fragen des Vertragsdesigns ist es, was man regeln muß und was man weglassen darf. Die Entscheidung hängt in erster Linie von dem Rechtskreis ab, in dem man sich bewegt. In den Rechtskreisen, die über kodifizierte gesetzliche Regeln verfügen, kann man für viele Einzelfragen auf die gesetzlichen Regelungen verweisen, die man daher in den Verträgen nicht aufgreifen muß. Hier ist jede Wiederholung schädlich, weil sie immer wieder zu Mißverständnissen Anlaß geben kann. *Vorbrugg*, AnwBl. 1996, 251 (255), gibt hier die wichtigen Ratschläge:

– Für den **gleichen Gegenstand** stets den **gleichen Begriff** verwenden.

– **Zusammenhängende** Fragen zusammenhängend regeln.

– Den **gleichen** Gegenstand **nicht mehrfach** regeln.

– **Sinnvolle Absätze** machen (was sich dadurch kontrollieren läßt, daß man sie mit einer gedachten oder besser noch mit einer echten Überschrift versieht).

– So **knapp** wie **möglich**, aber so **ausführlich** wie **nötig**!

299 Diesen Regeln kann man aber nicht immer folgen, wenn man es mit Vertragspartnern aus dem angelsächsischen Rechtskreis (Großbritannien/USA) zu tun hat, weil dort die Wiederholung oft als notwendige Verstärkung interpretiert wird. In den asiatischen Rechtskreisen, die im materiellen Recht

weitgehend den kodifizierten Systemen folgen, muß man sich eher kürzer fassen, weil die für uns ganz üblich klingenden genauen Formulierungen dort auf psychologische Widerstände stoßen, die man nur schwer überwinden kann.

Problematisch sind solche Unterschiede vor allem dann, wenn man zum Beispiel einen Vertrag, der auf deutschem Recht basiert, mit einem japanischen Vertragspartner verhandeln muß, der die Genauigkeit der Formulierung irritierend findet, oder aber mit einem amerikanischen, der auf immer wieder neue Definitionen des ewig gleichen drängt. Hier wird man immer wieder geeignete Kompromisse finden müssen.

V. Vertragsinhalt

Die einzelnen Themen, an die man bei der Gestaltung von **Austauschverträgen** und **gesellschaftsrechtlichen Verträgen** denken muß, sind in den Teilen 2, 4 und 5 im einzelnen dargestellt. Im Bereich des Vertragsdesigns stellt sich die Frage, wie diese Themen unter Berücksichtigung der gewählten Gestaltungselemente miteinander zweckmäßig verknüpft werden können. Dabei lassen sich wegen der Vielzahl der Vertragstypen, der unterschiedlichen Perspektiven und der vielfältigen Überschneidungen nur wenige allgemeine Regeln aufstellen. Die wichtigsten werden hier skizziert. 300

1. Umfang des Vertrages

Der Umfang dessen, was man vertraglich regeln muß, hängt wesentlich von folgenden Faktoren ab: 301

– **Gesetzliche Regelungen**: Sind diese detailliert, muß der Vertrag nur noch das regeln, was vom gesetzlichen Leitbild abweichen soll oder dort nicht erfaßt ist,
– **Rechtsprechung**: Es gibt Rechtsgebiete, die durch die Rechtsprechung nahezu vollständig erschlossen sind, andere, bei denen es an Urteilen fehlt, an die man sich anlehnen könnte,
– **Außergesetzliche** Regeln (Handelsbräuche),
– **Informelle Regeln**, an die beide Parteien sich selbstverständlich halten (z. B. Binnenverhältnisse homogener Gruppen),
– persönliche **Nähe** der **Vertragspartner**,
– **Komplexität** der zu regelnden Themen.

2. Risikobeschreibung und Risikoverteilung

302 Eine vollständige Risikobeschreibung gelingt in Verträgen nur, wenn beide Parteien sich konstruktiv und offen verhalten und ein gemeinsames Interesse daran besteht, alle möglichen Risiken **realistisch** zu **erfassen** und einer der beiden Parteien zuzuweisen. Eine solche Ausgangslage ist selten, meist überwiegen **taktische Gesichtspunkte.** Sie führen häufig dazu, daß Risiken, die eine Partei sehr wohl sieht, ungeregelt bleiben, weil man erwartet, der Hinweis darauf werde die andere Partei dazu veranlassen, das Risiko auf die eigene Seite zu verschieben. Dieses Verfahren ist solange unproblematisch, als man innerlich mit einer solchen Entwicklung rechnet und **Irrtumsmöglichkeiten akzeptiert.** Problematisch ist es hingegen, wenn man im Konfliktfall ohne solche Reserven letztlich nur versuchen kann, die ungeregelten Risiken von sich wegzudrängen.

303 Die entscheidende Stütze für die eigene Beweglichkeit ist mithin der Einbau von **Sollbruchstellen** in den Vertrag. Sie können in der Verhandlung nur durchgesetzt werden, wenn man ein Klima schafft, in dem beide Parteien mehr oder weniger entspannt über Chancen und Risiken von Projekten nachdenken. Typische Regeln sind

- Preisanpassungsklauseln,
- flexible Qualitätsanforderungen,
- Sonderkündigungsrechte,
- Eintrittsrechte Dritter (z. B. Untervermietung),
- Zustimmungsrechte,
- Genehmigungsvorbehalte,
- Prüfrechte,
- Bedingungen,
- Befristungen,
- ausdrückliche Ermessensspielräume,
- Bewertungsvorbehalte.

In all diesen Fällen muß man **sorgfältig abwägen,** ob man die Vorteile der Flexibilität nicht durch eine Aufweichung der vertraglichen Basis bezahlen muß. Finanzielle Ausgleichsforderungen für solche Risiken sind oft unzureichend.

304 Es gibt sprachliche Werkzeuge, um eine Risikoverteilung zu erreichen, die den Erfolg des Vertrages sichert. Dabei bewährt sich vor allem die **Regel-Ausnahme-Bildung,** die man sehr **differenziert** handhaben kann.

Beispiel:
Bei nicht eindeutig definierten Leistungen muß man sich immer mit der Frage beschäftigen, wie man mit künftigen **Leistungsänderungswünschen**

(change request) umgehen soll. Das gesetzliche Leitbild läßt etwa im Werkvertragsrecht einerseits keinerlei Änderungswünsche des Bestellers zu, andererseits keinerlei Vergütungszuschläge durch den Werkunternehmer. Das Problem kann also nur **vertraglich** gelöst werden, wobei man festlegen muß, in welchen Regelfällen Änderungswünsche zulässig sind, um daran die jeweiligen Kostenfolgen zu knüpfen. Viele Mißverständnisse zwischen den Parteien sind davon bestimmt, daß beide Parteien das Regel-Ausnahme-Verhältnis unterschiedlich einschätzen. In solchen Fällen helfen nur Beispielsbildungen, Szenarien etc.

3. Entscheidungsfreiheit

In schwierigen Situationen braucht man die Möglichkeit, die **Initiative** in die Hand zu nehmen. Man muß sich also möglichst in jeder Vertragslage **frei entscheiden können**, ob man auf **Erfüllung** drängen oder den Vertrag **beenden** will.   305

Diese Entscheidungsfreiheit ist im Gesetz bewußt vorgesehen (§§ 323 ff. BGB), sie kann aber durch ungeschickte Vertragsformulierungen eingeschränkt sein.

Solche Probleme entstehen vor allem, wenn sich weder aus vertraglichen noch aus gesetzlichen Regeln ergibt, welche Partei **vorleisten** muß. In der Praxis kann eine „Zug-um-Zug-Abwicklung" unmöglich oder jedenfalls so erschwert sein, daß man von ihr praktisch keinen Gebrauch machen kann. Auch das Drohen mit **Schadensersatz** ist oft kein ausreichendes Mittel, um sich die Initiative zu sichern, in solchen Fällen kann ein ausdrückliches Recht auf **Ersatzvornahme** (z. B. § 637 BGB), das im Gesetz nicht immer vorgesehen ist, wertvoller sein.   306

Zu derartigen **abstrakten Zukunftsbindungen** gehören vor allem:

– Wettbewerbsverbote,

– Exklusivitätsabsprachen,

– Mindestabnahmegarantien,

– Vorkaufsrechte,

– Optionen,

– Wahlrechte.

Allein das Bestehen solcher Vereinbarungen kann die eigene **Entscheidungsfreiheit** in bestimmten Situationen erheblich beeinträchtigen. Typisch ist das bei Vorkaufsrechten an Grundstücken: Sobald man dem künftigen Vertragspartner offenbaren muß, daß es Vorkaufsrechte zugunsten eines Dritten gibt, steigt dieser vielleicht aus der Verhandlung aus und sucht sich ein weniger belastetes Alternativobjekt, weil er den erheblichen Aufwand für die Vertragsverhandlung, Finanzierungsgespräche etc. scheut, wenn er nicht   307 eine realistische Chance sieht, das Grundstück am Ende erwerben zu können.

Vergleichbare Situationen findet man bei Gebietsschutzregeln, wenn die **Exklusivität** nicht mit einer **Mindestabnahme** verknüpft ist, die ein angemessenes Äquivalent für die Beschränkung der eigenen Bewegungsfreiheit darstellt.

Auch in diesen Fällen nützt ein finanzieller Ausgleich für die Einschränkung (Optionsgebühr) nicht immer.

4. Systemverantwortung

308 Mit diesem – juristisch nicht definierten – Begriff kann man alle Vertragsgestaltungen zusammenfassen, bei denen eine Vielfalt von Leistungen in die Verantwortung eines Vertragspartners fällt (ausführlich *Heussen*, Computerrechtshandbuch, Kap. 24 passim).

Diese Regelungen sind im Gesetz nicht einheitlich erfaßt und teilweise auch nur in der Rechtsprechung entwickelt. Zu ihnen gehören:

– Zwischen **zwei Vertragspartnern** die Verbindung mehrerer Einzelleistungen aufgrund
  – technischer Erfordernisse,
  – wirtschaftlicher Motive,
  – organisatorischer Zusammengehörigkeit.
– Die Verbindung der Leistungen bei **mehreren Vertragspartnern** durch,
  – Gesamtschuldverhältnisse,
  – Einbeziehung Dritter,
  – gesetzliche Durchgriffshaftung.

Der Vertrag muß möglichst klar sagen, für welche Leistungen außerhalb des eigenen Kernbestandes jede Partei Verantwortung trägt, und muß daran bestimmte Rechtsfolgen knüpfen.

5. Mitwirkungspflichten

309 Nach dem gesetzlichen Grundverständnis ist es die Sache jeder Partei, dafür zu sorgen, daß sie ihren Leistungsteil erfüllen kann, **vertragliche Mitwirkungspflichten** müssen also immer **besonders vereinbart** werden. Oft wird aber schon bei der Vertragsverhandlung klar, daß die eine Partei zur Erfüllung der eigenen Leistung die Unterstützung durch die andere Seite braucht. Das kann sowohl im Bereich der **Geldleistung** (z. B. Unterstützung bei Bankverhandlungen) als auch bei **Sachleistungen** (Unterstützung durch technisches Know-how) der Fall sein. Es ist taktisch manchmal nicht einfach, sol-

che Unterstützungen anzubieten oder im Vertrag zu entwerfen, ohne den Vertragspartner in seinem Selbstbewußtsein anzugreifen. Liegt einem aber an Erfüllung mehr als an Schadensersatz, dann ist es unumgänglich.

6. Hauptleistungen und Nebenleistungen

Der gesetzliche Unterschied zwischen Hauptleistungen und Nebenleistungen ist bedeutend: Fehlt es ganz oder teilweise an einer Hauptleistung, dann ist der **Erfüllungsanspruch** noch offen, es gibt keine Zahlungsansprüche, Verjährungen laufen nicht etc. (BGH, NJW 1993, 2436 – Bedienerhandbuch). Bei Nebenleistungen hingegen treten diese Folgen nicht ein, es gibt nur einfachen Verzug und damit zusammenhängende **Verzugsschäden**. Die Unterscheidung ist besonders kritisch in den Bereichen, in denen die Mitwirkung des einen Vertragspartners (vor allem im Bereich der Leistungssicherung) von der einen Partei als Hauptleistung betrachtet wird, während die andere Seite ihr untergeordnete Bedeutung beimißt. Ein typischer Fall ist etwa die Bereitstellung von Testdaten bei der Installation von Computerprogrammen. Ihre Bereitstellung kann teuer und Erfassungsprogramme können komplex sein. Wenn der Vertrag diese Aufgaben dem Besteller ausdrücklich als Hauptpflichten zuweist, kommt der Werkunternehmer solange nicht in Verzug, als diese Mitwirkungsleistung nicht erfolgt ist. Auch Informationspflichten können zu Hauptpflichten werden. **Eindeutig** ist das alles aber nur, wenn es im Vertrag **ausdrücklich** vereinbart wird.

310

7. Regelung von Rechtsfolgen

Bei allen vertraglichen Vereinbarungen, die im Gesetz nicht geregelt sind, stellt sich immer wieder die Frage, welche Rechtsfolgen eintreten sollen, wenn sie nicht, verspätet oder schlecht erfüllt werden. Es wäre wünschenswert, wenn die **Verträge** ebenso wie die Gesetze sowohl die **Voraussetzungen** wie die **Rechtsfolgen** regeln würden. In der Praxis geschieht das aus zwei Gründen selten:

311

– Spricht man die Frage möglicher **Rechtsfolgen** schon bei der Vertragsverhandlung an, führt das meist zu schwierigen Diskussionen, und oft genug wird dann aus Sorge vor den Rechtsfolgen die Verpflichtung selbst abgelehnt, und die Verhandlung friert ein.

– **Vertragsverstöße**, die nicht im Gesetz geregelt sind, werden üblicherweise durch die Rechtsfigur der **positiven Vertragsverletzung** aufgefangen, die es gestattet, situationsangepaßte Rechtsfolgen festzulegen. Wenn der Vertrag schließlich im Prozeß endet, ist das ausreichend.

Unbedingt erforderlich ist es aber immer, daß aus dem Text klar genug hervorgeht, wer welche **Pflichten** hat.

8. Gesetzliche Begriffe

312 Der Vertrag ergänzt in seinen Spielräumen Gesetz und Rechtsprechung. Soweit man dabei nahe genug an **gesetzlichen Leitbildern** und **Rechtsprechungslinien** arbeitet, tut man gut daran, sich **begrifflich** darauf zu beziehen.

Ironischerweise verbietet die Rechtsprechung diese sichere Methode bei Standardverträgen mit Endkunden, da diese mit den Rechtsbegriffen nicht vertraut sind („Rückgängigmachung des Kaufvertrages" statt „Wandelung").

Im kaufmännischen Rechtsverkehr ist das anders.

9. Schließung von Lücken

313 Verträge müssen sich immer wieder mit **hochgerechneten Möglichkeiten** beschäftigen und die Frage regeln, was geschieht, wenn eine bestimmte erhoffte Entwicklung nicht eintritt. Man muß dann vereinbarte Klauseln durch andere ersetzen, wie es insbesondere in den typischen **salvatorischen Klauseln** gemacht wird. Generell gilt für solche Fälle, daß man den fiktionalen Charakter der Ersetzung klar zum Ausdruck bringt und dafür sorgt, daß die ersetzende Regelung zweifelsfrei von Anfang an die weggefallene ersetzt.

314 Auch die absolut übliche Ersatzklausel, daß „im übrigen die **gesetzlichen Regeln** gelten", ist mißverständlich, denn wenn man genauer hinschaut, dann schließt sie die in der **Rechtsprechung** entwickelten Regeln nicht mit ein. Präziser ist es, von „**allgemeinen rechtlichen Regeln**" zu sprechen, die sich von den „**besonderen vertraglichen Regeln**" unterscheiden.

10. Inhaltliche Ausgewogenheit

315 Vertragsentwürfe sollten, wie oben im einzelnen erläutert, von Anfang an eine inhaltliche Ausgewogenheit zum Ausdruck bringen. Dieses atmosphärische Ziel kann mit eigenen taktischen Überlegungen unauflösbar zusammenstoßen. Bevor man sich dann entscheidet, einen ausgewogenen Vertragsentwurf vorzulegen, sollte man folgende beiden Möglichkeiten prüfen:

– Man legt einen Entwurf vor, der die eigene Position klar formuliert enthält, läßt aber die **Höhe** der eigenen **Gegenleistung offen**. Man mag dann zwar zu viel gefordert haben, wenn die Gegenseite aber in ihren Preisvorstellungen unverrückbar bleibt, kann man diese Zuvielforderung immer noch gut korrigieren.

– Problematischer, aber immer noch wirksam ist das Verfahren, den Entwurf **im Sinne** der **Gegenseite** zu **gestalten**, dann aber die eigenen Vorstellungen über die Gegenleistungen entsprechend hoch anzusiedeln, um sich diese dann für bestimmte Konzessionen wieder abhandeln zu lassen.

Dieses Verfahren sieht auf den ersten Blick so ähnlich aus wie der **Basarhandel**, unterscheidet sich von ihm aber dadurch, daß die jeweiligen **Kalkulationsfaktoren** nicht im unklaren bleiben.

11. Schiedsgutachter

Wenn Konflikte zwischen zwei Parteien bei der Vertragsdurchführung auftreten, geht es immer um **Tatsachen** und **Meinungen**. Die ohnehin schon schwierigen Verhältnisse in einer Krisensituation werden dann noch verschärft, wenn die Parteien sich nicht einmal über die Tatsachen einigen können – im Bereich der Meinungen gibt es häufig schon Streit genug.

316

Erfahrene Parteien können mit Hilfe interner Organisation den Streit um Tatsachen objektivieren, aber man erlebt oft genug, daß vor allem größere Unternehmen zwar den richtigen Sachverstand im Hause haben, ihn aber aus Kompetenz- und Imagegründen nicht selbst nutzen.

In diesen Fällen kann es für den Erfolg eines Projekts entscheidend sein, wenn die Parteien sich schon beim Vertragsschluß auf **Schiedsgutachter** einigen können, deren Aufgabe es ist, den Streit um Tatsachen zu kanalisieren und – begrenzt auf diesen Aufgabenbereich – Entscheidungshilfe zu leisten. Bei Bau- oder Computerprojekten z. B. kann man einen solchen Schiedsgutachter im Vertrag namentlich (mit bestimmten Ausfallalternativen) benennen, in anderen Fällen legt man wenigstens das **Verfahren** für seine Auswahl fest. Es ist ein untrügliches Kennzeichen für eine gute Vertragsverhandlung, wenn die Diskussion um einen möglichen Schiedsgutachter spannungsfrei und kooperativ verläuft. Daran sieht man: Diese Parteien werden im Zweifel nicht einmal den Schiedsgutachter brauchen, weil sie sich im Konfliktfall genauso vernünftig verhalten werden.

Schiedsgutachter können zu allen **Tatsachenfragen** beigezogen werden, also insbesondere als technische Gutachter, aber auch als Gutachter über finanzielle Fragen wie zum Beispiel die Bewertungskriterien für Preisanpassungen etc. in Austauschverträgen.

317

VI. Ein System für die Entwicklung vertraglicher Regeln

1. Der Gestaltungsraum der Verträge

Verträge füllen jene dispositiven Räume aus, die das Gesetz für die Gestaltung durch Vertragsparteien freigehalten hat. Es ist ein System der **negativen Abgrenzung**: Wo immer das Gesetz keine zwingenden Vorschriften aufstellt, ist Raum für vertragliche Regeln. Verträge kann man daher als „Gesetze unter autonomen Vertragssubjekten" bezeichnen. Ihr Inhalt wird von den ideellen und ökonomischen Interessen der Parteien sowie den gegebenen Machtlagen bestimmt.

318

2. Die Entwicklung gesetzlicher und vertraglicher Regeln

319 Die Verfassung legt nur die **formellen** Regeln fest, wie Gesetze zu entwickeln sind, liefert aber keine Gesetzgebungslehre. Die Ansätze dazu sind vereinzelt geblieben (*Noll*, Gesetzgebungslehre, Hamburg 1973). **Arthur Kaufmann** hat aber nachgewiesen, daß Rechtsfindung und Gesetzgebung die gleiche logische Struktur haben, beide verlaufen in der Abfolge von Abduktion, Induktion, Analogie und Deduktion (*Arthur Kaufmann*, Das Verfahren der Rechtsgewinnung eine rationale Analyse, München 1999, S. 88). Da es auch für die Entwicklung vertraglicher Regeln keinerlei gesetzliche Vorschriften gibt, liegt es nahe, diese logische Struktur auch für die Entwicklung vertraglicher Regeln nutzbar zu machen. In diesem Kapitel wird ein **Vorgehensmodell** vorgestellt, das als Werkzeug dazu dienen soll, eine intuitiv als richtig empfundene Vorgehensweise zu strukturieren und so besser sichtbar zu machen.

3. Thesen

320 a) Der Gestaltungsspielraum der Parteien, den sie im Rahmen des Vertragsdesign nutzen können, wird innerhalb des gesetzlichen Rahmens von vier Faktoren bestimmt:

– den **ökonomischen** Interessen,
– den **ideellen** Interessen,
– den **emotionalen** Lagen,
– den **Machtverhältnissen**.

Diese Einflüsse wirken stets dynamisch und – weil sie von Menschen beeinflußt werden – oft sprunghaft wechselnd in jeder Vertragsphase von der Anbahnung über Vertragsverhandlung, Vertragsabschluß, Vertragsdurchführung bis zu seiner Abwicklung und wirken auch auf Vertragsnetze ein.

Das gilt auch für Dritte, die direkt oder indirekt in das vertragliche Umfeld einbezogen sind.

321 b) Die Vertragspraxis ist ganz überwiegend von fehlender Einsicht in die rechtlichen Möglichkeiten, fehlender Planung und dadurch verursachtem Zeitdruck und der Unfähigkeit zur Koordinierung unterschiedlicher Fachleute einschließlich der Juristen geprägt – das Endergebnis ist außerhalb von Standardsituationen sehr oft ein naiv ausgehandelter Text, der die tatsächlichen Parteiinteressen nur ungenügend widerspiegelt. Diese Mängel können aber auch auf taktischen Überlegungen der Parteien beruhen.

322 c) Die typischen Mängel von Verträgen können mit fünf Werkzeugen behoben werden:

- **Analyse** der ökonomischen und ideellen **Interessen** sowie der emotionalen Lagen der Parteien und ihre **Anpassung** an die gewonnenen Ergebnisse,
- taktisch kluge **Ausnutzung** auch ungünstiger **Machtlagen**,
- **ergebnisorientierte Verhandlungsführung**,
- vorsorgliche **Verminderung** der **Streitrisiken**,
- systematische **Entwicklung vertraglicher Regeln**, die sich am Idealmodell der Entwicklung gesetzlicher Regeln orientiert.

4. Probleme der gesetzlichen Lösung

a) Szenario: Leistungsstörungen bei Austauschverträgen

Beispiele:

- Ein international tätiges Unternehmen der Textilindustrie (hochwertigste Damenoberbekleidung) stellt auf ein neues System um, mit dem die Logistik gesteuert werden soll. In der Textilindustrie hängt die gesamte Organisationsstruktur wesentlich von der Logistik ab. Das System ist mit ca. 15 Mio. € Investitionssumme geplant, es soll in achtzehn Monaten realisiert werden. Nach ca. vierundzwanzig Monaten bricht die Krise aus: Das verfrüht eingeführte neue System zeigt erhebliche Fehler. Ein Jahr Sanierungsversuche führt zu nichts. Bereits ab dem zweiten Jahr sinken die Gewinne dramatisch, da Händler falsch ausgelieferte Orders insgesamt kündigen und sich anderen Herstellern zuwenden. Die Projektkosten liegen zwischenzeitlich bei ca. 50 Mio. €, und ein Ergebnis ist nicht in Sicht. Erst als Krisenmanager das Projekt auf etwa die Hälfte des ursprünglich geplanten Umfanges zurechtstutzen, können wenigstens die Basisfunktionen wieder reorganisiert werden, die im alten System beanstandungsfrei zur Verfügung standen. Das Unternehmen braucht etwa drei Jahre, um sich von dieser Fehlplanung zu erholen. Verlust: ca. 150 Mio. €.

- Ein Unternehmen des Maschinenbaus mit ca. vierzig Auslandsniederlassungen steht vor der Wahl, weltweit das Softwaresystem SAP oder ein Konkurrenzprodukt einzuführen. Eingeschaltete Unternehmensberater empfehlen das Konkurrenzprodukt, da das Unternehmen im Ausland etwa achtzig Prozent mehr Umsatz macht als im Inland und dort das Konkurrenzprodukt in verschiedenen kleineren Ländern besser eingeführt ist als SAP.

- Drei Monate nach dem Projektstart wird festgestellt, daß das angebotene Produkt auf völlig anderen Betriebssystemen aufsetzt als die jahrelang weltweit eingeführte Produktfamilie. Damit ist das wesentliche Vertragsargument, nämlich die Stabilität des Systems in einer Vielzahl von Ländern, völlig in Frage gestellt: Man hat statt dessen ein Pilotprojekt eingekauft. Frustriert von einer Vielzahl technischer Schwierigkeiten verlassen die drei führenden Informatiker die deutsche Niederlassung des Softwareherstellers und gehen zu SAP. Die US-Muttergesellschaft gerät kurz danach ins Insolvenzverfahren (Chapter 11). Um erhebliche Skonti zu erhalten, wurden die Wartungsgebühren für fünf Jahre (!) nach USA vorausbezahlt, die nun dort im Insolvenzverfahren verschwinden. Außer mehreren CDs mit in jeder Hinsicht mangelhaften und teilweise unvollständigen Softwaremodulen erhält das Unternehmen für Vorauszahlungen in Höhe von fast 7,5 Mio. € buchstäblich nichts. Der dann fällige Wechsel zu SAP verschlingt weitere 1,5 Mio. € Projektumstellungskosten.

aa) Die gesetzliche Lösung

324 – Nach Überschreiten des vereinbarten Termins: **Mahnung** durch den Besteller, mit deren Zustellung der Verzug eintritt (§ 286 BGB).

– Ab diesem Zeitpunkt: Verpflichtung zum Ersatz der **Verzögerungsschäden** (§§ 280, 286 BGB).

– **Rücktritt** etc. nach § 634 BGB: Kommt in der Praxis nicht vor, denn eine verspätete Herstellung ohne Eintritt des Verzugs ist schwer denkbar und wird wegen der Rücktrittsfolgen und des Ausschlusses von Schadensersatzansprüchen natürlich nicht vorgenommen.

– Setzen einer angemessenen **Nachfrist** mit **Ablehnungsandrohung** (§§ 323, 325 BGB).

– Nach Ablauf dieser Frist: **Wegfall** des **Erfüllungsanspruchs** und nach Wahl des Bestellers Rücktritt (der in der Praxis nicht vorkommt) oder **Schadensersatzanspruch** wegen Nichterfüllung unter Einschluß unbegrenzt hoher Mangelfolgeschäden. Sie sind besonders zu fürchten, da der Besteller Rückgriffsansprüchen seiner eigenen Kunden ausgesetzt sein wird, die er in der Regel nicht individuell begrenzen kann.

bb) Probleme der gesetzlichen Lösung

325 Einer der Hauptgründe dafür, daß in beiden Fällen nicht früher und zweckmäßiger reagiert werden konnte, bestand darin, daß die Frage, wer in technischer/finanzieller/organisatorischer Hinsicht für einzelne aufgetauchte Probleme verantwortlich war, nur sehr schwer geklärt werden konnte und die Projekte nicht modular mit „Sollbruchstellen" ausgestattet worden waren. So befanden beide Parteien sich in der schwierigen Situation, das Risiko eines Projektabbruchs in rechtlicher Hinsicht kaum einschätzen zu können. Die Hoffnung, durch Nichtreaktion das Projekt stabilisieren zu können, trog, ein rechtlich ausbalanciertes Check- und Balance-System fehlte. Es waren lediglich vorgedruckte Standardverträge vorhanden. Diese können die typischen Konflikte in diesen Fällen nicht lösen: Auch bei idealer Leistungs-

fähigkeit des Bestellers wird er innerhalb des gegebenen Zeitrahmens oft **keine Alternativlösung** mehr aufbauen können (zum Beispiel Beauftragung eines Nachfolgeunternehmers). Selbst wenn der Zeitrahmen das zuließe, ist es oft aus technischen Gründen nicht möglich, den Auftrag ein zweites Mal zu vergeben, weil die entsprechenden Fachleute nicht (vor allem nicht: innerhalb des gegebenen Zeitrahmens) zur Verfügung stehen oder weil die technische Entwicklung über die ursprüngliche Aufgabenstellung bereits hinweggegangen ist und die Kunden des Bestellers das Produkt nach der ursprünglichen Konzeption gar nicht mehr gebrauchen können (bei pünktlicher Ablieferung hätten sie es gleichwohl abnehmen müssen!).

Kurz: Mit der gesetzlichen Lösung, die das Erfüllungsrisiko voll auf die Seite des Werkunternehmers verschiebt und bei verzögerter (vielleicht nicht einmal: endgültig gescheiterter) Nichterfüllung nur eine Alles-oder-Nichts-Lösung vorsieht, ist beiden Parteien in den meisten Fällen nicht geholfen. Nur eine geeignete vertragliche Lösung, die die Risikoverteilung dem Projekt **individuell anpaßt** und damit die Lücken füllt, die der Gesetzgeber teilweise bewußt offengelassen hat, ermöglichen eine Politik des Flexible Response, die einen großen Schaden verhindern kann.

b) **Szenario: Ausscheiden von Gesellschaftern**

Beispiel:
In einer Venture Capital-Gesellschaft halten die Softwareentwickler 25% der Anteile, die Kapitalgeber 75% der Anteile. Die Entwickler haben nur ihre Patente eingebracht, aber keine Kapitalanlage. Diese Patente wurden einvernehmlich mit 1,0 Mio. € bewertet. Die Kapitalgeber haben 3,0 Mio. € Barkapital eingebracht und weitere 17,5 Mio. € Gesellschafterdarlehen zur Verfügung gestellt. Nach zwei Jahren entsteht heftiger Streit zwischen ihnen: Die Softwareentwickler möchten eine Beta-Test-Phase von weiteren achtzehn Monaten einschieben, um die Qualität des Produkts verläßlich zu testen und Produkthaftungsrisiken zu vermeiden. Die Kapitalgeber hingegen wollen möglichst schnell an den Markt, weil sich gezeigt hat, daß das Fenster für Aktienemissionen am Neuen Markt sich zu schließen droht: Fast fünfzig Prozent des Wertes der Neuemissionen ist unter den Ausgabekurs gefallen!

326

Da die Meinungsverschiedenheiten nicht überbrückbar sind, verhandeln die Parteien über die Auflösung der Gesellschaft. Im Vertrag findet sich lediglich die Klausel, daß im Falle der Kündigung der Ausscheidende den Verkehrswert seines Anteils erhält.

Bis zum Zeitpunkt der Auseinandersetzung sind Verluste in Höhe von 20,0 Mio. € entstanden, das Stammkapital ist nahezu verbraucht: Nur noch 0,5 Mio. € stehen an Barreserven zur Verfügung. Die von den Entwicklern gewünschte Beta-Test-Phase kann nur durchgeführt werden, wenn die Kapitalseite noch mindestens 2,0 Mio. € Gesellschafterdarlehen zur Verfügung stellt. Die Kapitalgeber könnten diese weiteren Mittel nur unter größten Schwierigkeiten aufbringen.

In dieser Krisensituation bieten die Kapitalgeber nun den Entwicklern an, deren Anteil von fünfundzwanzig Prozent zu übernehmen und dafür 1,0 Mio. € zu bezahlen. Argument: Genau so hoch seien die Patente bei Gründung der Gesellschaft bewertet worden, und es sei mehr als großzügig, daß die Entwickler ohne Verlust aus der Sache herauskämen, während die Kapitalgeberseite den zwanzigfachen Betrag zu übernehmen habe.

Die Entwickler verlangen 20,0 Mio. €. Ihr Argument: Es ist ihnen zugetragen worden, daß eine zweite US Venture Capital-Gesellschaft bereit sei, mindestens diesen Betrag für fünfundzwanzig Prozent der Anteile an der Gesellschaft zu bezahlen, und folglich sei der Wert der Patente in der ersten Finanzierungsrunde offensichtlich so hoch, wie der Markt dies einschätze. Es sei eine Zumutung, daß die Kapitalgeber durch den Austausch der Gesellschafter 19,0 Mio. € verdienen wollten und dazu noch die Entwickler ausgebootet würden. Die Kapitalgeber kontern mit dem Hinweis auf die drohende Insolvenz der Gesellschaft. Die US Venture Capital-Gesellschaft erklärt gegenüber den Entwicklern, sie werde auf keinen Fall kurzfristig entscheiden können und sehe sich auch nicht unter Entscheidungszwang, weil sie im Zweifel vom Insolvenzverwalter die Anteile günstiger bekommen werde als im Verhandlungswege mit den Gesellschaftern.

327 Auch bei diesem Szenario ist die gesetzliche Lösung ohne jeden Reiz für die Parteien:

– Die Erfinder können **kündigen**, haben aber **keinerlei Planungssicherheit**, wie hoch ihr eigener Abfindungsanspruch sein wird. Noch weniger wissen sie, ob zu dem Zeitpunkt, zu dem sie ihn zugesprochen erhalten, die Kapitalgeber noch zahlungsfähig sind, wie sich das Schicksal der Gesellschaft entwickelt etc. Tun sie aber nichts, droht die Insolvenz, und es ist nicht zu erwarten, daß der Wert ihrer Erfindung im Insolvenzverfahren auch nur annähernd zum Marktpreis vergütet werden wird.

– Die Kapitalgeberseite sieht sich einem ähnlichen (wenn auch nicht vergleichbar gravierenden) Problem gegenüber: Auch sie weiß nicht, welcher Abfindungsanspruch entstehen wird, und wird Sorgen haben müssen, ob neue Investoren in einer **ungeklärten Rechtssituation** in die Firma einsteigen wollen.

– Genau das **hindert** auf jeden Fall beide Parteien, ihre Anteile **freihändig** zu **veräußern**, denn kein neuer Investor steigt in eine so ungeklärte Rechtssituation ein.

5. Alternativen

In beiden Szenarien wären die Schwierigkeiten nicht entstanden, wenn der Vertrag die vom Gesetzgeber offengelassenen Freiräume im Hinblick auf solche Krisensituationen gestaltet hätte. 328

a) Leistungsstörungen bei Austauschverträgen

Während die gesetzliche Lösung nur zwei Optionen bereit hält (**Alles** oder **Nichts**), stehen für vertragliche Lösungen viele andere Alternativen zur Verfügung, die man in fünf Gruppen einteilen kann: 329

– Veränderung des Leistungsinhalts,
– Kosten- und Risikovermeidung,
– Risikoübernahme durch Dritte,
– Risikoübernahme durch den Überlegenen,
– Reduzierung des Streitrisikos.

aa) Veränderung des Leistungsinhalts

– **Aufteilung des Projekts in Phasen:** Der Zeitrahmen wird gestreckt, und man vereinbart eine Pilotphase, in der zunächst ein Funktionsmodell oder ein Prototyp mit bestimmten Eigenschaften hergestellt wird. Erst wenn dieser Auftrag erfolgreich erfüllt wird, folgt der Auftrag zur endgültigen Fertigung mit weiteren (weniger problematischen) technischen Eigenschaften. 330

– **Erweiterte Mitwirkung des Bestellers:** Der Besteller begleitet den Werkunternehmer von Beginn an mit seinem Wissen, nimmt Teilleistungen ab, wirkt an Testreihen mit, wird frühzeitig über Probleme informiert und geht selbst erst Risiken bei eigenen Kunden ein, wenn er das Fertigstellungsrisiko positiv beurteilen kann (all solche Rechte fehlen im Gesetz).

– **Höhere oder tiefere Qualitätsebenen:** Das kann sich auch auf bestimmte Qualitätslevel beziehen.

– **Übernahme von Fachleuten:** Der Besteller wird berechtigt, Entwicklungsfachleute des Werkunternehmers in sein Team zu übernehmen, die sich damit vorsorglich einverstanden erklären (gegebenenfalls Absicherung durch Vertragsstrafen).

– **Keine Ankündigungspolitik:** Beide Parteien vereinbaren, eine Ankündigungspolitik zu vermeiden, die jede Seite unter bestimmten Erwartungsdruck des Marktes setzen kann. So wird bei Schwierigkeiten ein möglicher Gesichtsverlust vermieden.

– **Übernahme von Know-how:** Für den Fall eines sich abzeichnenden Scheiterns wird der Besteller berechtigt, alle Zwischenergebnisse zu übernehmen (zeitnahe Übertragung des gesamten Know-hows).

– **Vertriebsrechte:** Dem Besteller werden nicht nur Herstellungs-, sondern auch Vertriebsrechte übertragen, falls der Werkunternehmer in Schwierigkeiten kommt, die Ergebnisse dieses Vertriebs kommen dann aber auch dem gescheiterten Werkunternehmer zugute (der damit eigene Schäden abdecken kann).

bb) Kosten- und Risikovermeidung (cheapest cost avoider)

331 Dies sind alle Vereinbarungen, bei denen die Leistungs- oder Risikovermeidungspflichten dem zugerechnet werden, für den sie die geringste Höhe annehmen – wobei die andere Seite durchaus verpflichtet sein kann, diese Kosten zu übernehmen.

– **Qualitätsprüfungen:** Der einen Seite mag es leichter fallen, solche Prüfungen in Auftrag zu geben, vor allem wenn mehrere Länder betroffen sind, in denen die andere Seite keine Kontakte hat (TÜV-Prüfzeichen, CS-Prüfzeichen etc.).

– **Bezug von Rohstoffen und Halbfertigprodukten:** Hier mag die eine Seite bessere und billigere Bezugsquellen haben als die andere, so daß der Besteller für den Werkunternehmer ordert, um seine eigenen, höheren Rabatte auszunutzen.

cc) Risikoübernahme durch Dritte (cheapest insurer)

332 In diesem Bereich geht es nicht nur um Versicherungen, sondern um jede Art von Risikoübernahme.

– **Versicherungen:** Beide Parteien bemühen sich, geeignete Versicherungen zu finden, die einzelne Risiken abdecken, und kalkulieren die entsprechenden Prämien ein.

– **Bürgschaften:** Künftig etwa entstehende Schäden werden durch Bürgschaften abgesichert, im Gegenzug aber die Schadenshöhe begrenzt (Bürgschaften auf erstes Anfordern sind in einigen Branchen üblich [zum Beispiel Industrieanlagengeschäft], enthalten aber ein hohes Risikopotential für den Bürgschaftsgeber und den Bürgen).

dd) Risikoübernahme durch den Überlegenen (Superior risk bearer)

333 – **Kundenrisiko begrenzen:** Der Besteller kann seine eigenen Risiken gegenüber seinen Kunden möglicherweise individuell begrenzen und dann seinerseits mit einer individuellen Begrenzung von Schadensersatzrisiken einverstanden sein.

– **Zusatzvergütung:** Es wird ein Belohnungssystem geschaffen, das bei pünktlicher Erfüllung eine Erhöhung der Vergütung anbietet.
– **Vertragsstrafen:** Es werden Vertragsstrafen vereinbart, deren Höhe in die finanzielle Leistungsfähigkeit des Werkunternehmers passen.

ee) Formale Vorgehensmodelle

– **Projektmanagement:** Es wird ein detailliertes Projektmanagement eingerichtet, das dafür sorgt, daß die Parteien nach der Vertragsunterzeichnung bis zum Zeitpunkt der Abnahme in ständigem Informations- und Gesprächskontakt bleiben; im Gegenzug werden besondere Vertraulichkeitsverpflichtungen vereinbart, damit diese Kommunikation nicht zum Schaden einer Seite ausfallen kann.

334

– **Mexikanisches Duell:** Bei Austauschverträgen findet man es selten, bei Gesellschaftsverträgen hingegen hat es seine Tauglichkeit schon bewiesen und wird unten (b) näher beschrieben. Es beruht auf der Idee, im Rahmen des Vertrages formale Handlungsabläufe zu schaffen, die als „Prozeßrecht" den Ablauf von Krisenverhandlungen steuern. Die inhaltliche Einigung wird am Ende dadurch ermöglicht, daß bei Aufteilung von Interessen der einen Seite das Recht zugewiesen wird, die Interessen im eigenen Sinne zu definieren, dafür erhält die andere Seite das Recht, als erste zu wählen (Beispiel: Bei einer Erbschaftsaufteilung steht dem einen Erben das Recht zu, einzelne Vermögensgegenstände zu bewerten, dafür steht der anderen Seite das Recht zu, als erste zu wählen. Wer einen Gegenstand zu hoch bewertet, riskiert, daß der andere als erster zugreift, bewertet er ihn zu niedrig, schlägt sich das in der Schlußbilanz des Ausgleichs für ihn negativ nieder).

ff) Reduzierung des Streitrisikos

– **Sollbruchstellen:** Im Bereich der Vertragsdurchführung werden bestimmte zeitlich oder inhaltlich definierte Punkte festgelegt, an denen die Planung mit der Realisierung verglichen wird. Werden die vereinbarten Ziele verfehlt, legen flexible Rechtsfolgen das weitere Vorgehen fest (zum Beispiel Teilkündigungen, einseitige Ausstiegsrechte, Übertragung von Teilergebnissen auf Dritte, gedeckelte Schadensersatzforderungen).

335

– **Externe Sachverständige:** Der Besteller beauftragt Sachverständige und Gutachter mit der Begleitung des Projekts, um mögliche Qualitätsschwächen des Werkunternehmers zeitnah ausgleichen zu können.
– **Projektgutachter:** Um Streit wegen möglicher Produkteigenschaften zu vermeiden, wird ein projektbegleitender Schiedsgutachter (technischer Sachverständiger) von beiden Seiten beauftragt, der beim Streit um technische Ermessensspielräume für beide Parteien verbindlich entscheidet.

– **Mediationsvereinbarungen:** Es werden bestimmte Verfahren festgelegt, die dafür sorgen, daß Konflikte ins Blickfeld anderer Entscheidungsträger gerückt werden (Eskalationsverfahren), man kann auch vereinbaren, daß Gerichtsverfahren erst nach Schlichtungsversuchen eröffnet werden dürfen, oder man schaltet Vermittler ein, die solche Verfahren ad hoc installieren. Die üblichen Schiedsgerichtsklauseln zählen nicht hierhin, weil sie letztlich nur das staatliche Gericht ersetzen und nach aller Erfahrung den Vertrag selten retten können.

336 Die Auflistung dieser Alternativen zeigt nur einige Varianten, die in einer solchen Situation zur Verfügung stehen. Oft wird es aber noch weitere Optionen geben, über die eine oder beide Parteien aufgrund ihrer Stellung im Markt oder persönlicher Qualitäten und Eigenschaften der beteiligten Personen verfügen. Zu beachten ist, daß es sich hier um Alternativen innerhalb nur eines **einzigen gesetzlichen Leitbildes** handelt. Bei modernen Vertragstypen, die eine Mischung aus mehreren klassischen Leitbildern darstellen (zum Beispiel Franchisevertrag), erhöhen sich die Optionen aufgrund der **Komplexität** solcher Verträge nochmals: Für den Vertragsverhandler bedeutet das: Geht es nur um fünf oder sechs vergleichbare Problemfelder (das ist der typische Durchschnitt in der Praxis), muß jede Vertragspartei sich schon für die Bestimmung der eigenen Position ein hoch komplexes Netz von Optionen schaffen und versuchen, dieses mit den entsprechenden Vorstellungen der anderen Seite zur Deckung zu bringen. Jede einzelne dieser Optionen wird durch vielfältige gesetzliche Regeln definiert (so steckt zum Beispiel hinter jeder Vereinbarung, der anderen Partei etwas exklusiv zu überlassen, ein kartellrechtliches Problem).

b) Ausscheiden von Gesellschaftern

337 Gesellschaftsrechtlich hätte man folgende vertraglichen Lösungen finden können:

– Einseitiges Übernahmerecht zugunsten eines Gesellschafters,
– Andienungsrechte für beide,
– Optionen für beide,
– Vorkaufsrechte für beide.

Diese Möglichkeiten müssen allerdings von einem Verfahren zur **Wertfestsetzung** begleitet werden, da man nur dann weiß, wie man sich verhalten soll, wenn die Vergütung kalkulierbar ist (Planungssicherheit). Dazu ist ein Modell unter dem Begriff „**Mexican Shoutout**" oder „Mexican Stand-off" bekanntgeworden. Das „Mexikanische Duell" funktioniert folgendermaßen:

– Wer ausscheiden will, muß alle **Wertansätze** und Informationen **offenlegen**, die ihn nach seiner Auffassung zu diesem Wertansatz berechtigen. Er kann innerhalb einer definierten Frist ein **Angebot** der Gegenseite **verlangen**. Wird ein solches Angebot nicht abgegeben, muß die andere Seite **ausscheiden** und erhält nur die **Hälfte** des **Verkehrswertes**, der zudem erst fällig wird, wenn er gerichtlich festgesetzt wird. Wer also kein Angebot abgibt, verliert Kapitalsubstanz, Zinsen und Planungssicherheit.

– Das Angebot muß **alle** für die Entscheidung notwendigen **Bedingungen** enthalten, die vorher vertraglich definiert werden müssen (Veräußerungsstichtag, Zahl der Anteile, Gewährleistung, Preis etc.).

– Die Gegenseite muß **angemessene Prüfungszeit** haben, um den Wertansatz überprüfen und sich ein eigenes Bild machen zu können. Diese Frist kann länger sein, wenn es sich um nicht tätige Gesellschafter handelt, und kürzer, wenn es sich um tätige handelt. Werden einzelne Bedingungen (vor allem: der Preis) für unangemessen gehalten, hat der Anbieter mindestens zweimal Gelegenheit, sein Angebot nachzubessern: Diese Chance muß er deshalb haben, weil er nach Ablauf der Frist Gefahr läuft, seinen eigenen Anteil zu verlieren (siehe unten Rz. 339 ff.).

– Wird nach angemessener Frist das Angebot nicht akzeptiert, hat der Ausscheidungswillige das **Recht**, den Anteil des anderen Gesellschafters zu eben dem Preis zu **übernehmen**. Er muß aber **mindestens** den Preis zahlen, den **er** für seinen **eigenen Anteil** als angemessen definiert hat.

Dieses Grundschema kann man auch variieren, indem zum Beispiel ein pauschaler Abschlag auf den ersten Angebotspreis von zwanzig Prozent vereinbart wird, um die Annahme des Angebots zu erleichtern. Dem kann ein entsprechender Abschlag korrespondieren, wenn das so gesenkte Angebot nicht angenommen wird.

Die Formulierung einer solchen Vereinbarung ist extrem abhängig von der jeweiligen gesellschaftsvertraglichen Situation, den Interessen der Parteien und den praktischen Abwicklungsmöglichkeiten. Wer das nachfolgende Formulierungsbeispiel gedanklich nachvollzieht, erkennt gleichzeitig: Eine abstrakte gesetzliche Regelung für alle denkbaren Variationen könnte man gar nicht entwickeln!

338

§ 1 Shout-Out
Modifiziertes Mexican-Stand-off-Verfahren

1. Falls (i) in zwei Hauptversammlungen der Gesellschaft innerhalb eines Geschäftsjahres ein identischer Antrag auf Beschlußfassung, der entweder von XXX oder ZZZ gestellt worden ist, bei der Beschlußfassung jeweils die nach Gesetz oder Satzung erforderliche Mehrheit verfehlt hat, (ii) in zwei Aufsichtsratssitzungen der Gesellschaft innerhalb eines Geschäftsjahres ein identischer Antrag auf Beschlußfassung, der entweder von XXX oder ZZZ gestellt worden ist, bei der Beschlußfassung jeweils die nach Gesetz oder

339

der Satzung erforderliche Mehrheit verfehlt hat, (iii) in zwei Aufsichtsratssitzungen der Gesellschaft innerhalb eines Geschäftsjahres ein identischer Antrag auf Beschlußfassung der von einem Aufsichtsratsmitglied gestellt worden ist, bei der Beschlußfassung jeweils die erforderliche nach dem Gesetz oder der Satzung erforderlichen Mehrheit verfehlt hat, (iv) innerhalb eines Geschäftsjahres ein Antrag auf Zustimmung zu Geschäftsführungsmaßnahmen des Vorstandes, die gemäß Beschluß des Aufsichtsrats der vorherigen Zustimmung durch den Aufsichtsrat bedarf, verweigert wurde, so sind die Parteien für 6 Monate nach Eintritt des Ereignisses bzw. Ablauf der Frist berechtigt, von der anderen Partei durch Aufforderungsschreiben die Abgabe eines Angebots über den Kauf sämtlicher Aktien der verlangenden Partei bzw. den Verkauf sämtlicher eigener Aktien an die verlangende Partei zu fordern.

2. In dem Aufforderungsschreiben gemäß Absatz 1 sind mindestens folgende Informationen anzugeben:

    (a) der Veräußerungsstichtag, zu dem die Aktien wirtschaftlich übertragen werden sollen;

    (b) die Zuordnung ausschüttungsfähiger Ertragsteile für bis zum Veräußerungsstichtag abgelaufene Ergebnisperioden an den Erwerber bzw. die Veräußerer;

    (c) sämtliche Gewährleistungsregelungen, die in das entsprechende Angebot aufzunehmen sind;

    (d) der Name und die Anschrift eines deutschen Notars, bei dem das Angebot zu hinterlegen ist; und

    (e) das Datum, bis zu dem das Angebot bei dem bezeichneten Notar spätestens hinterlegt sein muß, wobei die Frist zwischen dem Zugang des Aufforderungsschreibens und dem vorbezeichneten Datum nicht kürzer als drei Monate sein darf.

3. Im Falle eines den Bestimmungen des Absatzes 2 entsprechenden Aufforderungsschreibens sind die verlangende Partei und die andere Partei verpflichtet, ein den Vorgaben des Aufforderungsschreibens entsprechendes schriftliches Angebot auf Veräußerung ihrer sämtlichen Aktien bzw. Übernahme sämtlicher Aktien der anderen Parteien bei dem bezeichneten Notar zu hinterlegen (nachfolgend das **„hinterlegte Angebot"**). Dabei muß der Kaufpreis pro 1% Anteil am Grundkapital der Gesellschaft für den Verkauf beziffert und identisch sein.

4. Der Notar, bei dem die Angebote der Parteien zu hinterlegen sind, ist anzuweisen, daß den Parteien der Inhalt der hinterlegten Angebote unverzüglich nach Ablauf des im Aufforderungsschreibens benannten Datums schriftlich bekanntgegeben wird. Diejenige Partei, die den höchsten Kaufpreis pro 1% aus dem Grundkapital der Gesellschaft angeboten hat, ist verpflichtet, sämtliche Aktien der anderen Parteien innerhalb von 3 (drei) Monaten nach dem

Ablauf der Hinterlegungsfrist zu den in dem Angebot genannten Konditionen rechtswirksam zu erwerben, es sei denn, die andere Partei macht von ihrem Recht gemäß Absatz 6 innerhalb von 2 Wochen nach Bekanntgabe des Inhalts der hinterlegten Angebote durch den Notar Gebrauch. Macht die andere Partei nicht von ihrem Recht gemäß Absatz 6 Gebrauch, wird der Kaufpreis insgesamt mit rechtswirksamer Annahme des Angebots zur Zahlung fällig. Die Wirksamkeit der Übertragung der veräußerten Aktien ist jeweils aufschiebend bedingt durch die vollständige Kaufpreiszahlung.

5. Gibt eine Partei trotz Aufforderung in Übereinstimmung mit diesem § 9 durch die andere Partei ein Angebot nicht frist- oder formgerecht ab, gilt ein Angebot zu 1,00 € als abgegeben.

6. Diejenige Partei, die den niedrigeren Kaufpreis pro 1% aus dem Grundkapital der Gesellschaft angeboten hat, ist berechtigt, innerhalb von zwei Wochen nach Bekanntgabe des Inhalts der hinterlegten Angebote durch den Notar von der anderen Partei zu verlangen, daß sich die Parteien innerhalb von weiteren zwei Wochen bei dem Notar, bei dem die Angebote der Parteien zu hinterlegen waren, oder bei einem anderen Notar, auf den sich die Parteien einigen, treffen (im folgenden: der „**Notar**"), um über den Kaufpreis zu verhandeln. Der Termin und Ort der Verhandlung des Kaufpreises wird vom Notar unter angemessener Rücksichtnahme auf die Wünsche der Parteien bestimmt.

7. Die Parteien können in diesem Termin wechselseitig Angebote zum Kauf sämtlicher Aktien der jeweils anderen Partei machen. Die Angebote müssen dabei jeweils höher sein als die hinterlegten Angebote. Diejenige Partei, die am Ende den höheren Kaufpreis pro 1% aus dem Grundkapital der Gesellschaft angeboten hat, ist berechtigt und verpflichtet, sämtliche Aktien der anderen Partei zu erwerben. Der Kaufvertrag ist unverzüglich schriftlich zu fixieren und zu unterschreiben. Können sich die Parteien in diesem Verfahren nicht über einen höheren Kaufpreis einigen, d. h. gibt keine Partei ein höheres Angebot ab als in den hinterlegten Angeboten, bleibt diejenige Partei, die im hinterlegten Angebot den höheren Kaufpreis pro 1% aus dem Grundkapital der Gesellschaft angeboten hat, berechtigt und verpflichtet, sämtliche Aktien der anderen Parteien innerhalb von 3 (drei) Monaten nach diesem Termin zu den in dem hinterlegten Angebot genannten Konditionen rechtswirksam zu erwerben. Der Kaufpreis wird dann insgesamt mit rechtswirksamer Annahme des hinterlegten Angebots zur Zahlung fällig. Die Wirksamkeit der Übertragung der veräußerten Aktien ist jeweils aufschiebend bedingt durch die vollständige Kaufpreiszahlung.

Erscheint diejenige Partei, die im hinterlegten Angebot den niedrigeren Kaufpreis pro 1% aus dem Grundkapital der Gesellschaft angeboten hat, unentschuldigt nicht zu dem vom Notar bestimmten Termin, so bleibt die andere Partei berechtigt und verpflichtet, sämtliche Aktien der anderen Partei innerhalb von 3 (drei) Monaten nach dem vom Notar bestimmten Termin zu den in ihrem hinterlegten Angebot genannten Konditionen rechtswirksam zu erwerben. Der Kaufpreis wird dann insgesamt mit rechtswirksamer Annahme des hinterlegten Angebots zur Zahlung fällig. Die Wirksamkeit der Übertragung der veräußerten Aktien ist jeweils aufschiebend bedingt durch die vollständige Kaufpreiszahlung.

Erscheint diejenige Partei, die im hinterlegten Angebot den höheren Kaufpreis pro 1% aus dem Grundkapital der Gesellschaft angeboten hat, unentschuldigt nicht zu dem vom Notar bestimmten Termin, kann die andere Partei bei dem Notar ein neues höheres Angebot hinterlegen und ist dann berechtigt und verpflichtet, sämtliche Aktien der nicht erschienenen Partei innerhalb von 3 (drei) Monaten nach dem vom Notar bestimmten Termin zu den in ihrem neuen Angebot genannten Konditionen rechtswirksam zu erwerben. Der Kaufpreis wird dann insgesamt mit rechtswirksamer Annahme des neuen Angebots zur Zahlung fällig. Die Wirksamkeit der Übertragung der veräußerten Aktien ist jeweils aufschiebend bedingt durch die vollständige Kaufpreiszahlung.

8. Die Parteien können sich vor dem Notar vertreten lassen. Ein Nichterscheinen einer Partei oder ihres Vertreters kann nur mit höherer Gewalt entschuldigt werden. Die Beweislast hierfür trifft die nicht erscheinende Partei. In diesem Fall werden sich die Parteien auf einen neuen Termin innerhalb der nächsten zwei Wochen einigen, für den die Absätze 6 und 7 entsprechende Anwendung finden.

9. Die Parteien verpflichten sich wechselseitig, alle Maßnahmen zu ergreifen und alle Erklärungen fristgerecht und in der erforderlichen Form abzugeben und entgegenzunehmen, die für die Durchführung des vorstehenden Verfahrens erforderlich sind.

§ 2
Verfügungen über Aktien

1. XXX und ZZZ verpflichten sich, ihre gegenwärtigen und künftigen Aktien an der Gesellschaft nur nach Maßgabe der Bestimmungen des § 2 zu veräußern.

2. Beabsichtigen XXX oder ZZZ, ihre Aktien an der Gesellschaft ganz oder teilweise zu veräußern, liegt ihnen jedoch kein Angebot eines dritten Kaufinteressenten oder der jeweils anderen Partei für diese vor, hat die veräußerungswillige Partei das Recht, von der anderen Partei durch Aufforderungsschreiben die Abgabe eines Angebots für den Kauf sämtlicher Aktien der verlangenden Partei bzw. den Verkauf sämtlicher eigener Aktien an die verlangende Partei zu fordern.

3. Beabsichtigt XXX oder ZZZ, ihre Aktien an der Gesellschaft – ganz oder zum Teil – zu veräußern und liegt ein entsprechendes Angebot eines Kaufinteressenten vor, hat die veräußerungswillige Partei ihre Veräußerungsabsicht, den

Namen des Kaufinteressenten sowie die Konditionen, zu denen dieser bereit ist, die Aktien – ganz oder zum Teil – zu erwerben, schriftlich mitzuteilen. Die andere Partei hat sodann innerhalb der Frist von zwei Monaten ab Zugang des Mitteilungsschreibens der veräußerungswilligen Partei schriftlich zu erklären, ob sie diese Aktien der veräußerungswilligen Partei an der Gesellschaft zu den mitgeteilten Konditionen zu erwerben wünscht. Erklärt die andere Partei fristgerecht, daß sie den Erwerb dieser Aktien zu den mitgeteilten Konditionen wünscht, ist die veräußerungswillige Partei verpflichtet, die Aktien zu diesen Konditionen an diese zu veräußern. Eine Veräußerung an den dritten Kaufinteressenten ist nicht zulässig. Gibt die andere Partei diese Erklärung über den Erwerb der Aktien nicht fristgerecht ab oder lehnt sie diesen Erwerb schriftlich ab, ist sie verpflichtet, der Veräußerung an den dritten Kaufinteressenten zu den mitgeteilten Konditionen zuzustimmen.

4. Statt der Ausübung des Vorkaufsrechts gemäß vorstehend § 2.3 hat die andere Partei auch das Recht, binnen der Zweimonatsfrist von der veräußerungswilligen Partei schriftlich zu verlangen, daß diese ihre jeweiligen Aktien zu gleichen Konditionen wie ihre eigenen Aktien mitveräußert. Besteht nur Interesse an einem Teil der Aktien, so sind die Aktien aller veräußerungswilligen Parteien im Verhältnis von deren Beteiligten an der Gesellschaft zu veräußern bzw. mitzuveräußern.

Das oben geschilderte Szenario endet hier also nicht in einer für beide Teile lähmenden Dead-lock-Situation, sondern kann elegant aufgelöst werden: Wollen die Entwickler ausscheiden, können sie die Kapitalgeber zwingen, ein Angebot vorzulegen. Würde dieses Angebot nur einen Betrag von 1,0 Mio. € umfassen und würde die Kapitalgeberseite trotz Aufforderung nicht nachbessern, läuft sie das Risiko, daß die Entwickler das zu niedrige Angebot ablehnen und statt dessen die Anteile der Kapitalgeber für 3,0 Mio. € übernehmen – mehr sind diese Anteile nicht wert, wenn die fünfundzwanzig Prozent der Entwickler auch nicht mehr wert sein sollen als 1,0 Mio. €! Den Entwicklern würde es leicht fallen, diesen Betrag zu finanzieren, wenn man berücksichtigt, daß in die Entwicklung insgesamt 20,0 Mio. € geflossen sind, so daß sich zu diesen Bedingungen gewiß neue Kapitalgeber finden ließen.

Auch umgekehrt funktioniert das Modell: Wollen die Kapitalgeber ausscheiden, weil sie dem Optimismus der Entwickler nicht mehr trauen, können sie die Entwickler zu einem Angebot zwingen, das erheblich höher sein wird als 3,0 Mio. €, denn andernfalls hätte ja die Kapitalgeberseite das Recht, im Falle der Ablehnung den Anteil der Entwickler für einen unangemessen tiefen Kaufpreis zu erwerben.

Mit diesem Modell kann verläßlich verhindert werden, daß durch irrationale Verweigerungshaltungen einer Seite der Wert des Gesellschaftsanteils für die andere Seite ruiniert wird. Sowohl für dieses Modell als auch für die weit einfacheren Andienungs- und Optionsvereinbarungen muß man erhebliche Erfahrungen gesammelt haben, bevor man sicher sein kann, daß sie in der Praxis funktionieren.

6. Elemente, die die Risikoverteilung und Risikoakzeptanz beeinflussen

a) Ökonomische Analyse der vertraglichen Risikoverteilung

343 Nicht unbeabsichtigt sind drei der unten genannten Alternativen (bb) den eingeführten Risikokategorien der ökonomischen Analyse des Rechts zugeordnet worden (*Schäfer/Ott*, Lehrbuch der ökonomischen Analyse des Zivilrechts, 3. Aufl. 2000, S. 365–483). Die Werkzeuge, die die ökonomische Analyse des Vertragsrechts bieten, sind in dreierlei Weise nützlich:

- Sie erleichtern es, **Risikoverteilungen**, die durch Gesetz und/oder Rechtsprechung vorgegeben sind, zu **analysieren**.

- Sie bieten interpretatorische Hilfe, wenn es darum geht, **unbestimmte Rechtsbegriffe** zu definieren.

- Sie helfen dabei, bestimmte **Verhaltensalternativen** zu erkennen, die dem Vertragsverhandler sonst verschlossen bleiben.

344 Im Bereich der **gesellschaftsrechtlichen Verträge** läßt sich das Modell der ökonomischen Analyse des Rechts allerdings nur **teilweise** anwenden. Bei diesem Vertragstyp ziehen die Vertragspartner alle an einem Strang oder sitzen im gleichen Boot, sie teilen also alle Risiken gemeinschaftlich. Anders als bei den Austauschverträgen gibt es hier keine antagonistische Risikoverteilung, denn hier sind die Gesellschafter nur der Gesellschaft die vereinbarten Beiträge und untereinander Solidarität schuldig. Gewährleistung oder andere Risikoverteilungsinstrumente sind unter ihnen nicht anwendbar. Von diesen Grundregeln gibt es aber im konkreten Vertrag immer wieder **Abweichungen**, denn vielfach werden im Einzelfall Haftungsabsprachen getroffen, die nur einen **einzelnen Gesellschafter** betreffen: Ein Erfinder, der ein Patent einbringt, wird natürlich für die Qualität dieser Leistung haften müssen, wenn sie einer Geldeinlage entspricht etc. In diesen Bereichen ist die ökonomische Analyse genauso nützlich wie bei den Austauschverträgen.

aa) Gesetzliche Zuweisung der Risiken

345 Der Gesetzgeber hat Risiken teils offen, teils verdeckt einzelnen Vertragsparteien zugewiesen. Meist geschieht das nach dem **Leitbild: Wer Risiken besser beurteilen kann als die andere Vertragspartei, muß sie übernehmen oder vom Vertrag Abstand nehmen.** Am einfachsten sieht man das im Bereich der Erfolgs- oder Garantiehaftung, die im Kauf-, Werk- und Mietvertragsrecht für die Hauptleistung festgelegt ist. Sie gilt seit 1. 1. 2002 über den Begriff der „Pflichtverletzung" (§§ 276, 280 BGB) weiterhin. Sie läßt zum Beispiel den Hersteller von Aluminiumfenstern dafür haften, daß Schalldämmwerte er-

reicht werden, die man technisch gar nicht erreichen kann (BGH, NJW 1986, 711 – Aluminiumrahmen; OLG Frankfurt, NJW 1983, 56 – Blasbachtalbrücke [Revision nicht angenommen]. Differenziertere Risikoverteilungsmodelle, die als „Sphärentheorien" entwickelt worden sind, haben sich in der Praxis nicht durchsetzen können.

bb) Interpretation der Ermessensspielräume

Die Analyse der Risikoverteilung leistet aber auch Bedeutendes, wenn es darum geht, sich zu fragen, was in einer konkreten Situation „fahrlässig" (§ 276 Abs. 2 BGB) oder was „unverzüglich" (§ 377 HGB) ist: Wer einen Mangel nur mit unverhältnismäßig hohen Kosten entdecken kann, wird sich länger dafür Zeit lassen dürfen als jemand, für den es ein leichtes wäre, im Rahmen seiner Wareneingangskontrolle ein entsprechendes Testfeld einzurichten.

cc) Risikokategorien

Die Entwicklung von Alternativen, die kreative Verhandlungs- und Regelungsspielräume eröffnen sollen, ist aber zweifellos das wertvollste Werkzeug:

– **Definition des Leistungsinhalts:** Neben der allgemeinen Bandbreite der Leistungsdefinition zählt hier vor allem die Erkenntnis, daß die Mitwirkung des Vertragspartners an der Leistung der anderen Seite ein wesentliches Mittel zur Neuverteilung der Risiken sein kann.

– **Risikovermeidung:** Die nächste Frage ist: Wer kann ein gegebenes oder mögliches Risiko vermeiden, wie kann man es berechnen, und welche Gegenleistung erhält derjenige, der es übernimmt?

– **Leistungen Dritter:** Zu den cheapest insurern gehören nicht nur die Versicherer, sondern die Bürgen, ja auch Vertragsstrafen, die an Ergebnisse und nicht an Verhalten anknüpfen, kurz alles, was nicht die Parteien, sondern nur Dritte tun können, um im Interesse beider die Risiken zu vermindern. Die dafür zu zahlende Prämie kann dann wieder in Kategorie eins verhandelt werden, in der es um Leistung und Gegenleistung geht.

– **Haftung des überlegenen Risikoträgers:** Diese Kategorie kommt im vertragsrechtlichen Bereich selten vor, ihr Schwerpunkt liegt zweifellos im Prozeß (§§ 305 ff. BGB). Gelegentlich gibt es aber Situationen, in denen man ex ante nicht weiß, welche Partei der überlegene Risikoträger ist. Typisch wäre ein großes Softwaresystemhaus, das Anwendungsprogramme für einen Versicherer liefern soll, bei dem der Risikoschwerpunkt in der Kenntnis von den Geschäftsabläufen liegt und nicht in der Softwaretechnik. Hier ist der Kunde seinem Zulieferer wissensmäßig weit überlegen, und trotzdem trägt das Softwarehaus das gesamte (von ihm selbst gar nicht erfüllbare) Erfüllungsrisiko. Dann kann es zweckmäßig sein, die schlichte Vertragserfüllung zusätzlich zu prämiieren.

– **Streitvermeidung:** Diese Werkzeuge haben in erster Linie den Sinn, die gesetzlich vorgesehenen Alles-oder-Nichts-Lösungen zu vermeiden und die Zusammenarbeit der Parteien trotz einer auftretenden Krise zu retten.

b) Analyse der ideellen Interessen und emotionalen Lagen der Parteien

348 Die Analyse darf sich aber nicht nur auf die **ökonomischen** Interessen erstrecken, sondern muß sich auch auf **ideelle** Interessen und **emotionale** Lagen einstellen: Oft erlebt man in der Praxis, daß Scheinrationalisierungen diese Bereiche verhüllen und es praktisch nicht möglich ist, sie aufzudekken. Das gilt jedenfalls dann, wenn ein Beteiligter sich beharrlich weigert, ergebnisorientiert zu verhandeln, denn dazu muß man fähig sein, die eigenen Interessen zu analysieren. So kommt es, daß ein Besteller, der unnachsichtig auf einer Erfüllungs- und Gewährleistungsbürgschaft besteht, eine Zahlungsbürgschaft strikt ablehnt und dafür keinen vernünftigen Grund angeben kann, außer dem Hinweis, Derartiges habe es in seinem Haus noch nie gegeben.

Die Folge: In der Praxis wird es geradezu vermieden, über Risiken zu sprechen, die nicht völlig offensichtlich sind, man sucht sein Heil in definitorischen Mehrdeutigkeiten, bei denen die Gerichte sich später fragen, warum man das nicht klarer ausgedrückt hat. So lohnt es sich auch selten, sich mehr Informationen zu verschaffen, als man gerade zusammenraffen kann, denn man kann sie ohnehin nicht verwenden. So zwingen die Machtverhältnisse am Ende zu aleatorischem Verhalten, das eigentlich die Ausnahme sein sollte (*Schäfer/Ott*, a.a.O., S. 381 zu Verträgen zwischen „Spielern und Risikoaversen").

c) Macht, Information und Spiele

349 Obgleich die Werkzeuge der ökonomischen Analyse des Vertragsrechts ihre Faszination haben, ist ihr Einfluß auf die Praxis doch sehr beschränkt, weil die **Machtverhältnisse** sie an ihrer Entfaltung hindern. Sehr selten treffen nämlich Vertragspartner aufeinander, die in etwa gleich mächtig sind und von daher beide unter dem Zwang stehen, sich rational zu verhalten, einen vergleichbaren Aufwand bei der **Informationsgewinnung** zu treiben und **Zufallsrisiken** zu vermeiden.

Viel häufiger ist der Fall, daß eine Seite (etwa ein Kfz-Hersteller) alle Machtmittel in seiner Hand hat und die andere Seite (sein Zulieferer) praktisch keine Möglichkeit, auf andere Märkte auszuweichen.

Unter solchen Verhältnissen ist es bereits schwer, den „vollständigen Vertrag zu rekonstruieren" (*Schäfer/Ott*, a.a.O., S. 375). Den „egoistischen Menschen" findet man in Mengen, kann aber keinen rational denkenden unter ihnen erkennen – normal ist vielmehr eine Vielzahl von Verhaltensanomalien, die sich einem rationalen Zugang weitgehend entziehen (*Schäfer/Ott*, a.a.O., S. 56 f. [67]).

Wenn man in diesem Zusammenhang von „Macht" spricht, so ist es niemals nur die ökonomische Macht, sondern auch die Macht, die ideellen und emotionalen Interessen der anderen Seite gegen deren Willen zu unterdrücken (Max Weber). Dahinter muß, wie oben gezeigt, nicht einmal die Befriedigung eines eigenen Interesses außerhalb desjenigen der Machtausübung selbst stehen. 350

Macht kann aber auch dadurch kanalisiert werden, daß die Parteien sich auf bestimmte Vorgehensmodelle einigen, wie dies anhand des „Mexikanischen Duells" geschildert wurde. Wie solche Modelle funktionieren, ist in der **Spieltheorie** in unterschiedlicher Weise theoretisch aufgearbeitet. Aus der Perspektive der Mathematik wurde sie zwischen 1930 und 1940 von *John von Neumann* entwickelt und durch *Oskar von Morgenstern* auf die Wirtschaftswissenschaften angewendet („Theory of games and oeconomic behaviour", Nachdruck Princeton N.Y. 1990). *J.C. Harsanyi, J.F. Nash* und *R. Selten* erhielten 1994 den Nobelpreis für Wirtschaftswissenschaften für die Anwendung der Spieltheorie auf den Bereich nichtkooperativer Spiele. Hier zeigt sich die Schnittstelle sowohl zum vertraglichen Bereich als auch zu ihrer Bedeutung bei Auseinandersetzungen aus Verträgen. Man kann vermuten, daß ihre Wurzeln sehr viel tiefer in unser Sozialverhalten und damit in den Bereich des Rechts hineinreichen, als derzeit erkennbar ist (*Merö*, Die Logik der Unvernunft 2000; *Baird*, Game-Theory and the Law, 1998 [Harvard University Press]; *Avinask K. Dixit*, Games of Strategy, 1999 [W.W. Norton]; *Jost*, Strategisches Konfliktmanagement in Organisationen, 1999). Sie eignet sich für die theoretische Durchdringung von Verhandlungssituationen deshalb besonders gut, weil sie durch ihre formalen Strukturen die heterogenen Elemente (ökonomische Interessen/emotionale Lagen/Machtsituation etc.) auf einzigartige Weise kombinieren kann, indem sie „Chancen" und „Risiken" dort auf formale Weise verteilt, wo eine inhaltliche Bewertung schwer, wenn nicht unmöglich erscheint.

d) Das Problem der Gerechtigkeit

Die oben skizzierten Vorgehensmodelle verdanken ihren Erfolg in erster Linie der Tatsache, daß sie formale Strukturen dort erzeugen, wo sie nicht vorhanden sind. Sie wirken als „prozessuale Vorschriften" innerhalb der vertraglichen Konfliktfelder. Ihr Beitrag besteht in der Stärkung der Rechtssicherheit und der Konfliktvermeidung. Deshalb kann man die Frage, inwieweit Verträge unter diesen Umständen „inhaltliche Gerechtigkeit" ab- 351 bilden können, kaum beantworten. Dieselbe Schwierigkeit ergibt sich bekanntlich, wenn es um Mediationsverfahren geht, die im Kern aus nichts anderem als einer Vereinbarung bestimmter Abläufe bestehen, die eine Einigung wahrscheinlicher machen als das naive Drauflosverhandeln. Ich mache mir darüber deshalb wenig Sorgen, weil wir uns im **dispositiven Raum** befinden. Solange er eingehalten wird und seine typischen Grenzen (§ 138 BGB, § 242 BGB, §§ 305 ff. BGB etc.) erkannt werden, sind die Probleme lösbar.

e) Ergebnisorientierte Verhandlungsführung

352 Der Erfolg solcher Vorgehensmodelle hängt entscheidend davon ab, daß die Parteien sich um eine ergebnisorientierte Verhandlungsführung bemühen und Positionskämpfe vermeiden. Das **Harvard Verhandlungsmodell**, wie es von Fisher, Jury und Patton entwickelt und von vielen weiteren Verhandlungslehren ausdifferenziert worden ist, liefert die nötigen Werkzeuge in diesem Bereich (*Fisher/Ury/Patton*, Das Harvardkonzept, 20. Aufl. 2001 passim).

f) Vorsorgliche Verminderung der Streitrisiken

353 In diesen Bereich gehören nicht nur die Schiedsgutachter und die Schiedsregelungen, sondern ganz allgemein alle Maßnahmen, die vom „Alles-oder-Nichts-Prinzip" wegführen und eine flexiblere Handhabung der Risikoverteilung ermöglichen.

Ein mächtiges Werkzeug ist dabei der **modulare Aufbau** von Verträgen, der sich vor allem dann bewährt, wenn es sich um Vertragsnetze handelt. Modulare Vertragssysteme, das heißt solche, die klar erkennbare Schnittstellen für einzelne Themenbereiche haben, ermöglichen es uns, sie leichter miteinander zu vergleichen als Verträge mit je unterschiedlichem Aufbau. Wer einmal versucht hat, zu prüfen, ob im Subunternehmervertrag alle Risiken aufgenommen sind, die der Generalunternehmervertrag für das jeweilige Teilgewerk enthält, weiß, daß diese vergleichende Arbeit außerordentlich schwer sein kann. Sie wird durch einen entsprechenden Vertragsaufbau erleichtert.

Damit kann man aber gleichzeitig auch einzelne Risikozonen leichter isolieren und damit außer Streit stellen. (Man prüft zum Beispiel jedes Risiko auf seine Versicherbarkeit und nimmt die versicherbaren Risiken aus den Leistungsrisiken heraus.)

354 **Vertragsnetze** schließlich lassen sich manchmal nur dann knüpfen, wenn die Schnittstellen überhaupt systematisch klar erkennbar sind, was außerhalb hierarchisch aufgebauter Vertragssysteme, die man in der Praxis nicht allzu oft antrifft, durchaus nicht einfach ist.

Kurz: Richtiges Vertragsdesign, das für alle Beteiligten klar durchschaubar ist, vermindert Streit auch dann, wenn inhaltlich überhaupt nichts geändert wird.

g) Komplexität

Die Auflistung dieser Alternativen zeigt nur einige Varianten, die in einer solchen Situation zur Verfügung stehen. Oft wird es aber noch weitere Optionen geben, über die eine oder beide Parteien aufgrund ihrer Stellung im Markt oder persönlicher Qualitäten und Eigenschaften der beteiligten Personen verfügen. Zu beachten ist, daß es sich hier um Alternativen innerhalb nur eines **einzigen gesetzlichen Leitbildes** handelt. Bei modernen Vertragstypen, die eine Mischung aus mehreren klassischen Leitbildern darstellen (zum Beispiel Franchisevertrag), erhöhen sich die Optionen aufgrund der **Komplexität** solcher Verträge nochmals: Für den Vertragsverhandler bedeutet das: Geht es nur um fünf oder sechs vergleichbare Problemfelder (das ist der typische Durchschnitt in der Praxis), muß jede Vertragspartei sich schon für die Bestimmung der eigenen Position ein hochkomplexes Netz von Optionen schaffen und versuchen, dieses mit den entsprechenden Vorstellungen der anderen Seite zur Deckung zu bringen. Jede einzelne dieser Optionen wird durch vielfältige gesetzliche Regeln definiert (so steckt zum Beispiel hinter jeder Vereinbarung, der anderen Partei etwas exklusiv zu überlassen, ein kartellrechtliches Problem).

355

h) Check and Balance

Eines der wichtigsten Werkzeuge zur Bewältigung komplexer Strukturen ist das Prinzip von Check and Balance (Anstoß und Ausgleich). (Der Begriff „Body-Check" aus dem American Football zeigt anschaulich, was gemeint ist.) Ausgleich bedeutet in der Praxis nicht „Einvernehmlichkeit" oder „Ausgewogenheit", sondern die Möglich des Vertragspartners, auf den Anstoß der anderen Seite hemmend oder kontrollierend zu antworten). Es zwingt die Parteien dazu, sich darüber Gedanken zu machen, in welcher Situation einer Seite die Initiative überlassen und der anderen Seite das Recht zur Kontrolle eingeräumt wird.

356

Zwei **Beispiele:**
– Wenn in einem Mietvertrag in regelmäßigen Abständen eine Mieterhöhung vorgesehen ist, muß der Vermieter keinerlei Initiative ergreifen, um zu mehr Geld zu kommen, denn der Vertrag selbst übernimmt diese Initiative für ihn. Fehlt die Klausel hingegen, muß er die Berechtigung zur Mieterhöhung detailliert begründen und sich an bestimmte gesetzlich vorgeschriebene Formen halten, was bekanntlich gar nicht so einfach ist.
– In einem Lizenzvertrag wird vereinbart, daß der Lizenznehmer jedes Jahr zu einem bestimmten Zeitpunkt eine von einer bereits bestimmten Wirt-

schaftsprüfungsgesellschaft zu erstellende Übersicht über die Lizenzvergütung vorlegen muß und, wenn er den Termin verpaßt, eine Vertragsstrafe zu zahlen hat. Fehlt diese Klausel, muß der Lizenzgeber erhebliche Initiativen ergreifen, um nur an seine Informationen zu kommen.

Beide Beispiele zeigen, daß es allein nicht viel nützt, eine bestimmte Vergütung zu vereinbaren, man muß sich vielmehr auch Gedanken darüber machen, ob die Vergütung einfach oder schwierig durchzusetzen ist und von wem die Initiative ausgehen muß, um das zu tun.

357 Das Prinzip der Balance muß andererseits dafür sorgen, daß derjenige, dem der Vertrag die Pflicht zur Initiative abnimmt, sich entsprechenden Kontrollrechten der anderen Seite aussetzen muß, um diesen taktischen Vorteil wieder auszugleichen. Hier werden in der Praxis große Fehler gemacht, weil die Last, eine bestimmte Initiative zu ergreifen, regelmäßig unterschätzt wird.

7. Naives Vorgehen bei der Entwicklung vertraglicher Regeln in der Praxis

358 Der Rückblick auf die im fünften und sechsten Abschnitt entwickelten Vorgehensmodelle, Strukturhilfen und Werkzeuge, die alle in der Praxis so vorkommen, erweckt den falschen Eindruck, als ob die Praxis imstande sei, sich ihrer unter allen Umständen zu bedienen. Tatsächlich folgt die Entwicklung einzelner vertraglicher Regeln einem primitiven, aber hinreichend wirksamen Verfahren, das meistens so aussieht:

▷ Man bespricht das **wirtschaftlich gewünschte** Endergebnis (zum Beispiel die Verpflichtung einer Seite, für eine Versicherung bestimmter Risiken zu sorgen).

▷ Diese Verpflichtung wird dann **umgangssprachlich** (oft auch in Briefform oder Aktennotizen) festgelegt. Viele Manager sind der Ansicht, wenn über einem solchen Text das Wort „Vertrag" stehe, sei in rechtlicher Hinsicht das Erforderliche getan.

▷ Ob und inwieweit eine genauere **rechtliche Überprüfung** der festgelegten Regel durchgeführt wird, hängt von der Einsicht der Beteiligten, dem gegebenen Zeitrahmen, der Qualität der Planung und vielen anderer Faktoren ab. Sie wirken sich unmittelbar auf die Qualität aufgestellter Rechtsregeln aus.

▷ Soweit Anwälte oder Rechtsabteilungen beigezogen werden: Es wird (innerhalb des engen Zeitrahmens und der meist unvollkommenen Informationen) geprüft, ob das Gewollte innerhalb des **dispositiven Rahmens bleibt** oder diesen **überschreitet** (z. B. bei kartellrechtswidrigen Klauseln).

▷ Wenn die Zeit dann noch reicht: Sodann wird der Text auf Schlüssigkeit innerhalb des **juristischen Begriffssystems** überprüft (dieselben Begriffe sollten auch immer dasselbe bedeuten).

▷ Sollte dann immer noch Zeit bleiben, wird geprüft, ob der Text auch in logischer Hinsicht zu den Ergebnissen führt, die **wirtschaftlich gewollt** sind.

Die Schilderung dieser einzelnen Phasen erweckt nach außen hin immerhin noch den Eindruck, als handle es sich um ein geordnetes Vorgehen. Tatsächlich werden in der Praxis aber nicht einmal diese einzelnen Schritte konsequent gegangen und die einzelnen Phasen durch geeignetes Vertragsmanagement gestaltet. In den meisten Fällen fehlen **Zeit** und **Information**, und zwar erstaunlicherweise gerade bei Verträgen, bei denen es wirklich um etwas geht: Viele Manager haben gelernt, daß man Entscheidungsprozesse unter Druck setzen muß, weil sonst gar nichts passiert, vergessen aber, diesen Druck durch geeignete Maßnahmen so zu strukturieren, daß ihnen ihre Projekte nicht um die Ohren fliegen. Als Anwalt kann man daran wenig ändern. Oft fragen sich Richter, warum bestimmte Texte unklar, unlogisch oder mehrdeutig wirken, und bezweifeln die Kompetenz der Anwälte, die sie entworfen haben. Der Vorwurf kann zutreffen, nicht selten aber ist er unberechtigt: Die Parteien versuchen oft, sich für spätere Auseinandersetzungen das Argument zu sichern, ein mehrdeutiger Text bedeute in Wirklichkeit eine Risikoverschiebung zu Lasten der anderen Seite. Dieses Argument fiele in der Vertragsverhandlung in sich zusammen, wenn die Risikoverschiebung offen gefordert würde. Dann würde die andere Seite ihr nämlich widersprechen und den Vertragsschluß möglicherweise an diesem ihr zugeschobenen Risiko scheitern lassen. Bei unklarer Formulierung hingegen kommt der Vertrag (mit all den dadurch bestehenbleibenden oder hervorgerufenen Interpretationsrisiken) zustande. Wirken Anwälte an ihnen mit, ist es ihre Aufgabe, gegenüber dem eigenen Mandanten zu klären, daß dies nicht auf eigener Unfähigkeit, sondern auf unbeeinflußbaren Bedingungen des Umfelds oder auf taktischen Überlegungen beruhte.

8. Systematisch richtiges Vorgehensmodell bei der Entwicklung von vertraglichen Rechtsregeln

Angesichts der oben skizzierten praktischen Schwierigkeiten erscheint es auf den ersten Blick wenig sinnvoll, ein logisch überzeugendes Verfahren für die Entwicklung vertraglicher Rechtsregeln vorzuschlagen. Erstaunlicherweise zeigt sich aber, daß die nachfolgende Schrittfolge auch dann ihren Wert entwickelt, wenn sie nicht immer, sondern nur unter günstigen Bedingungen eingehalten werden kann. Ihre theoretische Geschlossenheit wirkt indirekt auch auf diejenigen Verträge zurück, bei denen man sie nicht anwenden konnte. Eine erfolgreiche Systematisierung gelingt, wenn man die

Entwicklung rechtlicher Regeln – analog zum Gesetzgebungsverfahren – in folgende **vier Phasen** aufteilt:

- Phase 1: **Abduktion**   Der Schluß vom Ergebnis über die Regel zum Fall
- Phase 2: **Induktion**   Der Schluß vom Fall über die Regel zum Ergebnis
- Phase 3: **Analogie**   Der Vergleich der Ergebnisse von Phase 1 und Phase 2
- Phase 4: **Deduktion**   Die Vereinbarung der vertraglichen Regel durch individuelle Ableitung des Vereinbarten aus den zuvor ermittelten allgemeinen Regeln

361 Wirkt schon die Schilderung des naiven Verfahrens im Verhältnis zur zupakkenden Wirklichkeit künstlich, so gilt dies vermehrt für das Auseinanderziehen einer einzigen Option in diese vier Phasen. Theorie wirkt zwar selten unter den Bedingungen vor Ort, wohl aber kann sie sie langfristig bestimmen und Fehler vermeiden helfen, die man nur entdecken kann, wenn man sich die Vertragsverhandlung in systematischer Vergrößerung unter die Lupe nimmt („*Das höchste wäre: zu begreifen, daß alles Faktische schon Theorie ist*", J.W. von Goethe).

Wie erfolgreich das Verfahren ist, zeigt sich, wenn man sich mit der im Szenario vorgestellten Option befaßt, der Softwareentwickler solle das Risiko eines Scheiterns seines Projekts versichern lassen.

a) Phase 1: Abduktion

362 Als **Ergebnis** ist gewünscht, daß ein Versicherer das Scheitern des Projekts bis zur Höhe der Versicherungssumme übernimmt.

Die rechtlichen Regeln lassen das grundsätzlich zu, wenn es zu einem Versicherungsvertrag kommt, so daß die Parteien diese Lösung wählen können (**Regel**).

Tatsächlich werden solche Versicherungen angeboten, wenn auch zu erheblichen Prämien. In dieser Phase zeigt sich also: Die Verschiebung des Risikos kann bis zu dem Betrag gelingen, den ein Versicherer gegen eine bestimmte Prämie, die eine oder beide Parteien aufbringen können, bereit ist, einen Versicherungsvertrag abzuschließen (**Fall**).

b) Phase 2: Induktion

363 Jetzt bemühen sich beide Parteien, Gespräche mit Versicherern zu führen, um die Bedingungen des Vertrages praktisch zu ermitteln. In dieser induktiven Phase 2 muß also im „*Kübel der Tatsachen*" (*Karl Popper*) alles gesammelt werden, was den **Fall** ausmacht. Viele Alternativen kommen in Frage, zum Beispiel:

- Möglicherweise hat der Besteller schon selbst eine Konzernversicherung, die das Ausfallen von Zulieferern abdeckt: Dann muß geprüft werden, ob das konkrete Risiko unter die schon bestehende Versicherung fällt.

- Oder das Softwarehaus hat eine allgemeine Deckung, die für den konkreten Fall aber nicht hoch genug ist: Dann muß versucht werden, diese zu erhöhen.

- Es mag sein, daß der Softwareentwickler die Prämie nicht auf der Basis der bisherigen Kalkulation zusätzlich übernehmen kann: Dann muß erneut über Preise verhandelt werden. Diese Preiserhöhung kann der Besteller wiederum leichter akzeptieren, weil er durch die Versicherung, deren Bonität weit höher als die des Softwareentwicklers ist, in Höhe der Versicherungssumme keinen Schaden erleiden wird.

- Die Parteien verringern den Leistungsumfang, so daß die Kalkulation für den Softwareentwickler trotz Übernahme der Versicherungsprämie wieder stimmt.

- Oder: Der Versicherer dient seine Versicherung dem Besteller an, den er als Konzernkunden gewinnen will, und bietet diesem günstigere Konditionen als dem Softwareentwickler. Da nunmehr der Besteller die Prämie übernimmt, wird die Verhandlung sich darum drehen, daß der Entwickler seine Preise senkt.

Sind all diese Möglichkeiten auf eine einzige reduziert, wird die **Regel** aufgestellt, die den Vertrag bestimmen soll.

Die Phase 2 wird zwischen den Parteien jeweils einzeln vorbereitet, fällt oft genug aber schon in die **Vertragsverhandlung** selbst, weil die Parteien sich manchmal über Regel und Fall erst dann klar werden, wenn sie die Vorstellungen der anderen Seite kennen.

c) Phase 3: Analogie

Sehr oft ist es nicht möglich, die Regel aufzustellen, ohne zuvor für jede einzelne Alternative die Phase 3 zu durchlaufen: In ihr wird die mögliche **Regel** mit dem in Phase 1 ermittelten **Fall** verglichen. Dann richtet sich der Blick wieder zurück auf das Ergebnis, das in Phase 1 definiert worden ist. In der Praxis wird es in Phase 2 oft genug korrigiert und damit die Phase 1 und gelegentlich die Phase 3 erneut durchlaufen werden müssen. Der kreative Blick wandert also innerhalb beider Phasen (oft mehrfach) zwischen Ergebnis, Fall und Regel hin und her. Dieser Vorgang ist es, der das **Rechtsgefühl** aller Beteiligten schrittweise zu einem bestimmten Resultat hin drängt.

Die Phase der Analogie fällt sehr oft kurz aus, weil in vielen Fällen schon auf den ersten Blick erkennbar wird, was zusammenpaßt und was nicht. In anderen Fällen allerdings kann es um sehr schwierige Einschätzungen von Optionen gehen, und der Negotiation Dance, der auch von taktischen Überlegungen bestimmt ist, wird die eine oder andere Option günstiger erscheinen lassen. Vielfach wird die Zustimmung zu einer bestimmten Option, die eine Seite macht, davon abhängig sein, daß die andere Seite eine Option in einem ganz anderen Problemkreis akzeptiert. Im vorliegenden Fall liegt es zum Beispiel nahe, daß der Softwareentwickler das für ihn mit weiteren Kosten verbundene Versicherungsmodell dann leichter akzeptieren kann, wenn der Hersteller bereit ist, die gesetzlich unbegrenzte Haftung individuell auf die Versicherungssumme zu begrenzen.

In dieser Phase kommt es entscheidend darauf an, daß nicht nur die Juristen untereinander, sondern auch alle anderen Entscheidungsträger miteinander ins Gespräch kommen und im Gespräch bleiben. Das ist einfacher gesagt als getan. Es gibt typische strukturelle Schwierigkeiten dabei, die zum Teil darauf beruhen, daß sich emotionale und rationale Elemente untrennbar miteinander vermischen. Analytisch begabte Verhandler geraten hier ebenso schnell an ihre Grenzen wie andere, die zwar für ein offenes Gesprächsklima sorgen, aber keine Gesprächsführung zusammenbringen, die verwertbare Ergebnisse erzeugt. Diese Schwierigkeiten können grundsätzlich nie systematisch gelöst werden, sondern brauchen Lösungswege und Vorgehensmodelle, wie sie oben vorgestellt worden sind.

d) Phase 4: Deduktion/Vereinbarung

365   Die Vereinbarung zwischen den Parteien kommt zustande, sobald **beide** aus den Phasen 1 bis 3 die übereinstimmende **Entscheidung** getroffen haben, eine der Optionen, die rechtlich möglich sind, zu wählen. Auch diese Phase ist in der Praxis kurz, es sei denn, anhand der konkreten Formulierungen ergibt sich, daß die Parteien sich vorher nicht so einig waren, wie sie glaubten. Dabei spielt das Rechtsgefühl eine bedeutende Rolle. Warum die Partei eine bestimmte Zustimmung erklärt, wird der anderen Seite oft nicht klar sein, weil es aus taktischen Gründen bewußt verdeckt bleibt. Letztlich mixt sich jede Seite in dieser Phase einen ihrer Ansicht nach ausgewogenen Cocktail aus Tatsachen und Meinungen, und nicht selten beruht die Annahme, daß Fall und Regel übereinstimmen, auf fehlerhaften Schlüssen, die sich im Text nicht niederschlagen. Nur in seltenen Fällen kann das später korrigiert werden (§§ 119, 123 BGB). Beide Parteien leiten hier nämlich auf der Basis ihres Wissens bestimmte Hypothesen ab, die ihrerseits auf Irrtümern, Spiel oder Zufall beruhen können. Deshalb darf die andere Seite damit nur in Grenzfällen belastet werden.

e) Überblick

366   In einem Überblick kann man das System der Entwicklung vertraglicher Regeln folgendermaßen darstellen:

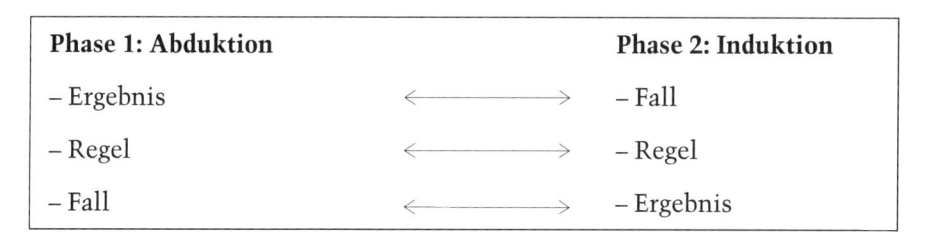

Phase 1: Abduktion		Phase 2: Induktion
– Ergebnis	⟵⟶	– Fall
– Regel	⟵⟶	– Regel
– Fall	⟵⟶	– Ergebnis

Idealerweise leisten beide Parteien in beiden Phasen die Arbeit, gewünschte Ergebnisse zu definieren und ihre praktische Umsetzung zu prüfen. Je mehr eine Partei bereit ist, diese Arbeit auf sich zu nehmen, um so stärker wird die Stellung der arbeitenden Partei gegenüber der anderen. Folge: Durch eigene gute Planung können Machtdifferenzen wirksam ausgeglichen werden.

Phase 3: Analogie	
Fall und **Regel** sind relativ ähnlich	**Fall** und **Regel** sind relativ unähnlich
In diesem Fall ist eine Vereinbarung wahrscheinlich	In diesem Fall müssen neue Optionen geprüft werden

Phase 4: Deduktion/Vereinbarung	
Diese Option wird von beiden (wenn auch aus unterschiedlichen Motiven!) **akzeptiert** und vereinbart	Es gibt keine vereinbarungsfähige Option. Folge: Die Phasen 1 bis 4 müssen für eine andere Option durchgespielt werden

f) Zusammenfassung

Erkennt man die Vielzahl der Faktoren, die auf die endgültige Fassung von Vertragswerken oder gar Vertragsnetzen einen Einfluß nehmen, wird man die Möglichkeit einer systematischen Entwicklung vertraglicher Regeln nicht überschätzen. Gleichwohl bilden sie eine Struktur, an der es sich zu orientieren lohnt.

Die von Arthur Kaufmann entwickelte und auf die Erstellung vertraglicher Regeln übertragene Systematik kann lebendig gemacht werden, wenn innerhalb der einzelnen Phasen die ökonomische Analyse des Rechts ebenso ihren Platz findet wie die Analyse ideeller und emotionaler Hintergründe und wenn man nicht vergißt, daß mit und gegen die Machtverhältnisse auch gespielt werden kann.

So ergibt sich eine außerordentlich komplexe, in ihrer Gesamtheit faszinierende Mischung aus heterogenen Elementen, mit der umzugehen gleichzeitig Last und Freude ist.

3 Vertragsverhandlung

	Rz.
I. Verhandlungsstrategie	368
II. Psychologische Faktoren bei Vertragsverhandlungen	378
1. Positionen, Status und Machtspiele	380
2. Argumente	381
3. Unbewußte Motive	382
4. Flexibilität und Zuverlässigkeit	383
5. Angenehme Verhandlungssituationen	384
6. Mißtrauen und Vertrauen	385
7. Wahrheit und Lüge	386
III. Strategische Modelle	388
IV. Verhandlungsstil	395
1. Neutrales Verhalten	400
2. Destruktives Verhalten	402
3. Konstruktives Verhalten	405
4. Bewertung der Stilformen	407
5. Klarheit des Stils und Stilwechsel	413
6. Sprache, Verhalten und Körpersprache	415
a) Aktives Zuhören	418
b) Unterbrechungen	419
c) Endlose Reden	420
7. Direkte und indirekte Kommunikation	421
a) Indirektes Verhalten	423
b) Direktes Verhalten	424
V. Logische, komplexe und emotionale Intelligenz	426
VI. Sieben Konfliktelemente	427
VII. Verhandlungsorganisation	432
1. Ad-hoc-Verträge	432
2. Beweis des Vertragsschlusses	434
3. Komplexe Verträge	435
4. Verträge ohne Verhandlungskonferenzen	436
5. Verträge als Ergebnis von Verhandlungskonferenzen	438
a) Vorverhandlung	439
b) Entwurfsverhandlung	440
c) Schlußverhandlung	442
6. Organisation von Verhandlungen	446
a) Taktische Überlegungen	446
b) Verhandlungsregie	449
c) Themen	453
d) Tagesordnung	455
e) Teilnehmer	456
aa) Verhandlungen unter vier Augen	456
bb) Verhandlungsteams	457
cc) Rollenspiele	460
dd) Spannungen im Team	461
ee) Aus der Rolle fallen	462
f) Ort	465
g) Zeit	468
aa) Zeitplanung	468
bb) Taktik	469
cc) Pausen	471
dd) Zwischenergebnisse	472
ee) Fehlende Strukturierung	473
h) Arbeitstechnik	474
i) Organisatorische Details	476
aa) Sitzordnung	477
bb) Unterlagen vorbereiten	478
cc) Visitenkarten	479
dd) Visuelle Hilfsmittel	480
ee) Protokolle	481
ff) Dokumente und Anlagen	482
gg) Getränke	483
hh) Rauchen	484
ii) Essen	485
jj) Alkohol	486
kk) Aktenführung	487
ll) Aktenkoffer	488
mm) Mobiltelefone	489
nn) Computer	490
oo) Taschenrechner	491
pp) Telefax, E-Mail	492
qq) Sekretariatsdienste	493
rr) Ausweichräume	494
ss) Entertainment	495
tt) Schlaf	496
uu) Sprachprobleme	497
vv) Übersicht behalten	499

	Rz.
VIII. Verhandlungsregie	500
1. Allgemeines	500
2. Werkzeuge der Verhandlungsregie	502
a) Übersicht	502
b) Grundregeln	503
3. Übernahme der Verhandlungsregie	504
4. Tatsachenorientiertes Verhalten	507
5. Verhandlungsteams	508
6. Einsatz der Werkzeuge	510
a) Ergebnisse zusammenfassen	511
b) Wiederholen	512
c) Regeln brechen	513
d) Strukturen schaffen	515
aa) Informieren	516
bb) Strukturieren	517
cc) Detaillieren	518
dd) Dokumentieren	519
ee) Bewerten	520
ff) Entscheiden	521
IX. Verhandlungsablauf	522
1. Anfangsphase	524
2. Vereinbarung über Protokolle	528
3. Verhandlung über den Vertragsinhalt	529
a) Statements	529
b) Verhandlungsstil	533
c) Störfelder	534
d) Forderungen stellen	535
e) Reaktion auf Forderungen	536
f) Abwarten und Schweigen	537
4. Bewertung der eigenen Position	538
5. Lösungen suchen: Die Bilanz der Zugeständnisse	541
a) Kultureller und sozialer Hintergrund	542
b) Komplexes Denken	543
c) Verhandlungsstil	547
aa) Lob des Konjunktivs	548
bb) Fragen und Schweigen	549
cc) Scheinzugeständnisse	550

	Rz.
d) Gegenüberstellung von Leistung und Gegenleistung	551
e) Objektive Risikobewertung	556
f) Emotionale Bewertung	557
g) Rechtliche Bewertung	559
h) Vorteile für beide Seiten suchen	560
i) Alternativen anschaulich machen	562
j) Entscheidungskompetenzen	565
k) Letzte Forderungen	566
X. Schwierige Verhandlungssituationen	568
1. Allgemeine Verhaltenshinweise	569
a) Vier-Stufen-Plan bei offenen Krisen	571
b) Strategien der Leere	575
c) Unsinnige Forderungen	578
d) Auflösen von Pattsituationen	579
e) Ultimative Forderungen	581
f) Übersicht über die Fallgruppen	582
2. Neutrale Probleme	583
3. Beeinflussung des Verhandlungsablaufs	586
4. Taktieren	591
a) Zu hohe Forderungen	592
b) Zu geringe Forderungen	593
c) Zurücknehmen von Zugeständnissen	595
d) Inhaltsleere Zusagen	596
e) Unbegründete Zweifel	597
5. Manipulation von Tatsachen	598
6. Manipulation von Meinungen	602
7. Destruktion und Machtspiele	605
a) Offene Konfrontation	609
b) Prinzipienreiterei	610
c) Skepsis	612
d) Drohungen	613
e) Unhöflichkeiten	614
8. Interne Konfliktsituationen	615
a) Denkverbote	616

	Rz.		Rz.
b) Änderungen von Anweisungen	618	XI. Abbruch der Verhandlungen	622
c) Gefühlsschwankungen	619	XII. Formeller Vertragsschluß	629

I. Verhandlungsstrategie

Die strategischen Überlegungen, die schon im Bereich der Vertragsplanung entwickelt werden müssen, spielen bei der Planung und Durchführung von Verhandlungen die entscheidende Rolle. Verträge sind – wie eingangs gezeigt (Einf., Rz. 4 f.) – **Ergänzungen** von **Gesetzen** und entstehen ähnlich wie Gesetze, indem die Vertragsparteien durch „parlamentarische Verhandlungen" versuchen, ihre **gegenseitigen Interessen** auf einen Nenner zu bringen. Während für diese Vorgänge im Parlament ausreichend klare Strukturen vorhanden sind, gibt es für die Vertragsverhandlungen nichts Vergleichbares: Wie und unter welchen Umständen verhandelt wird, ist nirgendwo vorgeschrieben. Das kann durch schriftlichen Austausch von Entwürfen, durch Briefwechsel und in ähnlichen Formen geschehen und setzt keine Konferenz beider Parteien an einem bestimmten Ort zu einer bestimmten Zeit voraus. 368

Der Begriff „Verhandlung" umfaßt also alle wie immer strukturierten Kontakte zwischen den Vertragsparteien zum geregelten Austausch von Informationen mit dem Ziel, einen Vertrag abzuschließen. Das geschieht im Rechts- und Wirtschaftsleben täglich so oft, daß die meisten von uns sich nicht darüber im klaren sind, wie oft sie Verträge abschließen. Die meisten **strategischen Fehler** bei Vertragsverhandlungen beruhen darauf, daß unproblematische Abläufe, die man hundertfach schon praktiziert hat, in Situationen wiederholt werden, in denen sie sich als ungeeignet, mißverständlich oder gefährlich erweisen. Die nachfolgende Darstellung geht – wie schon im Bereich der Vertragsplanung – von dem umfassenden Modell eines **individuell** zu verhandelnden **komplexen Vertrages** aus, der **schriftlich** niedergelegt wird, ein Modell, das sich vereinfachen läßt, wenn die Aufgabenstellung weniger schwierig ist.

Ob Verhandlungen einfach, automatisch oder komplex geplant vor sich gehen, immer sind es **soziale Rituale**, da Verträge immer von **Personen** verhandelt werden, auch wenn diese im Namen von Firmen, Systemen und Institutionen handeln. Daraus ergeben sich immer spielerische und kämpferische Elemente. Verhandlungen sind Spiele, bei denen es offene, versteckte und unbewußte Regeln gibt, die hier (Rz. 378 ff., 500 ff., 522) sehr vereinfacht mit den Werkzeugen der praktischen Erfahrung beschrieben und entschlüsselt werden. 369

Bei tiefergehenden wissenschaftlichen Ansätzen würde man mit Hilfe psychologischer Theorien, den **Spieltheorien,** den **Chaostheorien** und mit **mathematischen Modellen** gewiß noch vieles zutage fördern, was für eine ver- 370 tiefte rechtliche Betrachtung nützlich sein könnte. Indes zeigt die Erfahrung, daß schon die **einfachen praktischen Regeln** nur **wenig bekannt** sind und noch weniger praktiziert werden. Ihre immer wieder **geübte Umsetzung** wäre völlig ausreichend, um die Qualität der Vertragsverhandlungen erheblich zu verbessern und das Erreichen der gesteckten Ziele leichter zu ermöglichen.

371 Zu den **offenen Regeln** der Vertragsverhandlung gehört alles, was man förmlich vereinbart, also die Zeit, den Ort, die Sprache, die Teilnehmer, die Tagesordnung etc.

Versteckte Regeln herrschen dort, wo jede Vertragspartei sich – für die andere erkennbar – nach einem bestimmten **Konzept** verhält und dieses Konzept von der anderen Seite stillschweigend akzeptiert wird. Dazu gehört etwa die Reihenfolge der Redner, der Themenkatalog, der Umfang der gegebenen Informationen oder das taktische Verhalten, auf das die andere Seite, ohne es zu problematisieren, reagiert.

372 Die **unbewußten Regeln** umfassen Verhaltensweisen der Beteiligten, die diese befolgen, ohne zu erkennen, nach welchem Muster die eigene Strategie abläuft, vor allem also die Körpersprache, die Inszenierung des eigenen Charakters (persona), das Temperament, die dargestellten sozialen Rollen etc.

Dieses Gesamtverhalten, das man nur bei grober Vereinfachung als „Regeln" kennzeichnen kann, umfaßt Tatsachen und Meinungen (facts and fictions) ebenso wie Gefühle, Phantasien und Spiele, die die handelnden Personen in komplexer Weise nur beherrschen, wenn sie in Standardsituationen immer wieder durchgespielt werden. Genau dadurch aber entsteht auch eine **Scheinsicherheit**, die in ungewöhnlichen Situationen die Aufmerksamkeit beeinträchtigt und zum Rückgriff auf Stereotype statt zu kreativem Verhalten führt.

373 Man kann Vertragsverhandlungen **nicht** bis ins **Detail planen**, und zwar schon deshalb nicht, weil man nicht immer die Personen, die auf der anderen Seite auftreten, kennt und immer wieder in unterschiedliche Verhandlungslagen gerät, auf die situativ reagiert werden muß. Viele strategische Möglichkeiten können auch nur mit hinreichend informierten und erfahrenen Managern umgesetzt werden: Wenn ein Konzernmanager, zu dessen Aufgabe das Verhandeln komplexer Verträge gehört, auf einen mittelständischen Unternehmer trifft, der in der Regel handfestere Gesprächspartner hat, dann kann zum Beispiel das dem Manager vertraute **Spiel** mit **Andeutungen**, auf das ein erfahrener Gesprächspartner sofort reagiert hätte, ohne jede Wirkung bleiben.

374 Ein einfaches **Planungsinstrument** ist eine Übersicht, die es ermöglicht, verschiedene **Szenarien** zu bilden, die sich sowohl aus harten Verhandlungspunkten wie Preis und Leistung als auch aus psychologischen Faktoren zusammensetzen können. Erstellt man zum Beispiel diese Skizze ganz am Anfang einer Verhandlung als wahrscheinliches Szenario, kann man die später

eintretenden Ereignisse entsprechend berücksichtigen und so relativ einfach abschätzen, wie weit man sich von der Planung entfernt hat.

Verhandlungsszenario am Beispiel einer Firmenübernahme   375

Merkmal	Mögliche Ausprägungen				
Haltung der Firmeneigner	Kooperativ	Abwartend	Skeptisch	Nicht kooperativ	
Haltung der Geschäftsführung	Kooperativ	Abwartend	Skeptisch	Nicht kooperativ	
Haltung des Betriebsrates	Kooperativ	Abwartend	Skeptisch	Nicht kooperativ	
Preisvorstellungen der Gegenseite	über 120 Mio €	110–120 Mio €	105–110 Mio €	100–105 Mio €	weniger als 100 Mio €
Notwendiges Fremdkapital	80%	70%	60%		
Andere Interessenten	Aggressiv	Zielstrebig, aktiv	Abwartend	Abgeneigt	Nicht vorhanden
Gewinnzuwachs im nächsten Jahr	mehr als + 20%	+ 0- 10%	Gewinnrückgang	„schwarze Null"	Verluste
Jetziges Management	Wird übernommen	Wird z.T. entlassen	Wird abgefunden	Wird ausgetauscht	

—— Wahrscheinliches Szenario   © **denkmodell Berlin**®

Die Szenario-Entwicklung dient zur mentalen und strategischen Vorbereitung auf konkrete Verhandlungssituationen und unterstützt das Denken in Alternativen. Zu diesem Zweck werden die entscheidenden Parameter für den Verlauf einer Verhandlung identifiziert (1. Spalte) und in ihren **theoretisch** möglichen Ausprägungen aufgefächert. Danach kann diskutiert werden, welches vermutlich das pessimistische, das optimistische und wahrscheinliche Szenario sein wird. Auch kann eine Rückzugslinie markiert werden, die im Sinne der Harvard-Verhandlungstechnik die Situation charakterisiert, in der die Verhandlung abgebrochen und die „nächstbeste Alternative" ergriffen wird.

Verzichtet man auf der anderen Seite auf jegliche Planung und Überlegung zur eigenen Strategie und Taktik, gerät man oft schon in Standardsituationen in Schwierigkeiten.   376

Vor allem muß man in jeder Lage der Verhandlung imstande sein zu erkennen, wann Spiele und Rituale **ernst** werden, man muß erkennen, an welchem Punkt man wirklich **Boden verlieren** kann. Immer dann, wenn eine kämpferische Situation sich anbahnt, zeigt das: Jetzt geht es um die Essentials des Vertrages, und dann ist größte **Aufmerksamkeit** geboten. Phasen kämpferischer Auseinandersetzung bei Vertragsverhandlungen, die über bloße Macht- und Demonstrationsspiele hinausgehen, sind keinesfalls etwas Negatives. Wenn beide Seiten nämlich um den Vertrag und ihre Interessen kämpfen, zeigen sie, daß sie letztlich den Vertragspartner brauchen, um aus unterschiedlichen Motiven ein gemeinsames Ziel zu erreichen: *„Ein jeder Kampf dreht sich um unterschiedliche Blickwinkel, die allesamt dieselbe Wahrheit beleuchten"* (Mahatma Gandhi). Erst diese vollständige Beleuchtung des Sachverhalts aus verschiedenen Blickwinkeln, um die die Parteien engagiert ringen, gibt Verträgen die realistische Basis, die sie brauchen, um erfolgreich durchgeführt werden zu können.

377 Die dabei oft entstehenden Emotionen sind kein schlechtes Investment, denn zum einen kann man an ihnen das eigene wie das fremde Interesse an einer Lösung ablesen, und zum anderen erlauben emotionale Verhandlungssituationen besser als alles andere einen tiefen Blick auf die **Schwächen** und **Stärken** des Vertragspartners: Man kann sich in Vertragsverhandlungen verhalten, wie man will – man kann niemals verhindern, daß der andere seine Schlüsse daraus zieht! So mag es für einen Vertragspartner, der aus mächtiger Position verhandelt, befriedigend sein, wenn er das im Zuge der Verhandlung immer wieder demonstrieren kann, er wird mit diesem Verhalten die andere Seite aber entweder vom Vertragsschluß abschrecken oder so frühzeitig warnen, um die eigene Position besorgt zu sein, daß taktische Vorteile zunichte gemacht werden.

II. Psychologische Faktoren bei Vertragsverhandlungen

378 Schon im Bereich der Vertragsplanung sind wichtige psychologische und emotionale Faktoren erörtert worden, die die Vorbereitung von Verträgen beeinflussen (oben Rz. 21 ff.).

Ihre Bedeutung wächst erheblich, wenn man in die Phase der Verhandlung kommt, weil hier ein unmittelbarer Austausch der Positionen zwischen den beteiligten Personen stattfindet.

379 Idealerweise bringen beide Parteien folgende Eigenschaften mit:

– **Geduld,** die eigene Position zu entwickeln und der Gegenseite zuzuhören,

– **Klarheit** in der Darstellung der eigenen Position,

– **Organisationsfähigkeit,**

– **Phantasie** bei der Entwicklung von Lösungen.

Nur selten verfügen beide Seiten über diese Eigenschaften in jeder Verhandlungsphase, und beide Seiten sollten die realistische Einschätzung mitbringen, daß man selbst ebensowenig wie die andere Seite alles zu jeder Zeit richtig machen kann.

Die meisten Schwierigkeiten können erfahrungsgemäß überwunden werden, wenn beide Seiten wenigstens die Bereitschaft mitbringen, unter allen Umständen die Kommunikation miteinander aufrechtzuerhalten.

1. Positionen, Status und Machtspiele

Schon oben ist darauf hingewiesen worden, daß Positionen, Statusfragen und die Darstellung von Machtritualen nicht nur negative Aspekte haben, sondern zur Berechenbarkeit des anderen beitragen. Ein Vertragspartner, der unter solchen Darstellungen zu leiden hat, kann sich deshalb immer sagen: Das Verhalten der anderen Seite läßt auf jeden Fall Rückschlüsse für das spätere Verhalten bei der Vertragsdurchführung zu und erleichtert damit die eigene Entscheidungsfindung. Machtdemonstrationen können nämlich auch Selbstbewußtsein und Großzügigkeit signalisieren, so daß man aus ihnen nicht voreilige Schüsse ziehen sollte. Natürlich kann es auch anders sein: Ein teurer Dienstwagen ist für den Vorstandsvorsitzenden eines großen Unternehmens ein schlichtes Werkzeug, bei einem Makler hingegen dient er oft genug nur der Vortäuschung von Vermögen.

380

Psychologische Machtsignale können sich auch durch Leutseligkeit, Kumpelhaftigkeit oder intellektuelle Attitüden ausdrücken und zur Vorsicht Anlaß geben etc. Auch demonstrativ zur Schau gestelltes Fachwissen und Detailkenntnisse können ebenso wie hohe Intelligenz und schnelle Auffassungsgabe zu negativen Schlüssen Anlaß geben, wenn sie nicht in einem sachlichen Zusammenhang verwandt werden. Wichtig ist es, all dies auf sich wirken zu lassen und erst dann zu bewerten.

2. Argumente

Im Zuge der Verhandlungen werden die jeweiligen Positionen in den meisten Fällen mit Argumenten begründet, die die Gegenseite überzeugen sollen, weil das schlichte Äußern von Motiven, Machtansprüchen und Darstellungsbedürfnissen als wenig überzeugend erkannt wird. Gleichwohl steckt hinter vielen Argumenten nichts anderes als das, und folglich erschöpfen sich viele Verhandlungssituationen in der gegenseitigen Darstellung solcher Begründungen für die eigene Position, die die andere Seite nicht recht ernst nehmen will.

381

Gleichwohl steckt im Austausch der Argumente ein erheblicher Wert: Ähnlich wie die Demonstration von Macht und Positionen erlauben sie jeder Seite, ihre Motive in einer Form darzustellen, die es erlaubt, das eigene **Gesicht** zu **wahren,** und ist für die andere Seite eine wichtige Einbruchstelle, um die eigenen Vorstellungen doch durchzusetzen. Es ist nämlich viel leichter für eine Seite, sich einem Argument zu beugen anstatt sich von einem Machtanspruch erdrücken zu lassen. Wichtig ist nur: Man muß **tragfähige Argumente** von **Scheinargumenten** unterscheiden lernen, und das kann man am besten, wenn man ein Gespür dafür entwickelt, wann Argumente ernsthaften Überlegungen entsprechen. Dieses Gespür kann nur durch langjährige Erfahrung erworben werden.

3. Unbewußte Motive

382 Das gelingt am besten, wenn man sich sowohl die eigenen unbewußten Motive klarzumachen versucht als auch daran arbeitet, die **Motive** der **Gegenseite** so **gut** wie möglich zu **verstehen**. Man wird dabei oft genug die Überraschung erleben, daß eine genügend intensive Beschäftigung mit der **Perspektive**, die die **andere Seite** einnimmt, am Ende dazu führt, daß man deren Motive anerkennen muß. Die Überwindung solcher Vorurteile ist eine wesentliche Basis für das Gelingen von Verhandlungen. Unter Gelingen ist hier – wie schon oft gesagt worden ist – nicht etwa der Vertragsschluß unter allen Umständen zu verstehen, sondern auch die frühzeitige Erkenntnis, daß die gegenseitigen Positionen unvereinbar sind.

4. Flexibilität und Zuverlässigkeit

383 Wenn auch die Offenhaltung eigener Positionen unbedingt erforderlich ist, um die Verhandlung in Gang zu halten, so darf sie doch nicht so beliebig werden, daß die andere Seite an der Zuverlässigkeit und Entschlossenheit des Verhandlungspartners zweifeln kann. Man wird also immer wieder an geeigneter Stelle die eigene Entschlossenheit demonstrieren müssen.

Das gelingt am einfachsten durch

– präzise **Vorbereitung,**

– aufrichtige **Vorschläge,**

– Einhalten aller formellen **Verhandlungsvereinbarungen** (einschließlich Pünktlichkeit etc.),

– Vermeidung **widersprüchlicher** emotionaler **Informationen** (Double bind).

5. Angenehme Verhandlungssituationen

384 Kontroverse Vertragsverhandlungen sind für alle Beteiligten eine mühevolle Arbeit, so daß – von akuten Krisenverhandlungen einmal abgesehen – jede Seite bemüht sein wird, etwas für die Verhandlungsatmosphäre zu tun.

Die Illusion, das unter allen Umständen aufrechterhalten zu können, darf man aber nicht hegen. Die größte Gefahr besteht darin, **inhaltliche Positionen aufzugeben,** um sich durch vorzeitige Konzessionen bei der Gegenseite **beliebt** zu machen. Wer Schwierigkeiten damit hat, solche Tendenzen in sich zu unterdrücken, wird häufig das Opfer von Übervorteilungen, denn geschickte Verhandlungspartner nutzen genau das am ehesten aus.

Die sicherste Methode, die hier lauernden Gefahren zu vermeiden, besteht darin, grundsätzlich keine Zugeständnisse zu machen, bevor nicht die **Bilanz der Zugeständnisse** gezogen werden kann. In der Praxis ist das leichter gesagt als getan, denn geschickte Verhandler versuchen gerade aus den Zwischenzugeständnissen Argumente zu ziehen, die sie später verwerten können.

6. Mißtrauen und Vertrauen

Naives Vertrauen ist genauso gefährlich wie überzogenes Mißtrauen. Man kann beides vermeiden, wenn man davon ausgeht, daß jeder Vorschlag, den die andere Seite macht oder zu dem sie zustimmt, im Zweifel ein Element enthält, das ihr günstig ist. Solange man versteht, warum die andere Seite in bestimmten Vorschlägen etwas Positives sieht, braucht man nicht mißtrauisch zu sein, denn dann versteht man, warum der Vorschlag gemacht wurde. Aufmerksamkeit ist aber geboten, wenn die Gegenseite einer Regelung zustimmen will, die in den eigenen Augen für sie ungünstig ist. Dann gibt es nur zwei Erklärungen:

– Entweder enthält der Vorschlag Elemente, die man nicht zutreffend bewerten kann, **oder**
– die Gegenseite kennt ihre eigene Position und deren Gefahren nicht, und dann hat man es möglicherweise mit einem zu unerfahrenen Vertragspartner zu tun.

Kurz: Man darf keinen Vertrag abschließen, bei dem man die Vorteile, die die andere Seite sich von ihm verspricht, nicht selbst in vollem Umfang versteht.

7. Wahrheit und Lüge

Vertrauensbildung gelingt nur, wenn man sich angewöhnt, niemals bewußt die Unwahrheit zu sagen. Die viel weiter gehende Forderung, immer die Wahrheit zu sagen, läßt sich in der Praxis nicht verwirklichen: *„Was immer man sagt, muß wahr sein, aber man muß nicht immer alles sagen, was wahr ist"* (*Moltke* cit. bei *Egon Bahr*, Zu meiner Zeit, 1996).

Immer wieder kommt man nämlich in die Situation, Tatsachen oder Meinungen einstweilen bewußt im Hintergrund zu behalten, damit sie nicht frühzeitig angegriffen, zerredet oder sonst unbrauchbar gemacht werden können.

Oft genug ändern sich auch Tatsachen und Meinungen im Zuge von Verhandlungen, und in diesen Fällen kann es schwieriger sein, eine frühere Aussage zu korrigieren, als sie als nunmehr neue Erkenntnis vorzustellen. Schließlich kommt es oft genug vor, daß man nicht vollständig informiert ist, sich irrt oder seine Meinung wechselt. In all diesen Fällen kann man seinem Verhandlungspartner gegenüber erläutern, warum man sich so verhalten hat. Eine bewußte Lüge hingegen wird man nahezu nie rechtfertigen können, von den seltenen Fällen berechtigter Notlügen einmal abgesehen. Unwahrheiten dieser Art zerstören viel Vertrauenskapital, das man nur selten wieder ersetzen kann.

III. Strategische Modelle

388 Die Strategie, die man sich in bestimmten Verhandlungssituationen erarbeitet und anwendet, hängt wesentlich davon ab, was man als Tatsache erkennen und realistisch einschätzen kann. **Erkennen** von Tatsachen heißt **konstruieren** von Tatsachen, wobei wir unbewußt zwischen induktiven und deduktiven Methoden wechseln (näher *Watzlawik*, Die erfundene Wirklichkeit, S. 46 ff.).

Daß man dabei niemals absolute Wirklichkeiten erfahren oder darstellen kann, ist eine Erkenntnis, zu der nicht nur die Philosophie, sondern auch die modernen Naturwissenschaften Erhebliches beigetragen haben. Wir müssen uns damit abfinden, daß Wahrheit stets nur *„diejenige Arbeitshypothese ist, die am besten geeignet ist, den Weg zu jener anderen zu bahnen, die mehr zu erklären vermag"* (*Konrad Lorenz*, Die acht Todsünden der zivilisierten Menschheit, 1973, S. 86).

389 Wenn man die Tatsachen ebenso wie die Meinungen, die man selbst als richtig auffaßt, in dieser Weise arbeitshypothetisch begreift, vermeidet man die Fehler der Überheblichkeit und Rechthaberei, die bei Vertragsverhandlungen außerordentlich störend sein können.

Auf diesem Hintergrund kann man die vielen strategischen und taktischen Modelle, die für Vertragsverhandlungen denkbar sind, in zwei große Gruppen einteilen:

– Im einen Fall zielt die Strategie darauf, daß die andere Seite **nicht** oder nur unvollkommen **erkennt**, welche Rechte und Pflichten durch den Vertrag entstehen, um das taktisch nutzen zu können.

– Die andere Strategie versucht, im Zuge der Verhandlung die **Risiken** und Risikoprognosen möglichst **aufzuklären** und **Interessengegensätze** nicht zu verwischen, sondern bewußt zu **verteilen**.

390 Die erste Methode hat auf den ersten Blick den Vorteil, daß man der Gegenseite mehr Risiken aufbürden kann, als diese als relevant erkennt. Das führt aber natürlich nicht dazu, daß diese **Risiken** auch **wirklich beherrscht** werden. Letztlich ist die erste Methode nur dann überlegen, wenn Risiken letztlich nicht eintreten und man die Gegenleistung dann billiger eingekauft hat als bei der zweiten Methode. Sie ist damit fast nur auf **Standardfälle** anwendbar, und gerade in diesen Fällen wird der Versuch einer Vertuschung von Risiken häufig fehlschlagen und beeinträchtigt das Verhandlungsklima.

Auch wenn man auf jegliche ethische Wertung der beiden Modelle verzichtet, erweist sich deshalb das zweite Modell als das geeignetere. Zum einen gewährleistet es, daß die Chance, unbekannte Risiken im Zuge der Verhandlung zu entdecken, höher ist als bei der ersten Methode (und das tut dem Erfolg letztlich gut); es scheidet darüber hinaus ungeeignete Vertragspartner aus, die vor Risiken zurückschrecken, die sie nicht bewältigen können; es sorgt schließlich dafür, daß im Zuge der Vertragsdurchführung Überraschungseffekte verhindert werden, die in Krisensituationen immer zusätzlichen Streß verursachen.

Die zweite Methode kann man als **tatsachenorientierte Verhandlung** kennzeichnen, ein Oberbegriff, unter dem man verschiedene Methoden zusammenfassen kann, die diesem Modell dienen. Dazu gehört vor allem das von *Fisher, Ury, Patton* u. a. an der Harvard-Universität (USA) entwickelte **Harvard-Konzept**, das in Deutschland in den Arbeiten von *Fritjof Haft* für Juristen rezipiert worden ist, aber auch viele andere Modelle, wie das von *de Bono* (unten Rz. 395 ff.), *Salacuse, Raiffa* u. a.   391

Die Perspektiven und Konzepte, die das ergebnisorientierte Verhandeln unterstützen sollen, lassen sich bei allen Unterschieden der jeweiligen Perspektiven wie folgt zusammenfassen: 392

1. **Sich an Zielen und Tatsachen orientieren:**

Das eigene Ziel definieren und es im Chaos der Verhandlung nie aus den Augen verlieren. Eine Position ist kein Ziel.

Tatsachen **anerkennen**, auch wenn das schwerfällt. **Keine formellen Hürden** errichten.

2. **Perspektiven wechseln:**

Die Ziele/Perspektiven aller anderen Beteiligten **analysieren** und verständnisvoll betrachten. Es gibt meist ein gemeinsames Interesse: Der Vertrag soll geschlossen, der Konflikt beendet werden (gilt nicht für Scheinverhandlungen, deren Ziel die Bestätigung von Positionen ist).

3. **Emotionen ernst nehmen:**

Eigene Emotionen ernst nehmen und die der Verhandlungspartner nicht unterdrücken, sondern positiv und negativ (wenn möglich: kontrolliert) zum Ausdruck bringen und ihre **Berechtigung anerkennen** (man kann niemandem verbieten, sich schlecht behandelt zu fühlen, auch wenn das „unlogisch" ist). Gefühle haben Gründe! Man kann die Gefühle anderer anerkennen, ohne die eigenen Ziele aus den Augen zu verlieren (emotionaler Zustimmung kann logische Ablehnung folgen: „Die Welt ist Widerspruch" – *Nietzsche*).

4. Kreative Lösungen suchen:

Gemeinsam nach kreativen Lösungen suchen, auf die man nie kommt, wenn man nur die eigene Perspektive im Blick hat. Oft hat ein Dritter den Schlüssel zur Lösung in der Hand („Kuchen vergrößern") (siehe unten Rz. 541 ff. und Rz. 560 f.).

Heinz von Foerster hat daraus den Grundsatz abgeleitet: *„Handele stets so, daß weitere Möglichkeiten entstehen"* (cit. bei *Watzlawik*, Vom Unsinn des Sinns und vom Sinn des Unsinns, 1996, S. 38). Dieser Grundsatz ist der einzige Rettungsanker, den man in festgefahrenen Verhandlungssituationen hat.

393 Wenn beide Vertragsparteien diese Grundsätze entweder intuitiv beherrschen oder sich durch Übung aneignen,
 – haben alle das Gefühl, daß den anderen die eigene Sicht der Dinge **bekannt** ist,
 – sind sich sicher, daß alle Positionen **ernst genommen** werden,
 – **akzeptieren**, daß außer den vorgeschlagenen Lösungen keine weiteren zur Verfügung stehen,
 – sind bestrebt, **nichts Unangemessenes** zu fordern und **Zugeständnisse** der anderen Seite durch eigene **auszugleichen**.

Wenn beide Parteien so vorgehen, ergibt sich wenig Anlaß, sich komplexere taktische Überlegungen zu machen, wie sie im folgenden Teil entwickelt werden.

394 Anders ist es aber, wenn man mit einem Vertragspartner zu tun hat, für den erfolgsorientiertes Verhandeln auf der Basis von **Tatsachen** ein Fremdwort ist. Man ist nicht immer in der komfortablen Situation, um solche Verhandlungen einen Bogen zu machen, sondern muß versuchen, auch und gerade mit **schwierigen Verhandlungspartnern** zurechtzukommen (unten Rz. 568 ff.). Solche Situationen sollten einen nicht dazu zwingen, die eigene ergebnisorientierte Verhandlungsstrategie in Frage zu stellen, man muß aber auf andersgeartete taktische Konzepte vorbereitet sein und flexibel auf sie reagieren. Gerade darin besteht die Stärke der ergebnisorientierten Verhandlungsstrategie, denn *„nichts in der Welt ist weicher und schwächer als Wasser, und doch gibt es nichts, das wie Wasser Starres und Hartes bezwingt"* (*Lao-Tse*, Kapitel 78, S. 279).

IV. Verhandlungsstil

395 Die unterschiedlichen Konzepte darüber, wie man erfolgreich verhandelt, führen zu unterschiedlichen Verhandlungsstilen, die wiederum die Verhand-

lungsbedingungen und das Verhandlungsklima prägen: Auch wenn die meisten Verhandlungen sich im wesentlichen (unvermeidbar) mit dem Austausch von logischen **Argumenten** beschäftigen, so reagiert doch das Unterbewußtsein zu 70% auf **emotionale Sachverhalte**, die nur zu 30% logisch kontrollierbar sind. Entscheidend ist also immer die „Verpackung" der Argumente, und diese wiederum oszillieren in einem Umfeld von Tatsachen, Meinungen, Gefühlen und Phantasien, die niemand in allen Situationen klar voneinander trennen oder bewerten kann. Die **Sprache** ist dabei nur ein Element, auch wenn in Verhandlungen viel gesprochen wird und das Ergebnis normalerweise in einer **Textfassung** endet. Fast ebenso wichtig ist das **Schweigen** (man kann provozierend, zustimmend oder neutral schweigen), die **Körpersprache**, die Klarheit und **Richtigkeit** der **Information**, die Darstellung von **Mitgefühl** und **Konsequenz** – kurz: die Eigenschaften, die einen guten Verhandler kennzeichnen (unten Rz. 510 ff.), drücken sich in vielfältigen Stilelementen für die andere Seite erkennbar aus. Nur die wenigsten von ihnen sind einer bewußten Kontrolle oder Beeinflussung zugänglich – im Gegensatz zum Entwurfsstil (s. oben Rz. 279 ff.).

De Bono hat versucht, sie in ein **Raster** zu bringen, mit dem man die einzelnen Elemente besser verstehen kann. Er verdeutlicht dieses Schema, indem er jedem Element eine Farbe zuweist, denn Farben werden (weitgehend unbeeinflußt durch kulturelle Elemente) relativ einheitlich verstanden. *De Bono* schlägt folgendes Schema vor:

- **Tatsachenorientiert**   weiß
- **Emotional**   rot
- **Pessimistisch**   schwarz
- **Optimistisch**   gelb
- **Kreativ**   grün
- **Kontrollierend**   blau

Die praktische Umsetzung dieser Einteilung kann man am Beispiel einer Diskussion leicht nachvollziehen, die über die Richtigkeit von Zahlen in Bilanzen, Statistiken oder anderen Zusammenhängen geführt wird. Der Zweifel darüber, ob bestimmte Zahlen richtig oder falsch sind, drückt sich in den verschiedenen Stilformen folgendermaßen aus:

- **Tatsachenorientiert** (weiß): „Die Zahlen, über die wir sprechen, befinden sich bezüglich des Vorjahres auf den Seiten 1 bis 10, die aktuellen Zahlen auf Seiten 11 bis 20 . . ."
- **Emotional** (rot): „Zahlen sagen über die wirklichen Verhältnisse gar nichts."
- **Pessimistisch** (schwarz): „Diese Zahlen sind wahrscheinlich falsch zusammengestellt."

- **Optimistisch** (gelb): „Selbst wenn sie inhaltlich falsch sind, können wir daraus immer noch unsere Schlüsse ziehen."
- **Kreativ** (grün): „Wir können das Problem auch ohne Kenntnis der Zahlen lösen."
- **Kontrollierend** (blau): „Auf jeden Fall müssen die Zahlen erst einmal kontrolliert werden, bevor wir weiterreden."

Jede dieser **Perspektiven** ist unter **bestimmten Bedingungen** berechtigt, und jede kann ihren Beitrag zu einem sachgerechten Ergebnis leisten. Es ist also keinesfalls so, daß man immer nur eine optimistische Perspektive einnehmen muß, in vielen Fällen ist es notwendig, auch pessimistisch zu sein. Wichtig ist aber immer, sich über die **eigene Perspektive** auch in schwierigen Verhandlungssituationen **bewußt** zu sein.

397 Wer sich über den gewählten **Stil** in der Regel im klaren ist und ihn **wählen** kann, hat bereits dadurch einen erheblichen **taktischen Vorteil** gegenüber den anderen Beteiligten. Er kann **situationsgerecht** zwischen den einzelnen Perspektiven wechseln und damit Vertrauen zum Ausdruck bringen und Kontrolle jeweils dort fordern, wo sie erforderlich ist.

Man kann die Bedeutung des Verhandlungsstils gar nicht überschätzen, wenn man weiß, daß – abhängig von der Situation, in der man verhandelt (am Konferenztisch/am Telefon/in Videokonferenzen), der Eindruck von der Persönlichkeit, die der andere Verhandlungspartner gewinnt, einen viel stärkeren Einfluß (ca. 80%) auf den Gang der Verhandlungen hat als der Inhalt vorgetragener Argumente (nur ca. 20%). Eine McKinsey-Studie aus dem Jahre 1999 hat das erneut belegt (*Balzer*, Die McKinsey-Methode, 2000, S. 179). Dort wurden Manager aus mehreren europäischen Ländern danach gefragt, wie sie ihre jeweiligen Verhandlungspartner aus anderen Ländern erleben. **Alle** deutschen Verhandlungspartner wurden als fordernd, arrogant und wenig konzessionsbereit erlebt, und zwar um so mehr, wenn sie als Einkäufer großer Konzerne auftraten. In solchen Situationen wurden manche ihrer Argumente als „absurd" bezeichnet. Engländer und Holländer hingegen wurden positiv eingeschätzt, und zwar besonders von ihren deutschen Verhandlungspartnern! Wenn man bedenkt, daß Einkäufer und Verkäufer sich in den unterschiedlichsten Situationen häufig wiedersehen, dann kann man ermessen, wie ein solcher Verhandlungsstil dem eigenen Unternehmen langfristig schaden kann.

398 Ein ergebnisorientierter Verhandlungsstil nutzt das **gesamte Spektrum**. Er trägt dazu bei,
- die eigenen **Interessen** zu **verdeutlichen**,
- die Interessen des **Vertragspartners** in der gebotenen Tiefe zu **erforschen**,
- **Gefühle** zu **äußern** und zu **interpretieren**,
- berechtigte **Argumente** (auch diejenigen der Gegenseite) zu **unterstützen**,

- unbrauchbare **Argumente** (auch die eigenen) zu **verwerfen**,
- **Gemeinsamkeiten** zu finden,
- **Unterschiede** offen zu überbrücken,
- **Kontroversen** kreativ zu nutzen,
- gegenseitigen **Respekt** und Fairneß zu **demonstrieren**,
- **unfaire Verhandlungspraktiken** abzuwehren.

Es ist nicht einfach, die vielfältigen Perspektiven, Stile und Verhandlungslagen, die im Rahmen von Vertragsverhandlungen sichtbar werden, zu **erkennen**, zu **strukturieren** und selbst sachgerecht zu **reagieren**.

Ebenso wie beim Entwurfsstil kann man die verschiedenen Hilfsmittel wie folgt einteilen: 399

- **neutrales** Verhalten (Arbeitsstil),
- **destruktives** Verhalten,
- **konstruktives** Verhalten.

In allen drei Bereichen mischen sich die von *de Bono* skizzierten Stilelemente je nach Situation: Ein Gefühlsausbruch kann sowohl destruktiv wirken und eine Verhandlungssituation zerstören als auch festgefahrene Verhandlungen mit einem Schlag verwandeln, hartnäckig kritisches Nachfragen kann ebenso den guten Willen zerstören wie Risiken aufklären helfen, an die beide Parteien nicht gedacht haben, und so zu neuen konstruktiven Lösungsansätzen führen.

1. Neutrales Verhalten

Eine neutrale Verhandlungssituation liegt vor, wenn beide Parteien sich um eine Verhaltensweise bemühen, die zu einem bestimmten **Arbeitsergebnis** führen soll. Das geschieht in der Regel durch Austausch und Bewertung von **Argumenten**. Dabei sind beide Parteien stets bereit, auf unfaire Argumentation zu verzichten und die eigene Position immer wieder so objektiv wie möglich zu hinterfragen. 400

Diese Haltung darf nicht mit kalter Berufung auf Zahlen oder **vermeintliche Objektivität** verwechselt werden, die in den Bereich destruktiven Verhaltens gehören kann. Vielmehr versucht man mit diesem Stil, eine **Arbeitsatmosphäre** zu schaffen, die möglichst wenig von unbewußten und schwer kontrollierbaren Faktoren beeinflußt ist. Dabei bedeutet „Argumentation" nicht nur den Gebrauch herkömmlich logischer Methoden, man kann auch **bildhaft argumentieren,** lange bevor man die Ebene emotionaler Darstellung erreicht.

Man muß allerdings auch die **Grenzen** dieses Argumentationsstils sehen: Verhandlungspartner, die weniger gut argumentieren können, fühlen sich, 401 auch wenn sie respektvoll behandelt werden, oft überfahren, und in solchen Situationen nützt die beste Argumentation nichts. Darüber hinaus ist es auch dann nicht leicht, logische Argumentationen so zu gestalten, daß sie immer fair sind.

2. Destruktives Verhalten

402 Destruktives Verhalten findet man in zwei Grundformen:
- Ausspielen **mächtiger Positionen** gegenüber unterlegenen Vertragspartnern,
- vorzeitige Preisgabe eigener Positionen durch zu große **Nachgiebigkeit**.

Die erste Variante ist allgemein bekannt und leicht zu erkennen, wenn sie mit Unhöflichkeit, Arroganz und einer Gesprächsführung einhergeht, wie man sie von Staatsanwälten gewohnt ist (Verhörstil). Sie kann sich aber auch hinter scheinheiligen, heuchlerischen und verlogenen Kommunikationsformen verstecken und ist dann bei weitem nicht so einfach zu erkennen.

403 Viel weniger bekannt ist die zweite Variante, denn daß übertriebene **Nachgiebigkeit destruktiv** sein kann, erschließt sich nicht auf den ersten Blick. Nähere Analyse zeigt jedoch, daß ein Verhandlungspartner, der sich überfahren läßt, weil er meint, er dürfe seine eigene **Position** nicht einmal **darstellen** geschweige denn etwas fordern, wenn es zum Vertragsabschluß noch kommen solle, diesen Verzicht nicht hinnimmt, ohne Narben davonzutragen. Diese Narben entstehen auch bei einer schwachen Verhandlungsposition nicht, wenn man Gelegenheit hat, Lösungen vorzuschlagen, die den eigenen Interessen besser entsprechen als die ursprünglichen Vorschläge. Man muß dann allerdings eine **offene Ablehnung** hinnehmen, wenn die andere Seite **Alternativen** zur Verfügung hat, die **besser** sind als das, was man selbst anbieten kann. In solchen Situationen wird man einsehen müssen, daß man der Konkurrenz nicht gewachsen ist, oder aber man hat Glück und findet Verständnis für die eigene Position. Unterdrückt man jedoch die eigene Sicht der Dinge, weil man sich nicht einmal traut zu diskutieren, dann wird man immer versucht sein, während der **Vertragsdurchführung** das verlorene Terrain wieder zurückzugewinnen, und zwar meist nicht nur durch lautere Mittel. Die destruktive Haltung verlagert sich also in die Zeit nach Vertragsschluß, wo sie im Grunde gefährlicher ist als vorher. *De Bono* formuliert anschaulich: *„Der Klügere gibt nicht nach"*, und schlägt vor, auch aus schwacher Position die Verhandlung wie folgt zu führen:

- informieren,
- strukturieren,
- detaillieren,
- dokumentieren,

– bewerten,
– entscheiden.

Wenn der schwächere von zwei Verhandlungspartnern sich entscheidet, die Verhandlung abzubrechen, weil er sich nicht durchsetzen kann, **kontrolliert** er sie immer noch im erforderlichen Umfang, denn **er lehnt ab**, und nicht seine Vorschläge werden abgelehnt. Wie wichtig dieses Erlebnis ist, zeigt sich immer wieder bei Vertragskündigungen, bei denen beide Parteien in der späteren Auseinandersetzung (überflüssigerweise) oft großen Wert darauf legen zu klären, wer wem zuerst gekündigt hat! (*„Nicht Sie haben gekündigt, sondern ich habe Sie rausgeworfen."*)   404

3. Konstruktives Verhalten

Konstruktives Verhalten ist durch die souveräne Benutzung aller Stilelemente gekennzeichnet, die dem Ergebnis der Verhandlung letztlich dienen können. Dazu ist nicht nur sachliches und optimistisches Verhalten dienlich, sondern unter bestimmten Umständen auch **kritisches Nachfragen** ebenso wie die erforderliche **Kontrolle** von **Behauptungen** oder die **selbstbewußte Ablehnung** unfairer Zumutungen.   405

Dann liegen die Schwerpunkte so, daß

– mehr **Nähe** als **Distanz** entsteht,
– mehr **Information** als **Emotion** eine Rolle spielt,
– nicht die **Darstellung** der eigenen **Position**, sondern das angestrebte **Ergebnis** im Vordergrund steht.

Die taktischen Werkzeuge werden dabei in erster Linie genutzt, um das Verhalten der Gegenseite unter **Kontrolle** zu bringen, wenn die Linie ergebnisorientierten Verhaltens verlassen und destruktive Verhandlungsformen angestrebt werden. Das gelingt, wenn man die jeweilige Verhandlungssituation richtig einschätzen lernt, Taktik und Stil gut beherrscht und flexibel reagiert.   406

4. Bewertung der Stilformen

Die Unterschiede der drei Verhaltensformen kann man am besten in der **3-F-Formel** ausdrücken: 407

– neutraler Stil stellt fest,
– destruktiver Stil fordert,
– konstruktiver Stil fragt.

Feststellungen, die nicht von beiden Seiten akzeptiert werden, führen immer zur Diskussion, ob sie richtig oder falsch, begründet oder unbegründet sind.

Neutraler Stil ist daher nur bei weitgehender **Übereinstimmung** der **Zielsetzung** erfolgreich.

Forderungen laden nicht ein, sondern stellen Ansprüche, die oft unbegründet bleiben, und führen zum **Gesichtsverlust** der anderen Seite, wenn diese die Forderungen nicht akzeptieren kann.

Fragen hingegen sind **offen**, laden auch zum **Widerspruch** ein und bringen auch dann ein **Ergebnis**, wenn keine der beiden Seiten sie beantworten kann, denn dann gibt es Arbeit für beide Seiten, weil zunächst die offengebliebenen Fragen geklärt werden müssen.

Beispiel:
Zwei Parteien diskutieren die Frage, ob im Rahmen eines Vertrages Haftungsbegrenzungen vereinbart werden sollen. Die Verhandlungssituation ist sehr unterschiedlich, je nachdem, wie man an dieses Thema herangeht:

– **Feststellung:** „Bei Verträgen dieser Art sind Haftungsbegrenzungen üblich."

– **Forderung:** „Ohne Haftungsbegrenzung werden wir diesen Vertrag nicht abschließen."

– **Frage:** „Unter welchen Bedingungen halten Sie eine Haftungsbegrenzung für unangemessen?"

408   Die **Feststellung** fordert die Entgegnung heraus, die Behauptung der Üblichkeit sei falsch und eine Haftungsbegrenzung auch dann unangemessen, wenn sie üblich sei. Die **Forderung** führt, wenn sie ernst gemeint war, zum Abbruch der Verhandlung, wenn sie nicht insgesamt akzeptiert wird, und wird sie zurückgenommen, so verliert der Fordernde sein Gesicht und wird als Taktierer abqualifiziert. Die **Frage** hingegen läßt immer noch die Möglichkeit offen, sich im einen wie im anderen Sinne zu verhalten, und enthält vor allem die entscheidende **Option**, einen Verzicht auf die Forderung mit anderen Zugeständnissen auszugleichen, über die noch nicht verhandelt wurde.

409   Bei Fragen muß vor allem darauf geachtet werden, daß sie **offen** gestellt werden. Fragen, auf die der Angesprochene nur mit ja oder nein antworten kann, erdrosseln die Kommunikation und führen sehr schnell zum „Verhörstil".

Wird z. B. statt der oben vorgeschlagenen Frage formuliert: *„Halten Sie eine Haftungsbegrenzung für unangemessen?"*, dann kann die andere Seite mit einem schlichten *„ja"* die Diskussion blockieren, wird die Frage aber offen gestellt, so muß sie die Bedingungen nennen, unter denen sie ablehnen will (will sie nicht eine Unhöflichkeit riskieren). Konstruktives Verhalten gelingt also in erster Linie, wenn man das Werkzeug „offener Fragen" gut beherrscht.

410   Darüber hinaus können folgende Verhaltensweisen unterstützend eingesetzt werden:

- zu Erklärungen und **Stellungnahme auffordern**, **ohne** Voraussetzungen oder Ergebnisse zu **bewerten**,
- **Positionen** neutral **klarstellen**, ohne zuzustimmen oder abzulehnen,
- offene **Suche** nach **Alternativen**, ohne sich verfrüht auf eine davon festzulegen,
- **Zusammenfassen** geeigneter Zwischenpositionen,
- Bildung von **Beispielen** oder **Szenarien**,
- Definition von **Gemeinsamkeiten** und **Differenzen**,
- **Präzisieren** von Positionen in übersehen **Details**.

Konstruktives Verhalten schließt Feststellungen und Forderungen nicht aus, man darf diese Mittel aber niemals **verfrüht** und im **falschen Zusammenhang** benutzen: 411

- Feststellungen sind richtig, wenn es um beiderseits akzeptierte Positionen geht,
- Forderungen können erhoben werden, wenn sie für die andere Seite voraussichtlich **akzeptabel** sind oder man im Fall der Ablehnung bereit ist, die angekündigten **Konsequenzen** zu **ziehen**.

Konstruktives Verhalten darf schließlich nicht mit der Vorstellung verwechselt werden, Vertragsverhandlungen hätten stets das Ziel, unter allen Umständen zum Vertrag zu kommen. Die Option, daß die Verhandlung scheitert, muß immer als gleichwertig angesehen werden, weil man sonst nicht die notwendige Freiheit im eigenen Verhalten erreichen kann, und über diese Freiheit verfügt man nur bei frühzeitiger **Planung** geeigneter **Alternativen** (oben Rz. 106).

Die nachfolgende Übersicht zeigt in der linken und der rechten Spalte die verschiedenen Formen destruktiven Verhaltens und in der Mitte die typischen **Elemente des Verhandlungsstils** bei neutralem und konstruktivem Verhalten in einer anschaulichen Gegenüberstellung: 412

Elemente des Verhandlungsstils

Unterlegen (emotional, zu nachgiebig)	Ergebnisorientiert (Argumente, Emotionen und andere Elemente mischen)	Überlegen (fordernd, unsachlich)
1. Die Verhandlungspartner sollen Freunde sein	Die Verhandlungspartner sind Problemlöser	Die Verhandlungspartner sind Gegner
2. Ziel: Vereinbarung mit der Gegenseite um jeden Preis	Ziel: faires Ergebnis (auch Verhandlungsabbruch ist ein Ergebnis!)	Ziel: Durchsetzen des eigenen Standpunktes
3. Konzessionen werden als Vorleistung erbracht	Konzessionen werden am Ende ausbalanciert	Konzessionen werden als Voraussetzung gefordert
4. Nachgiebige Einstellung zu Menschen und Problemen	Sachliche Einstellung zu Menschen und Problemen	Harte Einstellung zu Menschen und Problemen
5. Vertrauensvorschuß ohne Kontrolle	Vertrauen und Kontrolle werden ausbalanciert	Kontrolle ohne Vertrauen
6. Jederzeit bereitwilliges Ändern der Position	Positionen sind (bis auf die Basisdaten) Arbeitshypothesen	Positionen beruhen auf Prinzipien
7. Angebote werden unaufgefordert gemacht	Angebote erst nach ausreichender Information	Angebote werden vermieden
8. Verhandlungslinie liegt immer offen	Verhandlungslinie wird nach Sachlage offengelegt	Verhandlungslinie bleibt immer verdeckt
9. Man kümmert sich zu sehr um die Interessen des Vertragspartners	Die Interessen werden abgewogen	Man kümmert sich nur um seine eigenen Interessen
10. Vertragsabschluß unter allen Umständen	Abschluß nach Sachlage	Ständige Drohung mit Scheitern
11. Alle Auseinandersetzungen werden gemieden	Differenzen werden verdeutlicht, Kämpfe gemieden	Eigene Position wird durchgesetzt
12. Nachgeben unter allen Umständen	Nachgeben nur bis zur Akzeptanzgrenze	Interessen des Vertragspartners werden in der Regel übergangen

5. Klarheit des Stils und Stilwechsel

Man kann den Stil, den man in der Verhandlung verwendet, nicht unter allen Umständen frei wählen und diese Wahl während der Verhandlung durchhalten. Immer wieder reagiert man zum Beispiel auf emotionales Verhalten selbst emotional, auch wenn das in der Situation vielleicht falsch ist. Man sollte sich aber immer bemühen, den in der Situation gewählten Stil klar zu halten. Das heißt: Gefühle sollte man emotional ausdrücken (*„Diese Argumentation finde ich unfair."*), und logische Argumentationen sollte man möglichst präzise halten, denn sonst kann es passieren, daß die Gegenseite gar **nicht erkennt**, wie man sich verhalten will. 413

Weitere Probleme gibt es in **Verhandlungsgruppen**, wenn die Firmenkultur sich vom persönlichen Stil und Charakter des Verhandlungsführers stark unterscheidet. Ein streng **hierarchisch** aufgebautes **Unternehmen**, das darüber hinaus über große Marktmacht verfügt, erzieht seine Leute **selten** in **konstruktiven Verhandlungsstilen**, die Manager sind es vielmehr gewohnt, Forderungen zu stellen, die erfüllt werden. Wenn einzelne Manager davon abweichen wollen, müssen sie diese Absicht innerhalb der Gruppe verdeutlichen und sich intern absichern, weil sie sonst ihr Standing verlieren.

Besonders häufig sind solche Spannungen, wenn im Verhandlungsteam auch **Berater** mitwirken, die meist einen eigenen (manchmal zu eigenwilligen) Stil entwickeln, der mit den anderen nicht abgestimmt ist. Solche Situationen kann man mit zwei Hilfsmitteln auflösen: 414

– Man einigt sich rechtzeitig darauf, daß **nur** der **Verhandlungsführer** verhandelt, und muß dann akzeptieren, daß die Dinge so laufen, wie er es sich vorstellt. Eingriffe kann man dann nur in „**Auszeiten**" vornehmen (unten Rz. 570).

– Man **verteilt** von vornherein die **Rollen** und weist dem einen die Aufgabe zu, Fragen zu stellen, während der andere sich mit Forderungen begnügt. Daraus entsteht dann allerdings leicht das bekannte taktische Spiel zwischen dem „guten" und dem „bösen" Kommissar, wie man es aus Kriminalfilmen zur Genüge kennt.

6. Sprache, Verhalten und Körpersprache

Verhandlungen werden bei uns sehr stark durch Sprache und sprachliche Argumente gekennzeichnet. In östlichen Kulturen legt man demgegenüber der Sprache eine weniger große Bedeutung bei und hält sie sogar oft für hinderlich: *„Wortreichtum verarmt, wahre lieber das Maß"* (*Lao-Tse,* Kapitel 5, S. 72). 415

Wenn man über die Sprache hinaus **andere Verhaltensformen** für sich entdeckt, die man in Verhandlungen zur Unterstützung des eigenen Stils ein- 416 setzen kann, kann man nicht nur im Ausland erfolgreicher verhandeln, sondern gewinnt weitere wertvolle Werkzeuge hinzu. Dazu gehören:

▷ aktives **Zuhören**,

▷ wortlose **Bestätigungen** (Anblicken, Nicken etc.),

▷ geduldiges **Ausreden-lassen** (wenn der andere gesprochen hat, noch drei Sekunden warten),

▷ nonverbale **Distanzierung** bei unerfreulichen Themen (Blickkontakt unterbrechen, bewußt schweigen),

▷ aktiv **beobachten** (Blickkontakt zur eigenen Gruppe oder zu einzelnen Mitgliedern des anderen Verhandlungsteams),

▷ Zustimmung durch **Lächeln**,

▷ Zustimmung durch **Nicken**,

▷ **Konzentration** signalisieren (vorneigen beim Zuhören etc.),

▷ **wortlos** unterbrechen (z. B. aufstehen),

▷ **Abwehr** signalisieren (z. B. Hände vor der Brust verschränken),

▷ **Verständnisschwierigkeiten** signalisieren (z. B. Stirnrunzeln etc.),

▷ **Status** signalisieren (Kleidung, Kfz, Entourage etc.),

▷ Gesprächspartner **berühren** (in Verhandlungssituationen sehr selten zu empfehlen; in Asien, wo bereits der Händedruck als zu intim gilt, praktisch ausgeschlossen; besonders problematisch: amerikanisches Schulterklopfen, das bei Asiaten Fluchtreaktionen auslöst),

▷ **Gestikulieren** (in Südeuropa notwendig und erwünscht, in Nordeuropa selten und in Asien völlig zu vermeiden).

417 Dem bekannten Sprichwort: *„Der erste Eindruck zählt"* liegt die Erfahrung zugrunde, daß jeder Mensch einen anderen, dem er begegnet, mit seinen eigenen Erfahrungen und Mustern vergleicht und bei weitgehender Übereinstimmung mit seinen Idealbildern akzeptiert, in anderen Fällen ablehnt. Dagegen kann man ohnehin wenig machen, und vor allem kann man die eigene **Körpersprache** nur sehr bedingt beeinflussen oder um ungewohnte „Vokabeln" erweitern (näher *Molcho*, passim). Immerhin kann man grobe Fehler vermeiden und lernen, welches Verhalten in bestimmten Situationen im In- und Ausland zu Mißverständnissen führt oder wie man die eigenen **guten Absichten** in geeigneter Weise **unterstreichen** kann (ausführlich: *Rowland*, Japan-Knigge).

a) Aktives Zuhören

Von diesen Verhaltensweisen ist in allen Kulturen die Fähigkeit zum **Zuhören** die allerwichtigste. Man erlebt kaum eine Verhandlung, geschweige denn Talkshows, politische Diskussionen etc., in denen nicht nach kurzer Zeit die Bemerkung fällt: „*Lassen Sie mich ausreden, ich habe Sie auch ausreden lassen*". Diese Bemerkung ist schon so stereotyp, daß man sich manchmal fragt, ob derjenige, der sie zum tausendsten Mal bemüht, nicht statt dessen tief durchatmen könnte, um sich zu sagen: „*Wieder einmal läßt mich einer nicht ausreden.*" Es ist nicht einfach, aber man muß es trainieren, einerseits einen Gesprächspartner nicht zu unterbrechen, und andererseits auf Unterbrechungen anders zu reagieren als mit dieser ewigen Bemerkung.

418

b) Unterbrechungen

Wird man selbst unterbrochen, dann ist ein wirkungsvolles Mittel das **Abbrechen** des **Blickkontakts** und ein **bewußtes Schweigen**, wenn der Unterbrechende seinerseits geendet hat. Er merkt nämlich in den meisten Fällen nicht, daß er unterbrochen hat, und darauf muß man ihn anders aufmerksam machen als durch eigenes Unterbrechen, weil solche Retourkutschen recht bald abgegriffen sind. Auf das Schweigen reagiert der Unterbrechende nämlich ziemlich regelmäßig mit der Frage, warum man auf seine Äußerung nicht reagiert. Dann kann man ihn darauf aufmerksam machen, daß er unterbrochen hat und man daher den eigenen Gedanken nicht zu Ende führen konnte. In höflichem Ton ausgesprochen, ist der Unterbrechende machtlos und der pädagogische Effekt hält meist für eine Zeit vor.

419

c) Endlose Reden

Ist man selbst das Opfer endloser Ausführungen, die sich zudem noch meist weit vom Thema wegbewegen, hilft es manchmal, durch **Körpersprache** zu signalisieren, daß man nicht mehr zuhört, indem man zum Beispiel anfängt, sich Notizen zu machen, mit seinen Nachbarn zu sprechen, zum Himmel zu blicken o. ä. Sind einem solche Mittel zu augenfällig und zu unhöflich, hilft die Bitte, das Fenster zu öffnen, eine Rauchpause einzuschalten o. ä.

420

Wer geübt genug ist, kann sich in Endlosreden am einfachsten dadurch einschalten, daß er **bestätigende Bemerkungen** macht, wenn der Gesprächspartner einmal Atem holt (was er irgendwann einmal muß) und an diese Bestätigungen dann eigene Bemerkungen anknüpft. Dann fühlt die Gegenseite sich nicht so „unterbrochen" wie bei förmlichen Beanstandungen. Der nahezu körperliche Schmerz, der manche Europäer überfällt, wenn sie anderen endlos zuhören müssen, wird anderswo nicht ähnlich empfunden: Ich habe bei vielen Verhandlungen in Japan kein einziges Mal erlebt, daß ich unterbrochen wurde, obgleich ich bestimmt in vielen Situationen auch viel Überflüssiges gesprochen habe, und niemals hat jemand meine ständigen Unterbrechungen, die ich mir anfangs ebenso schlecht abgewöhnen konnte wie das Gestikulieren, förmlich beanstandet.

7. Direkte und indirekte Kommunikation

421 Menschen kommunizieren miteinander teils direkt, teils indirekt, und diese Unterschiede prägen sowohl ganze Kulturen als auch das individuelle Verhalten innerhalb der jeweiligen Kultur. In den **asiatischen Kulturen** beruht die „Grundierung" des Verhaltens trotz großer Unterschiede im einzelnen (vor allem zwischen China und Japan) insgesamt auf **indirekten Formen**, von denen nur unter hohem Streß abgewichen wird. In den westlichen Kulturen hingegen fehlt eine vergleichbar allgemeine Übereinstimmung: Die direkte amerikanische Art kann bereits in England zu atmosphärischen Problemen führen und in anderen europäischen Ländern große Mißverständnisse auslösen.

Die indirekten Kommunikationsformen sind allerdings schwieriger zu beherrschen. Das gilt vor allem für die Sprachformen. Der **Konjunktiv**, der als Möglichkeitsform das sprachliche Werkzeug ist, um Alternativen, Optionen, Möglichkeiten, Eventualitäten und Szenarien zu entwickeln, wird in der Umgangssprache immer seltener, weil die direkten Redeformen einfacher zu nutzen sind. Sein Wert bei Verhandlungen ist aber nicht zu unterschätzen, denn die „Möglichkeitssprache" unterstützt das „Verhandlungsspiel", weil sie gestattet, ohne eine Festlegung vorzunehmen, verschiedene Optionen und Entwicklungen durchzuspielen (ausführlich unten Rz. 548).

422 Man ist bei uns gewohnt, unter Kommunikation in der Regel ein aktives, direktes Verhalten zu verstehen. Mit dieser Sicht der Dinge beschränkt man aber die zur Verfügung stehenden Möglichkeiten erheblich. Die folgende Gegenüberstellung zeigt gleichwertige Möglichkeiten direkten und indirekten Verhaltens, von denen keine der anderen überlegen ist, wenn sie in der jeweiligen Situation richtig angewandt wird:

aktiv/dynamisch	**passiv/statisch**
– reden	– schweigen
– schreiben	– schweigen
– sehen	– übersehen
– hören	– überhören
– kommen und gehen	– wegbleiben

a) Indirektes Verhalten

423 Indirektes Verhalten hat einige Vorteile:

- Der Gesprächspartner fühlt sich wohler, wenn **Ungünstiges** gesprochen wird, und auf **Lob** muß nicht bestätigend reagiert werden.
- Die Abwehr fällt leichter, wenn Ideen **abgelehnt** werden.
- Auch bei indirekter Zustimmung fühlt man sich meist **richtig verstanden**.
- **Aggressivität** wird gemildert.

Indirektes Verhalten bedeutet auch einen **Intelligenz**- und **Sensibilitätstest**, wenn man sich bereits „in Andeutungen" versteht.

Indirektes Verhalten, das nicht klar genug ist oder mißverstanden wird, kann aber gerade deswegen auch **gefährlich** sein.

b) Direktes Verhalten

Direktes Verhalten hat demgegenüber den Vorteil, daß es auch bei fehlender Vertrautheit eindeutig ist, emotional unmittelbar wirksam (Gunst und Haß) und klare Ablehnung bzw. Zustimmung provoziert, womit der taktische Spielraum in der Kommunikation verengt werden kann (falls man diese Wirkung anstrebt). 424

Unabhängig von diesen allgemeinen Grundhaltungen, die in den **Sozialisierungsphasen** der **Kindheit** entstehen, gibt es natürlich erhebliche **individuelle Unterschiede** je nach den verschiedenen **Temperamenten** der Menschen, mit denen man es zu tun hat.

Neuere Forschungen zeigen, daß es auch große Unterschiede zwischen **männlichen** und **weiblichen** Kommunikationsformen gibt (*Tannen*, S. 92 ff.), auf die man sich jeweils einstellen muß, wenn man mit männlichen oder weiblichen Verhandlungspartnern spricht oder mit **gemischten Verhandlungsgruppen** zu tun hat.

Trotz dieser weitgehend kulturell vorgegebenen Unterschiede haben direkte und indirekte Verhaltensweisen in allen Ländern allgemeine Wirkungen, von denen sich im Grunde niemand freimachen kann. Zurückgenommenes, **andeutendes Verhalten** wird überall eher mit **Respekt** und **Anerkennung** assoziiert als klare Worte, auch wenn sie lobend ausfallen, und Kritik wird niemals genossen, wenn sie geradeheraus erfolgt, auch wenn sie noch so berechtigt ist. 425

Vor allem beim Kampf um die **Bilanz der Zugeständnisse** (unten Rz. 541 ff.) ist eine souveräne Beherrschung dieser Formen in Verbindung mit der „offenen Frage" absolut entscheidend.

Unter taktischen Gesichtspunkten ist es also zweifellos immer besser, von den **indirekten** zu den **direkten** Formen zu wechseln als umgekehrt.

V. Logische, komplexe und emotionale Intelligenz

426 Juristen sind es gewohnt, in Argumenten zu denken, die aus den Traditionen der griechischen Philosophie (vor allem: der Sophisten), der römischen Rechtstradition, der Auslegungstechniken des jüdischen Talmud und der Tradition des Kirchenrechts stammen, um nur die wichtigsten Quellen des europäischen Rechtsdenkens zu skizzieren.

Daß dieses **logische,** auch von der Naturwissenschaft beeinflußte **Denken** in komplexen Situationen nur begrenzten Wert hat, zeigen die Arbeiten zum **komplexen** oder systemischen **Denken** (*Vester; Gomez/Probst* u. a.). Diese Denkansätze, die im Westen Ergebnisse psychologischer und naturwissenschaftlicher Forschung (Chaostheorie) sind, werden von östlichen Kulturen schon lange als realitätsgerechtere und dem logischen System überlegene Beschreibungen angesehen. Vor allem aus der Verhaltenspsychologie stammt in jüngerer Zeit der Begriff der **„emotionalen Intelligenz (EQ)"** (*Goleman*), der die Fähigkeit beschreibt, Stimmungslagen sensibel aufzunehmen und auf sie situationsgerecht zu reagieren.

Für Juristen besteht das Hauptproblem darin, all diese Einflüsse innerhalb der oft genug festen Strukturen zu nutzen, die durch Gesetz, Rechtsprechung und andere Rahmenbedingungen vorgegeben werden. Es erweist sich aber immer wieder, daß logische Argumente gegenüber dem emotionalen Aufbegehren hilflos bleiben und Vertragsverhandlungen nur dann gelingen, wenn man die Realität **aus allen drei Perspektiven** gleichermaßen beurteilt.

VI. Sieben Konfliktelemente

427 Bei Verhandlungen tauchen typischerweise sieben Elemente auf, die man genau analysieren muß, wenn man zum Ergebnis kommen will (ausführlich *Fisher*, u. a., Beyond Macchiavelli, S. 75 ff.):

– **Interessen:** Dies sind die eigenen Interessen, die Interessen der anderen und die Interessen Dritter, die entweder bekannt und/oder verständlich sind oder definiert werden müssen.

– **Optionen:** Dies sind die Wahlmöglichkeiten, die jede Seite oder Dritte haben.

– **Rechtlicher Rahmen:** Er ist entweder aufgrund vorhandener Verträge oder sonstiger Bindungen vorhanden oder fehlt.

– **Beziehungen:** Dies sind vertragliche oder andere Beziehungen, die die Parteien oder Dritte untereinander haben.

– **Kommunikation:** Das sind die Kommunikationswege, die (noch) bestehen oder herzustellen sind.

- **Verpflichtungen:** Das sind die Lasten, die beide Parteien oder Dritte noch bereit sind zu erfüllen oder die sie endgültig in Frage stellen.
- **Alternativen:** Das sind die Ereignisse, die eintreten werden, wenn die Parteien die vorhandenen Optionen nicht wahrnehmen können oder wollen.

Da diese sieben Elemente sich sehr stark gegenseitig an nicht vorhersehbaren Schnittstellen beeinflussen, ist es nahezu immer notwendig, sich eine **graphische Darstellung** anzufertigen, um so die notwendige Übersicht herzustellen.

Das folgende Beispiel zeigt eine solche Skizze, in der die einzelnen Faktoren in konkrete Unterpunkte aufgelöst werden. Die Detailthemen und Schwerpunkte werden von Fall zu Fall jeweils unterschiedlich liegen: Wenn zum Beispiel bei Lieferverträgen zwischen Hersteller und Großhändler der Großhändler seinerseits die Ware noch nicht weiterveräußert hat, dann ergibt sich beim Punkt „Beziehungen", daß keine Drittinteressen bestehen und folglich das Schadensersatzrisiko an dieser Stelle begrenzt ist. Geht es hingegen um einen Serienfehler an Kfz-Bauteilen, bei denen der Einbau schon durchgeführt und die Kraftfahrzeuge in den Händen von Endkunden sind, liegen die Risiken ganz anders und sind möglicherweise von allen Beteiligten nur noch begrenzt beherrschbar.

429

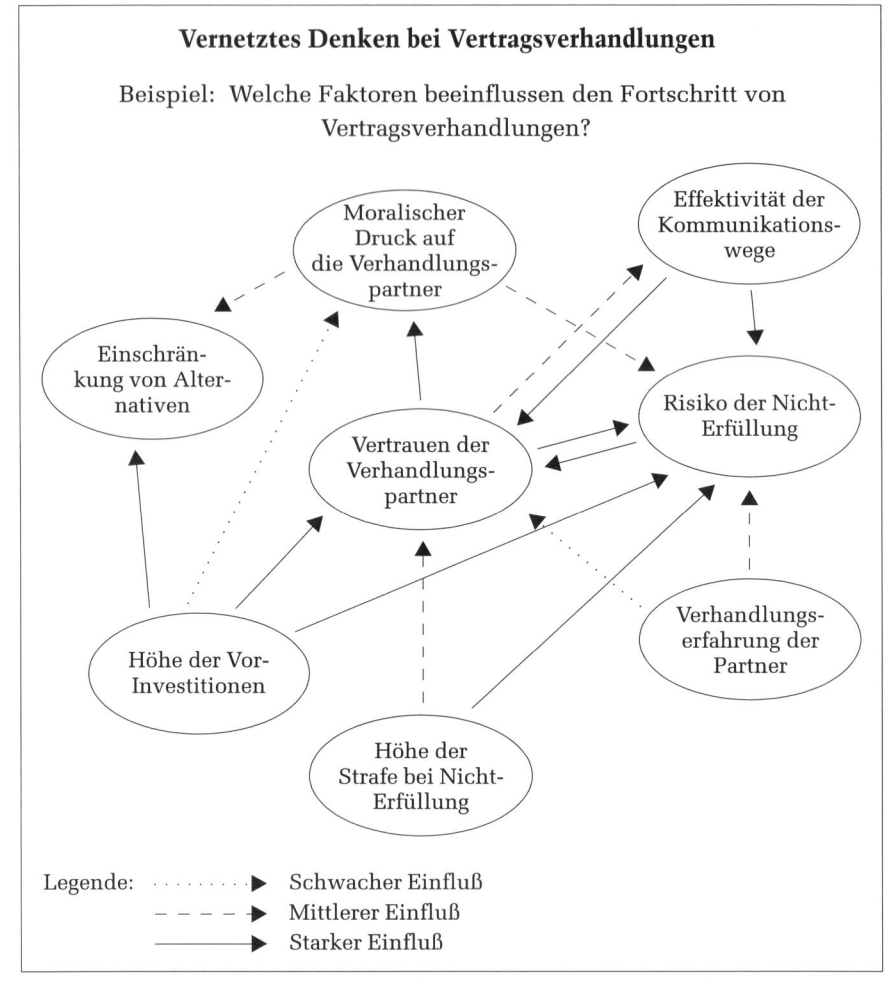

Vernetztes Denken bei Vertragsverhandlungen

Beispiel: Welche Faktoren beeinflussen den Fortschritt von Vertragsverhandlungen?

- Moralischer Druck auf die Verhandlungspartner
- Effektivität der Kommunikationswege
- Einschränkung von Alternativen
- Risiko der Nicht-Erfüllung
- Vertrauen der Verhandlungspartner
- Verhandlungserfahrung der Partner
- Höhe der Vor-Investitionen
- Höhe der Strafe bei Nicht-Erfüllung

Legende:
- ········▶ Schwacher Einfluß
- – – – ▶ Mittlerer Einfluß
- ——— ▶ Starker Einfluß

© **denkmodell Berlin** ®

430 Ein Lese- und Denkbeispiel: Das Risiko der Nichterfüllung wird stark vom Vertrauen der Verhandlungspartner, von der Höhe der Vorinvestitionen und von der Höhe der Vertragsstrafe beeinflußt. Ebenso kann durch effektivere Kommunikationswege das Risiko der Nichterfüllung gesenkt werden. Andererseits behindert ein hohes Risiko der Nichterfüllung den Aufbau von Vertrauen zwischen den Vertragspartnern. Moralischer Druck auf die Vertragspartner kann – je nach Richtung dieses Drucks – das Risiko der Nichterfüllung steigern oder senken. Der Aufbau von persönlichem Vertrauen zwischen den Verhandlungspartnern kann diese graduell gegen externen moralischen Druck schützen.

Soweit die eigene Sphäre betroffen ist, können alle diese Elemente schon im Planungsstadium erkannt werden. Meist stellt sich aber erst in der konkreten Verhandlungssituation heraus, wie sich die Situation für die andere Seite darstellt. Man erleichtert sich vor allem die schwierige Anfangsphase erheblich, wenn man zunächst in einem gemeinsamen Gespräch die Interessen, Optionen, den rechtlichen Rahmen etc. mit der Gegenseite durchspricht, um so ein erstes Gefühl für die Gesamtsituation und die wechselnden Perspektiven zu erhalten, die die Parteien im Detail einnehmen werden. 431

VII. Verhandlungsorganisation

1. Ad-hoc-Verträge

Auch wenn im Kontext dieses Buches Verhandlungen, die in förmlichen Verträgen münden sollen, im Zentrum der Überlegungen stehen, darf man nicht vergessen, daß die zahllosen trivialen Absprachen, die man täglich im persönlichen und beruflichen Bereich trifft, viel häufiger, als man denkt, die Rechtsqualität von Verträgen haben. 432

Sie bedürfen meist keiner besonderen taktischen Überlegungen und/oder Vorbereitungen, weil man davon ausgehen kann, daß der Vertragspartner die Vereinbarungen ohne weiteres erfüllen wird (und kann), und ist innerlich darauf eingestellt, Vertragsverletzungen im Zweifel ohne rechtliche Konsequenzen hinzunehmen. Das kann aber auch anders sein:

Schon bei täglich tausendfach vorkommenden Reisebuchungen können Fehlleistungen und damit die Verträge Bedeutung bekommen. Wer wegen falsch gebuchter Flüge eine Konferenz verpaßt, wird sich gelegentlich gefragt haben, ob das nicht für das Reisebüro Konsequenzen haben muß, und in der Tat ist das Haftungsrisiko im Grunde sehr groß, die Beweislage aber meist für den Besteller schwierig.

Wie immer sind es die fließenden Übergänge zwischen **einfachen** und **komplexen** Sachlagen, an denen man klarmachen kann, in welchen Fällen man beginnen muß, über die Planung und Organisation von Verträgen und deren Verhandlungen nachzudenken. 433

Typisch sind die Aufträge an kleinere Zulieferer von unbedeutendem Wert, die aber in komplexen Zusammenhängen wichtige Rollen spielen können, wie etwa elektronische Bauteile bei **Serienprodukten**, die sicherheitsrelevant sind und daher bei kleinen Fertigungsfehlern zu Rückrufaktionen zwingen können. Typisch sind aber auch **arbeitsrechtliche Absprachen** wie etwa die Organisationsanweisungen, die über das arbeitsrechtliche Direktionsrecht hinausgehen und echte Vertragsänderungen darstellen, zu denen beide Seiten zustimmen und manchmal auch Betriebsräte gehört werden müssen etc. In solchen Fällen muß man sich das Risikopotential auch trivialer Vorgänge deutlich machen und überlegen, wie man darauf planerisch reagieren soll.

2. Beweis des Vertragsschlusses

434 Die einfachste und wichtigste Regel lautet: Man muß Sorge dafür tragen, daß man wenigstens den **Vertragsschluß** und seinen **Inhalt beweisen** kann. Dafür gibt es **vier Standardmethoden,** die einem wirklich in Fleisch und Blut übergehen müssen, wenn man im hektischen Tagesgeschäft Fehler vermeiden will:

▷ **Einheitliche Vertragsurkunde**: Niederlegung des Vereinbarten in einer Urkunde, in der alles, was besprochen wurde, vollständig und richtig wiedergegeben wird (klassische Vertragsform; wenn das Gesetz **Schriftform** vorschreibt, müssen alle Anlagen untrennbar mit dem Hauptvertrag verbunden sein).

▷ **Vertrag durch Briefwechsel**: Schriftliches Angebot, das in einer zweiten Urkunde schriftlich bestätigt wird, oder Beschreibung des Vereinbarten mit „**Einverstanden**"-Vermerk der anderen Seite (die eigene Unterschrift spielt für die Beweislage keine Rolle).

▷ **Kaufmännisches Bestätigungsschreiben**: Brief an die andere Seite mit Wiedergabe des (meist telefonisch) vereinbarten Vertragsinhalts, der zeitnah abgesandt wird (**kaufmännisches Bestätigungsschreiben**): Hier muß die andere Seite unverzüglich (übliche Höchstfrist: eine Woche) widersprechen. Wenn das Bestätigungsschreiben den Inhalt der Vereinbarung richtig wiedergegeben hat (das Gegenteil muß die andere Seite beweisen), gilt der Inhalt als vertraglich wirksam vereinbart. Das Problem für den Absender: Er muß den Zugang des Schreibens beweisen. Am einfachsten wäre das durch Einschreiben/Rückschein, was aber allgemein als unhöflich angesehen wird. Das Sendeprotokoll des Faxgerätes wird als Zugangsbeweis nicht anerkannt (BGH, NJW 1995, 665). Es bleibt also nur eine Möglichkeit: Durch die Sekretariate telefonisch nachzufassen, sich den Eingang bestätigen lassen und darüber eine interne Aktennotiz fertigen (Inhalt, Tag, Uhrzeit, Name der Sekretärin!).

▷ **Interne Aktennotizen**: Sie sollen als Beweismittel den mündlich abgeschlossenen Vertrag bestätigen. Als **Geschäftsführer** und Vorstand eines Unternehmens muß man wissen, daß man bei späteren Auseinandersetzungen als **Zeuge** nicht aussagen kann. Man sollte in dieser Funktion auf solche improvisierten Vertragsschlüsse verzichten und diese Aufgaben einem Mitarbeiter übertragen. Ist das praktisch nicht möglich, so muß man mindestens einen Mitarbeiter mündlich über den Vertragsschluß informieren, ihn per Aktennotiz festhalten und sich die Aktennotiz intern abzeichnen lassen. Man kann dann notfalls einen indirekten Beweis führen, der besser ist als gar nichts.

3. Komplexe Verträge

Bevor man sich bei komplexen Verträgen dafür entscheidet, eine Verhandlungskonferenz einzuberufen, sollte man sich fragen, ob man wirklich alle anderen Möglichkeiten, den Vertrag auszuhandeln, erschöpft hat. Konferenzen sind oft nämlich nichts anderes als das Ergebnis mangelhafter Zeitplanung und haben weniger das Ziel, sich mit der Gegenseite zusammenzusetzen, als die eigenen Leute zu einem bestimmten Zeitpunkt an einen Tisch zu bringen. Solche Konferenzen, bei denen keine Zeit für ausreichende interne Vorbereitung bleibt, haben gute Chancen zu scheitern – hat man jedoch die eigenen Vorbesprechungen hinter sich und die Themen daher auch intensiv durchgearbeitet, dann kann man oft den Vertrag telefonisch oder schriftlich mit der Gegenseite abstimmen.

435

4. Verträge ohne Verhandlungskonferenzen

In diese Fällen sieht der Ablauf so aus:

436

– intern die Themen klären,

– diese Themen und die Ansichten dazu mit der Gegenseite telefonisch abstimmen,

– interne Konferenz mit Zwischenergebnis,

– Vertragsentwurf an Gegenseite (Entwurfsregie übernehmen!),

– Änderungen einarbeiten,

– Vertrag abschließen.

Ein so vereinfachtes Verfahren muß man innerhalb des eigenen Unternehmens einüben, da die Teilnahme an Konferenzen oft ebenso wie das Reisen zu den Statussymbolen gehört. Man beklagt zwar deren Lästigkeit und Ineffizienz, will am Ende aber doch nicht darauf verzichten.

Das **verkürzte Planungsverfahren** ist mit Verhandlungspartnern aus östlichen Kulturen meist nicht durchsetzbar, da die Konferenz weniger den Zweck hat, Verträge auszuhandeln, als sich kennenzulernen und das Klima künftiger Zusammenarbeit zu testen. Dazu reichen Briefe und Telefonate nicht. Wenn hier und an anderen Stellen von derartigen Unterschieden zu östlichen, vor allem asiatischen Auffassungen die Rede ist, so soll damit nicht geleugnet werden, daß es viele Manager aus diesen Ländern gibt, die den uns vertrauten westlichen Verhandlungsstil pflegen. Vor allem bei Managern, die in beiden Kulturkreisen aufgewachsen sind oder langjährig darin gearbeitet haben, sind die Unterschiede in den Verhandlungsstilen stark ver-

437

wischt. Bei anderen hingegen mag die Aufnahme von Verhandlungselementen westlichen Stils reine Tünche sein, die aus Höflichkeitsgründen, aber unter großen inneren Spannungen ausgehalten wird. Dasselbe gilt natürlich auch umgekehrt für europäische Manager, die an Verhandlungen im Ausland teilnehmen müssen.

5. Verträge als Ergebnis von Verhandlungskonferenzen

438 Umfragen unter Managern bestätigen immer wieder, daß 75% aller **Konferenzen** und Verhandlungen von den Teilnehmern aus unterschiedlichen Gründen als **ineffizient** bezeichnet werden. Der Hauptgrund liegt in ungenügender Klarstellung des Zwecks von Konferenzen, viele Beschwerden richten sich aber auch gegen ungenügende gedankliche **Planung** und organisatorische **Vorbereitung**.

Hat man sich für eine Verhandlungskonferenz entschieden, muß man zunächst klären, ob es sich um eine

– Vorverhandlung,

– Entwurfsverhandlung oder

– Schlußverhandlung

handelt.

a) Vorverhandlung

439 **Vorverhandlungen** sollen nicht schon zu einem bestimmten Ergebnis führen und müssen deshalb nicht bis ins Detail geplant und vorbereitet werden. Fehler kann man meist später gegebenenfalls noch beseitigen.

Vorverhandlungen können im Stil des Brainstorming mit offenem Ergebnis geführt werden und brauchen außer der Protokollführung keine besondere Verhandlungsregie. Oft genug entsteht aus Vorverhandlungen erst ein bestimmter Verhandlungsstil, der spätere Gespräche prägt. Sie dienen in erster Linie der Informationsgewinnung.

b) Entwurfsverhandlung

440 **Entwurfsverhandlungen** sind Arbeitsverhandlungen, an denen oft auch nur einzelne Manager aus einem Projektteam teilnehmen. Sie finden teilweise parallel neben anderen Verhandlungen statt. Die bei ihnen entstehende Arbeitsatmosphäre in homogenen Arbeitsgruppen (Juristen, Ingenieure etc. unter sich) macht vieles einfacher, und es ist nicht so schwer, ergebnisorientiert zu verhandeln. Man muß allerdings darauf achten, daß die so entstehende Gruppendynamik zu starken **persönlichen Bindungen** zwischen **Managern** führen kann, die der **anderen Seite** angehören, so daß sich

Verhandlungsorganisation Rz. 443 **Teil 1**

gruppenübergreifende Koalitionen bilden können, die nicht mehr den Absichten des Unternehmens entsprechen. Solche Entwicklungen beobachtet man häufig nach ausgedehntem „Arbeitstrinken", das den beteiligten Managern Gelegenheit gibt, die eigenen Leiden im Unternehmen zu beschreiben und auszutauschen („Fronterlebnisse").

Solche Entwicklungen können wünschenswert sein, um Hemmschwellen abzubauen, sie können aber auch strategische Konzepte stören. Verbrüderung ist nämlich nicht unter allen Umständen wünschenswert, wenn sie auch spätestens bei Vertragsschluß in einem Mindestumfang entstanden sein muß, um eine gedeihliche Arbeitsatmosphäre zu schaffen. Erlebt man sie zu früh, verhindert sie manchmal sogar sachgerechte Lösungen oder schlägt – was noch gefährlicher ist – in Ablehnung um, falls später bestimmte Verhandlungserwartungen, die an das persönliche Zutrauen anknüpfen, aufgrund höherer Weisungen nicht erfüllbar sind.

Bei Vorgesprächen und Entwurfsverhandlungen sollte man darauf achten, 441
möglichst einen Manager verhandeln zu lassen, der nicht die endgültigen Entscheidungen zu treffen hat. Wird der Entscheidungsträger zu früh in die Gespräche einbezogen, ist er häufig als Problemlöser oder Moderator „verbrannt", und in dieser Eigenschaft wird er in der Schlußverhandlung oft genug gebraucht.

c) Schlußverhandlung

Die **Schlußverhandlung** sollte erst erfolgen, wenn mindestens ein **Vertrags-** 442
entwurf vorliegt und genügend Zeit vorhanden war, um ihn intern durcharbeiten zu können. Daran fehlt es in all den Fällen, in denen man nach der Vorstellung der Beteiligten nur eine einzige Konferenz eingeplant hat und niemand die Zeit findet, den Vertragsentwurf rechtzeitig zu erarbeiten und der anderen Seite zuzuschicken. Damit gefährdet man nicht nur die Möglichkeit, die **Entwurfsregie** zu übernehmen, man bringt sich darüber hinaus unter erheblichen **Zeitdruck** und findet auch nur selten den richtigen **Verhandlungsstil**, den die Schlußverhandlung benötigt:

Er ist durch folgende Elemente gekennzeichnet:

– **Vertrautheit** mit den eigenen **Problemen** und der **Perspektive** des Vertragspartners,
– **Kenntnis** der **Mindestvoraussetzungen**, die man im Vertrag wiederfinden muß, wenn man ihn schließen will,
– **Vorhandensein** aller notwendigen **Informationen**, um auch in überraschenden Situationen noch agieren zu können,
– **Bereitschaft**, nach **Lösungen** zu **suchen** und **Kompromisse** zu **akzeptieren**.

Für Anwälte ist es immer wieder erstaunlich zu erleben, daß Manager, die 443
ihren Entwürfen keinerlei Beachtung geschenkt haben („*Das regeln dann*

die Anwälte"), in der Schlußverhandlung jedes Wort und jedes Komma umdrehen und in letzter Minute ungeheure Phantasien darüber entwickeln, was alles schiefgehen kann. Tauchen **Verdachtsmomente** erst so spät auf, zerstören sie jedes ergebnisorientierte Verhandlungsklima, weil sie ja immer stark destruktive Elemente haben. Den Anwälten wird dabei oft zugemutet, diese Risiken durch geeignete **rechtliche Formulierungen** aufzufangen, die möglichst so gestaltet sein sollen, daß der Gegner nicht einmal merkt, welche Absicht dahintersteht. Diese Aufgabe zu erfüllen ist schwieriger als die Quadratur des Kreises und mit rechtlichen Mitteln überhaupt nicht lösbar.

Der richtige Weg ist umgekehrt: Man muß sich am Anfang der Verhandlung alle Schwierigkeiten plastisch vor Augen führen, die entstehen können, dann seine Vorentscheidungen treffen und darf die Schlußverhandlung nur noch zur Diskussion möglicher Lösungen benutzen.

444 Bei guter Vorbereitung kann die Schlußverhandlung sich auf rein **formelle Zwecke** beschränken, denn dann ist der Vertragstext bis in alle Details festgelegt und wird nur noch in formeller Hinsicht abgestimmt (z. B. notarielle Verlesung). Bei Verhandlungen in **Asien** ist das der **Regelfall.**

Allzu oft wird dieses Ziel jedoch bei den vorbereiteten Gesprächen nicht erreicht, und dann müssen die Manager, die die letzte Entscheidung treffen, sich überlegen, ob sie an der Konferenz von Anfang teilnehmen sollen. Das ist manchmal aufgrund des Verhandlungsorts oder anderer organisatorischer Umstände unvermeidbar, man kann aber auch in diesen Fällen den Ablauf noch so organisieren, daß es zunächst eine Arbeits- und dann eine Entscheidungsphase gibt, wobei die entscheidenden Manager nur am letzteren Teil mitwirken.

445 Wenn in diesem Zusammenhang von „**Entscheidungen**" die Rede ist, so muß es sich wirklich um die Personen handeln, die die Entscheidung treffen können, und nicht um solche, die das nur behaupten. Häufig geben Aufsichtsrat, Gesellschafter oder andere, die die Entscheidung beeinflussen können, vorab eine **allgemeine Zustimmung**, die dem Vorstand genügend Entscheidungsspielraum läßt. Wenn aber der Aufsichtsrat einem Vertrag erst dann zustimmen will, wenn er ihn in ausgearbeiteter und unterschriebener Fassung vor sich sieht, dann entscheidet letztlich der Aufsichtsrat und nicht der Vorstand, und der Vertrag muß die Klausel enthalten, daß er erst nach **Genehmigung** durch den Aufsichtsrat rechtswirksam wird.

Das gilt vor allem bei Unternehmen und Institutionen der **öffentlichen Hand**. Wer nicht genügend Verhandlungserfahrung mitbringt, ist sich nicht bewußt, daß auch ausgearbeitete und unterschriebene Verträge vor der Genehmigung durch Aufsichtsgremien dann nichts wert sind, wenn Personen und/oder Kompetenzen wechseln oder der politische Wind plötzlich aus anderer Richtung weht (Wahlen!). **Vertrauensschutz** für **Vorverhandlungen** mit der öffentlichen Hand gibt es nur in geringem Umfang, man braucht in diesen Fällen also eine langfristig geplante Auffangstrategie, wenn man nicht für zeitnahe Genehmigungen sorgen kann.

Die Treuhandanstalt, bei der es meist schwieriger war, eine Genehmigung zu bekommen als einen Vertrag auszuhandeln, hat auch hier Geschichte geschrieben und wohl eine ganze Anwaltsgeneration für diese Probleme sensibilisiert.

6. Organisation von Verhandlungen

a) Taktische Überlegungen

Wenn in Konferenzen die endgültigen Entscheidungen getroffen werden, konzentrieren sich auch die taktischen Überlegungen in der Verhandlung wie in einem Brennpunkt. Wenn schon der Entwurf von Verträgen taktisch durchdacht werden muß, gilt das um so mehr für Verhandlungen, denn hier treffen nicht nur **Ideen**, sondern **Personen** zusammen, wodurch das Netzwerk der Strategie erheblich komplexer wird als in den anderen Phasen des Vertragsmanagements. 446

Diese Überlegungen müssen schon im Organisationsstadium einsetzen, denn zunächst ist das Ziel der Verhandlung zu bestimmen, und zwar in zweierlei Hinsicht:

– **Formell**: Das Ziel der Verhandlung ist zu definieren (Vorbereitung/Entwurf/Abschluß), und davon abhängig muß man sich über Zeit, Ort, Personen und Abläufe klar werden.

– **Inhaltlich**: Es ist festzulegen, was notwendig und wünschenswert ist, um bestimmte Ziele zu erreichen und sich über die Alternativplanung klar zu werden.

Beide Bereiche sind eng miteinander verknüpft: Über bestimmte Inhalte können nur bestimmte Personen entscheiden, die wiederum nicht zu allen Zeiten und an allen Orten zur Verfügung stehen, um nur eines der vielen **Abstimmungsprobleme** zu erwähnen, die im Planungsstadium auftreten.

Bei größeren Unternehmen besteht in dieser **Koordinationsarbeit** die Hauptschwierigkeit, denn jeder Manager hat seine eigenen Prioritäten, die von seinen eigenen Zielen innerhalb des Unternehmens bestimmt sind, und das Abgleichen dieser **internen Prioritäten,** von denen vor allem die Zeitpläne abhängen, kann eine genauso schwierige Verhandlungsaufgabe werden wie die entsprechenden Abstimmungen mit der Gegenseite. 447

Aber auch **Einzelunternehmer**, die das Planen selten in richtiger Qualität gewohnt sind, haben hier ihre Schwierigkeiten und verwenden oft für die wichtigsten Entscheidungen nicht mehr oder manchmal sogar weniger Planungsaufwand als für ihren nächsten Sommerurlaub. Dahinter stecken meist unbewußte Verweigerungshaltungen, Entscheidungsschwächen, Verdrängungsmechanismen, Angstneurosen – kurz: die ganze Palette des Unbewußten, das sich planerischen Zugriffen entzieht.

448 Die Berater, vor allem die Anwälte, müssen sich, wenn sie die Qualität ihrer eigenen Arbeit nicht gefährden wollen, darum kümmern, wie die Mandanten die organisatorischen Vorbereitungen planen, müssen Ungenügendes beanstanden und dafür sorgen, daß **Mindestbedingungen** eingehalten werden, die sie für ihre Arbeit brauchen: Werden Verhandlungen anberaumt, bevor es wenigstens eine thematische Eingrenzung, eine Checkliste über die Themen, einen vernünftigen Zeitrahmen und Verhandlungsbedingungen gibt, kann man nur **unsichere Ergebnisse** erwarten.

b) Verhandlungsregie

449 Die Verhandlungsregie besteht in dem Einfluß, den jede Partei auf Organisation und Gang der Verhandlung nehmen kann. Hierzu gehören:

▷ **Tagesordnung** und **Themen,**

▷ **Teilnehmer,**

▷ **Zeitrahmen,**

▷ **Ablaufplanung,**

▷ vorbereitende **Checklisten** und Fragenlisten,

▷ Vorbereitung von **Entwürfen,**

▷ **Gesprächsführung,**

▷ **organisatorische Hilfsmittel,**

▷ Planung von **Begleitereignissen** (Arbeitsessen, Entertainment).

450 Es steht jedem Verhandlungspartner frei, sich einzelner oder aller Themen anzunehmen, und wie schon beim Gewinnen der **Entwurfsregie** gewinnt derjenige die entscheidenden **taktischen Vorteile**, der weiß, daß die **Verhandlungsregie** entscheidend für seinen Erfolg ist, und der imstande ist, schneller zu handeln als die andere Seite. Wer als erster nach vernünftigen Gründen sucht, warum eine Verhandlung an seinem Ort stattfinden soll, zwingt den anderen dazu, bessere Gründe für einen anderen Vorschlag zu finden, und wer als erster eine **Tagesordnung** vorlegt, kann meist auch die **Gesprächsführung** bestimmen – das **wichtigste taktische Hilfsmittel** bei der Verhandlung.

Man ist allerdings nicht verloren, wenn man bei einzelnen Punkten zunächst im zeitlichen Nachteil ist, man muß dann aber um einzelne Elemente, die die Verhandlungsregie bestimmen, aktiv ringen und darf die Abläufe nicht auf sich beruhen lassen. Wer etwa zu einer Konferenz in den Räumen der anderen Seite eingeladen ist und daher den Verhandlungsort nicht bestimmen kann, sollte möglichst **frühzeitig** dort sein: Dann kann er sich nämlich am Verhandlungstisch die Plätze aussuchen, die die **strategisch** besten sind (unten Rz. 477). Dieser Taktik kann nur ein wirklich kundiger Vertragspartner durch noch frühzeitigere Verteilung von Sitzkarten begegnen!

Sorgfältige Planung der Organisation von Konferenzen hat über die taktischen Vorteile hinaus eine viel weiter reichende Wirkung. Gute Organisation kann man nämlich nur leisten, wenn man sich um die Bedürfnisse der anderen Seite kümmert und sich fragt, wie man selbst in vergleichbarer Situation behandelt werden möchte. So kann man seine Mitarbeiter damit beauftragen, bestimmte Wünsche anreisender Manager bei deren Sekretariaten zu ermitteln und möglichst zu erfüllen. Ein magenkranker Manager, der ohnehin selten zu guter Laune neigt, wird sich gegen das Gefühl der Dankbarkeit kaum wehren können, das er empfinden muß, wenn ihm unaufgefordert seine gewohnte heiße Milch serviert wird, denn jeder weiß, was für einen Aufwand es bedeutet, solche Details zu ermitteln und umzusetzen. In östlichen Ländern, vor allem in Japan, sind die Elemente der **Höflichkeitskultur**, die hier eingesetzt werden können, unendlich vielfältig und auch bei uns in den Grundzügen nachahmenswert. In westlichen Ländern finden sich rudimentäre Reste in den Protokollvorschriften des diplomatischen Dienstes, die uns aus früheren Zeiten noch geblieben sind. Gerade dort dürften sie aber weitgehend nur noch zeremonielle Bedeutung haben, denn inhaltlich wird bei Botschaftsgesprächen nur noch selten Bedeutendes entschieden.

451

Die nachfolgenden Einzelthemen, die man bei der Planung von Konferenzen berücksichtigen muß, sollten in der **Reihenfolge** bedacht werden, in der sie hier beschrieben sind. Bevor man sich zum Beispiel über den Ort einer Konferenz Gedanken macht, muß man wissen, über welche Themen man reden will und welche Teilnehmer dazu gebraucht werden, weil sich daraus oft schon von selbst die weiteren Entscheidungen ergeben: Will man beispielsweise über die Weiterführung eines Forschungsprojekts entscheiden, kann es zweckmäßig sein, sich über den jüngsten Stand der Sache in den Labors zu versichern.

452

c) Themen

Zunächst ist **intern** und sodann mit der anderen Seite zu klären, über welche Themen man verhandeln will. Dabei sollte man sich nicht mit allgemeinen Stichworten begnügen wie zum Beispiel „Vertriebsvertrag Consumer-Produkte", sondern versuchen, das Thema inhaltlich so weit zu füllen, wie es nach dem Stand der Vorbereitung möglich ist. Wenn es schon einen Vertragsentwurf gibt, dann müssen nur noch diejenigen Themen ergänzt werden, die in ihm nicht angesprochen wurden, anderenfalls sollte man sich mindestens Gedanken machen, was in einem künftigen Vertrag zu regeln ist.

453

454 Zu jedem einzelnen Thema wird man auch eine **Meinung** haben. Ob diese Meinung – angedeutet oder offen ausgesprochen – schon in die Themenbeschreibung Eingang findet, ist eine taktische Frage, die man nicht allgemein beantworten kann.

Beispiel:
Wenn man in einem Vertriebsvertrag als Hersteller von Produkten eine bestimmte Mindestabnahme festschreiben will, muß man sich darauf einrichten, daß der Vertriebspartner exklusive Vertriebsrechte anstrebt, um den von ihm verlangten Erfolg sichern zu können. Wenn man solche Exklusivitätsvereinbarungen aus rechtlichen Gründen aber nicht treffen darf (Kartellrecht), sollte man früh genug darauf hinweisen, um sich überflüssige Gespräche zu ersparen. Auch wenn man es sich aus taktischen Gründen erspart, die eigene Ansicht aufzudecken, enthebt einen das nicht der Mühe, sie in jedem Fall so frühzeitig wie möglich intern zu klären. Auch diese Klärung braucht nämlich bei größeren Unternehmen Zeit.

d) Tagesordnung

455 Es empfiehlt sich sehr, die **Tagesordnung** schriftlich **festzulegen** und rechtzeitig vor der Verhandlung mit der Gegenseite **abzustimmen**. Das kann zwar notfalls auch zu Beginn der Verhandlung geschehen (unten Rz. 524 ff.), unterschiedliche Auffassungen wirken sich aber immer auf den Zeitrahmen aus, und zeitliche Umplanung ist einer der unangenehmsten Störfaktoren.

Eine Tagesordnung sollte nicht nur Themen enthalten, sondern wie folgt aufgebaut sein:

– **Thema**,

– **Zeitbedarf**,

– **Verantwortung** für die Darstellung.

Thema und Zeitbedarf werden oft festgelegt, allzu häufig aber wird vergessen, daß es zu jedem Thema auch Personen gibt, die besondere Kenntnisse und/oder Kompetenzen haben. Sind diese vorher bekannt, können sie leichter organisatorisch eingebunden werden. Darüber hinaus kann man **taktische Vorteile** gewinnen, wenn man zwar nicht die Verhandlungsregie gewinnt, aber durch einzelne Statements zu bestimmten Einzelthemen die Gesprächsführung erreichen kann, mit der man eine überstarke Verhandlungsregie des Vertragspartners zurückdrängt.

e) Teilnehmer

aa) Verhandlungen unter vier Augen

456 Wenn die Verhandlungen nur von einer einzigen Person auf jeder Seite geführt werden, wie es bei uns oft der Fall ist, erfordert das einen erhöhten Auf-

wand bei der Sammlung aller erforderlichen Informationen, über die ein einzelner nur selten kompetent verfügen kann. Man muß in diesem Fall nicht nur die **Kompetenzlücken**, sondern meist auch **Informationslücken** überbrücken und kann sich das in Einzelfällen dadurch erleichtern, daß bestimmte Ansprechpartner wenigstens telefonisch für Rückfragen zur Verfügung stehen. Alleinverhandlungen „unter vier Augen" haben immer den Vorteil der Vertraulichkeit, der gegen die oben erwähnten Nachteile abgewogen werden muß. Darüber hinaus hat ein einzelner, an dessen Ort verhandelt wird, gegenüber dem anderen erhebliche organisatorische Vorteile, da er sich Fachwissen und Information viel unmittelbarer zuziehen kann. Dem steht der Nachteil gegenüber, daß er außer seinem Gesprächspartner niemand anderen kennenlernt, während dieser sich durch Bitten um Erweiterung der Verhandlungsgruppen, Führungen und Einzelvorstellungen vor Ort einen persönlichen Eindruck von anderen Managern verschaffen kann.

Für Verhandlungen mit asiatischen Geschäftspartnern sollte man wissen, daß dort die Zahl der Teilnehmer ein Zeichen für die Bedeutung der Verhandlung ist: Man betrachtet es daher als unhöflich, wenn auf der anderen Seite deutlich weniger Personen auftreten, als die eigene Delegation umfaßt.

bb) Verhandlungsteams

– **Interne Vorbereitung**

Wenn Verhandlungsteams auftreten, sind eine Reihe weiterer Gesichtspunkte zu beachten. Zunächst muß man mehr Zeitaufwand in die **interne Vorbereitung** stecken: Da wir meist nicht genügend Übung darin haben, in Teams zu verhandeln, bedeutet allein die Mehrzahl der Verhandlungsteilnehmer einen erheblichen Unsicherheitsfaktor, der auch die strategische Linie durcheinanderbringen kann.

– **Rollenverteilung**

Deshalb sind zunächst die Rollen festzulegen, die in der Verhandlung eingenommen werden sollen.

Folgende Rollen stehen typischerweise zur Verfügung:

- der **Sprecher**: Er sollte nicht der Ranghöchste sein, um den Vorteil einer **Trennung** von **Verhandlung** und **Entscheidung** zu wahren, er sollte aber möglichst über die höchste Fachkompetenz und umfassende Information verfügen;
- der **Organisator**: Er ist für die Organisation der internen Abstimmung und alle Fragen zuständig, die mit der Gegenseite im organisatorischen Bereich zu klären sind; er ist auch für die **interne Protokollführung** verantwortlich;
- der **Ranghöchste**: Sein Beitrag besteht darin, die **strategische Linie** intern festzulegen, dafür zu sorgen, daß sie eingehalten wird, den Verhandlungs-

verlauf zu beobachten, Kontakte zu seinem Gegenüber auf der anderen Verhandlungsseite zu suchen und für parallele „Vier-Augen-Gespräche" zu nutzen etc.

459 Bei einem **Zweierteam** nimmt der Sprecher auch die Aufgaben des Organisators wahr, sind die Teams größer, können weitere Unterteilungen gebildet werden etc.

Die Rollenverteilung kann natürlich auch **inhaltlich** genutzt werden, so daß etwa der Sprecher die Funktion übernimmt, **Fragen** zu **stellen**, der Organisator offene Fragen, die die Gegenseite stellt, durch Einholung von **Informationen** nachgeht und der Ranghöchste sich um **kreative Lösungen** bemüht (deren Verhandlung en detail er dann wieder dem Sprecher überlassen sollte).

cc) Rollenspiele

460 Für **tatsachenorientiertes Verhandeln** ist es besonders wichtig, die plumpe Aufteilung in den liebenswürdigen Sprecher und seinen ewig nörgelnden Widerpart zu vermeiden: Dieses Spiel ist nicht nur leicht durchschaubar und verletzt deshalb einen intelligenten Gesprächspartner, es ist auch nicht glaubwürdig, weil man niemandem abnimmt, zu den einzelnen Verhandlungsthemen immer die gleiche (entweder zustimmende oder ablehnende) Meinung zu haben. Natürlich müssen Finanzmanager auf das Geld achten und werden daher bei Preisverhandlungen kritischer sein als Vertriebsleute, man kann von ihnen aber auch erwarten, daß ihnen Lösungen für schwierige Finanzierungsfragen einfallen und die Kritik nicht immer aus derselben Ecke kommt.

Der **Sprecher**, der neben der Fachkompetenz auch über **psychologisches Gespür** verfügen sollte, hat immer die schwierigste Aufgabe und muß von den anderen daher in geeigneter Weise gecoacht werden.

dd) Spannungen im Team

461 Wer in Verhandlungsteams arbeitet, sollte sich auch Grundkenntnisse über **gruppendynamische Prozesse** verschaffen, falls er über dieses Thema noch nicht genügend weiß (grundlegend hierzu: Gordon, Managerkonferenz). Auch wer Probleme damit hat, unbewußte psychische Vorgänge als Realität zu akzeptieren, wird erlebt haben, daß im kommunikativen Zusammenwirken mehrerer Menschen innerhalb einer Gruppe immer eine ganze Menge heterogener Spannungen mit erheblichen Gefühlsspektren ablaufen, die die sachliche Arbeit beeinflussen.

Die Situation wird – im Gegensatz zu rein internen Besprechungen – dadurch kompliziert, daß manche Spannungen unter dem Außendruck, der durch die Präsenz der anderen Seite entsteht, sich nicht so artikulieren können, wie dies sonst der Fall wäre. Die Aufgabe, einerseits die eigene taktische und strategische Linie einzuhalten, die Kommunikation mit der Gegenseite am Laufen zu halten und mit inneren Spannungen im Team fertig zu werden, kann manchen Manager überfordern. Für solche Situationen muß man wissen, daß nur eine **Unterbrechung** der **Verhandlung** (Auszeit) an geeigneter Stelle und die **interne Diskussion** die Situation klären kann, will man nicht riskieren, daß solche Brüche im Team der Gegenseite auffallen und von ihr taktisch genutzt werden.

ee) Aus der Rolle fallen

Dieses Phänomen kann man in zwei Spielarten beobachten: 462

– Jemand verspricht innerhalb des Teams, eine bestimmte Aufgabe zu übernehmen, **löst** das Versprechen aber **nicht** ein,
– jemand **überschreitet** die ursprünglich vereinbarten **Kompetenzen**.

In der ersten Variante sieht man oft, daß einzelne Manager in den internen Vorbesprechungen bestimmte Positionen außerordentlich dezidiert vertreten und mit großer Energie ankündigen, was sie alles in der bevorstehenden Verhandlung vortragen und bei der Gegenseite durchsetzen werden. Sind Anwälte einbezogen, erhalten sie oft detaillierte Anweisungen, daß an dieser oder jener Stelle keinerlei Kompromisse möglich seien etc. etc. Unerfahrene Verhandler wundern sich, wenn von diesen Ankündigungen in der konkreten Situation wenig Gebrauch gemacht wird und der zuvor so energische Manager stundenlang wortlos am Tisch sitzt. Übergeht man ihn dann, weil man der Ansicht ist, er habe seine Bedenken überwunden, läuft man Gefahr, später mit den bittersten Vorwürfen überschüttet zu werden, die eigene Position sei nicht nachdrücklich vertreten und dargestellt worden. Das ist ein typischer Fall mißglückten Rollenspiels: Wer eine bestimmte Stellungnahme ankündigt und nicht vom Team dazu gezwungen wird, diese Rolle auch wahrzunehmen, „fällt aus der Rolle". Die anderen Mitglieder des Teams müssen das feststellen und in den Pausen klären, worin die Gründe liegen.

Eine solche Situation kann leicht zum Anlaß für eine **Kompetenzüberschreitung** durch ein anderes Mitglied des Teams führen, die immer dann auch ohne Rücksprache gerechtfertigt ist, wenn die Situation es nicht zuläßt, anders zu reagieren.

Kompetenzüberschreitungen können aber auch auf übergroßer **Eigenwilligkeit** oder Anmaßung beruhen und müssen in diesen Fällen sofort korrigiert werden.

In östlichen Ländern werden Verhandlungen bevorzugt in Gruppen organisiert, weil man sich einerseits allein unwohl fühlt und andererseits allen, die an dem Vertrag mitwirken, einen unmittelbaren Eindruck von den Personen verschaffen will, die auf der anderen Seite zuständig sind. 463

Hat sich eine ausländische Verhandlungsgruppe angesagt, erwartet sie selbstverständlich, nicht nur **einen** Gesprächspartner vorzufinden, sondern – der eigenen Zusammensetzung entsprechend – die jeweiligen Fachleute der anderen Seite. Wird diese Erwartung enttäuscht, weil der Einladende die Termine der in Frage kommenden Manager nicht offengehalten oder sie eingeplant hat, kann das zu erheblichen Verstimmungen führen.

464 Man bekommt die meisten dieser Probleme in den Griff, wenn man die interne Vorbereitung nicht nur für die Klärung der Themen und der Rollen benutzt, sondern sich darüber hinaus noch Zeit nehmen kann, das **Drehbuch der Verhandlung** in den wesentlichen Umrissen zu entwerfen und **einzuüben**. Dabei kann man so vorgehen:

– Jeder Teilnehmer **beschreibt** in eigenen Worten die ihm zugewiesene **Rolle** und die **wesentlichen Argumente,** die er benutzen wird.

– Die anderen Teilnehmer versuchen, die **Gegenargumente** so vollständig wie möglich zusammenzutragen und darauf vernünftige Antworten zu finden.

– Für vorhersehbare **Krisensituationen** werden die denkbaren **Reaktionen** schon vorab geklärt.

– Der Sprecher versucht, die **Statements,** die er abgeben wird, nicht nur abstrakt zu beschreiben, sondern der Gruppe im Spiel **vorzutragen.**

– Wenn einzelne **Fachleute** eigene Statements abgeben, verfahren sie ebenso.

– In diese internen Vorbereitungen werden die **Berater** möglichst vollständig einbezogen: Nur so kann man das Risiko begrenzen, daß sie aufgrund fehlender Vorinformationen an bestimmten Stellen eingreifen, wo sie es vernünftigerweise für ihre Pflicht halten, das taktische Konzept aber dazu nicht paßt.

f) Ort

465 Die Verhandlung am eigenen Ort (Heimspiel) bietet nach wie vor wichtige taktische Vorteile, auch wenn die modernen Kommunikationsmittel viele Schwierigkeiten beheben helfen, die man früher bei Verhandlungen hatte, zu denen man weite und teils gefährliche Reisewege in Kauf nehmen mußte: *„Du erwartest in der Nähe die weit Entfernten, du erwartest ausgeruht die Erschöpften, du erwartest gesättigt die Hungrigen; nur so bekommst du die Stärke"* (Sun Tsu, S. 156).

Auch wenn diese äußeren Faktoren unter den heutigen Verhältnissen (Hunger und Durst bekommt man meist in den Griff) nicht mehr so entscheidend sind, zählen nach wie vor eine Reihe von organisatorischen Vorteilen wie etwa die Möglichkeit, auf die eigenen Informationen kurzfristig und kompetent zurückgreifen zu können, sich keine Sorgen um die Vertraulichkeit zu machen und alle organisatorischen Hilfsmittel ohne besondere Kosten zur Verfügung zu haben. Wie oft schreckt man davor zurück, ins Ausland einen vertrauten **Dolmetscher** mitzunehmen, und erlebt dann, welch unzureichende Angebote vor Ort vorhanden sind (wenn überhaupt). Aber das sind nur die wirklich schwierigen Situationen: Schon bei sehr einfachen organisatorischen Hilfestellungen kann die eigene Umgebung von entscheidender Bedeutung sein.

Noch wichtiger sind fast die **psychologischen Faktoren**, also das Gefühl, zu Hause zu sein, nicht im Hotel übernachten zu müssen, sich nicht mit fremden Speisekarten herumzuschlagen oder gar die Gelegenheit wahrnehmen zu können, zu einem Arbeitsessen jemand anderen hinzuschicken, „weil die Kinder krank im Bett liegen". Diese Optionen entspannen den, der sie hat. 466

Man sollte allerdings aus dem Verhandlungsort niemals eine **Prestige-, Status-** oder **Machtfrage** machen. Neben dem „Heimvorteil", den die Verhandlung am eigenen Ort bietet, muß es immer auch sachliche Gründe geben, die dafür sprechen. So ist es sicher unzweckmäßig, über Fabrikationsaufträge zu verhandeln, wenn noch niemand die Fabrik, um die es geht, besichtigt hat, und oft genug entscheidet über den Ort der Verhandlung die Frage, wo bessere Bibliotheken, Datenbanken oder sonstiges Know-how zur Verfügung steht, auf das man im Zuge der Verhandlung angewiesen ist. Darüber hinaus kann jeder Besucher durch geeignete Mittel den **Heimvorteil relativieren**, wenn nicht gar ausschalten, indem er als der Eingeladene so vielfältige Hilfestellungen erbitten kann, daß er am Ende vielleicht noch besser dasteht als ein Manager, dem unternehmensintern die notwendige Unterstützung fehlt.

Endlich bietet die Verhandlung am Ort des Vertragspartners die willkommene Gelegenheit zur Sammlung und **Überprüfung** von **Informationen** und der Feststellung von **Umfeldfaktoren**, die man anders nicht kennenlernen kann. 467

Auf diese Chancen kann man in erheblichem Umfang selbst Einfluß nehmen: Man sollte sich sein Hotel selbst bestellen, und zwar in erster Linie nicht nach der Qualität der Bar, sondern zum Beispiel danach, ob man 24 Stunden Restaurantservice und **Kommunikationsservice** haben kann; man kann sich einen eigenen Sekretariatsservice ebenso wie einen Dolmetscherservice buchen; man kann im eigenen Hotel die Konferenz ansetzen und erst später einen höflichen Gegenbesuch in der Firma des Vertragspartners machen etc. Informationen darüber, wie all das zu organisieren ist, bieten im Ausland die örtlichen Industrie- und Handelskammern, teilweise helfen auch die Banken, in jedem Fall aber **unterstützen** die **Anwälte** ihre Mandanten bei all diesen Fragen, denn international tätige Anwaltskanzleien müssen diesen **Service** anbieten, wenn sie konkurrenzfähig bleiben wollen.

g) Zeit

aa) Zeitplanung

468 Die benötigte Zeit hängt von den Themen, den Teilnehmern und dem Ort der Verhandlung ab. Die allgemeine Zeitnot macht die meisten Manager offenbar unfähig, für Vertragsverhandlungen genügend Zeit vorzusehen, denn **die meisten Zeitpläne sind zu eng.** Zum einen wird nicht genügend darauf geachtet, daß man viel Zeit für interne Abstimmungen (vor allem bei geplanten Unterbrechungen) braucht, zum anderen berücksichtigt man nicht immer, daß die Gegenseite mit dem eigenen Zeitbedarf vielleicht nicht zurechtkommt, und schließlich vernachlässigt man oft die stets von außen drohenden Störfaktoren, die den Zeitplan beim besten Willen immer wieder gefährden.

bb) Taktik

469 **Zeitdruck** ist eines der wichtigsten taktischen Mittel, um sich selbst genügende Freiräume zu schaffen und die Gegenseite durch Zeitverkürzung in Schwierigkeiten zu bringen. Auch wenn man selbst die taktische Methode, Zeitdruck zu erzeugen, für sich ablehnt, sieht man sich doch immer wieder solchen Versuchen ausgesetzt. Typisch sind:

- Manipulationen der **Rednerliste,**
- Verkürzung der Arbeitszeit durch **Begleitveranstaltungen** (Essen/Trinken/Entertainment),
- Zwischenschalten von „technischen" Prüfungen durch **Experten,**
- **Vorenthaltung** von Informationen bis zur letzten Sekunde,
- Berufung auf **Hierarchien,**
- Einschalten von **unangekündigten Dritten,** besonders von Anwälten, Steuerberatern etc.,
- **Vortäuschen** von Unwissen,
- **Verweigerung** von abgestimmten Unterschriften,
- **Druck** zu sofortiger Entscheidung ohne Überlegungsfristen.

Es muß nicht immer auf bösem Willen beruhen, wenn solche Situationen entstehen, sie fördern aber das Mißtrauen, und die Frage ist, wie man damit umgehen soll.

470 Das beste Mittel, um nicht unter Zeitdruck zu kommen, ist die **frühzeitige** eigene **Planung (Verhandlungsregie).** Wenn das gewährleistet ist, fällt es erheblich einfacher, der Gegenseite organisatorische Vorschläge zum zeitlichen Ablauf zu machen, für deren Ablehnung es dann gute Gründe braucht (die nicht immer zur Verfügung stehen). Bricht die Gegenseite dann solche

formellen Verabredungen zum Ablauf, hat sie auch immer die Begründungslast, und es fällt einfacher, Verschiebungswünsche argumentativ zu unterlaufen.

Wenn das „**Drehbuch der Verhandlung**" rechtzeitig abgestimmt wird, dann ist von Anfang an klar, wieviel Zeit für die Verhandlung und wieviel für das Arbeitsessen zur Verfügung steht, und ebenso kann man vorab klären, ob die Verhandlungsteilnehmer auch entscheidungsbefugt sind, welche Informationen sie vorhalten müssen etc. All das sind wesentliche Bestandteile der Verhandlungsregie, die man in jeder Phase des Verfahrens ergreifen kann.

cc) Pausen

Als Störfaktor empfinden manche Manager das Ansinnen, daß Konferenzen auch **Pausen** haben müssen oder daß man nach einem Transatlantik-Flug nicht sofort ans Werk gehen kann, wenn es gelingen soll. Dabei erlebt jeder, wie sehr er seine Fähigkeit zur Konzentration immer wieder überschätzt: Es gibt keine Konferenz, die nicht nach ein bis zwei Stunden konzentrierter Gespräche langsam aber sicher zerfleddert, sich in Einzelgespräche und Unterbrechungen auflöst oder solange im Kreis dreht, bis schließlich einer der beteiligten Manager mit sich selbst und seiner Umgebung Mitleid hat und einsieht: „*Heute werden wir wohl zu keinem Ergebnis mehr kommen.*" 471

dd) Zwischenergebnisse

Für Anwälte ist es immer wieder deprimierend zu sehen, wie wenig Gedanken ihre eigenen Mandanten (geschweige denn die andere Seite) darauf verschwenden, wieviel Zeit für die Abänderung von Vertragsentwürfen (geschweige denn für ihre Erstellung) benötigt wird. Die Arbeit der Anwälte beginnt nämlich erst dann, wenn die Manager ihr Ergebnis haben. Ist die schwierige Einigung inhaltlich einmal erreicht, dann soll sie möglichst sofort auch formuliert sein – und gerade darin steckt oft das größte Problem, um so mehr, wenn man mehrsprachig arbeiten muß. 472

Manager müssen sich darüber im klaren sein, daß mindestens die **Hälfte** des **Zeitaufwandes** für die Verhandlung in die **Formulierung** gesteckt werden muß, wenn das Ergebnis etwas taugen soll. Man kann also fairerweise nicht erwarten, daß nach dem Ende einer Konferenz von zehn Stunden die Umsetzung der meist nur grob skizzierten Vereinbarung in einer oder zwei Stunden vorliegen kann. Natürlich leidet auch die Qualität der Beratungsarbeit unter solchen Fehlplanungen erheblich.

ee) Fehlende Strukturierung

All diese Schwierigkeiten multiplizieren sich, wenn es auch noch an einer Tagesordnung fehlt oder sich diese im Zuge der Gespräche inhaltlich so stark 473 ändert, daß keiner sie mehr wahrnimmt. Eine der wichtigsten Aufgaben der jeweiligen Verhandlungsführer ist es, Gespräche zu strukturieren, zusammenzufassen, neue Themen vorzugeben etc., kurz, den organisatorischen Rahmen immer wieder zu erneuern, in dem die Verhandlung sich bewegen soll (näher unten Rz. 551 f.).

Man ist eher bereit, mehr Zeit in eine Verhandlung zu investieren, wenn die Wahrscheinlichkeit steigt, daß sie auch ein Ergebnis haben wird. Ist die Verhandlung schlecht durchdacht und mangelhaft vorbereitet, weiß man natürlich instinktiv, daß daraus nicht viel werden wird, und will der schlecht investierten Zeit nicht noch die gute hinterherwerfen. Dadurch wird die Hoffnung, die Verhandlung werde am Ende wenigstens irgend etwas bringen, noch geringer. Richtig ist das umgekehrte Verfahren: Sorgfältig vorbereiten und planen und die Entscheidungsgrundlagen so präparieren (mis en scene), daß die Verhandlung die Themen inhaltlich weiterbringt. Eine solche Verhandlung bringt letztlich mehr **Zeitvorteile** ein, als sie auch bei großzügigster Planung verbrauchen wird, und gleichzeitig steigt die **Planungssicherheit** ganz erheblich.

h) Arbeitstechnik

474 Im Zuge der Vorbereitung entstehen eine Vielzahl von schriftlichen Aufzeichnungen, die teilweise der anderen Seite übergeben werden, zum größten Teil aber nur internen Zwecken dienen. Beide Arten von Aufzeichnungen und Dokumenten muß man streng unterscheiden und gegebenenfalls auch **kennzeichnen**, denn sonst besteht die Gefahr, daß man in der Hitze des Gefechts interne Aufzeichnungen kopiert oder aushändigt.

475 Interne Notizen, die man z. B. für die eigenen Statements benutzt, sollte man wenn möglich in der Technik des Zettelsystems abfassen (näher oben Rz. 253 ff. beschrieben). Gerade in Verhandlungen hat diese Arbeitstechnik, die sicherstellt, daß man jeden relevanten Gedanken auf einen eigenen, von den anderen getrennten Zettel schreibt, entscheidende Vorteile:

– Verhandlungen entwickeln sich **phasenweise chaotisch,** und so hat man immer Probleme, Notizen zu einzelnen Themen zu machen, die systematisch nicht zusammengehören. Legt man die eigenen Gedanken auf jeweils getrennten Zetteln fest, können sie später nach beliebigen Gesichtspunkten sortiert werden.

– Man kann einzelne Zettel für Fragen benutzen, auf die man dann die jeweiligen Antworten schreibt, und damit leicht den **relevanten Zusammenhang** herstellen.

– Zettel können auch für **Botschaften** benutzt werden (wie oft sucht man in der Verhandlungssituation danach!).

– Arbeitet man mit existierenden Vertragsentwürfen, kann man die Zettel als **Zwischennotizen** benutzen und merkt in den jeweiligen Entwürfen nur die Nummer einer Notiz an. Verfährt man (wie meist üblich) anders und schreibt abgestimmte Änderungen sofort in die Entwürfe, erlebt man oft genug, daß diese Änderungen sich wieder ändern und damit die **Entwurfsurkunde** alsbald **unlesbar** wird.

– Arbeitet man in anderen **Sprachen,** kann man sich neben die deutsche Version gleich die fremdsprachige setzen, um die interne Verständigung zu verbessern.

Das Zettelsystem hat für den mündlichen Vortrag bei Statements allerdings auch einen Nachteil: Wenn man alle Ideen, die man vortragen will, auf einzelnen Zetteln übereinanderstapelt, ist es oft nicht einfach, den Übergang vom einen Gedanken auf den anderen zu finden. Man kann dieses Problem aber einfach dadurch lösen, daß man die **wesentlichen Stichpunkte** einzelner Gedanken auf den üblichen DIN A4 Notizblock **überträgt** und zu dem jeweiligen Stichwort dann die umfangreicheren Erläuterungen beizieht, die man sich auf Zetteln notiert hat. Man kann so die Vorteile der freien Rede, die mehr als alles andere die Aufmerksamkeit der Zuhörer zu fesseln vermag, mit der gebotenen Präzision verbinden.

i) Organisatorische Details

Daneben gibt es noch eine ganze Reihe von Details zu beachten, die manchem trivial erscheinen mögen, an denen aber Projekte auch schon gescheitert sind, denn „*viel Schweres erduldet, wer vieles zu leicht nimmt*" (*Lao-Tse*, Kapitel 63, S. 236). Im folgenden ein kurzer Überblick:

aa) Sitzordnung

Es gibt ein Grundverständnis, das interessanterweise quer durch alle Kulturen vorhanden zu sein scheint. Es lautet: Man sitzt strategisch richtig mit dem **Blick** zur **Tür** und möglichst gleichzeitig mit dem **Rücken** zum **Fenster.** Diese Regel gilt für alle Tischformen, ob rund, eckig, oval oder wie immer. Sie scheint ihren tieferen Grund darin zu haben, daß man sich außerordentlich unwohl fühlt, wenn man mit dem Rücken zur Tür sitzend einen Eintretenden nicht wahrnehmen kann. Mit dem Rücken zum Fenster bedeutet: Die Gegenseite kann die eigene Mimik nicht so gut wahrnehmen wie man selbst, so fühlt man sich ebenfalls geschützter. Wie tief diese Regel offenbar in allen Menschen verankert ist, kann man jeden Tag in Restaurants sehen, wenn man beobachtet, welche Tische zuerst besetzt werden.

Daneben gilt aber auch eine weitere Regel: Man soll sich niemals an den Platz setzen, der für den **Ranghöchsten** vorgesehen ist. Dieser Platz ist je nach Raumanordnung nicht immer leicht zu bestimmen (vor allem nicht bei runden Tischen), aber man tut einer Verhandlung nichts Gutes, wenn man als Gast dem Ranghöchsten der anderen Seite seine Plätze streitig macht.

Probleme der **Sitzordnung** kann man am eigenen Ort unschwer lösen, indem man Sitzkarten verteilt oder Mitarbeiter darum bittet, eintreffende Gäste in Empfang zu nehmen und einzuweisen. Seltsamerweise wird diese Chance fast nie wahrgenommen. Man kann deshalb als Gast durch frühzeitiges Kommen Einfluß auf die Sitzordnung nehmen, denn dem Gastgeber bleiben dann nur die Plätze übrig, die man nicht schon selbst besetzt hat.

bb) Unterlagen vorbereiten

478 Frühzeitiges Kommen hat auch den Vorteil, daß man mitgebrachte Unterlagen (Tagesordnung/Checklisten mit Fragen/Vertragsentwürfe/Dokumente/Statements etc.) auf alle in Frage kommenden Plätze verteilen kann, womit man automatisch den Platz der Gegenseite definiert und etwas tut, was man sonst nur bei Hunden beobachtet: Man „markiert". Niemand bringt es nämlich fertig, auf seinem Platz liegende Unterlagen nicht durchzusehen, und damit hat derjenige, aus dessen Händen die Unterlagen stammen, schon einen wesentlichen Teil der für ihn wichtigen Verhandlungsregie übernommen.

cc) Visitenkarten

479 Obwohl jeder heutzutage über eine Visitenkarte verfügt, gilt es bei uns teilweise als aufdringlich, sie anzubieten. In den USA, mehr aber noch in Japan, ist es jedoch unbedingt erforderlich, eine Visitenkarte zu haben, die eine möglichst präzise Beschreibung des Ranges in der **Firmenhierarchie** abgibt. Anderenfalls hat die andere Seite es schwer, die **Kompetenzen** der anderen Teilnehmer abzuschätzen, was schwere Fehler in der Verhandlungsführung auslösen kann.

Firmen, die im Inland über flache Hierarchien verfügen und mit guten Gründen die Titelsucht abschaffen, müssen sich darüber im klaren sein, daß solche **Titel** im **Ausland** gegebenenfalls notwendig sind. Nur Anwälte haben es hier einfach, da sie keinen steigerungsfähigen Titel wie zum Beispiel „Oberanwalt" besitzen.

Man muß also genügend **Visitenkarten** für **alle Teilnehmer** dabeihaben und erhält seinerseits die entsprechenden Karten, die man am besten in der **Reihenfolge** der Personen vor sich hinlegt, wie sie gegenübersitzen. Man kann sie dann mit dem Namen ansprechen, was weltweit als Höflichkeitsgeste anerkannt ist. Kann man den Rang trotz Visitenkarte nicht richtig einschätzen, muß man Unterbrechungen nutzen, um sich bei dem erkennbar Rangniedrigsten nach den entsprechenden Rängen zu erkundigen. In Japan gilt eine einfache Faustformel: Der Ranghöchste redet (fast) nie, und derjenige, der die Entscheidungen trifft, ist grundsätzlich nur bei der Schlußverhandlung zum Unterschreiben anwesend, trifft aber nie vor aller Augen eine Entscheidung. Das gilt für andere Länder ebenfalls mit gewissen Einschränkungen.

dd) Visuelle Hilfsmittel

Man kann nicht immer davon ausgehen, daß ein Konferenzzimmer über **Overhead-Projektoren** oder gar **Computerprojektoren** verfügt. Wenn man das nicht vorab klären kann, sollte man gleichwohl auf **Charts** nicht verzichten, sondern sie in genügender Anzahl kopiert mitbringen.

480

Noch besser ist es allerdings, sich um **Stellwände** zu bemühen, auf denen man mitgebrachte Charts notfalls abzeichnet oder die man nutzt, um ad hoc Skizzen zu entwerfen, die die jeweilige Gesprächssituation wiedergeben. Zum einen übernimmt der Zeichnende automatisch die **Verhandlungsregie**, weil alle auf ihn blicken und auf seine Erklärungen angewiesen sind, zum anderen helfen Zeichnungen zu strukturieren. Man beobachtet immer wieder mit Staunen, wie eine noch so unbeholfene Zeichnung die **Aufmerksamkeit** der Verhandlungsteilnehmer noch auf sich zieht, wenn der Zeichnende längst wieder an seinen Platz zurückgekehrt ist.

Aus dem Zeichnen und Darstellen, das ja Bewegung in den Raum bringt, entsteht außerdem immer wieder eine **gute Arbeitsatmosphäre**, weil geschickte Verhandler entstandene Zeichnungen fortschreiben, neue Entwürfe beginnen etc., und all das wirkt kreativ, auch wenn es inhaltlich nichts anderes ist als das, was Texte und Checklisten sagen.

ee) Protokolle

Für interne wie für gemeinsame Protokolle gibt es einen stereotypen Aufbau, den man nicht verbessern kann. Er umfaßt folgende Punkte:

481

– Thema,
– Ergebnis,
– Verantwortung für die Durchführung,
– Zeitpunkt der Durchführung,
– Verantwortung für die Kontrolle.

Dabei empfiehlt es sich, jedes einzelne Thema durchzunumerieren, weil dadurch spätere Bezüge auf die einzelnen Besprechungspunkte erleichtert werden.

ff) Dokumente und Anlagen

Bei den meisten Verträgen befinden sich wesentliche Vertragsinhalte in Dokumenten, die man dem Vertrag als Anlagen beifügt. Man kann sie zu Verhandlungen nicht immer vollständig und in den jeweils gültigen letzten Fassungen mitbringen. Manchmal gibt es mehrere Fassungen, von denen nur eine dem Vertrag als relevant beigefügt wird. Oft müssen sie auch von dritter Seite bestätigt, beglaubigt oder überprüft werden. In jedem Fall ist es eine

482

wichtige Aufgabe der **Schlußredaktion**, die relevanten Fassungen auf Vollständigkeit, Richtigkeit und sprachliche Konsistenz hin zu überprüfen.

gg) Getränke

483 Sie werden üblicherweise bereitgestellt, man sollte aber auf dem Tisch selbst möglichst nur Mineralwasser oder Saft bereithalten und nicht die gesamte Auswahl an Kaffee, Tee etc. Das nimmt zum einen Platz weg, zum anderen beraubt es einen der Möglichkeiten, zu geeigneter Zeit eine Kaffeepause vorzuschlagen, die die Leute von den Stühlen bringt, das Lüften gestattet und andere wohltuende Wirkungen hat. Längere Vertragsverhandlungen sind absoluter **Streß**, was man nicht zuletzt am üblicherweise folgenden Arbeitstrinken bemerkt, an dem man meist teilnehmen muß. Die Anwälte werden davon oft suspendiert, indem man sie in Klausur schickt, um das Verhandlungsergebnis in die richtige Form zu bringen. Eine kluge Verhandlungsregie sorgt für dosierte Pausen, die immer auch in taktischer Hinsicht zur internen Abstimmung genutzt werden können.

hh) Rauchen

484 Es gilt heute nicht mehr als unhöflich, keine Aschenbecher zur Verfügung zu stellen. Um so mehr muß man auf Rauchpausen achten, wenn es nicht – wie in den USA häufig – im ganzen Gebäude Rauchverbot gibt. Wer einmal in die dankbaren Augen eines Rauchers geblickt hat, dem man eine Zigarettenpause vorschlägt, wird wissen, wann er dieses Mittel taktisch klug einzusetzen weiß: Er erkundigt sich nämlich frühzeitig nach den Rauchgewohnheiten und sorgt für entsprechende Gelegenheiten.

ii) Essen

485 Das **Mittagessen** ist bei uns und in den USA bei Verhandlungen aus der Mode gekommen: „*Nur Versager gehen mittagessen*" (Michael Douglas). Statt dessen sieht man die Manager, von denen dieser Satz stammt, verstohlen nach Traubenzucker, Vitamintabletten oder anderen Muntermachern greifen, denn der Blutzuckerspiegel will gerade in Streßsituationen besonders gepflegt werden. In anderen Ländern, so vor allem in Italien, Spanien, Frankreich und Griechenland, gilt eine Verhandlung ohne Mittagsunterbrechung als sehr unhöflich. Man muß also zum einen Rücksicht darauf nehmen, in welcher Umgebung man verhandelt, sollte aber auch bedenken, daß ein ausgedehnteres Essen mitten in der Verhandlung das gesamte Konzept durcheinanderbringen kann, weil man danach längere **Anlaufzeiten** braucht, um wieder in die **Arbeitsatmosphäre** zurückzufinden. Wenn man nicht aus Höflichkeitsgründen gezwungen ist, an einem Mittagessen teilzunehmen oder es anzubieten, besteht die richtige Lösung nahezu immer in Sandwiches und Kleinigkeiten, die man in einer **geplanten Unterbrechung** in oder neben

dem Verhandlungsraum servieren läßt. Gerade das muß rechtzeitig vorher geplant und mit der anderen Seite abgestimmt werden, da die Vorstellungen über Pausen sehr unterschiedlich sein können.

Es ist nicht nur aus Platzgründen ungeschickt, Sandwichplatten auf den Verhandlungstischen stundenlang herumstehen zu lassen, weil sie die Konzentration stören. Ungeschickte Essensplanung kann andererseits natürlich ein wichtiges taktisches Mittel sein, um den Gesprächspartner zu ärgern, unkonzentriert werden zu lassen und zu verunsichern – leider treten alle diese Effekte aber meist zufällig ein!

Etwas ganz anderes sind Einladungen zum **Abendessen**. Wenn irgend möglich, sollte man daraus **kein Arbeitsessen** machen und solchen Vorschlägen auch gezielt entgegentreten. Das Abendessen ist in nahezu allen Kulturkreisen von der Arbeit am weitesten entfernt, und es gibt fast nichts Unangenehmeres, als wenn man nach stundenlangen Verhandlungen sich auch dann von den besprochenen Themen aus Gründen der Höflichkeit nicht lösen darf. Vielfach blockieren sich dabei auch die Vorstellungen von Höflichkeit, die die Verhandlungsteilnehmer haben: Der eine meint, der andere wolle unbedingt noch übers Geschäft reden, und umgekehrt, obgleich beide über andere Themen erleichtert wären.

Man vergibt sich darüber hinaus die entscheidende Chance, seine künftigen Vertragspartner auf einer **persönlichen Ebene** kennenzulernen, erfährt kulturell nichts und kämpft darüber hinaus mit Sprache, Taktik, Gräten, Knochen und Alkohol gleichzeitig.

jj) Alkohol

Er wird bei Verhandlungen selten angeboten, danach aber manchmal um so heftiger. Man kann diesen Angeboten nur dann völlig ausweichen, wenn man eigene Krankheiten glaubhaft versichert (Leberwerte!) und eine geeignete Form findet, das mitzuteilen. Am einfachsten ist es, volle Gläser nach den üblichen Zeremonien halbvoll zu belassen. Spirituosen kann man – außer in Rußland – meist ausweichen, und in jedem Fall sollte man die Faustformel beherzigen: Mindestens so viel **Wasser** wie **Alkohol**, weil das die Verträglichkeit erhöht.

kk) Aktenführung

Man kann bei Verhandlungen nur selten die gesamten Unterlagen mit sich führen, die für ein Projekt insgesamt relevant sind. Deshalb ist die richtige Auswahl, die Gliederung und die Organisation der Akten wichtig, die man bei Verhandlungen mit sich führen muß. Dazu gehören:

– **Vertragsentwürfe** und andere Dokumente, an denen die beiden Parteien gemeinsam arbeiten,

– **Dokumente,** die später Anlagen werden sollen,
– **Literatur** und Hilfsmittel, die man für die Entscheidungen benötigt,
– interne **Korrespondenz,**
– interne **Planungsaufzeichnungen.**

Es ist keine leichte Aufgabe, diesen Wust von Papier in eine sinnvolle Ordnung zu bringen. Diese Ordnung muß nämlich einerseits systematisch richtig sein, andererseits aber den unmittelbaren Zugriff in der Verhandlung erleichtern. Es gibt nichts Störenderes als Schweigesekunden und erzwungene Pausen, die durch das Suchen nach Aufzeichnungen veranlaßt worden sind. Fehlende Organisation in diesem Bereich kann der anderen Seite nicht verborgen bleiben und läßt natürlich im Guten wie im Schlechten Schlüsse auf die allgemeine organisatorische Kompetenz des künftigen Vertragspartners zu.

ll) Aktenkoffer

488 Sie sind vor allem auf Reisen eines der wichtigsten Organisationsmittel, das klug ausgewählt und richtig bestückt sein will. Der Aktenkoffer sollte darüber hinaus ein **Zahlenschloß** haben, so daß man bei Unterbrechungen, bei denen man den Raum verläßt, vertrauliche Unterlagen ohne viel Aufhebens dort verstauen und gegen fremde Einsicht sichern kann. Allzu oft bleiben in solchen Situationen wichtige Dokumente offen herumliegen, die die Gegenseite für sich nutzt, auch wenn das zunächst nicht beabsichtigt war.

mm) Mobiltelefone

489 Es ist meist empfehlenswert, die eigenen Telefone mitzubringen, weil man sich dadurch von den organisatorischen Möglichkeiten am Ort unabhängig macht. Man sollte sie aber in erster Linie zum aktiven Telefonieren benutzen, denn es ist sehr unhöflich, Mobiltelefone während Verhandlungen nicht abzuschalten. Ausnahmen sollte man sich nur gestatten, wenn man die Störung bewußt inszeniert, um Unterbrechungen herbeizuführen. Dieselbe Regel gilt umgekehrt für Manager, die sich ständig aus Verhandlungen herausrufen lassen, denn damit wird eindeutig signalisiert „Es gibt Wichtigeres als hier zu sitzen!" – trotz aller Entschuldigungen.

nn) Computer

490 Wenn sie in der Verhandlung benutzt werden, muß man in den Pausen ebenfalls für Sicherung sorgen, und auf keinen Fall darf man sie über Nacht in Konferenzräumen lassen. Bei der Benutzung von Computern, die zur Verfügung gestellt werden, ist es besonders wichtig, über die **Datensicherheit** nachzudenken, denn Texte sind auch dann noch lesbar, wenn Dateien gelöscht werden etc.

oo) Taschenrechner

Den Taschenrechner braucht man immer, man sollte sein vertrautes Gerät 491
mit sich führen, weil man sonst mit der Handhabung nicht vertraut ist (vor
allem bei im Ausland zur Verfügung gestellten Geräten).

pp) Telefax, E-Mail

Wenn der eigene Computer diese Features hat, kann man auf die Benutzung 492
der Geräte des Verhandlungspartners verzichten. Nutzt man fremde Geräte,
so besteht das Hauptproblem in den Nachrichten, die man selbst erhält,
denn diese wandern durch verschiedene Hände, bevor man sie zu sehen bekommt.
Es kommt gewiß nicht oft vor, daß zum Beispiel Hotelangestellte
oder die Mitarbeiter des Verhandlungspartners eingehende Telefaxe kopieren
und die Vertraulichkeit brechen, auszuschließen ist es aber nicht. Viele dieser
Probleme sind leicht lösbar, wenn man sich der organisatorischen Hilfe
seiner Anwälte bedient.

qq) Sekretariatsdienste

Die internen Protokolle von Verhandlungen sollte man grundsätzlich **selbst** 493
konzipieren und **schreiben** und dazu nicht die Sekretariate des Verhandlungspartners
nutzen, weil das Vertraulichkeitskonflikte mit sich bringt.
Diese Regel gilt nicht für eigene Vertragsentwürfe, die man mitbringt, denn
deren Inhalt ist offenkundig, es sei denn, sie sind in unterdrückten Versionen
mit internen Kommentaren versehen!

Man sollte frühzeitig klären, ob **Vertragsentwürfe** beim Verhandlungspartner
mit dessen Systemen **überarbeitet** werden können. Früher gab es immer
wieder die Schwierigkeit, abgestimmte Vertragsfassungen in ordentlicher
Form kurzfristig geschrieben zu bekommen, um sie dann abzeichnen (paraphieren)
und damit verbindlich machen zu können. Dem kann man ausweichen,
wenn man es organisatorisch fertigbringt, weitgehend unterschriftsreife
Fassungen als Ergebnis der Verhandlung herzustellen. Notfalls muß
man den eigenen Sekretariatsservice oder **eigene Anwälte** und deren Servicemöglichkeiten
einschalten.

rr) Ausweichräume

Bei jeder Verhandlung benötigt man Räume, in die eine der beiden Parteien 494
im Bedarfsfall ausweichen kann, um sich **intern abzustimmen**. Wenn hierfür
kein freier weiterer Konferenzraum zur Verfügung steht, entstehen auch
Höflichkeitskonflikte: Bietet man selbst an, den Konferenzraum zu räumen,
um der Gegenseite Gelegenheit zu interner Besprechung zu bieten, muß
man auch die Mühe auf sich nehmen, die eigenen vertraulichen Unterlagen
(welche gehören nicht dazu!) mitzunehmen. Die Frage wird meist so ent-

schieden, daß die größere Verhandlungsgruppe den ursprünglichen Konferenzraum behält, während die andere ausweicht. Steht hierfür kein zweites Konferenzzimmer zur Verfügung, ist es eine Frage der Aufmerksamkeit, der ausweichenden Gruppe angemessene Arbeitsmöglichkeiten zu schaffen. Fehlt es auch daran, bleibt nichts anderes übrig, als kontroverse Themen zu **vertagen** und erst die auftauchenden organisatorischen Probleme zu lösen, bevor man in solchen Situationen zu improvisieren beginnt. Getrennte Verhandlungsräume bieten auch die taktisch willkommene Möglichkeit, während getrennter interner Verhandlungen **Botschafter** zwischen den Parteien zu senden, die die Verhandlung vorwärtsbringen. Oft genug zeigt sich nämlich, daß vor allem bei verhärteten Situationen das unmittelbare Gespräch am Verhandlungstisch nicht mehr weiterführt, weil zwischen den Vertragsparteien die Wellen so hochschlagen, daß man sachlich nicht mehr weiterkommt.

Vor allem **Anwälte** sehen sich dann in der Rolle des Vermittlers, der als Botschafter zwischen den Gruppen pendelt und den jeweils neuesten Stand der Überlegungen in diplomatischer Form verpackt hin- und herträgt (*Henry Kissinger:* shuttle-diplomacy). Auch wenn man als Anwalt immer einseitig auf die Interessen des Mandanten zu achten hat, bietet dieses Verfahren doch die Möglichkeit, **Zwischentöne** zum Ausdruck zu bringen, die in dieser Form am Verhandlungstisch nur zu Mißverständnissen führen würden.

ss) Entertainment

495 Manchmal wird zum Ende des Tages noch auswärtige Unterhaltung, welcher Art auch immer, vorgeschlagen. Man sollte sich rechtzeitig vorher vergewissern, was da auf einen zukommen kann, und es nicht unter allen Umständen als ein Gesetz der Höflichkeit betrachten, die Planungen des Gastgebers nicht abzuändern. Diese Grundregel gilt nicht nur für Barbesuche, sondern auch für künstlerische Ereignisse, die man nach einem langen Arbeitstag nicht immer genießen kann. Nur taktische Überlegungen sollten gegebenenfalls überwiegen.

tt) Schlaf

496 Das Schlafbedürfnis wird vor allem bei Reisen viel zu häufig ignoriert. Man muß durch geeignete Zeitplanung dafür sorgen, wenigstens hier nicht allzu große Defizite zu erleiden, und kann sich, wenn man auswärts verhandelt, durch Konferenzen im eigenen Hotel manchen Vorteil verschaffen.

uu) Sprachprobleme

497 Das Verhandeln im Ausland oder mit ausländischen Vertragspartnern erfordert immer besondere Überlegungen und Vorbereitungen, von denen viele

schon angesprochen worden sind. Am schwierigsten ist das Sprachproblem: Sprachliche Mißverständnisse sind die bedauerlichste Problemquelle, weil man bei richtiger Organisation immer die Chance hat, sie zu vermeiden, andere Mißverständnisse, die auf fehlender Kenntnis des kulturellen Umfeldes oder der psychologischen Bedürfnisse von Verhandlungspartnern beruhen, sind oft nicht vermeidbar.

Dabei ist nicht einmal die Einschaltung von **Dolmetschern** ein sicheres Mittel, um zu eindeutigen Ergebnissen zu gelangen, denn der Dolmetscher selbst kann zur Quelle von Irritationen werden, wenn er seine Rolle nicht richtig versteht.

Meist scheut man aber den Einsatz von Dolmetschern aus ganz anderen Gründen: Das **simultane** Übersetzen von Diskussionen kann man sich bei üblichen Vertragsverhandlungen praktisch nicht leisten, weil die Konzentrationsfähigkeit auch der besten Fachleute sehr schnell absinkt und man über ein ganzes Dolmetscherteam verfügen müßte, um eine mehrstündige Vertragsverhandlung durchzuhalten. **Konsekutivdolmetscher** hingegen, die im wesentlichen nur sinngemäß übertragen, müssen mit ihren Auftraggebern, deren Fachsprachen und persönliche Eigenheiten sehr gut vertraut sein, wenn ihre Arbeit Wert haben soll, und diese Personen nimmt man oft aus Kostengründen nicht mit ins Verhandlungsteam, wenn man überhaupt über sie verfügt. Hier muß man **Mittelwege** gehen: Am besten versucht man, mit den eigenen Sprachkenntnissen zunächst einmal die Positionen abzuklären, die von beiden Seiten einheitlich gesehen werden, und versucht, sie möglichst schriftlich zu fixieren, weil sich dann Mißverständnisse am leichtesten herausstellen. Sodann versucht man, die streitigen Positionen jeweils so weit zu beschreiben, daß klar ist, worin die Differenz in den Auffassungen besteht, und nähert sich so Schritt für Schritt einem möglichen Ergebnis immer in dem Bewußtsein, daß wesentliche Gedanken zwar übersetzt, aber noch nicht verstanden worden sind.

Verhandelt man auf dem Hintergrund der **eigenen Rechtsordnung** in fremden Sprachen (zum Beispiel englischsprachiger Vertrag nach deutschem Recht), kann aber eine deutschsprachige Fassung nicht als die „führende Vertragsfassung" durchsetzen, muß man ebenso wie in den anderen Fällen, in denen eine **fremde Rechtsordnung** zugrunde liegt, Anwälte einschalten, die wenigstens die entscheidenden Probleme in diejenige Sprache übersetzen können, die der Vertragspartner als **Muttersprache** versteht.

498

Wenn all das nicht möglich ist, dann sind Verträge letztlich nichts anderes als **niedergeschriebene Konversation**, deren rechtlichen Bedeutungsgehalt niemand annähernd abschätzen kann. Solche „Verträge" verdienen eigentlich nicht ihren Namen als „verbindliche Verteilung von Risiken und Risikoprognosen" (oben Einf., Rz. 13). Obwohl das eigentlich klar sein müßte, werden solche Vereinbarungen immer wieder abgeschlossen, und das hat auch einen verständlichen **praktischen** Hintergrund: Bevor man auf der Basis eines Vertrages Prozesse beginnt, dienen die Vereinbarungstexte immerhin der vorprozessualen Argumentation beider Seiten, die sich bei hinreichender Fairneß und entsprechender Dokumentation in den Verhandlungsprotokollen etc. möglicherweise darauf besinnen, was die ursprünglichen Intentionen der Parteien waren. In solchen Fällen werden die Parteien im Verhandlungsweg auch in der Krise oft noch einen Weg finden, gegenseitig anzuerkennen, daß eine bestimmte Sprachfassung nicht das ausdrückt, was man bei der Verhandlung vereinbart hat. Würde man nicht einmal eine (wenn auch mißverständliche) sprachliche Fassung erarbeitet haben, fehlte es sogar daran! **Unklare Sprachfassungen** haben also bei allen Bedenken immer noch einen gewissen **Restnutzen**, man muß sich aber über eines im klaren sein: Mit solchen Vereinbarungen kann man mit hoher Wahrscheinlichkeit weder einen Prozeß noch ein Schiedsverfahren gewinnen oder auch nur die Chancen einer Auseinandersetzung hinreichend klar abschätzen. Vor diesem Hintergrund wird man leicht verstehen, daß das Ziel eines Vertrages unter diesen Umständen eher darin besteht, eine – wie immer geartete – **Arbeitsplattform** für die Parteien bereitzustellen als für spätere **Auseinandersetzungen** Positionen zu bieten, auf die man sich verlassen könnte.

vv) Übersicht behalten

499 Das ist neben dem inhaltlichen auch ein organisatorischer Vorschlag: Bei längeren Verhandlungen entstehen fast immer Berge von Papieren, Notizen und anderen Dokumenten von unterschiedlicher Qualität und Bedeutung, die man im Eifer des Gefechts munter durcheinanderwirft. Ein erfahrener Verhandler kennt das Problem und sorgt spätestens bei Unterbrechungen für Ordnung wenigstens in den eigenen Reihen. Schwierig wird es vor allem, wenn in den Sekretariaten zeitnah immer neue Vertragsfassungen erstellt und dann neu durchverhandelt werden. Eine grobe Ordnung kann man immerhin durch **Versionsnummern** schaffen, die sich aber möglichst über alle Seiten eines Dokuments hinweg ziehen sollen, damit nicht einzelne Seiten aus alten Versionen sich mit anderen Seiten aus neueren kreuzen, denn der Ausdruck des Tagesdatums, der von vielen Textsystemen automatisch erzeugt wird, reicht naturgemäß nicht. Die einfachste, aber wirkungsvollste Methode ist das **Zerreißen** alter Fassungen, so daß alles, was nicht zerrissen im Papierkorb landet, die jeweils jüngste Vertragsversion darstellt. Der **Papierkorb** aber bietet ein weiteres Problem: Man darf in ihm nur Papiere versenken, die die andere Seite schon kennt, möglichst aber nicht eigene überholte Aktennotizen oder interne Vermerke, denn das kann beim Aufräumen den Vertragspartner in Versuchung führen. Einen so taktvollen Verhandlungspartner, der für diese Konflikte im Verhandlungsraum einen **Papierschredder** bereitstellt, trifft man außerhalb des Verteidigungsministeriums und des Bundesnachrichtendienstes wahrscheinlich selten.

VIII. Verhandlungsregie

1. Allgemeines

Der Ablauf der Verhandlung wird von demjenigen gesteuert, dem es gelingt, die Verhandlungsregie zu übernehmen. Die wesentlichen Voraussetzungen hierfür kann man schon im Planungsstadium schaffen (oben Rz. 175 ff.).

Wie immer ist die **Ausgangslage** von den **Machtverhältnissen** bestimmt, so daß ein deutlich mächtiger Vertragspartner in den meisten Fällen die wesentlichen Spielregeln und Abläufe vorgeben kann. Diese Spielregeln bestimmen den Ablauf der Verhandlung aber **keinesfalls endgültig**: Auch der Verhandlungspartner „mit den schlechteren Karten" hat eine Menge Chancen, seine Position durch geeignete Vorbereitung zu verbessern, und in der Verhandlungssituation selbst bieten sich immer wieder **unterschiedliche Lagen**, in denen auch er die **Initiative** und damit die Verhandlungsregie wenigstens für begrenzte Zeit **gewinnen** kann. Das beginnt schon an Anfang der Verhandlung: Wer als Gast an fremdem Ort verhandelt, wo die andere Seite das natürliche Übergewicht hat, kann die Gesprächsführung am Anfang dadurch übernehmen, daß er sich für die Einladung bedankt und die Organisation lobt, um dann ohne Unterbrechung seine eigene Tagesordnung vorzuschlagen oder eine von der anderen Seite präsentierte zu kommentieren. Ebenso kann man in späteren Verhandlungen an beliebigen Stellen, die es erforderlich erscheinen lassen, um Pausen bitten oder, wenn alle eigenen Initiativen abgeblockt werden, durch nachhaltiges Schweigen auf die Krisen aufmerksam machen und dann das Ruder wieder in die eigene Richtung herumreißen. All das ist unten (Rz. 522 ff.) in verschiedenen Verhandlungssituationen im Detail entwickelt.

Für jede Verhandlungsgruppe empfiehlt es sich, unmittelbar vor Beginn der Verhandlung nochmals in einem kurzen Check-up die eigene Linie abzustimmen, also:

– Verhandlungsziel abstecken,

– Rollen bestätigen,

– Drehbuch (soweit vorhanden) wiederholen.

2. Werkzeuge der Verhandlungsregie

a) Übersicht

Die Werkzeuge der Verhandlungsregie sind alle organisatorischen Mittel und Verhaltensweisen, die den Ablauf der Verhandlung bestimmen, also:

▷ Einleiten,

▷ Überleiten,

- Verfahrensvorschläge,
- Protokollvorschläge,
- Methodenänderungen (z. B. Brainstorming vorschlagen),
- Pausenvorschläge,
- Bilden von Untergruppen,
- Wort erteilen,
- Um Äußerungen bitten,
- Zusammenfassen,
- Wiederholen,
- Informationen und Gefühle verstärken,
- Informationen und Gefühle abschwächen (ignorieren, vorbeischwimmen lassen),
- Nach neuen Argumenten suchen,
- Bestätigen („richtig"/„vermutlich"/„könnte so sein"),
- Vertiefen, näher darlegen lassen,
- Nachfragen,
- Diskussion erweitern,
- Detailprobleme herauslösen,
- Gefühle offenlegen oder verstecken,
- Durch Charts und graphische Darstellungen visualisieren,
- Unterbrechen,
- Dramatisieren,
- Humor einsetzen,
- Thema beleben,
- Thema versanden lassen,
- Zeitdruck wegnehmen,
- Zeitdruck verstärken,
- Zeit durch Umorganisation dazugewinnen,
- Zum Wechsel der Perspektive ermuntern,
- Gruppenkonflikte steuern (Auszeit!),
- Sich bei Provokationen entrüsten (waffenlos stellen!),
- Verstehen,
- Bewußt mißverstehen,
- Aufklären,

▷ Übergehen und Überhören,
▷ Bemerkbar schweigen,
▷ Isolieren,
▷ Bewußt übersteigern,
▷ Akzentuiert unterbrechen,
▷ Ausweichen.

b) Grundregeln

Diese Werkzeuge werden unten (Rz. 522 ff.) im Detail kommentiert. Die Kunst der Verhandlungsregie besteht darin, sie situationsbezogen richtig einzusetzen. Diese Kunst entspricht dem Aufbau von Stellungen und den Spielzügen beim Schach oder den Figuren, die im Rahmen asiatischer Kampfkünste gelehrt werden (Kata), aber auch einfacheren Formen wie im Sport. Allen diesen Künsten sind drei Elemente gemeinsam: 503

– Es gibt bestimmte **Grundregeln**, die niemand verletzen darf, ohne das Spiel zu zerstören.
– Es gibt eine Reihe von **Grundmustern** und **Modellen**, die in bestimmten Situationen **stereotyp** angewendet werden können und auf die es erfolgreiche stereotype Reaktionen gibt.
– Der Erfolg hängt im wesentlichen davon ab, diese Regeln sinnreich zu nutzen, man muß sie aber **situationsbedingt** auch **brechen** können.

Es hängt ausschließlich von der Erfahrung und der Phantasie des jeweiligen Verhandlungsführers ab, mit welchem dieser Mittel er erfolgreich ist. Grundsätzlich gilt:

– Wer die Verhandlungsregie übernimmt, **verliert** sie am leichtesten, wenn er die Interessen der anderen Seite nicht berücksichtigt, weil diese dann instinktiv um die Verhandlungsregie kämpfen wird, um verlorenen Boden wieder gutzumachen.
– Die Verhandlungsregie wirkt immer unmittelbar und direkt auf die Verhandlung ein – um so **indirekter** müssen ihre Werkzeuge gewählt werden, um dem Verhandlungspartner genügend Spielraum zu lassen: *„Treibe einen verzweifelten Gegner nicht in die Enge"* (Sun Tsu, S. 159).

3. Übernahme der Verhandlungsregie

Bei Verhandlungen gibt es – anders als im Sport – keinen Schiedsrichter, es sei denn, man verhandelt ausnahmsweise einmal unter Zuziehung eines Moderators. 504

Wenn ein **Moderator** vorhanden ist, können beide Parteien ihre jeweilige Taktik nicht ohne Rücksicht auf den Moderator entwickeln und die Verhandlungsregie nur in dem Umfange übernehmen, in dem der Moderator das zuläßt. Typische Situationen sind etwa Tarifverhandlungen, bei denen der Schlichter anwesend ist, Verhandlungen im Rahmen der Mediation, Vergleichsgespräche bei Gericht oder auch Vertragsverhandlungen vor einem Notar, der (unter Beachtung seiner Neutralität) Vorschläge zum Verhandlungsablauf macht und/oder in diesen steuernd eingreift.

505 Fehlt eine solche Person, besteht die Kunst darin, selbst die **Initiative zu ergreifen** und sie im wesentlichen zu behalten, wenn man sie nicht aus taktischen Gründen der anderen Seite überläßt, damit diese sich nicht übergangen fühlt.

Im übrigen entstehen immer wieder Verhandlungslagen, bei denen die **Verhandlungsregie** von der einen auf die andere Seite **überspringt,** und oft genug ist ein mächtiger Verhandlungspartner gut beraten, wesentliche Teile der Verhandlungsregie der anderen Seite zu überlassen, damit diese wenigstens ein paar taktische Vorteile nutzen kann, wenn sie schon inhaltlich eine schwierige Position hat. Ein solches Zeichen der Fairneß geht unbewußt auch in die „Bilanz der Zugeständnisse" ein.

506 Wenn zwei erfahrene und gleich starke Verhandlungspartner aufeinander treffen, die mit den taktischen Möglichkeiten der Verhandlungsregie vertraut sind, kann es zunächst zu einem **Stillstand** der Bewegungen kommen, weil jede Seite geeignete Mittel findet, um die Übernahme der Verhandlungsregie durch die andere Seite zu verhindern.

Eine solche Situation wäre für den Gang der Verhandlung genauso gefährlich wie ein einseitiges, für die andere Seite nicht mehr tolerierbares Übergewicht des anderen Vertragspartners, denn in beiden Fällen kann keine Verhandlung gelingen.

Solche Situationen löst man dadurch auf, daß man sich anhand der **Tagesordnung** über einzelne Themenbereiche einigt und jeden Bereich einer Partei zuordnet, die während dieser Zeit die Verhandlungsregie übernimmt. Es bietet sich zum Beispiel an, bei der Erörterung der notwendigen technischen Qualität eher den Hersteller als den Käufer die Regie führen zu lassen, während der Käufer es vorziehen wird, bei Finanzierung und Preisen die Verhandlungsregie zu übernehmen.

Besonderes Geschick entwickelt eine Partei, wenn sie zwar die Verhandlungsregie in den entscheidenden Punkten übernimmt, sie aber eher wie ein Moderator handhabt, um so – vor allem im Zuge längerer Verhandlungen – Schritt für Schritt vorhandenes Mißtrauen abzuschleifen und persönliches Vertrauen herzustellen. Wer so vorgeht, verzichtet aber auf eine ganze Reihe von taktischen Möglichkeiten, die sich mit dieser Strategie nicht vereinbaren lassen, so vor allem jedes Verhalten, das Zweifel an der Glaubwürdigkeit hervorrufen könnte. Auch hier gibt es Zwischenformen, vor allem dann, wenn in Gruppen verhandelt wird: Dann entstehen teilweise recht früh „grenzübergreifende" Vertrauensverhältnisse, die in der Gesamtstrategie kontrolliert werden müssen.

4. Tatsachenorientiertes Verhalten

Außerhalb des oben (Rz. 502) vorgestellten Katalogs gibt es natürlich noch weit gröbere Werkzeuge, also Ironie, Beleidigung, Verachtung, Auftrumpfen etc. Außerhalb von Krisenverhandlungen erlebt man sie selten, sie sind aber gelegentlich unvermeidbar. Auch wenn man selbst nicht immer verhindern kann, daß man aus der Rolle fällt, sollte man immer wieder die Fähigkeit besitzen, zu einem normalen Verhandlungsstil zurückzukehren, und sich auch mit der notwendigen Geduld wappnen, um den immer wieder aufflammenden „Unsinn" anzuhören, den die Gegenseite als „Argument" verkleidet. Man muß nämlich davon ausgehen, daß die eigenen Argumente der anderen Seite ebenso „unsinnig" erscheinen werden!

507

Es gibt einige der Mittel, wie zum Beispiel das **bewußte Mißverstehen,** das **Übergehen** oder **Überhören,** die nicht zum Stil des tatsachenorientierten Verhandelns zu passen scheinen. Sie werden trotzdem erwähnt und müssen auch benutzt werden, wenn man sich Verhandlungspartnern gegenüber sieht, die in der Welt des Taktierens aufgewachsen sind und zunächst nur auf deutliche Zeichen reagieren. In solchen Situationen muß man sich (zeitlich begrenzt) dem Stil der Gegenseite anpassen, um nicht in den Verdacht unfähigen Nachgebens oder anderer Schwächen zu geraten. Die Souveränität einer richtigen **Anpassungsstrategie** zeigt sich immer an der Fähigkeit, bei veränderter Situation die Friedensangebote der anderen Seite spontan anzunehmen, ohne ihr unfaire Methoden (allzu lange) nachzutragen.

5. Verhandlungsteams

Wenn nur zwei Parteien miteinander sprechen, müssen sie gleichzeitig auch die Verhandlungsregie führen, wird in Gruppen verhandelt, muß diese Aufgabe der **Sprecher** übernehmen, während die anderen Verhandlungsteilnehmer ihn dabei unterstützen.

508

Das geschieht am wirkungsvollsten, wenn seine Aufgabe allen anderen bekannt ist und sie ihn von anderen Pflichten **entlasten,** die im Rahmen der Verhandlung auf die Gruppe zukommen. Der Verhandlungsführer kann nicht **gleichzeitig** taktisch nachdenken, inhaltlich begründen, Protokoll führen und seine Gruppe zusammenhalten. Deshalb ist es für den einzelnen Verhandler außerordentlich schwierig, wenigstens einen Teil dieser vielfältigen Aufgaben sachgerecht zu erledigen. Bei Gruppen können die jeweiligen Aufgaben im Rahmen der Rollenverteilung frühzeitig festgelegt werden.

Der Verhandlungsführer wird immer wieder bestimmte Situationen, die sich anbahnen, nicht wahrnehmen, weil er mit anderen Themen beschäftigt ist

509

oder sich in Parallelbesprechungen außerhalb der Gruppe aufhält, während dort neue Sachverhalte erörtert werden. Die übrigen Verhandlungsteilnehmer müssen besonders auf Information und kommunikative Unterstützung achten, interne Konflikte frühzeitig ansprechen, präsent sein und Ideen beisteuern. Sie dürfen sich aber **nicht unaufgefordert** in die Arbeit des Verhandlungsführers **einmischen**, wobei es natürlich nicht ausgeschlossen ist, daß eine Gruppe sich dazu entschließt, die Aufgabe des Verhandlungsführers bei längeren Verhandlungen unter sich aufzuteilen. Das geht aber selten gut.

Den Verhandlungsteilnehmern kann auch die Aufgabe übertragen werden, ihren fachlichen Gegenpart auf der anderen Seite mit vertraulichen Informationen zu versehen, um so bestimmte Einzelbindungen zu erzeugen, die dem Verhandlungserfolg dienlich sind.

Gute Verhandlungsteams agieren wie ein Team im Football oder – wenn man ein poetischeres Bild bevorzugt – wie gute Jazzmusiker in einer jam session. In beiden Fällen muß jeder einen harmonischen Beitrag zum Gesamten leisten, Dissonanzen sind nicht ausgeschlossen, und schwierig wird es immer, wenn das andere Team auftritt und man dann nach interner Probe **gegeneinander,** aber auch **miteinander** spielen muß.

Verhandlungsteams müssen sich zwar auf einen Sprecher konzentrieren, dieser darf aber nicht nur Solist sein, will er nicht interne Schwierigkeiten bekommen, und **niemals** dürfen **interne Konflikte offen** auf dem Spielfeld **ausgetragen** werden!

6. Einsatz der Werkzeuge

510 Die Werkzeuge der Verhandlungsregie müssen so eingesetzt werden, daß sie dem Ziel einer tatsachenorientierten Verhandlung dienen. Sie müssen das Zustandekommen eines von beiden Seiten als fair empfundenen Verhandlungsergebnisses unterstützen und mit ihm synchron laufen: *„Benützt du Ordnung, um der Unordnung Herr zu werden; benützt du Ruhe, um mit Tumult fertig zu werden, dann beherrschst du deinen Geist"* (Sun Tsu, S. 155).

a) Ergebnisse zusammenfassen

511 Die Fähigkeit, Verhandlungsergebnisse und Verhandlungslagen so **zusammenzufassen**, daß beide Parteien sich darin wiederfinden, ist eine wichtige Fähigkeit des Verhandlungsführers. Er muß es fertigbringen, nicht nur die eigene Position darzustellen, sondern immer auch die Position der Gegenseite, und sorgfältig darauf achten, bei solchen Zusammenfassungen alle **Bewertungen** zu **vermeiden**, die den Verhandlungspartner irritieren könnten.

Wer diese Fähigkeit besitzt, beweist damit vor allem, daß er sich von der eigenen Position distanzieren kann – ein wesentliches Element im Fundament des Vertrauens, das in der Verhandlung gelegt werden muß.

b) Wiederholen

Neben dem Zusammenfassen ist das **Wiederholen** ein wichtiges Hilfsmittel, auch wenn es manchmal unelegant wirken kann. Immer wieder zeigt sich nämlich, daß Argumente, die beim ersten Mal vorgestellt werden, ohne Kommentar bleiben, beim zweiten oder dritten Mal aber auf Widerspruch stoßen. Die Gründe sind vielfältig: Vielleicht hat die andere Seite das **Argument** zunächst inhaltlich **nicht verstanden**, meist sind aber zwischenzeitlich andere Gesichtspunkte aufgefallen, die zum Widerspruch nötigen. Das Wiederholen und immer erneute Durcharbeiten klopft mit der Zeit allen überflüssigen Staub aus den Ritzen der Entwürfe, macht dadurch Lücken sichtbar (aber auch Zusammenhänge) und rüttelt so den Boden fest, auf dem die Parteien sich nach und nach immer sicherer bewegen. 512

c) Regeln brechen

Schließlich muß ein guter Verhandlungsführer die Kunst beherrschen, **Regeln zu brechen**, also in geeigneten Situationen für Humor, Provokationen, überraschende Zugeständnisse und Belebung der Situation zu sorgen. So wichtig es ist, Verhandlungen eine **Struktur** zu geben, so notwendig ist es, gelegentlich auch **chaotische Zustände** zuzulassen. Wer die Situation in der Hand hat, kann sich das leisten, denn er weiß, wie er das Chaos wieder in den Griff bekommt. Eine konsistent beherrschte Verhandlungssituation läßt sich ohnehin nicht über lange Zeit aufrechterhalten und ist oft genug nur das Zeichen der Angespanntheit, unter der die Verhandlungsteilnehmer stehen. Die Verhandlung muß sich also zwischen **geordneten** und **ungeordneten** Zuständen hin und her **bewegen** können, und die Aufgabe der Verhandlungsregie ist es, diese Steuerung zu übernehmen. Das kann besonders gut klappen, wenn zwei gleich geschickte Verhandlungsführer miteinander zu tun haben, die die jeweiligen taktischen Absichten durchschauen, sich aber nicht in Argumente flüchten, sondern das ganze **Formenspiel** (oben Rz. 502) entwickeln, das ihnen zur Verfügung steht. 513

In schwierigen Verhandlungssituationen (unten Rz. 568 ff.) hängt von diesen Fähigkeiten alles ab: In jeder Verhandlung muß die **kritische Anfangsphase** überwunden, die **chaotische Mitte** strukturiert und das **ermüdende Ende** wiederbelebt werden. 514

Die meisten Verhandlungen leiden darunter, daß man dazu neigt, ins **Detail** zu **flüchten**, statt sich mit den **schwierigen** Verhandlungsthemen ausreichend **lange** zu beschäftigen. Andere Gefahren sind das Abgleiten in **Stimmungen**, **Konzentrationsschwächen** und **Themaverfehlungen**, die niemals ganz zu vermeiden sind. Hier muß die Verhandlungsregie mit geeigneten Mitteln gegensteuern (ausführlich oben Rz. 500 ff.).

d) Strukturen schaffen

515 Eine gute Verhandlungsregie erreicht das Verhandlungsziel durch:

– Informieren,

– Strukturieren,

– Detaillieren,

– Dokumentieren,

– Bewerten,

– Entscheiden.

aa) Informieren

516 Wer die Verhandlungsregie führt, muß darauf achten, daß seine eigene Information zu dem jeweiligen Thema vollständig ist, und im Einzelfall entscheiden, ob und wie er **Informationslücken** der **Gegenseite**, die zu beobachten sind, schließt. Werden durch Informationslücken Risiken verdeckt, sollte man sie beseitigen, denn sie gefährden in den meisten Fällen eine erfolgreiche Durchführung des Vertrages.

Ebenso wichtig ist das stete Hinarbeiten auf den Unterschied zwischen **Meinungen** und **Tatsachen**. Da man Tatsachen nicht ändern kann, kann man sich leichter über sie einigen, und erfahrungsgemäß ändert man Meinungen nicht durch **Überreden** (Wiederholen von Argumenten), sondern durch **Überzeugen**, also durch neue Interpretation von Tatsachen, über die sich beide Parteien sich dann vielleicht einigen können.

Wer die Verhandlungsregie führt, muß ferner sicherstellen, daß Informationen richtig ankommen und Mißverständnisse verhindert bzw. aufgeklärt werden.

bb) Strukturieren

517 Viele Probleme lösen sich nahezu von allein auf, wenn man sie so strukturiert, daß die strategischen Linien klar werden und der Kern von Übereinstimmungen und Differenzen offenbar wird.

Die Verhandlungsregie muß dabei

– **Gemeinsames** herausarbeiten (*„Wir können gemeinsam von diesen Statistiken ausgehen..."*);

Verhandlungsregie   Rz. 518 **Teil 1**

- **Trennendes** deutlich machen („*Sie ziehen aus diesen Statistiken andere Schlüsse als wir...*").

cc) Detaillieren

Wenn die Übersicht über die wesentlichen Positionen geschaffen ist, muß jeder einzelne von ihnen in ihre Detailaspekte aufgefächert werden. Dazu gehören: 518

- Vertragsziel,
- Zeit,
- Raum,
- Weg,
- Mittel,
- Risiken.

Vertragsziel
▷ Was ist das **eigene Ziel**?
▷ Was ist sind die **Ziele** der **anderen Beteiligten**?

Zeit
▷ Welcher **Zeitrahmen** steht zur Verfügung?
▷ Welche Zeitvorstellungen haben die anderen Beteiligten?

Raum
▷ Läßt sich das **Thema** begrenzen (inhaltlich/Teilprobleme/örtlich/Reduzierung sonstiger Faktoren der Komplexität)?
▷ Kann man die anderen Verhandlungspartner hierzu ermutigen?

Weg
▷ Welche **taktischen Wege** sind möglich?
▷ Welche Reaktionen der anderen Beteiligten werden dadurch provoziert?

Mittel
▷ Welche Mittel stehen zur Verfügung (Macht/Geld/Taktik/Emotionen)?
▷ Welche Mittel haben die anderen Beteiligten (Macht/Geld/Taktik/Emotionen)?

Risiken
▷ Kann man die Risiken, die sich aus einzelnen Alternativen ergeben, einheitlich bewerten?

▷ Bei welcher Lösung stehen die Risiken in angemessenem Verhältnis zum angestrebten Ziel?
▷ Welche Alternativen haben die anderen Beteiligten?
▷ Welche Risikobewertungen werden sich voraussichtlich aus diesen Alternativen ergeben?
▷ Was geschieht, wenn nichts geschieht (keine Verhandlung/kein akzeptables Ergebnis)?

dd) Dokumentieren

519 Die Verhandlung wird wesentlich erleichtert, wenn man die einzelnen Zwischenergebnisse immer wieder intern – und im Bedarfsfall durch Zusammenfassungen, die man der anderen Seite überläßt, dokumentiert. Das geschieht durch:

– **Entwurfsregie** anstreben (falls nicht schon gegeben).
– Falls nicht möglich: Eigene **Dokumentationen** auch dann erstellen, wenn andere Beteiligten dokumentieren.
– Alle **Detailfragen** schriftlich vorbereiten.
– **Verhandlungen** und schriftliche Unterlagen **dokumentieren** (Protokolle/Communiqués).
– **Ergebnisse** dokumentieren.
– **Vertragsgeschichte** festhalten.

ee) Bewerten

520 Sodann schließt sich die Phase der Bewertung an, die meist eine Unterbrechung erfordert (Rz. 556). Hier ist zu fragen:

– Was war die ursprüngliche strategische Linie?
– Hat sie sich nach dem bisherigen Verhandlungsstand geändert?
– Wenn ja: In welchen Bereichen?
– Welcher Entscheidungsspielraum steht uns zur Verfügung? Welchen haben die anderen?
– Über welche Grenzpositionen (Eckdaten) können wir nicht hinausgehen? Was gilt für die anderen?
– Welche Risiken entstehen für uns? Für die anderen?
– Wie sieht die Bilanz der Zugeständnisse für uns aus? Für die anderen?

– Welcher Spielraum ergibt sich am Ende aller Überlegungen für uns? Für die anderen?
– Gibt es für uns bessere Alternativen? Für die anderen?

ff) Entscheiden

Solange man noch über einzelne Themen spricht, sollte man sich die endgültige Entscheidung immer möglichst offenlassen. In vielen Fällen kann man aber weitere Themen nicht sinnvoll behandeln, wenn nicht bestimmte Vorentscheidungen getroffen werden. Auch wenn sie intern feststehen, sollte man immer darauf achten, sie der anderen Seite noch nicht in endgültiger Form mitzuteilen, bevor nicht die Bilanz der Zugeständnisse gebildet ist (unten Rz. 541 ff.). Die Entscheidung hängt von folgenden Fragen ab: 521

– eigene Positionen voll **durchsetzen** (Nachteile des Gewinns abschätzen),
– gegnerische Position voll **akzeptieren** (Vorteile des Unterliegens abschätzen),
– kreative **Kompromisse** auf Kosten Dritter gemeinsam festlegen,
– sich für den **Konflikt** entscheiden (und alle damit verbundenen Konsequenzen freudig in Kauf nehmen).

IX. Verhandlungsablauf

Im folgenden wird gezeigt, wie die Werkzeuge, die oben im systematischen Zusammenhang dargestellt wurden, in der **konkreten Verhandlungssituation** benutzt werden sollten. 522

Bevor man in eine konkrete Verhandlungssituation geht, muß man die andere Seite in aller Regel darüber informieren, ob man **parallel** zu dieser Verhandlung noch mit **anderen Interessenten** im Gespräch ist. Natürlich besteht die Gefahr, daß dies die Verhandlungen schwieriger macht, es kann aber auch sein, daß ein Ergebnis schneller zustande kommt, wenn die andere Seite weiß, daß man selbst noch weitere Alternativen hat. Hier muß sorgfältig zwischen taktischen Alternativen, die man nutzen will, und der Gefahr abgewogen werden, einen **Vertrauensbruch** zu riskieren.

Wie wichtig die interne Vorbereitung für den Erfolg der Verhandlung ist, bedarf keiner weiteren Hervorhebung. Ebenso wichtig ist aber auch die Fähigkeit, die dort gewonnene Verhandlungslinie in der konkreten Situation immer wieder zu überprüfen. Dabei bewährt es sich, weder starrsinnig am eigenen Konzept festzuhalten noch es voreilig in Frage zu stellen. Richtig ist: 523

– Zuhören,
– Fragen,
– Sich um Verständnis bemühen,

bevor man sich für oder gegen eine Änderung des Verhandlungskonzepts entscheidet.

1. Anfangsphase

524 Sie ist unproblematisch, wenn die Personen sich kennen, kann aber – vor allem bei großen kulturellen Differenzen – außerordentlich schwierig und **spannungsreich** verlaufen, wenn man sich erstmals an fremden Orten begegnet. In solchen Fällen ist jede Seite geneigt, sich **übervorsichtig** zu verhalten oder umgekehrt **Machtspiele** zu inszenieren, die die Gegenseite verstören. Statt dessen sollte man darauf achten, daß das wichtigste für den Erfolg der Verhandlung das Entstehen einer **vertrauensvollen Arbeitsebene** ist.

Man kann diese Schwierigkeiten mit einfachen Mitteln steuern:

- Manchmal ist es möglich, die **Termine** so zu legen, daß die Gäste am Abend zuvor anreisen und man mit ihnen gemeinsam essen kann, um sich so näher kennenzulernen.
- Man kann Gäste aus dem Hotel durch eigenes Personal **abholen** lassen und bis zum Konferenzbeginn betreuen.
- Die Phase der Begrüßung legt man **vor** den **Konferenzbeginn,** und die Teilnehmer stellen sich gegenseitig im Stehen vor: Das ist weniger förmlich als die Vorstellung am Verhandlungstisch.
- In einer größeren Verhandlungsrunde kann man dafür sorgen, daß wenigstens ein Teil der Teilnehmer sich vorher in einem **anderen Zusammenhang kennengelernt** haben. Das geschieht etwa durch Voraussendung einzelner Fachleute, die zur späteren Verhandlungsgruppe gehören, für interne Vorabklärungen mit anderen Fachleuten.
- Bei perfekt vorbereiteten Verhandlungen finden die Teilnehmer neben der Tagesordnung auch eine zweizeilige **Beschreibung** der jeweiligen **Funktionen** der Gesprächspartner (ggf. ihrer Vita), die man auch vorher verteilen kann etc.

525 Auch wenn keine dieser Möglichkeiten gegeben ist oder der Aufwand für ihre Inszenierung zu groß erscheint, kann man ein angenehmes Arbeitsklima erzeugen, indem man den Beginn der Verhandlung zur Klärung von Funktionen, Rollen und organisatorischen Details benutzt. Dazu gehört:

- **Begrüßung** und Dank der Gegenseite,
- Austausch der **Visitenkarten,**
- **Vorstellung** der Gesprächsteilnehmer durch den jeweiligen Verhandlungsführer oder durch jeden Teilnehmer selbst,
- Darlegung der eigenen **Kompetenzen,**

- Vereinbarungen über **Beiziehung Dritter** (Fachleute, Spezialisten),
- Abfrage der **Kompetenzen** der anderen Seite,
- Vereinbarungen zum **Protokoll** (wer es schreibt, hat taktische Vorteile),
- Festlegung der **Tagesordnung** und des **Zeitbedarfs**(!) für jedes Thema,
- **Zeitrahmen** und **Pausen**,
- Vorschläge zur **Organisation** des Tages (Essen, Entertainment, Abreise).

Das gemeinsame Durcharbeiten dieser organisatorischen Einzelfragen ermöglicht es den Parteien, sich darzustellen und miteinander vertraut zu werden, **ohne** dabei **inhaltlichen Kontroversen** ausgesetzt zu sein. Gleichwohl erlaubt schon diese Phase einen ungefähren Einblick in die Überlegungen der Gegenseite, denn die Diskussion der Tagesordnung und des Zeitrahmens läßt immer **Rückschlüsse** auf geplante **Vertragsinhalte** zu. Beim Zeitrahmen z. B. sollten alle Beteiligten ihre jeweiligen Abreisetermine, insbesondere Flugtermine, bekanntgeben, damit man den Zeitplan entsprechend gestalten kann. Vielfach wird es als höflich angesehen, eine **Open-end-Verhandlung** anzubieten. Tatsächlich verdeckt ein solches Angebot nur die **Unfähigkeit** zu richtiger **Zeitplanung** und bietet der Gegenseite die Möglichkeit zu vielfältigen taktischen Spielen, denn irgendwann entsteht immer ein Zeitdruck (spätestens dann, wenn der Tag zu Ende ist; zum Aufbau von Tagesordnung, Zeitplänen etc. oben Rz. 455 ff.).

Wenn man die Anfangsphase mit der Verhandlung über organisatorische Einzelfragen beginnt, gewinnt man nicht nur atmosphärische Vorteile für beide Seiten, sondern vermeidet vor allem den **Bruch** zwischen **privaten Bemerkungen** am Verhandlungstisch, mit denen manche Verhandlungen – oft aus Verlegenheit – beginnen, um dann plötzlich abrupt „zum Thema" zu kommen: Diese kalte Dusche ist immer unangenehm.

Bei der Diskussion um die Tagesordnung wird man oft feststellen, daß die andere Seite völlig andere Auffassungen von der **Gewichtung** einzelner **Themen** hat und bestimmte Fragen vor anderen diskutieren will (was natürlich immer auch taktische Bedeutung hat).

Wenn solche Hinweise **sachlich gerechtfertigt** sind, sollte man sie einfach akzeptieren und damit auch einen indirekten **Hinweis** auf den **eigenen Verhandlungsstil** machen, der durch sachliche Kompromißbereitschaft gekennzeichnet sein sollte. Empfindet man hingegen die Bitte um Änderung der Tagesordnung als **taktisches Spiel** (wie bei Parteitagen üblich), muß man es entweder offen **beanstanden** oder stillschweigend hinnehmen und daraus seine **Schlüsse ziehen**. Bei Vertragsverhandlungen spielt nämlich die „Taktik der Tagesordnung" keine so bedeutende Rolle wie manchmal angenommen wird, denn schwierige Themen brauchen immer viel Zeit, und ob sie schwierig sind bestimmt nicht eine Verhandlungsseite allein.

527 Man kann keine allgemeinen Regeln darüber aufstellen, ob es zweckmäßiger sei, **unkompliziertere Themen** „zum Anwärmen" an den Anfang der Verhandlung zu stellen und die **schwierigeren** erst später zu erörtern. Obgleich eine solche Anordnung auf den ersten Blick einleuchtend erscheinen mag, ist sie in der Praxis doch meistens falsch: Einfache Themen sind z. B. die „Allgemeinen Bestimmungen" in Verträgen und trotzdem wäre es vollkommen ungewöhnlich und unzweckmäßig, gerade mit ihnen eine Verhandlung zu beginnen. Ebensowenig ist es sinnvoll, die Arbeitsverträge führender Mitarbeiter im Detail zu erörtern, bevor überhaupt klar ist, welche übernommen werden sollen etc. etc. Kurz: Es gibt keine Regel „vom Einfachen zum Schwierigen", wohl aber eine „vom **Wesentlichen** zum **Unwesentlichen**", und wesentliche Themen sind nun einmal diejenigen, bei denen die unterschiedlichen strategischen Ziele der Parteien sich am stärksten auswirken. Darüber hinaus braucht man keine einfachen Themen zum „Anwärmen", wenn man sich statt dessen Zeit nimmt, zunächst die organisatorischen Fragen zu klären (Rz. 446 ff.).

2. Vereinbarung über Protokolle

528 Das Protokoll der Verhandlung muß jede Partei immer zunächst für sich allein schreiben. Es kann aber sinnvoll sein, zu Beginn ein **gemeinsam abgestimmtes Protokoll** zu vereinbaren. Das ist eine große Chance für die eigene **Verhandlungsregie**, auch wenn sie Arbeit macht: Wer dieses Protokoll schreiben darf, hat viele **Gestaltungsmöglichkeiten**, auch wenn er den Gesprächsverlauf stets korrekt wiedergibt.

Gemeinsam abgestimmte Protokolle (Communiqué) sind manchmal notwendig, wenn Dritte gemeinsam über den Verhandlungsverlauf informiert werden müssen.

Interne Protokolle sollten auch dann verfaßt werden, wenn jeweils nur ein Verhandlungspartner das Protokoll erstellt, denn man braucht immer eine Gedächtnisstütze für sich selbst.

3. Verhandlung über den Vertragsinhalt

a) Statements

529 Bevor man zu den einzelnen **Verhandlungsthemen** kommt, die in der Tagesordnung festgelegt sind, sollte jede Seite ein kurzes **Statement** über die eigenen **strategischen Ziele** abgeben, die mit dem Vertrag verfolgt werden. Wie weit man diese Ziele aufdeckt, ist natürlich eine taktische Frage, aber diejenigen, die die andere Seite ohnehin erkennen kann, sollte man hervorheben und Details kenntlich machen. Verhandelt man etwa über einen Firmenkauf, dann ist das Ziel des Käufers nicht ausreichend damit beschrieben, daß er die Firma kaufen will. Entscheidend sind vielmehr die **Motive**, aus denen das geschehen soll: Will man seinen Marktanteil vergrößern, dann kann es beim Kauf eines vertriebsorientierten Unternehmens eher auf die Zahl der Standorte als auf deren Qualität ankommen; wer sich an einem Softwarehaus beteiligen will, ist oft weit mehr an den Personen interessiert, die dort tätig sind, als an den Entwicklungscomputern oder anderen Sachwerten etc.; in manchen Fällen wird man zwar notgedrungen bereit sein, für Sachwerte zu zahlen, ist aber viel eher am Know-how oder am Goodwill (Wert der Marken oder des Firmennamens etc.) interessiert.

Deckt man solche strategischen Ziele auf, kann das den Vorteil haben, daß die **Schwerpunkte** von Anfang an **richtig gesetzt** werden. Beschreibt man sie aber nur zum Teil, wird die andere Seite das als **taktisches Manöver** sehen, wenn sie die wirklichen Motive aufgrund besserer Informationslage kennt und sich dazu ihre eigenen Gedanken machen.

Natürlich muß man davon ausgehen, daß das Statement der anderen Seite auch von taktischen Überlegungen geprägt ist und die aufgedeckten Interessen nicht immer mit den wirklichen Motiven übereinstimmen. Wenn man das Gefühl hat, daß es hier Differenzen gibt, besteht die einfachste Methode darin, nach den Motiven zu **fragen.** Sind sie bewußt versteckt worden, dann wird man am Verhalten der Gegenseite häufig das taktische Verhalten erkennen, man erlebt aber immer wieder, daß durch die Antwort unbewußte Motive aufgedeckt werden und die Gegenseite sich erst dann über ihre wahre Interessenlage bewußt wird. In solchen Situationen können erhebliche **Verhandlungsspielräume** entstehen. 530

Unterläßt man solche Nachfragen, besteht die Gefahr, daß beide Parteien in der zentralen Verhandlung über die Inhalte die wirklichen **Themen verfehlen.**

Typisch ist das vor allem, wenn es um die Geldleistung geht. Es dürfte kaum eine Verhandlung geben, in der nicht eine Seite hervorhebt, daß die angebotene Leistung zu teuer sei. Wer in solchen Situationen nicht nachfragt, **warum** der Preis als zu hoch betrachtet wird, vergibt sich die Chance, die Qualitätsvorstellungen oder andere preisbildende Elemente in die Diskussion zu bringen, bei denen beide Seiten sich ohne weiteres einander annähern könnten.

Wenn die andere Seite ihre Position schon in den Statements sehr detailliert darstellt, kann das ein taktisches Mittel sein, um die Diskussion auf Detailfragen zu lenken und damit die wirklich komplexen Probleme einstweilen zu verdecken. In eine solche Taktik darf man sich nicht hineinziehen lassen. Die ohnehin notwendige Zusammenfassung der eigenen Statements und derjenigen der anderen Seite gibt Gelegenheit aufzudecken, wo die Schwerpunkte gesehen werden. Sie kann etwa lauten: *„Ihnen kommt es offenbar in erster Linie auf die Qualität unserer Fertigung an, weniger auf die ständige Lieferbereitschaft, denn, wie Sie berichten, setzen Sie auch andere Lieferanten ein."* 531

Dieses Verfahren hat drei wichtige Vorteile:

– Es erlaubt der anderen Seite **sofort** zu **erkennen**, ob alles **richtig verstanden** worden ist, was man selbst geäußert hat.

– Es werden sofort **Übereinstimmungen** und **Differenzen sichtbar**, über die dann weiterverhandelt werden kann („*Wir fertigen zwar schon jetzt in hoher Qualität, haben das Zertifizierungsverfahren nach DIN ISO 9001 aber noch nicht abgeschlossen...*").

– Die Mitteilung, man habe etwas **verstanden**, ist immer eine **positive Nachricht**, und die Mitteilung, man könne bestimmte (offengelegte) Anforderungen der anderen Seite (noch) nicht erfüllen, ist notwendig, wenn der Vertrag nicht **verdeckte Risiken** enthalten soll, die für beide Seiten gefährlich werden können.

532 Darüber hinaus kann man mit der **Bestätigungstechnik** die Verhandlung sehr stark konzentrieren: gibt es nur Übereinstimmungen, ist der Vertrag schnell geschlossen, gibt es aber Differenzen, dann kann man sofort darüber reden und sie zu beseitigen versuchen. Unerfreulich ist demgegenüber eine Verhandlung, bei der beide Seiten den „**negotiation dance**" übertreiben und nur Positionen hin und her schieben, ohne daß die wirklich relevanten Themen auf den Tisch kommen.

Ebenso peinliche Situationen entstehen, wenn beide Seiten stets in **allgemeinen Ausführungen** das **gemeinsame Ziel** betonen, sich dabei aber im Hintergrund das ihre denken. Ein solches Vorgehen scheint wenig Sinn zu haben, kann aber gegenüber unerfahrenen Verhandlungspartnern Erfolg haben: Man zieht auf diese Weise die andere Seite in bestimmte **zustimmende Erklärungen**, von denen sie sich dann später, wenn im Zuge der Detailverhandlungen die Risiken wirklich sichtbar werden, wieder **distanzieren** muß, und versucht sie dann, an dem vorschnell gegebenen Wort festzuhalten. Die berechtigte Argumentation, man habe die Zustimmung ohne ausreichende Information gegeben, wird dann überhört oder zum Anlaß genommen, **Kompetenzzweifel** zu äußern. All das kann man vermeiden, wenn man in die „Wolke des guten Willens" mit gezielten Nachfragen Struktur bringt, auch wenn das die ersten Spannungen auslösen wird.

b) Verhandlungsstil

533 Zu den Stilfragen ist oben Ausführliches gesagt worden (Rz. 395 ff.), man kann jedoch nicht oft genug betonen, wie wichtig es ist, gerade bei der Verhandlung über die Vertragsinhalte sich nicht nur im Kreis sachlicher Argumente zu bewegen, sondern die ganze Form und Vielfalt von Argumenten und **Verhalten** einzusetzen. „*The medium is the message*" (Marshall McLuhan).

Entscheidende Verhandlungserfolge wird man oft nicht am Verhandlungstisch erzielen, weil für bestimmte Verhandlungspartner die Atmosphäre zu sachlich und formalisiert ist, die Regie dominiert und nicht genügend Emotionen ins Spiel gebracht werden können.

Natürlich steckt darin auch eine Gefahr, wenn die andere Seite die Verhandlungssituation auflöst, um zu Erfolgen zu kommen, die am Verhandlungstisch nicht erzielbar sind (Entertainment etc.).

c) Störfelder

Man muß in jeder Situation mit Störungen rechnen, die durch fehlende Informationen, Mißachtung von Gefühlen, Verdrängung von Schwächen und Vorurteilen entstehen und sich bis hin zu **Ultimaten** entwickeln können. In Krisensituationen können ultimative Forderungen unumgänglich sein, auch wenn man sie immer mit Angeboten verbinden sollte. Werden sie in normalen Vertragsverhandlungen gestellt, signalisiert das entweder den Willen zum Abbruch oder eine ungeschickte Verhandlungsstrategie. Bevor man das endgültig bewerten kann, sollte man auf sie mit **Schweigen** reagieren, damit die andere Seite zunächst nicht ihr Gesicht verliert. Für die eigene Verhandlungsstrategie gilt: Ultimative Forderungen sind sinnlos, bevor man die **Bilanz** der **Zugeständnisse** nicht bilden kann.

534

d) Forderungen stellen

Inhaltliche Forderungen sollten eine bestimmte Struktur haben, die für die andere Seite erkennbar ist. Sie sollte folgende Elemente enthalten:

535

– Adressat der Forderung,
– Sicherung des Zugangs (es hat keinen Sinn, Forderungen an Personen zu stellen, die nicht über sie entscheiden können),
– Fristen,
– Begründung,
– Alternativen,
– Konsequenzen, wenn die Forderung abgelehnt wird,
– Abwendung der Folgen.

In der konkreten Verhandlungssituation ist es natürlich viel zu umständlich, diesen Katalog konsequent abzuarbeiten. Man darf ihn aber in kritischen Situationen nicht aus den Augen verlieren. Geht es zum Beispiel um die Frage, welche Qualität einer Leistung erforderlich ist, auf die nicht der Vertragspartner, sondern nur sein Subunternehmer Einfluß hat, dann ist eine Vertragsklausel mit dem Ziel, die Überwälzung solcher Qualitäten auf den Subunternehmer sicherzustellen (Adressat!), durchaus sinnvoll. Ebenso zweckmäßig kann es sein, über Auffangpositionen zu sprechen für den Fall, daß der Subunternehmer versagt (Andere Subunternehmer? Selbst leisten?).

e) Reaktion auf Forderungen

536 Die Forderungen, die die andere Seite erhebt, erfordern immer eine eigene Bewertung in folgenden Stufen:
– Folge leisten, da die Forderung vernünftig ist,
– Folge leisten mit inneren Vorbehalten (Auffangpositionen sichern),
– Reaktion offenlassen,
– andere Ideen entwickeln und verhandeln,
– ablehnen.

In vielen Fällen erlebt man in Verhandlungen nichts anderes als die sofortige Ablehnung von Forderungen, die für unangemessen gehalten werden. Besser ist es, zunächst die anderen Verhaltensweisen auszuprobieren, um die Reaktion der anderen Seite bewerten zu können.

f) Abwarten und Schweigen

537 Jeder vorschnellen Reaktion auf eine Forderung ist Abwarten und Schweigen vorzuziehen. Für Asiaten ist das so selbstverständlich, wie es für uns ungewohnt ist. Durch Schweigen vergibt man sich nichts, provoziert Reaktionen, die oft ungewöhnlich sein können, und schafft sich Zeit, die Substanz von Vorschlägen zu prüfen. An der Fähigkeit zu schweigen erkennt man den wirklich erfahrenen Verhandler (ausführlich *McCormack*, S. 201).

4. Bewertung der eigenen Position

538 Ist die Bestätigungsrunde vorbei und liegen alle Differenzen, über die man sprechen muß, auf dem Tisch, ist es meist nicht nur Zeit, **Pause** zu machen, sondern auch, die eigene Position in einer **internen Verhandlungsrunde** zu überdenken.

Man kann in der Zeitplanung selten voraussagen, wann solche Unterbrechungen angezeigt sind, denn es gibt Themen, deren **Zeitbedarf** man **unterschätzt**, und andere, die schneller abgehandelt sind, als man gedacht hat. Man sollte auch möglichst nicht länger als zwei Stunden am Stück verhandeln, weil die **Konzentration** dann erfahrungsgemäß sehr nachläßt und die Höflichkeit eine Unterbrechung erfordert (Fenster auf, Rauchpause etc.).

Viel wichtiger als diese organisatorischen Details ist es aber, die eigene **strategische Linie** mit dem zu vergleichen, was bisher in der Verhandlung an Fragen aufgeworfen wurde, bevor man mit der Gegenseite in das Gespräch über mögliche Lösungen eintritt.

539 Der **Grundfehler** der meisten Verhandlungen besteht darin, Teillösungen für einzelne Themen bis ins Letzte zu diskutieren, bevor man nicht den gesamtem Kreis der Themen abgeschritten hat, die für den Vertrag am Ende eine Rolle spielen. Der klassische Fehler, den Preis zu verhandeln, bevor man über Leistungen gesprochen hat, ist unten näher beschrieben (Rz. 551 ff.) aber auch andere Gesichtspunkte wie Qualität, Zeitfaktoren, Finanzierung, technische Fähigkeiten etc. müssen wenigstens einmal angesprochen sein, damit man ein Gefühl dafür hat, in welche Richtung die Gesamtlösung sich ungefähr entwickeln kann. Das ist ohne interne Abstimmung nahezu nie möglich. Auch der einzelne Verhandler sollte sich diese Unterbrechung erbitten, um seine Gedanken zu ordnen, bevor er in die entscheidende Lösungsphase geht, denn jeder Lösungsvorschlag setzt eine **Bewertung** der Chancen und Risiken voraus, die man zuvor entweder diskutiert oder aus dem Verlauf der Verhandlung erkannt hat.

540 Die Unterbrechung zum Zweck der Bewertung ist deshalb so wichtig, weil man dafür Zeit braucht und nicht improvisieren darf. Folgende Möglichkeiten und ihre Kombinationen sind abzuwägen:

– eigene Interessen **durchsetzen**,
– eigene Interessen **verändern**,
– Lösungen über **Dritte** suchen,
– Lösungen bewußt **offenlassen**,
– der anderen Seite stets behilflich sein, ihr **Gesicht** zu wahren,
– Angriffe zunächst **ignorieren,** dann **parieren** (auch im Gegenwind kann man vorwärtskommen),
– verbleibende **Alternativen** ermitteln,
– eigene Ziele **endgültig** festlegen,
– **Übereinstimmung** mit den Zielen des Verhandlungspartners **prüfen**,
– **Differenzen** ermitteln,
– **Alternativen** planen, wenn es keine Lösung gibt.

Die meisten dieser Stufen werden **intuitiv** beschritten, meist fehlt es aber an der entscheidenden Überlegung, welchen **Weg** man gehen muß, um diese Intuition zum Ziel zu führen. Ob man die eigene Kompromißbereitschaft zu bestimmten Punkten auch dann voll **aufdeckt**, wenn sie in der internen Besprechung als unproblematisch erkannt wurde, ist eine der schwierigsten taktischen Fragen: Gibt man **Kompromißbereitschaft** zu früh zu erkennen, wird das in den meisten Fällen als Zeichen der **Schwäche** und nicht der **Intelligenz** bewertet, liefert man aber nur **Scheinkämpfe** um Positionen, die man eigentlich nicht verteidigen will, leidet die eigene **Glaubwürdigkeit**, wenn man sie dann plötzlich verläßt.

Erfolgt die interne **Abstimmung** im **Team**, ist es nicht nur erforderlich, inhaltlich zu diskutieren, sondern man muß auch die taktische Linie untereinander abstimmen. Sonst kommt es zu vorschneller Bekanntgabe von Übereinstimmungen, bevor man deren taktischen Wert voll genutzt hat.

5. Lösungen suchen: Die Bilanz der Zugeständnisse

541 Es ist nicht einfach, die Bilanz der Zugeständnisse herzustellen, denn sie setzt einmal voraus, daß man die eigene Position klar vor Augen hat und die Perspektive der anderen Seite respektiert. Daneben müssen aber **beide Seiten** die Einflüsse, die von dritter Seite kommen können, möglichst realistisch sehen und bewerten. Dadurch entsteht in jeder Verhandlung ein **Zusammenspiel der Perspektiven,** das man nur dann durchschauen kann, wenn man es in folgende Einzelelemente auflöst:

– kultureller und sozialer Hintergrund,

– Anwendung des komplexen Denkens,

– flexibler Verhandlungsstil,

– realistische Gegenüberstellung von Leistung und Gegenleistung,

– objektive Risikobewertung,

– emotionale Bewertung,

– rechtliche Bewertung,

– Ermittlung der Vorteile für beide Seiten,

– Suche nach Alternativen,

– Klärung der Entscheidungskompetenzen.

a) Kultureller und sozialer Hintergrund

542 Die Phase, in der beide Parteien darüber verhandeln, in welchem Umfang sie von ihren bisherigen Positionen abrücken können, ist der bei weitem **sensibelste** Bereich innerhalb der Vertragsverhandlung. Hier entwickeln die uralten Muster und **Rituale** des **Gebens** und **Nehmens** ihre volle Kraft (oben Einf., Rz. 18), und daher wirken vor allem kulturelle und sprachliche Einflüsse hier besonders stark. In den asiatischen Kulturen ist es z. B. üblich, die andere Seite durch **Vorleistungen** und Zugeständnisse so zu binden, daß diese sich ihrerseits zu gleicher Gegenleistung **verpflichtet** fühlt. Stärke entwickelt man dort durch vorgezogenes, bedingungsloses Verschenken, und je höher der Wert dieses Geschenks ist, um so stärkere Verpflichtungen erzeugt man. Man wird deshalb in Asien durch unangemessen hohe Geschenke, die die andere Seite nicht erwidern kann, nicht nur Verlegenheit, sondern schroffe Zurückweisung oder gar Fluchtreaktionen auslösen.

Vorleistungen, die nicht an Gegenleistungen geknüpft sind, werden demgegenüber in Europa und den USA als Zeichen der **Schwäche** interpretiert. Man kann sich vorstellen, wie es auf einen Menschen aus dem Osten, der das nicht weiß, wirken muß, wenn er als erster Zugeständnisse anbietet, woraufhin die andere Seite die bis dahin moderaten Forderungen plötzlich erhöht, weil sie eine Schwäche zu entdecken meint.

Wer solche Mechanismen nicht durchschaut, kann im Verhandlungsspiel grobe Fehler machen, die nicht mehr korrigierbar sind.

b) Komplexes Denken

In dem Stadium, in dem man nach Lösungen sucht, ist der Einsatz des komplexen Denkens von ausschlaggebender Bedeutung. Viele Lösungen bleiben verborgen, weil man nur ausgetretene Pfade geht und **Querverbindungen** übersieht, die man beschreiten könnte.

543

Die Berufserfahrung ist das gängigste Mittel, um komplexe Entscheidungen schnell und zuverlässig zu treffen, und weil man damit hohe Erfolgsquoten erzielt, können sich die meisten nur schlecht vorstellen, daß bestimmte Planungswerkzeuge die Ergebnisse noch verbessern oder mangelnde Berufserfahrung ausgleichen können. Wie immer ist die graphische Darstellung von Situationen, Problemlagen und Zielen den textlichen Beschreibungen weit überlegen. Eines der besten Werkzeuge ist die Skizzierung eines Vergleichsnetzes, wie es in den nachfolgenden Abbildungen vorgestellt wird.

Abb. 1: Vergleichsnetz Auftraggeber

```
                    Systemverantwortung
   Absicherung
   der                    100
   Leistungen   100                  100      Qualität
                         50

   Preis                                       Leistung
   100 ———————————————————————————————— 100
                    50        50

                         50

              100                       100
   Absicherung          100           Kundendienst
   der                Termine
   Zahlungen
```

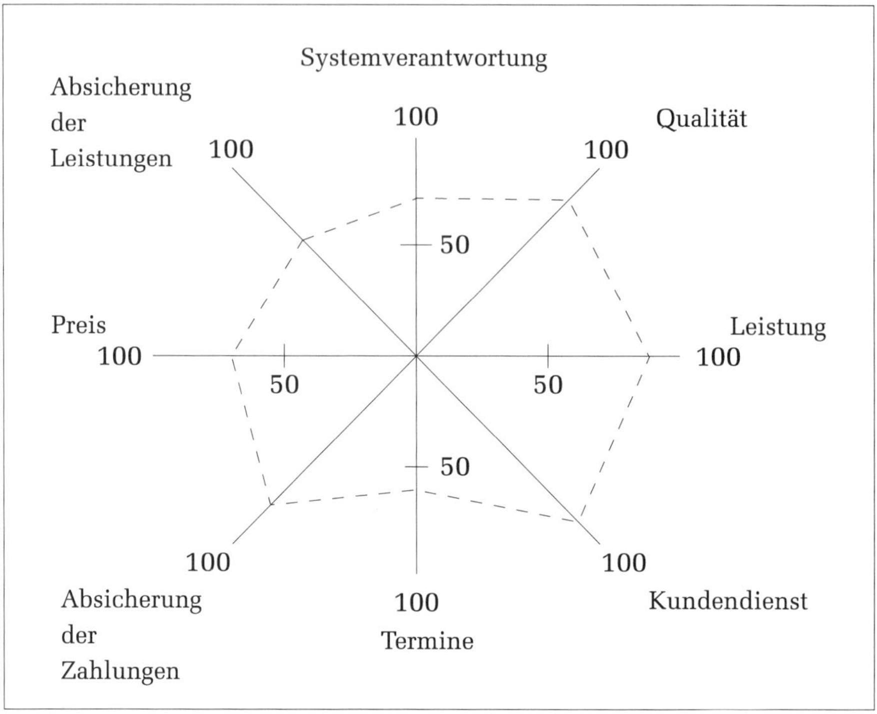

© **denkmodell Berlin** ®

Abb. 1 zeigt beispielhaft acht Gesichtspunkte, die für den Auftraggeber bei der Bewertung eines Vertrages notwendig sein können. Die Skalen von 0 bis 100 zeigen die Spannweite der möglichen Ziele: So ist im Beispielsfall Qualität und Kundendienst von besonderer Bedeutung, während die Termine eine geringere Bedeutung haben, und der Wunsch nach Absicherung der Leistung oder einem günstigen Preis liegt etwa bei drei Viertel der denkbaren Prioritäten.

Verhandlungsablauf Rz. 546 **Teil 1**

Abb. 2: Vergleichsnetz Auftragnehmer 545

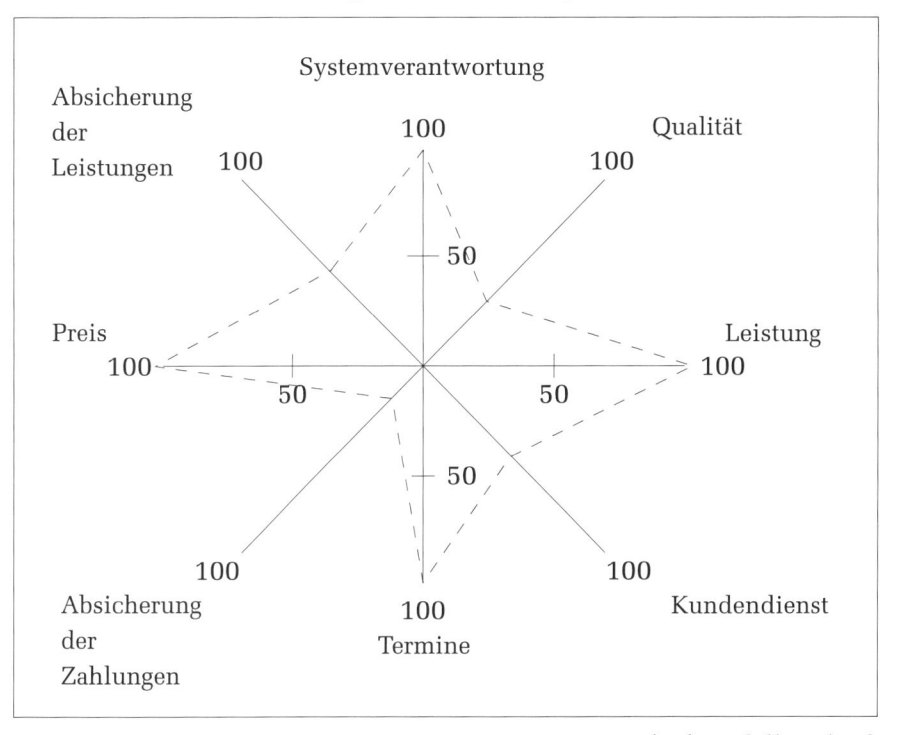

```
                    Systemverantwortung
   Absicherung
   der                  100
   Leistungen                          Qualität
              100                 100
                        
                         50
                         
   Preis                                Leistung
   100                                  100
              50                  50
                         
                         50
                         
              100                 100
   Absicherung          100            Kundendienst
   der                  Termine
   Zahlungen
```

© **denkmodell Berlin** ®

Abb. 2 zeigt das Angebot, das der Auftragnehmer abgegeben hat. Bei der Leistung erfüllt es ebenso wie beim Preis 100% der denkbaren Wünsche des Auftraggebers, bleibt aber bei Qualität und Kundendienst deutlich hinter den Erwartungen zurück.

Wie unterschiedlich die Vorstellungen beider Parteien bezüglich der skizzierten acht Schwerpunkte sind, zeigt sich am augenfälligsten, wenn man beide Vergleichsnetze auf **zwei Folien** zieht und **übereinander** legt. Man kann dann sofort erkennen, in welche Richtung sich Zugeständnisse bewegen müssen: Der Auftraggeber wird zwar fordern, die Qualität des Kundendienstes deutlich zu erhöhen, wird andererseits aber beim Preis Zugeständnisse in Aussicht stellen etc. etc. 546

Wer einmal mit solchen Vergleichsnetzen gearbeitet hat, wird das punktweise Durchsprechen von Einzelthemen ohne ihre anschauliche gegenseitige Verbindung nicht nur für unanschaulich, sondern für fehlerträchtig halten.

Die Entwicklung und Benutzung solcher Planungswerkzeuge (z. B. SINFONIE von denkmodell Berlin) ist Gegenstand einer ganzen Literatur, die aber noch nicht die richtige Durchsetzungskraft zu entwickeln scheint (s. grundlegend *Gomez/Probst*, Die Praxis des ganzheitlichen Problemlösens ..., und *Liebig*, Entscheiden, mit vielen Beispielen und weiteren Nachweisen). Der Grund hierfür liegt auf der Hand: Allein aus Büchern kann man nur schwer **Verhalten** lernen, die Inhalte müssen also **geschult** und in der Praxis **angewandt** werden, bevor man Boden unter die Füße bekommt.

Die Schulung des komplexen Denkens kann auch kaum ein Manager für sich allein betreiben, da sie vom konkreten Umfeld nicht ablösbar ist. Der einzig erfolgversprechende Weg ist die Schulung einzelner Abteilungen, die dann das so gewonnene Wissen Schritt für Schritt in andere Firmenbereiche übertragen (hierzu ausführlich die Fallbeispiele bei *Gomez/Probst*: CIBA, ABB, Hewlett-Packard, Kuoni, Mettler-Toledo, IBM).

c) Verhandlungsstil

547 Die Verhandlung über die Bilanz der Zugeständnisse ist erheblich einfacher, wenn man sie durch einen geeigneten **Verhandlungsstil** unterstützt. Besonders hier ist darauf zu achten, **nicht festzustellen** oder zu **fordern**, sondern zu **fragen** (oben Rz. 407 f.) und eigene mögliche Zugeständnisse nur offen zu überlegen oder in Aussicht zu stellen, nicht aber als endgültig anzubieten, ohne daß die Gegenseite ihre Position dargelegt hat. Natürlich ahnt jeder Verhandlungsteilnehmer, daß manches „eventuelle" Zugeständnis ein **endgültiges** werden muß, wenn es zum Vertrag kommen soll. Trotzdem sollte man auf die Einhaltung dieser Regel achten, um der Gegenseite nicht die taktische Möglichkeit zu bieten, einen an Teilzugeständnissen festzuhalten.

In der Praxis ist das nicht einfach, denn vielfältig bietet ja die andere Seite **Teilzugeständnisse** an und wünscht darauf eine sofortige Reaktion. Ebensowenig, wie man selbst Zugeständnisse endgültig anbieten soll, darf man umgekehrt derartige **Angebote** endgültig **annehmen**, denn sonst zerstört man verfrüht das diffizile Spiel der Kräfte.

aa) Lob des Konjunktivs

548 Der richtige Sprachstil bei diesen Verhandlungen zeigt sich z. B. an folgenden Wendungen:

> ▷ *„Wir können uns für dieses Problem folgende Alternativen vorstellen:..."*
>
> ▷ *„Von den Alternativen, die Sie nennen, scheint uns die zweite am ehesten erfolgversprechend..."*
>
> ▷ *„Wir sollten über diesen Vorschlag erst sprechen, wenn wir auch das damit verbundene andere Thema diskutiert haben..."*

▷ „Diesen Vorschlag können wir jetzt nicht bewerten. Gibt es einen Fachmann (z. B. Steuerberater), der uns hierzu weitere Informationen geben kann?"

▷ „Wir sehen in den ersten beiden Alternativen für uns keine nennenswerten Vorteile. Haben wir dabei irgend etwas übersehen?"

▷ „Diesen Vorschlag könnten wir akzeptieren, wenn Sie uns Ihrerseits in den Bereichen X, Y und Z entgegenkommen würden." (Wie anders klingt dieser Satz im Indikativ: „Wir kommen Ihnen bei dieser Position entgegen, wenn Sie uns Konzessionen bei X, Y und Z machen."!)

bb) Fragen und Schweigen

Forderungen und Zugeständnisse werden im Gespräch abhängig vom Verhandlungsstil oft genug sehr vorsichtig, umschreibend oder mit bestimmten Färbungen geäußert, und immer wieder kommt es vor, daß unangemessen harte Forderungen gestellt oder angemessene Zugeständnisse verweigert werden. Die wichtigste Eigenschaft in solchen Situationen ist **Geduld,** und Geduld hängt immer mit **Zeit** zusammen. Man muß sich also Zeitgewinn schaffen (tief durchatmen) und sich angewöhnen, in jeder unklaren, aggressiven oder mehrdeutigen Situation durch einfaches Nachhaken die wirklichen Absichten der anderen Seite zu erforschen.

So ist es ein **Grundlagenfehler,** eine zu hohe Preisforderung mit der Antwort abzuwehren: „Auf keinen Fall sind wir bereit, mehr als ____ € zu bezahlen" (Problem des Ultimatums, Rz. 581). Es kann nämlich sein, daß die Gegenseite ganz bewußt viel zu viel gefordert hat und sich mit dem geringeren Angebot gern zufriedengibt. Besser ist es, für jede Forderung oder Ablehnung eines Zugeständnisses eine **Begründung** zu verlangen. Wird diese **verweigert,** kann man daraus unmittelbar seine Schlüsse ziehen.

Man kann unangemessene Forderungen oder schwierige Verhaltensweisen auch durch einfaches Schweigen, Übergehen von Situationen oder geeignete Fragen („Was erwarten Sie von mir als Zugeständnis?") beantworten. Wichtig ist immer, die Situation in Bewegung zu halten und die Standpunkte nicht einfrieren zu lassen.

cc) Scheinzugeständnisse

Die Bilanz der Zugeständnisse besteht nicht **allein** aus den Angeboten, auf eigene Positionen zu **verzichten,** die man vorher verteidigt hat. Wenn man sie so auffaßt, lädt man zu dem üblichen Basarspiel ein, bestimmte Positionen nur aufzubauen, um sie dann als **Scheinzugeständnis** wieder zu räumen.

Besondere Aufmerksamkeit ist erforderlich, wenn in einem relativ frühen Verhandlungsstadium Zugeständnisse angeboten werden, die in Wirklichkeit nicht ernst gemeint sind. Sind z. B. mehrere Kaufinteressenten für ein attraktives Objekt vorhanden, sieht man oft, daß einer ein Preisangebot macht, das die Forderungen des Verkäufers sofort erreicht oder sogar übersteigt. Das Ziel: Der Verkäufer soll bewogen werden, die Verhandlungen mit anderen Interessenten, die kritischer sind, abzubrechen. Damit verliert er seine Alternativen, es entsteht Zeitdruck, und im Wege der Nachverhandlung kommt am Ende ein Preis heraus, der weit unter dem zunächst zugestandenen liegt. Oft genug kann man diese Taktik gar nicht entlarven, denn welches Objekt hat nicht Mängel, die sich erst bei näherer Besichtigung herausstellen? Hier gibt es nur die immer gleiche, wirksame Methode: erst mit **allen** ernsthaften Interessenten die **Vertragsbedingungen** klären und dann die **Preisentscheidung** treffen.

d) Gegenüberstellung von Leistung und Gegenleistung

551 Schon mehrfach wurde darauf hingewiesen, daß das Verhandeln über die Bilanz der Zugeständnisse am **Ende** der **inhaltlichen Diskussion** stehen muß und nicht zuvor in viele Detailaspekte zerschlagen werden darf. Nur wenn man Leistung und Gegenleistung zeitlich eng konzentriert gegenüberstellt, hat man eine Chance, die notwendige Gesamtbewertung realistisch vorzunehmen.

Dabei sind folgende Regeln nützlich:

- **Verhandeln über Sachleistungen**

  Wer die Sachleistung zu erbringen hat, unterliegt einem sehr hohen Planungs- und Erfüllungsrisiko und muß bestrebt sein, dieses Risiko mit welchen Mitteln auch immer überschaubar zu machen. Wenn die Preisangebote offensichtlich zu niedrig sind, dann hat man in diesem Bereich immer noch genügend Spielraum, um die Leistungsanforderungen (z. B. im Qualitätsbereich) zu senken oder den Anteil der Mitwirkungsleistung zu erhöhen.

- **Preisverhandlungen**

  Bei den meisten Verträgen steht einer Sachleistung ein Preis gegenüber, der für sie bezahlt werden soll, auch wenn dieser Preis nicht immer in Geld auszudrücken ist. Der **Grundfehler** vieler Verhandlungen ist es, daß über **Preise viel zu früh** gesprochen wird. Im Grunde gibt es keinen Gegenstand, der zu teuer wäre, denn eine wertvolle Leistung hat immer ihren Preis. Der **Preis** ist also immer von dem **Wert** abhängig, der der Sachleistung beigemessen wird. Er ergibt sich deshalb nahezu automatisch, wenn über alle wertbildenden Faktoren Einigkeit erzielt wird. Nur wenn man diese Grundregel wirklich ernst nimmt, hat man eine Chance, von der herkömmlichen Basarmentalität abzurücken und das Preis-Leistungs-Verhältnis im eigenen Sinne richtig zu beeinflussen. Je mehr Informationen man über die wertbildenden Faktoren hat, um so einfacher kann man

Verhandlungsablauf | Rz. 555 Teil 1

unangemessenen Preisforderungen entgegentreten, und je geringer die eigene Information ist, um so stärker ist die Verhandlungssituation für denjenigen, der den Leistungsinhalt bestimmt.

Die oben skizzierte Grundregel kann man natürlich dann nicht einhalten, wenn man sich im **Ausschreibungsverfahren** befindet oder ein **Angebot** auf der Basis von Pflichtenheften abgeben muß, die zwingend eine Preisangabe erfordern.

Man kann dieses Dilemma nur durch **offene Leistungsalternativen** lösen, indem man überall dort, wo der Wert der Gegenleistung nicht klar genug kalkulierbar ist, verschiedene **Qualitätsstufen** ausweist und daraus Alternativpreise bildet. 552

Ist auch dieses Verfahren zum Beispiel bei Ausschreibungen nicht zugelassen, gibt es nur noch die taktisch weit gefährlichere Methode, sich den Gewinn über **Nachtragsangebote** zu holen, die frei kalkulierbar sind.

Obgleich diese Regeln einleuchten, zeigt sich in der Praxis gleichwohl, daß offensichtlich zu hohe Preisforderungen oder offensichtlich zu geringe Angebote auf die andere Seite so suggestiv wirken können, daß die Frage nach dem Leistungsinhalt nicht mehr mit der richtigen Präzision gestellt wird.

Wesentliches Ziel der Preisverhandlung muß es also sein, das Hin- und Herwerfen von Zahlen möglichst zu vermeiden und eine irgendwie geartete **Festlegung** auf Preisvorstellungen **konsequent** solange zu **vermeiden**, bis der Wert der Gegenleistung hinreichend diskutiert worden ist. 553

Wenn man sich an diese Grundregel hält, kommt es letztlich nur noch darauf an, Argumente zu finden, die die Gegenseite nicht zurückweisen kann, ohne ihr Gesicht zu verlieren. Dabei ist zu bedenken, daß derjenige, der sich zur **Geldleistung** verpflichtet, im Grunde auch gegenüber einem mächtigeren Vertragspartner immer in der **stärkeren Stellung** ist: Bis zum Vertragsschluß hat er immer die Möglichkeit, aus der Verhandlung auszusteigen, und dann nützen der Gegenseite noch so klug aufgebaute Argumente für einen hohen Preis gar nichts.

Außerdem hat der Käufer – vorausgesetzt er ist nicht auf Kredit angewiesen – weder ein Planungs- noch ein Erfüllungsrisiko. Natürlich wird die zum Leistungszeitpunkt notwendige Liquidität nicht schon bei Vertragsschluß zur Verfügung stehen, hier sind die **Planungsmöglichkeiten** aber erheblich **einfacher** und die Risiken leichter zu erkennen: Wer einen Vertrag schließt, ohne zu wissen, wie er die Leistung bezahlen soll, dürfte dieses Risiko in den meisten Fällen früh genug sehen können und muß dann damit leben. 554

Entscheidende psychologische Vorbedingung für die Käuferseite ist daher die innere **Freiheit**, gegebenenfalls **nicht** abzuschließen. Mit dieser Waffe in der Hand kann man auch schwierige Preisverhandlungen erfolgreich führen.

Es gibt immer wieder interessante taktische Kämpfe um die Frage, wer **zuerst** einen bestimmten **Preis nennen** soll. Normalerweise ist das derjenige, 555

Heussen | 245

der die Sachleistung anbietet, denn er stellt die Preisforderung. Mit dieser Preisforderung legt er sich aber oft schon zu Beginn einer Verhandlung so einseitig fest, daß jede Änderung als Konzession verstanden wird, obwohl sie es inhaltlich vielleicht gar nicht ist. Wer den Preis nennt, muß also immer darauf achten, **gleichzeitig** die **Bedingungen** zu beschreiben, unter denen der Preis gültig sein soll. Am besten geschieht das durch **Wahlangebote,** die die Bandbreite der Leistung aufzeigen.

Einer unserer Mandanten berichtete kürzlich, bei einer Verhandlung über ein neues EDV-System habe der Anbieter seine Leistung mit der Bemerkung vorgestellt: *„Das Notwendige kostet ca. 50 000 €, aber die wirklich leistungsfähige Version, die Ihnen Freude machen wird, ist unter 500 000 € nicht zu haben."* Die Wahl fiel erstaunlich schnell auf die Luxusvariante!

e) Objektive Risikobewertung

556   Der nächste Schritt besteht in einer möglichst **objektiven Beschreibung** der **Risiken** und **Risikoprognosen** (oben Einf., Rz. 13), die jede Partei im Fall eines Vertragsschlusses übernimmt. Wenn etwa neue Technologien eingesetzt werden und der Auftraggeber dabei schwer planbare Risiken übernimmt, kann man ihm nicht gleichzeitig zumuten, auch noch beim Preis Zugeständnisse zu machen. Über beide Themen wird in der Verhandlungsphase kontrovers gesprochen worden sein, wobei der Auftraggeber vielleicht von Anfang an zum Ausdruck brachte, daß er ohne entsprechende technische Garantien keinen Vertrag abschließen wolle. Ob er diese Risiken aber tatsächlich zutreffend eingeschätzt hat, wird sich oft erst im Zuge der Verhandlung erweisen. Der Auftraggeber wird dann (hoffentlich) erkennen, daß er die von ihm nicht richtig beurteilten technischen Risiken nur dadurch ausgleichen kann, daß er von seinen Preisvorstellungen abrückt und Risikozuschläge akzeptiert. *„Wo man nehmen will, muß man geben"* (*Lao-Tse,* Kapitel 36, S. 160).

f) Emotionale Bewertung

557   Die Bilanz der Zugeständnisse besteht zudem nicht nur aus der harten Ware der vertraglichen Leistungen und Gegenleistungen oder aus Kosten und Nutzen in Form von Geld, Sachen und Rechten, sondern oft genug aus **flüchtigeren Elementen**, wie Gefühlen, Phantasien und Vorstellungen, die jede Partei mit dem Vertragsschluß verbindet. Sie können nicht in einen „vernünftigen" Bezug zu Geld oder Sachleistungen gestellt werden, und trotzdem hängt die abschließende Entscheidung für oder gegen einen Vertrag von ihnen in hohem Umfang ab. Deshalb sollte man **keine vorzeitigen** inhaltlichen **Zugeständnisse** nur mit dem Ziel machen, das **Verhandlungsklima** zu verbessern: Solange die Gegenseite den Vertrag will, wird sie auch in schwierigen Situationen am Verhandlungstisch bleiben, will sie ihn aber

im Grunde nicht, dann nützen auch die Zugeständnisse nichts, sondern führen nur zu schweren taktischen Verlusten. Das Verhandlungsklima verbessert man am einfachsten **nicht** durch **Argumente**, sondern durch **Reaktionen**!

Aus diesem Grunde muß man sich sorgfältig überlegen, unter welchen Bedingungen man **aktive Kompromißvorschläge** macht, um die Verhandlung vorwärts zu bringen.

Gerade kreative Verhandler, die zur Entwicklung immer neuer Denkansätze neigen, müssen dann erleben, daß solche Vorschläge aus reinem Positionsdenken abgelehnt werden (not invented here), und noch größer empfindet man die Kränkung, wenn ein gut gemeinter Kompromißvorschlag als Zeichen der Schwäche interpretiert und mit höheren Forderungen beantwortet wird. 558

Um das zu vermeiden, sind zwei Mittel zu empfehlen:

– Man entwickelt sich zwar intern seinen eigenen Kompromißvorschlag, fordert dann die andere Seite auf, ihrerseits Vorschläge zu machen, und deckt nur notfalls die eigenen Vorstellungen (wie beim Poker) Blatt für Blatt auf. Dabei ist es immer richtig, eher eine Phase des Schweigens oder eine Verhandlungspause zu durchlaufen, bevor man selbst aktiv wird, damit man sicher ist, daß die andere Seite wirklich keine neuen Vorschläge mehr bringen will.

– Damit Kompromißvorschläge nicht als Zeichen der Schwäche interpretiert werden, sollte man sie zum einen nur als Möglichkeiten und nicht schon als konkrete Angebote vortragen, zum anderen möglichst mit bestimmten Forderungen verknüpfen, die erfüllt sein müssen, wenn man seinerseits dem entwickelten Kompromiß endgültig zustimmen soll.

Kurz: **Lösungen** müssen immer **insgesamt** gesucht werden, denn *„mit den Dingen ist es so: Sie mehren sich, wenn man sie verringert, verringern sich, wenn man sie mehrt"* (*Lao-Tse*, Kapitel 42, S. 177).

g) Rechtliche Bewertung

Diese Lösungen, die oft in mehreren Alternativen auf dem Tisch liegen, sind sodann unter Zuziehung der Anwälte **rechtlich** zu **bewerten:** Ohne diese Bewertung kann man in den meisten Fällen nicht entscheiden, ob und welche Konzessionen möglich sind, denn jede Konzession kann eine Schwächung des **rechtlichen Risikomanagements** bedeuten. 559

Hierfür wird auch dann Zeit gebraucht, wenn die Anwälte sehr gut vorbereitet in die Verhandlung gehen, denn sie können nicht alle Alternativen voraussehen, die sich aus der Verhandlung selbst entwickeln. Die Bewertung der Rechtslage erfordert eigentlich für **jede einzelne Alternative** folgende Schritte:

- eigene Rechtsauffassung,
- Rechtsauffassung der anderen Seite,
- feststellbare Rechtslage in der Rechtsprechung,
- Ansichten in der Literatur,
- Bewertung von Rechtsprechungstendenzen,
- unaufklärbare Rechtspositionen (z. B. Auslandsrecht).

In der Praxis ist es nie möglich, das ganze Spektrum der Prüfungen durchzuarbeiten, die eigentlich erforderlich wären, denn dazu müßte man eine ideale Informationslage und den gesamten wissenschaftlichen Apparat zur Verfügung haben, der ihre rechtliche Bewertung ermöglicht. Meist muß man sich mit einem weit schmaleren Spektrum begnügen.

h) Vorteile für beide Seiten suchen

560 Die einzelnen Wege, in denen die Parteien tragfähige Lösungen suchen, sind (oben Rz. 551 ff.) im Detail beschrieben. Eine der wichtigsten Grundideen, die dort vorgestellt werden, lautet: Lösungen sind eher wahrscheinlich, wenn beide Seiten sich darum bemühen, nicht nur nach dem eigenen Nutzen, sondern auch nach dem Nutzen zu suchen, den die andere Seite von einem Vertragsschluß hat (Kuchen größer machen, *Haft*, S. 100 ff.; *Fischer/Ury/Patton*, Das Harvard-Konzept, S. 89 ff.; *Salacuse*, International erfolgreich verhandeln, S. 69 ff.).

Typische Mittel hierfür sind:

- **Risiken versichern** (dann Versicherungsprämien ggf. teilen),
- **Subventionen** beantragen (Know-how über Subventionen bereitstellen, Zustimmungen verschaffen),
- **Bürgschaften** besorgen (eigene Rückbürgschaften für Dritte geben; Avalprovisionen teilen),
- **Steuervorteile** ermöglichen (Know-how über Steuervorteile besorgen, Zustimmung beschaffen),
- **Genehmigungen** herbeiführen (Know-how zur Verfügung stellen, Kosten übernehmen),
- Unterstützende **Leistungen Dritter** beschaffen (und ggf. finanzieren),
- Eigene **Mitwirkung** verstärken,
- Für bessere **Informationen** der Gegenseite sorgen,
- **Angriffe** Dritter **abwehren** (Kosten ggf. selbst tragen),
- **Sicherheiten verstärken** (ggf. auf Kosten des anderen),

Verhandlungsablauf

– **Risiken verbinden** (wenn z. B. X zu Lasten A eintritt: deckt B davon den Teil X ab; übernimmt B ab dann Risiko Y; wird gegebenenfalls neu verhandelt).

Die **gemeinsame Arbeit** der Parteien an solchen Lösungen ist erheblich fruchtbarer als das Kreisen um die eigenen Argumente. Das beste Verhandlungsklima entsteht aus einer gemeinsamen **Arbeitsatmosphäre**. 561

Ergebnisse, die man so erreicht, finden mit denjenigen Leistungsteilen, die jede Partei übernimmt, Eingang in die Bilanz der Zugeständnisse. Sie ist, wie man jetzt unschwer sieht, ein recht komplexes Gebilde, das schnell undurchschaubar zu werden droht.

i) Alternativen anschaulich machen

Um das zu verhindern, empfehlen sich darstellende Skizzen, die etwa im Fall eines Projektvertrages folgende zentralen Punkte umfassen können: 562

Bilanz der Zugeständnisse

Thema	nicht verzichtbar	verzichtbar	Teilkonzessionen möglich
1. Leistungsinhalt			×
2. Zeitrahmen u. milestones			×
3. Systemverantwortung	×		
4. Qualitätssicherung	×		
5. Nutzungsrechte	×		
6. Projektausschuß und Projektorganisation			×
7. Abnahme	×		
8. Haftungsvereinbarung		×	
9. Vergütung u. Zahlungsbedingungen			×
10. Weitere Bestimmungen		×	

Bei der praktischen Anwendung wird die Themenliste erheblich umfangreicher und differenzierter sein, als das Schema dies andeuten kann. Je genauer man sie aber auffächert, um so leichter wird die Entscheidung im Einzelfall.

563 Das Hauptproblem besteht darin, Dinge miteinander vergleichbar zu machen, die im Grunde nicht vergleichbar sind. Einfach ist es zum Beispiel, Preis und Leistung zu vergleichen, weit schwieriger aber, Garantiezusagen zu bewerten oder die Vor- und Nachteile einer Haftungsvereinbarung richtig abzuschätzen.

Dabei können Detailfragen, die zunächst trivial erscheinen, überraschendes Gewicht gewinnen. Bei EDV-Projektverträgen, die diesem Beispiel zugrunde liegen, kann es einen großen Unterschied für die Planungssicherheit bedeuten, wenn die Parteien sich auf einen Schiedsgutachter einigen. Es gibt kein vernünftiges Argument, warum eine Partei das ablehnen sollte, denn die technischen Fragen werden auch bei einer streitigen Auseinandersetzung vor Gericht letztlich durch die Sachverständigen entschieden. Gleichwohl zuckt manche Partei zurück, wenn sie den Begriff „Schiedsgutachter" auch nur hört, und oft mag der Grund darin liegen, daß man ein Schiedsgutachterverfahren mit einem Schiedsverfahren verwechselt und die Aufklärung über die Unterschiede in einer angespannten Verhandlungssituation einfach nicht möglich ist. Mancher Auftragnehmer wäre gut beraten, wenn er für die Bereitschaft der anderen Seite, Bedenken über eine Schiedsgutachterlösung hintanzustellen, größere Zugeständnisse an anderer Stelle machte, denn auch für ihn bedeutet es ein erhebliches Plus an Planungssicherheit. Diese Vorteile werden leider oft genug nicht gesehen, weil man das Konfliktpotential unterschätzt, das bei der Leistungsbewertung im Rahmen von Werkverträgen immer wieder zu beobachten ist.

564 Aus taktischen Gründen ist man gut beraten, solche **Übersichten** nicht zur allgemeinen Diskussion zu stellen, sondern nur **intern** zu **verwenden**: Sonst kann nämlich wider Erwarten sichtbar werden, daß die eigenen Zugeständnisse nicht so groß sind, als man dies bestrebt ist darzustellen. Wie weit man hier taktisch gehen kann, entscheidet sich letztlich an der eigenen Glaubwürdigkeit, die man unter keinen Umständen gefährden darf.

j) Entscheidungskompetenzen

565 Es ist immer zu empfehlen, die Verhandlungs- und Entscheidungskompetenzen der Beteiligten schon vor der Verhandlung oder spätestens zu ihrem Beginn zu klären. Wenn das übersehen wurde, muß auf jeden Fall vor Verabschiedung der Bilanz der Zugeständnisse klar sein, ob nur verhandelt oder schon entschieden werden kann. Sitzt die Person, die letztlich entscheidet, nicht am Verhandlungstisch, müssen die endgültigen Vereinbarungen an **Annahmefristen** gebunden werden, wenn man nicht (was taktisch günstiger ist) sich die Entscheidung auch seinerseits offenhalten kann.

k) Letzte Forderungen

Man erlebt immer wieder, daß nach förmlichem Abschluß einer Verhandlung – teilweise unmittelbar vor der Unterschrift – noch letzte bis dahin nicht diskutierte Forderungen erhoben werden. Sie können in seltenen Fällen darin begründet sein, daß neue Aspekte auftauchen, die niemand vorher fairerweise hätte entdecken können. Wenn das nicht der Fall ist, sind zwei Schlüsse möglich:

566

– Es handelt sich um einen Vertragspartner, der unerfahren ist und nicht weiß, was für katastrophale Wirkungen sein Verhalten haben kann. Man entdeckt das sehr einfach, indem man die Forderung **kategorisch ablehnt**.

– Wird daraufhin die Forderung nicht sofort zurückgezogen, hat man den zweiten Typ vor sich: Das sind Verhandlungspartner, die sich ihre Machtspiele unter keinen Umständen abgewöhnen können, und mit solchen Personen sollte man **keine Verträge schließen,** weil bei der Durchführung noch Schlimmeres zu erwarten ist.

Solche unangenehmen Situationen kann man allgemein vermeiden, wenn man nach Klärung aller übrigen Punkte über den **letzten Punkt** verhandelt, der für die Entscheidung noch relevant ist. Er bietet aus naheliegenden Gründen den größten Widerstand gegen Kompromisse, weil jede Partei weiß, daß dies die letzte Chance ist, um Punkte zu machen. *McCormack* (S. 30) bezeichnet diesen Punkt als „Dealmaker" (wenn der Vertrag zustande kommt) oder „Dealbreaker" (wenn er genau daran scheitert).

567

Er empfiehlt zu Recht, bezüglich des letzten Punktes die entscheidende Frage zu stellen: *„Wenn ich Ihnen dieses Zugeständnis mache, haben wir dann einen Vertrag?"*

Mit dieser Frage kann man meist verhindern, daß nach der letzten Konzession neue Forderungen gestellt werden.

X. Schwierige Verhandlungssituationen

Schwierige Verhandlungssituationen findet man am häufigsten in zwei Formen:

568

– Eine Verhandlung, deren Endergebnis ein Vertrag werden soll, entwickelt sich überraschend **destruktiv**, die Stimmungslagen wechseln, Pessimismus und/oder Resignation machen sich breit etc., wobei den Beteiligten nicht immer klar ist, worin diese Entwicklung ihre Ursachen hat.

– Die Parteien sind aufgrund einer **Krise** innerhalb oder außerhalb von Vertragssituationen zusammengekommen, um entweder eine **Vertragsstörung** zu beseitigen oder – durch die Umstände gezwungen – eine Einigung zu finden, weil beiden sonst größerer Schaden droht.

Beide Grundsituationen sollte man deshalb gedanklich auseinanderhalten, weil die Streßfaktoren im zweiten Fall ein ergebnisorientiertes Verhandeln vor allem am Anfang sehr schwer machen und meist erst ein Verhandlungsklima hergestellt werden muß, das einen Austausch von Argumenten ermöglicht.

1. Allgemeine Verhaltenshinweise

569 Gute Planung, Vorbereitung und Organisation von Verhandlungen und hinreichende Erfahrung bei der Verhandlungsregie bewähren sich vor allem in schwierigen Verhandlungslagen.

Wenn in einer Verhandlung überhaupt keine Schwierigkeiten auftreten, muß das nicht darauf beruhen, daß beide Seiten tatsachenorientiert arbeiten und alle auftretenden Differenzen mit hinreichendem Geschick bewältigen. Es kann auch sein, daß die eine Seite sich durchsetzt und der anderen Seite zu ihrer Position entweder nichts einfällt oder sie nicht bemerkt, was wirklich geschieht. So werden verdeckte Risiken und Sprengsätze erzeugt, die sich im Bereich der Vertragsdurchführung auswirken werden.

Schwierigkeiten, für die keine Partei verantwortlich ist, enthalten stets wertvolle Informationen über die Vertragsrisiken, und wenn eine Partei Probleme verursacht, ist sie **selten allein** dafür **verantwortlich**.

Trägt eine Partei wirklich allein die Schuld an auftretenden Schwierigkeiten und trägt nichts dazu bei, sie beheben zu helfen, sollte die andere Seite **dankbar** dafür sein: Sie hat diese Erfahrungen dann schon im **Verhandlungsstadium** gesammelt und muß sie nicht erst später bei der **Vertragsdurchführung** machen. Wenn man schon in der Verhandlung kein Verständnis für die eigene Position wecken kann, wieviel weniger wird das später möglich sein!

570 Werden **Auseinandersetzungen** im Zuge der Verhandlung **behoben**, erweist sich ihr wirklicher Wert: Dann haben die Parteien nicht nur das Problem erkannt und gelöst, sondern sich meist auch im Zuge des Konflikts gegenseitig besser kennengelernt und darüber hinaus die Fähigkeit zur Konfliktlösung am ersten praktischen Fall erprobt.

Es ist in taktischer Hinsicht gut, wenn man sich anbahnende Auseinandersetzungen so **früh** wie **möglich** erkennt. Die richtige Beobachtung des Sprachstils, der Körpersprache und des allgemeinen Verhaltens der anderen Seite kann dazu eine Menge beitragen.

Aus der Vielzahl der Werkzeuge, mit denen man schwierige Verhandlungen steuern kann, gibt es eines, das auch in nahezu gescheiterten Situationen immer wieder weiterhilft: Es ist die **vereinbarte Unterbrechung (Auszeit)**, die oft genug dazu beiträgt, daß beide Parteien die Situation wieder etwas entspannter sehen (*„Die Zeit heilt alle Wunden"*): Solange beide Seiten noch davon ausgehen, daß sie ein gemeinsames Ergebnis, nämlich den Vertrag, brauchen, wird man in der Regel wieder zu kreativen Lösungsmöglichkeiten zurückfinden. Vor allem deshalb muß mit der Drohung des endgültigen Abbruchs besonders sparsam umgegangen werden.

Ebenso wie man für inhaltliche Lösungen die Bilanz der Zugeständnisse benötigt, braucht man in Spannungssituationen die **„Bilanz der Entschuldigungen"**: Man kann mit den Verhandlungswerkzeugen unbefangener umgehen, wenn man innerlich auch bereit ist, Fehlverhalten und Irrtümer einzugestehen, ohne zu befürchten, dadurch sein Gesicht zu verlieren. Das fällt leichter, wenn man sich allgemeiner Streßfaktoren in solchen Situationen bewußt ist.

a) Vier-Stufen-Plan bei offenen Krisen

Offene Krisensituationen erkennt man untrüglich daran, daß mindestens eine Seite die weitere Kommunikation ablehnt (die „Botschafter" werden zurückgerufen). 571

Die erste Anstrengung muß also dem Versuch gelten, wieder eine **kommunikative Ebene** herzustellen, denn allein dadurch wird vieles wieder entschärft. Oft hilft es auch, streitende Parteien durch Druck von dritter Seite wieder an den Verhandlungstisch zu zwingen, **Vermittler einzuschalten** oder zu versuchen, sich wenigstens auf bestimmte **Gesprächsbedingungen** zu **einigen,** die die verfahrene Situation wieder auflockern können. Erfahrungsgemäß hilft dabei das Schreiben von Briefen wenig: Schreiben ist eine viel indirektere Form der Kommunikation als Sprechen, und daher erkennt man Krisen im Frühstadium oft schon daran, daß Verhandlungspartner sich Briefe schreiben, um bestimmte Positionen aufzubauen, anstatt sie im offenen Gespräch zu bewältigen.

Da es in der Krise an der Bandbreite der Lösungsmöglichkeiten typischerweise fehlt, muß man zunächst ermitteln, was als **kleinstes gemeinschaftliches Vielfaches** den Parteien noch zur Verfügung steht. Im Gegensatz zum breiten Rahmen der Verhandlungsmöglichkeiten, wie sie außerhalb der Krise bestehen, verbleiben in der Krise meist nur **vier Stufen,** die man beschreiten kann (ausführlich *Fisher,* Beyond Macchiavelli, S. 69 ff.): 572

– Beschreibung der **Symptome,**
– Ermittlung der **Ursache,**
– **theoretische** Lösungsmöglichkeiten,
– **praktische** Lösungsmöglichkeiten.

Diese vier Stufen klingen äußerst selbstverständlich, sind aber schwer beiden Parteien gleichzeitig bewußt zu machen.

So kann es für beide Seiten bereits eine bedeutende emotionale Erleichterung sein, der Gegenseite im unmittelbaren Gespräch mitzuteilen, worunter man leidet (Beschreibung der **Symptome**).

573 Steht man diese schwierige Phase der gegenseitigen Anschuldigungen, Beschwerden (und manchmal: Beleidigungen) durch, sind beide Parteien erfahrungsgemäß so erschöpft, daß sie sich nicht mehr völlig dagegen sperren, nun die **Ursache** der Auseinandersetzung, soweit ihnen das möglich ist, zu ermitteln. Besonders in dieser zweiten Phase sind Vermittler unschätzbar.

Gelingt es, sich wenigstens über die wichtigsten Ursachen der Krise zu verständigen, sollte man nicht vorschnell schon nach praktischen Lösungen suchen, denn in dieser Phase neigen die Parteien typischerweise dazu, ihre Machtpositionen zu entdecken und gegeneinander auszuspielen. Besser ist es, wenn die Parteien sich zwingen, zunächst nach **theoretischen Lösungsmöglichkeiten** zu suchen, auch wenn diese unakzeptabel erscheinen. Diese dritte Phase sollte so nah wie möglich der Ideensammlung (Brainstorming) ähneln, die normalerweise jede Partei nur in den eigenen Reihen vornimmt. In der Krise müssen die taktischen Vorbehalte, die normalerweise dagegensprechen, deshalb zurückstehen, weil es nun in erster Linie darauf ankommt, daß beide Seiten verstehen: Jeder bemüht sich, unter Einsatz seiner Phantasie eine Lösung zustande zu bringen, die nicht in einer endgültigen Auseinandersetzung mündet.

574 Natürlich werden viele der dann erarbeiteten Vorschläge in der vierten Phase verworfen werden. Bei der **Ermittlung der praktischen Lösungsmöglichkeiten** ist die Entscheidung letztlich davon abhängig, welche Zugeständnisse jede Seite zu machen bereit ist, und das hängt immer von Leistung und Gegenleistung in dem Wert ab, den jede Seite den Angeboten der anderen Seite beimißt.

Auf den ersten Blick erscheint die Aufteilung in diese vier Stufen recht formell, in der Praxis funktioniert es aber gleichwohl, weil das Verfahren dafür sorgt, daß Kommunikationswege, die zu Beginn der Krise abgeschnitten worden sind, wieder funktionsfähig werden.

b) Strategien der Leere

575 In kritischen Verhandlungssituationen ist man oft genug geneigt, dem Verhalten der anderen Seite spontan bestimmte Bedeutungen beizumessen, weil man sich aus der eigenen Perspektive unter dem Druck einer aktuellen Verhandlungssituation nur einen Reim machen kann: Die andere Seite will um nichts in der Welt die eigenen Forderungen als berechtigt anerkennen oder auch nur zur Kenntnis nehmen. Das mag in vielen Situationen ganz richtig sein, in anderen aber ist es falsch, weil man gar nicht die Möglichkeit hat, das Verhalten der Gegenseite unter den gegebenen Umständen richtig zu interpretieren. In diesen Fällen bewährt es sich, auf Techniken zurückzugreifen, die in den östlichen Kulturen zum Beispiel in der Kampftechnik des Aikido entwickelt worden sind. Man kann sie in einem Satz wie folgt charakterisieren:

Man muß die Angriffe der Gegenseite ins Leere laufen lassen und gleichzeitig auf bewegliche Weise beharrlich bleiben. 576

Das kann man auf verschiedene Weise tun, wie zum Beispiel:
– aktiv zuhören und schweigen,
– beharrlich Tatsachen klären,
– den Angriffsschwung der Gegenseite ins Leere laufen lassen,
– das Tempo durch Schweigen verlangsamen,
– strittige Punkte wiederholen,
– Probleme auf andere Themen umleiten,
– unangenehmes Verhalten einfach aushalten, ohne es zu kommentieren,
– den Angriffsschwung umdrehen (Absurdität der Gegenargumente verstärken),
– die positiven Ansätze verstärken (*Skinner*).

Die moderne Verhaltenspsychologie (*Skinner*) hat nachgewiesen, daß auch uneinsichtige Gesprächspartner ihre Perspektiven schrittweise zu ändern bereit sind, wenn sie erfahren, daß einzelne Aspekte ihrer Argumentation positiv aufgenommen werden. Das ist natürlich ein langwieriger Prozeß, der niemals nur auf der argumentativen Ebene erfolgreich bewältigt werden kann. Immer wieder aber erlebt man Überraschungen, wenn man zum Beispiel auf überhöhte Preisvorstellungen nicht dadurch reagiert, daß man sie für unangemessen erklärt, sondern hervorhebt, daß die zweifellos überragende Qualität der Gegenleistung einen solchen Preis rechtfertige, wenn nur diese Qualität überzeugend nachgewiesen werden könne! Vielen Verhandlungspartnern fällt es in solcher Situation schwer nachzuweisen, worin denn die besondere Qualität der Gegenleistung bestehen soll, und dann bröckelt auf einmal bei schwindenden Argumenten auch die Preisvorstellung ab. 577

Eine solche Strategie überzeugend umzusetzen ist allerdings wirklich nicht einfach. Allzu oft gleitet man in ironische Nebenbemerkungen ab oder widerlegt durch seine Körpersprache seine verbalen Äußerungen. Hier wie überall hilft nur eins: Training!

c) Unsinnige Forderungen

Für Krisensituationen ist es typisch, daß immer wieder eine Seite Forderungen aufstellt, die entweder inhaltlich unsinnig sind oder von der anderen Seite so offensichtlich nicht akzeptiert werden können. 578

Dagegen gibt es nur ein einziges Mittel: Man muß versuchen zu verstehen, warum man die Position der anderen Seite einfach nicht begreifen kann. Genauere Analyse von unsinnigen Positionen zeigt nämlich nahezu immer, daß die aufgestellte Forderung aus der Perspektive der anderen Seite durchaus Sinn gibt. Die Beispiele, die *Fisher* (Beyond Macchiavelli, S. 55) aus politischen Szenarien gibt, trifft man ähnlich auch bei vertraglichen Krisensituationen. So erlebt man immer wieder, daß ein unterlegener Vertragspartner, der einen Vertrag offen gebrochen hat, zwar keinesfalls leugnet, daß er gegen den Vertrag verstoßen hat, es aber trotzdem kategorisch ablehnt, seinen Beitrag zur Schadensminderung zu leisten, obgleich er der einzige ist, der davon profitieren kann. Die Motive für ein solches Verhalten mögen ohne jeden Bezug zu rationalen Überlegungen sein, sie bereiten aber offenbar demjenigen, der von ihnen ergriffen ist, eine hinreichende emotionale Befriedigung (Freude am Untergang).

In solchen Fällen ist natürlich mit Argumenten nicht zu helfen, man erlebt es aber immer wieder, daß mit **emotional richtigem Verhalten,** aktivem Zuhören und engagiertem Aufgreifen der Perspektive der anderen Seite unüberwindbar erscheinende Hindernisse zusammenbrechen und auf einmal der Weg zu einer Lösung frei wird.

d) Auflösen von Pattsituationen

579 Pattsituationen können durch unsinnige Forderungen, aber auch durch vernünftiges Verhalten entstehen, wobei die Ursache oft im vertraglichen Rahmen, den die Parteien früher einmal freiwillig gewählt haben, zu suchen ist. Typisch sind etwa Auseinandersetzungen zwischen Gesellschaftern, die jeweils 50% der Anteile an einer Gesellschaft halten, vor allem, wenn es sich um Familienstämme handelt. Der anwaltliche Rat, bei Abschluß des Gesellschaftsvertrages klare Mehrheitsverhältnisse zu schaffen, ist oft genug nicht zu verwirklichen, weil die Beteiligten (manchmal zu Recht) annehmen, die gleichmäßige Verteilung der Gesellschaftsanteile werde einen Einigungszwang auslösen, der der Gesellschaft auch in schwierigen Situationen dienlich sein werde. Oft geht diese Rechnung in einer Generation auf, versagt aber dann bei der Nachfolgegeneration, bei der die Personen sich nicht so nahestehen wie zuvor. Besonders typisch ist der Konflikt bei Gesellschaftern, von denen die einen im Unternehmen tätig sind und die anderen nicht, während die Anteile aber gleich verteilt sind. Was tun?

580 Auch hier hilft zunächst die Auffächerung der maßgebenden sechs Gesichtspunkte (oben Rz. 515 ff.) und die Einhaltung der vier Verhandlungsschritte (oben Rz. 572), wobei aber zusätzlich noch folgende Maßnahmen helfen können:

▷ Patt offen **feststellen,**
▷ **Inhalte wechseln:** neue Alternativen suchen,
▷ **Kommunikationsverhalten ändern:** von Logik zu Gefühl/Ansprechen von Schweigsamen etc.,

▷ **Vorschläge** entwickeln, die weg von den Details gehen und sich nur mit den **wesentlichen Gesichtspunkten** beschäftigen (z. B. Konzentration auf die Gewinnverteilung),

▷ Oder im Gegenteil: die großen Fragen einstweilen außen vor lassen und tief in die **Details** einsteigen, um durch die Beschäftigung mit Einzelfragen das Starren auf die Grundprobleme aufzulösen,

▷ **Wechseln** der **Verhandlungspartner,** die sich oft genug emotional ineinander verbissen haben,

▷ Einsatz eines **Vermittlers,**

▷ **Änderung** der **Verhandlungssituation:** weg vom Konferenztisch, Unterbrechungen schaffen, Vier-Augen-Gespräche ermöglichen,

▷ Fachliche und **technische Fragen** definieren, die durch Experten geklärt werden können, und erst dann wieder Eintritt in die Verhandlungen,

▷ **Beendigung** der **Verhandlung** unter bewußtem Offenlassen der Probleme, sofern beide Seiten wenigstens an der Herstellung einer Arbeitssituation in Detailfragen Interesse finden.

e) Ultimative Forderungen

Erstaunlich oft beginnen Verhandlungen mit Ultimaten oder der Forderung nach bestimmten Voraussetzungen, ohne die nicht einmal die Verhandlung akzeptiert werden soll (*„Ohne Waffenstillstand keine Verhandlung!"*). Jedermann scheint zwar zu wissen, daß ultimative Forderungen immer den **Gesichtsverlust** der anderen Seite heraufbeschwören und deshalb das sicherste Mittel für die Blockade von Verhandlungen sind – gleichwohl scheinen auch erfahrene Verhandler darauf nicht verzichten zu können: Der emotionale Gewinn ultimativer Drohungen ist offenbar auch dann erheblich, wenn die Gegenseite klar erkennt, daß die Drohung nicht realisiert werden wird. Auch die Erkenntnis, daß man nicht beliebig oft ultimativ drohen kann, scheint daran nichts zu ändern (*„Ich bring mich um"*). 581

Wer das Problem ultimativer Drohungen kennt, weiß auch die Regel anzuwenden: **Keine Drohung ohne Angebot!**

Wer eine Drohung mit einem Angebot verbindet, das die Gegenseite annehmen kann, sprengt damit die Fessel, die das Ultimatum ihm selbst auferlegt. Wird das Ultimatum nämlich nicht erfüllt, muß er die Drohung wahr machen, und folglich sollte die Drohung einen Inhalt haben, der auch realisierbar ist. Es muß aber gleichzeitig im Angebot auch ein Vorteil stecken, denn sonst handelt die Gegenseite nur zu logisch, wenn sie die Drohung beiseite schiebt: In dem Fall ist nämlich keinerlei Vorteil damit verbunden, sich der Drohung zu unterwerfen.

Wie soll man sich aber umgekehrt verhalten, wenn einem selbst ein Ultimatum ohne vernünftige Wahlmöglichkeit angeboten wird?

In diesem Fall muß man das Angebot selbst machen und dartun, welche Konzessionen man zu machen bereit ist, wenn die Drohung nicht wahr gemacht wird. Nur wenn eine solche Möglichkeit wirklich nicht besteht, sind alle Verhandlungsmöglichkeiten erschöpft, und die Dinge müssen ihren Lauf nehmen.

f) Übersicht über die Fallgruppen

582 Angesichts der Vielzahl von Faktoren, die auf die Personen und Situationen einwirken, die in einer schwierigen Verhandlung entstehen können, ist es nicht einfach, Strukturen zu finden, die sich wiederholen, und Hinweise zu geben, wie man schwierige Situationen bewältigen kann, denn auf spontane Gefühlsausbrüche oder trockene Aggressionen reagiert jeder abhängig von seiner eigenen Situation immer anders. Darüber hinaus hängt viel von den Erfahrungen und der Verständnisebene, der Wichtigkeit des Ziels für jede Partei, sprachlichen Differenzen, Altersunterschieden, Vorurteilen und tausend anderen Elementen ab, die die Verhandlungslage beeinflussen können.

Gleichwohl lassen sich folgende große **Fallgruppen** bilden:

– Neutrale Probleme,

– Beeinflussen des Verhandlungsablaufs,

– Allgemeines Taktieren,

– Manipulation von Tatsachen,

– Manipulation von Meinungen,

– Destruktives Verhalten,

– Interne Konfliktsituationen.

2. Neutrale Probleme

583 Neutrale Probleme liegen vor, wenn die Verhandlung auf Schwierigkeiten stößt, für die keiner der beiden Seiten verantwortlich ist. Dazu gehören:

– Überraschend auftauchende, neue Tatsachen,

– Neu erkannte Risiken,

– Eingriffe Dritter in den Verhandlungsablauf,

– Aufgedeckte, unvollständige Informationen,

– Erkennbare Mißverständnisse und Fehlinterpretationen,

– Überraschende neue Argumente, Meinungen und Bewertungen,

– Offene Differenzen über die Bewertung einzelner Faktoren (vor allem Risiken),
– Erkennbare Unterschätzung von Risiken durch die andere Seite,
– Pattsituationen, bei denen beide Parteien vernünftigerweise von ihren Standpunkten nicht abgehen können.

Aus der Aufzählung erkennt man, daß bei neutralen Problemen auch **subjektive Faktoren** eine große Rolle spielen, so vor allem bei der unterschiedlichen **Bewertung von Risiken**. Gleichwohl kann man keiner Partei vorhalten, sie komme zu falschen Schlüssen, ohne daß man Einfluß auf die Voraussetzungen nimmt, die die Grundlage solcher Schlüsse bilden.

Bei neuen Tatsachen, Risiken, Eingriffen Dritter etc., die von beiden Seiten erkannt werden, ist die Lösung einfach: Beide Seiten müssen prüfen, ob sie entweder diese Faktoren oder ihre Verhandlungslinie ändern können und wollen, und dann erneut in die Verhandlungen eintreten.

Geht es um **erkennbare Mißverständnisse** und überraschend **neue Argumente**, müssen diese Mißverständnisse aufgeklärt und die Situation ebenfalls neu bewertet werden.

584

Schwieriger sind die Fälle, bei denen **nur** die **eine Seite** neue Risiken, Mißverständnisse oder Fehleinschätzungen der anderen Seite erkennt. In solchen Situationen muß man sich überlegen, ob man die Situation öffnet und daraus ein neues **Arbeitsthema** macht oder ob man die Gegenseite mit ihren Problemen allein läßt. Ein typischer Fall ist das Erkennen von **Kalkulationsirrtümern** der anderen Seite. Sind diese Irrtümer so schwerwiegend, daß man daraus später schwere Vertragsstörungen befürchten muß (unaufgedeckte Risiken), wird man sich oft entschließen müssen, die Dinge anzusprechen, wobei dann allerdings die Wahl des **Zeitpunktes** eine Rolle spielt, zu dem das geschieht. Es ist auch bei ergebnisorientiertem Verhandeln gewiß zulässig, bis zum Ende der Verhandlung abzuwarten, um zu sehen, welche Risiken insgesamt auf einen selbst zukommen. Erst dann mag man entscheiden, ob verdeckte Risiken hingenommen oder besser aufgedeckt werden, um damit die eigene Bilanz der Zugeständnisse zu verbessern.

Offene Differenzen, die durch Bewertungs- oder Meinungsunterschiede entstehen, lassen sich dann überbrücken, wenn man sich zunächst mit den **Tatsachen** beschäftigt, auf denen solche Bewertungen und Meinungen beruhen. Sind die Tatsachen oder die Sicht auf sie korrigierbar (manchmal mit Hilfe von Dritten, so vor allem Gutachtern), werden sich oft auch die **Meinungen** ändern.

585

Schwierig wird es allerdings, wenn solche Differenzen bestehenbleiben und man sich in einer **Pattsituation** wiederfindet. Hier hat man im Grunde nur drei Alternativen:

- Man spielt eine überlegene **Machtposition** aus und zwingt die Gegenseite zu einer Entscheidung für den Vertrag trotz deren weiterhin bestehender Bedenken;
- Man **beendet** die Verhandlung, weil sie gescheitert ist;
- Man schlägt vor, das Thema vorerst **offen** zu lassen (Isoliertechnik).

Die letzte Alternative kann man immer dann wählen, wenn es noch andere Themen gibt, über die man sich unterhalten muß, denn aus der Bilanz der Zugeständnisse mag sich dann später eine einfache Lösung ergeben. Kommt man am Ende der Verhandlung in einer solche Situation, hängt die Möglichkeit, den Abbruch noch zu verschieben, von den Zeitfaktoren und den **noch bestehenden besten Alternativen** ab.

3. Beeinflussung des Verhandlungsablaufs

586 Hier ist das Feld destruktiven Verhaltens, das sich auf die Verhandlungsorganisation und den Verhandlungsablauf richtet und ihn beeinträchtigt. Dazu gehören:

- Kampf um die Tagesordnung,
- Auseinandersetzung über Protokollfragen,
- Zwanghaft formalisiertes Verhalten,
- Unpünktlichkeit,
- Verhandlungsunterbrechungen (Nebengespräche, Telefonate, sich herausrufen lassen),
- Unmotivierte Änderungsvorschläge zur Tagesordnung,
- Bruch von Verhandlungsvereinbarungen,
- Unterbrechung von Statements,
- Endlose Reden,
- Inszenierte Gefühlsausbrüche,
- Intellektuelle Abschweifungen (Themaverfehlung),
- Grundsätzliches Abblocken („njet"),
- Denkverbote (Killerphrasen),
- Provozierte Abbruchsdrohungen.

587 Werden überraschend **neue Verhandlungsbedingungen** verlangt, so kann das sachliche Gründe haben. Sind keine erkennbar, bringt das Nachgeben einen Punkt in der Bilanz der Zugeständnisse.

Die offenen Verstöße gegen Vereinbarungen über den Verhandlungsablauf, bei denen man vermuten muß, daß sie beabsichtigt erfolgen, müssen **einfach beanstandet** werden. Wichtig ist der **Stil**, in dem das geschieht: Er sollte möglichst sachlich sein und schlicht auf Einhaltung der zuvor getroffenen Vereinbarungen bestehen. Bestehen keine ausdrücklichen Vereinbarungen – so etwa, wenn zu Beginn einer Verhandlung noch keine Tagesordnung feststeht –, gibt das Verhalten der anderen Seite Anlaß, zunächst diese ungeregelten Punkte zu regeln und nicht einfach dem Zufall zu überlassen. Wird eine solche Regelung verweigert (was erfahrungsgemäß sehr selten geschieht) und ist dieses Verhalten nicht überwindbar, dann ist die Verhandlung im Grunde sofort am Ende.

Man kann solche Vereinbarungen in **jeder Lage** der Verhandlung treffen. Läßt sich zum Beispiel ein Manager stets stören, kann man vorschlagen, störungsfreie Zeiten zu vereinbaren, denn dahinter muß nicht immer böser Wille, sondern kann manchmal auch ein wirklicher Konflikt stecken, bei dem man der anderen Seite helfen muß.

Bei **Unpünktlichkeit** und Unzuverlässigkeit wird all das nichts helfen, aber auch hier sollte man seinen Ärger nicht herunterschlucken, sondern das Verhalten feststellen, um so Punkte für die „**Bilanz** der **Entschuldigungen**" zu sammeln.

Bei Gefühlsausbrüchen muß man sorgfältig unterscheiden lernen, ob es sich um echte oder inszenierte handelt. Auf **echte Gefühlsausbrüche** gibt es nur eine einzige zulässige Reaktion: Aushalten und Verständnis zeigen, denn nur so fühlt die andere Seite sich respektiert.

Auf **inszenierte Gefühlsausbrüche** (als zum Beispiel Chrustschow bei einem Vortrag in New York einmal seinen Schuh auszog und auf das Rednerpult haute) reagiert man entweder mit aktivem Schweigen und Kommunikationsabbruch oder indem man zurückbrüllt, was vor allem bei hysterischen Naturen manchmal Wunder wirkt. Ob man nach einer solchen Szene aber noch viel Lust hat, mit so jemandem zusammenzuarbeiten, ist die Frage. In Krisen ist man aber manchmal trotz großer Unlust dazu gezwungen.

Über die Reaktion bei Unterbrechungen, Endlosreden und intellektuellen Abschweifungen ist oben (Rz. 575) näheres gesagt.

Schließlich bleibt noch das formalisierte Verhalten und das **stereotype Abblocken** aller Vorschläge, für das vor allem russische Verhandlungsdelegationen während der Zeit des Kalten Krieges eine gewisse Berühmtheit erlangt haben („Njet"). Auch hier muß man sorgfältig unterscheiden lernen, ob dieses Verhalten nicht sachliche Gründe hat, auf Unsicherheit beruht oder wirklich eine gezielte Provokation darstellt. Das häufige „njet" der Russen hatte meist seinen Grund darin, daß die jeweilige Verhandlungsdelegation keinen anderen Auftrag hatte als nein zu sagen: Wenn man als Verhandlungsführer vor der Wahl steht, als Dank für flexible Verhandlungsführung nach Workuta geschickt zu werden, wird man sich das gut überlegen und lieber bei seinem njet bleiben, auch wenn man dann dümmer dasteht, als man ist.

Mit Japanern hingegen hat man das umgekehrte Problem: Sie nicken zu allem, und man muß erst herausfinden, in welchen Fällen diese Botschaft lediglich heißt: „Ich habe Sie akustisch verstanden" oder (ausnahmsweise) mehr als das bedeutet.

Verhandelt man mit Beamten und Managern von Großkonzernen, kann stark **formalisiertes Verhalten** auf den gleichen Gründen beruhen und ist darüber hinaus oft genug Ausdruck einer entsprechenden Firmenkultur, die der verhandelnde Manager nicht von jetzt auf gleich ablegen kann.

590 Droht eine Partei mit dem **Abbruch** der **Gespräche**, um bestimmte Teilzugeständnisse zu erreichen, muß man sich fragen, ob der Wille, zum Ergebnis zu kommen, überhaupt noch besteht. Der einfachste Test: Man stimmt dem Abbruch zu. Kommt dann keine andere Reaktion, kann man sich viel Ärger ersparen. Dieses Verhalten kann man sich bei **Krisenverhandlungen** selten gestatten. Dann hilft manchmal der Vorschlag, eine beiderseitige Bilanz der Zugeständnisse zu erstellen, und die offen geäußerte Bereitschaft, die erhobene Forderung in diese Bilanz aufzunehmen (auch wenn man sie so niemals wird akzeptieren können). Man hat dann nämlich Gelegenheit, zunächst einmal wieder über Formalitäten zu reden und eine **Arbeitsatmosphäre** zu schaffen, die den ultimativen Forderungen entgegenwirkt.

4. Taktieren

591 Bei diesem Verhalten wendet man Taktik nicht dazu an, bestimmte Ergebnisse zu erreichen (was immer legitim ist), sondern dazu, Verwirrspiele zu betreiben, um vor allem durch dauernden Wechsel der Taktik die eigene Position zu vernebeln.

Verhandlungspartner, die gern taktieren, erkennt man daran, daß sie in Aussicht gestellte Zugeständnisse sofort erkennbar annehmen, bevor noch das Gesamtbild sich entwickelt hat, Ablehnungen eigener Forderungen aber wortlos hinnehmen. Dazu gehören etwa:

– Erkennbar zu hohe Forderungen (Basarspiele),

– Erkennbar zu geringe Forderungen (Mitleidsszenarien),

– Ständiges Ändern formeller oder inhaltlicher Positionen,

– Vorschnelle Teilzugeständnisse, die dann zurückgenommen werden,

– Verspätete Forderungen nach Schluß von (Teil-)Verhandlungen,

– Inhaltsleere Zusagen,

– Unberechtigte Zweifel an den Vorschlägen der anderen Seite,

– Vorgetäuschte Zweifel an eigenen Vorschlägen,

– Offensichtlich unbegründete Ablehnung angemessener Forderungen.

Auch in diesen Fällen kommt es zunächst darauf an, das Taktieren überhaupt zu erkennen und zu prüfen, ob zum Beispiel Positionsänderungen nicht **inhaltlich begründet** oder durch **höhere Weisung veranlaßt** sind oder ob nicht sogar etwas Positives dahintersteckt, weil die andere Seite demonstrieren will, daß sie **flexibel** ist *(„Wie wenig trennt Jasagen von Heuchelei",* Lao-Tse, Kapitel 20, S. 116).

a) Zu hohe Forderungen

Liegt wirkliches Taktieren vor, wie vor allem bei den **Basarspielen**, muß man sich sorgfältig überlegen, ob man sich darauf einläßt oder einer zu hohen Forderung mit sachlichen Informationen begegnet, aus denen die andere Seite erkennen kann, daß man die Unangemessenheit der Forderung sehr wohl einschätzen kann. Das ist eigentlich immer möglich, wenn man sich Zeit nimmt, genügend **Informationen** zu **sammeln** (Vergleichspreise). Man darf keine Sorge haben, das Gesicht zu verlieren, wenn man klar macht, daß man bestimmte Tatsachen noch nicht kennt und daher noch überprüfen muß. 592

Offensichtlich überhöhte Forderungen werden manchmal nicht als Taktieren, sondern als Machtspiel interpretiert, sind es aber im Grunde nicht, denn derjenige, der diese Taktik anwendet, will mit ihr im Grunde die Informationstiefe und die Intelligenz seines Verhandlungspartners testen.

Nimmt das Taktieren solche Formen an, steckt oft nichts weiter dahinter als das Gefühl, man müsse sich vor der eigenen Gruppe als harter Verhandler profilieren, und solche Spiele können leicht entlarvt werden: Entweder reagiert man direkt emotional, lehnt eine Zuvielforderung als offene Zumutung ab, oder man karikiert sie durch Wiederholung, Präzisierung, Dokumentation oder absurde Beispielsbildung, um der anderen Seite (bei Teams: auch dessen Kollegen gegenüber) klarzumachen, daß solche Forderungen wirklich übertrieben sind.

b) Zu geringe Forderungen

Stößt man auf erkennbar zu **geringe Forderungen**, liegt entweder eine **Informationslücke** auf der anderen Seite oder so viel **Inkompetenz** vor, daß man sich fragen muß, ob man den richtigen Vertragspartner gewinnt, wenn man mit ihm abschließt. 593

Zu geringe Forderungen können aber auch auf übertriebener **Schüchternheit** beruhen oder als ein Test für die **Fairneß** der anderen Seite und damit nur taktisch gemeint sein.

Um sich Gewißheit zu verschaffen, ist es das Beste, sie zunächst **nicht** zu **kommentieren** und als mögliches Zugeständnis vorzumerken. Kommt man dann zu dem Ergebnis, daß die zu geringe Forderung nicht nur taktisch ge- 594 meint war, stellt sich die Frage, ob man den anderen Verhandlungspartner darauf aufmerksam machen und die Situation aufdecken soll. Handelt man so, gewinnt man nicht nur sehr an **Glaubwürdigkeit**, sondern sammelt darüber hinaus Pluspunkte bei der Bilanz der Zugeständnisse.

Unterdrückt man diese Erkenntnisse und nimmt zu geringe Forderungen am Ende an, muß man sich darüber im klaren sein, daß man einen **Störfaktor** für die Vertragsdurchführung geschaffen hat, denn in den meisten Fällen wird der Vertragspartner später erkennen, daß er mehr hätte fordern können. Nur wenn solche Risiken nicht die Vertragsdurchführung selbst gefährden, kann man sie als taktische Vorteile am Ende behalten.

Versucht man selbst zu bluffen, muß man hinreichend sicher sein, daß die eigene Glaubwürdigkeit nicht leidet. Man sieht das deutlich beim Pokerspielen: Wenn man schon gebluft hat und die anderen ausgestiegen sind, ist es ein Grundlagenfehler, das eigene Blatt aufzudecken, nur um die Freude zu genießen, die anderen beschämt zu sehen. So etwas kann man sich nur einmal leisten!

c) Zurücknehmen von Zugeständnissen

595 Das **Zurücknehmen** von **Teilzugeständnissen** taucht bei richtig geführten Verhandlungen nicht auf, denn ein guter Verhandler verlangt keine Teilzugeständnisse oder lehnt deren förmliche Annahme ab.

Die Ablehnung wird vor allem in Situationen schwierig, in denen die Gegenseite vorschnell die Bereitschaft signalisiert, den Vertrag abzuschließen. Dann muß man sich fragen, ob dahinter vielleicht die Absicht steckt, einen vom Verhandeln mit anderen Interessenten abzuhalten, um dadurch die Möglichkeit vernünftiger Alternativen einzuengen, wie man es bei begehrten Mietwohnungen und Grundstücken häufig findet (*„Wer leicht verspricht, hält selten Wort"*, *Lao-Tse*, Kapitel 63, S. 236).

d) Inhaltsleere Zusagen

596 Stößt man auf **inhaltsleere Zusagen**, kann man auf die immer bewährte Methode zurückgreifen, an augenfälligen Beispielen durchzutesten, was ihr wirklicher Inhalt ist (*„Darum sorgt der Weise für den Bauch, nicht für das Auge"*, *Lao-Tse*, Kapitel 12, S. 98).

e) Unbegründete Zweifel

597 Offensichtlich unbegründete Zweifel an Vorschlägen, die man selbst gemacht hat, muß man auf gleiche Weise durch harte Fakten widerlegen.

Schwieriger ist der Fall, daß der Verhandlungspartner einen Vorschlag macht, dessen Wert er selbst aus **taktischen Gründen** in **Zweifel** zieht, um die andere Seite so zu veranlassen, diesen Vorschlag für besonders attraktiv zu halten. Hier überschreitet es oft die Grenze der Höflichkeit, der Gegenseite klarzumachen, daß man die wahren Vorteile des Vorschlages wohl erkennt. Bei intelligenten Gesprächspartnern genügen in solchen Fällen Andeutungen, bei anderen muß man wohl gröber vorgehen.

5. Manipulation von Tatsachen

Hier geht es im wesentlichen um den Wahrheitsgehalt von Informationen, die im Zuge der Vertragsverhandlungen ausgetauscht werden, also etwa um: 598

– Erkennbar falsche Informationen,
– Verdrängung von Tatsachen,
– Verheimlichung von Informationen,
– Bewußt unklar gehaltene Vertragsklauseln („angemessene Entschädigung").

Mit offenbar verdrängten Informationen kann man einfach umgehen, indem man dafür sorgt, daß alles Notwendige offen diskutiert wird. Bei unklaren Klauseln benutzt man die Werkzeuge des Vertragsdesigns (oben Rz. 233 ff.) und sorgt für anschauliche Beispielsbildungen und Definitionen.

Schwieriger wird es bei allgemeinen Unaufrichtigkeiten, denn diese können ihren Grund in falsch verstandener Höflichkeit und/oder Diskretion haben. So findet man etwa bei Verhandlungen mit Banken selten ein klares Wort über den Grund der Ablehnung von Kreditanträgen, weil die Banken dann offenbaren müßten, daß sie über ihre eigenen Informationssysteme (Schufa) viel mehr über den Kunden wissen, als dieser ahnt. Die wahren Hintergründe kann man in diesen Fällen nur ermitteln, wenn man Dritte einschaltet, die vertrauliche Gespräche mit der anderen Seite führen (Paten), und hat auch dann nicht immer die Möglichkeit, auf die Entscheidung selbst einzuwirken. 599

Manche unwahre Information wird selbst von der Partei, die sie benutzt, nicht immer als solche erkannt: Vor allem Menschen mit Berufen, in denen die Phantasie eine große Rolle spielt (Künstler, Schauspieler, Vertriebsleute für Kapitalanlagen etc.), sind so daran gewöhnt, die Welt des Scheins für die Wirklichkeit zu halten, daß sie beide manchmal wirklich nicht voneinander unterscheiden können.

Schließlich gibt es noch die Berufsoptimisten oder jene, die es gewohnt sind, nur Fassaden hinzustellen, wo in Wirklichkeit Häuser stehen sollten (Potemkinsche Dörfer). Unter ihnen gibt es immerhin manchmal die entschlossenen Entrepreneurs, die es leicht riskieren, die Fassaden für Häuser erklären, weil sie wissen: Wenn die Zarin Katharina wirklich kommt, kann man notfalls hinter die Fassaden noch Fertighäuser stellen, und dann war das ganze eben doch kein Bluff. 600

Kurz: Eine **Notlüge** aus **Höflichkeit** ist etwas anderes als eine **bewußte Irreführung**, und man muß zwischen all diesen Schattierungen unterscheiden lernen, wenn man richtig reagieren will.

601 Dabei ist es meist verkehrt, die erkannte Unwahrheit auf sich beruhen zu lassen, denn damit nimmt man der anderen Seite auch die Chance zur Richtigstellung. Entscheidet man sich gleichwohl dazu, die Tatsache unter den Teppich zu kehren, dann muß man mit ihr als einem totgeschwiegenen Risiko leben und darf nicht hoffen, es durch kluge Vertragsfassungen begrenzen zu können.

Deckt man auf, was man weiß – was demnach meistens zu empfehlen ist –, muß man es von der Reaktion des Verhandlungspartners abhängig machen, ob man den Vorfall zum Anlaß nimmt, die Verhandlung abzubrechen oder fortzuführen. In jedem Fall gibt es einen Punkt in der Bilanz der Zugeständnisse, den die Gegenseite zugestehen muß.

6. Manipulation von Meinungen

602 Wie wichtig die Unterscheidung zwischen Tatsachen und Meinungen ist, erweist sich besonders in schwierigen Verhandlungssituationen. Während man Manipulationen von Tatsachen fast immer durch den Hinweis auf anderslautende Informationen begegnen kann, ist man gegenüber der Manipulation von Meinungen immer wieder ziemlich hilflos.

Hierzu gehören etwa:

– Rationalisierungen und Scheinbegründungen,
– Verdeckte Scheinargumente (petitio principii), also Zirkelschlüsse, bei denen das vorausgesetzt wird, was zu beweisen ist,
– Indiskretionen,
– Verdachtsäußerungen auf fragwürdiger Basis,
– offensichtlich unlautere logische Argumente.

Indiskretionen können ebenso wie **Verdachtsäußerungen** sachliche Gründe haben, denen man nachgehen muß. *„Wo das Vertrauen fehlt, spricht Verdacht",* Lao-Tse, Kapitel 17, S. 110. Man muß sich aber immer fragen, was wohl der Grund dafür sein mag, daß die entsprechenden Informationen nicht offen mitgeteilt werden. Das mag auf der Furcht beruhen, selbst unter Druck gesetzt zu werden (und ist dann anzuerkennen), diese Furcht mag aber auch unberechtigt sein, und dann sollte man auf offener Diskussion bestehen.

603 Auf **offensichtlich unlautere Argumente** oder Aufforderungen, unter Druck Stellung zu nehmen, bevor man sich selbst seine Meinung bilden kann, reagiert man am besten mit Schweigen und Übergehen und beharrt darauf, zunächst die Tatsachen zu klären, bevor man sich einer Meinung entweder anschließt oder sie verwirft.

Besonders schwierig ist der Umgang mit **Zirkelschlüssen** (petitio principii). Ein typischer Zirkelschluß lautet etwa: *„Dieser Sachverständige ist nicht öffentlich vereidigt und daher ungeeignet"*, wenn es auf die Tatsache, daß er vereidigt ist, im konkreten Fall deshalb nicht ankommt, weil man einen herausragenden Fachmann außerhalb eines Gerichtsverfahrens benötigt.

Oft ist es schon schwer genug, den Zirkelschluß überhaupt als solchen zu enttarnen, denn letztlich beruht der Zirkelschluß auf einer als Logik verkleideten, destruktiven Haltung oder in schlimmeren Fällen im bewußten Legen falscher Fährten.

Wenn man genügend Zeit hat, um ein Argument abzuklopfen, kommt man jeder Scheinbegründung dadurch auf die Spur, daß man die **Voraussetzungen** im einzelnen hinterfragt und den **Tatsachengehalt** offenlegt. Das geschieht durch Fragen, Konkretisieren, Klarstellen, Dokumentieren und Überprüfen, wozu man in den meisten Fällen Zeit benötigt, die in der Hitze der Verhandlungen selten genug zur Verfügung steht. 604

Dann hilft nur **bewußtes Schweigen**, das meist zu der Nachfrage führt, ob das geäußerte Argument nicht überzeugend sei. Wenn das noch nichts nützt, weist man darauf hin, daß man dieses Argument weder bestätigen noch widerlegen kann (zum Widerlegen reicht es meist nämlich nicht, und gegen das Bestätigen spricht das unklare Gefühl, über den Tisch gezogen zu werden).

Hiergegen ist die andere Seite immer machtlos, denn sie kann nie bestreiten, daß jemand die Gefühle hat, die ihn bewegen, auch wenn sie „unberechtigt" sind. Ist die andere Seite am Fortgang der Debatte interessiert, muß sie deshalb der Frage nachgehen, warum die Gegenseite sich nicht überzeugen lassen will, und das wiederum führt meist in den Bereich der Tatsachen, wo man sich sicherer fühlen darf.

7. Destruktion und Machtspiele

Derartige Situationen findet man bei Vertragsverhandlungen selten, sie kommen aber häufig bei Verhandlungen vor, die der **Abwendung** von **Krisen** dienen sollen, politischen Verhandlungen oder anderen, bei denen die Macht ungeschminkter eingesetzt wird als anderswo. 605

Zu den destruktiven Machtspielen gehören vor allem:

– Offene Konfrontation,
– Unsachlichkeit,
– Demonstration übersteigerten Selbstbewußtseins,
– Übertriebene Verschlossenheit,
– Arroganz,
– Sturheit,

- Rechthaberei und Prinzipienreiterei,
- Latente Skepsis,
- Ironie,
- Unhöflichkeit,
- Bewußtes Mißverstehen,
- Heuchlerisches Nachgeben,
- Versteckte Drohungen.

606 Während bei Vertragsverhandlungen das Übergewicht der Machtverhältnisse meist von allgemeinen Umständen abhängt (Marktstärke, Kapital, etc.), kann es bei Krisenverhandlungen genau umgekehrt sein: Ein ursprünglich mächtiger Vertragspartner, der sich gegen den berechtigten Vorwurf eines Fehlers nicht wehren kann, ist in Krisenverhandlungen naturgemäß der schwächere.

In beiden Situationen ist es auch dem Mächtigeren klar, daß es *„keiner großen Stärke (bedarf), um ein Haar aufzuheben, keiner scharfen Augen, um Sonne und Mond zu sehen, keiner guten Ohren, um einen Donnerschlag zu hören"* (Sun Tsu, S. 117).

Aus dieser trivialen Erkenntnis sollte sich eigentlich die Einsicht herleiten, daß man als Mächtiger in Verhandlungen derlei Spiele nicht nötig hat, um zum Ziel zu gelangen. Gleichwohl geschieht das immer wieder, ist aber im Grunde für den kundigen Betrachter keine ernsthafte Bedrohung.

607 Viele dieser Machtspiele haben auch weniger den Sinn, den Verhandlungspartner zu beeindrucken, sie dienen oft genug nur dazu, die **Position** in der **eigenen Verhandlungsgruppe** zum Beispiel als harter Verfechter der eigenen Interessen zu unterstreichen. Dabei wird immer wieder übersehen, daß jede inhaltlich unberechtigte Machtdemonstration einen Minuspunkt bei der **Bilanz** der **Entschuldigungen** nach sich zieht, und man später möglicherweise eine Menge Goodwill investieren muß, um das zerschlagene Porzellan wenigstens einigermaßen zu kitten.

Der schwächere Verhandlungspartner wird oft wenig Möglichkeiten sehen, solchen Verhaltensweisen richtig zu begegnen. Vor allem Manager aus Kulturkreisen, die gewohnt sind, Machtspiele indirekt auszudrücken, empfinden direkte Demonstrationen dieser Art als emotionale Quälerei und Zeichen von Unintelligenz. Das bedeutet keinesfalls, daß asiatische Verhandlungspartner nicht ihre eigene Art hätten, destruktive Machtspiele vorzuführen – sie verstehen es nur, ihren Vertragspartner intelligenter zu quälen als andere. Auch damit muß man umzugehen lernen.

Die richtige Lösung besteht in der Erkenntnis, daß **70% aller Konflikte** am **Ende** doch **kommunikativ gelöst werden** können, und bei Verhandlungen muß die Chance hierfür noch höher liegen, denn anderenfalls säße die andere Seite nicht am Verhandlungstisch.

Wie immer ist zunächst genau zu prüfen, ob das, was als Machtspiel interpretiert wird, nicht in Wirklichkeit einen anderen Hintergrund hat. Zunächst einmal darf man nämlich mächtigen Vertragspartnern unterstellen, daß sie über hinreichend Selbstbewußtsein (und Arroganz) verfügen, um ihre Position nicht auch noch mit unlauteren Mitteln unterstützen zu müssen. Es mag also durchaus sein, daß einzelne Situationen nur auf persönliche Unfairneß eines beteiligten Managers und nicht auf die Firmenkultur oder die gesamte Verhandlungslinie zurückzuführen sind. 608

In diesen Fällen hilft das **Isolieren** des entsprechenden Managers, indem man der Verhandlungsrunde klarmacht, daß man davon nicht beeindruckt ist. Das kann in einem gestuften Verfahren erfolgen, um Rücksicht auf den drohenden Gesichtsverlust des Verletzers zu nehmen; notfalls muß man ihn allerdings bloßstellen.

a) Offene Konfrontation

Da in diesem Bereich ohnehin mit harten Bandagen gekämpft wird, darf man auch die **offene Konfrontation** nicht scheuen: *„Wer die Nachteile der offenen Konfrontation nicht kennt, kann auch ihre Vorteile nicht richtig nutzen"* (*Sun Tsu*, S. 82). 609

Unsachlichkeit, Ironie und Arroganz beantwortet man am besten mit bewußtem Schweigen und Abbruch der Kommunikation. Es gibt wenige Manager, die ein Schweigen von mehr als drei Sekunden aushalten, wenn es sich nicht aus der Situation als offensichtlich begründet ergibt, es tritt dann Unruhe ein, es werden Nachfragen gestellt etc., und das ist dann die Zeit, in der man so emotional wie nötig (und distanziert wie möglich) klarstellen muß, wie sehr das Verhalten der anderen Seite einen verletzt hat.

b) Prinzipienreiterei

Wir haben bisher nur über Machtspiele gesprochen, die auf seiten des mächtigeren Vertragspartners vorkommen. Es gibt sie aber auch auf der anderen Seite, nämlich im Bereich der Prinzipienreiterei und des **heuchlerischen Nachgebens**. 610

Es kommt gar nicht so selten vor, daß schwächere Parteien von bestimmten Forderungen nicht ablassen wollen und dabei Sun-Tsus Satz übersehen: *„Wer sich als Schwächerer in seine Position verbeißt, kann nur verlieren"* (*Sun Tsu*, S. 103).

So erlebt man zum Beispiel Architekten, die ihre Urheberrechte an Plänen ebenso überschätzen wie Softwareentwickler den Wert ihrer Quellenprogramme, und es ist kein Zufall, daß gerade in den kreativen Berufen (auch Künstler, Schauspieler etc.) solche Haltungen oft anzutreffen sind.

611 Man möchte eigentlich meinen, daß derartige Positionen durch **Großzügigkeit** der anderen Seite überwindbar seien, das ist aber seltsamerweise nicht oft der Fall. Für den mächtigeren Vertragspartner ist die Lösung dieses Problems sehr häufig deshalb am Ende nicht schwierig, weil er nach Abbruch der Verhandlung meist einen anderen findet, mit dem er sich arrangieren kann. Um so unsinniger ist die oben geschilderte Haltung der anderen Seite.

Besonders diffizil ist die Situation des heuchlerischen Nachgebens, denn sie führt fast immer zu latenten Vorurteilen und Vorbehalten auf der Seite desjenigen, der seine Position zu früh kampflos geräumt hat.

c) Skepsis

612 **Latente Skepsis** wiederum ist ein Verhalten, das nah an den Denkverboten steht, und kann entsprechend überwunden werden (Rz. 616 f.).

Auch dem **bewußten Mißverstehen**, dem oft die gespielte Empörung folgt, kann man begegnen, wenn man nochmals in Ruhe die eigene Position darlegt und das Mißverständnis aufklärt.

d) Drohungen

613 Wird **versteckt gedroht,** was manchmal auch durch **Sprechen** in **Andeutungen** erfolgt, hilft es wenig zu fragen, ob das eine Drohung sein soll, denn genau das soll ja vertuscht werden. Hier hilft nur, der Gegenseite genau die Konsequenzen zu entwickeln, die sich ergeben, wenn die angedeutete Drohung wahr gemacht wird.

e) Unhöflichkeiten

614 **Direkte Unhöflichkeiten** kommen relativ selten vor und führen, wenn es keine Entschuldigung gibt, immer zu schweren Krisen. Sie sind auch meist Ausdruck der Hilflosigkeit des Verwenders, das Scheitern der Verhandlung mit vernünftiger Begründung zu inszenieren.

Häufiger sind aber die **indirekten Unhöflichkeiten**. Konrad Adenauer soll zum Beispiel einmal einen seiner Minister mitten in dessen Statement zum Fensteröffnen geschickt haben, und oft kommt es vor, daß Mandanten über die Köpfe ihrer Anwälte hinweg unmittelbar attackiert werden, während man gleichzeitig an die Intelligenz des Anwalts appelliert und dergleichen mehr.

Besonders in diesen Situationen ist es außerordentlich gefährlich für die eigene Position, solche Vorfälle auf sich beruhen zu lassen, denn dann ist man wirklich angeschlagen und hat oft nicht einmal mehr die Chance, die Verhandlung später ohne Gesichtsverlust abzubrechen.

Wie so oft ist die **einfachste Reaktion** die richtige: Man **reagiert** auf versteckte Aufforderungen oder Andeutungen absolut **nicht**, unterbricht durch „lautes Schweigen" und friert die Situation so lange ein, bis die Gegenseite Irritation zeigt, was sie unvermeidlich tun wird. Entweder nämlich übergeht sie die Situation und man hat dann später die Möglichkeit, am Rande des Geschehens individuell zu kommentieren und zu korrigieren, oder sie spricht den Konflikt an und muß sich dann entsprechend offener Kritik aussetzen.

8. Interne Konfliktsituationen

Interne Konfliktsituationen gibt es selbst dann, wenn nur ein einzelner verhandelt: In fast jeder Verhandlungslage fragt man sich selbst immer wieder, ob man der geplanten Verhandlungslinie richtig folgt und die richtigen Werkzeuge benutzt. Es ist notwendig, sich mit seinen Fehlern zu konfrontieren und sie möglichst wieder auszubessern. Spätestens bei der Bilanz der Zugeständnisse sieht man die eigene Situation schonungslos, wenn man die Fähigkeit hat, sich selbst gegenüber ehrlich zu sein. All diese Spannungen treten verstärkt in Verhandlungsgruppen auf.

615

Typische Probleme sind:
– Denkverbote,
– Mangelhafte interne Abstimmung,
– Aus der Rolle fallen,
– Neue Anweisungen von oben, die die Verhandlungslinie überraschend ändern sollen,
– Unbegründeter Optimismus,
– Unbegründeter Pessimismus,
– Stimmungsschwankungen zwischen beiden,
– Entdeckte Fehlinterpretationen des Verhaltens der Gegenseite,
– Fehlende Stabilität der Verhandlungslinie,
– Übertriebene Vorsicht,
– Selbstzweifel,
– Verlust der Orientierung,
– Erkenntnis eigener Verhandlungsfehler.

a) Denkverbote

616 Denkverbote („Das haben wir hier noch nie so gemacht" oder „Das haben wir früher schon probiert, und es ist immer wieder schiefgegangen") haben ein merkwürdig zähes Leben. Die psychologische Literatur und die Verhandlungsliteratur geißeln sie seit vielen Jahren, und trotzdem unterlaufen sie auch intelligenten und engagierten Managern immer wieder. Der Grund: Bei den Denkverboten handelt es sich um die (verdrängte) Weigerung, Phantasie einzusetzen, weil das immer beschwerlich ist, denn man gefährdet dadurch vertraute Zustände und fühlt instinktiv, daß ein Weiterdenken möglicherweise mehr Arbeit macht als das einfache Abblocken. Solche Verdrängungen sind schwer bewußt zu machen und schon gar nicht dadurch aufzulösen, daß man der anderen Seite empfiehlt, einfach mehr Phantasie zu entwickeln, denn genau das wird ja (oft mit guten Gründen) gefürchtet.

Denkverbote können den Verhandlungsablauf empfindlich beeinträchtigen, und zwar um so mehr, je höherrangiger der Manager ist, von dem sie ausgehen.

Am einfachsten sind Denkverbote zu verhindern, indem man sich vor der Besprechung darauf einigt, daß **zunächst** die **rangniedrigsten** (und meist jüngsten) Manager ihre **Stellungnahme** abgeben, bevor die älteren etwas sagen. In Japan gehört das zu den fest eingeführten Verfahren (Ringi-System) und wird dort oft so weit getrieben, daß die älteren Manager auch am Ende der Diskussion nichts sagen, sondern sich lediglich an der Entscheidung beteiligen.

617 Dieses Verfahren bedeutet keinesfalls, daß ältere Manager bereit wären, die ihnen selbst verordneten – oft unbewußten – Denkverbote aufzugeben, denn oft genug wird etwas ganz anderes entschieden, als die jüngeren Manager sich gedacht haben. Trotzdem wird immerhin die Chance gesichert, etwas Neues zu hören und die anderen nicht von vornherein durch die höhere Autorität zu überfahren. Darüber hinaus sichert dieses Verfahren das Ansehen der älteren Manager: Wer nämlich als erster spricht, hat immer eine bessere Chance, Unsinn zu reden, als derjenige, der sich erst am Ende der Diskussion einschaltet, wenn Vorteile und Nachteile bestimmter Lösungen besser sichtbar sind. Kurz: Diese Verfahrensregel ist deshalb eine so optimale Lösung, weil sie für **beiden Seiten** erhebliche **Vorteile** hat.

Kann man sich auf sie nicht einigen, dann hilft es häufig, darauf hinzuweisen, daß **Entscheidungen** erst am **Ende** des Brainstormings erfolgen sollen. Einem solchen Appell können diejenigen, die zu Denkverboten neigen, schlecht ausweichen, denn es ist ganz offensichtlich nicht sinnvoll, Entscheidungen zu treffen, bevor alle gesprochen haben. Es ist dann zwar nicht die Rangfolge festgelegt, und es besteht immer noch die Gefahr, daß die übergroße Autorität auf den Ideen lastet, aber immerhin ist die Situation besser, als wenn nach dem Statement des Vorsitzenden resigniertes Schweigen und Kopfnicken eintritt (zum heuchlerischen Nachgeben oben Rz. 610).

b) Änderungen von Anweisungen

Wird die **Verhandlungslinie** durch Anweisungen **geändert**, darf man ihnen nicht ungeprüft folgen, denn derjenige, der die Anweisungen gibt, hat selten eine konkrete Anschauung der Verhandlungslage. Man muß deshalb eine volle Information über die Verhandlungssituation geben und dann nachfragen, ob die Anweisung unter den gegebenen Umständen wirklich aufrechterhalten werden soll. Es ist ungeschickt, die Gegenseite früher darüber zu informieren, denn möglicherweise ändern sich die Dinge. Erst wenn wirklich klar ist, daß die ursprüngliche Linie vernünftigerweise geändert werden soll, muß man reagieren und offene Klarstellungen vornehmen, wenn die eigene Verhandlungslinie für die Gegenseite schon erkennbar war. Anderenfalls genügt die interne Umstellung.

618

c) Gefühlsschwankungen

Gefühlsschwankungen zwischen Optimismus und Pessimismus sind für unterschiedliche Verhandlungslagen selbstverständlich. Man kann ihnen nicht entgehen, muß sie aber kontrollieren können. Die größte Gefahr besteht darin, bei günstig eingeschätzten Situationen vorschnelle Zugeständnisse zu machen, die man später wieder korrigieren muß.

619

Umgekehrt sollte eine vorübergehend **pessimistische Einschätzung** kein Anlaß sein, verfrühte Zugeständnisse zu machen, weil man die eigene Situation schlecht einschätzt, oder in die Verbissenheit abzurutschen, die für den schwächeren Verhandlungspartner in solchen Situationen typisch ist. Eine wirkliche Bewertung kann man erst am Ende der Verhandlung vornehmen. Selbstzweifel und Furcht kann man in schwierigen Situationen leicht mit der gebotenen Vorsicht verwechseln und darf erst reagieren, wenn man sich sicher ist, wo man innerlich steht.

Das Fehlen der **inneren Stabilität** ist vor allem für intelligente und sensible Verhandler eine latente Gefahr. Auf jeden Fall muß ein Grundfehler vermieden werden, der häufig unterläuft: Wenn die Gegenseite überzeugend argumentiert oder auch nur in indirekten Andeutungen ihre Position klar beschreibt, neigen intelligente Leute dazu, die Schwäche der eigenen Position zu erkennen und der Gegenseite verfrüht zuzustimmen. Mancher neigt dann zum Eingehen auf intellektuelle Spielereien und verfrühten Anerkenntnissen und vergißt, daß es in vielen Situationen nicht schlecht ist, sich zunächst einmal (auch sich selbst gegenüber) etwas dümmer zu stellen: *„Alle tun als wären sie von Nutzen, nur ich bin störrisch wie ein Tölpel"* (*Lao-Tse*, Kapitel 20, S. 117).

620

Die Empfehlung, *„klug wie die Schlangen und naiv wie die Tauben"* zu sein (*Matthäus*, Kapitel 10, 16), ist auch in diesem Zusammenhang von großem Nutzen.

Von besonderer Bedeutung sind solche Einsichten, wenn man sich darüber klar wird, daß man **formelle Fehler** begangen hat, die immer angreifbar sind, und um so schlimmer ist es, wenn die Gegenseite sie erkennt und einen das wissen läßt. In solchen Situationen neigt man leicht dazu, eigene Positionen vorschnell aufzugeben, anstatt sich aktiv darum zu bemühen, die Fehler auszubügeln und wieder wettzumachen. Auch die andere Seite macht Fehler und wird weitere Fehler machen, erst die **Bilanz** der **Zugeständnisse** wird am Ende der Verhandlung zeigen, zu welcher Seite die Waagschale sich neigt.

621 In **Verhandlungsgruppen** potenzieren sich diese Probleme deshalb, weil hier immer auch Einzelinteressen eine Rolle spielen, die in einer Gruppe nie homogen koordinierbar sind. Man kann gar nicht verhindern, daß einzelne Verhandlungsmitglieder aus dem Scheitern von Verhandlungen internen Nutzen ziehen, so etwa, weil eigene Projekte eine höhere Priorität erhalten werden oder die vorhandenen Kräfte sich nicht auf ein weiteres Projekt konzentrieren müssen. Weitere Schwierigkeiten wie Statuskämpfe, Karrierewünsche, Rachefeldzüge und viele andere Konflikte können auftauchen. Mit ihnen muß der Verhandlungsführer rechnen und stößt in diesem Bereich vielleicht auf schwierigere Gegner, als er sie in seinem Verhandlungspartner findet.

XI. Abbruch der Verhandlungen

622 Es sind oben verschiedene Situationen diskutiert worden, die den Abbruch von Verhandlungen nahelegen, bevor man alle Themen durchgesprochen und bewertet hat (Rz. 569 ff.).

In fast allen Fällen wird man sich dafür entscheiden, bis zum Ende durchzuhalten, wenn die Gegenseite sich im erforderlichen Maß flexibel verhält.

Ist aber die Bilanz der Zugeständnisse endlich gebildet, muß auch die Entscheidung im einen oder anderen Sinne fallen.

Am einfachsten ist es, wenn man am Ende hinreichend klar sieht, wo die Vor- und Nachteile des geplanten Vertragsschlusses liegen, und alle vorhandenen Informationen zur gefühlsmäßigen Einschätzung bei der Mehrheit aller passen, die die Entscheidung letztlich zu treffen haben.

623 Bei dieser abschließenden Bewertung muß man sich allerdings darüber im klaren sein, daß gerade bei richtiger Planung und Vorbereitung in jeder Verhandlung erhebliche Investitionen stecken, die man verlorengeben muß, wenn es nicht zum Abschluß kommt: Verhandlungen werden um so **leichter abgebrochen**, je **weniger** eine Seite in sie **investiert** hat.

Dieser Gesichtspunkt verhindert oft schon zu Beginn die Ausbildung realistischer Alternativen oder gar die Parallelverhandlungen mit mehreren in

Frage kommenden Vertragspartnern und zählt um so mehr, wenn man am Ende einer komplexen und langwierigen Verhandlung steht.

Hinzu kommt das Gefühl, auch bei bestehenden Schwierigkeiten müsse man am Ende immer „den gordischen Knoten durchhauen" können, es zählt der **Gesichtsverlust,** der mit dem Abbruch von Verhandlungen immer einhergeht und vieles mehr.

Schließlich gibt es noch die Fälle, in denen ganz zum Schluß negative Gesichtspunkte auftauchen, die man eigentlich in die Gesamtbewertung einstellen müßte, sich daran aber gehindert sieht, weil man sich dem Vorwurf nicht aussetzen will nachzuverhandeln, auch wenn dies durchaus berechtigt wäre. In solchen Situationen muß man sich sorgfältig überlegen, ob das Nachgeben, von dem mancher Vertragsschluß letztlich abhängt, wirklich die richtige Entscheidung ist. Man darf dabei nie vergessen, daß derjenige, der eine Verhandlung abbricht, sie immerhin noch steuert. Dazu sollte die Einsicht kommen, daß Entscheidungen, die im Grunde als falsch erkannt werden, die spätere Vertragsdurchführung erheblich beeinträchtigen können. 624

Neigt man zum Nachgeben, sind die Vor- und Nachteile dieser Entscheidung an der **Testfrage** zu prüfen, was geschieht, wenn man den Vertrag nur durch Nachgiebigkeit zustande bringt, und welche Szenarien sich entwickeln, wenn die Verhandlung ergebnislos abgebrochen wird.

Gibt man nach, hat man möglicherweise ein weiterhin schwelendes Problem (einschließlich der eigenen Unzufriedenheit), muß Risiken eingehen, die man nicht richtig abschätzen kann, und muß diese und andere negative Faktoren durch vermehrte Entschiedenheit ausgleichen – Energie, von der man vielleicht nur einen Bruchteil investieren muß, wenn man sich für den Abbruch entscheidet.

Für den Abschluß des Vertrages spricht neben den inhaltlichen Kriterien: 625

– Der **Vertrag** ist **abgeschlossen** und damit eine sichere Risikoverteilung erreicht.
– Man kann sich der **Durchführung** des Projekts zuwenden und andere **Alternativen** endgültig ausschließen.
– Das **Investment** in die Verhandlung (Personen/Mittel/Engagement/Zeit/Organisation etc.) ist **beendet.**
– Es entsteht **Planungsfreiheit,** die in das Projekt investiert werden kann.
– Man kann sich **anderen Gegenständen** zuwenden, die man während der Verhandlung oft genug vernachlässigen muß.

Auf keinen Fall darf man das Nachgeben allein von finanziellen Gesichtspunkten abhängig machen, sondern muß immer alle Vor- und Nachteile in die Überlegungen mit einbeziehen, die sich aus der Bilanz der Zugeständnisse ergeben.

626 Für das **Abbrechen** von **Verhandlungen** sprechen am Ende folgende Gesichtspunkte:
- Man erkennt, daß die andere Seite **nicht vertrauenswürdig** ist.
- Die **ursprünglichen Ziele**, die in der Planung und der Verhandlungslinie vorgegeben und entwickelt worden sind, haben sich **grundlegend geändert** und werden durch Zugeständnisse der anderen Seite nicht mehr aufgefangen.
- Man kann die **berechtigten Forderungen** der Gegenseite **nicht** wirklich **erfüllen.**
- Die Vertragsverhandlung zeigt, daß es **gravierende Zweifel** an dem Willen zur **Zusammenarbeit** beider Vertragspartner gibt.
- Es gibt **bessere Alternativen.**

Wenn es um die Entscheidung geht, ob man die Verhandlung abbricht, muß man auf die **Klarheit** des eigenen **Verhaltens** achten. Das ist manchmal schwer, weil man die Motive des Abbruchs nicht immer offenbaren will.

Niemand kann einen dazu zwingen, den Abbruch von Verhandlungen zu begründen, man kann aber auch nur selten empfehlen, den Abbruch der Verhandlungen anzukündigen, wenn nicht bestimmte Bedingungen erfüllt sind, weil man sich damit die allgemeinen Probleme eines Ultimatums einhandelt.

627 In der Praxis zeigt sich oft genug, daß den Erkenntnissen über die andere Seite, die man gerade durch die Verhandlung gewinnt, zu wenig Aufmerksamkeit geschenkt wird, obgleich sie nahezu die wichtigste Informationsquelle über das Verhalten des künftigen Vertragspartners bei der Durchführung des Projekts ist.

Ebensooft trifft man auf das **Wunschdenken**, das eine realistische Einschätzung sowohl der eigenen Möglichkeiten wie derjenigen des Vertragspartners verhindert. In diesen Fällen werden vernünftige Risikoabschätzungen übergangen, notwendige Investitionen trivialisiert und die Fähigkeit zum eigenen Engagement auch in Krisensituationen unrealistisch eingeschätzt.

Geht es um den Vergleich mit **besseren Alternativen**, fehlt es manchmal an den notwendigen Informationen, und zwar vor allem dann, wenn man solche Alternativen bis dahin immer nur taktisch ins Spiel gebracht hat, anstatt wirklich mit dem gebotenen Aufwand zu prüfen, ob sie einen Vergleich mit dem aushalten, was durch den Vertrag am Ende erreicht werden kann.

628 Von all diesen Überlegungen ist man allerdings enthoben, wenn die **andere Seite** zu erkennen gibt, daß sie die Verhandlungen beenden will. In solchen Situationen hat man oft das Gefühl, es bedeute einen Gesichtsverlust, wenn man nachfragt, warum solche Absichten bestehen. Man wird zwar selten eine ehrliche Antwort erhalten, sollte sich aber gleichwohl vergewissern, was die wirklichen und nicht nur die vorgeschobenen Gründe sind.

Erst wenn beide Parteien wohlüberlegt zu dem Ergebnis kommen, ein Vertragsschluß sei aussichtslos, ist die Verhandlung wirklich am Ende.

XII. Formeller Vertragsschluß

Die **Entscheidung**, die formellen Voraussetzungen für den endgültigen Vertragsschluß zu schaffen, fällt unter dem fast immer gegebenen Zeitdruck **meist zu früh**. 629

Im Idealfall dürfte sie erst getroffen werden, wenn beide Seiten ihre Positionen überprüft und bestätigt haben, was bei Verträgen im Grunde erst geschehen kann, wenn die **vollständig ausgearbeiteten Texte** vorliegen.

Genau daran fehlt es in der Praxis meist, denn nur wenige Manager erkennen, daß es nicht ausreicht, die vereinbarten Absichten allgemeinsprachlich zu umschreiben, sondern daß am Ende nur die **Risikobeschreibung** zählt, die sich im **Vertragstext** und dem Vertragsdesign für Dritte nachvollziehbar **realisiert** hat. 630

Die häufigsten Fehler sind:
- ungenügende **Planung** und **Vorbereitung**,
- zu **späte Einschaltung** der **Anwälte** und anderer Berater,
- **ungenügende Klärung** von **Eckdaten**,
- Vereinbarung von Preisen, **bevor** die Gegenleistung definiert ist,
- unvollständige oder **mangelhafte Information** von Anwälten und anderen Beratern,
- hoher **Zeitdruck** gegenüber Anwälten und anderen Beratern, weil man selbst eigene Entscheidungen fahrlässig verzögert hat,
- **unterlassene Prüfung** von Vertragsentwürfen,
- **mangelhafte Vorbereitung** der Schlußverhandlung,
- **Unterschätzung** des organisatorischen **Aufwandes** für die Fertigung von Vertragsurkunden komplexer Art (vor allem der Anlagenwerke!),
- **Unterschätzung** der **Beratungskosten**.

Viele dieser Verhaltensweisen werden durch die an sich richtige Erkenntnis unterstützt, daß eine allzu **lange Verhandlungsperiode** jeden Vertragsabschluß **fragwürdig** macht. 631

Allzu lange Verhandlungen beruhen aber nahezu immer auf ungenügender Planung und Vorbereitung. Investiert man genügend Zeit in diesen Bereich, dann dauern Verhandlung und Entscheidung nicht lange und können bei frühzeitiger Einbeziehung der Anwälte und anderer Berater auch schnell umgesetzt werden.

632 Man weiß aus Erfahrung, daß **Zeitdruck** oft notwendig ist, um Entscheidungsschwächen zu überwinden. Dieser Druck kann auch hilfreich genutzt werden, wenn kurz vor dem geplanten Abschluß sich Unvorhergesehenes auftürmt. Man muß dann aber wissen, daß Entscheidungen unter Zeitdruck immer auch unter **Qualitätsmängeln** leiden, und bereit sein, diese hinzunehmen. Für die Anwälte ist die Situation besonders unerfreulich, wenn ihre Mandanten einerseits unter Hinweis auf den bestehenden Zeitdruck eine vertiefte Analyse der rechtlichen Situation ablehnen, andererseits aber dem Wunsch gegenüber Haftungsbeschränkungen unnachsichtig gegenüberstehen und rigide Kostenkontrolle fordern. Zusammengefaßt: Man wird die Entscheidung nicht immer von der Vorlage endgültig ausgearbeiteter Texte abhängig machen können.

Es müssen dann aber folgende **Mindestbedingungen** vorliegen:
– **vollständige Information** über alle relevanten Tatsachen,
– **keine** wesentlichen **offenen Fragen,**
– erkennbar **vernünftige Motive** für den Vertragsschluß auf beiden Seiten,
– **tragbare** rechtliche **Risiken.**

Liegen die **unterschriftsreifen Vertragstexte** einmal vor, sollte man sich wenigstens die Mühe machen (und die Zeit dafür nehmen), sie in internen Konferenzen **Punkt** für **Punkt durchzugehen** und sich die Hintergründe erläutern zu lassen, die zu einzelnen Formulierungen führen.

Wird das unterlassen, kommt es bei der Schlußverhandlung unvermeidlich zu **Nachfragen**, die in der Gesamtrunde nicht beantwortet werden können, ohne die strategischen und taktischen Positionen zu schwächen.

633 Ein klares Vertragskonzept erfordert erheblichen Aufwand in der **internen Abstimmung**, der oft **größer** sein mag als der Verhandlungsaufwand mit der anderen Seite.

Bei dieser Detailarbeit merkt man: „*Wenn Menschen handeln, versagen sie meist kurz vor der Vollendung*" (*Lao-Tse*, Kapitel 64, S. 240). Es kommt also darauf an:
– den **Willen aufrechtzuerhalten**, das ins Auge gefaßte Ziel wirklich zu erreichen,
– **offen** über alle auch in letzter Sekunde noch auftauchenden Gesichtspunkte zu **diskutieren,**
– das **Wesentliche** vom **Unwesentlichen** zu unterscheiden und sich nicht an Details festzubeißen,
– **Offenheit, Toleranz** und **Phantasie** zu zeigen, ohne die ein brauchbarer Vertrag nicht zustande kommt.

634 Auffällig sind die Beobachtungen, die vor allem anwaltliche Berater machen können, wenn es – auch und gerade bei Verträgen, in denen viel Arbeit

steckt – zur **Unterschrift** kommt. In dieser emotional stets aufgeladenen Situation kommt manches zusammen:

– Alle Beteiligten spüren das „Hochzeitsdilemma", merken also, daß mit der Unterschrift alle anderen angedachten **Alternativen** endgültig **entfallen.**
– Man spürt deutlicher als zuvor alle **Fehler,** die man in der Planung, Vorbereitung und Verhandlung gemacht hat.
– Die unabweisbaren **Verpflichtungen** aus dem Vertrag werden deutlich.
– Man muß den Wunsch, **alles** zu bekommen und **nichts** zu geben, endgültig aufgeben.
– Man entwickelt das Gefühl der **Unsicherheit** aller **Prognosen** und spürt, daß es der anderen Seite genauso geht.
– Man befürchtet **unvorhergesehene Störungen** bei der Vertragsdurchführung (70% aller Firmenzusammenschlüsse erreichen nicht die geplanten Ergebnisse!).
– Nahezu alle Menschen haben eine instinktive **Abwehr** gegen formelle **Unterschriften,** weil sich gerade im Unterzeichnen alle diese – oft unbewußten – Einsichten und Gefühle konzentrieren.

Diese Phänomene sind unter dem Begriff „Vertragsreue" wohlbekannt und haben realistische Hintergründe. Sie werden aber leicht vergessen.

4 Vertragsdurchführung

	Rz.
I. Planung der Durchführung	635
II. Planungsfaktoren	639
III. Strategie und Taktik	641
IV. Durchführungsregie	645
V. Projektteams bei der Durchführung	647
VI. Wirksamkeit des Vertrages	649
VII. Sicherung der Leistungen	651
VIII. Treuhandabwicklungen	652
IX. Geld- und Sachleistungen	653

	Rz.
X. Leistungsänderungen	656
XI. Rechtshandlungen im Bereich der Vertragsdurchführung	660
XII. Der Vertrag in der Krise	661
1. Strategie und Taktik	661
2. Auslöser für die Krise	664
3. Verhinderung von Vertragskrisen	665
4. Umgang mit der Presse	668
5. Rechtliche Bewertung	669
6. Unterstützung durch Berater in der Krise	671
7. Krisensitzungen	673
8. Rückabwicklung des Vertrages	682

I. Planung der Durchführung

Die gesetzlichen Vorschriften, die Beginn und Ende von vertraglichen Beziehungen meist sehr genau regeln, besagen wenig über die Vertragsdurchführung. Das hat folgenden Grund: 635

– Bei den **Austauschverträgen** bietet das Gesetz keine Hilfestellung, weil es gedanklich davon ausgeht, daß die Risiken verteilt sind und die Rechtsfolgen sich aus den übernommenen Risiken ergeben. Eine qualitativ hochstehende und ungestörte Vertragserfüllung ist mit rechtlichen Mitteln nur bedingt beeinflußbar und wird dem Geschick (oder Ungeschick) der Parteien überlassen.

– Bei **gesellschaftsrechtlichen Verträgen** würden gesetzliche Regeln die Gestaltungsfreiheit der Partei empfindlich beeinträchtigen, und wie man in der Praxis sieht, nutzen geschickte Parteien die gegebenen Möglichkeiten in einem großen Spektrum kreativ aus.

Regelungen über die Vertragsdurchführung umfassen bei **Austauschverträgen** (ausführlich unten Teil 2): 636

▷ Vereinbarungen von **Projektmanagern,** die während der Vertragsdurchführung engen Kontakt halten,
▷ **Projektsitzungen,** die in der Durchführungsphase in regelmäßigen Abständen abgehalten und protokolliert werden,

▷ Konkretisierung von **Hinweis-** und **Warnpflichten**,

▷ ausgedehnte **Informationspflichten** über den jeweiligen Stand des Projektes,

▷ **Warnpflichten** bei drohenden Gefährdungen von dritter Seite,

▷ **Verfahrensregeln** beim Auftauchen technischer Auseinandersetzungen (Ad-hoc-Schiedsgutachten),

▷ Vereinbarung von **abgestimmtem Verhalten** bei Angriffen Dritter,

▷ **Prüfungs-** und **Abnahmeverfahren** für die Leistungen,

▷ vorgezogene **Qualitätsprüfungen**,

▷ vereinbarte **Ersatzvornahmerechte**, wenn der Vertragspartner ganz oder teilweise ausfällt, um das Projekt zu retten und den Schaden gering zu halten,

▷ **Schiedsklauseln**.

Bei **gesellschaftsrechtlichen Verträgen** gehören etwa dazu:

▷ Voraussetzungen für die Einberufung von **Gesellschafterversammlungen**,

▷ **Kontrolle** der **Geschäftsführer** durch die Gesellschafter,

▷ **Informationspflichten**,

▷ **Einsichtsrechte**,

▷ **Eintritt** in die Gesellschaft,

▷ **Ausscheiden** aus der Gesellschaft.

637 In der Praxis beobachtet man oft genug, daß auch dann, wenn solche Regeln wenigstens teilweise vorhanden sind, die Parteien sie nicht nutzen, weil sie nicht geübt haben, damit umzugehen. Das deckt immer eine **Schwäche** in der **Zusammenarbeit** zwischen **Anwälten** und ihren **Mandanten** auf: Manche Anwälte haben eine Menge guter Ideen, die ihre Mandanten nützen könnten, werden aber in der Durchführungsphase nicht gefragt oder verstehen es nicht, die in ihren Vertragsentwürfen enthaltenen Ideen in der praktischen Umsetzung zu erläutern. Ein Vertrag ist mit einer sehr komplexen technischen Maschine vergleichbar, und eine solche Maschine ist ohne Bedienungsanleitung und/oder dauernden Service nicht sinnvoll nutzbar. Der Satz: „Der beste Vertrag bleibt während der Durchführung in der Schublade liegen" ist schon richtig, er bedeutet aber kein Verbot, die Schublade im Bedarfsfall aufzumachen und nachzuschlagen, was er für Hilfen in konkreten Konfliktsituationen bietet. Die DIN/ISO 9000 ff. schreiben nicht zuletzt deshalb vor, daß die Unternehmen dokumentieren müssen, **wo** sie ihre jeweili-

gen **Verträge ablegen**, damit sie in solchen Fällen schnell gefunden werden können. Wenn man, wie wir empfehlen, darüber hinaus auch die Vertrags**dokumentation** geeignet **ablegt** (unten Rz. 691 ff.), ist schon viel gewonnen.

Wenn weder das Gesetz noch der Vertrag etwas über die Phase der Vertragsdurchführung sagen, müssen die Parteien sich mit praktischen Mitteln behelfen. Neben den allgemeinen Empfehlungen, die hierzu in den Kapiteln 1, 2 und 3 gegeben worden sind, ist zu bedenken: *„Frieden bedeutet nicht bloß Abwesenheit von Krieg; er ist kein Zustand. Wir müssen Frieden führen, und zwar ebenso wachsam, wie wir Krieg führen"* (Dalai Lama). 638

Man muß also aktiv etwas dafür tun, daß die Vertragsbeziehung gedeihlich bleibt und Krisen überwunden werden können; es genügt nicht, den Dingen ihren Lauf zu lassen.

II. Planungsfaktoren

Die Planungsfaktoren sind bei der Vertragsdurchführung keine anderen als bei der **Vertragsplanung**. Sie sind oben ausführlich erläutert (Rz. 21 f.). 639

Allerdings ist die **Perspektive** eine andere: Während man im Bereich der Vorbereitung versuchen muß, ein Verhandlungsergebnis zu erreichen, das den eigenen Zielen möglichst nahekommt, müssen diese Ziele nach Vertragsabschluß immer unter **drei wechselnden Perspektiven** betrachtet werden, und zwar:

– welche **Rechte** ergeben sich aus dem Vertrag (und aus dem Gesetz),
– welche **Pflichten** ergeben sich aus dem Vertrag (und aus dem Gesetz),
– wie werden diese Rechte und Pflichten durch die spiegelbildlichen **Positionen** der **anderen Seite** ggf. beeinflußt?

Beispiel:
Ein Bauunternehmen, das auf der Basis von Architektenplänen arbeiten soll, kann mit dem Bau erst beginnen, wenn die Pläne vorliegen, die der Bauherr bereitzustellen hat. Die Leistungspflicht des Bauunternehmers ist also von der (vorher zu erfüllenden) Mitwirkungspflicht des Bauherrn abhängig. Es kann rechtlich außerordentlich kompliziert sein zu entscheiden, unter welchen Bedingungen solche Mitwirkungspflichten verletzt sind, wann solche Verletzungen zu Kündigungen oder Schadensersatz berechtigen, wann zur Ersatzvornahme ect.

Während es also bei der **Vertragsvorbereitung** in erster Linie auf die **eigene** und nur sehr mittelbar auf die **Perspektive** der anderen Seite ankommt, muß man bei der **Durchführung** immer das **gesamte Bild** im Auge behalten, wenn man keine Fehler machen will. Ein typischer Fehler ist zum Beispiel das einseitige Beharren auf der eigenen Rechtsposition ohne Berücksichti- 640 gung der berechtigten Interessen des Vertragspartners (BGH, NJW 1977, 580 – Flugzeugkauf).

Ebenso wie bei der Vertragsplanung gilt daher auch hier: Die Berater müssen so früh wie möglich eingeschaltet werden, wenn Krisen sich abzeichnen, wenn man sich alle taktischen Vorteile der eigenen Position erhalten will.

III. Strategie und Taktik

641 Bei der Vertragsdurchführung gelten alle taktischen Werkzeuge, wie sie oben (Rz. 1 ff.) vorgestellt worden sind. Ihre Handhabung erfordert aber teilweise noch mehr Geschick als bei Vorbereitung und Verhandlung von Verträgen: Zum einen ist das Spektrum der Überlegungen breiter, weil die Rechte der anderen Seite, die sie durch den Vertrag erworben hat, intensiver berücksichtigt werden müssen, andererseits sind Krisen, wenn sie auftreten, heftiger als in einer Situation, in der die Parteien noch nicht vertraglich aneinander gebunden sind.

642 Es gibt einen weiteren wesentlichen Unterschied zur Situation vor Vertragsschluß: Ziel aller strategischen und taktischen Maßnahmen ist jetzt nicht mehr ein **Versprechen** (der Vertrag), sondern ein **Erfolg**, den man notfalls auch **gegen** den **Vertragspartner** erreichen muß. Dieser hat aber seinerseits in dem Vertrag Ansprüche erhalten, die erfüllt werden müssen. Der Vertrag selbst spielt bei der Lösung dieses Konflikts für beide Parteien teilweise nur eine untergeordnete Rolle:

– **Vertragsbruch** mag zwar über neue Verhandlungen zu neuen vereinbarten Lösungen führen, diese Lösungen können aber nie erzwungen werden, da die andere Seite immer die Freiheit hat, den Weg über den **Prozeß** zu wählen. Diese Option hat sie vor Vertragsschluß nicht (oder nur selten).

– Wählt eine Partei den **Prozeß**, dann kommt es auf dessen Ergebnis für die Frage des Vertragserfolges im Grunde nicht mehr an, wenn man den Erfolg als ein Ergebnis sieht, das beide Parteien gemeinsam erreichen wollten. Dieses Ziel ist schon bei Prozeßbeginn gescheitert, und nach aller Erfahrung sind die Beträge, die eine Seite im Prozeß noch erstreiten kann, stets nur ein Bruchteil dessen, was sie an Verlust wirklich gehabt hat. In den USA, wo man nicht nur den wirklich eingetretenen Schaden, sondern in der Rechtsprechung entwickelte Vertragsstrafen (punitive damages) einklagen kann, mag das im einen oder anderen Fall anders sein. Dort können Prozesse in größerem Umfang zu taktischen Manövern genutzt werden, als dies bei uns der Fall ist. Im Ergebnis ändert das aber am Scheitern der Vertragsbeziehungen nichts.

643 Strategie und Taktik in der Durchführung müssen sich also in erster Linie darauf richten, wie das Vertragsziel **trotz** des Konflikts zu erreichen ist, und dürfen dieses Ziel erst dann in Frage stellen, wenn andere Optionen bessere Ergebnisse in Aussicht stellen.

Für Strategie und Taktik bedeutet das: *„Schlagen ohne Armbewegungen; den Feind vertreiben ohne Feindseligkeit; gewappnet sein – doch ohne Waffen zu tragen; kein größeres Übel als den Feind zu unterschätzen..."* (Lao-Tse, Kapitel 69, S. 258).

Sun Tsu (S. 91) sagt konkreter: *„Daher beweisen jene, die jede Schlacht gewinnen, nicht wirklich höchstes Geschick. Jene, die die gegnerische Armee hilflos machen, ohne es zu einem Kampf kommen zu lassen, sind die wahrhaft Vortrefflichen."*

Mit beiden Zitaten wird darauf hingewiesen, daß bei einer einmal entstandenen Bindung derjenige den größten Nutzen zieht, der die **Situation kontrolliert,** ohne in offene Auseinandersetzungen zu geraten. Offene Konflikte nämlich können **Emotionen** so hoch peitschen, daß die Bereitschaft zur weiteren Vertragserfüllung radikal zusammenbricht. Dabei ist oft mit einem sehr geringen Aufwand in die **Pflege** der **Vertragsbeziehung** eine Arbeitsatmosphäre zu erreichen, die solche Entwicklungen verhindert. Dies gilt keinesfalls nur für die mächtigen Vertragspartner, die den anderen gegenüber großzügig sein können, denn auch die **Machtverhältnisse** stellen sich **nach** dem Vertragsschluß anders dar als **zuvor.** Auch der mächtigste Vertragspartner hat sich in dem Vertrag zu Leistungen verpflichtet, die er einhalten muß, und oft genug hat er nach dem Vertragsschluß nicht mehr die Option, mit Wettbewerbern abzuschließen, weil dies aus zeitlichen oder technischen Gründen nicht mehr möglich ist, und befindet sich dann in einer weit weniger komfortablen Situation als zuvor.

Natürlich wird man an dieser Stelle nicht vergessen, daß mächtige Vertragspartner leichter den **Vertragsbruch** riskieren können und ihr Risiko, selbst verklagt zu werden, geringer ist. Auch das gilt aber nur, solange sie weitere Geschäfte in Aussicht stellen können. So gilt also für alle kleinere Vertragspartner *Sun Tsus* Satz: *„Benütze Taktiken und überwinde den Gegner, indem du ihn entmutigst statt mit ihm zu kämpfen..."* (S. 98).

Beispiel:
Wie wirksam das in der Praxis sein kann, zeigt z. B. der mißlungene Versuch von Porsche, seine Vertriebshändler in den USA durch eine eigene Vertriebsorganisation zu ersetzen. Schon die Ankündigungen in der Presse, Porsche denke über eine solche Möglichkeit nach, führte zu so unmißverständlichen Reaktionen auf seiten der Händler, daß der Plan aufgegeben wurde, bevor man über die Details der Umsetzung auch nur nachdenken konnte. Der Grund: Die Fesselung des mächtigen Vertragspartners gelang einfach durch die Drohung mit jahrelangen Prozessen, obgleich deren günstiger Ausgang für die Vertragshändler keinesfalls vorhersehbar war.

Für den unterlegenen Vertragspartner gilt es, solche **Bindungen** zu entdecken und mit ihnen zu arbeiten. Er wird sie im Vertrag, im Gesetz, in den Marktverhältnissen, in der Presse und in vielen anderen Quellen finden. Bevor ein Vertrag geschlossen ist, stehen ihm diese Mittel nicht zur Verfügung.

IV. Durchführungsregie

645 Die Durchführungsregie ist die Summe aller Maßnahmen, die man treffen kann, um während der Vertragsdurchführung die Erfüllung des Vertrages im eigenen Sinne absichern zu helfen. Sie umfaßt Teile der **Verhandlungsregie** (oben Rz. 500 ff.) und der **Entwurfsregie** (oben Rz. 200 ff.).

646 Im Gegensatz zu den beiden anderen Fällen ist es relativ einfach, die Durchführungsregie zu gewinnen, denn erfahrungsgemäß entsteht nach Vertragsabschluß immer eine Phase der Erschöpfung und der Untätigkeit, und derjenige, der diese Phase als **erster** unterbricht, übernimmt damit auch die Durchführungsregie. Meist ist es die Partei, die die **Sachleistungen** erbringen muß, und gerade deshalb ist der anderen Seite anzuraten, ihre eigenen Möglichkeiten im Rahmen der Durchführungsregie dadurch zu sichern, daß die Initiative zu ersten Projektsitzungen, terminlichen Abstimmungen oder dem ersten Informationsaustausch ergriffen und das weitere Verfahren gestaltet wird.

V. Projektteams bei der Durchführung

647 Besondere Bedeutung kommt dabei den Projektteams zu, die für die Zwecke der Durchführung meist anders zusammengesetzt werden müssen als für die Vorbereitung und Verhandlung von Verträgen.

Zunächst ist das **interne Projektteam** zusammenzustellen und möglichst ebenso zweifach in eine **Handlungs-** und eine **Entscheidungsebene** aufzugliedern, wie das für die Verhandlungsteams oben (Rz. 457 ff.) empfohlen worden ist.

648 Dem Projektteam, das den Vertrag durchzuführen hat, müssen aber in der Regel **größere Kompetenzen** gegeben werden als den Verhandlungsteams, denn im Zuge der Durchführung können überraschende Situationen auftreten, auf die sofort reagiert werden muß. Beim Verhandeln über Verträge ist es selten eine gute Empfehlung, eine Krise dadurch zu lösen, daß man möglichst schnell den Vertrag abschließt oder die Verhandlungen abbricht. Anders bei der Durchführung: Hier kann großer Schaden entstehen, wenn nicht schnell genug gehandelt wird: *„Was Befehle von seiten des Herrschers betrifft, die all dies regeln sollten, so ist es, als würdest du deinem Vorgesetzten ankündigen, daß du ein Feuer löschen wolltest – bis du mit einem Befehl dorthin zurückkommst, ist nichts mehr übrig außer Asche"* (Sun Tsu, S. 109).

Für die Zusammenarbeit der **Berater** mit dem Projektteam kann auf die Empfehlungen oben (Rz. 53 ff.) zurückgegriffen werden.

Ist im Vertrag nichts über den Ansprechpartner der anderen Seite geregelt, kann man solche Vereinbarungen natürlich jederzeit nachholen.

VI. Wirksamkeit des Vertrages

Viele Verträge stehen unter **Bedingungen** oder werden erst nach Erteilung von **Genehmigungen** wirksam.

649

Im Grunde müßte man den Parteien raten, nach Vertragsabschluß im Bezug auf die Erfüllung des Vertrages solange noch nichts zu unternehmen, als der Vertrag nicht wirklich rechtsbeständig ist. Erst dann nämlich kann jede der Parteien sich auf die **Risikoverteilung** im Vertrag berufen, vorher gibt es nur einen sehr begrenzten **Vertrauensschutz**.

Tatsächlich zwingt die Sachlage teils schon im Vorbereitungsstadium oder während der Vertragsverhandlungen, bestimmte Investitionen oder andere Maßnahmen zu treffen, die im Vertrauen auf das spätere Wirksamwerden des Vertrages erforderlich sind, weil sonst viel wertvolle Zeit verlorengehen kann.

Um die Risiken innerhalb dieser **Schwebephase** klein zu halten, gelten folgende Regeln:

650

- Sieht man voraus, daß noch vor Eintritt von Bedingungen/Genehmigungen Investitionen notwendig sind, müssen die Parteien diese **Risiken verteilen**;
- **Beide Parteien** müssen sich aktiv um das Erlangen von **Genehmigungen** bemühen, und zwar auch dann, wenn die Gegenseite diese zu beschaffen hat, denn die Verhinderung des Eintritts von Bedingungen kann schadensersatzpflichtig machen;
- **Vertrauensschaden** wird nur ersetzt, wenn der andere ihn **fahrlässig** verursacht hat, und ist einem erheblichen **Mitverschuldensvorwurf** ausgesetzt, wenn man die Gegenseite über drohende Schäden nicht informiert.

VII. Sicherung der Leistungen

Bei vielen Verträgen müssen **Bürgschaften** teils als Erfüllungs-, teils als Zahlungsbürgschaften gestellt werden, manche Verträge verlangen innerhalb bestimmter Fristen den Nachweis von **Qualitätszeugnissen,** technischen Fähigkeiten, **gutachtlichen Bestätigungen** oder ähnlichen Erklärungen.

651

Da man in diesem Bereich von der **Verhaltensweise Dritter** abhängig ist, muß man sich sofort nach Vertragsschluß darum bemühen, die entsprechenden Bestätigungen zu erhalten. All zu oft kümmert sich niemand darum, und wenn es später aus ganz anderen Gründen zu Auseinandersetzungen kommt, kann die eine Partei sich plötzlich auf formelle Nachlässigkeiten der anderen Seite stützen und hieraus für sich Kündigungsrechte oder Schadensersatzansprüche herleiten.

VIII. Treuhandabwicklungen

652 Wenn in die Vertragsdurchführung Notare eingeschaltet sind (so vor allen bei den Grundstückskaufverträgen und der Durchführung der Formalitäten beim Handelsregister), bedarf es keiner besonderen Vorkehrungen, denn die Notariate in Deutschland sind sehr zuverlässig und werden staatlich überwacht. Im **Ausland** kann das anders sein. Notare sind auf der Basis der Bundesnotarordnung und der Notar-Gebührenordnung (KostO) tätig, und ihr Rechtsverhältnis zu den jeweiligen Beteiligten, einschließlich der Haftung, ist bis ins Detail geregelt.

Außer den Notaren können aber auch Anwälte, Wirtschaftsprüfer oder Steuerberater sowie **Gutachter** als Treuhänder mit bestimmten Durchführungsaufgaben betraut worden sein.

Im Gegensatz zu den Notaren ist die Rechtsstellung dieser Beteiligten nicht im Gesetz geregelt, muß also stets im Einzelfall definiert werden. Wird etwa ein Schiedsgutachter eingeschaltet, der bei einer komplizierten technischen Anlage während der Vertragsdurchführung einzelne Streitfragen entscheiden soll, müssen die Parteien mit ihm einen **Gutachtervertrag** abschließen, in dem mindestens Leistungsumfang, Vergütung und Haftung geregelt werden müssen.

IX. Geld- und Sachleistungen

653 Bei Austauschverträgen stehen sich im Schwerpunkt meist eine Geld- und eine Sachleistungen gegenüber. Die **Geldleistung** zu erbringen ist (jedenfalls wenn man Geld hat oder sich beschaffen kann) eine einfache Sache, denn der Zahlungsvorgang selbst ist unkompliziert – von Ausnahmefällen im Auslandszahlungsverkehr einmal abgesehen, die auch subtile Planung erfordern können!

654 Viel schwieriger hat es die Vertragspartei, die die **Sachleistung** erbringen muß, wenn sie sich nicht in der schlichten Lieferung eines Kaufgegenstandes erschöpft, den man auf Lager hat. Zeitliche Differenzen, räumliche Entfernungen, komplexe Zusammensetzungen und viele andere Faktoren können den Erfolg der Leistung gefährden. Das Gesetz trägt dieser Grundidee sowohl im Kaufvertragsrecht wie im Werkvertragsrecht vielfältig Rechnung und belastet denjenigen, der die Sachleistung zu erbringen hat, ziemlich einseitig mit allen Risiken, die hier auftreten können. Der Grund: Nur wer die Sachleistung erbringt, kann fachlich richtig kalkulieren, inwieweit dies möglich ist, der Besteller hingegen ist dazu meist außerstande. Der Werkunternehmer steht in rechtlicher Hinsicht also oft genug vor der Wahl, eigentlich unplanbare Risiken akzeptieren oder auf den Vertrag verzichten zu müssen.

655 Wenn dem Besteller dies nicht bewußt ist und er lediglich die **Erfüllung** abwartet, um dann von seinen Rechten Gebrauch zu machen, tut er sich selbst

keinen Gefallen, denn mit einem **Schadensersatzanspruch** ist seinen unternehmerischen Zielen niemals geholfen. Er sollte also besorgt sein, seinem Vertragspartner die Vertragserfüllung wenigstens nicht zu erschweren oder besser noch so weit wie zumutbar zu erleichtern. Das kann durch umfassende Information, Warnungen, Unterstützung bei der Beschaffung oder anderen Maßnahmen geschehen, die er auch dann ergreifen kann, wenn der Vertrag ihn dazu nicht ausdrücklich verpflichtet.

X. Leistungsänderungen

Wenn beide Vertragspartner realistisch planen können, werden sie schon im Zuge der Verhandlungen überlegt haben, wie groß das Risiko künftiger Leistungsänderungen ist. Sie können auf folgenden Umständen beruhen: 656

– einseitige **Planänderungen** auf **einer** Seite,
– einseitige Planänderungen auf **beiden** Seiten,
– **organisatorische** Umstellungen,
– **personelle** Umstellungen (Wechsel von Personen und/oder Zuständigkeiten),
– Änderungen des **technischen** Umfeldes,
– Änderungen der **finanziellen** Rahmenbedingungen,
– unplanbares Verhalten **Dritter**,
– zufällige Einflüsse.

Nur selten wird einer oder mehrere dieser Faktoren dazu führen können, daß eine Parteien sich auf den **Wegfall** der **Geschäftsgrundlage** (§ 313 BGB) berufen kann. Als Faustformel kann man sagen: 657

Ein Wegfall der Geschäftsgrundlage ist nur dann anzuerkennen, wenn ein bestimmter Umstand von **beiden Parteien** bei Vertragsschluß nicht gesehen wurde und das Risiko der Zusatzbelastungen, die sich aus den geänderten Umständen für eine Seite ergibt, sich **wesentlich** verschiebt (Zur nunmehr modifizierten, früher auf § 242 aufgesetzten Rechtslage: BGH, z. B. BGHZ 94, 257, 259 ff. = BGH, NJW 85, 2524 ff.).

In den meisten Fällen werden die Parteien sich über Leistungsänderungen also im **Verhandlungswege** einigen müssen. Dabei befindet sich der Werkunternehmer oder der Lieferant (also die Partei, die die Sachleistung zu erbringen hat) in einer taktisch sehr viel besseren Position als die andere Seite. Stimmt er einer Leistungsänderung nämlich nicht zu und ist hierzu auch nach Maßstäben von Treu und Glauben nicht verpflichtet, muß die andere Seite eine unerwünschte oder nicht mehr brauchbare Leistung auch dann abnehmen und bezahlen, wenn sie aufgrund der geänderten Umstände ihren Wert verloren hat. Mit diesem Prinzip gleicht das Gesetz das Risiko des 658

Werkunternehmers aus, Fehlkalkulationen seines Angebots auch dann tragen zu müssen, wenn er es bei Vertragsschluß fairerweise nicht erkennen konnte.

Hat ein Unternehmen z. B. Computersysteme bestellt, die in der einzigen Niederlassung des Unternehmens eingesetzt werden sollen, und ist bei Vertragsschluß nicht erkennbar, daß es noch vor Lieferung eine zweite Niederlassung mit gleichen Bedürfnissen geben wird, ist der Lieferant keinesfalls verpflichtet, die Erweiterung zu den gleichen Konditionen auszuführen, wie dies im ursprünglichen Vertrag vorgesehen wurde. Er kann seine Leistung für den Erweiterungsteil vielmehr vollkommen frei berechnen und dabei die Zwangssituation seines Kunden (bis zur Sittenwidrigkeitsgrenze) ausnutzen, die darin besteht, daß dieser sich für den zweiten Teil kaum einen anderen Lieferanten wird suchen können.

Umgekehrt muß ein Kunde, der z. B. Drucker eines bestimmten Herstellers bestellt hat, sich nicht mit Geräten einer anderen Marke zufrieden geben, auch wenn diese völlig leistungsgleich sind, weil der Lieferant zum Beispiel Bezugsschwierigkeiten hat, sein Hersteller in Konkurs gefallen ist oder andere Umstände auftreten.

659 Bei der Verhandlung in diesen Fällen geht es keinesfalls nur um Preiserhöhungen oder Änderung der Hauptleistung, meist ändern sich auch andere **Rahmenbedingungen**, so vor allem die Zeitschiene, die Abnahmetermine, manchmal auch die Qualitätskriterien ect. Kurz: Wenn man genau hinsieht, ist von einer einzigen, meist kleinen Änderungsanforderung ein ganzes Leistungsbündel erfaßt und muß von Anfang bis Ende neu durchverhandelt werden. Welche Fragen hier meist zu stellen sind, zeigt die nachfolgende Übersicht am Beispiel der Projektverträge:

1. Die Änderung ist aus folgenden Gründen notwendig: *(technische Beschreibung im einzelnen)*
2. Sie wirkt sich über folgende Schnittstellen in andere Teilleistungsbereiche aus: *(Angabe)*
3. Folgende Leistungsteile entfallen: (Angabe unter genauer Bezugnahme auf das Pflichtenheft)
4. Der Auftragnehmer muß in folgendem Umfang mitwirken bzw. Leistungen Dritter bereitstellen:
5. Der Zeitplan ändert sich wie folgt:
6. Zusatzvergütung wird festgelegt wie folgt:
7. Einfluß auf Qualitätsstandards *(Überprüfung anhand von Standards und Normen im Rahmen der Qualitätskontrolle)*
8. Teilabnahme der Änderung bis spätestens:

9. Folgende Projektbeteiligte sind durch *(Name)* zu informieren *(Angabe)*:
10. Die vorliegende Änderungsvereinbarung ist integrierter Bestandteil des Projektvertrages

Alle hier angesprochenen Punkte müssen neu verhandelt, in eine neue **Bilanz** der **Zugeständnisse** eingebracht und zu einem neuen **Zwischenergebnis** geführt werden, soll der Vertrag Bestand haben. Dabei wird der Vertragspartner, der nur Geld zu zahlen hat, demjenigen, der die Sachleistungen erbringen muß, in der Regel weit unterlegen sein (was auch für Großkonzerne gilt). Viele „*Nachverhandlungen*" im Bereich der Leistungsänderungen verpassen diese taktischen Möglichkeiten.

Nur am Rande sei darauf hingewiesen, daß einseitige Leistungsänderungsrechte des mächtigen Bestellers in Formularverträgen in der Regel gegen die §§ 305 ff. BGB verstoßen.

XI. Rechtshandlungen im Bereich der Vertragsdurchführung

Neben den technisch/kaufmännischen Leistungen, die bei Austauschverträgen vereinbart werden, oder den finanziellen Leistungen, die Gesellschafter zu erbringen haben, gibt es weitere Maßnahmen, die beide Parteien teils im eigenen, teils im fremden Interesse treffen müssen, wenn sie nicht rechtliche Risiken, insbesondere Schadensersatzansprüche befürchten wollen. Gehören solche Einzelpflichten zu den Hauptpflichten, können sie auch die Rechte aus §§ 323 ff. BGB, also Rücktrittsrechte und/oder Schadensersatzrechte, auslösen.

660

Dazu gehören etwa:
– Einsichtsrechte in Handelsbücher,
– Prüfrechte bezüglich Bilanzen,
– Überprüfungsrechte durch Dritte (z. B. des Technischen Überwachungsvereins (TÜV) bei der Hinterlegung von Software),
– Mitteilungen an Behörden,
– Verzicht auf Rechte aus anderen Verträgen (z. B. Vorkaufsrecht),
– Veröffentlichungspflichten (z. B. im Rahmen von Liquidationen).

Zu diesen Pflichten kann auch die Einrichtung geeigneter Marktbeobachtungsmaßnahmen gerechnet werden, die ein Hersteller seinem Vertrieb auferlegt, damit er über etwaige Produkthaftungsrisiken so früh wie möglich informiert wird.

All diese Maßnahmen müssen in vielen Fällen sofort nach Vertragsschluß anlaufen, noch bevor der eigentliche Leistungsaustausch begonnen hat.

XII. Der Vertrag in der Krise

1. Strategie und Taktik

661 Nahezu jeder Vertrag durchläuft bei seiner Durchführung irgendein Krisenstadium – manchmal ohne daß die Parteien dies überhaupt bemerken.

Das beginnt mit der **Vertragsreue** (oben Rz. 629 ff.), die sich häufig unmittelbar nach Unterschrift einstellt, und reicht hin bis zu Auseinandersetzungen der Parteien, lange nachdem die Hauptleistungen erfüllt sind und es nur noch um Fortwirkungen des Vertrages in Nebenbereichen geht.

Fast kein Vertrag kann nämlich genau so erfüllt werden, wie es ursprünglich vereinbart wurde: Menschen und Umstände ändern sich, ohne daß man das beeinflussen kann, und dadurch ändert sich meist auch die Sicht auf den Vertrag, wenn nicht sogar seine **Grundlagen**.

662 Von dieser Regel gibt es natürlich immer wichtige **Ausnahmen.** Eine der erstaunlichsten ist die präzise Rückzahlung von Bankkrediten, wie man sie in Deutschland erlebt, und zwar nicht etwa bei den Großkrediten, sondern bei der Vielzahl der Kleinkredite, die bei den Banken aufgenommen werden. Der Anteil der Verträge, die in diesem Bereich störungsfrei erfüllt werden, liegt über 50% und die Ausfallrate der Banken bei gescheiterten Verträgen deutlich unter 10% der ausgereichten Kredite samt Zinsen!

Der Grund liegt vielleicht in der massenhaften **Standardisierung** solcher Geschäfte, etwa im Vergleich zu technischen **Projektverträgen,** die sich von Fall zu Fall anders gestalten und deren Risiken schlecht planbar sind.

Die Gründe, aus denen Vertragskrisen entstehen, sind ebenso vielfältig wie die denkbaren Störungsursachen, und zu welchem Ergebnis eine Krise führt, hängt **niemals** von der wirklichen Rechtslage, sondern immer nur von den persönlichen Einschätzungen derjenigen ab, die die Krise managen müssen. Natürlich werden in Krisenverhandlungen immer wieder **Rechtsargumente** ausgetauscht. Man mißt ihnen jedoch – richtigerweise – keinen besonders hohen Wert zu, denn niemand kann wirklich austesten, ob eine bestimmte Rechtsansicht richtig oder falsch ist: Das könnte nur im Prozeß geschehen, und wenn der beginnt, ist der Vertrag unabhängig vom Prozeßergebnis gescheitert.

663 Es führen auch bei weitem nicht alle Vertragsstörungen zu Krisen. Entscheidend ist, wie die Parteien ihre Situation bei Ausbruch der Störungen einschätzen: Sind sie der Meinung, die Fortführung des Vertrages sei von größerem Vorteil als das Schüren der Krise, werden sie diese möglichst unterdrücken:

„Selbst Menschen, die einander nicht mögen, werden einander helfen, wenn sie im gleichen Boot sitzen und in Schwierigkeiten geraten" (Sun Tsu, S. 194; frei übersetzt).

Die Einschätzung über den Nutzen der Vertragserfüllung kann aber sehr abrupt wechseln. Das geschieht vor allem dann, wenn die **Personen wechseln**, die bisher miteinander gearbeitet haben, denn jeder neue Manager muß bestrebt sein, alle Altlasten des Unternehmens schonungslos ans Licht zu zerren, weil sie seine eigenen Ergebnisse später immer beeinträchtigen werden. Bei dieser Arbeit – die grundsätzlich richtig ist – wird aber auch viel Porzellan zerschlagen, und es werden Krisen hervorgerufen, die man gar nicht bewältigen kann. Dann kommen Zweifel an der Wirksamkeit von Verträgen hoch, es wird mit Gerichtsverfahren gedroht, die offensichtlich aussichtslos sind, Zahlungen werden zurückgehalten, die zweifelsfrei geschuldet werden etc.

Bevor man Störungen zu Krisen entfacht, muß man wissen, ob man sich durchsetzen kann, denn *„keine Bewegung ohne Erfolgschancen, keine Handlung ohne Wirkung, keine Konfrontation ohne Notwendigkeit"* (*Sun Tsu*, S. 194).

Nur in der Krise kann man die Qualität eines Vertrages wirklich feststellen: Ein guter Vertrag gibt in der Krise Antwort auf Fragen, die beim Aushandeln keiner gestellt hat.

2. Auslöser für die Krise

Es gibt fünf typische Gründe, die eine Vertragskrise auslösen: 664

▷ Die **Erwartungen** einer oder beider Parteien erfüllen sich nicht, obgleich die Umstände, die zum Vertragsschluß geführt haben, und die dazu gehörenden Annahmen gleich geblieben sind: Das sind die Fälle der Fehleinschätzung von Tatsachen, mit denen die Parteien am Ende leben müssen.

▷ **Verdeckter Vertragsbruch:** In diesen Fällen versucht eine Partei, sich ihren wohlerkannten Verpflichtungen zu entziehen oder die Pflichten der Gegenseite möglichst unbemerkt zu erhöhen, um so die Risikoverteilung zu verschieben;

▷ **Offener Vertragsbruch:** In diesen relativ seltenen Fällen wird die Leistung offen verweigert oder mehr gefordert als der Partei zusteht, gleichzeitig aber versucht, die Gegenseite von den gebotenen rechtlichen Konsequenzen abzuhalten.

▷ **Leistungsstörungen,** für die **niemand** verantwortlich ist **(höhere Gewalt):** Das System der Leistungsstörungen im BGB weist bei Austauschverträgen einen wesentlichen Teil auch der unbeherrschbaren Risiken demjenigen zu, der die Sachleistung erbringen muß. Fällt etwa unvorhersehbar ein Subunternehmer aus, so haftet der Werkunternehmer auch dann, wenn er das weder voraussehen konnte noch zu vertreten hatte (**Erfolgs-**

haftung). Dieser Grundsatz muß deshalb besonders hervorgehoben werden, weil er Managern häufig unbekannt ist. Auch die stereotypen Klauseln der Allgemeinen Geschäftsbedingungen, die das anders regeln, sind **nicht wirksam!**

▷ **Leistungsstörungen,** für die **eine Partei** verantwortlich ist: Das ist die Mehrzahl der Fälle, denn die Risiken sind in der Regel im Vertrag oder durch das gesetzliche Leitbild der einen oder anderen Seite zugewiesen.

3. Verhinderung von Vertragskrisen

665 Vertragskrisen können in vielen Fällen wirksam verhindert werden, wenn die beteiligten Manager:

– ein **Frühwarnsystem** für die Erkennung von Vertragsstörungen installiert haben,

– auf **Beschwerden** des Vertragspartners oder überraschende Situationen **sofort** reagieren,

– die **Kommunikationslinien** zur Gegenseite niemals abreißen lassen,

– **eigene Fehler** ebenso **wahrnehmen** können wie diejenigen der Gegenseite.

Das **Frühwarnsystem** existiert in den meisten Unternehmen schon in Form des Controllings, das entweder systematisch oder wenigstens fallweise betrieben wird.

666 Die Empfehlung, auch **kleine Störungen** ernst zu nehmen, beruht auf der Erfahrung, daß man jedes Feuer im Ansatz ersticken kann, einen Flächenbrand aber nicht mehr. Bei Produkthaftungsfällen ist das offenkundig. Die Rechtsprechung in diesem Bereich zeigt klar genug, daß Manager, die wegen Nachlässigkeiten verurteilt worden sind, die Informationen über die Störfälle lange Zeit teils vorsätzlich mißachtet haben. Die Mitarbeiter des Unternehmens und oft auch diejenigen, die bei der Erfüllung des Vertrages tätig sind (z. B. Vertriebsunternehmen), müssen ermutigt werden, auch triviale Vorfälle zu melden. Bei Just-in-time-Lieferungen wird das Frühwarnsystem in die Sphäre des Vertragspartners hinein verlagert (Qualitätsprüfung am Herstellort), um dem Rechnung zu tragen.

Die **Schnelligkeit** der **Reaktion** ist ein weiterer wichtiger Faktor bei der Bekämpfung. Sie zeigt besser als jede andere Methode den eigenen Mitarbeitern wie der anderen Seite die Entschlossenheit, das Problem nicht auf sich beruhen zu lassen.

667 Kommunikation mit dem Vertragspartner und **offene Informationspolitik** mit der Bereitschaft, eigene Fehler einzugestehen, ist sodann das wichtigste Werkzeug zur sofortigen Behebung von Krisen. Ein Merksatz der Vertriebsleute lautet: *„Die Kundenbeschwerde ist die beste Gelegenheit zur Verstär-*

kung des eigenen Goodwill", denn sie gibt Gelegenheit, den Kunden in einer gefühlsmäßig aufgeladenen Situation zu begegnen. Erst die vorbehaltlose und emotional aufgeladene Beschwerde ermöglicht den Einblick in die wirklichen Fehlerursachen.

Ein untrügliches Zeichen dafür, daß eine sehr schwere Krise ausgebrochen ist, erkennt man an der Bemerkung: *"Wir können mit denen nicht mehr reden."* Hinter diesen Bemerkungen steht nämlich die Erfahrung, daß man sich auf Dauer mißversteht, nicht mehr erwartet, fair behandelt zu werden, die eigenen Argumente überhört werden und somit eine einvernehmliche Lösung offenbar nicht gefunden werden kann. Anwälte können in solchen Situationen manchmal noch etwas retten, meist kommen sie aber auch dann zu spät.

4. Umgang mit der Presse

Zur Kommunikation in der Krise gehört aber nicht nur der Informationsaustausch und das Gespräch mit der Gegenseite, sondern – manchmal noch viel wichtiger – der richtige Umgang mit anderen Beteiligten, vor allem aber mit der **Presse**. Das Pressemanagement der deutschen Unternehmen ist in einem traurigen Zustand, denn diejenigen Personen, die in normalen Zeiten das Unternehmen gegenüber der Presse darstellen, scheinen nicht geeignet zu sein, in der Krise das richtige zu tun. Vielleicht liegt das an den Vorständen, die im eigenen Hause keine **offene Informationspolitik** betreiben, mehr noch aber liegt es an der fehlenden beruflichen Erfahrung von Pressesprechern etc. im Umgang mit **investigativen** Journalisten. In Krisenfällen ist die Unterstützung durch **Unternehmensberater,** die auf dieses Fach spezialisiert sind, unerläßlich (ausführlich *Apitz,* Konflikte, Krisen, Katastrophen – Präventivmaßnahmen gegen Imageverlust, 1987).

668

5. Rechtliche Bewertung

Parallel zu den Gesprächen über die Krisenbewältigung muß die rechtliche Bewertung der Situation vorgenommen werden, denn sonst kann keine geeignete Verhaltensstrategie entwickelt werden. Ebenso wie beim Vertragsschluß müssen also die **Anwälte** schon beim **Auftauchen** der **Krise** informiert werden, denn nur sie können abschätzen, welche rechtlichen Risiken wirklich hinter einer Leistungsstörung stecken. Oft wird man sie dann – vergleichbare Situation bei Vorverhandlungen – nicht weiter benötigen, aber wie will man eine sachgerechte Lösung verhandeln, in der einem die eigene rechtliche Situation nicht bewußt ist? Obgleich das klar auf der Hand zu liegen scheint, werden hier die meisten Fehler gemacht: Es werden **Zahlungen** vorgenommen, denen keine Gegenleistung gegenübersteht (obgleich der Vertrag sie verlangt), **Mängel** werden nicht richtig gerügt, sondern hingenommen, ohne die eigenen Rechte zu sichern, **Terminverschiebungen** wer-

669

den zugesagt ohne Kompensation. All das kann meist nur deshalb geschehen, weil mit dem Vertragsschluß die Finanzierung und das Budget für die Vertragserfüllung freigegeben werden, ohne dies an bestimmte Tatsachen zu knüpfen, die beim Controlling erfaßt und überprüft werden können.

Ein Manager darf auch genehmigte Gelder nur freigeben, wenn die Voraussetzungen, unter denen sie genehmigt worden sind, von der Gegenseite eingelöst werden. Eine bedenkenlose Vorauszahlung, die im Vertrag nicht vorgesehen ist, kann **strafbare Untreue** des Managers gegenüber der Firma sein (BGH, GA 1971, 209)!

670 Bei der rechtlichen Bewertung der Position, die die Partei in der Krise hat, wird **dreistufig** geprüft, und zwar:

– der Vertrag **regelt** den Fall,

– der Vertrag **regelt** den Fall **nicht,**

– der Vertrag regelt den Fall **mehrdeutig.**

Bei der ersten Variante können die Konflikte meist ziemlich leicht gelöst werden: Hier bewähren sich **anschauliche** Verträge, aus deren Grundlinien man die Behandlung des konkreten Störungsfalles zweifelsfrei ermitteln kann.

Regelt der Vertrag den Fall nicht, muß die Regelung im Gesetz und/oder der Rechtsprechung gesucht werden. Auch hier wird man unter Juristen oft genug ein konsensfähiges Ergebnis finden.

Wird der Fall mehrdeutig geregelt, wird man sich meist entschließen müssen, das aufgetretene Risiko in irgendeiner vernünftigen Quote zu teilen.

Neben den juristischen Berechnungsfaktoren spielen natürlich alle anderen technisch/kaufmännischen Faktoren eine gewichtige, manchmal entscheidende Rolle.

Erst wenn man sie alle (wie bei Vertragsschluß; oben Rz. 541 ff.) abschließend bewertet hat, kann man sich in der Krise richtig positionieren. *„Bist du gleich stark wie dein Feind, dann kämpfe, wenn du dazu in der Lage bist. Bist du ihm zahlenmäßig unterlegen, dann halte dich von ihm fern, wenn du dazu in der Lage bist. Bist du ihm nicht gewachsen, dann fliehe, wenn du dazu in der Lage bist"* (Sun Tsu, S. 102). An diesem Satz ist die unscheinbare Bemerkung *„Wenn du dazu in der Lage bist"* das eigentlich Faszinierende! Es nützt nämlich nichts, wenn man gleich stark wie die andere Seite ist, aber (z. B. aus Imagegründen) am Kämpfen gehindert ist, und wenige Manager bedenken, daß es auch Situationen gibt, in denen man gern fliehen möchte, aber nicht einmal das kann! Besonders energische Manager, die außer Angriff wenig andere Alternativen zur Verfügung haben, werden auf den Rat, das Fliehen zu erlernen, unwirsch reagieren. Die Folge: Sie bringen sich immer wieder in Situationen, in denen das nicht mehr möglich ist, und müssen dann Stück für Stück die Probleme durcharbeiten, denen sie durch

Angriff ausweichen wollten. *Horst Eberhard Richter* hat in ganz anderem Zusammenhang die Alternative „**Flüchten** oder **Standhalten**" für gleichwertig gehalten, eine Lektion, die offenbar schwer zu lernen ist.

6. Unterstützung durch Berater in der Krise

Man neigt dazu, in der Vertragskrise spontan denjenigen **Anwalt** einzuschalten, der bei der **Vertragsberatung** mitgewirkt hat. Das kann ein Fehler sein, wenn die Krise durch Vertragsklauseln ausgelöst worden ist, für deren Qualität dieser Berater verantwortlich ist. Auch wenn ein Anwalt auf eigene Fehler stets ausdrücklich aktiv hinweisen muß, sollte man realistisch damit rechnen, daß er damit seine Schwierigkeiten haben wird, und im übrigen ist ja nicht gesagt, daß er seine eigenen Fehler überhaupt entdeckt. Nach dem **Vier-Augen-Prinzip** sollte also jedenfalls bei bedeutenderen Angelegenheiten ein anderer Anwalt die Arbeit seines Kollegen überprüfen, um **Rückgriffsansprüche** zu sichern. Oft scheitert das am **Zeitdruck,** und der wiederum entsteht **immer durch Fehlplanung.**

671

Die Wichtigkeit des Vier-Augen-Prinzips wird dadurch augenfällig, daß in bestimmten Bundesländern (z. B. Nordrhein-Westfalen) Anwälte entweder nur am Landgericht oder am Oberlandesgericht zugelassen sind, so daß der Mandant gezwungen ist, nach der ersten Instanz seinen Anwalt auch dann zu wechseln, wenn er gewonnen hat. Dahinter steckt die gleiche Idee.

Da Vertragskrisen immer relativ nahe an **künftigen Prozessen** stehen, muß man noch einen weiteren **Interessenkonflikt** der Anwälte bedenken: Scheitert der Vertrag, kommt es ziemlich sicher zum Prozeß, und dann gibt es für die Anwälte neue Arbeit. So naheliegend dieser Gedanke zu sein scheint, so wenig spielt er in der Praxis eine wirkliche Rolle. Erfahrene Vertragsanwälte reißen sich nämlich nicht um die Prozesse, weil den Prozessen das kreative Flair abgeht, das die Vertragsgestaltung hat. Sie bemühen sich allerdings immer um einen gewissen Bodensatz an Prozeßerfahrung, weil vor allem die Fähigkeit zur Vertragsverhandlung nachläßt, wenn man lange nicht mehr prozessiert hat.

672

Die Warnung gilt also nur für die Ausnahmefälle, in denen Rechtsanwälte durch Rechthaberei, Selbstdarstellungsbedürfnisse oder Machtspiele vernünftige Lösungen verhindern. Erfahrene Mandanten erkennen solche Tendenzen und können mit ihnen umgehen.

Auf keinen Fall darf ein Manager sich bei der Frage, ob er einem bestimmten Vergleichsergebnis zustimmen soll, hinter seinem Anwalt verstecken. Seine Aufgabe ist es, eine **Entscheidung** zu treffen, die auch dann richtig sein kann, wenn er damit rechtlichen Boden preisgibt. Von dieser Erkenntnis profitieren allerdings Beamte, die in solchen Situationen zu entscheiden haben, nicht, denn sie werden von den Rechnungshöfen auch dann gemaßregelt, wenn sie vernünftige Kompromisse treffen. Mit der Landeshauptstadt München z. B. oder dem Berliner Senat soll es daher nach einer (nicht repräsentativen) Umfrage unter Anwaltskollegen in beiden Städten seit Jahrzehnten keine Vergleiche mehr gegeben haben.

7. Krisensitzungen

673 Verhandlungskonferenzen verlaufen als Krisensitzungen naturgemäß ganz anders, als wenn es um den Vertragsabschluß geht. Im letzteren Fall wollen die Parteien zu einem Ergebnis kommen, im ersteren ist das absolut unsicher, denn die eine Partei mag es durchaus darauf angelegt haben, daß kein vernünftiges Ergebnis zustande kommt. Dadurch liegt auf jeder Krisensitzung erheblicher **Streß**.

Es kann ein Vorteil sein, wenn sich bei der Krisenkonferenz dieselben Personen gegenübersitzen wie bei der Vertragsverhandlung, es kann aber auch die gegenteilige Wirkung eintreten. Letzteres beobachtet man vor allem, wenn ein Vertragspartner dem anderen verdeckte Risiken zugeschoben hat, die jetzt offenbar geworden sind und die Krise auslösen.

674 Schwierig wird es auch, wenn kaufmännische Fehler in der Verhandlung (unangebrachte Großzügigkeit, Nachlässigkeit bei der Information, Überschätzung der eigenen Leistungsfähigkeit) jetzt mit Rechtsargumenten ausgeglichen werden sollen. Es gibt keine *„sichere juristische Formulierung"*, es gibt nur Formulierungen, denen die **Mehrheit** der Beteiligten zu einem bestimmten Zeitpunkt im wesentlichen den **gleichen Sinn** zu geben bereit ist. Vor allem deshalb ist der Streit um die Auslegung einzelner Klauseln der überflüssigste von allen: Niemand weiß, wie ein Gericht später eine Klausel auslegen wird, und zwar um so weniger, als in der Krisensitzung selbst bei weitem nicht alle Tatsachen auf dem Tisch liegen, die letztlich in einem Prozeß eine Rolle spielen können.

675 Der wesentliche Unterschied der Krisensitzung zur Vertragsverhandlung ist die Bereitschaft, ja oft der **Zwang** der Beteiligten, ihrem Zorn über die andere Seite freien Lauf zu lassen, auch wenn er in der Sache unangemessen, übertrieben formuliert oder einfach zu aggressiv ist. Die meisten Menschen haben die Fähigkeit, für sich selbst zu registrieren, wann sie gerechten oder ungerechten Zorn spüren und wenn einem *„der Gaul durchgeht"*, ist einem das oft innerlich peinlich genug, und man macht später Konzessionen, mit denen man nicht gerechnet hat.

Man tut also gut daran, sich bei Krisensitzungen darauf einzurichten, daß man zunächst einmal **falsch beschuldigt** wird. Tiefes Durchatmen und die Befolgung der Ratschläge, die oben in diesem Zusammenhang gegeben worden sind (Rz. 605 ff.), kann neben ständigem Training eine Menge helfen.

Natürlich neigt jeder bei offenem Angriff oder sogar Beleidigungen zu sofortigem **Zurückschlagen**.

Es gibt aber gute Gründe, auf schwere Angriffe zunächst ausweichend zu beantworten. Das sind folgende: 676

▷ **Ausweichen,** ohne sofort zu reagieren, besagt inhaltlich gar nichts. Es enthält weder das Zugeständnis, daß der Angriff berechtigt ist, noch die Aussage, man könne nichts Geeignetes erwidern; Ausweichen legt nicht fest! (**Aikido-Technik**),
▷ Folglich geht auch keine **Option** zum **Gegenangriff** verloren,
▷ Es entsteht **Zeitgewinn,** in dem man das eigene Verhalten planen kann,
▷ Man gewinnt **Informationen,** denn die andere Seite wird ihre Positionen ja wie immer zu begründen versuchen,
▷ Man **weiß** zu Beginn der Krise oft **nicht** so genau, ob man nicht selbst zum Angriff beigetragen hat. Schlägt man sofort zurück, setzt man sich **zweimal** ins Unrecht,
▷ Läßt man die Gegenseite ins **Leere laufen,** kann man dadurch eine Steigerung von Aggressionen in den meisten Fällen verhindern (Beißhemmung),
▷ Man bucht Punkte in der **Bilanz** der **Entschuldigungen,** wenn die Gegenseite ihre Position übertreibt,
▷ Man hilft der Gegenseite ihr **Gesicht** zu **wahren,** denn solange man selbst nicht angreift, hat der andere noch nicht nachgegeben,
▷ Wer den anderen ins Leere laufen läßt und nicht entgegenstürmt und/oder beschimpfend hinterherläuft, **kontrolliert** die Situation strategisch besser.

Es gibt nur ein vernünftiges Gegenargument, seinen Emotionen freien Lauf zu lassen: Das ist die Regel, daß man gelegentlich die **Regeln brechen** muß. Besonders cholerische Personen neigen gelegentlich zu der Ansicht, nur wer ihnen durch Geschrei Paroli bieten könne, sei ein würdiger Vertragspartner, mit dem man gut zusammenarbeiten könne. Hat man so jemanden vor sich, muß man auch gezielt **brüllen lernen** (Technik der „Spiegelung des Verhaltens"). 677

Bei richtiger Vorgehensweise entwickeln sich Krisensitzungen wie eine neue Vertragsverhandlung, bei der beide Parteien versuchen, ein gemeinsames Problem auf faire Weise zu lösen. Es ist oben (Rz. 541 ff.) ausführlich beschrieben, wie man auf diesem Hintergrund vorgehen muß: 678

– Fehlerursachen, einschließlich des eigenen Beitrags hierzu, jedenfalls intern schonungslos aufdecken und extern das zugeben, was offensichtlich ist,
– Tatsachen und Meinungen trennen,
– Tatsachen prüfen,

- Meinungen und Emotionen ernstnehmen,
- Lösungsalternativen erarbeiten,
- Vorschläge bewerten,
- Bilanz der Zugeständnisse bilden,
- Entscheiden,
- Formulieren,
- Durchführen.

679 Nur mit diesem Verfahren kann man Verdrängungen des eigenen Fehlverhaltens auf beiden Seiten aufbrechen, den Schaden gering halten und im besten Fall eine **Aufbruchsstimmung** erzeugen, die am Ende die erneute Erfüllung ermöglicht.

In diesen Fällen gelingt es auch, bei größeren Projekten **Zwischenvergleichsverhandlungen** erfolgreich abzuschließen, bei denen **Leistungsänderungen** für beide Seiten vereinbart werden, die dem Projekt dienlich sind.

Dazu kann man Vertragsparteien auch dann bewegen, wenn sie zu Beginn solcher Verhandlungen kein erkennbares Interesse mehr an der Durchführung des Vertrages hatten. Entscheidend ist nämlich immer, ob die Krise eine der Parteien berechtigt, sich **einseitig** vom Vertrag zu lösen. Wenn das rechtlich nicht einwandfrei geklärt werden kann, werden beide Parteien durch die vertraglichen Bande so eng aneinander gefesselt, daß sie einsehen müssen: Die Erfüllung des ursprünglichen Vertrages ist für beide sinnlos, trennen können sie sich aber auch nicht, also müssen Rechte und Pflichten angemessen neu definiert werden.

Bei der Bearbeitung von Lösungen hilft ein Testsatz, auf den Edelman hingewiesen hat:
„Angenommen, wir hätten diese Krise vor Abschluß des Vertrages gehabt: Was hätten wir damals anders gemacht?"

Wer bereit ist, sich auf diese Fragestellung einzulassen, wird immer zu einer fairen Lösung kommen.

680 Das Endergebnis der Krisensitzung kann sein:
- die Krise wird **übertüncht:** In diesem Fall kann man davon ausgehen, daß sie irgendwann so oder anders wieder ausbricht,
- sie wird **überwunden**,
- man **trennt** sich im Guten, meist im Wege einer **Abwicklungsvereinbarung**,
- man **beendet** den Vertrag und streitet sich im Prozeß um die Folgen,
- man läßt die Dinge auf sich **beruhen** und schreibt die Verluste ab.

681 Die Drohung mit dem Prozeß ist für Manager nur dann erheblich, wenn der Prozeß zu **Rückstellungen** in größerem Umfang zwingt. Die Erfahrung zeigt, daß dieser Gesichtspunkt meist keine Rolle spielt, weil man realistische Rückstellungen gegenüber den Wirtschaftsprüfern durch Schönfärben vermeidet (s. VW gegen Opel im Lopez-Verfahren).

Bei gesellschaftsrechtlichen Verträgen können Prozesse **unvermeidbar** sein, weil die Parteien sich dort oft nicht voneinander lösen können, andererseits aber zu rationalen Entscheidungen nicht fähig sind. Das ist eine der seltenen Situationen, wo man von einem Prozeß etwas Weiterführendes erwarten kann.

8. Rückabwicklung des Vertrages

682 Mitten in der Krise ist es nicht leicht, sich des Satzes zu erinnern: *„Das Tao des Weisen: Handeln ohne Streit"* (Lao-Tse, Kapitel 81, S. 290). Es ist interessanterweise der **letzte Satz** des *Tao-Te-King*, das sich mit Fragen des Streites oder rechtlicher Verhältnisse nur am Rande beschäftigt. Der Autor muß diesem Schlußsatz besondere Bedeutung beigemessen haben, die über die Streitbeilegung selbst weit hinausreicht. Der Begriff *„Tao"* ist dabei schwer zu deuten: Im vorliegenden Zusammenhang kann man ihn für unser Verständnis am besten mit *„Verhalten"*, *„Methode"* oder *„Prinzip"* übersetzen.

Die vielfältigen taktischen Überlegungen in unserem Buch lassen sich erst dann entwickeln, wenn man die **Werkzeuge kontrolliert** einsetzt und sie daher jederzeit anders oder gar nicht benutzen kann. Man darf sich von ihnen **nicht dominieren lassen**. Deshalb sollte man sich bis zuletzt bemühen, einen Streit **kreativ** und nicht **primitiv** zu beenden.

683 Die **kreativste Lösung** wird möglich, wenn beide Parteien erkennen, daß eine gemeinsame Zusammenarbeit künftig ausgeschlossen ist, und sich gleichzeitig darum bemühen, die vertraglichen Bindungen in einer **geordneten Rückabwicklung** aufzulösen.

Wenn die Anwälte beider Seiten diese Möglichkeit als vernünftige Option verstehen und früh genug ins Spiel bringen, können sich Krisenverhandlungen ganz anders als üblich entwickeln. Man verwendet dann seine Energie nicht darauf, künftige Prozeßpositionen zu sichern (die wegen der meist ungenügenden Informationslage ohnehin fragwürdig sein werden), sondern konzentriert sich auf **Schadensbegrenzung** und **Sicherung** von **Restvorteilen** für beide Seiten.

684 Die Diskussion über den **geordneten Rückzug** findet niemals zu früh statt. Man erkennt das klar, wenn man diese Überlegungen auf die Situation vor Vertragsabschluß überträgt: Niemand kann die andere Parteien hindern, die **Vertragsverhandlungen** zu beliebiger Zeit **abzubrechen**. Ein solcher Abbruch ist jedenfalls immer weit empfehlenswerter als die Fortführung von Verhandlungen aus falsch verstandenen Prestigebedürfnissen. Unterstellen wir folgendes Szenario: Ein Lieferant, der ein elektronisches Bauteil aus dem Ausland liefern soll, übergibt nach Vertragsschluß die ersten Muster, und alle Muster erweisen sich als mangelbehaftet. Natürlich hat er nach dem Vertrag ein Nachlieferungsrecht. Man kann sich aber das Ausmaß der Zweifel des Bestellers vorstellen, der dem nächsten Lieferungsversuch entgegensieht und damit rechnen muß, erneut fehlerhafte Qualität zu erhalten, Zeit verloren zu haben und mit seinen eigenen Verpflichtungen gegenüber seinen Abnehmern in Verzug zu geraten. Er wäre gut beraten, die **Vertrauensfrage** gleich zu **Beginn** zu stellen und dem unfähigen Zulieferer eher eine Abstandszahlung für erbrachte Vorkosten zu leisten als mit der Unsicherheit künftiger Schlechtlieferungen leben zu müssen.

685 Anders ist es natürlich, wenn außer dem Vertragspartner kein Dritter leisten kann. Dann müssen die **gemeinsamen Anstrengungen** beider Parteien sich darauf richten, den Vertragspartner in die Lage zu versetzen, die versprochene Leistung wenigstens in einer Mindestqualität zu erbringen: Auch das kann geordneter Rückzug gegenüber weiterreichenden vertraglichen Verpflichtungen sein.

Die Optionen in diesem Bereich sind vielfältig. Man kann:

- ▷ **Rahmenverträge** nicht fristlos kündigen, sondern unter angemessenen Fristen auslaufen lassen,
- ▷ schlechteren, aber für den Zweck noch ausreichenden Qualitäten zustimmen, dies aber mit **vorzeitiger Vertragsbeendigung** verbinden,
- ▷ den Vertrag vor der Erfüllung (oder Teilerfüllung) zu beenden und dafür **Abstandszahlungen** leisten,
- ▷ die eigenen **Mitwirkungsleistungen** erhöhen und damit die Leistungspflicht der anderen Seite indirekt verkürzen,
- ▷ Leistungen, die die andere Seite offenbar nicht erbringen kann, durch andere ersetzen, um dem Vertragspartner ein **Minimum** an **Deckungsbeiträgen** zu liefern,
- ▷ bei **Gesellschaftsverträgen aktive** in **stille** Beteiligungen **ändern**,
- ▷ in diesem Bereich überhaupt: den wirtschaftlichen Forderungen von Mitgesellschaftern entgegenkommen, aber ihre **Stimmrechte beschneiden,** wenn weiter gehende Maßnahmen nicht möglich sind,
- ▷ wirtschaftliche Verluste durch **immaterielle Werte** ausgleichen (und mit der Beendigung der Vertragsbeziehungen verbinden),
- ▷ einen **Zwischenvergleich** abschließen, in dem alle Punkte geregelt sind, auf die man sich verständigen konnte: Die **Streitpunkte** kann man dann im **Prozeß** klären.

Das ist nur ein schmaler Abriß der Möglichkeiten, auf die man bei kreativer Verhandlungsführung kommt, wenn man die vertragliche Bindung schonend auflösen will. Zugegeben: Der Prozeß, der den gordischen Knoten des Vertragsbruchs mit dem Schwert durchhaut, erscheint auf den ersten Blick oft als die einfachere Alternative. Ich vermute nur, Alexander hätte diese Methode wohl kaum wählen können, wenn er durch drei Instanzen hätte gehen müssen.

5 Vertragscontrolling

	Rz.		Rz.
I. Begriff	686	IV. Vertragsdokumentation	691
II. Werkzeuge	687	V. Nachkalkulation	694
III. Bandbreite des Vertragscontrollings	690	VI. Gemeinsames Controlling von Ergebnissen	695

I. Begriff

Die Betriebswirtschaft benutzt den Begriff des Controllings zur Kennzeichnung aller Maßnahmen und Werkzeuge, die dazu dienen, Planung und Realität miteinander zu vergleichen, Differenzen zu messen und die daraus gewonnenen Erkenntnisse zu bewerten. Auf Verträge wird er bisher noch nicht angewandt. Das hat zwei Gründe: 686

– Die betriebswirtschaftliche Planung erkennt noch nicht klar genug, wie bedeutsam die **Vertragsplanung** für die Realisierung kaufmännischer Ziele sein kann: wo aber nichts geplant ist, kann man auch keine Ergebnisse vergleichen.

– Während es – jedenfalls bei einfachen betriebswirtschaftlichen Kennzahlen, wie etwa geplanten Umsätzen – nicht schwer ist, die Planung mit den tatsächlich erzielten Resultaten zu vergleichen, lassen sich die **Vorteile,** die richtig strukturierte und gut verhandelte Verträge für ein Projekt bringen, **nicht** so leicht **erfassen** und/oder von anderen Effekten abgrenzen. Vertragsplanung ist eine viel „weichere Ware" als betriebswirtschaftliche Planung, so daß man nicht in allen Bereichen des Vertragscontrolling eine ähnliche Präzision erwarten darf, wie dies bei betriebswirtschaftlichen Controllinginstrumenten der Fall ist. Hier sei allerdings nicht verschwiegen, daß vieles, was die Controller an Bewertungskriterien definieren, von den Managern zurückhaltend betrachtet wird. Mit den gleichen Schwierigkeiten wird man im Bereich des Vertragscontrollings verstärkt zu rechnen haben.

II. Werkzeuge

Es gibt ein einfaches Mittel, die nach Vertragsschluß erforderlichen Vorbereitungs- und Planungsarbeiten zu strukturieren. Man nimmt den Vertragstext und exzerpiert (möglichst mit dem Zettelsystem – oben Rz. 253 ff.) den Text einschließlich aller Anlagen (!), in dem man die Rechte und Pflichten der Parteien jeweils symmetrisch aufteilt und in eine Matrix bringt. Diese versieht man gleichzeitig mit den Leistungsdaten und anderen Informationen, die man für die weitere Kontrolle benötigt. 687

In dieser **Übersicht** ist von den ersten Wirksamkeitsvoraussetzungen bis zum Ablauf der letzten Gewährleistungsfrist alles erfaßt, was zu kontrollieren ist.

688 Diese Arbeit ist bei komplexen Verträgen am Anfang sehr hoch, erleichtert sich aber sehr, wenn man diese Übersichten **computergesteuert** erzeugt, wie sie bei **Planungssoftware** zur Verfügung steht.

Man sollte dabei **nicht** dem **Aufbau** des **Vertrages** folgen, sondern wie folgt gliedern:

– rechtliche **Wirksamkeitsvoraussetzungen**,

– eigene **Hauptpflichten** (insbesondere Mitwirkungspflichten),

– eigene **Nebenpflichten** (Information/Warnung),

– Hauptpflichten des **Vertragspartners**,

– Nebenpflichten des **Vertragspartners**,

– rechtliche **Sicherungsmaßnahmen** außerhalb des Vertrages,

– **nicht** beherrschbare **Risiken**,

– Risiken, die nur durch **Dritte** beherrschbar sind.

Sind alle Gesichtspunkte auf diese Weise erfaßt, kann man Vergleichsnetze (oben Rz. 538 ff.) zur Evaluierung einsetzen. Anderenfalls dient die Übersicht der Kontrolle, daß

– alle **Pflichten** frühzeitig **überwacht** werden,

– **Verzug** rechtzeitig **angemahnt** wird,

– **Schlechterfüllung** frühzeitig **erkennbar** wird,

– die **Rechte** bei Leistungsstörungen frühzeitig ergriffen werden (kaufmännische Rügepflichten gemäß §§ 377, 378 HGB betragen oft nur wenige Tage!).

689 Die aus den Übersichten gewonnenen Erkenntnisse müssen tief hinunter auf die **praktische Durchführungsebene** gebracht werden. Darin besteht oft ein Problem, denn hier sind viele **Hierarchiestufen** zu überwinden.

Dabei sind phantasievolle Lösungen so einfach: Die Bundesbahn AG schreibt beispielsweise das Datum, zu welchen die Gewährleistung für Lakkierarbeiten an ihren Zügen abläuft, außen sichtbar auf die Züge, so daß jeder Wagenwäscher auf den ersten Blick sehen kann, wann diese Frist abläuft. Er wird bei nur geringfügiger Schulung diese Zahl im Auge behalten und Mängel melden.

III. Bandbreite des Vertragscontrollings

Das Controlling erstreckt sich auf Abläufe von Planungsverfahren und das Messen, Vergleichen und Bewerten von Ergebnissen.

690

In der einfachsten Form sollte man das tun, was in DIN/ISO 9000 Teil 3 Ziff. 5.2 und 5.3 zum Thema „**Vertragsüberprüfung**" niedergelegt ist (Text s. DIN-Taschenbuch 226, S. 102 f.; zum Hintergrund: *Heussen/Schmidt*, Inhalt und rechtliche Bedeutung der Normenreihe DIN/ISO 9000 bis 9004 für die Unternehmenspraxis, CR 1995, 321 ff.).

Verträge als Dokumente im handelsrechtlichen Sinn unterliegen einschließlich aller späterer Änderungen dann der **Aufbewahrungspflicht** nach dem HGB sowie teilweise den **steuerlichen** Aufbewahrungspflichten.

IV. Vertragsdokumentation

Die Vertragsdokumentation kann über diesen Kern jedoch weit hinausgehen, denn über die endgültig ausgehandelte Vertragsurkunde hinaus entstehen bei Planung, Verhandlung und Durchführung von Verträgen eine Fülle weiterer Dokumente, so vor allem:

691

- Projektpläne,
- Zeitpläne,
- Budgetpläne,
- Protokolle,
- Projekttagebücher,
- technische Testunterlagen,
- Gutachten,
- Vertragsentwürfe,
- interne Memoranden,

und zwar meist in verschiedenen technischen Formen (Papier/Datenträger etc.).

In Europa messen wir diesem Bereich viel zu wenig Bedeutung zu, während die Anwälte in USA nach genauesten Vorschriften arbeiten müssen, um im Falle behördlicher Überprüfungen oder gerichtlicher Auseinandersetzungen alle **vertragsrelevanten Dokumente** einfach **wiederfinden** und vorlegen zu können. Dokumentenunterdrückung oder gar Vernichtung kann in USA den Verlust von Prozessen aus formalen Gründen zur Folge haben, eine Rechtsfolge, die uns übertrieben erscheint, aber im Zusammenhang mit anderen prozessualen Vorschriften und den Gesichtspunkten des Minderheitenschutzes durchaus ihren Sinn macht. Die großen Verbraucherschutzprozesse in den USA hätten nicht geführt werden können, wenn die jeweiligen

692

Kläger sich nicht auf die Urkunden hätten stützen können, die die **Beklagten** dem Gericht **vorlegen mußten**, und die sie – um die oben erwähnten Sanktionen zu vermeiden – auch nicht hätten vernichten dürfen.

Ohnehin geschieht es nur recht selten, daß Unterlagen vor Ausbruch einer Krise bewußt vernichtet werden, denn man kann im vorhinein ja nie wissen, auf welche Teile der Dokumentation es entlastend oder belastend ankommt.

693 In jedem Fall sollten im Rahmen der **Dokumentenverwaltung organisatorische Vorschriften** bestehen, aus denen hervorgeht, welche Dokumente wo aufzubewahren sind, damit sie für spätere Kontrollen zur Verfügung stehen.

Sie sollten auf jeden Fall so lange aufgehoben werden, bis auch **Fernwirkungen** des Vertrages nicht mehr zu befürchten sind.

Im Einzelfall – etwa bei produkthaftungsrelevanten Dokumenten – kann das so lange dauern, bis kein Produkt mehr im Markt ist.

Die Vertragsdokumentation kann eine wesentliche Hilfe bei der **Auslegung** des Vertrages sein, wenn dessen Wortlaut mehrdeutig ist. Wenn man z. B. alle Entwürfe eines Vertrages von der ersten bis zur letzten Version einschließlich des dazwischen geführten Briefwechsels, der Verhandlungsprotokolle und internen Notizen zur Verfügung hat, wird es in den meisten Fällen nicht schwer sein, die eigenen Motive bei der Abfassung einer bestimmten Formulierung zu rekonstruieren oder nachzuweisen, aus welcher Perspektive die Gegenseite argumentiert hat. Fehlt es an solchen Aufzeichnungen, sind die Beweise in der Regel sehr dürftig. Sie werden außerdem durch **Verdrängungsprozesse** verschüttet, denn in der Krise ist es besonders schwer, eigene Fehler zuzugeben. Man kann dies um so leichter, wenn die früheren Aufzeichnungen nicht mehr zur Verfügung stehen.

V. Nachkalkulation

694 Die Kalkulation der eigenen Leistung hängt oft von Risikofaktoren ab, zu denen auch vertragliche Elemente, wie etwa die **Vertragsstrafen**, die **Zinsen** für Bürgschaften, die **Rückstellungen** für Garantien o. ä. Faktoren gehören können.

Zur Nachkalkulation gehört aber auch die Erfassung des eigenen Aufwandes für das Projekt. Dabei kann der Kosten- und Zeitaufwand vom Beginn der Planung bis zum Abschluß der Vertragsverhandlung eine bedeutende Rolle spielen: Große Systemverträge werden oft mit erheblichen planerischen Vorinvestitionen über viele Monate hinweg verhandelt, was für beide Seiten Kosten auslöst, die in der Gewinnkalkulation allzu selten realistisch berücksichtigt sind.

VI. Gemeinsames Controlling von Ergebnissen

Über die nach **innen** gerichtete Perspektive hinaus, die das Controlling üblicherweise einnimmt, kann man vertraglich auch vereinbaren, bestimmte, im gemeinsamen Interesse liegende Controllingaufgaben auch **gemeinsam** zu erfüllen. Manchmal kann man dies ohnehin nur gemeinsam tun, wenn eine Partei allein nicht über die notwendigen Informationen verfügt.

So verhält es sich z. B. bei **Forschungs-** und **Entwicklungsverträgen**, auf deren Basis zwei Parteien ein Forschungsprojekt initiieren und durchführen. Manchmal sind die Ziele solcher Projekte als Endergebnis klar beschreibbar, manchmal hingegen ist das nicht möglich, weil die Forschungsergebnisse vielfältiger Natur sein können. In diesen Fällen kann ein für beide Parteien verwertbares Ergebnis darin bestehen, sich gegenseitig über die Schwierigkeiten zu informieren, die bei der Projektdurchführung aufgetreten sind, und sich die dabei jeweils intern angewendeten Kontrollinstrumente und Ergebnisse zu offenbaren.

Teil 2
Austauschverträge – Basischeckliste und Kommentierung

6 Einführung

Gegenstand dieses Abschnittes ist eine **Basischeckliste** für **Austauschverträge** und deren **Kommentierung**. Es erscheint auf den ersten Blick als ein kühnes Unterfangen, eine allgemeine Basischeckliste für die verschiedensten Formen von Austauschverträgen zu entwickeln. Bei der Betrachtung der unterschiedlichsten Typen von Austauschverträgen stellt sich jedoch regelmäßig heraus, daß unter bestimmten Schlagworten sich auf den ersten Blick kaum zu erwartende Überschneidungen ergeben. So kann sich im Rahmen allgemeiner Leistungssicherung die Frage von Konkurrenzverboten sowohl bei Arbeitsverträgen als auch bei Gewerberaummietverträgen ergeben. Im Bereich der Sicherung der Geldleistung weisen Lieferverträge häufig Sicherungsmittel auf, die sich mit klassischen Mitteln der Kreditbesicherung überschneiden. Insoweit erscheint es von vornherein nicht unangemessen, einmal eine Basischeckliste vorzustellen, deren Inhalt für grundsätzlich alle Arten von Austauschverträgen Geltung beansprucht. 1

Der Wert von Checklisten relativiert sich allerdings um so mehr, je allgemeiner sie gefaßt sind. Eine **Checkliste** kann helfen, einen einmal gefundenen Vertragsinhalt in eine sinnvolle Struktur zu gießen. Sie taugt auch als **Gegenkontrolle** nach der Strukturierung eines Vertrages. Nur für diese Zwecke ist die nachfolgende Basischeckliste geschaffen. Erschöpfenden Aufschluß über den Inhalt eines bestimmten Austauschvertrages kann sie jedoch nicht liefern. 2

Inhaltlich orientiert sich die Checkliste an den am häufigsten im Wirtschaftsleben vorkommenden Austauschverträgen, insbesondere an Verträgen über die Lieferung von Waren, die Erbringung von Dienst- oder Werkleistungen, die Übereignung von beweglichen und unbeweglichen Sachen, die entgeltliche Kreditgewährung oder die entgeltliche Nutzungsüberlassung. Im Hinblick auf die vorstehend erwähnten Vertragsverhältnisse sind wiederum die **einfachen** und die **komplexen** Austauschverträge zu unterscheiden. 3

Hierbei können **Überschneidungen** mit anderen Abschnitten dieses Buches nicht vermieden werden. Insbesondere im Hinblick auf den Teil 5 (Gesellschaftsrecht) besteht eine Überschneidung im Bereich des Verkaufs von Unternehmensbeteiligungen. Die hiesige Darstellung bezieht sich jedoch lediglich auf die Übertragung von Anteilen im Rahmen von Austauschverträgen. Gesellschaftsrechtliche Fragestellungen werden nur insoweit mitbehandelt, als dies für die Behandlung des Vollzugs des Austausches erforderlich ist.

4   **International privatrechtliche Aspekte** werden in essentiellen Punkten mit einbezogen. Im Hinblick auf die internationale Vertragsgestaltung im einzelnen ist jedoch auf die hierzu vorhandene Fachliteratur zu verweisen (z. B. *Graf von Bernstorff*, Vertragsgestaltung im Auslandsgeschäft).

5   Vollständig **ausgeklammert** bleiben demgegenüber Aspekte der **Klauselverbote** des Gesetzes zur Regelung des Rechts der **Allgemeinen Geschäftsbedingungen,** da die nachfolgende Basischeckliste individuell ausgehandelte Verträge betrifft.

6   Für die Basischeckliste wird ein in Anlehnung an das Prinzip der **modularen Vertragsgestaltung** entwickeltes Gliederungsschema zugrunde gelegt, das an dieser Stelle vorab erläutert werden soll. Grundlage eines in sich ausgewogenen Vertrages ist eine plausible Gliederung seines Inhaltes. Ob es hierfür insbesondere quer zu den von Gesetz und Rechtsverkehr entwickelten Vertragstypen ein letztverbindliches Schema gibt, sei dahingestellt. Wir halten jedenfalls das nachfolgende Aufbauschema für sinnvoll sowie für grundsätzlich alle Arten von Austauschverträgen verwendbar:

– Vertragliche Grundlagen,

– Inhalt der Leistungen,

– Sicherung der Leistungen,

– Vertragsdurchführung,

– Allgemeine Bestimmungen,

– Anlagen.

7   Die Teile „Vertragliche Grundlagen" bis „Vertragsdurchführung" orientieren sich dabei in erster Linie am historischen Ablauf der Abwicklung eines Vertrages. Zu den vertraglichen Grundlagen gehört insbesondere die Bestimmung der Vertragspartner, eine Präambel oder Vorbemerkung, ggf. die Definition von Begriffen, die Regelung des Geltungsbereichs des Vertrages u.s.w. Auf dieser Basis werden bei Austauschverträgen **wechselseitige Leistungspflichten** vereinbart, so daß im Bereich des Leistungsinhaltes der Austausch der Sachleistung gegen eine Geldleistung mit dazugehörigen Modalitäten zu regeln ist. In direkter Folge zu der Bestimmung des Leistungsinhaltes stellt sich die Frage der Sicherung des Empfangs der Gegenleistung für den jeweiligen Vertragspartner (Leistungssicherung). Insbesondere bei **Dauerschuldverhältnissen** sowie bei komplexeren Austauschverträgen, aber auch bei Verträgen, die auch das Verfügungsgeschäft enthalten, sind ergänzend die Modalitäten der Durchführung des Vertrages, z. B. Leistungsvollzug, Beginn und Beendigung, die Auswirkung veränderter Verhältnisse, Fragen von Haftungsausschlüssen oder Beschränkungen, aber auch nachvertragliche Pflichten zu regeln. Wenngleich die Kodifikation des bürgerlichen Rechtes auf der Annahme beruht, allgemeine Bestimmungen seien grundsätzlich den besonderen voranzustellen, hat sich in der Vertragsgestaltungspraxis in Deutschland eingebürgert, die Allgemeinen Bestimmungen des Vertrages, insbeson-

dere die Fragen der Rechtswahl, des Erfüllungsortes und Gerichtsstandes und salvatorische Klauseln, am Ende des Vertrages zu regeln. Diese Gliederungsweise wird hier übernommen. Den Abschluß eines Vertrages bilden auch in räumlicher Hinsicht regelmäßig die Anlagen.

Die nachfolgenden beiden Teile behandeln zunächst eine grobe Basischeckliste und anschließend deren Kommentierung, wobei in der Kommentierung zu bestimmten Punkten noch Unterchecklisten eingerichtet werden. 8

Weder die Checkliste noch deren Kommentierung erheben einen Anspruch auf Vollständigkeit. Behandelt werden nur die wesentlichsten Punkte. Die Checkliste dient, wie eingangs bemerkt, nur der Hilfe bei der Strukturierung von Verträgen sowie der Gegenkontrolle bereits fertiggestellter Verträge.

Zum Zeitpunkt der letzten Korrektur des Manuskripts liegt **das Gesetz zur Modernisierung des Schuldrechts** (vom 26. November 2001, BGBl. I, S. 3138 ff.) vor. Es ist am 1. 1. 2002 in Kraft getreten. Die Kommentierung der Basischeckliste orientiert sich an der künftigen Rechtslage.

7 Basischeckliste für Austauschverträge

	Rz.
I. Vorfragen	9
1. Formerfordernisse	10
a) Gesetzliche Formerfordernisse	13
aa) Vertragstypus und Vertragszweck	14
bb) Einzelne Vertragsbestandteile	16
(1) Schuldbestärkung und -sicherung	17
(2) Dinglicher Vollzug	18
(3) Sonstige Vertragsbestandteile	19
cc) Zustimmungs- oder Ermächtigungshandlungen	20
b) Formbedürftigkeit von Vorverträgen	22
c) Umfang der Formbedürftigkeit	24
d) Probleme der Schriftform	26
aa) Einheitlichkeit der Urkunde	26
bb) Schriftform und Telekommunikation	29
e) Besondere prozedurale Pflichten	30
aa) Trennung von Urkunden	30
bb) Hinweis- und Belehrungspflichten	31
2. Vertragssprache	32
3. Übertragung von Rechten und Pflichten	35
a) Drittbegünstigung	35
b) Schutzpflichten zugunsten Dritter	37
c) Abtretung von Ansprüchen aus dem Vertrag	41
d) Antizipierter Vertragsübergang	45
4. Vertragspartner	46
a) Vertretung	46
aa) Dokumentation der Vertretungsmacht	46
bb) Vertreter ohne Vertretungsmacht	47
cc) Einräumung von Vertretungsmacht zwischen den Vertragsparteien	48
dd) Vollmacht an Dritte?	49
ee) Vertretung Minderjähriger	50
b) Zugangsvereinbarungen	51
aa) Empfangsvollmacht	52
bb) Modifikation allgemeiner Zugehensregelungen	53
c) Mehrheit von Vertragspartnern	55
d) Änderung in der Person des Vertragspartners	57
aa) Änderungen im Gesellschafterbestand bei Personengesellschaften	58
bb) Rechtsformwechsel	60
cc) Verschmelzung oder Spaltung des Vertragspartners	61
dd) Insolvenz des Vertragspartners	63
ee) Tod des Vertragspartners	66
e) Geschäftsfähigkeit der Vertragspartner	67
5. Verhältnis zu anderen Verträgen	68
a) Formaspekt	69
b) Einwendungsdurchgriff	70
c) Koordination/Systemverantwortung	72
6. Einfluß Dritter auf den Vertrag	74
a) Öffentlich-rechtliche Beschränkungen	75
aa) Einfluß auf die Wirksamkeit	75
bb) Einfluß auf die Erreichung des Vertragszwecks	79
b) Privatrechtliche Beschränkungen	80

	Rz.
aa) Schlicht schuldrechtliche Beschränkungen	80
bb) Beeinflussung der Wirksamkeit des Vertrages	81
cc) Einfluß Dritter auf die Durchführung des Vertrages	82
c) Vorkaufsrechte	83
7. Haftungsrisiken aus dem Leistungsaustausch	85
a) Vermögensübernahme (§ 419 BGB a. F.)	86
b) Haftung aus Firmenfortführung (§ 25 HGB)	87
c) Haftung des Betriebsübernehmers (§ 613a BGB)	89
d) Steuerliche Risiken	91
e) Haftungsrisiko beim Erwerb von Gesellschaftsanteilen	93
aa) Kapitalgesellschaften	93
bb) Personengesellschaften	94
f) Öffentlich-rechtliche Haftung	95
8. Externe Effekte des Vertragsinhalts	96
a) Gesetzes- und Vertragsumgehung	97
b) Steuerrechtliche Folgen	99
aa) Berücksichtigung von Steuerfolgen	100
bb) Planung von Steuerfolgen	101
II. Vertragliche Grundlagen	**102**
1. Vertragsrubrum	103
2. Präambel oder Vorbemerkung	105
a) Erläuterungsfunktion	106
b) Dokumentationsfunktion	107
c) Struktur der Präambel oder Vorbemerkung	108
3. Registerstand	109
4. Begriffsdefinitionen	110
5. Geltungsbereich des Vertrages	111
a) Sachlicher Geltungsbereich	111
b) Räumlicher Geltungsbereich	112
6. Rangfolge von Regelungen	113
a) Verhältnis zwischen Vertrag und Gesetz	113
aa) Zwingendes Gesetzesrecht	114
bb) Dispositives Recht der Vertragstypen	117
b) Einbeziehung von Regelungssystemen außerhalb des Vertragstextes	119
aa) Regelungsprogramme von Dritten	119
bb) Allgemeine Geschäftsbedingungen	121
c) Interne Rangfolge	127
III. Inhalt der Leistungen	**128**
1. Sachleistung	129
a) Leistungsart	129
aa) Allgemeines	129
bb) Beschaffenheitsvereinbarungen/Zusicherungen/Garantien	132
cc) Leistungsinhalt bei Typenmischung	137
b) Leistungsmodalitäten	139
c) Leistungsvorbehalte	140
d) Mitwirkung des Vertragspartners	144
e) Leistungen Dritter	145
f) Leistungszeit	146
2. Geldleistung	147
a) Vergütung	147
aa) Abdingung gesetzlicher Regelungen	148
bb) Festpreis	149
cc) Preisrahmen	150
dd) Vergütung nach Aufwand	152
ee) Preisgleitklauseln	153
ff) Preisverrentung	154
gg) Abhängigkeit der Geldleistung vom Umsatz, Gewinn etc.	156
hh) Wertsicherungsklauseln	159
ii) Umsatzsteuer	161
b) Zahlungsmodalitäten	162
aa) Fälligkeitsregelungen	162

	Rz.
bb) Rechtsfolgen bei Abschlagszahlungen und Vorschüssen	163
cc) Boni/Skonti/Rabatte	164
dd) Aufrechnung	165
ee) Zurückbehaltungs-/Leistungsverweigerungsrechte	166
3. Leistungsbestimmungsrechte	167
4. Regelung des Verzuges	169
IV. Sicherung der Leistungen	**173**
1. Sicherung der Sachleistung	173
a) Gewährleistung	173
b) Garantien	174
c) Rügepflichten, Fristen	175
d) Qualitätssicherungsvereinbarungen	177
e) Bürgschaften	178
f) Anwartschaftsrechte, Vormerkung	179
2. Sicherung der Geldleistung	180
a) Wahl des Zahlungsweges	180
b) Eigentumsvorbehalt	181
c) Typische Kreditsicherheiten	182
aa) Sicherungsmittel	183
(1) Sicherungsübereignung	183
(2) Sicherungszession	184
(3) Grundpfandrechte	185
bb) Sicherungsabreden	186
d) Sicherung des Zahlungsflusses	191
e) Drittsicherheiten	192
aa) Bürgschaft	193
bb) Schuldbeitritt	194
cc) Garantie	195
3. Allgemeine Leistungssicherung	196
a) Versicherungen	197
b) Informationsrechte und -pflichten	198
c) Konkurrenz- und Geheimnisschutz	199
4. Allgemeine Haftungsvereinbarungen	201
a) Regelung einer Haftung wegen Pflichtverletzung im vorvertraglichen Bereich	202

	Rz.
b) Verschuldensregelungen	203
c) Haftungsausschlüsse und Haftungsbegrenzungen	204
d) Regelung der Haftungsfolgen	205
e) Verjährungsregelungen	208
V. Vertragsdurchführung	**209**
1. Leistungsvollzug	209
2. Beginn und Beendigung des Vertrages	210
a) Beginn des Vertrages	210
b) Laufzeit	211
c) Vertragsbeendigung	212
aa) Ordentliche Kündigung	213
bb) Außerordentliche Kündigung	214
cc) Rücktrittsrechte	216
3. Vertragsanpassung/Vertragsänderung	217
4. Abnahme und Übergabe	220
5. Besondere Nebenpflichten	221
6. Abwicklungs- und nachvertragliche Pflichten	222
a) Abfindungen bei Vertragsbeendigung	222
b) Herausgabepflichten	223
c) Unterlassungs- und sonstige Pflichten	224
VI. Allgemeine Bestimmungen	**225**
1. Rechtswahl	225
2. Erfüllungsort und Gerichtsstand	227
a) Vereinbarung des Erfüllungsortes	227
b) Gerichtsstandsvereinbarungen	228
3. Schriftformklauseln	229
4. Salvatorische Klauseln	230
5. Schiedsregelungen	232
a) Schiedsgutachten	232
b) Schiedsgerichtsvereinbarungen	233
6. Kosten/Steuern	235
VII. Anlagen	**236**

8 Kommentierung der Basischeckliste

I. Vorfragen

Als „Vorfragen" stellen sich diejenigen Fragen, die die Gestaltung des Vertrages in seiner Gesamtheit bestimmen oder Umstände betreffen, die nicht notwendig Gegenstand des Vertrages sein müssen, jedoch eine Rückwirkung auf die Gestaltung des Vertrages haben. Diese Vorfragen, die in der Vorauflage im Wesentlichen unter dem Titel „Vertragliche Grundlagen" erörtert wurden, haben wir deshalb vor die Klammer gezogen. 9

1. Formerfordernisse

Ausgangspunkt vor Fertigung eines Vertragsentwurfes ist stets die Frage, ob und inwieweit dieser einer bestimmten Form bedarf, wobei im Hinblick auf Formerfordernisse die Frage einer gesetzlich vorgeschriebenen Form von der Frage, ob von den Parteien eine bestimmte Form vereinbart werden soll, zu unterscheiden ist. Die Frage der **gewillkürten Form**, insbesondere der gewillkürten Schriftform, wird unten (Rz. 229) behandelt. An dieser Stelle gilt das Interesse zunächst gesetzlichen Formerfordernissen. 10

Unter der gesetzlichen Formbedürftigkeit von Verträgen wird in erster Linie die Frage der **Beurkundungsbedürftigkeit** oder der **Wahrung der Schriftform** verstanden. Jenseits dieser Formerfordernisse sind jedoch weitere zu berücksichtigen, die in dem Bereich „**besonderer prozeduraler Erfordernisse**" fallen. Hierher gehören insbesondere **Belehrungspflichten** oder auch Pflichten zur getrennten Erstellung von Urkunden (s. unten Rz. 30 f.).

Schriftform oder Beurkundungserfordernisse haben nicht nur Konsequenzen für die Wirksamkeit des Vertrages, sondern bringen, was hier vorab behandelt werden soll, auch Konsequenzen für die Auslegung des Vertrages mit sich. Von zentraler Bedeutung ist in diesem Zusammenhang die **Andeutungstheorie**. Nach dieser sollen bei der Auslegung von formbedürftigen Verträgen zwar Umstände, die außerhalb der Urkunde liegen, berücksichtigt werden, jedoch in das Auslegungsergebnis nur dann einfließen dürfen, wenn sich für die daraus resultierende Auslegung in der Urkunde zumindest eine Andeutung hierfür findet. In diesem Zusammenhang sind insbesondere drei Entscheidungen des BGH relevant, die nicht frei von Widersprüchen sind.

Im Zusammenhang mit der Auslegung eines Testamentes vertrat der BGH in seiner Entscheidung vom 9. 4. 1981 (BGHZ 80, 246 ff.) die Auffassung, die Auslegung dürfe sich nicht über den klaren und eindeutigen Wortlaut des Testamentes hinwegsetzen, selbst wenn es hinreichenden Anhalt außerhalb der Urkunde gebe, eine andere Auslegung zu präferieren, weil insoweit die gesetzliche Form nicht gewahrt wäre, käme man zu einem Auslegungsergebnis, welches in dem Wortlaut keine Stütze fände. 11

Demgegenüber vertrat der BGH in der Entscheidung vom 8. 12. 1982 (BGHZ 86, 41 ff.), wiederum im Hinblick auf die Auslegung eines Testamentes, die Auffassung, daß auch ein klarer und eindeutiger Wortlaut eines Testamentes dessen Auslegung keine Grenze setze. Unabhängig hiervon sei jedoch nach Ermittlung des Erblasserwillens zu entscheiden, ob dieser im Testament eine hinreichende Stütze finde und damit formgültig erklärt sei.

Im Widerspruch hierzu steht die Entscheidung des BGH vom 25. 3. 1983 (BGHZ 87, 150 ff.). Diese betraf die irrtümliche Falschbezeichnung des Kaufgegenstandes in einem nach § 313 Satz 1 BGB beurkundungspflichtigen Rechtsgeschäft. Hier war bei der Beurkundung eines von mehreren Flurstükken, die verkauft werden sollten, vergessen worden. Das Gericht kam infolge der Auslegung zu dem Ergebnis, daß auch die vergessene Parzelle mit verkauft sei, und ließ diese Auslegung nicht an der Formbedürftigkeit scheitern. Die Entscheidung steht im Widerspruch zu der vorgenannten Entscheidung.

12 Insoweit ist gegenwärtig nicht mit Sicherheit festzustellen, ob und in welcher Form eine Andeutungstheorie im Bereich formbedürftiger Rechtsgeschäfte noch Geltung besitzt. Da – unabhängig von deren Sinnhaftigkeit – eine Abdingung einer möglichen Andeutungstheorie im Bereich formbedürftiger Rechtsgeschäfte wegen des zwingenden Gesetzesrechtes nicht möglich sein dürfte, kommt es gerade in diesem Bereich darauf an, den Willen der Parteien in einer hinreichenden Art und Weise zu dokumentieren, um den erforderlichen Spielraum im Rahmen der Andeutungstheorie zu schaffen. Dies bedeutet, daß gerade im Bereich formbedürftiger Rechtsgeschäfte die Präambel bzw. Vorbemerkung des Vertrages, die insbesondere die von den Parteien verfolgten Absichten dokumentieren soll (vgl. unten Rz. 105), mit besonderer Sorgfalt zu fertigen ist. Dies gilt auch deshalb, weil die Partei die sich für die Auslegung der Urkunde auf außerhalb der Urkunde liegende Umstände beruft, diese zu beweisen hat (BGH, NJW 1999, 1702).

a) Gesetzliche Formerfordernisse

13 Gesetzliche Formerfordernisse für Verträge können sich im wesentlichen aus dem von den Hauptleistungspflichten bestimmten Vertragstypus bzw. dem Vertragszweck, im Hinblick auf einzelne mit einem Austausch verbundene Bestandteile oder im Hinblick auf Zustimmungs- oder Ermächtigungshandlungen zu dem Vertrag ergeben.

aa) Vertragstypus und Vertragszweck

14 Die wichtigsten durch Vertragstypus oder Vertragszweck von Gesetzes wegen angeordneten Formerfordernisse sind:
– Beurkundung bei Verträgen über die Verpflichtung zur Veräußerung oder zum Erwerb von Immobilien (§ 313 BGB),

- Beurkundung bei Verträgen über die Verpflichtung zur Abtretung von Geschäftsanteilen an einer Gesellschaft mit beschränkter Haftung (§ 15 Abs. 4 GmbHG),
- Schriftform bei Mietverträgen über Grundstücke und Laufzeit länger als ein Jahr (§ 550 BGB).

Wenngleich es nicht unmittelbar in den Bereich der Austauschverträge fällt, ist jedoch das Erfordernis der notariellen Beurkundung von Schenkungsversprechen (§ 518 BGB) relevant, wenn es gemischte Schenkungen angeht.

Ferner sind im Vertragsrecht folgende Formerfordernisse von Bedeutung: 15

- Das Formerfordernis für Landpachtverträge mit einer Laufzeit von mehr als zwei Jahren (§ 585a BGB),
- Schriftform des Leibrentenversprechens (§ 761 BGB),
- Schriftform des Verbraucherkreditvertrages (§ 492 Abs. 1 BGB),
- Schriftform bei Honorarvereinbarungen mit Architekten und Ingenieuren (§ 4 Abs. 4 HOAI),
- Schriftform für Honorarvereinbarungen mit Rechtsanwälten (§ 3 BRAGO),
- Schriftform für Jagdpachtverträge (§ 11 Abs. 4 BJagdG),
- Schriftform für Fernunterrichtsverträge (§ 3 FernUSG),
- Beurkundung eines Vertrages über gegenwärtiges Vermögen oder Teilen hiervon (§ 311b Abs. 3 BGB),
- Schriftform und Aushändigungserfordernis des Arbeitsvertrages (§ 2 Abs. 1 NachwG).

bb) Einzelne Vertragsbestandteile

Im Bereich einzelner Vertragsbestandteile lassen sich Formerfordernisse für den Bereich der Schuldbestärkung und -sicherung, des dinglichen Vollzuges und sonstiger Vertragsbestandteile unterscheiden. 16

(1) Schuldbestärkung und -sicherung

Bei der Schuldbestärkung und -sicherung sind insbesondere folgende Formerfordernisse zu berücksichtigen: 17

- Schriftform der **Bürgschaft** (§ 766 BGB),
- Schriftformerfordernis bei **Schuldversprechen** oder **Schuldanerkenntnis** (§§ 780, 781 BGB).

Die vorstehenden Formerfordernisse gelten nicht, wenn das Rechtsgeschäft auf seiten des Schuldners ein Handelsgeschäft ist (§ 350 HGB). Eine Erstrekkung des Schriftformerfordernisses für die Bürgschaft auf bürgschaftsähnliche Schuldverhältnisse, wie z. B. das Garantieversprechen, wird abgelehnt (BGH, WM 1964, 62).

Eine Beurkundung ist im Falle der **Vollstreckungsunterwerfung** notwendig (§ 794 Abs. 1 Ziff. 5 ZPO).

(2) Dinglicher Vollzug

18 Soweit für den Vollzug des Verfügungsgeschäftes kein Realakt notwendig ist, ist häufig auch der dingliche Vollzug, oder zumindest seine Vorbereitung, Gegenstand eines Austauschvertrages. In diesem Zusammenhang sind folgende Formerfordernisse von Bedeutung:

– Beurkundung der Einigung im Sinne des § 873 Abs. 1 BGB, soweit sie bindend sein soll (§ 873 Abs. 2 BGB),

– Schriftform der Abtretung der Forderung bei der Hypothekenübertragung (§ 1154 BGB),

– Beurkundung der Abtretung von GmbH-Geschäftsanteilen (§ 15 Abs. 3 GmbHG).

(3) Sonstige Vertragsbestandteile

19 Im Bereich sonstiger Vertragsbestandteile ist insbesondere das Schriftformerfordernis bei nachvertraglichen Wettbewerbsverboten (§ 74 Abs. 1 HGB) zu beachten, wobei diese Vorschrift auch außerhalb des Vertragsschlusses mit Handlungsgehilfen im gesamten Arbeitsrecht entsprechende Anwendung findet (BAG, BB 1974, 1531).

cc) Zustimmungs- oder Ermächtigungshandlungen

20 Weiter ist zu berücksichtigen, daß Zustimmungs- oder Ermächtigungshandlungen im Hinblick auf einen Vertragsschluß zuweilen bestimmten Formen unterliegen. Dies gilt beispielsweise für die Einwilligung des gesetzlichen Vertreters in den Vertragsschluß durch Minderjährige (§ 111 S. 2 BGB), die der Schriftform unterliegt.

Die Vollmacht zum Abschluß eines Vertrages ist grundsätzlich formfrei (§ 167 Abs. 2 BGB). Hiervon hat die Rechtsprechung bei den Grundstücksgeschäften jedoch erhebliche Ausnahmen entwickelt. Insbesondere dann, wenn die Vollmacht unwiderruflich erteilt worden ist, bedarf die Vollmacht der für das Grundgeschäft vorgeschriebenen Form (BGH, WM 1967, 1039). Gleiches gilt im Bereich des Grundstückserwerbes, wenn der Bevollmächtigte des Verkäufers den Weisungen des Erwerbers zu folgen hat (RGZ 108, 126). Die Vollmacht bedarf auch der Form des Grundgeschäftes, wenn der Bevollmächtigte vom Verbot des Selbstkontrahierens befreit worden ist und sich der Vollmachtgeber nach den Umständen des Einzelfalls hierdurch bereits gebunden hat (BGH, NJW 1979, 2306).

Auch die Zustimmung des Dritten bedarf nach dem Gesetzeswortlaut nicht der für das Rechtsgeschäft bestimmten Form (§ 182 BGB). Im Bereich der Genehmigung (§ 184 BGB) formbedürftiger Rechtsgeschäfte liegt es nahe, eine teleologische Reduktion der Norm entsprechend den vorstehenden Grundsätzen zur Vollmacht durchzuführen. Dies entsprach auch der Auffassung des Reichsgerichtes (z. B. RGZ 108, 125, 126). Demgegenüber vertritt der BGH in seiner Rechtsprechung die Auffassung, daß auch bei der Genehmigung eines formbedürftigen Grundstücksgeschäftes, welches von einem vollmachtlosen Vertreter geschlossen worden ist, keine Beurkundungsbedürftigkeit der Genehmigung vorliegt (BGH, BB 1994, 979 ff.).

Die Frage war vor dieser Grundsatzentscheidung des BGH außerordentlich umstritten. Die Instanzengerichte bejahten teilweise die Beurkundungsbedürftigkeit der Genehmigung (OLG München, DNotZ 1951, 31, 32; OLG Saarbrücken, OLGZ 1968, 3 ff.; implizit: OLG Karlsruhe, NJW 1980, 2050). Ob die Entscheidung des BGH dauerhaft Bestand haben wird, erscheint im Hinblick auf die Rechtsähnlichkeit der unwiderruflichen Vollmacht und der Genehmigung zumindest fragwürdig. Jedenfalls dann, wenn die Frage dem Großen Senat des BGH oder dem Gemeinsamen Senat der Obersten Bundesgerichte vorgelegt wird, erscheint es nicht unmöglich, daß sich die gegenteilige Haltung durchsetzen wird.

b) Formbedürftigkeit von Vorverträgen

Soweit der Hauptvertrag formbedürftig ist, ist es auch der Vorvertrag, wenn dieser bereits Bindungswirkung entfalten soll (BGH, BGHZ 97, 147 ff.; BGHZ 98, 130 ff.).

Hieraus kann jedoch, das sei am Rande erwähnt, nicht geschlossen werden, daß Bindungswirkung im Bereich formbedürftiger Rechtsgeschäfte generell erst mit dem Abschluß eines dieser Form entsprechenden Vertrages entsteht. Insbesondere im Bereich der **culpa in contrahendo** (siehe auch § 311 Abs. 2 BGB) wegen **Nichtabschlusses eines Vertrages** ist nicht ohne weiteres davon auszugehen, daß die Verletzung vorvertraglicher Pflichten im Zusammenhang mit dem Abschluß bzw. Nichtabschluß des Vertrages wegen des Formzwanges sanktionslos bleibt.

Jenseits formbedürftiger Rechtsgeschäfte ist anerkannt, daß eine schuldhafte Verletzung von Schutzpflichten aus Vertragsverhandlungen auch darin liegen kann, daß das Vertrauen der einen Vertragspartei auf das bevorstehende Zustandekommen eines Vertragsverhältnisses erweckt und die Partei zu Aufwendungen veranlaßt wird, die sie nicht gemacht hätte, wenn sie nicht mit dem Vertragsschluß gerechnet hätte (BGH, BGHZ 71, 383, 396; NJW 1975, 1774; NJW 1984, 866, 867; NJW 1970, 1840, 1841). Im Anwendungsbereich des § 313 BGB hat der BGH mehrfach eine derartige Haftung trotz fehlender Erfüllung der Formerfordernisse bejaht und lediglich eine in Anlehnung an § 122 BGB hergeleitete verschuldensfreie Haftung abgelehnt (NJW 1975, 43, 44; bestätigt in: DB 1979, 741 f. m. w. N.). Demgegenüber verneinte das OLG Stuttgart eine Haftung eines Verkäufers bei einem GmbH-Anteilsverkauf unter dem Gesichtspunkt „schuldlos herbeigeführten und sodann ohne triftigen Grund enttäuschten Vertrauens" mit Berufung darauf, daß das vorgesehene Geschäft der notariellen Beurkundung nach § 15 Abs. 3, 4 GmbH bedurft hätte (DB 1989, 1817). Diese Entscheidung steht jedoch nicht notwendig im Gegensatz zu den vorstehend zitierten Entscheidungen des BGH. Nach jüngster Rechtsprechung des BGH setzt eine Haftung aus culpa in contrahendo bei Scheitern der Verhandlungen über einen formbedürftigen Vertrag in der Regel Vorsatz voraus (BGH, DB 1996, 1916).

23a Das Institut der culpa in contrahendo ist durch die Schuldrechtsreform in § 311 Abs. 2 BGB positiv geregelt worden. Danach entsteht ein Schuldverhältnis mit Pflichten nach § 241 Abs. 2 BGB durch die Aufnahme von Vertragsverhandlungen, die Anbahnung eines Vertrages oder ähnliche geschäftliche Kontakte. § 241 Abs. 2 BGB regelt ausdrücklich die nicht leistungsbezogenen Nebenpflichten des Schuldverhältnisses, insbesondere die Schutzpflichten, wonach „jeder Teil zur Rücksicht auf die Rechte, Rechtsgüter und Interessen des anderen Teils" verpflichtet wird. Anspruchsgrundlage für eine Haftung in diesen Fallgestaltungen ist also künftig § 280 Abs. 1 BGB, der als Grundtatbestand des allgemeinen Leistungsstörungsrechts den Schuldner im Falle einer Pflichtverletzung zum Ersatz des dadurch entstandenen Schadens verpflichtet, es sei denn, der Schuldner hat die Pflichtverletzung nicht zu vertreten.

c) Umfang der Formbedürftigkeit

24 Dem Formzwang unterliegen **sämtliche Vereinbarungen**, aus denen sich der schuldrechtliche Vertrag nach dem Willen der Beteiligten zusammensetzen soll (BGH i. st. Rspr. BGHZ 63, 359; 85, 315). Dies gilt jedoch nicht, wenn eine Vereinbarung von der anderen abhängig ist, die andere aber nicht von der einen (BGH, NJW 2000, 951). Im Zweifel sollte jedoch die weitestmögliche Geltung des Formerfordernisses unterstellt werden. Beispielsweise unterliegt der Vertrag über den Verkauf und die Bebauung eines Grundstückes insgesamt dem Beurkundungszwang des § 313, wenn beide Leistungen als Einheit angeboten werden (BGH, BGHZ 78, 346 ff.). Beim Bauherrenmodell, in welchem durch die Zusammenstellung eines Konvolutes von Verträgen versucht wurde, den Erwerber eines zu bebauenden Grundstückes zum Zwecke der Ausnutzung fragwürdiger Steuervorteile zum Bauherren zu stilisieren, ist neben dem Grundstückskaufvertrag auch der Treuhandvertrag und der Gesellschaftsvertrag unter den zukünftigen Miteigentümern beurkundungsbedürftig (BGH, BGHZ 101, 393 ff.).

Ob und inwieweit im Hinblick auf den Umfang des Formbedürfnisses auf den Aspekt der rechtlichen Einheit im Sinne des § 139 BGB abzustellen ist, ist fragwürdig. So wird vertreten, daß § 139 BGB bzw. dessen Rechtsgedanke erst bei späteren Fragen der Gesamt- oder Teilnichtigkeit einschlägig sei, nicht jedoch bei der zeitlich vorangehenden Frage des Umfanges des Formerfordernisses (*Staudinger/Wufka*, § 313 BGB Rz. 142 a. E.). Gewiß kann dieser Gedanke des § 139 BGB angesichts des für den Umfang der Formbedürftigkeit maßgeblichen Zwecks der die Form anordnenden Vorschrift nicht dominieren. Für die Praxis empfiehlt es sich jedoch, hinsichtlich des Umfangs der Formbedürftigkeit vorsorglich stets zu unterstellen, daß sämtliche Vereinbarungen der Form bedürfen, die mit dem an sich formbedürftigen Geschäft „stehen und fallen" sollen.

d) Probleme der Schriftform

aa) Einheitlichkeit der Urkunde

Im Hinblick auf die Wahrung des Schriftformerfordernisses sind zwei Punkte nach der jüngeren Rechtsprechung von erheblicher Bedeutung.

- Bezüglich eines Überweisungsträgers vertrat der BGH die Auffassung, die Unterschrift müsse den Urkundentext abschließen, eine „Oberschrift" genüge nicht (BGH, BGHZ 113, 48, 51). Dieses Erfordernis läßt sich zwanglos auf Verträge übertragen.

- Für die Wahrung der Schriftform bei Urkunden, die aus mehreren Blättern bestehen, verlangt der BGH, daß die einzelnen Schriftstücke in der Regel in der Art zusammengefügt werden, daß entweder die Auflösung der Verbindung nur unter teilweiser Substanzzerstörung möglich ist oder die körperliche Verbindung wenigstens als dauernd gewollt erkennbar ist und ihre Lösung Gewaltanwendung erfordere. Eine bloße verbale bzw. gedankliche Bezugnahme genüge nicht (BGH, BGHZ 40, 255 ff.). Im Hinblick auf nachträgliche Abreden der Parteien wurde diese Rechtsprechung gelockert. Die Schriftform soll jedenfalls dann gewahrt sein, wenn die im Nachtrag in bezug genommenen Urkunden von denselben Parteien unterzeichnet seien und die neue Urkunde die für das Zustandekommen eines derartigen Vertragsverhältnisses wesentlichen Geschäftsbestandteile selbst enthalte (BGH, BGHZ 42, 333). Problematisch ist bei dieser „Abänderungsrechtsprechung" die Frage, wie eine Vertragsänderung von einem neuen Vertragsschluß abzugrenzen ist. Naheliegend weist der BGH darauf hin, daß diese Abgrenzung nach den „Umständen des Einzelfalls" zu treffen sei. Maßgeblich sei in erster Linie der Wille der Parteien, der sich im allgemeinen aus der Fassung einer schriftlichen Änderungsvereinbarung ergäbe. Neben dem Wortlaut der Urkunde sei auch die wirtschaftliche Bedeutung der Abänderung und die Verkehrsauffassung zu berücksichtigen (BGH, NJW 1992, 2283, 2284 f.).

27 Der Bundesgerichtshof hat allerdings in einigen Folgeentscheidungen die Rechtssicherheit im Hinblick auf die Wahrung des Schriftformerfordernisses erhöht. So entschied er, daß die Schriftform des § 126 BGB keine körperliche Verbindung der einzelnen Blätter der Urkunde erfordere, wenn sich deren Einheit aus fortlaufender Paginierung, fortlaufender Nummerierung der einzelnen Bestimmungen, einheitlicher graphischer Gestaltung, inhaltlichem Zusammenhang des Textes oder vergleichbaren Merkmalen zweifelsfrei ergebe (BGH, NJW 1998, 58 ff.). Bezüglich der Anlagen des Vertrages entschied der Bundesgerichtshof, daß die Schriftform des § 126 BGB keine körperliche Verbindung der Vertragsurkunde mit der ihr beigefügten Anlagen, soweit auf diese verwiesen werde, voraussetze, wenn sich die Einheit von Urkunde und Anlage aus der Verweisung sowie den Unterschriften der Vertragspartner auch auf jedem Blatt der Anlage zweifelsfrei ergibt (BGH, NJW 1999, 1104). In einer Folgeentscheidung wies der BGH darauf hin, daß als körperliche Verbindung im Bereich der Schriftform eine Heftklammer genüge (BGH, NJW 1999, 3257 ff.).

28 Betrachtet man die relativ restriktive Haltung der höchstrichterlichen Rechtsprechung zur Einheitlichkeit der Urkunde und nimmt man das Erfordernis der „Unterschrift" im Gegensatz zur „Oberschrift" hinzu, so ist einerseits zu empfehlen, auch bei schlichten Abänderungsverträgen den Regelungsgehalt des ursprünglichen Vertrages formgerecht in einer Urkunde neu zu erklären, andererseits bei Bezugnahmen auf andere Urkunden mit Regelungscharakter für den Vertrag diese anderen Urkunden der Vereinbarung als Anlage fest hinzuzufügen und darauf zu achten, daß die Unterschrift der Parteien sich erst **nach den Anlagen** findet, oder jedes Blatt einzeln zu unterschreiben. Dies gilt jedenfalls dann, wenn Bestandteile der Regelung des Hauptvertrages inhaltlich vom Inhalt der Anlagen abhängen.

bb) Schriftform und Telekommunikation

29 Im Bereich empfangsbedürftiger Willenserklärungen, zu denen insbesondere der Antrag auf Abschluß bzw. die Annahme des Vertrages gehören, verneint die Rechtsprechung eine Wahrung der Schriftform beispielsweise bei Telegrammen (BGH, BGHZ 24, 297 ff.) oder durch Telefax (BGH, BGHZ 121, 224 ff.; NJW 1997, 3169).

Hiervon ausgehend konnte man im Bereich des E-Mails oder sonstiger moderner Datenübertragungstechniken auf keinen Fall von einer Wahrung gesetzlicher Schriftformerfordernisse ausgehen (vgl. den Vorlagebeschluß des Bundesgerichtshofes vom 29. 9. 1998, NJW 1998, 3649 ff.). Im Zuge der Neuregelung elektronischer Signaturen durch das **Signaturgesetz** vom 16. 5. 2001 (BGBl. I, 876 ff.) wurde durch das Artikelgesetz zur Anpassung der Formvorschriften des Privatrechts an den modernen Rechtsgeschäftsverkehr vom 13. 7. 2001 (BGBl. I, 1542) der Ersatz der Schriftfom durch die **elektronische Form** zugelassen (vgl. insbesondere § 126 Abs. 3 BGB und § 126a

BGB). Allerdings wurde in einer Reihe von Formvorschriften die Verwendung der elektronischen Form ausdrücklich ausgeschlossen (§§ 623, 761, 766, 780 und 781 BGB und § 78 HGB, § 492 Abs. 1 S. 2 BGB u.a.).

e) Besondere prozedurale Pflichten

aa) Trennung von Urkunden

Während oben (s. Rz. 26) dargestellt wurde, daß es im Bereich der Schriftform grundsätzlich erforderlich ist, einheitliche Urkunden zu erstellen, bei denen mehrere Seiten nach Möglichkeit nur mit Gewalt getrennt werden können, stellt das Gesetz gelegentlich auch ein gegenteiliges Erfordernis auf. Vorgeschrieben ist zuweilen ausdrücklich die **Trennung** von Urkunden.

Dies gilt beispielsweise bei einer von den Regeln der Bundesrechtsanwaltsgebührenordnung abweichenden Vereinbarung zwischen dem Rechtsanwalt und dem Mandanten. Der Rechtsanwalt kann eine höhere als die gesetzliche Vergütung nur fordern, wenn die Erklärung des Auftraggebers schriftlich abgegeben und nicht in der Vollmacht oder in einem Vordruck, der auch andere Erklärungen umfaßt, enthalten ist (§ 3 BRAGO). Selbst die Aufnahme einer Gerichtsstandsvereinbarung in dieser Urkunde ist schädlich (OLG München, NJW 1993, 3336).

bb) Hinweis- und Belehrungspflichten

Hinweis- und Belehrungspflichten entstehen insbesondere im Bereich der Verbrauchergeschäfte. Zu beachten sind insbesondere die Belehrung nach § 492 Abs. 1 S. 5, Abs. 2, S. 3 BGB (Verbraucherdarlehensvertrag), ggf. i.V.m. § 499 Abs. 1 BGB (Zahlungsaufschub, sonstige Finanzierungshilfen zwischen einem Unternehmer und einem Verbraucher) bzw. §§ 499 Abs. 2, 501, 502 Abs. 1 BGB (Teilzahlungsgeschäfte) sowie § 499 Abs. 2, 500, 492 Abs. 2, Abs. 3 BGB (Finanzierungsleasingverträge) oder § 312 Abs. 2 BGB i.V.m. § 355 Abs. 2 BGB (Haustürgeschäfte).

Auch jenseits ausdrücklich vom Gesetz angeordneter Belehrungspflichten empfiehlt es sich jedoch, stets dann, wenn die Gefahr besteht, daß eine Partei sich bei Durchführung des Vertrages möglicherweise auf ein treuwidriges Verschweigen von Rechtsfolgen beruft, entsprechende Belehrungen in den Vertragstext aufzunehmen. Dies gilt insbesondere beim Kontrahieren mit ausländischen Vertragspartnern, die in der nationalen Rechtsordnung nicht erfahren sind.

2. Vertragssprache

Das Problem der Wahl der Vertragssprache stellt sich nicht nur bei den hier nicht schwerpunktmäßig behandelten Verträgen des internationalen

Rechtsverkehrs, sondern auch dann, wenn ein inländischer Sachverhalt durch Vertrag mit einem oder unter Beteiligung eines ausländischen Vertragspartners geregelt wird.

In allen Fällen ist zu beachten, daß die Wahl einer bestimmten Vertragssprache Indiz für eine **konkludente Rechtswahl** ist (z. B. OLG Düsseldorf, NJW-RR 1991, 55 f.). Ist bei der Regelung eines nationalen Sachverhaltes eine hiervon abweichende Vertragssprache gewählt, soll jedoch das nationale Recht auf jeden Fall zur Anwendung kommen, empfiehlt es sich, in den Vertrag ergänzend eine **ausdrückliche Rechtswahl** (zur Rechtswahl siehe unten Rz. 225) aufzunehmen.

Auch innerhalb der nationalen Rechtsordnung ist es möglich, notarielle Urkunden in fremden Sprachen zu errichten. Nach § 5 Abs. 2 BeurkG kann der Notar auf Verlangen der Parteien Urkunden auch in einer anderen Sprache errichten.

33 Bei Auseinanderfallen von Gerichts- und Vertragssprache sollte beachtet werden, daß Rechtsstreitigkeiten in diesem Falle um den Unsicherheitsfaktor der Übersetzung bereichert werden, da beispielsweise ein deutsches Gericht einen in englischer Sprache abgefaßten Vertrag nur auf Basis der Übersetzung des Vertrages beurteilen wird. Es empfiehlt sich in derartigen Fällen entweder, eine deutsche Übersetzung anzufertigen und als verbindlich zu vereinbaren oder, soweit dies für den deutschen Vertragspartner nicht durchsetzbar ist, im Rahmen einer Schiedsgerichtsvereinbarung die Gerichtssprache dem Vertragstext anzupassen.

34 Bei der Abwicklung fremdsprachiger Verträge in der deutschen Rechtsordnung ist schließlich zu berücksichtigen, daß in dem Falle, in dem die Verträge für die Besteuerung von Relevanz sind, die Finanzbehörden nach § 87 Abs. 2 AO verlangen können, daß unverzüglich eine Übersetzung vorgelegt wird, und in begründeten Fällen sogar eine beglaubigte oder von einem öffentlich bestellten oder vereidigten Dolmetscher angefertigte Übersetzung verlangt werden kann. Hieraus kann bei umfangreichen Vertragswerken eine nicht unerhebliche Kostenlast entstehen.

3. Übertragung von Rechten und Pflichten

a) Drittbegünstigung

35 Zuweilen regeln Verträge Rechte Dritter, die diese gegen eine der Vertragsparteien haben sollen. Bei der Vertragsgestaltung ist zu entscheiden, ob hierbei ein **echter** oder **unechter** Vertrag zugunsten Dritter geschlossen werden soll. Während beim echten Vertrag zugunsten Dritter der Dritte unmittelbar das Recht erwirbt, die Leistung zu fordern und nach Rechtserwerb sein Recht nicht mehr ohne weiteres zur Disposition der ursprünglichen Vertragsparteien steht (vgl. § 328 Abs. 1 BGB), kann beim unechten Vertrag zu-

gunsten Dritter nur eine der Vertragsparteien Leistung an den Dritten verlangen.

Für Unklarheiten bei der vertraglichen Regelung enthält das Gesetz Auslegungsregeln. Nach § 329 BGB ist im Zweifel bei der Verpflichtung einer Vertragspartei zur Befriedigung eines Gläubigers der anderen Vertragspartei nicht anzunehmen, daß der Gläubiger unmittelbar das Recht erwerben soll, die Befriedigung zu fordern. Demgegenüber wird durch den § 330 BGB geregelt, daß bei Lebensversicherungs- oder Leibrentenverträgen im Zweifel der Dritte unmittelbar berechtigt sein soll.

Jenseits des Anwendungsbereiches dieser Sonderregelungen greift die Regel des § 328 Abs. 2 BGB. Daraus ist in Ermangelung einer besonderen Bestimmung, insbesondere dem Zweck des Vertrages, zu entnehmen, ob der Dritte das Recht erwerben, das Recht des Dritten sofort oder unter gewissen Voraussetzungen entstehen und ob den Vertragsschließenden die Befugnis vorbehalten sein soll, das Recht des Dritten ohne dessen Zustimmung aufzuheben oder zu ändern. 36

Um Unsicherheiten vorzubeugen, empfiehlt es sich, diese Fragen im Vertrag ausdrücklich zu regeln. Vor der Einfügung einer Drittbegünstigung ist daher folgendes zu prüfen und ausdrücklich zu regeln:

– Soll der Dritte ein unmittelbares Forderungsrecht erwerben, oder soll nur eine Partei von der anderen Leistung an einen Dritten verlangen können?
– Soll das Recht des Dritten befristet oder bedingt sein?
– Sollen die Vertragsschließenden die Befugnis haben, das Recht des Dritten ohne dessen Zustimmung später aufzuheben oder zu ändern?

b) Schutzpflichten zugunsten Dritter

Im Bereich der vertraglichen Grundlagen ist stets zu prüfen, ob einer Vertragspartei – ggf. sogar unbemerkt – Schutzpflichten gegenüber Dritten erwachsen können, deren Verletzung zu einer Schadensersatzverpflichtung gegenüber dem Dritten führen kann. Aus dessen Sicht ist zu entscheiden, inwieweit derartiges ausgeschlossen werden soll. Umgekehrt kann das Interesse einer Vertragspartei sein, mit dem Vertrag ausdrücklich Schutzpflichten zugunsten Dritter entstehen zu lassen. Es stellt sich hierbei die Frage, inwieweit es zum einen möglich ist, durch Parteidispositionen Schutzpflichten Dritter auszuschließen, und zum anderen, inwieweit es möglich ist, Schutzpflichten zugunsten Dritter vertraglich zu begründen. 37

Die Rechtsprechung verlangt für die Annahme einer den Dritten begünstigenden Schutzwirkung des Vertrages das Bestehen nachfolgend beschriebener Voraussetzungen: 38

- Der Dritte muß dem Vertrag zunächst **leistungsnah** sein. D. h., daß dem Dritten die Leistung nach dem Inhalt des Vertrages bestimmungsgemäß zugute kommen soll (BGH, NJW 1995, 1739, 1747).

- Des weiteren muß der Vertragspartei, der der Dritte nahesteht, eine **Schutzpflicht** zugunsten des Dritten obliegen. Ursprünglich wurde hier von der Rechtsprechung verlangt, daß zwischen der Vertragspartei und dem Dritten eine Rechtsbeziehung mit personenrechtlichem Einschlag besteht, etwa familienrechtliche, arbeitsrechtliche oder mietvertragliche Beziehungen (z. B. BGH, NJW 1977, 2208, 2209). Demgegenüber tendiert die jüngere Rechtsprechung dazu, auf dieses Erfordernis zu verzichten, soweit denn Leistungsnähe des Dritten vorhanden ist (BGH, NJW 1985, 489 f.). Alternativ – wohl auch zum Erfordernis der Leistungsnähe – kann sich die Einbeziehung eines Dritten in den Schutzbereich des Vertrages aus einem hierauf gerichteten **Parteiwillen** ergeben (BGH, NJW 1984, 355 f.).

- Darüber hinaus muß für den Schuldner der Schutzpflichten die Drittbezogenheit der Leistung bei Vertragsschluß auch **erkennbar** gewesen sein (BGH, NJW 1985, 2411).

- Des weiteren wird **Schutzbedürftigkeit** des Dritten verlangt, die entfallen soll, wenn ihm ein eigener Schadensersatzanspruch auch jenseits des Vertrages zusteht (BGH, NJW 1995, 1739, 1747).

Ausgehend von diesen Prämissen und dem Grundsatz der Vertragsfreiheit, scheint es vollkommen unbedenklich, durch ausdrückliche Parteiabrede Dritte in den Schutzbereich des Vertrages einzubeziehen. Insbesondere im Urteil vom 2. 11. 1983 (NJW 1984, 355) führte der BGH aus, die Vertragsparteien könnten in beliebiger Weise bestimmen, welche Personen in den Schutzbereich des Vertrages einbezogen werden sollen.

39 Die ausdrückliche Einbeziehung Dritter in den Schutzbereich eines Vertrages sollte regelmäßig dann geprüft werden, wenn der Vertrag für Dritte ein erkennbares Risikopotential enthält. Hier ist beispielsweise auf die Problematik der Schutzwirkung des Anstellungsvertrages des Geschäftsführers einer Komplementär-GmbH gegenüber der Kommanditgesellschaft bei der GmbH & Co. KG zu verweisen. Meistens erschöpft sich annähernd die gesamte Tätigkeit des Geschäftsführers der Komplementär-GmbH in der Geschäftsführung der KG. Gleichwohl wird es vielfach versäumt, eine ausdrückliche Einbeziehung der KG in den Schutzbereich des Anstellungsvertrages zu regeln, weswegen die Rechtsprechung in dieser Konstellation die Schutzwirkung aufgrund der vorstehend beschriebenen Kriterien für den Fall bejaht hat, in dem die Geschäftsführung für die Kommanditgesellschaft die wesentliche Aufgabe der GmbH ist (BGH, NJW 1980, 589 ff.; BGHZ 76, 326 ff.).

Bei diesen Konstellationen empfiehlt es sich allerdings aus der Perspektive des Dienstberechtigten, die entsprechende Schutzwirkung des Vertrages von vornherein mit dem Dienstverpflichteten zu vereinbaren.

Hiervon zu unterscheiden ist die Frage, ob eine Schutzwirkung, die nach den von der Rechtsprechung entwickelten Grundsätzen bestehen würde, durch Parteivereinbarung auch ausgeschlossen werden kann. Da der rechtsmethodische Anknüpfungspunkt der Rechtsprechung in einer ergänzenden Vertragsauslegung (z. B. BGH, NJW 1984, 355, 356) gesehen wird, die Schutzwirkung letztendlich ihre Rechtfertigung im Parteiwillen bzw. hypothetischen Parteiwillen findet, muß auch ihr Wegfall zur Disposition der Parteien stehen. Daher kann, und dies ist aus der Perspektive desjenigen, den die Schutzpflichten treffen, häufig von Interesse, die Schutzwirkung zugunsten Dritter durch **ausdrückliche Parteivereinbarung** abbedungen werden. Dies gilt jedenfalls für Individualverträge in den Grenzen des § 138 BGB. Fragwürdig erscheint es demgegenüber für Allgemeine Geschäftsbedingungen. So dürften z. B. AGB-mäßige Ausschlüsse der Schutzwirkung für Familienangehörige in Wohnraummietverträgen als überraschende Klauseln im Sinne des § 305c Abs. 1 BGB zu qualifizieren sein. 40

c) Abtretung von Ansprüchen aus dem Vertrag

Häufig ist es für eine Vertragspartei von Interesse, von vornherein ein vertraglich begründetes Recht an einen Dritten abzutreten. Umgekehrt kann auch das Interesse der anderen Partei sein, die Abtretung von Rechten aus dem Vertrag auszuschließen. 41

Darüber hinaus haben mitunter Dritte ein dringendes Interesse daran, daß ihnen eine Vertragspartei bereits mit Vertragsschluß Forderungen aus dem Vertrag abtritt.

In diesem Falle empfiehlt es sich für den Dritten, darauf zu drängen, daß die Abtretung bereits im Vertrag mit geregelt wird, um den Fährnissen der §§ 404, 406, 407 BGB sowie der Gefahr einer zeitlich vorangehenden Abtretung oder Pfändung vorzubeugen.

Des weiteren kann es aus vielfältigen Gründen für den Vertragspartner von Interesse sein, die Abtretung von Forderungen des anderen Vertragspartners gegen ihn auszuschließen. § 399 BGB gestattet das Verbot der Abtretung durch Vereinbarung mit dem Schuldner. Eine solche Vereinbarung schließt auch die Verpfändung des Rechtes aus (§ 1274 Abs. 2 BGB). Das Abtretungsverbot im Sinne des § 399 BGB wirkt dinglich, jedoch kann man abgeschwächt auch schlicht eine schuldrechtlich wirkende Verpflichtung, keine Abtretung vorzunehmen, vereinbaren (MünchKomm/*Roth*, § 399 BGB Rz. 26). Deshalb sollte vorsorglich, wenn die dingliche Wirkung, d. h. auch unmittelbare Wirkung, gegenüber Dritten erzielt werden soll, dieses ausdrücklich bestimmt werden. 42

43 Die Möglichkeit, ein Abtretungsverbot zu vereinbaren, ist durch Einfügung eines § 354a HGB durch das DM-Bilanzänderungsgesetz vom 25. 7. 1994 (BGBl. I, 1682) im kaufmännischen Verkehr erheblich eingeschränkt worden. Bei Forderungen, die durch beiderseitige Handelsgeschäfte begründet sind oder bei denen der Schuldner eine juristische Person des öffentlichen Rechts oder ein öffentlich-rechtliches Sondervermögen ist, wird die Regel des § 399 BGB insoweit durchbrochen, als eine verbotswidrige Abtretung gleichwohl wirksam ist. Es wird dem Schuldner lediglich offengelassen, mit befreiender Wirkung an den bisherigen Gläubiger zu leisten. Ausdrücklich bestimmt ist, daß abweichende Vereinbarungen unwirksam sind.

Anlaß dieser Gesetzesänderung war der Befund, daß nahezu alle Großunternehmen in Deutschland in ihren Einkaufsbedingungen die Abtretung von Forderungen aus Warenlieferungen und Dienstleistungen ausschließen, was insbesondere die Kreditgrundlage mittelständischer Unternehmen sowie das Factoring-Geschäft gefährdete (vgl. *Wagner*, Neue Rechtslage bei vertraglichen Abtretungsverboten im kaufmännischen Geschäftsverkehr, WM 1994, 2093 ff.).

44 In bestimmten Konstellationen ist bei der Abtretung von Forderungen zu berücksichtigen, daß es sinnvoll ist, gerade die **Nichtabtretung** von Forderungen im Vertrag festzuschreiben. Beispielsweise gelten die im Betrieb begründeten Forderungen den Schuldnern gegenüber als auf den Erwerber übergegangen, wenn ein Handelsgeschäft veräußert wird und die bisherige Firma fortgeführt wird (§ 25 Abs. 1 S. 2 HGB). Nach zutreffender Auffassung handelt es sich hierbei um eine widerlegliche Vermutung (*Baumbach/Hopt*, § 26 HGB Rz. 27).

Bei solchen Geschäften empfiehlt es sich, wenn Altforderungen aus dem Handelsgeschäft nicht übertragen werden sollen, die Nichtabtretung im Vertrag ausdrücklich offenzulegen, um die Vermutung des § 25 Abs. 1 S. 2 HGB beim Geltendmachen von Altforderungen durch den früheren Inhaber widerlegen zu können. Vorzugswürdig dürfte demgegenüber allerdings eine Bekanntmachung nach § 25 Abs. 2 HGB sein.

d) Antizipierter Vertragsübergang

45 Insbesondere bei Dauerschuldverhältnissen sollte der Sachleistungsberechtigte berücksichtigen, daß sich während deren Laufzeit Änderungen in seiner betriebswirtschaftlichen Organisation ergeben können. Während der Übergang von Verträgen im Rahmen schlicht formwechselnder Umwandlungen, der Verschmelzung oder der Spaltung von Rechtsträgern weitestgehend ermöglicht ist, hängt ein Vertragsübergang beim schlichten Verkauf eines Handelsgewerbes oder bei der Verlagerung einzelner Betriebsteile durch Ausgründung neuer Rechtsträger stets von der Zustimmung des Vertragspartners ab.

Soweit derartige Entwicklungen absehbar sind, kann versucht werden, mit dem Vertragspartner eine entsprechende Verpflichtung zur Zustimmung zu einem Vertragsübergang zu vereinbaren. Eine solche Vereinbarung könnte etwa lauten:

> Soweit A sein Einzelunternehmen an einen Dritten veräußert, verpflichtet sich B schon heute, einem Vertragsübergang zu unveränderten Konditionen auf den Erwerber zuzustimmen. B ist jedoch berechtigt, die Zustimmung zu verweigern, wenn sachlicher Anlaß zu erheblichen Zweifeln an der Fähigkeit des Erwerbers bestehen, das Vertragsverhältnis ordnungsmäßig zu erfüllen.

4. Vertragspartner

a) Vertretung

aa) Dokumentation der Vertretungsmacht

Zur Sicherstellung der Wirksamkeit des zu schließenden Vertrages empfiehlt es sich, stets dann, wenn für eine natürliche Person ein Vertreter auftritt, vor Vertragsschluß dessen Vertretungsmacht zu prüfen und zu dokumentieren. Das kann durch Beifügung einer Vollmachtsurkunde als Anlage geschehen. Bei juristischen Personen oder Personengesellschaften empfiehlt sich die Prüfung der Vertretungsbefugnis anhand eines aktuellen Registerauszuges bzw. des Gesellschaftsvertrages und die Dokumentation der Vertretungsmacht durch Beifügung der Urkunden als Anlage. 46

bb) Vertreter ohne Vertretungsmacht

Es kommt nicht selten vor, daß auf einer der beiden Seiten eine Person handelt, die keine Vertretungsmacht hat, insbesondere dann, wenn es sich um Geschäfte handelt, die noch von einem Organ einer der Vertragsparteien genehmigt werden müssen. Selbst dort, wo die Genehmigung als bloße Formalie erscheint, empfiehlt sich für die Person des Vertreters ohne Vertretungsmacht, das Fehlen der Vertretungsmacht offenzulegen und vorsorglich jede Haftung als vollmachtloser Vertreter auszuschließen. 47

Nach § 179 Abs. 3 BGB haftet der Vertreter nicht, wenn der andere Teil den Mangel der Vertretungsmacht kannte oder kennen mußte. Eine derartige Klausel könnte wie folgt lauten:

> Herr A handelt als vollmachtloser Vertreter für die X GmbH. Hierauf wird ausdrücklich hingewiesen. Zugleich wird jede Haftung des Herrn A als vollmachtloser Vertreter ausgeschlossen.

Die Offenlegung fehlender Vertretungsmacht ist auch für das Widerrufsrecht des Erklärungsgegners aus § 178 BGB von Bedeutung. Der Erklärungsgegner ist nämlich nicht zum Widerruf des Geschäftes berechtigt, wenn er den Mangel der Vertretungsmacht beim Abschluß des Vertrages gekannt hat.

Soweit im Hinblick auf die Genehmigung des Vertrages eine von § 177 Abs. 2 BGB abweichende Regelung gewünscht ist, ist zu empfehlen, zum einen die Frist für die Erteilung der Genehmigung klar zu regeln und zum anderen die Folgen des fruchtlosen Ablaufes der Frist ebenfalls ausdrücklich zu regeln.

cc) Einräumung von Vertretungsmacht zwischen den Vertragsparteien

48 Insbesondere bei Grundstückskaufverträgen kann es erforderlich werden, daß der Veräußerer den Erwerber bevollmächtigt, zur Absicherung der Finanzierung im Namen des Veräußerers bereits Grundstücksbelastungen zu bewilligen. In Betracht kommt auch eine Weiterverkaufsvollmacht.

dd) Vollmacht an Dritte?

49 Häufig findet man in notariellen Urkunden weitreichende Vollmachten an Notariatsangestellte, die diesen die Rechtsmacht erteilen, den Vertrag erforderlichenfalls anzupassen oder abzuändern. Vor derartigen Vollmachten ist grundsätzlich zu warnen. In der Regel sind sie überflüssig, bergen zugleich aber ein ganz erhebliches Risiko.

ee) Vertretung Minderjähriger

50 Bei der Vertretung Minderjähriger durch ihre gesetzlichen Vertreter sind die Beschränkungen, denen diese Vertretung unterworfen ist, zu beachten.

Hierzu gehört zunächst das Erfordernis der **Ergänzungspflegschaft** in den Fällen der §§ 1629 Abs. 2, 1670, 1680, 1795, 1796 BGB. Von praktisch größter Relevanz dürfte hierbei das Erfordernis der Ergänzungspflegschaft bei Geschäften im Sinne des § 1795 BGB (u. a. Vertragsschluß mit einem Elternteil) sein.

Weiter sind **Genehmigungspflichten** durch das Vormundschaftsgericht zu beachten (§ 1643 BGB). Praktisch bedeutsam ist insbesondere die Genehmigungsbedürftigkeit der Verfügung über Grundstücke (§ 1643 Abs. 1 BGB i.V.m. § 1821 Abs. 1 Ziff. 1 BGB) sowie die Genehmigungsbedürftigkeit von Verfügungen über das Vermögen im Ganzen, die Veräußerung eines Erwerbsgeschäftes, die Verpflichtung zu wiederkehrenden Leistungen sowie die Aufnahme von Kredit (§ 1643 Abs. 1 BGB i.V.m. § 1822 Ziff. 1, 5 und 8 BGB).

b) Zugangsvereinbarungen

51 Im Zuge der Durchführung eines Vertrages kann sich für die eine oder andere Vertragspartei aus vielfältigen Gründen die Notwendigkeit ergeben, gegenüber der anderen Vertragspartei eine empfangsbedürftige Willenserklärung

abzugeben (z. B. Kündigung, Fristsetzung oder die Ausübung sonstiger Gestaltungsrechte). Diese Erklärungen werden nur wirksam, wenn sie gem. § 130 BGB der anderen Vertragspartei zugehen.

Zugegangen ist eine Willenserklärung, wenn sie so in den Bereich des Empfängers gelangt, daß dieser unter normalen Verhältnissen die Möglichkeit hat, vom Inhalt der Erklärung Kenntnis zu nehmen (z. B. BAG, NJW 1984, 1651 f.).

Der Zugang von Willenserklärungen kann im Rahmen der Vertragsdurchführung sowohl im Hinblick auf die Person des Empfängers als auch im Hinblick auf den Beweis des Zuganges durch den Absender Schwierigkeiten bereiten, die durch entsprechende vertragliche Abrede vermieden werden können.

aa) Empfangsvollmacht

Hält sich beispielsweise eine Vertragspartei ständig im Ausland auf oder bestehen Zweifel über den zukünftigen Aufenthaltsort, kann von der anderen Vertragspartei die Erteilung einer Empfangsvollmacht an eine dritte Person gelegentlich der Vertragsverhandlungen durchgesetzt werden. Die Empfangsvollmacht (§ 164 Abs. 3 BGB) bewirkt, daß der Tatbestand des Zugehens auch im Verhältnis zum Vertragspartner gegeben ist, wenn dieser in der Person des Empfangsvertreters verwirklicht wird (vgl. BGH, NJW 1965, 965, 966). 52

Auch beim Vertragsschluß mit Personenmehrheiten, insbesondere mit Gesellschaften bürgerlichen Rechtes, empfiehlt es sich für den anderen Vertragsteil, die Einräumung wechselseitiger Empfangsvollmacht von den Gesellschaftern zu verlangen (vgl. zu den AGB-rechtlichen Grenzen: BGH, NJW 1997, 3437).

bb) Modifikation allgemeiner Zugehensregelungen

§ 130 Abs. 1 BGB ist dispositiv (*Palandt/Heinrichs*, § 130 BGB Rz. 19). Da für den Zugang der Erklärung derjenige stets die Beweislast trägt, der sich auf den Zugang beruft (BGH, BGHZ 101, 49, 55), bietet es sich an, vertragliche Erleichterungen im Hinblick auf Zugangsprobleme zu schaffen. Umfang und Grenzen der Dispositivität des § 130 Abs. 1 BGB sind von der Rechtsprechung noch nicht gesteckt. 53

Mit Urteil vom 7. 6. 1995 (BGH, NJW 1995, 2217 f.) vertrat der BGH die Auffassung, daß die Voraussetzungen des wirksamen Zugangs empfangsbedürftiger, in Abwesenheit des Empfängers abgegebener Willenserklärung der Vereinbarung zugänglich seien. Diese Entscheidung betraf inhaltlich nur die Frage, inwieweit bei formbedürftigen Erklärungen der Zugang einer Abschrift genügt.

54 Allgemein üblich ist es, Zugangsvereinbarungen dahin zu schließen, daß nicht der tatsächliche Zugang beim Empfänger, sondern der durch den Poststempel ausgewiesene Tag der Absendung der Erklärung für die Zugangswirkungen maßgeblich sein soll. Dem wird zu Recht entgegengehalten, daß nicht jeder Brief einen lesbaren Poststempel aufweist und zum anderen das Zugangsdatum vollkommen offenbleibt, wenn der Adressat behauptet, den Brief nicht bekommen zu haben (*Zankl*, Die anwaltliche Praxis in Vertragssachen, Rz. 973). Vorzugswürdig sind daher Klauseln, die mit einer Rechtsfiktion arbeiten, wie z. B.:

Sind im Zuge der Durchführung dieses Vertrages zugangsbedürftige Erklärungen abzugeben, so gilt eine derartige Erklärung am dritten Werktag nach ordnungsmäßiger Absendung als zugegangen.

Eine derartige Fiktion wird als widerleglich anzusehen sein. Jedoch muß derjenige Vertragspartner, der potentieller Adressat ist, sich klar darüber sein, daß es in bestimmten Konstellationen annähernd unmöglich ist, den Nichtzugang einer Erklärung zu beweisen.

c) Mehrheit von Vertragspartnern

55 Jenseits der Fälle des „dreiseitigen Synallagmas" (siehe unten Rz. 70) kommt es häufig vor, daß bei Verträgen, die typischerweise zwei Parteien angehen, auf der einen oder anderen Seite mehrere Parteien stehen, denen der Anspruch auf die Sach- oder Geldleistung zusteht. Beispielsweise können mit einem Vertrag mehrere Personen von einem Veräußerer unterschiedliche GmbH-Geschäftsanteile erwerben. Umgekehrt kann es sein, daß einer eine Sache an mehrere verkauft.

In dieser Konstellation ist es sinnvoll, für die Hauptleistungspflichten und/oder einzelne Vertragsbestandteile klar das Außen- und Innenverhältnis der Mehrheit der Vertragspartner zu regeln.

Im **Außenverhältnis** soll stets klargestellt werden, ob die Leistungsberechtigten **Gesamt-** oder **Teilgläubiger** sind. Im Hinblick auf die Leistungsverpflichteten sollte spiegelbildlich klar geregelt werden, ob diese **Gesamt-** oder **Teilschuldner** sind.

Oftmals empfiehlt sich auch eine Klarstellung im Verhältnis mehrerer Leistungsberechtigter, etwa dahin, ob sie die Berechtigung zur gesamten Hand oder als Miteigentümer erwerben sollen.

56 Bei der Leistungsverpflichtung von Gesamtschuldnern sollte, soweit nicht die Zweifelsregel des § 426 Abs. 1 S. 1 BGB greifen soll, klar die **Ausgleichungspflicht** geregelt werden. Dies wird häufig vergessen.

Erwerben etwa zwei Personen eine GmbH & Co. KG in der Weise, daß einer die Geschäftsanteile an der Komplementär-GmbH und den überwiegenden Teil der Kommanditbeteiligung, während der andere nur einen marginalen

Kommanditanteil erwirbt, verlangt der Verkäufer jedoch die gesamtschuldnerische Haftung beider Erwerber für den Gesamtkaufpreis, so empfiehlt es sich für den Berater des Erwerbers des Marginalanteils, vorsorglich eine von § 426 Abs. 1 S. 1 BGB abweichende Ausgleichungsregelung zu treffen.

Schließlich ist immer dann, wenn auf der einen oder anderen Seite des Vertrages eine Personenmehrheit kontrahiert, zu empfehlen, daß eine klare Regelung über die Ausübung von Gestaltungsrechten getroffen wird. Diese kann entweder darin bestehen, daß die Gestaltungsrechte von den an selber Seite beteiligten Vertragspartnern nur gemeinschaftlich oder gerade von jedem einzelnen ausgeübt werden können. Im letzteren Falle bedarf es weiter einer Regelung, was passiert, wenn nur einer der beiden auf selber Seite beteiligten Vertragspartner das Gestaltungsrecht ausübt.

d) Änderung in der Person des Vertragspartners

Insbesondere bei Dauerschuldverhältnissen ist stets der Fall zu antizipieren, daß in der Person eines der Vertragspartner Veränderungen eintreten, die für die Abschlußbereitschaft der anderen Seite von Bedeutung sind. Als wichtigste Änderungstatbestände sind in diesem Zusammenhang aufzuzählen:

– Veränderungen im Gesellschafterbestand bei Personengesellschaften,
– Rechtsformwechsel des Vertragspartners,
– Verschmelzung oder Spaltung des Vertragspartners,
– Insolvenz des Vertragspartners,
– Tod des Vertragspartners.

aa) Änderungen im Gesellschafterbestand bei Personengesellschaften

Beim Kontrahieren mit Personen(handels)gesellschaften spielt für die Abschlußbereitschaft der anderen Vertragspartei die Bonität der persönlich haftenden Gesellschafter in der Regel eine maßgebliche Rolle. Der wechselnde Bestand der Gesellschafter betrifft die Vertragsverhältnisse der Personengesellschaft zunächst nicht, weil der Ein- und Austritt von Gesellschaftern die Identität der Gesellschaft unberührt läßt (h. L. vgl. *K. Schmidt*, Gesellschaftsrecht, S. 1084; a. A. *von Stebut*, ZGR 1981, 196 ff.).

Zwar haftet der ausscheidende Gesellschafter für die bis zu seinem Ausscheiden entstandenen Verbindlichkeiten nach Nachhaftungsgrundsätzen (§ 160 HGB, § 736 Abs. 2 BGB, § 10 Abs. 2 PartGG) bis zum Erlöschenszeitpunkt der Ansprüche (fünf Jahre) weiter. Zugleich wachsen die Verbindlichkeiten dem neu eintretenden Gesellschafter an, wenngleich eine persönliche, unbeschränkte Haftung des eintretenden Gesellschafters nur bei der oHG entsteht (§ 130 HGB). Der eintretende Kommanditist haftet zwar auch für vor seinem Eintreten begründete Verbindlichkeiten (§ 173 HGB), jedoch ist diese Haftung auf die Hafteinlage beschränkt (§ 172 Abs. 1 HGB). Bei der Gesellschaft bürgerlichen Rechts scheidet nach alter Rechtsauffassung eine Haftung des eintretenden Gesellschafters für davor begründete Verbindlichkeiten mit seinem übrigen, nicht gesamthändisch gebundenen Vermögen ebenfalls aus (BGH, NJW 1979, 1821). Der Bundesgerichtshof hat mit seiner Entscheidung vom 29. 1. 2001 (NZG 2001, 311 ff.) in umfassender und grundsätzlicher Hinsicht zum Recht der Gesellschaft bürgerlichen Rechts Stellung genommen. Danach ist nunmehr davon auszugehen, daß die Problematik der Anwachsung der Verbindlichkeiten beim Eintritt in eine Gesellschaft bürgerlichen Rechts in derselben Weise zu entscheiden ist wie bei einer Personenhandelsgesellschaft. Der Bundesgerichtshof beschränkt seine Aussage allerdings darauf, daß der neu in die Gesellschaft eintretende Gesellschafter mit dem **Gesellschaftsvermögen** auch für Altschulden haften solle.

59 Ungeachtet dessen wird es häufig im Interesse des Vertragspartners der Personengesellschaft liegen, im Falle des Gesellschafterwechsels das Vertragsverhältnis vorzeitig beenden zu können. In diesem Falle empfiehlt sich eine klare Regelung eines außerordentlichen Kündigungsrechtes. Alternativ ist auch eine Prolongation der Nachhaftung denkbar, weil die Nachhaftungsvorschriften als dispositives Recht angesehen werden (vgl. z. B. *Baumbach/Hopt*, § 160 HGB Rz. 8). Unbedenklich erscheint auch, für den Fall des Ausscheidens eines Gesellschafters dessen Mithaftung für sämtliche bis zur Beendigung des Vertragsverhältnisses entstandenen Verbindlichkeiten der Gesellschaft zu vereinbaren. Da insoweit jedoch eine persönliche unmittelbare schuldrechtliche Verpflichtung vereinbart wird, ist hier darauf zu achten, daß die Gesellschafter auch persönlich kontrahieren, da beispielsweise eine vertraglich vereinbarte Vertretungsmacht eines GbR-Gesellschafters für die GbR nicht notwendig zur Eingehung derartiger persönlicher Verpflichtungen für die übrigen GbR-Gesellschafter berechtigt.

bb) Rechtsformwechsel

60 Die § 190 bis 304 UmwG ermöglichen in verschiedensten Varianten den Formwechsel einer Gesellschaft in eine andere Rechtsform. Für den Vertragspartner der Gesellschaft ist hier in der Regel nur der Fall bedeutsam, in dem eine Personenhandelsgesellschaft durch Formwechsel in eine Kapitalgesellschaft nachträglich das Haftungsprivileg erlangt. Praktisch von Relevanz dürfte hierbei in erster Linie die Umwandlung einer Personenhandelsgesellschaft in eine Kapitalgesellschaft nach §§ 240 ff. UmwG sein.

Für diese Fälle ordnet § 224 UmwG eine der Nachhaftungsbegrenzung entsprechende Regelung an. Persönlich haftende Gesellschafter haften für die bis zum Zeitpunkt des Formwechsels entstandenen Verbindlichkeiten innerhalb einer Frist von fünf Jahren nach dem Tage der Eintragung der neuen Rechtsform oder des Rechtsträgers neuer Rechtsformen in das Register weiter. Lösungsmöglichkeiten für denjenigen Vertragspartner, der über eine Veränderung der Haftungsmasse besorgt ist, bieten sich in der unter Rz. 217 ff. beschriebenen Weise an.

cc) Verschmelzung oder Spaltung des Vertragspartners

Für den Fall der Übertragung des Vermögens einer Personenhandelsgesellschaft durch Verschmelzung auf einen Rechtsträger in einer Rechtsform, dessen Anteilsinhaber für die Verbindlichkeiten dieses Rechtsträgers nicht unbeschränkt haften, ordnet § 45 UmwG eine im Falle des Formwechsels einer Personenhandelsgesellschaft in eine Kapitalgesellschaft entsprechende Nachhaftung der persönlich haftenden Gesellschafter an. Insoweit ist auf das Vorstehende zu verweisen. 61

Im übrigen findet sich im allgemeinen Teil des Verschmelzungsrechtes eine allgemeine Gläubigerschutznorm (§ 22 UmwG). Danach ist den Gläubigern, wenn sie binnen 6 Monaten nach dem Tag der Eintragung der Verschmelzung in das Register ihren Anspruch anmelden, Sicherheit zu leisten, soweit sie nicht Befriedigung erlangen können.

Dieser Anspruch bezieht sich jedoch nur auf Forderungen, die bereits entstanden sind. Bei Dauerschuldverhältnissen kann der Gläubiger für zukünftige Ansprüche, die nach der Eintragung der Verschmelzung in das Register des übernehmenden Rechtsträgers entstehen, keine Sicherheitsleistung nach § 22 UmwG verlangen (*Dehmer*, § 22 UmwG Rz. 6). 62

Aus der Perspektive des Gläubigers besteht daher das Interesse, die Ansprüche auf Sicherheitsleistung vertraglich zu erweitern oder für den Fall der Verschmelzung eine Beendigungsmöglichkeit für das Vertragsverhältnis vorzusehen.

Umgekehrt kann jedoch auch aus der Perspektive des Schuldners das Interesse bestehen, Erschwerungen von Verschmelzungen aufgrund des Rechtes der Gläubiger, Sicherheitsleistung zu verlangen, auszuschließen. Aus dieser Perspektive kommt auch eine Abbedingung des § 22 UmwG in Betracht.

Für den Fall der Spaltung der Rechtsträger trifft § 133 UmwG eine ähnliche Regelung wie § 22 UmwG, so daß das Vorstehende auch für diesen Fall gilt.

dd) Insolvenz des Vertragspartners

Für den Fall der Insolvenz des Vertragspartners bei noch nicht vollständig erfüllten gegenseitigen Verträgen oder Dauerschuldverhältnissen treffen die §§ 103 ff. InsO eingehende Regelungen. Ausgangspunkt ist zunächst § 103 InsO, wonach bei einem beiderseitig noch nicht vollständig erfüllten Vertrag zur Zeit der Eröffnung des Insolvenzverfahrens der Insolvenzverwalter ein Wahlrecht hat, den Vertrag zu erfüllen oder die Erfüllung abzulehnen. Im 63 letzteren Falle wird die Leistungsverpflichtung des Gemeinschuldners durch eine Verbindlichkeit wegen der Nichterfüllung substituiert. Die nachfolgenden Regelungen betreffen insbesondere Miet- und Dienstverhältnisse, Regelungen über Fortbestand und Beendigung (vgl. §§ 108–112 InsO und §§ 113,114 InsO). Für die Abwicklung von Austauschverträgen erscheinen zudem die Vorschriften über das Erlöschen von Aufträgen des Gemeinschuldners (§ 115 InsO), das Erlöschen von Geschäftsbesorgungsverträgen (§ 116 InsO) sowie das Erlöschen von Vollmachten, die sich auf das zur Insolvenzmasse gehörende Vermögen beziehen (§ 117 InsO), bedeutsam.

Wichtig ist auch die Regelung des § 119 InsO, die in der Konkursordnung keinen Vorläufer hatte. Hiernach sind Vereinbarungen, durch die im voraus die Anwendung der §§ 103–118 InsO ausgeschlossen oder beschränkt werden, unwirksam. Damit ist die weitgehende Indispositivität der Normen des Insolvenzrechtes festgeschrieben. Höchstrichterlich noch ungeklärt ist die Frage, inwieweit § 119 InsO vertraglichen Lösungsklauseln entgegensteht, die Vertragsverhältnisse durch die Eröffnung oder die in einem Insolvenzantrag zum Ausdruck kommende Vermögensverschlechterung auflösend bedingen oder dem anderen Teil daran geknüpfte Kündigungs- oder Rücktrittsrechte einräumen (vgl. zum Meinungsstand: *Tintelnot* in: Kübler/Prütting, § 119 InsO Rz. 15 ff.).

Gegenüber kautelar-praktischen Versuchen, das Risiko der Insolvenz des Vertragspartners auf der schuldrechtlichen Ebene zu minimieren, dürfte die Bestellung insolvenzfester Sicherheiten der bessere Weg sein.

64 Ein Sonderproblem besteht im Bereich von Kredit- oder Nutzungsüberlassungsverträgen im Verhältnis zwischen Kapitalgesellschaft und Gesellschafter. Insbesondere bei der Gesellschaft mit beschränkter Haftung besteht stets das Risiko, daß ein hingegebenes Darlehen des Gesellschafters (§ 32a Abs. 1 GmbHG) oder die Nutzungsüberlassung (§ 32a Abs. 3 GmbHG) im Insolvenzfall als eigenkapitalersetzend angesehen werden. Insbesondere der Eigenkapitalersatzcharakter eines Darlehens, aber auch einer Nutzungsüberlassung kann sich daraus ergeben, daß das Darlehen bzw. die Sachen in dem Zeitpunkt, in dem ein ordentlicher Kaufmann der Gesellschaft Eigenkapital zugeführt hätte, „stehengelassen" werden.

Die Voraussetzungen, wann ein „Stehenlassen" einer Darlehensgewährung oder Nutzungsüberlassung gleich zu erachten ist, sind umstritten (vgl. *Scholz/K. Schmidt*, §§ 32a, 32b GmbHG, Rz. 47 ff.). Begrifflich kann von einem „Stehenlassen" im eigenkapitalrechtlichen Sinne jedoch nur die Rede sein, wenn der Gesellschafter in der Lage gewesen wäre, das Darlehen in diesem Zeitpunkt zurückzufordern. Gleiches gilt für die eigenkapitalersetzende Nutzungsüberlassung.

Unabhängig hiervon könnte gerade im Falle langfristiger vertraglicher Bindungen ein quasi „antizipiertes Stehenlassen" auch für den Fall der Krise gesehen werden, so daß es sich in Gesellschafter-Gesellschaftsschuldverhältnissen empfiehlt, regelmäßig kurze Kündigungsfristen und/oder außerordentliche Kündigungsrechte für den Fall einer Vermögensverschlechterung zu vereinbaren, von denen im Falle der Anbahnung der Krise Gebrauch gemacht werden kann. Die Wirksamkeit solcher Klauseln ist zwar zweifelhaft. Ihre Vereinbarung schafft jedoch zumindest eine Verhandlungsposition.

§ 32a GmbHG ist durch das Kapitalaufnahmeerleichterungsgesetz vom 20. 4. 1998 (BGBl. I, 707) und durch das Gesetz zur Kontrolle und Transparenz im Unternehmensbereich vom 27. 4. 1998 (BGBl. I, 786) in nicht unerheblicher Weise modifiziert worden. Nach dem neuen § 32a Abs. 3 S. 2 GmbHG finden die Regeln über den Eigenkapitalersatz auf den nicht geschäftsführenden Gesellschafter, der mit 10 v. H. oder weniger am Stammkapital beteiligt ist, keine Anwendung mehr. Nach dem neu angefügten, sich anschließenden S. 3 finden die Kapitalersatzregeln auch dann keine Anwendung mehr, wenn ein Darlehensgeber in der Krise der Gesellschaft Geschäftsanteile zum Zweck der Überwindung der Krise erwirbt. Dies gilt sowohl für bestehende als auch für neu zu gewährende Kredite (Sanierungsprivileg). Ob und inwieweit diese Privilegien aus bestehenden Finanzierungssituationen heraus für die Vertragsgestaltung genutzt werden können, wird erst die höchstrichterliche Rechtsprechung der kommenden Jahre zeigen. 65

ee) Tod des Vertragspartners

Soweit es nicht höchstpersönliche Pflichten des Erblassers betrifft, gehen die Rechtsverhältnisse des Erblassers per Universalsukzession auf die Erben über. Auch dies führt zu einer mitunter nicht erwünschten Auswechslung des Vertragspartners. Wenn das vermieden werden soll, empfiehlt sich die Einfügung eines entsprechenden Kündigungstatbestandes. Hinzuweisen ist jedoch darauf, daß das Kündigungsrecht bei Tod des Sachleistungsberechtigten im Wohnraummietrecht stark eingeschränkt ist (§ 580 i. V. m. §§ 563a ff.). 66

e) Geschäftsfähigkeit der Vertragspartner

Die Vertretung beschränkt Geschäftsfähiger wurde bereits beschrieben (siehe oben Rz. 50). Jenseits des Minderjährigenrechtes ist der Vertragsschluß mit einem (unerkannt) Geschäftsunfähigen ein Fall, der den Lehrbüchern zum Allgemeinen Teil des BGB vorbehalten bleibt. Bestehen jedoch Zweifel an der Geschäftsfähigkeit des Vertragspartners, so sollte bei beurkundungsbedürftigen Geschäften zumindest der Notar aufgefordert werden, einen Vermerk über die Prüfung der Geschäftsfähigkeit in die Urkunde aufzunehmen. Jenseits beurkundungsbedürftiger Geschäfte ist zu empfehlen, ggf. zum Zeitpunkt des Vertragsschlusses ein Gutachten über die Geschäftsfähigkeit einzuholen, um im Falle späterer Konflikte die Geschäftsfähigkeit dokumentiert zu haben. 67

5. Verhältnis zu anderen Verträgen

68 Häufig korrespondieren Verträge mit anderen Rechtsverhältnissen unter denselben Parteien oder mit Dritten. In diesem Zusammenhang sind insbesondere drei Aspekte regelmäßig zu berücksichtigen:
– Formbedürftigkeit kraft Zugehörigkeit zu einem formbedürftigen Vertrag,
– Probleme des Einwendungsdurchgriffs,
– Koordination/Systemverantwortung.

a) Formaspekt

69 Wie bereits (siehe oben Rz. 24) dargestellt, können Verträge, die mit formbedürftigen Verträgen verbunden sind, selbst der Form dieser Verträge unterfallen. Ggf. kann sogar die Nichtbeurkundung einer beurkundungsbedürftigen Nebenabrede zu einem beurkundungsbedürftigen Hauptgeschäft über § 139 BGB das Hauptgeschäft zu Fall bringen, soweit kein Heilungstatbestand erfüllt wird.

b) Einwendungsdurchgriff

70 Gelegentlich der Problematik des finanzierten Abzahlungskaufes, einem Geschäft, das eine objektive Umgehung des Abzahlungsgesetzes durch die Aufspaltung des Ratenkaufes in einen Kredit- und Kaufvertrag darstellt, hat der BGH durch richterliche Rechtsfortbildung die Möglichkeit für den Käufer geschaffen, Einwendungen aus dem Kaufvertrag dem Rückzahlungsanspruch des Kreditgebers entgegenzuhalten (grundlegend: BGH, BGHZ 22, 90). Die von der Rechtsprechung entwickelten Grundsätze sind insbesondere durch § 358 BGB (verbundene Geschäfte) mittlerweile kodifiziert worden. Jedoch hat der BGH auch außerhalb des Geltungsbereiches des Abzahlungsgesetzes die Grundsätze des Einwendungsdurchgriffes angewendet mit der Begründung, die Normen des Abzahlungsgesetzes allein könnten den aus Treu und Glauben gebotenen Einwendungsdurchgriff nicht begründen, so daß sie ihn umgekehrt auch nicht verhindern können (BGH, NJW 1978, 1427, 1428).

Die dogmatische Begründung des Einwendungsbegriffes ist vielfältig. Während der BGH sie aus § 242 BGB herleitet, greift die Literatur auf die vielfältigsten methodischen Kunstgriffe zurück. Am weitesten geht die These vom **dreiseitigen Synallagma**. Hiernach ist der Einwendungsdurchgriff Ausfluß des Synallagmas, welches auch dreiseitig sein kann, d. h. daß zwei unterschiedliche Austauschverträge, an denen jedoch nur drei Parteien insgesamt beteiligt sind, miteinander so verbunden sind, daß jede Leistung der drei Parteien mit den beiden Leistungen der beiden anderen stehen und fallen soll (grundlegend: *Gernhuber*, Austausch und Kredit im rechtsgeschäftlichen Verbund, in: Festschrift für Larenz, S. 453, 475 ff.).

Für die Kautelarpraxis sollte davon ausgegangen werden, daß der Einwendungsdurchgriff ein **allgemeines Rechtsprinzip** ist, welches unter diesen Voraussetzungen stets Platz greift. Ob und welche Voraussetzungen darüber hinaus an einen solchen rechtsgeschäftlichen Verbund, der den Einwendungsdurchgriff rechtfertigt, zu stellen sind, sei hier dahingestellt. Entscheidend ist, daß die Gefahr eines Einwendungsdurchgriffes stets dann besteht, wenn ein Austauschgeschäft für den Sachleistungsberechtigten dadurch ermöglicht wird, daß dieses durch einen eigens hierfür geschlossenen Kreditvertrag finanziert wird. 71

Hier tritt eine Interessenkollision auf, die in dem einen oder anderen Sinne klar geregelt werden sollte. Der Sachleistungsberechtigte, der den Vertrag drittfinanziert, wird in der Regel ein Interesse daran haben, das Sachleistungsgeschäft dann nicht durchführen zu müssen, wenn die Finanzierung scheitert. Der Sachleistungsverpflichtete wird wenig Interesse daran haben, Einwendungen aus dem Kreditverhältnis ausgesetzt zu sein, und der Kreditgeber wird kein Interesse daran haben, Einwendungen aus dem Sachleistungsverhältnis ausgesetzt zu sein.

Es kommt daher für die optimale Interessenwahrnehmung auf die Perspektive an. Aus Sicht des Sachleistungsberechtigten wird es sinnvoll sein, sowohl den Kreditvertrag als auch das Sachleistungsgeschäft aufschiebend mit dem Zustandekommen beider Verträge zu bedingen. Der Kreditgeber wird – was außerhalb des Anwendungsbereiches der Regelung über Verbraucherverträge (§§ 358, 359 BGB) und der Regelungen zur Gestaltung rechtsgeschäftlicher Schuldverhältnisse durch allgemeine Geschäftsbedingungen (§§ 305 ff. BGB) ohne weiteres möglich sein dürfte – bestrebt sein, jeden Einwendungsdurchgriff aus dem Sachleistungsgeschäft auszuschließen. Der Sachleistungsverpflichtete wird ein entsprechendes Interesse am Ausschluß von Einwendungen aus dem Kreditverhältnis haben.

c) Koordination/Systemverantwortung

Häufig läßt sich der von einer Vertragspartei verfolgte wirtschaftliche Zweck nur durch den Abschluß mehrerer, paralleler Verträge erreichen. Dies gilt für eine Vielfalt von wirtschaftlichen Zwecken, vom Hausbau bis zum Aufbau einer Produktion eines bestimmten Artikels. Hier resultiert der angestrebte wirtschaftliche Erfolg daraus, daß Teilleistungen, die von einer unterschiedlichen Anzahl von Anbietern erbracht werden, „zusammenpassen". Wird in solchen Konstellationen keine Regelung der Systemverantwortung getroffen, so trägt das Risiko regelmäßig der Auftraggeber. 72

Will dieser beispielsweise ein am Markt zu handelndes Produkt aus zwei von unterschiedlichen Werkunternehmern erstellten Teilprodukten herstellen lassen und passen diese Teilprodukte nicht zusammen, ohne daß einen der beiden Lieferanten ein Verschulden trifft, so zahlt der Auftraggeber zwei für ihn wirtschaftlich sinnlose Leistungen.

73 Für die Zuweisung der Systemverantwortung gibt es verschiedene Alternativen:

- **Keine ausdrückliche Zuweisung der Systemverantwortung**
  Fehlt es an einer ausdrücklichen Zuweisung der Systemverantwortung, so trägt das hieraus resultierende Risiko der Auftraggeber, soweit nicht ein isoliertes Verschulden eines der beauftragten Unternehmer festzustellen ist. Dieses kann jedoch u. U. darin liegen, daß der Nachunternehmer Prüfungspflichten im Hinblick auf die Leistung des Vorunternehmers verletzt (vgl. BGH, NJW 1987, 643 f.).

- **Delegation der Systemverantwortung als Koordinierungspflicht**
  Während bei der Nichtregelung der Systemverantwortung der Auftraggeber diese trägt und zur Vermeidung der Realisation eines Risikos die Teilleistung selbst koordinieren muß, kommt es in Betracht, die Koordinationspflicht an einen **Generalübernehmer** zu delegieren, für deren Verschulden er dann jedoch gem. § 278 BGB einzustehen hat.

- **Übernahme der Systemverantwortung mit vollem Haftungsrisiko für die Gesamtleistung**
  Übernimmt der Generalübernehmer lediglich die Koordinierungspflicht als selbständige Pflicht, so übernimmt der **Generalunternehmer** die volle Verantwortung für das Gelingen der Gesamtleistung. Diesem bleibt es überlassen, die Teilleistungen selbst zu erbringen oder an Subunternehmer zu delegieren.

6. Einfluß Dritter auf den Vertrag

74 Sowohl die Wirksamkeit eines Vertrages als auch dessen Durchführung kann durch Rechte Dritter beeinträchtigt sein. Hier kommen sowohl öffentlich-rechtliche oder privatrechtliche Beschränkungen und als Spezialfall öffentlich-rechtliche oder privatrechtliche Vorkaufsrechte in Betracht.

a) Öffentlich-rechtliche Beschränkungen

aa) Einfluß auf die Wirksamkeit

75 Öffentliches Recht kann die Wirksamkeit eines privatrechtlichen Vertrages auf verschiedene Weise beeinflussen.

Den stärksten Einfluß übt ein **Durchführungsverbot** mit Erlaubnisvorbehalt aus. Verbotswidrig vollzogene Rechtsgeschäfte sind, von bestimmten Tatbeständen abgesehen, unwirksam. Schwebende Unwirksamkeit kann sich beispielsweise aufgrund öffentlich-rechtlicher Genehmigungserfordernisse ergeben. Diese bestehen insbesondere bei bestimmten Grundstücksgeschäften. So hängt die Wirksamkeit auch des schuldrechtlichen Vertrages über die Übertragung eines Grundstückes in den neuen Bundesländern von der Erteilung der Grundstücksverkehrsgenehmigung durch die zuständige Behörde ab (§§ 1 Abs. 1 i. V. m. § 2 Abs. 1 Ziff. 1 GVO). Allgemein hängt auch die Wirksamkeit des schuldrechtlichen Vertrages über land- oder forstwirtschaftliche Grundstücke u. a. im Sinne des § 1 Abs. 1 GrdstVG von der Erteilung einer entsprechenden Genehmigung durch die zuständige Behörde ab.

Von besonderer Bedeutung sind zudem die Tatbestände der durch die 6. GWB-Novelle vollkommen neu gefaßten kartellrechtlichen Zusammenschlußkontrolle (§§ 35–43 GWB). Nach der Neufassung gibt es keine Differenzierung mehr zwischen solchen Zusammenschlußtatbeständen, die zwar der Kontrolle unterliegen, jedoch erst nachträglich angezeigt werden müssen, und solchen, die vor ihrem Vollzug angemeldet werden müssen. Seit dem 1. Januar 1999 ist jeder Zusammenschluß, der die Voraussetzungen des § 37 GWB erfüllt, **vorher** beim Bundeskartellamt anzumelden. Das Verfahren der Zusammenschlußkontrolle regelt § 40 GWB. Hiernach darf das Bundeskartellamt einen angemeldeten Zusammenschluß nur untersagen, wenn es den anmeldenden Unternehmen innerhalb einer Frist von einem Monat seit Eingang der vollständigen Anmeldung mitteilt, daß es in die Prüfung des Zusammenschlusses eingetreten ist. Tritt das Bundeskartellamt in die Prüfung ein (Hauptprüfverfahren), entscheidet es durch Verfügung. Ergeht die Verfügung nicht innerhalb einer Frist von 4 Monaten seit Eingang der vollständigen Anmeldung, gilt der Zusammenschluß als freigegeben, es sei denn, es liegen die Ausnahmetatbestände des § 40 Abs. 2 Ziff. 1–3 GWB vor. Nach § 41 Abs. 1 GWB besteht für den Zeitraum der vorerwähnten Monats- bzw. Viermonatsfrist ein Vollzugsverbot. Rechtsgeschäfte, die gegen das Vollzugsverbot verstoßen, sind unwirksam.

Neben den Regeln der nationalen Zusammenschlußkontrolle sind bei Vorliegen der entsprechenden qualitativen und quantitativen Kriterien auch die Regelungen der europäischen Fusionskontrolle zu beobachten (Verordnung [EWG] Nr. 4064/89 des Rates über die Kontrolle von Unternehmenszusammenschlüssen vom 21. 12. 1989; Verordnung [EWG] Nr. 2367/90 der Kommission über die Anmeldungen, über die Fristen sowie über die Anhörung nach der Verordnung [EWG] Nr. 4064/89 des Rates über die Kontrolle von Unternehmenszusammenschlüssen vom 25. 7. 1990).

Ist die Zustimmung Dritter beim Vertrag erforderlich, sind zwischen den Parteien regelmäßig drei Punkte zwingend zu regeln: 76

– Welche Vertragspartei soll für die Einholung der Zustimmung zuständig sein?
– Wie werden die Kosten der Einholung der Zustimmung verteilt?
– Was passiert, wenn sich die Erteilung der Zustimmung übermäßig verzögert?

77 Eine Regelung dieser Probleme bei einem Vertrag, der der öffentlich-rechtlichen Genehmigung bedarf, könnte wie folgt gestaltet werden:

Dieser Vertrag bedarf gem. § (...) der Genehmigung durch die (...-)Behörde. Vertragspartei A wird unverzüglich nach Vertragsschluß den Antrag auf Erteilung dieser Genehmigung stellen. Vertragspartei B wird diesen Antrag in jeder erforderlichen Hinsicht unterstützen. Die durch das Genehmigungsverfahren entstehenden Gebühren werden zwischen den Parteien hälftig geteilt. Dieser Vertrag ist zugleich auflösend damit bedingt, daß die Genehmigung nicht bis einschließlich den (...) erteilt und bis zum (...) bestandskräftig wird.

Weiterhin ist zu beachten, daß eine öffentlich-rechtliche Genehmigung eines Vertrages ein Verwaltungsakt mit belastender Drittwirkung sein kann. In diesen Fällen kann infolge eines Widerspruchsverfahrens und einer Anfechtungsklage des belasteten Dritten die Wirksamkeit des Vertrages über Jahre im Zweifel stehen. Um dieses Risiko auszuschließen, kann die vorstehend geschilderte auflösende Bedingung z. B. auf eine **bestandskräftige** Genehmigung bis zu einem bestimmten Zeitpunkt abstellen.

78 Die dritte Gruppe der Beschränkungen ist schließlich die sich an den Abschluß eines wirksamen Vertrages anschließende **Verbotsmöglichkeit** für die öffentliche Verwaltung. Ein Beispiel hierfür ist die Möglichkeit der Kartellbehörde, Ausschließlichkeitsbindungen für unwirksam zu erklären (§ 16 GWB).

Wo die Gefahr eines Verbots des vertraglichen Vorhabens nach seinem Vollzug droht, ist es sinnvoll, einen **Rückabwicklungsmodus** für diesen Fall vertraglich ausdrücklich zu vereinbaren, da insbesondere bei komplexeren Austauschverträgen und bei einer Veränderung des Vertragsgegenstandes über einen längeren Zeitraum die gesetzlichen Rückabwicklungsmodi oft zu nahezu unlösbaren Problemen führen.

bb) Einfluß auf die Erreichung des Vertragszwecks

79 Die zumindest von einer der Parteien mit dem Vertragsschluß verfolgten Zwecke können häufig unerreichbar werden, wenn erwartungswidrig öffentlich-rechtliche Voraussetzungen für die Zweckverfolgung nicht eintreten oder von Anfang an gefehlt haben.

Beispiele:

Der Erwerber eines Einzelhandelsunternehmens erhält keine Gewerbeerlaubnis; erforderliche Konzessionen fehlen (exemplarisch: BGH, DB 1997, 2320) oder werden entzogen; das Bauvorhaben, dessentwegen ein Grundstück erworben wird, erweist sich als nicht genehmigungsfähig.

Soweit hier das öffentliche Recht Einfluß auf die Beschaffenheit oder Verwendbarkeit des Vertragsgegenstandes ausübt, greifen teilweise gesetzliche Regelungen. So werden im Grundstückskaufrecht Mängel der Bebaubarkeit aufgrund öffentlich-rechtlicher Bestimmungen u. U. als Sachmangel gewertet (z. B. BGH, BGHZ 117, 159 ff.). Die Abgrenzungen hierbei sind jedoch häufig so subtil und indifferent, daß es sich für die Vertragspartei, deren Zweckerreichung möglicherweise aufgrund öffentlich-rechtlicher Beschränkungen des Vertragsgegenstandes oder der eigenen Person fraglich ist, dringend empfiehlt, den Bestand des Vertrages von der Zweckerreichung, z. B. durch eine Geschäftsgrundlagenvereinbarung, abhängig zu machen (siehe unten Rz. 217).

b) Privatrechtliche Beschränkungen

aa) Schlicht schuldrechtliche Beschränkungen

Nicht der Bestand des Vertrages oder dessen Durchführung stehen in Frage, wenn lediglich eine Vertragspartei durch schuldrechtliche Abrede mit einem Dritten an einer Verfügung über den Vertragsgegenstand gehindert ist. So sind rechtsgeschäftliche Veräußerungsverbote, im Gegensatz zu gesetzlichen, nur schuldrechtlich, nicht jedoch dinglich wirksam (§ 137 BGB). Die Verletzung einer solchen schuldrechtlichen Verpflichtung kann auf seiten der verletzenden Vertragspartei gegenüber einem Dritten nur Schadensersatzpflichten auslösen. 80

bb) Beeinflussung der Wirksamkeit des Vertrages

Zur schwebenden Unwirksamkeit eines Vertrages führen insbesondere die Genehmigungsbedürfnisse des Familienrechtes. Hervorzuheben sind hier das Zustimmungserfordernis des anderen Ehegatten, im Falle der Verpflichtung eines Ehegatten, über sein Vermögen im ganzen zu verfügen (§ 1365 Abs. 1 BGB). Dieses für den Fall des gesetzlichen Güterstandes geltende Erfordernis wird häufig übersehen. Da der andere Vertragspartner selten vollständigen Einblick in die Vermögensverhältnisse hat, empfiehlt es sich, hier bei Vertragsschluß entsprechende Absicherungen zu treffen. Untauglich sind dabei Versicherungen des anderen Vertragspartners, nicht über sein Vermögen im ganzen zu verfügen, weil deren Unrichtigkeit zwar Schadensersatzansprüche auslöst, der Vertrag jedoch bei fehlender Zustimmung des anderen Ehegatten gleichwohl unwirksam ist. Die Wirksamkeit des Vertrages wird nur dann sichergestellt, wenn man den anderen Ehegatten seine Zustimmung vorsorglich erteilen läßt, was sinnvollerweise in derselben Urkunde geschieht. 81

Im Falle des ehelichen Gesamtgutes regelt § 1423 BGB ein entsprechendes Genehmigungserfordernis.

cc) Einfluß Dritter auf die Durchführung des Vertrages

Dritte können die Durchführung des Vertrages z. B. beim Bestehen dinglich wirkender Verfügungsbeschränkungen beeinflussen. Insbesondere das Ab- 82 tretungsverbot unter Genehmigungsvorbehalt, welches bei der Vinkulierung von GmbH Geschäftsanteilen (§ 15 Abs. 5 GmbHG) oder der Vinkulierung von Namensaktien (§ 68 Abs. 2 AktG) mit dinglicher Wirkung greift, kann die Erfüllung eines entsprechenden Kaufvertrages hindern. Zur Vermeidung von Schadensersatzpflichten empfiehlt es sich für den Veräußerer, gegenüber dem Erwerber das Erfüllungshemmnis im Vertrag offenzulegen. Der Erwerber wird hier, wie bei schwebend unwirksamen Verträgen, die einer sonstigen Genehmigung bedürfen, ein Interesse daran haben, nicht ewig gebunden zu sein. Derartigen Interessen kann beispielsweise durch die folgende Klausel entgegengetreten werden:

Der Veräußerer weist ausdrücklich darauf hin, daß die Abtretung der Geschäftsanteile der Genehmigung durch die Gesellschaft bedarf. Er wird sich unverzüglich nach Vertragsschluß um die Einholung der Genehmigung bemühen. Der Vertrag ist auflösend damit bedingt, daß die Genehmigung durch Gesellschafterbeschluß bis einschließlich den (...) erfolgt. Die auflösende Bedingung gilt auch dann als eingetreten, wenn der Genehmigungsbeschluß durch einen oder mehrere Gesellschafter angefochten wird.

c) Vorkaufsrechte

83 Der wohl schwerwiegendste Fall der Einflußnahme Dritter auf die Durchführung eines Vertragsverhältnisses ist die Ausübung eines Vorkaufsrechtes im Kaufrecht. Privatrechtliche Verkaufsrechte können rein schuldrechtlich (§§ 504 ff. BGB) oder dinglich (§§ 1094 ff. BGB) ausgestaltet sein. Öffentlichrechtliche Vorkaufsrechte resultieren insbesondere aus §§ 24 ff. BauGB (gemeindliches Vorkaufsrecht). Weitere Vorkaufsrechte ergeben sich aus §§ 4 ff. RSiedlG. Darüber hinaus sind auch zuweilen durch Landesrecht öffentlichrechtliche Vorkaufsrechte vorgesehen. Von Bedeutung ist darüber hinaus das Vorkaufsrecht aus § 20 VermG (Vorkaufsrecht von Mietern und Nutzern restitutionsbelasteter Grundstücke in den neuen Bundesländern).

Insbesondere bei rein schuldrechtlichen Vorkaufsrechten, die für den Vertragspartner nicht ohne weiteres erkennbar sind, empfiehlt sich die Offenlegung des Bestehens des Vorkaufsrechtes im Vertrag, um im Vorkaufsfalle keine Schadensersatzpflichten des Verkäufers auszulösen.

84 Das Vorkaufsrecht als solches ist für Umgehungsversuche besonders anfällig. Die Rechtsprechung wehrt Umgehungsversuche relativ strikt ab. Aus der jüngeren Rechtsprechung ist die Entscheidung des BGH vom 11. 10. 1991 (BGHZ 115, 335 ff.) hervorzuheben. Hiernach können Vertragsgestaltungen, die zur Umgehung des Vorkaufsrechtes ohne formellen Kaufvertrag in ihrer Gesamtheit einem Kaufvertrag nahezu gleichkommen, in die der Vorkaufsberechtigte zur Wahrung seiner Erwerbs- und Abwehrinteressen „eintreten" kann, ohne die von dem Verpflichteten ausgehandelten Konditionen der Veräußerung zu beeinträchtigen, nach Treu und Glauben den Vorkaufsfall aus-

lösen. Betroffen war hier ein mit Kaufangebot und Auflassungsvormerkung flankierter Nießbrauch. Diese aus dem Leitsatz der Entscheidung ersichtliche relativ weitreichende Formulierung zwingt auch dann, wenn es an sich nicht beabsichtigt ist, ein bestehendes Vorkaufsrecht zu umgehen, die vertragliche Gestaltung darauf zu prüfen, inwieweit hierin nach den vorstehenden Grundsätzen der Eintritt des Vorkaufsfalles bejaht werden kann.

Nicht nur die Umgehung des Vorkaufsrechtes selbst, sondern auch der Versuch der Vereitelung seiner Ausübung durch nachteilige Vertragsbestimmungen wird von der Rechtsprechung skeptisch betrachtet. Mit Entscheidung vom 13. 6. 1980 (BGHZ 77, 359 ff.) vertrat der BGH die Auffassung, der Vorkaufsberechtigte sei durch solche Bestimmungen des Erstvertrages nicht verpflichtet, die nicht zum Kaufvertrag gehören und sich darin als Fremdkörper darstellen. Dies sei in der Regel der Fall bei einer Vertragsgestaltung, die völlig außerhalb des Abhängigkeitsverhältnisses zwischen Leistung und Gegenleistung des Kaufs liege, also nur für den Vorkaufsfall getroffen wurde und den Parteien des Erstvertrages bei dessen Durchführung keine irgendwie gearteten Vorteile bringe. Diese Entscheidung betraf die Regelung eines Maklerhonorares im Wege eines Vertrags zugunsten Dritter.

7. Haftungsrisiken aus dem Leistungsaustausch

Vornehmlich bei Kaufverträgen, aber auch bei Nutzungsüberlassungsverträgen, selbst bei bestimmten Werkverträgen resultieren aus dem Leistungsaustausch kaum absehbare Leistungsrisiken, die es für die risikobelastete Partei von vornherein zu prüfen gilt. Hervorzuheben sind hierbei folgende Risiken:

– Haftung des Firmenfortführers (§ 25 HGB),
– Haftung des Betriebsübernehmers (§ 613 a BGB),
– Haftung für Ansprüche aus einem Steuerschuldverhältnis,
– Haftung für ausstehende Einlagen bei GmbH-Geschäftsanteilen,
– öffentlich-rechtliche Störerhaftung.

a) Vermögensübernahme (§ 419 BGB a. F.)

§ 419 BGB ist im Zuge der Insolvenzrechtsreform mit Ablauf des 31. Dezember 1998 außer Kraft getreten (vgl. Artikel 33 Ziff. 16 EGInsO). Damit ist das häufig kaum zu übersehende Risiko einer Haftung wegen Vermögensübernahme im Grundsatz entfallen. Dies sollte insbesondere bei dem Erwerb kompletter Aktivvermögen, insbesondere von Kapitalgesellschaften, jedoch nicht zu einer völligen Bedenkenlosigkeit verleiten. Gerade Vermögensübernahmen im ganzen können zur Gläubigerbenachteiligung, zu Anfechtungsrechten innerhalb und außerhalb des Insolvenzverfahrens oder gar zu Schadensersatzansprüchen führen. Weiterhin ist nicht auszuschließen, daß die Rechtsprechung nach Wegfall des § 419 BGB zur Schließung tatsächlich bestehender oder kreierter Gerechtigkeitslücken Ersatztatbestände schafft. Denkbar wäre beispielsweise eine Art privatrechtliche „Funktionsnachfolge", für die die ausufernde Interpretation des Begriffes des Betriebsüberganges i.S.d. § 613a BGB Modell steht (vgl. EuGH, EuZW 1994, 374 ff.).

b) Haftung aus Firmenfortführung (§ 25 HGB)

87 Ein nicht unerhebliches Risiko beim Unternehmenskauf liegt in § 25 HGB. Hiernach haftet derjenige, der ein unter Lebenden erworbenes Handelsgeschäft unter der bisherigen Firma mit oder ohne Beifügung eines das Nachfolgeverhältnis andeutenden Zusatzes fortführt, für alle im Betriebe des Geschäfts begründeten Verbindlichkeiten des früheren Inhabers. Die Vorschrift findet nur auf ein vollkaufmännisches, nicht aber auf ein minderkaufmännisches Handelsgewerbe Anwendung (BGH, NJW 1992, 112 f.). Diese Unterscheidung dürfte nur noch für Altfälle Bedeutung haben, weil die Figur des Minderkaufmanns durch Art. 3 des Handelsrechtsreformgesetzes vom 22. 6. 1998 (BGBl. I, 1474) mit Wirkung zum 1. 7. 1998 aufgegeben wurde.

88 Alt- und Neufirma müssen nicht unbedingt wort- und buchstabengetreu identisch sein. Nur der Kern der alten und neuen Firma müssen sich gleichen (BGH, NJW 1992, 911 f.). Unter Erwerb ist nicht lediglich das Kaufgeschäft zu verstehen. Ein Erwerb liegt beispielsweise auch bei Erwerb des Umlauf- und Pacht des Anlagevermögens vor (BGH, NJW 1984, 1186 f.). Insbesondere im Bereich der **Gaststättenpacht** werden hiermit verbundene Haftungsrisiken regelmäßig übersehen.

Die Haftung aus § 25 Abs. 1 HGB läßt sich durch Vereinbarung mit dem Veräußerer ausschließen, soweit diese im Handelsregister bekanntgemacht wird (§ 25 Abs. 2 HGB).

c) Haftung des Betriebsübernehmers (§ 613a BGB)

89 Im Falle der Übernahme eines Betriebes oder Betriebsteils tritt der Übernehmer nach § 613a BGB in die Rechte und Pflichten aus den Arbeitsverhältnissen dieses Betriebes oder Betriebsteils ein. Ein Betriebsübergang im Sinne des § 613a Abs. 1 S. 1 BGB liegt vor, wenn der Erwerber die für die Betriebsführung wesentlichen Betriebsmittel, ggf. auch von Dritten, erhält. Dies muß nicht notwendig durch ein Rechtsgeschäft geschehen, es kommt im wesentlichen darauf an, daß beim Erwerb durch mehrere Rechtsgeschäfte diese insgesamt dazu dienen, einen funktionsfähigen Betrieb zu erwerben (BAG, NJW 1986, 448 ff.). Der Übergang muß nicht notwendig auf einem Kaufvertrag beruhen. So genügt beispielsweise auch der Übergang von einem Vorpächter auf einen neuen Pächter (BAG, NJW 1981, 2212 f.).

Nach der jüngeren Rechtsprechung des EuGH beschränkt sich der Begriff 90
des Betriebsüberganges jedoch nicht nur auf den Erwerb durch Kauf oder
Nutzungsüberlassungsverträge. Durch die viel beachtete Entscheidung
vom 14. 4. 1994, die einen Fall des outsourcing der Reinigungsaufgaben
aus einem Unternehmen betraf, vertrat der EuGH die Auffassung, daß ein
Betriebsübergang im Sinne der Betriebsübergangs-Richtlinie der Europäischen Gemeinschaften auch dann vorliege, wenn ein Unternehmer durch
Vertrag mit einem anderen Unternehmer die Verantwortung für die Erledigung früher von ihm selbst wahrgenommener Reinigungsaufgaben überträgt, selbst dann, wenn diese Aufgabe bislang von einer einzigen Arbeitnehmerin verrichtet wurde (EuGH, EuZW 1994, 374 ff.). Dies gilt jedoch
nicht, wenn der Auftraggeber einfach den Auftragnehmer wechselt (EuGH,
ZIP 1997, 516).

Auf der Grundlage der Rechtsprechung des EuGH besteht für einen Drittunternehmer bei der werk- oder dienstvertraglichen Übernahme bislang im Betrieb erledigter Aufgaben die erhebliche Gefahr der Annahme eines Betriebsüberganges mit der Folge des Überganges der betroffenen Arbeitsverhältnisse.

d) Steuerliche Risiken

§§ 69 ff. AO regeln teilweise Haftungstatbestände, die bei Austauschverträ- 91
gen von Bedeutung sind. Hervorzuheben sind die §§ 75 und 76 AO.

Nach § 75 AO haftet der Übernehmer eines Betriebes für Steuern, bei denen
sich die Steuerpflicht auf den Betrieb des Unternehmens gründet, und für
Steuerabzugsbeträge, vorausgesetzt, daß die Steuern seit Beginn des letzten,
vor der Übereignung liegenden Kalenderjahres entstanden sind und bis zum
Ablauf von einem Jahr nach Anmeldung des Betriebes durch den Erwerber
festgesetzt oder angemeldet werden. Unternehmen im Sinne dieser Vorschrift ist jede organisatorische Zusammenfassung von persönlichen und
sächlichen Mitteln zur Verfolgung eines wirtschaftlichen oder ideellen
Zwecks (BFH, BStBl. I 1974, 145).

Wenngleich der Tatbestand der Norm von „Übereignung" spricht, kommt es 92
nicht auf einen Eigentumserwerb im bürgerlich-rechtlichen Sinne an, sondern lediglich darauf, ob der Erwerber wirtschaftlich wie ein Eigentümer
über das Unternehmen verfügen kann (BFH, BFH/NV 1992, 712, 714). Eine
praktisch sehr relevante Fallgruppe der Anwendung des § 75 AO ist die **Gaststättenpacht**. Nach Auffassung des BFH reicht es für die Annahme einer Betriebsübereignung im ganzen aus, wenn unter Veräußerung aller sonstigen
wesentlichen Betriebsgegenstände der Veräußerer dem Erwerber durch eigene Mitwirkung die Möglichkeit verschafft, die dem bisherigen Betrieb dienenden Räumlichkeiten unverändert zu nutzen und über die Räume einen
neuen Pachtvertrag abzuschließen (BFH, BFH/NV 1991, 718). Eine Haftung

setzt weiter voraus, daß ein lebendes und kein „sterbendes" Unternehmen erworben wird. Der Erwerber muß im Augenblick des Überganges in der Lage sein, den Betrieb in der bisherigen Art ohne nennenswerte zusätzliche Aufwendungen fortzuführen (BFH, BStBl. 1980, 258).

§ 75 Abs. 2 AO enthält einen Haftungsausschluß für den Fall des Erwerbs aus einer Konkursmasse, für den Erwerb aus dem Vermögen eines Vergleichsschuldners und für den Fall des Erwerbs im Vollstreckungsverfahren.

Die Haftung des Betriebsübernehmers aus § 75 AO ist nicht zu unterschätzen. Im Zweifel sollte vor Erwerb das Haftungsrisiko im Einverständnis mit dem Veräußerer mit dem zuständigen Betriebsstättenfinanzamt geklärt werden.

Neben § 75 AO ist bei Verträgen über verbrauchsteuerpflichtige Waren und zollpflichtige Waren stets § 76 AO zu beachten. Diese dienen nach § 76 Abs. 1 AO ohne Rücksicht auf die Rechte Dritter als Sicherheit für die darauf lastenden Steuern.

e) Haftungsrisiko beim Erwerb von Gesellschaftsanteilen

aa) Kapitalgesellschaften

93 Beim Erwerb von **GmbH-Geschäftsanteilen** ist stets das Risiko aus § 16 Abs. 3 GmbHG zu beachten. Hiernach haftet der Erwerber neben dem Veräußerer für die auf den Geschäftsanteil zum Zeitpunkt der Anmeldung des Überganges bei der Gesellschaft rückständigen Leistungen.

Unter rückständigen Leistungen sind neben der ausstehenden Einlage auch Ansprüche der Gesellschaft aus Differenzhaftung (§ 24 GmbHG) sowie Ansprüche der Gesellschaft auf Rückgewahr verbotener Leistungen (§ 31 Abs. 3 GmbHG) gemeint (*Scholz/Winter*, § 16 GmbHG Rz. 40). Nach diesseitiger Auffassung kommen ergänzend auch Ansprüche aus Haftung für zurückbezahlte eigenkapitalersetzende Darlehen (§ 32 b GmbHG) in Betracht. Hinzu kommen Geldanlagepflichten wegen der Überbewertung von Sacheinlagen (§ 9 GmbHG) sowie die Risiken im Zusammenhang mit dem Ausgleich von Vorbelastungen der GmbH (vgl. *Scholz/Winter*, § 16 GmbHG Rz. 40).

Rückständig ist eine Leistung, wenn sie fällig geworden und nicht bewirkt ist (BGH, GmbHR 1961, 144).

Eine kautelarpraktische Vorsorge gegen diese Haftungsrisiken ist kaum möglich. Hier kommt es im wesentlichen auf die Recherche der Risiken vor Vertragsschluß aus Sicht des Beraters des Erwerbers an.

bb) Personengesellschaften

94 Der Eintritt als Gesellschafter in eine offene Handelsgesellschaft oder Komplementär einer Kommanditgesellschaft (§§ 130 Abs. 1, 161 Abs. 2 HGB)

führt regelmäßig zur Anwachsung der vor dem Eintreten entstandenen Verbindlichkeiten der Gesellschaft. Ohne eine gesonderte Vereinbarung mit den Gesellschaftsgläubigern läßt sich dieses Risiko vertraglich nicht begrenzen (vgl. insbesondere § 130 Abs. 2 HGB).

Vermeidbar ist demgegenüber das Risiko eines Erwerbers eines Kommanditanteils, nach § 176 Abs. 2 HGB für die Zeit bis zu seiner Eintragung als Kommanditist im Handelsregister unbeschränkt zu haften. Hier ist es unbedingt erforderlich, den Eintritt zum einen im Wege der Sonderrechtsnachfolge auszugestalten und zum anderen den Übergang des Gesellschaftsanteils aufschiebend mit der Eintragung des Erwerbers als Kommanditisten im Handelsregister zu bedingen (vgl. Münchener Vertragshandbuch, Band 1 Gesellschaftsrecht, Muster III. 19, dort Anm. 6).

f) Öffentlich-rechtliche Haftung

Aufgrund der zunehmenden Kontamination von Grund und Boden besteht beim Erwerb von Grundstücken regelmäßig das Risiko, polizeirechtlich als Zustandsstörer für die Beseitigung von durch Vorgänger verursachten Altlasten herangezogen zu werden. Der hiermit verbundene Aufwand kann nicht selten den aufgewendeten Kaufpreis übersteigen. Mit Rücksicht hierauf ist dem Käufer insbesondere von einem umfassenden Gewährleistungsausschluß bei Grundstückskäufen abzuraten (siehe auch unten Rz. 173). 95

8. Externe Effekte des Vertragsinhalts

Nicht nur durch die Gestaltung der Leistungspflichten des Vertrages, sondern auch durch die förmliche Ausgestaltung der Vertragsbeziehungen werden mitunter „externe Effekte" zu erzielen versucht bzw. unbeabsichtigt erzielt. 96

Unter externen Effekten ist einerseits die Umgehung von Gesetzes- oder Vertragsrecht zu verstehen. Zum anderen sind hierbei insbesondere Steuerfolgen der Transaktion zu verstehen.

a) Gesetzes- und Vertragsumgehung

Ziel der Vertragsgestaltung, insbesondere der formalen Ausgestaltung der Rechtsbeziehungen der Parteien, ist es häufig, als nachteilig empfundene Rechtsfolgen zu vermeiden. Ungeklärt ist bis heute, ob die Qualifikation einer Vereinbarung als Gesetzesumgehung oder Vertragsumgehung das Vorliegen einer Umgehungsabsicht voraussetzt (bejahend: BGH, NJW 1953, 248, 249; verneinend z. B.: BGH, BGHZ 106, 295, 299; NJW 1983, 2496, 2497). 97

Für die Praxis der Vertragsgestaltung sollte vorsorglich unterstellt werden, daß zur Annahme einer sanktionierten Gesetzesumgehung eine Umgehungsabsicht nicht erforderlich ist, sondern es ausschließlich auf den objektiven Erfolg der Gesetzesumgehung ankommt.

98 Wenn eine besondere formale Ausgestaltung der Rechtsbeziehungen unter dem Aspekt der Vermeidung nachteiliger Rechtsfolgen durch Gesetzesumgehung angestrebt wird, sollte als Faustregel darauf geachtet werden, daß die Transaktion auch ohne Berücksichtigung des Umgehungszweckes wirtschaftlich Sinn hat. Immer dann, wenn es an einem solchen eigenständigen wirtschaftlichen Zweck für die formale Gestaltung fehlt, besteht die Gefahr, daß der Umgehungsversuch scheitert.

Umgekehrt ist bei Unterstellung einer objektiven Umgehungslehre auch stets zu prüfen, ob nicht versehentlich ein von der Rechtsprechung sanktioniertes Umgehungsgeschäft geschlossen wird. So führt beispielsweise nach Auffassung des BAG die mehrfache, verkettete Befristung von Arbeitsverhältnissen zur Annahme eines einheitlichen, unbefristeten Arbeitsverhältnisses, an das die üblichen Bestandsschutzvorschriften anknüpfen können (BAG, BAGE 1, 128 ff.). Diese Rechtsprechung hat nunmehr auch Niederschlag im Gesetz gefunden (§ 16 Tz BfG). In derartigen Konstellationen ist es beispielsweise denkbar, daß die Verkettung befristeter Arbeitsverhältnisse in Unkenntnis der Umgehungsaktion vorgenommen wurde.

b) Steuerrechtliche Folgen

99 Bei externen Effekten des Vertragsinhaltes bezüglich Steuerrechtsfolgen ist zwischen der schlichten Berücksichtigung der Steuerfolgen und der Planung von Steuerfolgen zu unterscheiden. Für beides gilt jedoch, daß Gestaltungssicherheit häufig durch Einholung einer verbindlichen Auskunft der zuständigen Finanzbehörde erlangt werden kann (vgl. zum Verfahren: *Heidel/Pohl* in: Heidel/Pauli/Amend, AnwaltFormulare, S. 1686 f.).

aa) Berücksichtigung von Steuerfolgen

100 Bei allen Austauschverträgen sollten bei der Prüfung vertraglicher Grundlagen zumindest die folgenden Fragen berücksichtigt werden:

▷ Welche Verkehrssteuern werden durch die Transaktion ausgelöst?
▷ Wer schuldet und wer haftet für diese Verkehrssteuern?
▷ Wer soll diese Verkehrssteuern im Innenverhältnis tragen?
▷ Besteht eine Umsatzsteuerpflicht der Transaktion?
▷ Soll der Preis ein Brutto- oder Nettopreis sein?
▷ Welche ertragssteuerlichen Folgen hat die Transaktion?

▷ Hat eine erstrebte steuerrechtliche Qualifikation für eine Partei eine so erhebliche Bedeutung, daß diese zur Geschäftsgrundlage der Transaktion deklariert werden sollte?

bb) Planung von Steuerfolgen

Die Planung von Steuerfolgen einer Transaktion ist ein legitimes Anliegen der Parteien, welches an dieser Stelle nicht vertieft werden soll. Problematisch sind jedoch solche Transaktionen, bei denen das verfolgte steuerliche Ziel die sonstigen, zivilrechtlich verfaßten Ziele der Parteien dominiert. Dies gilt für das gesamte „Steuersparsgeschäft".

Hier ist stets zu berücksichtigen, daß Verlustzuweisungen keine endgültige Steuerentlastung bringen, sondern bestenfalls einen Zins- und Liquiditätsvorteil, der häufig durch tatsächliche kaufmännische Verluste, die den Vorteil naturgemäß übersteigen, erkauft sind. Die gewünschte steuerliche Qualifikation wird hierbei zumeist durch eine vom zivilrechtlichen Leitbild abweichende, instabile Risikozuordnung erreicht. Wird beispielsweise der Käufer eines zu bebauenden Grundstückes durch ein ganzes Vertragskonvolut steuerrechtlich zum „Bauherren" stilisiert, so wird ihm zwar der Eindruck vermittelt, wirtschaftlich nichts anderes als der Käufer zu sein, er trägt jedoch sämtliche mit der Bauherrenstellung verbundenen zivilrechtlichen Risiken (vgl. z. B. *Walz*, Die steuerrechtliche Herausforderung des Zivilrechts, ZHR 147, 281). Für den anwaltlichen Berater stellt sich hier aus Perspektive dessen, der einen Steuervorteil in Anspruch nehmen will, dieselbe Grundregel wie bei der Gesetzesumgehung. Eine Transaktion, für deren Inhalt oder formale Ausgestaltung keine vernünftigen wirtschaftlichen Zwecke mit Ausnahme des angestrebten externen Effektes bestehen, ist in der Regel zum Scheitern verurteilt.

II. Vertragliche Grundlagen

Die vertraglichen Grundlagen der Basischeckliste betreffen die elementaren Regelungen und sonstigen Festlegungen, die zweckmäßigerweise am Anfang des Vertrages getroffen werden. Im Verhältnis zur Vorauflage haben wir diejenigen Vorfragen, deren Beantwortung nicht notwendig in den Vertragstext einfließt, unter dem vorstehenden Kapitel „Vorfragen" behandelt.

1. Vertragsrubrum

Bei der Einleitung des Vertrages stellt sich stets die Frage, ob und welche Überschrift gewählt wird. Insbesondere bei der Bezugnahme auf einen gesetzlichen Vertragstypus sollte berücksichtigt werden, daß hier zumindest ein Indiz für die rechtliche Qualifikation des Vertrages geschaffen wird (so z. B. *Palandt/Putzo*, Überblick vor § 433 BGB Rz. 3), wenngleich dem abstrakten Willen der Parteien, eine bestimmte Qualifikation zu erreichen, die Wirkung versagt bleibt (z. B. BGH, BGHZ 71, 189/191). Insbesondere bei gemischten Verträgen sollte daher vermieden werden, bereits durch die Bezeichnung des Vertrages eine von den Parteien möglicherweise gar nicht beabsichtigte Präjudikation des Rechtsverhältnisses vorzunehmen.

Ansonsten ist dem Vertragsrubrum die Bezeichnung der Parteien des Vertrages vorbehalten, wobei sich allein zu Dokumentationszwecken eine vollständige und zutreffende Bezeichnung der Vertragsparteien, ihres Sitzes, ihrer Vertreter und ihrer Eigenschaft im Hinblick auf den Vertrag empfiehlt. Als abschreckendes Beispiel sei hier auf notarielle Urkunden verwiesen, bei denen man auf den ersten vier Seiten interessiert zur Kenntnis nehmen kann, wer alles vor dem Notar erschienen ist, die Erkenntnis, wer eigentlich mit wem über was kontrahiert, jedoch einer sorgfältigen Exegese der Auflistung der Erschienenen und des übrigen Textes der Urkunde vorbehalten bleibt. Hier sollte sich an die Auflistung der Erschienenen stets ein vollständiges Vertragsrubrum anschließen. Empfehlenswert ist weiterhin, bereits im Rubrum die Vertretungsverhältnisse so offenzulegen, wie im Ausgang des Vertrages bei den Unterschriften gehandelt wird, d. h. die für eine juristische oder eine andere natürliche Person handelnde Person bereits zu bezeichnen. Im Ausgang des Vertrages kann man sich in diesem Falle darauf beschränken, die Unterschrift mit dem Zusatz „handelnd wie im Rubrum ausgewiesen" zu versehen. Des weiteren empfiehlt es sich für den Fall, daß die Parteibezeichnung im weiteren Verlauf des Vertrages abgekürzt werden soll, die Abkürzung bereits im Rubrum einzuführen.

104 Ein diesen Anforderungen entsprechendes Rubrum könnte beispielsweise wie folgt lauten:

Gewerberaummietvertrag

zwischen

1. der **X oHG** mit Sitz in 80927 München, Mühlbaumstraße 3, HRA-Nr. beim Amtsgericht München: 35327, diese vertreten durch ihre persönlich haftenden Gesellschafter, Herrn A. und Herrn B., diese beiden vertreten durch Herrn Rechtsanwalt C.

– (im folgenden oHG genannt) –

als Vermieterin einerseits

und

2. der **Y GmbH**, mit Sitz in 88456 München, Meierstraße 5, HRB-Nr. beim Amtsgericht München: 56328, diese vertreten durch ihren alleinvertretungsberechtigten Geschäftsführer Herrn D., dieser vertreten durch Herrn Rechtsanwalt E.

– (im folgenden GmbH genannt) –

3. der **Z KG**, mit Sitz in 86458 München, Müllerstraße 8, HRA-Nr. 24359 beim Amtsgericht München, diese vertreten durch ihren einzigen Komplementär, Herrn F., dieser ebenfalls vertreten durch Herrn Rechtsanwalt E.

– (im folgenden KG genannt) –

als Mieter andererseits

wird folgendes vereinbart: (...)

2. Präambel oder Vorbemerkung

Wenngleich die meisten komplexeren Verträge eine Präambel oder Vorbemerkung enthalten, fehlt es in der einschlägigen Literatur fast vollständig an einer Erörterung deren Bedeutung. Gelegentlich wird diese lediglich in negativer Hinsicht beschrieben, so beispielsweise mit dem gutgemeinten Rat, überflüssige Lyrik in der Präambel zu vermeiden (*Zankl*, Die anwaltliche Praxis in Vertragssachen, Rz. 628). Bei näherer Betrachtung kommt der Präambel oder Vorbemerkung des Vertrages eine Doppelfunktion hinzu: 105

– die **Erläuterungsfunktion** für Außenstehende und
– die **Dokumentationsfunktion** im Hinblick auf den Parteiwillen.

a) Erläuterungsfunktion

Oftmals regeln Verträge die Veränderung eines Zustandes, der auf einer komplexen historischen und rechtlichen Entwicklung zwischen den Parteien entstanden ist (z. B. Sanierungsvereinbarungen). Gerade in diesen Fällen ist es wichtig, wenn die Verträge forensisch relevant werden, außenstehenden Dritten zum Eingang des Vertrages eine Orientierung über die Vorgeschichte zu geben. Bei komplexeren Verträgen sollte also die Präambel unter dem Aspekt verfaßt werden, daß außenstehenden Dritten die Rechtsverhältnisse zwischen den Parteien nicht ohne weiteres geläufig sind und diese durch den Eingang des Vertrages hierüber aufgeklärt werden müssen. 106

b) Dokumentationsfunktion

Wie bereits im Rahmen der „Andeutungstheorie" (siehe oben Rz. 10) erörtert, empfiehlt es sich insbesondere im Bereich formbedürftiger Rechtsgeschäfte, den mit dem Vertrag verbundenen Regelungswillen der Parteien innerhalb der Präambel in allgemeiner Hinsicht zu dokumentieren. Dann ergibt sich im Geltungsbereich der Andeutungstheorie für eine dem Parteiwillen entsprechende Auslegung des Vertrages eine hinreichende Andeutung. Aber auch jenseits formbedürftiger Geschäfte liefert die Präambel so dem Richter hinreichende Anhaltspunkte über die von den Parteien mit dem Vertragsschluß beabsichtigten Zwecke, was insbesondere einer ergän- 107 zenden Vertragsauslegung beim Bestehen von Regelungslücken förderlich ist.

c) Struktur der Präambel oder Vorbemerkung

108 Aus den vorstehend erläuterten Funktionen der Präambel ergibt sich zugleich zwangsläufig ihre Struktur. Der erste Teil der Präambel ist einer historischen Darstellung des Zustandes vorbehalten, welcher durch den Vertrag geregelt werden soll. Der zweite Teil der Präambel betrifft dann den von den Parteien mit der Regelung verfolgten Zweck.

3. Registerstand

109 Bei beurkundungsbedürftigen Grundstücksgeschäften ist zu berücksichtigen, daß sich der Notar nach § 21 BeurkG über den Grundbuchstand unterrichten soll. Hieraus wird gefolgert, daß der durch die Grundbucheinsicht erlangte Stand im Vertrag wiedergegeben werden sollte (z. B. *Schippel* in: Becks'sches Formularhandbuch zum Bürgerlichen, Handels- und Wirtschaftsrecht, S. 138). Jenseits dessen dient die Offenlegung des Grundbuchstandes auch einer späteren Bezugnahme im Bereich der Leistungssicherung. So kann sich der Käufer die Richtigkeit des Grundbuchstandes, insbesondere das Fehlen bereits bewilligter, jedoch nicht eingetragener Belastungen, zusichern lassen.

Nicht nur im Bereich der Grundstücksgeschäfte, sondern auch bei anderen Rechtsgeschäften, welche sich auf registermäßig erfaßte Sachen beziehen (so z. B. Seeschiffe oder Flugzeuge und, was von größerer Relevanz sein dürfte, Geschäftsanteile an Gesellschaften mit beschränkter Haftung), empfiehlt es sich, zu Eingang des Vertrages den Registerstand offenzulegen.

Insbesondere bei GmbH-Geschäftsanteilen wird so die **eindeutige Bezeichnung** des Vertragsgegenstandes gesichert und zugleich ein Bezugspunkt für die mit Rücksicht auf § 16 Abs. 3 GmbHG vom Veräußerer regelmäßig zu verlangende Zusicherung der vollständigen Leistung der Einlage geschaffen.

4. Begriffsdefinitionen

110 Es ist eine Frage der Vertragsphilosophie, ob man – wie insbesondere im angelsächsischen Bereich üblich – zu Eingang des Vertrages eine umfassende Definition aller als auslegungsbedürftig erachteter Termini, die im späteren Vertragstext verwendet werden, liefert.

Die Einfügung eines gesonderten Teils für Begriffsdefinition zu Beginn des Vertrages birgt zwei **wesentliche** Nachteile. Zum einen wird dem Vertrag ein unleserlicher, wenig inspirierender Textblock vorangestellt, dessen Bedeutung sich erst bei Lektüre des Restes des Vertrages erschließt. Zum anderen besteht bei der zentralen Zusammenfassung von Begriffsdefinitionen die erhebliche Gefahr, all das, was klar ist, überflüssigerweise zu beschreiben, jedoch die wesentlichen Unklarheiten zu übersehen. Da der Rest des Vertragstextes in der Regel nicht feststeht, wenn dieser Teil verfaßt wird, besteht zur Vermeidung von Lücken nur die Möglichkeit, ihn erst nach Abfassung des restlichen Vertrages überhaupt zu schaffen, wobei jedoch bei der Formulierung des Restes des Vertrages stets ein Merkposten für den Teil Begriffsdefinitionen geschaffen werden muß. Hierbei kann es zu erheblichen Versäumnissen des den Vertrag Formulierenden kommen.

Es ist daher vorzugswürdig, Begriffsdefinitionen sukzessive im Vertrag vorzunehmen, und zwar an der Stelle, wo der zu definierende Begriff erstmals vorkommt. So kann es bei der Abfassung eines Verbotes für eine Vertragspartei darauf ankommen, Umgehungen auszuschließen, die darin bestehen, daß nahestehende Personen der Vertragspartei diejenige Handlung vornehmen, die der Partei verboten wird. Soll sich z. B. eine Partei verpflichten, ohne Zustimmung der anderen ein gemeinsam entwickeltes Know-how nicht zu verwenden, und soll zugleich eine Umgehung eines derartigen Verbotes verhindert werden, so kann an dieser Stelle im Vertrag zunächst das Verbot geregelt werden und zugleich eine Garantie dahin abgegeben werden, daß die Verbotsverletzung auch von nahestehenden Personen nicht begangen wird. An dieser Stelle gilt es sodann den Terminus der „nahestehenden Personen" zu definieren. Bei natürlichen Personen kann hierbei beispielsweise auf den Grad der Verwandtschaft oder das Vorliegen verdeckter Treuhandverhältnisse abgestellt werden, bei juristischen Personen etwa auf die Beherrschungsvermutung des § 17 AktG.

5. Geltungsbereich des Vertrages

a) Sachlicher Geltungsbereich

Unter dem Gesichtspunkt des sachlichen Geltungsbereiches sollte Klarheit gewonnen werden, welche Funktion dem Vertrag zukommt: Handelt es sich um die Regelung eines einzelnen Schuldverhältnisses im weiteren Sinne, soll ein Dauerschuldverhältnis begründet werden, oder soll es sich um den Rahmenvertrag zur Regelung einer komplexeren Geschäftsbeziehung handeln?

Auch bei der Regelung eines einzelnen Schuldverhältnisses empfiehlt es sich, zuweilen zu berücksichtigen, daß sich die Geschäftsbeziehungen zwischen den Parteien nach Durchführung des ersten Vertrages fortsetzen oder sogar intensivieren könnten. Unabhängig von der Perspektive kann es hierbei sinnvoll sein, die zu vereinbarenden Rahmenabreden auch für Folgeverträge für verbindlich zu erklären (Fortgeltungsklausel).

Insbesondere beim Abschluß von Rahmenverträgen, beispielsweise für Lieferbeziehungen, bietet es sich an, über den üblichen Inhalt eines nur eine einzelne Geschäftsbeziehung regelnden Vertrages allgemeine Regelungen zu treffen, die die Abwicklung der Geschäftsbeziehungen erleichtern. Typischer Inhalt eines Rahmenvertrages für eine Lieferbeziehung ist beispielsweise eine ausdrückliche **Kontokorrentabrede**, die es gestattet, den Zahlungsverkehr zu vereinfachen.

b) Räumlicher Geltungsbereich

112 Der Aspekt des räumlichen Geltungsbereiches ist regelmäßig nur bei Verträgen von Belang, mit denen Vertriebsbindungen vereinbart werden (Vertragshändlerverträge, Handelsvertreterverträge).

Bei geographisch zweifelhaften Abgrenzungen des Geltungsbereiches empfiehlt es sich, ggf. entsprechend gekennzeichnete Landkarten dem Vertrag als Anlage beizufügen.

6. Rangfolge von Regelungen

a) Verhältnis zwischen Vertrag und Gesetz

113 Im Bereich vertraglicher Grundlagen ist es erforderlich, sich Gedanken über das Verhältnis zwischen dem Vertrag und dem Gesetz zu machen. Die Problematik ist doppelschichtig. Einerseits gilt es, den Verstoß gegen zwingendes Gesetzesrecht zu vermeiden, andererseits gilt es, die Anwendbarkeit dispositiven Gesetzesrechtes aufzuklären und ggf. hiervon abweichende Regelungen zu treffen.

aa) Zwingendes Gesetzesrecht

114 Neben den klassischen Beschränkungen der Vertragsfreiheit (§§ 134, 138 BGB) ist im Verlaufe des 20. Jahrhunderts eine erhebliche Zunahme der Beschränkungen der Vertragsfreiheit zu konstatieren. Dies gilt sowohl für das zwingende Recht, welches an das Vorliegen eines bestimmten Vertragstypus anknüpft, als auch für Beschränkungen, die quer zu den verschiedenen Gesetzes- und Vertragstypen gelegt werden.

115 Ganz oder teilweise unabhängig vom Vertragstyp ergeben sich Beschränkungen der Vertragsfreiheit insbesondere in folgenden Konstellationen:

– Allgemeine Geschäftsbedingungen

– Verbraucherdarlehensverträge und

– Haustürgeschäfte.

116 Als jüngere gesetzliche Vertragstypen, deren Recht ganz überwiegend zwingend geregelt ist, sind folgende aufzuführen:

– der Reisevertrag (§§ 651a ff. BGB),

- der Arbeitnehmerüberlassungsvertrag (Arbeitnehmerüberlassungsgesetz),
- der Fernunterrichtsvertrag (Fernunterrichtsvertragsgesetz) und
- der Heimvertrag (Heimvertragsgesetz).

Soweit Verträge in ihrer Regelungsmaterie sich auch nur teilweise mit den vorstehend beschriebenen Materien überschneiden, ist auf die Prüfung der Verletzung zwingenden Gesetzesrechtes besondere Sorgfalt zu verwenden.

bb) Dispositives Recht der Vertragstypen

Die Zuordnung einer Parteivereinbarung zu einem gesetzlichen Vertragstyp geschieht (siehe oben Rz. 103) unabhängig von der formalen Bezeichnung der Vereinbarung und unabhängig vom Parteiwillen, der sich auf eine bestimmte Qualifikation bezieht. Die Zuordnung eines Vertrages zu einem gesetzlichen Vertragstypus ist eine reine Frage der rechtlichen Qualifikation der Vereinbarung, wobei bei den meisten gesetzlichen Vertragstypen die Zuordnung sich nach den essentialia negotii, den in der Regel vereinbarten Hauptleistungspflichten, richtet. Bei einfachen Verträgen bereitet die Zuordnung daher keinerlei Schwierigkeiten. Auch bei zusammengesetzten Verträgen, die auf seiten des Sachleistungsverpflichteten mehrere für gesetzliche Vertragstypen typische Hauptleistungspflichten enthalten, beurteilen sich die jeweiligen Teile des Vertrages nach dem jeweils einschlägigen dispositiven Gesetzesrecht.

117

Da das dispositive Gesetzesrecht dann zum Tragen kommt, wenn es durch die Parteien nicht abbedungen wurde, sollte entsprechende Sorgfalt darauf verwendet werden, diejenigen Teile des gesetzlichen Regelungsprogrammes, die von den Parteien nicht gewünscht sind, unmißverständlich auszuschließen und zu ersetzen.

Schwierigkeiten bereitet demgegenüber die Bestimmung des dispositiven Gesetzesrechtes bei Verträgen, die sich nicht als Zusammensetzung verschiedener Typen, sondern deren **Mischung** oder **Verschmelzung** darstellen.

118

So treffen bei Leasingverträgen sowohl die Gebrauchsüberlassungsfunktion als auch die Finanzierungsfunktion in einer Art und Weise zusammen, die eine eindeutige Zuordnung zu einem gesetzlichen Vertragstypus kaum gestattet, wenngleich der BGH überwiegend von einer mietvertraglichen Qualifikation ausgeht (BGH i. st. Rspr. BGHZ 82, 121, 125; BGHZ 97, 137, 139 f.). Hierdurch kann nicht nur die Ermittlung des einschlägigen dispositiven Gesetzesrechtes problematisch werden, sondern nahezu unmöglich. Die Komplexität des mit einem Automatenaufstellungsvertrag verbundenen Geschäftszwecks („Eingliederung des Automaten in den Gewerbebetrieb eines anderen"; BGH, BGHZ 47, 202 ff.) führt etwa zu einer derartigen Atypizität, daß ein einschlägiges dispositives Gesetzesrecht nicht mehr auffindbar ist (vgl. die Problematik in BGH, BGHZ 51, 55, 58; NJW 1983, 159, 162).

Dort, wo die Zuordnung zu einem Gesetzestypus zweifelhaft oder unmöglich wird, kann sich der Kautelarjurist nicht auf die Auffangfunktion des dispositiven Gesetzesrechtes verlassen, sondern muß eine dem Parteiwillen entsprechende umfassende Regelung treffen, um erhebliche Rechtsunsicherheiten bei dem Auftreten von Streitigkeiten bei der Durchführung des Vertrages zu vermeiden.

b) Einbeziehung von Regelungssystemen außerhalb des Vertragstextes

aa) Regelungsprogramme von Dritten

119 Unterhalb des dispositiven Gesetzesrechtes existieren eine Reihe von gesetzesähnlichen Regelungssystemen, die häufig nur durch ausdrückliche Einbeziehung Einfluß auf die Gestaltung der Rechtsbeziehung zwischen den Parteien gewinnen (z. B. Tarifverträge außerhalb ihres persönlichen Anwendungsbereiches, die VOB, VOL oder ADSp).

Soweit derartige oder ähnliche Regelungssysteme einbezogen werden, geschieht dies durch **Verweisung**. Die Verweisung auf ein außervertragliches, aber untergesetzliches Regelsystem kann dann zu Problemen führen, wenn dieses System, wie z. B. Tarifverträge, nicht unabänderlich, sondern einem ständigen Inhaltswechsel unterworfen ist. Es ist deshalb auch im Wortlaut des Vertrages klar zum Ausdruck zu bringen, ob eine **statische** oder **dynamische** Verweisung beabsichtigt ist.

120 Während die dynamische Verweisung auf das Regelwerk in seiner „jeweils geltenden Fassung" Bezug nimmt, bezieht sich die statische Verweisung in der Regel auf die zum Zeitpunkt des Vertragsschlusses existente Fassung. Wird im Hinblick auf die statische oder dynamische Eigenart der Verweisung keine ausdrückliche Bestimmung getroffen, so kommt es auf die Auslegung des Vertrages in diesem Punkte an. Das Auslegungsproblem erscheint regelmäßig dann unlösbar, wenn die Interessenlage der Parteien im Zeitpunkt des Vertragsschlusses keinen Rückschluß gestattet, weil keine Partei von vornherein mit Sicherheit Konfliktpotentiale absehen kann, geschweige denn die Entwicklung des in Bezug genommenen Regelungssystemes.

Bereits deshalb ist es unabdingbar, bei Verweisung auf untergesetzliche Regelungssysteme die Statik oder Dynamik der Verweisung festzulegen.

bb) Allgemeine Geschäftsbedingungen

121 Von der Einbeziehung untergesetzlicher Regelungssysteme ist die Einbeziehung Allgemeiner Geschäftsbedingungen zu unterscheiden, da es sich hier-

bei um Regelungssysteme handelt, die eine Vertragspartei in ihrem eigenen Geschäftsbereich ihren Geschäftspartnern vorzuschreiben pflegt.
Bei der Einbeziehung Allgemeiner Geschäftsbedingungen sind grundsätzlich folgende Problemkreise zu unterscheiden:

– Wirksamkeit der Einbeziehung,

– Wirksamkeit der einzelnen Geschäftsbedingungen,

– Behandlung der Kollision von Geschäftsbedingungen,

– Behandlung der Veränderung von Geschäftsbedingungen.

Im Hinblick auf die Wirksamkeit der Einbeziehung der Geschäftsbedingungen einer Vertragspartei war zwischen dem kaufmännischen und dem nicht kaufmännischen Verkehr zu unterscheiden.

Durch das Handelsrechtsreformgesetz vom 22. 7. 1998 (BGBl. I, 1474) wurde die Unterscheidung zwischen kaufmännischem und nicht kaufmännischem Verkehr relativiert. Seit Inkrafttreten dieses Gesetzes gilt eine neue Fassung des § 24 S. 1 Nr. 1 AGB-Gesetz. Zwischenzeitlich wurde auch diese Vorschrift im Zuge der Schuldrechtsreform durch § 310 Abs. 1 BGB ersetzt. Danach sind die Vorschriften der §§ 305 Abs. 2 und 3 BGB und die Vorschriften der §§ 308 und 309 BGB durchgehend nicht anzuwenden auf allgemeine Geschäftsbedingungen, die gegenüber einer Person verwendet werden, die bei Abschluß des Vertrages in Ausübung ihrer gewerblichen oder selbständigen beruflichen Tätigkeit handelt (Unternehmer). Der Begriff des „Kaufmanns" wurde durch den Begriff des „Unternehmers" ersetzt. Damit kommt es nunmehr nicht mehr auf die Differenzierung zwischen kaufmännischem und nicht kaufmännischem, sondern zwischen unternehmerischem und nicht unternehmerischem Verkehr an.

Während die Einbeziehung im Verhältnis zu einem Nichtunternehmer nach § 305 Abs. 2 und 3 BGB zum einen den ausdrücklichen Hinweis auf den Willen des Verwenders zur Einbeziehung der Allgemeinen Geschäftsbedingungen und die Verschaffung der Möglichkeit, von deren Inhalt Kenntnis zu nehmen, voraussetzt, findet § 305 Abs. 2, 3 BGB gem. § 310 Abs. 1 BGB im Verkehr zwischen Unternehmern keine Anwendung. Auch dort ist jedoch Voraussetzung, daß diese durch rechtsgeschäftliche Einbeziehung Vertragsbestandteil geworden sind. Notwendig ist demgemäß eine ausdrückliche oder stillschweigende Willensübereinstimmung der Vertragspartner zur Geltung der AGB (BGH, NJW 1992, 1232).

Die Frage der Wirksamkeit einzelner Klauseln soll in diesem Kontext nicht erörtert werden, da Gegenstand dieses Buches in der Regel vollständig ausgehandelte (§ 305 Abs. 1 S. 3 BGB) Verträge sind. Ungeachtet dessen ist jedoch zur Aushandlung individueller Verträge darauf hinzuweisen, daß der Anwendungsbereich der §§ 305 ff. BGB durch die weitere Auslegung des Begriffes der „vorformulierten Vertragsbedingungen" im Sinne des § 305 Abs. 1

S. 1 BGB erheblich extendiert wurde. Auch dann, wenn der Verwender die von ihm ausgearbeitete Klausel nur aus dem Gedächtnis in den jeweiligen Vertragstext übernimmt, sollen die Voraussetzungen des § 1 Abs. 1 S. 1 AGBG a.F. (heute § 305 Abs. 1 S. 1 BGB) gegeben sein (BGH, ZIP 1987, 1536). Dies soll auch dann gelten, wenn die Klausel handschriftlich eingefügt worden ist (OLG Hamm, NJW-RR 1987, 243; OLG Karlsruhe, DNotZ 1989, 688). Es soll ferner genügen, wenn die Klauseln in einem Schreibautomaten oder Computer in Form von Textbausteinen gespeichert sind und den jeweiligen Bedürfnissen entsprechend zu Vertragswerken zusammengesetzt oder in Individualverträge eingefügt worden sind (*Soergel/Stein*, § 1 AGBG Rz. 9).

Soll die Anwendbarkeit des AGB-Gesetzes vermieden werden, so ist auf jeden Fall die Verwendung gleichlautender Klauseln in mehreren Verträgen stets zu vermeiden.

124 Da im unternehmerischen Verkehr auch für die rechtsgeschäftliche Einbeziehung von Allgemeinen Geschäftsbedingungen wesentlich geringere Anforderungen gestellt werden, z. B. für die Einbeziehung durch schlüssiges Verhalten genügt, daß der Verwender erkennbar auf seine Allgemeinen Geschäftsbedingungen verweist und der Vertragspartner ihrer Geltung nicht widerspricht (BGH, BGHZ 117, 190 ff.), kommt es nicht selten vor, daß zwischen den Vertragsparteien wechselseitig die Allgemeinen Geschäftsbedingungen vereinbart werden und so das Problem der Kollision einzelner Klauseln entsteht.

Hierbei sind zwei Lösungsmöglichkeiten denkbar, die von der Rechtsprechung parallel zueinander, je nach den Umständen des Einzelfalles, praktiziert werden:

– Entweder es werden die zuletzt in Bezug genommenen AGB nach §§ 150 Abs. 2, 151 BGB Vertragsinhalt („Prinzip des letzten Wortes"), oder

– die Allgemeinen Geschäftsbedingungen werden insoweit Vertragsinhalt, soweit sie sich nicht widersprechen, während im übrigen das dispositive Recht gilt („Prinzip der Kongruenzgeltung"; zur Begrifflichkeit: *Wolf/Horn/Lindacher*, § 2 AGBG Rz. 73).

125 Im Regelfall ist trotz kollidierender AGB ein Vertragsschluß jedenfalls bezüglich der Essentialien anzunehmen; soweit die AGB inhaltlich übereinstimmen, werden sie nach dem Prinzip der Kongruenzgeltung im vollen Umfang Vertragsinhalt. Anstelle der widersprechenden AGB tritt nach dem Rechtsgedanken des § 6 Abs. 2 AGBG a.F. (heute § 306 Abs. 2 BGB) das dispositive Gesetzesrecht bzw. ist dem Parteiwillen soweit wie möglich Rechnung zu tragen (BGB, NJW 1973, 2106; WM 1977, 451; NJW 1985, 1838). Ausnahmsweise bleibt es bei der Anwendung des § 150 Abs. 2 BGB und damit beim „Prinzip des letzten Wortes", wenn die Einkaufsbedingungen des Bestellers eine Abwehrklausel nicht enthalten (BGH, NJW 1995, 1671) oder

wenn eine Partei ausdrücklich und unmißverständlich das Zustandekommen des Vertrages von der Geltung ihrer AGB abhängig macht, wobei nach Auffassung von Teilen der Literatur eine bloß formularmäßige Abwehrklausel nicht genügen soll (*Ulmer/Brandner/Hensen*, § 2 AGBG Rz. 99).

Insbesondere bei Dauerschuldverhältnissen stellt sich ferner die Frage, wie bei nachträglichen Änderungen einmal wirksam einbezogener Allgemeiner Geschäftsbedingungen vorgegangen werden soll. Die vertragliche Einbeziehung von Allgemeinen Geschäftsbedingungen in ihrer jeweiligen Fassung wird ganz überwiegend als mit dem Schutzzweck des § 305 Abs. 2 BGB nicht vereinbar angesehen und deshalb als nichtig qualifiziert (vgl. *Ulmer/Brandner/Hensen*, § 2 AGBG Rz. 65 m. w. N.). 126

In gestaltungstechnischer Hinsicht bietet es sich an, für den Fall des Wunsches einer Partei nach der Einbeziehung veränderter AGB, dieser im Falle der Nichteinwilligung der anderen Partei ein Kündigungsrecht einzuräumen, soweit Dauerschuldverhältnisse betroffen sind. Fraglos darf hierbei jedoch nicht gegen zwingende Regelungen über Kündigungsfristen verstoßen werden.

c) Interne Rangfolge

Häufig kommt es vor, daß ein Vertragstext Bezugnahmen auf andere Verträge zwischen den Parteien oder auf Anlagen, die selbst Regelungswerke enthalten, beinhaltet. Um in diesen Fällen Widersprüche zu vermeiden, empfiehlt es sich, die Rangfolge der Parteivereinbarungen klar zu bestimmen, etwa so: 127

Bei Widersprüchen in Regelungen oder Terminologie gilt folgende Rangfolge: Die in diesem Vertrag selbst verwandten Termini und Regelungen gehen denen in anderen Verträgen, auf die Bezug genommen wird, und dem Inhalt der Anlagen vor. Anlagen sind gegenüber anderen Verträgen, auf die Bezug genommen wird, nachrangig.

III. Inhalt der Leistungen

Austauschverträge beinhalten in der Regel den Austausch einer Sach- gegen eine Geldleistung, soweit nicht ausnahmsweise, wie beim Kredit, Geld entgeltlich zum Gebrauch überlassen wird. Der Teil „Leistungsinhalt" betrifft daher die Regelung der Sach- und Geldleistung sowie hierauf bezogene Leistungsbestimmungsrechte. 128

1. Sachleistung

a) Leistungsart

aa) Allgemeines

129 Die **Hauptleistungspflichten** aus einem Vertragsverhältnis prägen in der Regel den Vertragstypus, an den sich ein gesetzliches Regelungsprogramm anschließt. Meist ist es die **Sachleistungsverpflichtung**, die den Vertragstyp bestimmt und der eine Geldleistungsverpflichtung gegenübersteht. Die Nichterfüllung von Hauptleistungspflichten beruht entweder auf einer der vielfältigen Formen der Unmöglichkeit, führt in der Praxis jedoch regelmäßig zur Beendigung des Schuldverhältnisses und zur Verpflichtung des Nichterfüllenden zur Leistung von Schadensersatz.

Von den Hauptleistungspflichten sind die **Nebenleistungspflichten** zu unterscheiden. Das sind Pflichten, die zwar nicht synallagmatisch mit der Gegenleistung verbunden sind, sie dienen jedoch der Vorbereitung, Durchführung oder Sicherung der Hauptleistung.

Von den Nebenleistungspflichten sind die weiteren Nebenpflichten (§ 241 Abs. 2 BGB) zu unterscheiden. Die Verletzung dieser Pflichten führt zu einem Schadensersatzanspruch aus § 280 BGB, ggf. i.V.m. § 282 BGB sowie bei gegenseitigen Verträgen zu einem Rücktrittsrecht unter den im § 324 BGB normierten Voraussetzungen.

130 Von den Nebenpflichten wiederum zu unterscheiden sind die **Obliegenheiten**, deren Verletzung weder einen Erfüllungsanspruch noch eine Schadensersatzforderung begründet, sondern lediglich zu Rechtsverlust oder rechtlichen Nachteilen bei dem Verletzer führen (vgl. BGH, NJW 1995, 401, 402).

Da die Rechtsfolgen für den Berechtigten bei der Verletzung von Hauptleistungspflichten die weitesten sind, ist aus dessen Interesse stets zu prüfen, welche Pflichten aus dem Vertragsverhältnis zu solchen erhoben werden sollen. Da die Qualifikation als Hauptleistungspflicht aus der Parteiabrede über das Gegenseitigkeitsverhältnis der Pflichten folgt, bleibt es der Parteidisposition überlassen, Pflichten in- oder außerhalb des Gegenleistungsverhältnisses zu stellen. Es bleibt im übrigen auch der Gestaltungsfreiheit überlassen, die Rechtsfolgen der Verletzung von Nebenleistungs-, Nebenpflichten oder Obliegenheiten gesondert und in einer vom Gesetz abweichenden Weise zu gestalten.

131 Kern eines jeden Austauschvertrages ist die **Leistungsdefinition** im Hinblick auf die Sachleistungspflicht. Art und Umfang der Definition hängen hierbei zwangsläufig von Art und Umfang der Verpflichtung ab. Bei einfacheren Austauschverträgen genügt es, die Leistungspflicht im Vertragstext selbst zu definieren. Bei komplexeren Leistungen, deren Inhaltsbestimmung sich ggf. nach technischen Normen richtet, bietet es sich an, eine Leistungsbeschreibung, die von Fachleuten erstellt wurde, oder das Angebot des Lei-

stungsverpflichteten dem Vertrag als Anlage beizufügen und hierauf zu verweisen.

Im Grenzbereich zwischen der Leistungsdefinition und der Leistungssicherung stehen insbesondere im Kaufrecht Beschaffenheitsvereinbarungen, Eigenschaftszusicherungen und Garantien. Da auch diese sich auf den Inhalt der Leistungspflichten beziehen, empfiehlt es sich, diese in unmittelbarem Anschluß an die Leistungsdefinition einzufügen, die hieraus resultierenden Rechtsfolgen, soweit diese von den gesetzlichen abweichen sollen, im Teil „Leistungssicherung" (siehe unten Rz. 173) zu regeln.

bb) Beschaffenheitsvereinbarungen/Zusicherungen/Garantien

Die gesetzliche Risikoverteilung bei der Überlassung von Sachen bildet häufig die tatsächliche Interessenlage der Parteien nicht ab. Deshalb kommt es darauf an, im Vertrage entweder die Anknüpfung gesetzlicher Gewährleistungspflichten zu präzisieren oder zusätzlich zum dispositiven gesetzlichen Gewährleistungsrecht besondere Einstandspflichten für die Beschaffenheit der überlassenen Sache zu schaffen. 132

Instrumente hierzu sind **Beschaffenheitsvereinbarungen, Zusicherungen** und **Garantien**. Diese sollen am Beispiel des Kaufrechtes nachfolgend erläutert werden. 133

Beschaffenheitsvereinbarungen sollen sichern, daß die Beschaffenheit der Sachleistung aus Sicht des Sachleistungsberechtigten die Vertragszweckerreichung ermöglicht. Auch der Neuregelung des Sachmängelbegriffs in § 434 BGB liegt primär ein subjektiver Fehlerbegriff zugrunde, wonach die Sache frei von Sachmängeln ist, wenn sie bei Gefahrübergang die vereinbarte Beschaffenheit aufweist (§ 434 Abs. 1 S. 1 BGB). Fehlt es an einer vertraglichen Vereinbarung über die Beschaffenheit, so ist auf objektive Kriterien zurückzugreifen. Gemäß § 434 Abs. 1 S. 2 Nr. 1 BGB ist für die Beurteilung der Mangelfreiheit zunächst auf die Eignung für die vertraglich vorausgesetzte Verwendung abzustellen, ansonsten kommt es gemäß § 434 Abs. 1 S. 2 Nr. 2 BGB darauf an, ob sie sich für die gewöhnliche Verwendung eignet und ob sie eine Beschaffenheit aufweist, die bei artgleichen üblich ist und die der Käufer nach Art der Sache erwarten kann. Die hieraus resultierenden Unsicherheiten können durch eine klare Beschaffenheitsvereinbarung ausgeschlossen werden.

Nach bisheriger Rechtslage haftete der Verkäufer gemäß § 459 Abs. 2 BGB a.F. auch für das Fehlen zugesicherter Eigenschaften zur Zeit des Gefahrübergangs. Dies setzte zunächst voraus, daß es sich um eine zusicherungsfähige Eigenschaft handelte (BGH, NJW 1981, 1600 f.). Weiterhin war eine Zusicherung im Sinne einer vertragsmäßig bindenden Garantie des Verkäufers für die Folgen aus dem Fehlen der Eigenschaft verschuldensunabhängig einstehen zu wollen, erforderlich. Im Zuge der Schuldrechtsreform sind Rechte des 134

Käufers wegen Fehlens einer zugesicherten Eigenschaft nicht mehr vorgesehen. In § 434 Abs. 1 S. 3 BGB ist lediglich geregelt, daß Eigenschaften, die der Käufer nach den öffentlichen Äußerungen des Verkäufers, des Herstellers oder seiner Gehilfen erwarten kann, zu der üblichen Beschaffenheit artgleicher Sachen i.S.v. § 434 Abs. 1 S. 2 Nr. 2 BGB gehören. Die Problematik der Eigenschaftszusicherung wird daher künftig in der Beschaffenheitsvereinbarung aufgehen.

135 Von den gesetzlichen Gewährleistungsrechten ist die **Gewährleistungsgarantie** zu unterscheiden. Diese hat nunmehr teilweise in § 443 BGB in Form der Beschaffenheitsgarantie sowie der Haltbarkeitsgarantie eine gesetzliche Regelung gefunden. Während die früher in § 459 Abs. 2 BGB a.F. geregelte Haftung für Eigenschaftszusicherung voraussetzte, daß es sich um eine zusicherungsfähige Eigenschaft handelte, kann die Garantie mehr umfassen. Gemäß § 443 BGB hat bereits die einseitige Erklärung des Garanten bindende Wirkung. Die Rechtsfolgen bei Eintritt des Garantiefalles ergeben sich nach wie vor aus der vertraglichen Vereinbarung und nicht aus dem Gesetz (§ 443 Abs. 1 BGB).

Will man diese Grenzen überwinden, so kommt nur eine entsprechende Garantie des Sachleistungsverpflichteten in Betracht. In bestimmten Fällen erscheint es aus dem Interesse des Sachleistungsberechtigten geradezu geboten, derartige Garantien, die nach Inhalt und Modalitäten über die gesetzlichen Gewährleistungsrechte hinausgehen, zu verlangen. Beispielsweise wurde bisher auf den Unternehmenskauf per Erwerb der Geschäftsanteile (share-deal) Sachmängelgewährleistungsrecht des Kaufes entsprechend angewendet, wenn eine erhebliche Beteiligung erworben wird (die Anforderungen schwanken zwischen 50%, BGH, WM 1980, 284 und 90–95%, BGH, WM 1970, 819) und der Mangel eines einzelnen Bestandteils des Unternehmens so erheblich ist, daß er als „Unternehmensmangel" zu qualifizieren ist (BGH, WM 78, 59). In diesen Konstellationen ist es nach wie vor ratsam, die nach dem Vertrage vereinbarten Beschaffenheiten im Wege einer Garantie zu vereinbaren.

136 Trotz Erwähnung der Garantien im Gesetz (§ 443 Abs. 1 BGB) fehlt es nach wie vor an einer gesetzlichen Regelung der Rechtsfolgen des Garantiefalles.

Im Zusammenhang mit derartigen Garantien empfiehlt es sich, zumindest folgende Regelungen zu treffen:

- Inhalt der Garantie, d. h. Regelung der Umstände, auf die sich die Garantie bezieht.

- Zeitliche Geltung der Garantie (Anfang und Ende der Frist, innerhalb deren die Verletzung der Garantie geltend gemacht werden muß).

- Ansprüche bei Verletzung der Garantie (Nacherfüllung, Minderung, Rücktritt, Schadensersatz, ggf. pauschalierter Schadensersatz).

cc) Leistungsinhalt bei Typenmischung

Sonderprobleme tauchen auf, wenn in einem Vertrag auf seiten des Sachleistungsverpflichteten verschiedene, unterschiedlichen Vertragstypen zugehörige Leistungspflichten eingegangen werden. Eine relativ lose Verbindung liegt beispielsweise vor, wenn eine Gaststätte verpachtet und das Inventar zugleich an den Pächter vom Verpächter verkauft wird. Für beide Teile des Vertrages sieht das dispositive Gesetzesrecht ein unterschiedliches Regelungsprogramm vor, welches isoliert angewendet in der Regel zu interessengerechten Ergebnissen führt.

137

Probleme tauchen jedoch auf, wenn in einem Bereich eine derart erhebliche Leistungsstörung vorliegt, daß der Bestand des anderen Vertragsteils fragwürdig erscheint. Erweist sich beim kombinierten Inventarkauf und der Gaststättenpacht das Inventar als mangelhaft, so mag es zweckgerecht sein, hier den Rücktritt oder die Minderung im Hinblick auf das Inventar zuzulassen, ohne daß der Pachtvertrag berührt wird. Erweist sich jedoch das Pachtverhältnis als mangelhaft, fehlt es beispielsweise an der öffentlich-rechtlichen Zulässigkeit der Nutzung der Räume als Gaststätte, so erscheint aus der Perspektive des Sachleistungsberechtigten der Erwerb des Inventars als sinnlos. Ähnlich liegt es beim Kauf mit Installationsverpflichtung. Soweit der Verkäufer einer Installationsverpflichtung nicht nachkommt und wegen der Besonderheiten des Kaufgegenstandes eine Ersatzvornahme ausscheidet, erweist sich auch das Kaufgeschäft als sinnlos. Eine aufgrund eines Werkvertrages hergestellte Spezialsoftware kann für den Sachleistungsberechtigten unverwendbar sein, wenn der Werkunternehmer nicht zugleich einer eingegangenen Schulungsverpflichtung für das Personal des Auftraggebers nachkommt. Bei der Kombination unterschiedlichen Vertragstypen zugehöriger Leistungspflichten ist es daher zwingend notwendig, das **Verhältnis der verschiedenen Leistungsverpflichtungen** klar zu regeln. So könnte beispielsweise beim kombinierten Kauf des Inventars und Pacht der Räumlichkeiten folgendes vereinbart werden:

138

Mängel des Inventars berühren den Bestand des Pachtverhältnisses nicht. Im Falle der außerordentlichen Beendigung des Pachtverhältnisses wegen Nichtgewährung des Gebrauches innerhalb der ersten 12 Monate des Pachtverhältnisses für eine Dauer von mehr als einem Monat ist der Pächter und Käufer berechtigt, den Rücktritt vom Kaufvertrag zu erklären.

b) Leistungsmodalitäten

Bei der Regelung der Hauptleistungspflichten sind häufig die Modalitäten der Leistung zu regeln. Hierzu gehören bei Lieferbeziehungen insbesondere die Regelung des Leistungsortes (Erfüllungsort), des Erfolgsortes, möglicher Versendungspflichten sowie die damit einhergehenden Transportkosten und der Tragung der Preis- und Leistungsgefahr. Im Handelsrecht gibt es hierzu

139

eine Vielzahl von Handelsklauseln, im Außenhandelsverkehr ist insbesondere auf die Incoterms weiterzuverweisen (vgl. die Darstellung bei *Baumbach/Hopt*, § 346 HGB Rz. 39 ff.).

c) Leistungsvorbehalte

140 Die Erbringung der Sachleistung kann durch vielfältige Umstände gehindert oder verzögert werden. Der Sachleistungsverpflichtete wird hierbei stets ein Interesse haben, zumindest solche Risiken, die nicht in seine Sphäre fallen, auszuschließen und ein entsprechendes Leistungsverweigerungsrecht zu regeln.

141 Klassisch ist hierbei der Vorbehalt der richtigen und rechtzeitigen Selbstbelieferung und höherer Gewalt. Der 8. Zivilsenat des BGH verlangt in ständiger Rechtsprechung (BGH, BGHZ 49, 388, 395; NJW 1995, 1959, 1960) für ein Freiwerden des Sachleistungsverpflichteten, daß dieser im Zeitpunkt der Vereinbarung des Vorbehalts der Selbstbelieferung ein **kongruentes Deckungsgeschäft** abgeschlossen hatte und vom Partner des Einkaufskontraktes im Stich gelassen wird. Die Ausgestaltung der beiden Kontrakte muß so beschaffen sein, daß bei natürlichem reibungslosen Ablauf die Erfüllung des Verkaufskontraktes mit der aus dem Einkaufskontrakt erwarteten Ware möglich ist, d. h. die Lieferpflichten des Vormannes aus dem Einkaufskontrakt müssen gegenüber dem Verkäufer mindestens die gleiche Sicherheit für die Lieferung bieten, wie dieser sie selbst seinem Abkäufer gewährleistet hat. Dies ist der Fall, wenn der Einkaufskontrakt die gleiche Ware und mindestens die gleiche Menge wie der Verkaufskontrakt betrifft, die Qualität der Waren und die Liefer- oder Ablagezeit sich jeweils entsprechen und die Erfüllung aus dem Einkaufskontrakt nicht von einer Bedingung oder sonstigen, in der Sphäre des Vorlieferanten auftretenden Umständen abhängig gemacht ist (vgl. den instruktiven Fall BGH, NJW 1995, 1959 f. – „ungarische Himbeeren").

142 Neben Mängeln des Deckungsgeschäftes aufgrund höherer Gewalt oder sonstiger Risiken ist insbesondere das **Streikrisiko** ein Risiko, welches zweckmäßigerweise bei Leistungsvorbehalten geregelt wird. Im Falle eines rechtmäßigen Streikes sind die Dienstleistungspflichten des Arbeitnehmers und Erfüllungsgehilfen des Sachleistungsverpflichteten suspendiert, der Sachleistungsverpflichtete braucht sich das Verhalten seiner Erfüllungsgehilfen nach § 278 BGB grundsätzlich nicht zurechnen zu lassen. Die Einzelfragen sich noch umstritten. So vertritt das Landgericht Frankfurt die Meinung, daß die Haftung für (rechtmäßig) streikendes Personal vom Reiseveranstalter gegen Nichtkaufleute nicht ausgeschlossen werden könne (NJW-RR 1987, 823 f.). In der Literatur wird vertreten, Lieferungsausfälle infolge rechtmäßiger Arbeitskämpfe in seinem Unternehmen habe der Schuldner zu vertreten; Preiskämpfe mit Lieferanten und Arbeitnehmern könne der Schuldner nicht zu Lasten seiner Gläubiger austragen (MünchKomm/*Hanau*, § 278 BGB

Rz. 13). Im Falle des rechtswidrigen Streikes hat der BGH in deliktsrechtlicher Hinsicht vertreten, der Arbeitgeber hafte hier aus § 831 BGB (vgl. BGH, NJW 1977, 1875 ff.).

Einfache Arbeitskampfklauseln werden zumindest im Verkehr unter Kaufleuten auch nach den Beurteilungsmaßstäben des § 307 BGB für zulässig gehalten (vgl. *Ulmer/Brandner/Hensen*, Anhang §§ 9–11 AGBG Rz. 103). Dies gilt erst recht für Individualvereinbarungen, bei denen der Spielraum zwangsläufig weitergesteckt sein muß als im AGB-mäßigen Verkehr. Bei der Abfassung von Arbeitskampfklauseln ist zu berücksichtigen, daß nicht nur ein Arbeitskampf im Betrieb des Sachleistungsverpflichteten, sondern auch Arbeitskämpfe bei Zulieferbetrieben die Leistungspflicht stören können. In derartigen Fällen empfiehlt sich eine Ausweitung. Des weiteren ist in Arbeitskampfklauseln häufig lediglich vom „Streik" die Rede. Hier ist zu berücksichtigen, daß als Arbeitskampfmittel auch die Aussperrung in Betracht kommt, so daß zweckmäßigerweise sowohl der Fall des Streikes und der der Aussperrung geregelt werden.

143

d) Mitwirkung des Vertragspartners

Für die Verletzung von Mitwirkungspflichten des Gläubigers der Sachleistung, die häufig für die Erbringung des Leistungserfolges unabdingbar sind, gibt es kein klares gesetzliches Konzept. Einschlägig sind allenfalls die Regelungen über den Annahmeverzug, die keine Ersatzpflicht des Mitwirkungsverpflichteten und auch kein Lösungsrecht des Mitwirkungsberechtigten vom Vertrag vorsehen. Spezifische Regelungen finden sich lediglich in § 433 Abs. 2 BGB (Abnahmeverpflichtung des Käufers) und 642 ff. BGB (Sonderregelung für den Werkvertrag). Aus Sicht des Sachleistungsverpflichteten sollten folgende Fragen vor Vertragsschluß geprüft werden:

144

– Ist zur Herbeiführung des Leistungserfolges eine Mitwirkungshandlung des Gläubigers erforderlich?
– Wie ist der Inhalt der Mitwirkungspflicht des Gläubigers auszugestalten?
– Welche Sanktionen sollen gelten, wenn der Gläubiger seinen Mitwirkungspflichten nicht nachkommt?

Angesichts der rudimentären gesetzlichen Regelungen ist eine **ausdrückliche Regelung** der Art des Inhaltes, der Modalitäten und der Sanktionen im Hinblick auf Mitwirkungspflichten des Gläubigers stets zu empfehlen.

Die Problematik der Mitwirkungspflichten wird in der Basischeckliste zwar unter dem Stichwort „Sachleistung" behandelt. Es sollte jedoch nicht verkannt werden, daß auch im Rahmen der Herbeiführung des Leistungserfolges bzgl. der Geldleistungsverpflichtung zuweilen Mitwirkungshandlungen des Geldleistungsgläubigers erforderlich sind, insbesondere bei der Sicherung des Zahlungsflusses beispielsweise durch Einrichtung entsprechender Anderkonten (s. unten Rz. 191).

e) Leistungen Dritter

145 Drittbezug beim Leistungsinhalt ist in zweierlei Hinsicht regelungsbedürftig:

Zum einen stellt sich für den Sachleistungsverpflichteten die Frage seiner **Substitutionsbefugnis**. Für das Dienstvertragsrecht sieht § 613 S. 1 BGB eine Zweifelsregel vor, wonach der zu Dienstleistungen Verpflichtete im Zweifel in Person zu leisten hat. Auch im Werkvertragsrecht kann aufgrund der Umstände des Einzelfalles möglicherweise auf eine konkludente höchstpersönliche Verpflichtung geschlossen werden. Insoweit empfiehlt es sich bei Dienst- und Werkverträgen, die Frage der Substitutionsbefugnis ausdrücklich zu regeln.

Im Hinblick auf die Frage der **Verantwortlichkeit für Vorleistungen** besteht zur Zuweisung der Systemverantwortung die Möglichkeit, auch solche, die nicht als Subunternehmer im eigentlichen Sinne tätig werden, im Verhältnis zwischen den Parteien als Erfüllungsgehilfen des Sachleistungsverpflichteten zu qualifizieren (siehe oben Rz. 72).

f) Leistungszeit

146 Nach § 271 Abs. 1 BGB kann der Gläubiger die Leistung sofort verlangen und der Schuldner sie sofort bewirken, soweit eine Zeit für die Leistung weder bestimmt noch aus den Umständen zu entnehmen ist. Im Zusammenhang mit der Leistungszeit stellen sich regelmäßig folgende Fragen, die in der vertraglichen Regelung ihren Niederschlag finden müssen:

– Soll ein fester Leistungstermin vereinbart werden oder ein Zeitrahmen?

– Soll im Falle eines festen Leistungstermines das Geschäft als Fixgeschäft (§ 323 Abs. 2 Nr. 2 BGB) ausgestaltet werden?

– Soll die Fälligkeit der Sachleistung von Vorleistungen, insbesondere Vorschüssen oder Abschlagszahlungen oder Sicherheitsleistungen, abhängen?

– Soll im Hinblick auf Verzugsfolgen die Leistungszeit „kalendermäßig bestimmt" im Sinne des § 286 Abs. 2 Nr. 1 BGB sein?

2. Geldleistung

a) Vergütung

147 Von bestimmten Berufsgruppen abgesehen (Ärzte, Architekten, Rechtsanwälte), kennt das bürgerliche Recht keine Preisregulierung, so daß mithin als Grenze der Preisvereinbarungsfreiheit § 138 BGB bleibt. Hier knüpft die Rechtsprechung an das Institut der laesio enormis an. Sittenwidrigkeit im Sinne des Wuchertatbestandes des § 138 Abs. 2 BGB wird grundsätzlich

dann erwogen, wenn der Preis den Wert der Gegenleistung um das Doppelte übersteigt. Dies gilt nicht nur für die Problematik sittenwidriger Kreditvereinbarungen (vgl. z. B. BGH, NJW-RR 1989, 1068), sondern grundsätzlich für jeden Austauschvertrag, z. B. auch Leasingverträge (BGH, NJW 1995, 1019 ff.) oder Grundstückskaufverträge (BGH, NJW-RR 1990, 950).

aa) Abdingung gesetzlicher Regelungen

Jedenfalls dort, wo das Gesetz dispositive Regelungen der Geldleistung trifft, wie insbesondere bei Rechtsanwälten, kommt es in Betracht, hiervon abweichende Vereinbarungen zu schließen, die insbesondere die hierfür vorgesehenen prozeduralen Erfordernisse (siehe oben Rz. 14) erfüllen müssen. 148

bb) Festpreis

Regelfall einfacherer Austauschverträge ist die Vereinbarung eines fixen Preises, der zu einem bestimmten Zeitpunkt zu zahlen ist. Bei komplexeren Beziehungen gibt es hierzu eine Vielzahl von Alternativen, die nachfolgend dargestellt werden. 149

cc) Preisrahmen

In bestimmten Austauschbeziehungen bietet es sich an, den Preis an den zeitlichen oder sachlichen Erfolg des Sachleistungsverpflichteten zu binden. Aus der Interessenlage des Sachleistungsverpflichteten empfiehlt es sich hierbei, zumindest eine **Mindestvergütung** festzulegen. Ansonsten liegt es im gemeinsamen Interesse der Vertragsparteien, eine klare Regelung der Kriterien, nach denen ein Preisrahmen ausgeschöpft werden kann, zu treffen. Hierbei bestehen zwei Alternativen: 150

Entweder werden im Vertrag die Kriterien, nach denen sich die Ausschöpfung des Preisrahmens ergibt, klar und im Zweifel prozessual nachvollziehbar bestimmt. Oder es wird einer der Vertragsparteien oder einem Dritten ein Ermessen eingeräumt, aufgrund bestimmter Ermessenskriterien über die Ausschöpfung des Preisrahmens zu entscheiden (§§ 315 ff. BGB). 151

dd) Vergütung nach Aufwand

Eine weitere Alternative besteht darin, die Höhe der Geldleistung für den Sachleistungsverpflichteten auch von der Höhe seines Aufwandes abhängig zu machen. Hierbei kommt insbesondere der Zeitaufwand in Betracht. Von besonderer Bedeutung ist in diesem Zusammenhang die Frage der **Dokumentation des Aufwandes**. Während der Sachleistungsberechtigte ein Interesse daran hat, nicht willkürlichen Behauptungen des Sachleistungsverpflichtenden über seinen Aufwand ausgesetzt zu sein, muß der Sachlei- 152 stungsverpflichtete im Prozeß im Zweifel seinen gesamten Aufwand beweisen.

In Betracht kommt in derartigen Fällen insbesondere der Abschluß einer entsprechenden Vereinbarung, die die Dokumentation des Zeitaufwandes zum Schutze des Geldleistungsverpflichteten formalisiert, z. B. durch Vereinbarung zur Führung von den entsprechenden Mitarbeitern des Sachleistungsverpflichteten täglich gegenzuzeichnenden Stundenlisten. Zum anderen kommt in Betracht, für den Fall von Streitigkeiten die **Beweislast** dahin abzuwandeln, daß eine ordnungsmäßige Dokumentation des Aufwandes durch den Geldleistungsberechtigten die Vermutung für das tatsächliche Entstehen des Aufwandes enthält, die vom Geldleistungsverpflichteten widerlegt werden muß.

ee) Preisgleitklauseln

153 In bestimmten Branchen besteht das Bedürfnis, in der Preisvereinbarung Vorbehalte für die Veränderung von Einkaufspreisen, Zulieferleistungen etc. zu vereinbaren. Dies geschieht durch entsprechende Preisvorbehalte, Listenvorbehalte oder Tagespreisklauseln. Derartige Vereinbarungen sind unter Kaufleuten auch AGB-mäßig grundsätzlich unbedenklich (vgl. *Ulmer/ Brandner/Hensen*, § 11 Nr. 1 AGBG Rz. 18). Es ist jedoch zu beachten, daß derartige Klauseln stets in der Nähe zu genehmigungsbedürftigen Wertsicherungsklauseln stehen (siehe unten Rz. 159), so daß die Vereinbarkeit der Klausel mit dem Währungsgesetz stets zu prüfen ist.

ff) Preisverrentung

154 Das Bürgerliche Gesetzbuch enthält in §§ 759–761 nur sehr rudimentäre Regelungen des Leibrentenversprechens. Hervorzuheben ist, daß mindestens die **Schriftform** gewahrt sein muß (§ 761 BGB).

Die **Kalkulation** der Rente beinhaltet für den Leistungsverpflichteten regelmäßig erhebliche Risiken, da die Wahl der nachfolgenden Faktoren die Höhe und die Veränderung der Höhe der Rentenzahlung erheblich beeinflussen kann. Als elementare Faktoren sind hierbei zu nennen:
– Wahl der zugrunde gelegten Sterbetafel,
– Wahl des Diskontierungszinses,
– Anfangsalter des Berechtigten,
– Wertsicherung der Rente.

Insbesondere bei der Vornahme einer Wertsicherung der Rente ist zu berücksichtigen, daß der zugrunde gelegte Verrentungszins stets bereits einen inflationsbedingten Anteil enthält, so daß bei Wertsicherung der Verrentungszins zwingend um diesen Anteil bereinigt werden muß (vgl. ausführlich: *Kiethe*,

MDR 1993, 1155, 1156), weil ansonsten faktisch eine doppelte Wertsicherung durchgeführt wird.

Elementare Regelungen des Rentenversprechens selbst sind darüber hinaus: 155

– Höhe der Rentenzahlung,
– Zeitpunkt der ersten Zahlung,
– Zahlungsintervalle,
– Zahlungszeitpunkte,
– Dauer (im Zweifel Lebenszeit: § 759 Abs. 1 BGB).

gg) Abhängigkeit der Geldleistung vom Umsatz, Gewinn etc.

In bestimmten Konstellationen bietet es sich an, die Geldleistung oder einen 156 Teil der Geldleistung von veränderlichen wirtschaftlichen Verhältnissen beim Vertragspartner abhängig zu machen. Regelfall ist das partiarische Darlehen, bei dem an Stelle eines gleichbleibenden Zinses ein Anteil aus dem jeweils entstehenden Gewinn aus Handelsgewerbe geleistet wird. Die Abgrenzung partiarischer Verträge gegenüber der stillen Gesellschaft (§§ 230 ff. HGB) hängt von der Qualifikation des Verhältnisses als Austauschverhältnis (jede Partei verfolgt ihre eigenen Zwecke) oder Gesellschaftsverhältnis (im Mittelpunkt steht ein gemeinsamer Zweck) ab (vgl. z. B. BGH, NJW 1990, 573 ff.).

Die Abgrenzung zwischen partiarischem Austauschvertrag und Gesellschaftsvertrag ist insbesondere für die Frage der Einschlägigkeit dispositiven Gesetzesrechtes bei fehlenden Parteibestimmungen von Bedeutung. Es empfiehlt sich, bei partiarischen Austauschverträgen im Vertrag klar zu regeln, daß keine gesellschaftsrechtliche Abrede getroffen werden soll.

Hauptproblem bei partiarischen Austauschverträgen ist die Bestimmung der 157 Bemessungsgrundlage für die Geldleistung. Der nach handelsrechtlichen Grundsätzen (§§ 238 ff. HGB) zu ermittelnde Gewinn hängt seiner Höhe nach in vielfältiger Hinsicht von der Disposition des Inhabers des Handelsgeschäftes ab. Dies liegt daran, daß das deutsche Bilanzrecht insbesondere durch die Einräumung großzügiger Bewertungswahlrechte Fragen der Gewinnermittlung und Fragen der Gewinnverwendung vermischt (vgl. *Imbeck*, BB 1990, 1598 ff.).

Als Sicherungsmechanismen für den Geldleistungsberechtigten kommen hier Vereinbarungen in Betracht dahin, daß die Bilanzierungsmethoden der Vergangenheit, die regelmäßig einer objektiven Nachprüfung zugänglich sind, für die Dauer des partiarischen Verhältnisses beibehalten werden, oder Vereinbarungen dahin, daß die Verkürzung des Gewinns durch die entsprechende Ausübung handelsrechtlicher- oder steuerrechtlicher Bewertungswahlrechte einer Kontrolle durch einen Schiedsgutachter (siehe hierzu unten Rz. 232) unterliegen.

Zur Kontrolle redlicher Gewinnermittlung empfiehlt es sich zugleich aus dem Interesse des Geldleistungsberechtigten, entsprechende **Informationsrechte**, die denen des stillen Gesellschafters durchaus nachgebildet sein können, zu vereinbaren.

158 Bei partiarischen Rechtsverhältnissen ist zu beachten, daß diese im Verhältnis zu Kapitalgesellschaften, insbesondere im Verhältnis zu einer Aktiengesellschaft als Teilgewinnabführungsverträge im Sinne des § 292 Abs. 1 Nr. 2 AktG, qualifiziert werden könnten. Für die Stille Beteiligung an einer Aktiengesellschaft ist dies bereits entschieden (OLG Düsseldorf, AG 1996, 473). Ob und inwieweit andere partiarische Rechtsverhältnisse den Regelungen über den Teilgewinnabführungsvertrag, insbesondere den aktienrechtlichen Wirksamkeitserfordernissen, unterliegen, ist abschließend noch nicht geklärt. Sie sollten deshalb gegenüber Aktiengesellschaften vermieden werden.

hh) Wertsicherungsklauseln

159 Die gesetzlichen Grundlagen der Regelung von Wertsicherungsklauseln haben sich im Verhältnis zur Vorauflage erheblich geändert. Durch Art. 9 des Gesetzes zur Einführung des Euro vom 9. 6. 1998 (BGBl. I, 1242, 1253 f.) wurde § 3 Währungsgesetz aufgehoben. Allerdings wurde durch eine Änderung des Preisangabengesetzes das Indexierungsverbot im Grundsatz aufrechterhalten. Nach § 2 Abs. 1 des Preisangaben- und Preisklauselgesetzes (PaPkG) ergibt sich heute folgendes Klauselverbot: *„Der Betrag von Geldschulden darf nicht unmittelbar oder selbsttätig durch den Preis oder Wert von anderen Gütern oder Leistungen bestimmt werden, die mit den vereinbarten Gütern oder Leistungen nicht vergleichbar sind."* Zugleich sieht § 2 Abs. 1 S. 2 PaPkG die Möglichkeit vor, auf Antrag Ausnahmen zu genehmigen. § 2 Abs. 2 PaPkG enthält eine Verordnungsermächtigung an die Bundesregierung.

160 Auf dieser Grundlage ist die Preisklauselverordnung (PrKV) vom 23. 9. 1998 (BGBl. I, 3043 f.) erlassen worden. Deren § 1 enthält zunächst einen Katalog genehmigungsfreier Klauseln, hierzu zählen insbesondere Leistungsvorbehaltsklauseln, Spannungsklauseln und Kostenelementeklauseln. Die übrigen Vorschriften der Preisklauselverordnung enthalten im wesentlichen Genehmigungsgrundsätze, die den zu § 3 Währungsgesetz entwickelten Grundsätzen ähneln. Genehmigungsbehörde ist künftig das Bundesamt für Wirtschaft (§ 7 PrKV). Die bereits vor Inkrafttreten des Gesetzes zur Einführung des Euro und der PrKV nach § 3 Währungsgesetz erteilten Genehmigungen gelten fort (§ 8 PrKV).

ii) Umsatzsteuer

Bei bestimmten Transaktionen kann eine umsatzsteuerrechtliche Qualifikation im voraus fragwürdig und schwierig erscheinen. Häufig ist es aus Zeitgründen nicht möglich, vorher eine verbindliche Stellungnahme des zuständigen Finanzamtes einzuholen. Der BGH geht davon aus, daß die Umsatzsteuer ein rechtlich **unselbständiger Teil** des zu zahlenden Preises sei, die, wenn sich aus den Umständen nichts anderes ergebe, in dem angebotenen Preis enthalten sei (BGH i. st. Rspr. BGHZ 58, 292; 103, 284, 287 m. w. N., siehe aber: BGH, BB 2000, 690 f.). Ein vereinbarter Kaufpreis ist in derartigen Fällen daher im Zweifel als Bruttopreis zu qualifizieren. Es empfiehlt sich aus Sicht des Geldleistungsverpflichteten, hier entsprechende Vorbehaltsklauseln zu vereinbaren, etwa dahin, daß die Parteien davon ausgehen, das Geschäft sei umsatzsteuerfrei, für den Fall, daß etwas anderes gelte, erhöhe sich der Preis um den Betrag der Umsatzsteuer.

161

b) Zahlungsmodalitäten

aa) Fälligkeitsregelungen

Im Zusammenhang mit der Geldleistung sind insbesondere folgende Aspekte bei der Vertragsgestaltung zu berücksichtigen:

162

– Soll eine einzelne Gesamtleistung stattfinden oder Abschlagszahlungen?
– Sollen Vorschüsse geleistet werden?
– Soll die Fälligkeit der Gesamtzahlung oder Teilleistungen von besonderen Voraussetzungen abhängen (Abnahme, 3 Wochen nach Lieferung, Eintragung der Auflassungsvormerkung etc.)
– Soll eine kalendermäßige Bestimmung im Sinne des § 286 Abs. 2 Nr. 1 BGB getroffen werden?

bb) Rechtsfolgen bei Abschlagszahlungen und Vorschüssen

Soweit der Sachleistungsverpflichtete Vorschüsse oder Abschlagszahlungen (siehe auch § 632a BGB) beanspruchen kann, empfiehlt es sich, die Rechtsfolgen des Ausbleibens des Vorschusses oder der Abschlagszahlungen klar zu regeln. Die gesetzlichen Verzugsregeln verursachen insbesondere im Hinblick auf Lösungsrechte vom Vertrag Unsicherheiten, die durch klare Parteivereinbarungen ausgeräumt werden können.

163

cc) Boni/Skonti/Rabatte

Insbesondere bei Dauerschuldverhältnissen oder Sukzessivlieferungsverträgen empfiehlt sich eine klare Regelung über die Einräumung von Boni, Skonti und Rabatten.

164

dd) Aufrechnung

165 Die Aufrechnung ist Erfüllungsersatz und vom Gesetz nur in wenigen Fällen (§§ 390–395 BGB u. a.) beschränkt. Die Rechtsprechung nimmt bei bestimmten Schuldverhältnissen ein konkludentes Aufrechnungsverbot an (z. B. Aufrechnung mit fremden Forderungen bei Aufbauhilfedarlehen, BGHZ 25, 211 ff.; Aufrechnungsausschluß beim Dokumentenakkreditiv, BGHZ 60, 262 ff.; weitere Beispiele bei *Palandt/Heinrichs*, § 387 BGB Rz. 15).

Dementsprechend liegt es im Interesse des Geldleistungsberechtigten, dem Verpflichteten Aufrechnungsmöglichkeiten durch die Vereinbarung eines **vertraglichen Aufrechnungsverbots** abzuschneiden, welches außerhalb des AGB-mäßigen Verkehrs grundsätzlich unbedenklich ist.

Demgegenüber kann es jedoch bei bestimmten Geschäften auch im Interesse des Geldleistungsverpflichteten, bei denen konkludent ein Aufrechnungsverbot angenommen werden könnte, liegen, die Zulässigkeit der Aufrechnung mit sämtlichen oder bestimmten Gegenforderungen ausdrücklich zu regeln.

ee) Zurückbehaltungs-/Leistungsverweigerungsrechte

166 Ebenso wie das Aufrechnungsverbot stößt der Ausschluß von Zurückbehaltungs- und Leistungsverweigerungsrechten gesetzlich auf verhältnismäßig geringe Grenzen (vgl. aber § 309 Ziff. 2 BGB).

3. Leistungsbestimmungsrechte

167 Sowohl im Bereich der Geld- als auch im Bereich der Sachleistung kann es in vielfältigen Zusammenhängen zur Vereinbarung von Leistungsbestimmungsrechten durch eine Vertragspartei oder Dritte kommen (vgl. z. B. oben Rz. 150 und Rz. 153). Die gesetzliche Regelung der Leistungsbestimmungsrechte (§§ 315–319 BGB) geht von einer grundsätzlichen Verbindlichkeit der Bestimmung unter dem Korrektiv einer richterlichen Billigkeitskontrolle aus (§§ 315 Abs. 3, 317 Abs. 1, 319 BGB).

Aus Sicht des Leistungsverpflichteten bergen derartige Bestimmungen erhebliche Unsicherheiten. Bei der Leistungsbestimmung durch eine Vertragspartei unterliegt die getroffene Bestimmung einer richterlichen Billigkeitskontrolle, so daß es sich anbietet, die Ermessenskriterien, nach denen die Leistungsbestimmung erfolgen soll, im Vertrag **klar** zu regeln, soweit dies möglich ist.

168 Das Risiko bei der Leistungsbestimmung durch Dritte, insbesondere durch Schiedsgutachten, ist im Grunde für beide Parteien noch größer. Hier findet eine Kontrolle, soweit der Dritte die Leistung nach billigem Ermessen be-

stimmen soll, nur dahin statt, ob die Bestimmung „offenbar unbillig" ist (§ 319 Abs. 1 BGB). Offenbare Unbilligkeit nimmt die Rechtsprechung bei Schiedsgutachten beispielsweise an, wenn das Gutachten offenbar unrichtig ist, was der Fall ist, wenn sich die Unrichtigkeit dem sachkundigen und unbefangenen Beobachter aufdrängt (z. B. BGH, NJW-RR 1993, 1034 f.).

Wenngleich bei der Leistungsbestimmung durch Dritte, insbesondere bei Schiedsgutachten, für eine Abkürzung des Rechtswegs und eine schnelle Rechtssicherheit im Hinblick auf die Höhe der Leistung gesorgt werden soll, empfiehlt es sich in diesen Fällen, Maßstäbe einer groben Unbilligkeit aus Sicht beider Parteien von vornherein festzulegen, etwa durch eine Klausel wie:

Die Leistungsbestimmung durch den Gutachter unterliegt der gerichtlichen Kontrolle mit folgenden Maßgaben: Eine offenbare Unbilligkeit im Sinne des § 319 Abs. 1 BGB liegt vor, wenn (...).

4. Regelung des Verzuges

Es kann sowohl für den Verzug mit der Sachleistung als auch für den Verzug mit der Geldleistung geboten sein, die Voraussetzungen und Rechtsfolgen des Verzuges abweichend von den gesetzlichen Regelungen durch besondere vertragliche Vereinbarungen zu regeln.

169

Die Regelung der Verzugsvoraussetzungen ergibt sich hierbei bereits aus den Fälligkeitsregelungen (siehe oben Rz. 146 und Rz. 162).

Regelungsfähig erscheinen darüber hinaus zwei weitere Aspekte:

– Lösungsrechte einer Vertragspartei im Verzugsfall,
– Schadensregelungen.

Nach bisheriger Rechtslage sah § 326 BGB a.F. für den Fall des Verzugs einer Seite beim gegenseitigen Vertrag ein Lösungsrecht des anderen Vertragspartners, insbesondere ein Rücktrittsrecht und ein die Vertragsauflösung implizit enthaltendes Schadensersatzverlangen vor. Das Lösungsrecht setzte das Vorliegen von Verzug sowie eine Fristsetzung mit Ablehnungsandrohung voraus. Durch die Änderungen im Zuge der Schuldrechtsreform hat das Verzugsrecht nicht unerhebliche Modifikationen erfahren. Hierzu zählt insbesondere der Wegfall der Fristsetzung mit Ablehnungsandrohung nach § 326 BGB a.F. und dessen Ersetzung durch das allgemeine Rücktrittsrecht wegen nicht oder nicht vertragsmäßig erbrachter Leistungen nach § 323 BGB. § 323 Abs. 1 BGB normiert den Schuldnerverzug i.S.v. § 286 BGB nicht mehr als Voraussetzung für das Rücktrittsrecht des Gläubigers. Die Leistung muß lediglich fällig und zum vertraglich versprochenen Zeitpunkt nicht erbracht worden sein. Darüber hinaus muß dem Schuldner eine Frist zur Leistung oder Nacherfüllung gewährt werden, die erfolglos verstrichen sein muß.

170

170a Neben dem Rücktrittsrecht nach § 323 Abs. 1 BGB steht dem Gläubiger gemäß § 325 BGB auch die Möglichkeit offen, Schadensersatz zu verlangen. Durch diese Regelung ist die nach alter Rechtslage bestehende grundsätzliche Alternativität zwischen Rücktritt und Schadensersatz aufgehoben worden. Die Anspruchsgrundlage für den Schadensersatz wegen Nichterfüllung bzw. anstatt der Hauptleistung ergibt sich aus §§ 280 Abs. 1, Abs. 3, 281 Abs. 1 BGB, wonach der Anspruch an die gleichen Voraussetzungen gebunden ist, wie das Rücktrittsverlangen nach § 323 Abs. 1 BGB. Er hängt also insbesondere vom erfolglosen Verstreichen einer angemessenen Frist zur Leistung oder Nacherfüllung ab.

171 Schwierigkeiten bereitet bei Leistungsstörungen insbesondere das Erfordernis der Setzung einer **angemessenen Nachfrist**. Dieses Erfordernis ist grundsätzlich dispositiv, so daß die Parteien ohne weiteres auf die Fristsetzung verzichten können (BGH, NJW 1985, 267, 268). Ein derartiges völliges Abbedingen dürfte im Verhandlungswege normalerweise nicht erreichbar sein. Besondere Probleme bereitet daher stets die Frage der „Angemessenheit" der Nachfristsetzung. Eine unangemessen kurze Nachfristsetzung setzt nach Auffassung des BGH eine angemessene Nachfrist in Lauf (BGH, NJW 1985, 2640 ff.). Gerade in derartigen Konstellationen kann es zu erheblichen Unsicherheiten kommen, wenn die leistungsverpflichtete Partei zwar nach Ablauf der gesetzten Nachfrist leistet, jedoch behauptet, sie habe noch innerhalb einer in Lauf gesetzten angemessenen Nachfrist geleistet. Insoweit empfiehlt es sich letztendlich aus dem Interesse beider Vertragsparteien, zumindest die Dauer einer angemessenen Nachfrist im Sinne des § 323 Abs. 1 BGB bzw. § 281 Abs. 1 BGB klar zu regeln. Hierbei empfiehlt es sich, die durch das Gesetz zur Beschleunigung fälliger Zahlungen vom 30. 3. 2000 (BGBl. I, 330 ff.) neu eingeführte Verzugsalternative, nämlich die Nichtleistung der Geldforderung binnen 30 Tagen nach Fälligkeit und Zugang einer Rechnung oder einer gleichwertigen Zahlungsaufforderung (§ 286 Abs. 3 BGB) vertraglich gleich mitzuregeln.

172 Jenseits der Fragen der Fristsetzung und Ablehnungsandrohung bereitet im Falle des Leistungsverzuges regelmäßig die Bestimmung der Höhe des Verzugsschadens Schwierigkeiten. Eine pauschale Schadensberechnung wurde beim Verzug mit Geldleistungen von der Rechtsprechung in erster Linie Kreditinstituten zugestanden, nach der aktuellen Rechtsprechung des BGH sowohl im Bereich des Verbraucher- als auch im Bereich des gewerblichen Kredites nach der Regel „Diskontsatz + 5 %" (BGH, NJW 1993, 1260).

Durch das Gesetz zur Beschleunigung fälliger Zahlungen vom 30. 3. 2000 (BGBl. I, 330 ff.) wurde die ursprünglich nur Kreditinstituten zugestandene Möglichkeit der pauschalen Schadensberechnung als allgemeiner Verzugszins sowohl für den nicht kaufmännischen als auch für den kaufmännischen Verkehr eingeführt (§ 288 Abs. 1 S. 1 BGB a.F.; § 288 Abs. 1 BGB n.F.; § 352 Abs. 1 S. 1 HGB n. F.). Nach § 288 Abs. 1 S. 2 BGB beträgt der Verzugszinssatz nunmehr 5 % p.a. über dem Tageszinssatz.

IV. Sicherung der Leistungen

1. Sicherung der Sachleistung

a) Gewährleistung

Manche Vertragstypen sehen besondere gesetzliche Gewährleistungsverpflichtungen im Hinblick auf die Sachleistung vor (insbesondere der Kauf-, Miet- und Werkvertrag). Jenseits der speziell gesetzlichen Gewährleistung kommt bei Pflichtverletzung eine Haftung nach §§ 280 Abs. 1, 282 i.V.m. 241 Abs. 2 BGB sowie nach § 324 BGB i.V.m. 241 Abs. 2 BGB in Betracht. Durch diese Regelung wird das Institut der positiven Forderungsverletzung, welches nach alter Rechtslage als Anspruchsgrundlage in derartigen Fällen diente, ausdrücklich normiert.

Soweit gesetzliche Gewährleistungsregeln einschlägig sind, stellt sich – je nach Interessenlage – einerseits die Frage der Konkretisierung gesetzlicher Gewährleistungsregeln, z. B. durch Beschaffenheitsvereinbarungen oder Eigenschaftszusicherungen (siehe oben Rz. 132 ff.), andererseits die Frage der Abbedingung gesetzlicher Gewährleistungsregeln, die jenseits AGB-mäßiger Vereinbarung regelmäßig dem dispositiven Recht zuzuordnen sind.

Darüber hinaus kommt noch eine Modifikation der dispositiven Gewährleistungsregeln in Betracht, etwa dahin, daß die Voraussetzungen (Fristen, Rügen etc.) abgeändert oder die Rechtsfolgen modifiziert werden.

173

b) Garantien

Zur Erforderlichkeit und zum Inhalt möglicher Gewährleistungsgarantien wurde bereits oben Stellung genommen (Rz. 134). Im Bereich der Leistungssicherung ist es ergänzend notwendig zu regeln, welche **Rechtsfolgen** die Verletzung von Garantien zeitigen soll.

§ 443 BGB ordnet zwar eine Haftung des Garanten bei Eintritt des Garantiefalls an. Umfang und Inhalt der Ansprüche des Berechtigten aufgrund der Garantie richten sich aber nach dem Inhalt der Vereinbarung. Deshalb ist eine explizite Regelung der Rechtsfolgen der Verletzung einer Garantie unentbehrlich. Dies gilt insbesondere dann, wenn ein Schadensersatzanspruch wegen Nichterfüllung im Zusammenhang mit dem Inhalt der Garantie für den Verletzten schwer darstellbar ist. Dies ist insbesondere bei dem Erwerb von Geschäftsanteilen an Kapitalgesellschaften der Fall, wenn die Garantie sich auf Umstände bezieht, die auf das Unternehmen der Gesellschaft zutreffen. Das Fehlen einer bestimmten Ertragslage oder einer bestimmten Rentabilität, das Fehlen der Inhaberschaft an bestimmten Schutzrechten usw. wirkt sich bei dem Erwerber eines Geschäftsanteils einer GmbH nicht unmittelbar, sondern allenfalls als Reflexschaden im Anteilswert aus. Hier kommt es in Betracht, ergänzend zu Rechten auf Nacherfüllung oder Rücktritt bzw. Schadensersatz des Käufers zugleich eine Verpflichtung des Ver-

174

käufers zu regeln, wonach dieser bei der Gesellschaft den Zustand herzustellen hat, der bestünde, treffe die Garantie zu (vgl. z. B. das Klauselbeispiel in Münchner Vertragshandbuch Band 1, Gesellschaftsrecht, Muster IV. 68, dort § 8).

c) Rügepflichten, Fristen

175 Im Zusammenhang mit Garantien und Gewährleistungen bietet es sich häufig an, prozedurale Rahmenbedingungen vertraglich besonders zu regeln.

Möglich ist es, auch außerhalb des Anwendungsbereiches des § 377 HGB Rügepflichten zu vereinbaren, um zu verhindern, daß der Sachleistungsverpflichtete zu lange im unklaren über eine mögliche Haftung bleibt, und zum anderen den Sachleistungsberechtigten zu zwingen, die Leistung rechtzeitig auf Mängel zu untersuchen. Dies verhindert zugleich für beide Seiten Beweisschwierigkeiten.

176 Sinnvoll ist es häufig auch, Verjährungsfristen innerhalb des gesetzlich zulässigen an die Erfordernisse des Vertragstypus anzupassen. Nach alter Rechtslage erschienen insbesondere die Verjährungsfristen für Sachmängelgewährleistung im Kaufrecht relativ kurz. Im Zuge der Reform des Schuldrechtes wurde hier allerdings vieles verbessert. Künftig beträgt die regelmäßige Verjährungsfrist drei Jahre (§ 195 BGB). § 438 BGB modifiziert dies im Kaufrecht dahingehend, daß bei Verwendung der Kaufsache für ein Bauwerk die Frist auf fünf Jahre verlängert wird, im übrigen aber auf zwei Jahre verkürzt wird (§ 438 Abs. 1 Ziff. 2 und 3 BGB). Eine Besonderheit besteht bei Mängeln, die in dem Herausgabeanspruch eines Dritten aufgrund dinglichen Rechts beruhen. Hier gilt eine Frist von 30 Jahren (§ 438 Abs. 1 Ziff. 1 BGB). Im Werkvertragsrecht sieht § 434a BGB vor, die fünfjährige Verjährungsfrist bei Ansprüchen wegen Mängeln bei Bauwerken beizubehalten und im übrigen eine Frist von zwei Jahren anzuordnen. Allerdings soll es bei der regelmäßigen Verjährungsfrist von drei Jahren bleiben, wenn ein Werk geschuldet wird, bei dem der Erfolg in etwas anderem bestehen soll, als der Herstellung der Veränderung einer Sache (§ 434a Abs. 1 Ziff. 2 BGB). Die Möglichkeit zur vertraglichen Verlängerung von Verjährungsfristen ist nach § 202 Abs. 2 BGB künftig nicht mehr auf das Kaufrecht beschränkt. Hiernach gilt, daß die Verjährung durch Rechtsgeschäfte nicht über eine Verjährungsfrist von 30 Jahren nach dem gesetzlichen Verjährungsbeginn hinaus erschwert werden kann. Daraus folgt die allgemeine Zulässigkeit von Vereinbarungen über eine Verlängerung der gesetzlichen Verjährungsfristen und damit einer Umkehrung der Regel des § 225 S. 1. BGB a.F.

d) Qualitätssicherungsvereinbarungen

177 Insbesondere im Bereich der Zulieferung für Serienproduktionen, wo der Hersteller die Systemverantwortung für die Qualität des Endproduktes be-

sitzt, können die Mängel der Zulieferprodukte erhebliche Folgen zeitigen, so daß es in diesem Bereich der Leistungssicherung nicht auf Kompensation, sondern **Prävention** ankommt. Eine präventive Maßnahme ist der Abschluß von Qualitätssicherungsvereinbarungen. Diese sollen sicherstellen, daß die Qualität der gelieferten Sachen bei jedem Einzelstück gewährleistet ist. Hierzu werden zunächst die technischen Einzelheiten und die Standards, die erfüllt werden sollen, verbindlich festgelegt. Des weiteren werden bestimmte Qualitätsprüfungen sowie Informations- und Kontrollrechte des Abnehmers vereinbart (Beispiele bei *Merz*, Qualitätssicherungsvereinbarungen).

e) Bürgschaften

Gewährleistungsansprüche oder Schadensersatzansprüche des Sachleistungsberechtigten wegen einer Verletzung der auf die Sachleistung bezogenen Leistungspflicht schlagen häufig deshalb fehl, weil der Sachleistungsverpflichtete nach Leistungserbringung in die Insolvenz gerät. Dies ist mit trauriger Regelmäßigkeit im Baugewerbe der Fall. Sicherungsmittel ist hier typischerweise eine Gewährleistungsbürgschaft eines Kreditinstitutes, die im Insolvenzfall zum Tragen kommt.

178

Üblich ist es insbesondere bei Werkverträgen, den Werkunternehmerlohn nicht vollständig mit Abnahme bzw. Erteilung der Fertigstellungsbescheinigung fällig werden zu lassen, sondern einen Zurückbehalt erst nach Ablauf von Gewährleistungsfristen fällig werden zu lassen. Dazu wird häufig ein Ablösungsrecht des Unternehmers durch Stellung einer Gewährleistungsbürgschaft vereinbart (zu Bürgschaften im einzelnen siehe unten Rz. 193).

f) Anwartschaftsrechte, Vormerkung

Die Sicherung der Sachleistung geschieht im Kaufrecht bei beweglichen Sachen auch durch Besitzverschaffung (unter gleichzeitigem Eigentumsvorbehalt des Veräußernden) oder im Immobiliarrecht durch Eintragung einer Auflassungsvormerkung. Hieraus resultiert regelmäßig ein **Anwartschaftsrecht** des Erwerbers. Während die Auflassungsvormerkung primär dem Schutz des Erwerbers vor gutgläubigem, zwischenzeitlichem Erwerb durch Dritte dient, dient die Übertragung unter Eigentumsvorbehalt im wesentlichem dem Sicherungsinteresse des Veräußerers. Beim Vorbehaltsverkauf ist es empfehlenswert, Art und Umfang der Ermächtigung des Vorbehaltskäufers zur Weiterveräußerung (§ 185 Abs. 1 BGB) zu regeln (siehe auch unten Rz. 186). Die Rechtsprechung nimmt das Bestehen einer derartigen Ermächtigung beim Vorbehaltskauf jenseits der Konsumentensphäre im Zweifel auch aufgrund stillschweigender Abrede an (Hanseatisches OLG, MDR 1970, 506). Auch wenn zugleich eine Beschränkung der Ermächtigung auf die Veräußerung im Rahmen des ordnungsmäßigen Geschäftsverkehres an-

179

zunehmen ist, selbst wenn dies nicht besonders verabredet ist (vgl. BGH, BGHZ 10, 14, 18), empfiehlt es sich regelmäßig, die Voraussetzungen, unter denen der Vorbehaltskäufer befugt ist, die Vorbehaltsware weiter zu veräußern, explizit zu regeln.

2. Sicherung der Geldleistung

a) Wahl des Zahlungsweges

180 Soweit der Geldleistungsverpflichtete vor Erhalt der Sachleistung zur Leistung verpflichtet sein soll, entspricht es seinem besonderen Interesse, den tatsächlichen Zahlungsfluß sicherzustellen. Schecks und Wechsel können platzen, jedoch eröffnen sie die Möglichkeit, im Scheck- bzw. Wechselprozeß relativ schnell eine Forderung zu titulieren. Demgegenüber bietet ein durch eine Landeszentralbank bestätigter Scheck eine hinreichende Sicherheit für den Zahlungsfluß. Ggf. kommt auch eine Hinauszögerung der Sachleistung bis zur Vorlage einer Bankbestätigung über die Ausführung einer Überweisung in Betracht.

b) Eigentumsvorbehalt

181 Weiteres Sicherungsmittel, die Geldleistung auch tatsächlich zu erhalten, ist der Vorbehaltsverkauf (§ 449 BGB). Verkehrstypisch haben sich verschiedene Arten des Eigentumsvorbehaltes ausgeprägt.

– Der **einfache Eigentumsvorbehalt** entspricht der Regelung des § 449 BGB. Das Eigentum wird unter der aufschiebenden Bedingung der vollständigen Zahlung des Kaufpreises übertragen. Die Auslegungsregel des § 455 Abs. 1 BGB a.F., wonach der Vorbehaltskäufer bei Zahlungsverzug des Käufers im Zweifel zum Rücktritt vom Vertrag berechtigt ist, wurde durch die Reform des Schuldrechts nicht übernommen. Der Vorbehaltskäufer ist nach neuer Rechtslage vielmehr an die Voraussetzungen des § 323 BGB gebunden. Tritt er nach dieser Vorschrift zurück, dann kann er die Wiedereinräumung des Besitzes an der Vorbehaltssache verlangen, wie in § 449 Abs. 2 BGB klargestellt wurde.

– Beim **verlängerten Eigentumsvorbehalt** ist dem Vorbehaltskäufer die Weiterveräußerung der Ware gestattet (§ 185 BGB). Der Verkäufer sichert sich, in dem er sich gleichzeitig die Forderungen aus dem Weiterverkauf im voraus abtreten läßt (vgl. auch unten Sicherungszession Rz. 184). Zugleich wird bei der Verarbeitung der Sache § 950 BGB ausgeschlossen oder eine Eigentumsübertragung antizipiert, wodurch sich der Vorbehaltsverkäufer zugleich das Eigentum an der durch die Verarbeitung seiner gelieferten Ware entstehenden Sache sichert.

– Beim **erweiterten** oder **Kontokorrentvorbehalt** wird mit dem vorbehaltenen Eigentum nicht nur die konkrete Kaufpreisforderung, sondern alle (auch zukünftigen) Forderungen des Vorbehaltsverkäufers aus der Geschäftsverbindung mit dem Vorbehaltskäufer gesichert. Der BGH hat im Rahmen einer AGB-mäßigen Überprüfung des erweiterten Eigentumsvorbehaltes die Frage einer zur Nichtigkeit nach § 138 BGB führenden Übersicherung offengelassen, stellte jedoch für die Wirksamkeit der konkreten Klausel am Maßstab des § 307 BGB auf das Vorhandensein einer Freigabeklausel ab (BGH, BGHZ 94, 105, 113). Die zu beurteilende Vereinbarung enthielt einen verlängerten und erweiterten Eigentumsvorbehalt, eine Vorausabtretung der Kaufpreisforderungen sowie folgende Freigabeklausel:

Der Kunde bleibt zur Einziehung der Forderung solange berechtigt, als er sich uns gegenüber nicht in Zahlungsverzug befindet. Übersteigt der Wert des uns zur Sicherung dienenden, unter Eigentumsvorbehalt gelieferten Gegenstandes unsere Gesamtforderung um mehr als 20%, so sind wir auf Verlangen des Kunden insoweit zur Rückübertragung verpflichtet.

– Der **Konzernvorbehalt** sichert nicht nur die Forderungen des Vorbehaltsverkäufers gegen den Vorbehaltskäufer, sondern auch Forderungen gegen andere Lieferanten des Vorbehaltskäufers, die demselben Konzern angehören wie der Vorbehaltsverkäufer.

c) Typische Kreditsicherheiten

Die nachfolgenden Sicherungsmittel sind zwar typische Kreditsicherheiten, taugen jedoch in bestimmten Fällen auch zur Sicherung der Geldforderung aus anderen Austauschverträgen. 182

aa) Sicherungsmittel

(1) Sicherungsübereignung

Klassisches Mittel der Kreditbesicherung ist die **Sicherungsübereignung**. Sie ersetzt die wirtschaftlich häufig unmögliche Bestellung eines Pfandrechtes, welche die Übertragung des Besitzes an der Pfandsache an den Gläubiger voraussetzt (§ 1205 BGB). Die Eigentumsübertragung wird mit der Abrede vollzogen, daß die zur Sicherung übereignete Sache nur bei Nichterfüllung der gesicherten Forderung verwertet werden darf. 183

Sicherungsobjekte können einzelne Sachen, auch künftig zu erwerbende Sachen und zu einer Sachgesamtheit zusammengefaßte Sachen, insbesondere Warenlager, sein. Bei der Übertragung von Sachgesamtheiten kann es zu Problemen mit dem Spezialitätsgrundsatz kommen. Die Rechtsprechung verlangt, daß die übereigneten Sachen im Vertrag bestimmt bezeichnet werden, bloße Bestimmbarkeit soll nicht genügen (z. B. BGH, BGHZ 73, 252, 254).

(2) Sicherungszession

184 Ähnlich wie die Übereignung von Sachen kann auch die Abtretung von Forderungen, auch künftigen Forderungen der Sicherung der Geldleistung dienen. Auch hier ist der Bestimmtheitsgrundsatz zu berücksichtigen, d. h. die Forderung muß bestimmt oder zumindest hinreichend bestimmbar sein (vgl. zu den Kriterien BGH, BGHZ 7, 365 ff.). Bei **Globalzessionen** besteht zudem regelmäßig die Gefahr der Sittenwidrigkeit wegen der Verleitung des Vertragspartners zum Vertragsbruch (§ 138 Abs. 1 BGB). Hiervon ist regelmäßig auszugehen, wenn die Globalzession sich bestimmungsgemäß auf Forderungen erstreckt, die typischerweise von einem verlängerten Eigentumsvorbehalt (siehe oben Rz. 181) erfaßt werden (BGH i. st. Rspr. BGHZ 30, 149, 152 f.; NJW 1995, 1668, 1669). Vermieden werden kann eine solche Sittenwidrigkeit durch eine Vereinbarung, daß der verlängerte Eigentumsvorbehalt vor der Globalzession stets Vorrang haben soll (vgl. BGH, BGHZ 98, 303, 314). Klauseln, die dem Schuldner lediglich die Verpflichtung zur Befriedigung des Vorbehaltsverkäufers auferlegen oder dem Vorbehaltsverkäufer nur den schuldrechtlichen Anspruch auf teilweise Freigabe des Erlöses einräumen, genügen nicht (BGH, NJW 1968, 1516, 1518, BGHZ 72, 308, 310). Vielmehr muß im Verhältnis zwischen dem Vorbehaltslieferanten und dem Sicherungsnehmer in jedem Falle ein Vorrang mit „dinglicher" Wirkung bestehen (BGH, NJW 1995, 1668, 1669). Ein anderes Problem der Globalzession ist die Frage der Übersicherung und deren Verhinderung durch Freigabeklauseln (siehe nachfolgend unter bb)).

(3) Grundpfandrechte

185 Weiteres kredittypisches Sicherungsmittel ist die Bestellung von Grundpfandrechten wie der Hypothek oder der Grundschuld. Zu den Einzelheiten der Gestaltung sei hier auf die sachenrechtliche Literatur und Formularhandbücher verwiesen.

bb) Sicherungsabreden

186 Während die Bestellung eines Grundpfandrechtes, die Tilgung einer Forderung oder die Sicherungsübereignung den verfügenden bzw. dinglichen Teil der Sicherungsvereinbarung ausmachen, bedarf es zudem einer Regelung der Sicherungsmodalitäten. Regelungsbedürftig ist hierbei regelmäßig folgendes:

– Sicherungszweck,

– Verfügungsbefugnis des Sicherungsnehmers,

– Freigabeverpflichtung des Sicherungsgebers,

– Verwertungsrecht des Sicherungsnehmers.

Die **Sicherungszweckabrede** legt fest, welche Forderungen gesichert werden sollen. Bei der Formulierung des Sicherungszwecks ist Zurückhaltung geboten. Beispielsweise erstrecken formularmäßige Sicherungszweckabreden von Kreditinstituten auch bei Grundpfandrechten den Sicherungszweck häufig nicht nur auf sämtliche – auch künftige – Forderungen aus der Geschäftsverbindung, sondern selbst auf Forderungen, die nach Sicherheitenbestellung in Gestalt der Abtretung von Dritten durch den Sicherungsnehmer erworben werden. Trifft dies noch mit einer notariellen Unterwerfung unter die Zwangsvollstreckung in das gesamte Vermögen zusammen, so erscheint nicht nur im AGB-mäßigen Verkehr eine unangemessene Benachteiligung im Sinne des § 307 BGB gegeben, sondern wegen der Vereitelung des Erkenntnisverfahrens für unabsehbare Forderungen auch die Grenze des § 138 BGB überschritten.

187

Weiterhin ist insbesondere im kaufmännischen Verkehr die **Verfügungsbefugnis** des Sicherungsgebers zu regeln, insbesondere die Voraussetzungen, unter denen er sicherungshalber abgetretene Forderungen einziehen oder sicherungsübereignete bzw. unter Eigentumsvorbehalt erworbene Sachen weiterveräußern darf.

Zur Schonung der schutzwürdigen Belange des Sicherungsgebers empfiehlt es sich regelmäßig, angemessene **Freigabeverpflichtungen** des Sicherungsnehmers zu vereinbaren, die den Sicherungsnehmer zur Freigabe der Sicherheiten durch Rückübertragung bzw. Vollrechtsübertragung verpflichten, wenn der Wert der Sicherheiten den Betrag der zu sichernden Forderungen in einer bestimmten Höhe überschreitet.

188

Die Frage über Art und Umfang von Freigabeklauseln im Zusammenhang mit Globalsicherheiten und die Rechtsfolgen ihres Fehlens waren in der Rechtsprechung des BGH umstritten. Die Problematik war kaum noch überschaubar (vgl. die Zusammenstellung bei *Neuhof*, NJW 1995, 1078 ff.). Zwischenzeitlich hat der Große Senat für Zivilsachen aufgrund von Vorlagebeschlüssen des IX. und XI. Zivilsenates die Grundsätze des BGH im Zusammenhang mit Freigabeklauseln bei Globalsicherungen geklärt (BGH, NJW 1998, 671 ff.). Danach hat der Sicherungsgeber bei formularmäßig bestellten, revolvierenden Globalsicherheiten im Falle nachträglicher Übersicherung einen ermessensunabhängigen Freigabeanspruch auch dann, wenn der Sicherungsvertrag keine oder eine ermessensabhängig ausgestaltete Freigabeklausel enthält. Für formularmäßig bestellte, revolvierende Globalsicherungen sollen ausdrückliche Freigaberegelungen, zahlenmäßig bestimmte Deckungsgrenzen und eine Klausel für die Bewertung der Sicherungsgegenstände keine Wirksamkeitsvoraussetzung sein. Bei Fehlen einer Deckungsgrenze beträgt die Grenze nach Auffassung des Großen Senates für Zivilsachen des BGH unter Berücksichtigung der Kosten für Verwaltung und Verwertung der Sicherheit, bezogen auf den realisierbaren Wert der Sicherungsgegenstände, 110% der gesicherten Forderungen. Die Grenze für das Entstehen eines Freigabeanspruches soll regelmäßig bei Überschreitung von 150% des Schätzwertes des Sicherungsgutes liegen. Infolge dieser Klärung der Rechtslage ist bei formularmäßigen Globalabtretungen nun nicht mehr die Unwirksamkeit der Forderungsabtretungen selbst wegen unangemessener Freigaberegelung zu befürchten (vgl. BGH, NJW 1998, 2206). Dies sollte jedoch nicht dazu verleiten, den Aspekt einer möglichen, anfänglichen Übersicherung gering zu achten. Trotz Vorliegens des Beschlusses des Großen Senates hat der IX. Senat des BGH sich nicht hindern lassen, die Nichtigkeit des gesamten Sicherstellungsvertrages gemäß § 138 Abs. 1 BGB wegen ursprünglicher Übersicherung zumindest als möglich darzustellen (BGH, NJW 1998, 2047 f.).

189 Obgleich die Entscheidung des Großen Senates nur formularmäßig vereinbarte Globalsicherheiten betrifft, empfiehlt es sich, die dort aufgestellten Maßgaben auch bei Individualvereinbarungen zu berücksichtigen. Die Formulierung einer Freigabeklausel könnte wie folgt lauten:

– Der Sicherungsnehmer ist verpflichtet, auf Verlangen des Sicherungsgebers die ihm zur Sicherung seiner Forderung bestellten Sicherheiten nach seiner Wahl insoweit freizugeben, als deren Gesamtwert eine Grenze von 110% der gesicherten Forderungen übersteigt. Dieser Freigabeanspruch entsteht wiederkehrend, sobald der Schätzwert der zur Sicherung bestellten Sicherheiten 150% der gesicherten Forderungen übersteigt. Im Übrigen gelten die Grundsätze des Beschlusses des Großen Senates des Bundesgerichtshofes vom 27. 11. 1997 (NJW 1998, 671) in entsprechender Anwendung.

– Die Parteien gehen übereinstimmend davon aus, daß mit Abschluß dieser Vereinbarung noch keine Übersicherung des Sicherungsnehmers durch den Sicherungsgeber eintritt.

190 Regelungsbedürftig ist häufig weiterhin die Frage, ob und unter welchen Umständen der Sicherungsnehmer berechtigt ist, das Sicherungsgut zu **verwerten**.

Verwertungsklauseln sind insbesondere dann zu empfehlen, wenn von Gesetzes wegen komplexe und kaum handhabbare Verfahren vorgeschrieben sind. So kommt bei der Verwertung von sicherungshalber übereigneten Sachen oder sicherungshalber abgetretenen Forderung eine entsprechende Anwendung der Regelungen über den Pfandverkauf in Betracht. Das hiermit eingehende Prozedere ist kaum durchführbar, seine Kosten dürften regelmäßig den Erlös aus der Sicherheitenverwertung erheblich schmälern. Hier kommt insbesondere eine Regelung der **freihändigen Verwertung** in Betracht, wie sie beispielsweise die Ziff. 21 Abs. 3 der AGB der Banken alter Fassung enthalten haben.

d) Sicherung des Zahlungsflusses

Die Sicherstellung des Zahlungsflusses kann auf verschiedene Weise geschehen. Typisch ist im Immobilienverkehr das Notaranderkonto. Hier wird vereinbart, daß zu bestimmten Fälligkeitsterminen Leistungen des Käufers auf das Konto erfolgen und der Notar nur bei Nachweis bestimmter Voraussetzungen und ggf. nach Freigabe durch den Käufer verpflichtet ist, den Betrag an den Käufer auszukehren. Derselbe Effekt läßt sich durch Vereinbarung entsprechender Treuhand- oder Sperrkonten bei Banken erreichen. Möglich ist auch, Vorschußleistungen auf ein sog. „und-Konto" zu leisten, bei dem die Bank nur auf übereinstimmende Weisung beider Parteien berechtigt und verpflichtet ist, das Guthaben abzuführen. Regelungsbedürftig ist in derartigen Fällen auch immer die Frage, wem ggf. Zinsen aus dem auf dem Konto liegenden Betrag zustehen. 191

e) Drittsicherheiten

Weiteres Sicherungsmittel der Geldleistung sind Drittsicherheiten: 192

aa) Bürgschaft

Typische Drittsicherheit ist die Bürgschaft. Regelungsbedürftig ist im Bürgschaftsvertrag regelmäßig folgendes: 193

▷ Bezeichnung der Hauptschuld, Erstreckung auf mehrere Hauptschulden, gesamte Geschäftsverbindung?
▷ Umfang der Bürgenschuld – Beschränkung auf einen Höchstbetrag?
▷ Bedingung oder Befristung der Bürgschaft?
▷ Kündigungsrecht des Bürgen?
▷ Ausschluß von Einreden (Einrede der Anfechtbarkeit und Aufrechenbarkeit, Einrede der Vorausklage – selbstschuldnerische Bürgschaft)?
▷ Ausschluß der Vollstreckungs- und Verwertungspflicht des Gläubigers?
▷ Verhältnis zu Mitbürgen?
▷ Ausfallbürgschaft?
▷ Bürgschaft auf erstes Anfordern?

bb) Schuldbeitritt

194 Ein gegenüber der Bürgschaft geeignetes Drittsicherungsmittel ist der Schuldbeitritt eines Dritten. Während der Bürge akzessorisch für eine fremde Schuld haftet, begründet der Schuldbeitritt eine eigene Verbindlichkeit des Beitretenden, der neben dem „Hauptschuldner" als Gesamtschuldner haftet (*Staudinger/Kaduk*, Einleitung zu §§ 414 ff. BGB Rz. 37 m. w. N.). Bevor ein Berater des Gläubigers sich für einen Schuldbeitritt bei der Gestaltung entscheidet, sollte er berücksichtigen, daß der Schuldbeitritt aufgrund der Verdichtung der Akzessorität zur originären Schuld zwar Vorteile haben soll, die Rechtsverfolgung jedoch im Verhältnis zur akzessorischen Bürgschaft ungleich schwieriger ist. Aufgrund des Gesamtschuldverhältnisses muß sich der Schuldbeitretende andere als die in den §§ 422–424 BGB bezeichneten Tatsachen nicht entgegenhalten lassen, soweit sich aus dem Schuldverhältnis nicht ein anderes ergibt (§ 425 Abs. 1 BGB). Dies gilt insbesondere für die Kündigung und den Verzug (§ 425 Abs. 2 BGB). Demgemäß braucht der Schuldübernehmer sich eine Kündigung des Darlehens, dessen Rückzahlung er mit übernommen hat, gegenüber dem „Hauptschuldner" nicht entgegenhalten zu lassen. Häufig wird in der Praxis übersehen, daß auch dem Schuldbeitretenden zu kündigen ist. § 425 Abs. 1 BGB stellt zwar ausdrücklich darauf ab, daß sich aus dem Schuldverhältnis nichts anderes ergeben darf, versucht man jedoch den Schuldbeitritt dergestalt auszugestalten, daß die Akzessorität wieder hergestellt wird, so kann man auch gleich eine Bürgschaft vereinbaren, für die im Gegensatz zum Schuldbeitritt eine hinreichend gesicherte und fundamentierte Basis höchstrichterlicher Rechtsprechung vorhanden ist. Im übrigen gelten zum Schuldbeitritt dieselben Grundsätze über die Unwirksamkeit wegen finanzieller Überforderung des Schuldners wie bei der Bürgschaft (vgl. BGH, NJW 1999, 135 f.).

cc) Garantie

195 Im Gegensatz zur Gewährleistungsgarantie (siehe oben Rz. 174) bezieht sich bei der der Bürgschaft ähnlichen Garantie die Zusicherung nicht auf den Zustand eines Gegenstandes, sondern auf die Erbringung einer Leistung, welche von einem Dritten geschuldet wird. Die Garantie ist ein nicht akzessorisches Zahlungsversprechen, welches sich auf die Leistung anstelle des Schuldners unter Ausschluß sämtlicher Einwendungen oder Einreden aus dem Hauptschuldverhältnis bezieht. Regelungsbedürftig ist bei der Garantie im besonderen Maße der **Garantiefall**. Während sich die Verpflichtung des Bürgen aufgrund der Akzessorietät nach der Hauptschuld richtet, müssen Voraussetzung und Umfang der Einstandspflicht des Garanten mangels entsprechender gesetzlicher Vorgaben stets vertraglich gesondert festgelegt werden (vgl. *Larenz/Canaris*, Lehrbuch des Schuldrechts, Band II Halbband 2, S. 78). Da die Formulierung des Garantiefalles im Einzelfall deshalb besondere Schwierigkeiten bereitet, weil dessen Eintritt einerseits mit einem

Mangel im Valutaverhältnis zusammenhängt, andererseits aber wegen der Überwindung der Akzessorietät tatbestandlich damit nicht vollständig verknüpft werden darf, ist die **Garantie auf erstes Anfordern** besonders verbreitet. Hier braucht der Garantiebegünstigte den Eintritt des Garantiefalles nur zu behaupten, um den Garanten in Anspruch nehmen zu können.

3. Allgemeine Leistungssicherung

Jenseits der Sicherung der Geld- bzw. Sachleistung, welche der Sicherung der Äquivalenz von Leistung und Gegenleistung dienen soll, kommen zur allgemeinen Sicherung der Leistungspflichten weitere Vereinbarungen in Betracht. 196

a) Versicherungen

Häufig wird vereinbart, daß die eine oder andere Vertragspartei den Vertragsgegenstand versichern soll. Bei haftungsträchtigen Dienstleistungen wird oft eine Versicherung der Tätigkeit des Dienstverpflichteten verlangt, wenn dies nicht bereits, wie z. B. nunmehr bei Rechtsanwälten, gesetzlich vorgeschrieben ist. Bauleistungen werden auf seiten des Leistungsverpflichteten häufig dagegen versichert, daß sich bei diesem die Leistungsgefahr verwirklicht, etwa weil er aufgrund höherer Gewalt seine Leistungsverpflichtung nicht erfüllt und nochmal erfüllen muß, jedoch nur einmal die Gegenleistung erhält. In diesen Fällen ist zu regeln, wer die Kosten der Versicherung tragen soll. 197

b) Informationsrechte und -pflichten

Vielfach liegt es im Interesse einer Vertragspartei, bestimmte Informationen von der anderen Vertragspartei erhalten zu können, um Leistungsstörungen oder Leistungsprobleme frühzeitig erkennen zu können, wie z. B. im Zusammenhang mit Qualitätssicherungsvereinbarungen (siehe oben Rz. 177), oder um bei partiarischen Rechtsgeschäften die Richtigkeit der Gewinnermittlung prüfen zu können (siehe oben Rz. 156). 198

Es sollte daher bei den Leistungspflichten stets geprüft werden, ob und in welcher Art und Weise ein Vertragspartner bei der Durchführung des Vertrages oder auch bei der Realisierung der Haftungsrisiken auf Informationen des anderen Vertragspartners angewiesen ist. Dies sollte in einem besonderen Abschnitt über die Informationsrechte, welcher zugleich die Rechtsfolgen bei der Verletzung von Informationspflichten regelt, eingeflochten werden.

c) Konkurrenz- und Geheimnisschutz

199 Ebenfalls zur Leistungssicherung im weiteren Sinne gehören Regelungen zum **Geheimnisschutz**. Die vertrauliche Behandlung von Informationen, die die eine Seite der anderen überläßt, hat nicht nur im Bereich von Vertriebsverträgen und Dienstverträgen, sondern auch bei komplexeren Werkverträgen, wie z. B. Entwicklungsverträgen, eine nicht unerhebliche Bedeutung. Vertraulichkeitsverpflichtungen sind jenseits des Strafrechtes (§ 203 StGB) auch in § 17 UWG geregelt. Probleme bei den zivilrechtlichen Konsequenzen der treuwidrigen Ausbeutung des aus Austauschverträgen durch eine Vertragspartei erlangten Know-hows bereitet insbesondere jedoch der Begriff des Geschäfts- oder Betriebsgeheimnisses im Sinne des § 17 UWG (vgl. zum Geheimnisbegriff: Baumbach/Hefermehl, Wettbewerbsrecht, § 17 UWG Rz. 2 ff.). Es empfiehlt sich daher bei Vertraulichkeitsvereinbarungen, die vertraulich zu behandelnden Informationen so präzise wie möglich zu beschreiben. Da auch der aus der Verletzung von Vertraulichkeitsbindungen resultierende Schaden häufig schwer zu beziffern ist, kommen hier Regelungen über Vertragsstrafen oder pauschaliertem Schadensersatz in Betracht.

200 Ein verwandtes Problem ist der **Konkurrenzschutz**, insbesondere durch Vereinbarungen von Wettbewerbsverboten (zu den nachvertraglichen Wettbewerbsverboten siehe unten Rz. 224). Wettbewerbsverbote müssen sich hierbei nicht nur auf die Person des Vertragspartners, sie können sich auch auf die Förderung von Konkurrenten durch Vertragspartner beziehen, wobei hier die kartellrechtlichen Grenzen zu beachten sind. Typisch sind insbesondere Ausschlußklauseln bei Gewerberaummietverträgen, etwa dahin, daß sich der Vermieter verpflichtet, in demselben Gebäude keinem Konkurrenzbetrieb einen Mietvertrag einzuräumen, oder Unterlassungsklauseln bei Arztpraxisverkäufen, wonach sich der Veräußerer verpflichtet, nicht in räumlicher Nähe eine neue Praxis zu eröffnen.

4. Allgemeine Haftungsvereinbarungen

201 Allgemeine Haftungsvereinbarungen betreffen die Haftung der Vertragsparteien für schuldhaftes Verhalten bei den Vertragsverhandlungen, bei Abschluß des Vertrages sowie bei der Durchführung des Vertrages. Sie unterliegen jenseits der Anwendbarkeit der Regelungen betreffend die allgemeinen Geschäftsbedingungen (dort § 309 Ziff. 6, 7b BGB) in erster Linie der Grenze des § 276 Abs. 3 BGB. Hiernach kann die Haftung wegen Vorsatzes dem Schuldner nicht im voraus erlassen werden.

a) Regelung einer Haftung wegen Pflichtverletzung im vorvertraglichen Bereich

202 Gebräuchlich sind Regelungen, oft bei Vertragspartnern mit großer Marktmacht, wonach diese ihre Haftung wegen Pflichtverletzung im vorvertragli-

chen Bereich mit dem Vertragsschluß abbedingen. Da für den anderen Vertragsteil die Haftungsgründe (z. B. Verletzung vorvertraglicher Aufklärungspflichten, BGH, BGHZ 71, 386 ff.) kaum absehbar sind, ist aus dessen Interesse vor dem Abschluß solcher Vereinbarungen zu warnen. Wenngleich dem Schuldner die Haftung für Vorsatz im nachhinein erlassen werden kann, dürfte insbesondere im Bereich der vorsätzlichen Verletzung von Aufklärungspflichten oder vorsätzlichen Falschinformationen der Ausschluß der Haftung nach § 123 Abs. 1 BGB anfechtbar sein.

b) Verschuldensregelungen

Jenseits der Grenze des § 276 Abs. 3 BGB steht es den Parteien frei, vertraglich Haftungsmilderungen zu vereinbaren. Ein Ansatz hierzu ist die Beschränkung der Haftung auf Fälle eines bestimmten Verschuldensgrades, z. B. ausschließlich auf Vorsatz oder auf grobe Fahrlässigkeit. Derartige Haftungsmilderungen sind grundsätzlich zulässig, nicht nur für vertragliche Haftung, sondern auch für Ansprüche aus unerlaubter Handlung (BGH, BGHZ 9, 301, 306). Da derartige Vereinbarungen jedoch im Zweifel eng auszulegen sind (BGH, NJW 1970, 383, 386), ist die Erstreckung der Haftungsmilderung auf unerlaubte Handlungen im Vertrag ausdrücklich zu regeln.

Demgegenüber findet § 276 Abs. 3 BGB für die Zurechnung des Verschuldens von Erfüllungsgehilfen nach § 278 S. 2 BGB keine Anwendung. Demgemäß kann die Haftung für das Verschulden von Erfüllungsgehilfen, insbesondere auch für Vorsatz, ausgeschlossen werden.

Bei Haftungsmilderungen sind also bei der Regelung folgende Punkte zu beachten:

– Auf welchen Grad des Verschuldens soll die Haftung beschränkt werden?
– Sollen nur vertragliche oder auch deliktische Ansprüche erfaßt werden?
– Soll die Haftung für Erfüllungsgehilfen ganz oder teilweise ausgeschlossen werden?

c) Haftungsausschlüsse und Haftungsbegrenzungen

Während im Hinblick auf die Zurechnung des Verschuldens von Erfüllungsgehilfen ein vollständiger Ausschluß der Haftung möglich ist, können die Vertragsparteien ihre Haftung nur für Verschuldensgrade unterhalb des Vorsatzes vollständig ausschließen. Gleiches gilt für eine Begrenzung der Haftung auf Höchstbeträge. Auch summenmäßige Haftungsbegrenzungen sind im Falle des Vorsatzes insoweit unzulässig (*Palandt/Heinrichs*, § 276 BGB Rz. 57).

d) Regelung der Haftungsfolgen

205 Die Bezifferung von Schäden kann regelmäßig schwerfallen. Vereinfachungen können im Rahmen von Vertragsstrafen oder der Vereinbarung pauschalierten Schadensersatzes geschaffen werden. Die Vertragsstrafe unterscheidet sich vom pauschalierten Schadensersatz darin, daß der primäre Zweck der Vertragsstrafe darin besteht, Druck auf den Schuldner auszuüben, den Vertragsstrafefall nicht zu verwirklichen (BGH, BGHZ 49, 84, 89). Gleichwohl kann als weitere Funktion der Vertragsstrafe das Entbehrlichmachen des Schadensbeweises im Falle einer Leistungsstörung betrachtet werden. Abreden über die Pauschalierung von Schadensersatz und Vertragsstrafeabreden sind grundsätzlich der Parteidisposition überlassen, jedoch in den Allgemeinen Geschäftsbedingungen nur eingeschränkt zulässig (§ 309 Ziff. 5 und 6 BGB).

Die Verwirkung der Vertragsstrafe setzt nach § 339 BGB, wegen des dortigen Verweises auf die Verzugsregeln, grundsätzlich Verschulden voraus. Das Verschuldenserfordernis ist jedoch nicht zwingend, denn die Vertragsstrafe kann auch unabhängig von einem Verschulden versprochen werden (BGH, NJW 1971, 883).

206 Im Zusammenhang mit Vertragsstrafeversprechen sind daher folgende Punkte regelungsbedürftig:
– In welchen Fällen soll eine Vertragsstrafe verwirkt sein?
– Soll die Verwirkung der Vertragsstrafe ein Verschulden voraussetzen?
– Höhe der Vertragsstrafe?
– Ausschluß der Einrede des Fortsetzungszusammenhanges?
– Soll die Vertragsstrafe auch Schadenskompensationsfunktion haben?

207 Für den Fall, daß der Vertragsstrafe auch Schadenskompensationsfunktion zukommt, ist diese einer Vereinbarung über pauschalierten Schadensersatz ähnlich. Bei der Vereinbarung von Schadenspauschalen stellt sich die Frage, ob die Pauschale fix vereinbart und die Höhe des tatsächlich entstandenen Schadens unbeachtlich sein soll. Wird die Schadenspauschale fix, ohne Ansehung des tatsächlichen entstandenen Schadens vereinbart, so kann dies für den Geschädigten einen erheblichen Nachteil bedeuten, wenn der tatsächlich entstandene Schaden höher ist, jedoch einen Vorteil, wenn der tatsächliche Schaden geringer ist. Bei Schadenspauschalen sind daher folgende Regelungselemente zu beachten:
– Für welchen Fall soll die Schadenspauschale gezahlt werden?
– Unter welchen Modalitäten soll sie geleistet werden?
– Soll dem Schuldner der Nachweis eines geringeren Schadens offenbleiben?
– Soll dem Gläubiger der Nachweis eines höheren Schadens offenbleiben?

e) Verjährungsregelungen

Ein weiteres Instrument zur vertraglichen Beeinflussung der Haftung ist die Abkürzung gesetzlicher Verjährungsfristen. Nach § 225 S. 2 BGB a.F. war die Erleichterung der Verjährung, insbesondere die Abkürzung der Verjährungsfrist, zulässig. Hierbei stand nach Auffassung der höchstrichterlichen Rechtsprechung § 276 Abs. 3 BGB a.F. nicht entgegen (BGH, BGHZ 9, 1, 5). Eine allzu starke Abkürzung der Verjährungsfrist kann jedoch gegen Treu und Glauben verstoßen. Dies ist etwa der Fall, wenn die 4jährige Verjährungsfrist des § 88 HGB zu Lasten des Handelsvertreters abgekürzt wird (BGH, NJW-RR 1991, 35, 36). 208

Nach dem Gesetze zur Modernisierung des Schuldrechtes ist die Regelung von Verjährungsvereinbarungen umfassend modifiziert worden. Nach § 202 BGB ist eine Erleichterung der Verjährung in Fällen des Vorsatzes ausgeschlossen. Die Erschwerung der Verjährung durch Rechtsgeschäft ist ansonsten generell ermöglicht worden. Dabei darf die Verjährungsfrist nicht länger vereinbart werden als 30 Jahre nach dem Beginn der Verjährung auf Basis der gesetzlichen Vorschriften (§ 202 Abs. 2 BGB).

V. Vertragsdurchführung

1. Leistungsvollzug

Soweit es notwendig oder möglich ist, das Verfügungsgeschäft oder dieses vorbereitende Rechtsakte in den Vertrag mit aufzunehmen, fällt der Vollzug der Verfügungen in den Bereich der Vertragsdurchführung. An diese Stelle gehören die **dingliche Einigung**, insbesondere die **Auflassung**, sowie die **Bewilligung** der Eintragung der zu übertragenden Rechte im Grundbuch. Weiterhin sind an dieser Stelle die Abtretungserklärung des Zedenten und die Annahmeerklärung des Zessionars zu regeln. 209

Soweit die Verfügungen nicht sofort vollzogen werden sollen, wie z. B. bei der Übertragung eines Kommanditanteils, so gehört an diese Stelle ebenfalls eine aufschiebende Bedingung des Vollzugs der Verfügung.

2. Beginn und Beendigung des Vertrages

a) Beginn des Vertrages

Eine Regelung des Beginns des Vertrages bzw. des Leistungsvollzuges ist in der Regel nur bei Dauerschuldverhältnissen erforderlich. Bei komplexeren Austauschverträgen kommt es jedoch in Betracht, verschiedene Leistungsverpflichtungen nicht gleichzeitig, sondern sukzessive, ggf. bei mehr als zwei Parteien getrennt nach Parteien in Gang zu setzen. Hier bietet sich die Regelung von Zeitrahmen und Milestones bei komplexeren Verträgen an. 210

b) Laufzeit

211 Einer Regelung der Laufzeit bedarf es in erster Linie bei Dauerschuldverhältnissen, die nicht unbefristet geschlossen werden. Regelungsbedürftig ist in diesen Fällen die **Befristung** des Vertrages und ggf. die Einräumung von **Verlängerungsoptionen**.

Bei der Befristung von Dauerschuldverhältnissen ist zu berücksichtigen, daß diese sowohl im Arbeitsrecht als auch im Wohnraummietrecht nur eingeschränkt möglich ist.

Im Arbeitsrecht bedarf eine wirksame Befristung eines Arbeitsverhältnisses eines sachlichen Grundes, anderenfalls entsteht ein unbefristetes Arbeitsverhältnis (§ 16 TzBfG). Nur in den Grenzen des § 14 Abs. 2 u. 3 TzBfG, mit dem aus konjunkturpolitischen Motiven unter bestimmten Voraussetzungen Vertragsbefristungen auch ohne sachlichen Grund zugelassen werden (BAG, NJW 1989, 1756), ist daher eine Befristung von Arbeitsverhältnissen unbedenklich. Ähnlich liegt es im Wohnraummietrecht. Dort beugt § 575 BGB einer mißbräuchlichen Umgehung zwingenden Kündigungsschutzes durch die Befristung von Verträgen vor.

c) Vertragsbeendigung

212 Bei der Vertragsbeendigung sind zu regeln:

– Voraussetzungen und Prozedere der ordentlichen Kündigung,

– die außerordentliche Kündigung und

– vertragliche Rücktrittsrechte.

aa) Ordentliche Kündigung

213 Regelungsbedürftig ist bei Dauerschuldverhältnissen die **Kündigungsfrist**. Die Parteiautonomie ist hier wiederum im Arbeitsrecht und Wohnraummietrecht eingeschränkt. Zugleich sind Form und Prozedere der Kündigungserklärung zu regeln.

bb) Außerordentliche Kündigung

214 Wenngleich bei den Austauschverträgen im wesentlichen nur beim Dienstvertrag und Mietvertrag geregelt, gilt der Grundsatz, daß sämtliche Dauerschuldverhältnisse aus wichtigem Grund auch außerordentlich gekündigt werden können (BGH, NJW 1972, 1128, 129). Das Recht zur außerordentlichen Kündigung von Dauerschuldverhältnissen aus wichtigem Grund gilt als unabdingbar (vgl. *Staudinger/Preiss*, § 626 BGB Rz. 8). Erweiterungen des Kündigungsrechtes aus wichtigem Grund über den Rahmen des § 626

BGB hinaus dürften im Arbeitsrecht generell unzulässig sein. Demgegenüber hat der BGH zu der Frage der Ausweitung der außerordentlichen Kündigungsgründe für das Anstellungsverhältnis über den Rahmen des § 626 BGB hinaus bei Vorständen von Aktiengesellschaften oder Geschäftsführern von Gesellschaften mit beschränkter Haftung für zulässig gehalten, allerdings mit der Maßgabe, daß die Mindestfrist des § 622 Abs. 1 S. 2 BGB a. F. eingehalten wird (BGH, NJW 1981, 2748, 2749). Selbst im Bereich des Arbeitsrechtes werden jedoch Erweiterungen der Kündigungsgründe durch den Arbeitsvertrag nicht als gänzlich unbeachtlich eingestuft. Vielmehr ist bei der Gesamtwürdigung bei Abwägung der Interessen der Beteiligten im Rahmen des wichtigen Grundes der Parteiwille mit zu berücksichtigen (BAG, AP Nr. 67 zu § 626 BGB), so daß eine explizite Vereinbarung von wichtigen Gründen zur außerordentlichen Kündigung des Arbeitsverhältnisses in diese Abwägung mit einfließt.

Nach hier vertretener Auffassung ist die Frage, was wichtiger Grund zur außerordentlichen Kündigung des Dauerschuldverhältnisses sein soll, jedenfalls dann der Parteidisposition überlassen, wenn die Parteien, ohne mit sozialen Schutznormen zu kollidieren, eine auflösende Bedingung oder Befristung des Vertragsverhältnisses frei vereinbaren können. Soweit es im Interesse einer Partei liegt und diese ihr Interesse bei den Verhandlungen durchsetzen kann, empfiehlt es sich daher auch, solche Beendigungsgründe als wichtige Gründe zur außerordentlichen Kündigung zu deklarieren, die bei Subsumtionen unter § 626 Abs. 1 BGB nicht ohne weiteres qualifiziert würden. 215

cc) Rücktrittsrechte

Vertraglich vereinbarte Rücktrittsrechte sollten im Vertrag an der Stelle vereinbart werden, wo die Leistungs- oder Nebenleistungspflicht geregelt ist, deren Verletzung das Rücktrittsrecht auslösen soll. Im Bereich der Vertragsbeendigung kommt nur eine Regelung ergänzender Rücktrittsgründe in Betracht. Zugleich bietet sich an dieser Stelle eine Regelung des möglichen Rückabwicklungsmodus an, soweit dieser von dem Modus der §§ 346–354 BGB abweichen soll. 216

3. Vertragsanpassung/Vertragsänderung

Eine Vertragsanpassung oder Vertragsänderung kann sowohl aus Wertsicherungsklauseln (siehe oben Rz. 159) als auch aus der Anwendung salvatorischer Klauseln (siehe unten Rz. 230) resultieren. Während erstere lediglich die Anpassung der Geldleistung an einen veränderten Geldwert betreffen und letztere die Ausfüllung von Lücken der ursprünglichen Regelung, kommt es in Betracht, die Änderung sonstiger für die Vertragsdurchführung, insbesondere für das Äquivalenzverhältnis von Leistung und Gegenleistung 217 beachtlicher Faktoren, gesondert zu regeln. Dies gilt gerade für Umstände, die für die Kalkulation nur einer Vertragspartei zwar von entscheidender Bedeutung sind, nach allgemeinem Vertragsrecht jedoch auch dann, wenn sie sich ändern, keinen Einfluß auf den Vertragsinhalt haben.

Nach allgemeinem Vertragsrecht unbeachtlich sind insbesondere Irrtümer einer Partei im Beweggrund zum Abschluß des Vertrages (Motivirrtum). Hierzu gehört beispielsweise der verdeckte Kalkulationsirrtum (vgl. BGH, NJW-RR 1987, 1306 f.).

218 Demgegenüber können solche Umstände, die für die Willensentschließung einer Partei maßgeblich, für die andere Partei jedoch erkennbar sind und deren Veränderung nach Treu und Glauben Leistungspflichten nicht unberührt lassen dürfen, zu einer richterlichen Vertragsanpassung nach den Grundsätzen über den Wegfall oder die Veränderung der Geschäftsgrundlage führen. Das Fehlen oder der Wegfall bzw. die Änderung der Geschäftsgrundlage werden jedoch nur beachtlich, wenn das zur Vermeidung von untragbaren, mit Recht und Gerechtigkeit nicht zu vereinbarenden und damit der betroffenen Partei nicht zumutbaren Ergebnissen unabweislich erscheint und der anderen Partei ein Abgehen von dem Vereinbarten zugemutet werden kann (BGH i. str. Rspr., z. B. NJW-RR 1994, 434, 435 m. w. N.).

219 Da sich eine Anpassung des Vertrages nach den Regeln über den Wegfall der Geschäftsgrundlage durch die Rechtsprechung nach wie vor als Ausnahme darstellt, empfiehlt es sich dann, wenn Änderungen der Geschäftsgrundlage absehbar sind, von vornherein ausdrücklich zu regeln, welche Änderungen zu welcher Anpassung des Vertrages führen sollen, beispielsweise durch Preisanpassungsklauseln (siehe oben Rz. 150 ff.). Darüber hinaus bleibt es den Parteien unbenommen, diejenigen Vorstellungen, die für die Durchführung des Vertrages für sie maßgeblich sind, offenzulegen und im Vertrag gesondert als Geschäftsgrundlage des Vertrages zu vereinbaren. Selbst dann, wenn Änderungen nach Qualität und Quantität nicht absehbar sind, dementsprechend keine konkrete Rechtsfolge für den Fall einer Änderung konzipiert werden kann, so kann zumindest eine Ermächtigung des Richters, im Falle der Änderung eine Vertragsanpassung vorzunehmen, in den Vertrag aufgenommen werden. Denkbar sind auch Nachverhandlungspflichten oder Schiedsklauseln für den Fall bestimmter Änderungen im Hinblick auf die Anpassung der Leistungsverpflichtungen.

Durch das Gesetz zur Modernisierung des Schuldrechts ist mit § 313 BGB die ausdrückliche Kodifizierung der Regeln über den Wegfall der Geschäftsgrundlage unter dem Titel „Störung der Geschäftsgrundlagen" erfolgt. Ob aus der positiv-rechtlichen Verankerung des Instituts eine Erleichterung der Voraussetzungen der Geltendmachung einer Störung der Geschäftsgrundlage resultiert, bleibt abzuwarten.

4. Abnahme und Übergabe

Soweit im Werkvertrag ein abnahmefähiges Werk hergestellt wird oder Sachen zu übergeben sind, gehört die Regelung der Abnahme oder Übergabe in den Bereich der Vertragsdurchführung. Hier kommt insbesondere die Regelung des Abnahme- oder Übergabeprozederes, die Regelung von Art, Aufbau und Inhalt von Abnahmeprotokollen, der Form von Vorbehalten bei Abnahme etc. in Betracht. 220

5. Besondere Nebenpflichten

Soweit bei den Nebenleistungspflichten und der Leistungssicherung Nebenpflichten der Parteien nicht erschöpfend geregelt sind, sollten besondere Nebenpflichten der Parteien ergänzend im Bereich der Vertragsdurchführung geregelt werden. 221

6. Abwicklungs- und nachvertragliche Pflichten

a) Abfindungen bei Vertragsbeendigung

Bei Beendigung von Dauerschuldverhältnissen sieht das Gesetz bei verschiedenen Vertragstypen Zahlungspflichten eines Vertragspartners vor. Abfindungspflichten können sich hierbei aus ganz unterschiedlichen Rechtsgründen ergeben, so z. B. der Ausgleichsanspruch des Handelsvertreters (§ 89b HGB) oder die Abfindung des Mieters durch den Vermieter für die Belassung von Einrichtungen (§ 552 Abs. 1 BGB). 222

Bei sämtlichen Dauerschuldverhältnissen ist daher anhand der nachfolgenden Kriterien zu prüfen, ob und wie evtl. Abfindungspflichten geregelt werden müssen:

– Können oder sollen sich Abfindungsansprüche einer Vertragspartei nach Vertragsbeendigung ergeben?
– Wie hoch soll die Abfindung sein?
– Unter welchen Modalitäten soll die Abfindung geleistet werden?

b) Herausgabepflichten

Regelungsbedürftig können auch Herausgabepflichten der Vertragsparteien sein. Dies gilt z. B. für überlassenes und dokumentiertes Know-how, für Abfallprodukte der Leistung des Sachleistungsverpflichteten, für überlassene Arbeitsmittel etc. 223

Im Zusammenhang mit der Herausgabe beweglicher und unbeweglicher Sachen nach Vertragsbeendigung stellt sich stets die Frage, welche Veränderungen, die der Nutzer vorgenommen hat, rückgängig zu machen sind und in welchem Zustand die Sache zurückzugeben ist.

c) Unterlassungs- und sonstige Pflichten

224 In den Bereich nachvertraglicher Unterlassungspflichten fallen insbesondere die nachvertraglichen Wettbewerbsverbote, die im Arbeitsrecht generell den zwingenden Vorschriften der §§ 74 ff. HGB unterliegen.

Schließlich kommen auch nachvertragliche Handlungspflichten in Betracht, beispielsweise die Pflicht des Vermieters zur Duldung eines Hinweises auf neue Geschäftsräume etc.

VI. Allgemeine Bestimmungen

1. Rechtswahl

225 In allen Fällen der Auslandsberührung empfiehlt sich zur Vermeidung von Unsicherheiten eine ausdrückliche Wahl des anzuwendenden Rechtes. Nach Art. 27 Abs. 1 EGBGB unterliegt der Vertrag der freien Rechtswahl der Parteien. Die Rechtswahl kann auch konkludent erfolgen, etwa durch die Wahl der Vertragssprache (vgl. oben Rz. 32). Aus deutscher Sicht gibt es keinen allgemeinen Erfahrungssatz, wonach die Vereinbarung deutschen Rechtes stets vorteilhaft ist (vgl. zu den Kriterien bei der Rechtswahl *Graf von Westphalen*, NJW 1995, 2113 ff.).

Im Anwendungsbereich des UN-Kaufrechtes ist insbesondere zu berücksichtigen, daß die Wahl des Rechtes eines Konventionsstaates automatisch zur Anwendung des UN-Kaufrechtes führt, weil dieses im nationalen Recht als einschlägige Sonderordnung gilt (*Staudinger/Magnus*, Art. 6 CISG Rz. 25). Die Klausel „für den Vertrag gilt deutsches Recht" führt deshalb für sich allein nicht zum Ausschluß, sondern zur Geltung des CISG (OLG Düsseldorf, IPRax 1993, 412, 413; ebenso zum EKG: BGH, BGHZ 96, 313 ff.).

226 Zu berücksichtigen ist weiterhin, daß die Rechtswahl für das auf den Vertrag anzuwendende Recht sich nicht notwendig auf mit Vertragsverletzungen einhergehende Delikte beziehen muß. Allerdings unterliegt auch das Deliktstatut der Parteivereinbarung (BGH, BGHZ 98, 263 ff.), so daß vertraglich durch einen Gleichlauf von Vertrags- und Deliktstatut gesorgt werden kann.

Eine Rechtswahlklausel für deutsches Recht im Zusammenhang mit einem Liefervertrag mit Auslandsberührung könnte sich daher wie folgt gestalten:

> Dieser Vertrag, die Frage seines Zustandekommens sowie sämtliche Ansprüche aus und im Zusammenhang mit diesem Vertrag – einschließlich von Ansprüchen aus unerlaubter Handlung – unterliegt deutschem Recht unter Ausschluß des UN-Kaufrechtes.

2. Erfüllungsort und Gerichtsstand

a) Vereinbarung des Erfüllungsortes

Die Vereinbarung des Erfüllungsortes hat sowohl eine materiell-rechtliche und eine prozessuale Bedeutung. Materiell-rechtlich unterliegt der Erfüllungsort (= Leistungsort im Sinne des § 269 BGB) freier Parteivereinbarung. Demgegenüber begründet eine Erfüllungsortvereinbarung nur den besonderen Gerichtsstand des § 29 Abs. 1 ZPO, soweit beide Vertragsparteien Kaufleute, juristische Personen des öffentlichen Rechts oder öffentlich-rechtliche Sondervermögen sind (§ 29 Abs. 2 ZPO). 227

b) Gerichtsstandsvereinbarungen

Auch die Prorogation vor Entstehen der Streitigkeit setzt zu ihrer Wirksamkeit voraus, daß auf beiden Seiten Kaufleute bzw. juristische Personen des öffentlichen Rechts oder öffentlich-rechtliche Sondervermögen beteiligt sind (§ 38 Abs. 1 ZPO). Ein regelmäßiges Problem bei Gerichtsstandsvereinbarungen ist die Frage, ob der gewählte Gerichtsstand **ausschließlicher** oder lediglich ein zu den gesetzlichen Gerichtsständen hinzutretender **Wahlgerichtsstand** sein soll. 228

Wird hierzu keine ausdrückliche Bestimmung getroffen, so treten Schwierigkeiten auf. Es spricht in derartigen Fällen weder eine Vermutung für die Ausschließlichkeit noch gegen sie (RG, RGZ 159, 254 ff.; BGH, BGHZ 59, 116, 118 f.). Insoweit empfiehlt es sich, soweit der Gerichtsstand als ausschließlicher gewollt ist, diesen klar zu betiteln. Soweit die Zuständigkeit verschiedener Landgerichte an einem Ort in Betracht kommt (dies ist in München der Fall), sollte für diesen Fall zugleich klar bestimmt werden, welches Landgericht zuständig sein soll.

Im Anwendungsbereich des Brüsseler Übereinkommens über die gerichtlichen Zuständigkeiten und die Vollstreckung gerichtlicher Entscheidungen in Zivil- und Handelssachen ist im Zusammenhang mit Gerichtsstandsvereinbarungen weiter Art. 17 GVÜ zu beachten. Dieser setzt für die Wirksamkeit von Gerichtsstandsvereinbarungen, anders als § 38 Abs. 1 ZPO, keine besonderen Eigenschaften der Vertragsschließenden, jedoch die Wahrung bestimmter Formen voraus. Bei Fällen mit reiner Inlandsberührung bleibt es jedoch bei der Anwendbarkeit des § 38 ZPO (*Zöller/Geimer*, Anhang I Art. 17 GVÜ Rz. 4).

3. Schriftformklauseln

Soweit zu Beweissicherungszwecken ein Schriftformerfordernis vereinbart wird, ist die Rechtsprechung des BGH zur konkludenten Abdingung der Schriftform zu berücksichtigen. Die Parteien können den vereinbarten Formzwang jederzeit formlos aufheben, was selbst dann gilt, wenn sie bei 229 der formlosen ggf. konkludenten Aufhebung an den Formzwang nicht gedacht haben (z. B. BGH, BGHZ 71, 162, 164 m. w. N.). Üblich ist daher zur Sicherstellung der vollständigen Wahrung der Schriftform folgende Klausel:

Dieser Vertrag bedarf der Schriftform. Das Schriftformerfordernis gilt auch für Nebenabreden und nachfolgende Vertragsänderungen. Auf dieses Schriftformerfordernis kann wiederum nur durch schriftliche Vereinbarung verzichtet werden.

Ob und inwieweit der Ausschluß der formlosen Abdingung des Schriftformerfordernisses vor der höchstrichterlichen Rechtsprechung Bestand haben wird, bleibt abzuwarten.

4. Salvatorische Klauseln

230 Salvatorische Klauseln haben in aller Regel zwei Problematiken zum Gegenstand. Zum einen wird die Vermutung des § 139 BGB, wonach im Falle der Teilnichtigkeit im Zweifel das ganze Rechtsgeschäft nichtig ist, wenn nicht anzunehmen ist, daß es auch ohne den nichtigen Teil vorgenommen sein würde, abbedungen. Zum anderen wird eine Bestimmung über den Ersatz unwirksamer Bestimmungen durch andere, wirksame Bestimmungen getroffen.

Die Abdingung der Vermutung des § 139 BGB ist indes nicht unproblematisch. Sie wird von der Rechtsprechung grundsätzlich als wirksam angesehen (z. B. BGH, WM 1994, 1035 ff. m. w. N.). Jedoch kann der Wegfall einzelner Bestimmungen des Vertrages, die auch nicht ersetzt werden können, das Äquivalenzverhältnis so erheblich stören, daß die Partei, die sich auf den Ausschluß der Regel des § 139 BGB eingelassen hat, eher wünschte, sie hätte dies nicht getan. Instruktiv ist das Beispiel aus der Entscheidung des BGH vom 11. 10. 1995. Es handelt sich um einen Praxiskaufvertrag, der zugleich die Verpflichtung des Veräußerers regelte, dem Erwerber die Patientenkartei zugänglich zu machen. Eine derartige Bestimmung ist seit nunmehr ständiger Rechtsprechung des BGH nichtig (BGHZ 116, 268, 272 ff.; ZIP 1995, 1016). Der BGH (WM 1996, 23, 24) führte aus, die Gesamtnichtigkeit trotz salvatorischer Klausel komme insbesondere in Betracht, wenn nicht nur eine Nebenabrede, sondern eine wesentliche Vertragsbestimmung unwirksam ist und durch die Teilnichtigkeit der Gesamtcharakter des Vertrages verändert würde. Ob dies der Fall sei, hänge im wesentlichen von einer Auslegung des Vertrages ab. Der BGH stellte hier maßgeblich auf die Frage ab, ob möglicherweise eine **Teilnichtigkeit** der Vergütungsregelung in Betracht komme, was jedoch voraussetze, daß erkennbar werde, ob und inwieweit einzelne Vergütungsbestandteile den einzelnen Leistungen zugeordnet sind, so daß überhaupt eine Teilbarkeit des Rechtsgeschäftes vorliege. Zur Treffung der weiteren Feststellungen wies der BGH die Sache an das OLG zurück. Zur Vermeidung derartiger Konstellationen kommt es in Betracht, die Hauptleistungspflichten von der salvatorischen Klausel auszunehmen.

Der zweite Regelungskomplex salvatorischer Klauseln ist die Frage, was zu 231
geschehen hat, wenn sich ein oder mehrere Regelungen des Vertrages als unwirksam erweisen (zur Problematik der Ersetzungsklauseln *Michalski*, Funktion, Arten und Rechtswirkungen von Ersetzungsklauseln, NZG 1998, 7 ff.). In der Regel wird hier vereinbart, daß die Parteien verpflichtet sind, eine wirksame, aber der unwirksamen wirtschaftlich möglichst nahekommende Vereinbarung zu treffen. Vorzugswürdig ist demgegenüber die Vereinbarung einer **Rechtsfiktion**, die zugleich eine **Ermächtigung** an den **Richter** bedeutet, das zu bestimmen, was vereinbart worden wäre.

Nach den vorstehenden Maßgaben könnte eine salvatorische Klausel sich wie folgt gestalten:

Ist eine oder sind mehrere Bestimmungen dieses Vertrages unwirksam, so wird hiervon die Wirksamkeit des übrigen Vertrages nicht berührt. Dies gilt nicht, wenn sich Bestimmungen im Hinblick auf die Hauptleistungspflichten gem. Ziff. (. . .) dieses Vertrages als unwirksam erweisen. Im Falle der Unwirksamkeit einer Bestimmung dieses Vertrages gilt anstelle der unwirksamen eine wirksame Bestimmung als vereinbart, die der unwirksamen wirtschaftlich am nächsten kommt.

5. Schiedsregelungen

a) Schiedsgutachten

Die Notwendigkeit eines Schiedsgutachtens kann sich im Zuge der vorstehenden Regelungen des Vertrages an mehreren Stellen ergeben (vgl. Rz. 156). 232
Es erscheint jedoch wenig sinnvoll, im Verlauf des Vertragstextes die einzelnen Regelungen der Schiedsgutachtenerstellung zu treffen. Vorzugswürdig ist es, an der entsprechenden Stelle auf ein Schiedsgutachten gem. den Regelungen bei den allgemeinen Bestimmungen zu verweisen und die einzelnen Regelungen hier zu treffen. Regelungsbedürftig ist regelmäßig folgendes:

– Person des Schiedsgutachters und deren Auswahl,
– Ermessensrichtlinien für den Schiedsgutachter,
– Regelung der Anfechtbarkeit des Schiedsgutachtens,
– Regelung der Kosten des Schiedsgutachtens.

b) Schiedsgerichtsvereinbarungen

Es empfiehlt sich, Schiedsgerichtsvereinbarungen gesondert zu dem Vertrag 233
abzuschließen und in den allgemeinen Bestimmungen des Vertrages lediglich auf den Schiedsvertrag zu verweisen. Klargestellt werden sollte bei der Verweisung insbesondere, ob das Schiedsgericht neben der ordentlichen Gerichtsbarkeit oder anstelle der ordentlichen Gerichtsbarkeit entscheiden soll. Dies wird durch Formulierungen geregelt wie:

Streitigkeiten aus oder im Zusammenhang mit diesem Vertrage werden unter Ausschluß der ordentlichen Gerichtsbarkeit *ausschließlich* durch ein Schiedsgericht gem. dem als Anlage (...) zu diesem Vertrag beigefügten Schiedsvertrag entschieden.

Zur Neuregelung des Schiedsverfahrensrechtes der ZPO durch das Gesetz vom 22. Dezember 1997 (BGBl. I, 3224) vgl. *Weigand*, Das neue deutsche Schiedsverfahrensrecht: Umsetzung des UNCITRAL-Modellgesetzes, WiB 1997, 1273 ff.

234 Der Schiedsvertrag selbst muß im wesentlichen folgende Vereinbarungen enthalten:

– Vereinbarung einer Schiedsgerichtsordnung,

– Vereinbarung der Zahl der Schiedsrichter,

– Vereinbarung des Sitzes des Schiedsgerichtes,

– Vereinbarung der Sprache,

– Vereinbarung des Schiedsprozeßrechtes.

Zu Vertragsmustern für Schiedsgerichtsverträge wird auf die Formularliteratur verwiesen (z. B. Beck'sches Formularbuch zum Bürgerlichen, Handels- und Wirtschaftsrecht, Muster VIII C 24; *Lionnet*, Handbuch der internationalen und nationalen Schiedsgerichtsbarkeit, S. 87).

Eine umfassende Regelung ist nur dann erforderlich, wenn nicht die Zuständigkeit institutioneller Schiedsgerichte, die von verschiedenen nationalen und internationalen Organisationen betrieben werden, beabsichtigt ist. Diese bieten regelmäßig Musterklauseln für die Vereinbarung ihrer Schiedsgerichte an (vgl. die Aufstellung bei *Lionnet*, Handbuch der internationalen und nationalen Schiedsgerichtsbarkeit, S. 83 ff.; *Schütze* u. a., Handbuch des Schiedsverfahrens, S. 530 ff.).

6. Kosten/Steuern

235 Zum Abschluß des Vertrages sollte stets geregelt werden, wer die Kosten, ggf. Beurkundungskosten oder die Kosten der Herstellung von Abschriften sowie die aufgrund der Steuerfolgenprüfung anfallenden Steuern (vgl. oben Rz. 99 ff.) tragen soll.

VII. Anlagen

236 Den Abschluß des Vertrages bilden die Anlagen. Soweit die Anlagen selbst, ggf. durch Verweisung aus dem Vertragstext, Regelungscharakter haben, empfiehlt es sich mit Rücksicht auf das Erfordernis, daß die Unterschrift den Abschluß der Regelungen bilden soll (siehe oben Rz. 26), den Vertrags-

ausgang, welcher die Unterschriften enthält, erst nach den Anlagen einzufügen. Als typische Vertragsanlagen kommen insbesondere in Betracht:
– Leistungsbeschreibungen (insbesondere Pflichtenheft),
– Lagepläne,
– Zeitpläne,
– Vereinbarte Formulare, z. B. für Aufwandserfassung,
– Handelsregisterauszüge und Grundbuchauszüge,
– Öffentlich-rechtliche Genehmigungen,
– Vollmachten,
– Qualitätszertifikate,
– Bürgschaften,
– Schiedsvertrag.

Teil 3
Verhandeln in Brüssel

9 Einleitung

Die **Europäische Union** hat in den letzten Jahrzehnten für die Wirtschaft, aber auch für den einzelnen Bürger erheblich **an Bedeutung gewonnen**. Die große Anzahl von deutschen Gesetzen, die auf Regelungen des EG-Rechts beruhen, illustriert die wichtige und in der Öffentlichkeit inzwischen anerkannte Rolle der EG als Gesetzgeber in Europa. Die auf EG-Recht basierenden deutschen Regelungen sind nicht mehr allein dem Wirtschaftsrecht (Arbeitsrecht, Gesellschaftsrecht, Umweltrecht usw.) zuzuordnen, sondern betreffen auch immer mehr das allgemeine Zivilrecht und sogar das Strafrecht. Weniger bekannt, aber von vergleichbarer Tragweite ist die Funktion der europäischen Kommission als europäische Verwaltungsbehörde. In wichtigen Bereichen, hierzu gehört vor allem das Wettbewerbs- und Kartellrecht einschließlich des Rechts der staatlichen Beihilfen, das internationale Handelsrecht sowie die Verwaltung der verschiedenen Förderprogramme, ist die Kommission mit umfassenden Entscheidungskompetenzen ausgestattet. Die von der Kommission in diesen Bereichen getroffenen Entscheidungen sind zum größten Teil nicht an die Mitgliedstaaten, sondern an private Rechtssubjekte, meistens Unternehmen, gerichtet, die keinerlei Erfahrung im Umgang mit der Kommission und deren Arbeitsweise haben. 1

Insbesondere im Bereich des Wettbewerbs- und Kartellrechts ist es nicht nur möglich, sondern sogar erforderlich, bereits **im Vorfeld** eines sich ankündigenden Verfahrens **Kontakt mit der Kommission** aufzunehmen. Schon bei dieser ersten Kontaktaufnahme besteht die Möglichkeit durch geschicktes Verhandlungsverhalten, die Kommission zu einer vorteilhaften Entscheidung zu bewegen. Informelle Kontakte, aber auch verfahrensrechtlich festgeschriebene Anhörungen stellen Situationen dar, die dem Aushandeln eines Vertrages gleichen und in denen die Kommission oftmals die Position eines an einer ausgewogenen Entscheidung interessierten Vertragspartners einnimmt. 2

Der **Umgang** mit den zuständigen Kommissionsbeamten und das Auftreten bei der Kommission in derartigen Verwaltungsverfahren unterliegt aufgrund der besonderen Struktur und der spezifischen Zusammensetzung der Behörde **speziellen Spielregeln**. Die Kenntnis dieser Spielregeln ist unerläßlich für eine effiziente Planung, Vorbereitung und Durchführung der Verhandlungen mit der Kommission. 3

Neben einer unmittelbaren Beteiligung in einem Verwaltungsverfahren vor der Kommission ergeben sich **verhandlungsähnliche Situationen** mit den europäischen Institutionen vor allem im Rahmen der Interessenvertretung in Gesetzgebungsverfahren auf europäischer Ebene. Das sogenannte „Lob- 4 bying" ist bei den europäischen Gesetzgebungsorganen, anders als in Deutschland, wo der Begriff manchmal mit einer negativen Konnotation belegt ist, als dringend erforderliche und nützliche Konsultation der betroffenen Kreise anerkannt. In Brüssel ist es eine Selbstverständlichkeit, daß Verbände, aber auch einzelne Unternehmen, häufig vertreten durch Anwälte oder sogenannte Public Affairs Consultants, an die Institutionen herantreten, um ihre Sicht bezüglich eines Gesetzesvorhabens zu verdeutlichen. Die auf breiten Konsens angelegte politische Kultur in der EU ermöglicht den von einem Gesetzesvorhaben betroffenen Unternehmen nicht zu unterschätzende Einflußnahme, wenn die entsprechenden Verhandlungen mit den Entscheidungsträgern effektiv geführt werden. Hierbei sind ebenso wie bei der Teilnahme an einem Verwaltungsverfahren vor der Kommission zahlreiche Besonderheiten zu berücksichtigen.

5 Während der **erste Teil** dieses Kapitels eine **kurze Einführung** zur EU und deren wichtigsten Organen enthält, beschäftigt sich der **zweite Teil** umfassend mit der **Planung**, **Vorbereitung** und **Durchführung von Verhandlungen** mit der Kommission als Beteiligter an einem von der Kommission durchgeführten Verwaltungsverfahren. Die systematisierte Darstellung, die insbesondere unter Einbeziehung des europäischen Wettbewerbs und Kartellrechts erfolgt, soll dem Betroffenen eine effiziente Planung, Vorbereitung und Durchführung von Verhandlungen mit der Kommission ermöglichen.

6 Der zweite Teil geht auf die Besonderheiten ein, die bei der aktiven Interessenvertretung im Rahmen von Gesetzgebungsverfahren der EG zu beachten sind. Auch hier wird die Planung, Vorbereitung und Durchführung eines effektiven „Lobbying" systematisiert und anhand von praxisrelevanten Beispielen erläutert.

10 Struktur der EU und ihre Organe und Institutionen

	Rz.		Rz.
I. Die Europäische Union	7	IV. Das Europäische Parlament	19
II. Die Europäische Kommission	11	1. Selbstverständnis des Europäischen Parlaments	20
1. Vorschlagsrecht im Gesetzgebungsverfahren	12	2. Organisation	21
2. Kommission als „Hüterin der Verträge"	14	V. Der Wirtschafts- und Sozialausschuß	22
3. Verwaltung des Haushalts	16	VI. Der Ausschuß der Regionen	24
III. Der Rat der Europäischen Union	17	VII. Das Gesetzgebungsverfahren	26

I. Die Europäische Union

Der in den fünfziger Jahren mit der Gründung der Europäischen Gemeinschaft für Kohle und Stahl (1952) sowie der Europäischen Wirtschaftsgemeinschaft und der Europäischen Atomgemeinschaft (beide 1957) begonnene Prozeß der europäischen Integration, der in der Schaffung der Europäischen Union und der Einführung der Währungs- und Wirtschaftsunion gipfelte, hat ein politisches Gebilde und Rechtssystem hervorgebracht, das sich in vielen Punkten von den nationalen Systemen unterscheidet und dessen Arbeitsweise von spezifischen Eigenarten geprägt ist. Diese Eigenarten sowie die Sprachbarriere können wesentliche Hindernisse für einen effizienten und erfolgreichen Umgang mit den Institutionen der EU darstellen, wenn sie den Betroffenen unbekannt sind. 7

Die vielfach als undurchsichtig und undemokratisch kritisierten Strukturen und Mechanismen sind in dem Vertrag über die Europäische Union (EUV) sowie in den inzwischen häufig geänderten Gründungsverträgen der drei Gemeinschaften in ihren jeweiligen aktuellen Fassungen und in zahlreichen untergeordneten Rechtsakten geregelt. Das für die europarechtliche Praxis bedeutendste Vertragsdokument ist der Vertrag zur Gründung der Europäischen Wirtschaftsgemeinschaft, der 1993 aufgrund der Ausdehnung der Ziele und Aufgaben der Gemeinschaft über das Erreichen eines reinen Binnenmarktes hinaus in Vertrag zur Gründung der Europäischen Gemeinschaft (EGV) umbenannt wurde.* 8

---

* Der Begriff Europäische Union umfaßt die drei Gründungsverträge, den Vertrag über die Gründung der Europäischen Gemeinschaft für Kohle und Stahl (EGKS), den Vertrag zur Gründung der Europäischen Atomgemeinschaft (Euratom) und den Vertrag zur Gründung der Europäischen Gemeinschaft (EG), auch als Vertrag von Rom bezeichnet. Diese Verträge sind mehrfach geändert worden und sind insbesondere durch drei Verträge reformiert worden: die Einheitliche Europäische Akte, den Vertag von Maastricht und den Vertrag von Amsterdam. Weitere Änderungen ergeben

9   Der **EGV definiert die Ziele und Aufgaben** der Gemeinschaft, legt deren Tätigkeitsbereiche fest und regelt die Zusammensetzung, das Funktionieren und die Befugnisse der Organe und Institutionen der Gemeinschaft. Auf der Grundlage der im EGV vorgesehenen Entscheidungsverfahren werden die Organe und Institutionen zur Erreichung der Ziele der Gemeinschaft ermächtigt, Rechtsakte zu erlassen. Das Gemeinschaftsrecht unterscheidet diese Rechtsakte entsprechend ihrer unterschiedlichen rechtlichen Wirkungen in Verordnungen, Richtlinien, Entscheidungen sowie Empfehlungen und Stellungnahmen. Verordnungen sind in allen ihren Teilen verbindlich und gelten unmittelbar in jedem Mitgliedstaat. Sie sind die europarechtliche Parallele zum klassischen Gesetz. Richtlinien gelten dagegen nicht unmittelbar, sondern verpflichten jeden Mitgliedstaat, die Vorgaben der Richtlinien in nationales Recht umzusetzen. Entscheidungen haben anders als Verordnungen oder Richtlinien keinen allgemeinen Charakter. Sie stellen individuelle Rechtsakte dar, die entweder an private Rechtspersonen oder einen einzelnen Mitgliedstaat gerichtet sind. Die dem deutschen Verwaltungsakt ähnliche Rechtsform der Entscheidung wird von der Kommission vor allem verwendet, wenn sie in ihrer Funktion als Vollzugsbehörde handelt. Einzelheiten hierzu werden in Abschnitt III diskutiert. Die Gesamtheit der auf der Grundlage des EGV erlassenen Rechtsakte wird auch als Sekundärrecht bezeichnete, das den wesentlichen Teil des Europarechts ausmacht.

10 Da beim Erlaß der Rechtsakte je nach Gegenstand der Maßnahme verschiedene Organe und Institutionen beteiligt und unterschiedliche Gesetzgebungsverfahren anwendbar sind, sind Kenntnisse über die Zusammensetzung, Arbeitsweise und Befugnisse der wichtigsten am Gesetzgebungsverfahren beteiligten Organe und Institutionen für eine effektive Interessenvertretung in Brüssel unerläßlich. Die Kommission, der Rat, das Parlament, der Wirtschafts- und Sozialausschuß, der Ausschuß der Regionen sind die Hauptdarsteller in den Gesetzgebungsverfahren der EU.

II. Die Europäische Kommission

11 Der mit ihren **22.000 Mitarbeitern** häufig als Kernstück der EU bezeichnete Europäische Kommission kommen neben zentralen Verwaltungsfunktionen auch wesentliche Aufgaben im Gesetzgebungsverfahren zu. An der Spitze der Kommission steht ein sich aus **20 Kommissaren** zusammensetzendes Gremium. Momentan entsendet jeder Mitgliedstaat mindestens einen Kom-

---

sich aus dem noch nicht ratifizierten Vertrag von Nizza. Der Begriff EU-Recht umfaßt sämtliches Recht, das auf einem dieser Verträge beruht. Wichtige Bereiche, wie zum Beispiel das Wettbewerbsrecht und die Grundfreiheiten, sind im Vertrag zur Gründung der Europäischen Gemeinschaft (EGV) festgelegt. Dementsprechend wird im folgenden der Begriff EU gebraucht, wenn von der Gesamtheit der Verträge die Rede ist, der Begriff EG bezieht sich auf Recht, das auf dem EG-Vertrag beruht.

missar, die großen Mitgliedstaaten sogar zwei. Hierbei handelt es sich um eine Regelung, die sich vor dem Hintergrund der angestrebten Erweiterung vermutlich nicht durchhalten lassen wird. Die Arbeitsfähigkeit der Kommission wäre in einer Union mit 20 oder mehr Mitgliedern erheblich beeinträchtigt. Dementsprechend sieht der Vertrag von Nizza vor, daß ab dem Jahr 2005 jeder Mitgliedstaat nur noch einen Kommissar entsendet. Sobald die EU mehr als 27 Mitgliedstaaten zählt, werden die Kommissare auf dem Wege eines Rotationssystems bestimmt. Nicht jeder Mitgliedstaat wird dann einen Kommissar haben. Die Kommissare sind keinesfalls Vertreter ihres Landes, sondern üben ihre Tätigkeit ausschließlich zum Wohle der EU aus. Nach dem Buchstaben des Gesetzes sind sie verantwortlich für eine rein europäische Behörde und dürfen keine Anweisungen von Regierungen oder anderen Stellen empfangen. In der Praxis allerdings kommt es durchaus vor, daß die Kommissionsmitglieder Entscheidungen auch vor dem Hintergrund ihrer nationalen und politischen Herkunft treffen.

1. Vorschlagsrecht im Gesetzgebungsverfahren

Der EGV weist der Kommission vier wesentliche Aufgabenbereiche zu. Die Kommission hat das Recht und die Pflicht, Vorschläge für EG-Rechtsvorschriften vorzulegen, sie wacht über die korrekte Anwendung des EG-Rechts, führt die Unionspolitik durch und handelt im Namen der Union internationale Übereinkommen aus (z. B. WTO).

Im Gesetzgebungsverfahren steht der Kommission das **Vorschlagsrecht** für neue Rechtsvorschriften zu. Der EGV sieht vor, daß Rat und Parlament ohne Kommissionsvorschlag keine neuen EG-Regelungen erlassen können. In der Praxis allerdings tauschen sich sowohl Parlamentarier als auch Mitgliedstaaten und Kommission rege aus, mit der Folge daß bestimmte Kommissionsvorschläge durchaus auf Initiative des Parlaments oder eines Mitgliedstaates zustande kommen. Die Kommission hat von dem Initiativrecht in umfassendem Maße Gebrauch gemacht und sich dadurch den Ruf erworben, Motor der europäischen Integration zu sein. Auch wenn dem Rat und in eingeschränktem Maße dem Parlament letztendlich die Entscheidungskompetenz über die Annahme der Vorschläge der Kommission zusteht, ist das Vorschlagsrecht der Kommission **von immenser Bedeutung** für die zukünftige Rechtsentwicklung in der EU. Eine effektive Interessenvertretung im Gesetzgebungsverfahren muß daher bereits vor Verabschiedung eines konkreten Kommissionsvorschlags ansetzen. Die Kommission unterstützt die Beteiligung der interessierten Wirtschaftskreise durch die Veröffentlichung von sogenannten Strategiepapieren (Grünbücher und Weißbücher), welche Kommissionsvorschläge vorbereiten und die betroffenen Kreise aufrufen, Stellungnahmen zu den Plänen der Kommission abzugeben. Erst nach Auswertung der eingegangenen Stellungnahmen präsentiert die Kommission einen endgültigen Vorschlag und übermittelt ihn an den Rat und das Parlament.

2. Kommission als „Hüterin der Verträge"

14 Aufgrund ihrer Aufgabe, die korrekte Anwendung des EG-Rechts zu überwachen, wird die Kommission auch häufig als „Hüterin der Verträge" bezeichnet. Verletzt ein Mitgliedstaat vertragliche Pflichten z. B. durch Einführung oder Aufrechterhaltung von Handelshemmnissen oder setzt ein Mitgliedstaat Richtlinien nicht rechtzeitig oder nicht korrekt in innerstaatliches Recht um, wird die Kommission tätig und kann gegebenenfalls Verfahren vor dem Europäischen Gerichtshof anstrengen. Bei der Vielzahl von gemeinschaftsrechtlichen Regelungen, die von den 15 Mitgliedstaaten der EU zu beachten sind und gegebenenfalls umgesetzt werden müssen, ist die Kommission für die effektive Erfüllung dieser Aufgabe auf Hinweise und Informationen von Personen und Unternehmen angewiesen, die von einer gemeinschaftsrechtswidrigen Praxis in den Mitgliedstaaten betroffen sind.

Für Unternehmen, die von einer europarechtswidrigen Praxis, sei es verursacht durch Mitgliedstaaten oder andere Unternehmen, in ihren wirtschaftlichen Interessen beeinträchtigt sind, ist die Kommission häufig eine gesprächsbereite und vor allem einflußreiche Anlaufstelle. In Kooperation mit der Kommission lassen sich derartige Probleme in der Regel schneller und effektiver beseitigen als allein auf Ebene der Mitgliedstaaten.

15 Die **Überwachung der Gemeinschaftstreue** der Mitgliedstaaten wird durch die Befugnis der Kommission ergänzt, bestimmte **Verstöße** von Personen, Organisationen und Unternehmen gegen das Gemeinschaftsrecht zu **sanktionieren**. Diese Befugnis bezieht sich in erster Linie auf den in der Praxis sehr wichtigen Bereichen des Kartell- und Wettbewerbsrechts.

3. Verwaltung des Haushalts

16 Der Kommission kommt des weiteren die Aufgabe zu, den Haushalt der EU zu verwalten. Neben der Agrarpolitik, auf die der größte Teil der Ausgaben entfällt, hat die EU zahlreiche Förderprogramme entwickelt, die Geldmittel für die unterschiedlichsten Zwecke zur Verfügung stellen. Zu den bekanntesten Fördermaßnahmen zählen die Strukturfonds, die die Unterschiede zwischen armen und reichen Regionen innerhalb der EU ausgleichen sollen, sowie die zur Unterstützung des Aufbaus in Osteuropa geschaffenen Programme, PHARE und TACIS. Die Kommission ist für die Verwaltung der Programme verantwortlich und vergibt im Rahmen der Fördermaßnahmen lukrative und interessante Projekte an Unternehmen.

III. Der Rat der Europäischen Union

17 Der Rat der Europäischen Union, häufig auch Ministerrat genannt, ist das **wichtigste Entscheidungsgremium** im Gesetzgebungsverfahren der EU. Er setzt sich zusammen aus Vertretern der Mitgliedstaaten und entscheidet je

nach Charakter der Angelegenheit mit qualifizierter Mehrheit oder einstimmig über die Vorschläge der Kommission. Im Zuge fortschreitender Integration wurde das in den ersten Jahrzehnten der Gemeinschaft dominierende Erfordernis der Einstimmigkeit im Rat zugunsten von Mehrheitsentscheidungen zurückgedrängt. Gleichzeitig wurden dem Europäischen Parlament mehr Befugnisse eingeräumt, so daß nunmehr die meisten Gesetzesvorschläge zusätzlich der Zustimmung des Parlaments bedürfen, bevor sie in Kraft treten können.

Im Rat treffen die unterschiedlichen nationalen Interessen der Mitgliedstaaten aufeinander, die in oft zähen Verhandlungen einem Kompromiß zugeführt werden müssen. Vorbereitet werden die Ratssitzungen vom Ausschuß der Ständigen Vertreter (AStV) der Mitgliedstaaten in Brüssel. Der AStV sorgt dafür, daß nur die schwierigsten und sensibelsten Angelegenheiten auf Ministerebene ausführlich behandelt werden und der Rat so in der Lage ist, den erheblichen Arbeitsanfall effektiv zu bewältigen. Eine vielversprechende Interessenvertretung auf Ratsebene muß bei den Vertretern der Mitgliedstaaten und den nationalen Ministerien ansetzen. Die direkte Kontaktaufnahme mit den entsprechenden Abteilungen und Sachbearbeitern des Rates in Brüssel ist zwar zu Informationszwecken sinnvoll, sie kann jedoch die Berücksichtigung der eigenen Interessen im Entscheidungsprozeß nicht garantieren. Dieses Ziel kann nur durch Überzeugungsarbeit bei den zuständigen nationalen Ministerien erreicht werden.

IV. Das Europäische Parlament

In den Gründungsverträgen der Europäischen Gemeinschaften wurde dem Europäischen Parlament lediglich eine beratende Funktion im Gesetzgebungsverfahren zuerkannt. Dies hat sich im Laufe der Zeit entscheidend geändert. Nach den Neuerungen des Amsterdamer Vertrag, die seit dem 1. 5. 1999 in Kraft sind, verweisen mittlerweile 75% aller die EU zum Handeln ermächtigenden Rechtsgrundlagen im EGV auf das Mitentscheidungsverfahren (der Vertrag von Nizza hat den Anwendungsbereich des Mitentscheidungsverfahrens auch noch erweitert). Nach dem Mitentscheidungsverfahren kann ein Rechtsakt nicht mehr ohne Zustimmung des Europäischen Parlaments verabschiedet werden. Damit hat sich das Europäische Parlament neben dem Rat zum wichtigsten Entscheidungsgremium innerhalb der EU entwickelt. Für eine effektive Interessenvertretung auf EU-Ebene hat das Europäische Parlament dadurch essentiell an Bedeutung gewonnen.

1. Selbstverständnis des Europäischen Parlaments

Das Europäische Parlament ist **nur bedingt mit den nationalen Parlamenten vergleichbar** mit der Folge, daß auch die für die Interessenvertretung auf nationaler Ebene geltenden Regeln nur eingeschränkt übertragen werden können. In den vergangenen Jahren hat sich das Europäische Parlament in zunehmenden Maße versucht, als Gegenpol zum Rat und teilweise auch zur Kommission zu profilieren. Durch die Besetzung von Themen wie Verbraucherschutz, Umweltschutz und Bürgerrechte setzt sich das Parlament für die Schaffung eines bürgernahen Europas ein. Gleichzeitig versteht sich das Parlament als Wahrer der europäischen Interessen und verfolgt eine integrationsfreundliche Politik. Die Verfolgung dieser Ziele und das Bestreben, mehr Kompetenzen und Mitspracherechte zu erhalten, einen die Parlamentarier über Parteigrenzen hinweg. Die Trennung in politische Lager ist im Europäischen Parlament daher nicht so strikt und kategorisch, wie dies von nationalen Parlamenten bekannt ist. Fraktionsübergreifende Initiativen sind an der Tagesordnung. Diese Besonderheiten sind bei der aktiven Interessenvertretung zu beachten und in die Gesamtstrategie mit einzubeziehen.

2. Organisation

21 Die Organisation des Europäischen Parlaments unterscheidet sich dagegen wenig von der der nationalen Parlamente. Ein Großteil der parlamentarischen Arbeit findet in den **17 parlamentarischen Ausschüssen** statt. Bevor ein Gesetzesvorhaben im Plenum des Europäischen Parlaments diskutiert wird, haben die zuständigen Ausschüsse das Vorhaben bereits umfassend analysiert, diskutiert und Vorschläge für ein Vorgehen des Parlaments entworfen. Die tiefgehenden, inhaltlichen Diskussionen der teilweise sehr technischen Vorschriften der EU finden daher größtenteils in den Ausschüssen statt, wo auch die entscheidenden Weichenstellungen für das abschließende Votum des Europäischen Parlaments gestellt werden. Es ist deshalb wenig verwunderlich, daß insbesondere die Ausschußsitzungen wichtige Fixpunkte für Interessenvertreter in Brüssel sind. Der vom Ausschuß für ein bestimmtes Gesetzesvorhaben benannte Rapporteur, dessen Bericht als Diskussions- und Entscheidungsgrundlage in den Ausschußsitzungen dient, ist eine Schlüsselfigur im Meinungsbildungsprozeß des Europäischen Parlaments und zieht daher die besondere Aufmerksamkeit der Interessenvertreter auf sich.

V. Der Wirtschafts- und Sozialausschuß

22 Der Wirtschafts- und Sozialausschuß ist die organisierte Beteiligungsform der unterschiedlichen wirtschaftlichen und gesellschaftlichen Interessengruppen am Gesetzgebungsverfahren der EU. Der Ausschuß nimmt beratende Funktionen wahr und hat in einem Großteil der Gesetzgebungsverfahren das Recht, angehört zu werden, bevor der Rechtsakt erlassen wird. Die in den Ausschuß entsandten Vertreter sind in drei Gruppen organisiert: Arbeitgeber, Arbeitnehmer und Vertreter unterschiedlicher Interessengruppen. Ins-

besondere durch die sogenannte Gruppe der Verschiedenen Interessen soll eine umfassende und effektive Repräsentanz der unterschiedlichen gesellschaftlichen, berufsständischen, wirtschaftlichen und kulturellen Gruppen der Gesellschaft im Ausschuß gewährleistet werden.

Auch wenn der Ausschuß durch seine praxiserfahrenen Vertreter die Kapazitäten hat, in kompetenter Weise auf Probleme und Unstimmigkeiten in laufenden Gesetzgebungsverfahren hinzuweisen, ist seine **Bedeutung** aufgrund der auf Beratung begrenzten Befugnisse **beschränkt**. Darüber hinaus erschweren die teilweise eklatanten Interessengegensätze innerhalb des Ausschusses nicht selten die Meinungsbildung und die Verabschiedung von klaren Positionen zu den Vorschlägen der Kommission.

VI. Der Ausschuß der Regionen

Der Ausschuß der Regionen ist die jüngste Institution der EU. Er wurde durch den Maastrichter Vertrag ins Leben gerufen, um auch die lokalen und regionalen Gebietskörperschaften der Mitgliedstaaten am Willensbildungsprozeß der EU zu beteiligen. In der Vergangenheit hat der Ausschuß der Regionen vor allem darauf geachtet, daß das im EGV verankerte Subsidiaritätsprinzip beachtet wird und die EU nur Rechtsakte erläßt, deren Ziele durch Gesetzgebung auf Ebene der Mitgliedstaaten nicht ausreichend erreicht werden können. Die Pflicht, den Ausschuß der Regionen zu konsultieren, erstreckt sich vor allem auf Bereiche, in denen regionale Interessen berührt sind. Hierzu gehören z. B. Fragen der **Raumplanung**, der **Wirtschaftsentwicklung**, des **Verkehrs und der Städtepolitik**.

Für den Ausschuß der Regionen gilt das oben für den Wirtschafts- und Sozialausschuß Gesagte entsprechend. Aufgrund der Begrenzung der Befugnis auf Konsultationsrechte verfügt der Ausschuß der Regionen lediglich über eingeschränkte Einflußmöglichkeiten.

VII. Das Gesetzgebungsverfahren

Der EGV überträgt der Gemeinschaft **keine generelle Kompetenz** zum Erlaß von Rechtsakten. Vielmehr gilt das Prinzip der begrenzten Einzelermächtigung, wonach die Gemeinschaft nur dann gesetzgeberisch tätig werden darf, wenn sie durch eine Bestimmung des EGV zur Regelung der konkreten Materie ermächtigt wird. Das Verfahren, das bei dem Erlaß solcher Rechtsakte zu beachten ist, sowie die Mehrheitserfordernisse im Rat werden durch die jeweils anwendbare Ermächtigungsnorm bestimmt. Die beiden wichtigsten Arten von Gesetzgebungsverfahren im EGV sind das Verfahren der **Mitentscheidung** (Art. 251 EGV) und das Verfahren der **Zusammenarbeit** (Art. 252 EGV).

27 Im Verfahren der Mitentscheidung kommt ein Rechtsakt nur zustande, wenn sowohl Rat als auch Parlament ihre Zustimmung geben. Wenn sich nach zwei Lesungen in Parlament und Rat keine Einigung zwischen den beiden Organen erzielen läßt, wird ein Vermittlungsausschuß einberufen, der je zur Hälfte aus Mitgliedern des Rates und des Parlaments besteht und die Aufgabe hat, einen konsensfähigen Entwurf zu entwickeln. Findet auch der Vermittlungsausschuß keinen Kompromiß oder lehnt das Parlament oder der Rat den im Vermittlungsausschuß beschlossenen Kompromiß ab, ist der geplante Rechtsakt endgültig gescheitert. Das Verfahren der Mitentscheidung orientiert sich in wesentlichen Zügen an dem deutschen Gesetzgebungsverfahren bei zustimmungsbedürftigen Gesetzen.

28 Rechtsakte, für die das Verfahren der Zusammenarbeit anwendbar ist, können unter erschwerten Voraussetzungen vom Rat auch gegen den Willen des Parlaments erlassen werden. Lehnt das Parlament den vom Rat veränderten Kommissionsvorschlag mit absoluter Mehrheit ab, kann der Rat den Rechtsakt nur einstimmig verabschieden. Einstimmigkeit jedoch ist insbesondere bei kontroversen Rechtsakten im Rat schwer zu erreichen, so daß auch im Verfahren der Zusammenarbeit dem Parlament eine nicht zu unterschätzende Bedeutung zukommt.

11 Verhandeln mit der Europäischen Kommission in ihrer Funktion als Vollzugsbehörde

	Rz.
I. Planung	29
1. Allgemeines	29
2. Problembewußtsein und -identifizierung	33
a) Allgemeines	33
aa) Bedeutung des Europarechts	33
bb) Kommissionsentscheidungen gerichtet an einzelne Unternehmen	34
cc) Beschwerderecht	35
b) EG-Kartellrecht	38
aa) Allgemeines	38
bb) Das allgemeine Kartellverbot, Art. 81 EGV	39
(1) Zwischenstaatlichkeitsklausel	40
(2) Extensive Auslegung von Art. 81 Abs. 1 EGV	41
(3) Freistellung gemäß Art. 81 Abs. 3 EGV	42
(4) Struktur der bisherigen Gruppenfreistellungsverordnungen	44
(5) Neuartige Gruppenfreistellungsverordnung für vertikale Vereinbarungen	45
(6) Bisherige Verfahren der Einzelfreistellungen	46
(7) Bisherige Form der Anmeldung	47
(8) Comfort Letters	48
(9) Wirkung der Freistellung	50
(10) Reform der Verordnung 1017/68/EEG	53
(11) Untersuchungsbefugnisse der Kommission	54

	Rz.
(12) Beschwerderecht von Konkurrenten	55
(13) Form der Beschwerde	57
(14) Veröffentlichungserfordernis	58
cc) Das Verbot des Mißbrauchs einer marktbeherrschenden Stellung, Art. 82 EGV	59
(1) Marktbeherrschende Stellung	62
(2) Sachlich und räumlich relevanter Markt	63
(3) Wann liegt eine marktbeherrschende Stellung vor?	64
(4) Mißbrauch einer marktbeherrschenden Stellung	65
dd) Fusionskontrolle	68
(1) Rechtlicher Rahmen	68
(2) Zusammenschluß von gemeinschaftsweiter Bedeutung	71
(3) Begründung oder Verstärkung einer marktbeherrschenden Stellung	73
(4) Anmeldeverfahren	74
(5) Vorprüfungsverfahren	76
(6) Beteiligung Dritter	78
c) Recht der staatlichen Beihilfen	79
aa) Begriff „staatliche Beihilfe"	81
bb) Anmeldepflicht von staatlichen Beihilfen	84
cc) Rolle der betroffenen Unternehmen im Verfahren	87
d) Grundfreiheiten	88

Teil 3 Rz. 29 Verhandeln mit der Europäischen Kommission als Vollzugsbehörde

	Rz.
3. Beauftragung eines Experten. .	90
a) Erfahrung im Umgang mit Kommission	91
b) Kontakte zu Unternehmen und Verbänden	93
c) Fremdsprachenkenntnisse.	94
4. Zuständige Abteilung innerhalb der Kommission	96
5. Checkliste.	100

	Rz.
II. Durchführung	101
1. Kontaktaufnahme	101
2. Informelles Vorgespräch	104
a) Besetzung der Delegation .	106
b) Briefing	107
3. Einleitung des Verfahrens . . .	110
4. Die offizielle Anhörung	116
5. Checkliste	120
III. Strategiekontrolle	121

I. Planung

1. Allgemeines

29 In der Vergangenheit nahm die Öffentlichkeit die Kommission vor allem als Vorbereiterin von häufig als bürokratisch und wirklichkeitsfremd empfundenen Gesetzesinitiativen wahr. Erst in jüngster Vergangenheit, insbesondere durch die zahlreichen aufsehenerregenden Entscheidungen im Wettbewerbsrecht (Verfahren gegen VW, geplante Zusammenschlüsse von Boeing und McDonnell Douglas und General Electric/Honeywell) rückt auch die Zuständigkeit der Kommission im Bereich des Vollzugs von EG-Recht mehr in den Blickpunkt des öffentlichen Interesses. Die Exekutivbefugnis der Kommission existiert zwar bereits seit Abschluß des EWG-Vertrags im Jahre 1957, die zunehmende Globalisierung und Internationalisierung der Wirtschaft in den letzten Jahren haben die Bedeutung dieser Kommissionsaufgabe jedoch erheblich verstärkt. Dies hat zur Folge, daß Unternehmer, aber auch Privatpersonen, ob sie wollen oder nicht, immer häufiger in direkten Kontakt mit der Kommission treten müssen.

30 Der **wichtigste Bereich**, in dem der Vollzug des EG-Rechts der Kommission übertragen wurde, ist das oben bereits erwähnte **Wettbewerbsrecht**. Unter den Oberbegriff des EG-Wettbewerbsrechts fällt neben den klassischen Bereichen das Kartell- und Fusionskontrollrecht auch das Recht der staatlichen Beihilfen. Außerdem weist Art. 201 EGV der Kommission die Aufgabe zu, Verletzungen des EG Rechts durch Mitgliedstaaten zu verhindern und zu ahnden. Sie ist die „Hüterin des Europarechts".

31 Aufgrund der besonderen Struktur und Zusammensetzung der Kommission unterscheidet sich das Verhandeln mit der Kommission deutlich von dem Umgang mit deutschen Behörden. Die Kommission ist neben den fest angestellten Verwaltungsbeamten auch mit Mitarbeitern ausgestattet, die nur vorübergehend für die Kommission tätig sind. Hierzu gehören externe Berater, die auf der Grundlage von zeitlich befristeten Verträgen für die Kommission arbeiten, sowie Beamte, die für einige Jahre von den Behörden der Mitgliedstaaten zur Kommission abgeordnet worden sind. Diese besondere

Zusammensetzung macht es zum Teil schwierig, den richtigen und kompetenten Ansprechpartner für eine bestimmte Angelegenheit innerhalb der Kommission zu finden. Darüber hinaus ist die Untergliederung der Kommission in Generaldirektionen nach bestimmten Sachgebieten nicht immer übersichtlich. Die Größe der einzelnen Generaldirektionen variiert stark und ihre Zuständigkeiten überschneiden sich. Die nach der Kommissionskrise im Jahre 1999 berufene Prodi-Kommission hat sich zur Aufgabe gemacht, einige der genannten Probleme zu beheben. Sie hat eine Restrukturierung der Kommission eingeleitet, nicht zuletzt um das Handeln der Behörde transparenter und effizienter zu gestalten.

Darüber hinaus erschweren **Berührungsängste**, die zum einen in der kulturellen und sprachlichen Vielfalt der Kommission und zum anderen in der unbekannten Arbeitsweise begründet liegen, eine effektive Verhandlungsführung. Schon aus diesen Gründen ist eine intensive Vorbereitung und Planung der Kontaktaufnahme mit der Kommission unerläßlich. 32

2. Problembewußtsein und -identifizierung

a) Allgemeines

aa) Bedeutung des Europarechts

Die effektive Planung von Verhandlungen mit der Kommission erfordert eine frühzeitige Beschäftigung mit deren Kompetenzen in der konkreten Angelegenheit, um rechtzeitig erfolgversprechende Verhandlungsstrategien entwickeln und die entsprechenden Maßnahmen in die Wege leiten zu können. Obwohl die Früherkennung des Problems eigentlich eine Selbstverständlichkeit sein sollte, ist dies in der Praxis nicht selten problematisch. Denn noch immer spielt das Europarecht und damit auch die Kenntnis der entsprechenden Kompetenzzuweisungen an die Kommission in Rechtsabteilungen der meisten deutschen Unternehmen und Rechtsanwaltskanzleien eine untergeordnete Rolle. Für die Fallstricke und Unwägbarkeiten des nationalen Rechts haben viele Juristen durch jahrelange Ausbildung und Erfahrung einen siebten Sinn entwickelt, für die Feinheiten des Europarechts dagegen existiert ein solches Warnsystem in den seltensten Fällen. Symptomatisch für die **fehlende Sensibilität** von vielen Unternehmen für Fragen des Europarechts und die entsprechende Zuständigkeit ist die umfangreiche Rechtsprechung des EuGH zu der Frage, ob gemeinschaftsrechtswidrig gewährte staatliche Beihilfen zurückgezahlt werden müssen, obwohl der Empfänger der Beihilfe von der Rechtswidrigkeit nichts gewußt hat (z. B. Land Rheinland-Pfalz gegen Alcan Deutschland, EuZW 1997, S. 276). Die Entscheidungen des EuGH lassen erkennen, daß eine nicht unerhebliche Anzahl von Unternehmen, denen Subventionen gewährt werden, nicht überprüfen, ob diese Zuwendungen mit dem EG-Recht vereinbar sind. Der EuGH hat klargestellt, daß eine derartige **Unkenntnis des EG-Rechts** die Un- 33 ternehmen nicht von der **Pflicht zur Rückzahlung** der verzinsten Subvention befreit. Beispiele für negative Auswirkungen durch die Nichtbeachtung des Europarechts finden sich allerdings nicht nur im Bereich der staatlichen Beihilfen. Auch in anderen Gebieten des Europarechts entstehen Unternehmen durch die Nichtbeachtung des Europarechts und den darin festgelegten Befugnissen der Kommission erhebliche Nachteile.

bb) Kommissionsentscheidungen gerichtet an einzelne Unternehmen

34 Verhandlungen mit der Kommission als **Vollzugsbehörde** sind durch zwei grundverschiedene Ausgangssituationen gekennzeichnet. Die erste Kategorie erfaßt Fälle, in denen das betroffene Unternehmen selbst zum Gegenstand eines Verfahrens wird. Die Entscheidung soll unmittelbar an das Unternehmen gerichtet werden. Derartige Fälle der Direktbetroffenheit ergeben sich vor allem im Bereich des EG-Wettbewerbs- und Kartellrechts, zum Beispiel wenn die Kommission wettbewerbswidrige Kartellabsprachen untersagt und sanktioniert oder wenn die Kommission über einen Antrag auf Freistellung vom Wettbewerbsverbot des Art. 81 EGV entscheidet. Die oben angesprochenen Fälle der Rückforderung von staatlichen Beihilfen sollten ebenfalls in diese erste Kategorie eingeordnet werden, auch wenn die Entscheidung der Kommission über die Rechtswidrigkeit der Beihilfe formal nicht an den Begünstigten selbst, sondern an den gewährenden Mitgliedstaat ergeht. Faktisch allerdings wirkt die Entscheidung der Kommission wie eine Maßnahme, die unmittelbar an den Begünstigten ergeht, da der Mitgliedstaat die Subvention zwingend vom Begünstigten zurückfordern muß.

cc) Beschwerderecht

35 Die zweite Kategorie erfaßt Situationen, in denen ein privates Rechtssubjekt seine Interessen bei der Kommission mit dem Ziel geltend macht, die Kommission dazu zu bewegen, gegen einen Dritten vorzugehen, der die Regeln des EG-Rechts mißachtet. Bei dem Dritten kann es sich sowohl um ein privates Rechtssubjekt als auch um einen Mitgliedstaat handeln. Unternehmen, welche die Praxis eines Wettbewerbers für unvereinbar mit dem EG-Recht halten, wird dadurch ermöglicht, sich mit einer **Beschwerde** an die Kommission zu wenden, um eine entsprechende an den Wettbewerber gerichtete Entscheidung zu erwirken. Beschwerdemöglichkeiten bestehen auch, wenn ein privates Rechtssubjekt die Praxis oder Regelungen eines Mitgliedstaates für gemeinschaftsrechtswidrig ansieht und sich dadurch benachteiligt fühlt. Im Gegensatz zu Verhandlungssituationen der ersten Kategorie, in denen die Unternehmen auf die Argumente und das Vorgehen der Kommission reagieren müssen und die daher von einer eher defensiven Grundhaltung des Unternehmens der Kommission gegenüber geprägt sind, erlauben die Fälle der zweiten Kategorie ein eher offensiveres, gestaltenderes Verhalten.

Die folgende Liste von Rechtsgebieten des Europarechts stellt eine Auswahl der in der Praxis **relevantesten Bereiche** dar, in denen die Kommission Exekutivbefugnisse ausübt. Der Rechtsberater eines Unternehmens sollte bei Angelegenheiten, die diese Bereiche betreffen, genau überprüfen, ob eine Kontaktaufnahme und darüber hinausgehend Verhandlungen mit der Kommission nützlich oder sogar erforderlich sein könnten. 36

– Kartellrecht, Art. 81 und Art. 82 EGV,
– Fusionskontrollrecht, Fusionskontrollverordnung,
– Recht der staatlichen Beihilfen, Art. 87, 88 EGV,
– Grundfreiheiten.

Die kurze Darstellung der Rechtsgebiete im folgenden erhebt keinen Anspruch auf Vollständigkeit, sondern dient lediglich dazu, das Problembewußtsein in diesen Bereichen zu wecken und bestimmte Situationen aufzuzeigen, in denen die Kontaktaufnahme mit der Kommission nützlich oder sogar erforderlich ist. 37

b) EG-Kartellrecht

aa) Allgemeines

Das EG-Kartellrecht ist der wohl wichtigste Bereich für Unternehmen, in dem die Kommission eigene Vollzugszuständigkeiten wahrnimmt. Nicht zuletzt aufgrund dieser Vollzugskompetenzen der Kommission ist Brüssel zum Zentrum der europäischen Kartellrechtler geworden. Fast jede große internationale Wirtschaftsrechtskanzlei unterhält mittlerweile ein Büro in Brüssel, das in vielen Fällen mit Kartellrechtsspezialisten besetzt ist, die sich mit Fragen des europäischen und nationalen Wettbewerbsrechts befassen und Kontakte zu den relevanten Mitarbeiter in der für den Wettbewerb zuständigen Generaldirektion unterhalten. Die zum Teil auf den Vorschriften des deutschen Gesetzes gegen Wettbewerbsbeschränkungen beruhenden Wettbewerbsregeln des EGV haben sich im Laufe der Zeit durch die Entscheidungspraxis der Kommission und des EuGH zu einem Rechtsgebiet mit eigenem Charakter und weitem Anwendungsbereich entwickelt. Unternehmen können weder darauf vertrauen, daß sie beispielsweise aufgrund ihrer geringen Größe nicht unter das EG-Kartellrecht fallen werden, noch, daß eine mit deutschem Kartellrecht zu vereinbarende Praxis automatisch auch den Wettbewerbsvorschriften des EGV genügt. Die folgenden Anmerkungen sollen als Hilfestellung bei der Identifizierung von Problemen des EG-Kartellrechts dienen. 38

bb) Das allgemeine Kartellverbot, Art. 81 EGV

39 Das europäische Kartellrecht basiert auf den Art. 81–86 EGV und wird ergänzt durch zahlreiche Verordnungen, die auf der Grundlage dieser Vorschriften erlassen worden sind. Die **zentrale Norm** des EG Kartellrechts, **Art. 81 Abs. 1 EGV**, enthält das Verbot von Vereinbarungen zwischen Unternehmen, Beschlüssen von Unternehmensvereinigungen und aufeinander abgestimmten Verhaltensweisen, die den Handel zwischen Mitgliedstaaten zu beeinträchtigen geeignet sind und eine Verhinderung, Einschränkung oder Verfälschung des Wettbewerbs innerhalb des Gemeinsamen Marktes bezwecken oder bewirken:

– Nicht von der geringen Größe des Unternehmens auf Nichtanwendung des EG-Kartellrechts schließen,

– Auswirkungen des EG-Kartellrechts bei Entwurf von Kooperations- und Vertriebsverträgen beachten,

– Wichtige Änderung der Rechtslage für vertikale Vereinbarungen ab 1. 6. 2000,

– Wettbewerbsbeschränkungen auf Formular A/B anmelden.

(1) Zwischenstaatlichkeitsklausel

40 Im Hinblick auf die Abgrenzung zu den nationalen Kartellrechtssystemen ist zu beachten, daß das europäische Kartellrecht nur anwendbar ist, wenn die zur Diskussion stehende wettbewerbsbeschränkende Handlung geeignet ist, den **Handel zwischen den Mitgliedstaaten zu beeinträchtigen.** In der Praxis hat die Zwischenstaatlichkeitsklausel allerdings erheblich an Bedeutung verloren, da nach der Entscheidungspraxis der Kommission und der Rechtsprechung des EuGH bereits mittelbare und potentielle Beeinträchtigungen des Handels zwischen den Mitgliedstaaten ausreichen. Außerdem dürfen wettbewerbsbeschränkende Vereinbarungen nicht isoliert betrachtet werden. Vielmehr ist zu prüfen, ob die Wettbewerbsbeschränkung Teil eines Gesamtsystems ist, das als ganzes geeignet ist, den Handel zwischen den Mitgliedstaaten zu beeinträchtigen. Für die geringe Bedeutung der Zwischenstaatlichkeitsklausel sei beispielhaft auf den Fall des Frankfurter Kneipenpächters Delimitis verwiesen, der erfolgreich die Unvereinbarkeit einer Alleinbezugsklausel in seinem Pachtvertrag mit Art. 81 Abs. 1 EGV geltend machte. Der EuGH entschied, daß für die Klärung der Frage, ob eine Beeinträchtigung des zwischenstaatlichen Handels vorliegt, sämtliche gleichartigen Pachtverträge in der Branche zu berücksichtigen seien. Ergibt diese Gesamtbetrachtung, daß für konkurrierende – insbesondere ausländische – Brauereien der Marktzutritt erheblich erschwert wird, ist der zwischenstaatliche Handel beeinträchtigt (EuGH Slg. I, 1991, S. 977). Dieser Fall illustriert, daß entgegen einer immer noch weitverbreiteten Ansicht das europäische Kartellrecht nicht nur die großen multinationalen Konzerne betrifft,

sondern in immer größerem Ausmaß auch kleine und mittelgroße Unternehmen.

(2) Extensive Auslegung von Art. 81 Abs. 1 EGV

Die **Kommission** legt auch die anderen Tatbestandsmerkmale des Art. 81 Abs. 1 EGV **extensiv aus** und schafft dadurch einen weiten Anwendungsbereich für das Kartellverbot des Art. 81 Abs. 1 EGV. In diesem Ansatz wird die Kommission weitestgehend von der Rechtsprechung des EuGH bestätigt. Die Bandbreite der von Art. 81 Abs. 1 EGV erfaßten Handlungen reicht von den klassischen Kartellabsprachen, wie Preisabsprachen und vereinbarte Produktionsquoten über Verabredungen, bestimmte marktrelevante Informationen auszutauschen, bis zu Alleinvertriebsvereinbarungen in Vertriebsverträgen. Wichtig ist in diesem Zusammenhang, daß neben den wettbewerbsrechtlichen Gesichtspunkten auch das Ziel des EGV, das einwandfreie Funktionieren des europäischen Binnenmarktes zu garantieren, in die Auslegung des Art. 81 Abs. 1 EGV einfließt. Versuche von Unternehmen – insbesondere durch entsprechende Klauseln in Vertriebsverträgen –, den Binnenmarkt wieder in nationale Märkte aufzuteilen, werden von der Kommission rigoros unterbunden. Die folgenden Beispiele von Vertragsregelungen in Vertriebsverträgen, die die Kommission als Wettbewerbsbeschränkungen ansieht, illustrieren den weiten Anwendungsbereich des Art. 81 Abs. 1 EGV und die Bedeutung dieser Vorschrift in der Praxis: 41

– Alleinvertriebsvereinbarungen (EuGH Slg. 1966, S. 321 „Grundig/Consten"),
– Alleinbezugsvereinbarungen (EuGH Slg. I 1991, 977 „Delimitis"),
– Exportverbote (ABl. L 147/24 v. 30. 6. 1970 „Kodak"),
– unterschiedliche Preis- oder Rabattsysteme, die Parallelimporte verhindern sollen (ABl. L 147/24 v. 30. 6. 1970 „Kodak"),
– Beschränkung der Produktgarantie auf Verbraucher, die das Produkt bei offiziellen Verteilern gekauft haben (EuGH Slg. 1984, S. 883 „Hasselblad"),
– Preisbindungsklauseln (EuGH Slg. 1977, S. 1875 „Metro"),
– Kundenbeschränkungen (EuGH Slg. 1977, S. 1875 „Metro").

(3) Freistellung gemäß Art. 81 Abs. 3 EGV

Der weite Anwendungsbereich des Art. 81 Abs. 1 EGV muß zwangsläufig einhergehen mit **Ausnahmen**, um **unverhältnismäßige Beschränkungen** der wirtschaftlichen Freiheit von Unternehmen **zu vermeiden**. Das Kartellverbot wird deshalb flankiert von der Ausnahmeregelung des Art. 81 Abs. 3 EGV. Art. 81 Abs. 3 EGV sieht zwei verschiedene Formen von Ausnahmen 42 vom Kartellverbot vor: die Einzelfreistellung und die Gruppenfreistellung. Einzelfreistellungen erläßt die Kommission gemäß Verfahrensverordnung 17/62 (Verordnung Nr. 17) auf Antrag einer beteiligten Partei – im EG-Jargon Anmeldung genannt – für einzelne Verträge oder andere Vereinbarungen. Daneben schafft Art. 81 Abs. 3 EGV die Grundlage für den Erlaß von Freistellungen für ganze Gruppen von Verträgen oder Vereinbarungen, die unter das Kartellverbot des Abs. 1 fallen. Die vom Rat zum Erlaß solcher Gruppenfreistellungsverordnungen ermächtigte Kommission hat in der Vergangenheit zahlreiche Verordnungen, vor allem im Bereich des Vertriebsrechts, erlassen. In der Praxis werden vor allem die folgenden Gruppenfreistellungsverordnungen häufig angewandt:

– Verordnung Nr. 2790/1999 über die Anwendung von Art. 81 Abs. 3 des Vertrages auf Gruppen von vertikalen Vereinbarungen und aufeinander abgestimmten Verhaltensweisen (ersetzt Verordnung Nr. 1983/83 über Alleinvertriebsverträge, Verordnung Nr. 1984/83 über Alleinbezugsverträge und Verordnung Nr. 4087/88 über Franchiseverträge),

– Verordnung Nr. 240/96 über Technologietransfer,

– Verordnung Nr. 417/85 über Spezialisierungsvereinbarungen,

– Verordnung Nr. 418/85 über Forschungs- und Entwicklungsgemeinschaften.

43 Die Gruppenfreistellungsverordnungen dienen dazu, die Kommission vor einer Flut von Anmeldungen zu bewahren, die angesichts des weiten Anwendungsbereiches des Art. 81 Abs. 1 EGV unvermeidbar wäre. Trotz der existierenden Gruppenfreistellungsverordnungen belief sich die Anzahl der Neuanmeldungen im Jahre 1998 auf 216. Setzt man diese Zahl in Relation zu den vorhandenen Mitarbeitern in der zuständigen Generaldirektion Wettbewerb, wird die hohe Arbeitsbelastung dieser Abteilung der Kommission deutlich.

(4) Struktur der bisherigen Gruppenfreistellungsverordnungen

44 Die von der Kommission früher verabschiedeten Gruppenfreistellungsverordnungen sind alle nach einem ähnlichen Schema aufgebaut. Die ersten Art. der Verordnungen definieren, für welche Arten von Vereinbarungen die jeweilige Gruppenfreistellung anwendbar ist. Danach folgt eine Auflistung von einerseits erlaubten und andererseits verbotenen Klauseln, die sogenannten **weißen und schwarzen Listen**. Am Ende der Verordnungen finden sich dann meistens Regelungen, die der Kommission den Widerruf der Freistellung unter bestimmten Voraussetzungen ermöglichen. Diese Form der Gruppenfreistellungen hat Kritik ausgelöst, da die Verordnungen von vielen Betroffenen als enge Zwangsjacke bei dem Entwurf von Verträgen empfunden wurden und darüber hinaus aufgrund fehlender Flexibilität den tatsächlichen Wettbewerbsverhältnissen nicht gerecht werden konnten.

(5) Neuartige Gruppenfreistellungsverordnung für vertikale Vereinbarungen

Die Kommission hat auf die Kritik reagiert und für vertikale Vereinbarungen eine neue, **andersartige Gruppenfreistellungsverordnung** erlassen (Verordnung 2790/1999). Diese Verordnung findet nicht nur auf bestimmte Vereinbarungen oder Sektoren Anwendung, sondern ist generell auf vertikale Vereinbarungen anwendbar. Im Oktober 2000 hat die Kommission zu dieser Verordnung erläuternde Leitlinien erlassen. Die Verordnung enthält zwar ebenfalls eine verkürzte Liste verbotener Klauseln für vertikale Vereinbarungen. Die wesentliche Änderung ist jedoch die Einführung des Kriteriums der **Marktmacht** und damit einer wirtschaftlichen Betrachtungsweise. Nach der geplanten Verordnung sind Vertriebsverträge grundsätzlich vom Kartellverbot des Art. 81 Abs. 1 freigestellt, wenn auf den Lieferanten, oder bei Alleinbelieferungsverträgen auf den Käufer, ein Anteil am relevanten Markt von 30% oder weniger entfällt. Voraussetzungen für eine Freistellung ist allerdings, daß der Vertriebsvertrag keine der in der schwarzen Liste aufgeführten Klauseln enthält. Obwohl die Einführung eines Marktanteilgrenzwertes von 30% darauf hindeuten könnte, ist es keinesfalls so, daß nunmehr lediglich große internationale Unternehmen ihre Vertriebsverträge anmelden müssen. In ihrer Entscheidungspraxis zu Art. 82 und vor allem im Rahmen der Fusionskontrollverordnung kommt die Neigung der Kommission zum Ausdruck, den jeweils relevanten Markt stark zu begrenzen, nicht zuletzt um überschaubare Marktverhältnisse zu erlangen. Auf diese Art und Weise hat die Kommission auch immer wieder kleineren Unternehmen – oftmals zu deren Verwunderung – einen Marktanteil von 30% oder mehr attestiert. Ein extremes Beispiel dieser Praxis ist die Entscheidung der Kommission in der Sache BBI/Boosey and Hawkes (ABl. L 286 v. 29. 7. 1987, S. 36). In dem nach Art. 82 EGV eingeleiteten Verfahren kam die Kommission zu dem Schluß, daß Boosey and Hawkes – ein britisches Unternehmen mit einem Jahresumsatz von ca. 120 Mio. € – eine marktbeherrschende Stellung innehatte (Marktanteil von über 80%) und diese dadurch mißbrauchte, daß es sich weigerte, bestimmte Konkurrenten zu beliefern. Der sachlich relevante Markt wurde von der Kommission definiert als Instrumente für britische Brass-Bands.

Dennoch zeigen die ersten Erfahrungen erheblich reduzierte Anmeldungen, was auf die neue Verordnung zurückgeführt wird.

(6) Bisherige Verfahren der Einzelfreistellungen

Im folgenden wird zunächst das zur Zeit noch Anwendung findende Verfahren für Einzelanmeldung beschrieben. Die Kommission hat eine umfassende Reform im Hinblick auf Einzelfreistellungen vorgeschlagen, die das bestehende System grundlegend ändern wird. Auf diese Reform wird unter (10) eingegangen.

Von Art. 81 Abs. 1 EGV erfaßte Verträge und Vereinbarungen, die nicht unter die Gruppenfreistellungsverordnungen fallen, müssen bei der Kommission zum Zwecke des Erlangens einer Einzelfreistellung angemeldet werden. Nicht freigestellte Wettbewerbsbeschränkungen sind gem. Art. 81 Abs. 2 EGV nichtig und damit vor nationalen Gerichten nicht durchsetzbar. Außerdem kann die Kommission Unternehmen, die derartige nicht angemeldete wettbewerbsbeschränkende Vereinbarungen abgeschlossen haben, mit Geldstrafen belegen. Neben der Anmeldung von Vereinbarungen mit dem Zweck, die Freistellung vom Kartellverbot des Art. 81 Abs. 1 EGV zu erreichen, haben Unternehmen zusätzlich die Möglichkeit, ein sogenanntes Negativattest zu beantragen. Negativattest ist die Entscheidung der Kommission, daß eine bestimmte Vereinbarung nicht von Art. 81 Abs. 1 EGV erfaßt ist und dadurch auch nicht gemäß Art. 81 Abs. 3 EGV freigestellt werden muß.

(7) Bisherige Form der Anmeldung

47 Für die Erteilung eines **Negativattests** oder einer **Einzelfreistellung** ist **ausschließlich die Kommission** zuständig. Anmeldungen werden nur berücksichtigt, wenn das von der Kommission zu diesem Zweck entwickelte Formular A/B verwendet wird. Bei dem Formular A/B handelt es sich um einen zweiseitigen Fragebogen, der vom Antragsteller ordnungsgemäß und vollständig auszufüllen ist. Darüber hinaus muß der Antragsteller – und dies ist der komplizierteste Teil der Anmeldung – in einem Anhang zu dem Fragebogen sämtliche in der Ergänzungsnotiz zum Formular A/B verlangten Informationen liefern. Diese Informationen beziehen sich auf den genauen Inhalt der Vereinbarung, den sachlich relevanten Markt, die Unternehmensstruktur und den Jahresumsatz der beteiligten Unternehmen. Ferner muß der Antragsteller begründen, warum ein Negativattest oder eine Freistellung seiner Meinung nach gerechtfertigt ist. Die für eine ordnungsgemäße Anmeldung nötigen Informationen erfordern häufig umfangreiche Recherchen nicht nur im Hinblick auf die derzeitige Situation des sachlich relevanten Marktes, sondern auch bezüglich der wirtschaftlichen Auswirkungen der geplanten Vereinbarung auf den Wettbewerb. Ein unvollständig ausgefülltes Formular A/B kann zu einer Ablehnung der Freistellung führen. Eine gute Vorbereitung der Anmeldung ist daher dringend geboten. Es ist darüber hinaus ratsam, bereits im Vorfeld einer Anmeldung, die Kommission zu kontaktieren, um herauszufinden welche Aspekte der Vereinbarung besonderes Interesse wecken und inwieweit Detailinformationen verlangt werden. Wenn zuverlässige Informationen bezüglich der Marktsituation nicht erhältlich sind, muß der Antragsteller diese durch eine eigene Einschätzung der Lage ersetzen.

(8) Comfort Letters

48 Auf der Grundlage der vollständigen Anmeldung trifft die Kommission ihre Entscheidung. Allerdings ergeht nur in den seltensten Fällen (ca. 10 Fälle pro

Jahr) eine formale Entscheidung. Aufgrund der extremen Arbeitsbelastung ist die Kommission dazu übergegangen, sogenannte **comfort letters** auszufertigen. **Comfort letters** sind einfache Verwaltungsschreiben der Kommission, die dem Antragsteller mitteilen, daß die Kommission momentan keine Bedenken gegen die angemeldete Vereinbarung hat. Mittlerweile werden etwa 90% der Anmeldungsverfahren durch derartige Verwaltungsschreiben beendet.

In der Regel, und dies gilt insbesondere für Fälle, in denen die angemeldeten Vereinbarungen erhebliche Auswirkungen auf den Wettbewerb haben können, erläßt die Kommission eine Entscheidung erst nach ausführlichen Diskussionen und Verhandlungen mit dem Antragsteller. Im Hinblick auf Freistellungen eröffnen die äußerst unbestimmten Voraussetzungen in Art. 81 Abs. 3 EGV der Kommission einen weiten Ermessensspielraum. Dies ermöglicht dem Antragsteller, die Kommission in Verhandlungen von der wirtschaftlichen Notwendigkeit der Vereinbarung zu überzeugen. Dabei geht es nicht notwendigerweise ausschließlich um die Frage, ob die Vereinbarung, so wie sie angemeldet worden ist, freigestellt werden kann oder nicht. Vielmehr können auch noch nach der Anmeldung Vertragsergänzungen vorgenommen werden und Klauseln aus dem Vertrag gestrichen werden. Diese Flexibilität der Kommission in den Vertragsverhandlungen eröffnet dem Antragsteller Verhandlungsspielraum, der insbesondere genutzt werden kann, wenn deutlich wird, daß die Kommission von einer Freistellung der Vereinbarung in der angemeldeten Form nicht zu überzeugen ist. 49

(9) Wirkung der Freistellung

Eine von der Kommission erteilte Einzelfreistellung entfaltet grundsätzlich ihre **Wirkung** nur für den Zeitraum **ab ordnungsgemäßer Anmeldung**. Dies hat zur Folge, daß Vereinbarungen, die unter das Kartellverbot des Art. 81 Abs. 1 EGV fallen, bei der Kommission angemeldet werden sollten, bevor sie von den Vertragsparteien in der Praxis durchgeführt werden. Erfolgte eine Anmeldung nicht, drohen Bußgelder oder – was häufig als problematischer angesehen wird – die Unmöglichkeit, die Vereinbarung gerichtlich durchzusetzen mit allen im nationalen Recht daran geknüpften Folgen (z. B. Rückabwicklungs- oder Schadensersatzansprüche). 50

Vom Grundsatz der ex nunc-Wirkung von Einzelfreistellungen gibt es seit Mitte des Jahres 1999 eine bedeutende Ausnahme für vertikale Vereinbarungen. Unternehmen ist es dadurch möglich, Vertriebsverträge, die Wettbewerbsbeschränkungen (z. B. Alleinvertrieb) enthalten, welche von den Beteiligten als freistellungsfähig angesehen werden, abzuschließen und durchzuführen, ohne sie vorher anzumelden. Diese neue Regelung muß in Zusammenhang mit der vorgeschlagenen Gruppenfreistellungsverordnung für vertikale Vereinbarungen gesehen werden. Sie soll Unternehmen, die bei der Frage, ob bestimmte vertikale Vereinbarungen unter die Gruppenfrei- 51 stellungsverordnung fallen, ihre Marktmacht fehlerhaft einschätzen, vor gravierenden Nachteilen bewahren (Mitteilung der Kommission über die Anwendung der EG-Wettbewerbsregeln auf vertikale Beschränkungen, ABl. C 270 v. 24. 9. 1999, S. 7).

52 Die Einführung der Rückwirkung für vertikale Vereinbarungen ermöglicht es einem Unternehmen, die konkrete Vereinbarung noch zu einem Zeitpunkt anzumelden, wenn der Vertragspartner oder ein Drittbetroffener in einem Rechtsstreit bereits die Nichtigkeit der Wettbewerbsbeschränkungen geltend macht. Allerdings riskiert das Unternehmen bei einer Nicht-Anmeldung, daß die Kommission anderer Meinung ist und eine Freistellung verweigert. In diesem Fall ist die Vereinbarung nichtig und damit gerichtlich nicht durchsetzbar. Rückabwicklungs- oder Schadensersatzansprüche können folgen. Unternehmen, die dieses Risiko vermeiden wollen, werden auch in Zukunft ihre Vertriebsverträge vorab anmelden müssen.

(10) Reform der Verordnung 1017/68/EEG

53 Das bisherige System der Einzelanmeldung führt zu einer hohen Anzahl von Anmeldungen und damit zu einem großen Arbeitsaufwand für die Kommission. Die hohe Zahl der erteilten Comfort Letters weist auch darauf hin, daß die angemeldeten Vereinbarungen häufig unter wettbewerbsrechtlichen Gesichtspunkten unbedenklich sind. Sie binden jedoch Ressourcen in der Kommission, die damit wenig Möglichkeiten hat, auf eigene Initiative zu ermitteln, insbesondere im Bereich der Kartelle. Die hohe Arbeitsbelastung der für den Wettbewerb zuständigen Generaldirektion ist daher eines der Hauptargumente der Kommission für die vorgeschlagene Reform des EG-Wettbewerbsrechts. Im Jahre 1999, noch unter der Leitung des ehemaligen Wettbewerbskommissars Karel von Miert, legte die Kommission ein Papier mit weitreichenden Reformvorschlägen vor. Im Dezember 2000 wurde ein entsprechender Verordnungsentwurf vorgelegt, der sich derzeit noch im Gesetzgebungsverfahren befindet. Die erste Lesung im Europaparlament hat stattgefunden und eine Entscheidung des Rates wird im Dezember 2001 erwartet.

Ein wesentlicher Aspekt der anvisierten Reformen ist eine Kompetenzverlagerung von der Kommission auf die Mitgliedstaaten. Nach dem Kommissionsvorschlag wird Art. 81 in Zukunft in seiner Gesamtheit sowohl für die mitgliedstaatlichen Kartellbehörden als auch für die Gerichte der Mitgliedstaaten unmittelbar anwendbar. Unternehmen werden daher nach den Reformplänen Vereinbarungen in Zukunft nicht mehr bei der Kommission anmelden. Sie werden auch keine Entscheidungen der Kommission darüber anfordern können, ob eine Vereinbarung überhaupt gegen Art. 81 I EGV verstößt oder ob eine der Ausnahmen nach Art. 81 III EGV vorliegt. Negativatteste, Einzelfreistellungen und Comfort Letters werden in der bisherigen Form nicht weiterbestehen. Unternehmen werden in Zukunft selber einschätzen müssen, ob eine Vereinbarung gegen EG-Wettbewerbsrecht verstößt oder nicht. Eine Überprüfung erfolgt erst im Fall von Rechtsstreitigkeiten vor den nationalen Gerichten oder bei Überprüfung durch die nationalen Wettbewerbsbehörden, etwa im Fall der Beschwerde eines Konkurrenten. Um den Unternehmen die Einschätzung zu erleichtern, kann die Kommission in bestimmten Fällen Positiventscheidungen treffen. Dies wird allerdings nur in besonderen Fällen, etwa bei neuartigen Vereinbarungen, der Fall sein, und es besteht kein Anspruch auf eine solche Positiventscheidung. Zusätzlich beabsichtigt die Kommission, durch Mitteilungen und Leitlinien weitere Hilfestellung zu geben. Gruppenfreistellungsverordnungen werden auch weiterhin von der Kommission erlassen.

Der Verordnungsentwurf ist teilweise auf Kritik gestoßen. Befürchtet wird insbesondere ein Verlust an Rechtssicherheit für die Unternehmen, da diese keine Prüfung durch die Kommission verlangen können, sowie fehlende Kohärenz der Entscheidungen, die dann von den Gerichten und Wettbewerbsbehörden der Mitgliedsstaaten getroffen werden können und nicht mehr nur von der Kommission.

(11) Untersuchungsbefugnisse der Kommission

Neben der momentan noch geltenden alleinigen Befugnis, Freistellungen gemäß Art. 81 Abs. 3 EGV zu erlassen, hat die Kommission auch weitgehende Untersuchungsbefugnisse, um Verstößen gegen das Kartellverbot oder gegen das im folgenden Abschnitt beschriebene Verbot der Ausnutzung einer marktbeherrschenden Stellung auf die Spur zu kommen. Zu diesen Befugnissen gehört das Recht, **Firmensitze zu durchsuchen** und die dabei gefundenen Unterlagen durchzusehen. Die geplante Verordnung zur Anwendung von Art. 81 und 82 EGV sieht erweiterte Untersuchungsbefugnisse der Kommission vor. So ist geplant, daß auch Wohnungen von Geschäftsführern und anderen Beschäftigten durchsucht werden können. In vielen Fällen macht die Kommission von diesen Befugnissen Gebrauch, um klassische Kartelle, d. h. Absprachen zwischen unmittelbaren Konkurrenten, zu zerschlagen. In letzter Zeit hat die Kommission häufig erklärt, daß sie die Bekämpfung von bedeutenden Kartellen als einen ihrer Arbeitsschwerpunkte in der Zukunft sieht. Die Bedeutung, welche die Kommission der Zerschlagung von Kartellen im Hinblick auf die Erreichung eines optimalen Wettbewerbs beimißt, läßt sich auch daran erkennen, daß in der für den Wettbewerb zuständigen Generaldirektion eine besondere Einheit für die Bekämpfung von Kartellen eingerichtet worden ist. Unternehmen, zu deren Unternehmenspolitik regelmäßig auch Absprachen mit Konkurrenten gehören, sollten auf die Möglichkeit gefaßt sein, Post oder sogar Besuch von der Kommission zu erhalten. Zu beachten ist, daß die Kommission für horizontale Absprachen Geldstrafen in Höhe von bis zu 10% des Umsatzes des beteiligten Unternehmens aussprechen kann.

(12) Beschwerderecht von Konkurrenten

55 Die bisherigen Ausführungen zum EG-Kartellrecht beziehen sich auf die Perspektive von Unternehmen, die wettbewerbsbeschränkende Vereinbarungen abschließen und durchführen. Aber auch die Benachteiligten von derartigen Wettbewerbsbeschränkungen sind nach dem EG-Recht nicht schutzlos. Art. 3 Verordnung Nr. 17 gewährt neben den Mitgliedstaaten auch Personen und Personenvereinigungen das Recht, bei der Kommission Beschwerde gegen eine Verletzung der Art. 81 und 82 EGV einzulegen, wenn sie ein berechtigtes Interesse an der Verfolgung der behaupteten Verletzung darlegen. Die Kommission legt den Begriff „berechtigtes Interesse" großzügig aus. Personen oder Unternehmen, die darlegen können, daß sie durch die angegriffene Praxis einen wirtschaftlichen Nachteil erleiden, sind antragsberechtigt. Dies kann ein Verbraucher sein, dem es aufgrund eines zwischen Lieferanten und Einzelhändler vertraglich festgelegten Exportverbots nicht möglich ist, bestimmte Güter in einem anderen Mitgliedstaat zu kaufen. Dies kann auch ein Einzelhändler sein, der sich gegen die Nichtaufnahme in ein selektives Vertriebssystem wendet.

56 Darüber hinaus steht natürlich auch Rechtspersonen, die ein solches berechtigtes Interesse nicht geltend machen können, die Möglichkeit offen, die Kommission **informell** über wettbewerbsbeschränkende Verhaltensweisen auf dem Markt zu informieren. Der Informant hat dann zwar nicht die Verfahrensrechte eines Antragstellers. Die Kommission kann jedoch auch aufgrund solcher informellen Hinweise aus eigener Initiative gegen die Wettbewerbsbeschränkungen vorgehen, was auch bei bedeutenden Wettbewerbsbeschränkungen, insbesondere klassischen Kartellen, regelmäßig geschieht. Unternehmen können auf diese Weise, auch ohne den Status eines Verfahrensbeteiligten einzunehmen, ihre wirtschaftlichen Ziele erreichen. Außerdem kommt es vor, daß Unternehmen, die eigentlich gemäß Art. 3 Verordnung 17 antragsberechtigt wären, aber nicht offiziell als Verfahrensbeteiligte auftreten wollen, die Kommission anonym informieren. Dadurch soll vermieden werden, daß die bei der Kommission „angeschwärzten" Unternehmen den Informanten in der Zukunft sanktionieren.

(13) Form der Beschwerde

57 Eine Beschwerde bei der Kommission kann **grundsätzlich formlos** erhoben werden. Allerdings ist aus Beweisgründen eine schriftliche Beschwerde ratsam. Die Kommission hat für diesen Zweck das **Formular C** entworfen, dessen Verwendung jedoch **nicht zwingend** ist. Der Beschwerdeführer hat keinen Anspruch auf eine Sachentscheidung der Kommission. Es steht im Ermessen der Kommission, ein offizielles Verfahren gegen den Beschwerdegegner einzuleiten. Dabei kann die Kommission auch die Bedeutung der angegriffenen Wettbewerbsbeschränkung berücksichtigen und dementsprechend ihre Prioritäten setzen. Dies gilt selbst dann, wenn die Kommission die Auf-

fassung des Antragstellers teilt und eine Verletzung der Wettbewerbsregeln durch die angegriffene Vereinbarung annimmt. Für den Antragsteller ist es daher wichtig, darzulegen, daß die Angelegenheit besondere politische, wirtschaftliche oder rechtliche Bedeutung für die Gemeinschaft hat. Die Zurückweisung einer Beschwerde muß auf einer fehlerfreien Ermessensentscheidung beruhen. Dabei hat die Kommission die **Verfahrensrechte** des Antragstellers, insbesondere das Recht auf rechtliches Gehör, **zu beachten**.

(14) Veröffentlichungserfordernis

Die Beteiligung von interessierten Kreisen ist auch in Anmeldeverfahren vorgesehen. Bevor die Kommission einen comfort letter oder eine formale Entscheidung über ein Negativattest oder eine Einzelfreistellung ausstellt, muß sie im Amtsblatt der EG ihre Absicht mitteilen, eine solche Entscheidung zu erlassen, und interessierten Parteien die Möglichkeit zur Stellungnahme geben. Art. 11 Abs. 3 Verordnung Nr. 17 sieht vor, daß die Kommission eine Zusammenfassung der relevanten Anmeldung veröffentlichen und interessierten Parteien mindestens **einen Monat Zeit zur Stellungnahme** geben muß. Die weite Fassung dieser Vorschrift ermöglicht es auch Dritten, die kein berechtigtes Interesse an dem Ausgang des Verfahrens darlegen können, zu der beabsichtigten Entscheidung formal Stellung zu nehmen. Es ist allerdings zu beachten, daß die Veröffentlichung normalerweise erfolgt, wenn die Kommission mit dem Antragsteller bereits eine informelle Einigung erzielt hat. Ein betroffenes Unternehmen sollte sich deshalb, falls es von der Anmeldung Kenntnis hat, früher an die Kommission wenden. Die Kommission ist grundsätzlich offen, die Stellungnahmen von Drittbetroffenen zur Kenntnis zu nehmen und, wenn es sich um wertvolle und wichtige Informationen handelt, in den Entscheidungsprozeß mit einfließen zu lassen. Besondere Bedeutung erlangen die Stellungnahmen, wenn die Kommission Grundsatzentscheidungen über bestimmte in der Praxis weitverbreitete Vereinbarungen treffen muß.

cc) Das Verbot des Mißbrauchs einer marktbeherrschenden Stellung, Art. 82 EGV

Der zweite tragende Pfeiler des EG-Kartellrechts ist das in Art. 82 EGV festgeschriebene Mißbrauchsverbot. Art. 82 EGV verbietet die mißbräuchliche Ausnutzung einer marktbeherrschenden Stellung auf dem Gemeinsamen Markt, soweit dies dazu führen kann, den Handel zwischen Mitgliedstaaten zu beeinträchtigen. Im Gegensatz zum allgemeinen Kartellverbot des Art. 81 EGV gibt es keine Freistellungsmöglichkeit für Verhaltensweisen, die den Tatbestand des Art. 82 EGV erfüllen. Handlungen, die gegen das Mißbrauchsverbot verstoßen, entfalten keine Rechtswirkung. Dies ist besonders wichtig für Verträge, die sowohl unter Art. 81 als auch unter

Art. 82 EGV fallen. In diesen Fällen ist eine Freistellung des Vertrages gemäß Art. 81 Abs. 3 EGV ausgeschlossen:

- Kein Freistellungsverfahren für Verstöße gegen Art. 82 EGV,
- Kriterium der Marktmacht bezieht sich in der Regel auf eng abgegrenzte Produktmärkte,
- Marktmacht wird anhand verschiedenster Kriterien bestimmt, wobei Größe des Marktanteils eine besondere Rolle spielt,
- Bei Vorliegen einer marktbeherrschenden Stellung ist besondere Vorsicht bei der Gestaltung von sämtlichen Geschäftsbeziehungen geboten.

60 Diese Struktur von Art. 82 EGV führt in der Regel dazu, daß marktbeherrschende Unternehmen nur dann in Kontakt mit der Kommission kommen, wenn diese eine Untersuchung wegen eines Verstoßes gegen Art. 82 EGV einleitet. Allerdings kann ein marktbeherrschendes Unternehmen die **Kommission präventiv kontaktieren**, bevor es eine geplante Maßnahme (z. B. Einführung eines bestimmten Vertriebssystems) durchführt. Ein solches Vorgehen könnte angezeigt sein, wenn es sich bei der Maßnahme um eine für das Unternehmen strategisch bedeutsame Entscheidung handelt und daher viel von einer positiven Begutachtung der Kommission abhängt. Absolute Sicherheit kann aber auch die informelle Kontaktaufnahme mit der Kommission nicht bringen. Denn eine verbindliche Entscheidung kann die Kommission nicht treffen. Wichtige Erkenntnisse im Hinblick auf Aspekte, die die Kommission besonders kritisch sieht, können in diesen informellen Gesprächen aber durchaus gewonnen werden.

61 Für Betroffene, die durch das Verhalten eines marktbeherrschenden Unternehmens einen Nachteil erleiden, ist die Situation anders. Sie können eine Beschwerde gemäß Art. 3 Verordnung Nr. 17 einlegen und dadurch ein Verfahren gegen das marktbeherrschende Unternehmen in Gang bringen. Bei entsprechender Beweislage und Bedeutung der Angelegenheit werden die Benachteiligten eines Mißbrauchs von Marktmacht in der Kommission einen starken Verbündeten haben.

(1) Marktbeherrschende Stellung

62 Zentraler Begriff des Art. 82 EGV ist die marktbeherrschende Stellung. Kommt ein Unternehmen zu dem Schluß, in einem der Märkte, in dem es tätig ist, marktbeherrschend zu sein, ist allergrößte Vorsicht geboten, insbesondere beim Abschluß von Verträgen. Die Kommission ist sehr darauf bedacht, den Wettbewerb auf Märkten, deren Wettbewerbsstruktur durch die marktbeherrschende Stellung eines Unternehmens bereits gestört ist, zu stabilisieren. Verhaltensweisen, die darauf abzielen die beherrschende Stellung des Unternehmens durch Maßnahmen zu sichern, die unter normalen Wettbewerbsbedingungen nicht möglich wären, werden von der Kommission sehr kritisch gesehen.

(2) Sachlich und räumlich relevanter Markt

Für die Beantwortung der Frage, ob ein Unternehmen marktbeherrschend ist, muß zunächst der sachlich relevante und der räumlich relevante Markt bestimmt werden. Wie bereits oben erwähnt, tendiert die Kommission zu einer engen Abgrenzung der sachlich relevanten Märkte, mit der Folge, daß auch kleinere Unternehmen marktbeherrschend im Sinne von Art. 82 EGV sein können. Der räumlich relevante Markt, d. h. der geographische Bereich, in dem Wettbewerber mit dem marktbeherrschenden Unternehmen konkurrieren oder potentiell konkurrieren könnten, kann ebenfalls sehr eng gezogen werden. Bedeutende See- oder Flughäfen wurden immer wieder von der Kommission als räumlich relevanter Markt angesehen. Es ist allerdings darauf hinzuweisen, daß eng begrenzte räumliche Märkte eher die Ausnahme sind. Art. 82 EGV fordert ausdrücklich, daß der räumliche relevante Markt zugleich einen wesentlichen Teil des Gemeinsamen Marktes darstellen muß. Als wesentlicher Teil des Gemeinsamen Marktes anerkannt ist das Gebiet eines Mitgliedstaates und teilweise sogar bedeutende Teile eines Mitgliedstaates. Die Bestimmung des sachlich und räumlich relevanten Marktes nimmt die Kommission unter umfangreicher Beteiligung der betroffenen Unternehmen vor. Das ermöglicht es den Unternehmen, diesen für die Angelegenheit vorentscheidenden Aspekt durch geschickte Verhandlungsführung und die Vorlage von aussagekräftigen und korrekten Informationen zu beeinflussen. Ökonomische und juristische Berater, die sich in diesem Bereich spezialisiert haben, können dabei wertvolle Unterstützung leisten.

(3) Wann liegt eine marktbeherrschende Stellung vor?

Ob ein Unternehmen im sachlich und räumlich relevanten Markt eine beherrschende Stellung einnimmt, bestimmt sich nach den unterschiedlichsten Faktoren. Marktbeherrschung wird angenommen, wenn ein Unternehmen sein Verhalten auf dem Markt ohne Rücksicht auf seine Wettbewerber bestimmen kann. Ausdruck einer solchen Machtstellung ist unter anderem die Fähigkeit, Preise zu bestimmen und die Produktion zu kontrollieren. Wichtigstes Kriterium für die Kommission ist der Marktanteil. Bei Marktanteilen unterhalb von 25% kommt eine marktbeherrschende Stellung praktisch selten in Betracht. Marktanteile von **25% bis 40%** können bei Vorliegen weiterer Faktoren auf eine marktbeherrschende Stellung hindeuten, und Marktanteile von **mehr als 40%** begründen **in der Regel** eine marktbeherrschende Stellung, vor allem wenn der Abstand zu den Konkurrenten groß ist. Weitere Kriterien, die von der Kommission zur Rechtfertigung einer marktbeherrschenden Stellung herangezogen worden sind, umfassen:

– Besitz gesetzlicher Schutzrechte (Patente, Urheberrechte, Marken),
– erheblicher technischer Vorsprung,

– Wirtschaftliche Leistungsfähigkeit,
– gut entwickeltes Vertriebssystem.

(4) Mißbrauch einer marktbeherrschenden Stellung

65 Die Tatsache, daß ein Unternehmen eine marktbeherrschende Stellung auf einem Markt einnimmt, stellt noch keinen Verstoß gegen Art. 82 EGV dar. Nur der Mißbrauch der Marktmacht ist verboten. Allerdings hat die Entscheidungspraxis der Kommission gezeigt, daß marktbeherrschende Unternehmen im Hinblick auf ihr Verhalten auf dem Markt extrem vorsichtig sein müssen. Der EuGH hat diese Entscheidungspraxis bestätigt und darauf hingewiesen, daß marktbeherrschende Unternehmen eine besondere Verantwortung für das Funktionieren des Wettbewerbs auf dem fraglichen Markt haben (EuGH Slg. 1983, S. 3461 Michelin).

66 Ausgangspunkt für die Frage, ob das Verhalten eines marktbeherrschenden Unternehmens mißbräuchlich ist, sind die in Art. 82 EGV aufgezählten Regelbeispiele. Genannt werden:

– die Erzwingung von unangemessenen Einkaufs- oder Verkaufspreisen oder sonstigen Geschäftsbedingungen,

– die Einschränkung der Erzeugung, des Absatzes oder der technischen Entwicklung,

– die Diskriminierung von Handelspartnern,

– Kopplungsverträge.

67 Diese Aufzählung von Mißbrauchstatbeständen ist nicht abschließend. Die Kommission prüft Verhaltensweisen von marktbeherrschenden Unternehmen vor allem unter dem Gesichtspunkt, ob das Verhalten zu einer weiteren Monopolisierung oder Abschottung des Marktes führt. Eine genaue Prüfung der Entscheidungspraxis der Gemeinschaftsorgane ist im Einzelfall unerläßlich.

dd) Fusionskontrolle

(1) Rechtlicher Rahmen

68 Anders als das allgemeine Kartellverbot und das Mißbrauchsverbot ist die Kontrolle von Unternehmenszusammenschlüssen nicht im EGV geregelt. Nachdem der EuGH in seiner Rechtsprechung aber klargestellt hat, daß Fusionen auf der Grundlage von Art. 81 und 82 EGV überprüft und gegebenenfalls verboten werden können, hat der Rat auf Vorschlag der Kommission die Verordnung Nr. 4046/89 über die Kontrolle von Unternehmenszusammenschlüssen (Fusionskontrollverordnung) erlassen. Die Fusionskontrollverordnung führt die Anmeldepflicht von Fusionen mit gemeinschaftsweiter Be-

deutung ein und regelt umfassend den Ablauf des Anmeldeverfahrens und die Voraussetzungen für eine Genehmigung. Durch den Vorrang der Fusionskontrollverordnung vor den nationalen Fusionskontrollregelungen braucht ein Unternehmenszusammenschluß von gemeinschaftsweiter Bedeutung nur bei der Kommission angemeldet zu werden.

Dieses **One-stop-shop-Prinzip** verhindert, daß europaweite Fusionen bei zahlreichen nationalen Behörden angemeldet werden müssen, und erleichtert so die Planung und Durchführung von grenzüberschreitenden Unternehmenszusammenschlüssen. Die Anmeldung einer Fusion in verschiedenen Staaten ist oftmals kaum mit dem Zeitdruck zu vereinbaren, unter dem Transaktionen durchgeführt werden, da die Kontrolle von Unternehmenszusammenschlüssen nach nationalen Wettbewerbsregeln stark variiert. In manchen Ländern ist eine Anmeldung vor dem Zusammenschluß vorgeschrieben, während nach den Wettbewerbsgesetzen anderer Staaten eine Anmeldung entweder überhaupt nicht oder erst nach Durchführung des Zusammenschlusses erfolgen muß. Kann eine Anmeldung nach der Fusionskontrollverordnung erfolgen, haben die beteiligten Unternehmen die Sicherheit, daß die Fusion im Falle einer Genehmigung in allen Mitgliedstaaten wirksam ist: 69

– Werden die Schwellenwerte des Art. 1 Fusionkontrollverordnung erreicht?
– Ist der Tatbestand des Zusammenschlusses erfüllt?
– Kontaktaufnahme mit der Kommission,
– Daten für Anmeldung sammeln,
– Betroffene Produkt- und geographische Märkte bestimmen und Marktstellung des Unternehmens in diesen Märkten bestimmen.

Die **Anmeldung** einer Fusion bei der Kommission erfordert eine **gute Vorbereitung** und die Durchführung von Besprechungen mit Beamten der Kommission, noch bevor die Anmeldungsunterlagen eingereicht werden. Die Kommission ermuntert die Unternehmen zu einer frühen Kontaktaufnahme, um wichtige Probleme bereits im Vorfeld zu klären. Schon bei diesen frühen Besprechungen werden entscheidende Weichenstellungen vorgenommen, und es kommt darauf an, die Kommission bereits zu diesem Zeitpunkt von der Notwendigkeit und Ungefährlichkeit der geplanten Transaktion für den Wettbewerb zu überzeugen. 70

(2) Zusammenschluß von gemeinschaftsweiter Bedeutung

Für den Unternehmensjuristen oder Rechtsanwalt ist es zunächst einmal wichtig zu ermitteln, ob die geplante Transaktion ein Zusammenschluß von gemeinschaftsweiter Bedeutung ist. Denn nur dann ist eine Anmeldung bei der Kommission erforderlich. Zusammenschlüsse im Sinne der Fusions- 71 kontrollverordnung sind nicht nur Fusionen oder Übernahmen, sondern unter bestimmten Umständen auch die Gründung eines Gemeinschaftsunternehmen. Gemeinschaftsunternehmen, die auf Dauer alle Funktionen einer wirtschaftlichen Einheit erfüllen, werden als Zusammenschlüsse im Sinne der Fusionskontrollverordnung verstanden. Die Praxis zeigt, daß diese Ausdehnung der Fusionskontrollverordnung auf Gemeinschaftsunternehmen erhebliche Bedeutung hat. Fast 50% der Anmeldungen bei der Kommission betrifft die Gründung von Gemeinschaftsunternehmen. Übernimmt ein Unternehmen Gesellschafteranteile eines anderen Unternehmens, handelt es sich nur dann um einen Unternehmenszusammenschluß im Sinne der Fusionskontrollverordnung, wenn die Übernahme mit einem Kontrollerwerb einhergeht. Dies erfordert nicht zwangsläufig den Erwerb der Stimmenmehrheit. Kontrollerwerb kann auch dann vorliegen, wenn bestimmte Rechte mit einer Minderheitsbeteiligung verbunden sind. Dies ist zum Beispiel der Fall, wenn der Minderheitsaktionär mehr als die Hälfte des Vorstands oder des Aufsichtsrats bestimmen kann.

72 Ein Zusammenschluß hat gemeinschaftsweite Bedeutung, wenn die in Art. 1 Fusionskontrollverordnung festgelegten **Umsatzschwellenwerte** von den beteiligten Unternehmen erreicht werden. Danach liegt gemeinschaftsweite Bedeutung vor, wenn:

– die beteiligten Unternehmen weltweit einen Gesamtumsatz von mehr als 5 Mrd. € haben und mindestens zwei der beteiligten Unternehmen einen Gesamtumsatz in der Gemeinschaft von mindestens 250 Mio. € erreichen, es sei denn, jedes der betroffenen Unternehmen erzielt zwei Drittel des Gesamtumsatzes in der Gemeinschaft in ein und demselben Mitgliedstaat; oder

– die beteiligten Unternehmen weltweit einen Gesamtumsatz von mindestens 2,5 Mrd. € haben und in mindestens drei der Mitgliedstaaten der Gesamtumsatz der beteiligten Unternehmen jeweils 100 Mio. € übersteigt und in jedem dieser drei Mitgliedstaaten der Gesamtumsatz von mindestens zwei beteiligten Unternehmen mehr als 25 Mio. € ist und der Gesamtumsatz in der Gemeinschaft von mindestens zwei beteiligten Unternehmen mindestens 100 Millionen € ist, es sei denn, jedes der beteiligten Unternehmen erzielt zwei Drittel des Gesamtumsatzes in der Gemeinschaft in ein und demselben Mitgliedstaat.

(3) Begründung oder Verstärkung einer marktbeherrschenden Stellung

73 Unternehmenszusammenschlüsse von gemeinschaftsweiter Bedeutung sind gemäß Art. 2 Fusionskontrollverordnung zu untersagen, wenn sie eine marktbeherrschende Stellung begründen oder verstärken, durch die wirksamer Wettbewerb in der Gemeinschaft behindert würde. Bei der Prüfung, ob eine beherrschende Stellung durch die Fusion begründet oder verstärkt wird, wendet die Kommission **ähnliche Grundsätze an wie in Verfahren nach**

Art. 82. Die Frage nach den betroffenen sachlich und räumlich relevanten Märkten sowie die Marktanteile der beteiligten Unternehmen auf diesen Märkten sind von entscheidender Bedeutung für den Ausgang des Verfahrens. Darüber hinaus muß die beherrschende Stellung dauerhaft sein. In diesem Zusammenhang spielen rechtliche und tatsächliche Marktzutrittsschranken eine große Rolle. Existieren diese Schranken nicht oder nur in geringem Ausmaß, kann potentieller Wettbewerb zu einer Disziplinierung des durch die Fusion entstehenden beherrschenden Unternehmens führen. Im wesentlichen werden die für Art. 82 EGV entwickelten Marktanteilswerte auch in Verfahren nach der Fusionskontrollverordnung als Richtwerte angewendet.

(4) Anmeldeverfahren

Die Fusionskontrollverordnung sieht ein klar strukturiertes Verfahren mit **kurzen Entscheidungsfristen** vor. Die Anmeldung eines Zusammenschlusses muß innerhalb einer Woche nach Vertragsabschluß oder Kontrollerwerb bei der Kommission unter Verwendung des Formblatts CO erfolgen. Das Formblatt CO erfordert umfangreiche, detaillierte Informationen zur Art des Zusammenschlusses, zu den beteiligten Unternehmen und den betroffenen Märkten. Die beteiligten Unternehmen sollten keinesfalls erst dann beginnen, diese Informationen zusammenzustellen, wenn der den Zusammenschluß besiegelnde Vertrag unterzeichnet ist. Der Zeitraum von einer Woche, den die Unternehmen dann noch zur Verfügung haben, um den Zusammenschluß anzumelden, wird für die Erstellung einer vollständigen Anmeldung generell nicht ausreichen. 74

Die **Zunahme** der Zahl der **unvollständigen Anmeldungen** in den letzten Jahren, hat die Kommission dazu veranlaßt, Verhaltensleitlinien für eine Fusionsanmeldung zu veröffentlichen (siehe Website der EU: http://europa.eu.int/comm/competition/index_de.html). Als ein Grund für die gestiegene Anzahl der unvollständigen Anmeldungen wird fehlende oder unzureichende Kontaktaufnahme mit der Kommission vor Einreichung der Anmeldung genannt. Die Kommission rät daher, auch in Fällen, die keine besonderen Schwierigkeiten erwarten lassen, informelle Treffen zwischen Kommissionsbeamten und den beteiligten Unternehmen und ihren Beratern frühzeitig durchzuführen. In einfach gelagerten Fällen sollte das erste Treffen ungefähr ein bis zwei Wochen vor der offiziellen Anmeldung stattfinden. In komplizierteren Fällen ist eine längere Vorlaufzeit erforderlich. Darüber hinaus möchte die Kommission drei Tage vor dem ersten Treffen eine schriftliche Zusammenfassung des geplanten Zusammenschlusses vorliegen haben, um das Treffen effizient vorbereiten zu können. Beachtenswert ist, daß die für Fusionsanmeldungen zuständige Abteilung, die Merger Task Force, im wesentlichen nach Sprachen und Wirtschaftssektoren gegliedert ist. Die Verteilung der jeweiligen Verfahren auf Sachbearbeiter erfolgt jedoch 75 entsprechend der Antragssprache. Es kann daher sein, daß ein Sachbearbeiter, der keine Spezialkenntnisse im betroffenen Wirtschaftssektor hat, zum „case handler" benannt wird, nur weil er die Antragssprache beherrscht. Für Unternehmen kann es daher interessant sein, die Anmeldung in einer Fremdsprache einzureichen, die sie auch beherrschen, um zu gewährleisten, das ein mit den Besonderheiten des Sektors vertrauter Kommissionsbeamter die Angelegenheit federführend behandelt.

(5) Vorprüfungsverfahren

76 Mit der Anmeldung beginnt das Vorprüfungsverfahren, das innerhalb einer **Frist** von **einem Monat** abgeschlossen sein muß. Im Vorprüfungsverfahren untersucht die Kommission, ob ernsthafte Bedenken im Hinblick auf die Vereinbarkeit des Zusammenschlusses mit dem Gemeinsamen Markt bestehen. Kommt die Kommission zu dem Schluß, daß diese Bedenken bestehen, eröffnet sie das Hauptprüfungsverfahren. Ist der Zusammenschluß unbedenklich, wird er nach dem Vorprüfungsverfahren genehmigt. Das Hauptprüfungsverfahren muß innerhalb von vier Monaten durchgeführt werden.

77 Die Mehrzahl der Anmeldungen wird im Rahmen des Vorprüfungsverfahren erledigt. Im Jahr 2000 wurden 85% der Entscheidungen im Vorprüfungsverfahren getroffen. Dabei können schon in diesem frühen Verfahrensstadium Zusagen der beteiligten Unternehmen berücksichtigt werden. Die Kommission kann die Genehmigungsentscheidung darüber hinaus von Bedingungen und Auflagen abhängig machen. Dies gibt den beteiligten Unternehmen Handlungsspielraum, wenn die Kommission den Zusammenschluß nicht wie geplant genehmigen will. Häufig beziehen sich die Zusagen auf Verpflichtungen der beteiligten Unternehmen, bestimmte Kapital- oder Betriebsteile zu veräußern oder gewerbliche Schutzrechte Konkurrenten zugänglich zu machen. In dem Fall Boeing/McDonnell Douglas genehmigte die Kommission den Zusammenschluß, nachdem Boeing zusagte, keine langfristigen Lieferverträge mit Abnehmern mehr abzuschließen. Natürlich können diese Zusagenangebote seitens der an dem Zusammenschluß beteiligten Unternehmen auch erst im Lauf des Hauptverfahrens gemacht werden. Sie dürfen allerdings nicht später als drei Monate nach Eröffnung des Hauptverfahrens vorgelegt werden.

(6) Beteiligung Dritter

78 Interessierte Dritte haben ebenfalls Gelegenheit, sich zu dem geplanten Zusammenschluß zu äußern und die Kommission auf Probleme in spezifischen Märkten hinzuweisen. Diese Hinweise werden von der Kommission gerne entgegengenommen und können nicht zu unterschätzende Auswirkungen auf den Ausgang des Verfahrens haben. Gemäß Art. 4 Abs. 3 Fusionskon-

trollverordnung ist die Kommission verpflichtet, nach Eingang einer Anmeldung die Namen der beteiligten Unternehmen sowie die Art des Zusammenschlusses und die betroffenen Wirtschaftssektoren zu veröffentlichen. Im Rahmen dieser Veröffentlichung ruft die Kommission interessierte Dritte auf, unter Beachtung einer bestimmten Frist (meistens zwei Wochen) Stellung zu dem Zusammenschluß zu nehmen. Die Kommission macht häufiger von ihren Befugnissen gemäß Art. 11 Fusionskontrollverordnung Gebrauch, Dritte aus eigener Initiative zu kontaktieren, um wichtige Informationen und deren Einschätzung des Zusammenschlusses zu erlangen. Diese Praxis der Kommission erlaubt es Unternehmen, Personen oder Verbänden, die von einem bestimmten Zusammenschluß betroffen sind, ihre Interessen bei der Kommission offensiv zu vertreten.

c) Recht der staatlichen Beihilfen

Ein weiterer Bereich des EG-Rechts mit erheblichen Auswirkungen auf eine Vielzahl von Unternehmen ist das Recht der staatlichen Beihilfen. Subventionen als Mittel der staatlichen Wirtschaftslenkung sind noch stets ein populäres politisches Instrument in den Mitgliedstaaten. Beihilfen verzerren jedoch den Wettbewerb in der Gemeinschaft, da durch sie Unternehmen, die ohne derartige Beihilfen auskommen müssen, diskriminiert werden können. Außerdem widerspricht übermäßige staatliche Einflußnahme der dem EGV zugrundeliegenden liberalen Konzeption, wonach Produkte dort erzeugt werden sollen, wo die Produktionsbedingungen am günstigsten sind. Der EGV trägt dieser Situation Rechnung und überträgt der Kommission in den Art. 87–89 umfangreiche Kontroll- und Untersagungsbefugnisse im Hinblick auf staatliche Beihilfen, die von den Mitgliedstaaten gewährt werden bzw. in der Zukunft gewährt werden sollen: 79

– Wurde Zuwendung als Beihilfe angemeldet?
– Ist Tatbestand der „staatlichen Beihilfe" erfüllt?
– Ist De-minimis-Schwelle (100.000 €) überschritten?

Gemäß Art. 87 Abs. 1 EGV sind staatliche Beihilfen **grundsätzlich** mit dem Gemeinsamen Markt **unvereinbar**, soweit sie den Handel zwischen den Mitgliedstaaten beeinträchtigen. Ausnahmen von diesem Grundsatz sind in Art. 87 Abs. 2 und 3 EGV geregelt. Während Art. 87 Abs. 2 EGV Fallgruppen für Beihilfetatbestände enthält, bei deren Erfüllung eine Ausnahme vom Beihilfeverbot zwingend erfolgt, stehen Ausnahmen auf der Grundlage von Art. 87 Abs. 3 EGV im Ermessen der Kommission. Die praktische Relevanz der Beihilferegelungen des EGV für Unternehmen jeder Größe ergibt sich zum einen aus der sehr weiten Auslegung des Begriffs „staatliche Beihilfe" und zum anderen aus der sehr strengen Entscheidungspraxis und Rechtsprechung zur Rückzahlung von rechtswidrig gewährten Beihilfen. 80

aa) Begriff „staatliche Beihilfe"

81 Staatliche Beihilfen im Sinne der Art. 87–89 EGV sind sämtliche Maßnahmen, die einen Transfer staatlicher Mittel beinhalten und dadurch Unternehmen einen wirtschaftlichen Vorteil gewähren, den sie im Rahmen ihrer üblichen Geschäftstätigkeit nicht hätten. Als wirtschaftliche Vorteile werden dementsprechend zum Beispiel verstanden:

- nicht zurückzuzahlende Zuwendungen,
- vorteilhafte Zinssätze,
- Bürgschaften oder andere Garantien zu besonders günstigen Bedingungen,
- Kauf von staatlichem Eigentum unter dem Marktpreis,
- Verkauf von Eigentum an den Staat über Marktpreis,
- gebührenfreier Zugang zu Infrastruktur,
- staatliche Beteiligung an einem Unternehmen, wenn ein Privatinvestor unter den gleichen Umständen eine Beteiligung nicht vornehmen würde,
- Befreiung oder Reduzierung von Sozialabgaben.

82 Die Gewährung eines wirtschaftlichen Vorteils ist jedoch nur dann eine Beihilfe, wenn die Maßnahme selektiven Charakter hat. **Keine Beihilfen** sind **allgemeine Maßnahmen**, die unterschiedslos für sämtliche Unternehmen in allen Wirtschaftszweigen in einem Mitgliedstaat bestimmt sind (staatliche Steuermaßnahmen). Allerdings ist auch im Hinblick auf dieses Erfordernis Vorsicht geboten. Die Kommission hat regelmäßig wirtschaftlichen Vorteilen, die auf den ersten Blick als allgemeine Maßnahmen erscheinen, letztlich doch selektiven Charakter zuerkannt. Steuererleichterungen für bestimmte Sektoren oder für Unternehmen in bestimmten Regionen werden grundsätzlich als staatliche Beihilfe angesehen (z. B. die Befreiung energieintensiver Produktionsunternehmen von einer CO_2-Steuer). Dies gilt auch dann, wenn die Form der Begünstigung eindeutig allgemeinen Charakter hat, in der Praxis jedoch nur eine geringe Anzahl Unternehmen von der Begünstigung profitieren.

83 Ähnlich wie in Art. 81 Abs. 1 EGV erfaßt auch das Beihilfeverbot des Art. 87 Abs. 1 EGV nur Maßnahmen, die den Handel zwischen den Mitgliedstaaten beeinträchtigen. Eine Beeinträchtigung ist anzunehmen, wenn der Begünstigte einer Wirtschaftstätigkeit nachgeht und in einem Markt tätig ist, in dem Handel zwischen den Mitgliedstaaten besteht. Die Kommission hat in einer Mitteilung (Mitteilung der Kommission über De-minimis-Beihilfen, ABl. C 68 vom 6. 3. 1996, S. 9) die Auffassung zum Ausdruck gebracht, daß kleine Beihilfebeträge (bis 100.000 € innerhalb von drei Jahren) den Handel zwischen den Mitgliedstaaten nicht beeinträchtigen und daher nicht angemeldet werden müssen.

bb) Anmeldepflicht von staatlichen Beihilfen

Staatliche Beihilfen, die die oben genannten Kriterien erfüllen, müssen bei der Kommission gemäß Art. 88 Abs. 2 EGV angemeldet werden und dürfen erst gewährt werden, wenn die Kommission anerkannt hat, daß einer der Ausnahmetatbestände des Art. 87 Abs. 2 oder EGV erfüllt ist. 84

Unangemeldete Beihilfen, die unvereinbar sind mit dem Gemeinsamen Markt, sind von den begünstigten Unternehmen **verzinst zurückzuzahlen**. Die Kommission hat klargestellt, daß sie die Rückforderung von illegalen Beihilfen zur Wiederherstellung der Wettbewerbsgleichheit in strengem Maße betreiben wird. Verschiedene Versuche von Mitgliedstaaten, eine Rückforderung unter Hinweis auf Prinzipien des nationalen Rechts zu vermeiden, sind vor dem EuGH immer wieder gescheitert. Die Jahresfrist in § 48 Abs. 4 des deutschen Verwaltungsverfahrensgesetzes (VwVfG) beispielsweise, ist nicht anwendbar bei der Rückforderung von Beihilfen auf der Grundlage von Art. 87 Abs. 2 EGV. Darüber hinaus kann sich ein Begünstigter nicht auf guten Glauben berufen. Das begünstigte Unternehmen darf sich nicht darauf verlassen, daß die staatliche Stelle die Beihilfe korrekt angemeldet hat, sondern muß sich selbst vergewissern, ob die Beihilfe von der Kommission genehmigt worden ist. 85

Angesichts des **weiten Beihilfebegriffs** ist es wenig verwunderlich, daß in der Praxis noch immer zahlreiche Beihilfen, sei es aus Unkenntnis oder mit Absicht, nicht bei der Kommission angemeldet werden. Für die begünstigten Unternehmen kann das Unterlassen einer Anmeldung schwerwiegende Folgen haben, wenn sie Jahre später die gesamte Beihilfe und die aufgelaufenen Zinsen zurückbezahlen müssen. Die rechtzeitige Problemidentifizierung und eine Nachfrage bei der Kommission, ob die geplante Beihilfe ordnungsgemäß angemeldet und genehmigt worden ist, kann einem Unternehmen daher viele Probleme und hohe Kosten ersparen. 86

cc) Rolle der betroffenen Unternehmen im Verfahren

Welche Möglichkeiten haben nunmehr Unternehmen, die von einer Beihilferegelung betroffen sind, ihre Interessen im Rahmen von Genehmigungs- und Untersuchungsverfahren in Beihilfesachen bei der Kommission zu vertreten? Grundsätzlich werden die bei der Kommission anhängigen Beihilfeangelegenheiten als bilaterale Verfahren zwischen der Kommission und den Mitgliedstaaten betrachtet, mit der Folge daß selbst die von einer rechtswidrigen Beihilfe begünstigten Unternehmen lediglich als Drittbetroffene am Verfahren beteiligt werden. In Art. 20 der neuen Verfahrensordnung für Beihilfeangelegenheiten (Verordnung Nr. 659/1999 über besondere Vorschriften für die Anwendung von Art. 88 EGV, ABl. L 83 v. 27. 3. 1999, S. 1) werden die Möglichkeiten der von einer Beihilfe betroffenen Unternehmen, ihre Interessen im Beihilfeverfahren zu vertreten, abschließend aufgezählt. Die 87

Rechte erschöpfen sich in der Möglichkeit, **Stellungnahmen** abzugeben und von der Kommission über den Ausgang des Verfahrens informiert zu werden. Ein Recht zur Teilnahme an den Verhandlungen zwischen Kommission und betroffenem Mitgliedstaat besteht dagegen nicht. Dies gilt auch dann, wenn es in dem Verfahren um die Rechtmäßigkeit einer bereits gewährten Beihilfe geht und das begünstigte Unternehmen befürchten muß, die Beihilfe zurückzahlen zu müssen. Trotz dieser relativ begrenzten formalen Beteiligung in Beihilfeverfahren haben betroffene Unternehmen natürlich die Möglichkeit, der Kommission in informellen Gesprächen ihre Auffassung näher zu bringen und die Kommission von ihrem Standpunkt zu überzeugen. Informelle Kontakte sind insbesondere für Unternehmen unerläßlich, die an Konkurrenten ergangene Beihilfen für rechtswidrig halten und deren Rückzahlung erreichen wollen. Die Kommission ist auf derartige Kontakte zwingend angewiesen, da sie aufgrund ihrer beschränkten Resourcen und der vielfältigen Ausgestaltungen von staatlichen Beihilfen kaum in der Lage ist, umfassend unangemeldete Beihilfen in den Mitgliedstaaten zu ermitteln. Beschwerden von durch Beihilfen benachteiligte Wettbewerber werden daher von der Kommission als wichtige Informationsquelle angesehen. Diese Situation erleichtert den von staatlichen Beihilfen betroffenen Unternehmen den Zugang zu den relevanten Sachbearbeitern in der Kommission und schafft eine gute Ausgangsbasis für die Durchsetzung der eigenen Interessen.

d) Grundfreiheiten

88   Das Funktionieren des Binnenmarktes wird nicht allein durch die Abschaffung von Zöllen innerhalb der Gemeinschaft realisiert. Für ein reibungsloses Funktionieren ist darüber hinaus erforderlich, daß der Handel zwischen den Mitgliedstaaten nicht durch andere staatliche Maßnahmen beeinträchtigt wird, die ähnlich wie Zölle den grenzüberschreitenden Wirtschaftsverkehr hemmen. Zu diesem Zweck wurden die sogenannten Grundfreiheiten: Freiheit des Warenverkehrs (Art. 28–31 EGV), Freiheit des Personenverkehrs (Art. 39–42 EGV), Niederlassungsfreiheit (Art. 43–48 EGV), Dienstleistungsfreiheit (Art. 49–55 EGV) und Freiheit des Kapitals- und Zahlungsverkehrs (Art. 56–60 EGV) in den EGV aufgenommen. Nationale Regelungen, die gegen die Grundfreiheiten verstoßen, sind aufgrund des Vorrangs des Gemeinschaftsrechts unanwendbar. Bürger und Unternehmen können sich unmittelbar auf die Grundfreiheiten berufen und dadurch die Unanwendbarkeit der nationalen Regelung auch vor nationalen Gerichten durchsetzen. Die Kommission hat zwar **nicht** wie im Wettbewerbs- und Kartellrecht **Vollzugsbefugnisse** gegenüber dem einzelnen Bürger oder Unternehmen. Sie ist aber als Hüterin der Verträge für die Überwachung der Einhaltung des Gemeinschaftsrechts durch die Mitgliedstaaten zuständig. Daraus ergibt sich, daß Unternehmen, die durch eine gegen die Grundfreiheiten verstoßende nationale Maßnahme benachteiligt werden, in der Kommission einen mächtigen und kompetenten Verbündeten im Kampf gegen diese staatliche Maßnahme

finden können. Die Kontaktaufnahme mit der Kommission kann in diesen Fällen sehr fruchtbar sein und den Unternehmen helfen, ihre wirtschaftlichen Interessen gegenüber dem betroffenen Mitgliedstaat durchzusetzen.

Die **Grundfreiheiten** werden von der Kommission und dem EuGH **weit ausgelegt** und erfassen im Grundsatz alle staatlichen Maßnahmen, die die grenzüberschreitenden Verkehrsströme behindern. Allerdings ist darauf hinzuweisen, daß der EGV einige Ausnahmen für die Anwendung der Grundfreiheiten enthält. Eine nähere Darstellung der umfangreichen Rechtsprechung zu diesem Bereich würde den Rahmen dieses Kapitels sprengen. Die Rechtsberater von grenzüberschreitend tätigen Unternehmen sollten sich darüber im klaren sein, daß staatliche Regelungen, die den innergemeinschaftlichen Handel aus welchen Gründen auch immer behindern, möglicherweise nicht vereinbar sind mit EG-Recht. Eine nähere Untersuchung der entsprechenden Rechtsprechung und eine Kontaktaufnahme mit der Kommission kann in solchen Fällen Deutlichkeit bringen. 89

3. Beauftragung eines Experten

Nachdem das Unternehmen oder dessen Rechtsberater die europarechtlichen Aspekte einer konkreten Angelegenheit identifiziert hat und zu dem Schluss gekommen ist, daß die Kontaktaufnahme mit der in diesem Bereich mit Vollzugszuständigkeiten ausgestatteten Kommission zu einer erfolgreichen Durchsetzung der eigenen Interessen ratsam ist, sollten die Modalitäten einer Kontaktaufnahme mit der Kommission eingehend geplant werden. Die erste Frage, die sich im Rahmen dieser Planung stellt, ist, ob man als Unternehmen die **Kontaktaufnahme selbst** durchführt, d. h. durch einen für diese Zwecke geeigneten Mitarbeiter, ob man für das gesamte Verfahren einen externen **Spezialisten** beauftragt oder ob man **Teile des Verfahrens** selbst und andere Teile durch externe Berater erledigen läßt. 90

a) Erfahrung im Umgang mit Kommission

Momentan sind Tausende sogenannter „Lobbyisten" und professioneller Interessenvertreter in Brüssel tätig. Neben den nationalen und internationalen Wirtschaftsverbänden, in dessen Diensten ein Teil der Interessenvertreter steht, gibt es auch zahlreiche unabhängige Lobbyunternehmen, die gegen ein entsprechendes Honorar die Interessen von Einzelfirmen oder aber auch von Verbänden übernehmen. Zu diesen Kreisen zählen Public Affairs Consultancies, Rechtsanwälte und Kanzleien und Unternehmensberatungen. Die nicht zu unterschätzenden Vorteile der Einschaltung eines in Brüssel ansässigen externen Beraters sind dessen Erfahrung und Kenntnis der Arbeitsweise der Kommission sowie deren Strukturen. 91

Im Bereich des Wettbewerbsrechts beispielsweise greifen Unternehmen fast ausschließlich auf Kanzleien zurück, die mit einem mit kompetenten und 92 erfahrenen Anwälten besetzten Brüsseler Büro ausgestattet sind. Anwälte, die nicht nur das Verfahren bei der Kommission im Detail kennen, sondern auch bereits gute Kontakte zu den Mitarbeitern in der für Wettbewerb zuständigen Generaldirektion aufgebaut haben, können erheblichen Anteil an einer erfolgreichen Fusions- oder Kartellanmeldung haben. Es ist wenig verwunderlich, daß auch die für Kartell- oder Fusionsanmeldungen zuständigen Kommissionsbeamten gerne mit Anwälten zusammen arbeiten, von denen sie wissen, daß sie die Regeln und Arbeitsabläufe genauestens kennen. Ein weiteres Kriterium bei der Auswahl eines geeigneten Beraters ist dessen Erfahrung und Kenntnis des neben dem Europarecht anwendbaren nationalen Rechts.

b) Kontakte zu Unternehmen und Verbänden

93 Kenntnisse der sogenannten **„Brüsseler Szene"** können ebenfalls ein wichtiges Argument für die Einschaltung eines externen Beraters sein. Denn bevor die Kommission eine Entscheidung trifft, kontaktiert sie regelmäßig die betroffenen Wirtschaftskreise – insbesondere europäische Wirtschaftsverbände –, um weitere Informationen zu erlangen und um deren Standpunkt in der anhängigen Angelegenheit zu erfahren. Ein in Brüssel ansässiger Berater, der gute Kontakte zu den europäischen und auch nationalen Wirtschaftsverbänden unterhält, kann leichter und effektiver die Interessen des betroffenen Unternehmens gegenüber diesen Wirtschaftsverbänden vermitteln und ggf. über den Umweg der Wirtschaftsverbände die Entscheidung der Kommission nachhaltig beeinflussen.

c) Fremdsprachenkenntnisse

94 Ein weiteres Plus der externen Berater sind vielfach deren Fremdsprachenkenntnisse. Insbesondere für mittelständische deutsche Unternehmen, deren Mitarbeiter entweder nicht in der Lage sind, Verhandlungen in einer Fremdsprache zu führen oder dies nicht gewohnt sind, kann ein fremdsprachenversierter Berater sehr wichtig sein. Zwar haben Unternehmen grundsätzlich die Möglichkeit, Anträge bei der Kommission in der Sprache ihrer Wahl zu stellen. Dies schließt aber nicht aus, daß an dem Verfahren auch Kommissionsbeamte beteiligt sind, die diese Sprache nicht so gut oder überhaupt nicht sprechen. Die erforderlichen Übersetzungen verschleppen das Verfahren und sind insbesondere für eine effektive Verhandlungsführung hinderlich. Ein sprachgewandter externer Berater kann die Kommunikation dagegen erheblich erleichtern.

95 Die genannten Aspekte sollten bei einer Entscheidung für oder gegen die Einschaltung eines externen Beraters in Betracht gezogen und sorgfältig gegen die zu erwartenden höheren Kosten abgewogen werden.

4. Zuständige Abteilung innerhalb der Kommission

Eine effiziente Interessenvertretung bei der Kommission erfordert die schnelle und genaue Identifizierung der innerhalb der Kommission zuständigen Abteilungen und Beamten. In wettbewerbsrechtlichen Angelegenheiten ist diese Bestimmung der Zuständigkeit relativ einfach, da die Befugnisse in wettbewerbsrechtlichen Fällen innerhalb der für den Wettbewerb zuständigen Generaldirektion gebündelt und verhältnismäßig klar verteilt sind. Anmeldeverfahren nach der Fusionskontrollverordnung zum Beispiel werden von einer besonderen Abteilung der Generaldirektion Wettbewerb, der sogenannten Merger Task Force, bearbeitet. In der Regel bringt ein Anruf bei der Merger Task Force schnell Klarheit, wer für den geplanten Zusammenschluss zuständig sein wird.

Kartellrechtliche Angelegenheiten, wie zum Beispiel die Anmeldung von Vertriebsverträgen, fallen ebenfalls in den Zuständigkeitsbereich der Generaldirektion Wettbewerb. Neben der Merger Task Force umfaßt diese Generaldirektion verschiedene nach Wirtschaftssektoren gegliederte Abteilungen, die sich mit allen Fragen des europäischen Wettbewerbsrechts befassen. Darüber hinaus existieren zwei Abteilungen, die ausschließlich zuständig sind für den Bereich der staatlichen Beihilfen. Im konkreten Fall empfiehlt es sich daher, zunächst die Abteilung zu ermitteln, die für den betroffenen Wirtschaftssektor (Informations-, Kommunikations- und Multimediaindustrie, Dienstleistungen, Basisindustrien und Energie, Kapital- und Konsumgüterindustrie) zuständig ist. Da auch die erfahrensten Interessenvertreter in Brüssel nicht in alle Abteilungen der Kommission intensive Kontakte unterhalten können, sind die von verschiedenen Verlagen veröffentlichten Mitarbeiterverzeichnisse und Organigramme der Kommission unerlässliche Hilfsmittel bei der Ermittlung der relevanten Abteilungen sowie der Telefonnummern der in diesen Abteilungen tätigen Kommissionsbeamten.

Bei der Ermittlung der Zuständigkeiten ist darüber hinaus zu beachten, daß der federführend zuständige Beamte regelmäßig auch andere Generaldirektionen und Abteilungen, wie zum Beispiel den Juristischen Dienst, mit der Angelegenheit vertraut macht und um Stellungnahme bittet. Die frühzeitige Identifizierung der anderen möglicherweise betroffenen Generaldirektionen und Abteilungen ist ebenfalls von großer Bedeutung, um im weiteren Verfahren auch diese beteiligten Abteilungen ggf. sofort kontaktieren zu können.

Bei Beschwerden wegen Verstößen gegen die Grundfreiheiten ist die Generaldirektion „Binnenmarkt" die erste Anlaufstelle für die Betroffenen. Die Bestimmung der Zuständigkeiten bei Verstößen gegen die Grundfreiheiten ist häufiger schwieriger als in wettbewerbsrechtlichen Angelegenheiten, da die Befugnisse im Hinblick auf die Grundfreiheiten nicht in einer einzigen Generaldirektion gebündelt, sondern über verschiedene Generaldirektionen verteilt sind. In den meisten Fällen überschneiden sich die Zuständigkeiten

Teil 3 Rz. 100 Verhandeln mit der Europäischen Kommission als Vollzugsbehörde

der Generaldirektion mit der Folge, daß mehrere Abteilungen und Kommissionsbeamte für die Bearbeitung einer Beschwerde wegen der Verletzung der Grundfreiheiten zuständig wären. In diesen Situationen ist es wichtig, eine umfassende Liste der potentiell zuständigen Kommissionsbeamten zu erstellen, auf die man später zurückgreifen kann, wenn es darum geht, seinen Standpunkt gegenüber der Kommission zu vertreten.

5. Checkliste

100 ▷ Europarechtliches Problem identifizieren
- Bereiche, in denen häufig europarechtliche Probleme auftauchen
  - EG Wettbewerbs- und Kartellrecht
  - Recht der staatlichen Beihilfen
  - Verstöße gegen Grundfreiheiten des EGV

▷ Entscheiden, ob externer Berater eingeschaltet werden soll
- Entscheidungskriterien
  - Erfahrung und Kenntnisse der Arbeitsweise und Struktur der Kommission
  - Erfahrung und Spezialkenntnisse im betroffenen Bereich
  - Kontakte zu Kommissionsbeamten und Verbandsvertretern
  - Fremdsprachenkenntnisse
- Vorteile einer Einschaltung
  - schnellere und effektivere Bearbeitung
  - besseres Ergebnis

▷ Zuständigkeiten innerhalb der Kommission ermitteln
- Welche Abteilung der Kommission ist federführend?
- Welche Abteilungen werden beteiligt?
- Welche Beamten sind in den Abteilungen zuständig für die Angelegenheit?

II. Durchführung

1. Kontaktaufnahme

Mit der Ermittlung der relevanten Abteilungen und Kommissionsbeamten ist die Planungsphase abgeschlossen. Nunmehr geht es darum, Kontakt mit den zuständigen Beamten aufzunehmen und die Voraussetzungen für eine gute Zusammenarbeit zu legen. Dabei sollte die Bedeutung des ersten Kontaktes für den weiteren Verhandlungsablauf nicht unterschätzt werden. Ein erfahrener Anwalt oder Berater, der bereits häufig mit den im konkreten Fall zuständigen Beamten in anderen Verfahren zusammengearbeitet hat, wird es in der Regel leichter haben, beim ersten Kontakt bereits eine positive Grundstimmung zu erzeugen. 101

Die erste Kontaktaufnahme erfolgt typischerweise durch ein **Telefongespräch**. Kommissionsbeamte sind normalerweise bereit, soweit dies möglich ist, schon am Telefon nähere Details über das weitere Vorgehen zu diskutieren. Eine gute Vorbereitung für dieses erste Telefongespräch ist unerläßlich. Allerdings wird auch durch eine ausführliche Diskussion am Telefon die Angelegenheit in der Regel nicht erschöpfend zu behandeln sein. Ziel des Gespräches ist es, das Interesse des Kommissionsbeamten zu wecken und ein informelles Treffen zu vereinbaren. Auf diesem Treffen werden dann weitere Details der Angelegenheit diskutiert. 102

Der optimale Zeitpunkt für die erste Kontaktaufnahme hängt sehr stark von der Komplexität der konkreten Angelegenheit ab. Insbesondere bei Fusionsanmeldungen muß darauf geachtet werden, daß die erste Kontaktaufnahme so früh wie möglich erfolgt. Die Vorbereitung einer Fusionsanmeldung ist auf Grund der von der Kommission verlangten umfangreichen Informationen extrem zeitraubend. Es sollte keine Zeit durch unnötige Verzögerung der Kontaktaufnahme vergeudet werden. Vergleichbares gilt für Vereinbarungen, die unter das Kartellverbot des Art. 81 Abs. 1 EGV fallen und für die der Antragsteller eine Freistellung gemäß Art. 81 Abs. 3 EGV erreichen möchte. 103

2. Informelles Vorgespräch

Nachdem die Kommission in einem ersten Telefongespräch in wesentlichen Zügen über die Angelegenheit informiert worden ist, dient das erste Treffen zwischen den zuständigen Kommissionsbeamten und Vertretern des Unternehmens dazu, die Angelegenheit ausführlicher zu besprechen, gegebenenfalls erste Dokumente zu übergeben und zu diskutieren. Der Vertreter des Unternehmens kann sich auf diesem Wege einen ersten Eindruck davon verschaffen, wie die Kommission der Angelegenheit gegenüber steht und mit welchen Maßnahmen zu rechnen ist. In der Regel ist die Bereitschaft der Kommission groß, informelle Vorgespräche durchzuführen. Vor allem im Vorfeld eines offiziellen Verfahrens sieht sie informelle Konsultationen als 104 effektive und nützliche Gelegenheit an, um das Verfahren vorzubereiten und bestimmte potentielle Probleme anzusprechen oder sogar auszuräumen. In ihren Verhaltensleitlinien für eine Fusionsanmeldung fordert die Kommission die einen Unternehmenszusammenschluss anstrebenden Unternehmen sogar ausdrücklich dazu auf, Kontakt mit der Kommission aufzunehmen und informelle Treffen durchzuführen, bevor die offizielle Fusionsanmeldung eingereicht wird.

105 Aber auch in Angelegenheiten ohne kartellrechtliche Bezugspunkte ist die Kommission grundsätzlich offen, mit Vertretern von Unternehmen Sachverhalte mit Bezug zum EG-Recht zu diskutieren, da sie aufgrund ihrer beschränkten Ressourcen auf Informationen durch den Privatsektor angewiesen ist. Es ist zum Beispiel durchaus üblich, daß Unternehmen, bevor sie sich über die in ihren Augen gemeinschaftsrechtswidrige Praxis eines Mitgliedstaats offiziell beschweren, informelle Gespräche mit der Kommission führen, um zu ermitteln, ob die Kommission diese Auffassung teilt und gegebenenfalls Interesse an der Einleitung eines offiziellen Verfahrens hat:

– Ersten telefonischen Kontakt zur kurzen Einführung und Festlegung eines informellen Gesprächs nutzen,

– Angelegenheit im ersten Telefongespräch nicht unnötig kompliziert machen und versuchen, Interesse zu wecken,

– Übergabe von ersten Dokumenten im informellen Gespräch.

a) Besetzung der Delegation

106 Die Besetzung der Delegation des Unternehmens, die an dem mit der Kommission vereinbarten informellen Treffen teilnimmt, hängt entscheidend von dem Charakter der zu diskutierenden konkreten Angelegenheit ab. Häufig werden rechtliche Fragestellungen eine wichtige Rolle spielen, so daß die Teilnahme eines Juristen anzuraten ist. Darüber hinaus sollte grundsätzlich ein mit den Strukturen des Unternehmens und den vom Unternehmen bedienten Märkten vertrauter Mitarbeiter anwesend sein. Die gewissenhafte Vorbereitung auch der informellen Treffen ist von essentieller Bedeutung für den Erfolg des gesamten Vorhabens, da bereits im Laufe dieser ersten Treffen entscheidende Weichenstellungen vorgenommen werden können. Dabei ist selbstverständlich, daß die vom Unternehmen gelieferten Informationen korrekt und sorgfältig recherchiert sein müssen. Basieren bestimmte Informationen auf Vermutungen oder stammen aus unsicherer Quelle, sollte dies den Kommissionsbeamten mitgeteilt werden. Die Kommission wird sich nicht ausschließlich auf die vom Unternehmen gelieferten Informationen stützen, sondern auch andere Informationsquellen, zum Beispiel betroffene Wirtschaftsverbände, andere Unternehmen oder mitgliedstaatliche Institutionen kontaktieren. Eine mühevoll entwickelte vertrauensvolle Zusammenarbeit mit der Kommission wird nachhaltig beschädigt, wenn sich

bei den Recherchen der Kommission herausstellt, daß von dem Unternehmen mitgeteilte Informationen falsch waren.

b) Briefing

Es ist ratsam, der Kommission einige Tage vor dem geplanten Treffen eine schriftliche Zusammenfassung der dem Treffen zugrundeliegenden Situation des Treffens und der Position des Unternehmens zu übermitteln. Dadurch kann ein reibungsloser und effizienter Ablauf des Treffens gewährleistet werden. Die Kommission schätzt ein solches Vorgehen, da es zum einen die Bemühungen des Unternehmens zeigt, einen effektiven Ablauf des Treffens zu garantieren. Zum anderen erhält die Kommission auf diese Weise handfeste Unterlagen, auf deren Grundlage sie sich selbst effektiv auf das Treffen vorbereiten kann. 107

Es kommt häufig vor, daß Unternehmen gezwungen sind, der Kommission **vertrauliche Informationen** mitzuteilen. Das Unternehmen sollte diesbezüglich darauf achten, daß alle vertraulichen Informationen als solche **gekennzeichnet** werden und die Kommission darauf hingewiesen wird, diese nicht an Dritte weiterzugeben. 108

Während des Treffens selbst sollte ein Teilnehmer der Delegation des Unternehmens Protokoll führen. Dadurch wird gewährleistet, daß erörterte Details, die häufig von entscheidender Bedeutung sein können, dokumentiert sind. 109

3. Einleitung des Verfahrens

Nach Abschluss der informellen Treffen sollten die Entscheidungsträger im Unternehmen die Ergebnisse der Diskussionen mit der Kommission analysieren und überprüfen, ob die definierten Ziele weiterhin erreichbar sind und ob **gegebenenfalls die Strategie angepaßt** werden muß. In der Regel gibt die Kommission bereits in den Vorgesprächen deutlich zu erkennen, wie sie zu der Position oder dem Vorhaben des Unternehmens steht. Dies gilt insbesondere für Fusionsanmeldungsverfahren, die in kurzen Fristen abzuschließen sind. In den Vorgesprächen einer Fusionsanmeldung gibt die Kommission regelmäßig sehr deutlich zu verstehen, im Hinblick auf welche Bereiche des Zusammenschlusses sie Bedenken hat. Das Unternehmen sollte diese Bedenken genauestens analysieren und Lösungsmodelle entwickeln, wie sie der Kommission bezüglich dieser Bedenken entgegenkommen kann (z. B. Lizenzierung einer bestimmten Technologie, Verkauf einer Marke). 110

In den meisten Fällen wird sich das Unternehmen nach Abschluß der Vorgespräche die Frage stellen, ob ein offizielles Verfahren eingeleitet bzw. eine offizielle Beschwerde eingereicht werden soll oder ob dies nach den Ergebnissen der Gespräche wegen Aussichtslosigkeit unterlassen wird. 111

112 Im Falle einer Entscheidung für die **Einleitung eines offiziellen Verfahrens** sind die bereits erwähnten Formalien (siehe Rz. 47, 74 f.) zu beachten. Die Anmeldung einer Vereinbarung, die unter das Kartellverbot des Art. 81 Abs. 1 EGV fällt, muß unter Verwendung des Formblatts A/B erfolgen, während eine Fusion nach der Fusionskontrollverordnung auf dem Formular C/O angemeldet werden muß. Die Vorbereitung sowohl einer Fusionsanmeldung als auch einer Anmeldung gemäß Art. 81 Abs. 3 EGV bedürfen umfangreicher Vorbereitung und können erhebliche Zeit und Res-sourcen in Anspruch nehmen. Dies ist bei der Zeitplanung unbedingt zu berücksichtigen. Es kann darüber hinaus ratsam sein, sich in den informellen Vorgesprächen seitens der Kommission zusichern zu lassen, daß bestimmte in den oben genannten Formularen verlangte Informationen in der konkreten Angelegenheit nicht mitgeteilt werden müssen. Eine solche Freistellung von bestimmten Mitteilungspflichten kann insbesondere im Hinblick auf Bereiche erreicht werden, in denen die Kommission keine Bedenken hat.

113 Unternehmen, die sich über das Verhalten von Konkurrenten bei der Kommission beschweren möchten, sollten das von der Kommission vorgeschlagene Formular C für die offizielle Einleitung des Verfahrens verwenden, obwohl dies nicht zwingend vorgeschrieben ist. Die Verwendung des Formulars erleichtert der Kommission die Behandlung der Beschwerde und gibt auch dem Unternehmen die Sicherheit, daß sämtliche in diesen Angelegenheiten von der Kommission verlangten Informationen auch tatsächlich vorgelegt werden. Dadurch kann im Interesse des Beschwerdeführers eine effektive Bearbeitung der Beschwerde in der Kommission gewährleistet werden.

114 Für Beschwerden, die das Verhalten eines Mitgliedstaates als nicht vereinbar mit dem EG-Recht rügen, gibt es weder zwingende noch fakultative Formvoraussetzungen. Die Beschwerde wird jedoch nur dann erfolgreich sein, wenn der Beschwerdeführer in der Lage ist, seine Beschwerde auf umfangreiches Datenmaterial und Fakten zu stützen. Die bloße Behauptung, der Handel zwischen den Mitgliedstaaten sei durch eine bestimmte staatliche Maßnahme beeinträchtigt, wird die Kommission nicht dazu veranlassen, gegen den betroffenen Mitgliedstaat vorzugehen. Erst wenn diese Aussage mit Zahlen und Daten belegt werden kann, hat der Beschwerdeführer die Chance, sein Ziel, die Beseitigung dieser staatlichen Maßnahme, zu erreichen.

115 Vor der Einleitung eines Verfahrens bei der Kommission, sei es in wettbewerbsrechtlichen oder anderen Angelegenheiten, sind erhebliche Vorarbeiten zu leisten. In komplizierten Fällen kann sogar die Einschaltung von Spezialisten, z. B. Ökonomen oder Wirtschaftsprüfern, erforderlich werden, um die für eine erfolgreiche Eingabe bei der Kommission erforderlichen Informationen zusammenzustellen.

4. Die offizielle Anhörung

In kartellrechtlichen Angelegenheiten, bei Fusionsanmeldungen und in Beihilfeverfahren ist die Kommission verpflichtet, offizielle Anhörungen der Beteiligten durchzuführen. 116

Diese Anhörungen unterliegen im Gegensatz zu den Vorgesprächen gewissen **Formvorschriften**. Die am Verfahren beteiligten Unternehmen können sich beispielsweise nicht allein von ihrem Anwalt vertreten lassen, sondern müssen einen Mitarbeiter mit entsprechenden Vollmachten schicken. Dies soll gewährleisten, daß bei der Anhörung auch tatsächlich die Personen anwesend sind, die mit den Tatsachen, den technischen und den ökonomischen Hintergründen der Angelegenheit am besten vertraut sind. Auch der Ablauf der Anhörung ist formalisiert und richtet sich nach einer Tagesordnung, die zuvor von den beteiligten Parteien vereinbart und bei der Anhörung strikt eingehalten wird. 117

Der formale Charakter und die Tatsache, daß neben dem betroffenen Unternehmen auch Vertreter der nationalen Kartellbehörden sowie gegebenenfalls drittbetroffene Unternehmen anwesend sind, erschwert Verhandlungen während der Anhörung mit der Kommission. Es ist daher ratsam, die wesentlichen Streitpunkte zwischen dem beteiligten Unternehmen und der Kommission bereits im Vorfeld der Anhörung weitestgehend zu klären. 118

Im Hinblick auf das Verhandlungspotential in Verfahren mit der Kommission spielen die offizielle Anhörung keine große Rolle. Sie sind eher vergleichbar mit Gerichtsverhandlungen, in denen die beteiligten Parteien ihren Standpunkt darlegen und verteidigen. 119

5. Checkliste

▷ Frühzeitige telefonische Kontaktaufnahme, 120
▷ Vereinbarung eines informellen Gesprächstermins,
▷ Delegation entsprechend des Gegenstands der Angelegenheit bestimmen,
▷ Informelles Vorgespräch sorgfältig vorbereiten,
▷ Schriftliche Darstellung der Angelegenheit fertigen und vor dem Gesprächstermin bei der Kommission einreichen,
▷ Ergebnisse des Gesprächs protokollieren,
▷ Ergebnisse des Gesprächs kritisch analysieren,

▷ Prüfen, ob weiterhin Verfahren eingeleitet werden soll oder wie gegebenenfalls auf drohende Maßnahmen der Kommission reagiert werden kann,

▷ Formalien für Verfahrenseinleitung beachten.

III. Strategiekontrolle

121 Nachdem die Verhandlungsphase abgeschlossen, eine Entscheidung der Kommission jedoch noch nicht ergangen ist, sollten die auf seiten des Unternehmens am Verfahren beteiligten Personen eine umfassende Strategiekontrolle durchführen. Ausgangspunkt für diese Kontrolle ist das mit der Einleitung verfolgte Ziel, und darauf aufbauend die Frage, ob dieses Ziel nach dem derzeitigen Stand des Verfahrens noch erreicht werden kann. In vielen Fällen läßt sich aus dem Ablauf der Verhandlungen und dem Verhalten der Kommissionsbeamten während dieser Verhandlungen ableiten, wie die Kommission das Verfahren entscheiden wird.

122 Vor dem Hintergrund dieser antizipierten Entscheidung muß die Strategie überprüft und ggf. darüber nachgedacht werden, ob durch eine Änderung der Strategie die Entscheidung noch positiv beeinflußt werden kann. In Verfahren, die eine vom Unternehmen beantragte Genehmigung oder Freistellung zum Gegenstand hat, können ggf. „Last-minute"-Zugeständnisse die Kommission noch zu einer positiven Entscheidung bewegen. Eine andere Option in aussichtslosen Verfahrenslagen ist die Rücknahme des gesamten Antrages. So kann zumindest die mit einer ablehnenden Entscheidung der Kommission zusammenhängende, negative PR vermieden werden.

123 Unabhängig davon, ob das Verfahren die Erteilung einer Genehmigung oder Freistellung oder die Beschwerde über das Verhalten eines Wettbewerbers oder eines Mitgliedstaates zum Gegenstand hat, sollte die Strategiekontrolle berücksichtigen, inwiefern eine Entscheidung der Kommission gerichtlich angegriffen werden kann und welche Erfolgsaussichten eine solche Klage hat. Dabei ist ebenfalls zu beachten, daß im Falle einer antizipierten positiven Entscheidung der Kommission andere am Verfahren beteiligte Parteien die Möglichkeit haben, die Entscheidung gerichtlich anzugreifen.

12 Verhandeln mit den europäischen Institutionen im Gesetzgebungsverfahren

	Rz.
I. Planung	124
1. Allgemeines	124
2. Monitoring- und Informationsservice	127
3. Kontaktaufnahme mit betroffenen Wirtschaftsverbänden, Unternehmen und anderen privaten Organisiationen	131
II. Durchführung	134
1. Kontaktaufnahme mit der Kommission	134
2. Rolle des Europäischen Parlaments im Gesetzgebungsverfahren	137
3. Besonderheiten bei der Kontaktaufnahme	141
4. Treffen mit einem Parlamentarier	144
5. Kontakte mit Rat und Mitgliedstaaten	146
6. Zeitfaktor	147
7. Checkliste	150
III. Strategiekontrolle	151

I. Planung

1. Allgemeines

Die sowohl durch den Maastrichter Vertrag als auch den Amsterdamer Vertrag vorgenommenen Integrationsschritte haben die Gesetzgebungskompetenzen der EG erheblich erweitert. Bereits nach der Schaffung des Binnenmarktes im Jahre 1992 war die Rede davon, daß 50% der deutschen Wirtschaftsgesetze auf EG-Rechtsakten beruhen. Bereits nach dem derzeitigen Entwicklungsstand muß man nicht nur von einer wesentlich höheren Quote ausgehen. Das EG-Recht beeinflußt mittlerweile auch über das Wirtschaftsrecht hinaus die verschiedensten Rechtsbereiche nachhaltig. Ein Beispiel hierfür sind die durch den Amsterdamer Vertrag in das Gemeinschaftsrecht aufgenommenen Kompetenzen der EG im Bereich Justiz und Inneres. Diesbezüglich können in der Zukunft Rechtssetzungsinitiativen der Kommission erwartet werden, die sowohl das Strafrecht als auch das allgemeine Zivilrecht betreffen werden. 124

Die wachsende Bedeutung der Brüsseler, Luxemburger und Straßburger Institutionen haben nicht nur die Wirtschaft, sondern auch andere gesellschaftliche Interessengruppen, wie z. B. Gewerkschaften, Berufsverbände oder Verbraucherverbände, erkannt und Vertretungen in Brüssel eingerichtet. 125

Im Gegensatz zu den im vorigen Kapitel beschriebenen Verhandlungen mit der Kommission als Vollzugsbehörde erfordert die Interessenvertretung im Gesetzgebungsverfahren den Umgang und das Verhandeln mit mehreren, sehr unterschiedlich strukturierten Institutionen (Kommission, Parlament, Rat, nationale Behörden). Ein gut organisiertes Vorgehen und die Beachtung 126 der besonderen Funktionen, Eigenschaften und der Zusammensetzung dieser Institution ist für eine erfolgreiche Interessenvertretung ausschlaggebend.

2. Monitoring- und Informationsservice

127 Eine der wichtigsten Aufgaben der Interessenvertreter in Brüssel ist die regelmäßige Beobachtung der Aktivitäten der Kommission. Nach dem EGV wird jedes Gesetzgebungsverfahren durch einen Vorschlag der Kommission eingeleitet. Bevor ein solcher Vorschlag veröffentlicht wird, führt die Kommission in der Regel umfangreiche Konsultationen der betroffenen Wirtschaftskreise durch. Ziel ist es, sich im Rahmen dieser Konsultationen Gehör zu verschaffen und die Kommission durch mit Fakten erhärteten Argumenten zu überzeugen.

128 Informationsquellen in Brüssel:
– Persönliche Kontakte mit Kommissionsbeamten,
– Publikationen der EG (Amtsblätter der EG etc.),
– kommerzielle Infoblätter, die die Tätigkeit der Kommission aufbereiten und in den Zusammenhang stellen (z. B. European Report),
– Internet,
– Online-Informationsdienste,
– Kontakte zu anderen Interessenvertretern.

129 Dabei kommt es darauf an, die relevanten Gesetzgebungsvorhaben frühzeitig zu identifizieren. Das Zeitelement spielt für eine effektive Interessenvertretung eine besondere Rolle. Je früher die Absicht der Kommission erkannt wird, einen bestimmten Gesetzesvorschlag zu entwickeln, desto größer sind die Chancen, diesen Vorschlag beeinflussen zu können. Die beste Quelle für derartige Informationen sind zweifellos über lange Zeit entwickelte persönliche Kontakte mit Kommissionsbeamten in den wichtigen Generaldirektionen. Allerdings ist es auch erfahrenen Interessenvertretern auf Grund der Größe der Kommission und der hohen Anzahl von Gesetzesinitiativen kaum möglich, in allen wichtigen Abteilungen der Kommission über zuverlässige Kontaktpersonen zu verfügen. Es ist daher unausweichlich, die Flut der in Brüssel erscheinenden **Veröffentlichungen**, die Auskunft über die Tätigkeit der Kommission geben, zu sichten und im Hinblick auf die relevanten Gesetzgebungsvorhaben auszuwerten. Zu den besonders wichtigen Publikationen zählen die offiziellen Mitteilungsblätter der EG (Amtsblatt und die sogenannten COM DOCS) sowie zahlreiche Informationsschriften, welche die Tätigkeit der Kommission beobachten und aufbereiten (European Report, Agence d'Europe).

Darüber hinaus können Kontakte zu in Brüssel ansässigen Verbänden und anderen Interessenvertretern, u. a. zu Zwecken des Informationsaustausches, sehr nützlich sein. Zahlreiche in Brüssel vertretene Organisationen veranstalten regelmäßig Treffen der unterschiedlichsten Art, um die neuesten Entwicklungen in Brüssel zu diskutieren.

3. Kontaktaufnahme mit betroffenen Wirtschaftsverbänden, Unternehmen und anderen privaten Organisationen

Angesichts der großen Anzahl von Unternehmen, professionellen Interessenvertretern und Verbänden, die in Brüssel versuchen, Einfluß auf die von der EG geplanten Rechtsakte zu nehmen, besteht die Gefahr, daß die Meinung und Interessen eines einzelnen Unternehmens in der großen Masse untergehen und dadurch keine Berücksichtigung finden. Es kommt daher darauf an, die Position von anderen beteiligten Wirtschaftskreisen frühzeitig zu ermitteln und ggf. schlagkräftige **Allianzen** zu bilden. Da die Kommission mit ihren Gesetzesvorschlägen eine ausgewogene europäische Lösung anstrebt, bevorzugt sie häufig europäische Wirtschaftsverbände als Gesprächspartner. Ein gutes Netzwerk von Kontakten zu diesen Verbänden aber auch zu Vertretern von einzelnen Unternehmen ist daher nicht nur zu Zwecken der Informationsbeschaffung, sondern auch für die Planung und Durchführung einer effektiven Interessenvertretung wichtig.

Völlig verlassen sollte sich ein Unternehmen allerdings nicht auf die Aktivitäten der großen Wirtschaftsverbände. Die direkte Kontaktaufnahme mit der Kommission ermöglicht es dem Unternehmen, den eigenen Standpunkt klarer zu präsentieren. Darüber hinaus ist die Kommission trotz der Bevorzugung der europäischen Wirtschaftsverbände bei der Beteiligung im Gesetzgebungsverfahren durchaus an bilateralen Gesprächen mit betroffenen Unternehmen interessiert. Sie sieht in direkten Kontakten mit Unternehmensvertretern den Vorteil, daß diese aufgrund ihrer Erfahrung besser Auskunft über die tatsächliche Praxis auf dem Markt geben können als Verbandsvertreter.

Es empfiehlt sich also:

- Intensive Beobachtung der Kommissionstätigkeit,
- Regelmäßige Kontakte mit Kommission und anderen Institutionen,
- Relevante Gesetzesvorhaben identifizieren,
- Betroffene Wirtschaftsverbände, Unternehmen und andere Interessenvertreter kontaktieren.

II. Durchführung

1. Kontaktaufnahme mit der Kommission

134 Bei der Entwicklung von Vorschlägen durch die Kommission sind grundsätzlich mehrere Generaldirektionen beteiligt. Federführend ist in der Regel die Generaldirektion, die den engsten sachlichen Bezug zum Thema des Gesetzesvorschlags aufweist. Andere Generaldirektionen werden, je nachdem, inwieweit die geplante Maßnahme deren Zuständigkeit berührt, eng bei der Entwicklung des Vorschlags miteinbezogen oder nur informiert und zur Stellungnahme aufgefordert. Es ist wichtig, möglichst frühzeitig zu ermitteln, welche Generaldirektion und vor allem welche konkreten Beamten den Vorschlag entwerfen bzw. starken Einfluß auf den Entwurf haben. Ein erfahrener Interessenvertreter wird auf der Grundlage dieser Informationen einschätzen können, welche Generaldirektion und welcher Beamte den Interessen des Unternehmens am ehesten offen gegenübersteht. In die Herstellung enger Kontakte zu diesem Kommissionsbeamten sollten besondere Bemühungen investiert werden, ohne die Kontakte zu den anderen, an der Entwicklung des Vorschlags beteiligten Generaldirektionen zu vernachlässigen.

135 Es kann nicht häufig genug betont werden, wie wichtig für diese Zwecke die Möglichkeit ist, auf ein **funktionierendes Netzwerk** zurückgreifen zu können. Denn nur, wenn man die Informationen über geplante Gesetzesinitiativen rechtzeitig erlangt, kann effektiv darauf reagiert werden.

136 Die Vorbereitungsphase für einen Kommissionsvorschlag kann sich insbesondere bei umstrittenen Gesetzesvorhaben über einen längeren Zeitraum hinziehen. Ein extremes Beispiel hierfür ist der Vorschlag für eine Richtlinie über die Haftung für Umweltschäden, die bereits seit über zehn Jahren innerhalb der Kommission diskutiert wird. In derartigen Fällen ist es wichtig, sich permanent auf den neuesten Stand der Diskussion zu bringen, um nicht durch aktuelle Entwicklungen oder eine Änderung der Kommissionsstrategie überrascht zu werden. Hierzu ist der regelmäßige Kontakt und Austausch mit den relevanten Kommissionsbeamten und interessierten Verbandsvertretern erforderlich.

2. Rolle des Europäischen Parlaments im Gesetzgebungsverfahren

137 Nachdem die Kommission einen Vorschlag vorgelegt hat, tritt das Gesetzgebungsverfahren mit der **Weiterleitung** des Vorschlags an das **Europäische Parlament** in die zweite Phase ein. Das europäische Parlament befaßt sich mit dem Kommissionsvorschlag und gibt eine Stellungnahme hierzu ab. Die Bedeutung der Beteiligung des Parlaments und damit auch die Bedeutung für den Prozeß der Interessenvertretung bestimmt sich nach dem auf das konkrete Gesetzesvorhaben anwendbaren Entscheidungsverfahren (siehe oben Rz. 26). Da insbesondere durch die Änderungen des Amsterdamer Vertrages die Rechte des Parlaments erheblich gestärkt wurden, gibt es mitt-

lerweile kaum noch ein Gesetzgebungsverfahren, bei dem die Interessenvertretung sich nicht auch auf die Tätigkeit des Parlaments erstrecken muß:

– Zeitdruck der Parlamentarier berücksichtigen,
– Informationen kurz und übersichtlich halten,
– Mitarbeiter des Parlamentariers umfassend informieren und als Informationsquelle nutzen,
– Unabhängige Quellen zur Information des Parlamentariers verwenden.

Ähnlich wie in der Vorbereitungsphase eines Kommissionsvorschlages gilt es, für den Interessenvertreter zunächst die relevanten Kontaktpersonen im Parlament zu identifizieren. Ein beim Parlament eingegangener Vorschlag wird zur Vorbereitung einer Parlamentsentscheidung an den zuständigen Ausschuß verwiesen. Eine Befassung mehrerer Ausschüsse mit ein und demselben Kommissionsvorschlag ist möglich, wenn dieser Vorschlag die Zuständigkeiten mehrerer Ausschüsse berührt. In einem solchen Fall wird ein federführender Ausschuß bestimmt, welcher für den Interessenvertreter der wichtigste Bezugspunkt ist. 138

Die mit dem Gesetzgebungsvorhaben befaßten **Ausschüsse** benennen ihrerseits einen **Berichterstatter**, der den Kommissionsvorschlag prüft und ggf. dem Ausschuß Änderungsvorschläge unterbreitet. Der Berichterstatter und vor allem dessen Assistenten, welche die erforderlichen Informationen recherchieren und in den meisten Fällen letztendlich den Bericht fertigen, sind insbesondere in der Anfangsphase die interessantesten Gesprächspartner für Interessenvertreter. Darüber hinaus sollte ein Interessenvertreter darauf achten, gute Kontakte zu den Mitarbeitern des Parlaments zu unterhalten, die wichtige Informationen insbesondere im Hinblick auf Zeitplanung und Geschäftsverteilung liefern können. 139

Es ist darauf hinzuweisen, daß das Europäische Parlament ein Register für Lobbyisten eingeführt hat. In dem öffentliche zugänglichen Register wird der Name des Interessenvertreters sowie das vertretene Unternehmen oder die vertretene Organisation aufgeführt. Im Falle einer Registrierung erhält die registrierte Person einen Ausweis, der zum Zugang der Gebäude des Europäischen Parlaments berechtigt. Gleichzeitig verpflichtet sich der Inhaber des Ausweises zur Beachtung eines vom Parlament beschlossenen Verhaltenskodexes. Insbesondere verbietet der Verhaltenskodex das Erschleichen von Information und die entgeltliche Weitergabe von Kopien von Dokumenten, die beim Parlament beschafft worden sind. 140

3. Besonderheiten bei der Kontaktaufnahme

Das Selbstverständnis des Europäischen Parlaments als Vertretung der europäischen Öffentlichkeit bedingt eine generelle Offenheit der Parlamentarier sowie deren Assistenten gegenüber Vertretern der unterschiedlichsten ge- 141 sellschaftlichen Interessen. Darüber hinaus sind die Mitglieder des Parlaments, noch mehr als die Kommission, auf wertvolle, externe Informationen angewiesen. Die Europaparlamentarier sind durch vielfältige Aktivitäten in Ausschüssen, Fraktionssitzungen, Plenarsitzungen und Parteisitzungen in ihren Heimatländern und dadurch, daß sie permanent zwischen den beiden Sitzen des Parlaments Brüssel und Straßburg sowie ihrem Wahlkreis pendeln müssen, extremem Zeitdruck ausgesetzt. Gleichzeitig stehen den Parlamentariern keine großzügigen Budgets für die Beschäftigung von Assistenten zur Verfügung, mit der Folge, daß weder die Parlamentarier selbst noch die Assistenten aus Zeitgründen in der Lage sind, alle relevanten Informationen für die teilweise äußerst komplexen und spezifischen Gesetzgebungsverfahren selbst zu besorgen und auszuwerten. Gut aufbereitete Informationen können viele Türen öffnen.

142 Bei dem Umgang mit Europaparlamentariern sind einige Besonderheiten zu beachten, die wesentliche Auswirkungen auf die Verhandlungssituation haben. Erheblich stärker als bei der Kommission hängt die Zugänglichkeit eines Parlamentariers für bestimmte Interessen sehr stark von der **parteipolitischen Ausrichtung** und der Herkunft dieses Abgeordneten ab. Es liegt auf der Hand, daß die Vertreter von Arbeitnehmerinteressen beispielsweise eher bei einem sozialistischen Abgeordneten Gehör finden werden als bei einem liberalen. Ebenso sind Parlamentarier eher an der Auffassung eines Unternehmens interessiert, das seinen Sitz im eigenen Wahlkreis oder zumindest im eigenen Land hat. Darüber hinaus hat eine Umfrage unter Europaparlamentariern gezeigt, daß die Vertreter der nördlichen Mitgliedstaaten Interessenvertretern eher offen gegenüberstehen als Parlamentarier aus den südlichen EU Mitgliedstaaten (Organized interests in the EC and the European Parliament, *Beate Kohler-Koch*, 1997, über das Internet abrufbar unter http://eiop.or.at/eiop/texte/1997-009a.htm). Diese kulturell und parteipolitisch bedingten Eigenheiten sind zu bedenken, bevor entschieden wird, an welche Parlamentarier zum Zwecke einer effektiven Interessenvertretung herangetreten werden soll.

143 Entscheidend aber ist, mit Parlamentariern in Kontakt zu kommen, die Einfluß in dem über 600 Abgeordneten starken Parlament haben. Hierbei spielen natürlich die Mehrheitsverhältnisse eine zentrale Rolle, aber auch die Persönlichkeit, Erfahrung und Reputation eines Abgeordneten dürfen insbesondere im Parlament, wo es keine so festgefügten Fraktionsstrukturen gibt, wie dies in vielen nationalen Parlamenten der Fall ist, nicht vernachlässigt werden. Der Berichterstatter in den mit der konkreten Angelegenheit befaßten Ausschüssen wurde bereits als wichtiger Ansprechpartner genannt. Darüber hinaus sind die Ausschußvorsitzenden, die in den großen Fraktionen als Spezialisten in bestimmten Bereichen geltenden Abgeordneten sowie andere als Meinungsführer profilierte Parlamentarier, die geeigneten Ansprechpartner.

4. Treffen mit einem Parlamentarier

Ist es einmal gelungen, ein Treffen mit einem Parlamentarier zu vereinbaren, sollte die wenige Zeit, die Parlamentariern normalerweise für derartige Treffen zur Verfügung stehen, effizient genutzt werden. Hierzu gehört, daß der **Parlamentarier** vor dem Treffen ein nicht zu umfangreiches **Positionspapier** erhält, in dem kurz die Auffassung des vertretenen Unternehmens bzw. Verbandes begründet wird. Auch wenn der Abgeordnete in vielen Fällen nicht die Zeit haben wird, das Positionspapier vor dem Treffen zu lesen, versetzt das Papier ihn in die Lage, sich zu einem späteren Zeitpunkt den Standpunkt des betroffenen Unternehmen zu vergegenwärtigen. Der Interessenvertreter sollte aber darauf vorbereitet sein, die Problematik der konkreten Angelegenheit noch einmal darzustellen und stichhaltige Argumente für die eigene Position zu präsentieren. Parlamentarier sind vor allem an einer Einschätzung von Spezialisten zu den Auswirkungen der geplanten Gesetzesmaßnahme interessiert. In vielen Fällen wollen sie auch wissen, ob und welche Auswirkungen die Maßnahme nach der Einschätzung des Interessenvertreters auf den Wahlkreis des Abgeordneten hat. Entsprechende Informationen muß sich der Interessenvertreter vor dem Gespräch besorgen und eine klare Argumentationslinie hierzu entwickeln.

144

Wenn bestimmte Vorschriften eines Kommissionsvorschlags für den Interessenvertreter von besonderer Bedeutung sind, kann es nützlich sein, eine eigene Version dieser Vorschriften zu entwickeln und als Diskussionsgrundlage bei dem Treffen zu benutzen. Auf diese Weise kann gewährleistet werden, daß die Diskussion mit dem Parlamentarier nicht im luftleeren Raum, sondern auf der Basis von klaren Vorgaben geführt wird. Dies kann die Effizienz des Treffens erheblich fördern.

145

5. Kontakte mit Rat und Mitgliedstaaten

Nachdem das Parlament eine Stellungnahme zum Kommissionsvorschlag entwickelt hat, wird der Rat mit der Angelegenheit befaßt. Gute Kontakte zu Mitarbeitern des Rates können insbesondere im Hinblick auf organisatorische Fragen sehr nützlich sein. Da der Rat sich jedoch aus den nationalen Ministern zusammensetzt, ist es sehr wichtig, Kontakte zu den betroffenen nationalen Ministerien und hohen Verwaltungsbeamten aufzubauen und zu unterhalten. Für den Interessenvertreter in Brüssel sind darüber hinaus die Sitzungen des Ausschusses der Ständigen Vertreter der Mitgliedstaaten wichtig. In diesen Ausschüssen werden die Ratsentscheidungen von den in Brüssel residierenden ständigen Vertretern der Mitgliedstaaten vorbereitet. Es sollte allerdings nicht verkannt werden, daß die abschließenden Entscheidungen über das Abstimmungsverhalten eines Mitgliedstaates im Rat in den nationalen Ministerien und Regierungen gefällt werden, so daß auch ein Großteil der Interessenvertretung beim Rat nicht in Brüssel, sondern in den Mitgliedstaaten erfolgen muß. Diese Interessenvertretung in den Mitglied-

146

staaten muß mit der Arbeit des Brüsseler Interessenvertreters Hand in Hand gehen, damit widersprüchliches Auftreten verhindert wird.

6. Zeitfaktor

147 Ein Gesetzgebungsverfahren kann, insbesondere wenn es sich um ein Mitentscheidungsverfahren handelt, eine sehr **langwierige Angelegenheit** sein. Im Laufe des Verfahrens wird es längere Perioden geben, in denen sich scheinbar nichts bewegt und keinerlei Fortschritte im Hinblick auf eine Verabschiedung des Gesetzesvorhabens erreicht werden. Während dieser Phasen des Stillstandes muß der Interessenvertreter die Grundlage für eine effiziente Interessenvertretung legen. Wenn das Verfahren in die entscheidende Phase eintritt und der entsprechende Vorschlag bereits im Plenum des Parlaments sowie im Rat verhandelt wird, ist es in der Regel zu spät für eine Einflußnahme.

148 Darüber hinaus ist zu beachten, daß in Phasen des scheinbaren Stillstands eines Gesetzgebungsverfahrens häufig hinter den Kulissen an dem Vorschlag weiter gefeilt wird. Es finden inoffizielle Gespräche zwischen Kommissionsbeamten und Parlamentariern statt, und auch auf Mitgliedstaatsebene wird weiterhin am Meinungsbildungsprozeß gearbeitet. Die guten Kontakte eines Interessenvertreters zu Kommissionsbeamten und Abgeordneten können den Informationsfluß über diese im Hintergrund ablaufenden Verhandlungen erleichtern und ein schnelles Reagieren auf mögliche neue Entwicklungen gewährleisten.

149 Gleichzeitig muß der Interessenvertreter die verschiedenen anderen betroffenen Interessengruppen, z. B. Wirtschaftsverbände, Verbraucherverbände, Umweltschützer etc., entweder selbst kontaktieren oder zumindest deren Tätigkeit beobachten. Dabei darf die Aufmerksamkeit nicht nur auf solche Organisationen gerichtet sein, die ähnliche Interessen verfolgen. Besonders wichtig ist es vielmehr, die Aktivitäten der Gruppierungen im Auge zu behalten, die gegensätzliche Interessen vertreten, da der Interessenvertreter im Laufe des Gesetzgebungsverfahren zwangsläufig mit den von diesen Gruppen vorgebrachten Argumenten und Informationen konfrontiert werden wird.

7. Checkliste

150 ▷ Zuständige Abteilungen und Beamte in der Kommission ermitteln,

▷ Bemühungen auf Beamte konzentrieren, die vertretenen Interessen vermutlich offen gegenüberstehen,

▷ Regelmäßige Kontakte mit relevanten Beamten während gesamter Zeit des Gesetzgebungsverfahrens,

- Relevante Ausschüsse des Europäischen Parlaments sowie Parlamentarier ermitteln,
- Bedeutung der Parlamentarier in Partei, Ausschuß und Fraktion ermitteln,
- Feststellen, auf welche Wahlkreise Gesetzesvorhaben besondere Auswirkungen haben könnte,
- Unter Berücksichtigung der vorgenannten Kriterien zu kontaktierende Parlamentarier ermitteln,
- Kontakte zu Assistenten der relevanten Parlamentarier herstellen,
- Positionspapier erstellen und relevanten Parlamentariern übergeben,
- Weitere Treffen mit Parlamentariern durchführen,
- Verlauf des Gesetzgebungsverfahren genau verfolgen und auch in Perioden des Stillstandes aktiv bleiben.

III. Strategiekontrolle

Im Laufe eines Gesetzgebungsverfahrens wird ein Interessenvertreter zahllose Gespräche mit Kommissionsbeamten und Mitgliedern des Europäischen Parlaments führen. Es ist unerläßlich, im Laufe dieses Prozesses immer wieder die der Interessenvertretung zugrundeliegende Strategie zu überprüfen. Ähnlich wie bei den Verhandlungen mit der Kommission als Vollzugsbehörde sind die Reaktionen der Kommissionsbeamten und Europaparlamentarier genauestens zu analysieren und danach zu überprüfen, ob das mit der Strategie verfolgte Ziel nach realistischer Einschätzung erreicht werden kann. Sollte dies nicht der Fall sein, ist eine Anpassung der Strategie unerläßlich.

13 Verträge mit den europäischen Institutionen

152 Wie alle anderen öffentlichen Einrichtungen vergeben auch die europäischen Institutionen, insbesondere die Kommission, in nicht unerheblichem Maße **öffentliche Aufträge an Privatunternehmen**. Bedingt durch die im Vergleich zu den zu bewältigenden Aufgaben geringe personelle Ausstattung der Kommission muß die Kommission häufig auf die Erfahrung und Kenntnisse von externen Beratern zurückgreifen. Daher vergibt die Kommission regelmäßig Studien, Gutachten und Untersuchungen zu den unterschiedlichsten Themenbereichen. Da es sich hierbei meistens um EU-weite Studien handelt, bevorzugt die Kommission Vertragspartner, die nicht nur in einem Mitgliedstaat operieren, sondern über Zweigstellen in mehreren EU-Mitgliedstaaten verfügen.

153 Darüber hinaus verwaltet die Kommission zahlreiche, zur Erreichung bestimmter politischer Ziele eingerichtete Förderprogramme, in deren Rahmen ebenfalls Aufträge der verschiedensten Art an Privatunternehmen vergeben werden. Zwei der bekanntesten Förderprogramme in diesem Zusammenhang sind die in den Mittel- und Osteuropäischen Staaten sowie den Staaten der ehemaligen Sowjetunion den Wiederaufbau und die Umstrukturierung unterstützenden Programme PHARE und TACIS. Das PHARE-Programm, für das seit 1990 insgesamt über 10 Mio. € zur Verfügung gestellt worden sind, zielt darauf ab, die Mittel- und Osteuropäischen Staaten Europas beim Umbau ihrer Gesellschaft und den Vorbereitungen auf einen möglichen EU-Beitritt zu unterstützen. Das 1991 ins Leben gerufene TACIS-Programm dagegen fördert die Umstrukturierung in den ehemaligen Sowjetrepubliken, die nach dem Zerfall der Sowjetunion unabhängig geworden sind. Seit dem Inkrafttreten des Programms 1991 hat die EU über 3 Mrd. € für dieses Programm zur Verfügung gestellt. Diese beiden Programme sind allerdings nur zwei Beispiele für zahlreiche weitere Förderungsprogramme, welche die unterschiedlichsten Ziele verfolgen.

154 In den meisten Fällen vergibt die Kommission Aufträge, unabhängig davon, ob dies im Rahmen eines Förderprogrammes erfolgt, nach der Durchführung eines öffentlichen Ausschreibungsverfahrens. Nach den entsprechenden EG-Vorschriften können lediglich kleinere Aufträge ohne Ausschreibungsverfahren durchgeführt werden.

155 Das Ausschreibungsverfahren führt dazu, daß bei der Vergabe von Aufträgen durch die Kommission in vielen Fällen der Raum für Verhandlungen äußerst beschränkt ist. Vielfach hat die Kommission in der Ausschreibung bereits sehr genau beschrieben, welche Leistungen der Auftrag umfaßt und auch welches Budget dafür zur Verfügung steht. Es geht also vielfach nur darum, auszuwählen, welcher Bewerber am besten für die Übernahme des Auftrages geeignet ist. Dies gilt insbesondere im Hinblick auf die im Rahmen von Förderprogrammen vergebenen Aufträge. Bei der Vergabe von Aufträgen im Rahmen der alltäglichen Aufgabenerfüllung der Kommission bestehen in

der Regel mehr Möglichkeiten zu Verhandlungen. In allen Fällen, in denen mehr Verhandlungsraum besteht, sind die Eigenheiten der Kommission als europäische Behörde zu berücksichtigen. Dabei ist es besonders wichtig, sich auf die Sprache, Kultur und Herkunft des zuständigen Beamten der Kommission einzustellen. Ebenfalls unbestritten ist, daß gute Kontakte zu den zuständigen Beamten der Kommission auch bei der Auftragsvergabe behilflich sein können. Im Vorfeld eines Ausschreibungsverfahrens sind daher ähnliche Überlegungen anzustellen, wie bereits in den vorigen Kapiteln beschrieben. Letztendlich wird es jedoch nur in den seltensten Fällen zu umfangreichen Vertragsverhandlungen kommen.

14 Schlußfolgerungen

156 Die EU nimmt nicht nur auf dem Gebiet der Rechtsetzung umfangreiche Kompetenzen wahr, sondern, durch die Kommission, auch beim Vollzug europäischer Rechtsakte. Sowohl im Rahmen der Rechtsetzung als auch bei der Durchführung von Gemeinschaftsrechtsakten, ergeben sich Kontakte zwischen Privatpersonen – meistens Vertretern von Unternehmen – und Vertretern der Institutionen. Diese Kontakte haben, obwohl es nicht um den Austausch von Leistungen im wirtschaftlichen Sinne geht, häufig verhandlungsähnlichen Charakter. In Angelegenheiten, die in die Vollzugszuständigkeit der Kommission fallen, entscheidet die Kommission, ob bestimmte Verhaltensweisen von Unternehmen, Privatpersonen oder eines Mitgliedstaates vereinbar sind mit EG-Recht. Hierbei kommt es darauf an, die Kommission in Verhandlungen von der eigenen Position zu überzeugen und gegebenenfalls, wenn eigene Verhaltensweisen Gegenstand der Verhandlungen sind, diese im Verhandlungswege schrittweise den Vorstellungen der Kommission anzunähern.

157 Bei Gesetzgebungsverfahren geht es darum, bestimmten wirtschaftlichen Interessen Gehör zu verschaffen und Entscheidungsträger in Verhandlungen klarzumachen, daß es sich um berechtigte und zu berücksichtigende, für die Allgemeinheit bedeutende Interessen handelt.

158 Die sich ergebenden verhandlungsähnlichen Situationen sind geprägt von Besonderheiten, die sich aus Struktur, Zusammensetzung und Ausrichtung der europäischen Institutionen ergeben. Im Laufe der Zeit haben sich daher Spielregeln für den Umgang mit den Brüsseler Behörden entwickelt, deren Kenntnis für erfolgreiches Verhandeln unerläßlich sind und die sich wesentlich von den Spielregeln für den Umgang mit nationalen Behörden und Entscheidungsträgern unterscheiden.

Teil 4
Gesellschaftsrechtliche Verträge – Basischeckliste und Kommentierung mit Einzelformulierungsvorschlägen

15 Vorbereitung von Gesellschaftsverträgen und Konzepten

	Rz.
I. Konzeptionierung, Vorbemerkungen	1
1. Prämisse	1
2. Zeitliche Abfolge	2
3. Dokumentation	3
II. Rechtliches Konzept	4
1. Entscheidung: Interessenverfolgung durch gemeinsame Gesellschaft	4
a) Gemeinsame Gesellschaft oder losere Kooperation	5
aa) Lose Kooperationsformen ohne Gesellschaftsbildung	6
(1) Abgestimmte Zulieferungs- und Abnahmeverpflichtungen	6
(2) Dienstvertragsbeziehungen mit Ergebnisbeteiligung, Aktienoptionspläne	7
(3) Partiarische Darlehen	8
(4) Kartellabsprachen	9
bb) Gemeinsame Zweckverfolgung	10
b) Gemeinsame Gesellschaft möglich	11
aa) Wettbewerbsrechtliche Hindernisse	12
bb) Berufsrechtliche Hindernisse	13
cc) Steuerrechtliche Hindernisse	14
dd) Kartellrechtliche Hindernisse	15
2. Interessen und Perspektiven	16

	Rz.
a) Zeitliche Dauer des gemeinsamen Engagements	16
b) Projektbezug der Gesellschaft	17
c) Engagement der Gesellschafter in der Gesellschaft	18
aa) Erforderlichkeit aus der Sicht der Gesellschaft und Bereitschaft und Fähigkeit der Gesellschafter	18
bb) Finanzielles Engagement	19
cc) Tätigkeitsverpflichtungen	22
(1) Geschäftsführung und Vertretung	22
(2) Sonstige Tätigkeiten	23
dd) Besondere Kenntnisse und Nutzungen	24
ee) Außenwirkung des Engagements eines Gesellschafters	25
ff) Personenbezug des Engagements	26
3. Gesellschaftsform	27
a) Zivilrechtliche Aspekte	28
aa) Haftung	28
(1) Konzernhaftung	30
(2) Haftung in der Gründungsphase	32
(3) Haftung des GmbH-Geschäftsführers	36
bb) Übertragbarkeit und Vererblichkeit der Gesellschafterstellung	37

	Rz.
cc) Selbstorganschaft/ Drittorganschaft	39
dd) Firma	40
ee) Handwerks-GmbH	41
ff) Zulässigkeit von Einmann-Gesellschaften	42
gg) Rechnungslegung und Publizität	43
b) Arbeits- und mitbestimmungsrechtliche Aspekte	44
aa) Sozialversicherungspflicht und Altersversorgung	44
bb) Mitbestimmung	45
c) Steuerliche Aspekte	46
4. Nutzung vorhandener Unternehmen oder Gesellschaften eines Gesellschafters	47
a) Sinnhaftigkeit der Nutzung	50
b) Umstrukturierung	51

	Rz.
aa) Rechtsformänderungen	52
bb) Beitritt der weiteren Gesellschafter	53
III. Betriebswirtschaftliche und steuerliche Prüfung des Konzepts	54
1. Prüfungsumfang	54
a) Betriebswirtschaftliche Checkliste	54
b) Steuerliche Checkliste	55
2. Organisation der Überprüfung	56
a) Interne oder externe Konzeptprüfung	56
b) Herbeiführung der Prüfung	57
aa) Zuständigkeit	57
bb) Formulierung	58
c) Durchführung der Prüfung	59
d) Rezeption des Prüfungsergebnisses	60
IV. Schlußkonzept	61

I. Konzeptionierung, Vorbemerkungen

1. Prämisse

1 Die Ausführungen in diesem Abschnitt gehen von folgenden **Prämissen** aus:

– Der **Rechtsberater** eines Unternehmens wird mit der Absicht konfrontiert, mit einem weiteren Unternehmen oder Unternehmer eine Gesellschaft zu gründen.

– Der Rechtsberater will bei der Prüfung und Realisierung der Absicht die „**Systemführung**" übernehmen. Systemführung bedeutet dabei, daß er

– in der zeitlichen Reihenfolge als 1. Berater tätig wird,

– sein Konzept erstellt, bevor wirtschaftliche oder steuerliche Vorkonzepte entwickelt werden,

– bei eigener fachlicher Kompetenz die wirtschaftliche und die steuerliche Konzeptionierung übernimmt oder, wenn er diese fachliche Kompetenz nicht selbst hat, die wirtschaftliche und steuerliche Konzeption insofern steuert, als er

– für sie die Fragestellungen vorgibt,

– sie zumindest anregt oder für sie sorgt,

– die Prüfungsergebnisse rückkoppelnd entgegennimmt zur Bestätigung oder Überarbeitung seines rechtlichen Konzepts.

2. Zeitliche Abfolge

In der zeitlichen Abfolge führt dies zu folgenden Schritten: 2

- Rechtliche Vorkonzeptionierung
- Erarbeitung der Vorgaben für die wirtschaftliche und steuerliche Prüfung des rechtlichen Vorkonzepts
- Wirtschaftliche und steuerliche Überprüfung des Vorkonzepts
- Rezeption der wirtschaftlichen und steuerlichen Überprüfung durch den Rechtsberater
- Erarbeitung des endgültigen Konzepts

Dieses endgültige Konzept ist dann die Grundlage für die nähere Erstellung der erforderlichen gesellschaftsrechtlichen Verträge und der damit zusammenhängenden Verträge einschließlich evtl. Umwandlungs-, Übernahme- und Beitrittsverträge, Dienstverträge, Nutzungsverträge und Darlehensverträge.

3. Dokumentation

Der Konzeptionierungsprozeß sollte schriftlich erfolgen und in folgenden Dokumenten niedergelegt werden: 3

- **Rechtliches Vorkonzept** mit Fragestellung und Prüfungsauftrag für betriebswirtschaftliche und steuerliche Überprüfung
- **Betriebswirtschaftliches** und **steuerliches** Überprüfungsergebnis
- **Endgültiges** Konzept

II. Rechtliches Konzept

1. Entscheidung: Interessenverfolgung durch gemeinsame Gesellschaft

Ein spezifisch gesellschaftsrechtliches Konzept kann nur erarbeitet werden, 4 wenn durch mehrere Personen ein gemeinsamer Zweck verfolgt werden soll oder – nur bei Einmann-Kapitalgesellschaften – wenn eine Person beabsichtigt, einen bestimmten Zweck rechtlich verselbständigt zu verfolgen.

a) Gemeinsame Gesellschaft oder losere Kooperation

5 Stets ist zu überprüfen, ob nicht „losere" Kooperationsformen unter mehreren Personen ausreichend sind.

aa) Lose Kooperationsformen ohne Gesellschaftsbildung

6 Lose Kooperationsformen, die aber noch keine Gesellschaften darstellen, sind z. B.:

(1) Abgestimmte Zulieferungs- und Abnahmeverpflichtungen

Durch abgestimmte Zulieferungs- und Abnahmeverpflichtungen können sich z. B. Zulieferer für Kfz-Hersteller dazu verpflichten, auf eine bestimmte Dauer dem Kfz-Hersteller von ihm weiterzuverarbeitende Produkte oder Produktgruppen in der vom Kfz-Hersteller angeforderten Quantität und Qualität innerhalb bestimmter zeitlicher Vorgaben anzuliefern, während sich umgekehrt der Kfz-Hersteller verpflichtet, diese Produkte dann auch exklusiv von diesem Zulieferer abzunehmen, und diesem bestimmte Mindestabnahmen oder ein bestimmtes wirtschaftliches Mindestergebnis garantiert. Solche abgestimmten Zulieferungs- und Abnahmeverpflichtungen sind nicht nur wie im erwähnten Beispiel bei materiellen Gütern, sondern auch bei Immaterialgütern vorstellbar.

(2) Dienstvertragsbeziehungen mit Ergebnisbeteiligung, Aktienoptionspläne

7 Speziell leitende Angestellte können, bevor sie in ein gesellschaftsvertragliches Verhältnis einbezogen werden oder statt dessen an dem Ergebnis des Unternehmens dadurch mitbeteiligt werden, daß ein Teil der Bezüge umsatz- oder ergebnisabhängig bezahlt wird. Eine besondere Form der Ergebnisbeteiligung stellt die Begebung von Aktienoptionsplänen dar. Hier sind eine Vielzahl von Modellen möglich: von der rein finanziellen Teilhabe an künftigen Kurssteigerungen über kursabhängige Dividenden bis zum Recht zur späteren Unternehmensbeteiligung für den Angestellten z. B. durch Wandelschuldverschreibungen.

(3) Partiarische Darlehen

8 Geldgeber können, ohne daß ihnen gesellschaftsrechtliche Beteiligungen eingeräumt werden, an dem Erfolg des von ihnen finanzierten oder mitfinanzierten Unternehmens dadurch beteiligt werden, daß die Höhe der Verzinsung vom wirtschaftlichen Erfolg des finanzierten Unternehmens abhängt.

(4) Kartellabsprachen

9 Statt gemeinsam Märkte zu erschließen, können Unternehmer auch ihre Konkurrenz auf bestehenden Märkten dadurch vermeiden oder reduzieren, indem sie diese Märkte ganz oder teilweise untereinander aufteilen.

bb) Gemeinsame Zweckverfolgung

Wenn unter den beteiligten Unternehmen und Unternehmern eine engere Kooperation gewünscht wird, kommt die Gründung einer Gesellschaft in Betracht, wenn die Beteiligten einen gemeinsamen Zweck verfolgen wollen. D. h. die Aktivitäten der beteiligten Unternehmen bzw. Unternehmer werden ganz oder teilweise nicht mehr auf die Verfolgung eigener Zwecke gerichtet. Statt dessen werden die Interessen zu einem gemeinsamen Zweck gebündelt, wird ein gemeinsames wirtschaftliches Ergebnis angestrebt, das dann nur wieder auf die Einzelindividuen verteilt wird.

b) Gemeinsame Gesellschaft möglich

Spezifische rechtliche Hindernisse können der Begründung einer gemeinsamen Gesellschaft entgegenstehen. Dabei sind insbesondere zu beachten:

aa) Wettbewerbsrechtliche Hindernisse

Wenn einer der in Aussicht genommenen Gesellschafter an anderen Unternehmen beteiligt ist oder für diese aufgrund eines Arbeits- oder eines sonstigen Dienstvertrags, zum Teil auch aufgrund sonstiger Verträge (z. B. Handelsvertretervertrag oder Werkvertrag) tätig ist, ist stets zu überprüfen, ob er aufgrund seiner vertraglichen Beziehung zu dem anderen Unternehmen daran gehindert ist, zu diesem in „Wettbewerb" zu treten. Deshalb ist zu ermitteln, ob die potentiellen Gesellschafter in vertraglicher Beziehung zu anderen Unternehmen stehen, speziell zu Unternehmen im selben Tätigkeitsbereich wie die zu gründende Gesellschaft. In einem solchen Fall sind die Verträge, ggf. auch das Gesetz (s. z. B. bei der oHG § 112 HGB!), daraufhin zu überprüfen, ob eine Beteiligung an der in Aussicht genommenen Gesellschaft überhaupt möglich ist. Dabei ist stets zu berücksichtigen: Selbst wenn nach dem Gesetz oder nach dem Wortlaut des Vertrags grds. ein Verbot bestünde, sich an der in Aussicht genommenen Gesellschaft zu beteiligen, kann von diesem Verbot ggf. Befreiung erteilt werden. Deshalb sollte ermittelt werden, ob solche Befreiungen juristisch möglich und deren Erlangung real vorstellbar sind.

bb) Berufsrechtliche Hindernisse

Speziell wenn die Gesellschaft freiberuflich tätig werden will, ist zu überprüfen, ob berufsrechtliche Gründe der Begründung von Gesellschaften entgegenstehen. Solche berufsrechtlichen Gründe sind insbesondere zu beachten, wenn andere Personen als „Berufsträger" dieses Berufs in die Gesellschaft aufgenommen werden sollen. Hindernisse können sich dabei in folgender Hinsicht ergeben:

- Generelles Verbot der Beteiligung von Nicht-Berufsträgern; s. z. B. das Assoziierungsverbot des hauptberuflichen Notars in § 9 Abs. 1 BNotO.
- Beteiligungsbeschränkungen; solche bestehen z. B. nach § 50a Steuerberatungsgesetz.

cc) Steuerrechtliche Hindernisse

14 Die gesellschaftsrechtliche Verbindung von Nicht-Berufsträgern mit Trägern freier Berufe führt dazu, daß die Tätigkeit steuerlich nicht mehr als freiberufliche Tätigkeit, sondern als gewerbliche Tätigkeit qualifiziert wird mit der Folge, daß Gewerbesteuer ausgelöst wird.

dd) Kartellrechtliche Hindernisse

15 Solche sind stets zu berücksichtigen, wenn die Gesellschafter marktbeherrschend sind oder das neue Unternehmen aufgrund der Stellung der Gesellschafter marktbeherrschend werden kann.

2. Interessen und Perspektiven

a) Zeitliche Dauer des gemeinsamen Engagements

16 Sämtliche Gesellschaftsformen können entweder auf unbeschränkte Dauer oder zeitlich begrenzt eingegangen werden. Deshalb ist diesbezüglich eine Entscheidung zu fällen. Eine Beschränkung der Dauer ist dabei in der Form denkbar, daß die Gesellschaft auf eine bestimmte Zeit (z. B. 2 Jahre) eingegangen wird oder bis zum Ablauf eines bestimmten Ereignisses (z. B. Zeitpunkt der Verjährung der Gewährleistungsansprüche bezüglich der mit der Gesellschaft zu erbringenden Bauleistungen für ein bestimmtes Projekt).

Die Entscheidung ist bei der Erstellung des konkreten Gesellschaftsvertrags wieder aufzugreifen (siehe unten Rz. 110 ff.).

b) Projektbezug der Gesellschaft

17 Die beabsichtigte Gesellschaft kann zu dem Zweck errichtet werden, ein einziges „Projekt" (z. B. Errichtung eines bestimmten Bauvorhabens und Erbringung der dazu evtl. erforderlichen Gewährleistungsarbeiten) zu realisieren, oder ohne eine solche Beschränkung allgemein auf die Geschäfte bestimmter Art ohne konkreten Projektbezug zugeschnitten sein (z. B. Errichtung von Hochbauwerken). Mit der Entscheidung über den Projektbezug wird auch die Entscheidung für eine zeitlich beschränkte oder für eine Dauergesellschaft vorherbestimmt. Dabei ist zu berücksichtigen, daß durch eine spätere Änderung des Gesellschaftsvertrags der ursprünglich vorgesehene Projektbezug aufgegeben und der Umfang der geschäftlichen Tätigkeit ver-

allgemeinert werden kann. Die Entscheidung fließt in die Formulierung des Unternehmensgegenstands ein (siehe unten Rz. 94 ff.).

c) Engagement der Gesellschafter in der Gesellschaft

aa) Erforderlichkeit aus der Sicht der Gesellschaft und Bereitschaft und Fähigkeit der Gesellschafter

> Dieser Fragenkomplex ist von zwei Seiten her zu untersuchen:
>
> **Aus der Sicht der Gesellschaft** ist zu ermitteln, welches Engagement sämtlicher Gesellschafter erforderlich ist, damit die Gesellschaft überhaupt wirtschaften kann.
>
> **Aus der Warte der potentiellen Gesellschafter** ist zu prüfen, welchen Teil des erforderlichen Engagements sie bereit und in der Lage sind, zu übernehmen.

18

bb) Finanzielles Engagement

Finanzielle Engagements erbringen die Gesellschafter, indem sie der Gesellschaft (bei Personengesellschaften zur Leistung in das Gesamthandseigentum, bei Kapitalgesellschaften zur Leistung in das Eigentum der Gesellschaft) Barkapital und Sachkapital im ausreichenden Umfang zur Verfügung stellen.

19

Bei der Frage, welche Bar- und Sachkapitalausstattung erforderlich ist, sind **rechtliche** und **wirtschaftliche Kriterien** zu berücksichtigen.

(1) Rechtliche Kriterien sind bei Kapitalgesellschaften zu berücksichtigen, die mit einem bestimmten Mindestkapital ausgestattet werden müssen (siehe unten Rz. 117 ff.). Dabei ist auch zu berücksichtigen, inwieweit dieses Kapital bereits zum Zeitpunkt der Gründung der Gesellschaft der Gesellschaft zur Verfügung gestellt sein muß (also in deren Vermögen überführt sein muß).

20

(2) Bezüglich der in wirtschaftlicher Hinsicht erforderlichen finanziellen Ausstattung sind von dem rechtlichen Berater, der selbst das wirtschaftliche Konzept nicht erstellt, nur die eigenen Angaben der Gesellschafter und die Angaben von evtl. Dritten, z. B. von Banken, auf deren Kreditgewährung die Gesellschaft in Zukunft angewiesen sein wird, zu berücksichtigen.

21

Im übrigen sind diese Angaben dann dem wirtschaftlichen Berater zur Überprüfung zu übermitteln. Ggf. sind auch Prüfungen veranlaßt, ob Mitgesellschafter ausreichend leistungsfähig sind.

cc) Tätigkeitsverpflichtungen

(1) Geschäftsführung und Vertretung

22 In jedem Fall muß die Geschäftsführung und Vertretung der Gesellschaft sichergestellt werden. Bei Personengesellschaften müssen wegen der Eigenorganschaft einige oder mehrere Gesellschafter bereit und fachlich in der Lage sein, diese Tätigkeit zu übernehmen.

Bei Kapitalgesellschaften ist die Fremdorganschaft möglich; eine Gesellschaftsgründung ist aber auch dann nur sinnvoll, wenn die Person desjenigen, der Geschäftsführung und Vertretung übernehmen soll, zumindest in Aussicht genommen ist.

Ermittelt werden muß der Umfang der Tätigkeitsverpflichtung und das Entgelt:

> Hierzu sind in der Regel Angaben der in Aussicht genommenen Gesellschafter erforderlich. Diese bedürfen der wirtschaftlichen Überprüfung, ggf. auch einer steuerlichen Überprüfung, damit das in Aussicht genommene „Honorar" steuerlich anerkannt wird.

(2) Sonstige Tätigkeiten

23 Neben der Geschäftsführung und Vertretung können für die Gesellschaft weitere Tätigkeiten ihrer Gesellschafter existentiell sein (z. B. die Softwareentwicklung eines hochspezialisierten Gesellschafters für eine Gesellschaft, die auf diesem Bereich tätig werden will).

Es ist zu regeln, ob diese Tätigkeit aufgrund des Gesellschaftsvertrags oder aufgrund eines weiteren Dienstleistungsvertrags erbracht wird, welchen Umfang die Tätigkeit hat und wie diese honoriert wird. Im übrigen wird verwiesen auf Rz. 121 ff.

dd) Besondere Kenntnisse und Nutzungen

24 Wenn die Gesellschaft darauf angewiesen ist, besondere Kenntnisse eines Gesellschafters zu erlangen oder von diesem bestimmte Gegenstände zur Nutzung zu erhalten, bedarf es der Klärung, ob diese Kenntnisse und Nutzungen aufgrund flankierender Verträge zur Verfügung gestellt werden, ob sie auf Dauer oder zeitlich beschränkt zur Verfügung gestellt werden und wie sie ggf. vergütet werden.

ee) Außenwirkung des Engagements eines Gesellschafters

25 Ein in Aussicht genommener Gesellschafter kann sich entweder offen, d. h. für Dritte erkennbar an der Gesellschaft beteiligen (Handelsregistereintrag,

Gesellschafterlisten!), oder er kann, wenn er dies nicht wünscht, sein Engagement auch nach außen verbergen.

Dann kommt die Begründung reiner Innengesellschaften in Betracht, wenn nach außen nur eine Person als Unternehmensinhaber auftreten soll, oder die Begründung von Treuhandverhältnissen, wenn ein Dritter „vorgeschoben" wird. Bei der Begründung von Treuhandverhältnissen sind zusätzliche Verträge zu gestalten, die sog. Treuhandverträge.

ff) Personenbezug des Engagements

Zu berücksichtigen ist, ob die Gesellschaft auf die persönliche Zusammensetzung ihrer Gesellschafter zugeschnitten sein muß. Diese Frage spielt eine Rolle, wenn es darum geht, ob Beteiligungen frei übertragbar oder frei vererblich gestaltet werden müssen. Zu berücksichtigen ist auch, ob ein Familienbezug bezüglich der Beteiligung bestehen soll, d. h. ob sicherzustellen ist, daß die Beteiligung stets bei bestimmten Familienmitgliedern verbleibt.

3. Gesellschaftsform

Die Wahl der richtigen Rechtsform für ein Unternehmen hängt von folgenden Aspekten ab:

– Zivilrecht, insbesondere Haftungsrecht,
– Arbeitsrecht, insbesondere Mitbestimmungsrecht,
– Steuerrecht.

a) Zivilrechtliche Aspekte
aa) Haftung

Der bei weitem wichtigste Aspekt bei der Wahl der richtigen Unternehmensform dürfte nach wie vor der Aspekt der Haftung sein. Einzelunternehmer, Gesellschafter einer BGB-Gesellschaft, einer OHG und die Komplementäre einer KG haften mit ihrem gesamten Privatvermögen für die Geschäfts- bzw. Gesellschaftsverbindlichkeiten, soweit nicht einzelvertraglich eine **Haftungsbeschränkung** vereinbart wird (letzteres ist somit nur bei vertraglich begründeten Verbindlichkeiten, nicht etwa bei gesetzlichen Haftungstatbeständen möglich; das Erfordernis einer individuellen Haftungsbegrenzung gilt nunmehr auch bei der GbR; vgl. zur Unzulässigkeit der „GbRmbH" BGH, DStR 1999, 1704; Besonderheiten bestehen bei Partnerschaftsgesellschaften, wenn nur einzelne Partner mit der Auftragsbearbeitung befaßt waren, vgl. § 8 Abs. 2 PartGG). Demgegenüber haften die Gesellschafter einer Kapitalgesellschaft (GmbH, AG) im Grundsatz nicht persönlich, das heißt mit ihrem Privatvermögen, für die Gesellschaftsverbindlichkeiten. Den

Gläubigern dieser Kapitalgesellschaften haftet also nur das Gesellschaftsvermögen (§ 13 Abs. 2 GmbHG, § 1 AktG).

29 Bei der Frage der Haftungsbeschränkung handelt es sich vorrangig um ein Problem der Risikominderung im üblichen Geschäftsverkehr mit Dritten. Demgegenüber werden Finanzierungsgeber (insbesondere Banken, aber auch Großlieferanten usw.) regelmäßig die Übernahme einer zusätzlichen persönlichen Haftung durch die Gesellschafter der GmbH bzw. GmbH & Co. KG bzw. AG fordern. Diese Haftungsübernahme ist jedoch für den Gesellschafter der Kapitalgesellschaft der Höhe und der Art nach überschaubar und daher zumutbar.

Im Grundsatz sind somit die Kapitalgesellschaften nach wie vor zur Haftungsbeschränkung geeignet. Von besonderer Bedeutung waren jedoch in jüngster Zeit Fallgestaltungen, in denen trotzdem eine persönliche Haftung des Geschäftsführers bzw. der Gesellschafter bejaht wurde. Diese Fallgestaltungen sollen nachfolgend kurz dargestellt werden:

(1) Konzernhaftung

30 Während die Rechtsprechung einen **Haftungsdurchgriff** gemäß § 826 BGB nur unter den einschränkenden Voraussetzungen dieser Bestimmung und eine Durchgriffshaftung wegen „Sphären- oder Vermögensvermischung" nur bei einer tatsächlichen Verschleierung der Vermögensbeziehungen zwischen Kapitalgesellschaft und Gesellschafter (insbesondere bei undurchsichtiger Buchführung) bejaht und schließlich eine Haftung wegen bloßer **Unterkapitalisierung,** d. h. wegen mangelhafter Ausstattung der Kapitalgesellschaft mit Eigenkapital gänzlich ablehnt, wurde in den letzten Jahren eine Haftung aus konzernrechtlichen Gesichtspunkten in zahlreichen Fällen angenommen. In analoger Anwendung der konzernrechtlichen Haftungsbestimmungen des Aktienrechts bejaht der BGH unter bestimmten Voraussetzungen das Vorliegen eines **qualifiziert faktischen Konzerns** und gelangt so zu einer Haftung der Gesellschafter. Nach dieser Rechtsprechung, deren Entwicklung hier nicht im einzelnen nachvollzogen werden kann (vgl. vor allem das „TBB-Urteil" BGH, DB 1993, 825), kommt eine Konzernhaftung unter folgenden Voraussetzungen in Betracht:

– **Vorliegen eines Konzerns.** Die anderweitige Tätigkeit kann auch in dem Halten weiterer Beteiligungen oder der Tätigkeit als Einzelunternehmer bzw. in der Ausübung einer freiberuflichen Tätigkeit (BGH, DB 1994, 2385) bestehen.

– Leitung der abhängigen GmbH durch das herrschende Unternehmen unter **Verletzung des Eigeninteresses der abhängigen Gesellschaft.** Dieses Merkmal steht im Zentrum der Prüfung. Insbesondere hat der BGH hiermit klargestellt (in Präzisierung bzw. Abkehr vom sogenannten Videourteil, BGH, DB 1991, 2176), daß das bloße Vorliegen eines Konzerns nicht für die Durchgriffshaftung ausreicht (also keine „Zustandshaftung"), sondern es vielmehr eines Eingriffs in die abhängige Gesellschaft bedürfe (sogenannte Handlungshaftung).

- Die Verletzung der Eigeninteressen der abhängigen Gesellschaft muß zu einem nicht anderweitig kompensierbaren Schaden der abhängigen Gesellschaft geführt haben. Die Konzernhaftung ist also gegenüber sonstigen Haftungstatbeständen **subsidiär**. Eine globale Haftung nach Konzerngrundsätzen scheidet aus, wenn im Einzelfall eine Spezialvorschrift einen angemessenen Schadensausgleich erlaubt.

- **Verschulden** des herrschenden Unternehmens ist erforderlich, wobei jedoch die Rechtsprechung dem Kläger, dem naturgemäß Einblicke in die Unternehmensstruktur nur schlecht möglich sind, gewisse Beweiserleichterungen zugute kommen läßt.

Die **Rechtsfolgen** ergeben sich aus einer analogen Anwendung der §§ 302, 303 AktG, wobei anstelle einer Innenhaftung eine unmittelbare Außenhaftung der Gesellschafter gegenüber den Gesellschaftsgläubigern bejaht wird. 31

Vorstehende Haftungsgrundsätze sind nicht nur „ex post" für die Frage von Bedeutung, ob im konkreten Fall eine Haftung der Gesellschafter besteht, sondern auch „ex ante" für die Vertragsgestaltung. Insbesondere behalten die Gestaltungsmöglichkeiten, die eine Konzernhaftung vermeiden sollen, ihre Bedeutung (siehe hierzu zuletzt *Donle*, DStR 1995, 1918 ff.).

(2) Haftung in der Gründungsphase

Eine GmbH bzw. AG als juristische Person entsteht erst mit Eintragung in das Handelsregister. Um den Gläubigern die erstmalige Aufbringung bzw. spätere Erhaltung des Grund- bzw. Stammkapitals zu gewähren, bestehen strenge **Kapitalaufbringungs- bzw. -erhaltungsvorschriften.** Eine Verletzung dieser Pflichten führt in der Regel dazu, daß die versprochenen Einlageleistungen erneut erbracht bzw. zurückgewährt werden müssen, wobei regelmäßig auch die übrigen Mitgesellschafter im Wege der Ausfallhaftung geradestehen müssen (siehe etwa §§ 24, 31 Abs. 3 GmbHG). 32

Haftungsrisiken drohen weiter, wenn die Geschäftstätigkeit vor der Eintragung in das Handelsregister aufgenommen wird. Zwar lehnt die Rechtsprechung nunmehr ein Vorbelastungsverbot ab und bejaht einen unmittelbaren Übergang aller Rechte und Pflichten der Vor-GmbH auf die GmbH, jedoch hat der BGH als Korrektiv hierzu in entsprechender Anwendung von § 9 GmbHG eine **allgemeine Differenzhaftung** bejaht. Danach haften alle Gesellschafter persönlich für die Differenz zwischen dem bei Eintragung tatsächlich vorhandenen Kapital und dem in der Satzung versprochenen Stammkapital. Diese Haftung ist nicht auf das Stammkapital beschränkt, sondern erfaßt darüber hinaus auch etwa eingetretene Verluste in unbegrenzter Höhe. Vor einer Aufnahme der Geschäftstätigkeit vor Eintragung der Gesellschaft im Handelsregister oder gar vor Abschluß der notariellen Urkunde kann daher nur gewarnt werden.

Weiter haften die „Handelnden" (regelmäßig die Geschäftsführer) gemäß § 11 Abs. 2 GmbHG persönlich für die vor Eintragung der Gesellschaft in deren Namen geschlossenen Geschäfte (siehe für die AG § 41 Abs. 1 AktG). Diese **Handelndenhaftung** erlischt zwar regelmäßig mit Eintragung, besteht jedoch fort, wenn eine Eintragung nicht mehr erfolgt.

> Kann im Einzelfall mit der Aufnahme der Geschäftstätigkeit nicht bis zur Eintragung zugewartet werden, lassen sich vorstehende Haftungsprobleme durch Erwerb eines Mantels vermeiden. Hierbei ist jedoch unbedingt darauf zu achten, daß bei der erworbenen Gesellschaft mit Ausnahme der Kapitalaufbringung keine weiteren Geschäfte vorgenommen wurden, um die sonst drohenden Haftungsprobleme beim Anteilserwerb zu vermeiden.

33 Wie bereits erwähnt, kann es auch nach vollständiger erstmaliger Erbringung des Stammkapitals und Eintragung der GmbH zu einer Haftung kommen, die den Betrag der Einlage übersteigt. Dies gilt insbesondere, wenn **eigenkapitalersetzende Leistungen** (insbesondere Darlehen, aber auch Bürgschaften und nach der jüngsten Rechtsprechung auch Nutzungsüberlassungen) gewährt werden. Hierzu ist auf das sogenannte **dualistische Eigenkapitalschutzsystem** zu verweisen, das zum einen aus den von der Rechtsprechung entwickelten Regeln und zum anderen aus den sogenannten Novellenregeln (§§ 32a, b GmbHG) besteht.

34 Einen in der Praxis häufig anzutreffenden Fall einer nicht ordnungsgemäßen Einlageerbringung stellen die sogenannten **verdeckten Sacheinlagen** dar. Soll – entgegen der Regelung im Gründungsvertrag – in engem sachlichem und zeitlichem Zusammenhang mit der Gründung die geleistete Bareinlage an einen der Gesellschafter zurückfließen und an ihrer Stelle eine Sacheinlage erbracht werden, so besteht die Bareinlageverpflichtung unverändert fort, da hierdurch die Prüfung der Werthaltigkeit durch das Registergericht umgangen wird. Soll bei Gründung einerseits eine Sacheinlage erfolgen, andererseits ein schneller Vollzug der Eintragung im Handelsregister erreicht werden, ist daher anzuraten, die Gründung im Wege der **„Stufengründung"** zu vollziehen. Hierbei wird die Gesellschaft in bar gegründet, jedoch bereits bei der Bargründung verlautbart, daß zukünftig die Erbringung einer Sacheinlage gegen eine Kapitalerhöhung erfolgen soll. Hierdurch wird ein schnellerer Vollzug der Eintragung sichergestellt. Die Sacheinlage kann sodann in einem zweiten Schritt in die Gesellschaft eingebracht werden.

35 Besondere Bedeutung hat die Problematik der „verdeckten Sacheinlage" schließlich auch bei **Kapitalerhöhungen,** da hierbei oft eine Verrechnung mit bereits bestehenden Forderungen der Gesellschafter gegen die Gesellschaft (sogenannten Altforderungen) erfolgt. Auch insoweit ist mittlerweile klargestellt, daß derartige Kapitalerhöhungen nur im Wege der Sacheinlage

erfolgen können, soweit es sich nicht um den Ausnahmefall der Kapitalerhöhung im Wege des „Schütt-aus-hol-zurück-Verfahrens" handelt (diese Form der Kapitalerhöhung kann nunmehr unter den erleichterten Voraussetzungen der Kapitalerhöhung aus Gesellschaftsmitteln erfolgen, vgl. BGH, DStR 1997, 1254).

Vorstehende Problemfelder zeigen, daß auch bei einer Kapitalgesellschaft eine persönliche Haftung über den Betrag der übernommenen Einlage hinaus entstehen kann. Jedoch lassen sich die vorgenannten Probleme regelmäßig durch eine sachgerechte Vertragsgestaltung und entsprechende Handlungsempfehlungen an die Beteiligten vermeiden.

(3) Haftung des GmbH-Geschäftsführers

Die Rechtsprechung der letzten Jahre weist die Tendenz auf, die Haftung des GmbH-Geschäftsführers zu verschärfen. Zu denken ist hierbei etwa an zahlreiche Haftungsvorschriften im Bereich des Sozialversicherungs- und Steuerrechts (vgl. z. B. § 69 AO), an die Generalklausel des § 43 GmbHG sowie auf die Haftung bei Insolvenzverschleppung (§ 64 Abs. 1 GmbHG). Bezüglich der zuletzt genannten Haftung hat der BGH zwar nunmehr die früher bejahte Haftung aus culpa in contrahendo wegen unterlassener Aufklärung über die Überschuldung der GmbH aufgegeben, jedoch bejaht er nunmehr ab dem Zeitpunkt der **Insolvenzantragspflicht** im Sinne des § 64 GmbHG eine **volle, unbeschränkte persönliche Haftung** des **Geschäftsführers**. Schließlich kommt auch eine deliktische Haftung des Geschäftsführers wegen Pflichtverletzung in Betracht. Verletzt etwa der Geschäftsführer einer „Architekten-GmbH" (diese ist nunmehr in zahlreichen Bundesländern zulässig) eine deliktische Verkehrssicherungspflicht und entsteht hierdurch ein Schaden an den in § 823 BGB genannten Rechtsgütern, so haftet nicht nur die GmbH (gemäß § 31 BGB), sondern auch der Geschäftsführer persönlich und unmittelbar gemäß § 823 BGB. Die „Haftungsbeschränkung" greift insoweit nicht, da es nicht um die Verletzung einer vertraglichen, sondern einer deliktischen Pflicht geht und die deliktische Haftung selbständig neben der vertraglichen Haftung besteht.

36

In dem zuletzt genannten Fall ist daher für die Gestaltungspraxis wichtig, daß im Rahmen des Geschäftsführervertrages die Verantwortlichkeit für derartige Schäden jedenfalls im Verhältnis zwischen GmbH und dem Geschäftsführer der Gesellschaft auferlegt wird und zum anderen eine etwa bestehende Haftpflichtversicherung für den Geschäftsführer persönlich fortbestehen sollte und nicht durch die Gründung einer GmbH entbehrlich wird.

bb) Übertragbarkeit und Vererblichkeit der Gesellschafterstellung

37 Hinsichtlich der **Übertragbarkeit und Vererblichkeit** der Gesellschaftsanteile weisen **Personen- und Kapitalgesellschaften strukturelle Unterschiede** auf. Bei den **Kapitalgesellschaften** sind die Anteile (Geschäftsanteile bzw. Aktien) grundsätzlich frei übertragbar, soweit nicht durch die Satzung Einschränkungen erfolgen. Die Übertragung ist – auch wenn eine Zustimmung anderer Gesellschafter bzw. der Gesellschafter erforderlich sein sollte – ein Rechtsgeschäft, das ausschließlich zwischen Veräußerer und Erwerber getätigt wird und Gesellschaft bzw. Gesellschafter nicht tangiert. Demgegenüber ist der Gesellschafterwechsel bei einer **Personengesellschaft** ein „Grundlagengeschäft", das nur mit Zustimmung aller übrigen Gesellschafter erfolgen kann und auch die Ebene der Gesellschaft, insbesondere die Rechnungslegung, berührt (demgegenüber wird die Bilanz der GmbH durch einen Gesellschafterwechsel nicht betroffen).

Je nach Interessenlage der Parteien kann jedoch die eine Rechtsform an die andere angenähert werden. So kann zum einen im Rahmen der GmbH-Satzung vereinbart werden, daß Verfügungen über den Anteil nur mit Zustimmung der Gesellschaft bzw. der Gesellschafter bzw. der Mehrheit der Gesellschafter zulässig sein sollen; umgekehrt können die Anteile an einer Personengesellschaft durch Vertrag frei veräußerlich gestaltet werden. Insbesondere bei einer Familien-GmbH werden solche **Vinkulierungen** regelmäßig in die Satzung aufgenommen.

38 Die **Vererblichkeit** von Anteilen an einer **Kapitalgesellschaft** kann nicht ausgeschlossen werden. Soweit das Eindringen von Dritten bzw. Erben in die Gesellschaft vermieden werden soll, sind für den Todesfall Einziehungsmöglichkeiten oder Abtretungsverpflichtungen vorzusehen. Bei Familiengesellschaften wird dies regelmäßig der Fall sein. Für diesen Fall kommt der Frage der Abfindung eine entscheidende Bedeutung zu. Bei **Personengesellschaften** führt der Tod eines der Gesellschafter (Ausnahme: Kommanditist: § 177 HGB) nach der gesetzlichen Neuregelung des § 131 HGB Abs. 3 Nr. 1 nicht mehr zur Auflösung der Gesellschaft, sondern zum Ausscheiden des betreffenden Gesellschafters, wenn vertraglich nichts anderes vereinbart ist. Zu den Regelungsmöglichkeiten wird auf Rz. 186 ff. verwiesen.

cc) Selbstorganschaft/Drittorganschaft

39 Bei **Personengesellschaften** besteht der **Grundsatz der Selbstorganschaft**, wonach nur Gesellschafter zu Geschäftsführern mit organschaftlicher Vertretungsmacht bestellt werden können. Dritten kann nur eine rechtsgeschäftliche Vollmacht erteilt werden, insbesondere etwa Prokura. Inhaltlich steht diese Vollmacht jedoch hinter der organschaftlichen Vertretungsmacht zurück, zumal der Grundsatz gilt, daß stets auch eine organschaftliche Vertretung der Gesellschaft möglich sein muß.

Demgegenüber bieten die **Kapitalgesellschaften** den Vorteil, auch Nichtgesellschafter zu Geschäftsführern bzw. Vorstandsmitgliedern bestellen zu können und so das Know-how dieser Personen nutzen zu können.

dd) Firma

Durch das Handelsrechtsreformgesetz vom 22. 6. 1998 wurde das Firmenrecht sowohl bei Personen- als auch bei Kapitalgesellschaften entscheidend liberalisiert. Die Firmenwahl bildet kein entscheidendes Kriterium für die Wahl zwischen Personen- und Kapitalgesellschaft. 40

ee) Handwerks-GmbH

Nach der Regelung in §§ 1, 7 HO (Handwerksordnung) ist der selbständige Betrieb eines Handwerks nur den in der Handwerksrolle eingetragenen natürlichen und juristischen Personen sowie Personengesellschaften gestattet. Die Errichtung einer GmbH bietet die Möglichkeit, das Handwerk durch Anstellung eines Betriebsleiters, der die Meisterprüfung bestanden hat, ausüben zu können, ohne daß dieser Geschäftsführer oder Gesellschafter werden müßte. Der nach Abzug des Geschäftsführergehalts verbleibende Gewinn steht somit den Gesellschaftern zu, ohne daß diese die erforderliche Qualifikation zur selbständigen Ausübung des Handwerks hätten. Bei der Wahl einer Personengesellschaft ist dagegen derjenige, der die erforderliche Qualifikation hat, als Gesellschafter unmittelbar am Unternehmen beteiligt und mitspracheberechtigt. Aus diesen Gründen wird in solchen Fällen oftmals eine GmbH errichtet. 41

ff) Zulässigkeit von Einmann-Gesellschaften

Die Gründung von Einmann-Gesellschaften ist vorteilhaft, da hierdurch eine Haftungsbeschränkung auf das Gesellschaftsvermögen erreicht werden kann. **Kapitalgesellschaften** können – seit der Änderung des § 2 AktG im Jahre 1994 auch eine Aktiengesellschaft – nunmehr regelmäßig durch einen Gründer errichtet werden. Bei **Personengesellschaften** scheidet diese Möglichkeit aus, da ein Gesellschaftsvertrag denknotwendig zwei Gesellschafter voraussetzt. Eine **Ausnahme** bildet jedoch die **Einmann-GmbH & Co. KG oder Einmann-AG & Co. KG,** bei der der alleinige Gründer der GmbH oder der einzige Aktionär der AG zugleich alleiniger Kommanditist der zusammen mit der GmbH bzw. AG gegründeten KG ist. Hierdurch läßt sich ebenfalls eine vermögensmäßige Absonderung des Gesellschaftsvermögens vom Privatvermögen erreichen. 42

gg) Rechnungslegung und Publizität

43 Für Kapitalgesellschaften gelten strenge Vorschriften für die Aufstellung, größenabhängige Prüfung und Publizierung des Jahresabschlusses (samt Anhang und Lagebericht; vgl. §§ 264 ff., §§ 316 ff., §§ 325 ff. HGB). Die Sanktionen bei einer Verletzung der Offenlegungspflicht wurden durch das Kapitalgesellschaften- und Co-Richtlinie-Gesetz (KapCoRiLiG) für die nach dem 31. 12. 1998 beginnenden Geschäftsjahre verschärft. Danach wird jede Verletzung mit einem Ordnungsgeld von mindestens 2.500 € und höchstens 25.000 € geahndet. Das Ordnungsgeldverfahren wird nur auf Antrag eingeleitet, den jedoch „jedermann" stellen kann.

Personengesellschaften, bei denen nicht wenigstens ein persönlich haftender Gesellschafter eine natürliche Person oder eine Personenhandelsgesellschaft mit einer natürlichen Person als persönlich haftender Gesellschafter ist, werden nach dem KapCoRiLiG wie Kapitalgesellschaften behandelt (§ 264a HGB). Hierunter fallen insbesondere GmbH & Co. KG, aber auch Stiftungen & Co. oder Genossenschaften & Co.

Demgegenüber verbleibt es bei Einzelkaufleuten und sonstigen Personengesellschaften bei der Anwendung der allgemeinen Vorschriften des HGB. Eine Prüfungs- oder Publizitätspflicht besteht nicht.

b) Arbeits- und mitbestimmungsrechtliche Aspekte

aa) Sozialversicherungspflicht und Altersversorgung

44 Kapitalgesellschaften bieten die Möglichkeit, den Geschäftsführern durch entsprechende kautelarjuristische Maßnahmen den Zugang in die gesetzliche Sozialversicherung zu ermöglichen. Die für eine Personengesellschaft tätigen Gesellschafter-Geschäftsführer haben in jedem Fall Arbeitgeberfunktionen inne. Bei GmbH-Geschäftsführern wird die Frage der Sozialversicherungspflicht dagegen anhand einer Vielzahl von Indizien entschieden (vgl. hierzu etwa *Winkler*, DStR 1997, 289; zur arbeitsrechtlichen Stellung des Geschäftsführers vergleiche nunmehr grundlegend BAG, NZA 1999, 839 und 1999, 987). Maßgebliche Kriterien sind insbesondere Höhe der Beteiligung, Befreiung von § 181 BGB, Branchenkenntnis des Geschäftsführers, Bindung an Zeit, Dauer und Ort der Arbeitsleistung, Entstehung der Firma (Umwandlung oder Neugründung), Vorliegen einer Familiengesellschaft und Vorliegen eines Unternehmerrisikos. Im Einzelfall läßt sich durch eine sachgerechte Gestaltung auch Gesellschafter-Geschäftsführern in hohem Alter noch der Zugang zur gesetzlichen Sozialversicherung eröffnen.

Hinzuweisen ist darauf, daß die Frage der Sozialversicherungspflicht für die Renten-, Arbeitslosen-, Unfall- und Krankenversicherung einheitlich zu beurteilen ist, wobei jedoch bei der Krankenversicherung zusätzlich die Nichtüberschreitung bestimmter Einkunftsgrenzen vorausgesetzt wird. Weiter besteht die Möglichkeit, gemäß § 15 Abs. 1 SGB I eine verbindliche Auskunft über die Frage der sozialversicherungsrechtlichen Beurteilung einzuholen, wodurch diese Frage zuverlässig im Vorfeld abgeklärt werden kann.

Hinzu kommt, daß nur bei Kapitalgesellschaften die Bildung von Pensionsrückstellungen mit steuerlicher Wirkung möglich ist.

bb) Mitbestimmung

Das BetriebsVG und die aus ihm folgenden Rechte und Pflichten sind – unabhängig von der Rechtsform – bei jedem Betrieb anwendbar, der sechs Arbeitnehmer beschäftigt. 45

Sonstige mitbestimmungsrechtliche Überlegungen, insbesondere die Frage der Beteiligung von Arbeitnehmervertretern in Leitungs- bzw. Kontrollorganen (Aufsichtsrat, Vorstand bzw. Geschäftsführung), können für mittelständische Unternehmen in der Regel vernachlässigt werden.

c) Steuerliche Aspekte

Eine detaillierte Behandlung der steuerlichen Aspekte der einzelnen Gesellschafts- bzw. Unternehmensformen kann an dieser Stelle nicht erfolgen, zumal die steuerliche Behandlung einem steten Wandel unterworfen ist. Grundsätzlich lassen sich jedoch zwei allgemeine Empfehlungen formulieren: 46

– Vor einer Überbetonung der steuerlichen Aspekte ist zu warnen. Zwar wird das wirtschaftliche Ergebnis wesentlich durch steuerliche Maßgaben mitbeeinflußt, jedoch stellen diese nur einen Faktor neben zahlreichen anderen Faktoren zivilrechtlicher Art dar und können im Einzelfall diesen gegenüber nachrangig sein (insbesondere etwa wegen drohender Haftungsgefahren).

– Bei der Auswahl zwischen mehreren Unternehmensformen sollte für steuerliche Zwecke ein Belastungsvergleich im Einzelfall durch einen Steuerberater bzw. Wirtschaftsprüfer angestellt werden. Auch dessen Ergebnis ist jedoch nur mit Einschränkungen als verläßliche Entscheidungshilfe zu verwenden, da die steuerliche Behandlung stetigen Änderungen unterworfen ist und im übrigen nicht nur rechtsform-, sondern auch größenabhängig ist und die Größe des Unternehmens sich insbesondere bei Gründung nicht zuverlässig abschätzen läßt.

4. Nutzung vorhandener Unternehmen oder Gesellschaften eines Gesellschafters

Wenn einer der potentiellen Gesellschafter selbst auf dem Bereich des Unternehmensgegenstands der zu gründenden Gesellschaft tätig ist (als Alleininhaber eines Unternehmens, als Alleingesellschafter oder als Mitgesellschaf- 47 ter), ist zu entscheiden, ob das Unternehmen oder die Beteiligung bei der Begründung der neuen Gesellschaft „verwendet" werden sollen.

Dazu sind folgende Ermittlungen anzustellen:
- Unternehmen oder Beteiligung eines Gesellschafters vorhanden?
- Nutzbarkeit des Unternehmens oder der Beteiligung?

48 Unbeschränkt nutzbar ist ein vorhandenes Unternehmen oder eine vorhandene Beteiligung grds., wenn das vorhandene Unternehmen exakt den Unternehmensgegenstand des künftig gemeinsam zu betreibenden Unternehmens abdeckt. Weitere Voraussetzung für die unbeschränkte Nutzbarkeit ist freilich, daß der betreffende Gesellschafter mit der Gründung der neuen Gesellschaft selbst auf dem Bereich des Unternehmensgegenstands nicht mehr tätig werden will. Wenn der potentielle Gesellschafter nicht Alleininhaber oder alleiniger Gesellschafter ist, ist zusätzlich erforderlich, daß dessen bisheriger Partner bereit ist, aus dem Unternehmen auszuscheiden, indem er z. B. seine Beteiligung abtritt.

49 Eingeschränkte Nutzbarkeit besteht, wenn der Unternehmensgegenstand des Unternehmens, das von einem Gesellschafter betrieben wird oder an dem dieser beteiligt ist, umfassender ist als der Unternehmensgegenstand, der mit der neugegründeten Gesellschaft betrieben werden soll, aber eine Abspaltung dieses Unternehmensteils vom Restunternehmen möglich ist.

In diesem Fall ist die Nutzung sinnvoll, wenn der Gesellschafter auf dem abgespaltenen Teil nur mehr im Rahmen der neugegründeten Gesellschaft tätig werden will, während er auf dem verbleibenden Bestandteil wie bisher tätig werden will.

a) Sinnhaftigkeit der Nutzung

50 Die Nutzung eines vorhandenen Unternehmens oder Unternehmensbestandteils oder Unternehmensteils muß durch positive Gründe gerechtfertigt werden; negative Umstände dürfen ihrer Nutzung nicht entgegenstehen.

(1) Positive Gründe für die Nutzung eines Unternehmens bestehen,
- wenn das Unternehmen am Markt eingeführt ist,
- wenn eine nutzbare sachliche und personelle Ausstattung besteht oder
- wenn nutzbare steuerliche Verlustvorträge dieses Unternehmens oder Unternehmensteils vorliegen.

Dazu sind eingehende betriebswirtschaftliche und steuerliche Überlegungen erforderlich.

Insbesondere ist zu überprüfen, ob die bisherige Marktstellung als positiv zu bewerten ist, ob die sachliche und personelle Ausstattung eine Chance oder

Risiko ist (Risiko z. B. bei personeller Übersetzung, bei veraltetem Inventar und dergleichen).

In steuerlicher Hinsicht ist zu überprüfen, ob evtl. Verlustvorträge für die neue Gesellschaft nutzbar sind.

In betriebswirtschaftlicher Hinsicht ist weiter zu überprüfen, wie die von einem Gesellschafter einzubringende Beteiligung oder ein einzubringendes Unternehmen bewertet wird.

(2) Gegen eine Verwendung spricht ein Haftungsrisiko für die weiteren Gesellschafter, wenn das Haftungsrisiko nicht beschränkbar ist.

b) Umstrukturierung

Wenn ein vorhandenes Unternehmen oder eine vorhandene Beteiligung für die zu errichtende Gesellschaft sinnvoll genutzt werden kann, ist zu prüfen, ob und wie dieses Unternehmen oder diese Beteiligung rechtlich umstrukturiert werden muß. 51

aa) Rechtsformänderungen

Zu berücksichtigen ist z. B. Umwandlung eines einzelkaufmännischen Unternehmens in eine GmbH vor dem Beitritt eines weiteren Gesellschafters und die Abspaltung von Unternehmensteilen durch die Neugründung von Kapitalgesellschaften im Rahmen des neuen Umwandlungsrechts. 52

bb) Beitritt der weiteren Gesellschafter

Zu prüfen ist, wie sich der Beitritt der weiteren Gesellschafter vollzieht, z. B. bei Kapitalgesellschaften durch Anteilsabtretung oder durch Kapitalerhöhung mit Übernahme des erhöhten Stammkapitals – bei Beitritt zu einzelkaufmännischen Unternehmen durch Begründung einer oHG oder einer KG mit oder ohne Haftungsausschluß nach § 28 HGB. 53

Die bei Nutzung vorhandener Unternehmen oder Gesellschaften auftretenden Probleme können hier i. ü. nicht umfassend dargestellt werden. Insoweit wird verwiesen auf die Literatur zum Umwandlungsrecht, z. B. auf *Widmann/Mayer*, Umwandlungsrecht; *Dehmer*, Umwandlungsrecht; *Lutter*, Umwandlungsgesetz.

III. Betriebswirtschaftliche und steuerliche Prüfung des Konzepts

1. Prüfungsumfang

Der Prüfungsumfang ergibt sich insbesondere aus dem entwickelten rechtlichen Konzept und den dort aufgeworfenen Fragen, die als betriebswirtschaft- 54 lich und steuerrechtlich näher zu vertiefend erkannt werden. Speziell betriebswirtschaftlich zu vertiefen sind in der Regel die Punke der folgenden

a) Betriebswirtschaftlichen Checkliste

▷ Die erforderliche Bar- und Sachkapitalausstattung der zu gründenden Gesellschaft,

▷ Fähigkeit der in Aussicht genommenen Gesellschafter, sich in der erforderlichen Weise durch Bar- oder Sachkapital an der Gesellschaft zu beteiligen,

▷ Bewertung der Leistungen der Gesellschafter, die diese in die Gesellschaft einbringen zur Berechnung der Beteiligungsquote,

▷ fachliche Eignung des vorgesehenen internen oder externen Geschäftsführers,

▷ Festlegung des erforderlichen Know-hows, das in die Gesellschaft eingebracht werden muß, und die Organisation der Einbringung,

▷ Festlegung der erforderlichen Nutzungsverhältnisse bei Gegenständen, auf deren Nutzung die Gesellschaft angewiesen ist,

▷ Festlegung der Vergütung für Geschäftsführer und von Nutzungsentgelten.

55 Steuerlich zu prüfen sind die Punkte der folgenden

b) Steuerlichen Checkliste

▷ Wahl der Gesellschaftsform, speziell wegen der Auswirkungen auf die Gewerbeertragsteuer und Gewerbekapitalsteuer,

▷ steuerliche Auswirkung des Beitritts des jeweiligen Gesellschafters; speziell sind folgende Fragen zu prüfen:

▷ Liegt bei einem Gesellschafter, der bereits anderweitig unternehmerisch tätig ist und sich z. B. an einer neu zu errichtenden GmbH beteiligt, wegen einer steuerlichen „Wettbewerbstätigkeit" eine verdeckte Gewinnausschüttung vor?

▷ Können von einem Gesellschafter bereits betrieblich genutzte Gegenstände, Betriebe oder Betriebsteile unter Vermeidung der Aufdeckung von stillen Reserven zu Buchwerten eingebracht werden? Welche umsatzsteuerrechtlichen Folgen hat speziell die Einbringung von Vermögen in die zu gründende Gesellschaft gegen Gewährung von Gesellschaftsanteilen; droht ein Verlust von Vorsteuerabzug durch die Einbringung?

▷ Vorgaben für die inhaltliche Gestaltung der zu entwickelnden Gesellschaftsverträge, z. B. Öffnungsklausel für Wettbewerbstätigkeiten oder „Steuerklausel" zu verdeckten Gewinnausschüttungen bei der GmbH;

▷ steuerliche Vorgaben für Verträge, die die Gesellschaftsverträge ergänzen, z. B. für den Anstellungsvertrag des Geschäftsführers, den Nutzungsüberlassungsvertrag und für den Vertrag, durch den Know-how der Gesellschaft zur Verfügung gebracht wird, speziell zur Vermeidung von verdeckten Gewinnausschüttungen.

2. Organisation der Überprüfung

a) Interne oder externe Konzeptprüfung

Festzulegen ist, ob durch den rechtlichen Berater zugleich die betriebswirtschaftliche und die steuerliche Überprüfung des Konzepts stattfinden soll, indem er entweder dieses bei geeigneter fachlicher Eignung selbst prüft oder durch fachlich geeignete Partner oder Angestellte prüfen läßt (interne Konzeptüberprüfung) oder indem die Überprüfung an Dritte vergeben wird (externe Konzeptüberprüfung). 56

Eine interne Konzeptüberprüfung ist nur möglich, wenn

– die fachliche Kompetenz vorhanden ist und
– der den Auftrag gebende Gesellschafter oder Gesellschafterkreis mit der internen Konzeptüberprüfung einverstanden ist.

Derjenige, der das rechtliche Vorkonzept entwickelt, sollte einen Entscheidungsvorschlag über eine interne oder externe Konzeptüberprüfung formulieren. Wenn eine externe Konzeptüberprüfung stattfinden soll, kann ein externer Prüfer vorgeschlagen werden oder die Entscheidung in das Ermessen des Auftraggebers gelegt werden.

Die Entscheidung über die interne oder externe Überprüfung trifft der auftraggebende Gesellschafter oder Gesellschafterkreis.

b) Herbeiführung der Prüfung

aa) Zuständigkeit

Bei einer internen Konzeptüberprüfung ist die Konzeptüberprüfung selbst herbeizuführen, bei einer externen Konzeptüberprüfung ist mit dem Auftraggeber zu klären, ob der Auftraggeber den Überprüfungsauftrag selbst erteilt oder ob der rechtliche Berater im Namen und im Auftrag des Auftraggebers den Prüfungsauftrag an den Externen vergibt. 57

bb) Formulierung

58 Klärungsbedürftig ist auch, wer den Prüfungsauftrag formuliert. In jedem Fall sollte das rechtliche Vorkonzept mit zur Verfügung gestellt werden und sollten die dort als näher zu vertiefenden Punkte in den Prüfungsauftrag einbezogen werden. Weiter zu vertiefende Punkte können durch die Auftraggeber eingefügt werden.

c) Durchführung der Prüfung

59 Die Prüfung schließt ab mit dem Prüfungsergebnis. Es ist dafür Sorge zu tragen, daß das Prüfungsergebnis an den rechtlichen Berater weitergeleitet wird.

d) Rezeption des Prüfungsergebnisses

60 Anhand des Prüfungsergebnisses ist das rechtliche Vorkonzept entweder zu verifizieren oder weiterzuentwickeln.

IV. Schlußkonzept

61 Ein endgültiges Konzept ist zu erstellen, das die Grundlage für die einzelnen Gesellschaftsverträge und die damit verbundenen Verträge bildet.

Dieses kann ggf. zur nochmaligen betriebswirtschaftlichen oder steuerlichen Überprüfung dem jeweiligen Prüfer vorgelegt oder wenigstens zur Kenntnisnahme übersandt werden.

16 Allgemeine Gestaltungsfragen für alle Gesellschaftsverträge

	Rz.
I. Form des Gesellschaftsvertrags	62
1. Rechtliches Formerfordernis	62
a) Notarielle Beurkundung bei Gründung einer GmbH und einer Aktiengesellschaft	62
b) Notarielle Beurkundung von Umwandlungen	63
c) Schriftform bei der Partnerschaft	64
d) Reduziertes Schriftformerfordernis bei der EWIV	65
e) Grundsätzlich Formfreiheit bei sonstigen Gesellschaftsverträgen	66
f) Formbedürftigkeit in Einzelfällen	67
aa) Grundbesitz im Gesellschaftsvermögen	68
bb) Doppelgesellschaften	69
cc) Auswirkung	70
2. Urkundliche Gestaltung	71
II. Beteiligungsfähigkeit in- und ausländischer Gesellschafter und Gesellschaften	72
1. Beteiligungsfähigkeit inländischer Gesellschaften	72
a) GbR	72
b) oHG, KG	73
c) GmbH	74
2. Ausländische natürliche Personen	75
3. Ausländische Gesellschaften	76
III. Basischeckliste und Aufbauschema für Gesellschaftsverträge	78
IV. Kommentierung der Basischeckliste	79
1. Vertragliche Grundlagen	80
a) Bezeichnung	80
aa) Vorbemerkungen	80
(1) Innengesellschaften	80

	Rz.
(2) Außengesellschaften	81
bb) Grundsätze	84
cc) Formulierungsbeispiele	86
b) Namensrechte	87
aa) Vorbemerkungen	87
bb) Interessenlage	88
cc) Formulierungsbeispiele	89
c) Sitz	91
aa) Vorbemerkung	91
bb) Grundsätze	92
cc) Vorgreiflichkeit	93
d) Gesellschaftszweck/Unternehmensgegenstand	94
aa) Vorbemerkungen	94
bb) Bedeutung	95
(1) Schwerpunkt der Tätigkeit	95
(2) Kompetenz von Gesellschaftsorganen	96
(3) Formbedürftigkeit des Gesellschaftsvertrags	97
cc) Formulierung	98
e) Gesellschafter, Beteiligungsverhältnisse	100
aa) Vorbemerkungen	100
(1) Namen der Gesellschafter	100
(2) Beteiligungsquote	102
f) Besondere Anforderungen an Gesellschafter	103
aa) Beteiligungsfähigkeit in- und ausländischer Gesellschafter	103
bb) Gesellschaftsvertragliche Beschränkungen	104
cc) Formulierungsbeispiele	105
g) Gesellschafterstämme/Gesellschaftergruppen	107
aa) Vorbemerkungen	107

	Rz.
bb) Formulierungsbeispiele	109
h) Dauer der Gesellschaft	110
aa) Vorbemerkungen	110
(1) Bedeutung	110
(2) Gestaltung	111
bb) Formulierungsbeispiele	112
i) Geschäftsjahr	114
aa) Vorbemerkungen	114
bb) Formulierungsbeispiele	115
j) Kapital der Gesellschaft, Einlagen der Gesellschafter	117
aa) Definition	117
(1) Beiträge	118
(2) Einlagen	119
bb) Gestaltung	120
k) Dienstleistungs- und Nutzungsüberlassungspflichten	121
aa) Abgrenzung gesellschaftsvertraglicher Pflichten von Leistungspflichtigen aufgrund zusätzlicher Abreden	121
bb) Gestaltung	122
2. Innere Ordnung der Gesellschaft	123
a) Geschäftsführung	123
aa) Abgrenzung Geschäftsführungsbefugnis – Vertretungsmacht	123
bb) Kein Recht zur Zwecküberschreitung und zu Grundlagenänderungen	124
cc) Selbst- und Fremdorganschaft	125
b) Buchführung, Bilanzierung	127
aa) Gesetzliche Regelung	127
bb) Gesellschaftsvertragliche Regelung	128
c) Kontrollrechte der Gesellschafter	129
aa) Gesetzliche Regelung	129
bb) Gesellschaftsvertraglich mögliche Ergänzungen	130
(1) Beiziehung von Dritten	130

	Rz.
(2) Mißbrauchsgefahr	131
d) Gesellschafterversammlung, Stimmrecht, Einwendungsrechte	132
aa) Gesellschafterversammlung als Entscheidungsforum	132
bb) Nähere Gestaltung	134
e) Ergebnisverwendung	136
aa) Verluste	136
(1) Keine Verlustteilnahme bei Kapitalgesellschaften	136
(2) Verlustteilnahme bei Personenhandelsgesellschaften, GbR und stiller Gesellschaft	137
bb) Gewinne	138
f) Wettbewerbsfragen	140
aa) Erforderlichkeit einer Regelung	140
bb) Interessenlage	141
cc) Abgrenzung zu arbeitsvertraglichen Wettbewerbsregelungen	142
dd) Gesetzliche Regelungen des Wettbewerbsverbots	144
(1) Grundsatz	144
(2) GbR	145
(3) oHG	146
(4) KG	148
(5) GmbH	149
(6) AG	152
(7) Weitere Gesellschaften	153
ee) Verhältnis zum Kartellverbot	154
ff) Steuerliche Gefahren im Zusammenhang mit dem Wettbewerbsverbot	155
gg) Regelungsmöglichkeiten und Regelungsgrenzen	157
hh) Grenzen der Regelungsbefugnis, insbesondere Mandanten- und Branchenschutzklauseln	158

	Rz.
3. Außenverhältnisse der Gesellschaft.	159
a) Vertretung der Gesellschaft oder der Gesellschafter . . .	159
aa) Definition	159
bb) Fremd-/Selbstorganschaft	160
cc) Vertragliche Regelung .	161
dd) Gestaltung, Adressaten der Vertretungsmacht .	162
ee) Verleihung der Vertretungsmacht, Umfang, Registrierung, Legitimationsurkunde	163
(1) Umfang	164
(2) Registrierung.	165
(3) Legitimationsurkunde	166
b) Haftungsbeschränkung . . .	167
4. Strukturänderungen der Gesellschaft.	168
a) Aufnahme weiterer Gesellschafter/Gesellschafterwechsel.	168
aa) Kapitalgesellschaften.	168
(1) GmbH	168
(2) AG	169
bb) Personengesellschaften	170
b) Kündigung eines Gesellschafters.	171
aa) Definition	171
bb) Zulässigkeit.	172
cc) Form	173
dd) Wirkung	174
ee) Gestaltung	175
(1) Kündbarkeit	175
(2) Adressat der Kündigung	176
(3) Form der Kündigung	177
(4) Zeitpunkt der Wirksamkeit der Kündigung	178
(5) Folgekündigung. . .	179
c) Ausschließung von Gesellschaftern	180
aa) Vorbemerkungen, Tatbestände	180

	Rz.
bb) Gestaltungsrecht der weiteren Gesellschafter	184
cc) Regelungsbedarf	185
d) Tod eines Gesellschafters .	186
aa) Vorbemerkungen . . .	187
bb) Gestaltungsüberlegungen	189
(1) Bei Personengesellschaften.	194
(2) Bei der GmbH und der AG.	197
cc) Testamentsvollstreckung.	198
(1) Personengesellschaften.	199
(2) Kapitalgesellschaften.	201
e) Abfindung	202
aa) Erforderlichkeit einer Abfindungsregelung	202
bb) Interessenlage	204
(1) Interesse der Gesellschaft bzw. der Mitgesellschafter bzw. eintrittswilliger Dritter . .	205
(2) Interessenlage des Gesellschafters bzw. sonstiger Dritter	206
(3) Abfindungsklausel zur Streitverhütung.	207
(4) Differenzierungsmöglichkeiten. . .	208
(5) Möglichkeiten . . .	209
cc) Beurteilung von Abfindungsklauseln durch die Rechtsprechung . .	210
dd) Rechtsfolgen	211
ee) Differenzierungskriterien.	212
ff) Insbesondere: Abfindung nach dem „Stuttgarter Verfahren". . . .	213
gg) Zusammenhang der Abfindungsregelung mit Kapitalkonten . . .	215

	Rz.		Rz.
hh) Erb- und familien-rechtliche Auswirkungen von Abfindungsklauseln	216	(1) Rückgewähr von Gegenständen, die zur Nutzung überlassen wurden	222
f) Weitere Ansprüche des ausscheidenden Gesellschafters	219	(2) Befreiung von Schulden bzw. Sicherheitsleistung	223
aa) Rückgewähr von Gegenständen, die ein Gesellschafter der Gesellschaft zur Nutzung überlassen hat	220	g) Nebenansprüche beim Ausscheiden	224
		aa) Vertraulichkeit	224
		bb) Herausgabe von Unterlagen	225
bb) Befreiung von Schulden bzw. Sicherheitsleistung	221	5. Allgemeine Bestimmungen	226
		a) Sonstige Bestimmungen	226
		aa) Vollständigkeitsklausel	226
cc) Gestaltungsüberlegungen	222	bb) Vertragsänderungen	227
		b) Teilnichtigkeit	228

I. Form des Gesellschaftsvertrags

1. Rechtliches Formerfordernis

a) Notarielle Beurkundung bei Gründung einer GmbH und einer Aktiengesellschaft

62 Nach § 2 Abs. 1 S. 1 GmbHG bedarf der Gesellschaftsvertrag einer GmbH notarieller Form, d. h. er muß notariell beurkundet werden. Dies gilt nach § 23 Abs. 1 S. 1 AktG auch für die Aktiengesellschaft, deren Satzung durch notarielle Beurkundung festgestellt werden muß.

b) Notarielle Beurkundung von Umwandlungen

63 Darüber hinaus bedürfen sämtliche Umwandlungen nach dem Umwandlungsgesetz der notariellen Beurkundung, auch wenn dadurch Gesellschaftsformen begründet werden, die normalerweise in nicht notariell beurkundeter Form errichtet werden könnten (z. B. Umwandlung einer GmbH in eine oHG, siehe dazu § 193 Abs. 3 UmwG).

c) Schriftform bei der Partnerschaft

64 Partnerschaften können nach § 3 Abs. 1 PartGG nur schriftlich geschlossen werden, wobei Schriftform im Sinne des § 126 BGB gilt; d. h. der Gesellschaftsvertrag muß durch alle Gesellschafter eigenhändig unterschrieben werden. Nach h. M. ist die Einhaltung der Schriftform Wirksamkeitsvoraussetzung und hat nicht nur Bedeutung für die Registrierung und deklaratori-

sche Bedeutung für den Fall, daß eine Registrierung trotz Verletzung des Schriftformerfordernisses erfolgt.

d) Reduziertes Schriftformerfordernis bei der EWIV

Der Gesellschaftsvertrag der EWIV muß beim Handelsregister hinterlegt werden (Art. 7 EWIV-VO). Daraus ergibt sich, daß er in hinterlegbarer Form fixiert werden muß, also schriftlich niederzulegen ist, ohne daß die Schriftform des § 126 HGB eingehalten werden müßte. Die Unterzeichnung des Vertrags durch die Gesellschafter ist deshalb nicht vorgeschrieben. 65

e) Grundsätzlich Formfreiheit bei sonstigen Gesellschaftsverträgen

Sonstige Gesellschaftsverträge können grundsätzlich formlos begründet werden, so die GbR, die oHG und die KG sowie die stille Gesellschaft. 66

f) Formbedürftigkeit in Einzelfällen

In Einzelfällen kann sich aber trotz des Grundsatzes der Formlosigkeit die Notwendigkeit zur notariellen Beurkundung ergeben. Voraussetzung dafür ist, daß in dem Gesellschaftsvertrag Pflichten der Gesellschaft oder der Gesellschafter begründet werden, die wirksam nur in notariell beurkundeter Form begründet werden können, z. B. die Verpflichtung zur Übereignung von Grundbesitz oder die Verpflichtung, GmbH-Beteiligungen zu übertragen (siehe dazu § 313 BGB und § 15 Abs. 3, Abs. 4 GmbHG). 67

aa) Grundbesitz im Gesellschaftsvermögen

Es ist zu berücksichtigen, daß eine Verpflichtung zur Übereignung von Grundbesitz auch bei grundbesitzenden Gesellschaften besteht, wenn bezüglich der Auseinandersetzung des Gesellschaftsvermögens, z. B. bei Liquidation oder beim Ausscheiden eines Gesellschafters, Grundsätze vereinbart werden, die von den gesetzlichen Grundsätzen abweichen; z. B. das Recht eines Gesellschafters vereinbart wird, den Grundbesitz zu übernehmen, oder ihm auch nur ein Vorkaufsrecht eingeräumt wird. Solche Abreden führen zur Beurkundungsbedürftigkeit des genannten Gesellschaftsvertrags. 68

bb) Doppelgesellschaften

Bei Doppelgesellschaften (GmbH & Co. KG und Betriebsaufspaltung) ist zu berücksichtigen: Die Verzahnung der Gesellschaftsbeteiligungen kann erfordern, daß auch im KG-Vertrag oder im GbR-Vertrag Pflichten zur Veräußerung oder zum Erwerb der Geschäftsanteile der GmbH begründet werden (siehe dazu unten Rz. 469 ff. u. 555) oder zumindest Vorkaufs- oder Ankaufs- 69 rechte zugunsten der Mitgesellschafter begründet werden, die sich nicht nur auf den Kommanditanteil, sondern auch auf den Geschäftsanteil bei der GmbH beziehen. Dies führt zur Beurkundungsbedürftigkeit auch des KG-Vertrags bei der GmbH & Co. KG oder des GbR-Vertrags bei der Betriebsaufspaltung.

cc) Auswirkung

70 Wenn einzelne Bestandteile eines Gesellschaftsvertrags zur Beurkundungsbedürftigkeit führen, darf sich die Beurkundung nicht nur auf den beurkundungsbedürftigen Teil beschränken, sondern muß den gesamten Gesellschaftsvertrag umfassen.

2. Urkundliche Gestaltung

71 Unter „urkundlicher Gestaltung" werden hier nicht rechtlich vorgegebene formelle Gestaltungsgrundsätze verstanden.

Bei der Gestaltung der Urkunde ist insbesondere zu berücksichtigen, daß das Vertragswerk häufig in mehrere Einzelurkunden aufgespalten werden kann und daß auch eine einheitliche Urkunde aus einem Vorspann, dem sog. Urkundenmantel und dem Hauptteil sowie diversen Anlagen bestehen kann.

Speziell bei Kapitalgesellschaften wird die Satzung urkundstechnisch vom Urkundenmantel getrennt, damit bei späteren Satzungsänderungen nur der neue Satzungswortlaut nach § 54 Abs. 1 S. 2 GmbHG und der entsprechenden Regelungen im Aktienrecht vorgelegt werden muß. Dies empfiehlt sich auch bei der Begründung von sonstigen Gesellschaftsvertragsverhältnissen.

Verträge, die zur Durchführung von Einlageverpflichtungen abgeschlossen werden, sollten ebenfalls urkundsmäßig getrennt werden oder bei Urkundeneinheit in einer Anlage niedergelegt werden, um zu einem späteren Zeitpunkt die „Statuten in der Gesellschaft" vom Beiwerk getrennt zu haben.

II. Beteiligungsfähigkeit in- und ausländischer Gesellschafter und Gesellschaften

1. Beteiligungsfähigkeit inländischer Gesellschaften

a) GbR

72 Gesellschafter einer GbR kann von Gesetzes wegen grundsätzlich jede inländische natürliche oder juristische Person sein, ebenso die Personenhandelsgesellschaften (oHG und KG) und eine GbR selbst. Ehegatten, die im Güterstand der Gütergemeinschaft leben, können nur dann ohne Bildung von Vorbehaltsgut (für den Gesellschaftsanteil zumindest von einem von ihnen) Gesellschafter einer GbR sein, wenn an der GbR weitere Personen als die

Ehegatten beteiligt sind. Mitglieder einer Erbengemeinschaft können sich als Gesamtberechtigte der Erbengemeinschaft nicht an einer GbR beteiligen.

b) oHG, KG

Die Ausführungen für die GbR gelten mit folgender Maßnahme entsprechend: Eine GbR kann nach noch h. M. nicht Gesellschafter einer oHG oder persönlich haftender Gesellschafter einer KG oder Kommanditist sein. Sie kann aber Kommanditist einer KG sein. 73

c) GmbH

Gesellschafter einer GmbH können inländische natürliche oder juristische Personen sein und Personenhandelsgesellschaften. Ehegatten, die im Güterstand der Gütergemeinschaft leben, können die einzigen Gesellschafter einer GmbH sein. Eine GbR kann sich (ohne Beitritt weiterer Gesellschafter) an einer GmbH beteiligen; eine vertragliche Haftungsbeschränkung (z. B. der Form, daß der GbR-Gesellschafter hierfür nur mit seinem Anteil am Gesamthandsvermögen oder quotal haftet) kann bzgl. gesetzlicher Einlageverpflichtungen nicht vereinbart werden. In der Gesellschafterliste kann deswegen neben dem Zusatz „als Gesellschafter des bürgerlichen Rechts" nicht das Kürzel „mbH" oder „mit beschränkter Haftung" geführt werden. 74

2. Ausländische natürliche Personen

Ausländische natürliche Personen können uneingeschränkt Gesellschafter einer GbR, einer oHG, einer KG oder einer GmbH sein. 75

3. Ausländische Gesellschaften

Für die Beteiligung ausländischer Gesellschaften an GbR, oHG, KG oder GmbH gilt: 76

Alle Gesellschaften müssen folgende Voraussetzungen erfüllen:

– Eine deutsche Gesellschaft, die ihrer Struktur nach der ausländischen Gesellschaft entspricht, muß sich an der deutschen Gesellschaft beteiligen können.

– Nach den Feststellungen oben ist dies für die Beteiligung an einer GbR und einer GmbH unproblematisch. An einer oHG und einer KG als persönlich haftender Gesellschafter kann sich wegen fehlender Beteiligungsfähigkeit inländischer GbR keine ausländische Gesellschaft beteiligen, die ihrer Struktur nach inländischen GbR entspricht.

– Das ausländische Recht darf der Gesellschaft nicht die Beteiligung an einer ausländischen Gesellschaft verbieten, die der entsprechenden deutschen Gesellschaftsform entspricht.

77 – Für ausländische juristische Personen gilt darüber hinaus:
Die Rechtsfähigkeit der Gesellschaft muß nicht formell für das Inland anerkannt sein (BGHZ 53, 183). Sie muß nur nach dem Recht, wo sie ihren effektiven Verwaltungssitz hat, wirksam gegründet worden und nach dem Recht dieses Staats rechtsfähig sein (BayObLGZ 1986, 61).

III. Basischeckliste und Aufbauschema für Gesellschaftsverträge

78 **1. Vertragliche Grundlagen**
 a) Bezeichnung
 b) Namensrechte
 c) Sitz
 d) Gesellschaftszweck, Unternehmensgegenstand
 e) Gesellschafter, Beteiligungsverhältnisse
 f) Besondere Anforderungen an Gesellschafter
 g) Gesellschafterstämme/Gesellschaftergruppen
 h) Dauer der Gesellschaft
 i) Geschäftsjahr
 j) Kapital der Gesellschaft, Einlagen der Gesellschafter
 k) Dienstleistungs- und Nutzungsüberlassungspflichten

2. Innere Ordnung der Gesellschaft
 a) Geschäftsführung
 b) Buchführung, Bilanzierung
 c) Kontrollrechte der Gesellschafter
 d) Gesellschafterversammlung, Stimmrecht, Einwendungsrechte
 e) Ergebnisverwendung
 f) Wettbewerbsfragen

3. Außenverhältnisse der Gesellschaft
 a) Vertretung der Gesellschaft oder der Gesellschafter
 b) Haftungsbeschränkung

4. Strukturänderungen der Gesellschaft

a) Aufnahme weiterer Gesellschafter/Gesellschafterwechsel
b) Kündigung eines Gesellschafters
c) Ausschließung von Gesellschaftern
d) Tod eines Gesellschafters
e) Abfindung
f) Weitere Ansprüche des ausscheidenden Gesellschafters
g) Nebenansprüche beim Ausscheiden

5. Allgemeine Bestimmungen

a) Sonstige Bestimmungen
b) Teilnichtigkeit

IV. Kommentierung der Basischeckliste

Bei der Realisierung von Gesellschaftsverträgen anhand der Basischeckliste ist folgendes zu berücksichtigen: Bei den Personengesellschaften und der GmbH gilt der Grundsatz, daß der Gesellschaftsvertrag die Satzung inhaltlich frei gestaltet werden kann, solange nicht gegen zwingendes Recht verstoßen wird. Bei der AG gilt umgekehrt der Grundsatz, daß vom Gesetz in der Satzung nur abgewichen werden kann, wenn das Gesetz selbst es zuläßt (s. § 23 Abs. 5 AktG). 79

1. Vertragliche Grundlagen

a) Bezeichnung

aa) Vorbemerkungen

(1) Innengesellschaften

Die Notwendigkeit, eine Bezeichnung zu wählen, entfällt bei Innengesellschaften. 80

(2) Außengesellschaften

Handelsgesellschaften, und zwar sowohl Personenhandelsgesellschaften (oHG, KG einschließlich GmbH & Co. KG, AG & Co. KG und GmbH & Co. oHG bzw. AG & Co. oHG) als auch Kapitalgesellschaften (GmbH und Aktiengesellschaft) müssen zur Kennzeichnung im Rechtsverkehr eine so- 81 genannte „Firma" führen (siehe dazu § 105 HGB, 23 Abs. 3 Nr. 1 AktG, § 3 Abs. 1 Nr. 1 GmbHG).

Sie führen unter dieser Bezeichnung aktive Prozesse und werden unter ihrer Firma verklagt (siehe dazu § 124 Abs. 1 HGB, § 1 Abs. 1 AktG und § 13 Abs. 1 GmbHG). Gegen eine **Kapitalgesellschaft** gerichtete Titel wirken in keinem Fall gegen die Gesellschafter (siehe dazu § 13 Abs. 2 GmbHG und § 1 Abs. 1 S. 2 AktG). Obwohl bei **Personenhandelsgesellschaften** sowohl das Gesellschaftsvermögen als auch wegen § 128 HGB die Gesellschafter (der Kommanditist aber nur begrenzt) haften, muß sowohl ein Titel vorliegen, der gegen die Gesellschaft, als auch ein Titel, der gegen den Gesellschafter gerichtet ist, wenn sowohl in das Gesamthandsvermögen der Personenhandelsgesellschaft als auch in das persönliche Vermögen der Gesellschafter vollstreckt werden soll (siehe dazu § 124 Abs. 2 HGB). Die Firma wird von den Handelsgesellschaften auch im Grundbuchverkehr geführt (siehe dazu § 124 Abs. 1 HGB, § 13 Abs. 1 GmbHG).

82 **Abweichend** davon gilt bei **GbR**, die als Außengesellschaften geführt werden:

Sie können im Rechtsverkehr grundsätzlich unter einer einheitlichen Bezeichnung auftreten, müssen dies aber nicht. Bei Prozessen müssen sämtliche, namentlich aufzuführenden Gesellschafter klagen und verklagt werden (Gegenschluß zu § 17 Abs. 2 HGB), und bei Grundbucheintragungen müssen sämtliche Gesellschafter namentlich (mit dem Zusatz „als Gesellschafter des bürgerlichen Rechts", um das Gesamthandsverhältnis zu kennzeichnen) vermerkt werden (Gegenschluß zu § 124 Abs. 1 HGB).

83 **Partnerschaftsgesellschaften** gilt nach § 2 und § 3 PartGG:
Die Führung eines Namens der Partnerschaft ist erforderlich. Er ist nach § 2 PartGG zu bilden (mindestens Name eines Partners, Berufsbezeichnung aller in der Partnerschaft vertretenen Berufe, Zusatz „und Partner" oder „Partnerschaft").

bb) Grundsätze

84 Für **Handelsgesellschaften** enthält sowohl das HGB Bestimmungen darüber, welche Bezeichnungen gewählt werden dürfen, als auch das GmbHG und das AktG. Dabei wurde durch das Handelsreformgesetz v. 22. 6. 1998 das Firmenrecht entscheidend liberalisiert. Allgemein gilt

- das Gebot ausreichender Spezifizierung der Gesellschaft; d. h., die Firma muß zur Kennzeichnung geeignet sein und Unterscheidungskraft besitzen (§ 18 Abs. 1 HGB), und

- das Täuschungsverbot (§ 18 Abs. 2 HGB), wonach über wesentliche geschäftliche Verhältnisse keine irreführenden Angaben gemacht werden dürfen.

– Weiter muß ein Hinweis auf die Rechtsform enthalten sein (§ 19 HGB, bzw. § 4 AktG, § 4 GmbHG).

Für **Gesellschaften des bürgerlichen Rechts** enthalten die §§ 705 ff. BGB keine Bestimmungen. Literatur und Rechtsprechung haben aber Regeln entwickelt, die bei der Namensfindung zu beachten sind. Hierzu wird verwiesen auf den Abschnitt über die GbR. 85

Für Partnerschaftsgesellschaften gilt § 2 PartGG.

cc) Formulierungsbeispiele

Rechtsformspezifisch; siehe bei den einzelnen Gesellschaftsverträgen. 86

b) Namensrechte (entfällt bei reinen Sachbezeichnungen)

aa) Vorbemerkungen

§ 12 BGB läßt nur den berechtigten Gebrauch des Namens eines anderen zu. Dies ist zu berücksichtigen, wenn in der Bezeichnung der Gesellschaft der Name eines oder mehrerer Gesellschafter geführt wird. Das Recht zum Gebrauch des Namens eines Gesellschafters folgt während seiner Zugehörigkeit zur Gesellschaft seinem Beitritt. Nach dem Ausscheiden des namengebundenen Gesellschafters darf nach §§ 22 Abs. 1 und 24 Abs. 2 HGB bei **Handelsgesellschaften** der Name von der Gesellschaft nur dann weitergeführt werden, wenn der ausscheidende Gesellschafter oder sein Erbe damit einverstanden ist. Diese Bestimmungen gelten entsprechend bei Partnerschaften (§ 2 Abs. 2 PartGG). 87

Da §§ 22 Abs. 1, 24 Abs. 2 HGB nur den allgemein gültigen § 12 BGB konkretisieren, gilt dies auch für die **GbR und die Kapitalgesellschaften.**

bb) Interessenlage

In der Regel hat die Gesellschaft ein erhebliches Interesse daran, ihre bisherige Bezeichnung weiterzuführen, auch wenn der namensgebende Gesellschafter aus der Gesellschaft ausgeschieden ist. Wenn ein Gesellschafter aus der Gesellschaft von Todes wegen ausscheidet, stört ihn der Weitergebrauch seines Namens durch die Gesellschaft in der Regel nicht. Anders dagegen, wenn er zu Lebzeiten aus der Gesellschaft ausscheidet und sich auf dem Bereich des Unternehmensgegenstands selbst beruflich betätigen will: Dann soll sein Name kennzeichnend für ihn und unterscheidend gegenüber Dritten wirken, auch gegenüber seiner „alten" Gesellschaft. Die kollidierenden Interessen von Gesellschaft und Gesellschaftern beim Ausscheiden sollten bereits beim Abschluß des Gesellschaftsvertrags eindeutig geregelt werden. 88

cc) Formulierungsbeispiele

89 Namensfortführungsrechte nur beim Tod

Die namensgebenden Gesellschafter stimmen der Aufnahme ihrer Namen in die Bezeichnung der Gesellschaft zu. Verstirbt ein namensgebender Gesellschafter, kann sein Name weiterhin in der Bezeichnung geführt werden. Scheidet er sonst aus der Gesellschaft aus, darf sein Name nur mit seiner Zustimmung in der Bezeichnung fortgeführt werden.

90 Allgemeines Namensfortführungsrecht

Die namensgebenden Gesellschafter stimmen der Aufnahme ihrer Namen in die Bezeichnung der Gesellschaft zu. Die Gesellschaft ist befugt, die Namen in ihrer Bezeichnung fortzuführen, wenn ein Gesellschafter aus der Gesellschaft ausscheidet, gleich aus welchem Grund.

c) Sitz

aa) Vorbemerkung

91 Nach § 106 Abs. 1 HGB müssen **Personenhandelsgesellschaften** einen Sitz haben. Dies gilt auch für die GmbH (siehe dazu § 3 Abs. 1 Nr. 1 GmbHG) und die Aktiengesellschaft (siehe dazu § 5 Abs. 1 AktG). Eine GbR muß nicht notwendig einen Sitz haben – eine Regelung entsprechend § 106 Abs. 2 Nr. 2 HGB existiert für die GbR nicht.

bb) Grundsätze

92 Wenn nicht rechtsformspezifische Besonderheiten bestehen (solche bestehen bei der GmbH, s. § 4a Abs. 2 GmbHG, und bei der Aktiengesellschaft, siehe dazu § 5 Abs. 2 AktG), kann der Sitz einer Handelsgesellschaft grundsätzlich **beliebig im Inland** gewählt werden. Voraussetzung für die Wahl des Sitzes ist nur, daß die Gesellschaft dort **postalisch erreichbar** ist. Nur bei GmbH und Aktiengesellschaft ist es erforderlich, daß die Gesellschaft am Ort ihres Sitzes einen Betrieb hat oder sich dort die Geschäftsleitung oder Verwaltung befindet.

cc) Vorgreiflichkeit

93 Die Wahl des Sitzes der Gesellschaft ist vorgreiflich für:
  – die Eintragung in das Handelsregister: Personenhandels- und Kapitalgesellschaften sind bei dem Gericht, in dessen Bezirk sie ihren Sitz haben, zur Eintragung ins Handelsregister anzumelden (siehe dazu § 106 Abs. 1 S. 1 HGB, § 7 Abs. 1 GmbHG, § 14 AktG in Verbindung mit § 36 Abs. 1 AktG);

– den Ort, an dem die Gesellschafterversammlung oder Hauptversammlung stattzufinden hat, wenn nichts anderes bestimmt ist oder alle Gesellschafter damit einverstanden sind (siehe dazu § 121 Abs. 4 S. 1 AktG sowie Rz. 233, 400);
– den allgemeinen Gerichtsstand der Personenhandels- und Kapitalgesellschaften (siehe dazu § 17 Abs. 1 S. 1 ZPO).

d) Gesellschaftszweck/Unternehmensgegenstand

aa) Vorbemerkungen

Ein von den Gesellschaftern gemeinsam verfolgter Zweck ist konstituierend dafür, daß überhaupt eine Gesellschaft vorliegt. Der Unternehmensgegenstand gibt den Geschäfts- oder Tätigkeitsbereich an, auf dem der Zweck verfolgt wird. Jede Gesellschaft kann grds., soweit gesetzliche Verbote dem nicht entgegenstehen, auf beliebigen Geschäftsfeldern tätig werden. Dies gilt jetzt grds. auch für oHG und KG, die nunmehr z. B. allein zu dem Zweck errichtet werden können, eigenes Vermögen zu verwalten (s. § 105 Abs. 2 HGB). Wenn oHG und KG aber kein Handelsgewerbe nach § 1 Abs. 2 HGB betreiben, ist für ihr Entstehen die Eintragung im Handelsregister konstitutiv.

94

bb) Bedeutung

(1) Schwerpunkt der Tätigkeit

Der im Gesellschaftsvertrag festgelegte Unternehmensgegenstand gibt den vorgesehenen Schwerpunkt der Tätigkeit der Gesellschaft wieder. Er hat aber keine abschließende Wirkung in dem Sinne, daß Tätigkeiten außerhalb des Unternehmensgegenstandes nicht verfolgt werden dürften.

95

(2) Kompetenz von Gesellschaftsorganen

Im Verhältnis zwischen der Gesellschafterversammlung und der Geschäftsführung indiziert die Tätigkeit im Bereich des Unternehmensgegenstands die Kompetenz der Geschäftsführung, während Tätigkeiten außerhalb des Unternehmensgegenstands die Zuständigkeit der Gesellschafterversammlung indizieren (siehe auch unten bei der Geschäftsführung Rz. 123 ff.).

96

(3) Formbedürftigkeit des Gesellschaftsvertrags

Der Unternehmensgegenstand ist bei immobilienverwaltenden Personengesellschaften für die Formbedürftigkeit des Gesellschaftsvertrags entscheidend: Ist Unternehmensgegenstand das Halten und Verwalten eines **bestimmten Grundstücks,** bedarf bereits aus diesem Grund der Gesellschaftsvertrag wegen § 313 BGB der **notariellen Beurkundung;** sonst nicht, wenn im

97

Gesellschaftsvertrag nicht weitere Verpflichtungen zur Veräußerung oder zum Erwerb von Grundbesitz eingegangen werden.

Bei beteiligungsverwaltenden Gesellschaften, die auf den Erwerb, das Halten und Verwalten von **Anteilen** einer **bestimmten GmbH** (mit)gerichtet sind, gilt dies entsprechend wegen § 15 GmbHG.

Dies bedeutet zugleich, daß bei allgemein auf Erwerb, Halten und Verwalten von nicht näher spezifizierten Immobilien oder Beteiligungen keine Beurkundungsbedürftigkeit aus diesem Grund besteht.

cc) Formulierung

98 **Grundstücksverwaltende Gesellschaft**

Gegenstand des Unternehmens ist das Halten und Verwalten von Grundbesitz, insbesondere der Anwesen Moritzstr. 19 und Ludwigstr. 15 in Ingolstadt.

99 **Gewerblich tätige Gesellschaft**

Gegenstand des Unternehmens ist der Betrieb des Malerhandwerks sowie eines Einzelhandelsgeschäfts für Farben, Lacke und Malerzubehör.

e) Gesellschafter, Beteiligungsverhältnisse

aa) Vorbemerkungen

(1) Namen der Gesellschafter

100 Bei der **Gründung von Personenhandelsgesellschaften und GbR** müssen die Namen der Gesellschafter nicht zwingend in das Gründungsstatut aufgenommen werden. Sie ergeben sich in der Regel bereits aus der Präambel, der Einleitung oder dem „Urkundenmantel". Es ist aber sinnvoll, die Namen der Gesellschafter nochmals in den Gesellschaftsvertrag wegen des Beteiligungsverhältnisses aufzunehmen. Bei späterem Gesellschaftswechsel sollten zur Klarstellung die Gesellschafternamen und Beteiligungsquoten fortgeschrieben werden.

101 Bei der **GmbH** müssen die Gründungsgesellschafter **namentlich** bei Errichtung der Gesellschaft in die Satzung der Gesellschaft **aufgenommen** werden. Bei der GmbH, wo die Gründungsgesellschafter in der Satzung aufgenommen werden müssen, können die Angaben über die Gründungsgesellschafter in der Satzung erst entfallen, wenn sämtliche Einlagen, die von den Gründungsgesellschaftern übernommen wurden, in voller Höhe geleistet sind. Bei der **Aktiengesellschaft** müssen die Gründer **nicht** in die Satzung aufgenommen werden; es reicht aus, wenn sie in die Urkunde aufgenommen werden, durch die die Satzung festgestellt wird (siehe dazu § 23 Abs. 2 AktG). Bei späteren Gesellschafterwechseln ergibt sich damit keine Notwendigkeit zur Änderung.

(2) Beteiligungsquote

Die Beteiligungsquote gibt zunächst das **Gewicht** des Gesellschafters bei der Willensbildung der Gesellschaft im Vergleich zu anderen Gesellschaftern, sein sogenanntes „Stimmrecht", wieder. Weiterhin beschreibt sie seinen **Anspruch auf Teilhabe** am Ergebnis der Gesellschaft, d. h. seinen Gewinnanteil (wenn er auch am Verlust der Gesellschaft beteiligt ist, auch seinen Verlustanteil) und bei der Liquidation der Gesellschaft seinen Anteil am Liquidationsguthaben.

In der Praxis entsprechen sich der Umfang des Stimmrechts mit dem vermögensmäßigen Recht, am Ergebnis der Gesellschaft teilzunehmen, häufig. Zwingend ist dies aber nicht. So sind bei Personenhandelsgesellschaften und der GmbH Mehrfach-Stimmrechte zulässig. Unzulässig sind Mehrstimmrechte bei der Aktiengesellschaft, siehe dazu § 12 Abs. 2 AktG (§ 12 Abs. 2 S. 2 AktG a. F., der bisher eingeschränkt Ausnahmen zuließ, wurde durch das KonTraG aufgehoben; für Gesellschaften, bei denen bisher Mehrstimmrechte existierten, fallen diese spätestens am 1. 6. 2003 weg; s. dazu § 5 EGAktG). Stimmrechtslose Beteiligungen sind bei Personengesellschaften und GmbH ohne weiteres möglich, bei AG nur als sog. Vorzugsaktien (s. § 12 Abs. 1 S. 2, §§ 139 ff. AktG).

102

Deshalb ist es sinnvoll, klarzustellen, ob eine einheitliche Beteiligungsquote bezüglich des Stimmrechts und des Vermögensrechts besteht oder ob diese differieren, und darüber hinaus, ob evtl. Vorzugsrechte auf die Person eines bestimmten Gesellschafters zugeschnitten (damit beim Gesellschafterwechsel für seinen Nachfolger nicht weiter gelten) oder stets mit dem Anteil verbunden sind (d. h. bei einem Gesellschafterwechsel auch für den Nachfolger dann weiter gelten).

f) Besondere Anforderungen an Gesellschafter

aa) Beteiligungsfähigkeit in- und ausländischer Gesellschafter

Siehe bei Rz. 72 ff.

103

bb) Gesellschaftsvertragliche Beschränkungen

In dem Gesellschaftsvertrag können an die Beteiligungsfähigkeit von Gesellschaftern besondere Anforderungen gestellt werden. Z. T. ist dies gesetzlich vorgeschrieben. Erforderlich bzw. sinnvoll ist dies in folgenden Fällen:

104

- Bei Freiberufler-Gesellschaften dürfen nur Berufsträger des entsprechenden freien Berufs Gesellschafter sein; diese Einschränkung ist in der Regel berufsrechtlich geboten und steuerlich sinnvoll, da bei Beteiligung von

Nichtberufsträgern an freiberuflichen GbR sonst alle Einkünfte als gewerbliche Einkünfte qualifiziert werden;

- bei Familiengesellschaften, um familienfremde „Außenstehende" von der Gesellschaft fernzuhalten.

> Bei der konkreten Gestaltung muß darauf geachtet werden, daß nicht nur der erstmalige Beitritt von Gesellschaftern, die die persönliche Qualifikation nicht erfüllen, vermieden wird. Es muß Vorsorge getroffen werden, daß die Beteiligung nicht später rechtsgeschäftlich oder von Todes wegen auf Personen übergeht, die nicht zum vorgesehenen Gesellschaftskreis gehören. In diesem Fall – soweit möglich – ist entweder das automatische Ausscheiden des Nachfolgers aus der Gesellschaft vorzusehen oder zumindest ein Recht zum Ausschluß für die verbleibenden Gesellschafter.

Die rechtstechnische Realisierung des Ausscheidens oder der Ausschließung hängt von der Rechtsform der Gesellschaft ab und wird bei den einzelnen Gesellschaften näher dargestellt.

cc) Formulierungsbeispiele

105 Freiberufler-Gesellschaft

Gesellschafter kann nur sein, wer ein medizinisches Hochschulstudium abgeschlossen hat und als Arzt auf dem Fachgebiet der Gynäkologie approbiert ist und sich in Ingolstadt als freiberuflicher Gynäkologe mit Kassenzulassung niederlassen darf. Verliert ein Gesellschafter diese Qualifikation oder geht die Beteiligung auf Personen über, die diese Qualifikation nicht erfüllen, (. . . rechtsformspezifische Folge . . .). Für das Ausscheiden gelten die allgemeinen Bestimmungen dieses Gesellschaftsvertrags.

106 Familien-Gesellschaft

Gesellschafter können nur gemeinsame Abkömmlinge von Franz und Luise Müller und deren Abkömmlinge sein. Beim Tod eines Gesellschafters, der Abkömmling von Franz und Luise Müller ist, kann (vorübergehend) Gesellschafter auch dessen Ehegatte werden; beim Tod eines solchen Ehegatten oder dessen Wiederverehelichung muß die Beteiligung aber ausschließlich an einen Abkömmling von Franz und Luise Müller fallen. Sonst sind die weiteren Gesellschafter dazu berechtigt, den Ehegatten bzw. dessen Rechtsnachfolger aus der Gesellschaft auszuschließen (Ermächtigung für einen ausschließenden Beschluß; . . . Rechtsformspezifische Durchsetzungsregeln . . .).

g) Gesellschafterstämme/Gesellschaftergruppen

aa) Vorbemerkungen

In vielen Fällen ist das **Stimmgewicht** zwischen einzelnen Gruppen von Gesellschaftern oder einzelnen Gesellschaftern sorgfältig **austariert**. Das Übergewicht einzelner Gesellschafter oder von Gruppen soll vermieden werden; Mindesteinflußrechte und Sperr-Rechte sollen gewährleistet werden. Die Bildung von Gesellschaftergruppen oder Gesellschafterstämmen kann darüber hinaus sinnvoll sein, um Voraustatbestände für Sonderrechte (z. B. Benennungsrecht für jede Gesellschaftergruppe bezüglich eines Geschäftsführers) zu schaffen.

Das „abgestimmte Verhalten" innerhalb der jeweiligen Gruppe ist nicht Regelungsgegenstand des Gesellschaftsvertrags. Dieses abgestimmte Verhalten kann ggf. durch die Mitglieder der Gesellschaftergruppe gesondert (durch Stimmbindungs- und Poolverträge) gesichert werden.

Der Gesellschaftsvertrag muß nur gewährleisten, daß das Stimmgewicht nicht durch unvorhergesehene Umstände nach Abschluß des Gesellschaftsvertrags verändert wird. Eine solche Veränderung des Stimmgewichts kann sich insbesondere in folgenden Fällen ergeben:

- Wenn ein Gesellschafter einer Personenhandelsgesellschaft zwangsweise aus der Gesellschaft ausscheidet, wächst sein Anteil grundsätzlich allen Gesellschaftern an, auch den Gesellschaftern der anderen Gruppe, die durch solche Umstände plötzlich ein Übergewicht erhalten können.
- Eine vergleichbare Folge tritt bei Einziehung eines GmbH-Anteils wegen der Vernichtung der damit verbundenen Rechte ein bzw. bei Einziehung von Aktien, wodurch das Kapital der AG herabgesetzt wird (s. §§ 237 ff. AktG).
- Entsprechende Probleme ergeben sich, wenn bei Veräußerung von Anteilen alle weiteren Gesellschafter ankaufs- oder vorkaufsberechtigt sind.

Wenn dies vermieden werden soll, muß im Gesellschaftsvertrag geregelt werden, daß sich solche Umstände nur auf die verbleibenden Mitglieder der Gruppe auswirken. Die Durchsetzung dieses Grundsatzes ist rechtsformspezifisch; schwierig ist die Realisierung bei der AG.

bb) Formulierungsbeispiele

Die Gesellschafter Hans und Beate Müller und deren Sohn Hans Müller jun. sowie deren Rechtsnachfolger bilden die Gesellschaftergruppe „Müller". Die Gesellschafter Franz und Maria Meier und deren Rechtsnachfolger bilden die Gesellschaftergruppen „Meier". Zur rechtsformspezifischen Realisierung des Gruppenprinzips siehe bei den einzelnen Gesellschaftsverträgen.

h) Dauer der Gesellschaft

aa) Vorbemerkungen

(1) Bedeutung

110 § 723 BGB, § 3 Abs. 2 GmbHG und § 262 Abs. 1 Nr. 1 AktG gehen davon aus, daß Gesellschaften mangels abweichender Vereinbarungen auf unbestimmte Zeit eingegangen sind, ermöglichen aber auch die Eingehung für eine „bestimmte Zeit". Durch die Entscheidung für eine Zeit- oder eine Dauergesellschaft wird die Struktur der Gesellschaft entscheidend geprägt. So differieren bei Personengesellschaften die Kündigungsmöglichkeiten der Gesellschafter: Bei Zeitgesellschaften hat der Gesellschafter vor Ablauf der Zeit grundsätzlich nur ein außerordentliches Kündigungsrecht, bei Dauergesellschaften ein unentziehbares ordentliches Kündigungsrecht. Die Liquidation der Gesellschaft wird bei der Zeitgesellschaft zum absehbaren und erwünschten Ereignis, während sie bei Dauergesellschaften in unbestimmte Ferne gerückt ist.

(2) Gestaltung

111 Deshalb bedarf es im Gesellschaftsvertrag hierzu eindeutiger Abreden. In der Praxis werden Abreden über die Durchführung bestimmter Projekte als Zeitgesellschaften geschlossen, sonstige Gesellschaften werden als Dauergesellschaften vereinbart.

bb) Formulierungsbeispiele

112 **Arbeitsgemeinschaft/Projektgesellschaft**

Die Gesellschaft wird zeitlich befristet geschlossen, bis das Bauprojekt „Sanierung Ludwigstr. 23 in Ingolstadt" durch die Gesellschaft durchgeführt und sämtliche hierzu erforderlichen Arbeiten, einschließlich Gewährleistungsarbeiten, abgeschlossen sind.

113 **Sonstige Gesellschaften**

Die Gesellschaft wird auf unbestimmte Dauer geschlossen.

i) Geschäftsjahr

aa) Vorbemerkungen

114 Personenhandels- und Kapitalgesellschaften unterliegen der **Buchführungs- und Bilanzierungspflicht** nach §§ 238 ff. HGB, die auf das Geschäftsjahr der Gesellschaft bezogen ist (§ 242 HGB).

Für GbR gilt:

Nach § 721 Abs. 2 BGB ist nur bei Dauergesellschaften ein **Rechnungsabschluß** und eine **Gewinnverteilung** am Schluß eines jeden Geschäftsjahres vorgesehen, nicht für Zeitgesellschaften. In der Praxis wird auch bei Zeitgesellschaften zur Kontrolle der finanziellen Situation ein Rechnungsabschluß nicht erst nach Auflösung der Gesellschaft vorgesehen, sondern in periodischen Zeitabständen, d. h. zum Schluß eines jeden Geschäftsjahres. Damit die Periode unstreitig ist, zu der der Rechnungsabschluß aufgestellt und ggf. die Gewinnverteilung vorgenommen werden muß, ist die Festlegung eines Geschäftsjahres sinnvoll. Bei Gesellschaften, die steuerlich bilanzieren, ist Geschäftsjahr grundsätzlich das Kalenderjahr. Abweichende Geschäftsjahre sind bei Gründung der Gesellschaft ohne Zustimmung des Finanzamts, anschließend nur mit Zustimmung des Finanzamts möglich.

bb) Formulierungsbeispiele

Geschäftsjahr entspricht Kalenderjahr 115

Geschäftsjahr ist das Kalenderjahr. Das 1. Geschäftsjahr ist ein Rumpfgeschäftsjahr. Es endet am 31. 12. des Kalenderjahres, in dem die Gesellschaft gegründet wird.

Vom Kalenderjahr abweichendes Geschäftsjahr 116

Das Geschäftsjahr der Gesellschaft beginnt am 1. 4. eines Kalenderjahres und endet mit Ablauf des 31. 3. des folgenden Kalenderjahres. Das erste Geschäftsjahr beginnt mit Gründung der Gesellschaft und endet am 31. 3. ...

j) Kapital der Gesellschaft, Einlagen der Gesellschafter

aa) Definition

Einlagen sind besondere „Kapital"-Beiträge der Gesellschafter. 117

(1) Beiträge

Beiträge sind auf dem Gesellschaftsvertrag bestehende vermögenswerte Leistungen aller Art, die der Gesellschafter in Erfüllung seiner Zweckförderungspflicht der Gesellschaft gegenüber zu erbringen hat. 118

(2) Einlagen

Einlagen sind **spezielle Beiträge**. Sie sind dadurch gekennzeichnet, daß sie in das Vermögen der Gesellschaft eingehen und dieses mehren: 119

- Bei Personenhandelsgesellschaften gehen sie über in das Gesamthandsvermögen.

– Bei Kapitalgesellschaften gehen sie über in das Eigentum der Gesellschaft. Sie können in Form von Bar- oder Sacheinlagen oder gemischt erbracht werden. Andere Beiträge sind: auf dem Gesellschaftsvertrag (siehe dazu unten Rz. 121 ff.) beruhende Nutzungs- oder Kenntnisüberlassungen, Dienstleistungen und dergleichen. Trotz der Zweckförderungsverpflichtung der Gesellschafter ist es bei Personenhandelsgesellschaften nicht erforderlich, daß diese vermögensmehrende Einlagen in das Gesellschaftsvermögen erbringen; anders dagegen bei Kapitalgesellschaften.

bb) Gestaltung

120 Zur Begrenzung der Förderungspflicht des Gesellschafters und wegen § 707 BGB ist es auch bei Personengesellschaften sinnvoll, die von den Gesellschaftern der Gesellschaft gegenüber geschuldeten Einlagen und sonstigen Beiträge im Gesellschaftsvertrag zu verankern. Bei Kapitalgesellschaften müssen das (Stamm- oder Grund-)Kapital, das bestimmte Mindestsummen aufweisen muß (GmbH: 25 000 €, AG: 50 000 €), und die Einlagen in die Satzung (GmbH, siehe § 3 Abs. 1 Nr. 4 GmbHG, § 5 GmbHG) bzw. die Satzungsfeststellungsurkunde bei der AktG (§ 23 Abs. 2 AktG) aufgenommen werden.

k) Dienstleistungs- und Nutzungsüberlassungspflichten

aa) Abgrenzung gesellschaftsvertraglicher Pflichten von Leistungspflichtigen aufgrund zusätzlicher Abreden

121 Es ist zu berücksichtigen: Speziell bei Dienstleistungen (und Nutzungsüberlassungen) kann eine Pflicht des Gesellschafters dazu nicht nur auf gesellschaftsvertraglicher Basis begründet werden, sondern auch durch **ergänzende schuldrechtliche Verträge** zwischen der Gesellschaft und den Gesellschaftern. In einem Fall handelt es sich dann bei der (Nutzungsüberlassungs- oder der Dienstleistungs-)Pflicht um eine aus dem Gesellschaftsvertrag entspringende Pflicht, im anderen Fall um eine Pflicht, die sich aus einem vom Gesellschaftsvertrag getrennten Vertrag ergibt.

Die Unterscheidung hat Auswirkungen z. B. auf die Folgen von Pflichtverletzungen: Eine Verletzung von **gesellschaftsvertraglichen Pflichten** kann Grund zum Ausschluß eines Gesellschafters aus der Gesellschaft sein. Die Verletzung von **schuldrechtlich begründeten Verträgen** kann grundsätzlich nur dazu berechtigen, daß der das Gesellschaftsverhältnis ergänzende schuldrechtliche Vertrag gekündigt wird oder daß sonstige Ansprüche wegen Nicht- oder Schlechtleistung erhoben werden. Auswirkungen bestehen auch bei der Qualifikation von Gegenleistungen, die der Gesellschafter für seine (Dienstleistungs- oder Nutzungsüberlassung-)Pflicht zu erhalten hat. Gegenleistungspflichten aufgrund schuldrechtlicher Abreden stellen für die Gesellschaft handelsrechtlich Aufwand dar und mindern somit den Gewinn der Gesellschaft; Gegenleistungsansprüche auf gesellschaftsrechtlicher Basis führen nicht zum handelsrechtlichen Aufwand der Gesellschaft, sondern begründen einen Vorab-Anspruch auf den von der Gesellschaft erzielten Gewinn.

bb) Gestaltung

Deshalb bedarf es der Entscheidung darüber, ob Leistungen, die ein Gesellschafter an die Gesellschaft erbringen soll, aufgrund des Gesellschaftsvertrags oder aufgrund ergänzend zu treffender schuldrechtlicher Abreden zu erbringen sind. 122

Zwingend in den Gesellschaftsvertrag aufgenommen werden müssen nur Leistungen, die auf gesellschaftsvertraglicher Basis erbracht werden. Diese Leistungen sind dann ihrem Umfang nach näher zu spezifizieren. Bei Dienstleistungspflichten gehören auch die Tage der Lohnfortzahlung, des Urlaubs, von Altersgrenzen u. a. mitgeregelt.

Wenn von vornherein weitere Verpflichtungen von Gesellschaftern aufgrund von ergänzenden Verträgen vorgesehen sind, sollte klargestellt werden, daß diese Leistungen nicht nach dem Gesellschaftsvertrag geschuldet werden.

2. Innere Ordnung der Gesellschaft

a) Geschäftsführung

aa) Abgrenzung Geschäftsführungsbefugnis – Vertretungsmacht

Das Recht zur Geschäftsführung bezeichnet die **Kompetenz im Innenverhältnis**, d. h. gegenüber den Mitgesellschaftern und innerhalb der Grundlagen der Gesellschaft, die für die Gesellschaft erforderlichen **Entscheidungen zu treffen**. Anders dagegen das Recht zur Vertretung, wodurch die Befugnis bezeichnet wird, im Verhältnis zu Dritten wirksame Verträge abzuschließen. Diese strikte Trennung zwischen Geschäftsführungsbefugnis und Vertretungsmacht durchzieht das gesamte Gesellschaftsrecht (auch wenn bei der GbR nach § 714 BGB „im Zweifel" eine Kongruenz zwischen Geschäftsführungsbefugnis und Vertretungsmacht besteht). 123

bb) Kein Recht zur Zwecküberschreitung und zu Grundlagenänderungen

Geschäftsführungsmaßnahmen liegen nur dann vor, wenn sie den Zweck der Gesellschaft zu realisieren bestimmt sind. Deshalb werden folgende Maßnahmen von der Geschäftsführungsbefugnis in keinem Fall erfaßt: Eingehung gesellschaftsfremder Geschäfte im Einzelfall und Änderung der Grundlagen der Gesellschaft, z. B. Änderungen des Gesellschafterbestands 124 oder des Gesellschaftsvertrags, sowie sonstige Grundlagengeschäfte, z. B. die Bilanzfeststellung.

cc) Selbst- und Fremdorganschaft

125 Das **Personengesellschaftsrecht** wird geprägt durch den Grundsatz der Selbstorganschaft. D. h. Dritten, die nicht Gesellschafter sind, kann die Befugnis zur Führung der Geschäfte nicht dergestalt übertragen werden, daß die Gesellschafter von der Geschäftsführung ausgeschlossen werden. Zumindest ein jederzeitiges Eintrittsrecht der Gesellschafter in die Geschäftsführung muß bleiben. Der Grundsatz der Selbstorganschaft führt auch dazu, daß ein mit der Führung der Geschäfte beauftragter Dritter aus wichtigem Grund durch einfachen Mehrheitsbeschluß abberufen werden kann.

126 Bei **Kapitalgesellschaften** können Nichtgesellschafter Organe der Gesellschaft sein, sog. Fremdorganschaft, siehe dazu § 6 Abs. 3 S. 1 GmbHG.

Wenn die Rechtsform einer Personenhandelsgesellschaft gewünscht ist, aber auch die Fremdorganschaft, kann eine Kapitalgesellschaft Gesellschafter einer oHG oder KG werden. Der Geschäftsführer dieses vertretungsberechtigten persönlich haftenden Gesellschafters übernimmt dann die Geschäftsführung der Personengesellschaft (GmbH u. Co. oHG und GmbH u. Co. KG). Fremdorganschaftsähnliche Ergebnisse lassen sich durch Geschäftsbesorgungsverträge zwischen Personenhandelsgesellschaften und Dritten erzielen.

b) Buchführung, Bilanzierung

aa) Gesetzliche Regelung

127 Die Buchführungs- und Bilanzierungsvorschriften der §§ 238 f. HGB gelten für (Kaufleute und) Personenhandels- und Kapitalgesellschaften, nicht für die GbR.

Eine gesetzliche Pflicht zur Buchführung und Bilanzierung besteht deshalb bei der GbR nur, wenn sie von § 141 AO (Abgabenordnung) angeordnet wird. Sonst besteht nur die eingeschränkte Pflicht des Geschäftsführers zur Auskunft und – nach Beendigung des Geschäfts – zur Rechnungslegung nach §§ 713, 666, 259 BGB gegenüber der Gesamtheit der Gesellschafter.

bb) Gesellschaftsvertragliche Regelung

128 Bei Personenhandels- und Kapitalgesellschaften kann von den Bilanzierungs- und Buchführungsbestimmungen des Gesetzes in der Regel nicht abgewichen werden. Gesellschaftsrechtliche Regelungen sind deshalb allenfalls sinnvoll, um gesetzliche Spielräume zu nutzen oder einzugrenzen (siehe dazu bei den einzelnen Gesellschaftsformen).

Auch bei der GbR ist in der Praxis eine jährliche Übersicht über die wirtschaftliche Situation der Gesellschaft erforderlich, um über den Stand der Geschäfte informiert zu sein, den Geschäftsführer kontrollieren zu können und die erforderlichen Daten für die meist jährlich gewünschte Gewinnverwendung zu erhalten.

Nur in einfachen Fällen wird eine Einnahmen-Überschußrechnung reichen, z. B. bei rein grundstücksverwaltenden Gesellschaften mit einem überschaubaren Kreis von Objekten und Gesellschaftern. In den anderen Fällen ist die Buchführung und Bilanzierung entsprechend kaufmännischen Grundsätzen gesellschaftsvertraglich vorzusehen.

c) Kontrollrechte der Gesellschafter
aa) Gesetzliche Regelung

Rechtsform-(und bei der KG gesellschafter-)spezifisch gewähren § 716 BGB, § 118 HGB, § 166 HGB; § 51a GmbHG und § 131 AktG Auskunfts- und Kontrollrechte, die grds. zum Kernbestandteil der Rechte des Gesellschafters gehören und deshalb grds. auch unentziehbar sind. 129

bb) Gesellschaftsvertraglich mögliche Ergänzungen
(1) Beiziehung von Dritten

Für den Gesellschafter ist die Beiziehung eines sachverständigen Beraters ggf. von Bedeutung. Dieses Interesse kollidiert mit dem Interesse der Gesellschaft, daß Gesellschaftsinterna nur einem beschränkten Kreis von Personen zugänglich sein sollen. Deshalb ist bei personenbezogenen Gesellschaften folgender Kompromiß sinnvoll: Dem Gesellschafter wird das Recht zugestanden, sich bei Einsichtnahmen und Auskünften von Sachverständigen begleiten oder dieses Recht von vornherein durch den Sachverständigen ausüben zu lassen. Der Sachverständige muß aber ein zur berufsmäßigen Verschwiegenheit verpflichteter Angehöriger der rechts- oder steuerberatenden Berufe sein. 130

(2) Mißbrauchsgefahr

Ein Gesellschafter muß nach dem Gesetz grundsätzlich kein berechtigtes Interesse an einer Einsichtnahme oder einem Auskunftsrecht geltend machen. Für die Gesellschaft besteht dadurch das Risiko, daß dieses Recht unter Umständen zu gesellschaftsfremden Zwecken (z. B. Informationen an Wettbewerber) verwendet werden kann. § 51a Abs. 2 GmbH-Gesetz enthält dazu eine auch für den Gesellschaftsvertrag der GbR, der oHG und KG umsetzbare Regelung, wonach Auskünfte und Einsichten verweigert werden dürfen, wenn die Gefahr der Verwendung zu gesellschaftsfremden Zwecken 131 besteht. Für die AG enthält § 131 Abs. 3 AktG eine abschließende Regelung, unter welchen Voraussetzungen der Vorstand Auskünfte auf Fragen in der Hauptversammlung verweigern kann.

d) Gesellschafterversammlung, Stimmrecht, Einwendungsrechte

aa) Gesellschafterversammlung als Entscheidungsforum

132 Für **GmbH und AktG** ist geregelt, daß die Willensbildung unter den Gesellschaftern in einer Gesellschafterversammlung erfolgt (siehe § 48 Abs. 1 GmbHG mit Ausnahmeregelung in Abs. 2 und § 118 Abs. 1 AktG), die bei Aktiengesellschaften Hauptversammlung genannt wird.

Es regelt aber weder das HGB für **Personenhandelsgesellschaften** noch das BGB für die **GbR,** wie die Willensbildung unter den Gesellschaftern organisiert wird, wenn für Entscheidungen die Gesamtheit der Gesellschafter zuständig ist. Entscheidungen können danach von Gesetzes wegen grundsätzlich auf beliebige Weise getroffen werden. Ein fester und im Gesellschaftsvertrag verankerter **Verfahrensmodus für die Willensbildung** dient aber zugleich der Qualität der Entscheidung, der Ausübung von Gesellschafterrechten und der Rechtssicherheit. Die betroffenen Gesellschafter können dann Entscheidungen informiert treffen und ihre Kenntnisse und Erfahrungen besser in die Willensbildung der Gesellschaft einbringen. Zugleich steht fest, unter welchen Bedingungen Entscheidungen der Gesellschafter gelten. Bewährt hat sich dabei das Instrument der Gesellschafterversammlung, die grundsätzlich abzuhalten ist, damit Entscheidungen wirksam getroffen werden.

133 Nur GmbHG und AktG sehen regelmäßige Gesellschafter- bzw. Hauptversammlungen vor; für die anderen Gesellschaften sind nur Ad-hoc-Entscheidungen vorgesehen. Je nach Umfang der geschäftlichen Tätigkeit der Gesellschaft werden aber allgemein regelmäßige Gesellschafterversammlungen sinnvoll sein, mindestens einmal jährlich, um die Rechnungslegung des geschäftsführenden Gesellschafters entgegenzunehmen und zu billigen. Bei der Aktiengesellschaft kann eine verbindliche Aktionärsentscheidung nur in einer Hauptversammlung getroffen werden, auch wenn Einberufungs- und Durchführungsbestimmungen ggf. unverzichtbar sind (s. §§ 118 Abs. 1, 121 Abs. 6 AktG).

bb) Nähere Gestaltung

134 Zu entscheiden ist bei der Gesellschaftsvertragsgestaltung von **Personengesellschaften** und **GmbH,** wer zur Einberufung zuständig ist und ob **Formen und Fristen** bei der Einberufung eingehalten werden müssen. Dabei sind ggfs. rechtsformspezifische Mindestanforderungen zu berücksichtigen. Wichtig ist es auch zu bestimmen, mit welchen **Mehrheiten** Entscheidungen

getroffen werden müssen. Die Mehrheitserfordernisse können dabei je nach Qualität des Beschlusses differieren. Gesetzliche Vorgaben, z. B. bei Satzungsänderungen von Kapitalgesellschaften, sind zu berücksichtigen.

Klärungsbedürftig ist insbesondere auch, welches **Stimmgewicht** die einzelnen Gesellschafter innerhalb der Gesellschafterversammlung haben. Zum „Stimmrecht" und der „Beteiligungsquote" siehe schon oben bei Rz. 102.

Das Gesetz sieht nur bei der Aktiengesellschaft und satzungsändernden Beschlüssen der GmbH vor, daß der Akt der Willensbildung näher **dokumentiert** wird. Da dies der Rechtsklarheit dient, ist die Protokollierung jeglicher Beschlußfassung aber unbedingt gesellschaftsvertraglich vorzusehen.

Weil der Inhalt des Protokolls gerügt werden kann (z. B. kann das Argument vorgebracht werden, daß der Inhalt eines gefaßten Beschlusses falsch protokolliert worden ist) und weil gegen die Wirksamkeit eines gefaßten Beschlusses darüber hinaus Einwendungen vorgebracht werden können, ist vorzusehen, daß solche **Rügen und Anfechtungen nur zeitlich eingeschränkt** vorgebracht werden können. Ein zeitlich unbeschränktes Rügerecht und Anfechtungsrecht stünde der Rechtsklarheit unter den Gesellschaftern entgegen. Der zeitliche Rahmen ist im Gesellschaftsvertrag zu bestimmen. Die Frist darf dabei nicht kürzer bemessen werden als die Ein-Monats-Frist nach § 264 Abs. 1 AktG. Dabei ist darauf zu achten, daß die Monatsfrist gegenüber Gesellschaftern, die bei der Beschlußfassung nicht anwesend waren, nicht beginnen darf, bevor den Gesellschaftern nicht der Inhalt des Beschlusses zugegangen ist.

Bei der AG regelt das Gesetz umfassend und grds. zwingend die Modalitäten der Einberufung der Hauptversammlung, ihres Ablaufs und ihrer Dokumentation. Das Gesetz ermöglicht folgende Satzungsgestaltungen: 135

Die Teilnahme an der Hauptversammlung oder die Stimmrechtsausübung kann von der vorherigen Anmeldung oder Aktienhinterlegung abhängig gemacht werden (§ 123 Abs. 2–4 AktG). Eine Geschäftsordnung mit gesetzesergänzenden Regeln für Vorbereitung und Durchführung der Hauptversammlung nach § 129 Abs. 1 AktG kann schon in der Satzung mit aufgenommen werden.

e) Ergebnisverwendung

aa) Verluste

(1) Keine Verlustteilnahme bei Kapitalgesellschaften

Gesellschafter an Kapitalgesellschaften nehmen an Verlusten nicht in dem Sinne teil, daß sie diese auszugleichen hätten. Die Auswirkung von Verlusten ist im übrigen unter Rz. 430 und 592 ff. näher dargestellt. Gesellschaftsvertragliche Gestaltungen sind insoweit nicht möglich. 136

(2) Verlustteilnahme bei Personenhandelsgesellschaften, GbR und stiller Gesellschaft

137
- Unbeschränkte Verlustteilnahme des Gesellschafters der oHG, des persönlich haftenden Gesellschafters der KG und der Gesellschafter der GbR,
- Eingeschränkte Verlustteilnahme des Kommanditisten,
- vom Gesellschaftsvertrag abhängige Verlustteilnahme des stillen Gesellschafters.

Bei der Behandlung von Verlusten ist zu differenzieren zwischen der rein rechnerischen „Zurechnung eines Verlusts" auf die einzelnen Gesellschafter und der Pflicht, Fehlbeträge zu tragen, d. h. zur Verlustdeckung Einlagen in das Gesellschaftsvermögen (bzw. beim stillen Gesellschafter in das Vermögen des Betreibers des Handelsgeschäfts) zu leisten. Die rein rechnerische Zurechnung von Verlusten auf einzelne Gesellschafter muß stets erfolgen. Zur bilanziellen Erfassung, z. B. über Verlustvortragskonten, die für jeden Gesellschafter geführt werden, siehe bei Rz. 262.

Bezüglich der Pflicht, „Fehlbeträge zu tragen", gilt nach § 707 BGB, der über § 105 Abs. 2 und § 161 Abs. 2 HGB grundsätzlich auch für oHG und für die KG gilt, daß der Gesellschafter während des werbenden Stadiums der Gesellschaft nicht „zur Ergänzung der durch Verlust verminderten Einlage" verpflichtet sein soll. Diese Verpflichtung besteht vielmehr erst nach Auflösung der Gesellschaft nach § 721 Abs. 1, § 735 BGB. Gesellschaftsvertragliche Regelungen sind insoweit möglich. Siehe im übrigen bei den einzelnen Gesellschaftsverträgen.

bb) Gewinne

138 Soweit im Geschäftsjahr Gewinne erzielt werden, können bereits nach dem Gesetz Gewinnverwendungsregeln bestehen, die insbesondere zu einem Verbot der Gewinnausschüttung führen. Solche bestehen insbesondere bei Kapitalgesellschaften bei Verlusten in den vorangegangenen Geschäftsjahren (siehe Rz. 430) und beim Kommanditisten, wenn durch ihm zugerechnete Verluste aus vorangegangenen Geschäftsjahren sein Kapital unter den bedungenen „Einlagebetrag" herabgemindert ist oder durch die Auszahlung unter diesen Betrag herabgemindert würde (§ 169 Abs. 1 S. 2 und § 172 Abs. 4 HGB).

139 Im übrigen gibt es, soweit die Gewinnverwendung nicht gesetzlich vorherbestimmt ist (z. B. Pflicht zur Schaffung der gesetzlichen Rücklage nach § 150 AktG bei der AG), grundsätzlich drei Möglichkeiten, den erzielten Gewinn zu verwenden:

- Ausschüttung an die Gesellschafter,
- Vortrag auf das neue Geschäftsjahr, in dem der Gewinn dann wieder automatisch zur neuen Disposition steht, oder

– Einstellung in Rücklagen, die den Gewinn der automatischen Disposition in den Folgejahren entziehen und dazu führen, daß Rücklagen nur durch einen besonderen Beschluß der Gesellschaftsversammlung wieder aufgelöst werden können. Für Aktiengesellschaften gelten Sonderbestimmungen (s. z. B. § 58 AktG).

Siehe im übrigen zur Vertragsgestaltung bei den einzelnen Gesellschaftsverträgen Rz. 259 ff., 350, 431.

f) Wettbewerbsfragen

aa) Erforderlichkeit einer Regelung

Die Regelung von wettbewerbsrechtlichen Fragen, insbesondere die Verankerung bzw. Befreiung von Wettbewerbsverboten, hat Anfang der 90er Jahre – insbesondere aufgrund steuerlicher Probleme bei Kapitalgesellschaften – an Bedeutung gewonnen. Während früher die Vereinbarung von nachvertraglichen Wettbewerbsverboten im Mittelpunkt des Interesses stand, war nunmehr das Wettbewerbsverbot bei Gesellschaften mit beschränkter Haftung und hieraus etwa folgende verdeckte Gewinnausschüttungen zum steuerlichen wie wirtschaftlichen Dauerbrenner geworden. Die steuerliche Problematik wurde zwischenzeitlich entschärft. Gleichwohl sollten wettbewerbsrechtliche Aspekte bei allen Gesellschaften geregelt werden.

140

bb) Interessenlage

Begriffsnotwendiges Merkmal einer Gesellschaft ist der Zusammenschluß zur Förderung eines gemeinsamen Zwecks. Jeglicher Wettbewerb ist daher aus Sicht der **Gesellschaft** potentiell schädlich. Umgekehrt möchte der **Gesellschafter** in seiner wirtschaftlichen Bewegungsfreiheit möglichst wenig eingeschränkt sein.

141

Wettbewerbsrechtliche Fragen berühren aber auch weitere **Dritte,** insbesondere Konkurrenzunternehmen oder die **Öffentlichkeit** (etwa in Fällen mit kartellrechtlicher Relevanz) oder schließlich den **Fiskus** aufgrund der steuerlichen Implikationen (verdeckte Gewinnausschüttungen bei GmbH). Diese angedeuteten Probleme lassen eine einvernehmliche und möglichst präzise Regelung der wettbewerbsrechtlichen Fragestellungen mit Interesse von Gesellschaft und Gesellschafter wünschenswert erscheinen.

Regelungsbedarf kann hierbei sowohl dem Grunde nach als auch bezüglich der Rechtsfolgen auftreten.

cc) Abgrenzung zu arbeitsvertraglichen Wettbewerbsregelungen

Die Gesellschafter einer **Personengesellschaft** werden – soweit sie aktiv in der Geschäftsführung bzw. Vertretung der Gesellschaft mitwirken – auf-

142

grund ihrer Gesellschafterstellung für diese tätig, nicht jedoch aufgrund eines als Arbeitsverhältnis zu qualifizierenden Vertrages. Die arbeitsrechtlichen Schutzvorschriften, insbesondere die §§ 74 ff. HGB, finden daher keine Anwendung.

143 Bei **Kapitalgesellschaften** galt früher der Grundsatz, daß deren Geschäftsführer bzw. Vorstandsmitglieder als deren Organe tätig werden und daher als Arbeitgeber zu behandeln sind. Hiervon ist das BAG (NZA 1999, 839 und NZA 1999, 987) nunmehr abgewichen und hat festgestellt, daß das Dienstverhältnis eines GmbH-Geschäftsführers im Einzelfall auch ein Arbeitsverhältnis sein kann. Die Qualifizierung hängt von den Umständen des Einzelfalles ab. Ob – bei Vorliegen eines Arbeitsverhältnisses – auch die arbeitsrechtlichen Wettbewerbsregeln anwendbar sind, wurde offengelassen. Vorsorglich sollte auch diesen Bestimmungen Rechnung getragen werden. Für den Bereich der AG ist wohl weiterhin davon auszugehen, daß die Anwendung der arbeitsrechtlichen Schutzvorschriften auf die Vorstandsmitglieder regelmäßig ausgeschlossen ist.

dd) Gesetzliche Regelungen des Wettbewerbsverbots

(1) Grundsatz

144 Es entspricht der einhelligen Meinung, daß ein etwaiges Wettbewerbsverbot letztlich eine Konkretisierung der **allgemeinen Treuepflicht** ist und deshalb jeden Gesellschafter treffen kann, also auch einen Kommanditisten, GmbH-Gesellschafter oder stillen Gesellschafter. Vor diesem Hintergrund sind die gesetzlichen Ausprägungen nur Konkretisierungen der allgemeinen Treuepflicht.

(2) GbR

145 Eine gesetzliche Regelung fehlt; ein etwaiges Wettbewerbsverbot muß daher im Einzelfall aus der Treuepflicht abgeleitet werden bzw. präventiv durch Vertrag begründet werden.

(3) oHG

146 § 112 HGB statuiert ein Wettbewerbsverbot für sämtliche Gesellschafter (auch nichtgeschäftsführungsberechtigte Gesellschafter), das jedoch mit dem Ausscheiden aus der Gesellschaft oder deren Auflösung endet (streitig ist, ob dies auch dann gilt, wenn der Gesellschafter gerade wegen Verstoßes gegen das Wettbewerbsverbot ausgeschlossen wurde). Insoweit besteht vertraglicher Regelungsbedarf.

§ 112 HGB umfaßt sowohl die eigene Tätigkeit im Handelszweig der Gesellschaft als auch die Beteiligung als persönlich haftender Gesellschafter an einer gleichartigen Gesellschaft (hier ist der Zweck der Gesellschaft von Bedeutung).

Die **Rechtsfolgen** eines Verstoßes gegen das Wettbewerbsverbot sind nach dem Gesetz folgende: 147

– Die Gesellschaft kann nach allgemeinen Grundsätzen Unterlassung des Wettbewerbs verlangen.
– Gemäß § 113 Abs. 1 HGB kann die Gesellschaft Schadensersatz fordern oder statt dessen verlangen, daß die für Rechnung des Gesellschafters abgeschlossenen Geschäfte als für Rechnung der Gesellschaft eingegangen gelten und die Vergütungsansprüche an die Gesellschaft abgetreten werden.

(4) KG

Für den **Komplementär** gelten die zur oHG (siehe oben) geschilderten Grundsätze. Für den **Kommanditisten** besteht dagegen nach § 165 HGB kein gesetzliches Wettbewerbsverbot. Jedoch kann sich dies als Konkretisierung der allgemeinen Treuepflicht ergeben, insbesondere bei Beherrschung der Gesellschaft durch den Kommanditisten (vgl. statt aller BGHZ 89, 162). Insoweit besteht gegebenenfalls vertraglicher Regelungsbedarf. 148

(5) GmbH

Nach der h. M. (vgl. *Lutter/Hommelhoff,* Anhang zu § 6, Rz. 20 ff.) ist der **Geschäftsführer** einer GmbH bereits aufgrund seiner Organstellung einem gesetzlichen Wettbewerbsverbot – auch ohne ausdrückliche Abrede in der Satzung oder im Geschäftsführervertrag – unterworfen. Das Wettbewerbsverbot beginnt mit der Übernahme des Amts als Geschäftsführer und endet mit der Amtsniederlegung. 149

Aufgrund der Ableitung des Wettbewerbsverbots aus der Treuepflicht kann auch ein **bloßer Gesellschafter** im Einzelfall einem Wettbewerbsverbot unterliegen. Einzelheiten hierzu sind streitig, insbesondere bezüglich der dogmatischen Herleitung.

Insbesondere aufgrund der steuerlichen Gefahren (vgl. hierzu nachfolgend Rz. 155) bedürfen diese Fragestellungen bei der GmbH einer adäquaten vertraglichen Gestaltung im Einzelfall. Bezüglich der Voraussetzungen für eine zivilrechtliche wirksame **Befreiung** erachtet die nunmehr h. M. die Aufnahme einer „**Öffnungsklausel**" in die Satzung für ausreichend. Diese könnte etwa lauten: 150

Die Gesellschafterversammlung kann den bzw. die Geschäftsführer und/oder einzelne Gesellschafter von einem vertraglichen bzw. gesetzlichen Wettbewerbsverbot befreien. Dieser Beschluß bedarf der einfachen Mehrheit der abgegebenen Stimmen. In diesem Beschluß sollen – bzw. müssen – die näheren

Einzelheiten über die sachliche, zeitliche, räumliche Befreiung und über ein für die Befreiung zu leistendes Entgelt geregelt werden.

Die ausdrückliche Befreiung vom Wettbewerbsverbot in der Satzung selbst ist demgegenüber nicht erforderlich. In dem auf dieser Grundlage ergehenden Beschluß sollten die weiteren Einzelheiten, insbesondere die Abgrenzung der Geschäftsbereiche und ein etwaiges Entgelt, geregelt werden.

Eine solche „Öffnungsklausel" sollte daher vorsorglich in jeden GmbH-Vertrag aufgenommen werden.

151 Als **Rechtsfolgen** bei einem Verstoß gegen ein Wettbewerbsverbot kommen in Betracht:

– Unterlassungsanspruch der Gesellschaft,
– Schadensersatzansprüche der Gesellschaft (§ 113 HGB analog bzw. § 88 Abs. 2 AktG),
– Eintrittsrecht (analog den vorgenannten Bestimmungen),
– Vorteilsherausgabe entsprechend §§ 675, 667 BGB oder §§ 687 Abs. 2, 681, 667 BGB,
– Abberufung des Geschäftsführers aus wichtigem Grunde nach § 38 Abs. 2 GmbHG und/oder Kündigung des Anstellungsvertrages,
– u. U. Einziehung des Anteils nach § 34 GmbHG,
– verdeckte Gewinnausschüttung (vgl. hierzu nachfolgend Rz. 155 f.).

(6) AG

152 § 88 AktG konstituiert ein Wettbewerbsverbot zu Lasten der Vorstandsmitglieder für deren Amtsdauer.

Vertragliche Regelungen sind hier insbesondere bezüglich der Zeit nach dem Ausscheiden des Vorstandsmitglieds möglich und sinnvoll. Die Beschränkungen der §§ 74 ff. HGB gelten – wie bei der GmbH – nicht analog (aufgrund der Unternehmerfunktion der Vorstandsmitglieder).

Zu den Rechtsfolgen vergleiche *Hüffer*, AktG, Rz. 6 zu § 88.

(7) Weitere Gesellschaften

153 Aufgrund der Herleitung des Wettbewerbsverbots aus der Treuepflicht kommt ein solches auch bei sonstigen Gesellschaftsformen in Betracht. Auch insoweit besteht ggf. vertraglicher Regelungsbedarf.

ee) Verhältnis zum Kartellverbot

Mit der gesetzlichen oder vertraglichen Vereinbarung eines Wettbewerbsverbots wird Wettbewerb ausgeschlossen bzw. eingeschränkt. Demgegenüber verbietet § 1 GWB wettbewerbsbeeinträchtigende Abreden zwischen Unternehmen. Die Rechtsprechung (BGHZ 38, 306, 312; 70, 331, 334) differenziert hier danach, ob das Wettbewerbsverbot nur als notwendiger Bestandteil des Gesellschaftsvertrages den Gesellschafter zur Erbringung der versprochenen Leistungen anhalten soll und insoweit „kartellrechtsimmun" ist oder ob der Gesellschafter im wesentlichen nur kapitalistisch beteiligt ist, insbesondere von Geschäftsführung und Vertretung ausgeschlossen ist oder tatsächlich nicht daran teilnimmt. Im zuletzt genannten Fall könnte unter den Voraussetzungen des § 1 GWB das Wettbewerbsverbot nichtig sein.

154

Auch insoweit hat eine ausführliche vertragliche Regelung Bedeutung, um die erforderliche Marktabgrenzung und damit eine Wettbewerbsbeeinträchtigung im Sinne des § 1 GWB zu vermeiden.

ff) Steuerliche Gefahren im Zusammenhang mit dem Wettbewerbsverbot

Die Rechtsprechung des BFH und hieran anknüpfend die Finanzverwaltung haben in der Vergangenheit verdeckte Gewinnausschüttungen angenommen, wenn ohne zivilrechtlich wirksame Befreiung vom Wettbewerbsverbot ein beherrschender Gesellschafter im Wettbewerb zur GmbH getreten ist und ein Ausgleich für die zu Lasten der GmbH abgeschlossenen Geschäfte nicht vertraglich vorgesehen war bzw. tatsächlich stattgefunden hat (vgl. hierzu statt aller BMF; BStBl. I 1992, 137; I 1993, 24; I 1993, 556).

155

Probleme ergeben sich also, wenn

– das Wettbewerbsverbot besteht und nicht zivilrechtlich wirksam abbedungen wurde (zur Abbedingung genügt nach Auffassung der Finanzverwaltung eine sog. Öffnungsklausel in der Satzung und ein hierauf beruhender schlichter Gesellschafterbeschluß);

– es sich um einen einflußreichen Gesellschafter handelt oder unabhängig davon das Wettbewerbsverbot für alle Gesellschafter in der Satzung festgelegt ist und

– der Gesellschafter dagegen verstößt und die Gesellschaft keinen Ausgleich nach § 113 HGB verlangt oder

– der Gesellschafter speziell oder generell ohne marktgerechte Gegenleistung Befreiung vom Wettbewerbsverbot erhält.

Als vertragsrechtliche **Maßnahmen zur Vermeidung** von verdeckten Gewinnausschüttungen kommen demnach insbesondere in Betracht (vgl. hierzu etwa *Pelker/Wüst*, DStR 1992, 1709; *Vossius*, DStR 1992, 1567 mit weiteren Nachweisen):

156

- möglichst **enge Abgrenzung** der Geschäftsbereiche in sachlicher, örtlicher und zeitlicher Sicht, um die Entstehung eines Wettbewerbsverhältnisses zu vermeiden,
- Aufnahme von **Öffnungsklauseln** in die Satzung,
- wettbewerbszulassende Beschlüsse durch die Gesellschafterversammlung, wobei die Einzelheiten im Beschluß zu regeln sind.

Die vorstehend skizzierte Rechtslage führte zu zahlreichen Unsicherheiten in der Praxis. Mit der neuesten Rechtsprechung (BFH, DStR 1995, 1873; DStR 1996, 337; DStR 1996, 1769; DStR 1997, 323) ist der BFH von den bislang praktizierten Grundsätzen teilweise abgewichen und hat die Bedeutung der sogenannten Geschäftschancenlehre betont. Demnach genügt es für die Annahme einer verdeckten Gewinnausschüttung nicht, daß GmbH und Gesellschafter auf demselben Markt tätig werden. Entscheidend ist, daß entweder der Gesellschafter Geschäftschancen der GmbH an sich zieht, ohne ein angemessenes Entgelt zu zahlen, oder daß er die Gesellschaft veranlaßt, zivilrechtliche Ansprüche ihm gegenüber nicht geltend zu machen. Die Zuordnung der Geschäftschancen hat nach materiellen Kriterien zu erfolgen. Ein Gebot der klaren Aufgabenabgrenzung besteht nicht. Getroffene Vereinbarungen können jedoch Indizien für eine Zuordnung der Geschäftschancen begründen. Hiermit hatte der BFH die „Freiheit des Wettbewerbs" auch im Verhältnis zwischen GmbH und ihren Gesellschaftern anerkannt. Die Kriterien für die steuerliche Begründung und Zurechnung der Geschäftschancen sind jedoch nicht vollends geklärt worden. Die oben genannten Abgrenzungskriterien behalten daher ihre praktische Relevanz, auch wenn auf sie nicht mehr ausschließlich abzustellen ist (vgl. zu den Auswirkungen der Rechtsprechungsänderung etwa *Gosch*, DStR 1995, 1863; *Wassermeyer*, DStR 1997, 681).

gg) Regelungsmöglichkeiten und Regelungsgrenzen

157 Je nach Interessenlage kann im Einzelfall die Befreiung von einem gesetzlichen Verbot angezeigt sein wie umgekehrt die vertragliche Konstituierung eines solchen. Auf folgende Differenzierungsmöglichkeiten sei hingewiesen:

- Ausschluß bzw. Beschränkung „**dem Grunde nach**". In zahlreichen Fällen kann durch eine entsprechend enge Fassung des Unternehmerzwecks (z. B. auch sog. **Objektgesellschaften**) die Entstehung eines Wettbewerbsverhältnisses von vornherein vermieden werden.
- Gleiches gilt für Beschränkungen in **sachlicher, zeitlicher oder räumlicher** Hinsicht. Bezüglich der zeitlichen Komponente ist darauf zu achten, daß grundsätzlich ein Wettbewerbsverbot nur während der Zugehörigkeit zur Gesellschaft besteht. Nachvertragliche Beschränkungen müssen daher explizit vereinbart werden.

– Differenzierungen bieten sich auch bezüglich der **Rechtsfolgen** an (Ausschluß bzw. Beschränkung einzelner Ansprüche).

hh) Grenzen der Regelungsbefugnis, insbesondere Mandanten- und Branchenschutzklauseln

Die vertragliche Konstituierung von Wettbewerbsverboten findet ihre Grenze in den allgemeinen Regelungen der §§ 138, 242, 826 BGB und Art. 12, 14 GG. Auch vor diesem Hintergrund sollte eine möglichst enge Umfassung des Wettbewerbsverbot erfolgen. 158

Nachvertragliche Wettbewerbsverbote müssen dem Schutz der Gesellschaft dienen und dürfen nach Ort, Zeit (regelmäßig höchstens zwei Jahre) und Gegenstand die Berufsausübung und wirtschaftlichen Betätigung des Gesellschafters nicht unbillig erschweren, wobei auf den Zeitpunkt des Ausscheidens (nicht des Vertragsschlusses) abgestellt wird. Sog. **Mandantenschutzklauseln**, wonach dem ausscheidenden Gesellschafter untersagt wird, Mandate von Auftraggebern zu betreuen, die zur Klientel der Gesellschaft gehört haben, sind demnach grundsätzlich zulässig. Bedenklich sind dagegen Klauseln, die einem ausscheidenden Gesellschafter letztlich die Ausübung des Berufes untersagen (sog. **Branchenschutzklauseln**). Die Einzelheiten sind streitig, insbesondere ob bei Vereinbarung einer Karenzentschädigung und einer zeitlichen Befristung Ausnahmen möglich sind.

3. Außenverhältnisse der Gesellschaft

a) Vertretung der Gesellschaft oder der Gesellschafter

aa) Definition

Das Recht zur Vertretung bezeichnet die Kompetenz gegenüber Dritten (bei Personengesellschaften mit Wirkung für die sämtlichen Gesellschafter, bei Kapitalgesellschaften mit Wirkung für und gegen diese), Verträge zu schließen und rechtsgeschäftliche Verbindlichkeiten zu begründen. Sie unterscheidet sich von der Geschäftsführungsbefugnis, die im Verhältnis zu den Gesellschaftern die Aussage trifft, ob Geschäfte vorgenommen werden dürfen (siehe im übrigen Rz. 123). 159

bb) Fremd-/Selbstorganschaft

Diese Unterscheidung (siehe Rz. 125 f.) spielt auch bei der Vertretung eine Rolle. Für **Kapitalgesellschaften** ist die Fremdorganschaft, d. h. für organschaftliche Vertretung durch Nichtgesellschafter, zugelassen. Bei **Personengesellschaften** besteht der Grundsatz der Selbstorganschaft, was für die Vertretung bedeutet: Dritte können zwar rechtsgeschäftlich Vollmacht (einschl. Prokura bei Personenhandelsgesellschaften) zur Vertretung der Personenge- 160 sellschaft erhalten. Die Gesamtheit der – bei der KG persönlich haftenden – Gesellschafter darf aber von der eigenen organschaftlichen Vertretung nicht ausgeschlossen werden.

cc) Vertragliche Regelung

161 Ein geschäftsführender und vertretungsberechtigter Gesellschafter (bei Kapitalhandelsgesellschaften auch Dritter) kann im Außenverhältnis eine weitere Vertretungsmacht besitzen, als er nach dem Gesellschaftsvertrag gegenüber den (Mit-)Gesellschaftern aus eigener Kompetenz entscheiden darf. Zur Legitimation gegenüber den (Mit-)Gesellschaftern, nicht aber gegenüber dem dritten Vertragspartner bedarf er dann eines zustimmenden Beschlusses der Gesellschafterversammlung.

dd) Gestaltung, Adressaten der Vertretungsmacht

162 Zu klären ist, wer Vertretungsmacht erhalten soll und, wenn mehrere Personen Vertretungsmacht erhalten, ob die vertretungsberechtigten Personen jeweils einzeln zur Vertretung befugt sind oder ob sie die Vertretungsmacht nur gemeinsam ausüben können. Bei gemeinsamer Vertretungsmacht ist weiter zu klären, in welchen Konstellationen (alle vertretungsberechtigten Personen gemeinsam, zwei gemeinsam?) sie diese Befugnis ausüben können. Es ist darauf zu achten, daß die Gesellschaft stets handlungsfähig bleibt, auch wenn ein Vertretungsberechtiger z. B. verreist oder erkrankt ist. Deshalb sollten mindestens zwei Personen organschaftliche Vertretungsmacht haben.

ee) Verleihung der Vertretungsmacht, Umfang, Registrierung, Legitimationsurkunde

163 Bei Personenhandelsgesellschaften und Kapitalgesellschaften ist die Verleihung der Vertretungsmacht ein organschaftlicher Akt, bei der GbR geht man dagegen von der Erteilung einer Vollmacht aus, die durch alle Mitgesellschafter an den Vertretungsberechtigten erfolgt. Dieser Unterschied hat folgende Auswirkungen:

(1) Umfang

164 Der Umfang der Vertretungsmacht ist bei Personenhandels- und Kapitalgesellschaften standardisiert und nicht beliebig mit Wirkung gegenüber Dritten beschränkbar. Bei der GbR ging man bis 1999 davon aus, daß in die Vollmachtsurkunde mit Wirkung gegenüber Dritten grds. alle Beschränkungen aufgenommen werden können. Seit der Entscheidung des BGH zur „Unzulässigkeit der GbRmbH" steht zumindest fest, daß die Beschränkung der Vollmacht, daß der Gesellschafter nur mit dem Gesellschaftsvermögen ver-

pflichtet werden kann (s. bei der GbR), keine Außenwirkung gegenüber Dritten entfaltet. Siehe im übrigen bei den einzelnen Gesellschaftsformen Rz. 268 ff., 324, 352, 386, 420 f., 526.

(2) Registrierung

Die organschaftliche Vertretungsmacht und evtl. (soweit zulässig) Beschränkungen bei Personenhandels- und Kapitalgesellschaften werden im Handelsregister eingetragen; der Gutglaubensschutz des § 15 HGB nimmt daran teil. 165

Eine solche Registrierung ist bei der GbR nicht möglich. Vertrauensschutz erfolgt nur nach den Grundsätzen über Duldungs- und Anscheinsvollmachten.

(3) Legitimationsurkunde

Bei Personenhandels- und Kapitalgesellschaften erfolgt der Legitimationsnachweis durch die Handelsregistereintragung. Da dies bei der GbR nicht möglich ist, muß sich hier der Vertretungsberechtigte durch das Original oder eine Ausfertigung des Gesellschaftsvertrags legitimieren oder über gesondert zu erteilende Vollmachtsurkunden (siehe im übrigen Rz. 271 f.). 166

b) Haftungsbeschränkung

Bei Personenhandels- und Kapitalgesellschaften ergibt sich der Umfang der Haftung aus der Art der Gesellschaftsbeteiligung. 167

– **Gesellschafter von Kapitalgesellschaften** haften für Verbindlichkeiten der Gesellschaft nicht, ohne daß dazu gesellschaftsvertragliche Gestaltungen erforderlich wären (§ 1 Abs. 1 S. 2 AktG, § 13 Abs. 2 GmbHG).

– **Gesellschafter von oHG und persönliche haftende Gesellschafter von KG** haften nach § 128 HGB persönlich und gesellschaftsvertraglich unbeschränkbar. Nur im Innenverhältnis unter den Gesellschaftern kann verabredet werden, daß einzelne Gesellschafter von den weiteren Gesellschaftern von der Haftung freigestellt werden.

– Zur beschränkten persönlichen **Haftung des Kommanditisten** und zu erforderlichen und sinnvollen vertraglichen Abreden insbesondere beim Beitritt des Kommanditisten und bei der Gewinnverwendung siehe bei der KG Rz. 344 ff.

– Bei der **GbR** kann eine der Beteiligungsquote entsprechende oder auf das Gesellschaftsvermögen begrenzte Haftung für rechtsgeschäftliche Verbindlichkeiten nicht mehr gesellschaftsvertraglich konstruiert, sondern nur jeweils mit dem Dritten vertraglich vereinbart werden, siehe dazu bei der GbR Rz. 272.

4. Strukturänderungen der Gesellschaft
a) Aufnahme weiterer Gesellschafter/Gesellschafterwechsel
aa) Kapitalgesellschaften
(1) GmbH

168 Bei unverändertem Kapital der Gesellschaft können weitere Gesellschafter bei der GmbH nur aufgenommen werden, indem die bisherigen **Geschäftsanteile** eines oder mehrerer Altgesellschafter **veräußert** werden. Wenn ein Altgesellschafter mehrere Anteile hält, kann er einzelne davon an den neuen Gesellschafter veräußern. Eine Zustimmung nach § 17 GmbHG ist nicht erforderlich. Wenn die Satzung nichts anderes regelt, ist der (ungeteilte) Geschäftsanteil frei veräußerlich. Wenn ein Gesellschafter nur einen Anteil hält und sich von seiner Beteiligung nur teilweise trennen will, müssen Teile seines Anteils abgespalten und daraus ein neuer Geschäftsanteil gebildet werden. Dafür gilt, daß sowohl der neu entstehende als auch der alte Anteil mindestens 100 € betragen und durch 50 teilbar sein müssen (siehe § 5 Abs. 1, Abs. 3 S. 2 GmbHG). Darüber hinaus ist für die Teilung die Zustimmung nach § 17 GmbHG erforderlich, die durch den Geschäftsführer ausgesprochen werden muß (wozu dieser ggf. erst nach einem vorangehenden Gesellschafterbeschluß berechtigt ist).

(2) AG

169 Bei der AG ist eine Teilung von Aktien nicht möglich (§ 8 Abs. 3 AktG); wegen der Stückelung des Kapitals in eine Vielzahl von Aktien bereits bei Gründung ergeben sich in der Praxis daraus allerdings in der Regel keine Probleme.

Zur Vermeidung der Teilungsproblematik sollten Aktien zu möglichst niedrigen Nennwerten ausgegeben werden (nach § 8 Abs. 2 AktG 1 € bzw. bei Stückaktien auf einen Anteil, der 1 € entspricht, § 8 Abs. 3 S. 3 AktG). Aktien sind grds. frei übertragbar. Namensaktien können durch die Satzung vinkuliert werden; die erforderliche Zustimmung wird dann durch den Vorstand erteilt (§ 68 Abs. 2 AktG).

Eine Aufnahme zusätzlicher Gesellschafter ist bei Kapitalgesellschaften darüber hinaus möglich, wenn das Kapital erhöht wird.

Ein Gesellschafterwechsel vollzieht sich bei **Kapitalgesellschaften** durch **Anteilsabtretung.** Geschäftsanteile der GmbH sind grundsätzlich ohne Zustimmung der GmbH und der weiteren Gesellschafter abtretbar; Beschränkungen können in der Satzung für die Anteile an der GmbH vereinbart werden. Siehe im übrigen bei Rz. 435 ff.

bb) Personengesellschaften

Der rechtsgeschäftliche Beitritt eines weiteren Gesellschafters oder der Gesellschaftswechsel durch **Abtretung der Beteiligung** (ganz oder geteilt) ist bei Personenhandelsgesellschaften und der GbR Grundlagengeschäft der Gesellschaft. Deshalb ist eine Änderung des Gesellschaftsvertrags erforderlich, die grundsätzlich nur mit Zustimmung aller Gesellschafter zulässig ist. Gesellschaftsvertraglich kann abweichend davon geregelt werden, daß über die Aufnahme weiterer Gesellschafter durch Beschluß (mit dort zu regelnder Mehrheit) entschieden wird. Im Gesellschaftsvertrag kann auch vorgesehen werden, daß einem einzelnen Gesellschafter (oder sogar einem gesellschaftsfremden Dritten) die alleinige Kompetenz eingeräumt wird, Beitrittsverträge mit weiteren Beitrittswilligen für die bisherigen Gesellschafter zu schließen. Die Kompetenz wird demjenigen, der über die Aufnahme entscheiden darf, eingeräumt, indem ihm eine entsprechende Vollmacht erteilt wird.

170

b) Kündigung eines Gesellschafters

aa) Definition

Das Gestaltungsrecht eines Gesellschafters, sich von der Gesellschaft zu lösen, wird als Kündigung bezeichnet. Man unterscheidet zwischen der **ordentlichen** Kündigung, die keiner weiteren Gründe bedarf, und der **außerordentlichen Kündigung** aus wichtigem Grund.

171

bb) Zulässigkeit

Für **Kapitalgesellschaften** ist die Kündigung nicht im Gesetz erwähnt. Ein Kündigungsrecht kann in der **GmbH** aber satzungsmäßig verankert werden. Darüber hinaus wird in Ausnahmefällen ein Recht zur außerordentlichen Kündigung ohne satzungsmäßige Grundlage zugestanden. Bei der **AG** ist umstritten, ob eine Kündigung eines Aktionärs nach § 262 Abs. 1 Nr. 1 AktG als Zeitpunkt in der Satzung verankert werden kann, zu der sie aufgelöst wird. Wenn dem Aktionär nicht die Liquidation der AG, sondern nur die Lösung von der Aktionärsposition gestattet werden soll, kann die Kündigung durch die Satzung zum Voraustatbestand für eine (hier angeordnete) Aktieneinziehung erklärt werden (§ 237 Abs. 1 S. 2 AktG). Bei den **Personenhandelsgesellschaften** und der **GbR** sind außerordentliche Kündigungen stets zulässig, ohne daß Fristen eingehalten werden müssen; außerordentliche Kündigungen können auch gesellschaftsvertraglich nicht ausgeschlossen werden (siehe dazu § 723 Abs. 3 BGB). Die Zulässigkeit ordentlicher Kündigungen hängt davon ab, ob die Gesellschaft von bestimmter oder unbestimmter Dauer ist, und von der gesellschaftsvertraglichen Gestaltung (siehe dazu unten jeweils bei den einzelnen Gesellschaftsformen, Rz. 278 ff., 440).

172

cc) Form

173 Kündigungserklärungen müssen, wenn nichts anderes geregelt ist, allen Mitgesellschaftern gegenüber abgegeben werden. Sie sind **formlos** möglich.

dd) Wirkung

174 Eine Kündigung bewirkt, wenn nichts anderes bestimmt ist, bei **Personengesellschaften** die **Auflösung** der Gesellschaft (siehe dazu § 736 BGB). Abweichende gesellschaftsvertragliche Regelungen sind in weitem Umfang zulässig. Insbesondere kann statt der Liquidation bestimmt werden, daß der kündigende Gesellschafter aus der Gesellschaft ausscheidet. Bei Personengesellschaften hat dies zur Folge, daß sein Anteil den bisherigen Gesellschaftern anwächst, die dem ausscheidenden Gesellschafter ein Abfindungsguthaben bezahlen müssen (§ 738 BGB).

Bei der **GmbH** ist die Kündigungsfolge in der entsprechenden Klausel mit zu verankern. Möglich ist auch hier die Liquidation; alternativ kann auch die Einziehung des Anteils vorgesehen werden oder die zwangsweise Abtretung des Anteils an die GmbH, die weiteren Gesellschafter oder übernahmebereite Dritte.

Wenn man bei der AG die Kündigung als Zeitpunkt ansieht, der im Rahmen des § 262 Abs. 1 Nr. 1 AktG verankert werden kann, hat dies die Liquidation der Gesellschaft zur Folge. Wenn die Kündigung Voraustatbestand für eine (angeordnete) Zwangseinziehung ist, bewirkt dies die Einziehung durch Kapitalherabsetzung.

ee) Gestaltung

(1) Kündbarkeit

175 Die Kündigung des Gesellschaftsverhältnisses berührt im schlimmsten Fall den Bestand der Gesellschaft, wenn die Folge die Liquidation ist oder ein Gesellschafter kündigt, dessen Verbleib in der Gesellschaft für die Mitgesellschafter unverzichtbar ist. Selbst wenn der Bestand der Gesellschaft nicht berührt wird, sind die weiteren Gesellschafter bei Personengesellschaften aber stets insofern wirtschaftlich betroffen, als sie liquide Mittel aufbringen müssen, um dem ausscheidenden Gesellschafter sein Abfindungsguthaben zu bezahlen. Bei Kündigung der GmbH ist diese betroffen, wenn die Einziehung vorgesehen ist und das Einziehungsentgelt durch die GmbH aus dem freien Gesellschaftsvermögen aufzubringen ist. Wenn die Zwangsabtretung als Folge vorgesehen ist, müssen sich die weiteren Gesellschafter entweder einen zur Übernahme bereiten neuen Gesellschafter suchen oder den Anteil selbst übernehmen und das Entgelt dafür aufbringen. Deshalb sollte bei GmbH überlegt werden, ob nicht die ordentliche Kündigung ausgeschlossen bleibt. Dann müßte in der Satzung dazu überhaupt nichts geregelt werden,

da dies dem gesetzlichen Regelfall entspricht. Bei Aktiengesellschaften führt eine im o. a. Sinne zugelassene Kündigung entweder zur Liquidation oder zur Kapitalherabsetzung, also zum Bestandsverlust oder zur Herabsetzung der Wirtschaftskraft. Deshalb sollten Kündigungen bei der AG nur zurückhaltend zugelassen werden. Bei Personengesellschaften kann dieses Gestaltungsrecht bei Gesellschaften, die auf unbestimmte Dauer geschlossen sind, nicht ausgeschlossen werden (§ 723 Abs. 3 BGB). Zulässig ist aber die Beschränkung des jederzeitigen Kündigungsrechts, das das Gesetz nach § 723 Abs. 1 S. 1 BGB vorsehen würde, durch die Vereinbarung einer Mindestdauer, während deren die Gesellschaft nicht ordentlich gekündigt werden kann, und durch die Vereinbarung von Kündigungsfristen, die eingehalten werden müssen. Siehe dazu die Ausführungen bei den einzelnen Gesellschaftsformen, z. B. Rz. 278 ff.

Allgemein ist bei Gesellschaften, die auf die Mitarbeit von Gesellschaftern angewiesen sind, zu berücksichtigen, daß gegen ihren Willen Gesellschafter, die eine Gesellschaft verlassen wollen, zumindest nicht zu einer guten Arbeit angehalten werden können.

Deshalb sollte einem Gesellschafter die „Lösung" auch nicht zu schwer gemacht werden.

(2) Adressat der Kündigung

Nur in Gesellschaften mit einem kleinen Gesellschafterkreis ist die Kündigung gegenüber sämtlichen Mitgesellschaftern praktikabel. In allen anderen Fällen sollte geregelt werden, daß die Kündigung gegenüber einem oder mehreren Gesellschaftern ausreichend ist; bei Kapitalgesellschaften statt dessen gegenüber der Gesellschaft, vertreten durch den Geschäftsführer. Wegen der negativen Folgen, die eine Kündigung für die Mitgesellschafter hat, muß der Adressat der Kündigung verpflichtet werden, alle Betroffenen unverzüglich zu verständigen.

176

(3) Form der Kündigung

Grundsätzlich wäre eine Kündigung formlos möglich. Dies widerspricht der **Rechtsklarheit.** Deshalb sollte zumindest Schriftlichkeit vorgesehen werden, zum Nachweis des Zugangs am besten durch eingeschriebenen Brief mit Rückschein.

177

(4) Zeitpunkt der Wirksamkeit der Kündigung

Da dem ausscheidenden Gesellschafter eine Abfindung zusteht, die anhand der wirtschaftlichen Daten der Gesellschaft zu bemessen ist (siehe dazu noch Rz. 289 ff.), sollte vermieden werden, daß diese Daten, die ohnehin am Schluß eines Geschäftsjahres im Rahmen der Rechnungslegung zu erhe-

178

ben sind, durch eine zusätzliche Bilanz erhoben werden. Deshalb ist vorzusehen, daß eine ordentliche Kündigung nur zum Schluß eines Geschäftsjahres möglich ist. Es kann bei Personengesellschaften und GmbH, nicht aber bei AG vorgesehen werden, daß für die Zeit zwischen dem Ausspruch und dem Wirksamwerden der Kündigung mit Ausnahme des Gewinnbezugsrechts die sonstigen Gesellschafterrechte ruhen.

(5) Folgekündigung

179 Im Einzelfall kann der kündigende Gesellschafter so wichtig für den Fortbestand der Gesellschaft sein oder seine Abfindung die Liquidität der weiteren Gesellschafter oder der Gesellschaft so stark beschränken, daß die weiteren Gesellschafter keine Fortsetzung wünschen, obwohl diese grds. gesellschaftsvertraglich vorgesehen wäre. In diesem Fall sollte den verbleibenden Gesellschaftern das Recht eingeräumt werden, die Liquidation der Gesellschaft zu beschließen, an der der kündigende Gesellschafter dann noch mit teilnimmt. Dieses Verfahren ist auch bei der AG möglich, wenn festgelegt wird, daß eine Kündigung nur zur angeordneten Zwangseinziehung führt, wenn (innerhalb festzulegender Fristen) keine Folgekündigung erfolgt, die nach § 262 Abs. 1 S. 1 AktG die Liquidation der Gesellschaft zur Folge hat.

c) Ausschließung von Gesellschaftern

aa) Vorbemerkungen, Tatbestände

180 Das Gesetz gefährdet den Bestand von **Personengesellschaften,** indem es die Auflösung der Gesellschaft bei der Pfändung eines Gesellschaftsanteils durch den Gläubiger eines Gesellschafters (§ 725 BGB für die GbR und § 135 HGB für oHG und KG) vorsieht; bei der GbR weiter bei der Eröffnung des Insolvenzverfahrens über das Vermögen eines Gesellschafters (§ 728 BGB) und beim Tod eines Gesellschafters (§ 727 BGB); bei oHG und KG führen diese Umstände nicht zur Liquidation (§ 131 Abs. 3 HGB). Zugleich sieht es vor, daß abweichend davon gesellschaftsvertraglich geregelt werden kann, daß nur der betroffene Gesellschafter aus der Gesellschaft ausgeschlossen wird, die im übrigen unter den weiteren Gesellschaftern fortbesteht.

Diese Regel ist, obwohl dort im Gesetz nicht vorgesehen, auch bei der GmbH sinnvoll und deshalb in der Satzung zu verankern, um Diskussionen über den künftigen Gesellschaftskurs mit dem Insolvenzverwalter zu vermeiden und um die Anteilsversteigerung durch den Pfandgläubiger zu verhindern.

181 Das Gesetz sieht bei der **GbR** in §§ 737, 723 Abs. 1 S. 2 BGB weiter vor, daß die verbleibenden Gesellschafter einen Mitgesellschafter aus der Gesellschaft aus wichtigem Grund ausschließen können, und definiert (nicht abschließend) den wichtigen Grund dahin, daß ein solcher insbesondere vor-

liegt, wenn ein Gesellschafter eine ihm nach dem Gesellschaftsvertrag obliegende wesentliche Verpflichtung vorsätzlich oder aus grober Fahrlässigkeit verletzt oder wenn die Erfüllung einer solchen Verpflichtung unmöglich wird.

Diese Regelung sollte auch bei der **oHG und KG** abweichend von der dort vorgesehenen gerichtlichen Entscheidung in diesem Fall vorgesehen werden (siehe §§ 140, 133 HGB) und bei der **GmbH** sowie der **AG**, wenn die Gesellschaften nicht rein kapitalistisch strukturiert sind. 182

Auch in anderen Fällen müssen die Mitgesellschafter ein Recht zur Entscheidung haben, ob sie einen Gesellschafter nicht aus der Gesellschaft ausschließen wollen: bei tätigen Gesellschaftern, wenn diese berufsunfähig werden oder lange erkrankt sind und eine Berufsunfähigkeit droht, vorausgesetzt, die Gesellschaft ist auf die Tätigkeit angewiesen. 183

bb) Gestaltungsrecht der weiteren Gesellschafter

Das Ausscheiden eines Gesellschafters führt bei **Personengesellschaften** dazu, daß dem Gesellschafter ein Abfindungsguthaben nach § 738 BGB zu bezahlen ist; bei der **GmbH** besteht bei Einziehungen ein Abfindungsanspruch gegenüber der Gesellschaft, bei Zwangsabtretungen an die übrigen Gesellschafter diesen gegenüber. Bei der **AG** wird nicht nur ein Zahlungsanspruch des Aktionärs begründet, dessen Aktien eingezogen werden (§ 237 Abs. 1 S. 3 AktG), sondern zwingend das Grundkapital der AG herabgesetzt (§ 239 AktG). In jedem Fall berührt das Ausscheiden damit finanzielle Interessen der Mitgesellschafter oder der Gesellschaft. Deshalb sollte das automatische Ausscheiden eines Gesellschafters vermieden werden; statt dessen ist ein Gestaltungsrecht der Mitgesellschafter vorzusehen, über das Ausscheiden gesondert abzustimmen. Dies ermöglicht flexible Regelungen. 184

cc) Regelungsbedarf

Regelungsbedürftig ist das Verfahren, in dem der Gestaltungsakt gefaßt wird: Das Gesetz sähe bei Personengesellschaften und GmbH eine **Erklärung** aller weiteren Gesellschafter gegenüber dem auszuschließenden Gesellschafter vor. Vorher müßte dem betreffenden Gesellschafter **rechtliches Gehör** gewährt werden. Vorzugswürdig ist eine Ausschlußentscheidung, die in einer Gesellschafterversammlung getroffen wird. Zu dieser Gesellschafterversammlung muß der betreffende Gesellschafter geladen werden. Er ist daran teilnahme-, aber nicht stimmberechtigt. Das Einstimmigkeitserfordernis kann abgeändert werden durch eine Mehrheitsentscheidung, wobei zu entscheiden ist, mit welcher Mehrheit der Beschluß gefaßt werden soll. 185

Regelungsbedürftig ist bei GmbH auch die Folge der Ausschließungsentscheidung, siehe dazu Rz. 441 ff., zur AG Rz. 540. Die AG, bei denen die Aktieneinziehung nicht zwingend in den o. a. Fällen angeordnet, sondern im

Interesse einer flexiblen Handhabung gestattet ist (§ 237 Abs. 1 S. 2, 2. Alt. AktG), hat die Entscheidung in einer Hauptversammlung zu erfolgen (§ 237 Abs. 4 AktG). Der betroffene Aktionär ist stimmberechtigt. Die Satzung kann die vom Gesetz vorgesehene einfache Stimmenmehrheit erhöhen und weitere Erfordernisse bestimmen.

d) Tod eines Gesellschafters

186 (Entfällt, wenn Gesellschafter nur juristische Personen oder Personenhandelsgesellschaften sind.)

aa) Vorbemerkungen

187 Das Gesetz sieht beim Tod eines Gesellschafters einer **GbR** grundsätzlich die Auflösung der Gesellschaft vor (§ 727 Abs. 1, 1. Halbsatz BGB) mit der Folge, daß der Erbe bzw. die Erben an der Liquidationsgesellschaft beteiligt sind. Beim Tod eines oHG-Gesellschafters oder des persönlich haftenden Gesellschafters einer KG ist sein Ausscheiden vorgesehen (§ 131 Abs. 3 Nr. 1 HGB), mit der Folge, daß das Abfindungsguthaben seinen Erben zusteht. Das Gesetz gestattet aber bereits jeweils die abweichende gesellschaftsvertragliche Gestaltung.

Zu berücksichtigen ist dabei immer das Zusammenspiel zwischen dem Gesellschafts- und dem Erbrecht.

188 Für den **Kommanditisten** ist die Vererblichkeit der Beteiligung vorgesehen (§ 177 HGB), ebenso für den Gesellschafter der **GmbH** (§ 15 Abs. 1 GmbHG). Eine Beschränkung der Vererblichkeit der Kommanditbeteiligung kann ohne weiteres gesellschaftsvertraglich vorgesehen werden. Bei der GmbH ist der „Umweg" über eine zu beschließende Einziehung oder Zwangsabtretung bei beschränkter Vererblichkeit vorzusehen (siehe bei der GmbH Rz. 445). Das Aktienrecht setzt die Vererblichkeit der Aktie voraus. Durch die Satzung kann der Tod eines Aktionärs aber als Zeitpunkt (der Liquidation) i. S. des § 262 Abs. 1 Nr. 1 AktG und als Voraustatbestand für eine gestattete oder angeordnete Zwangseinziehung i. S. des § 237 AktG bestimmt werden.

bb) Gestaltungsüberlegungen

189 Die Gestaltung sollte von folgenden Überlegungen ausgehen:

1. Vorab ist zu entscheiden, ob der Tod automatisch zur Liquidation der Gesellschaft führen soll. In der Regel wird dies nicht gewünscht sein. Allenfalls kann den verbleibenden Gesellschaftern das Recht zugestanden werden, die Gesellschaft zu liquidieren.

190 2. Wenn die Fortführung der Gesellschaft beim Tod vorgesehen wird, muß entschieden werden, ob und in welchem Umfang die Beteiligung des verstor-

benen Gesellschafters auf Nachfolger übergehen kann und wer Nachfolger sein kann.

a) Möglich ist es zu regeln, daß die Beteiligung uneingeschränkt vererblich ist und damit auf den oder die Erben übergeht. Zu berücksichtigen ist, daß bei Personengesellschaften bei einer Mehrheit von Erben nicht die Erbengemeinschaft erben wird, sondern die Mitglieder der Erbengemeinschaft entsprechend ihrer Erbquote unmittelbar in die Gesellschafterstellung nachrücken (Sondererbfolge, siehe dazu § 139 Abs. 1 HGB). 191

b) Gestaltbar ist auch, daß die Erben entweder automatisch aus der Gesellschaft ausscheiden (nur bei der Personengesellschaft möglich und bei der AG bei angeordneter Zwangseinziehung) oder durch die verbleibenden Gesellschafter (durch Gestaltungsakt) ausgeschlossen werden können. Den ausscheidenden oder ausgeschlossenen Erben steht ein Abfindungsanspruch zu (siehe dazu Rz. 289 ff., 202 ff.). 192

Die Beteiligung des verstorbenen Gesellschafters wächst bei **Personengesellschaften** den weiteren Gesellschaftern entsprechend ihrer Beteiligung am Gesellschaftsvermögen an (§ 738 Abs. 1 S. 1 BGB). Bei der **GmbH** führt die Einziehung zur Vernichtung des Geschäftsanteils, die Zwangsabtretung zur Übertragung an die weiteren Gesellschafter oder übernahmebereite Dritte (siehe im übrigen bei der GmbH Rz. 441 ff.). Bei Familiengesellschaften oder Gesellschaftergruppen ist eine stamm- oder gruppenbezogene Regelung sinnvoll (siehe dazu schon oben Rz. 107 ff.). Bei der AG führt die Einziehung zur Vernichtung der Aktie und zur Kapitalherabsetzung.

c) Es kann auch vorgesehen werden, daß beim Tod nur bestimmte Personen nachfolgeberechtigt sind; diese Nachfolger können entweder der Person nach benannt werden, oder es können Kriterien für die Nachfolgeberechtigung (z. B. Abkömmling eines Gesellschafters, der ein Studium des Ingenieurwesens der Fachrichtung Maschinenbau erfolgreich abgeschlossen hat) angegeben werden. Eine solche „qualifizierte Nachfolgeklausel" hätte zur Auswirkung: 193

(1) Bei Personengesellschaften

In diesem Fall vollzieht sich bei Personengesellschaften der Übergang der Beteiligung mit dem Tod automatisch, wenn der bezeichnete Nachfolger oder ein Nachfolger, der die Kriterien erfüllt, zumindest Miterbe des versterbenden Gesellschafters wird. In diesem Fall geht die Beteiligung unmittelbar auf den betreffenden Nachfolger über. Im Verhältnis zu den Miterben reduziert sich wegen dieses alleinigen Übergangs der Gesellschaftsbeteiligung sein Anspruch auf den restlichen Nachlaß; wenn er mehr erhalten hat, als seiner Nachlaßbeteiligung entspricht, muß er eine Ausgleichszahlung an den Mitgesellschafter erbringen. 194

Vorsorge ist dann aber noch für den Fall zu treffen, daß der verstorbene Gesellschafter keine wirksame letztwillige Verfügung hinterläßt, durch die der zur Nachfolge berechtigte Gesellschafter zumindest Miterbe wird. In diesem Fall kann ihm der Gesellschaftsvertrag ein Eintrittsrecht geben. Für die verbleibenden Gesellschafter bedeutet dies:

- **Verhältnis zu den Erben des verstorbenen Gesellschafters**

195 Da diese aus der Gesellschaft ausgeschlossen werden, steht ihnen ein Abfindungsanspruch nach § 738 BGB zu. Der Abfindungsanspruch steht grundsätzlich den Erben zu. Nur durch eine formwirksame Schenkung (d. h. notariell beurkundetes Schenkungsversprechen gemäß § 518 BGB) zu Lebzeiten des verstorbenen Gesellschafters oder durch Vermächtnis des verstorbenen Gesellschafters kann dieses Abfindungsguthaben dem Nachfolger übertragen werden.

- **Verhältnis zum Eintrittsberechtigten**

196 Der Eintrittsberechtigte hat nur ein Recht, aber keine Pflicht zum Eintritt. Übt er sein Eintrittsrecht aus, stehen ihm sämtliche Rechte und Pflichten aus der Gesellschaftsbeteiligung des verstorbenen Gesellschafters zu. Insbesondere hat er vereinbarte Einlagen zu erbringen. Die bisherige Einlageleistung des verstorbenen Gesellschafters kann ihm nur dann zugerechnet werden, wenn der Abfindungsanspruch ihm durch eine formwirksame Schenkung oder durch Vermächtnisanspruch zugewendet wird. Sonst hat er die Einlage nochmals zu erbringen.

(2) Bei der GmbH und der AG

197 Bei der **GmbH** und der **AG** vollzieht sich der Eintritt auch dann nicht automatisch, wenn der „berufene Nachfolger" nur Miterbe wird. Er muß von seinen Miterben die Beteiligung bei der Erbauseinandersetzung zu seiner alleinigen Berechtigung, bei GmbH unter Berücksichtigung des § 15 GmbHG erwerben. Dies gilt auch, wenn er überhaupt nicht Erbe wird. Wenn die Miterben oder Erben den Anteil nicht freiwillig veräußern, muß ihn bei GmbH die Gesellschaft (bei entsprechender Ermächtigung in der Satzung) einziehen und dann an den „berufenen Nachfolger" neu ausgeben oder die Zwangsabtretung an den berufenen Nachfolger beschließen. Das Einziehungsentgelt des Abfindungsguthabens steht dann den (Mit-)Erben zu. Bei AG könnte der Eintritt des berufenen Nachfolgers nur durch eine Kapitalerhöhung erfolgen, die einer vorangehenden Kapitalherabsetzung zur Einziehung nachfolgt, wobei das Bezugsrechtsproblem der weiteren Gesellschafter zu lösen ist.

cc) Testamentsvollstreckung

198 Durch die Anordnung einer Verwaltungs-Testamentsvollstreckung wird die Verwaltungsbefugnis dem Erben grundsätzlich entzogen und auf den Testamentsvollstrecker verlagert. Die Zulässigkeit der Testamentsvollstreckung

bei Gesellschaftsbeteiligungen gehört zu den umstrittensten Fragen im Schnittfeld zwischen dem Gesellschafts- und dem Erbrecht.

(1) Personengesellschaften

Bei Personengesellschaften ist gesichert: Die **Außenseite** der vererbten Beteiligung unterliegt grundsätzlich ohne Zustimmung der Mitgesellschafter der Testamentsvollstreckung. Von der Verwaltungsbefugnis erfaßt werden deshalb Auseinandersetzungsguthaben, Gewinnansprüche und die Verfügung über die Beteiligung. Darüber hinaus wird durch die Anordnung der Testamentsvollstreckung die Beteiligung dem Zugriff der Eigengläubiger des Erben entzogen. Wenn die Mitgesellschafter ein Mitwirkungsrecht Dritter auch bezüglich der „Außenseite der Beteiligung" nicht hinnehmen wollen, müssen sie im Gesellschaftsvertrag ein Ausschlußrecht zu Lasten eines Nachfolgeerben anordnen, wenn die Testamentsvollstreckung bezüglich der Beteiligung angeordnet ist.

199

Bezüglich der „**Innenseite** der Beteiligung", d. h. bezüglich der Ausübung der gesellschaftsrechtlichen Mitgliedschafts- und Mitwirkungsrechte, fehlt umfassende Rechtsprechung. Nach herrschender Meinung erfaßt die Befugnis des Testamentsvollstreckers die Innenseite der Beteiligung nicht; und zwar unabhängig davon, ob dies im Gesellschaftsvertrag zugelassen ist oder nicht. Ersatzkonstruktionen (der Testamentsvollstrecker handelt für den Nachfolger-Erben aufgrund Vollmacht oder übernimmt die Beteiligung treuhänderisch für den Nachfolger) müssen im Gesellschaftsvertrag oder nach dem Erbfall durch Zustimmung der Mitgesellschafter ausdrücklich zugelassen werden.

200

(2) Kapitalgesellschaften

Bei GmbH ist die Testamentsvollstreckung grds. zulässig, wenn sie nicht im Gesellschaftsvertrag ausgeschlossen ist, und umfaßt dann auch die Innenseite der Beteiligung. Uneingeschränkt zulässig ist die Testamentsvollstreckung bei der AG.

201

e) Abfindung

aa) Erforderlichkeit einer Abfindungsregelung

Eine Abfindungsregelung gehört, wenn schon nicht zum gesetzlich zwingend vorgeschriebenen oder jedenfalls gesetzlich geregelten, so doch zum wirtschaftlich unentbehrlichen Inhalt eines jeden Gesellschaftsvertrages. Für das Recht der **Personengesellschaften** folgt dies daraus, daß ansonsten § 738 Abs. 1 BGB gilt. Danach ist grundsätzlich der „wirkliche Wert" des Unternehmens, also insbesondere einschließlich aller stiller Reserven und des good will maßgeblich, mithin der Wert, der sich bei einem Verkauf des

202

lebensfähigen Unternehmens als Einheit ergeben würde (BGH, NJW 1974, 312). Schon um die hieraus folgenden Bewertungsprobleme und Streitpotentiale auszuschließen, ist eine Abfindungsregelung unabdingbar. § 738 BGB gilt mangels anderweitiger Regelung für die Handelsgesellschaften entsprechend.

203 Im Recht der **Kapitalgesellschaften** fehlt eine allgemein gültige Regelung der Abfindung. Da bei der GmbH zahlreiche Fälle eines Ausscheidens denkbar sind – und nicht zuletzt, um die vorgenannten Bewertungsprobleme zu vermeiden –, ist auch hier eine Abfindungsregelung unentbehrlich. Bei der AG scheidet der Aktionär durch eine angeordnete oder gestattete Zwangseinziehung aus. Satzungsbestimmungen für das Abfindungsentgelt können in die Satzung aufgenommen werden.

bb) Interessenlage

204 Bei der inhaltlichen Ausgestaltung von Abfindungsklauseln sind gegenläufige Interessen gegeneinander abzuwägen.

(1) Interesse der Gesellschaft bzw. der Mitgesellschafter bzw. eintrittswilliger Dritter

205 Bei einer großzügigen Bemessung von Abfindungsansprüchen wird die Liquidität der Gesellschaft unter Umständen strapaziert. Aus Sicht der Gesellschaft ist regelmäßig eine Beschränkung der Abfindungsansprüche wünschenswert.

(2) Interessenlage des Gesellschafters bzw. sonstiger Dritter

206 Abfindungsansprüche kommen unmittelbar dem jeweiligen Gesellschafter zugute, dem daher an einer großzügigen Bemessung gelegen sein wird.

Darüber hinaus werden jedoch auch die Interessen sonstiger Dritter (insbesondere Gläubiger sowie zugewinn- und/oder pflichtteilsberechtigte Personen – vgl. auch hierzu unten Rz. 216 ff.) betroffen. Auch diese Personen sind an einer großzügigen Bemessung interessiert, wobei hier jedoch mitunter auch der Gesellschafter eine Kürzung von deren Ansprüchen hinzunehmen bereit ist bzw. diese sogar wünscht (vgl. etwa den Ausschluß der Abfindung zum Nachteil etwaiger Pflichtteilsberechtigter).

(3) Abfindungsklausel zur Streitverhütung

207 Aufgrund der Unwägbarkeiten der gesetzlichen Regelung, insbesondere der Rechtsprechung zu § 738 BGB, wonach auf den wahren Wert der Beteiligung abzustellen ist, kommt den Abfindungsklauseln daher eine wesentliche

Funktion zu, nämlich Streit über Grund und Höhe der Abfindung zu vermeiden. Gerade dieser Aspekt sollte gebührend berücksichtigt werden.

(4) Differenzierungsmöglichkeiten

Die Gemengelage an Interessen – wie vorstehend umrissen – legt nahe, daß bei Abfindungsklauseln stärker als bisher eine Differenzierung vorgenommen werden sollte (vgl. auch hierzu unten Rz. 212). 208

(5) Möglichkeiten

Unbeschadet der unbegrenzbaren Vielzahl an möglichen Abfindungsklauseln lassen sich diese grundsätzlich auf zwei mögliche Abfindungsmaßstäbe beschränken. 209

– Abfindung nach dem **Vermögenswert**

Maßstab für die zu zahlende Abfindung ist hiernach das in der Gesellschaft gebundene Vermögen, wobei weiter Maßstäbe für dessen Bewertung festzusetzen sind. Möglich ist, etwa auf den Verkehrswert, den Buchwert, den steuerlichen Einheitswert des Betriebsvermögens abzustellen, wobei zusätzlich abweichende Bewertungsmodalitäten für einzelne Gegenstände (insbesondere Grundbesitz – hierfür wird häufig an den erbschafts- bzw. schenkungsteuerlichen Wert nach den Vorschriften des BewG abgestellt) vorgeschrieben werden können.

– Abfindung nach dem **Ertragswert**

Maßstab für die Abfindung ist hiernach der durch die Gesellschaft nachhaltig zu erzielende und näher zu definierende Ertrag (z. B. Nettoumsatz, Gewinn nach ESt, GewSt etc.).

Alle denkbaren Abfindungsmaßstäbe sind letztlich ein Resultat aus diesen beiden grundsätzlichen Möglichkeiten. Die Frage, welcher Maßstab der „richtige" ist, kann nur im Einzelfall und insbesondere unter Berücksichtigung des konkreten Unternehmens bzw. der Gesellschaft entschieden werden.

cc) Beurteilung von Abfindungsklauseln durch die Rechtsprechung

Grundsatz:
Die Rechtsprechung hält auf der Grundlage der Vertragsfreiheit Abfindungsklauseln grundsätzlich für zulässig (vgl. etwa BGH, NJW 1979, 104). 210

Ausnahmefälle:
§ 138 BGB, 723 Abs. 3 BGB, 113 Abs. 3 HGB.

In Ausnahmefällen können sich jedoch Bedenken ergeben aus § 138 BGB sowie aus § 723 Abs. 3 BGB und § 133 Abs. 3 HGB. Die methodische Herleitung ist von untergeordneter Bedeutung. Exemplarisch seien folgende wichtige **Fallgruppen** genannt:

- **Buchwertklauseln** sind nach der ständigen Rechtsprechung im Grundsatz zulässig (vgl. BGH, DB 1989, 1399). Eine Abfindung unterhalb des buchmäßigen Kapitalanteils stellt dagegen grundsätzlich eine sittenwidrige Benachteiligung des ausscheidenden Gesellschafters dar, auch wenn dieser aus wichtigem Grund ausgeschlossen wurde. Eine Abfindung unterhalb des Buchwerts ist daher nur für Gesellschafter zulässig, die der Gesellschaft ohne Einlage beigetreten sind oder ihren Anteil durch Schenkung oder auf erbrechtlichem Weg erhalten haben („Gesellschafter minderen Rechts").

- Eine Abfindungsklausel ist wegen **Gläubigerbenachteiligung** nichtig, wenn sie **nur** für den Fall eines Gläubigerzugriffs (Insolvenz, Zwangsvollstreckung) eine Einschränkung der Abfindung oder gar einen Ausschluß enthält.

- Bei einer **Ausschlußmöglichkeit ohne wichtigem Grund** ist besondere Vorsicht geboten. Der BGH, NJW 1979, 104 verlangt für diesen Fall die Zubilligung einer „angemessenen" Entschädigung an den Ausscheidenden, da ansonsten die Gefahr einer willkürlichen Hinauskündigung besteht.

- Bei einem **erheblichen Mißverhältnis** zwischen dem vereinbarten Abfindungs- und dem tatsächlichen Anteilswert soll dem Gesellschafter das Festhalten an dieser Regelung nicht mehr zumutbar sein (BGH, DB 1993, 1616; vgl. zur Rechtsfolge auch nachfolgend Rz. 211).

- Die **Auszahlungsmodalitäten** haben ebenfalls Einfluß auf die Beurteilung der Rechtmäßigkeit der Abfindungsregelung. Ein Auszahlungszeitraum von bis zu 5 Jahren wird in der Regel zulässig sein, ebenso ein Zeitraum bis zu 10 Jahren im Einzelfall, ein längerer Zeitraum bedarf einer besonderen Rechtfertigung, wobei jedoch nach neuerer Rechtsprechung (vgl. nachfolgend Rz. 211) eine ergänzende Vertragsauslegung greift. Dies gilt jedenfalls für die Fälle, in denen ein grobes Mißverhältnis zwischen Abfindungs- und Verkehrswert des Anteils erst nachträglich eingetreten ist.

dd) Rechtsfolgen

211 In seiner neueren Rechtsprechung geht der BGH (BGHZ 116, 359 ff.; NJW 1993, 2101) davon aus, daß bei einem **nachträglichen** groben Mißverhältnis zwischen Abfindungs- und Verkehrswert die Abfindungsklausel nicht unwirksam, sondern unter Berücksichtigung der Grundsätze von Treu und Glauben (§ 242 BGB) den geänderten Verhältnissen anzupassen sei (bei einem **ursprünglichen** erheblichen Mißverhältnis ist dagegen wohl weiterhin

von einer vollständigen Nichtigkeit – sowohl für Kapital- als auch Personengesellschaften, vgl. *Kort*, DStR 1995, 1963 ff. – auszugehen).

> Für die **Vertragsgestaltung** bedeutet dies, daß mit einer ursprünglich wirksamen Klausel die Gefahr der Nichtigkeit gebannt ist. Unabhängig davon sollten jedoch auch die zukünftigen Veränderungen des Werts des Anteils berücksichtigt werden, da die Rechtsprechung, wonach die Abfindungsklausel gemäß § 242 BGB anzupassen sei, ebenfalls zu Unsicherheiten führt und damit die Schlichtungsfunktion der Abfindungsregelung nicht mehr gewahrt ist.

ee) Differenzierungskriterien

Für eine am Einzelfall orientierte Vertragsgestaltung kommen danach insbesondere folgende Differenzierungskriterien in Betracht (wobei diese auch zum Teil von der neueren Rechtsprechung als Kriterien für die Wirksamkeit der Abfindungsregelung angesehen werden – vgl. BGHZ 116, 359 und NJW 1993, 2101): 212

– **Art der Gesellschaft, insbesondere des Unternehmensgegenstands**
  Beispiel:
  Beim Ausscheiden aus einer „Dienstleistungs-GmbH" (z. B. Freiberufler, wie Steuerberater, Wirtschaftsprüfer, Rechtsanwälte) wird regelmäßig eine Abfindung nach dem Ertragswert vorzusehen sein, da der Substanzwert hier nur eine untergeordnete Bedeutung besitzt.

– **Grund des Ausscheidens**
  Zu beachten ist jedoch: keine Gläubigerbenachteiligung, kein freies „Hinauskündigungsrecht".

– **Person des ausscheidenden Gesellschafters, Dauer der Mitgliedschaft und Anteil des Gesellschafters am Aufbau des Unternehmens**
  Eine solche persönliche Differenzierung zwischen den Gesellschaftern wird vielfach der Interessenlage entsprechen und wird auch vom BGH als Beurteilungskriterium für die Wirksamkeit angesehen.

– **„Alter" der Gesellschaft**
  Eine ursprünglich wirksame Abfindungsregelung kann nach der neueren Rechtsprechung zwar nicht unwirksam, jedoch unanwendbar werden. Die hieraus folgenden Unwägbarkeiten lassen sich durch eine Differenzierung vermeiden, wonach die Abfindung an das Alter der Gesellschaft geknüpft wird. Zum Beispiel wäre denkbar, dem Ertragswert mit zunehmender Dauer eine stärkere Gewichtung beizumessen.

– **Auszahlungsmodalitäten**
Insbesondere Zulässigkeit von Abfindungsraten, Wertsicherung bzw. Verzinsung dieser einzelnen Raten.

ff) Insbesondere: Abfindung nach dem „Stuttgarter Verfahren"

213 In zahlreichen Gesellschaftsverträgen ist vorgesehen, daß eine Abfindung nach dem sog. Stuttgarter Verfahren erfolgen soll. Hierbei handelt es sich um ein **Bewertungsverfahren,** anhand dessen die Finanzverwaltung den Wert von nicht börsennotierten Aktien und Anteilen an Kapitalgesellschaften ermittelt, soweit dieser sich nicht aus Verkäufen ableiten läßt. In diesen Wert gehen sowohl der **Vermögenswert** als auch der **Ertragswert** ein. Im einzelnen ist die Ermittlung in den Erbschaftsteuerrichtlinien geregelt (vgl. Abschn. 96 ff. ErbStR).

Die Beliebtheit dieses Abfindungsmodus beruht wohl auf der Tatsache, daß sowohl Vermögens- als auch Ertragsfaktoren berücksichtigt werden und die Ermittlung für einen versierten Fachmann vergleichsweise einfach durchzuführen ist.

214 Gleichwohl seien gegenüber diesem Verfahren folgende **kritische Punkte** angemerkt:

– Bei der Verweisung auf das „Stuttgarter Verfahren" handelt es sich um eine **dynamische Verweisung.** Mangels anderweitiger Regelung ist das „Stuttgarter Verfahren" in seiner jeweils gültigen Fassung maßgeblich. Die Beteiligten liefern sich so der Willkür des Steuergesetzgebers aus. Mit jeder Änderung in diesem steuerlichen Bereich ändert sich der Inhalt der Gesellschaftsverträge in einem maßgeblichen Punkt, ohne daß dies den Beteiligten bewußt sein muß.

– Vor einer formelhaften Verwendung des „Stuttgarter Verfahrens" ist auch deshalb zu warnen, weil diese Methode für die Beteiligten **keine griffigen Vorstellungen** über die Höhe der tatsächlich zu zahlenden Abfindung bietet.

– Die Kombination bzw. Gewichtung von Vermögens- und Ertragsfaktoren durch das „Stuttgarter Verfahren" wird der **Interessenlage der Beteiligten** wohl auch nur zufällig gerecht. Insbesondere wird die **Art des Unternehmens** vernachlässigt. Als Beispiel sei wiederum eine Dienstleistungs-GmbH genannt. Als Ausgangspunkt für eine Abfindung kommt hier wohl nur ein Ertragswert (etwa ein bestimmter Prozentsatz des jährlichen Umsatzes) in Betracht, ggf. ergänzt um einen Teilwert der in jüngster Zeit angeschafften Gegenstände des Anlagevermögens.

– In Anbetracht der nunmehr von der ganz überwiegenden Meinung praktizierten **Grundsätze für die Unternehmensbewertung** erscheint eine vorrangige, wenn nicht ausschließliche Berücksichtigung des Ertragswerts vorzugswürdig.

gg) Zusammenhang der Abfindungsregelung mit Kapitalkonten

Bei Personengesellschaften ist für die Vertragsgestaltung wichtig, den Zusammenhang der Abfindungsregelung mit der Kontenführung zu regeln (vergleiche hierzu auch unten Rz. 320). Es ist zum einen klarzustellen, ob bzw. welche Kapitalkonten mit der Abfindung abgegolten sein sollen. Zum anderen ist durch eine entsprechende Gestaltung der Kontenführung sicherzustellen, daß ein materiell zufriedenstellendes Ergebnis erreicht wird.

hh) Erb- und familienrechtliche Auswirkungen von Abfindungsklauseln

Nicht hinreichende Beachtung finden regelmäßig die erb- und familienrechtlichen Aspekte der Abfindungsregelung (vgl. hierzu insbesondere *Reimann*, DNotZ 1992, 481 ff.).

In **familienrechtlicher Hinsicht** ist umstritten, ob eine Einschränkung der Abfindung unter den Verkehrswert den Zugewinnausgleichsanspruch entsprechend kürzt. Legt man für die Berechnung des Zugewinnausgleichs den Abfindungsbetrag zugrunde und liegt dieser unter dem wahren Wert des Unternehmens, so ist der ausgleichsberechtigte Ehegatte benachteiligt. Er erhält nur einen Betrag, der unter dem tatsächlichen Wert des Unternehmens liegt, insbesondere wenn das Unternehmen fortgeführt wird. Da nach der derzeitigen Rechtslage eine zugewinnausgleichsrechtliche Relevanz einer Abfindungseinschränkung sehr fraglich ist (vgl. etwa *Palandt/Diederichsen*, Rz. 7 zu § 1376 BGB), ist vor einer erheblichen Einschränkung des Abfindungsanspruchs im Interesse des Gesellschafters zu warnen. Er liefe sonst Gefahr, den Zugewinnausgleich aus dem vollen Wert des Unternehmens bezahlen zu müssen, ohne seinerseits die Möglichkeit zu haben, durch eine Kündigung den entsprechenden Wert realisieren zu können. In der höchstrichterlichen Rechtsprechung sind diese Fragen noch nicht bis ins Detail geklärt (vgl. *Reimann*, DNotZ 1992, 482).

Zur **Vermeidung** dieser Probleme ist daher eine **ehevertragliche Regelung** in Erwägung zu ziehen wie etwa die Vereinbarung von Gütertrennung oder die Modifizierung der Zugewinngemeinschaft wie etwa durch Herausnahme der Vermögensbeteiligung (vgl. hierzu jedoch einschränkend *N. Mayer*, DStR 1993, 991).

In **erbrechtlicher Hinsicht** tauchen nur dann keine Probleme auf, wenn alle gesetzlichen Erben gesellschaftsrechtlich und erbrechtlich zur Nachfolge berufen sind oder aber – wenn die Gesellschaft von den verbleibenden Gesellschaftern fortgesetzt wird – die Abfindung zum Verkehrswert der Beteiligung erfolgt. Probleme tauchen dagegen insbesondere auf, wenn (vgl. hierzu statt aller *Reimann*, DNotZ 1992, 484):

– einzelne gesetzliche Erben erbrechtlich übergangen worden sind und ihnen daher Pflichtteilsansprüche zustehen (ist für diese der vertragliche Abfindungswert maßgeblich?),

– mehrere Personen zu Erben eingesetzt sind, jedoch aufgrund einer qualifizierten Nachfolgeklausel nur einer die Nachfolge in die Gesellschaftsbeteiligung antreten kann (wonach berechnen sich die erbrechtlichen Ausgleichsansprüche?),
– lt. Gesellschaftsvertrag beim Tod eines Gesellschafters die Gesellschaft unter den übrigen Gesellschaftern fortgesetzt wird und die Erben des Verstorbenen nur eine Abfindung erhalten.

Die hier auftauchenden Fragen sind in der Rechtsprechung noch nicht geklärt.

218 Für die **Vertragsgestaltung** wichtig erscheinen **zwei Punkte:**

– Ein allseitiger **Ausschluß jeglicher Abfindungsansprüche beim Tod eines Gesellschafters** ist nach Teilen der Literatur (höchstrichterliche Rechtsprechung fehlt insoweit) jedenfalls dann „pflichtteilsfest", wenn die Gesellschafter annähernd gleichaltrig sind. In solchen Fällen soll ein sog. **aleatorisches Rechtsgeschäft** vorliegen, da jeder Gesellschafter die Chance hat, den Anteil der anderen Gesellschafter unentgeltlich ohne Abfindungsansprüche zu erwerben und somit eine pflichtteilsauslösende Schenkung gar nicht vorliegen soll (und auch keine Schenkung auf den Todesfall im Sinne des § 2301 BGB).
– Der Gesellschaftsvertrag sollte ggf. durch **erbrechtliche Maßnahmen** (insbesondere partielle Pflichtteilsverzichte, Erbverzichte, Ausgleichsvereinbarungen) abgesichert werden.

f) Weitere Ansprüche des ausscheidenden Gesellschafters

219 Zu berücksichtigen sind neben der Abfindung die weiteren Ansprüche des Gesellschafters gegenüber der Gesellschaft. Diese sind:

aa) Rückgewähr von Gegenständen, die ein Gesellschafter der Gesellschaft zur Nutzung überlassen hat

220 Dabei ist zu berücksichtigen: Dieser Rückgewährsanspruch besteht nach dem Gesetz nur bei **Personengesellschaften** und bezieht sich nach § 738 Abs. 1 S. 2 BGB nur auf solche Nutzungsüberlassungen, die ihre Grundlage im Gesellschaftsvertrag haben. Daneben kann ein Gesellschafter auch aufgrund gesonderter vertraglicher Abreden, z. B. aufgrund Mietvertrags oder Pachtvertrags, Gegenstände zur Nutzung überlassen haben. Auf solche Nutzungsüberlassungsverhältnisse bezieht sich § 738 BGB nicht. Das Schicksal von solchen Nutzungsüberlassungsverträgen beim Ausscheiden des Gesellschafters aus der Gesellschaft ergibt sich aus dem jeweiligen Nutzungsüberlassungsvertrag. Bei der Gestaltung des Nutzungsüberlassungsvertrags muß

entschieden werden, ob der ausscheidende Gesellschafter ein Recht zur Kündigung des Nutzungsüberlassungsvertrags erhält.

bb) Befreiung von Schulden bzw. Sicherheitsleistung

Trotz der Begrenzung der Nachhaftung in § 736 Abs. 2 BGB und § 159 HGB haftet bei **Personengesellschaften** der ausgeschiedene Gesellschafter grundsätzlich für die während seiner Zugehörigkeit zur Gesellschaft begründeten Verbindlichkeiten fort. Das Gesetz sieht vor, daß der Gesellschafter Befreiung von den Verbindlichkeiten verlangen kann; bei noch nicht fälligen Forderungen hat er Anspruch auf Sicherheitsleistung, wobei die Sicherheitsleistung nach § 232 ff. BGB zu erfolgen hat. 221

cc) Gestaltungsüberlegungen

(1) Rückgewähr von Gegenständen, die zur Nutzung überlassen wurden

Zu berücksichtigen ist, daß die Gesellschaft ggf. auf die Gegenstände, die ihr der ausscheidende Gesellschafter zur Nutzung überlassen hat, angewiesen sein kann, um ihren Geschäftsbetrieb fortführen zu können. Nach der Rechtsprechung können sich in solchen Fällen bereits aus Treu und Glauben Verpflichtungen ergeben, den Gegenstand weiterhin (allerdings dann nur gegen Entgelt) zur Nutzung zu überlassen. Um Streitigkeiten, ob eine weiterbestehende Nutzungsüberlassungspflicht besteht, zu vermeiden, kann gesellschaftsvertraglich vorgesehen werden, daß die Gesellschaft zur weiteren Nutzung berechtigt sein soll oder gegebenenfalls zum Ankauf. 222

> Vereinbart werden müssen in diesem Fall entweder Anmietrechte oder Ankaufsrechte. Bei der Vereinbarung von Ankaufsrechten ist, wenn sie sich auf Immobilien beziehen, zu berücksichtigen, daß nicht nur das Ankaufsrecht wegen § 313 BGB notariell beurkundet werden muß, sondern diese Abrede, wenn sie Bestandteil des Gesellschaftsvertrags ist, zur Beurkundungsbedürftigkeit des gesamten Gesellschaftsvertrags führt.

(2) Befreiung von Schulden bzw. Sicherheitsleistung

Nicht näher regelungsbedürftig ist die Befreiung von fälligen Verbindlichkeiten. Bezüglich noch nicht fälliger Verbindlichkeiten stellt das Gesetz das Interesse des ausscheidenden Gesellschafters stark in den Vordergrund. Die Liquidität der weiteren Gesellschafter kann durch die Notwendigkeit zur Sicherheitsleistung allerdings ggf. übermäßig beansprucht werden. Eine Sicherheitsleistung ist dann entbehrlich, wenn der Gläubiger der Schuldentlassung des ausscheidenden Gesellschafters zustimmt. Dies wird in der Re- 223 gel aber nur bei Bankverbindlichkeiten möglich sein. Im Gesellschaftsvertrag sollte vorgesehen werden, daß dies versucht wird. Im Gesellschaftsvertrag kann die Notwendigkeit zur Sicherheitsleistung im übrigen auch abbedungen werden.

g) Nebenansprüche beim Ausscheiden

aa) Vertraulichkeit

224 Da die Gesellschaft auch nach dem Ausscheiden eines Gesellschafters daran interessiert ist, daß ihre Angelegenheiten nicht „nach außen" getragen werden, unabhängig davon, ob es sich um „Betriebsgeheimnisse" im engeren Sinne handelt, ist vorzusehen, daß der Ausgeschiedene auch nach seinem Ausscheiden in Angelegenheiten der Gesellschaft zur Verschwiegenheit verpflichtet ist.

bb) Herausgabe von Unterlagen

225 Damit der Ausscheidende keine dokumentierten Kenntnisse von Angelegenheiten der Gesellschaft zurückbehält, ist die Herausgabe aller betrieblichen Unterlagen einschließlich davon gefertigter Ablichtungen und Abschriften vorzusehen.

5. Allgemeine Bestimmungen

a) Sonstige Bestimmungen

aa) Vollständigkeitsklausel

226 Zur Vermeidung von Streit darüber, ob noch „Seitenabreden" zum Gesellschaftsvertrag bestehen, ist zu klären, daß weitere Absprachen nicht existieren, oder auf diese abschließend zu verweisen.

bb) Vertragsänderungen

227 Bei **Personengesellschaften** sind diese Grundlagengeschäfte von der Zustimmung aller Gesellschafter abhängig. Mehrheitsbeschlüsse können den Gesellschaftsvertrag nur ändern, wenn dies ausdrücklich zugelassen ist. Zur Rechtssicherheit sollte klargestellt werden, daß Gesellschaftsvertragsänderungen schriftlich dokumentiert sein müssen, um Wirksamkeit zu erlangen.

Bei der **GmbH** muß eine Satzungsänderung in notariell beurkundeter Form mit einer Mehrheit von mindesten 75% der abgegebenen Stimmen beschlossen werden. Höhere Quoten kann die Satzung vorsehen. Bei AG ist für Satzungsänderungen erforderlich:

- **die einfache Stimmenmehrheit** (§ 133 Abs. 1 AktG) der vertretenen Stimmen und zusätzlich
- **eine Kapitalmehrheit** des vertretenen Grundkapitals.

Die Kapitalmehrheit, die nach dem Gesetz $^3/_4$ des vertretenen Grundkapitals beträgt, kann durch die Satzung wie folgt geändert werden:

- Grds. können geringere oder höhere Kapitalmehrheiten in der Satzung festgelegt werden;
- für folgende Beschlüsse können aber nur höhere Mehrheiten festgelegt werden: Änderungen des Unternehmungsgegenstands; reguläre Kapitalerhöhung, wenn stimmrechtslose Vorzugsaktien ausgegeben werden; Bezugsrechtsausschluß; bedingte Kapitalerhöhung; genehmigtes Kapital; Kapitalherabsetzung.

b) Teilnichtigkeit

Damit sich die Nichtigkeit einzelner Gesellschaftsvertragsbestimmungen nicht auf den ganzen Gesellschaftsvertrag auswirkt, wird allgemein empfohlen, abweichend von § 139 BGB zu bestimmen, daß die Teilnichtigkeit sich in keinem Fall auf den gesamten Vertrag auswirkt. 228

Dabei wird m. E. übersehen, daß § 139 BGB eine flexible Regelung enthält und die Nichtigkeit selbst des ganzen Vertrags sich nach der Lehre über „faktische Gesellschaftsverhältnisse" nur dahin gehend auswirkt, daß den Gesellschaftern ein Kündigungsrecht eingeräumt wird.

17 Gestaltungsfragen bei einzelnen Gesellschaftsverträgen

	Rz.
I. Gesellschaft des bürgerlichen Rechts	229
1. Vertragliche Grundlagen	229
a) Bezeichnung	229
aa) Innengesellschaften	229
bb) Außengesellschaften	230
cc) Formulierungsbeispiele	231
(1) Grundstücksverwaltende Gesellschaft mit Sachbezeichnung	231
(2) Gewerblich tätige Gesellschaft mit gemischter Sach- und Namensbezeichnung	231
b) Namensrechte	232
c) Sitz	233
aa) Vorbemerkungen	233
bb) Formulierungsbeispiele	234
d) Gesellschaftszweck/Unternehmensgegenstand	235
e) Gesellschafter, Beteiligungsverhältnis	236
aa) Vorbemerkungen	236
bb) Formulierungsbeispiele	237
f) Besondere Anforderungen an Gesellschafter	238
g) Gesellschafterstämme/Gesellschaftergruppen	239
aa) Vorbemerkungen	239
bb) Formulierungsbeispiel	240
h) Dauer der Gesellschaft	241
i) Geschäftsjahr	242
j) Kapital der Gesellschaft, Einlagen der Gesellschafter	243
k) Dienstleistungs- und Nutzungsüberlassungspflichten	244
2. Innere Ordnung der Gesellschaft	247
a) Geschäftsführung	247
aa) Vorbemerkungen	247
bb) Gestaltung	248
(1) Geschäftsleitung durch Nichtgesellschafter trotz Selbstorganschaft	249
(2) Geschäftsführung durch einzelne Gesellschafter	250
cc) Formulierungsbeispiele	251
(1) Gesellschaft mit gesellschaftsfremdem Geschäftsleiter	251
(2) Gesellschaftsinterne Geschäftsführung	252
b) Buchführung, Bilanzierung	253
aa) Vorbemerkungen	253
bb) Formulierungsbeispiele	254
c) Kontrollrechte der Gesellschafter	255
aa) Vorbemerkungen	255
bb) Formulierungsbeispiel	256
d) Gesellschafterversammlung, Stimmrecht, Einwendungsrechte	257
aa) Vorbemerkungen	257
bb) Formulierungsbeispiel	258
e) Ergebnisverwendung	259
aa) Vorbemerkungen	259
(1) Verweisung	259
(2) Gesetzliche Regelung	260
bb) Vertragsgestaltung	261
(1) Rücklagenbildung durch Gewinnthesaurierung	261
(2) Bewältigung von Verlusten	262
cc) Formulierungsbeispiel	263
f) Wettbewerbsfragen	264
aa) Vorbemerkungen	264

	Rz.
bb) Gestaltung	265
cc) Formulierungsbeispiele	266
3. Außenverhältnisse der Gesellschaft (Vertretung, Haftungsbeschränkung)	268
a) Verweisung	268
b) Gesetzliche Regelung	269
aa) Umfang der Vertretungsmacht	270
bb) Legitimationsurkunde	271
cc) Keine Haftungsbeschränkung auf das Gesellschaftsvermögen oder quotale Haftung durch eingeschränkte Vertretungsmacht, sondern nur durch einzelvertragliche Abreden	272
c) Formulierungsbeispiele	273
(1) Vertretungsmacht ohne Haftungsauftrag	273
(2) Vertretungsmacht einer GbR mit Haftungsbegrenzungsauftrag	274
4. Strukturänderungen der Gesellschaft	275
a) Aufnahme weiterer Gesellschafter/Gesellschafterwechsel	275
aa) Vorbemerkung	275
bb) Gestaltung	276
cc) Formulierungsbeispiele	277
b) Kündigung eines Gesellschafters	278
aa) Vorbemerkung	278
bb) Gesetzliche Regelung und Regelbarkeit	279
cc) Formulierungsbeispiele	280
c) Ausschließung von Gesellschaftern	282
aa) Vorbemerkung	282
bb) Formulierungsbeispiel	283
d) Tod eines Gesellschafters	284
aa) Vorbemerkung	284

	Rz.
bb) Gestaltung	285
cc) Formulierungsbeispiele	286
e) Abfindung	289
aa) Vorbemerkung	289
bb) Gestaltung	290
cc) Formulierungsbeispiele	291
f) Weitere Ansprüche beim Ausscheiden	293
g) Sonstige Bestimmungen	294
II. Offene Handelsgesellschaft	295
1. Vertragliche Grundlagen, Vorbemerkungen	295
2. Zweck: Betrieb eines Gewerbes bzw. vermögensverwaltende Tätigkeit	296
3. Firma	298
4. Sitz der Gesellschaft	301
5. Gegenstand des Unternehmens	302
6. Rechte und Pflichten der Gesellschafter, insbesondere Stimmrecht	303
a) Vorbemerkung	303
b) Gestaltung	304
7. Informationsrecht	308
8. Wettbewerbsverbot	309
9. Grundsatz der rechtlichen Selbständigkeit	310
10. Beitragsleistung	311
a) Gegenstand der „Beiträge", Umfang und Bewertung	311
b) Leistungsstörungen bei der Einlageerbringung	315
11. Kapitalanteil und Gesellschafterkonten	318
a) Gesetzliche Regelung	318
b) Gestaltung	319
12. Entnahmen	321
13. Buchführung und Bilanzierung, Jahresabschluß	322
14. Geschäftsführung	323
15. Vertretung	324
16. Verfügung über den Gesellschaftsanteil	325
17. Tod eines Gesellschafters	326
18. Abfindung	327
III. Partnerschaftsgesellschaft	328
1. Vor- und Nachteile der Partnerschaft	329

	Rz.
2. Rechte und Pflichten der Gesellschafter	330
IV. EWIV (Europäische wirtschaftliche Interessenvereinigung)	**331**
1. Vorbemerkungen	331
2. Vertragliche Grundlage	332
3. Rechte und Pflichten	333
4. Geschäftsführung und Vertretung	334
V. Kommanditgesellschaft	**335**
1. Gesellschaftszweck	335
2. Firma, Sitz	336
3. Geschäftsführung und Widerspruchsrecht der Kommanditisten	338
4. Stimmrecht-Gesellschafterbeschlüsse	340
5. Informationsrecht	341
6. Vertragliche Änderungen der Kontrollrechte des Kommanditisten	342
7. Wettbewerbsverbot	343
8. Haftung des Kommanditisten	344
a) Vorbemerkung	344
aa) Pflichteinlage	345
bb) Haftsumme	346
b) Gestaltung	347
aa) Wiederaufleben der Haftung bei Rückzahlung der Haftsumme	348
bb) Haftung vor Eintragung	349
9. Gewinn und Verlust	350
10. Entnahmen, Buchführung und Bilanzierung	351
11. Vertretung der Gesellschaft nach außen	352
12. Strukturänderungen der Gesellschaft	353
a) Vorbemerkung	353
b) Gestaltung	354
aa) (Isolierter) Beitritt bzw. Ausscheiden eines Gesellschafters	354
bb) Gesellschafterwechsel – Übertragung eines Kommanditanteils unter Lebenden	356

	Rz.
cc) Umwandlung der Gesellschafterstellung (Komplementär in Kommanditist bzw. umgekehrt)	358
dd) Schenkungen, insbesondere im Rahmen einer vorweggenommenen Erbfolge	359
13. Beendigung der Gesellschaft	361
VI. Stille Gesellschaft, Unterbeteiligung	**362**
1. Stille Gesellschaft	362
a) Gesetzliche Regelung	362
b) Gestaltung	365
aa) Anwendungsbereich	365
bb) Rechte und Pflichten der Gesellschafter	367
(1) Leistung der Einlage	367
(2) Gewinn- und Verlustbeteiligung	368
(3) Kontroll- und Überwachungsrechte	370
(4) Haftung	371
cc) Innere Organisation	372
dd) Vertretung der Gesellschaft nach außen	373
ee) Strukturänderungen der Gesellschaft	374
ff) Beendigung der Gesellschaft	376
(1) Auflösung	376
(2) Auseinandersetzung	377
2. Unterbeteiligung	380
a) Begriff, Formen, Vor- und Nachteile	380
b) Rechte und Pflichten der Gesellschafter	383
c) Geschäftsführung und Vertretung	386
d) Kontroll- und Informationsrechte	387
e) Wechsel des Unterbeteiligten	388

	Rz.
f) Beendigung der Gesellschaft, Auseinandersetzung	389
g) Sonstige Auflösungsgründe	390
h) Auseinandersetzung, Vermögensbeteiligung	391
i) Allgemeine Bestimmungen	394
VII. GmbH	**395**
1. Vertragliche Grundlagen	395
a) Firma	395
aa) Vorbemerkung	395
bb) Grundsätze	396
cc) Formulierungsbeispiele	397
b) Namensrechte	398
aa) Vorbemerkung	398
bb) Formulierungsbeispiel	399
c) Sitz	400
aa) Vorbemerkung	400
bb) Formulierungsbeispiel	401
d) Unternehmensgegenstand	402
aa) Vorbemerkung	402
bb) Verweisung	403
e) Stammkapital	404
aa) Vorbemerkung	404
bb) Formulierungsbeispiel	406
f) Gesellschafter, Einlagen	407
aa) Gesetzliche Regelung	407
bb) Formulierungsbeispiel	408
g) Bareinlage oder Sacheinlage	409
aa) Vorbemerkung	409
bb) Bareinlage	410
cc) Sacheinlage	411
dd) Mischeinlagen	412
ee) Fälligkeit der Einlageverpflichtung	413
h) Gesellschafterstämme, Gesellschaftergruppen	414
aa) Vorbemerkung	414
bb) Formulierungsbeispiel	415
i) Dauer der Gesellschaft	416
j) Geschäftsjahr	417

	Rz.
k) Dienstleistungs- und Nutzungsüberlassungspflichten	418
2. Innere Ordnung und Außenverhältnisse der Gesellschaft	419
a) Geschäftsführung und Vertretung	419
aa) Vorbemerkung	419
(1) Vertretung	420
(2) Geschäftsführung	422
bb) Formulierungsbeispiele	423
b) Buchführung, Bilanzierung	425
aa) Vorbemerkung	425
bb) Formulierungsbeispiel	426
c) Kontrollrechte der Gesellschafter	427
d) Gesellschafterversammlung, Stimmrechte, Einwendungsrechte	428
aa) Verweisung	428
bb) Formulierungsbeispiel	429
e) Ergebnisverwendung	430
aa) Vorbemerkung	430
(1) Verluste	430
(2) Gewinne	431
bb) Formulierungsbeispiel	432
f) Wettbewerb	433
aa) Vorbemerkung	433
bb) Formulierungsbeispiel	434
3. Strukturänderungen der Gesellschaft	435
a) Verfügung über Geschäftsanteile	435
aa) Vorbemerkung	435
bb) Gestaltung	436
cc) Formulierungsbeispiele	438
b) Kündigung durch den Gesellschafter	440
c) Ausschließung von Gesellschaftern	441
aa) Vorbemerkungen	441
bb) Gestaltung	442

	Rz.
cc) Formulierungsbeispiel	444
d) Tod des Gesellschafters	445
e) Abfindung	446
4. Allgemeine Bestimmungen	447
VIII. GmbH & Co. KG	**448**
1. Vorbemerkung und Erscheinungsformen	448
a) Vorbemerkung	448
b) Erscheinungsformen	449
aa) Typische GmbH & Co. KG	449
bb) Beteiligungsidentische GmbH & Co. KG	450
cc) Einheits-GmbH & Co. KG	451
dd) Publikums-GmbH & Co. KG	452
2. Gestaltungsfragen außerhalb der „Verzahnungsproblematik"	453
a) Firmierung bei GmbH und bei KG	454
aa) Vorbemerkung	454
bb) Formulierungsbeispiele	455
b) Unternehmensgegenstand	456
aa) Vorbemerkung	456
bb) Formulierungsbeispiele	457
c) Befreiung von § 181 BGB	458
aa) Vorbemerkung	458
bb) Gestaltungsgrundsätze	459
cc) Formulierungsbeispiele	460
dd) Handelsregisteranmeldung und -eintragung	462
3. Verzahnung der Beteiligungen bei der GmbH und der KG	463
a) Identitätsgrundsatz	465
b) Ergänzung der Bestimmungen betr. die Verfügung über Geschäftsanteile/Beteiligungen	466
aa) Vorbemerkung	466
bb) Freie Veräußerlichkeit der Beteiligungen gewünscht	467

	Rz.
cc) Eingeschränkte Veräußerlichkeit gewünscht	468
dd) Ankaufs- und Vorkaufsrechte	469
c) Formulierungsbeispiele	470
aa) Sonst freie Veräußerlichkeit des Geschäftsanteils und der Beteiligung	470
bb) Sonst bestehendes Vorkaufsrecht bei der Veräußerung des Geschäftsanteils/ der Beteiligung	472
cc) Anbietungspflicht mit Ankaufsrecht	474
d) Ergänzung der Bestimmungen beim Tod des Gesellschafters	475
aa) Bei sonst freier Vererblichkeit	475
bb) Qualifizierte Nachfolgeregelung	476
(1) Qualifizierte Nachfolgeregelung bei der GmbH	477
(2) Regelung des Scheiterns	478
e) Ergänzung der Bestimmungen beim Zwangsausscheiden	479
IX. AG, insbesondere kleine AG	**480**
1. Allgemeine Vorbemerkungen	480
a) Grundlagen	480
b) „Kleine AG"	481
c) Gründe für die AG	482
d) Personalistische, insb. Familien-AG	484
aa) Personalisierung durch satzungs- und schuldrechtliche Abreden	484
bb) Beispiele	485
cc) Sicherung des Fortbestands der schuldrechtlichen Abreden bei Einzelrechtsnachfolge	486
dd) Formulierungsbeispiele	487

	Rz.		Rz.
(1) Ankaufsrecht	487	bb) Formulierungs-	
(2) Vertragsstrafe	488	beispiele	512
e) Vorbemerkungen zur folgen-		i) Bareinlagen, Sacheinlagen,	
den Checkliste	489	Sachübernahmen	513
2. Vertragliche Grundlagen	490	aa) Vorbemerkungen	513
a) Firma	490	bb) Formulierungs-	
aa) Verweisung	490	beispiel	514
bb) Rechtsnatur	491	j) Fälligkeit der Einlagever-	
b) Namensrechte	492	pflichtungen	515
aa) Verweisung	492	aa) Vorbemerkungen	515
bb) Rechtsnatur	493	bb) Satzungsgestaltung	516
c) Sitz	494	cc) Formulierungs-	
aa) Verweisung	494	beispiele	517
bb) Rechtsnatur	495	k) Gesellschafterstämme/	
d) Unternehmensgegenstand	496	Gesellschaftergruppen	518
aa) Verweisung	496	aa) Vorbemerkungen,	
bb) Aktienrechtliche Beson-		Verweisung	518
derheiten	497	bb) Formulierungs-	
cc) Formulierungs-		beispiel	519
beispiel	499	cc) Eingeschränkte sat-	
dd) Rechtsnatur	500	zungsmäßige Gestal-	
e) Grundkapital	501	tungsmöglichkeiten	520
aa) Verweisung,		(1) Einfluß auf die	
Vorbemerkungen	501	Organbesetzung	520
bb) Rechtsnatur	502	(2) Formulierungs-	
f) Einteilung des		beispiele	521
Grundkapitals	503	(a) Entsendungsrecht in	
aa) Vorbemerkungen	503	den Aufsichtsrat	521
bb) Nennbetragsaktien	504	(b) Vinkulierung mit	
cc) Stückaktien	505	Gruppierung	521
dd) Formulierung	506	(c) Sonstige Übertra-	
(1) Nennbetragsaktien	506	gungen	521
(2) Stückaktien	506	l) Dauer der Gesellschaft	522
ee) Rechtsnatur	507	m) Geschäftsjahr	523
g) Inhaber- oder		n) Dienstleistungs- und	
Namensaktien	508	Nutzungsüberlassungs-	
aa) Grundsätzliches Wahl-		verpflichtungen	524
recht	508	3. Ordnung der Außenverhält-	
bb) Unterschiede		nisse der Gesellschaft	525
zwischen Namens-		a) Geschäftsführung und	
und Inhaberaktien	509	Vertretung	525
cc) Formulierung	510	aa) Vorbemerkungen	525
(1) Inhaberaktien	510	bb) Vertretung	526
(2) Namensaktien	510	cc) Geschäftsführung	527
(3) Ergänzung bei		dd) Formulierungs-	
Vinkulierung von		beispiele	528
Namensaktien	510	(1) Satzungsmäßige	
h) Gesellschafter, Einlagen	511	allgemeine Bestim-	
aa) Gesetzliche		mung über die	
Regelung	511	Geschäftsführung	
		und Vertretung	528

	Rz.		Rz.
(2) Konkreter Bestellungsakt und Festlegung der Vertretungsbefugnis (im Urkundenmantel bei anwesenden Aufsichtsratsmitgliedern)	529	a) Verfügungen über Aktien	539
		b) Ausschließung von Gesellschaftern	540
		c) Tod eines Gesellschafters	541
		d) Abfindung	542
		e) Sonstige Bestimmungen	543
		X. Betriebsaufspaltung	544
b) Buchführung, Bilanzierung	530	1. Vorbemerkung und Erscheinungsformen	544
c) Kontrollorgan Aufsichtsrat	531	a) Vorbemerkung	544
aa) Grundlagen	531	b) Erscheinungsformen	547
bb) Satzungsbestimmungen	532	aa) Echte Betriebsaufspaltung	547
cc) Musterformulierung zum Aufsichtsrat	533	bb) Unechte Betriebsaufspaltung	548
dd) Kontrolle durch die Gesellschafter	534	cc) Umgekehrte Betriebsaufspaltung	549
d) Hauptversammlung, Stimmrechte, Einwendungsrechte	535	dd) Kapitalistische Betriebsaufspaltung	550
		ee) Mitunternehmerische Betriebsaufspaltung	551
aa) Grundlagen, Verweisung	535	2. Gestaltungsgrundsätze	552
bb) Formulierungsbeispiel	536	a) Nutzungsüberlassungsvertrag	552
e) Ergebnisverwendung	537	aa) Höhe des Nutzungsentgelts	553
aa) Verweisung	537		
bb) Formulierungsbeispiel	538	bb) Vertragsdauer	554
4. Strukturänderungen der Gesellschaft	539	b) Verzahnung der Gesellschaftsverträge	555

I. Gesellschaft des bürgerlichen Rechts

1. Vertragliche Grundlagen

a) Bezeichnung

aa) Innengesellschaften

Es ist keine Bezeichnung notwendig. 229

bb) Außengesellschaften

1. Zur grundsätzlichen Möglichkeit, im Rechtsverkehr nach außen unter einer einheitlichen Bezeichnung aufzutreten, und zu den Beschränkungen bei der Prozeßführung und im Grundbuchverkehr siehe Rz. 82. 230

2. Der Name darf nicht den Eindruck einer Personenhandelsgesellschaft oder Partnerschaftsgesellschaft erwecken. Unrichtige Rechtsformzusätze

wie OHG, KG o. ä. sind zu vermeiden, ebenso spezifisch kaufmännische Abkürzungen wie Co. und Cie.

In der Praxis hat sich die Bezeichnung „Gemeinschaft" in Verbindung mit dem Namen eines Gesellschafters oder einer schlagwortartigen Kennzeichnung des Unternehmensgegenstands herausgebildet; wenn eine Bezeichnung gewählt wird, die so auch von einer Personenhandelsgesellschaft geführt werden könnte, der Rechtsformzusatz GdbR oder GbR. Nach aktueller Rechtsprechung darf bei der GbR kein Rechtsformzusatz geführt werden, der auf eine (ohnehin gesellschaftsvertraglich nicht wirksam zu vereinbarende, s. u.) Haftungsbeschränkung hinweist, also z. B. nicht „mbH".

cc) Formulierungsbeispiele

231 **(1) Grundstücksverwaltende Gesellschaft mit Sachbezeichnung**

Die Gesellschaft führt die Bezeichnung „Grundstücksgemeinschaft Ludwigstr. 28".

(2) Gewerblich tätige Gesellschaft mit gemischter Sach- und Namensbezeichnung

Die Gesellschaft führt die Bezeichnung Meier + Müller, Farbengeschäft und Malerei, GbR.

b) Namensrechte

232 Siehe einschl. Formulierungsbeispiele bei Rz. 87 ff.

c) Sitz

aa) Vorbemerkungen

233 Eine Gesellschaft des bürgerlichen Rechts muß nicht notwendig einen Sitz haben (siehe oben Rz. 91 ff). Die Begründung eines Firmensitzes kann im Hinblick auf § 11 Abgabenordnung aber sinnvoll sein. Die Begründung eines Firmensitzes ist auch insofern sinnvoll, als der Firmensitz als der Ort gewählt werden kann, an dem Gesellschafterversammlungen regelmäßig abzuhalten sind. In der Praxis wird als Sitz sinnvollerweise der Ort gewählt, von dem aus (durch die Geschäftsführung) die Verwaltungshandlungen vorgenommen werden, und der Ort, wo die Gesellschaftsunterlagen verwahrt werden. Bei immobilienverwaltenden Gesellschaften bürgerlichen Rechts wird häufig als Firmensitz auch der Ort der Belegenheit der Immobilie gewählt.

bb) Formulierungsbeispiele

Fester Sitz 234

Die Gesellschaft hat ihren Sitz in München.

Variabler Sitz

Die Gesellschaft hat ihren Sitz jeweils an dem Ort, an dem der dienstälteste geschäftsführende Gesellschafter wohnt oder, wenn er seine geschäftsführende Tätigkeit für die Gesellschaft von einer beruflichen Niederlassung ausübt, am Ort seiner beruflichen Niederlassung.

d) Gesellschaftszweck/Unternehmensgegenstand

Vorbemerkungen 235

Mit der GbR können beliebige Zwecke verfolgt werden. Sie kann, soweit gesetzliche Verbote dem nicht entgegenstehen, auf beliebigen Geschäftsfeldern tätig werden. Soweit die Gesellschaft gewerblich tätig ist, ist zu berücksichtigen, daß die Gesellschaft nur solange GbR ist, bis das Handelsgeschäft einen vollkaufmännischen Umfang annimmt. Dann mutiert die GbR automatisch zur oHG, unabhängig von jeder Handelsregistereintragung. Auch eine gewerblich tätige Gesellschaft, deren Handelsgeschäft keinen vollkaufmännischen Umfang aufweist, kann durch freiwillige Eintragung in das Handelsregister oHG (oder KG) werden. Dies gilt auch für rein vermögensverwaltende (deshalb nicht gewerbliche) Gesellschaften.

Im übrigen wird auch wegen Formulierungsbeispielen verwiesen auf Rz. 94 ff.

e) Gesellschafter, Beteiligungsverhältnis

aa) Vorbemerkungen

Siehe Rz. 100 ff. 236

bb) Formulierungsbeispiele

Stimmrecht und wirtschaftliche Beteiligung entsprechen sich 237

An der Gesellschaft sind derzeit beteiligt:

Max Meier zu 60% und
Hans Müller zu 40%.

Die Beteiligungsquote ist entscheidend für das Stimmrecht in der Gesellschafterversammlung, die Teilnahme am Gewinn und Verlust und an einem evtl. Liquidationserlös, soweit im folgenden nicht ausdrücklich etwas anderes bestimmt wird.

Sonderstimmrecht eines Gesellschafters

Am Gewinn und Verlust der Gesellschaft und einem evtl. Liquidationserlös nehmen Max Meier zu 60% und Hans Müller zu 40% teil. Solange Hans Müller lebt, steht diesem abweichend davon neben Max Meier 50% der Stimmen zu. Scheidet Hans Müller aus der Gesellschaft aus oder verstirbt er, ist mit dem derzeit von ihm gehaltenen Anteil ein Stimmrecht von 40%, mit dem von Herrn Max Meier ein Stimmrecht von 60% verbunden.

f) Besondere Anforderungen an Gesellschafter

238 Vorweg siehe dazu Rz. 103 ff.

Formulierungsbeispiel:

Freiberufler-GbR mit automatischem Ausscheiden

Vorwegtatbestand siehe Rz. 105.

Verliert ein Gesellschafter diese Qualifikation oder geht die Beteiligung auf Personen über, die diese Qualifikation nicht erfüllen, scheidet der betreffende Gesellschafter aus der Gesellschaft aus (automatisches Ausscheiden). Für das Ausscheiden gelten die allgemeinen Bestimmungen dieses Gesellschaftsvertrags.

Familien-GbR mit Ermächtigung zum Ausschluß

Vorwegtatbestand siehe Rz. 106.

Sonst sind die weiteren Gesellschafter dazu berechtigt, den Ehegatten bzw. dessen Rechtsnachfolger aus der Gesellschaft auszuschließen (Ermächtigung für einen ausschließenden Beschluß).

g) Gesellschafterstämme/Gesellschaftergruppen

aa) Vorbemerkungen

239 Siehe zunächst Rz. 107 ff.

Der Gesellschaftsvertrag muß gewährleisten, daß das Stimmgewicht nicht durch unvorhersehbare Umstände nach Abschluß des Gesellschaftsvertrags verändert wird. Eine solche Veränderung des Stimmgewichts kann sich insbesondere ergeben, wenn ein Gesellschafter, der einer Gesellschaftergruppe angehört, zwangsweise aus der Gesellschaft ausscheidet. Sein Anteil wächst nämlich bei der GbR dann grundsätzlich allen Gesellschaftern an, auch den Gesellschaftern der anderen Gruppe, die durch solche Umstände plötzlich ein Übergewicht erhalten können. Wenn dies vermieden werden soll, muß im Gesellschaftsvertrag geregelt werden, daß Anwachsungen von Beteiligungen nur innerhalb der verbleibenden Mitglieder der Gruppe erfolgen.

bb) Formulierungsbeispiel

1. Die Gesellschafter Hans und Beate Müller und deren Sohn Hans Müller jun. sowie deren Rechtsnachfolger bilden die Gesellschaftergruppe „Müller". Die Gesellschafter Franz und Maria Meier und deren Rechtsnachfolger bilden die Gesellschaftergruppe „Meier". Scheidet ein Gesellschafter einer Gesellschaftergruppe aus der Gesellschaft aus, wächst sein Anteil am Gesellschaftsvermögen ausschließlich den Gesellschaftern der Gruppe an, der er angehörte, mehreren im Verhältnis von deren Beteiligung.

2. Soweit nach dem Gesellschaftsvertrag Gesellschafter Ankaufs- oder Vorkaufsrechte auf die Beteiligung anderer Gesellschafter haben, sind zum Ankauf bzw. Verkauf nur die Gesellschafter der Gruppe entsprechend ihrer Beteiligung berechtigt, die derselben Gesellschaftergruppe angehören wie der mit dem Ankaufs- bzw. Vorkaufsrecht beschwerte Gesellschafter.

3. Die Gesellschafter einer jeden Gruppe sind berechtigt, einen Gesellschafter ihrer Gruppe als vertretungsberechtigten Geschäftsführer der Gesellschaft zu bestimmen.

h) Dauer der Gesellschaft

Es wird verwiesen auf Rz. 110 ff. einschließlich Formulierungsbeispiele.

i) Geschäftsjahr

Es wird verwiesen auf Rz. 114 ff. einschließlich Formulierungsbeispiele.

j) Kapital der Gesellschaft, Einlagen der Gesellschafter

Zur Definition der Begriffe wird verwiesen auf Rz. 117 ff.

Formulierungsbeispiele:

Grundstücksverwaltende GbR

1. Die Gesellschafter erbringen als Einlage das ihnen bisher je zur Hälfte gehörende lastenfreie Grundstück der Gemarkung Ingolstadt, Fl.Nr. 2130 (Anwesen Ludwigstr. 12), das außerhalb der Urkunde in das Gesamthandsvermögen der Gesellschaft überführt wird. Die Übereignung hat unverzüglich zu erfolgen.

2. Darüber hinaus haben die Gesellschafter der Gesellschaft die Mittel zur Verfügung zu stellen, die zur Sanierung des Objekts nach dem Stand der Sanierungsplanung vom 24. 8. 1995 (Pläne der Architekten Behnisch & Partner, Stuttgart) erforderlich werden. Sie haben die Mittel der Gesellschaft so rechtzeitig zur Verfügung zu stellen, daß die Gesellschaft ihre Zahlungsverpflichtungen gegenüber den am Bau beteiligten Unternehmen erfüllen kann.

3. Wenn ein Gesellschafter zur Aufbringung seines Kapitals Fremdmittel beansprucht, hat die Gesellschaft einer Beleihung des Grundstücks Fl.Nr. 2130 der Gemarkung Ingolstadt zu diesem Zweck zuzustimmen.

Freiberufler-GbR

Dr. Max Meier bringt das von ihm bisher allein betriebene Architekturbüro mit Wirkung zum 31. 12. 1996 mit allen Aktiva und Passiva ein. Franz Hauke erbringt eine Geldeinlage in einer Höhe von 150 000 €, die am 1. 1. 1997 auf ein auf den Namen der Gesellschaft lautendes Konto einzubezahlen ist.

k) Dienstleistungs- und Nutzungsüberlassungspflichten

244 Zur Abgrenzung gesellschaftsvertraglicher Pflichten von Leistungspflichtigen aufgrund gesonderter Abreden und zu allg. Gestaltungsgrundsätzen siehe bei Rz. 121 f.

Formulierungsbeispiele:

245 **Arbeitsleistung und Nutzungsüberlassung außerhalb des Gesellschaftsvertrags**

1. Mit dem geschäftsführenden Gesellschafter wird ein Arbeitsvertrag außerhalb dieses Gesellschaftsvertrags geschlossen. Urlaub, Entgeltfortzahlung im Krankheitsfall, Aufwendungsersatz und Altersgrenze sowie Ruhegeld sind dort geregelt.

2. Von dem Gesellschafter Max Müller wird sein Betriebsgrundstück „Augraben 8" angepachtet. Auch diesbezüglich wird ein gesonderter Pachtvertrag geschlossen.

3. Die Vergütung der Dienstleistung und der Pachtzins stellen gesellschaftsintern Aufwand dar.

246 **Arbeitsleistung und Nutzungsüberlassung als gesellschaftsvertragliche Pflicht**

1. Hans Meier ist verpflichtet, der Gesellschaft als geschäftsführender und vertretungsberechtigter Gesellschafter seine ganze Arbeitskraft zu widmen. Ihm stehen jährlich 26 Arbeitstage Urlaub zu, die nach betrieblichen Erfordernissen zu nehmen sind (evtl. Übertragungs- und Abgeltungsregelung).

Als Vergütung erhält Hans Meier einen Gewinn – vorab von monatlich 3 000 € –, den er am Ende eines Kalendermonats entnehmen kann. Für die Abführung darauf geschuldeter Steuern ist er selbst verantwortlich. Bei Krankheit bis zu 2 Monaten wird der Gewinn – Vorab – weiterbezahlt; dann ruht er bis zur Wiederaufnahme der Tätigkeit.

Für die Zeit im Abschluß an den 2-Monats-Zeitraum bis zu 6 Monaten nach Beginn der Erkrankung schließt die Gesellschaft für den geschäftsführenden Gesellschafter eine Krankentagegeldversicherung mit täglich 75 € ab und trägt die dafür anfallenden Prämien.

Die Gesellschaft ersetzt dem Gesellschafter Meier die Kosten für eine angemessene Kranken- und Lebensversicherung bis zum Höchstbetrag des Arbeitgeberbeitrags für die gesetzliche Kranken- und Rentenversicherung eines Arbeitslohnes mit einem Gehalt von 3 000 € monatlich.

Ist der geschäftsführende Gesellschafter länger als 6 Monate am Stück oder innerhalb eines 2-Jahres-Zeitraums länger als 8 Monate krank, hat er ein ärztliches Zeugnis über die voraussichtliche Wiederherstellung seiner uneingeschränkten Arbeitsfähigkeit innerhalb von weiteren 2 Monaten beizubringen.

Ist dieses Zeugnis negativ oder erweist es sich als unrichtig, kann dem Gesellschafter die geschäftsführende Funktion mit einer Frist von 2 Wochen gekündigt werden. Dann enden alle mit der Dienstleistung verbundenen Rechte und Pflichten unabhängig von weiterem Verbleib in der Funktion des – einfachen – Gesellschafters.

Beim Tod des geschäftsführenden Gesellschafters wird seiner Witwe oder ersatzweise seinen evtl. minderjährigen Kindern der Betrag von 3 000 € für den Todesmonat und die weiteren Monate fortgezahlt.

2. Max Müller überläßt der Gesellschaft das in seinem Eigentum stehende Betriebsgrundstück „Augraben 8" auf unbestimmte Dauer zur Nutzung und erhält dafür einen Gewinn – Vorab – von 1 500 € monatlich, den er monatlich im voraus entnehmen kann.

Im übrigen gelten die Bestimmungen des BGB über den Pachtvertrag entsprechend.

2. Innere Ordnung der Gesellschaft

a) Geschäftsführung

aa) Vorbemerkungen

Zur Abgrenzung Geschäftsführungsbefugnis – Vertretungsmacht, zur Zwecküberschreitung, zu Grundlagengeschäften und zum Grundsatz der Selbstorganschaft siehe bei Rz. 123 ff. 247

bb) Gestaltung

Das Gesetz läßt der kautelarjuristischen Gestaltungspraxis weitgehende Freiheit bei der Gestaltung der Geschäftsführung: von der Einzelgeschäftsführungsbefugnis eines einzelnen Gesellschafters bis zur Gesamtgeschäftsführungsbefugnis sämtlicher Gesellschafter. 248

(1) Geschäftsleitung durch Nichtgesellschafter trotz Selbstorganschaft

249 Bei einer GbR, die zum Zweck der Kapitalanlage einer großen Zahl von Gesellschaftern angeschlossen wird (z. B. geschlossene Immobilienfonds in der Form einer GbR), sollen die täglichen Geschäfte häufig durch einen sogenannten „Geschäftsbesorger", der selbst nicht Gesellschafter ist, erledigt werden. Eine vergleichbare Situation besteht, wenn die GbR sich an Franchise-Organisation beteiligt, z. B. einer Hotelkette beitritt und mit dem Franchise-Geber einen Betriebsführungsvertrag abschließt. Wegen des Grundsatzes der Selbstorganschaft (siehe dazu oben Rz. 125 f.) kann der Betriebsführungsvertrag oder Geschäftsbesorgungsvertrag das eigene Recht der Gesellschafter zur Geschäftsführung nicht ausschließen; dies ist im Vertrag klarzustellen. Weiter sollte bereits beim Abschluß des Betriebsführungs- oder Geschäftsbesorgungsvertrags darauf geachtet werden, daß besonders einschneidende Geschäfte der Zustimmung der Gesellschafterversammlung bedürfen.

(2) Geschäftsführung durch einzelne Gesellschafter

250 Bei gewerblich tätigen Gesellschaften oder Gesellschaften von Freiberuflern werden, wenn der Gesellschafterkreis nicht ganz klein ist, die Geschäftsführungsbefugnisse in der Regel auf einzelne Gesellschafter übertragen. Gesellschaftsvertraglich zu regeln ist, ob und inwieweit die ernannten Geschäftsführer einzel- oder gesamtentscheidungsbefugt sind. Zumindest zentrale Entscheidungen sollten der Zustimmung der Gesellschaftergesamtheit vorbehalten werden. Deshalb empfiehlt sich in der Praxis eine Regelung, die § 116 Abs. 1 HGB vergleichbar ist, d. h. die Regelung, daß Geschäfte, die den gewöhnlichen Geschäftsbetrieb übersteigen, die Zustimmung der Gesellschafterversammlung bedürfen. Dabei ist klärungsbedürftig, mit welcher Mehrheit die Gesellschafterversammlung in Fällen entscheidet, die ihr vorbehalten sind.

cc) Formulierungsbeispiele

(1) Gesellschaft mit gesellschaftsfremdem Geschäftsleiter

251 **1.** Die Gesellschaft wird mit der Inter-Komforthotel Deutschland GmbH einen Betriebsführungsvertrag schließen, der dieser Gesellschaft das Recht gibt, das im Vermögen der Gesellschaft befindliche Hotel zu betreiben und alle dazu erforderlichen Geschäfte im Namen und für Rechnung der Gesellschaft vorzunehmen. Der Betriebsführungsvertrag wird der Gesellschaft das Recht vorbehalten, daß in den dort vorgesehenen Fällen Maßnahmen nur getroffen werden dürfen, wenn zuvor die Gesellschaft zugestimmt hat.

2. Gesellschaftsintern sind alle Gesellschafter gemeinsam zur Geschäftsführung berechtigt. Über Geschäftsführungsmaßnahmen wird in Gesellschafterversammlungen beschlossen. Insbesondere wird in solchen Angelegenheiten beschlossen, die nach dem Betriebsführungsvertrag der Gesellschafterversammlung vorbehalten sind. Die Gesellschafterversammlung entscheidet auch über den Abschluß, die Kündigung, die sonstige Aufhebung und die Inhaltsänderung des Betriebsführungsvertrags. Geschäftsführungsbeschlüsse werden grundsätzlich mit einer Mehrheit von 75% der abgegebenen Stimmen gefaßt. Über die Kündigung des Betriebsführungsvertrags aus wichtigem Grund entscheidet die Gesellschafterversammlung mit einfacher Mehrheit.

(2) Gesellschafterinterne Geschäftsführung

1. Die Geschäfte der Gesellschaft werden durch maximal drei Gesellschafter als Geschäftsführer geführt. Diese werden durch die Gesellschafterversammlung gewählt. Die Gesellschafterversammlung entscheidet auch, ob und welchen der Geschäftsführer Einzelvertretungsbefugnis gegeben wird und ob und welche Geschäftsführer zum Widerspruch gegen Geschäftsführungsmaßnahmen anderer Geschäftsführer berechtigt sind. Die o. a. Beschlüsse werden mit einer Mehrheit von 75% der abgegebenen Stimmen gefaßt.

252

2. Die Befugnis zur Geschäftsführung erstreckt sich nur auf Handlungen, die der gewöhnliche Geschäftsbetrieb mit sich bringt. Zur Vornahme von Handlungen, die darüber hinausgehen, ist ein Gesellschafterbeschluß erforderlich, der mit einer Mehrheit von 75% der abgegebenen Stimmen gefaßt wird.

b) Buchführung, Bilanzierung

aa) Vorbemerkungen

Zunächst wird verwiesen auf Rz. 128. Dort wurde herausgearbeitet, daß bei der GbR eine jährliche Information über den wirtschaftlichen Stand sinnvoll ist. Gesellschaftsvertraglich ist in einfachen Fällen eine Einnahme-Überschuß-Rechnung, sonst die Bilanzierung gesellschaftsvertraglich zu vereinbaren.

253

Sinnvoll ist es dabei, daß das zweigeteilte Zuständigkeitssystem für Kapitalgesellschaften gesellschaftsvertraglich installiert wird: Die Geschäftsführer sind für die Aufstellung erforderlich; die rechtsverbindliche Feststellung des Jahresabschlusses bleibt der Gesellschafterversammlung vorbehalten.

bb) Formulierungsbeispiele

Einfache Einnahmen-Überschußrechnung

254

Die Geschäftsführer der Gesellschaft haben die Einnahmen und Ausgaben der Gesellschaft zeitnah, vollständig und geordnet aufzuzeichnen und innerhalb von drei Monaten nach Abschluß des Geschäftsjahres eine Übersicht über den Überschuß der Einnahmen über die Ausgaben oder umgekehrt zu erstellen.

Buchführung und Bilanzierung

Die Geschäftsführer der Gesellschaft haben Bücher entsprechend den gesetzlichen Bestimmungen, die für die offene Handelsgesellschaft gelten, zu führen, Bilanzen aufzustellen und am Schluß eines Kalenderjahres eine Gewinn- und Verlustrechnung aufzustellen. Die Aufstellung der Bilanz mit Gewinn- und Verlustrechnung muß innerhalb von sechs Monaten nach dem Abschluß eines Kalenderjahres erfolgen. Der Jahresabschluß ist den Gesellschaftern zuzuleiten, die innerhalb von acht Monaten nach Beendigung eines Geschäftsjahres in einer Gesellschafterversammlung den Jahresabschluß feststellen.

c) Kontrollrechte der Gesellschafter

aa) Vorbemerkungen

255 Es wird verwiesen auf Rz. 129 ff.

bb) Formulierungsbeispiel

256 1. Jedem Gesellschafter stehen die gesetzlichen Einsichts- und Auskunftsrechte zu.

2. Jeder Gesellschafter kann dabei einen zur berufsmäßigen Verschwiegenheit verpflichteten Angehörigen der rechts- oder steuerberatenden Berufe beiziehen oder ihn mit der Geltendmachung seiner Rechte und der Ausübung seiner Rechte betrauen.

3. Die Geschäftsführer dürfen unbeschadet des § 716 Abs. 2 BGB die Auskunft und die Einsicht verweigern, wenn zu besorgen ist, daß der Gesellschafter sie zu gesellschaftsfremden Zwecken verwendet und dadurch der Gesellschaft einen nicht unerheblichen Nachteil zufügen will. Die Verweigerung bedarf eines Beschlusses der Gesellschafter.

d) Gesellschafterversammlung, Stimmrecht, Einwendungsrechte

aa) Vorbemerkungen

257 Es wird zunächst verwiesen auf Rz. 132 ff. Dort wurden folgende Gestaltungsvorgaben dargestellt:

Die Gesellschafterversammlung ist als Entscheidungsforum zu installieren. Näher zu regeln sind folgende Punkte:

– Zuständigkeit für die Einberufung,

– Formen und Fristen,

– Mehrheiten,

– Stimmgewicht der Gesellschafter,

- Protokollierung,
- Zeitliche Beschränkung von
  - Protokollrügen,
  - Beschlußanfechtungen.

bb) Formulierungsbeispiel

1. Die Willensbildung der Gesellschafter erfolgt grundsätzlich in Gesellschafterversammlungen. Beschlüsse können auch auf andere Weise getroffen werden, wenn sich alle anderen Gesellschafter an der anderweitigen Beschlußfassung beteiligen, ohne die Abhaltung einer Gesellschafterversammlung zu fordern. Gesellschafterversammlungen finden mindestens einmal jährlich zur Feststellung des Jahresabschlusses statt; Gesellschafterversammlungen sind darüber hinaus einzuberufen, wenn sie nach dem Gesetz oder dem Gesellschaftsvertrag erforderlich sind oder wenn sie erforderlich werden, um den Gesellschaftern wichtige Informationen zu erteilen.

2. Das Stimmrecht der Gesellschafter richtet sich nach der Höhe seiner Beteiligung. Jedes Prozent einer Beteiligung nach § . . . des Gesellschaftsvertrags gewährt eine Stimme. Wenn nach dem Gesetz oder dem Gesellschaftsvertrag nichts anderes bestimmt ist, werden Beschlüsse mit der einfachen Mehrheit der abgegebenen Stimmen gefaßt.

3. Gesellschaftsversammlungen werden von dem dienstältesten geschäftsführenden Gesellschafter einberufen. Die Einberufung erfolgt unter Übersendung einer Tagesordnung mit eingeschriebenem Brief an die der Gesellschaft zuletzt bekannte Adresse des Gesellschafters. Eine Frist von mindestens zwei Wochen ab Absendung der Einladung bis zum Tag der Versammlung (ausschließlich) ist einzuhalten.

4. Jeder Gesellschafter kann aus wichtigem Grund unter Angabe einer Tagesordnung die Einberufung einer Gesellschafterversammlung verlangen. Lehnt der einberufungsberechtigte Geschäftsführer die Einberufung ab, ist der betroffene Gesellschafter selbst zur Einberufung berechtigt.

5. Die Leitung der Versammlung obliegt dem dienstältesten Geschäftsführer, der über die Versammlung Protokoll führt, insbesondere über Abstimmungen und über Beschlüsse, wobei gefaßte Beschlüsse besonders festzustellen sind.

6. Jedem Gesellschafter ist unverzüglich das Protokoll der Gesellschafterversammlung zu übersenden.

7. Einwände gegen die Richtigkeit des Protokolls sind zunächst schriftlich gegenüber dem geschäftsführenden Gesellschafter innerhalb einer Frist von einem Monat zu erheben. Wird die Berichtigung des Protokolls abgelehnt oder verstreicht ab dem Zugang des Berichtigungsantrags eine Frist von einem Monat, ohne daß die Berichtigung erfolgt ist, kann der Gesellschafter innerhalb einer Frist von einem weiteren Monat (ab Zugang der Entscheidung, daß keine

Berichtigung vorgenommen wird, oder ab Verstreichen der Monatsfrist) Klage beim zuständigen Gericht erheben.

Einwendungen gegen die Wirksamkeit von Beschlüssen können nur innerhalb eines Monats (ab Zugang des Protokolls) durch eine Klage beim zuständigen Gericht erhoben werden.

e) Ergebnisverwendung

aa) Vorbemerkungen

(1) Verweisung

259 Vorab wird verwiesen auf Rz. 136 ff.

(2) Gesetzliche Regelung

260 Das Gesetz sieht bei GbR von längerer Dauer als einem Jahr die Gewinnverteilung am Schluß eines Geschäftsjahres vor (§ 721 Abs. 2 BGB), also die Vollausschüttung des Gewinnes an die Gesellschafter. Anders soll dagegen mit Verlusten umgegangen werden. Der Gesellschafter soll nach § 707 BGB während des werbenden Stadiums der Gesellschaft nicht „zur Ergänzung der durch Verlust verminderten Einlage" verpflichtet sein (§ 707 BGB). Deshalb soll der Verlust erst nach Auflösung der Gesellschaft auf die Gesellschafter nach § 721 Abs. 1, § 735 BGB verteilt werden. Dabei ist zu berücksichtigen, daß die Verlustverteilung nach § 721 Abs. 1 und § 735 BGB nicht die rein rechnerische Zuweisung eines Verlusts auf die einzelnen Gesellschafter ist (z. B. durch Buchung auf Verlustkonten), sondern Pflicht des Gesellschafters, „Fehlbeträge zu tragen", d. h. also zur Verlustdeckung Einlagen in das Gesellschaftsvermögen zu leisten.

bb) Vertragsgestaltung

(1) Rücklagenbildung durch Gewinnthesaurierung

261 Die Vollausschüttung von Gewinnen verhindert die Bildung von ggf. erforderlichen Reserven. Dennoch sollte die vollständige Thesaurierung von Gewinnen nicht gesellschaftsvertraglich vorgesehen werden. Gesellschafter haben nämlich Gewinne, die erzielt werden, unabhängig von der Ausschüttung zu versteuern. Darüber hinaus besteht bei der Thesaurierung das Risiko, daß der geschäftsführende Gesellschafter (dem eine Tätigkeitsvergütung zusteht) nicht vergütungsberechtigte weitere Gesellschafter „aushungert".

Deshalb ist es sinnvoll, vertraglich zu gestalten, daß

– die Entnahme von Gewinnen zum Zweck der Zahlung der auf die Beteiligung entfallenden Steuern zulässig ist. Damit das Entnahmerecht nicht vom individuellen Steuersatz abhängt, ist vorauszusehen, daß dabei der Höchststeuersatz für jeden Gesellschafter zugrunde gelegt wird.

– Darüber hinausgehende Gewinne sollten bis zu einem Höchstbetrag, über den sich die Gesellschafter einigen müssen, thesauriert werden. Die so zur Auffüllung vorgesehene Rücklage kann sukzessive in mehreren Geschäftsjahren geschaffen werden.

– Darüber hinausgehende Gewinne sollten zur Ausschüttung vorgesehen werden, wenn sich nicht sämtliche Gesellschafter auf eine Thesaurierung einigen.

(2) Bewältigung von Verlusten

Bei Verlusten ist zu differenzieren: 262

– In keinem Fall sind Nachschüsse der Gesellschafter veranlaßt, wenn die Verluste rein bilanzieller Art sind, also z. B. durch Abschreibungen entstanden sind.

– Darüber hinausgehende Verluste, denen Ansprüche Dritter gegenüberstehen, fordern keine Nachschüsse, wenn ausreichende liquide Mittel der Gesellschaft zur Verfügung stehen.

– Bei darüber hinausgehenden Verlusten ist zu entscheiden, ob nicht liquides Vermögen liquidiert werden soll, Darlehensverbindlichkeiten begründet werden sollen oder Nachschüsse von Gesellschaftern eingezogen werden sollen. In jedem Fall sollte die Entscheidung, welche Maßnahme ergriffen werden soll, in einer Gesellschafterversammlung gefaßt werden. Stimmt die Mehrheit der Gesellschafter für die Aufnahme von Fremdmitteln oder für die Einforderung von Nachschüssen, ergibt sich für den überstimmten Gesellschafter das Problem, daß zu seinen Lasten entweder neue Verbindlichkeiten realisiert werden können oder ein zusätzliches finanzielles Engagement erforderlich ist. Soweit dies bestimmte, von vornherein festzulegende Grenzen überschreitet, sollte dem überstimmten Gesellschafter ein Recht zum Austritt aus der Gesellschaft eingeräumt werden. Wenn die verbleibenden Gesellschafter die Last nicht allein tragen wollen, ist diesen das Recht einzuräumen, die Gesellschaft zu kündigen.

cc) Formulierungsbeispiel

Mit der Entscheidung über den Jahresabschluß entscheiden die Gesellschafter 263
über die Ergebnisverwendung nach Maßgabe der folgenden Bestimmungen:

1. Gewinne sind auszuschütten, soweit dies erforderlich ist, den Höchststeuersatz beim Gesellschafter unterstellt, damit der Gesellschafter die auf die Beteiligung entfallenden Steuern bezahlen kann.

2. Vom darüber hinausgehenden Gewinn sind 25% in eine Rücklage einzustellen, bis diese den Betrag in einer Höhe von ... € erreicht.

3. Darüber hinausgehende Gewinne sind vollständig an die Gesellschafter auszuschütten.

4. Rücklagen werden auf einem Rücklagenkonto verbucht, an dem sämtliche Gesellschafter entsprechend ihrer Beteiligung am Gesellschaftsvermögen beteiligt sind.

Entnimmt ein Gesellschafter Gewinne nicht, obwohl dies nach den Bestimmungen oben zulässig ist, werden solche stehengelassenen Gewinne auf Guthabenskonten der Gesellschafter verbucht. Solche Guthaben werden mit 2% über dem jeweiligen Basiszinssatz jährlich verzinst. Die Zinsen stellen im Verhältnis unter den Gesellschaftern Aufwand dar.

5. Verluste werden auf Verlustkonten, die für die Gesellschafter jeweils gebucht werden, verbucht.

6. Tritt bei der Gesellschaft eine Situation ein, daß aufgrund eingetretener Verluste Verbindlichkeiten der Gesellschaft gegenüber Dritten aus liquiden Gesellschaftsmitteln nicht befriedigt werden können, ist von den geschäftsführenden Gesellschaftern unverzüglich eine Gesellschafterversammlung einzuberufen. Diese Gesellschafterversammlung entscheidet darüber, ob Gesellschaftsvermögen veräußert und der Veräußerungserlös zur Tilgung der Verbindlichkeiten verwendet wird oder Fremdverbindlichkeiten aufgenommen werden oder Nachschüsse von den Gesellschaftern im Verhältnis ihrer Beteiligung angefordert werden.

Die Entscheidung erfolgt mit einer Mehrheit von 75% der Stimmen aller Gesellschafter.

7. Entscheidet die Gesellschafterversammlung über die Veräußerung von Gesellschaftsvermögen, ist diese Entscheidung von sämtlichen Gesellschaftern hinzunehmen. Entscheidet die Gesellschafterversammlung für eine der beiden weiteren Varianten, kann jeder überstimmte Gesellschafter innerhalb einer Frist von einem Monat nach Beschlußfassung die Gesellschaft mit der Folge kündigen, daß er aus der Gesellschaft, die von den übrigen Gesellschaftern ohne Liquidation fortgesetzt wird, ausscheidet. Innerhalb einer Frist von einem weiteren Monat können die verbleibenden Gesellschafter mit einfacher Stimmenmehrheit die Liquidation der Gesellschaft beschließen. Der zunächst kündigende Gesellschafter nimmt in diesem Fall an der Liquidation der Gesellschaft teil.

Wird kein Gesellschafterbeschluß nach einer der drei o. a. Varianten getroffen, ist die Gesellschaft aufzulösen.

f) Wettbewerbsfragen
aa) Vorbemerkungen

Allgemein wird verwiesen auf Rz. 140 ff. Das Problem, ob Gesellschafter, insbesondere geschäftsführende Gesellschafter, zu Wettbewerbshandlungen befugt sein sollen, stellt sich vor allem bei Erwerbsgesellschaften, d. h. bei freiberuflich oder gewerblich tätigen Gesellschaften. Aber auch bei immobilienverwaltenden Gesellschaften können sich Interessenkollisionen ergeben, wenn der geschäftsführende Gesellschafter, der die Vermietungen vornimmt, selbst Immobilien am selben Ort und mit derselben Nutzungsmöglichkeit (z. B. Büroräume in der Münchener Innenstadt) besitzt oder diese für Dritte verwaltet. Bei Gesellschaften zur Poolung des Stimmrechts würde die gemeinsame Interessenverfolgung des Stimmrechts ebenfalls konterkariert, wenn ein Gesellschafter neben „gesellschafts- und damit stimmrechtsgebundenen Anteilen" noch freie Anteile hätte.

264

Das Gesetz kennt keine ausdrückliche Bestimmung, die Wettbewerbshandlungen einschränken und z. B. § 112 HGB entsprechen würde. Allerdings leitet man aus der Treuepflicht des Gesellschafters zumindest bei Erwerbsgesellschaften ein Wettbewerbsverbot für den geschäftsführenden Gesellschafter ab. Ebenfalls aufgrund der Treuepflicht dürfen nichtgeschäftsführende Gesellschafter ihre Informations- und Kontrollrechte in der Gesellschaft nicht zu gesellschaftsfremden Zwecken ausüben. Die Einzelheiten sind aber nicht hinreichend geklärt. Deshalb und um die Regelung den individuellen Verhältnissen anzupassen, empfiehlt sich eine gesellschaftsvertragliche Gestaltung des Komplexes.

Nachvertragliche Wettbewerbsbeschränkungen bestehen grundsätzlich nicht. Ihre vertragliche Begründung wirft die oben Rz. 157 f. bereits aufgeführten Probleme auf.

bb) Gestaltung

Zusammenhang Unternehmensgegenstand – Wettbewerbsverbot

265

Ein Wettbewerbsverbot kann nur auf dem Bereich des Unternehmensgegenstands existieren. Eine saubere Abgrenzung des Unternehmensgegenstands der GbR und von anderen Unternehmen, an denen ein Gesellschafter evtl. bereits beteiligt ist, vermeidet deshalb von vornherein Wettbewerbsprobleme.

Gesellschaftsspezifische Regelung

– Bei vermögens-, insbesondere immobilienverwaltenden Gesellschaften ist es ausreichend, wenn dem geschäftsführenden Gesellschafter die Verwaltung anderer Immobilien mit demselben Nutzungszweck am selben Ort oder Ortsteil untersagt wird.

– Bei Projektgesellschaften, die von gewerblichen Gesellschaftern eingegangen werden, die bei anderen Projekten durchaus miteinander konkurrieren (z. B. Arbeitsgemeinschaften im Bau), ist bei einer sauberen Abgrenzung des Unternehmensgegenstands der Projektgesellschaft mit Beschränkung auf das konkret umschriebene Projekt ein Wettbewerbsverbot zu Lasten sämtlicher Gesellschafter sinnvoll.

Öffnungsklausel

In jedem Fall sollte aber eine Öffnungsklausel vorgesehen werden, wonach die Gesellschafterversammlung durch einen Beschluß einem Gesellschafter eine Wettbewerbstätigkeit gestatten kann. Dem Beschluß der Gesellschafterversammlung sollten auch die näheren Modalitäten (z. B. die Frage der zeitlichen Befristung und die Frage der Entgeltlichkeit) überlassen werden. Regelungsbedürftig ist, mit welcher Mehrheit der Beschluß gefaßt werden muß.

cc) Formulierungsbeispiele

266 **Immobilienverwaltende Gesellschaft**

1. Die geschäftsführenden Gesellschafter sind nicht berechtigt, Büro- und Gewerberäume im Bereich der Ingolstädter Altstadt für Dritte zu verwalten oder solche selbst oder zusammen mit Dritten, mittelbar oder unmittelbar zu erwerben. Klargestellt wird, daß die Verwaltung der im Eigentum des Geschäftsführers Hans Meier stehenden Praxisräume „Am Brückenkopf" von diesem Verbot nicht erfaßt wird.

2. Über Befreiungen von diesem Wettbewerbsverbot entscheidet die Gesellschafterversammlung mit einfacher Stimmenmehrheit, wobei dem betroffenen Gesellschafter kein Stimmrecht zusteht. In dem Gesellschafterbeschluß werden die näheren Modalitäten der Befreiung (z. B. zeitliche Befristung oder Entgeltlichkeit) geregelt (Öffnungsklausel).

267 **Erwerbswirtschaftlich tätige Gesellschaft**

Kein Gesellschafter ist während der Dauer seiner Zugehörigkeit zur Gesellschaft dazu berechtigt, auf dem Bereich des Unternehmensgegenstands im eigenen Namen oder für Dritte mittelbar oder unmittelbar tätig zu werden oder sich an Unternehmen mittelbar oder unmittelbar zu beteiligen, die auf dem Bereich des Unternehmensgegenstands der Gesellschaft tätig werden, wobei auch nur teilweise Überschneidungen ausreichen.

Öffnungsklausel (siehe dazu oben beim Beispiel immobilienverwaltende Gesellschaft)

Nach dem Ausscheiden des Gesellschafters aus der Gesellschaft darf er während der Dauer von zwei Jahren keine geschäftlichen Beziehungen zu solchen Kunden der Gesellschaft aufnehmen, mit der diese während der letzten beiden

Jahre vor dem Ausscheiden des Gesellschafters in geschäftlichen Kontakten standen oder zu denen solche Kontakte zum Zeitpunkt des Ausscheidens und bereits angebahnt wurden (zeitlich beschränkte Kundenschutzklausel).

3. Außenverhältnisse der Gesellschaft (Vertretung, Haftungsbeschränkung)

a) Verweisung

Siehe zunächst bei Rz. 159 ff. 268

b) Gesetzliche Regelung

Das Gesetz geht grundsätzlich von einer Kongruenz zwischen Geschäftsführungs- und Vertretungsbefugnis aus, also zwischen einem Gleichlauf zwischen Innen- und Außenverhältnis, siehe dazu § 714 BGB. 269

Nach bisher noch h. M. ist die Vertretungsmacht bei der Gesellschaft des bürgerlichen Rechts rechtsgeschäftlicher Natur. D. h. auch der geschäftsführende Gesellschafter handelt danach aufgrund einer Vollmacht, die ihm von den weiteren Gesellschaftern (innerhalb oder außerhalb des Gesellschaftsvertrags) erteilt ist. Sie gibt ihm die Rechtsmacht, sowohl das Gesellschaftsvermögen als auch die Gesellschafter mit ihrem Privatvermögen zu verpflichten (Theorie der Doppelverpflichtung).

aa) Umfang der Vertretungsmacht

Nach früher h. M. wurde vertreten, daß der Umfang der Vertretungsmacht gegenüber Dritten nicht standardisiert und (wie bei Personenhandelsgesellschaften etwa) unbeschränkbar ist. Deshalb existierte die Ansicht, daß bei vertretungsbefugten Gesellschaftern bestimmte Rechtsgeschäfte von der Vertretungsbefugnis auch mit Wirkung im Außenverhältnis ausgeschlossen sein können. Nach der Entscheidung des BGH, daß die Gesellschafter durch eine Beschränkung der Vollmacht die Haftung nicht auf das Gesellschaftsvermögen beschränken können, muß bezweifelt werden, daß auch sonstige Vollmachtsbeschränkungen im Verhältnis zu Dritten Wirksamkeit entfalten. 270

bb) Legitimationsurkunde

Da der vertretungsberechtigte Gesellschafter (anders als bei Personenhandels- und Kapitalgesellschaften) nicht registriert wird, kann zum Nachweis seiner Vertretungsbefugnis nicht auf eine Eintragung in das Handelsregister verwiesen werden. Damit er zum Beweis seiner Legitimation nicht jeweils eine von allen Gesellschaftern unterschriebene Originalurkunde des Gesellschaftsvertrags oder die Ausfertigung einer Urkunde vorlegen muß (siehe dazu § 172 Abs. 1 BGB), ist vorzusehen, daß die Vertretungsbefugnis entwe- 271 der außerhalb des Gesellschaftsvertrags in einer gesonderten Vollmacht eingeräumt wird oder eine im Gesellschaftsvertrag eingeräumte Vertretungsbefugnis mit einer Vollmachtsurkunde nochmals wiederholt wird.

cc) Keine Haftungsbeschränkung auf das Gesellschaftsvermögen oder quotale Haftung durch eingeschränkte Vertretungsmacht, sondern nur durch einzelvertragliche Abreden

272 Der vertretungsberechtigte Gesellschafter verpflichtet grundsätzlich das Gesellschaftsvermögen und die Gesellschafter gesamtschuldnerisch mit ihrem Privatvermögen. Bis zu einer grundlegenden BGH-Entscheidung im Jahr 1999 wurde vertreten, daß die Vertretungsmacht so eingeschränkt werden kann, daß eine „GbR mit Haftungsbeschränkung" wie folgt entsteht:

– Begrenzung der Haftung auf das Gesellschaftsvermögen ohne Haftungsverstrickung des Privatvermögens oder (speziell wo diese weitgehende Haftungsbeschränkung wegen § 15a Einkommensteuergesetz nicht gewünscht wird),
– nur quotale Haftung des Gesellschafters mit dem Privatvermögen, d. h. z. B. entsprechend seiner Beteiligung an der Gesellschaft (d. h. z. B. zu 20%).

Nachdem zunächst der BFH entschied, daß für gesetzliche Steuerverbindlichkeiten eine nur im Gesellschaftsvertrag vereinbarte Haftungsbeschränkung keine Wirkung hat, entschied der BGH 1999 jetzt, daß dies auch für vertraglich begründete Verbindlichkeiten gilt.

Danach steht jetzt fest, daß Haftungsbegrenzungen nicht allein durch die Gesellschafter mit Wirkung gegenüber dem Dritten vereinbart werden können, sondern im Vertrag mit dem Dritten vereinbart werden müssen. Dem vertreterberechtigten Gesellschafter kann aber im Innenverhältnis auferlegt werden, Verträge mit Dritten nur unter Vereinbarung von Haftungsbegrenzungen abzuschließen.

c) Formulierungsbeispiele

(1) Vertretungsmacht ohne Haftungsauftrag

273 **1.** Zur Vertretung der Gesellschaft sind der oder die geschäftsführenden Gesellschafter befugt. Grundsätzlich sind zwei geschäftsführende Gesellschafter gemeinsam vertretungsbefugt. Die Gesellschafterversammlung entscheidet, ob und welchen der geschäftsführenden Gesellschafter ein Recht zur Einzelvertretung zusteht. Sie entscheidet über die allgemeine oder spezielle Befreiung von § 181 BGB.

2. Sämtliche Gesellschafter sind verpflichtet, geschäftsführenden Gesellschaftern eine rechtsgeschäftliche Vollmacht mit dem Umfang zu erteilen, der von der Gesellschafterversammlung beschlossen wurde. Die Unterschriften unter die Vollmachtsurkunde sind notariell zu beglaubigen.

3. Den in diesem Vertrag bestellten ersten geschäftsführenden Gesellschaftern Hans Müller und Franz Meier wird jeweils Einzelvertretungsbefugnis und Befreiung von § 181 BGB erteilt.

4. Im Innenverhältnis werden den geschäftsführenden Gesellschaftern folgende Einschränkungen auferlegt: Franz Meier darf Vertretungshandlungen nur vornehmen, wenn Franz Müller verhindert ist. Verfügungen über Grundbesitz, der im Gesellschaftsvermögen sich befindet, sind nur nach einem vorangehenden Gesellschafterbeschluß zulässig, ebenso der Kauf von Grundbesitz.

(2) Vertretungsmacht einer GbR mit Haftungsbegrenzungsauftrag

1. Zur Vertretung der Gesellschaft ist der geschäftsführende Gesellschafter und ist sein Stellvertreter jeweils einzeln befugt. Nur im Innenverhältnis wird angeordnet, daß der stellvertretende geschäftsführende Gesellschafter zu Vertretungshandlungen nur berechtigt ist, wenn der geschäftsführende Gesellschafter verhindert ist.

274

2. Im übrigen ist die Vertretungsmacht des geschäftsführenden Gesellschafters und seines Stellvertreters im Innenverhältnis dahin gehend beschränkt, daß er nur das Gesellschaftsvermögen, nicht aber das Privatvermögen der Gesellschafter verpflichten darf. Der geschäftsführende Gesellschafter und sein Stellvertreter haben deshalb bei Abschluß von Verträgen für die GbR die entsprechende Haftungsbeschränkung vertraglich zu vereinbaren.

3. Sämtliche Gesellschafter haben in einer notariellen Urkunde dem geschäftsführenden Gesellschafter und seinem Stellvertreter eine Vollmacht zu erteilen.

4. Strukturänderungen der Gesellschaft

a) Aufnahme weiterer Gesellschafter/Gesellschafterwechsel

aa) Vorbemerkung

Unter Rz. 168 ff. wurde dargestellt, daß der rechtsgeschäftliche Beitritt eines weiteren Gesellschafters ebenso Grundlagengeschäft der Gesellschaft ist wie der Gesellschafterwechsel. Deshalb ist eine solche Maßnahme grundsätzlich nur mit Zustimmung aller Gesellschafter zulässig. Gesellschaftsvertraglich sind abweichende Regelungen zulässig.

275

bb) Gestaltung

Welche Regelung zu wählen ist, hängt von der Gesellschaftsstruktur ab:

276

– Für GbR, die zur Realisierung ihrer Zwecke auf eine gute Zusammenarbeit tätiger Mitgesellschafter angewiesen sind (z. B. GbR von Freiberuflern oder gewerblich tätige GbR), ist die Lösung sinnvoll, daß sämtliche bisherigen Gesellschafter der Aufnahme eines neuen Gesellschafters zustimmen müssen (also die gesetzliche Grundregelung).

– Wenn eine GbR eine nicht geringe Zahl von Gesellschaftern aufweist und eher kapitalistisch strukturiert ist, wird in der Regel gewünscht, daß nicht einzelne Gesellschafter Neuaufnahmen beliebig verweigern können. In diesen Fällen ist es sinnvoll, vorzusehen, daß die Entscheidung über die Neuaufnahme einem Gesellschafterbeschluß vorbehalten wird. Zu überlegen ist dabei, welche Mehrheit für den Beschluß erforderlich ist. In der Regel werden hier Mehrheiten, die über 50% der anwesenden Stimmen aller Gesellschafter hinausgehen, gewünscht werden.

– Bei kapitalsammelnden Massengesellschaften, z. B. geschlossenen Immobilienfonds mit Publikumscharakter, besteht ein Interesse aller frühzeitig beigetretenen Gesellschafter an einer schnellen Aufbringung des erforderlichen Kapitalstocks und „Schließung des Fonds". Hier wird in der Regel die Lösung sinnvoll sein, daß der geschäftsführende Gesellschafter oder der Geschäftsbesorger eine Vollmacht erhält, Aufnahmeverträge mit Wirkung für die bisherige Gesellschaft zu schließen, bis das unbeabsichtigte Gesellschaftskapital aufgebraucht ist. Dabei sollte dem Gesellschafter, der über die Aufnahme entscheidet, auferlegt werden, die Bonität des Beitrittswilligen besonders zu prüfen; anderenfalls kann sich für die Mitgesellschafter die wirtschaftliche Notwendigkeit ergeben, bei Ausfall eines zahlungsunfähigen Gesellschafters, Nachschüsse zu leisten.

cc) Formulierungsbeispiele

Zustimmung aller bisherigen Gesellschafter (gesetzlicher Regelfall)

Weitere Gesellschafter können nur dann in die Gesellschaft aufgenommen werden, wenn alle bisherigen Gesellschafter der Aufnahme zustimmen. Dies gilt entsprechend beim Gesellschafterwechsel.

Neuaufnahme bei qualifiziertem Mehrheitsbeschluß

Über die Aufnahme neuer Gesellschafter und den Gesellschafterwechsel entscheidet die Gesellschafterversammlung mit einer Mehrheit von mindestens 75% aller Stimmen der Gesellschaft.

Übertragung der Aufnahmeentscheidung auf einen Geschäftsbesorger

1. Die Aufnahme neuer Gesellschafter erfolgt, bis das Fondskapital gezeichnet ist, durch Aufnahmeverträge, die der Geschäftsbesorger mit den beitrittswilligen Neugesellschafter im Namen der bisherigen Gesellschafter abschließt. Jeder Gesellschafter erteilt deshalb dem Geschäftsbesorger befreit von § 181 BGB und über seinen Tod hinaus Vollmacht dazu, auch in seinem Namen Auf-

nahmeverträge mit Beitrittswilligen abzuschließen, bis das Fondskapital gezeichnet ist.

2. Im Innenverhältnis darf der Geschäftsbesorger Aufnahmeverträgen mit Beitrittswilligen nicht zustimmen, wenn diese mehr als 1% des Fondskapitals zeichnen wollen, und im übrigen nur dann, wenn er zuvor eine Bonitätsprüfung anhand von Selbstauskünften des Beitrittswilligen vorgenommen hat, wobei die Selbstauskunft den Stand des Vermögens und der Verbindlichkeiten und der Einkünfte des Beitrittswilligen wiedergeben und durch den Steuerberater des Beitrittswilligen bestätigt sein muß.

3. Die Kompetenz zur Entscheidung über Neuaufnahme von Gesellschaftern steht dem Geschäftsbesorger auch nach Fondszeichnung zu, wenn die Neuaufnahme erforderlich ist, um nach dem Austritt oder dem Ausscheiden von bisherigen Gesellschaftern das Fondskapital wieder zu schließen.

b) Kündigung eines Gesellschafters

aa) Vorbemerkung

Es wird verwiesen auf Rz. 171 ff. 278

bb) Gesetzliche Regelung und Regelbarkeit

– Außerordentliche Kündigungen sind stets zulässig, ohne daß Fristen eingehalten werden müssen; außerordentliche Kündigungen können auch gesellschaftsvertraglich nicht ausgeschlossen werden (siehe dazu § 723 Abs. 3 BGB). 279

– Die Zulässigkeit ordentlicher Kündigungen hängt davon ab, ob die Gesellschaft von bestimmter oder unbestimmter Dauer ist.

Bei Gesellschaften von bestimmter Dauer sieht das Gesetz keine ordentliche Kündigung des Gesellschafters vor; der Gesellschaftsvertrag kann aber auch bei solchen Gesellschaften die Kündigung vorsehen (Gegenargument aus § 723 Abs. 3 BGB).

Bei Gesellschaften von unbestimmter Dauer ist die „jederzeitige Kündigung", außer „zur Unzeit", vorgesehen (§ 723 Abs. 1, 2 BGB); solange kein „Ausschluß" oder „eine Beschränkung" des Kündigungsrechts vereinbart wird, sind vertragliche Regelungen möglich, z. B. Mindestvertragsdauern und Kündigungsfristen (§ 723 Abs. 3 BGB).

cc) Formulierungsbeispiele

Gesellschaft ohne erhöhtes Interesse am gegenwärtigen Gesellschafterbestand 280

1. Jeder Gesellschafter kann die Gesellschaft mit einer Frist von einem halben Jahr zum Schluß eines Geschäftsjahres kündigen.

2. Die Kündigung erfolgt durch eingeschriebenen Brief mit Rückschein gegenüber dem dienstältesten geschäftsführenden Gesellschafter, der die Kündigung unverzüglich den weiteren Gesellschaftern mitteilt.

3. Die Gesellschaft wird durch die Kündigung nicht aufgelöst. Vielmehr scheidet der kündigende Gesellschafter aus der Gesellschaft aus. Sein Anteil am Gesellschaftsvermögen wächst den verbleibenden Gesellschaftern im Verhältnis von deren Beteiligung an (evtl. Modifikation bei Gesellschafterstämmen). Dies gilt auch bei außerordentlichen Kündigungen der Gesellschaft.

281 **Gesellschaft mit zeitlich beschränktem Interesse am gegenwärtigen Gesellschafterbestand und Folgekündigungsklausel**

1. Die Gesellschaft kann ordentlich erstmals zum . . . mit einer Frist von mindestens einem Jahr gekündigt werden, danach mit einer Frist von einem halben Jahr zum Ende eines Geschäftsjahres.

2. Siehe oben bei Gesellschaft ohne erhöhtes Interesse am gegenwärtigen Gesellschafterbestand 2.

3. Siehe oben bei Gesellschaft ohne erhöhtes Interesse am gegenwärtigen Gesellschafterbestand 3.

4. Die verbleibenden Gesellschafter können aber innerhalb einer Frist von 3 Monaten nach Zugang der Kündigung mit einer Mehrheit von mindestens 50% der verbleibenden Gesellschafter beschließen, daß die Gesellschaft abweichend davon liquidiert wird. In diesem Fall nimmt der kündigende Gesellschafter an der Liquidation teil. Die Bestimmungen in diesem Abschnitt gelten auch für die außerordentliche Kündigung des Gesellschaftsverhältnisses.

c) Ausschließung von Gesellschaftern

aa) Vorbemerkung

282 In Rz. 180 ff. wurde dargestellt:

Nach §§ 737, 723 Abs. 1 S. 2 BGB können die verbleibenden Gesellschafter einen Mitgesellschafter aus der Gesellschaft aus wichtigem Grund ausschließen.

Die Ausschließbarkeit sollte weiter in folgenden Fällen erörtert werden:
- bei Berufsunfähigkeit oder drohender Berufsunfähigkeit eines tätigen Gesellschafters,
- bei Vermögensverfall eines Gesellschafters, insbesondere bei drohender Insolvenz,
- bei Pfändungsmaßnahmen in die Beteiligung.

bb) Formulierungsbeispiel

1. Wenn in der Person eines Gesellschafters einer der folgenden Gründe eintritt, sind die weiteren Gesellschafter dazu berechtigt, ihn aus der Gesellschaft auszuschließen. Diese Fälle sind

a) wenn beantragt wird, über das Vermögen eines Gesellschafters ein Insolvenzverfahren zu eröffnen, oder der Antrag gestellt wird, daß der Gesellschafter ein Vermögensverzeichnis abzugeben und dessen Richtigkeit an Eides Statt zu versichern hat und der Antrag nicht innerhalb von einem Monat zurückgenommen oder zurückgewiesen wird;

b) wenn Pfändungsmaßnahmen in einen Gesellschaftsanteil eingeleitet werden und die Maßnahme nicht innerhalb von einem Monat zurückgenommen oder zurückgewiesen wird;

c) wenn sonst in der Person eines Gesellschafters ein wichtiger Grund vorliegt; insbesondere, wenn ein Gesellschafter eine ihm nach dem Gesellschaftsvertrag obliegende wesentliche Verpflichtung vorsätzlich oder grob fahrlässig verletzt oder wenn die Erfüllung einer solchen Verpflichtung unmöglich wird;

d) bei tätigen Mitgesellschaftern: wenn ein Gesellschafter dauernd berufsunfähig wird oder eine dauernde Berufsunfähigkeit droht; letzteres ist der Fall, wenn ein Gesellschafter länger als 3 Monate am Stück erkrankt oder innerhalb eines Jahreszeitraums länger als insgesamt 4 Monate und keine Bescheinigung eines Arztes vorliegt, daß seine Berufsfähigkeit voraussichtlich innerhalb von weiteren 3 Monaten voll wiederhergestellt sein wird;

e) bei tätigen Mitgesellschaftern: wenn der Gesellschafter die Altersgrenze von 65 Jahren erreicht.

2. Die Entscheidung über die Ausschließung erfolgt in einer Gesellschafterversammlung, zu der der betroffene Gesellschafter einzuladen und bei der er teilnahmeberechtigt ist. Ihm ist bei dieser Gesellschafterversammlung Gehör zu gewähren. Ein Stimmrecht bei der Gesellschafterversammlung steht ihm nicht zu. Die weiteren Gesellschafter entscheiden über den Ausschluß mit einer Mehrheit von 75% aller weiteren Stimmen.

d) Tod eines Gesellschafters

aa) Vorbemerkung

Das Gesetz sieht beim Tod eines Gesellschafters grundsätzlich die Auflösung der Gesellschaft vor (§ 727 Abs. 1, 1. Halbsatz BGB) mit der Folge, daß der Erbe bzw. die Erben an der Liquidationsgesellschaft beteiligt sind. Das Gesetz gestattet aber bereits die abweichende gesellschaftsvertragliche Gestaltung. Zu berücksichtigen ist immer das Zusammenspiel zwischen dem Gesellschafts- und dem Erbrecht.

Die Gestaltung sollte von den Überlegungen in Rz. 189 ff. ausgehen.

bb) Gestaltung

285 Bei der Entscheidung über die Gestaltung des Gesellschaftsvertrags sollte die Struktur der Gesellschaft und die Stellung der einzelnen Gesellschafter berücksichtigt werden.

- Bei rein kapitalistisch strukturierten Gesellschaften kann der Anteil ohne weiteres vererblich gestellt werden, z. B. bei geschlossenen Immobilienfonds. Wenn trotz der kapitalistischen Struktur ein Familienbezug der Beteiligung besteht, sind die Grundsätze unter Rz. 107 ff. für Familiengesellschaften zu berücksichtigen.

- Bei Gesellschaften, die auf die Mitarbeit von Gesellschaftern angewiesen sind, ist grundsätzlich ein Recht der verbleibenden Gesellschafter zum Ausschluß der Erben eines verstorbenen Gesellschafters sinnvoll, damit diese nicht u. U. die Gesellschaft ohne hinreichend fachlich qualifizierte und persönlich „passende" Mit-Gesellschaft führen müssen.

- Gestaltungen, nach denen die Beteiligung nur auf bestimmte Personen übergehen darf, sollten nur zurückhaltend angewendet werden:

- Bei kapitalistisch strukturierten Gesellschaften sind sie unproblematisch, wenn ein Familienbezug realisiert werden soll.

- Bei Gesellschaften, die auf die Mitarbeit von ihren Gesellschaftern angewiesen sind, sollten sie nur vereinbart werden, wenn derjenige, der nachfolgeberechtigt sein soll, den Mitgesellschaftern bekannt ist und sich auch bereits bei der Mitarbeit in der Gesellschaft bewährt hat, z. B. als Angestellter.

cc) Formulierungsbeispiele

286 **Uneingeschränkte Vererblichkeit (allgemeine Nachfolgeklausel)**

1. Beim Tod eines Gesellschafters geht dessen Beteiligung mit allen damit verbundenen Rechten und Pflichten auf dessen Erben über.

2. Bei mehreren Erben spaltet sich die Beteiligung auf die Erben entsprechend ihrer Erbquote auf.

287 **Eingeschränkte Vererblichkeit (qualifizierte Nachfolgeklausel)**

1. Beim Tod eines Gesellschafters geht dessen Beteiligung auf seine Erben über, vorausgesetzt, Erben sind ausschließlich Ehegatten oder Abkömmlinge.

2. Bei mehreren Erben, die alle die o. a. Qualifikationen erfüllen, spaltet sich die Beteiligung entsprechend ihrer Erbquote auf. Erfüllt nur ein Erbe die Qualifikation, geht die Beteiligung allein auf ihn über.

3. Erfüllt kein Erbe die Qualifikation, ist für Max Müller sein Sohn Hans und für Franz Meier sein Sohn Franz jun. zum Eintritt in die Gesellschaft zu den Bedingungen seines Vorgängers berechtigt.

Die Erben scheiden in diesem Fall aus der Gesellschaft aus. Das Abfindungsguthaben des ausscheidenden Gesellschafters wird in diesem Fall schon heute aufschiebend bedingt auf den Eintrittsberechtigten unentgeltlich übertragen und heute schon vorsorglich abgetreten (Eintrittsrecht bei Scheitern der qual. Nacherbfolge).

Unvererblichkeit (Fortsetzungsklausel) 288

1. Ein Gesellschafter scheidet mit seinem Tod aus der Gesellschaft aus.
2. Die Gesellschaft wird von den verbleibenden Gesellschaftern ohne die Erben des verstorbenen Gesellschafters fortgesetzt.

e) Abfindung

aa) Vorbemerkung

Es wird verwiesen auf Rz. 202 ff. 289

bb) Gestaltung

Bei immobilienverwaltenden Gesellschaften des bürgerlichen Rechts kommt als Grundlage für die Ermittlung des Abfindungsguthabens stärker als bei anderen Gesellschaftsformen und stärker als bei gewerblich oder freiberuflich tätigen GbR die Abfindung auf der Basis des Gesellschaftsvermögens in Betracht, d. h. die Zugrundelegung des Werts der Immobilie, die im Gesellschaftsvermögen gehalten wird. Für die Wertermittlung kann das Schiedsgutachten eines amtlichen vereidigten Sachverständigen für die Wertermittlung von Grundbesitz vorgesehen werden. 290

Im übrigen empfiehlt sich in der Praxis häufig eine differenzierende Gestaltung der Abfindungshöhe:

– Sie ist möglichst niedrig zu halten, wenn der Gesellschafter aus der Gesellschaft wegen persönlichen Zahlungsverfalls (Insolvenzeröffnung, Pfändung in seine Anteile, Offenbarungseid) ausgeschlossen wird und die Abfindung nicht ihm, sondern seinen Pfändungsgläubigern zugute käme. Zu berücksichtigen ist, daß auch in diesem Fall die Höhe der Abfindung nicht so gering gewählt werden kann, daß sie als unwirksam angesehen würde. Darüber hinaus muß darauf geachtet werden, daß nicht nur Tatbestände, die zur Gläubigerbenachteiligung führen, zur reduzierten Abfindung führen dürfen, sondern zumindest auch die Ausschließung des Gesellschafters aus wichtigem Grund.

– In den übrigen Fällen, insbesondere, wenn ein Gesellschafter bei Berufsunfähigkeit oder wenn dessen Erben aus der Gesellschaft ausgeschlossen werden, empfiehlt sich eine Abfindung in voller Höhe des wahren Werts der Beteiligung, der nach Ertragswertsgesichtspunkten zu ermitteln ist.

Damit für die Ermittlung des Abfindungsguthabens keine Zwischenbilanzen erstellt werden müssen, sollte festgelegt werden, daß das Abfindungsguthaben, wenn der Gesellschafter zum Ende eines Geschäftsjahres ausscheidet, zu diesem Zeitpunkt ermittelt wird, sonst zum Ende des Geschäftsjahres, das zu dem Zeitpunkt seines Ausscheidens vorangeht.

Zur Streitvermeidung empfehlen sich in jedem Fall Schiedsgutachtensklauseln, wobei der Schiedsgutachter seiner Qualifikation nach vereidigter Buchprüfer oder Wirtschaftsprüfer sein sollte.

cc) Formulierungsbeispiele
Für immobilienverwaltende GbR

291 **1.** Beim Ausscheiden erhält der ausscheidende Gesellschafter ein Abfindungsguthaben.

2. Grundlage für die Ermittlung des Abfindungsguthabens ist der Verkehrswert der im Gesellschaftsvermögen gehaltenen Immobilien. Dieser wird, wenn sich die Beteiligten darüber nicht einigen, durch einen amtlich vereidigten Sachverständigen als Schiedsgutachter geschätzt. Einigen sich die Beteiligten auf den Schätzer nicht, benennt diesen die IHK, die für den Sitz der Gesellschaft zuständig ist. Das Gutachten hat die Funktion eines Schiedsgutachtens. Zu berücksichtigen sind auch sonstige Vermögensgegenstände der Gesellschaft, z. B. Bankguthaben auf Rücklagenkonten. Von diesen Aktiva abzuziehen sind Verbindlichkeiten der Gesellschaft.

3. Von dem so zu ermittelnden Substanzwert des Gesellschaftsvermögens erhält der Gesellschafter $2/3$ des auf seinen Anteil entfallenden Betrags, wenn er aus der Gesellschaft ausscheidet, weil der Antrag gestellt wird, über sein Vermögen ein Insolvenzverfahren zu eröffnen, oder der Antrag gestellt wurde, daß er ein Vermögensverzeichnis abzugeben und dessen Richtigkeit an Eides Statt zu versichern hat oder weil Gläubiger Pfändungsmaßnahmen in seinen Gesellschaftsanteil eingeleitet haben oder weil ein wichtiger Grund bestand.

4. In allen anderen Ausscheidensfällen erhält er den vollen Betrag, der auf seinen Anteil entfällt.

5. Der Wertermittlung zugrunde zu legen sind, wenn der Gesellschafter zum Ende eines Geschäftsjahres ausscheidet, die Verhältnisse zu diesem Zeitpunkt, sonst die Verhältnisse zum Ende des Geschäftsjahres, das seinem Ausscheiden vorangegangen ist.

6. Das Abfindungsguthaben wird in drei gleichen, jährlich aufeinanderfolgenden Teilbeträgen zur Zahlung fällig. Der 1. Teilbetrag wird ein halbes Jahr, nachdem der Gesellschafter aus der Gesellschaft ausgeschieden ist, zur Zahlung fällig. Folgebeträge werden jeweils ein Jahr zur Zahlung fällig, nachdem der vorangehende Betrag zur Zahlung fällig wurde. Offene Beträge sind bis zu ihrer Fälligkeit jeweils mit 2% über dem jeweiligen Basiszinssatz zu verzinsen. Die

Zinsen werden jeweils mit dem Teilbetrag der Zahlung fällig. Vorzeitige Tilgungen sind zulässig. Sie reduzieren die Verzinsungspflicht.

Gewerblich tätige Gesellschaft 292

1. Siehe **1.** bei der immobilienverwaltenden GbR.
2. Grundlage für die Ermittlung des Abfindungsguthabens ist der Anteil des Gesellschafters am Ertragswert der Gesellschaft. Schiedsgutachtensabrede.
3.–6, siehe **3.–6.** bei der immobilienverwaltenden GbR.

Ankaufs- oder Anmietrecht wegen eines Gegenstands, den der Gesellschafter zur Nutzung zur Verfügung stellte:

Die Gesellschaft übt ihre Tätigkeit in Geschäftsräumen aus, die dem Gesellschafter A gehören. Beim Ausscheiden des Gesellschafters A oder seiner Erben aus der Gesellschaft können die verbleibenden Mitgesellschafter bis zum Zeitpunkt des Ausscheidens, beim Ausscheiden durch Tod bis zu drei Monate nach Kenntnis des Erben von dem ausscheidenden Gesellschafter bzw. dessen Erben nach Wahl der verbleibenden Gesellschafter entweder den Ankauf der nach § 8 WEG verselbständigten Büroeinheit oder der Anmietung auf die Dauer von fünf Jahren mit einer Optionsmöglichkeit für den Mieter auf weitere fünf Jahre nach Ablauf der ersten 5-Jahres-Frist verlangen.

f) Weitere Ansprüche beim Ausscheiden

Siehe bei Rz. 219 ff. 293

g) Sonstige Bestimmungen

Siehe bei Rz. 226 f. 294

II. Offene Handelsgesellschaft

1. Vertragliche Grundlagen, Vorbemerkungen

Nach § 105 Abs. 1 HGB hat eine oHG folgende Voraussetzungen: 295

– Gesellschaft im Sinne des § 705 BGB,
– Zweck ist der Betrieb eines Handelsgewerbes,
– gemeinschaftliche Firma,
– keine Haftungsbeschränkung bei Gesellschaftern.

Für die Vertragsgestaltung ist auf folgende Punkte zu achten:

Nach dem durch das Handelsrechtsreformgesetz neu eingefügten § 105 Abs. 2 HGB kann eine oHG auch begründet werden, wenn

– nur eigenes Vermögen verwaltet wird (Hauptanwendungsfall: GmbH & Co. KG – vgl. dort) oder

– zwar ein Gewerbe, jedoch kein Handelsgewerbe im Sinne des § 1 Abs. 2 HGB betrieben wird (weil nach Art oder Umfang ein in kaufmännischer Weise eingerichteter Geschäftsbetrieb nicht erforderlich ist).

Weitere Voraussetzung ist in beiden Fällen die Eintragung der Gesellschaft in das Handelsregister.

Mit dieser Neuregelung wird auch Gesellschaften, die lediglich vermögensverwaltend, also nicht gewerblich, oder lediglich „minderkaufmännisch" (im früheren Sinne) tätig sind, der Zugang zur oHG eröffnet.

2. Zweck: Betrieb eines Gewerbes bzw. vermögensverwaltende Tätigkeit

296 Als Gesellschaftszweck ist erforderlich

– das Vorliegen eines Handelsgewerbes im Sinne des § 1 Abs. 2 HGB oder

– ein sonstiger Gewerbebetrieb oder

– die Verwaltung eigenen Vermögens.

Welche Variante im konkreten Fall vorliegt, ist insbesondere für die Frage der Wirksamkeit der oHG im Außenverhältnis (§ 123 HGB) von Bedeutung. Beim Vorliegen eines Handelsgewerbes im Sinne des § 1 Abs. 2 HGB entsteht – Zustimmung aller Gesellschafter vorausgesetzt – die Gesellschaft schon mit dem Geschäftsbeginn (ausreichend: Vorbereitungshandlungen). Andernfalls entsteht die oHG erst mit Eintragung im Handelsregister (§ 123 Abs. 2 HGB).

297 Bei **Doppelgesellschaften** (vor allem bei **Betriebsaufspaltungen**) ist problematisch, ob in der bloßen Vermietung bzw. Verpachtung von Betriebsvermögen noch eine gewerbliche Tätigkeit liegt. Nach der wohl h. M. ist das Vorliegen eines Gewerbes zu verneinen. Um die Gewerblichkeit und damit die Rechtsform der oHG zu „bewahren", wurde daher früher (bis zum Inkrafttreten des Handelsrechtsreformgesetzes) die Ergänzung bzw. Erweiterung des Unternehmensgegenstands um eine gewerbliche Komponente in Betracht gezogen. Nach der Öffnung der oHG bzw. KG für vermögensverwaltende Gesellschaften spielt diese Problematik nur noch bei nichteingetragenen Gesellschaften eine Rolle. Diese sollten nunmehr – soweit nur vermögensverwaltende Tätigkeiten ausgeübt werden – durch eine konstitutive Eintragung in die oHG bzw. KG überführt werden. Von Bedeutung ist dies insbesondere für Kommanditgesellschaften, da hierdurch die beschränkte Haftung der Kommanditisten bestehen bleiben soll und bei Vorliegen einer Gesellschaft bürgerlichen Rechts eine unbeschränkte Haftung der Kommanditisten droht (Einzelheiten sind streitig).

3. Firma

Die früher geltenden restriktiven Grundsätze des Firmenrechts (§ 19 HGB a. F.) wurden durch das Handelsrechtsreformgesetz beseitigt. Nunmehr gilt bezüglich der Firmierung der Grundsatz „in dubio pro libertate". Zu beachten sind jedoch die allgemeinen Grundsätze und Grenzen des Firmenrechts. Danach

– muß die Firma zur Kennzeichnung geeignet sein und Unterscheidungskraft besitzen;
– darf die Firma keine Angaben enthalten, die geeignet sind, über wesentliche geschäftliche Verhältnisse irrezuführen;
– muß die Bezeichnung „offene Handelsgesellschaft" oder eine allgemein verständliche Abkürzung (z. B. oHG) in die Firma aufgenommen werden.

Sind lediglich beschränkt haftende Gesellschafter vorhanden, so muß auf diese Haftungsbeschränkung hingewiesen werden (§ 19 Abs. 2 HGB; vgl. früher § 19 Abs. 5 a. F. HGB).

Firmenzusätze sind notwendig, um die Unterscheidbarkeit von zwei am selben Ort oder in derselben Gemeinde bestehenden und in das Handelsregister eingetragenen Firmen zu gewährleisten (§ 30 Abs. 1 HGB). Im übrigen sind Firmenzusätze nach den allgemeinen Grundsätzen möglich.

Eine **Firmenfortführung** kommt namentlich in folgenden Fällen in Betracht:

– Erwerb eines Handelsgeschäfts gemäß § 22 HGB (Voraussetzung ist insbesondere, daß die Firma durch den bisherigen Geschäftsinhaber berechtigt geführt wurde und dieser in die Fortführung ausdrücklich einwilligt);
– Firmenfortführung aufgrund eines Nießbrauchs oder Pachtvertrages (§ 22 Abs. 2 HGB);
– beim Umwandlungen und Verschmelzungen gewährt das neue Umwandlungsrecht über die Regelungen im HGB hinausgehende Möglichkeiten der Fortführung einer abgeleiteten Firma (vgl. z. B. §§ 18 Abs. 2, 36 Abs. 1, 125, 200 Abs. 1 UmwG).

Zur Fortführung bei Ein- und Austritt von Gesellschaftern vgl. § 24 HGB.

Für die Vertragsgestaltung wichtig sind die Regelungen in §§ 25, 27, 28 HGB. Danach wird die Firmenfortführung u. U. mit dem Risiko einer Haftung erkauft.

4. Sitz der Gesellschaft

Gesetzliche Regelung

Der Sitz der Gesellschaft ist der Ort, an dem sich die Geschäftsführung befindet. Er wird demnach durch tatsächliche Umstände bestimmt.

Der Sitz hat vielfache **Bedeutung**, insbesondere für den allgemeinen Gerichtsstand (§ 17 Abs. 1 ZPO), die Zuständigkeit des Registergerichts (§§ 106, 13, 13a, 13b, 13c HGB) und die Zuständigkeit der Industrie- und Handelskammer.

Im **internationalen Privatrecht** wird das für die Gesellschaft maßgebliche Recht nach den deutschen Kollisionsnormen nach dem Sitz der Gesellschaft bestimmt (vgl. etwa die Probleme der Rechtsfähigkeit bei ausländischen Briefkastengesellschaften). Die Centros-Entscheidung des EuGH (DNotZ 1999, 593) läßt die Fortgeltung der Sitztheorie wohl unberührt. Vergleiche zur Centros-Entscheidung und zu deren Auswirkungen etwa *Lange*, DNotZ 1999, 599; *Görk*, GmbH-R 1999, 793; *Kindler*, NJW 1999, 1993; *Sandrock*, BB 1999, 1337 m. w. N.).

5. Gegenstand des Unternehmens

302 **Gestaltung**

Der Gegenstand des Unternehmens umschreibt den Tätigkeitsbereich, innerhalb dessen der Zweck der Gesellschaft verwirklicht wird. Als Gegenstand kommt der Betrieb eines Handelsgewerbes, der Betrieb eines sonstigen „schlichten" Gewerbes oder die Verwaltung eigenen Vermögens in Betracht.

Von Bedeutung ist die Festlegung des Gegenstands insbesondere für

– die Geschäftsführung (vgl. § 116 Abs. 1 HGB);
– für den Umfang des Wettbewerbsverbots der Gesellschafter (siehe hierzu Rz. 140 ff.).

Je nach Interessenlage kann daher eine weite oder enge Fassung des Unternehmensgegenstands angezeigt sein.

6. Rechte und Pflichten der Gesellschafter, insbesondere Stimmrecht

a) Vorbemerkung

303 Die Rechte und Pflichten der Gesellschafter werden hier nach solchen **vermögensrechtlicher** Art und solchen **nichtvermögensrechtlicher** Art unterschieden. Zu letzteren gehören insbesondere das Stimmrecht, das Informationsrecht sowie das Wettbewerbsverbot.

b) Gestaltung

304 Gesellschafterbeschlüsse werden zum einen im Bereich der Geschäftsführung gefaßt. Zum anderen dürfte in den meisten Fällen auch ein Bedürfnis bestehen, Gesellschafterbeschlüsse auch für **Änderungen des Gesellschaftsvertrages** zuzulassen. Letzteres muß vertraglich geregelt werden, da ansonsten eine vertragliche Vereinbarung (d. h. unter Beteiligung aller Gesellschaf-

ter!) erforderlich ist. Soweit jedoch auch für solche vertraglichen Änderungen Mehrheitsbeschlüsse genügen sollen, ist dem **Bestimmtheitsgrundsatz** Rechnung zu tragen, wonach sich aus dem Vertrag ergeben muß, welche Punkte durch Mehrheitsbeschluß abänderbar sein sollen. Die Rechtsprechung hierzu befindet sich Fluß (vgl. hierzu zuletzt BGH, DStR 1995, 224).

Soweit demnach eine Beschlußfassung durch die Gesellschafter in Betracht kommt, bedarf es gemäß § 119 Abs. 1 HGB der **Einstimmigkeit,** d. h. der Zustimmung aller Gesellschafter (nicht nur der bei der Versammlung anwesenden!). Aber auch soweit durch den Vertrag Mehrheitsentscheidungen zugelassen sind, ist die Mehrheit gemäß § 119 Abs. 2 HGB im Zweifel nach der Zahl der Gesellschafter zu berechnen. Auch insoweit besteht vertraglicher Regelungsbedarf, da – mit Ausnahme von Familiengesellschaften – ein Stimmrecht entsprechend der kapitalmäßigen Beteiligung regelmäßig sachgerechter erscheint. Zu achten ist darauf, daß bei Meinungsverschiedenheiten unter den Gesellschaftern eine mehrheitliche Willensbildung möglich ist.

In bestimmten gesetzlich geregelten Fällen sind einzelne Gesellschafter von der Stimmrechtsausübung ausgeschlossen (z. B. §§ 112 Abs. 2, 113 Abs. 2, 117, 127, 140 Abs. 1 HGB). Daneben steht die h. M. (vgl. statt aller *K. Schmidt,* Gesellschaftsrecht, § 21, II, 2, S. 449 ff. mit weiteren Nachweisen) auf dem Standpunkt, daß ein Ausschluß dann gegeben ist, wenn der Gesellschafter durch die Mitwirkung an Beschlüssen zum „Richter in eigener Sache" würde oder gegen das allgemeine Selbstkontrahierungsverbot verstoßen würde.

Wichtiger als vorgenannte Frage ist, ob einzelne Gesellschafter durch Gesellschaftsvertrag vom Stimmrecht **ausgeschlossen** werden können. Wegen der zentralen Bedeutung des Stimmrechts kommt dies grundsätzlich nicht in Betracht. Eine Ausnahme hat der BGH (NJW 1993, 2100) zugelassen für eine personengleiche GmbH & Co. KG. Diese Entscheidung ist auf eine GmbH & Co. oHG übertragbar. Die Rechtslage für nichtpersonengleiche Gesellschaften ist offengelassen worden.

In bestimmten Fällen besteht – insbesondere aus dem Gesichtspunkt von Treu und Glauben (§ 242 BGB) – eine Verpflichtung zur Abstimmung in einer bestimmten Richtung. Vertraglicher Gestaltungsbedarf besteht insoweit jedoch nicht.

Zusammenfassend besteht **vertraglicher Regelungsbedarf** insbesondere für folgende Punkte:

– Abweichend von der gesetzlichen Regelung in § 119 Abs. 1 HGB ist regelmäßig vorzusehen, daß **Beschlüsse mit Mehrheit** gefaßt werden können.

– Weiter sollte (abweichend von § 119 Abs. 2 HGB) insoweit vorgesehen werden, daß sich die Mehrheit nach den **Kapitalanteilen** und nicht nach Köpfen berechnet.

- Sinnvoll mag es sein, auch **Änderungen des Gesellschaftsvertrages** der mehrheitlichen Disposition der Gesellschafterversammlung zu unterstellen. Hierbei ist wegen des Bestimmtheitsgrundsatzes auf eine sorgfältige Formulierung zu achten. Wegen des Minderheitenschutzes werden solche Regelungen im Zweifel restriktiv ausgelegt.
- Unter Umständen können auch Regelungen über die Formalien der Gesellschafterversammlung bzw. der Beschlußfassung vereinbart werden.

7. Informationsrecht

308 Siehe hierzu § 118 HGB.

Vertraglicher Regelungsbedarf besteht hierzu im Regelfall nicht.

8. Wettbewerbsverbot

309 Siehe hierzu Rz. 140 ff.

9. Grundsatz der rechtlichen Selbständigkeit

310 Zwar ist die oHG wie die Gesellschaft bürgerlichen Rechts **Gesamthandsgemeinschaft**, jedoch ist sie gemäß § 124 HGB der juristischen Person angenähert. Aufgrund der rechtlichen Selbständigkeit sind insbesondere die zu erbringenden Einlagen in der gehörigen Form (d. h. insbesondere bei Grundstücken und GmbH-Anteilen durch notarielle Beurkundung) auf die Gesellschaft zu übertragen. Die Übertragung entfällt, wenn die Gegenstände der Gesellschaft nur zur Nutzung überlassen werden sollen.

10. Beitragsleistung

Gestaltung

a) Gegenstand der „Beiträge", Umfang und Bewertung

311 Für die Beitragspflicht gilt gemäß § 105 Abs. 2 HGB die Regelung in §§ 706 ff. BGB. Als Beitrag kann jegliche Art von Vermögenswert vereinbart werden. Zu denken ist insbesondere an die Einbringung von Geld, die Gewährung von Darlehen, die Erbringung von Sacheinlagen, auch Sachgesamtheiten, die Überlassung von immateriellen Wirtschaftsgütern, die Erbringung von Dienstleistungen (dies ist nach § 706 Abs. 3 BGB ausdrücklich zulässig) usw.

312 Bezüglich der **Sacheinlagen** kommt neben einer **Einbringung zu Eigentum** („Quoad dominium") eine **Einbringung nur zur Nutzung** („Quoad usum") in Frage (die Möglichkeit der Einbringung dem Werte nach – „Quoad sortem" – spielt nur eine untergeordnete Rolle). Für die Frage, welche der beiden Möglichkeiten vertraglich vereinbart wird, sollte darauf abgestellt werden,

daß der wirtschaftliche Wert der Einlage mit dem hierfür gewährten Kapitalanteil übereinstimmt und auch die Relation zu den Einlagen der anderen Gesellschafter „stimmt". Unter Haftungsgesichtspunkten ist diese Frage dagegen wegen der persönlichen Haftung unbeachtlich. Dagegen hat die Frage u. U. gravierende steuerliche Konsequenzen, da, wenn eine Einbringung zu Eigentum unterbleibt, steuerlich Sonderbetriebsvermögen des Gesellschafters entsteht und daher gesellschaftsvertraglich und erbrechtlich sichergestellt werden muß, daß auch dieses Sonderbetriebsvermögen das rechtliche Schicksal des Gesellschaftsanteils teilt. Andernfalls kann es zu einem Auseinanderfallen und einer Aufdeckung stiller Reserven kommen.

Bei der **Einbringung von Dienstleistungen** bereitet die Bewertung Schwierigkeiten. Vorzugswürdig ist es daher, eine feste kapitalmäßige Einlageverpflichtung vorzusehen und einen gesonderten Dienstleistungsvertrag abzuschließen und sodann die hiernach geschuldete Tätigkeitsvergütung mit der Einlageverpflichtung zu verrechnen. 313

Der **Umfang der Beitragspflicht** sollte ausführlich und präzise im Gesellschaftsvertrag geregelt werden. Bezüglich der **Bewertung der Beiträge** herrscht (bis zur Grenze der Sittenwidrigkeit, § 138 BGB) Vertragsfreiheit. Wegen der persönlichen Haftung fehlen Kapitalaufbringungs- und -erhaltungsvorschriften, so daß Über- und Unterbewertungen möglich sind. Die zentrale Bedeutung der Bewertung rührt daher, daß üblicherweise nach der Höhe der Kapitalanteile die Rechte und Pflichten der Gesellschafter ausgerichtet werden, insbesondere das Stimmrecht und die Gewinnverteilung. Unter Umständen können auch bewußte Abweichungen vom wirklichen Wert erforderlich sein. Wird z. B. ein Gesellschafter in eine Gesellschaft neu aufgenommen und verfügt die Gesellschaft über erhebliche stille Reserven, so würde die Erfassung der Einlage des eintretenden Gesellschafters mit deren vollem Wert dazu führen, daß der neue Gesellschafter auch einen entsprechenden Anteil an den stillen Reserven erhält. Die Einlage sollte daher nur mit dem Teil ihres Wertes angesetzt werden, der dem Verhältnis zwischen dem nominellen und dem wirklichen Wert der Kapitalanteile der bisherigen Gesellschafter entspricht. 314

Schließlich spielen bei der Bestimmung des Einlagewerts auch steuerliche Überlegungen eine Rolle.

Bei der Erbringung von Sacheinlagen sind – wie bereits erwähnt – die gesetzlichen **Formvorschriften** zu beachten.

b) Leistungsstörungen bei der Einlageerbringung

Probleme ergeben sich, wenn einer der Gesellschafter die Einlage nicht bzw. verspätet oder nur mangelhaft erbringt. Es ist nach wie vor streitig, ob die Regelungen der §§ 320 ff. BGB auf gesellschaftsrechtliche Verträge anwend- 315 bar sind. Angesichts dieser Unsicherheit sollten vertraglich die Rechtsfolgen bei Unmöglichkeit bzw. Verzug der Einlageleistung geregelt werden.

316 Ebenso ist umstritten, ob bei einer mangelhaften Erbringung der Einlage die Regelungen über Austauschverträge (Kauf, Miete, Dienstvertragsrecht usw.) entsprechend anwendbar sind. Auch hier sollte zur Vermeidung der Rechtsunsicherheit eine ausdrückliche Regelung im Gesellschaftsvertrag erfolgen. Möglich wäre etwa die Gewährleistung ganz auszuschließen, den Ersatz einer mangelhaften Sacheinlage durch eine festgesetzte Geldeinlage oder die Möglichkeit einer Kündigung oder Ausschließung durch die anderen Gesellschafter vorzusehen usw.

317 **Zusammenfassend** sollte im Gesellschaftsvertrag ausführlich geregelt werden:

– der genaue Umfang der Einlagen,

– der Wert der Einlage bzw. der hierfür zu gewährende Kapitalanteil,

– die Rechtsfolgen bei Unmöglichkeit bzw. Verzug mangelhafter Einlageleistung.

11. Kapitalanteil und Gesellschafterkonten

a) Gesetzliche Regelung

318 Der **Begriff** und die **Rechtsnatur** des Kapitalanteils sind umstritten (vgl. hierzu etwa Münchener Handbuch des Gesellschaftsrechts Band I, § 55 Rz. 23 ff.). Zu unterscheiden sind insbesondere:

– der „**Gesellschaftsanteil**" als Inbegriff der mitgliedschaftlichen Rechte

– der „**Vermögensanteil**" als Spiegelbild der vermögensmäßigen Beteiligung an der Gesellschaft
Zwar ist der einzelne Gesellschafter wegen des Gesamthandsprinzips nicht unmittelbar an den einzelnen Gegenständen des Gesellschaftsvermögens beteiligt, jedoch steht ihm wirtschaftlich betrachtet ein entsprechender anteilsmäßiger Wert am gesamten Gesellschaftsvermögen zu.

– der „**Kapitalanteil**"
Dieser ist eine bloße Rechengröße, die den gegenwärtigen Stand der Beteiligung, und zwar zu dem Buchwert, der in der Bilanz ausgewiesen wird, wiedergibt. Der Kapitalanteil ist somit insbesondere keine Forderung des Gesellschafters gegen die Gesellschaft und auch kein Recht des Gesellschafters, somit auch nicht übertragbar oder pfändbar (str.).

Gesellschafter ohne Gesellschaftsanteil im obigen Sinne sind nicht denkbar. Demgegenüber läßt es die h. M. zu, daß einzelne Gesellschafter keinen Kapitalanteil haben. Sinnvoll ist eine solche Regelung zum einen, wenn der „Geschäftsführer der Gesellschaft" zwar formell Gesellschafter sein soll (Grundsatz der Selbstorganschaft!), jedoch wirtschaftlich nicht an der Gesellschaft beteiligt sein soll und insbesondere sein Ausscheiden bzw. Ausschluß ohne Zahlung einer Abfindung möglich sein soll. Zum anderen findet sich eine solche Regelung häufig bei einer GmbH & Co. KG.

b) Gestaltung

Feste oder variable Kapitalanteile

Mangels abweichender vertraglicher Vereinbarung sind Kapitalanteile veränderlich, ändern sich also durch die Zuschreibung von Einlagen und Gewinne bzw. die Abschreibung von Verlusten und Entnahmen (§ 120 Abs. 2 HGB).

319

Die Variabilität der Kapitalanteile würde zu einer fortwährenden Änderung der Beteiligungsverhältnisse der Gesellschafter führen. Daher sollte vertraglich ein **festes Kapitalkonto I** vorgesehen werden, auf dem die Einlage gebucht wird und das sich durch Gewinne, Verluste und Entnahmen nicht verändert und die Beteiligung des Gesellschafters an der Gesellschaft widerspiegelt. Daneben sollte ein **Kapitalkonto II** geführt werden, auf dem alle sonstigen Geschäftsvorfälle, die die Einlage betreffen, verbucht werden.

Werden alle diese Vorgänge auf einem Kapitalkonto II verbucht, kann aus diesem allein keine Aussage darüber getroffen werden, ob es sich bei dem jeweiligen Stand um eine echte Einlage ober um eine Forderung bzw. Verbindlichkeit des Gesellschafters gegen die Gesellschaft handelt. Um auch diese Forderung bzw. Verbindlichkeit auf schuldrechtlicher Grundlage gesondert zu kennzeichnen, können diese auf einem weiteren **Kapitalkonto III** gebucht werden.

Ein gesondertes **Verlustsonderkonto** wird zum Teil als sinnvoll erachtet. Falls es nicht als gesondertes Konto eingeführt wird, sollte geregelt werden, daß etwaige Verluste dem Kapitalkonto II belastet werden, auch soweit sie dessen Betrag übersteigen, und nicht dem Kapitalkonto I.

Eine Verpflichtung zur **Bildung von Rücklagen** kann gesellschaftsvertraglich vorgesehen werden. Sinnvoll ist dies insbesondere, wenn die Rücklage ungeteilt sein, d. h. allen Gesellschaftern zustehen und somit das in der Gesellschaft gebundene Eigenkapital erhöhen, ohne die Beteiligung einzelner Gesellschafter bzw. deren Beteiligungsverhältnis untereinander zu verändern.

Darlehenskonten können zur Abgrenzung gegenüber den Kapitalkonten sinnvoll sein, da es sich hierbei um Verbindlichkeiten auf schuldrechtlicher Ebene und somit um Forderungen bzw. Verbindlichkeiten gegenüber der Gesellschaft handelt.

Für die **Vertragsgestaltung** ist wichtig, den Zusammenhang der Kontenführung mit der Abfindungsregelung für den Fall des Ausscheidens zu sehen. Es ist vertraglich klarzustellen, welche Konten mit dem Abfindungsguthaben

320

abgegolten sind und welche unter Umständen gesondert zu vergüten sind. So ist es zum Beispiel regelmäßig gewollt, daß etwaige Darlehen nicht mit der Abfindung abgegolten sein sollen, etwaige Guthaben auf Rücklagenkonten dagegen mit der Abfindung erfaßt sein sollen. Weiter kann es sinnvoll sein, einen Saldo auf dem Kapitalkonto II gesondert zur Abfindung auszu-gleichen und durch eine geeignete Kontenführung sicherzustellen, daß es sich hierbei materiell um eine zusätzliche Forderung bzw. Verbindlichkeit handelt (hierzu sind etwaige Verluste der Gesellschafter auf einem Verlustkonto zu erfassen; Gewinne in den Folgejahren sind vorab dem Verlustvortragskonto gutzuschreiben, bis dieses ausgeglichen ist. Auf dem Kapitalkonto II sind die sonstigen Vorfälle – vorbehaltlich des Rücklagekontos – zu erfassen. Hiermit wird im Ergebnis erreicht, daß der Gesellschafter zusätzlich zur Abfindung etwa stehengelassene, nicht entnommene Gewinne und zusätzlich erbrachte Einlagen erhält, wie er umgekehrt zur Erstattung zu hoher Entnahmen verpflichtet ist).

12. Entnahmen

321 Unbedingt vertraglich geregelt werden müssen Zulässigkeit und Umfang von Entnahmen.

Soweit Entnahmen über das vertraglich vorgesehene Maß hinaus getätigt werden, ist die Gesellschaft zur Rückforderung berechtigt. Gerade die Zulässigkeit von Entnahmen wird häufig zu Interessenwidersprüchen zwischen Gesellschaft und Gesellschafter führen und bedarf ausführlicher Regelung. Regelmäßig wird sich eine Regelung empfehlen, wonach die auf den Gewinnanteil entfallenden Steuern entnommen werden dürfen (andernfalls müßten diese aus dem sonstigen Vermögen der Gesellschafter beglichen werden). Für die geschäftsführenden Gesellschafter sollte weiter eine angemessene Vorabvergütung vorgesehen werden.

Mangels einer vertraglichen Regelung gilt die gesetzliche Regelung in § 122 HGB, die den Bedürfnissen regelmäßig nicht gerecht wird.

13. Buchführung und Bilanzierung, Jahresabschluß

322 Aufgrund ihrer Kaufmannseigenschaft ist die oHG zur Führung von Handelsbüchern und zur Aufstellung von Bilanzen verpflichtet (vgl. §§ 6 Abs. 1, 238 Abs. 1, 242 HGB). Diese Regelungen sind zwingend und vertraglichen Vereinbarungen nicht zugänglich.

Die Aufstellung des Jahresabschlusses ist Aufgabe der geschäftsführenden Gesellschafter, die Feststellung hingegen ist ein Grundlagengeschäft. Hier sollte – um eine Blockade der Gesellschaft zu vermeiden – vertraglich geregelt werden, daß die Feststellung mit Mehrheitsbeschluß erfolgen kann (vor allem bei Publikumsgesellschaften wichtig!).

14. Geschäftsführung

Hierunter ist jedes Handels zu verstehen, das der gewöhnliche Betrieb des Handelsgewerbes der Gesellschaft mit sich bringt (§ 116 Abs. 1 HGB). Ausgegrenzt sind somit zum einen die sog. Grundlagengeschäfte, die die vertraglichen Grundlagen betreffen, und die außergewöhnlichen Geschäfte, die gemäß § 116 Abs. 2 HGB eines Beschlusses sämtlicher Gesellschafter bedürfen. 323

Mangels abweichender vertraglicher Regelung ist jeder Gesellschafter zur Geschäftsführung berechtigt und verpflichtet (§ 114 Abs. 1 HGB).

Vertraglicher Regelungsbedarf kann hier in vielerlei Hinsicht bestehen. Denkbar ist etwa die Begründung einer Einzelgeschäftsführungsbefugnis oder einer gemeinsamen Geschäftsführungsbefugnis (vgl. § 115 HGB), wobei diese Regelungen als Regelung im Innenverhältnis grundsätzlich der Disposition der Beteiligten unterliegen.

Außenstehende Dritte können – trotz des Grundsatzes der Selbstorganschaft – in sehr großem Umfang mit Geschäftsführungsaufgaben betraut werden, soweit eine Kontrolle durch die Gesellschafter vorgesehen ist (vgl. etwa BGH, NJW 1982, 1817).

Vertraglicher Regelungsbedarf mag auch für die in § 117 HGB geregelte Entziehung der Geschäftsführungsbefugnis bestehen. Diese kann vertraglich erleichtert oder erschwert werden. Zulässig ist etwa, einen bloßen Beschluß der Gesellschafter für die Entziehung ausreichen zu lassen.

15. Vertretung

Gestaltung

Anders als die Geschäftsführungsbefugnis, die nur das Innenverhältnis betrifft, kann die Vertretungsmacht nur im gesetzlich vorgegebenen Rahmen eingeschränkt werden. Möglich sind nach der gesetzlichen Regelung: 324

– Einzelvertretungsbefugnis (§ 125 Abs. 1 HGB)

Diese gilt, wenn gesellschaftsvertraglich nichts anderes vereinbart ist.

– Echte Gesamtvertretungsbefugnis (§ 125 Abs. 2 HGB)

Hiernach bedarf die aktive Vertretung der Mitwirkung von mehreren Gesellschaftern. Hiernach können also einzelnen Gesellschaftern „Fesseln angelegt werden". Für die passive Vertretung genügt demgegenüber die Abgabe der Willenserklärung gegenüber nur einem der Gesellschafter.

– Unechte Gesamtvertretung (§ 125 Abs. 3 HGB)

Hiernach wird ein Gesellschafter an die Mitwirkung eines Prokuristen gebunden.

Die Bedeutung der sachgerechten Ausgestaltung der Vertretungsmacht wird offensichtlich, wenn man deren Reichweite und Unbeschränkbarkeit beachtet. Nach § 126 HGB erstreckt sich die Vertretungsmacht auf alle gerichtlichen und außergerichtlichen Geschäfte und Rechtshandlungen. Eine Beschränkung des Umfangs ist Dritten gegenüber unwirksam.

Soll vom Grundsatz der Einzelvertretungsmacht abgewichen werden, ist weiter auf eine unverzügliche Eintragung im Handelsregister zu achten, da nur dann diese Einschränkung im Verhältnis zu Dritten wirkt.

Vertraglicher Regelungsbedarf kann bezüglich der Entziehung der Vertretungsmacht bestehen. Die Regelung in § 127 HGB, wonach eine solche Entziehung nur durch eine gerichtliche Entscheidung erfolgen kann, kann vertraglich abbedungen werden. Erleichterungen sind sowohl in formeller als auch in materieller Hinsicht denkbar.

16. Verfügung über den Gesellschaftsanteil

325 Mangels einer vertraglichen Regelung gilt der Grundsatz, daß das Ausscheiden und die Aufnahme neuer Gesellschafter bzw. die unmittelbare Übertragung des Gesellschaftsanteils eines Gesellschafters auf einen neu eintretenden als vertragliche Änderung (Grundlagengeschäft) der Mitwirkung aller vorhandenen Gesellschafter bedarf.

Soweit die oHG im konkreten Fall (atypisch) als „Kapitalgesellschaft" organisiert ist, d. h. der Ansammlung von größeren Kapitalbeträgen dient und eine große Zahl von Gesellschaftern aufweist, sollte diese für die Praxis unbefriedigende Rechtslage unbedingt vertraglich abbedungen werden. Sinnvoll wird in diesem Fall regelmäßig sein, die freie Abtretbarkeit der Gesellschaftsanteile vorzusehen.

17. Tod eines Gesellschafters

326 Siehe hierzu Rz. 284 ff.

18. Abfindung

327 Siehe hierzu Rz. 202 ff.

III. Partnerschaftsgesellschaft

328 Mit dem am 1. 7. 1995 in Kraft getretenen Partnerschaftsgesellschaftsgesetz (nachfolgend „PartGG") soll den Angehörigen freier Berufe der Zusammenschluß in einer Rechtsform ermöglicht werden, die der oHG angenähert ist und für die auch – soweit das PartGG keine Regelung enthält – die Regelungen über die oHG Anwendung finden.

1. Vor- und Nachteile der Partnerschaft

Im Vergleich zur auch künftig zulässigen Sozietät nach BGB bringt der Partnerschaft den Vorteil der Registerfähigkeit. (Die Rechtsfähigkeit ist nunmehr auch bei der GbR zu bejahen, vgl. BGH, DStR 2001, 310.) Weiter haften – wenn nur einzelne Partner mit der Bearbeitung eines Auftrags befaßt waren – nur diese für berufliche Fehler neben der Partnerschaft (§ 8 Abs. 2 PartGG). Demgegenüber fallen die Formalien und Kosten der Registrierung nicht ins Gewicht. Jedoch kann die Partnerschaft als solche verklagt werden (anders als die BGB-Gesellschaft). 329

Gegenüber der GmbH bringt die Partnerschaft die Vorteile einer Personengesellschaft (grundlegend andere steuerliche Behandlung, einfachere Gründung und Handhabung, keine Verpflichtung zur Kapitalaufbringung und Kapitalerhaltung, vereinfachte Rechnungslegung – keine Bilanzierungspflicht, Gewinnermittlung nach § 4 Abs. 3 EStG usw.). Andererseits weist die Partnerschaft gegenüber der GmbH auch Nachteile auf, insbesondere die gegenüber der GmbH weniger weitreichende Haftungsbeschränkung.

Im Ergebnis kann die Vorteilhaftigkeit nur im konkreten Fall nach umfassender Abwägung aller einschlägigen Aspekte beurteilt werden.

2. Rechte und Pflichten der Gesellschafter

Für die inhaltliche Ausgestaltung des Gesellschaftsvertrages wird auf die Ausführung zur oHG verwiesen. In Abweichung von den Regelungen bzw. Ausführungen zur oHG gelten jedoch folgende Besonderheiten: 330

- Angehörige können nur natürliche Personen sein, die einen freien Beruf im Sinne des Katalogs des § 1 Abs. 2 PartGG ausüben.
- Der Vertrag hat die in § 3 Abs. 2 enthaltenen Bestimmungen zu enthalten.
- Berufsrechtliche Regelungen bleiben unberührt (§ 1 Abs. 3, § 6 PartGG).
- Waren nur einzelne Partner mit der Bearbeitung eines Auftrags befaßt, so haften nunmehr (§ 8 Abs. 2 PartGG) nur diese für berufliche Fehler neben der Partnerschaft (für sonstige Verbindlichkeiten – z. B. aus Mietverträgen – bleibt die Haftung aller Partner unberührt).
- Der Tod eines Partners, die Eröffnung des Insolvenzverfahrens, die Kündigung eines Partners bzw. durch Privatgläubiger eines Partners führt – wie bei der oHG nach der Neuregelung in §§ 131 ff. HGB durch das HRefG – nur zum Ausscheiden des Partners aus der Gesellschaft, nicht dagegen zur Auflösung der Gesellschaft. Gleiches gilt für den Verlust der Zulassung zum freien Beruf.
- Eine Vererblichkeit der Beteiligung ist nur bei ausdrücklicher Regelung im Vertrag möglich und im übrigen nur zugunsten von Dritten, die ihrerseits die erforderliche Qualifikation als Partner besitzen.

– Im Namen ist der Zusatz „und Partner" bzw. „Partnerschaft" aufzunehmen.

IV. EWIV (Europäische wirtschaftliche Interessenvereinigung)

1. Vorbemerkungen

331 Mit der europäischen wirtschaftlichen Interessenvereinigung (nachfolgend „EWIV") sollte den Unternehmen in Europa eine besondere supranationale Rechtsform zur Kooperation über die jeweiligen Landesgrenzen hinweg zur Verfügung gestellt werden. Rechtsgrundlagen sind die EU-Verordnung Nr. 2137/85 und das hierzu ergangene deutsche Ausführungsgesetz vom 14. 4. 1988. Die EU-Verordnung beschränkt sich auf Vorgaben bezüglich der Gründung und Struktur der EWIV. Im übrigen gelten ergänzend bzw. zum Teil auch vorrangig die nationalen Regelungen. Vergleicht man die EWIV mit den sonstigen deutschen Gesellschaftsformen, so kann sie als „oHG mit Fremdgeschäftsführung" umrissen werden (vgl. § 1 EWIV-AusfG). Ihrer Tätigkeit nach hat sich die EWIV auf eine Hilfstätigkeit für die Aktivitäten ihrer Mitglieder zu beschränken. Der Sache nach kann es sich hierbei jedoch um gleichwohl bedeutende Aufgaben handeln.

2. Vertragliche Grundlage

332 Zur Gründung einer EWIV bedarf es eines schriftlichen Vertrages, der nach Art. 5 EWIV-VO folgende Angaben zu enthalten hat:

– Name der Vereinigung mit dem Zusatz „europäische wirtschaftliche Interessenvereinigung" bzw. „EWIV",

– Sitz,

– Unternehmensgegenstand,

– für jedes Mitglied Namen, Firma, Rechtsform, Wohnsitz sowie evtl. Nummer und Ort der Registereintragung,

– Dauer der EWIV, falls diese nicht unbestimmt ist.

Der Unternehmensgegenstand hat sich, wie erwähnt, auf die Ausübung von Hilfstätigkeiten zu beschränken.

Im übrigen können gemäß der EWIV-VO zahlreiche weitere, auch von der Verordnung abweichende Regelungen aufgenommen werden.

Die EWIV bedarf nach Art. 39 Abs. 1 i. V. m. Art. 6 EWIV-VO der Eintragung in das Handelsregister; diese hat konstitutive Wirkung (anders als nach § 123 Abs. 1, 2 HGB).

Der Sitz der EWIV muß in der Gemeinschaft gelegen sein. Ihrem supranationalen Charakter entsprechend kann der Sitz innerhalb der EU über die Grenzen hinweg verlegt werden, ohne daß dies zur Auflösung der EWIV führt; jedoch sind hierbei verfahrensrechtliche Vorgaben einzuhalten.

Der Kreis möglicher Mitglieder ist in Art. 4 Abs. 1 EWIV-VO bewußt weit gefaßt. Hiernach können insbesondere auch erwerbswirtschaftlich tätige Gesellschaften bürgerlichen Rechts oder Angehörige freier Berufe Mitglied sein. Insbesondere Angehörige freier Berufe haben bislang die Möglichkeit zur Gründung einer EWIV genutzt.

3. Rechte und Pflichten

Für die Ausgestaltung des Gesellschaftsvertrages besteht Vertragsfreiheit, soweit nicht zwingende Vertragsvorschriften der EWIV-VO und des EWIV-AusfG entgegenstehen. Hierzu kann im wesentlichen auf die Ausführungen zur oHG verwiesen werden. 333

Für Verbindlichkeiten der Gesellschaft haften nach Art. 24 Abs. 1 EWIV-VO deren Mitglieder unbeschränkt und gesamtschuldnerisch. Anders als bei der oHG muß jedoch die Forderung zunächst gegenüber der EWIV geltend gemacht werden. Für neu eintretende bzw. ausscheidende Mitglieder gelten ähnliche Grundsätze wie bei der oHG.

4. Geschäftsführung und Vertretung

Die Geschäftsführer werden durch Beschluß der Mitglieder bestellt, wobei auch Dritte zu Geschäftsführern bestellt werden können. Ähnlich wie bei der oHG haben die Geschäftsführer eine im Interesse des Verkehrsschutzes umfassende Vertretungsbefugnis (Art. 20 Abs. 1 EWIV-VO). Einschränkungen der Vertretungsbefugnis können – mit Ausnahme einer Gesamtvertretung – Dritten nicht entgegengesetzt werden. 334

V. Kommanditgesellschaft

1. Gesellschaftszweck

Siehe hierzu die Ausführungen zur oHG Rz. 296. 335

2. Firma, Sitz

Siehe hierzu die Ausführungen zur oHG Rz. 298 ff. 336

Für die Firmierung einer **GmbH & Co. KG** galten bis zum Inkrafttreten des Handelsrechtsreformgesetzes komplizierte Regelungen, da einerseits in der KG die Firma der GmbH enthalten, andererseits eine Unterscheidbarkeit der Firmen gewährleistet sein mußte. Nach der Liberalisierung des Firmenrechts schreibt nunmehr (neben den allgemeinen Grundsätzen) lediglich § 19 Abs. 2 HGB vor, daß die Haftungsbeschränkung in der Firma enthalten sein muß, auch wenn es sich um eine in zulässiger Weise fortgeführte Firma handelt (§§ 21, 22, 24 HGB etc.).

337 Unverändert gilt § 30 HGB, danach müssen sich die Firma, wenn sich der GmbH-Sitz und der KG-Sitz am gleichen Ort befinden, unterscheiden. Diese Unterscheidbarkeit läßt sich, wenn – nach bisherigen Grundsätzen – in der Firma der KG auch die Firma der GmbH enthalten sein sollte, wie folgt erreichen:

– Der KG-Firma wird neben der GmbH-Firma und dem KG-Gesellschaftszusatz ein dritter Bestandteil beigefügt.

– Zum anderen (und in der Praxis häufiger!) wird die Unterscheidbarkeit dadurch erreicht, daß der GmbH-Firma ein Zusatz (z. B.: „Verwaltungs-", „Geschäftsführungs-", „Betriebs-"GmbH) beigefügt wird, der bei der Firma der KG weggelassen wird.

3. Geschäftsführung und Widerspruchsrecht der Kommanditisten

Gestaltung

338 Nach der **gesetzlichen Regelung** in § 164 HGB sind die Kommanditisten von der Geschäftsführung ausgeschlossen.

Abweichend hiervon kann vertraglich geregelt werden, daß der Kommanditist zur Geschäftsführung befugt sein soll. Werden keine weiteren Regelungen getroffen, gelten bezüglich der Art und des Umfangs der Geschäftsführungsbefugnis die §§ 114–117 HGB. Abweichende Regelungen, insbesondere derart, daß ein Kommanditist nur gemeinsam mit einem Komplementär zur Geschäftsführung berechtigt sein soll, sind zulässig. Wegen der nur beschränkten Kommanditistenhaftung und der unbeschränkten Komplementärhaftung sollte eine Regelung, wonach die Geschäftsführung nur einem Kommanditisten übertragen wird und alle Komplementäre von der Geschäftsführung ausgeschlossen sind, unterbleiben.

In der Praxis häufig verkannt wird das Erfordernis der Zustimmung des Kommanditisten bei außergewöhnlichen Geschäften. § 164 HGB läßt die Regelung in § 116 Abs. 2 HGB (aus der sich das Zustimmungserfordernis ergibt) unberührt. Verstößt der geschäftsführende Gesellschafter hiergegen, überschreitet er seine Geschäftsführungsbefugnis und ist der Gesellschaft unter Umständen schadensersatzpflichtig. Im übrigen kann ihm die Geschäftsführung nach § 117 HGB entzogen werden. Angesichts des Ziels der Regelung (Schutz des Kommanditisten) besteht jedoch regelmäßig kein vertraglicher Regelungsbedarf, zumal eine Einschänkung unter dem Aspekt des gesetzgeberischen Ziels bedenklich wäre.

339 Das gesetzliche **Widerspruchsrecht** des Kommanditisten kann vertraglich unproblematisch erweitert werden. Eine Einschränkung ist nur in gewissen Grenzen zulässig (vgl. hierzu *Baumbach/Duden/Hopt*, 7 C zu § 164).

Sinnvoll mag es sein, bei mehreren Kommanditisten die Wahrnehmung ihrer Rechte nur durch einen von ihnen bestellten Vertreter zuzulassen oder die Ausübung des Widerspruchsrechts einem gesonderten Gesellschaftsorgan (etwa einem Beirat) zu übertragen.

Änderungen des Gesellschaftsvertrages bedürfen als Grundlagengeschäfte der Zustimmung aller Gesellschafter, also auch der Kommanditisten, soweit nicht innerhalb der hierfür geltenden Grenzen (vgl. hierzu Rz. 304 ff.) Mehrheitsbeschlüsse zur Abänderung des Vertrages zulässig sind.

4. Stimmrecht-Gesellschafterbeschlüsse

Mangels spezialgesetzlicher Regelungen gelten hierzu die allgemeinen Regelungen, die bereits bei der oHG erörtert wurden (siehe Rz. 303 ff.). 340

Mehr noch als bei der oHG erscheinen jedoch bei der KG aufgrund ihrer Struktur (bloße kapitalmäßige Beteiligung der Kommanditisten) folgende **vertragliche Regelungen** als **unabdingbar**:

– Vereinbarung des Mehrheitsprinzips anstelle des gesetzlichen Einstimmigkeitsgrundsatzes,
– Berechnung der Mehrheit nach Kapitalanteilen und nicht – wie es die gesetzliche Regelung vorsieht – nach Köpfen,
– Aufnahme von Regelungen über die Art und Weise der Beschlußfassung sowie über die Zulässigkeit der Stimmabgabe durch Bevollmächtigte etc.,
– Vereinbarung, wonach auch Änderungen des Gesellschaftsvertrages durch Beschluß zulässig sein sollen. Hierbei ist dem Bestimmtheitsgrundsatz durch eine möglichst genaue, ausführliche Auflistung der Vertragsänderungen, die mit Mehrheitsbeschluß möglich sein sollen, Rechnung zu tragen (nicht jedoch bei Publikumsgesellschaften, da dieser Grundsatz hier nicht zur Anwendung gelangen soll – BGHZ 71, 53 ff.).

5. Informationsrecht

§ 166 HGB regelt das Informations- und Kontrollrecht des Kommanditisten 341 dahin gehend, daß dieser (nur) die Mitteilung des Jahresabschlusses verlangen kann und dessen Richtigkeit unter Einsicht der Bücher und Papiere prüfen darf. Die weiter gehenden Rechte, die nach § 118 HGB einem von der Geschäftsführung ausgeschlossenen oHG-Gesellschafter zustehen, stehen dem Kommanditisten nicht zu, da dieser keiner unbeschränkten persönlichen Haftung ausgesetzt ist, sondern nur den Verlust seiner Einlage riskiert.

Angesichts des evidenten Interessengegensatzes (Informationsbedürfnis des Kommanditisten einerseits versus Geheimhaltungsinteresse der Komplementäre bzw. der Gesellschaft andererseits) besteht vertraglicher Regelungsbedarf.

6. Vertragliche Änderungen der Kontrollrechte des Kommanditisten

342 Erweiterungen der Kontrollrechte des Kommanditisten sind unbedenklich zulässig. Die Zulässigkeit von **Einschränkungen** bis hin zum Ausschluß des ordentlichen Kontrollrechts gemäß § 166 Abs. 1 HGB wird kontrovers beurteilt. Insoweit scheint Vorsicht bei der Vertragsgestaltung angezeigt, da es sich bei dem Kontrollrecht des Kommanditisten um ein typisches Instrument des Minderheitenschutzes handelt und auch die gesetzliche Regelung in dem 1980 neu in das GmbHG eingefügten § 51a zu berücksichtigen ist, wonach das Auskunfts- und Einsichtsrecht eines Gesellschafters zwingender Natur ist (vgl. § 51a Abs. 3).

7. Wettbewerbsverbot

343 Trotz der Regelung in § 165 HGB, wonach ein gesetzliches Wettbewerbsverbot für die Kommanditisten nicht besteht, kann aus dem Zweck des Wettbewerbsverbots und dem Treuegedanken heraus ausnahmsweise ein solches Wettbewerbsverbot bestehen, wenn diese ihre Arbeitskraft überwiegend der Gesellschaft zur Verfügung stellen und einen maßgeblichen Einfluß auf die Geschäftsleitung besitzen. Insoweit besteht **vertraglicher Regelungsbedarf.** Zu den zu beachtenden Grenzen für die Gestaltungsfreiheit siehe Rz. 140 ff., 157.

8. Haftung des Kommanditisten

a) Vorbemerkung

344 Im Interesse des Kommanditisten aber auch der Gesellschaft sollten die im Zusammenhang mit der Haftsumme bzw. Pflichteinlage stehenden Fragen vertraglich ausführlich geregelt werden. Grundlegend ist hierfür die Unterscheidung zwischen der Pflichteinlage und der Haftsumme.

aa) Pflichteinlage

345 Diese bezeichnet den durch Einbringung in das Gesellschaftsvermögen zu erbringenden Beitrag, also die Geld- oder Sachleistungen, die der Kommanditist der Gesellschaft schuldet (siehe hierzu auch Rz. 311 ff.).

bb) Haftsumme

346 Demgegenüber bezeichnet die Haftsumme den Höchstbetrag, bis zu dem der eingetragene Kommanditist den Gläubigern haftet. Die Haftsumme bestimmt sich nach der Eintragung im Handelsregister (§ 162 HGB). Abgesehen von der betragsmäßigen Beschränkung weicht die Kommanditistenhaftung weder nach Art noch nach Umfang von der Haftung eines per-

sönlich haftenden Gesellschafters nach §§ 128, 129 HGB ab. Für die Frage, ob durch die Leistung der Einlage die Haftung nach § 171 Abs. 1 HGB ausgeschlossen ist, gilt ein objektiver Beurteilungsmaßstab.

Abweichungen zwischen der Pflichteinlage und der Haftsumme sind vertraglich möglich.

b) Gestaltung

Bei der **Vertragsgestaltung** sollte auf folgende Punkte geachtet werden: 347

▷ Die begriffliche Unterscheidung zwischen Pflichteinlage und Haftsumme sollte im Gesellschaftsvertrag strikt durchgehalten werden.

▷ Die Leistung der Pflichteinlage sollte detailliert geregelt werden, einschließlich etwaiger Leistungsstörungen (siehe Rz. 315 ff.). Zu beachten ist insbesondere, daß eine Haftungsbefreiung nur mit dem objektivem Wert der Einlage in Betracht kommt.

▷ Eine Abweichung zwischen Einlage und Haftsumme kann in vielen Fällen sinnvoll sein, um zwar im Innenverhältnis die Erbringung der ganzen Leistung an die Gesellschafter zu sichern, jedoch im Außenverhältnis das Risiko einer Haftung (insbesondere aufgrund einer Überbewertung) auszuschließen (Beispiel: Sacheinlage bzw. Sachgründung; Kapitalerhöhung unter Umwandlung vom Fremdkapital in Eigenkapital etc.).

▷ Gefahren bestehen insbesondere bei einer „gesplitteten Einlage". Soweit die Einlage des Kommanditisten nur zum Teil als formelles Eigenkapital, zum anderen Teil als Darlehen oder als stille Beteiligung gewährt werden soll, ist auf eine eindeutige Abgrenzung zu achten sowie darauf, daß bei der Erbringung der Einlage klargestellt wird, worauf die Einlage erbracht wird (vgl. BGH, NJW 1982, 2253).

aa) Wiederaufleben der Haftung bei Rückzahlung der Haftsumme

Nach § 172 Abs. 4 HGB führt eine Rückgewähr der Haftsumme dazu, daß die Haftung des Kommanditisten wieder auflebt. Eine Rückgewähr ist jede Zuwendung an den Kommanditisten, durch die dem Gesellschaftsvermögen Vermögenswerte ohne angemessene Gegenleistung entzogen werden. Diese Regelung ist insbesondere bei der Anteilsveräußerung bzw. der Abfindung von ausgeschiedenen Kommandisten zu beachten (siehe nachfolgend Rz. 354 ff.). 348

Bei Gründung der Gesellschaft tauchen Probleme auf, wenn der Kommanditist zugleich weitere Leistungen für die Gesellschaft erbringt (typischer Fall: Tätigkeit als Geschäftsführer). Hierbei sollte zum einen vorgesehen werden, daß der Kommanditist eine Geldeinlage leistet (also nicht die Arbeitsleistung als Sacheinlage erbracht wird) und im Anschluß hieran eine Auszahlung des Gehalts an ihn erfolgt. Bezüglich der Einlagenrückgewähr ist zu unterscheiden (BAG, WM 1983, 1909), ob die Tätigkeitsvergütung auf der Grundlage eines Dienstvertrages (dann liegt keine haftungsschädliche Einlagenrückgewähr vor) oder aber – mangels ausdrücklicher dienstvertraglicher Regelung – als Gewinnvoraus bezahlt wird (in diesem Fall liegt eine Einlagenrückgewähr vor). Wegen § 733 Abs. 2 S. 3 BGB liegt mangels einer ausdrücklichen Regelung im Zweifel nur ein Gewinnvoraus vor. Aus zivilrechtlicher Sicht sollte daher eine Vergütung auf schuldrechtlicher Grundlage bevorzugt werden (freilich mit dem steuerlichen Nachteil, daß die Vergütung mit einem etwaigen Verlust nicht verrechnet werden kann).

bb) Haftung vor Eintragung

349 Sowohl bei der Neugründung einer KG als auch beim Beitritt eines Gesellschafters als Kommanditist in eine bestehende KG ist die Regelung in § 176 HGB zu beachten. Um eine Haftung des Kommanditisten zu vermeiden, bestehen insbesondere folgende Möglichkeiten:

- Bei einer **Neugründung** kommt in Betracht, die Wirksamkeit der Gesellschaft von der Eintragung in das Handelsregister abhängig zu machen und die Zustimmung des Kommanditisten zur vorherigen Geschäftsaufnahme zu verweigern bzw. sie auf die zur Eintragung und zur Vorbereitung der Geschäftsaufnahme erforderlichen Geschäfte zu beschränken.

- Beim **Beitritt in eine bestehende Gesellschaft** sollte der Beitritt unter der aufschiebenden Bedingung der Eintragung in das Handelsregister vereinbart werden und bis zu diesem Zeitpunkt eine atypisch stille Gesellschaft begründet werden.

Haftung des Kommanditisten bei Ausscheiden bzw. Anteilsübertragung (siehe hierzu Rz. 354 ff.).

9. Gewinn und Verlust

350 Die Regelungen in §§ 167 ff. HGB werden den Intentionen der Beteiligten regelmäßig nicht gerecht. Insoweit sollten ausführliche Regelungen über Gewinn- und Verlustverteilung bzw. Entnahmemöglichkeiten getroffen werden (siehe hierzu Rz. 318 ff., 321).

10. Entnahmen, Buchführung und Bilanzierung

351 Siehe oben Rz. 321 f.

11. Vertretung der Gesellschaft nach außen

Hierzu gelten grundsätzlich die Ausführungen zur oHG (siehe Rz. 324). Ergänzend hierzu sieht § 170 HGB vor, daß der Kommanditist nicht zur Vertretung der Gesellschaft ermächtigt ist. Diese Regelung ist zwar zwingend, beinhaltet jedoch nur den Ausschluß von der **organschaftlichen Vertretung.** Zulässig ist demnach eine **rechtsgeschäftliche Vollmacht** nach den Regelungen in §§ 164 ff. BGB bzw. 48 ff. HGB, insbesondere die Erteilung einer Prokura.

352

12. Strukturänderungen der Gesellschaft

a) Vorbemerkung

Für die Praxis von besonderer Bedeutung sind die Änderungen in der Gesellschaftsstruktur, etwa durch Aufnahme bzw. Ausscheiden von Gesellschaftern, Anteilsübertragungen oder Umwandlungen der Gesellschafterstellung. Diese Fallgestaltungen sollen daher hier kurz erörtert werden:

353

b) Gestaltung

aa) (Isolierter) Beitritt bzw. Ausscheiden eines Gesellschafters

Beim **Beitritt** zu einer KG drohen dem Beitretenden Haftungsgefahren wegen der Regelung in § 176 HGB. Danach haftet der Beitretende für die zwischen seinem Eintritt und dessen Eintragung in das Handelsregister begründeten Verbindlichkeiten wie ein Komplementär, soweit dem Gläubiger die Kommanditistenstellung nicht bekannt war. Diese Haftung sollte im Interesse des Beitretenden dadurch vermieden werden, daß der Beitritt unter der **aufschiebenden Bedingung der Eintragung in das Handelsregister** erfolgt. Andererseits soll der Beitritt regelmäßig (insbesondere um eine eindeutige Abgrenzung für die Gewinn- bzw. Verlustbeteiligung zu erreichen) zu einem bestimmten Zeitpunkt erfolgen. Dieses Ziel läßt sich dadurch erreichen, daß für die Zeit bis zur Eintragung in das Handelsregister eine stille Gesellschaft begründet wird.

354

Beim **Ausscheiden** eines Kommanditisten aus einer KG drohen diesem Haftungsgefahren unter zwei Aspekten. Zum einen ist eine Einlagenrückgewähr im Sinne des § 172 Abs. 4 HGB tunlichst zu vermeiden, da andernfalls die Einlage als nicht geleistet gilt und somit die Haftung wieder auflebt. Die Rechtsprechung definiert den Begriff der Einlagenrückgewähr unter wirtschaftlichen Aspekten und läßt hierunter jede Vermögensmehrung des Kommanditistenvermögens zu Lasten des Gesellschaftsvermögens fallen. Eine Einlagenrückgewähr kommt also nicht nur in dem typischen Fall einer Abfindungszahlung in Betracht. Umgekehrt sieht die Rechtsprechung (BGHZ 39, 319, 331) in der Umwandlung der Kommanditeinlage in ein Darlehen

355

noch keine Einlagenrückgewähr, solange keine Rückzahlung des Darlehens oder Zinszahlungen erfolgen, die nicht aus Gewinnanteilen vorgenommen werden (Begründung: Hierdurch werden dem Gesellschaftsvermögen keine Vermögenswerte entzogen).

Soweit im Einzelfall eine Haftung wegen Einlagenrückgewähr in Betracht kommt, ist weiter die Nachhaftungsregelung in §§ 160 bzw. 15 HGB zu beachten. Diese Haftung läßt sich nur durch eine unverzüglich erfolgende Anmeldung bzw. Eintragung in das Handelsregister begrenzen.

bb) Gesellschafterwechsel – Übertragung eines Kommanditanteils unter Lebenden

356 Bei der Übertragung einer Kommanditbeteiligung liegen beide vorgenannten Problemstellungen vor. Insbesondere ist nach Auffassung der Rechtsprechung (BGH, NJW 83, 2259) auch die Anteilsabtretung (also nicht nur der isolierte Beitritt) ein Fall des § 176 Abs. 2 HGB. Bei der **Vertragsgestaltung** müssen daher folgende Punkte beachtet werden:

– Ausscheiden bzw. Beitritt dürfen nur unter der aufschiebenden Bedingung der Eintragung in das Handelsregister erfolgen. Soweit wirtschaftlich ein früherer Zeitpunkt gewollt ist, läßt sich dieses Ergebnis durch die Vereinbarung eines Treuhandverhältnisses erreichen.

– Eindeutig klargestellt werden muß, daß der Anteil im Wege der Sonderrechtsnachfolge übertragen wird.

– Ein eventueller Kaufpreis für den Anteil darf nur zwischen dem Beitretenden und dem Ausscheidenden bezahlt werden. Insbesondere darf die Ebene der Gesellschaft nicht berührt werden, um eine Einlagenrückgewähr zu vermeiden.

– Auch in der Handelsregisteranmeldung muß klar zum Ausdruck kommen, daß ein Fall der Sonderrechtsnachfolge vorliegt. Im übrigen muß eine Versicherung abgegeben werden, daß keine Rückzahlungen aus dem Gesellschaftsvermögen erfolgt sind.

357 Unabhängig von der Haftungsproblematik sollte eine Regelung darüber getroffen werden, welche Konten übertragen werden (wichtig vor allem für etwaige Darlehenskonten). Nach der Rechtsprechung gehen mangels abweichender Vereinbarung die aus der Vergangenheit herrührenden Ansprüche im Zweifel auf den Erwerber über, wenn solche Rechte zum Zeitpunkt des Vertragsabschlußes bereits im Rechenwerk der Gesellschaft ihren Niederschlag gefunden haben. Hierzu gehören auch verbuchte Darlehensguthaben.

cc) Umwandlung der Gesellschafterstellung (Komplementär in Kommanditist bzw. umgekehrt)

Eine Minimierung der Haftungsgefahren kommt hier nur bei einem Wechsel des Komplementärs zum Kommanditisten in Betracht. Hierfür gelten gemäß § 160 Abs. 3 HGB die Regelungen für die Nachhaftung entsprechend. Auf eine unverzügliche Anmeldung und Eintragung ist daher zu achten. 358

dd) Schenkungen, insbesondere im Rahmen einer vorweggenommenen Erbfolge

Insbesondere bei Familiengesellschaften werden jüngere Familienangehörige stufenweise in das Unternehmen integriert. Eine solche Aufnahme ist auch aus steuerlichen Gründen regelmäßig sinnvoll (Progressionsminderung bei der Einkommensteuer; Ausnutzung der Freibeträge und Progressionsminderung bei der Schenkungsteuer). Neben der Begründung von Unterbeteiligungen (siehe hierzu Rz. 380 ff.) bietet sich auch die Aufnahme als Kommanditist an. Soweit hierzu ein bestehender Kommanditanteil teilweise übertragen werden soll, gelten die Ausführungen zum Gesellschafterwechsel entsprechend. 359

Häufig wird dagegen ein Neueintritt als Kommanditist gewünscht, jedoch soll die zu erbringende Einlage durch Abbuchung vom Konto des Übergebers erfolgen. Für diese häufigen Fallgestaltungen sind folgende Grundsätze zu beachten: 360

– Nach der h. M. ist aufgrund der Umbuchung ein Vollzug im Sinne des § 518 Abs. 2 BGB gegeben. Eine notarielle Beurkundung ist daher nicht erforderlich (anders ist die Rechtslage nach der Rechtsprechung bei Begründung einer stillen Beteiligung).

– Ist der Schenker als Kommanditist beteiligt und wird somit die Einlage des Beschenkten durch Abbuchung von einem Kommanditistenkonto erbracht, ist für die Frage, ob eine schädliche Einlagenrückgewähr im Sinne des § 172 Abs. 4 HGB vorliegt, darauf abzustellen, ob die Einlage aus gesellschaftsrechtlich ungebundenem Vermögen erfolgt (z. B. Darlehenskonto), also nicht gegen den Grundsatz der Kapitalerhaltung verstößt.

– Ist der Schenker als Komplementär beteiligt und erfolgt die Einlagenerbringung durch Abbuchung von dessen Konto, so soll nach der h. M. auch eine haftungsbefreiende Einlagenleistung möglich sein. Jedoch liegt eine solche nur vor, wenn sie aus ungebundenem Gesellschaftsvermögen erfolgt, also das Konto des Komplementärs einen entsprechenden Guthabenstand aufwies und der Komplementär auch zur Entnahme berechtigt war (BGH, BB 73, 862) oder die Einlage aus dem sonstigen Privatvermögen des Komplementärs erbracht wird.

– In solchen Verträgen über eine vorweggenommene Erbfolge wird üblicherweise ein Rückforderungsrecht für bestimmte Fälle (z. B. Vorversterben, vertragswidrige Verfügung usw.) vereinbart. Solche Rückforderungsrechte hindern nicht den Vollzug der Schenkung im Sinne des § 518 Abs. 2 BGB. Im übrigen ist nach der Auffassung des BGH (BB 90, 1507) zwischen den gesellschafts- und schenkungsrechtlichen Beziehungen zu unterscheiden; eine Rückforderung ist demnach auch möglich, wenn nach dem Gesellschaftsvertrag ein Ausschluß aus der Gesellschaft nur aus wichtigem Grund und gegen Abfindung zulässig ist. Die Modalitäten solcher Widerrufsmöglichkeiten sollten in jedem Fall ausführlich geregelt werden (siehe hierzu etwa *Klumpp*, ZEV 95, 385).

13. Beendigung der Gesellschaft

361 Nach § 177 HGB wird beim Tod eines Kommanditisten die Gesellschaft mit den Erben fortgesetzt, soweit nicht der Gesellschaftsvertrag etwas Abweichendes regelt. Mangels abweichender Regelung erhalten mehrere vorhandene Erben jeweils einen Teil des Geschäftsanteils entsprechend ihrer Erbquote im Wege der Sondererbfolge, nicht als Miterbe zur gesamten Hand.

VI. Stille Gesellschaft, Unterbeteiligung

1. Stille Gesellschaft

a) Gesetzliche Regelung

362 Eine stille Gesellschaft liegt nach § 230 HGB vor, wenn sich jemand mit einer Vermögenseinlage in der Form am Handelsgewerbe eines anderen beteiligt, daß die Einlage in das Vermögen des Inhabers des Handelsgeschäfts übergeht. Die stille Gesellschaft ist somit eine reine **Innengesellschaft,** die nach außen nicht in Erscheinung tritt und bei der ein Gesamthandsvermögen nicht vorhanden ist. Stiller Gesellschafter kann jede natürliche oder juristische Person sein, auch eine Gesellschaft. Der Inhaber des Handelsgewerbes muß Kaufmann sein. Die Einlage kann in jedem übertragbaren Vermögensgegenstand, auch in der Leistung von Diensten oder der Zurverfügungstellung von Wissen oder Nutzungsrechten bestehen. Voraussetzung für eine stille Gesellschaft ist eine Beteiligung am Gewinn (§ 231 HGB).

363 Zusätzlich zu den in § 230 HGB genannten Voraussetzungen muß insbesondere ein **Gesellschaftsvertrag** vorliegen. In **Abgrenzung** zu den „**partiarischen Rechtsverhältnissen",** bei denen ebenfalls eine Gewinnbeteiligung vereinbart sein kann, muß somit ein gemeinsamer Zweck verfolgt werden. Die Abgrenzung erfolgt primär nach den folgenden Kriterien, die daher bei der Vertragsgestaltung – um eine eindeutige Zuordnung zu ermöglichen – gebührend zu berücksichtigen sind:

– eine Beteiligung am Verlust ist nur bei einer Gesellschaft möglich,

– ohne Erbringung einer Einlage scheidet eine stille Gesellschaft aus,
– die Vereinbarung von Kontroll- und Mitwirkungsrechten spricht für eine stille Gesellschaft.

Letztlich bestimmt das von den Parteien wirtschaftlich Gewollte und nicht vorrangig die Bezeichnung die juristische Zuordnung.

Die Unterscheidung zwischen der atypischen stillen Gesellschaft und der typisch stillen Gesellschaft ist in zivilrechtlicher Sicht von untergeordneter Bedeutung. Ihr kommt jedoch – ebenso wie die Abgrenzung zu den partiarischen Rechtsverhältnissen – in steuerlicher Hinsicht wichtige Bedeutung zu. Eine eingehende vertragliche Regelung bzw. Zuordnung des Vertragsverhältnisses ist daher unabdingbar. 364

b) Gestaltung

aa) Anwendungsbereich

Die stille Gesellschaft bietet den **Vorteil,** daß die Beteiligung des Stillen nicht offengelegt wird (insbesondere nicht in das Handelsregister eingetragen wird) und der stille Gesellschafter – obwohl eine echte Gesellschaft mit Gewinnbeteiligung vorliegt – nur beschränkt mit seiner Einlage haftet. Im übrigen ist sie nicht formbedürftig. Für den stillen Gesellschafter **nachteilig** kann sein, daß er – vorbehaltlich einer vertraglichen Regelung – keine Mitspracherechte erlangt und grundsätzlich auch keine dingliche Absicherung für seine Einlage erhält. 365

Besondere Bedeutung hat die stille Gesellschaft für die **Beteiligung von Angehörigen am Unternehmen,** insbesondere durch Schenkungen im Wege der vorweggenommenen Erbfolge. Diese Gestaltungen sind regelmäßig steuerlich sinnvoll (Verminderung der Steuerbelastung durch Übertragung einer Einkunftsquelle auf die Kinder – Progressionsminderung!; Ausnutzung der schenkungsteuerlichen Freibeträge) und werden grundsätzlich auch steuerlich anerkannt, auch wenn sie durch Umbuchungen erfolgen.

Jedoch sind hier die **Voraussetzung für die zivilrechtliche Wirksamkeit** zu beachten. Hierbei sind drei Fragen zu unterscheiden: 366

– Das **Schenkungsversprechen** bedarf der **notariellen Beurkundung** (§ 518 BGB). Da eine Heilung eines unwirksamen Versprechens durch Vollzug (§ 518 Abs. 2 BGB) umstritten ist, sollte in jedem Fall eine notarielle Beurkundung erfolgen. Anders verhält es sich jedoch, wenn der Schenker nicht Alleininhaber des Unternehmens ist, sondern als Gesellschafter an einer Personengesellschaft beteiligt ist.

– Unabhängig von der Frage, ob die Schenkung rechtlich vorteilhaft ist, ist die Bestellung eines **Ergänzungspflegers** (§ 1909 BGB) für Minderjährige schon deshalb erforderlich, weil das minderjährige Kind von seinen Eltern gemeinschaftlich vertreten wird, also ein Insichgeschäft nach § 181 BGB vorliegt und die Eltern somit an der Vertretung gehindert sind (§§ 1626 Abs. 1, 1629, 1795 Abs. 2 BGB).

– Schließlich ist die **vormundschaftsgerichtliche Genehmigung** nach § 1822 Nr. 3 BGB erforderlich.

bb) Rechte und Pflichten der Gesellschafter

(1) Leistung der Einlage

367 Art der Einlage, Zeitpunkt und Modalitäten ebenso wie Folgen einer Schlecht- bzw. Nichterfüllung der Einlageleistung sind ausführlich zu regeln. Dies gilt insbesondere, wenn Sacheinlagen erfolgen sollen.

Die Verpflichtung des Inhabers des Handelsgewerbes zur Fortführung des Unternehmens bedarf keiner ausdrücklichen Regelung; sie ergibt sich aus der stillen Gesellschaft als solche.

Zur Sicherung des Rückgewähranspruchs des stillen Gesellschafters bei Auflösung bzw. Kündigung der Gesellschaft kann eine Absicherung vereinbart werden, insbesondere durch Bestellung von Grundpfandrechten am Grundbesitz des Unternehmers.

(2) Gewinn- und Verlustbeteiligung

368 Die **Beteiligung am Gewinn** ist essentielle Voraussetzung einer stillen Gesellschaft. Hier ist sowohl der Gewinnbegriff als auch die Höhe der Beteiligung ausführlich zu regeln. Ansonsten gilt ein „angemessener Anteil" als vereinbart (vgl. § 231 Abs. 1 HGB). Wegen der Bewertungsspielräume sollte zur Konkretisierung des Gewinns im Interesse des stillen Gesellschafters nicht auf den Handelsbilanzgewinn abgestellt werden, sondern vorrangig auf den Steuerbilanzgewinn. Zusätzlich können Präzisierungen über die Beachtlichkeit einzelner Positionen erfolgen, etwa die Nichtberücksichtigung von Sonderabschreibungen oder sonstigen außergewöhnlichen Gewinnminderungen (bzw. – im Interesse des Gewerbetreibenden – außergewöhnliche Erträgen).

Spätere Änderungen des Gewinns, insbesondere durch Betriebsprüfungen, sollten ebenfalls für beachtlich erklärt werden.

Formulierungsbeispiel:

Der stille Gesellschafter ist mit 10% am Gewinn und Verlust laut Steuerbilanz beteiligt, wobei jedoch etwaige steuerliche Sonderabschreibungen unberücksichtigt bleiben. Spätere Änderungen, insbesondere durch Betriebsprüfungen, sind zu berücksichtigen.

369 Die **Beteiligung am Verlust** (die stets zur Annahme einer stillen Gesellschaft führt und ein partiarisches Rechtsverhältnis ausschließt, siehe oben Rz. 363), kann gemäß § 231 Abs. 2 HGB ausgeschlossen werden, z. B. bei Ga-

rantie eines Mindestgewinns. Jedoch kann – wie dies auch bei Fehlen einer vertraglichen Regelung der gesetzlichen Bestimmung in § 232 Abs. 2 HGB entspricht – auch vereinbart werden, daß der stille Gesellschafter am Verlust teilnimmt, ohne daß hierdurch eine Nachschußpflicht bzw. Haftung im Außenverhältnis begründet wird. Eine Verlustbeteiligungsklausel, die § 232 Abs. 2 ausgestaltet, könnte etwa lauten (siehe *Baumbach/Duden/Hopt*, 3 A zu § 232):

Formulierungsbeispiel:

Der Stille nimmt im Verhältnis am Verlust uneingeschränkt teil, jedoch unbeschadet seiner nur auf die Einlage beschränkten Haftung nach Außen.

Zusätzlich sollte jedoch klargestellt werden, daß auch durch ein hierdurch entstehendes negatives Einlagekonto eine **Nachschußpflicht** des stillen Gesellschafters nicht begründet wird, jedoch etwaige Gewinne dem Einlagekonto bis zum Erreichen der bedungenen Einlage gutzuschreiben sind (vgl. § 232 Abs. 2 HGB).

Im Interesse des stillen Gesellschafters sollte ergänzend geregelt werden, innerhalb welcher Frist nach Ablauf des Geschäftsjahres die Bilanz zu erstellen ist, sowie ein ihm zustehender Gewinnanteil auszuzahlen ist, ebenso wie die Folgen einer verspäteten Bilanzerstellung bzw. Auszahlung.

(3) Kontroll- und Überwachungsrechte

Mangels einer vertraglichen Regelung enthält § 233 HGB eine der Regelung für den Kommanditisten in § 166 HGB entsprechende Regelung. Im Interesse des stillen Gesellschafters können inhaltlich weiter gehende Befugnisse angezeigt sein, insbesondere eine Übernahme der Regelung in § 716 BGB, auf die im Vertrag verwiesen werden kann. 370

Die Ausgestaltung der Kontrollrechte hat ferner Bedeutung für die Qualifizierung als **atypische stille Gesellschaft.** Je umfangreicher die Beteiligung des stillen Gesellschafters an der Geschäftsführung ist (z. B. durch Zustimmungs- bzw. Widerspruchsrechte usw.), desto eher ist eine atypische stille Gesellschaft zu bejahen. Die stille Gesellschaft kann hierdurch einer KG angenähert werden. Um den atypischen Charakter zu unterstreichen, sollte auch hierauf Bezug genommen werden:

Formulierungsbeispiel:

Für die Überwachungs- und Kontrollrechte des stillen Gesellschafters gelten die Vorschriften für den Kommanditisten entsprechend.

(4) Haftung

Eine Haftung des stillen Gesellschafters im Außenverhältnis ist – soweit nicht Rechtscheingrundsätze eingreifen – ausgeschlossen. Die Haftung be- 371 schränkt sich auf die Leistung der Einlage. Vertragliche Regelungen sind nicht angezeigt.

cc) Innere Organisation

372 Siehe oben Rz. 367 ff.

dd) Vertretung der Gesellschaft nach außen

373 Die stille Gesellschaft als bloße Innengesellschaft tritt nach außen nicht in Erscheinung. Im Rechtsverkehr tritt nur der Gewerbetreibende auf. Vertretungsprobleme bestehen daher nicht.

ee) Strukturänderungen der Gesellschaft

374 Der Tod des Unternehmers löst im Zweifel die stille Gesellschaft auf (§ 727 Abs. 1 BGB) – anders dagegen die Regelung für den Tod des stillen Gesellschafters (§ 234 Abs. 2 HGB). Je nach Interessenlage können abweichende Regelungen angezeigt sein. Sinnvoll dürfte es regelmäßig sein, beim Tod des Unternehmers die Gesellschaft zunächst fortbestehen zu lassen, jedoch dem stillen Gesellschafter ein Kündigungsrecht einzuräumen. Ebenso mag für den Tod des stillen Gesellschafters eine Kündigungsmöglichkeit für den Unternehmer sinnvoll sein, um etwaige Probleme mit den Erben zu vermeiden.

Formulierungsbeispiel:

375 **1.** Die Gesellschaft beginnt am 1. 1. . . . und endet am 31. 12. . . . Die Gesellschaft verlängert sich jeweils um fünf Jahre, wenn sie nicht von einem der beiden Beteiligten mit einer Frist von drei Monaten gekündigt wird.

2. Beim Tod von Herrn K. (Kaufmann) kann der stille Gesellschafter die Gesellschaft mit einer Frist von drei Monaten zum Ende des nächsten Kalenderjahres kündigen. Beim Tode des stillen Gesellschafters wird die Gesellschaft mit den Erben fortgesetzt. Jedoch kann Herr K. (Kaufmann) die Gesellschaft mit einer Frist von drei Monaten zum Ende des Kalenderjahres kündigen.

3. Die Kündigung aus wichtigem Grunde bleibt von vorstehenden Vorschriften unberührt.

ff) Beendigung der Gesellschaft

(1) Auflösung

376 Als **Auflösungsgründe** kommen insbesondere die Kündigung sowie der Tod des Unternehmers in Betracht; weitere Auflösungsgründe sind: Ablauf der vereinbarten Zeit, Erreichen des vereinbarten Zwecks, Insolvenz des Inhabers (§ 236 HGB) oder des stillen Gesellschafters (§ 728 BGB).

Bezüglich der Kündigungsmöglichkeit sind die Regelungen in §§ 132, 134, 135 HGB, § 723 BGB zu beachten. Die außerordentliche Kündigung kann wegen § 723 Abs. 3 BGB nicht ausgeschlossen werden.

Zulässigkeit bzw. Ausschluß von Kündigungsmöglichkeiten spielen eine erhebliche Rolle und sollten je nach Interessenlage ausdrücklich geregelt werden.

(2) Auseinandersetzung

Bei Auflösung der Gesellschaft sollte die Auseinandersetzung ausführlich geregelt werden, insbesondere die folgenden Punkte: 377

– Welchen Betrag erhält der stille Gesellschafter?

– Insbesondere: Ist er auch an den schwebenden Geschäften beteiligt?

Das „Guthaben", das gemäß § 235 Abs. 1 HGB dem stillen Gesellschafter zu erstatten ist, berechnet sich aus dem Wert der Einlage zu dem Bilanzstichtag, der der Auflösung vorangeht, vermehrt um den bis zum Ausscheiden angefallenen Gewinn bzw. vermindert um einen anteiligen Verlust. Jedoch sind – unter Umständen differenziert nach dem Auflösungsgrund – abweichende Regelungen möglich. Im Regelfall dürfte jedoch die genannte Berechnungsmethode den Interessen entsprechen. Die Höhe bzw. Art der Ermittlung des Guthabens hat wesentliche Bedeutung für die Qualifizierung als „atypische" stille Gesellschaft, da bei einer Beteiligung am Substanzwert regelmäßig eine solche angenommen wird.

An den zur Zeit der Auflösung schwebenden Geschäften ist der stille Gesellschafter nach § 235 Abs. 2 HGB beteiligt. Dies führt dazu, daß unter Umständen über Jahre hinweg das endgültige Endguthaben des stillen Gesellschafters noch nicht feststeht. Soweit die gesetzliche Regelung gelten soll, sollte – abweichend von der gesetzlichen Regelung – vereinbart werden, daß das Kontrollrecht des stillen Gesellschafters über den Zeitpunkt der Auflösung hinaus fortbesteht (andernfalls gilt nur das Recht aus § 810 BGB). Soll der stille Gesellschafter nicht an den schwebenden Geschäften beteiligt sein, fallen dagegen Auflösung und Beendigung der stillen Gesellschaft zeitlich zusammen.

Für die Vertragsgestaltung mag es sinnvoll sein, bezüglich der Beteiligung an schwebenden Geschäften, sowie der Höhe und der Art der Ermittlung des Guthabens nach dem Auflösungsgrund zu differenzieren.

Probleme entstehen im Zusammenhang mit Sacheinlagen. In solchen Fällen sollte ausdrücklich geregelt werden, inwieweit etwa geleistete Dienste zu vergüten sind oder Sacheinlagen zurückzugewähren sind (andernfalls besteht nach § 235 Abs. 1 HGB nur eine Vergütungspflicht in Geld).

Formulierungsbeispiel:

378 **Auflösung einer typisch stillen Gesellschaft**

1. Bei Auflösung der stillen Gesellschaft ist auf den Tag der Auflösung eine Steuerbilanz zu erstellen. Der stille Gesellschafter erhält seine Einlage sowie den ihm aufgrund der Bilanz zustehenden Anteil am Gewinn (bzw. abzüglich des von ihm zu tragenden Verlusts).

2. Über die Gewinn- bzw. Verlustbeteiligung gemäß der zu erstellenden Bilanz hinaus ist der stille Gesellschafter an den schwebenden Geschäften – abweichend von § 235 Abs. 2 HGB – nicht beteiligt.

3. Die Kosten der Bilanzerstellung trägt der Kaufmann K.

4. Der sich ergebende Betrag ist spätestens sechs Monate nach der Auflösung an den stillen Gesellschafter ohne Zulage von Zinsen zu zahlen. Ab diesem Zeitpunkt ist der ausstehende Betrag mit 8% jährlich zu verzinsen. Die Zinsen sind vierteljährlich zu entrichten.

5. Bei Kündigung der stillen Gesellschaft aus wichtigem Grund ist das Auseinandersetzungsguthaben sofort zur Zahlung fällig und ab dem Tag der Auflösung mit 8% jährlich zu verzinsen.

Formulierungsbeispiel:

379 **Atypisch stille Gesellschaft**

1. Bei Auflösung der Gesellschaft findet eine Auseinandersetzung statt. Hierzu ist auf den Tag der Auflösung eine Steuerbilanz zu erstellen, deren Kosten der Kaufmann K. trägt. Der stille Gesellschafter hat Anspruch auf 20% des Reinvermögens der Gesellschaft und auf 20% des Geschäftswerts.

2. In der Bilanz ist das Betriebsvermögen mit den steuerlichen Teilwerten anzusetzen, etwaiger Grundbesitz ist mit dem erbschaft- bzw. schenkungsteuerlichen Wert anzusetzen. Abzusetzen sind die Verbindlichkeiten, jedoch ohne Berücksichtigung der Einlage des stillen Gesellschafters.

3. Der Geschäftswert ist nach den vom Institut der Wirtschaftsprüfer anerkannten Grundsätzen für die Bewertung von Unternehmen zu ermitteln.

4. Beteiligung an schwebenden Geschäften . . .

5. Vorstehende Positionen (Vermögens- und Geschäftswert) werden durch einen Wirschaftsprüfer als Schiedsgutachter ermittelt. Einigen sich die Beteiligten nicht auf eine Person als Schiedsgutachter, ist dieser vom Präsidenten der zuständigen IHK zu bestimmen. Die Kosten des Gutachtens tragen beide Beteiligten je zur Hälfte.

6. Weitere Regelungen bezüglich Fälligkeit, Verzinsung, Sicherheitsleistung usw.

2. Unterbeteiligung

a) Begriff, Formen, Vor- und Nachteile

Als Unterbeteiligung bezeichnet man allgemein die Beteiligung an einer Beteiligung. Dabei kann die Beteiligung an einem Gesellschaftsanteil (an einer Personengesellschaft, an einer stillen Gesellschaft oder an einer Kapitalgesellschaft) oder an einem Recht (z. B. Darlehen) bestehen. Der maßgebliche **Unterschied** zur stillen Gesellschaft ist demnach der **Gegenstand der Beteiligung** (und die Person des Vertragspartners). Bei der Unterbeteiligung ist eine Beteiligung als solche Gegenstand der Beteiligung, bei der stillen Gesellschaft besteht eine Beteiligung am Unternehmen als solchem.

380

Aufgrund ihrer wirtschaftlichen Bedeutung werden nachfolgend nur die Beteiligungen an Gesellschaftsanteilen erörtert.

Wie bei der stillen Gesellschaft werden häufig **zwei Formen** unterschieden: Die **typische Unterbeteiligung** entspricht weitgehend der Ausgestaltung einer typischen stillen Gesellschaft. Eine **atypische Unterbeteiligung** liegt vor, wenn hiervon in wesentlichen Punkten abgewichen wird, insbesondere wenn der Unterbeteiligte erheblichen Einfluß auf das Schicksal der Beteiligung hat oder so gestellt wird, als sei er Mitinhaber des Anteils an der Hauptgesellschaft. Die Unterscheidung ist für die zivilrechtliche Beurteilung sekundär, jedoch für die steuerliche Einordnung von entscheidender Bedeutung, da eine atypische Unterbeteiligung – wie eine atypische stille Gesellschaft – als Mitunternehmerschaft behandelt wird.

381

Die **Vor- und Nachteile** der Unterbeteiligung entsprechen denen der stillen Gesellschaft (siehe hierzu bereits Rz. 365). Sie ist insbesondere ein Surrogat für den oftmals nicht möglichen oder nicht erwünschten unmittelbaren Eintritt in die Hauptgesellschaft. Sie wird nicht publik, bedarf grundsätzlich keiner Form (Ausnahme: Verträge mit Minderjährigen) und ist in vielen Fällen aus steuerlichen Gründen (Verlagerung von Einkunftsquellen; Ausnutzung der schenkungssteuerlichen Freibeträge sinnvoll. Die Nachteile liegen auf der Seite des Unterbeteiligten. Dieser ist nicht unmittelbar Inhaber des Gesellschaftsanteils.

382

Wie erwähnt werden Unterbeteiligungen oft begründet, um minderjährige Kinder am Unternehmen zu beteiligen. Die hierbei auftauchenden Form- bzw. Genehmigungsprobleme sind bereits bei der stillen Gesellschaft erörtert worden (siehe Rz. 366). Aus Sicherheitsgründen und um die steuerliche Anerkennung nicht zu gefährden, sind folgende **Voraussetzungen** einzuhalten:

– notarielle Beurkundung,
– Bestellung eines Ergänzungspflegers gem. § 1909 BGB,
– vormundschaftsgerichtliche Genehmigung (bei der Unterbeteiligung an GmbH-Anteilen ist diese jedoch nur ausnahmsweise erforderlich).

b) Rechte und Pflichten der Gesellschafter

383 Ihrer Rechtsnatur nach ist Unterbeteiligung eine Innengesellschaft nach BGB (§§ 705 ff.), auch wenn die Hauptbeteiligung bzw. die Hauptgesellschaft eine Handelsgesellschaft ist. Ergänzend werden jedoch im Einzelfall auch Vorschriften über die stille Gesellschaft bzw. KG angewendet. Insoweit sollte vertraglich Klarheit geschaffen werden.

Unmittelbare Rechtsbeziehungen zur Hauptgesellschaft bestehen nur, wenn hierüber Vereinbarungen mit der Hauptgesellschaft getroffen werden. Ansonsten ist die Unterbeteiligung ein selbständiges Rechtsverhältnis.

384 Für die Ausgestaltung der rechtlichen Beziehungen im einzelnen ist auf die Ausführungen zu stillen Gesellschaft zu verweisen. Stichpunktartig lassen sich die **regelungsbedürftigen Punkte** wie folgt zusammenfassen:

– **„Dominanz" der Hauptbeteiligung:** Es sollte klargestellt werden, daß dem Unterbeteiligten die Verhältnisse der Hauptbeteiligung und die hieraus folgenden Beschränkungen für die Unterbeteiligung bekannt sind und bei Auslegung des Unterbeteiligungsvertrages die Rechtsverhältnisse der Hauptgesellschaft zu respektieren sind.

– **Beginn und Ende** der Unterbeteiligung sollten ausführlich geregelt werden, insbesondere etwaige (ordentliche bzw. außerordentliche) **Kündigungsmöglichkeiten, Rechtsfolgen des Todes** des Haupt- bzw. Unterbeteiligten.

– **Leistung der Einlage:** Art und Umfang, Zeitpunkt, verspätete, mangelhafte bzw. Nichterfüllung der Einlageleistung sind ausführlich zu regeln.

– **Gewinn- und Verlustbeteiligung** sind präzise zu regeln (andernfalls gilt gemäß § 231 Abs. 1 HGB ein angemessener Gewinn als vereinbart). Die Beteiligung am Verlust kann wie bei der stillen Gesellschaft ausgeschlossen werden. Bei einer Verlustbeteiligung sollte klargestellt werden, ob eine Nachschußpflicht besteht. Eine solche besteht nur bei ausdrücklicher Vereinbarung, jedoch sind gemäß § 232 Abs. 2 HGB künftige Gewinne bis zur Auffüllung der Einlage zur Abdeckung entstandener Verluste zu verwenden.

Formulierungsbeispiel:

385 Der Unterbeteiligte ist mit 10% am Gewinn bzw. Verlust des Hauptbeteiligten beteiligt. Soweit die Einlage durch Verluste aufgezehrt ist, trägt etwaige Verluste allein der Hauptbeteiligte. Zu Nachschüssen ist der Unterbeteiligte in keinem Fall verpflichtet. Ein negatives Kapitalkonto kann sich somit für ihn nicht ergeben. Einen etwaigen Gewinnanteil kann der Unterbeteiligte innerhalb einer Frist von ... Monaten nach Bilanzerstellung durch die Hauptgesellschaft verlangen, vorausgesetzt, der Hauptbeteiligte selbst kann den Gewinn entnehmen. Ist dieser an der Entnahme gehindert, sind die auf den Unterbeteiligten entfallenden Beträge auszuzahlen, sobald dies möglich ist.

Die Fragen der **Entnahmemöglichkeit** sollten geregelt werden, wobei im Interesse des Hauptbeteiligten eine Abstimmung mit der Hauptbeteiligung anzuraten sein wird, wohingegen der Unterbeteiligte an einer ungehinderten Entnahme interessiert sein wird.

c) Geschäftsführung und Vertretung

Eine Vertretung scheidet bei der Unterbeteiligung als Innengesellschaft aus. Bezüglich der Geschäftsführung hat der Hauptbeteiligte die Interessen des Unterbeteiligten zu wahren, insbesondere durch Stimmabgabe in der Gesellschafterversammlung der Hauptgesellschaft. Einschränkungen können angezeigt sein. 386

Formulierungsbeispiel:

Der Hauptbeteiligte hat auf die Interessen des Unterbeteiligten Rücksicht zu nehmen. Folgende Maßnahmen dürfen nur nach vorheriger Rücksprache bzw. Zustimmung des Unterbeteiligten getroffen werden: . . .

d) Kontroll- und Informationsrechte

Informationsrechte stehen dem Unterbeteiligten in entsprechender Anwendung von § 233 Abs. 1 HGB zu. Einsichtnahme in die Bilanz der Hauptgesellschaft oder Informationen über interne Angelegenheiten können jedoch nicht verlangt werden, soweit nicht die Hauptgesellschaft hiermit einverstanden ist. 387

Formulierungsbeispiel:

Nach Bilanzaufstellung hat der Hauptbeteiligte dem Unterbeteiligten unverzüglich Rechenschaft über den Stand der Hauptbeteiligung zu geben, insbesondere Gewinnanteil und Stand des Kapitalkontos. Einsicht in die Bilanz der Hauptgesellschaft und deren Bücher kann nicht verlangt werden, soweit nicht die Hauptgesellschaft hiermit einverstanden ist.

e) Wechsel des Unterbeteiligten

Je nach Ausgestaltung des Gesellschaftsvertrages und nach Interessenlage kann es angezeigt sein, die Übertragbarkeit der Unterbeteiligung zuzulassen bzw. auszuschließen. Im **Grundsatz** ist hierzu festzuhalten: Je intensiver die Einflußmöglichkeiten des Unterbeteiligten (vor allem bei einer atypischen Unterbeteiligung) und je wichtiger hiermit die persönlichen Beziehungen sind, desto eher wird der Ausschluß der Übertragbarkeit zu vereinbaren sein. Dem Unterbeteiligten ist gegebenenfalls ein großzügiges Kündigungsrecht einzuräumen. Steht umgekehrt die kapitalmäßige Beteiligung im Vordergrund, mag eine Übertragbarkeit durchaus plausibel sein, jedoch verbun- 388 den mit einer weitreichenden Kündigungsmöglichkeit für den Hauptbeteiligten.

f) Beendigung der Gesellschaft, Auseinandersetzung

389 Vgl. hierzu und zur Möglichkeit der Kündigung bereits Rz. 376 ff. Klargestellt werden sollte, ob (entsprechend der h. M.) bei einer auf unbestimmte Zeit errichteten Gesellschaft die einschränkende Bestimmung des § 132 HGB in Verbindung mit § 235 Abs. 1 HGB gilt (dies wird regelmäßig gewollt sein) oder ob gemäß § 723 BGB jederzeit eine Kündigung erfolgen kann. Soll der Hauptbeteiligte bei Kündigung der Unterbeteiligung verpflichtet sein, auch die Hauptbeteiligung aufzulösen (was regelmäßig nicht gewollt sein dürfte), so müßte dies vertraglich vereinbart werden.

g) Sonstige Auflösungsgründe

390 Als weitere Auflösungsgründe kommt das Erlöschen der Hauptbeteiligung in Betracht (726 BGB), insbesondere durch Übertragung der Hauptbeteiligung sowie der Tod des Hauptbeteiligten (anders dagegen der Tod des Unterbeteiligten (§ 234 Abs. 2 HGB).

h) Auseinandersetzung, Vermögensbeteiligung

391 In allen vorgenannten Fällen der Beendigung muß geregelt werden, in welchem Umfang bzw. unter welchen Bedingungen der Unterbeteiligte seine Einlage zurück erhält. Nach der h. M. gilt § 235 HGB entsprechend, das heißt dem Unterbeteiligten steht nur ein schuldrechtlicher Anspruch auf eine Geldzahlung zu. Es findet also keine Liquidation gemäß §§ 730 ff. BGB statt. Bei der typischen Unterbeteiligung erhält der Unterbeteiligte nur seine Einlage zuzüglich etwaiger Gewinne und abzüglich etwaiger Verluste. Bei der atypischen Unterbeteiligung ist er dagegen auch am Wertzuwachs der Beteiligung, insbesondere den stillen Reserven beteiligt.

Formulierungsbeispiel:

Typische Unterbeteiligung

392 Bei Beendigung der Unterbeteiligung – gleich aus welchem Grund – erhält der Unterbeteiligte nur den Betrag seiner Einlage zuzüglich gutgeschriebener anteiliger Gewinne und abzüglich etwa angefallener Verluste. Der Betrag ist innerhalb von . . . Monaten nach Beendigung ohne Zulage von Zinsen zu zahlen.

Atypische Unterbeteiligung

393 Bei Beendigung der Unterbeteiligung – gleich aus welchem Grund – erhält der Unterbeteiligte seine Einlage zuzüglich etwaiger Gewinne und abzüglich etwa entstandener Verluste. Weiter erhält der Unterbeteiligte den auf ihn entfallenden

anteiligen Unternehmenswert. Dieser setzt sich aus den anteiligen stillen Reserven zuzüglich des Geschäftswerts zusammen. Stille Reserven und Geschäftswert sind wie folgt zu ermitteln: ...

i) Allgemeine Bestimmungen

Hier sind ggf. Wettbewerbsverbote, eine salvatorische Klausel zu vereinbaren. Schließlich sollte auf die §§ 705 ff. BGB und (typische Unterbeteiligung) §§ 230 ff. HGB bzw. (atypische Unterbeteiligung) §§ 161 ff. HGB als ergänzend anwendbare Bestimmungen verwiesen werden. 394

VII. GmbH

1. Vertragliche Grundlagen

a) Firma

aa) Vorbemerkung

Als juristische Person mit eigenen Rechten und Pflichten führt die GmbH zu ihrer Kennzeichnung eine Firma. Die Firma ist nach § 3 Abs. 1 S. 1 GmbHG zwingend Bestandteil der Satzung der GmbH. 395

bb) Grundsätze

Nach § 4 GmbH-Gesetz muß die Firma in jedem Fall den Zusatz „mbH" oder „mit beschränkter Haftung" enthalten. 396

Im übrigen wurde das Firmenrecht auch bei der GmbH entscheidend liberalisiert. Nachdem neben dem erforderlichen Rechtsformzusatz nur noch die Anforderungen des § 18 und des § 19 HGB erfüllt werden müssen, können statt den „etablierten" Firmenformen

Namensfirma,

Sachfirma und

gemischte Namens- und Sachfirma

auch reine Phantasiebezeichnungen für die Firma gewählt oder mit Namens- und Sachbezeichnungen gekoppelt werden.

Da unverändert das Täuschungsverbot und das Individualisierungsgebot gelten, ist zu beachten:

– Die Namensfirma muß den Namen mindestens eines Gesellschafters oder mehrerer Gesellschafter enthalten. Ausreichend ist die Aufnahme des Familiennamens des namengebundenen Gesellschafters. Nichtgesellschafter dürfen in die Firma nicht aufgenommen werden (Ausweglösung: namensgebender Gesellschafter übernimmt bei der Gründung der GmbH

einen Mini-Geschäftsanteil von 50 €, den er nach Eintragung der GmbH im Handelsregister an die weiteren Gesellschafter abtritt).
- Bei einer Sachfirma muß die Firma vom Unternehmensgegenstand entlehnt sein. Das Täuschungsverbot des § 18 Abs. 2 HGB gilt. Speziell bei Sachfirmen ist auf eine ausreichende Individualisierung und Unterscheidung gegenüber anderen Unternehmen zu achten.
- Mischfirmen enthalten den Namen mindestens eines Gesellschafters und einen nichttäuschenden Hinweis auf den Unternehmensgegenstand.

Wenn Gegenstand des Unternehmens die Fortführung eines erworbenen Unternehmens nach § 22 HGB ist, kann auch die bisherige Firma (z. B. einer OHG) beibehalten werden. Der Zusatz „mit beschränkter Haftung" oder „mbH" muß aber in jedem Fall aufgenommen werden. Ein alter, nicht mehr richtiger Rechtsformzusatz ist zu streichen.

In Einzelfällen können Doppelfirmen gebildet werden, siehe dazu *Emmerich*, in: Scholz, GmbHG, Rz. 48 zu § 4.

Im übrigen gelten die Firmierungsgrundsätze des § 18 HGB. Siehe dazu oben Rz. 84 f.

cc) Formulierungsbeispiele

Namensfirma

397 Die Firma der Gesellschaft lautet AFG Müller GmbH.

Sachfirma

Die Firma der Gesellschaft lautet AFG Kfz-Vertriebs GmbH.

Mischfirma

Die Firma der Gesellschaft lautet Müller Kfz-Vertriebs GmbH.

Phantasiefirma

Die Firma der Gesellschaft lautet AFG–GmbH.

b) Namensrechte

aa) Vorbemerkung

398 Es wird zunächst verwiesen auf Rz. 87 ff.

Speziell bei einer GmbH, die den Namen eines Gesellschafters führt, ergibt sich für den namengebenden Gesellschafter das Problem, daß die GmbH ihrerseits wieder Gesellschaften gründen und dabei den Namen ihres Gründungsgesellschafters „multiplizieren" kann.

Klärungsbedürftig ist, ob auch eine solche „Multiplikation" durch die Gesellschaft ohne weiteres zulässig ist oder nur mit Zustimmung des namengebenden Gesellschafters oder seiner Erben.

Diese Regelung muß nicht in die Satzung der Gesellschaft aufgenommen werden, sondern kann in den sog. „Mantel" Eingang finden.

bb) Formulierungsbeispiel

Der namensgebende Gesellschafter Max Müller ist damit einverstanden, daß 399
sein Name in der Firma der Gesellschaft fortgeführt wird, auch wenn er aus der Gesellschaft ausgeschieden ist, gleichgültig, ob zu seinen Lebzeiten oder durch seinen Tod. Bei Beteiligung der GmbH an weiteren Gesellschaften darf der Name des Gründungsgesellschafters mit/ohne seine bzw. seiner Erben Zustimmung verwendet werden.

c) Sitz

aa) Vorbemerkung

Die GmbH muß nach § 3 Abs. 1 GmbHG zwingend einen Sitz haben. Dieser 400
Sitz muß auch in die Satzung der Gesellschaft aufgenommen werden.

Entsprechend der Regelung im Akteinrecht ist nunmehr auch bei der GmbH erforderlich, daß der Sitz am Ort eines Betriebs oder der Verwaltungsleitung, oder wo sich die Geschäftsleitung befindet, begründet wird. Postalische Erreichbarkeit am Firmensitz reicht seit dem HandelsrechtsreformG nicht mehr.

bb) Formulierungsbeispiel

Siehe Rz. 234 (bei der GbR); zulässig ist aber nur ein fester Firmensitz. 401

d) Unternehmensgegenstand

aa) Vorbemerkung

Der Gegenstand des Unternehmens ist zwingender Bestandteil der Satzung 402
der GmbH (§ 3 Abs. 1 Nr. 2 GmbHG).

bb) Verweisung

Siehe im übrigen Rz. 94 ff. einschließlich Formulierungsbeispielen. 403

e) Stammkapital

aa) Vorbemerkung

404 Die GmbH muß als juristische Person mit einem Mindestkapital ausgestattet werden. Dieses Kapital wird als sogenanntes „Stammkapital" bezeichnet. Es muß mindestens 25 000 € betragen (§ 5 Abs. 1 GmbHG). Das Stammkapital muß in die Satzung aufgenommen werden (§ 3 Abs. 1 Nr. 3 GmbHG). Die Stammkapitalziffer ist bei Kapitalerhöhungen oder -herabsetzungen satzungsgemäß fortzuschreiben.

405 Die Stammkapitalziffer hat folgende Bedeutung:

1. Bei der Kapitalaufbringung: Dieses Kapital muß der Gesellschaft zum Zeitpunkt der Eintragung in das Handelsregister zur Verfügung stehen. Ist dieses Kapital reduziert (z. B. durch Verluste vor Eintragung aufgebracht), haften die Gründungsgesellschafter bis zur Höhe des Stammkapitals (sogenannte Differenzhaftung).

2. Bei der Kapitalerhaltung: Das zur Erhaltung des Stammkapitals erforderliche Vermögen der Gesellschaft darf von der Gesellschaft nicht ausbezahlt werden (§ 30 GmbHG). Bei einer sogenannten Unterkapitalisierung dürfen Gewinne der Gesellschaft an die Gesellschafter nicht ausgeschüttet werden, bis das Stammkapital wieder erreicht ist.

3. Der Erwerb eigener Anteile ist nur möglich, soweit das Entgelt für den Erwerb des eigenen Anteils aus dem Vermögen geleistet werden kann, das den Betrag des Stammkapitals übersteigt.

4. Bei Verlust der Hälfte des Stammkapitals muß eine Gesellschafterversammlung nach § 49 Abs. 3 GmbHG einberufen werden.

bb) Formulierungsbeispiel

406 Das Stammkapital der Gesellschaft beträgt 25 000 €.

f) Gesellschafter, Einlagen

aa) Gesetzliche Regelung

407 Nach § 3 Abs. 1 Nr. 4 GmbHG muß in die Satzung „der Betrag der von jedem Gesellschafter auf das Stammkapital zu leistenden Einlage", die sogenannte Stammeinlage, aufgenommen werden.

Dies bedeutet, daß die Namen der Gründungsgesellschafter in die Satzung aufgenommen werden müssen und daß der Anteil des Gesellschafters, den er an dem Stammkapital übernimmt, in einem €-Betrag, der mindestens 50 € betragen muß und durch 10 teilbar sein muß, festgelegt werden muß (siehe dazu § 5 Abs. 1 GmbHG; § 5 Abs. 3 S. 2 GmbHG).

Das Verhältnis der Stammeinlagen, die auch als Geschäftsanteile bezeichnet werden, ist entscheidend für die Gewinnverteilung (siehe dazu § 29 Abs. 3 GmbHG), für das Stimmrecht (siehe dazu § 47 Abs. 2 GmbHG) und bei Liquidation der Gesellschaft für den Anteil am Liquidationserlös (siehe dazu § 72 Abs. 2 S. 1 GmbHG).

Die Namen der Gründungsgesellschafter und der Betrag der bei Gründung der Gesellschaft übernommenen Stammeinlagen müssen in der Satzung der Gesellschaft aufrechterhalten werden, bis die Einlagen vollständig geleistet sind. Da bei der GmbH, anders als bei der Aktiengesellschaft, Kapitalerhöhungen auch möglich sind, bevor die bisher bestehenden Einlagen geleistet sind, kann sich die Notwendigkeit ergeben, auch bei Kapitalerhöhungen noch klarzustellen, wer die Einlagen auf das ursprüngliche Stammkapital übernommen hat. Wenn die GmbH mit einem Grundkapital in DM gegründet wurde, nunmehr das Kapital aber umgestellt wurde auf €, lauten die „Gründungsangaben" noch auf DM.

Erst wenn die Stammeinlagen in voller Höhe geleistet sind, kann in der Satzung der Gesellschaft der Hinweis auf die Gründungsgesellschafter und ihrer Stammeinlagen entfallen.

bb) Formulierungsbeispiel

Das Stammkapital der Gesellschaft beträgt 50.000 €. 408

Auf das bei der Gründung der Gesellschaft bestehende Stammkapital von 50 000 DM haben übernommen:

Max Meier eine Stammeinlage von 26 000 DM und Hans Müller eine Stammeinlage von 24 000 DM.

g) Bareinlage oder Sacheinlage

aa) Vorbemerkung

Das GmbHG ermöglicht, daß die Einlagen bar oder im Wege der Sacheinlage 409 geleistet werden.

bb) Bareinlage

Wenn die Satzung nichts näheres aussagt, ist eine Bareinlage geschuldet (sie- 410 he dazu § 5 Abs. 4 GmbHG). In diesem Fall kann die Satzung ausdrücklich bestimmen, daß Bareinlagen geschuldet sind oder sich jeglicher Aussage über die Natur der geschuldeten Einlage enthalten.

cc) Sacheinlage

411 Wenn Sacheinlagen geleistet werden sollen, ist § 5 Abs. 4 GmbHG zu berücksichtigen. Danach ist der Gegenstand der Sacheinlage und der Betrag der Stammeinlage, auf den sich die Sacheinlage bezieht, in der Satzung der Gesellschaft festzusetzen.

Formulierungsbeispiel:

Der Gesellschafter Hans Müller erbringt seine Einlageverpflichtung bezüglich der gesamten von ihm übernommenen Stammeinlage von 18 000 € dadurch, daß er den in seinem Eigentum stehenden PKW Mercedes Benz T 280 mit dem Kennzeichen ... der Gesellschaft übereignet. Der den Betrag der Stammeinlage von 18 000 € übersteigende Betrag des Werts des PKW ist in die Verbindlichkeiten der Gesellschaft einzustellen.

dd) Mischeinlagen

412 Es können auch sogenannte Mischeinlagen erbracht werden; d. h. es werden zur teilweisen Deckung der Einlageverpflichtung Sacheinlagen erbracht und wegen des Fehlbetrags Bareinlagen erbracht.

Formulierungsbeispiel:

Zur Erfüllung eines Teilbetrags von 12 000 € der Einlageverpflichtung von 18 000 € übereignet der Gesellschafter Hans Müller den in seinem Eigentum stehenden PKW ... der Gesellschaft. Ein etwa darüber hinausgehender Wert wird als Verbindlichkeit der Gesellschaft gegenüber dem Gesellschafter verbucht. Der Restbetrag der Stammeinlageverpflichtung von 6 000 € wird in bar erbracht.

ee) Fälligkeit der Einlageverpflichtung

413 Sacheinlagen müssen vor Eintragung der Gesellschaft in voller Höhe erbracht sein (siehe dazu § 7 Abs. 3 GmbHG).

Auf Bareinlagen muß mindestens $1/4$ einbezahlt werden, insgesamt mindestens 12 500 €. Wenn die Satzung keine weiteren Bestimmungen enthält, obliegt die Einforderung weiterer Zahlungen der Beschlußfassung durch die Gesellschafterversammlung nach § 46 Nr. 2 GmbHG und der Geltendmachung dieses Beschlusses durch den Geschäftsführer der Gesellschaft gegenüber dem Gesellschafter. Bei einer Ein-Mann-GmbH muß entweder der gesamte Betrag von 25 000 € einbezahlt werden oder wegen des 12 500 € übersteigenden Betrags Sicherheit geleistet werden.

Die Satzung kann eine höhere, nicht aber eine niedrigere Einzahlung satzungsmäßig vorsehen.

Formulierungsbeispiel:

Die Einlagen sind in voller Höhe sofort zu leisten.

h) Gesellschafterstämme, Gesellschaftergruppen

aa) Vorbemerkung

Zur Frage der Gesellschafterstämme und -gruppen siehe oben Rz. 107 ff. 414

bb) Formulierungsbeispiel

1. Die Gesellschafter Hans und Beate Müller und deren Sohn Hans Müller jun. 415
sowie deren Rechtsnachfolger bilden die Gesellschaftergruppen „Müller". Die
Gesellschafter Franz und Maria Meier und deren Rechtsnachfolger bilden die
Gesellschaftergruppe „Meier".

2. Soweit nach dem Gesetz oder dieser Satzung der Gesellschafter einer Gesellschaftergruppe ausscheidet, wirken sich die Folgen, die für sein Ausscheiden nach diesem Gesellschaftsvertrag vereinbart sind oder die nach dem Gesetz gelten, nur zugunsten seiner Gesellschaftergruppe aus.

So ist z. B. bei Veräußerung seines Geschäftsanteils nur seine Gesellschaftergruppe nach § ... der Satzung ankaufsberechtigt und sind, wenn er aus der Gesellschaft ausgeschlossen wird, die Gesellschafter seiner Gesellschaftergruppe vorrangig zum Erwerb berechtigt.

3. Evtl. gruppenbezogene Sonderrechte, z. B. Recht jeder Gruppe, einen Geschäftsführer zu benennen.

i) Dauer der Gesellschaft

§ 3 Abs. 2 GmbHG geht von der unbestimmten Dauer der Gesellschaft aus. 416
Nur bei einer Befristung der Gesellschaftsdauer muß dies in die Satzung aufgenommen werden. Sonst gilt eine unbestimmte Gesellschaftsdauer als vereinbart (siehe dazu § 3 Abs. 2 GmbHG).

Siehe im übrigen oben Rz. 110 ff. dort auch Formulierungsvorschläge.

j) Geschäftsjahr

§ 29 Abs. 1 stellt ab auf einen „Jahresüberschuß" und setzt damit ein Ge- 417
schäftsjahr der Gesellschaft voraus. Da die GmbH unabhängig von ihrem
Geschäftsgegenstand Handelsgesellschaft im Sinne des § 13 Abs. 3 GmbHG
ist, besteht damit auch die auf das Geschäftsjahr bezogene Buchführungs-
und Bilanzierungsverpflichtung nach § 6 Abs. 1 GmbHG in Verbindung mit
§ 242 ff. HGB. Im übrigen kann bei Gründung der Gesellschaft das Geschäftsjahr beliebig gewählt werden.

Formulierungsbeispiele siehe oben Rz. 115 ff.

k) Dienstleistungs- und Nutzungsüberlassungspflichten

418 Diese werden bei der GmbH durch gesonderte Verträge begründet. Zur Vermeidung sog. „verdeckter Gewinnausschüttungen" sind Verträge mit Gesellschaftern schriftlich abzufassen und müssen einem „Fremdvergleich", gerade bei der Vergütung, standhalten.

2. Innere Ordnung und Außenverhältnisse der Gesellschaft

a) Geschäftsführung und Vertretung

aa) Vorbemerkung

419 Siehe zunächst Rz. 123 ff.

Die Bestimmungen über die Geschäftsführung und die Vertretung (siehe Rz. 123 ff., 159 ff.) werden in der Satzung der GmbH in der Regel in einen einheitlichen Paragraphen oder Abschnitt aufgenommen.

(1) Vertretung

420 Dabei werden die sog. **„Allgemeinen Bestimmungen"** über die Vertretung der Gesellschaft in die **Satzung** aufgenommen und dann auch in das Handelsregister eingetragen. Dazu gehören

- die Zahl der Geschäftsführer (in der Regel „einer oder mehrere"),
- die Vertretungsbefugnis, wenn nur ein Geschäftsführer bestellt ist („... ist dieser einzelvertretungsbefugt"),
- die Vertretungsbefugnis, wenn mehrere Geschäftsführer bestellt sind (z. B. „zwei gemeinsam"),
- die Ermächtigungsgrundlage für die Erteilung der Einzelvertretungsbefugnis bei genereller Gesamtvertretung (nicht im Register einzutragen),
- die Ermächtigungsgrundlage für die Befreiung des Verbots vom „Selbstkontraktieren" nach § 181 BGB (nicht im Register einzutragen).

421 In dem „**Urkundenmantel**" erfolgt ergänzend
- die konkrete Bestellung der ersten Geschäftsführer der Gesellschaft (durch Gesellschafterbeschluß oder rechtsgeschäftlich),
- die Festlegung der konkreten Vertretungsbefugnis einschließlich der Entscheidung über
  - eine evtl. generell zu erteilende Einzelvertretungsbefugnis,
  - die generelle Befreiung von § 181 BGB.

(2) Geschäftsführung

Bei der Geschäftsführung ist der Geschäftsführer der GmbH anders als der Vorstand der AktG weisungsabhängig (§ 37 Abs. 1 GmbHG). Er hat schon aufgrund Gesetzes die Beschränkungen einzuhalten, die ihm auferlegt werden

– im Gesellschaftsvertrag,

– in seinem Anstellungsvertrag,

– in Geschäftsführungsordnungen und

– durch Gesellschafterbeschlüsse.

Z. T. wird dies nochmals deklaratorisch in der Satzung verankert. Erforderlich ist dies nicht.

Da die Satzung auf Dauer angelegt sein sollte und von Regelungen entlastet werden sollte, die nach den jeweiligen wirtschaftlichen Gegebenheiten zu entscheiden sind, sollte vermieden werden, daß Kataloge sog. „zustimmungspflichtiger Geschäfte" (für deren Durchführung der Geschäftsführer vorab einen ermächtigenden Gesellschafterbeschluß benötigt) in die Satzung aufgenommen werden, da diese nach aller Erfahrung häufig geändert werden. Statt dessen sollte der „Katalog" in den Anstellungsvertrag oder in eine Geschäftsführungsordnung aufgenommen werden.

bb) Formulierungsbeispiele

Satzungsmäßige allgemeine Bestimmung über die Geschäftsführung und Vertretung

1. Die Gesellschaft hat einen oder mehrere Geschäftsführer.

2. Ist nur ein Geschäftsführer bestellt, ist dieser einzelvertretungsbefugt. Sind mehrere Geschäftsführer bestellt, vertreten jeweils zwei Geschäftsführer in Gemeinschaft oder ein Geschäftsführer in Gemeinschaft mit einem Prokuristen die Gesellschaft.

3. Die Gesellschafterversammlung kann auch bei Vorhandensein mehrerer Geschäftsführer einem, mehreren oder allen die Einzelvertretungsbefugnis erteilen und einen, mehrere oder alle Geschäftsführer von den Beschränkungen des § 181 BGB befreien.

4. Im Innenverhältnis haben die Geschäftsführer die Beschränkungen zu beachten, die ihnen im Gesellschaftsvertrag, im Anstellungsvertrag oder durch Gesellschafterbeschlüsse, insbesondere durch Geschäftsführungsordnungen und beschlossene Kataloge von „zustimmungspflichtigen Geschäften", auferlegt werden.

Konkreter Bestellungsakt und Festlegung der konkreten Vertretungsbefugnis (im Urkundenmantel)

424 Zu ersten Geschäftsführern der Gesellschaft werden bestellt:

a) Hans Müller, Kaufmann aus Frankfurt, und

b) Gerd Meier, Dipl.-Ing. aus München.

Hans Müller ist stets einzelvertretungsbefugt und von den Beschränkungen des § 181 BGB befreit. Gerd Meier vertritt die Gesellschaft in Gemeinschaft mit einem weiteren Geschäftsführer oder in Gemeinschaft mit einem Prokuristen.

b) Buchführung, Bilanzierung

aa) Vorbemerkung

425 Siehe zunächst Rz. 127 f.

Bei GmbH und Aktiengesellschaften muß die Buchführung und Bilanz um einen Anhang nach § 264 HGB erweitert und ergänzend dazu ein Lagebericht aufgestellt werden (siehe dazu § 289 HGB). Beim Umfang der gesetzlichen Anforderungen und den zeitlichen Vorgaben differiert das Gesetz nach den Größenklassen des § 267 HGB (unterschieden wird danach zwischen kleinen, mittelgroßen und großen Kapitalgesellschaften). Von den größenabhängigen Erleichterungen kann, muß aber nicht Gebrauch gemacht werden.

Spielräume für satzungsmäßige Bestimmungen bei der Buchführung und Bilanzierung existieren nur insofern, als die gesetzlichen Anforderungen verschärft werden können (z. B. die Fristen für die Aufstellung verkürzt werden können) und Vorgaben über die Nutzung größenabhängiger Erleichterungen gemacht werden können.

bb) Formulierungsbeispiel

426 Die Geschäftsführer der Gesellschaft haben den Jahresabschluß mit Anhang und einen Lagebericht nach Maßgabe der gesetzlichen Bestimmungen und innerhalb der gesetzlichen Fristen aufzustellen. Von größenabhängigen Erleichterungen ist Gebrauch zu machen.

c) Kontrollrechte der Gesellschafter

427 Unter Rz. 129 ff. wurde dargestellt, daß die gesetzliche Regelung in § 51a GmbHG grundsätzlich adäquat ist und die dort verankerten Auskunfts- und Einsichtsrechte auch unentziehbar sind (siehe dazu § 51a Abs. 3 GmbHG).

Klargestellt werden kann allenfalls, daß sich der Gesellschafter bei Einsichtnahmen und Auskunftsverlangen nur von berufsmäßigen Verschwiegenheit verpflichteten Angehörigen der rechts- oder steuerberatenden Berufe begleiten oder vertreten lassen kann.

Formulierungsvorschlag siehe Rz. 256.

d) Gesellschafterversammlung, Stimmrechte, Einwendungsrechte
aa) Verweisung

Zur Frage der Gesellschafterversammlung, Stimmrechten und Einwendungsrechten siehe Rz. 132 ff.

428

bb) Formulierungsbeispiel

1. Beschlüsse der Gesellschaft werden in Versammlungen oder auf sonstige Weise gefaßt, wenn sämtliche Gesellschafter mit der zu treffenden Bestimmung oder mit der anderweitigen Stimmabgabe sich einverstanden erklären.

429

2. Gesellschafterversammlungen finden mindestens einmal jährlich zur Feststellung des Jahresabschlusses statt. Gesellschafterversammlungen sind darüber hinaus einzuberufen, wenn sie nach dem Gesetz oder der Satzung erforderlich sind. § 50 GmbHG bleibt davon unberührt.

3. Beschlüsse werden grundsätzlich, wenn nach der Satzung oder dem Gesetz nicht etwas anderes bestimmt ist, mit der Mehrheit der abgegebenen Stimmen gefaßt. Je 50 € eines Geschäftsanteils gewähren eine Stimme.

4. Gesellschafterversammlungen werden von den Geschäftsführern in vertretungsberechtigter Zahl einberufen. Die Einberufung erfolgt unter Übersendung einer Tagesordnung an die der Gesellschaft zuletzt bekannte Adresse des Gesellschafters. Eine Frist von mindestens zwei Wochen ab Absendung der Einladung bis zum Tag der Versammlung (ausschließlich) ist einzuhalten.

5. Die Leitung der Versammlung obliegt dem dienstältesten Geschäftsführer, der über die Versammlung Protokoll führt, insbesondere über Abstimmungen und Beschlüsse, wobei gefaßte Beschlüsse gesondert festzustellen sind.

6. Jedem Gesellschafter ist unverzüglich das Protokoll der Gesellschafterversammlung zu übersenden.

7 Einwände gegen die Richtigkeit des Protokolls sind zunächst schriftlich gegenüber dem protokollführenden Geschäftsführer innerhalb einer Frist von einem Monat zu erheben. Wird die Berichtigung des Protokolls abgelehnt oder verstreicht ab dem Zugang des Berichtigungsantrags die Monatsfrist, ohne daß die Berichtigung erfolgt ist, kann der Gesellschafter innerhalb einer Frist von einem weiteren Monate Klage beim zuständigen Gericht erheben.

8. Einwendungen gegen die Wirksamkeit von Beschlüssen können nur innerhalb eines Monats (ab Zugang des Protokolls) durch Klage beim zuständigen Gericht erhoben werden.

e) Ergebnisverwendung

aa) Vorbemerkung

(1) Verluste

430   Gesellschafter der GmbH nehmen nicht an einem Verlust der Gesellschaft teil. Im übrigen wird zunächst verwiesen auf oben Rz. 136.

Ein Verlust bei der GmbH bewirkt:

– Bei Verlusten, die zum Verlust der Hälfte des Stammkapitals führen, ist unverzüglich eine Gesellschafterversammlung einzuberufen (§ 49 Abs. 3 GmbHG).
– In der Bilanz des Folgejahres ist ein Verlustvortrag auszuweisen (§ 29 Abs. 1 S. 1 GmbHG).

Ein Verlust wirkt sich auf Gewinnbezugsrechte der Folgejahre wie folgt aus:

– Wenn ein Unterbilanz entsteht, d. h. die Stammkapitalziffer unterschritten wird, dürfen keine „Rückzahlungen" erfolgen, d. h. auch bis zur Aufholung der Stammkapitalziffer keine Gewinnausschüttungen erfolgen (§§ 30 bis 32 GmbHG).
– Der Verlust reduziert im übrigen den Gewinnteilhabeanspruch nach § 29 Abs. 1 S. 1 GmbHG.

(2) Gewinne

431   Das Gesetz geht von der Vollauschüttung aus, ermöglicht aber mit einfacher Mehrheit folgende abweichende Gewinnverwendungsbeschlüsse:

– die Einstellung in Rücklagen oder
– den Vortrag auf neue Rechnung (siehe dazu § 29 GmbHG).

Abweichende satzungsmäßige Regelungen sind in § 29 GmbHG zugelassen.

Zu berücksichtigen ist auch hier wieder, daß die Gewinnthesaurierung die Kapitalausstattung bei der GmbH stärkt und steuerlich positiv ist, wenn der Thesaurierungssteuersatz bei der GmbH höher ist, als der Steuersatz, mit dem der Gesellschafter den ausgeschütteten Gewinn versteuert. Umgekehrt ist das Interesse der Gesellschafter an den Früchten zu berücksichtigen.

bb) Formulierungsbeispiel

432   **1.** Vom Gewinn der Gesellschaft sind . . . % in eine Rücklage einzustellen, bis diese einen Betrag von . . . % des Stammkapitals der Gesellschaft erreicht.

2. Über die Verwendung des sonstigen Jahresüberschusses (zuzüglich eines Gewinnvertrags und abzüglich eines Verlustvertrags) entscheidet die Gesellschafterversammlung mit einfacher Mehrheit. Kommt ein Ergebnisverwendungsbeschluß nicht zustande, ist der Jahresüberschuß zuzüglich eines Gewinnvertrags und abzüglich eines Verlustvertrags unbeschadet der Regelung in Abs. 1 an die Gesellschafter auszuschütten.

f) Wettbewerb

aa) Vorbemerkung

Siehe vorab oben Rz. 140 ff. 433

Speziell bei der GmbH wurden in den letzten Jahren eingehende Diskussionen über das Wettbewerbsverbot von Gesellschaftern geführt, nachdem die Finanzverwaltung und die Finanzrechtsprechung beim Verstoß des herrschenden Gesellschafters der GmbH gegen ein Wettbewerbsverbot von einer verdeckten Gewinnausschüttung ausgeht. Der Streit ist durch die jüngste Rechtsprechung des BFH entschärft, wonach auch der herrschende Gesellschafter einer GmbH oder der Einmann-Gesellschafter grundsätzlich berechtigt ist, in Konkurrenz zu seiner GmbH zu treten, solange nur durch die Konkurrenztätigkeit das Stammkapital der GmbH nicht gefährdet wird.

Wenn Gesellschafter abweichend vom Gesetz einem Wettbewerbsverbot unterliegen sollen, bedarf dies der Aufnahme in die Satzung. Dabei ist der Umfang der Wettbewerbsbeschränkung eindeutig klarzulegen.

In jedem Fall sollte eine Öffnungsklausel mitvereinbart werden, wonach Befreiung von etwaigen Wettbewerbsverboten erteilt werden kann.

bb) Formulierungsbeispiel

1. Weder Gesellschafter noch Geschäftsführer der Gesellschaft sind während 434 ihrer Zugehörigkeit zur Gesellschaft berechtigt, auf dem Bereich des Unternehmensgegenstands der Gesellschaft selbst oder für Dritte tätig zu werden oder sich an Gesellschaften zu beteiligen, die auf dem Bereich des Unternehmensgegenstands der Gesellschaft tätig werden, wobei auch nur teilweise Überschneidungen ausreichen. Ausgeschlossen sind auch mittelbare Tätigkeiten und Beteiligungen (Begründung eines Wettbewerbsverbots).

2. Durch Gesellschafterbeschluß kann von gesetzlichen, vertraglichen oder satzungsmäßigen Wettbewerbsverboten Befreiung erteilt werden, wobei der Beschluß mit der einfachen Mehrheit der abgegebenen Stimmen gefaßt wird und die näheren Modalitäten der Befreiung (z. B. Befristung und Entgeltlichkeit) regelt (Öffnungsklausel).

3. Strukturänderungen der Gesellschaft

a) Verfügung über Geschäftsanteile

aa) Vorbemerkung

435 Unter Rz. 168 wurde bereits dargestellt, daß Geschäftsanteile grundsätzlich frei veräußerlich sind. Dies gilt entsprechend für sonstige Verfügungen über Geschäftsanteile, z. B. für die Verpfändung, die Eingehung von Treuhandverhältnissen und die Einräumung von Unterbeteiligungen. Nur dann, wenn ein Geschäftsanteil nicht ungeteilt, sondern geteilt veräußert wird, ist die Zustimmung der Gesellschaft nach § 17 Abs. 1 GmbHG erforderlich, wobei diese Zustimmung durch den Geschäftsführer nach einem vorangehenden Gesellschafterbeschluß erteilt wird (siehe dazu § 46 Nr. 4 GmbHG).

Das GmbHG ermöglicht in der Satzung der Gesellschaft weitgehende Abweichungen:

– Die Veräußerlichkeit kann eingeschränkt werden (siehe dazu § 15 Abs. 5 GmbHG).

– Es kann geregelt werden, daß die Teilung keiner Genehmigung bedarf, wenn Teile von Geschäftsanteilen an andere Gesellschafter veräußert werden oder wenn die Teilung unter mehreren Erben eines Gesellschafters erfolgt (§ 17 Abs. 3 GmbHG).

bb) Gestaltung

436 In der Praxis empfiehlt sich die Beibehaltung des Grundsatzes der freien Veräußerlichkeit nur bei rein kapitalistisch strukturierten GmbH.

In anderen Fällen, insbesondere dann, wenn die Gesellschaft auf die tätige Mitarbeit ihrer Gesellschafter angewiesen ist, ist das Interesse der weiteren Gesellschafter zu berücksichtigen, keine neuen Geschäftspartner „aufgedrängt zu erhalten" und evtl. Konkurrenten aus dem Kreis der Gesellschafter fernzuhalten. Deshalb ist eine Einschränkung der Veräußerlichkeit vorzusehen. Andererseits ist das Interesse eines jeden Gesellschafters zu berücksichtigen, sich aus gesellschaftsrechtlichen Verbindungen zu lösen, speziell bei der GmbH, wo er abweichend von Personengesellschaften kein Kündigungsrecht besitzt, wenn es ihm nicht ausdrücklich in der Satzung zugestanden ist.

437 Eine Berücksichtigung der beiderseitigen Interessen ist möglich, indem entweder

– die Beteiligung zwar frei veräußerlich gestellt wird, den weiteren Gesellschaftern aber ein Vorkaufs- oder Ankaufsrecht eingeräumt wird oder

– dem veräußerungswilligen Gesellschafter die vorherige Andienung an die weiteren Gesellschafter zu näher zu bestimmenden Konditionen auferlegt wird und, wenn die weiteren Gesellschafter von ihren Ankaufsmöglichkeiten keinen Gebrauch machen, die Veräußerung ermöglicht wird.

Zu entscheiden ist bei beiden Varianten jeweils über den Preis, zu dem die verbleibenden Gesellschafter den Geschäftsanteil ankaufen können. Ein Vorkaufsrecht gibt das Recht zum Ankauf exakt zu denselben Konditionen, zu denen ein sonst zum Kauf bereiter Dritter kaufen würde. Dieser Preis kann auch ein über dem realen Wert des Anteils liegender Preis sein, z. B. wenn ein Konkurrent sich in das Unternehmen einkaufen will.

Wenn der Preis nach oben begrenzt sein soll, ist ein Ankaufsrecht empfehlenswerter. Festzulegen ist dann aber, wie der Ankaufspreis ermittelt wird (z. B. wahrer Wert nach dem Ertragswertverfahren oder Wert nach dem sog. Stuttgarter Verfahren oder Buchwert, siehe dazu Rz. 213 ff.).

Bei Vorhandensein von Gesellschafterstämmen und Gesellschaftergruppen ist der Gruppenbezug von Ankaufs- und Vorkaufsrechten zu berücksichtigen.

Siehe dazu Rz. 107 ff.

cc) Formulierungsbeispiele

Freie Veräußerlichkeit mit echtem Vorkaufsrecht der weiteren Gesellschafter

1. Die Geschäftsanteile sind frei veräußerlich. 438
2. Bei der Veräußerung steht den verbleibenden Gesellschaftern aber, untereinander im Verhältnis ihrer Beteiligung, ein Vorkaufsrecht nach den Bestimmungen des BGB zu.

Andienungspflicht mit Ankaufsrecht zu bestimmten Bedingungen

1. Ein Gesellschafter bedarf zur Verfügung über seinen Geschäftsanteil oder Teile seines Geschäftsanteils der Zustimmung aller übrigen Gesellschafter. Insbesondere ist die Veräußerung, die Verpfändung oder der Abschluß von Treuhandverträgen über Geschäftsanteile zustimmungspflichtig. 439
2. § 17 GmbH-Gesetz bleibt hiervon unberührt.
3. Ein Gesellschafter bedarf der Zustimmung nach Abs. 1 nicht, wenn er bei der Veräußerung wie folgt verfährt:
a) Er hat seine Veräußerungsabsicht und den Betrag des Geschäftsanteils oder Teile davon, den er veräußern will, der Gesellschaft und allen weiteren Gesellschaftern schriftlich anzuzeigen. Bis auf den Kaufpreis sind alle Bedingungen für die Veräußerung anzugeben.
b) Jeder Gesellschafter hat das Recht, die angebotene Beteiligung zu erwerben, wenn er seine Erwerbsbereitschaft innerhalb eines Monats durch einge-

schriebenen Brief an die Gesellschaft und den Anbietenden erklärt. Für die Berechnung der Frist ist der Zugang der Mitteilung des Anbietenden und der Zugang der Annahmeerklärung bei der Gesellschaft maßgeblich. Dabei steht dem Erwerbsberechtigten das Recht zu, den Geschäftsanteil bzw. den Teil des Anteils zu den angegebenen Bedingungen und zu dem Preis zu erwerben, der nach § . . . als Abfindung bei der Einziehung oder Abtretung bezahlt würde.

c) Das Erwerbsrecht kann nur bezüglich der gesamten angebotenen Beteiligung ausgeübt werden. Üben mehrere Gesellschafter das Erwerbsrecht aus, steht ihnen das Erwerbsrecht, wenn sie sich untereinander nicht anderweitig verständigen, (bei Gesellschafterstämmen: unter Berücksichtigung des Stammprinzips nach § . . . der Satzung) im Verhältnis ihrer bisherigen Beteiligung zu. Ein unteilbarer Spitzenbetrag steht dem Gesellschafter mit dem höchsten Geschäftsanteil zu. Der Verkauf und die Abtretung der Beteiligung haben innerhalb eines Monats nach Ausübung des Erwerbsrechts zu erfolgen.

d) Wird das Erwerbsrecht nicht durch die vorrangig berechtigten Gesellschafter ausgeübt oder wirkt ein Erwerbsberechtigter bei der Abtretung nicht fristgemäß mit, kann die Gesellschafterversammlung beschließen, daß die Gesellschaft selbst oder ein von ihr benannter Dritter zum Erwerb berechtigt ist. Dieser Beschluß muß innerhalb eines Monats nach Ablauf der o. a. Monatsfrist gefaßt werden. Im übrigen gelten die vorstehenden Bestimmungen entsprechend.

e) Wurde die Beteiligung nicht gemäß den vorstehenden Bestimmungen übernommen, kann der Gesellschafter die Beteiligung innerhalb einer Frist von weiteren sechs Monaten ohne Zustimmung der übrigen Gesellschafter zu den Bedingungen nach Abschnitt 3 a) veräußern.

b) Kündigung durch den Gesellschafter

440 Die Kündigung durch den Gesellschafter ist im GmbHG nicht verankert und wegen der Veräußerlichkeit der Geschäftsanteile (siehe dazu Rz. 168) grundsätzlich auch nicht erforderlich. Siehe im übrigen Rz. 171 ff.

c) Ausschließung von Gesellschaftern

aa) Vorbemerkungen

441 Unter Rz. 185 wurde dargestellt, daß es den Mitgesellschaftern ermöglicht werden sollte, sich von einem Gesellschafter zu trennen, wenn
– Pfändungsmaßnahmen in dessen Geschäftsanteilen erfolgen,
– der Gesellschafter in Zahlungsverfall gerät, insbesondere über sein Vermögen ein Insolvenzverfahren eröffnet wird oder er den sog. „Offenbarungseid" zu leisten hat,

- beim tätigen Gesellschafter, wenn dieser berufsunfähig wird oder Berufsunfähigkeit droht,
- ggf. beim Tod des Gesellschafters (siehe dazu auch Rz. 445),
- oder wenn sonst ein wichtiger Grund besteht.

Rechtstechnisch erfolgt die Ausschließung durch
- die Einziehung des Anteils des betroffenen Gesellschafters oder
- die zwangsweise Abtretung des Anteils an die Gesellschaft, Mitgesellschafter oder übernahmebereiter Dritte.

Sowohl Einziehungen (siehe dazu § 31 Abs. 1, 2 GmbHG) als auch Zwangsabtretungen bedürfen der satzungsmäßigen Verankerung.

Folge der Einziehung eines Anteils ist, daß der betreffende Geschäftsanteil vernichtet wird. D. h. die Einziehung führt dazu, daß das Stammkapital und die Summe der Geschäftsanteile differieren.

bb) Gestaltung

Die Einziehung ist (ebenso wie die Zwangsabtretung des Anteils an die Gesellschaft selbst) nicht zulässig, wenn auf den Geschäftsanteil noch Einlagen offen sind oder wenn die Gesellschaft die Abfindung nicht aus dem freien Gesellschaftsvermögen (d. h. dem Vermögen, das zur Erhaltung des Stammkapitals nicht erforderlich ist) bezahlen kann (siehe dazu §§ 34 Abs. 3, 33 Abs. 1 und 30 Abs. 1 GmbHG). 442

Damit auch in diesen Fällen eine Ausschließung nicht scheitert, sollte alternativ zur Einziehung die Zwangsabtretung an die Gesellschaft, die Zwangsabtretung an die weiteren Gesellschafter und an Dritte vorgesehen werden.

Die Entscheidung über die konkrete Maßnahme sollte in der betreffenden Gesellschafterversammlung gefällt und dieser offengelassen werden. Bei Gesellschaften mit Gesellschafterstämmen oder Gruppenbezug ist dies zu berücksichtigen (siehe dazu Rz. 107 ff.).

Dem Gesellschafter, der eine Einziehungsentscheidung oder die Zwangsabtretung zu dulden hat, muß eine Abfindung bezahlt werden. Schuldner der Abfindung ist: 443
- bei Einziehungen und Zwangsabtretungen an die Gesellschaft die Gesellschaft,
- bei Zwangsabtretungen an die weiteren Gesellschafter oder Dritte der Erwerber des Geschäftsanteils.

Festzulegen ist in jedem Fall auch die Höhe des Abfindungsguthabens, wobei hierzu verwiesen wird auf Rz. 202 ff.

Zulässig ist eine unterschiedliche Abfindungsregelung für verschiedene Ausschließungsfälle, wobei abfindungsreduzierende Regelungen, die nur zu

Lasten von Pfandgläubigern getroffen werden, unwirksam sind (zumindest für den Fall der Ausschließung aus wichtigem Grund muß deshalb die reduzierte Abfindung ebenfalls vorgesehen werden).

cc) Formulierungsbeispiel

444   1. Die Einziehung eines Geschäftsanteils ist mit Zustimmung des betroffenen Gesellschafters jederzeit zulässig, sofern der Anteil in voller Höhe einbezahlt ist und die Abfindung aus dem freien Gesellschaftsvermögen erbracht werden kann.

2. Die Einziehung ist in den folgenden Fällen auch gegen den Willen des betroffenen Gesellschafters zulässig:

– beim Tod eines Gesellschafters;

– wenn der Antrag gestellt wird, über das Vermögen eines Gesellschafters ein Insolvenzverfahren zu eröffnen, oder der Antrag, daß der Gesellschafter ein Vermögensverzeichnis und eine eidesstattliche Versicherung abzugeben hat und dieser Antrag nicht innerhalb eines Monats zurückgenommen oder zurückgewiesen wird;

– wenn die Zwangsvollstreckung in einen Geschäftsanteil betrieben wird und die Abwendung der Vollstreckung nicht innerhalb eines Monats gelingt oder

– wenn sonst ein ähnlich wichtiger Grund vorliegt.

3. In einer Gesellschafterversammlung, bei der der betroffene Gesellschafter nicht stimmberechtigt ist, kann wahlweise statt der Einziehung oder für den Fall, daß diese scheitert, verlangt werden, daß der Geschäftsanteil an die Gesellschaft, die übrigen Gesellschafter oder einen übernahmebereiten Dritten übertragen wird.

4. Bevor der Geschäftsanteil Dritten angeboten werden kann, sind vorrangig die weiteren Gesellschafter (bei Gesellschafterstämmen: unter Berücksichtigung des Stammprinzips nach § . . . der Satzung) im Verhältnis ihrer Anteile zur Übernahme berechtigt. Macht ein Gesellschafter von seinem Übernahmerecht keinen Gebrauch, wächst es (bei Gesellschaftsstämmen: unter Berücksichtigung des Stammprinzips nach § . . . der Satzung) den weiteren Gesellschaftern im Verhältnis ihrer Beteiligung zu.

d) Tod des Gesellschafters

445   § 15 Abs. 1 GmbHG geht von der freien Vererblichkeit von Geschäftsanteilen aus.

Einschränkungen können grundsätzlich in der Satzung nicht verankert werden (siehe dazu Gegenschluß zu § 15 Abs. GmbHG).

Allerdings hindert der Grundsatz der freien Vererblichkeit des Geschäftsanteils eine satzungsmäßige Gestaltung nicht, wonach beim Tod eines Gesellschafters die Einziehung des Anteils beschlossen werden kann oder Zwangsabtretungen beschlossen werden können (siehe dazu schon Rz. 441 ff.).

In diesem Fall ist der Tod eines Gesellschafters Voraussetzung, um eine Einziehungs- oder Zwangsabtretungsentscheidung in die entsprechende Klausel aufzunehmen (siehe dazu Rz. 441).

Erwägenswert ist eine solche Regelung stets bei Gesellschaften, die auf die tätige Mitwirkung ihrer Gesellschafter oder einzelne ihrer Gesellschafter angewiesen sind.

e) Abfindung

Siehe dazu bei Rz. 202 ff.   446

4. Allgemeine Bestimmungen

Siehe dazu bei Rz. 226 f.   447

Ergänzend ist bei der GmbHG noch eine satzungsmäßige Bestimmung über die **Gründungskosten** erforderlich.

Wenn die Kosten der Gründung der Gesellschaft der GmbH aufgebürdet werden sollen und nicht von den eigentlichen Kostenschuldnern, nämlich den Gründungsgesellschaftern getragen werden sollen, bedarf dies entsprechend § 26 Abs. 2 AktG der satzungsmäßigen Bestimmung.

Aufzunehmen sind dabei die Art der von der Gesellschaft zu übernehmenden Gründungskosten und die Gesamthöhe der von der GmbH zu übernehmenden Kosten.

Formulierungsbeispiel:
Die Kosten der notariellen Beurkundung der Gründungsurkunde einschließlich evtl. Nachträge, die Kosten der Anmeldung zum Handelsregister und die Kosten des Vollzugs beim Handelsregister einschließlich der Veröffentlichungskosten trägt die Gesellschaft bis zu einem Gesamtbetrag in einer Höhe von 2 500 €.

VIII. GmbH & Co. KG

1. Vorbemerkung und Erscheinungsformen

a) Vorbemerkung

Eine KG muß nach § 161 KGB mindestens einen persönlich haftenden Gesellschafter haben (§ 161 Abs. 1 HGB). Dabei muß es sich nicht um eine na-   448 türliche Person oder eine Personengesellschaft handeln. Persönlich haftender Gesellschafter kann auch eine Kapitalgesellschaft sein (anerkannt seit RGZ 105, 101 ff.). Diese zugelassene **Typenvermischung** zwischen Personen- und Kapitalgesellschaften ermöglicht es, zivilrechtliche Vorteile der Kapitalgesellschaft (Haftungsbegrenzung) mit den steuerlichen Vorteilen der Personengesellschaft (Vermeidung steuerlicher Doppelbelastungen) zu kombinieren, weswegen die GmbH & Co. KG eine weitverbreitete Unternehmensform darstellt.

Gegenüber den oben dargestellten Gesellschaftsformen unterscheidet sie sich unabhängig von der näheren Ausgestaltung dadurch, daß rechtlich zwei Gesellschaften vorliegen, die GmbH einerseits und die KG andererseits. Deshalb sind auch **zwei Vertragsverhältnisse** zu konzipieren und vor allem aufeinander abzustimmen.

b) Erscheinungsformen

aa) Typische GmbH & Co. KG

449 Typischerweise ist die GmbH der einzige persönlich haftende Gesellschafter der KG. Weitere natürliche Personen sind an der KG als Kommanditisten beteiligt. Gesellschaftszweck der GmbH ist die Übernahme der Stellung eines persönlich haftenden Gesellschafters in der KG.

Als Einmann-GmbH & Co. KG wird diese Gestaltung bezeichnet, wenn der einzige Gesellschafter zugleich einziger Kommanditist der KG ist.

bb) Beteiligungsidentische GmbH & Co. KG

450 In der Regel sollen die GmbH und die KG insoweit „beteiligungsidentisch" sein, daß dieselben Personen Kommanditisten der KG und Gesellschafter der GmbH sind und sich die Beteiligungsquoten an diesen Gesellschaften entsprechen. Die Kunst der Vertragsgestaltung besteht darin, daß diese Identität nicht nur bei der Gründung hergestellt, sondern auch während der Dauer des Bestands der Gesellschaften gewährleistet wird. Die Ausführungen unter Rz. 463 ff. befassen sich deshalb mit den „Verzahnungsproblemen" beim Gesellschafterbestand in der KG und der GmbH.

cc) Einheits-GmbH & Co. KG

451 Die Notwendigkeit, die Gesellschaftsverträge miteinander zu verzahnen, entfällt bei der sog. „Einheits"-GmbH & Co. KG, da bei einer so gestalteten GmbH & Co. KG die Anteile an der GmbH von der KG selbst gehalten werden. Dies erfolgt, indem die Gesellschafter der GmbH, die zugleich Kommanditisten sind, ihre bei Gründung der GmbH persönlich übernommenen Anteile an der GmbH später an die KG abtreten.

Da die Einheits-GmbH & Co. KG aus der Warte des Vertragsgestalters unproblematisch ist und sich die Probleme mit dieser Gesellschaftsform auf die Fragen der Willensbildung innerhalb der Gesellschaft und auf die Fragen der Notwendigkeit der Kapitalaufbringung und der Kapitalerhaltung beziehen, wird die Einheits-GmbH & Co. KG hier nicht näher vertieft. Es wird verwiesen auf *Binz*, Die GmbH & Co., 1992, S. 275 ff. und *Sommer*, Die Gesellschaftsverträge der GmbH & Co. KG, 1992, S. 38 f.; *Brönner/Deux/Wagner*, Die GmbH & Co. KG, Rn. 21 ff.; *v. Gerkan*, in: Röhricht/von Westphalen, HGB, Rn. 41 ff. zu § 161 HGB, m. w. N.

dd) Publikums-GmbH & Co. KG

Von einer Publikums-GmbH & Co. KG spricht man, wenn sich ein großer Kreis von sonst untereinander nicht verbundenen Kommanditisten rein kapitalistisch an der Kommanditgesellschaft beteiligt, indem er einer bereits gegründeten Gesellschaft mit einem für ihn nicht zur näheren Diskussion stehenden Gesellschaftsvertrag beitritt, während die sog. Initiatoren der Gesellschaft allein an der Komplementär-GmbH beteiligt sind und darüber die Geschicke der Gesellschaft lenken. Der Gesellschaftsvertrag solcher Publikums-GmbH & Co. KG ist in der Regel darauf gerichtet, die Einfluß- und Kontrollrechte der Kommanditisten möglich gering zu halten. Durch die Rechtsprechung wurden besondere Schutzbestimmungen für die Kommanditisten entwickelt. Im übrigen wird wegen des Gesellschafts-Vertrags der Publikums-GmbH & Co. KG verwiesen auf *Binz*, Die GmbH & Co. KG S. 285 ff.; *von Gerkan*, in Röhricht/von Westphalen, HGB, Rn. 92 ff. zu § 161 HGB, m. w. N. 452

2. Gestaltungsfragen außerhalb der „Verzahnungsproblematik"

Zwar ist bei der typischen und beteiligungsidentischen GmbH & Co. KG besonders darauf zu achten, daß die Gesellschaftsverträge so „verzahnt" werden, daß die Beteiligungsidentität auch nach Gründung der Gesellschaft stets aufrechterhalten wird. 453

Daneben sind aber auch zumindest folgende weitere Vertragsbestandteile aufeinander abzustimmen:

– die Firmen und
– der Unternehmensgegenstand der jeweiligen Gesellschaften sowie
– Fragen des Selbstkontrahierungsverbots.

a) Firmierung bei GmbH und bei KG

aa) Vorbemerkung

454 Zu berücksichtigen sind bei der GmbH und bei der KG jeweils die rechtsformabhängigen Firmierungsgrundsätze (siehe dazu oben). Wenn die Gesellschaften am selben Ort ihren Sitz haben, ist das Unterscheidungsgebot nach § 30 HGB zu berücksichtigen, darüber hinaus auch das Gebot zur Kennzeichnung der Haftungsbeschränkung nach § 19 Abs. 5 HGB. D. h. die Kommanditgesellschaft muß den Rechtsformzusatz „GmbH & Co." oder „GmbH & Co. KG" führen. Weil die Firma der KG nicht mehr die Firmen der GmbH enthalten muß, löst entweder eine ganz andere Firmierung von GmbH und KG das Unterscheidbarkeitsmerkmal oder bei gleicher Firmation die Führung unterschiedlicher Zusätze.

Bei Gesellschaften mit Sitz am selben Ort wird das Unterscheidungsgebot in der Praxis dadurch bewältigt, daß der Firma der GmbH Zusätze angefügt werden, wie „Beteiligungs"-, „Verwaltungs-" oder „Betriebs-", die bei der Firma der KG dann zur Herstellung der Unterscheidbarkeit (berechtigt) weggelassen werden.

bb) Formulierungsbeispiele

Firma der GmbH

455 Die Gesellschaft führt die Firma Müller Expreß-Reinigung Beteiligungs-GmbH.

alternativ:

Die Gesellschaft führt die Fa. Müller Holding GmbH.

Firma der KG

Die Gesellschaft führt die Firma Müller Expreß-Reinigung GmbH & Co. KG.

alternativ:

Die Gesellschaft führt die Fa. Expreß Reinigungs GmbH & Co. KG.

b) Unternehmensgegenstand

aa) Vorbemerkung

456 Gegenstand der Kommanditgesellschaft ist der Betrieb eines Handelsgewerbes, während die GmbH in der Regel selbst kein Handelsgewerbe führt, sondern sich meist darauf beschränkt, sich an der Kommanditgesellschaft als persönlich haftender Gesellschafter zu beteiligen und deren Geschäfte zu führen (zwingend ist dies aber nicht). Grundsätzlich kann die GmbH auch eigengewerblich tätig werden; wenn sie auf dem Bereich des Unternehmensgegenstands der KG auch selbst gewerblich tätig werden will, ist allerdings das Wettbewerbsverbot des § 112 HGB zu berücksichtigen.

Umstritten ist, ob bei einer GmbH, die nur die Beteiligung und Geschäftsführung übernimmt, der Unternehmensgegenstand der KG, an der sich die GmbH beteiligt, auch im Unternehmensgegenstand der GmbH wiedergegeben werden muß. Zur Sicherheit sollte dies in den Gesellschaftsvertrag der GmbH aufgenommen werden.

bb) Formulierungsbeispiele

Unternehmensgegenstand bei der KG

Gegenstand des Unternehmens ist der Betrieb von Expreßreinigungen. 457

Unternehmensgegenstand bei der GmbH

Gegenstand des Unternehmens ist die Übernahme der Stellung eines persönlich haftenden Gesellschafters in der Müller Expreß-Reinigung GmbH & Co. KG, die auf den Betrieb von Expreßreinigungen gerichtet ist.

c) Befreiung von § 181 BGB

aa) Vorbemerkung

Vom Selbstkontrahierungsverbot werden bei einer GmbH & Co. KG folgende Geschäfte erfaßt: 458

– Geschäfte zwischen der KG und ihrer Komplementär GmbH, die durch die Komplementär-GmbH vertreten wird,
– Geschäfte zwischen dem Geschäftsführer der GmbH und der GmbH,
– Geschäfte zwischen dem Geschäftsführer der GmbH und der KG.

bb) Gestaltungsgrundsätze

Da sonst Verträge zwischen der GmbH und der KG nicht abgeschlossen werden können, ist in jedem Fall sowohl im Vertrag der GmbH die Befreiung für die Geschäfte mit der KG als auch im Vertrag der KG die Befreiung für Geschäfte mit der GmbH vorzusehen, zumindest als Ermächtigungsgrundlage für einen befreienden Gesellschafterbeschluß. 459

Wenn dem Geschäftsführer der GmbH darüber hinaus generell gestattet werden soll, sowohl im eigenen Namen, als auch im Namen der GmbH als auch im Namen der KG aufzutreten, ist folgendes veranlaßt:

Im Gesellschaftsvertrag der KG müssen die GmbH und deren Geschäftsführer von den Beschränkungen des § 181 BGB befreit werden.

Im Vertrag der GmbH muß der Geschäftsführer von den Beschränkungen des § 181 befreit werden.

Ob eine so weiter gehende generelle Befreiung erteilt wird, ist für den Einzelfall zu entscheiden, empfiehlt sich aber jedenfalls für die Einmann-GmbH & Co. KG.

cc) Formulierungsbeispiele

Nur Befreiung, soweit Geschäfte zwischen der GmbH und der KG abzuschließen sind

460 **Vertrag der KG**
Der persönlich haftende Gesellschafter (GmbH) und seine Geschäftsführer sind für Geschäfte der GmbH mit der Gesellschaft von den Beschränkungen des § 181 BGB befreit.

Satzung der GmbH
Die Geschäftsführer der Gesellschaft (GmbH) sind in jedem Fall befugt, die Gesellschaft (GmbH) bei Geschäften mit der Kommanditgesellschaft, an der sie (GmbH) als persönlich haftender Gesellschafter beteiligt ist, unter Befreiung von den Beschränkungen des § 181 BGB abzuschließen.

Ergänzung bei genereller Befreiung

461 **Gesellschaftsvertrag der KG**
Auch die Geschäftsführer des Komplementärs sind für eigene Geschäfte mit der Gesellschaft von den Beschränkungen des § 181 BGB befreit und für Geschäfte zwischen der Gesellschaft und Dritten, wenn sie auch für den Dritten auftreten.

Satzungen der GmbH
Die Geschäftsführer der Gesellschaft sind auch für eigene Geschäfte mit der GmbH von den Beschränkungen des § 181 BGB befreit und für Geschäfte zwischen der GmbH und Dritten, wenn sie auch für den Dritten auftreten.

dd) Handelsregisteranmeldung und -eintragung

462 Bei der GmbH ist mit der Vertretungsbefugnis des Geschäftsführers dessen Befreiung von § 181 BGB anzumelden und einzutragen. Bei der KG ist im Rahmen von deren Vertretungsverhältnis ebenfalls anzumelden und einzutragen, daß die GmbH selbst von § 181 BGB befreit ist. Nach neuerer Ansicht ist es auch eintragungsfähig, daß der jeweilige Geschäftsführer der GmbH nicht von der Vertretung ausgeschlossen ist, wenn er eigene Geschäfte mit der KG vornimmt. Vorraussetzung dafür ist, daß die Befugnis dem jeweiligen Geschäftsführer der GmbH (abstrakt) zusteht.

3. Verzahnung der Beteiligungen bei der GmbH und der KG

Bei der Vertragsgestaltung der beiden erforderlichen Gesellschaftsverträge 463
(GmbH-Vertrag und KG-Vertrag) ist auf die Sicherung der Beteiligungsidentität auch nach Gründung der Gesellschaft zu achten. Die Beteiligungsidentität wird insbesondere durch folgende Umstände gefährdet:

– Beteiligungsveräußerung,
– Tod eines Gesellschafters,
– Ausschließung oder sonstiges Ausscheiden eines Gesellschafters.

Nur bei der Einmann-GmbH & Co. KG, bei der dieselbe natürliche Person 464
einziger Gesellschafter der GmbH und einziger Kommanditist ist, kann ggf. darauf verzichtet werden, die Beteiligungsidentität besonders zu sichern, da sie bei der Einmann-GmbH & Co. KG durch den Gesellschafter nach Vertragsabschluß ohne weiteres selbst wie folgt hergestellt werden kann:

– bei der Beteiligungsveräußerung dadurch, daß nicht nur der GmbH-, sondern auch der Kommanditanteil abgetreten wird,
– bei seinem Tod, indem er sowohl den nach dem Gesetz frei vererblichen KG-Anteil als auch die nach dem Gesetz frei vererbliche Beteiligung an der GmbH an dieselbe Person vererbt.

Ausschließungsprobleme oder sonstige Ausscheidensprobleme spielen hier keine Rolle.

Bei den sonstigen Unternehmen, die aus mehreren Gesellschaften der GmbH und mehreren Kommanditisten bestehen, sind besondere Vertragskautelen zur Sicherung der Beteiligungsidentität in die Gesellschaftsverträge aufzunehmen.

a) Identitätsgrundsatz

In die Satzung der Komplementär-GmbH und den Gesellschaftsvertrag der 465
KG kann eine Bestimmung aufgenommen werden, daß identische Beteiligungsverhältnisse bei der GmbH und bei der KG bestehen sollen. Dieser Grundsatz kann für die Auslegung einzelner Satzungsbestimmungen von Bedeutung sein.

Formulierungsbeispiel für beide Gesellschaftsverträge:

An der ... GmbH sind dieselben Personen beteiligt, die auch die Kommanditisten der ... KG sind, deren einziger persönlich haftender Gesellschafter die KG ist.

Das Verhältnis der Geschäftsanteile der Gesellschafter entspricht bei Gründung der GmbH dem Verhältnis der Hafteinlagen der Gesellschafter als Kommanditisten an der KG, an der sich die GmbH als persönlich haftende Gesellschafterin beteiligt. Diese „Beteiligungsidentität" soll auch nach

Gründung der Gesellschaften gewahrt bleiben. Soweit nach der Satzung der GmbH den Gesellschaftern Ankaufs- oder Vorkaufsrechte zustehen oder Gesellschafter aus der Gesellschaft ausgeschlossen oder deren Geschäftsanteil eingezogen werden können, ist zu berücksichtigen, daß durch Ankaufs- oder Vorkaufsrechte, Einziehungen oder Zwangsabtretungen der Grundsatz der Beteiligungsidentität gewahrt bleiben muß. Dies gilt umgekehrt bei der KG bei Veräußerung, beim Tod eines Gesellschafters oder wenn dieser aus der Gesellschaft ausgeschlossen wird oder sonst ausscheidet.

b) Ergänzung der Bestimmungen betr. die Verfügung über Geschäftsanteile/Beteiligungen

aa) Vorbemerkung

466 Oben wurde dargestellt, daß in vielen Satzungen die nach § 15 Abs. 1 GmbH grundsätzlich verankerte freie Abtretbarkeit des Geschäftsanteils beschränkt wird (siehe dazu § 15 Abs. 5 GmbHG). Für den Kommanditanteil gilt schon von Gesetzes wegen, daß er – vorbehaltlich einer abweichenden gesellschaftsvertraglichen Regelung – nur mit Zustimmung aller Mitgesellschafter veräußert werden kann. Diese Bestimmungen sind in jedem Fall zu harmonisieren.

bb) Freie Veräußerlichkeit der Beteiligungen gewünscht

467 Wenn die Gesellschafter der GmbH grundsätzlich die freie Verfügbarkeit über die Geschäftsanteile wünschen, ist bei der KG die freie Abtretbarkeit gesellschaftsvertraglich vorzusehen, im übrigen aber jeweils zu bestimmen, daß

– bei der GmbH Verfügungen über Geschäftsanteile nur zulässig sind, wenn gleichzeitig an denselben Erwerber im selben Verhältnis der Kommanditanteil übertragen wird; nur unter dieser Bedingungen darf bei teilweisen Veräußerungen des Geschäftsanteils die Zustimmung zur Geschäftsanteilsveräußerung erteilt werden;

– bei der KG der Kommanditanteil nur zusammen mit dem GmbH-Anteil im selben Verhältnis veräußert werden kann.

cc) Eingeschränkte Veräußerlichkeit gewünscht

468 Die Veräußerungsbeschränkung muß in der GmbH-Satzung verankert werden. Zugleich ist im Gesellschaftsvertrag der KG die eingeschränkte Veräußerlichkeit unter denselben Voraussetzungen zu verankern. Darüber hinaus ist die anteilsidentitätswahrende Bestimmung nach bb) in beide Gesellschaftsverträge aufzunehmen.

dd) Ankaufs- und Vorkaufsrechte

Wenn im Zusammenhang mit der Verfügung über Beteiligungen Ankaufs- oder Vorkaufsrechte der weiteren Gesellschafter vereinbart sind, ist das Ankaufs- oder Vorkaufsrecht identisch für den Geschäftsanteil der GmbH und die Kommanditbeteiligung zu begründen und zugleich zu bestimmen, daß es bezüglich des GmbH-Geschäftsanteils und der Kommanditbeteiligung nur einheitlich ausgeübt werden kann. 469

c) Formulierungsbeispiele

aa) Sonst freie Veräußerlichkeit des Geschäftsanteils und der Beteiligung

GmbH-Satzung 470

1. Ein Gesellschafter kann über seinen Geschäftsanteil grundsätzlich frei verfügen, insbesondere diesen frei veräußern, allerdings nur, wenn er gleichzeitig an denselben Erwerber im gleichen Verhältnis seinen Kommanditanteil an der Kommanditgesellschaft veräußert.

2. Bei teilweisen Veräußerungen des Geschäftsanteils darf nur unter dieser Bedingung die Zustimmung nach § 17 GmbHG zur Geschäftsanteilsveräußerung erteilt werden.

Gesellschaftsvertrag der KG 471

Ein Kommanditist kann über seinen Kommanditanteil grds. frei verfügen, allerdings nur, wenn er an denselben Erwerber im selben Anteilsverhältnis den Geschäftsanteil an der GmbH veräußert.

bb) Sonst bestehendes Vorkaufsrecht bei der Veräußerung des Geschäftsanteils/der Beteiligung

GmbH-Satzung 472

1. Veräußert ein Gesellschafter seinen Geschäftsanteil, steht den weiteren Gesellschaftern im Verhältnis von deren Beteiligung das Vorkaufsrecht an dem Geschäftsanteil und dem Kommanditanteil zu. Veräußert ein Gesellschafter mit seinem Geschäftsanteil nicht zugleich oder nicht zugleich vollständig seinen Kommanditanteil, steht den weiteren Gesellschaftern im Verhältnis von deren Beteiligung ein Ankaufsrecht auch an dem Kommanditanteil zu folgendem Ankaufspreis zu: . . . Preisbestimmung.

2. Die vorkaufs- bzw. ankaufsberechtigten weiteren Gesellschafter sind nur zur einheitlichen Ausübung des Vorkaufsrechts bzw. des Vorkaufs- und Ankaufsrechts bezüglich der GmbH- und der KG-Beteiligung berechtigt.

KG-Vertrag 473

1. Veräußert ein Gesellschafter seinen Kommanditanteil, steht den weiteren Gesellschaftern im Verhältnis von deren Beteiligung das Vorkaufsrecht an dem

KG-Anteil und dem GmbH-Geschäftsanteil zu. Veräußert ... (wie GmbH-Satzung).

2. Siehe 1.

cc) Anbietungspflicht mit Ankaufsrecht

474 Siehe dazu Grundformulierung nach Rz. 444. Folgende Ergänzung ist bei der GmbH veranlaßt:

Dabei ist den weiteren Gesellschaftern nicht nur die Beteiligung des veräußerungswilligen Gesellschafters an der GmbH, sondern auch seine Beteiligung als Kommanditist an der KG zum Kauf anzubieten, bei Teilveräußerungen eine Teilbeteiligung in derselben prozentualen Höhe wie die GmbH-Beteiligung.

Die weiteren Gesellschafter sind zur einheitlichen Ausübung des Ankaufsrechts bezüglich der GmbH- und der KG-Beteiligung berechtigt.

In den Gesellschaftsvertrag der KG ist eine Klausel entsprechend Rz. 444 aufzunehmen und mit den o. g. Ergänzungen zu versehen.

d) Ergänzung der Bestimmungen beim Tod des Gesellschafters
aa) Bei sonst freier Vererblichkeit

475 Probleme entstehen, wenn sowohl nach dem Gesellschaftsvertrag der KG als auch nach dem Gesellschaftsvertrag der GmbH die Beteiligung frei vererblich ist, durch letztwillige Verfügung die Beteiligungen aber verschiedenen Personen „zugewendet" werden. Die Beteiligungsidentität wird hier gewahrt, wenn für diesen Fall bei der KG die Ausschließung aus der Gesellschaft angeordnet wird (Folge: verhältnismäßige Anwachsung an Mitgesellschafter) und bei der GmbH parallel dazu die Einziehung des Anteils, die Zwangsabtretung an die Gesellschaft selbst oder die Zwangsabtretung an die Mitgesellschafter im Verhältnis von deren Beteiligung vorgesehen wird.

bb) Qualifizierte Nachfolgeregelung

476 Wenn eine qualifizierte Nachfolgeregelung (nur eine bestimmte Person kann Nachfolger beim Tod werden oder eine Person, die bestimmte Kriterien erfüllt) vorgesehen wird, ist zu berücksichtigen, daß diese bei der KG grds. vorgesehen werden kann, aber voraussetzt, daß der vorgesehene Nachfolger zumindest Miterbe wird. Eine Regelung ist deshalb auch für den Fall zu finden, wenn die Nacherbfolgeregelung bei der KG fehlschlägt, weil der Nachfolger nicht zumindest Miterbe wird.

(1) Qualifizierte Nachfolgeregelung bei der GmbH

Damit nur der vorgesehene Nachfolger Gesellschafter der GmbH wird, ist vorzusehen, daß die Vererbung an andere Personen als den „qualifizierten Nachfolger" bei der GmbH sanktioniert wird. Diese Sanktion muß darin bestehen, daß eine Zwangsabtretung an den zugelassenen Nachfolger angeordnet wird. Einziehungen oder Zwangsabtretungen an die Mitgesellschafter wären nicht hilfreich, da diese ohne zusätzliche Maßnahmen (Wiederausgabe des Geschäftsanteils an den zugelassenen Nachfolger oder erneute Abtretung an den zugelassenen Nachfolger) bei der GmbH keine Beteiligungsidentität herstellen würden. Problematisch bleibt selbst bei einer solchen Klausel, daß der begünstigte Nachfolger einer solchen Zwangsabtretungsregelung dann das Abfindungsentgelt aufzubringen hat.

(2) Regelung des Scheiterns

Wenn der vorgesehene Nachfolger weder bei der KG Gesellschafter wird, z. B. weil er noch nicht einmal Miterbe geworden ist, noch bei der GmbH, kann die Beteiligungsidentität auf zwei verschiedene Weisen hergestellt werden:

– Wenn die Gesellschaft nur unter den bisherigen Gesellschaftern festgesetzt werden soll, bei der KG dadurch, daß der Erbe in diesem Fall automatisch aus der Gesellschaft ausscheidet, und bei der GmbH dadurch, daß die Einziehung des Geschäftsanteils, die Zwangsabtretung an die Gesellschaft oder die weiteren Gesellschafter im Verhältnis von deren Beteiligung vorgesehen wird.

– Oder, wenn die Beteiligungsidentität unter Einbeziehung des „vorgesehenen Nachfolgers" vorgesehen werden soll, dadurch, daß dem vorgesehenen Nachfolger ein Eintrittsrecht in die KG gegeben wird und die Zwangsabtretung des Geschäftsanteils bei der GmbH an den Nachfolger ermöglicht und durchgeführt wird.

e) Ergänzung der Bestimmungen beim Zwangsausscheiden

Die Beteiligungsidentität kann bei der Ausschließung eines Gesellschafters einfach wie folgt hergestellt werden:

Im GmbH-Vertrag ist zu verankern:

Bei der Ausschließung aus der KG kann der Anteil eingezogen werden oder ein Beschluß gefaßt werden, daß er an die Gesellschaft oder die Mitgesellschafter zwangsabgetreten werden muß.

Bei der KG ist vorzusehen:

Beim zwangsweisen Ausscheiden aus der GmbH wird der Gesellschafter auch als Kommanditist ausgeschlossen.

IX. AG, insbesondere kleine AG

1. Allgemeine Vorbemerkungen

a) Grundlagen

480 Die AG stellt wie die GmbH eine juristische Person dar (§ 1 Abs.1 AktG). Anders als bei der GmbH gilt aber nicht der Grundsatz der weitestgehenden Dispositivität des GmbH-Rechts durch die privatautonome Gesellschaftsvertragsgestaltung. Statt dessen gilt der Grundsatz der Gesetzesstrenge der Satzung (§ 23 Abs. 5 AktG). Nur dort, wo das Gesetz selbst Abweichungen zuläßt, sind solche möglich. Auch Ergänzungen sind nur möglich, wo das AktG selbst keine abschließende Regelung enthält.

b) „Kleine AG"

481 Hieran ändert auch das „Gesetz für kleine Aktiengesellschaften und zur Deregulierung des Aktienrechts" vom 2. 8. 1994 nichts; bei der sog. „kleinen AG" handelt es sich nicht um eine Rechtsform der AG, die neben eine „große AG" treten würde. Vielmehr beseitigte dieses Gesetz etliche Hemmnisse, die bis dahin einer stärkeren Verbreitung der AG entgegengestanden hatten. Dazu gehören Gesetzesänderungen,

- die unabhängig vom Aktionärskreis und der Aktionärsstruktur gelten, z. B. die Ermöglichung der Einmann-AG-Gründung (§ 2 AktG), und

- solche, die nur für nicht börsennotierte AG gelten, z. B. die Möglichkeit Hauptversammlungen ohne Beschlüsse mit satzungsändernder Mehrheit durch den Aufsichtsratsvorsitzenden protokollieren zu lassen (§ 130 Abs. 1 S. 1 AktG), sowie

- solche, die von Betriebsgrößen abhängen, z. B. Möglichkeit nur einen Vorstand bei einem Grundkapital bis zu 3 Millionen € (§ 76 Abs. 2 AktG) zu bestellen, und

- solche, die vom Aktionärskreis abhängen, z. B. Möglichkeit der Einberufung der Hauptversammlung durch eingeschriebenen Brief bei namentlich bekannten Aktionären (§ 122 Abs. 3 AktG).

c) Gründe für die AG

482 Durch diese Liberalisierung des Aktienrechts, vor allem durch die Möglichkeit, einen Aufsichtsrat nur durch Vertreter der Anteilseigner zu besetzen, wenn die AG weniger als 500 Arbeitnehmer beschäftigt (§ 76 Abs. 6 BetrVG 1952), und durch die starke Kapitalmarktakzeptanz von Börsenneulingen erlebt die AG in den letzten Jahren einen erheblichen Aufschwung, vor allem bei Neugründungen. Aber auch Mittelstandsunternehmen, die bisher als GmbH oder GmbH & Co. KG geführt wurden, wechseln häufiger als früher

in die Rechtsform der AG oder denken zunehmend über einen Rechtsformwechsel nach.

Gründe für einen Wechsel von der GmbH oder GmbH & Co. KG in die AG sind: 483

– höheres Ansehen der AG am Markt; dieser Aspekt wird mit zunehmender Verbreitung der AG aber an Gewicht verlieren;
– bessere Akzeptanz im internationalen Rechtsverkehr;
– bessere Rechtsform für das Spitzenmanagement aufgrund höherer Unabhängigkeit des Vorstands;
– bessere Möglichkeiten zur Mitarbeiterbeteiligung; dieser Gesichtspunkt spielt vor allem bei Unternehmen eine Rolle, die ihre Mitarbeiter in Branchen mit Arbeitskräftemangel beschäftigen und solche nur durch „Mitarbeiterbeteiligungsmodelle" gewinnen können;
– Möglichkeit zur Kapitalaufnahme an der Börse;
– Vorbereitung auf den späteren Börsengang durch Hineinwachsen in die Rechtsform der AG.

d) Personalistische, insb. Familien-AG

aa) Personalisierung durch satzungs- und schuldrechtliche Abreden

Vor allem Gesellschaften, die noch nicht börsennotiert sind, weisen entweder bisher (in der Rechtsform GmbH oder GmbH & Co. KG) eine personalistische Struktur auf und wollen diese (bis zu einem Börsengang) auch beibehalten oder (bei Neugründungen in der Rechtsform der AG) wollen diese zunächst auch im „Rechtskleid AG" aufweisen. Hier erweist sich der Grundsatz der „Gesetzesstrenge der AG" als – eingeschränkt überwendbares – Problem: Das Recht der AG ist grundsätzlich kapitalistisch. Überlegungen, der Satzung eine personalistische Struktur zu verleihen, scheitern häufig am AktG: z. B. sind Mehrfach- oder Vorzugsstimmrechte nicht möglich, sind die Anteile frei vererblich, können Vorzugsrechte auf Geschäftsführung, d. h. Vorstandstätigkeit nicht in der Satzung begründet werden. Neben die Bestimmungen der Satzung können aber schuldrechtliche Abreden der Gesellschafter treten, die den personalen Bezug auch bei der AG herstellen. 484

bb) Beispiele

– Zu den entsprechenden Maßnahmen der „Personalisierungen" gehören: 485
– Stimmen- oder Aktienpoolung,
– Stimmrechtslose Vorzugsaktien,
– Entsendungsrechte in den Aufsichtsrat.

cc) Sicherung des Fortbestands der schuldrechtlichen Abreden bei Einzelrechtsnachfolge

486 Dabei ist wichtig:

Die rein schuldrechtlichen Abreden unter Gesellschaftern wirken zwar gegenüber Gesamtrechtsnachfolgern (z. B. Erben) automatisch, nicht aber gegenüber Einzelrechtsnachfolgern (z. B. Aktienkäufern).

Der Eintritt des Einzelrechtsnachfolgers muß deshalb – ebenfalls auf schuldrechtlicher Basis – sichergestellt werden, z. B. indem bei Einzelrechtsnachfolge den Mitgesellschaftern ein Ankaufsrecht zu Vorzugsbedingungen eingeräumt wird, wenn der Erwerber nicht in die schuldrechtlichen Gesellschafterabreden eintritt, oder indem die Einzelrechtsnachfolge ohne Eintritt durch Vertragsstrafen sanktioniert wird.

dd) Formulierungsbeispiele

Sicherung des Beibehalts der schuldrechtlichen Abrede durch

(1) Ankaufsrecht

487 Jeder Aktionär räumt den an der o. a. Abrede mitbeteiligten weiteren Aktionären und deren Einzelrechtsnachfolgern, die in die Abrede eintreten, ein Recht zum Ankauf seiner Aktien zum Nominalwert des Anteils, maximal zum anteiligen Buchwert ein, wenn er über den Anteil ohne Eintritt des Erwerber in diese Abreden verfügt, insbesondere diesen veräußert. Mehreren Berechtigten steht das Recht entsprechend den Bedingungen des gesetzlichen Vorkaufsrechts zu. Auch sonst gelten für das Ankaufsrecht mit Ausnahme des Preises die Bedingungen des BGB für das Vorkaufsrecht.

(2) Vertragsstrafe

488 Verfügt ein Aktionär über den Anteil ohne Eintritt des Erwerbers in diese o. a. Abreden, hat er den weiteren Aktionären eine Vertragsstrafe in Höhe des Werts seines Anteils, über den er so verfügt, zu bezahlen.

e) Vorbemerkungen zur folgenden Checkliste

489 Die Vertragsbestimmungen der folgenden Checkliste sind z. T. solche, die Satzungsbestandteil sein müssen oder können, z. T. solche, die die Satzung auf schuldrechtlicher Ebene unter den Gesellschaftern ergänzen. Diese Rechtsqualität ist jeweils angegeben.

2. Vertragliche Grundlagen

a) Firma

aa) Verweisung

Hierzu wird verwiesen auf die Ausführungen zum GmbH-Recht. Personen-, Sach-, Phantasie- und Mischformen sind nunmehr auch bei der AG möglich. Als erforderlicher Rechtsformzusatz ist zulässig „Aktiengesellschaft", „AG" und sonstige verständliche Abkürzungen. 490

bb) Rechtsnatur

Die Firma ist zwingender Satzungsbestandteil (§ 23 Abs. 3 Nr. 1 AktG). 491

b) Namensrechte

aa) Verweisung

Siehe dazu die Ausführungen zum GmbH-Recht. 492

bb) Rechtsnatur

Abreden über Namens(fort)führungsrechte sind solche zwischen der AG und dem namensgebenden Aktionär. Sie sind nicht Bestandteil der Satzung, sondern eine gesonderte schuldrechtliche Abrede zwischen Gesellschaft (AG) und dem Aktionär, die in die Gründungsurkunde aufgenommen wird. 493

c) Sitz

aa) Verweisung

Siehe dazu die Ausführungen zum GmbH-Recht. Wie bei der GmbH muß nach § 5 Abs. 2 AktG als Sitz in der Regel der Ort genommen werden, wo die Gesellschaft einen Betrieb hat, wo sich die Geschäftsleitung befindet oder die Verwaltung geführt wird. 494

bb) Rechtsnatur

Die Bestimmung über den Sitz ist zwingender Satzungsbestandteil (siehe dazu § 23 Abs. 3 Nr. 1 AktG). 495

d) Unternehmensgegenstand

aa) Verweisung

Hierzu wird grundsätzlich verwiesen auf das GmbH-Recht. 496

bb) Aktienrechtliche Besonderheiten

497 Bei Industrie- und Handelsunternehmen ist die Art der Erzeugnisse und Waren, die hergestellt und gehandelt werden sollen, näher anzugeben. Allgemeine Umschreibungen wie z. B. „Handel von Waren aller Art und Erbringen von Dienstleistungen aller Art" sind nicht zulässig (siehe dazu § 23 Abs. 3 Nr. 2 AktG).

498 Darüber hinaus war früher folgende aktienrechtliche Besonderheit zu berücksichtigen:
Verträge, die die Gesellschaft innerhalb der ersten zwei Jahre seit Eintragung in das Handelsregister über den Erwerb von Vermögensgegenständen abschließt, bedürfen der Beachtung sogenannter „Nachgründungsvorschriften" nach § 52 AktG, wenn die Vergütung den zehnten Teil des Grundkapitals übersteigt. Dies wird bei einem nicht allzu hohen Grundkapital recht häufig der Fall sein. Der Einhaltung der aufwendigen Nachgründungsvorschriften bedurfte es allerdings nicht, wenn der Erwerb der Vermögensgegenstände den Gegenstand des Unternehmens bildete (siehe dazu § 52 Abs. 9 AktG a. F.). Nunmehr stellt § 52 Abs. 9 AktG a. F. klar, daß laufende Geschäfte der Gesellschaft nicht der Nachgründung unterliegen. Sie müssen nicht wieder in die Satzung aufgenommen werden.

cc) Formulierungsbeispiel

499 Gegenstand des Unternehmens ist die Erbringung von Ingenieurdienstleistungen.

dd) Rechtsnatur

500 Der Unternehmensgegenstand ist zwingender Satzungsbestandteil. Die Einhaltung von Nachgründungsvorschriften ist unter den o. a. Bedingungen ebenfalls nur entbehrlich, wenn der Erwerb der Vermögensgegenstände in den satzungsmäßigen Unternehmensgegenstand aufgenommen wird.

e) Grundkapital

aa) Verweisung, Vorbemerkungen

501 Siehe dazu zunächst Ausführungen zur GmbH beim „Stammkapital". Die satzungsmäßige Kapitalausstattung wird bei der AG Grundkapital genannt. Das Mindestgrundkapital beträgt 50.000 €. Die Bedeutung bei der Kapitalerhaltung und beim Verlust des Grundkapitals entspricht der bei der GmbH, siehe dazu § 57 Abs. 1 und § 92 Abs. 1 AktG.

bb) Rechtsnatur

Die Bestimmung über das Grundkapital ist zwingend Satzungsbestimmung (siehe dazu § 23 Abs. 3 Nr. 3 AktG). 502

f) Einteilung des Grundkapitals
aa) Vorbemerkungen

Das Grundkapital kann eingeteilt werden in Nennbetragsaktien oder in Stückaktien. Ein Nebenher von Nennbetrags- und Stückaktien ist nicht möglich. 503

bb) Nennbetragsaktien

Nennbetragsaktien müssen auf mindestens 1 € oder ein mehrfaches, mindestens aber immer auf volle Euro lauten (siehe dazu § 8 Abs. 2 AktG). 504

cc) Stückaktien

Darüber hinaus ist nunmehr nach § 8 Abs. 3 AktG auch die Einteilung in nennbetragsfreie Stückaktien möglich. Auch bei Stückaktien darf der auf die einzelne Aktie entfallende rechnerische Anteil den Betrag des Grundkapitals 1 € nicht unterschreiten. Er kann auf ein mehrfaches, aber immer nur auf volle € lauten. 505

dd) Formulierung
(1) Nennbetragsaktien 506

Das Grundkapital der Gesellschaft von 50.000 € ist eingeteilt in 50.000 Aktien, die jeweils auf den Nennbetrag von 1 € lauten.

(2) Stückaktien

Das Grundkapital der Gesellschaft in einer Höhe von 50.000 € ist eingeteilt in 50.000 nennbetragsfreie Stückaktien.

ee) Rechtsnatur

Die Bestimmungen über die Zerlegung des Grundkapitals sind zwingend Satzungsbestimmungen (siehe dazu § 23 Abs. 2 Nr. 4 AktG). 507

g) Inhaber- oder Namensaktien
aa) Grundsätzliches Wahlrecht

508 Aktien können entweder auf den Inhaber oder auf den Namen lauten (siehe dazu § 10 Abs. 1 AktG). Nur dann, wenn die Aktien vor der vollen Einzahlung ausgegeben werden, müssen sie auf den Namen lauten. Wenn die Aktien endgültig auf den Inhaber lauten sollen, aber schon vor der vollen Leistungsausgabe des Betrags ausgegeben werden sollen, ist es meines Erachtens möglich, festzulegen, daß die Aktien, solange auf sie noch nicht der volle Ausgabebetrag geleistet ist, auf den Namen lauten und sich mit der vollen Leistung des Ausgabebetrags umwandeln in Inhaberaktien.

bb) Unterschiede zwischen Namens- und Inhaberaktien

509 – **Registrierung bei der Gesellschaft**
Nur Namensaktien werden in ein Aktienbuch der Gesellschaft eingetragen, das bei der Ausgabe von Namensaktien zwingend zu führen ist. Einzutragen sind Name, Wohnort und Beruf. Dieses Namensbuch hat folgende Funktion: Im Verhältnis zur Gesellschaft gilt als Aktionär nur, wer im Aktienbuch eingetragen ist (siehe dazu § 67 Abs. 2 AktG). Nach § 67 Abs. 5 AktG ist jedem Aktionär auf Verlangen Einsicht in das Aktienbuch zu gewähren, und zwar nicht nur in bezug auf seine eigene Eintragung.

– **Übertragungsakte**
Sowohl Namens- als auch Inhaberaktien können durch Abtretung der Anteile nach §§ 398 und 413 BGB abgetreten werden. Wenn keine Aktienurkunden ausgegeben werden, ist dies die einzige zulässige Form der Anteilsabtretung. Falls die Aktien verkörpert sind, gilt (außer bei Depotverwahrung): Bei Inhaberaktien ist die Übertragung durch Übereignung der Urkunde nach §§ 929 ff. möglich.

Bei Namensaktien ist die Übertragung durch Indossament nach § 69 Abs. 1 AktG in Verbindung mit Art. 12, 13 und 16 Wechselgesetz und Übereignung der Aktienurkunde möglich.

– **Vinkulierung**
Nur bei Namensaktien kann die Übertragung an die Zustimmung der Gesellschaft durch Satzung gebunden werden. Zuständig ist dafür nach § 68 Abs. 2 Abt. 6 der Vorstand. Durch die Satzung kann geregelt werden, daß die Zustimmung des Vorstands von einem Beschluß des Aufsichtsrats oder der Hauptversammlung abhängt. Wegen der personalistischen Struktur der kleinen AG werden in der Regel vinkulierte Namensaktien ausgegeben.

Bei Inhaberaktien ist eine solche Vinkulierung nicht möglich. Sie sind kraft Rechts völlig frei übertragbar.

cc) Formulierung

Inhaberaktien   510
Die Aktien lauten auf den Inhaber.

Namensaktien
Die Aktien lauten auf den Namen.

Ergänzung bei Vinkulierung von Namensaktien
Die Übertragung der Aktien bedarf der Zustimmung durch die Gesellschaft. Ggf. Ergänzung: Über die Erteilung der Zustimmung beschließt der Aufsichtsrat/Alternative: die Hauptversammlung.

h) Gesellschafter, Einlagen

aa) Gesetzliche Regelung

Nach § 23 Abs. 2 Nr. 1, 2 und 3 AktG reicht es bei der AG anders als bei der GmbH aus, daß die ersten Aktionäre der AG, die sogenannten Gründer, unter Angabe über deren Beteiligung, nämlich   511

– bei Nennbetragsaktien des Nennbetrages
– bei Stückaktien der Zahl
– des Ausgabebetrages
– bei verschiedenen Gattungen der Angabe der Gattung

in die Urkunde über die Errichtung der AG aufgenommen werden; die Bestimmungen sind aber nicht Bestandteil der Satzung nach § 23 Abs. 3 AktG, sondern Bestandteil des sogenannten „Mantels".

Entsteht die Aktiengesellschaft im Rahmen einer formwechselnden Umwandlung (§§ 190 ff. UmwG), müssen die entsprechenden Angaben in dem Umwandlungsbeschluss enthalten sein.

bb) Formulierungsbeispiele

1. An der Gründung der Gesellschaft beteiligen sich als Gründer Max Meier   512
und Hans Müller. Max Meier übernimmt 30.000 und Hans Müller übernimmt 20.000 nennwertlose Namens-Stückaktien mit je einem rechnerischen Anteil von 1/50.000 des Grundkapitals der Gesellschaft von 50.000 €, die zum Betrag von 2 € je nennwertlose Namens-Stückaktie ausgegeben werden.

2. Auf das Grundkapital der Gesellschaft zahlt A 15.000 € auf den rechnerischen Nennbetrag von 30.000 € und das gesamte Aufgeld von 30.000 €, B 10.000 € auf den rechnerischen Nennbetrag von 20.000 € und das gesamte Aufgeld von 20.000 €.

3. Insgesamt werden also auf das Grundkapital von 50.000 € 25.000 € einbezahlt und das gesamte Aufgeld von 50.000 €.

i) Bareinlagen, Sacheinlagen, Sachübernahmen

aa) Vorbemerkungen

513 Siehe zunächst bei der GmbH, Rz. 409 ff. Wie bei der GmbH ist gesetzlicher Regelfall der AG die bare Einlagenerbringung. Sacheinlagen und (hier gliedert das Aktienrecht weiter auf) Sachübernahmen sind wie bei der GmbH zulässig, bedürfen aber ebenfalls einer satzungsmäßigen Grundlage, wobei in der Satzung festgelegt werden müssen der Gegenstand der Sacheinlage oder Sachübernahme, die Person, von der die Gesellschaft den Gegenstand erwirbt und den Nennbetrag der bei der Sacheinlage zu gewährenden Aktien oder bei der Sachübernahme zu gewährenden Vergütung.

bb) Formulierungsbeispiel

514 Der Gesellschafter Hans Müller erbringt im Wege der Sacheinlage den im seinem Eigentum stehenden PKW Mercedes Benz T 300 mit dem Kennzeichen ..., der der Gesellschaft übereignet wird; der Nennbetrag der für die Sacheinlage zu gewährenden Aktien beträgt 20.000 €. Der den Nennbetrag der Stammeinlage von 20.000 € übersteigende Betrag des Werts des PKW ist in die Verbindlichkeiten der Gesellschaft einzustellen.

j) Fälligkeit der Einlageverpflichtungen

aa) Vorbemerkungen

515 Wie bei der GmbH gilt grundsätzlich, daß Sacheinlagen spätestens bei Eingang der Anmeldung beim Registergericht vollständig geleistet sein müssen (siehe dazu § 36a Abs. 2 S. 1 AktG). Hierzu besteht aber noch die Sonderbestimmung des § 36a Abs. 2 S. 2 AktG wonach dann, wenn die Sacheinlage in die Verpflichtung besteht, einen Vermögensgegenstand auf die Gesellschaft zu übertragen, diese Leistung innerhalb von fünf Jahren nach Eintragung der Gesellschaft in das Handelsregister bewirkt sein muß.

Daraus wird zum Teil gefolgert, daß bei der Übertragung von Vermögensgegenständen auf die Gesellschaft die Leistung auf die Dauer von 5 Jahren nach Eintragung der Gesellschaft in das Handelsregister aufgeschoben werden kann (siehe zum Streitstand *Hüffer* AktG, Rz. 4 zu § 36a und *Hoffmann-Becking* in Münch. Hdb. AG, § 4 Rz. 26).

Bei Bareinlagen muß mindestens $1/4$ des Nennbetrags einbezahlt sein und bei Ausgabe von Aktien zum Aufgeld auch das vollständige Aufgeld.

bb) Satzungsgestaltung

Wegen der Einlagefälligkeit existiert folgender Raum für satzungsmäßige Gestaltungen: 516

– Wenn bei Bareinlagen mehr als $^1/_4$ des Nennbetrags einbezahlt werden soll, kann dies in der Satzung verankert werden.
– Wenn die Aktien nicht in voller Höhe des Nennbetrags einzuzahlen sind, obliegt die Einforderung der ausstehenden Einlagen dem Vorstand nach § 76 ff. AktG. Die Entscheidung über die Einforderung kann zuvor nicht auf andere (z. B. den Aufsichtsrat oder die Hauptversammlung) verlagert werden. Nach § 111 Abs. 4 S. 2 AktG kann aber die Satzung die Einforderung von der vorherigen Zustimmung des Aufsichtsrats abhängig machen. (Weiter kann der Aufsichtsrat selbst eine Geschäftsordnung für den Vorstand im Sinn des § 82 Abs. 2 und § 111 Abs. 4 S. 2 erlassen und dabei bestimmen, daß die Einforderung weiterer Zahlungen auf die Einlage seiner Zustimmung bedarf.)

cc) Formulierungsbeispiele:

Alternative 1: Einlagen sind sofort in voller Höhe zu leisten. 517

Die Einlagen sind sofort in voller Höhe zu leisten.

Alternative 2: Einforderung ausstehender Einlagen bedarf der Zustimmung durch den Aufsichtsrat der Hauptversammlung.

Auf die Aktien ist jeweils $^1/_4$ des (bei nennwertlosen Aktien: rechnerischen) Nennbetrags sofort zu leisten. Die spätere Einforderung ausstehender Einzahlungen bedarf eines vorherigen zustimmenden Aufsichtsratsbeschlusses Beschlusses der Hauptversammlung.

k) Gesellschafterstämme/Gesellschaftergruppen

aa) Vorbemerkungen, Verweisung

Siehe dazu Rz. 107 ff. 518

Da das Aktienrecht Gesellschafterstämme und Gesellschaftergruppen sowie die stamm- oder gruppenbezogene Ausübung von Rechten nicht kennt, können diesbezügliche Abreden nur eingeschränkt in die Satzung der Aktiengesellschaft aufgenommen werden. Sie können aber durch Strukturierung des Aktionärskreises oder im Rahmen ergänzender schuldrechtlicher Abreden verabredet werden.

– Die Gesellschafterstamm- oder Gesellschaftergruppenbildung ist im Rahmen der Strukturierung des Aktionärskreises dadurch möglich, daß die Angehörigen des jeweiligen Stamms bzw. der jeweiligen Gruppe des jeweiligen Stammes die Aktien nicht jeweils individuell zeichnen, sondern als Bruchteilsberechtigte oder als Gesellschafter einer Gesellschaft des bürgerlichen Rechts. Beide Beteiligungsformen sind bei Aktiengesellschaften möglich (siehe dazu § 69 AktG). Vor allem aber Einziehungen zu Lasten einer Gruppe drohen trotz solcher strukturierender Maßnahmen das Stimmgewicht zwischen den einzelnen Gruppen zu stören. Deshalb empfiehlt es sich, solche strukturierende Maßnahmen durch schuldrechtliche Abreden zu ergänzen.

– Zu schuldrechtlichen Abreden: siehe oben bei Rz. 484 ff.

bb) Formulierungsbeispiel

519 1. Die Gesellschafter Hans und Beate Müller und deren Sohn Hans Müller jun., die 30.000 nennwertlose Namensaktien bei Gründung der Gesellschaft als Gesellschafter des bürgerlichen Rechts übernehmen und deren Rechtsnachfolger bilden die Gesellschaftergruppe „Müller". Die Gesellschafter Franz und Maria Meier und deren Rechtsnachfolger, die bei Gründung der Gesellschaft 20.000 nennwertlose Namensaktien übernehmen, bilden die Gesellschaftergruppe „Meier".

2. Soweit nach dem Gesetz oder der Satzung Umstände eintreten, die dazu führen, daß sich das Gewicht der Gruppen Müller und Meier anders entwickelt als 3:2, sind die Beteiligten verpflichtet, bei Maßnahmen mitzuwirken, die dieses Gewicht wieder herstellen. Einigen sich die Beteiligten nicht darüber, welche konkrete Maßnahme zur Herbeiführung des Stimmgewichts ergriffen werden soll und zu welchen Bedingungen dies erfolgen soll, entscheidet hierüber ein von beiden Beteiligten übereinstimmend zu benennender Angehöriger der rechts- und steuerberatenden Berufe (Notar, Rechtsanwalt, Steuerberater, Wirtschaftsprüfer) als Schiedsgutachter; die Kosten des Schiedsgutachtens tragen die Gruppen Müller und Meier im Verhältnis 3 : 2. Die entsprechende Klausel kann nicht in die Satzung, sondern nur in den Mantel als schuldrechtliche Abrede unter den Gründungsaktionären aufgenommen werden.

cc) Eingeschränkte satzungsmäßige Gestaltungsmöglichkeiten

(1) Einfluß auf die Organbesetzung

520 – Entsendungsrechte in den Aufsichtsrat können eingeschränkt durch die Satzung begründet werden: Maximal können Entsendungsrechte für insgesamt höchstens $1/3$ der Aufsichtsratsmitglieder der Aktionäre eingeräumt werden. Das Recht kann Aktionären persönlich eingeräumt werden. Das entsprechende Recht fällt dann mit dem Tod des entsprechenden Aktionärs weg, ebenso, wenn der Betreffende nicht mehr Aktionär ist. Alternativ kann das Recht auch an die Inhaberschaft einer bestimmten Aktie oder bestimmter Aktien geknüpft werden, vorausgesetzt, es handelt sich um eine vinkulierte Namensaktie (siehe dazu § 101 Abs. 2 AktG).

– Anders als bei der GmbH können weder Einzelaktionären noch Aktionärsgruppen noch Inhabern bestimmter Aktien Rechte eingeräumt werden, Vorstandsmitglieder zu ernennen. Der Vorstand wird zwingend durch den Aufsichtsrat berufen.

– Bei vinkulierten Namensaktien kann bestimmt werden, daß Übertragungen innerhalb eines Stammes einer Gruppe keiner Zustimmung bedürfen und festgelegt wird, daß bei Übertragung an andere Personen die Zustimmung verweigert werden kann (nicht dagegen: muß).

(2) Formulierungsbeispiele

(a) Entsendungsrecht in den Aufsichtsrat 521

Der jeweilige Inhaber der Aktien Nummer 1–30.000, vorausgesetzt, er hält sämtliche dieser Aktien, deren Übertragung an die Zustimmung der Gesellschaft geknüpft ist, ist berechtigt, in den dreiköpfigen Aufsichtsrat der Gesellschaft ein Mitglied zu entsenden.

(b) Vinkulierung mit Gruppierung

Übertragungen innerhalb einer Gesellschaftsgruppe bedürfen keiner Zustimmung.

(c) Sonstige Übertragungen

Sonstige Übertragungen der Namensaktien bedürfen der Zustimmung der Gesellschaft.

l) Dauer der Gesellschaft

Wie bei der GmbH (siehe dazu Rz. 416) geht das Aktienrecht von einer unbestimmten Dauer der Gesellschaft aus; eine Befristung bedarf einer satzungsmäßigen Grundlage (siehe dazu § 262 Abs. 1 Nr. 1 AktG). 522

m) Geschäftsjahr

Wie bei der GmbH setzt das Aktienrecht ein Geschäftsjahr voraus (siehe dazu z. B. § 120 Abs. 1 AktG). Mangels abweichender Bestimmungen muß davon ausgegangen werden, daß ohne satzungsmäßige Grundlage das Geschäftsjahr identisch ist mit dem Kalenderjahr, daß das Geschäftsjahr aber in der Satzung beliebig gewählt werden kann. 523

n) Dienstleistungs- und Nutzungsüberlassungsverpflichtungen

Siehe dazu GmbH-Recht, Rz. 418. 524

3. Ordnung der Außenverhältnisse der Gesellschaft

a) Geschäftsführung und Vertretung

aa) Vorbemerkungen

525 Geschäftsführung und Vertretung obliegen bei der AG grundsätzlich dem Vorstand der Aktiengesellschaft, dessen rechtliche Position, verglichen mit dem Geschäftsführer einer GmbH (siehe dazu Rz. 419 ff.), stärker ist. Der Aufsichtsrat hat dagegen im wesentlichen eine Kontrollfunktion.

Der wesentliche Unterschied zwischen der Stellung des Geschäftsführers der GmbH und des Vorstands der AG bei der Geschäftsführung ist der folgende:

Der Vorstand leitet die Gesellschaft unter eigener Verantwortung. Dies bedeutet unter anderem, daß weder der Aufsichtsrat dem Vorstand Einzelweisungen geben kann noch die Hauptversammlung zu Weisungen gegenüber dem Vorstand befugt ist. Dies bedeutet weiter, daß der Vorstand nur aus wichtigem Grund abberufen werden kann. Dem korrespondiert, daß er längstens auf die Dauer von 5 Jahren bestellt werden kann.

bb) Vertretung

526 Nach § 78 AktG obliegt die Vertretung der Gesellschaft allein dem Vorstand. Nur gegenüber Vorstandsmitgliedern vertritt der Aufsichtsrat die Gesellschaft (siehe dazu § 112 AktG).

Wie bei der GmbH werden „die allgemeinen Bestimmungen über die Vertretung" in die Satzung der Gesellschaft aufgenommen und in das Handelsregister eingetragen. Im übrigen wird verwiesen auf Rz. 423.

Hierzu wird aber noch folgendes angemerkt:

Nachdem nach § 112 AktG Vorstandsmitgliedern gegenüber der Aufsichtsrat zwingend die Gesellschaft vertritt, kann einem Vorstand die Befreiung von § 181 BGB insoweit nicht erteilt werden, als es um Rechtsgeschäfte zwischen dem Vorstand selbst und der Gesellschaft geht. Insoweit kann auch die Satzung keine Ermächtigung zur Befreiung von § 181 BGB vorsehen.

Da die Bestellung des ersten Vorstands der AG nicht durch den Gründer erfolgt, sondern durch den ersten Aufsichtsrat, werden die entsprechenden Bestellungsmaßnahmen und die Maßnahmen betreffend der Festlegung der konkreten Vertretungsbefugnis nicht zwingend in dem Urkundenmantel aufgenommen, sondern in der Gründungsurkunde nur dann, wenn bei der Gründung auch der Aufsichtsrat mit zugegen ist und dabei den Beschluß über die Gründung des ersten Vorstands faßt, sonst in einem gesonderten Aufsichtsratsprotokoll.

cc) Geschäftsführung

Nach § 82 Abs. 2 unterliegt der Vorstand bei Geschäftsführungsmaßnahmen Beschränkungen

– durch das Gesetz,
– durch die Satzung, soweit durch das Gesetz zugelassen,
– durch den Aufsichtrat, soweit durch das Gesetz zugelassen, und
– durch die Hauptversammlung, soweit durch das Gesetz zugelassen, und
– durch Geschäftsordnungen des Vorstands und des Aufsichtsrats.

Insbesondere kann durch die Satzung nicht eine beliebige Beschränkung der Geschäftsführungsbefugnis vorgenommen werden, sondern nur eine solche, die eine gesetzliche Grundlage hat.

Durch die Satzung kann dem Aufsichtsrat der Erlaß einer Geschäftsordnung für den Vorstand übertragen werden. Die Satzung selbst oder der Aufsichtsrat kraft eigener Entscheidung kann aber bestimmen, daß bestimmte Arten von Geschäften nur mit Zustimmung des Aufsichtsrats vorgenommen werden dürfen.

dd) Formulierungsbeispiele

Satzungsmäßige allgemeine Bestimmung über die Geschäftsführung und Vertretung

1. Die Gesellschaft hat ein oder mehrere Vorstandsmitglieder.

2. Ist nur ein Vorstandsmitglied bestellt, ist dieses einzelvertretungsbefugt. Sind mehrere Vorstandsmitglieder bestellt, vertreten jeweils zwei Vorstandsmitglieder in Gemeinschaft oder ein Vorstandsmitglied in Gemeinschaft mit einem Prokuristen die Gesellschaft.

3. Der Aufsichtsrat kann auch bei Vorhandensein mehrerer Vorstandsmitglieder einem, mehreren oder allen Einzelvertretungsbefugnis erteilen und einen, mehrere oder alle Vorstandsmitglieder insoweit von den Beschränkungen des § 181 BGB befreien, als es um Rechtsgeschäfte zwischen der Aktiengesellschaft und Dritten geht.

4. Im Innenverhältnis haben die Vorstandsmitglieder die Beschränkungen zu beachten, die ihnen das Gesetz auferlegt oder im Rahmen des Gesetzes die Satzung, der Aufsichtsrat, die Hauptversammlung und die Geschäftsführung des Vorstands und Aufsichtsrats für die Geschäftsführungsbefugnis getroffen haben.

Konkreter Bestellungsakt und Festlegung der Vertretungsbefugnis (im Urkundenmantel bei anwesenden Aufsichtsratsmitgliedern)

529 Die ersten Mitglieder des Aufsichtsrats, die jeweils ihre Wahl annahmen, traten zu einer Sitzung zusammen und beschlossen was folgt:

(. . .)

Zum ersten Vorstand der Gesellschaft werden bestellt:
Hans Müller, Kaufmann auf Frankfurt und
Gerd Meier, Dipl.-Ingenieur aus München.

Hans Müller ist stets einzelvertretungsbefugt und insoweit von den Beschränkungen des § 181 BGB befreit, als er befugt ist, sowohl die Gesellschaft als auch Dritte zu vertreten.

Gerd Meier vertritt die Gesellschaft in Gemeinschaft mit einem weiteren Vorstand oder in Gemeinschaft mit einem weiteren Prokuristen.

b) Buchführung, Bilanzierung

530 Siehe dazu die Ausführungen bei der GmbH, Rdnr. 425 ff.

Zwischenzeitlich differenziert das Gesetz bzgl. Buchführungs- und Bilanzierungsvorschriften, sowie der Prüfung des Jahresabschlusses nicht mehr zwischen GmbH und AG; auch bei der AG, die kleine Gesellschaft i. S. von § 267 Abs. 1 HGB ist, ist keine Prüfung des Jahresabschlusses durch einen vBP/WP kraft Gesetzes erforderlich. Der Aufsichtsrat sollte wegen seiner eigenen Verantwortlichkeit aber i. d. R. auf einer Prüfung bestehen; diese kann auch in der Satzung vorgesehen werden.

Formulierungsbeispiel: Auch wenn die Gesellschaft eine „kleine" i. S. des HGB ist, ist der Jahresabschluss durch einen vBP oder WP zu prüfen.

c) Kontrollorgan Aufsichtsrat

aa) Grundlagen

531 Die Aktiengesellschaft hat als zwingendes weiteres Organ neben Vorstand und Hauptversammlung den Aufsichtsrat. Die kleine AG erhielt unter anderem deshalb den starken Aufschwung, weil der Aufsichtsrat ausschließlich aus Mitgliedern der Aktionäre bestehen kann, wenn die Bedingungen des § 92 AktG vorliegen.

Zu Entsendungsrechten in den Aufsichtsrat siehe oben bei Rz. 520 f.

Die Aufgaben des Aufsichtsrats ergeben sich unmittelbar aus dem Gesetz und bestehen in der Überwachung der Geschäftsführung.

Die Zahl der Aufsichtsratsmitglieder beträgt mindestens drei (§ 95 S. 1 AktG).

bb) Satzungsbestimmungen

Durch die Satzung können folgende Bestimmungen betreffend den Aufsichtsrat getroffen werden: 532

– Die Zahl der Aufsichtsratsmitglieder kann erhöht werden, muß in jedem Fall aber durch 3 teilbar sein und kann höchstens 9,15 oder 21 (Grundkapital bis 1.500.000 € bis 10.000.000 €, über 10.000.000 €) betragen.
– Die Satzung kann die Mehrheit, mit der Aufsichtsratsmitglieder vor Ablauf ihrer Amtszeit abberufen werden können (anders als nach der insoweit dispositiven Regelung von 75% der abgegebenen Stimmen) festlegen und weitere Erfordernisse bestimmen (siehe dazu § 103 Abs. 1 S. 3 AktG).
– Die Beschlußfähigkeit kann, soweit zwingende gesetzliche Bestimmungen dem nicht entgegenstehen, durch die Satzung bestimmt werden (siehe dazu § 108 Abs. 2 S. 1 AktG).
– Schon die Satzung kann bestimmen, daß bestimmte Arten von Geschäften der Zustimmung durch den Aufsichtsrat bedürfen. Dies ist nicht empfehlenswert, weil Änderungen des Katalogs, wenn er in der Satzung enthalten ist, der Satzungsänderung bedürfen.
– Die Vergütung der Aufsichtsratsmitglieder kann in der Satzung festgelegt werden, auch dies empfiehlt sich wegen der eventuell erforderlichen Notwendigkeit von Satzungsänderungen zur Vergütungsänderung nicht.
– Dem Aufsichtsrat kann die Befugnis eingeräumt werden, Satzungsänderungen, die die Fassung der Satzung betreffen, zu beschließen (§ 179 Abs. 1 S. 2 AktG).

cc) Musterformulierung zum Aufsichtsrat

1. Der Aufsichtsrat besteht aus drei Personen. 533

2. Soweit die Hauptversammlung nicht bei der Wahl für einzelne oder von ihr zu wählende Aufsichtsratsmitglieder oder für den Gesamtaufsichtsrat einen kürzeren Zeitraum beschließt, werden die Aufsichtsratsmitglieder längstens für die Zeit bis zur Beendigung der Hauptversammlung gewählt, die über die Entlastung für das vierte Geschäftsjahr nach dem Beginn der Amtszeit beschließt. Dabei wird das Geschäftsjahr, in dem die Amtszeit beginnt, nicht mitgerechnet. Eine Wiederwahl ist möglich. Die Wahl des Nachfolgers eines vor Ablauf seiner Amtszeit ausgeschiedenen Mitglieds erfolgt nur für die Restamtszeit des ausgeschiedenen Mitglieds.

3. Gleichzeitig mit der Wahl der ordentlichen Aufsichtsratsmitglieder können für ein oder mehrere bestimmte Aufsichtsratsmitglieder Ersatzmitglieder gewählt werden. Sie werden nach der bei der Wahl festzulegenden Reihenfolge Mitglieder des Aufsichtsrats, wenn Aufsichtsratsmitglieder, als deren Ersatzmitglieder sie gewählt wurden, vor Ablauf ihrer Amtszeit aus dem Aufsichtsrat ausschei-

den. Sie sind Ersatzmitglieder für die Dauer der restlichen Amtszeit des ausscheidenden ordentlichen Mitglieds an dessen Stelle.

4. Der Aufsichtsrat wählt seiner ersten Sitzung nach seiner Wahl aus seiner Mitte einen Vorsitzenden und einen Stellvertreter. Die Wahl erfolgt für die Amtszeit des Gewählten.

5. Scheiden der Vorsitzende oder seine Stellvertreter vorzeitig aus dem Amt aus, hat der Aufsichtsrat unverzüglich eine neue Wahl für die restliche Amtszeit des Ausgeschiedenen vorzunehmen.

6. Der Aufsichtsrat muß mindestens einmal im Kalenderviertejahr einberufen werden. Die Einberufung erfolgt durch den Vorsitzenden, im Fall seiner Verhinderung durch seinen Stellvertreter mündlich, fernmündlich, schriftlich, per Telefax oder telegraphisch. Beschlüsse bedürfen der Mehrheit der Mitglieder des Aufsichtsrats. Außerhalb von Sitzungen sind schriftliche, telegraphische, fernmündliche Beschlußfassungen oder Beschlußfassungen per Telefax zulässig, wenn kein Mitglied diesem Verfahren innerhalb einer vom Vorsitzenden zum bestimmenden angemessenen Frist widerspricht. Über die Sitzungen des Aufsichtsrats ist eine Niederschrift anzufertigen, die von dem Vorsitzenden der Sitzung zu unterzeichnen ist. Bei Beschlußfassungen außerhalb von Sitzungen ist die Niederschrift vom Vorsitzenden des Aufsichtsrats zu unterzeichnen und unverzüglich allen Mitgliedern zuzuleiten.

7. Jedes Mitglied des Aufsichtsrats erhält nach Abschluß eines Geschäftsjahres eine angemessene Vergütung, die durch Beschluß der Hauptversammlung festgelegt wird. Die Gesellschaft erstattet den Aufsichtsratsmitgliedern ihre Auslagen. Die Umsatzsteuer wird von der Gesellschaft erstattet, soweit die Mitglieder des Aufsichtsrats berechtigt sind, die Umsatzsteuer der Gesellschaft gesondert in Rechnung zu stellen und dieses Recht ausüben.

8. Der Aufsichtsrat kann sich im Rahmen der gesetzlichen Vorschriften und der Bestimmungen dieser Satzung eine Geschäftsordnung geben.

9. Der Aufsichtsrat ist befugt, Änderungen der Satzung, die nur deren Fassung betreffen, zu beschließen.

dd) Kontrolle durch die Gesellschafter

534 Siehe unten bei der Hauptversammlung Rz. 535 f.

d) Hauptversammlung, Stimmrechte, Einwendungsrechte

aa) Grundlagen, Verweisung

535 **(1)** Das Aktienrecht enthält die Bestimmungen über die Hauptversammlung in den §§ 118 ff. AktG. Dabei ist zu berücksichtigen:

(2) Auch bei einer sogenannten „kleinen AG" können wirksame Beschlüsse nur in einer Versammlung und nicht auf sonstige Weise, d. h. z. B. auch nicht im Umlaufverfahren, gefaßt werden.

(3) Die Satzung kann gesetzliche Bestimmungen insoweit abändern bzw. ergänzen, als

– festgelegt werden kann, daß die Hauptversammlung an einem anderen Ort als dem Sitz der Gesellschaft stattfindet oder zumindest stattfinden kann (siehe dazu § 121 Abs. 4 S. 1 AktG), und

– die Satzung die Teilnahme an der Hauptversammlung oder die Ausübung des Stimmrechts von der Hinterlegung der Aktien oder der vorherigen Anmeldung zur Hauptversammlung abhängig machen kann (siehe dazu § 123 Abs. 2 AktG). Dies hat nach § 123 Abs. 2 AktG Auswirkungen auf die Berechnung der Einberufungsfristen.

(4) Die Kontrollrechte der Gesellschafter werden in der Hauptversammlung durch die Auskunftsansprüche nach § 131 realisiert; ein Recht der Einberufung einer Hauptversammlung zu verlegen setzt grundsätzlich eine Beteiligung von mindestens 5% des Grundkapitals voraus. Durch die Satzung kann das Recht, die Einberufung einer Hauptversammlung zu verlangen, an einen geringeren Anteil am Grundkapital geknüpft werden (siehe dazu § 122 Abs. 1 S. 2 AktG).

bb) Formulierungsbeispiel

1. Die ordentliche Hauptversammlung findet innerhalb der ersten acht Monate nach Ablauf des Geschäftsjahres statt. Hauptversammlungen finden am Sitz der Gesellschaft oder in . . . (Ort der Hauptversammlung) statt.

2. Die Hauptversammlung wird durch den Vorstand oder in den gesetzlich vorgeschriebenen Fällen durch den Aufsichtsrat einberufen.

3. Ohne Wahrung der gesetzlichen und satzungsmäßigen Einberufungsvorschriften kann eine Hauptversammlung abgehalten werden, wenn alle Aktionäre erschienen oder vertreten sind und kein Aktionär der Beschlußfassung widerspricht.

4. Jeder Aktie mit einem Nennwert von 1 € gewährt eine Stimme. Sind Aktien nicht voll eingezahlt, beginnt das Stimmrecht, sobald die gesetzliche Mindesteinlage geleistet ist. Die Leistungen der Mindesteinlage gewährt eine Stimme. Bei höheren Einlagen richtet sich das Stimmenverhältnis nach der Höhe der geleisteten Einlagen.

5. Den Vorsitz der Hauptversammlung führt der Vorsitzende des Aufsichtsrats, im Fall seiner Verhinderung sein Stellvertreter oder ein anderes durch den Aufsichtsrat zu bestimmendes Aufsichtsratsmitglied. Ist keiner von diesen erschienen oder zur Leitung der Versammlung bereit, eröffnet der an Lebensjahren älteste Aktionär die Versammlung und läßt von ihr einen Vorsitzenden wählen. Der

Vorsitzende leitet die Verhandlungen, bestimmt die Reihenfolge, in der die Gegenstände der Tagesordnung behandelt werden und entscheidet über die Form der Abstimmung.

6. Die Hauptversammlung ist beschlußfähig, wenn mehr als 75% des gesamten stimmberechtigten Grundkapitals vertreten sind. Erweist sich eine Hauptversammlung als nicht beschlußfähig, so ist eine neu einberufene Hauptversammlung, die innerhalb der nächsten sechs Wochen stattfindet, hinsichtlich der Gegenstände, die auf der Tagesordnung der beschlußunfähigen Hauptversammlung standen, ohne Rücksicht auf die Höhe des dann vertretenen Grundkapitals beschlußfähig, wenn in der Einberufung hierauf hingewiesen wurde.

7. Beschlüsse der Hauptversammlung werden, soweit diese Satzung oder das Gesetz nicht höhere Mehrheiten vorschreiben, mit der einfachen Mehrheit der abgegebenen Stimmen gefaßt.

8. Über die Verhandlung ist eine Niederschrift zu fertigen, die vom Vorsitzenden des Aufsichtsrats zu unterzeichnen ist. Werden Beschlüsse gefaßt, für die das Gesetz eine Mehrheit von mindestens 75% des bei der Beschlußfassung vertretenen Grundkapitals vorschreibt, so ist über die Verhandlung ein notarielles Protokoll aufzunehmen.

e) Ergebnisverwendung

aa) Verweisung

537 Siehe zunächst Rz. 430 ff. bei der GmbH.

Nach dem Recht der AG hat der Vorstand grundsätzlich die Möglichkeit, die Hälfte des Jahresüberschusses in andere Gewinnrücklagen einzustellen. Dies bedeutet, daß, wenn der Vorstand von dieser Befugnis Gebrauch macht, der entsprechende Anteil des Jahresüberschusses der Disposition durch die Hauptversammlung entzogen ist.

Bei einer „kleinen AG" soll dem Vorstand häufig eine so starke Befugnis nicht eingeräumt werden, sondern insoweit die Kompetenz der Hauptversammlung stärker sein. Die Beschneidung der Befugnisse des Vorstands ist nach § 58 Abs. 2 AktG bei nicht börsennotierten Gesellschaften zulässig, setzt aber eine satzungsmäßige Grundlage voraus.

bb) Formulierungsbeispiel

538 1. Stellen Vorstand und Aufsichtsrat den Jahresabschluß fest, sind sie nicht dazu ermächtigt, einen Teil des Jahresabschlusses in andere Gewinnrücklagen einzustellen. Die Entscheidung über die Bildung anderer Gewinnrücklagen bleibt allein der Hauptversammlung vorbehalten.

2. Stellt die Hauptversammlung den Jahresabschluß fest, so ist $1/5$ des Jahresüberschusses solange in andere Gewinnrücklagen einzustellen, wie die anderen Gewinnrücklagen die Hälfte des Grundkapitals nicht übersteigen oder soweit sie nach der Einstellung die Hälfte des Grundkapitals nicht übersteigen würden. Dabei sind Beträge, die in die gesetzliche Rücklage einzustellen sind oder ein Verlustvortrag vorab vom Jahresüberschuß abzuziehen.

3. Die Hauptversammlung beschließt über die Verwendung des Bilanzgewinns. Sie ist hierbei an den festgestellten Jahresabschluß gebunden.

4. Strukturänderungen der Gesellschaft

a) Verfügungen über Aktien

Grundsätzlich kann über Aktien frei verfügt werden; dies gilt insbesondere für alle Arten von Inhaberaktien und für nicht vinkulierte Namensaktien. Eine Einschränkung gilt nur bei vinkulierten Namensaktien, siehe dazu oben bei Rz. 509.

539

Unabhängig von der Möglichkeit zur Vinkulierung von Namensaktien ist es möglich, außerhalb der Satzung Ankaufs- oder Vorkaufsrechte zu vereinbaren. Solche Ankaufs- oder Vorkaufsrechte können aber nicht auf satzungsmäßiger Grundlage vereinbart werden, sondern lediglich auf schuldrechtlicher Basis, z. B. in der Gründungsurkunde oder in Pool-Abreden außerhalb des Gesellschaftsvertrags.

b) Ausschließung von Gesellschaftern

Siehe dazu vorab Rz. 441 ff. bei der GmbH.

540

Ein Ausschließung von Gesellschaftern ist auf satzungsmäßiger Ebene bei der AG nur durch die zwangsweise Einziehung von Aktien nach §§ 237 ff. AktG zulässig. Die Einziehung der Aktien bedarf der satzungsmäßigen Grundlage (siehe dazu § 237 Abs. 1 S. 2 AktG). Bei der kleinen AG bieten sich ebenso wie bei der AG als Voraustatbestände, bei denen über eine Zwangsentziehung entschieden werden kann, an die Eröffnung des Insolvenzverfahrens über das Vermögen des Aktionärs – bzw. die Ablehnung der Eröffnung eines solchen Verfahrens mangels Masse und die Abgabe eines Vermögensverzeichnisses mit Versicherung an Eides Statt bezüglich der Richtigkeit –, sowie die Vollstreckung in die Aktien.

Besonderer Überlegung bedarf, ob auch der Tod eines Aktionärs bei der betreffenden kleinen AG Voraustatbestand für eine zugelassenen zwangsweise Einziehung sein soll.

Klärungsbedürftig ist für den Fall der Einziehung das Einziehungsentgelt (siehe dazu noch unten bei Rz. 542 und 202).

c) Tod eines Gesellschafters

541 Beim Tod eines Aktionärs wird dessen Aktie grundsätzlich vererbt. Die Vererbung kann satzungsmäßig nicht ausgeschlossen werden. Der Tod eines Aktionärs kann nur Voraustatbestand für eine Einziehung einer Aktie sein (siehe dazu oben Rz. 197).

d) Abfindung

542 Bei jeder Zwangseinziehung stellt sich die Frage der Abfindung des Aktionärs (siehe dazu Rz. 202).

Formulierungsbeispiel:

1. Die Einziehung von Aktien durch die Gesellschaft ist nach Maßgabe von § 237 AktG zulässig.

2. Eine Zwangseinziehung von Aktien ist der Gesellschaft gestattet, wenn

– über das Vermögen des betroffenen Aktionärs ein Insolvenzverfahren rechtskräftig eröffnet oder die Eröffnung eines solchen Verfahrens rechtskräftig mangels Masse abgelehnt wird oder der Aktionär nach § 807 ZPO ein Vermögensverzeichnis abzugeben und die Richtigkeit an Eides Statt zu versichern hat;

– die Aktien ganz oder teilweise von einem Gläubiger des betroffenen Aktionärs gepfändet werden oder in sonstiger Weise in diese vollstreckt wird und die Vollstreckungsmaßnahme nicht innerhalb von drei Monaten, spätestens jedoch bis zum Verwertung der Aktien, aufgehoben wird;

– die Aktien von Todes wegen auf eine oder mehrere Personen übergehen, bei denen es sich nicht um einen anderen Aktionär oder den Ehegatten oder einen Abkömmling des verstorbenen Aktionärs handelt und die Aktien nicht innerhalb von 6 Monaten nach dem Tod des Aktionärs auf eine oder mehrere dieser Personen übertragen werden.

3. Bei Zwangseinziehung ist an den betroffenen Aktionär bzw. seinen Rechtsnachfolger als Einziehungsentgelt ein Betrag zu zahlen, der dem Bilanzwert (eingezahlte Einlagen zuzüglich offene Rücklagen zuzüglich Jahresüberschuß und Gewinnvortrag und abzüglich Jahresfehlbetrag und Verlustvortrag) der eingezogenen Aktien entspricht. Maßgebend für die Berechnung des Bilanzwerts der eingezogenen Aktien ist die Handelsbilanz des am Tag der Beschlußfassung durch die Hauptversammlung vorangehenden Geschäftsjahres. Stille Reserven jeglicher Art und ein Firmenwert werden nicht berücksichtigt. Die Festsetzung der weiteren Bedingungen der Zwangseinziehung bleibt der Beschlußfassung durch die Hauptversammlung überlassen.

e) Sonstige Bestimmungen

Siehe dazu bei der GmbH Rz. 447.   543

Formulierungsbeispiel:
Die Gesellschaft trägt die mit ihrer Gründung verbundenen Gerichts- und Notarkosten sowie die Kosten der Veröffentlichung bis zu einem Höchstbetrag von 6.000 DM zuzüglich gesetzlicher Umsatzsteuer.

X. Betriebsaufspaltung

1. Vorbemerkung und Erscheinungsformen

a) Vorbemerkung

Bei der Allgemeinen Checkliste Rz. 117 ff. u. 121 ff. wurde dargestellt, daß die Gesellschafter einer Gesellschaft die für deren Geschäftsbetrieb erforderlichen Betriebsgrundlagen auf verschiedene Weise zur Verfügung stellen können: dadurch, daß sie dieses Vermögen der Gesellschaft übereignen oder der Gesellschaft die finanziellen Mittel zur Verfügung stellen, daß sie diese Gegenstände zum Eigentum erwerben kann (bei Kapitalgesellschaften zum Eigentum der juristischen Person, bei Personengesellschaften zum Gesamthandseigentum). Die Gesellschafter können der Gesellschaft Betriebsgrundlagen aber auch zur Nutzung überlassen – auch entgeltlich.   544

Die letzte Gestaltung kennzeichnet die Betriebsaufspaltung: Von Gesellschaftern einer Gesellschaft werden dieser wesentliche Betriebsgrundlagen – zumindest eine – entgeltlich zur Nutzung zur Verfügung gestellt. Die Nutzungsüberlassung erfolgt durch alle Gesellschafter, durch mehrere Gesellschafter oder durch einen Gesellschafter. Voraussetzung für die Annahme einer Betriebsaufspaltung ist, daß die nutzungsüberlassenden Gesellschafter über einen „einheitlichen geschäftlichen Betätigungswillen" die Geschicke des Betriebs- und des Besitzunternehmens leiten können.

Bei den typischen Erscheinungsformen der Betriebsaufspaltung (echte und unechte Betriebsaufspaltung) führt die Qualifikation eines Nutzungsüberlassungsverhältnisses mit den damit verbundenen Gestaltungen dazu, daß das Vermögen des Besitzunternehmens als steuerliches Betriebsvermögen angesehen wird und die Miet- oder Pachtzinsen als gewerbliche Einkünfte der Besitzunternehmer und nicht als Einkünfte aus Vermietung und Verpachtung qualifiziert werden.

In steuerlicher Hinsicht werden im Zusammenhang mit der Betriebsaufspaltung im wesentlichen zwei Fragen aufgeworfen: 545

– Wann liegt eine wesentliche Betriebsgrundlage vor, deren Nutzungsüberlassung Voraussetzung für die Annahme einer Betriebsaufspaltung ist?

– Wann liegt ein einheitlicher geschäftlicher Betätigungswille beim Besitz- und beim Betriebsunternehmen vor?

546 In zivilrechtlicher Hinsicht wirft die Betriebsaufspaltung ebenfalls im wesentlichen zwei Fragen auf:

– Unter welchen Voraussetzungen wird das Vermietungs- oder Verpachtungsverhältnis zur kapitalersetzenden Nutzungsüberlassung analog § 30 GmbHG und entsprechend §§ 32a und 32b GmbHG qualifiziert?
– Kann eine Betriebsaufspaltung zur Konzernhaftung führen?

Diese Fragen können hier nicht vertieft werden; statt dessen wird verwiesen auf das Spezialschrifttum, insbesondere wegen der zivilrechtlich aufgeworfenen Fragen auf die Lagerplatz-Entscheidungen des BGH und die GmbH-Konzernentscheidungen des BGH.

b) Erscheinungsformen

aa) Echte Betriebsaufspaltung

547 Von einer echten Betriebsaufspaltung spricht man, wenn die Inhaber eines bestehenden Geschäftsbetriebs (z. B. Einzelkaufmann oder Gesellschafter einer oHG) ihren Geschäftsbetrieb ganz oder teilweise an eine GmbH verpachten, an der sie herrschend beteiligt sind.

bb) Unechte Betriebsaufspaltung

548 Eine unechte Betriebsaufspaltung liegt vor, wenn nicht ein gesamter bereits existierender Geschäftsbetrieb an eine GmbH verpachtet wird, bei der die Verpächter als Gesellschafter beteiligt sind und dort ihren Willen durchsetzen können, sondern wenn bei Gründung der GmbH oder zu einem späteren Zeitpunkt einzelne wesentliche Betriebsgrundlagen verpachtet werden, die im Eigentum von Gesellschaftern stehen, die ihren Willen auch in der GmbH durchsetzen können.

cc) Umgekehrte Betriebsaufspaltung

549 Bei der umgekehrten Betriebsaufspaltung ist eine Kapitalgesellschaft das Besitzunternehmen, während das Betriebsunternehmen in der Rechtsform einer Personengesellschaft betrieben wird.

dd) Kapitalistische Betriebsaufspaltung

550 Die kapitalistische Betriebsaufspaltung ist dadurch gekennzeichnet, daß eine Kapitalgesellschaft an eine von ihr mehrheitlich beherrschte andere Kapitalgesellschaft wesentliche Betriebsgrundlagen zur Nutzung überläßt.

ee) Mitunternehmerische Betriebsaufspaltung

Die mitunternehmerische Betriebsaufspaltung liegt vor, wenn eine natürliche Person oder Personengemeinschaft, die nicht Gesellschafter einer anderen Personengesellschaft ist, aber trotzdem dort ihren Willen durchsetzen kann, an diese wesentliche Betriebsgrundlagen zur Nutzung überläßt. 551

2. Gestaltungsgrundsätze

a) Nutzungsüberlassungsvertrag

Rechtsbeziehungen zwischen dem Besitz- und Betriebsunternehmen werden durch den Vertrag hergestellt, durch den die wesentlichen Betriebsgrundlagen vom Besitzunternehmen dem Betriebsunternehmen entgeltlich zur Nutzung zur Verfügung gestellt werden. 552

aa) Höhe des Nutzungsentgelts

Dabei ist insbesondere bei der Höhe des Entgelts für die Nutzungsüberlassung zu berücksichtigen, daß ein überhöhtes Entgelt beim Betriebsunternehmen eine Unternehmenskrise auslösen oder diese verschärfen kann. Deshalb ist der Rechtsberater bei der Konzeption des Nutzungsüberlassungsvertrags auf betriebswirtschaftlichen Sachverstand angewiesen, der ihm die Vorgaben für die adäquate Höhe des Nutzungsüberlassungsentgelts zur Verfügung stellt. 553

bb) Vertragsdauer

Bei der Wahl der Vertragsdauer ist bei kurzen Kündigungsfristen des Nutzungsüberlassungsvertrags das Risiko zu bedenken, daß das Aufrechterhalten des Vertragsverhältnisses eine kapitalersetzende Nutzungsüberlassung darstellen kann, wenn der Vertrag trotz Kündbarkeit nicht in der Krise gekündigt wird. Andererseits führt eine lange Dauer des Nutzungsüberlassungsvertrags bei der Krise der GmbH dazu, daß auch gegenüber dem im Konkurs befindlichen Unternehmen noch die Nutzungsüberlassungsverpflichtung weiter besteht. 554

Siehe hierzu näher bei der Literatur zur Betriebsaufspaltung.

b) Verzahnung der Gesellschaftsverträge

Wenn beim Besitzunternehmen und beim Betriebsunternehmen kein einheitlicher geschäftlicher Betätigungswille mehr besteht, wird das bisher steuerlich als Betriebsvermögen qualifizierte Vermögen des Besitzunternehmens zum steuerlichen Privatvermögen mit dem Risiko der steuerlichen Realisierung von stillen Reserven. Da eine solche Realisierung in der Regel 555 nicht gewünscht ist, ist darauf zu achten, daß der einheitliche geschäftliche Betätigungswille nicht nur bei Begründung des Besitz- und des Betriebsunternehmens besteht, sondern auch nach Unternehmensgründung nicht durch spätere Umstände entfällt. Deshalb sind die Beteiligungsverhältnisse beim Besitz- und beim Betriebsunternehmen zu verzahnen.

Auf die oben bei der GmbH & Co. KG hierzu herausgearbeiteten Grundsätze kann deshalb verwiesen werden.

18 Vertragsabschluß

I. Formfragen, Vertretung

Für die Formfragen und die Vertretungsfragen beim Abschluß von gesellschaftsrechtlichen Verträgen gelten die allgemeinen Grundsätze. Soweit Kapitalgesellschaften betroffen sind, bedürfen die Gesellschaftsverträge sowie alle späteren Änderungen und weitere, die Satzung der Gesellschaft betreffende Änderungen regelmäßig der notariellen Beurkundung und der (konstitutiven, d. h. rechtsbegründend wirkenden) Eintragung in das Handelsregister. Soweit eine notarielle Beurkundung nicht zwingend erforderlich ist, genügen grundsätzlich auch formfrei, z. B. mündlich geschlossene Verträge. Selbstverständlich sollte jedoch in jedem Fall zumindest eine schriftliche Fixierung des Vertrages erfolgen. Auch grundsätzlich formfrei mögliche Verträge sind u. U. aus anderen Gründen beurkundungspflichtig, insbesondere etwa bei der Verpflichtung zur Einbringung von Grundstücken oder GmbH-Anteilen in die Gesellschaft oder bei Eintritt in eine Erwerbs- bzw. Veräußerungsverpflichtung. Die hierbei auftretenden Fragen (insbesondere im Zusammenhang mit Immobilienfonds) sind jedoch noch nicht abschließend geklärt.

556

II. Registrierung

In zahlreichen Fällen sieht das Gesetz eine obligatorische bzw. fakultative Eintragung in Register vor. Der Rechtswirkung nach sind konstitutiv, d. h. rechtsbegründend wirkende und deklaratorische, d. h. rechtsbezeugend wirkende Eintragungen zu unterscheiden. Ihrem Ziel nach bezwecken die Eintragungen zum einen den Schutz und die Information des Geschäftsverkehrs, zum anderen den Schutz des Kaufmanns bzw. der Gesellschaft, die auf diesem Wege auch gegenüber Dritten rechtserhebliche Tatsachen publik machen kann und dieses sodann Dritten entgegenhalten kann. Mit der durch das Gericht erfolgenden Überprüfung wird eine präventive Kontrolle im Interesse des Rechtsverkehrs bezweckt.

557

Die Frage der Eintragungspflicht bzw. Eintragungsfähigkeit kann nur im konkreten Einzelfall beurteilt werden. Für den Betrieb der Kapitalgesellschaften bedürfen sowohl die Gründung als auch spätere rechtserhebliche Tatsachen, insbesondere Änderungen bezüglich der Satzung oder bezüglich der Vertretungsbefugnis der Eintragung in das Handelsregister. Bei Personengesellschaften hängt die Eintragungspflicht bzw. Eintragungsfähigkeit vom konkreten Einzelfall ab. Eintragungen in öffentliche Register erfolgen grundsätzlich nur auf Anmeldungen und nur in Ausnahmefällen von Amts wegen. Die Anmeldungen müssen in öffentlich beglaubigter Form erfolgen, d. h. die Anmeldungen müssen notariell beglaubigt werden (vgl. etwa § 12 HGB).

19 Vertragsdurchführung

	Rz.
I. Anforderung von Beiträgen, speziell Geltendmachung von Einlagen	558
1. Zuständigkeit	558
2. Verfahren	559
a) Personengesellschaften	559
b) GmbH	560
c) Einberufung Gesellschafterversammlung	561
3. Formulierungsbeispiele	562
a) Beschluß der Gesellschafterversammlung	562
b) Anforderungsschreiben gegenüber dem Gesellschafter	563
II. Jahresabschluß und Ergebnisverwendung, Prüfung, Feststellung	564
1. Zuständigkeit	564
2. Frist	566
3. Prüfung	567
4. Verfahren	568
III. Publizitätspflichten	569
1. Jahresabschlußbezogene Publizitätspflichten	569
a) Betroffene Gesellschaften	569
b) Umfang der Publizitätspflicht	570
aa) Kleine Gesellschaften	571
bb) Mittelgroße Kapitalgesellschaften	572
cc) Große Gesellschaften	573
dd) Sanktion	574
2. Gesellschafterliste	575
a) Keine jährliche Gesellschafterliste	575
b) Ad-hoc-Einreichung	576
IV. Ordentliche Gesellschafterversammlung	577
1. Gegenstand	577
2. Vorbereitung	578
3. Durchführung	579

	Rz.
4. Formulierungsbeispiel Einladungsschreiben	580
V. Außerordentliche Gesellschafterversammlung und Gesellschafterversammlung auf Verlangen einer Minderheit	581
1. Außerordentliche Gesellschafterversammlung	581
a) Erfordernis	581
b) Tagesordnung	582
c) Vorbereitung, Durchführung	583
2. Gesellschafterversammlung auf Minderheitenverlangen	584
a) Grundsätze	584
b) Muster Einberufungsverlangen	585
c) Behandlung durch die Geschäftsführung/durch den Vorstand	586
VI. Krisenszenario: Kündigung eines Gesellschafter-Geschäftsführers	587
1. Betroffene Rechtsverhältnisse	587
a) Bei der GmbH	587
b) Bei Personengesellschaften	588
2. Gesellschafterversammlung	589
3. Spezielles Durchführungsproblem bei der GmbH	590
4. Gewährung von Gehör	591
VII. Wirtschaftliche Krisenszenarien	592
1. Einfache „Unterbilanz" bei der GmbH	592
a) Feststellung	592
b) Folge	593
c) Vermeidung von Folgen	594
2. Kapitalverlust von $1/2$	595
3. Insolvenzreife	596

I. Anforderung von Beiträgen, speziell Geltendmachung von Einlagen

1. Zuständigkeit

558 Zuständig für die Geltendmachung von Beiträgen gegenüber den Gesellschaftern ist die Geschäftsführung.

2. Verfahren

a) Personengesellschaften

559 Bei der GbR und den Personenhandelsgesellschaften kann vor Geltendmachung der Ansprüche gegenüber den Gesellschaftern eine Gesellschafterversammlung, die hierüber beschließt, abgehalten werden, damit die Geschäftsführer diesbezügliche Weisungen der Gesellschafterversammlung einholen. Erforderlich, wie dies bei der GmbH wäre (siehe unten), ist dies aber nicht.

b) GmbH

560 Bei der GmbH wird nach dem (dispositiven) Gesetz zunächst eine Gesellschafterversammlung einberufen, die über die Einforderung beschließt (siehe § 46 Nr. 2 und Nr. 3 GmbHG). Der Geschäftsführer führt dann den Beschluß gegenüber dem Gesellschafter aus. Bei der Aktiengesellschaft fordert der Vorstand nach § 63 Abs. 1 AktG ausstehende Einlagen ein. Im Innenverhältnis kann die Einforderung von der Zustimmung des Aufsichtsrat abhängig gemacht werden (§ 111 Abs. 4 S. 2 AktG), nicht aber von Beschlüssen der Hauptversammlung.

c) Einberufung Gesellschafterversammlung

561 Die Gesellschafterversammlung ist unter Wahrung aller dazu erforderlichen Formalien einzuberufen, wobei ggf. eine außerordentliche Versammlung einzuberufen ist, wenn die Einforderung nicht anläßlich der ordentlichen Hauptversammlung (als weiterer Tagesordnungspunkt) beschlossen wird. S. i. u. Rz. 577 ff.

3. Formulierungsbeispiele

a) Beschluß der Gesellschafterversammlung

562 Auf den Geschäftsanteil des Gesellschafters Max Müller in einer Höhe von 20.000 €, den dieser bei Gründung der Gesellschaft am 5. 12. 1999 übernommen hat, wurde bisher nur die Mindesteinlage in einer Höhe von 5 000 € geleistet. Offen steht noch eine Bareinlage in einer Höhe von 15 000 €. Es wird be-

schlossen, daß nunmehr auch die rückständige Einlageleistung in einer Höhe von 15 000 € eingefordert wird. Die Geschäftsführer der Gesellschaft werden angewiesen, die Forderung gegenüber dem Gesellschafter Max Müller geltend zu machen. Bei der Beschlußfassung waren folgende Gesellschafter anwesend: ... Sie repräsentieren 80 000 € des gesamten Stammkapitals der Gesellschaft in einer Höhe von 100 000 €. Für die Einforderung stimmten die Gesellschafter ..., die 60 000 € des Stammkapitals halten. Gegen die Einforderung stimmte der Gesellschafter ..., der 20 000 € des Stammkapitals hält. Für den Beschluß stimmten damit 75% des bei der Beschlußfassung anwesenden Stammkapitals. Der Beschluß, für den nach Gesetz und Satzung die einfache Mehrheit der Anwesenden ausreichend ist, wurde somit mit der erforderlichen Mehrheit gefaßt.

b) Anforderungsschreiben gegenüber dem Gesellschafter

Müller & Meier GmbH 563

Herrn Max Müller

Betreff: Einforderung rückständiger Einlagen

Sehr geehrter Herr Müller,

auf Ihren Geschäftsanteil in einer Höhe von 20 000 € wurde bisher nur die Mindesteinlage in Höhe von 5 000 € einbezahlt. In der Gesellschafterversammlung vom ..., zu der form- und fristgerecht eingeladen wurde, wurde beschlossen, den rückständigen Betrag von 15 000 €, der bar zu bringen ist, einzufordern.

Das Protokoll über die Gesellschafterversammlung mit dem Beschlußwortlaut übersende ich in Anlage zu Ihrer Unterrichtung.

Ich bitte Sie, den rückständigen Einlagebetrag in Höhe von 15 000 € umgehend auf das Gesellschaftskonto Nr. ..., bei der ...-Bank einzubezahlen, und zwar unter Angabe des Verwendungszwecks „Einlage auf Geschäftsanteil".

Mit freundlichen Grüßen

Geschäftsführer

II. Jahresabschluß und Ergebnisverwendung, Prüfung, Feststellung

1. Zuständigkeit

Zuständig für die Erstellung (juristisch „Aufstellung") des Jahresabschlusses (Bilanz, Gewinn- und Verlustrechnung, ggf. nebst Anhang) und, soweit erforderlich des Lageberichts (siehe § 264 HGB), ist die Geschäftsführung. Diese ist, soweit sich ein Vorschlag über die Ergebnisverwendung nicht bereits aus dem erstellten Jahresabschluß ergibt, auch dafür zuständig, einen Vorschlag über die Ergebnisverwendung zu unterbreiten (siehe dazu § 325 HGB). 564

Zuständig für die Feststellung des Jahresabschlusses und für die Fassung des Ergebnisverwendungsbeschlusses ist die Gesellschafterversammlung, die hierüber durch Beschluß entscheidet (dies gilt auch bei Personengesellschaften, wenn im Gesellschaftsvertrag nichts Abweichendes bestimmt ist, da die Feststellung des Jahresabschlusses und die Fassung des Ergebnisverwendungsbeschlusses ein Grundlagengeschäft ist).

565 Bei der AG stellt der Vorstand den Jahresabschluß (ggf. auch den Lagebericht) auf und erstellt einen Vorschlag betreffend die Verwendung des Bilanzgewinnes und legt diesen, falls prüfungspflichtig, mit dem Prüfbericht des vBP oder WP dem Aufsichtsrat vor, der die Unterlagen prüft. Bei Billigung durch den Aufsichtsrat entscheiden Vorstand und Aufsichtsrat, ob sie die Feststellung der Hauptversammlung überlassen oder nicht. Wenn kein entsprechender Delegationsbeschluß gefaßt wird, ist mit Billigung der Jahresabschluß festgestellt und wird von der ordentlichen Hauptversammlung entgegengenommen. Sonst (Delegationsbeschluß) stellt die Hauptversammlung den Jahresabschluß fest. Zur Beschlußfassung über die Verwendung des Bilanzgewinns s. bei Rz. 537 ff.

2. Frist

566 Zu beachten sind die gesetzlichen und, bei vereinbarter Verkürzung (eine Verlängerung ist nicht möglich), die gesellschaftsvertraglichen Bestimmungen. Das Gesetz ordnet für kleine Kapitalgesellschaften nach dem Bilanzrichtliniengesetz an, daß die Aufstellung des Jahresabschlusses innerhalb von sechs Monaten nach Ablauf des Geschäftsjahres erfolgen muß, bei mittelgroßen und bei großen Kapitalgesellschaften nach dem Bilanzrichtliniengesetz innerhalb von drei Monaten nach Ablauf des Geschäftsjahres. Die Feststellung des Jahresabschlusses und die Fassung des Ergebnisverwendungsbeschlusses müssen so rechtzeitig erfolgen, daß die Publizitätsvorschriften für Kapitalgesellschaften eingehalten werden können, d. h. bei kleinen Kapitalgesellschaften innerhalb des Bilanzrichtliniengesetzes innerhalb von 12 Monaten nach Ablauf des Geschäftes, bei mittelgroßen und großen Kapitalgesellschaften innerhalb von neun Monaten, bei AG innerhalb der ersten acht Monate des Geschäftsjahres (§ 175 Abs. 1 S. 2 AktG).

3. Prüfung

567 Jahresabschluß und Lagebericht von Kapitalgesellschaften sowie von GmbH und Co. KG, die mittelgroß und groß sind, müssen zwingend nach den §§ 316 ff. HGB geprüft werden, wobei Abschlußprüfer für große Kapitalgesellschaften zwingend Wirtschaftsprüfer und Wirtschaftsprüfungsgesellschaften sein müssen; Abschlußprüfer für mittelgroße Gesellschaften mbH können auch vereidigte Buchprüfer und Buchprüfungsgesellschaften sein.

Die Notwendigkeit einer sog. „freiwilligen Prüfung" kann sich aus dem Gesellschaftsvertrag auch bei kleinen Kapitalgesellschaften und bei Personengesellschaften ergeben, oder aus Gesellschafterbeschlüssen, die dies anordnen.

4. Verfahren

1. Schritt: 568
Erstellung des Jahresabschlusses nebst Lagebericht durch die Geschäftsführung, wobei der Jahresabschluß durch alle Geschäftsführer zu unterzeichnen ist, zugleich Unterbreitung eines Ergebnisverwendungsvorschlages, der in den Jahresabschluß integriert werden kann.

2. Schritt:
Bei Pflichtprüfung oder freiwilliger Prüfung, Prüfung des Jahresabschlusses nebst Lagebericht (die mit einem Prüfungsbericht nach § 321 HGB abgeschlossen wird).

3. Schritt:
Übersendung des Jahresabschlusses nebst Lagebericht und des Vorschlages über die Ergebnisverwendung an die Gesellschafter, bei Prüfung auch Übersendung des Prüfungsberichtes. Zugleich „form- und fristgerechte" Einladung zur ordentlichen Gesellschafterversammlung, die den Jahresabschluß feststellt und den Ergebnisverwendungsbeschluß faßt. Siehe unten bei Rz. 577 ff.

4. Schritt:
Gesellschafterversammlung mit Beschlußfassung über die Feststellung des Jahresabschlusses und die Ergebnisverwendung. Zu beachten: Publizitätspflichten; Siehe dazu Rz. 569 ff.

III. Publizitätspflichten

1. Jahresabschlußbezogene Publizitätspflichten

a) Betroffene Gesellschaften

Von der Publizität betroffen sind im Hinblick auf den Jahresabschluß nur 569
Kapitalgesellschaften und Personengesellschaften ohne persönlich haftenden Gesellschafter (GmbH und Co. KG oder AG und Co. KG).

b) Umfang der Publizitätspflicht

Der Umfang der Publizitätspflicht differiert zwischen kleinen und mittel- 570
großen und großen Gesellschaften im Sinne des Bilanzrichtliniengesetzes.

aa) Kleine Gesellschaften

571 Publizitätspflichtig sind nur die Bilanz und der Anhang, nicht auch die „Gewinn- und Verlustrechnung" und der Lagebericht, falls überhaupt erstellt. Publizitätspflichtig ist weiter das Jahresergebnis, der Vorschlag über die Ergebnisverwendung und die Beschlußfassung bezüglich der Ergebnisverwendung.

Die Publizität erfolgt dadurch, daß die Unterlagen beim Handelsregister eingereicht werden.

Bekanntmachungen sind nicht erforderlich.

bb) Mittelgroße Kapitalgesellschaften

572 Publizitätspflichtig ist der gesamte Jahresabschluß einschließlich Anhang sowie der Lagebericht, der Vorschlag über die Ergebnisverwendung und der Ergebnisverwendungsbeschluß, bei einem geprüften Jahresabschluß einschließlich Bestätigungsvermerk oder dessen Versagung, bei Gesellschaften mit Aufsichtsrat einschließlich Bericht des Aufsichtsrates.

Die Unterlagen müssen nicht nur beim Amtsgericht eingereicht werden, sondern die Einreichung muß auch im Bundesanzeiger bekanntgemacht werden.

cc) Große Gesellschaften

573 Bei großen Kapitalgesellschaften müssen die Unterlagen vor ihrer Einreichung im Bundesanzeiger bekanntgemacht werden.

dd) Sanktion

574 Eine Verletzung der handelsrechtlichen Offenlegungspflicht kann durch das Registergericht nach § 335 HGB i. V. m. § 132 FGG sanktioniert werden (einschl. Festsetzung von Zwangsgeld).

2. Gesellschafterliste

a) Keine jährliche Gesellschafterliste

575 Eine Gesellschafterliste muß bei GmbH jährlich beim Handelsregister nicht mehr eingereicht werden.

b) Ad-hoc-Einreichung

576 Die Liste muß jetzt ad hoc eingereicht werden, wenn Geschäftsanteilsveräußerungen stattgefunden haben. Davon erfährt die GmbH nach § 16 GmbHG;

das Registergericht erfährt davon durch eine Mitteilung des Notars nach § 40 Abs. 1 GmbHG.

Zuständig für die Einreichung sind die Geschäftsführer.

Es muß eine Liste eingereicht werden, aus der sich Name und Vorname der Gesellschafter, deren Geburtsdatum und Wohnort sowie der Betrag der von diesen gehaltenen Geschäftsanteilen ergeben.

IV. Ordentliche Gesellschafterversammlung

1. Gegenstand

Gegenstand der ordentlichen, d. h. regelmäßig im jährlichen Turnus wiederkehrenden Gesellschafterversammlung ist bei GmbH und Personengesellschaften (bei AG entfällt TOP 2, wenn nicht Vorstand und Aufsichtsrat beschlossen haben, die Feststellung des Jahresabschlusses auf die Hauptversammlung zu delegieren, s. § 172 S. 1 AktG; TOP 1 ist zu erweitern um „Vorlage des Jahresabschlusses, des Lageberichts und des Berichts des Aufsichtsrats") zumindest folgende Tagesordnung: 577

1. Bericht der Geschäftsführung über das abgelaufene Geschäftsjahr einschließlich Erläuterung des Jahresabschlusses und des Vorschlages über die Ergebnisverwendung und über Aussichten und Planungen für das folgende Geschäftsjahr
2. Feststellung des Jahresabschlusses
3. Ergebnisverwendungsbeschluß
4. Beschluß über die Entlastung der Geschäftsführer
5. Evtl. Wahl des Abschlußprüfers.

Diese Tagesordnung kann um beliebige Punkte erweitert werden. Nur in Angelegenheiten, die in der Tagesordnung bekanntgemacht wurden, können grds. wirksame Beschlüsse gefaßt werden. Exakte Beschlußvorschläge (z. B. der Verwaltung auch von Gesellschaftern) müssen bei Personengesellschaften und GmbH, anders als bei AG, nicht in die Tagesordnung mit aufgenommen werden.

2. Vorbereitung

Checkliste 578

▷ Festlegung eines Geschäftsführers, der für die Vorbereitung zuständig ist (bei mehreren Geschäftsführern)

▷ Festlegung des Ortes unter Berücksichtigung des Gesellschaftsvertrages (z. B. Sitz der Gesellschaft)

▷ Festlegung der Zeit unter Berücksichtigung der gesetzlichen und gesellschaftsvertraglichen Ladungsfristen, dabei Terminkoordination, auch mit Notar, wenn notarielle Protokollierung erforderlich

▷ Raum-, Personal- und Ausstattungsorganisation

▷ Festlegung von Teilnehmern außerhalb des Gesellschafterkreises (z. B. leitende Angestellte, die beim Tagesordnungspunkt 1. oben auch Teilreferate halten können)

▷ Festlegung der Modalitäten der Einberufung unter Berücksichtigung von Gesetz und Gesellschaftsvertrag (z. B. schriftliche Einberufung und/oder Anzeige in Gesellschaftsblättern)

▷ Zusammenstellung der mit der Einladung zu versendenden Unterlagen

– Zwingend zu versendende Unterlagen:

Jahresabschluß nebst Lagebericht, Vorschlag über die Ergebnisverwendung (bei Prüfung des Jahresabschlusses Prüfbericht, bei Aufsichtsrat: Bericht des Aufsichtsrates)

– „Freiwillig übersandte Unterlagen"

▷ Entwurf des Ladungsschreibens (siehe dazu unten Rz. 580)

▷ Versendung des Ladungsschreibens nebst Unterlagen, die an die Gesellschafter versandt werden (mit Empfangsnachweis, wie Einschreiben mit Rückschein).

▷ Alternative, wo vom Gesetz oder Gesellschaftsvertrag vorgeschrieben oder zugelassen: Publikation der Einladung und dazugehörender Unterlagen in den Gesellschaftsblättern.

3. Durchführung

579 Checkliste

▷ Festlegung bzgl. des Protokolls, z. B. Bestimmung und Beiziehung eines Protokollanten oder Übernahme dieser Tätigkeit durch den Versammlungsleiter

▷ Formalien

– Wahl des Versammlungsleiters, falls sich dieser nicht aus dem Gesellschaftsvertrag ergibt

- Gegebenenfalls Prüfung der Legitimation beim Erscheinen von Bevollmächtigten
▷ Abarbeitung der Tagesordnungspunkte einschließlich Beschlußfassung
▷ Schließen der Versammlung
▷ Protokollerstellung
▷ Protokollversendung (per Einschreiben mit Rückschein).

4. Formulierungsbeispiel Einladungsschreiben

Müller & Huber GmbH 580

Gesellschafter

Einladung zur 12. ordentlichen Gesellschaftversammlung

Sehr geehrter Gesellschafter,

in Anlage übersenden wir:

– Jahresabschluß der Gesellschaft für das Geschäftsjahr 2000 einschließlich Lagebericht,
– Prüfungsbericht des Abschlußprüfers, Bericht des Aufsichtsrates (entfällt jeweils ggf.),
– Vorschlag der Geschäftsführung zur Ergebnisverwendung.

Unter Bezugnahme auf diese Anlagen werden Sie hiermit zur ordentlichen Gesellschafterversammlung am 20. 5. 2000 in die Geschäftsräume der Gesellschaft, Wagnerstraße 12/III., in Ingolstadt, Sitzungssaal, eingeladen.

Die Tagesordnung darf ich Ihnen wie folgt bekanntgeben:

1. Berichterstattung der Geschäftsführung über das abgelaufene Geschäftsjahr und Erläuterung des Jahresabschlusses, des Lageberichtes und des Vorschlages über die Ergebnisverwendung, sowie Mitteilung der Aussichten der Gesellschaft,
2. Feststellung des Jahresabschlusses,
3. Beschlußfassung über die Ergebnisverwendung,
4. Entlastung der Geschäftsführung,
5. Sonstiges.

Es wird darauf hingewiesen, daß Sie sich nach der Satzung der Gesellschaft durch einen zur berufsmäßigen Verschwiegenheit verpflichteten Angehörigen der rechts- oder steuerberatenden Berufe vertreten lassen können, wenn dieser eine schriftliche Vollmacht vorweist, oder sich durch einen solchen begleiten lassen können (ggf. zu modifizieren).

Mit freundlichen Grüßen

Geschäftsführung

V. Außerordentliche Gesellschafterversammlung und Gesellschafterversammlung auf Verlangen einer Minderheit

1. Außerordentliche Gesellschafterversammlung

a) Erfordernis

581 – Die Notwendigkeit, eine außerordentliche Gesellschafterversammlung abzuhalten, kann sich ergeben

– aus dem Gesetz, bei der GmbH z. B. bei Verlust der Hälfte des Stammkapitals (§ 49 Abs. 3 GmbHG), oder wenn es im Interesse der Gesellschaft erforderlich scheint (§ 4 Abs. 2 GmbHG)

– aus der Satzung, z. B. wenn dort bei der GmbH vorgeschrieben ist, daß die Bestellung von Prokuristen eines vorangehenden Beschlusses durch die Gesellschafterversammlung bedarf.

– Darüber hinaus kann die Geschäftsführung, auch wenn sie in der konkreten Angelegenheit selbst entscheiden dürfte, die Entscheidung verlagern auf die Gesellschafterversammlung.

b) Tagesordnung

582 Auch außerordentliche Gesellschafterversammlungen können wirksame Beschlüsse nur fassen, wenn dazu mit einer ausreichend spezifizierten Tagesordnung geladen wurde. Deshalb hat die Festlegung der zu behandelnden Tagesordnungspunkte zentrale Bedeutung.

c) Vorbereitung, Duchführung

583 Im übrigen ist die erforderliche Gesellschafterversammlung wie eine ordentliche vorzubereiten und durchzuführen, s. deshalb Rz. 578 f.

2. Gesellschafterversammlung auf Minderheitenverlangen

a) Grundsätze

584 Bei GmbH und AG können Gesellschafter bzw. Aktionäre mit einem „Mindeststimmgewicht" verlangen, daß eine Gesellschafter- bzw. Hauptver-

sammlung abgehalten wird (s. §§ 50 GmbHG, 122 AktG). Bei der GmbH wird vorausgesetzt, daß das Verlangen von Gesellschaftern gestellt wird, die mindestens gemeinsam 10% des Stammkapitals repräsentieren; bei AG reichen 5% des Grundkapitals. Die Satzung kann diese Schwelle absenken, aber nicht erhöhen. Zweck und Grund sind durch die Minderheit anzugeben. Das Verlangen muß bei der GmbH dieser gegenüber, vertreten durch die Geschäftsführer, geltend gemacht werden, bei der AG gegenüber dem Vorstand.

b) Muster Einberufungsverlangen

Hans Müller   München, 3. 1. 2000   585

Colors Farbenwerke GmbH
z. Hd. der Geschäftsleitung
(Alternativ An den Vorstand
der Colors Farbenwerke AG)

Verlangen auf Einberufung einer Gesellschafter-(Haupt-)Versammlung

S. g. D. + H.

an der o. g. Gesellschaft bin ich (GmbH mind. 10%, AG mind. 5%) zu ... % des Grundkapitals beteiligt. Zum Nachweis meines Anteilbesitzes verweise ich auf (Nachweis der gehaltenen Beteiligung, z. B. Eintrag im Aktienbuch, Gründungsurkunde, Gesellschafteilabtretungsvertrag).

Nach § 50 GmbHG (bzw. § 122 Abs. 1 AktG) verlange ich die Einberufung einer Hauptversammlung mit folgender Tagesordnung:

1. Information der Geschäftsführung (des Vorstandes) an die Gesellschafter (Aktionäre) über

   a) die Geschäftsentwicklung im 4. Quartal 1999, insbesondere über den Absatz folgender Produkte ... und über neu angebahnte und gekündigte Geschäftsbeziehungen bei diesen Produkten.

   b) Überlegungen der Geschäftsleitung, diese Produkte weiter zu vertreiben oder deren Produktion einzustellen oder diesen Unternehmensteil zu veräußern.

2. Nur bei GmbH: Weisungen der Gesellschafterversammlung an die Geschäftsführer, betreffend Produktion und Vertrieb dieser Produkte.

3. Nur (bei AG) Abberufung von Dr. Hans Müller als Aufsichtsratsmitglied: Neuwahl eines Aufsichtsratsmitglieds. Hierzu wird vorgeschlagen, Herrn Hans Maier, Dipl.-Ing., Geschäftsführer der Fa. ..., wohnhaft ..., für die restliche Amtszeit von Dr. Hans Müller zum Aufsichtsratvorsitzenden zu wählen. Der Aufsichtsrat setzt sich nur aus Vertretern der Anteilseigner zusammen. Eine Bindung an Wahlvorschläge besteht nicht.

Mein Verlangen begründe ich wie folgt: Nach einem Bericht im Handelsblatt vom 3. 1. 2000 ist der Absatz der Produktlinie ... im 4. Quartal 1999 durch Kündigung der Lieferbeziehungen durch den bisherigen Hauptkunden vollständig eingebrochen, wodurch ein Umsatz- und Gewinneinbruch für das Jahr 1999 um mindestens 15% gegenüber dem Vorjahr und für das Jahr 2000 von mindestens 30% zu erwarten sei. Die Geschäftsleitung verhandle mit anderen Unternehmen über eine Veräußerung der entsprechenden Produktsparte. Diese Fragen betreffen das Wohl der Gesellschafter i. S. von § 49 GmbHG bzw. § 122 AktG. Dennoch wurde durch die Gesellschafter bisher keine Gesellschafter-(Haupt-)Versammlung einberufen.

c) Behandlung durch die Geschäftsführung/durch den Vorstand

586   Der Vorstand hat dem Verlangen, wenn die gesetzlichen Voraussetzungen erfüllt sind (ausreichende Minderheit, Angabe von Zweck = Tagesordnung und Gründen) zu entsprechen und eine Gesellschafter-(Haupt-)Versammlung nach dem o. a. Muster einzuberufen.

Die Geschäftsführung/der Vorstand kann sich dabei darauf beschränken, die Tagesordnung (einschließlich evtl. Beschlußvorschläge der Minderheitsaktionäre) die Minderheitsaktionäre bekanntzumachen, und klarlegen, daß die Einberufung auf Minderheitsverlangen erfolgt. Eigene Beschlußvorschläge können, müssen aber nicht unterbreitet werden, auch bei der AG nicht (§ 124 Abs. 2 S. 2 AktG).

VI. Krisenszenario: Kündigung eines Gesellschafter-Geschäftsführers

1. Betroffene Rechtsverhältnisse

a) Bei der GmbH

587   – Stellung als Gesellschafter,
– Organstellung als Geschäftsführer,
– Dienstrechtliches Anstellungsverhältnis als Geschäftsführer.

Alle drei Rechtsverhältnisse sind zu „kündigen", wenn eine völlige Trennung vom bisherigen Gesellschafter-Geschäftsführer gewünscht ist.

b) Bei Personengesellschaften

588   – Wegen des Grundsatzes der Selbstorganschaft reicht grds. die Kündigung als Gesellschafter. Mit dem Verlust der Gesellschafterposition ist auch der Verlust der Geschäftsführerposition verbunden.

– Wenn der Geschäftsführer seine Dienste aber aufgrund eines gesonderten Anstellungsvertrages erbringt, ist auch dieser zu kündigen.

2. Gesellschafterversammlung

Einzuberufen ist eine Gesellschafterversammlung, in der über die erforderlichen Maßnahmen beschlossen wird.

Tagesordnung sollte die Kündigung von allen betroffenen Rechtsverhältnissen sein. Siehe im übrigen zum Ablauf einer Gesellschafterversammlung und zu ihrer Vorbereitung Rz. 578 ff.

Zu der Gesellschafterversammlung ist auch der betroffene Gesellschafter-Geschäftsführer zu laden. Bei einer Kündigung aus wichtigem Grund ist er selbst nicht stimmberechtigt, aber anwesenheitsberechtigt.

3. Spezielles Durchführungsproblem bei der GmbH

Wenn der betroffene Gesellschafter-Geschäftsführer als Gesellschafter ausgeschlossen werden soll, erfolgt dies rechtstechnisch entweder durch eine Einziehung seines Geschäftsanteils bzw. seiner Geschäftsanteile bzw. durch eine Zwangsabtretung an die Gesellschafter selbst, die Gesellschaft oder durch Übernahme durch Dritte.

Dabei sind gesetzliche und satzungsmäßige Anforderungen zu berücksichtigen.

Die Einziehung von Geschäftsanteilen und Zwangsabtretung an die Gesellschafter selbst ist nur möglich, wenn der Geschäftsanteil voll einbezahlt ist und die Abfindungs-Leistung aus dem freien Gesellschaftsvermögen möglich ist.

Zwangsabtretungen an Gesellschafter oder zur Übernahme bereite Dritte sind auch möglich, ohne daß diese Voraussetzungen erfüllt sind.

Vorausgesetzt ist aber, daß diese Maßnahmen in der Satzung zugelassen werden.

Deshalb ist vor Einberufung der Gesellschafterversammlung bereits zu prüfen, welche der technischen Maßnahmen verfolgt werden sollen, um das Ausscheiden des Gesellschafters zu bewältigen. Dazu sind die gesetzlichen und satzungsmäßigen Voraussetzungen zu prüfen.

4. Gewährung von Gehör

Dem betroffenen Gesellschafter-Geschäftsführer ist vor der Beschlußfassung Gelegenheit zum Gehör zu gewähren; das Gehör kann auch in der Gesellschafterversammlung gewährt werden.

VII. Wirtschaftliche Krisenszenarien

1. Einfache „Unterbilanz" bei der GmbH

a) Feststellung

592 Feststellung nach gewöhnlichen Bilanzierungskriterien, d. h. ohne Berücksichtigung von stillen Reserven

b) Folge

593 Die Folge ist eine Ausschüttungssperre hinsichtlich künftiger Gewinne bis zur Wiedererlangung des Stammkapitals nach § 30 ff. GmbHG.

c) Vermeidung von Folgen

594 – Freiwillige Leistungen der Gesellschafter in das Gesellschaftsvermögen,
 – bloße Kapitalherabsetzung, nur möglich bis zur Mindestkapitalziffer,
 – Verbindung einer Kapitalherabsetzung mit einer gleichzeitigen beschlossenen Kapitalerhöhung; in diesem Fall kann zunächst das Kapital auf einen Betrag unterhalb der Mindestkapitalziffer herabgesetzt werden.

Im übrigen wird hier verwiesen auf Kommentierungen zum GmbHG.

2. Kapitalverlust von $^1/_2$

595 Bei der GmbH und bei der AG ist eine Gesellschafterversammlung, bzw. Hauptversammlung, einzuberufen, wenn die Hälfte des Stammkapitals bzw. des Grundkapitals verloren ist (§ 49 Abs. 3 GmbHG, § 92 Abs. 1 AktG).

3. Insolvenzreife

596 Voraussetzungen:
 – Bei Personenhandelsgesellschaften:
  Zahlungsunfähigkeit oder drohende Zahlungsunfähigkeit nach §§ 17, 18 InsO.
 – Bei Kapitalgesellschaften und GmbH & Co.:
  Zahlungsunfähigkeit oder drohende Zahlungsunfähigkeit oder Überschuldung (§§ 17, 18, 19 InsO).
 – Feststellung der rechtlichen Überschuldung:
  – Zweistufige Überschuldungsprüfung,
  – negative Fortführungsprognose,

- rechnerische Feststellung der Überschuldung aufgrund eines Überschuldsstatus, der nicht anhand gewöhnlicher Bilanzkriterien zu erstellen ist, sondern insbesondere Liquidationswerte erfaßt.
- Insolvenzantragsverpflichtung:
  - Bei Personenhandelsgesellschaften die zur Vertretung der Gesellschaft (jeder der zur gemeinschaftlichen Vertretung) berechtigten Gesellschafter.
  - Bei Kapitalgesellschaften:

  Jedes Organmitglied (Geschäftsführer, bzw. Vorstand).

Frist:

Unverzüglich, spätestens innerhalb von drei Wochen nach Eintritt des Insolvenzgrundes.

Teil 5
Vertragsgestaltung und Fiskus

20 Einführung

	Rz.		Rz.
I. Bedeutung der Steuerfragen bei Austauschverträgen	1	a) Umsatzsteuer	10
		b) Grunderwerbsteuer	11
II. Bedeutung der Steuerfragen bei Gesellschaftsverträgen	6	c) Zölle und Verbrauchsteuern	12
		d) Ertragsteuern	13
III. Internationales Recht	9	2. Steuerfragen in ausländischen Rechtssystemen	14
1. Steuerliches Kollisionsrecht/ anwendbares Recht	9		

I. Bedeutung der Steuerfragen bei Austauschverträgen

Im Rahmen der Vertragsverhandlungen oder besser noch bei der vorzubereitenden Konzeption müssen auch die steuerlichen Konsequenzen eines Vertrages bedacht werden. Hierbei ist zu unterscheiden zwischen der Berücksichtigung von zwangsläufigen Steuerfolgen einerseits und andererseits der **gezielten Planung von Steuerfolgen**. Die steuerlichen Folgen eines Vertrages ergeben sich zwangsläufig, während bei der Planung von Steuerfolgen eine Transaktion so gestaltet wird, daß die steuerlichen Konsequenzen – nach Möglichkeit – für alle Beteiligten günstig sind. Dies ist grundsätzlich ein legitimes Anliegen, da nach ständiger Rechtsprechung der Steuerpflichtige seine Rechtsverhältnisse so gestalten kann, wie sie für ihn steuerlich günstig sind (BFH/NV 1996, 123; BFH, BStBl. II 1994, 374). Ihre Grenze findet die Steuergestaltung und Steuerplanung im Mißbrauch von Gestaltungsmöglichkeiten (vgl. § 42 AO). 1

Ohne an dieser Stelle auf die umfangreiche Kasuistik und Rechtsprechung einzugehen, ist für den Berater in solchen Situationen die wichtige Kontrollüberlegung, ob die angestrebten vertraglichen Regelungen einem nachvollziehbaren wirtschaftlichen Zweck dienen. Solche Überlegungen sollte man nach Möglichkeit auch im Rahmen seiner Arbeitspapiere und Notizen festhalten. Bei möglichen späteren Schwierigkeiten mit der Finanzverwaltung kann dies dann eine hilfreiche argumentative Unterstützung sein. 2

Ein zweiter Punkt sollte bei der Überlegung zum **Mißbrauch** von Gestaltungsmöglichkeiten nicht vergessen werden. Nach dem Gesetz liegt ein solcher Mißbrauch nur vor, wenn die gewählte Gestaltung einen Steuervorteil gegenüber einer anderen Gestaltung bietet, die den wirtschaftlichen Vorgängen angemessen ist. Sofern also mehrere Wege zur Verfügung stehen, sollten die jeweiligen steuerlichen Belastungen kalkuliert und verglichen werden. 3

4 Schließlich wird bei vielen hochtrabenden Gestaltungen vergessen, daß diese zu ihrer steuerlichen Anerkennung auch der tatsächlichen Durchführung bedürfen. Die hiermit verbundenen Umstände und Kosten sollten daher auch von Anfang an mitbedacht werden.

5 Selbst wenn man keine besonderen Steuerfolgen mit der geplanten Transaktion beabsichtigt, sollte man doch die entsprechenden Steuerfolgen in jedem Fall bedenken, und solche Folgen ergeben sich immer. Spätere steuerliche Probleme und Diskussionen mit der Finanzverwaltung entstehen oftmals, weil Verträge in steuerlich wichtigen Punkten unklar formuliert sind oder ganz schweigen oder keinerlei schriftliche Dokumentation vorliegt, wo sie nötig wäre.

II. Bedeutung der Steuerfragen bei Gesellschaftsverträgen

6 Das gleiche Erfordernis hinsichtlich der steuerrechtlichen Fragen, die bei Austauschverträgen bedacht werden müssen, gilt auch bei Gesellschaftsverträgen. Hierbei sind die steuerrechtlich relevanten Bereiche jedoch noch wesentlich vielfältiger. Dies beginnt zunächst auch wieder in der vorzubereitenden Konzeptionsphase bei der Überlegung, welche Gesellschaftsform gewählt werden soll. Das deutsche Steuerrecht kennt **keine rechtsformunabhängige Besteuerung von Gesellschaften** gleich welcher Art, sondern es besteht ein grundsätzlicher Systemunterschied zwischen der Besteuerung von Kapitalgesellschaften und Personengesellschaften. Durch die neuesten Gesetzesänderungen und insbesondere den Systemwechsel in der Körperschaftsteuer ab dem Jahre 2001 ist dieses Problem nicht beseitigt. Es ist vielmehr noch eine Reihe von weiteren Aspekten hinzugekommen, die bei der Rechtsformwahl bedacht werden sollten. Steuerrechtlich wird auch nicht der Begriff der Personengesellschaft verwandt, sondern der Begriff der Mitunternehmerschaft, der in einigen Teilen weiter ist als die typisch handelsrechtliche Personengesellschaft. Sofern nachfolgend der Begriff „Personengesellschaft" verwandt wird, ist dies im genannten steuerrechtlichen Sinne der Mitunternehmerschaft zu verstehen. Dieser steuerrechtliche Systemunterschied zwischen Kapital- und Personengesellschaften wirft eine Reihe von Fragen und Problemen auf, die im Vorfeld bedacht werden müssen. Je nach Art der Gesellschaft müssen dann entsprechende Regelungen, die sich aus der gewählten Rechtsform ergeben, bei der Abfassung der Gesellschaftsverträge berücksichtigt werden. Schließlich muß insbesondere die Frage der Vermögenszuordnung geprüft werden, da ein Wechsel in späterer Zeit steuerlich oftmals erhebliche Probleme verursacht. Gleiches gilt auch für die Beteiligung von Steuerausländern an der zu gründenden oder auch schon bestehenden Gesellschaft. Oftmals sind hier weitere Schritte erforderlich, um eine sinnvolle Struktur herbeizuführen.

7 Ein weiteres großes Problemfeld ist steuerrechtlich betrachtet die Umstrukturierung von Gesellschaften. Hierbei steht naturgemäß die Frage im Vorder-

grund, ob eine Umstrukturierung zu Buchwerten möglich ist und welche sonstigen steuerlichen Konsequenzen (z. B. Verlustvortrag) zu bedenken sind.

Selbstredend stellt sich auch bei Gesellschaftsverträgen oder besser gesagt bei gesellschaftsrechtlichen Konstruktionen die Frage des Mißbrauches von Gestaltungsmöglichkeiten. Eine besondere Ausprägung hiervon ist die Einschaltung von sogenannten „Briefkastengesellschaften". Dieses Problem verschärft sich noch, wenn solche Gesellschaften im Ausland oder in sogenannten „Niedrigsteuergebieten" ansässig sind.

III. Internationales Recht

1. Steuerliches Kollisionsrecht/anwendbares Recht

Zivilrechtlich besteht die Möglichkeit, die Anwendung eines in- oder ausländischen Rechtes zu vereinbaren. Steuerlich ergibt sich die Anwendung des deutschen Steuerrechtes zwingend aus dem jeweiligen Geltungsbereich der einzelnen Steuergesetze ohne Rücksicht auf die Staatsangehörigkeit der Parteien, die Rechtswahlklausel oder teilweise auch ohne Rücksicht auf den Sitz der Parteien.

Im einzelnen gilt folgendes:

a) Umsatzsteuer

Die deutsche Umsatzsteuer gelangt grundsätzlich zur Anwendung, soweit u. a. der Ort des betreffenden Vorganges im Inland liegt, bzw. wenn die Einfuhr in das Inland (einschließlich Zollanschlußgebiete) erfolgt. Bei der Bestimmung des Ortes sind die entsprechenden umsatzsteuerlichen Vorschriften über den Ort der Lieferung bzw. der sonstigen Leistung zu beachten. Hierbei kann auch eine Verlagerung in das Ausland erfolgen, wodurch dann der entsprechende Vorgang in Deutschland nicht umsatzsteuerbar ist.

b) Grunderwerbsteuer

Anknüpfungspunkt für die Grunderwerbsteuer ist das **inländische Grundstück**. Dies gilt zum einen für Verträge, die sich unmittelbar auf das Grundstück und zum anderen auf die Übertragung von Anteilen an grundbesitzenden Kapitalgesellschaften beziehen. Bei der Anteilsübertragung entsteht Grunderwerbsteuer, sofern unmittelbar oder mittelbar mindestens 95% der Anteile in der Hand des Erwerbers oder von herrschenden oder abhängigen Personen vereinigt werden. Ähnliches gilt bei grundbesitzenden Personengesellschaften, sofern innerhalb von fünf Jahren mindestens 95% der Anteile auf neue Gesellschafter übergehen. Somit kann Grunderwerbsteuer auch entstehen, wenn die eigentlichen Übertragungsvorgänge sich vollkommen außerhalb der deutschen Rechtsordnung vollziehen.

c) Zölle und Verbrauchsteuern

12 Anknüpfungspunkt der Verbrauchsteuerentstehung ist die **Überführung der Ware** aus einem Steuerlager in den freien Verkehr, soweit dies im Inland ohne Zollausschlußgebiete erfolgt. Das gleiche gilt, sofern verbrauchsteuerpflichtige Waren in den Bereich der EU eingeführt werden.

Bei Zöllen ist Anknüpfungspunkt die Überführung in den zollrechtlich freien Verkehr. Dies kann sowohl direkt an der Außengrenze der EU erfolgen als auch bei Beförderung oder Lagerung unter Zollausschluß zu einem späteren Zeitpunkt an jedem beliebigen Ort der EU.

Anknüpfungspunkt für die deutsche Einfuhrumsatzsteuer, die zum Bereich der Zölle gehört, ist die Einfuhr in das Inland. Dementsprechend entsteht ausländische Einfuhrumsatzsteuer bei der Einfuhr aus dem Drittlandsgebiet in ein anderes Land der EU.

d) Ertragsteuern

13 Sowohl einkommensteuer- als auch körperschaftsteuerrechtlich ist zwischen der **unbeschränkten und beschränkten Steuerpflicht** zu unterscheiden. Die unbeschränkte Steuerpflicht in Deutschland liegt vor, soweit eine natürliche Person hier ihren Wohnsitz oder ständigen Aufenthalt hat, während die unbeschränkte Körperschaftsteuerpflicht vorliegt, soweit eine Kapitalgesellschaft oder sonstige Körperschaft im Sinne des Gesetzes ihre Geschäftsleitung oder ihren Sitz im Inland hat. Soweit die genannten Voraussetzungen nicht vorliegen, sind natürliche Personen bzw. Körperschaften mit ihren inländischen Einkünften nach Maßgabe der entsprechenden Vorschriften und möglicherweise bestehender Doppelbesteuerungsabkommen im Inland steuerpflichtig. Anknüpfungspunkt für ausländische Unternehmen ist hier regelmäßig eine inländische Betriebsstätte oder ein ständiger Vertreter.

Gegenstand der Gewerbesteuer ist jeder Gewerbebetrieb, soweit er im Inland betrieben wird.

2. Steuerfragen in ausländischen Rechtssystemen

14 Im selben Maße, wie grenzüberschreitende Vorgänge das deutsche Steuerrecht berühren, kann auch ausländisches Steuerrecht anwendbar sein. Sofern beide Regelungskreise sauber gegeneinander abgegrenzt sind, entstehen keine Probleme. Dies ist im allgemeinen im Bereich der Umsatzsteuer, der Grunderwerbsteuer und der Zölle und Verbrauchsteuern der Fall, wobei bis-

weilen auch Überschneidungen vorkommen. Für den Bereich der Umsatzsteuer und der Verbrauchsteuern besteht in der EU eine weitgehende Vereinheitlichung auf der Basis der EU-Richtlinien. Für die Zölle besteht sogar die alleinige Kompetenz der EU. Wesentlich **größere Probleme** ergeben sich bei den **Ertragsteuern**, da im wesentlichen jeder Staat sein Besteuerungsrecht ausübt, wie oben für Deutschland beschrieben. Soweit eine Person oder Gesellschaft in einem Staate unbeschränkt und in einem anderen beschränkt steuerpflichtig ist, führt dies hinsichtlich der beschränkt steuerpflichtigen Einkünfte zu einer Doppelbesteuerung, da diese nicht nur im Herkunftsstaat, sondern auch im Staat der unbeschränkten Steuerpflicht erfaßt werden. Diese Kollision kann sowohl durch eigene innerstaatliche Vorschriften beseitigt werden als auch durch entsprechende internationale Vereinbarungen.

Im Steuerrecht ist man im wesentlichen weltweit zur Vermeidung der Doppelbesteuerung bei den Ertragsteuern den zweiten Weg gegangen, indem die einzelnen Staaten untereinander Abkommen zur Vermeidung der Doppelbesteuerung, kurz **Doppelbesteuerungsabkommen** genannt, abgeschlossen haben. Es besteht also kein einheitliches supranationales Recht, sondern es liegen jeweils bilaterale Verträge zugrunde. Diese Verträge sind nach deutschem Recht gemäß § 2 AO vorrangig gegenüber innerstaatlichen deutschen Regelungen. Deutschland hat derzeit mit ca. 75 Staaten Doppelbesteuerungsabkommen auf dem Gebiet der Ertragsteuern abgeschlossen. Hinzu kommen noch Abkommen über Rechts- und Amtshilfe, Sonderabkommen für Luft- und Schiffahrt und einige Abkommen zur Vermeidung der Doppelbesteuerung bei Erbschaftsfällen. Ähnlich ist es in anderen Staaten. 15

Basis für Doppelbesteuerungsabkommen ist vielfach das OECD-Musterabkommen, wobei jedoch jedes Doppelbesteuerungsabkommen seine Besonderheiten aufweist. Diese Besonderheiten ergeben sich zwangsläufig aus den teilweise sehr unterschiedlichen Besteuerungssystemen der vertragsschließenden Parteien, die in den Abkommen ihren Niederschlag finden. Jedes Abkommen stellt daher auch einen Kompromiß zwischen zwei Besteuerungshoheiten dar. 16

Damit ist immer das einschlägige Doppelbesteuerungsabkommen zu prüfen, soweit steuerliche Vorgänge über die Grenze reichen. Des weiteren sind bei internationalen Verflechtungen auch die verschiedenen **ausländischen Doppelbesteuerungsabkommen** zu **berücksichtigen**, die aus vorgenannten Gründen höchst unterschiedliche Regelungen enthalten können. Dies kann zu unterschiedlichen Resultaten führen, sofern zum Beispiel in einem internationalen Konzern Wahlmöglichkeiten für den Konzernaufbau zur Verfügung stehen. So kann zum Beispiel die Quellensteuer auf Dividenden, Zinsen oder Lizenzgebühren unterschiedlich sein oder sogar ganz entfallen. Andererseits darf die Zwischenschaltung zusätzlicher ausländischer Gesellschaften zur Erlangung bestimmter Abkommensvorteile nicht mißbräuchlich sein (treaty-shopping), denn dies führt zur Versagung der Vorteile. 17

Meven | 683

Es besteht hier eine ähnliche Regelung wie im deutschen Recht die Vorschrift des § 42 AO über den Mißbrauch von Gestaltungsmöglichkeiten.

Soweit im Einzelfalle bei grenzüberschreitenden Sachverhalten kein Doppelbesteuerungsabkommen zwischen Deutschland und dem anderen Staat abgeschlossen wurde, sieht das deutsche Steuerrecht für unbeschränkt Steuerpflichtige Möglichkeiten zur Vermeidung der Doppelbesteuerung oder wenigstens zu ihrer Verminderung vor.

18 Bei grenzüberschreitenden Vorgängen ergibt sich im allgemeinen folgender Prüfungsablauf:

– Welcher andere Staat ist neben Deutschland an dem Vorgang beteiligt?

– Besteht mit diesem Staat ein Doppelbesteuerungsabkommen?

- – Wenn ja: welche Regelungen sieht das Doppelbesteuerungsabkommen vor?
- – Wenn nein: welche Regelungen sieht das deutsche Steuerrecht vor?

21 Vertragsplanung

	Rz.		Rz.
I. Priorität der steuerrechtlichen Aspekte für verschiedene Gestaltungsmöglichkeiten	19	1. Zusage nach Betriebsprüfung	23
II. Zusammenarbeit zwischen Rechtsanwälten und Steuerberatern	20	2. Lohnsteuerauskunft/ Zollauskunft	24
III. Einholung verbindlicher Auskünfte bei den Finanzbehörden	21	3. Verbindliche Auskunft	25
		IV. Zusammenarbeit mit ausländischen Anwälten und Steuerberatern	28

I. Priorität der steuerrechtlichen Aspekte für verschiedene Gestaltungsmöglichkeiten

Bei vielen vertraglichen Gestaltungen, seien es nun Austausch- oder Gesellschaftsverträge, sind immer die steuerlichen Aspekte zu berücksichtigen, da das gewünschte steuerliche **Ergebnis direkt von der zivilrechtlichen Gestaltung abhängt.** Als Beispiel mag hier der Leasingvertrag gelten. In Abhängigkeit von den Regelungen des Vertrages erfolgt unter steuerlichen Gesichtspunkten die Zurechnung des Wirtschaftsgutes entweder beim Leasinggeber oder beim Leasingnehmer mit den entsprechenden Folgen für die Zuordnung der Abschreibungen und des sonstigen Aufwandes. Als weiteres Beispiel aus dem Gesellschaftsrecht mag die stille Gesellschaft dienen, die je nach Ausgestaltung steuerrechtlich als typisch stille Gesellschaft im Sinne der handelsrechtlichen Regelungen oder aber als atypisch stille Gesellschaft und somit als Mitunternehmerschaft (Personengesellschaft) steuerlich zu qualifizieren ist. Schließlich als Beispiel aus dem Bereich der Kapitalgesellschaft die Frage der Zuordnung nicht ausgeschütteter Gewinne im Zeitpunkt des Gesellschafterwechsels. Steuerrechtlich besteht hier eine klare Zuordnung, während zivilrechtlich abweichende Regelungen möglich sind.

19

II. Zusammenarbeit zwischen Rechtsanwälten und Steuerberatern

Aus den Beispielen des vorstehenden Kapitels ergibt sich auch schon zwangsläufig die Antwort auf die Frage nach einer Zusammenarbeit zwischen Rechtsanwälten und Steuerberatern. Beide Berufsgruppen haben eine unterschiedliche Sicht der Dinge, insbesondere wenn die Beteiligten zu der klassischen Abgrenzung ihrer Tätigkeitsfelder neigen. Dies hat sich in den letzten Jahren vielfach gewandelt, wonach auch Rechtsanwälte steuerliches Verständnis haben und umgekehrt Steuerberater rechtliches Verständnis. Jedoch wird man auch heute nicht umhin kommen, für jeden Bereich den Spe-

20

zialisten hinzuzuziehen. Dies gilt um so mehr, je komplexer die Vertragswerke sind. Bewährt hat sich eine Zusammenarbeit aller beteiligten Experten von Anfang an, da dann auch gewährleistet ist, daß alle relevanten Fragestellungen bedacht und diskutiert werden. Sofern ein Projekt zunächst nur aus anwaltlicher oder aus steuerrechtlicher Sicht vorbereitet wird und die jeweils andere Expertenseite erst später oder, was besonders mißlich ist, erst kurz vor Unterschrift hinzugezogen wird, führt dies zu neuen Diskussionen der beteiligten Parteien und mitunter zu Änderungen der Vertragsentwürfe, die eigentlich notwendig, aber manchmal nicht mehr mit der Gegenseite verhandelbar sind. Hiermit ist oftmals auch ein Zeitverlust verbunden, in einem Stadium der Vertragsverhandlungen, in dem keine Verzögerung mehr hingenommen werden kann.

III. Einholung verbindlicher Auskünfte bei den Finanzbehörden

21 Bei der Planung von Austauschverträgen oder Gesellschaftsverträgen ergeben sich nicht selten steuerrechtliche Fragestellungen, bei deren Beantwortung **Unsicherheit** bleibt. Dies kann unterschiedliche Gründe haben. Insbesondere nach einer grundlegenden Gesetzesänderung dauert es eine Zeit, bis offizielle Meinungsäußerungen der Finanzverwaltung in Form von Erlassen oder Schreiben des Bundesministeriums für Finanzen vorliegen oder gar Entscheidungen des Bundesfinanzhofes. Diese Entscheidungen ergehen im allgemeinen erst viele Jahre nach Umsetzung einer Änderung. Daneben gibt es auch Probleme, die seit langem kontrovers diskutiert wurden, wozu sich aber keine einhellige Meinung insbesondere in der Rechtsprechung gebildet hat. Schließlich entstehen durch die sich wandelnde Wirtschaft und Technik laufend neue Konstellationen, für die dann keine gesicherten (steuer)rechtlichen Beurteilungskriterien zur Verfügung stehen.

Für den Betroffenen ist eine solche Situation sehr mißlich, denn bedingt durch das deutsche System der nachlaufenden Betriebsprüfung wirken sich andere Beurteilungen der Finanzbehörden immer erst nach Abschluß der betreffenden Sachverhalte, oftmals viele Jahre später, aus. Steuerliche Fehler sind dann für die Vergangenheit auch nicht mehr rückgängig zu machen. Zur Verdeutlichung mag folgendes Beispiel dienen:

22 Die **Betriebsprüfung** soll im allgemeinen einen Zeitraum von **drei Kalenderjahren** umfassen. Die Prüfungsanordnung erfolgt erst, soweit für das dritte Prüfungsjahr auch die Steuererklärungen abgegeben sind. Bei Abgabe der Steuererklärungen im jeweiligen Folgejahr bedeutet dies faktisch, daß z. B. für die Kalenderjahre 2000, 2001 und 2002 die Betriebsprüfung erst gegen Ende 2003 oder Anfang 2004 angeordnet wird. Zwingend ist dies jedoch nicht, da die Anordnung und der Beginn der Betriebsprüfung lediglich bis zum Ende der steuerlichen Verjährungsfrist von vier Jahren erfolgen muß. Hinzu kommt noch die Anlaufhemmung der Festsetzungsverjährung. So kann es durchaus sein, daß z. B. die Verjährungsfrist für 2000 erst spätestens

zum Ende 2007 abläuft. Sofern dann Anordnung und Beginn der Prüfung erfolgen, liegt ein Prüfungsbericht erst Ende 2008 vor. Durch die anschließende Auswertung im Veranlagungsverfahren, ein mögliches Rechtsbehelfsverfahren und ein Klageverfahren erster Instanz können noch einmal Jahre ins Land gehen. Die weitere Verzögerung durch eine Revision oder Beschwerde gegen die Nichtzulassung der Revision soll dahingestellt bleiben. Die durchschnittliche Verfahrensdauer bei den Finanzgerichten beträgt zwischen zwei und vier Jahren.

Wenn dann eine Entscheidung gefallen ist, die der ursprünglichen Beurteilung widerspricht, bedeutet dies für viele Jahre der Vergangenheit eine Änderung der steuerlichen Veranlagungen mit den entsprechenden Auswirkungen. Dies zeigt das dringende Bedürfnis nach einer vorherigen verbindlichen Klärung von Zweifelsfragen.

Die gesetzlichen Ansprüche des Steuerpflichtigen in diesem Punkt sind äußerst gering. Folgende Möglichkeiten stehen zur Verfügung:

1. Zusage nach Betriebsprüfung

Gesetzlich geregelt ist nur die **verbindliche Zusage** nach einer Betriebsprüfung (§§ 204 bis 207 AO). Auf Antrag soll das zuständige Finanzamt verbindlich mitteilen, wie ein Sachverhalt der Vergangenheit, der im Prüfungsbericht dargestellt ist, in Zukunft behandelt werden soll. Es ist notwendig, daß diese Zusage für die zukünftigen geschäftlichen Maßnahmen der Steuerpflichtigen von Bedeutung ist. Die Finanzbehörde kann die Zusage auch mit Wirkung für die Zukunft aufheben oder ändern. 23

Für die vorherige Beurteilung von schwierigen Sachverhalten ist diese gesetzliche Möglichkeit nicht geeignet. Wegen der vorstehend geschilderten großen Zeitabläufe im Zusammenhang mit Betriebsprüfungen stellt sie auch in deren Zusammenhang kein unbedingt geeignetes Mittel dar, um zu einer sicheren Beurteilung zu gelangen.

2. Lohnsteuerauskunft/Zollauskunft

Daneben gibt es im Bereich der Lohnsteuer (§ 42e EStG) und des Zolltarifs (Art. 12 Zollkodex) und des Warenursprungs den Anspruch auf verbindliche Auskunft. 24

3. Verbindliche Auskunft

Darüber hinaus besteht seit langem aufgrund ständiger Übung der Verwaltung die Möglichkeit, eine **Auskunft mit Bindungswirkung nach Treu und Glauben** zu beantragen. Die Voraussetzungen im einzelnen hierzu sind im Erlaßwege geregelt (BStBl. I 1987, 474; 1990, 146). 25

26 Auf alle Einzelheiten, die hierbei zu beachten sind, soll nicht eingegangen werden. Wichtige Voraussetzung ist, daß der Auskunftsantrag vor Verwirklichung des betreffenden Sachverhaltes erfolgt. Der Antrag selbst muß eine umfassende und abgeschlossene Darstellung des ernsthaften geplanten Sachverhaltes enthalten. Unvollständige Darstellungen, Alternativen oder lediglich Annahmen oder Verweise auf andere Dokumente führen schon aus formalen Gründen zur Ablehnung. Des weiteren muß eine ausführliche Darlegung des Rechtsproblems mit eingehender Begründung des eigenen Rechtsstandpunktes erfolgen, die dann in die Formulierung konkreter Rechtsfragen mündet. Lediglich die globale Frage nach der Rechtslage ist nicht ausreichend. Bei sogenannten Steuersparmodellen, Fragen des Gestaltungsmißbrauches, also Fragen, bei denen nach Ansicht der Finanzverwaltung ein Steuervorteil im Vordergrund steht, werden keine verbindlichen Auskünfte erteilt. Ebenso kann die Finanzverwaltung eine Auskunft ablehnen, wenn zu der Frage eine gesetzliche Regelung, eine höchstrichterliche Entscheidung oder ein Verwaltungserlaß in absehbarer Zeit zu erwarten ist.

27 Der Antrag auf Erteilung einer verbindlichen Auskunft ist daher auch nicht in jedem Falle ein Mittel, um Planungssicherheit zu gewinnen. In umstrittenen Fragen wird die Finanzverwaltung im allgemeinen keine Auskunft erteilen. Schwierig ist auch der Auskunftsantrag, wenn verschiedene Lösungsvarianten zur Verfügung stehen. Hier hilft es oftmals nur, vor dem Antrag mit dem zuständigen Finanzamt die Angelegenheit informell zu erörtern, um dann erst den formellen Antrag auf Erteilung einer verbindlichen Auskunft zu stellen. Eine Verpflichtung zu diesen informellen Auskünften besteht selbstverständlich für die Finanzverwaltung nicht. Die Handhabung wird daher von den persönlichen Umständen des Einzelfalles abhängen. Schließlich ist, fast als wichtigster Umstand, der Zeitfaktor zu bedenken. Gerade in schwierigen Fragen wird sowohl auf der Beraterseite Zeit für die Vorbereitung der Anfrage benötigt als auch bei der Finanzverwaltung zur Beantwortung. Allgemein gültige Aussagen hierzu sind nicht möglich. Die Finanzverwaltung benötigt jedoch schon bei kleineren Anfragen, z. B. im Rahmen der Lohnsteueranrufungsauskunft, im allgemeinen ein bis zwei Monate. Bei komplexen Fragestellungen kann dies gut und gerne drei bis sechs Monate bedeuten.

Es gibt somit Instrumente zur Minimierung des steuerlichen Beurteilungsrisikos, ihre Anwendung und Effizienz hängen jedoch sehr stark von den Umständen des Einzelfalles ab.

IV. Zusammenarbeit mit ausländischen Anwälten und Steuerberatern

28 Sobald bei Gesellschaftsverträgen oder Austauschverträgen in irgendeiner Form eine Auslandsberührung vorliegt, muß sich zwangsläufig die Frage

stellen, ob man Rechtsanwälte und Steuerberater der jeweiligen ausländischen Rechtsordnung zu Rate ziehen soll.

Für den Bereich des Steuerrechtes kann diese Frage fast immer bejaht werden, da anders als im Zivilrecht keine Rechtswahl möglich oder durch Kollisionsnormen eine bestimmte Rechtsordnung anwendbar ist. Steuerrechtlich sind bei Auslandsbeziehungen grundsätzlich beide Rechtsordnungen involviert. Zur Lösung von Kollisionen dienen dann Doppelbesteuerungsabkommen, soweit diese zwischen den beiden betreffenden Staaten bestehen (siehe oben Rz. 15 ff.).

29

Hierdurch werden dann immer noch nicht die Fragen beantwortet nach den Auswirkungen des jeweiligen Sachverhaltes im betreffenden ausländischen Steuerrecht. Oftmals bestehen erhebliche Unterschiede, wonach eine Gestaltung aus deutscher Sicht zulässig und steuerrechtlich vernünftig ist, aber aus der Sicht der ausländischen Steuerrechtsordnung nicht möglich oder steuerlich unvernünftig ist. Als **Beispiel** sei die Frage der **Darlehnsfinanzierung** der Gesellschaft durch ihren ausländischen Gesellschafter genannt. Aus deutscher Sicht bestehen gemäß § 8a KStG Beschränkungen hinsichtlich der Entgelte für Gesellschafterdarlehen. Hiernach kann es oftmals erforderlich sein, zinslose Gesellschafterdarlehen an die Gesellschaft auszureichen, sofern man kein Eigenkapital zur Verfügung stellen will, während nach der ausländischen Rechtsordnung der Zinsverzicht nicht zulässig ist oder erhebliche Probleme mit sich bringen kann.

22 Austauschverträge

	Rz.
I. Formfragen	30
II. Vertragssprache	32
III. Steuerchecliste und Kommentar	33
1. Checkliste Austauschverträge	33
2. Kommentar Checkliste Austauschverträge	34
a) Umsatzsteuer	34
aa) Ausgangsumsatz	35
bb) Vorsteuerabzug	41
cc) Steuerentstehung	45
dd) Abtretung „Vorsteuerguthaben"	47
b) Grunderwerbsteuer/Verkehrsteuern	49
aa) Steuergegenstand	50
bb) Bemessungsgrundlage	52
cc) Steuerschuldner	53
c) Zölle und Verbrauchsteuern	54
aa) Verbrauchsteuern	55
bb) Zölle und Einfuhrumsatzsteuer	56

	Rz.
d) Ertragsteuern	57
IV. Einzelprobleme	61
1. Rückbeziehung	61
2. Haftungsfragen	63
3. Steuerklauseln	64
a) Umsatzsteuer	66
b) Grunderwerbsteuer/Verkehrsteuern	67
c) Zölle und Verbrauchsteuern	68
d) Ertragsteuern	69
V. Durchführung	71
1. Steuererklärungs- und Meldepflichten/Fristen	71
a) Umsatzsteuer	72
b) Grunderwerbsteuer	75
c) Zölle und Verbrauchsteuern	76
d) Ertragsteuern	78
2. Besondere Meldepflichten	79
3. Einbehaltungspflichten	80
a) Umsatzsteuer	80
b) Ertragsteuern	81

I. Formfragen

Grundsätzlich kennt das Steuerrecht keine eigenen Vorschriften über besondere Formen für Verträge. Vor dem Hintergrund der wirtschaftlichen Betrachtungsweise geht das Steuerrecht sogar noch einen Schritt weiter und erkennt gemäß § 41 Abs. 1 S. 1 AO auch grundsätzlich formunwirksame Rechtsgeschäfte an, soweit und solange die Beteiligten das wirtschaftliche Ergebnis gleichwohl eintreten und bestehen lassen. Diese Grundsätze sind jedoch durch Rechtsprechung und Finanzverwaltung in vielen Bereichen eingeschränkt worden. Man denke nur an Verträge zwischen nahen Angehörigen. Gleiches gilt für Verträge zwischen einem Gesellschafter und seiner Gesellschaft. 30

Grundsätzlich ist daher aus steuerrechtlicher Sicht zu empfehlen, **dieselben Formen** zu beachten, die auch nach den **zivilrechtlichen Vorschriften** notwendig sind. Soweit aus zivilrechtlicher Sicht keine Schriftformerfordernisse bestehen, ist dies aus steuerrechtlicher Sicht trotzdem erforderlich bei Verträgen zwischen nahen Angehörigen und einem Gesellschafter bzw. Gesellschaftern und der Gesellschaft. Selbstverständlich müssen hierbei auch 31 die allgemeinen Erfordernisse der Vertretungsbefugnis und Vertretungsmacht beachtet werden.

Darüber hinaus empfiehlt sich auch in sonstigen Fällen aus steuerrechtlicher Sicht **zumindest** eine **schriftliche Dokumentation** der Vorgänge.

II. Vertragssprache

32 Die Amtssprache der deutschen Finanzbehörden ist gemäß § 87 Abs. 1 AO Deutsch. Hiernach können die Finanzbehörden verlangen, daß nicht nur Anträge, Anfragen und sonstige Schreiben in deutscher Sprache erfolgen, sondern daß auch Verträge, Urkunden, sonstige Schriftstücke, etc. in deutscher Übersetzung vorgelegt werden. In begründeten Fällen kann auch die Vorlage einer beglaubigten Übersetzung verlangt werden.

Man sollte daher unter diesem Aspekt überlegen, ob wichtige Verträge möglicherweise von Anfang an zweisprachig konzipiert werden. Bei unwesentlichen Vereinbarungen oder auch weniger umfangreichen Verträgen wird dies in der Praxis nicht erforderlich sein, da dann entsprechende Erläuterungen des Beraters gegenüber den Finanzbehörden ausreichen und auch manche Beamte der Finanzverwaltung, insbesondere aus dem Bereich der Betriebsprüfung, in der Lage sind, zumindest englische Vertragsdokumente nachvollziehen zu können. Bei umfangreicheren Verträgen jedoch, die möglicherweise umfangreiche steuerrechtliche Folgen auslösen, stellt sich relativ rasch die Notwendigkeit einer deutschen Übersetzung.

III. Steuercheckliste und Kommentar

1. Checkliste Austauschverträge

33 a) Umsatzsteuer

    aa) Ausgangsumsatz

        – Steuerbarer Umsatz

        – Unternehmer

        – Steuerbefreiungen/Option

        – Steuersatz

        – Bemessungsgrundlage

    bb) Vorsteuerabzug

        – Grundsatz

        – Belegnachweis

        – Vorsteuerberichtigung

cc) Steuerentstehung

dd) Abtretung „Vorsteuerguthaben"

b) Grunderwerbsteuer / Verkehrsteuern

aa) Steuergegenstand

bb) Bemessungsgrundlage

cc) Steuerschuldner

c) Zölle und Verbrauchsteuern

aa) Verbrauchsteuern

bb) Zölle und Einfuhrumsatzsteuer

d) Ertragsteuern

2. Kommentar Checkliste Austauschverträge

a) Umsatzsteuer

Die wichtigste Frage im Rahmen von Austauschverträgen ist sicherlich diejenige, ob der Vorgang der Umsatzsteuer unterliegt. Es ist immer wieder erstaunlich, wie häufig hier (auch von Notaren) Fehler begangen werden. 34

Schon im Hinblick auf die zivilrechtliche Situation bedarf diese Frage der Beachtung, denn ohne gesonderte Regelung ist der vereinbarte Preis immer der **Bruttopreis einschließlich möglicher Umsatzsteuer** (BGH, NJW 1988, 2042). Die zivilrechtlichen Grundsätze gelten auch im Bereich des Umsatzsteuerrechts (*Wagner*, in Sölch/Ringleb/List, UStG § 14 RdNr. 19). Mißlich wird dieser Umstand insbesondere für den Leistenden, da er aus der erhaltenen Bruttovergütung die Umsatzsteuer herausrechnen und an das Finanzamt abführen muß. Andererseits scheitert ein Vorsteuerabzug beim Leistungsempfänger schon an einem Dokument (Rechnung) mit Steuerausweis.

Die Klärung der umsatzsteuerlichen Konsequenzen einer Transaktion kann im Einzelfalle eine Fülle von Rechtsproblemen aufwerfen. Es würde den Rahmen dieser Darstellung sprengen, wenn nachfolgend alle solche möglichen Punkte dargestellt würden. Es kann daher nur auf die wesentlichen Fragen eingegangen werden.

aa) Ausgangsumsatz

Grundsätzlich ergibt sich folgender Prüfungsaufbau: 35

– steuerbarer Umsatz

36 Der Umsatzsteuer unterliegen gemäß § 1 UStG (steuerbare Umsätze) u. a. Lieferungen und sonstige Leistungen, die ein Unternehmer im Inland gegen Entgelt im Rahmen seines Unternehmens ausführt. Die Einfuhr von Gegenständen aus dem Drittlandsgebiet in das Inland oder der innergemeinschaftliche Erwerb im Inland gegen Entgelt sind dem gleichgestellt.

– Unternehmer

37 Zentraler Punkt der Umsatzsteuer ist die Person des Unternehmers. Nur wer Unternehmer im Sinne des Umsatzsteuerrechtes ist, muß einerseits Umsatzsteuer berechnen und kann andererseits gezahlte Umsatzsteuer als Vorsteuer (s. u.) geltend machen. Privatpersonen scheiden somit aus. Unternehmer ist danach, wer eine **gewerbliche oder berufliche Tätigkeit selbständig ausübt**. Problematisch wird diese Frage immer bei Verträgen mit staatlichen Einrichtungen oder ähnlichen Organisationen und bei Beteiligungs- oder Holdinggesellschaften.

– Steuerbefreiungen/Option

38 Eine Reihe von steuerbaren Umsätzen sind steuerfrei. Die bekanntesten sind Ausfuhrlieferungen beziehungsweise innergemeinschaftliche Lieferungen in andere EU-Länder, Grundstücksveräußerungen, Leistungen aus Versicherungsverträgen, Vermietung und Verpachtung von Grundstücken.

Auf einige dieser Steuerbefreiungen, zum Beispiel Grundstücksumsätze, Vermietung und Verpachtung von Grundstücken, kann verzichtet werden (Option zur Umsatzsteuer). Durch den Verzicht auf die Steuerbefreiung wird ein steuerbarer und steuerfreier Umsatz nunmehr der Umsatzsteuer unterworfen. Bekannt ist dies vor allem aus dem Bereich der **Vermietung von Grundstücken**. Ein solcher Verzicht auf die Steuerfreiheit erfolgt meistens im Hinblick auf den leistenden Vertragspartner, da dieser wiederum gezahlte Umsatzsteuer (Vorsteuer) nur gegenüber dem Finanzamt als Vorsteuer geltend machen kann, wenn für ihn u. a. der hieraus resultierende Ausgangsumsatz seinerseits der Umsatzsteuer unterliegt. Die Option zur Umsatzsteuer im Bereich der Grundstücksvermietung ist mehrfach geändert und eingeschränkt worden. Teilweise bestehen auch Übergangsfristen. In diesem Zusammenhang ist auch die Frage der nachträglichen Vorsteuerberichtigung zu bedenken (siehe unten Rz. 44).

– Steuersatz

39 Die Frage, ob der normale Steuersatz von zur Zeit 16% oder der ermäßigte von zur Zeit 7% zur Anwendung gelangt, dürfte im allgemeinen unproblematisch sein.

– Bemessungsgrundlage

40 Die Bemessungsgrundlage für die Steuer ist das **Entgelt**. Hierzu gehört nach dem Gesetz alles, was der Leistungsempfänger aufwendet, um die Leistung

zu erhalten, jedoch abzüglich der Umsatzsteuer. Zum Entgelt gehören auch Aufwendungen Dritter. Diese Zahlungen von dritter Seite dürften im allgemeinen bei Austauschverträgen zwischen Unternehmen nicht relevant sein. Sobald jedoch eine weitere Partei beteiligt ist, sind deren Beiträge in dieser Hinsicht zu prüfen. Praktisch schwierig wird die Frage, wenn das Entgelt aus Geldzahlung und Gegenleistung besteht und möglicherweise noch eine Aufteilung auf steuerfreie und nichtsteuerfreie Umsätze vorzunehmen ist.

bb) Vorsteuerabzug

Während sich für die leistende Partei die Frage nach der Abführung der Umsatzsteuer an das Finanzamt aus der Gegenleistung (im allg.: Geldleistung) stellt, ist für die Vertragspartei der Gegenleistung (im allg.: die zahlende Partei) die Frage nach der Abzugsfähigkeit der gezahlten Umsatzsteuer als Vorsteuer der entscheidende Punkt. 41

– Grundsatz

Ein Unternehmer (siehe oben Rz. 37) kann Vorsteuerbeträge abziehen, die in Rechnungen gesondert ausgewiesen sind bei Lieferungen oder sonstigen Leistungen, die von anderen Unternehmern für sein Unternehmen ausgeführt worden sind. Ein Vorsteuerabzug ist ausgeschlossen u. a. bei Lieferungen oder sonstigen Leistungen, die ihrerseits zur Ausführung von nicht steuerbaren oder steuerfreien Umsätzen mit Ausnahme von Ausfuhrlieferungen oder innergemeinschaftlichen Lieferungen verwendet werden. Es ist daher immer zu fragen, für welche Ausgangsumsätze seinerseits der erwerbende Unternehmer die erhaltene Lieferung oder Leistung verwenden will. So **scheitert** der Vorsteuerabzug **bei Holdinggesellschaften** oftmals daran, daß diese außer der Beteiligungsverwaltung keine Tätigkeit entwickeln. Die Verwaltung von Beteiligungen jedoch unterliegt nicht der Umsatzsteuer. Vergleichbar ist die Situation bei der Umsatzsteuer aus Aufwendungen eines Unternehmers, soweit sie auf den Bereich des Haltens und der Verwaltung von Beteiligungen entfällt und nicht auf die eigentliche gewerbliche Tätigkeit. 42

– Belegnachweis

Als weitere materielle Voraussetzung ist der Belegnachweis durch eine **Rechnung** erforderlich. 43
Eine Rechnung im Sinne des Umsatzsteuergesetzes muß gemäß § 14 Abs. 1 UStG folgende Angaben enthalten:

– den Namen und die Anschrift des leistenden Unternehmers,

– den Namen und die Anschrift des Leistungsempfängers,

– die Menge und die handelsübliche Bezeichnung des Gegenstandes der Lieferung oder die Art und den Umfang der sonstigen Leistung,

– den Zeitpunkt der Lieferung oder der sonstigen Leistung,
– das Entgelt für die Lieferung oder sonstige Leistung und
– den auf das Entgelt entfallenden Steuerbetrag.

Für diese Angaben muß keine gesonderte Rechnung gestellt werden, wenn sich diese bereits alle aus dem Vertragstext ergeben, der dann als Rechnung im Sinne des Gesetzes gilt.

– **Vorsteuerberichtigung**

44 Grundsätzlich richtet sich die Frage der Abzugsfähigkeit der Umsatzsteuer als Vorsteuer nach der erstmaligen Verwendung der Lieferung bzw. Leistung. Soweit sich diese Verwendung in den folgenden fünf Jahren bzw. bei Grundstücken und Gebäuden innerhalb von zehn Jahren ändert, ist auch der Vorsteuerabzug pro rata zu berichtigen und entsprechend an das Finanzamt zurückzuzahlen. Gleiches gilt, sofern Wirtschaftsgüter vor Ablauf der genannten Zeiträume veräußert werden und dieser Vorgang nicht der Umsatzsteuer unterliegt. Naturgemäß wird diese Frage in der Praxis relevant bei **Immobilienvorgängen** aufgrund der hohen Investitionskosten und des **langen Berichtigungszeitraumes**.

Zu bedenken ist diese Frage auch bei der Auflösung eines Unternehmens, da dann insbesondere bei Grundstücken und Gebäuden überprüft werden muß, wie der frühere Erwerb umsatzsteuerrechtlich vorgenommen wurde. Das gleiche Problem ergibt sich bei der Verwertung durch den Insolvenzverwalter, dem oftmals die Vorgänge aus der Vergangenheit nicht bekannt sind.

cc) Steuerentstehung

45 Als wichtiger Punkt bei der Liquiditätsplanung und insbesondere bei der Zahlung der Gegenleistung in Raten ist die Steuerentstehung zu bedenken.

Einerseits entsteht bei dem leistenden Unternehmer die Steuer auf den Ausgangsumsatz mit Ablauf des Voranmeldungszeitraumes, in dem die Lieferung oder Leistung ausgeführt worden ist. Bei normal bilanzierenden Unternehmen ist daher die Frage der Zahlung durch den Vertragspartner nicht relevant für die Steuerentstehung ebensowenig wie der Zeitpunkt der Rechnungslegung. Die Umsatzsteuer ist somit ohne Rücksicht auf Rechnungslegung und tatsächliche Zahlungen anzumelden und abzuführen. Lediglich, soweit der betreffende Vertragspartner die Steuer nach vereinnahmten Umsätzen berechnen darf, ist der Zeitpunkt der Zahlung entscheidend. Dies ist jedoch die Ausnahme. Soweit vor Ausführung der Leistung eine Zahlung erfolgt, entsteht die Steuer mit Ablauf des Voranmeldungszeitraumes, in dem die Zahlung vereinnahmt worden ist.

46 Anderseits ist für die zahlende Partei ein **Vorsteuerabzug** erst möglich, wenn der **Belegnachweis** (Rechnung) vorliegt und die Lieferung oder sonstige Lei-

stung ausgeführt worden ist. Soweit Vorauszahlungen vor Ausführung erfolgen, ist der Vorsteuerabzug möglich, wenn der Belegnachweis vorliegt und die Zahlung geleistet ist. Lediglich eine sogenannte Vorschußrechnung mit Umsatzsteuerausweis ohne Zahlung berechtigt daher nicht zum Vorsteuerabzug, obwohl dies in der Praxis immer wieder zu beobachten ist.

Die leistende Partei muß somit unter Umständen schon die Umsatzsteuer an das Finanzamt anmelden und abführen, obwohl noch kein Geld geflossen ist. Bei einer zahlenden Partei kann ebenfalls ein **Liquiditätsproblem** entstehen, sofern sie zahlen muß, bevor ein Belegnachweis vorliegt oder bevor die gezahlte Umsatzsteuer vom Finanzamt als Vorsteuer anerkannt wird.

dd) Abtretung „Vorsteuerguthaben"

Wegen der vorgenannten Probleme ist daher insbesondere bei hohen Umsatzsteuerbeträgen die Möglichkeit zu bedenken, die Zahlung des Umsatzsteuerbetrages durch den zahlenden Vertragspartner zu ersetzen durch eine entsprechende **Abtretung seiner Steuervergütungsansprüche** gegenüber dem Finanzamt. Der leistende Vertragspartner ersetzt dann seinerseits die Zahlung der Umsatzsteuer an das Finanzamt (teilweise) durch die Weitergabe der Abtretung der genannten Steuervergütungsansprüche. Es erfolgt dann lediglich zwischen den Finanzbehörden eine entsprechende Umbuchung des Betrages. Im Hinblick auf die Liquiditätsschonung der beteiligten Vertragsparteien ist dies grundsätzlich ein sinnvolles Vorgehen, zumindest theoretisch. 47

In der Praxis jedoch führt ein solches Verfahren immer wieder zu erheblichen Problemen und Auseinandersetzungen zwischen den Beteiligten und schlägt meistens fehl, da die grundlegenden Mechanismen der Umsatzsteuer nicht bedacht werden.

Der wichtigste Punkt in diesem Zusammenhang ist die **Abtretung eines möglichen Steuerguthabens**. Oftmals wird versucht, isoliert den Vorsteuerbetrag aus dem betreffenden Vertrag abzutreten, was jedoch umsatzsteuerrechtlich nicht möglich ist. Die anrechenbaren Vorsteuern eines Unternehmers fließen nur als Kalkulationsposten in die betreffende Umsatzsteuervoranmeldung ein, ebenso wie die von ihm selbst abzuführende Umsatzsteuer aus seinen Ausgangsumsätzen und Vorsteuer aus anderen Aufwendungen. Der Saldo zwischen der Vorsteuer aus Eingangsumsätzen und der Umsatzsteuer aus Ausgangsumsätzen ist dann entweder an das Finanzamt zu zahlen oder wird von diesem erstattet. Lediglich dieser Guthabensaldo kann abgetreten werden. Bei einem laufenden Unternehmen mit voller Geschäftstätigkeit wird dieser Saldo selten (praktisch nie) mit dem Umsatzsteuerbetrag aus dem betreffenden Vertrag übereinstimmen. Es bedarf daher der genauen Prüfung, ob ein Steuerguthaben besteht, das abtretbar ist. 48

Des weiteren müssen die jeweiligen **Zeitpunkte** der Steuerentstehung und des Vorsteuerabzuges **synchronisiert werden**. Ein Steuervergütungsanspruch kann nur abgetreten werden, wenn er bereits entstanden ist. Des weiteren wird das Finanzamt, das die Abtretungserklärung zahlungshalber erhält, nachprüfen, ob ein solcher Steuervergütungsanspruch vorhanden ist. Dies erfolgt regelmäßig, wenn der Vertragspartner die entsprechende Umsatzsteuervoranmeldung seinem Finanzamt vorlegt.

b) Grunderwerbsteuer/Verkehrsteuern

49 Die sonstigen Verkehrsteuern, wie zum Beispiel Versicherungs-, Feuerschutz-, Kfz- und Lotteriesteuer, dürften im vorliegenden Zusammenhang keine praktische Rolle spielen. Durch die Aufhebung einiger anderer Verkehrsteuern, wie zum Beispiel Wechsel- und Kapitalverkehrsteuer, hat dieses Thema auch an Bedeutung verloren.

Wichtig bleibt jedoch die Grunderwerbsteuer. In der Vergangenheit wurde diesem Thema oftmals keine Beachtung geschenkt. Durch die Erhöhung des Steuersatzes auf 3,5 % und die Änderung im Bereich der Einheitswerte haben sich mögliche Steuerlasten hieraus erheblich erhöht. Gleichzeitig sind die Rechtsfragen durch die jüngsten Gesetzesänderungen in diesem Bereich auch komplizierter geworden. Somit bedarf auch die Grunderwerbsteuer zukünftig erhöhter Aufmerksamkeit.

aa) Steuergegenstand

50 Steuergegenstand der Grunderwerbsteuer ist grundsätzlich der **Rechtsträgerwechsel eines inländischen Grundstückes**. Hiervon ausgehend ist die Betrachtungsweise des Grunderwerbsteuerrechtes grundsätzlich an den zivilrechtlichen Wertungen ausgerichtet. Dies ist wichtig für das Verständnis und die Auslegung der Tatbestandsmerkmale, die oftmals mit den Begriffen des bürgerlichen Rechtes übereinstimmen.

Anderseits finden sich Anklänge an eine wirtschaftliche Betrachtungsweise, indem auch Vorgänge der Steuer unterliegen ohne Rechtsträgerwechsel im Sinne des bürgerlichen Rechtes. So unterliegt der Übergang der Verwertungsbefugnis an einem Grundstück ohne dessen Übereignung der Steuer und die Übertragung von mindestens 95 % der Anteile einer grundbesitzenden Kapitalgesellschaft bzw. die Vereinigung von mindestens 95 % der Anteile einer solchen Gesellschaft in einer Hand der Steuer. An die steuerpflichtige Einräumung der Verwertungsbefugnis ist insbesondere bei Verträgen im Immobilienbereich über die Projektentwicklung und eigenständige Vermarktung durch den Vertragspartner zu denken ebenso wie bei Treuhandverträgen über Grundstückseigentum. Treuhandverträge über Grundstücke sind im allgemeinen unter dem Aspekt der Grunderwerbsteuer nachteilig, da im Rahmen der Begründung und Abwicklung der Treuhand mindestens einmal zusätzlich Grunderwerbsteuer entsteht verglichen mit einem direkten Erwerb.

Bei der Übertragung von Gesellschaftsanteilen ist immer zu prüfen, ob unmittelbar oder mittelbar mindestens 95 % Anteile übertragen werden oder ob unmittelbar oder mittelbar mindestens 95% Anteile in der Hand eines Gesellschafters oder in der Hand von herrschenden und abhängigen Unternehmen oder Personen vereinigt werden. Die Vermeidung der Grunderwerbsteuer hierbei ist oft das Motiv für die geringe gesellschaftsrechtliche Beteiligung einer anderen Person.

Zur **Vermeidung** der **Grunderwerbsteuer** wurden und werden oft **Personengesellschaften** anstelle von Kapitalgesellschaften genutzt, da hierbei der Wechsel der Gesellschafter keine Grunderwerbsteuer auslöst, denn unter zivilrechtlicher Sicht ist die Personengesellschaft als Gesamthand Rechtsträger des Grundstückes. Dieser Rechtsträger ändert sich bei einem Wechsel der Gesellschafter nicht. In der Vergangenheit versuchten Finanzverwaltung und Rechtsprechung diese Möglichkeit der Steuervermeidung einzuschränken, sofern ein Mißbrauch angenommen wurde. Dies sollte insbesondere dann der Fall sein, wenn der Wechsel der Gesellschafter der Gesamthand innerhalb kurzer Zeit und planmäßig erfolgte. 51

Nunmehr ist im Gesetz geregelt, daß der unmittelbare oder mittelbare Übergang von mindestens 95% der Anteile an einer Personengesellschaft innerhalb von fünf Jahren als Übereignung des Grundstückes an eine neue Personengesellschaft gilt. Darüber hinaus ist eine wesentliche Änderung des Gesellschaftsbestandes auch anzunehmen, wenn diese bei wirtschaftlicher Betrachtung eine Übertragung des Grundstückes auf eine neue Personengesellschaft darstellt. Somit muß bei Verträgen, die Grundstücke zum Gegenstand haben, auch eine Prüfung unter dem Gesichtspunkt der Grunderwerbsteuer erfolgen in Punkten, in denen bisher eine Steuerpflicht bei Wechsel der Gesellschafter einer Personengesellschaft nicht vorlag. Naturgemäß besteht hier eine Reihe von Einzelproblemen.

bb) Bemessungsgrundlage

Die **Bemessungsgrundlage** für die Grunderwerbsteuer ist grundsätzlich die **Gegenleistung**. Soweit eine solche nicht vorhanden oder nicht zu ermitteln ist und bei Umwandlungsvorgängen sowie in den Fällen der Übertragung von 95% der Anteile an Personen- oder Kapitalgesellschaften, ist Bemessungsgrundlage der Ertragswert gemäß § 138 Abs. 2 oder 3 BewG. 52

Zur Gegenleistung gehören neben dem Kaufpreis oder, im Falle des Tausches, dem Wert der Tauschgegenstände auch Leistungen, die der Erwerber zusätzlich übernommen hat, ebenso wie die Übernahme der Grundpfandrechte. Soweit ein einheitlicher Preis für ein Grundstück und für andere Gegenstände gezahlt wird, die zivilrechtlich oder steuerrechtlich nicht zu dem Grundstück gehören, muß die Gegenleistung aufgeteilt werden.

cc) Steuerschuldner

53 Schuldner der Grunderwerbsteuer sind nach dem Gesetz regelmäßig die Personen, die an dem Erwerbsvorgang als Vertragspartner beteiligt sind. Dies gilt auch, wenn im Vertrag zivilrechtlich im Innenverhältnis eine andere Übernahme der Steuerlasten vereinbart wird.

c) Zölle und Verbrauchsteuern

54 Während im Bereich der Steuern im allgemeinen (noch) der Blick auf das deutsche Recht ausreichend ist, was im Bereich der Umsatzsteuer auch nur noch eingeschränkt gilt, ist im Bereich der **Zölle fast ausschließlich EU-Recht** zu beachten. Die deutschen Verbrauchsteuergesetze beruhen im wesentlichen auf EU-Richtlinien. Auf die Einfuhrumsatzsteuer als Teil der Umsatzsteuer finden die EU-Vorschriften über Zölle ebenfalls Anwendung.

aa) Verbrauchsteuern

55 Unter Verbrauchsteuern versteht man Branntwein-, Mineralöl-, Kaffee-, Schaumwein- und Tabaksteuer. Diese dürften im hier betreffenden Rahmen nur eine geringe Rolle spielen. Sofern diese Regelungsbereiche jedoch berührt sind, muß insbesondere auf die Einhaltung der entsprechenden Formalitäten und besonderen Voraussetzungen und Erlaubnisse geachtet werden. Schon geringe Verletzungen der betreffenden Vorschriften führen zu einer Steuerentstehung und damit zu nicht unerheblichen finanziellen Belastungen im Einzelfalle, die vorher nicht kalkuliert worden sind.

bb) Zölle und Einfuhrumsatzsteuer

56 Grundlage für Zölle und Einfuhrumsatzsteuer ist der Zollkodex der EU. Hier finden sich alle wesentlichen Vorschriften. Daneben bestehen selbstverständlich noch eine Reihe von weiteren EU-Richtlinien und anderen Verordnungen über die Festsetzung von Zolltarifen, Zollbefreiungen, Zollkontingenten, Ein- und Ausfuhrverboten.

Die Frage nach Zöllen und Einfuhrumsatzsteuern wird immer relevant, sobald eine Warenlieferung aus einem Drittland in ein Land der EU erfolgt. Das gesamte Gebiet der EU wird mit einigen Ausnahmen als einheitliches Zollgebiet behandelt. Die zeitliche Entstehung von Zöllen und Einfuhrumsatzsteuer kann beeinflußt werden durch eine Zwischenlagerung in einem Zolllager. Solange sich die Ware dort befindet oder unter Zollausschluß transportiert wird, entstehen weder Zölle noch Einfuhrumsatzsteuern unabhängig vom Ort, an dem sich die Ware tatsächlich befindet. Gleiches gilt für die Lagerung im Freihafen.

Ähnlich wie bei den Verbrauchsteuern ist auch bei Zöllen und Einfuhrumsatzsteuern die Einhaltung der zollrechtlichen Formalitäten und Fristen genauestens zu beachten, da schon geringe Verletzungen zu einer ungewollten Entstehung der Abgaben oder Versagung von Abgabenbefreiungen führen. Die Möglichkeiten einer nachträglichen Korrektur sind nach EU-Recht äußerst beschränkt. Deutsches Abgabenrecht und insbesondere die deutschen Erlaßvorschriften finden neben den EU-Vorschriften nur eingeschränkt Anwendung.

d) Ertragsteuern

Im Rahmen von Austauschverträgen stellt sich im Punkte der Ertragsteuern, also Einkommen- oder Körperschaftsteuer und teilweise Gewerbesteuer, beim Veräußerer als leistender Vertragspartei die Frage nach dem Gewinn und seiner Besteuerung, während sich beim Erwerber die Frage nach den Anschaffungskosten und ihrer steuerlichen Behandlung stellt. 57

Beim Veräußerer kann sich dann die Frage anschließen nach einer möglichen Vermeidung von Steuerlasten auf den entstandenen Gewinn. Diese Frage stellt sich nicht so sehr bei üblichen Umsatzgeschäften eines Unternehmens, sondern vielmehr, wenn größere Teile des Anlagevermögens, Betriebsteile, Grundstücke, Anteile an Kapitalgesellschaften oder Unternehmen insgesamt veräußert werden. In der Vergangenheit stand unter bestimmten Voraussetzungen für natürliche Personen ein ermäßigter Steuersatz zur Verfügung. Nachdem zwischenzeitlich diese Regelung abgeschafft worden war und durch eine andere, mit jedoch allenfalls marginalen Vorteilen, ersetzt wurde, ergibt sich **ab 2001** bzw. 2002 eine **grundlegende Änderung** sowohl für natürliche Personen als auch für Körperschaften. Für den Bereich der Unternehmensveräußerung steht für natürliche Personen unter bestimmten Voraussetzungen wieder ein ermäßigter Steuersatz (die Hälfte des durchschnittlichen Steuersatzes, mindestens jedoch der Eingangssteuersatz) zur Verfügung. Der Gewinn aus der Veräußerung von Anteilen an Kapitalgesellschaften wird bei natürlichen Personen nur zur Hälfte besteuert, wobei eine wesentliche Beteiligung und damit eine Steuerpflicht von Veräußerungsgewinnen bereits ab einer Beteiligung von 1 % vorliegt. Soweit Anteile an Kapitalgesellschaften durch Kapitalgesellschaften als deren Gesellschafter veräußert werden, ist der Gewinn hieraus für diese steuerfrei (§ 8b Abs. 2 KStG). Bisher bestand diese Steuerfreiheit nur für Gewinne aus der Veräußerung von ausländischen Beteiligungen.

Weiter ist zu denken an die **Übertragung** der aufgedeckten **stillen Reserven** (Gewinn) auf andere Wirtschaftsgüter beziehungsweise im Rahmen der Anschaffung von Wirtschaftsgütern gemäß § 6b EStG. Auch diese Regelung ist durch die Steuerreform eingeschränkt worden. Grundsätzlich ist die Übertragung von Gewinnen aus der Veräußerung von Grundstücken und Gebäuden sowie Aufwuchs möglich auf die Anschaffung gleicher oder teilweise 58 auch anderer als der genannten Wirtschaftsgüter möglich. Daneben sind noch eine Reihe weiterer Voraussetzungen zu beachten. Wichtig ist in jedem Falle die Frist von vier Jahren bzw. bei Gebäuden unter bestimmter Voraussetzung die Frist von sechs Jahren, bis zu deren Ende die neue Investition vorgenommen sein muß. Andernfalls ist die Rücklage gewinnerhöhend aufzulösen. Zusätzlich ist für jedes volle Wirtschaftsjahr, in dem die Rücklage bestanden hat, und das Wirtschaftsjahr der Auflösung der Rücklage der Gewinn um 6% des aufgelösten Rücklagebetrages zu erhöhen. Auf diese Weise soll der Zinsvorteil der Steuerstundung abgeschöpft werden. Die Auflösung der Rücklagen und eine mögliche Verzinsung führt im Ergebnis jedoch nur zu einer steuerlichen Belastung, wenn im Jahre der Auflösung und Versteuerung keine Verlustsituation oder Verlustvorträge bestehen, die mögliche Gewinne kompensieren.

59 Ein **Folgeproblem** aus der Veräußerung ist die Frage, **wem Erträge** des veräußerten Wirtschaftsgutes **zustehen**. Diese Frage stellt sich in der Praxis bei der Übertragung von Anteilen an Kapitalgesellschaften. Man findet in entsprechenden Verträgen immer wieder Abreden über die Zurechnung von Gewinnen und Verlusten beim Veräußerer bis zu einem gewissen Stichtag und ab diesem dann beim Käufer. Ob und welche Auswirkungen solche Klauseln zivilrechtlich haben, kann dahinstehen. Steuerrechtlich bleibt nur die Frage, wem Gewinnausschüttungen zustehen, die nach Übergang der Anteile erfolgen. Gemäß § 20 Abs. 2a EStG stehen die Gewinnausschüttungen demjenigen zu, der zum Zeitpunkt des Gewinnverteilungsbeschlusses die Anteile hält. Dies folgt auch unmittelbar aus der zivilrechtlichen Rechtslage, wonach ein Gewinnbezugsrecht immer unselbständiger Bestandteil des Gesellschaftsanteiles ist und erst durch einen Gewinnverteilungsbeschluß zu einem selbständigen Vermögensgegenstand wird, über den dann auch selbständig verfügt werden kann. Die Frage der Zurechnung hatte in der Vergangenheit Auswirkung auf die Berechtigung zur Anrechnung des Steuerguthabens, das regelmäßig mit einer Gewinnausschüttung verbunden ist. Durch die Änderung des Körperschaftsteuersystems und die damit verbundene Abschaffung des Anrechnungsguthabens ist dieses Problem für die Zukunft entfallen. Es kann jedoch weiterhin Bedeutung haben, sofern anläßlich einer Veräußerung versteuerte Rücklagen ausgeschüttet werden sollen, da für die Anpassung des alten Rechtes an das neue hinsichtlich der Kapitalgliederung lange Übergangsfristen bestehen.

Sofern zivilrechtlich eine andere Verteilung der Gewinnausschüttung vereinbart ist, was durchaus möglich ist, ergeben sich eine Reihe von Problemen, die teilweise noch nicht abschließend gelöst sind. Soweit der neue Gesellschafter an den alten zusätzliche Zahlungen leistet, sind diese aus steuerrechtlicher Sicht zusätzliche Kosten für den Erwerb der Anteile. Es erfolgt keineswegs eine Verlagerung der Dividendeneinkünfte auf den Veräußerer. Das gilt selbstverständlich auch für das steuerliche Anrechnungsguthaben, soweit dies zukünftig noch eine Rolle spielt.

Für den Käufer stellt sich aus ertragsteuerlicher Sicht die Frage nach den **Anschaffungskosten** und ihrer **steuerlichen Behandlung**. Er hat im allgemeinen ein Interesse daran, den Kaufpreis möglichst schnell in Form von Abschreibungen gewinnmindernd einzusetzen. Sofern die erworbenen Wirtschaftsgüter der Abnutzung unterliegen, ist dies allenfalls eine Frage der Nutzungsdauer. Schwierig wird es bei nichtabnutzbaren Wirtschaftsgütern, wie zum Beispiel Anteile an Kapitalgesellschaften und bestimmte immaterielle Wirtschaftsgüter. So ist zum Beispiel bei Patenten, Warenzeichen und Urheberrechten die Frage der Abnutzung und Nutzungsdauer nicht abschließend geklärt. Bei Gesellschaftsanteilen ist in jedem Falle eine planmäßige Abschreibung nicht möglich. Aus dieser Überlegung resultierten in der Vergangenheit auch die diversen Modelle zur Umstrukturierung nach Erwerb (zum Beispiel Roll-over-Modell), um nicht abschreibungsfähige Wirtschaftsgüter in abschreibungsfähige Wirtschaftsgüter umzuwandeln. Die steuerlichen Fragen in diesem Zusammenhang werden im Kapitel „Umstrukturierung" bei den gesellschaftsrechtlichen Verträgen behandelt (siehe unten Rz. 191 ff.). Durch die neue Rechtslage ab dem Jahre 2000 haben sich jedoch auch hier grundlegende Änderungen ergeben.

60

IV. Einzelprobleme

1. Rückbeziehung

Beim Abschluß von Verträgen stellt sich oftmals die Frage, ob eine Rückbeziehung auf einen vorhergehenden Zeitpunkt steuerlich möglich ist. **Wirtschaftlich** gesehen sind solche Vereinbarungen sicherlich **zulässig**.

61

Steuerlich gilt zunächst die Grundregel des § 38 AO, nach dem Ansprüche aus dem Steuerschuldverhältnis entstehen, sobald der Tatbestand verwirklicht ist, an den das Gesetz die Steuerpflicht knüpft. Aus steuerrechtlicher Sicht ist somit die Verwirklichung des betreffenden Steuertatbestandes entscheidend. Dies kann jedoch durch Parteivereinbarung nicht auf einen vorhergehenden Zeitpunkt zurückbezogen werden. Somit hat eine vertragliche Rückbeziehung steuerrechtlich keine Wirkung.

Als zulässig wird es angesehen, wenn sich die Rückwirkung auf eine kurze Zeit erstreckt, lediglich der technischen Vereinfachung dient und in der Zwischenzeit keine steuerlich relevanten Veränderungen erfolgt sind. So wäre es zum Beispiel möglich, bei der Veräußerung eines Einzelunternehmens oder der Auflösung einer Personengesellschaft in den ersten Wochen des Jahres die Bilanz zum Schluß des vorhergehenden Kalenderjahres zugrunde zu legen.

Eine weitere Ausnahme vom Verbot der Rückbeziehung findet sich im Umwandlungssteuerrecht, wo entsprechend den handelsrechtlichen Vorschriften ausdrücklich eine Rückbeziehung von acht Monaten möglich ist.

62 Von der vorgenannten vertraglichen Rückbeziehung sind nachträgliche Ereignisse zu unterscheiden, die Wirkung für die Vergangenheit haben. Diese führen dann zu einer nachträglichen Änderung der entsprechenden Veranlagungen der Vorjahre. Gleiches gilt, wenn steuerliche Wahlrechte auch noch nachträglich ausgeübt oder geändert werden können.

Schließlich ist eine Rückwirkung in einigen Fällen möglich, soweit zivilrechtlich Rechtshandlungen zurückwirken (ex tunc).

2. Haftungsfragen

63 Die Haftung für Steuerschulden eines anderen kann sowohl auf allgemeinen zivilrechtlichen Haftungstatbeständen beruhen als auch auf speziellen steuerrechtlichen.

An allgemeinen zivilrechtlichen Haftungstatbeständen sind zu nennen z. B. §§ 25, 128, 161 HGB, §§ 421, 427 BGB, Konzernhaftung und eigenkapitalersetzende Leistungen. Die Haftung gemäß § 419 BGB ist nur noch für Vorgänge vor dem 1. 1. 1999 relevant.

Aus dem speziellen steuerrechtlichen Bereich sind in diesem Zusammenhang die Haftung für **Betriebsteuern bei Übernahme eines gesamten Unternehmens** oder eines Teilbetriebes zu erwähnen. Des weiteren haften Gegenstände für Betriebsteuern, die von einem wesentlich beteiligten Gesellschafter seiner Gesellschaft zur Nutzung überlassen werden.

Schließlich unterliegen verbrauchsteuer- und zollpflichtige Waren ohne Rücksicht auf Rechte Dritter der Sachhaftung. Die Waren können verwertet werden zur Deckung der entstandenen Zölle und Verbrauchsteuern.

3. Steuerklauseln

64 Steuerklauseln im Rahmen von Austauschverträgen sind Vereinbarungen über steuerliche Risiken aus der Transaktion selbst oder auch, etwa beim Unternehmenskauf, aus dem Vertragsgegenstand. Sie sind daher in ihrer Aufgabe vergleichbar mit Gewährleistungsvereinbarungen. Hierdurch soll im wesentlichen eine Regelung geschaffen werden, sofern in späterer Zeit der Vorgang aufgrund einer steuerlichen Betriebsprüfung oder sonstigen Überprüfung durch die Finanzbehörden eine andere Beurteilung erfährt, als von den Parteien beabsichtigt. Da im allgemeinen die Überprüfung durch die Finanzbehörden erst im Nachhinein und oft auch viele Jahre später erst erfolgt, besteht grundsätzlich immer ein steuerliches Risiko. Dies gilt um so mehr, wenn bestimmte Probleme aufgrund unklarer Rechtslage steuerrechtlich nicht abschließend geklärt werden können. Wie bereits oben (Rz. 25 ff.) dargestellt, ist eine verbindliche Auskunft der zuständigen Finanzbehörden oftmals nicht möglich, weil nicht genügend Zeit zur Verfügung steht oder weil es sich um abgeschlossene Vorgänge der Vergangenheit handelt (um

nur einige Gründe zu nennen). Steuerklauseln sind daher zwangsläufig in jedem umfangreicheren Austauschvertrag und insbesondere bei Unternehmenskaufverträgen zu berücksichtigen.

Hierbei müssen einige grundsätzliche steuerliche Mechanismen beachtet werden.

Steuerliche Konsequenzen treffen immer denjenigen, der nach den einschlägigen Vorschriften als Steuerpflichtiger gilt. Andere Personen können demgegenüber als Haftungsschuldner in Anspruch genommen werden, sofern die Voraussetzungen vorliegen.

Die Übernahmeverpflichtung aufgrund vertraglicher Vereinbarung für bestimmte Steuerzahlungen ändert hingegen nicht die Stellung des jeweiligen Steuerschuldners. Dementsprechend muß auch berücksichtigt werden, welche Auswirkungen sich für den Steuerschuldner aus einer zusätzlichen Zahlung aufgrund einer Steuerklausel ergeben. 65

Allgemein ist eine Formulierung von Steuerklauseln nicht möglich. Ihr Inhalt richtet sich vielmehr jeweils nach dem Vertragsgegenstand, den Beteiligten und den möglichen steuerlichen Risiken. Grundsätzlich wird man folgende Hinweise geben können:

a) Umsatzsteuer

Bei der Umsatzsteuer ist bei manchen Vorgängen nicht mit hinreichender Sicherheit zu klären, ob der Vorgang als steuerbar und steuerpflichtig der Umsatzsteuer unterliegt. Im Hinblick auf das zivilrechtliche Verständnis eines Bruttopreises sollte daher bei angenommener Steuerfreiheit der Transaktion ausdrücklich der vereinbarte Preis als Nettopreis bezeichnet werden. Zusätzlich sollte dann für den Fall einer späteren Steuerpflicht des Vorganges die zusätzliche Zahlung der Steuer einschließlich einer ordnungsgemäßen Rechnungslegung zum Zwecke des Vorsteuerabzugs vereinbart werden. Für vorsteuerabzugsberechtigte Vertragspartner hat dann eine nachträgliche Umsatzsteuerzahlung keine Auswirkungen. 66

b) Grunderwerbsteuer/Verkehrsteuern

In diesen Bereichen dürften nachträgliche steuerliche Probleme selten sein. Ansonsten empfiehlt sich eine Vereinbarung ähnlich der Umsatzsteuer. 67

c) Zölle und Verbrauchsteuern

Bei ordnungsgemäßer Handhabung dürften Probleme bei Verbrauchsteuern nicht entstehen, bei den Zöllen hingegen könnten sich aus nachträglicher Beurteilung Änderungen ergeben. Für solche Fälle könnte durch eine ent- 68 sprechende Klausel bezüglich der Übernahme der zusätzlichen Kosten Vorsorge getroffen werden, sofern der Vertragspartner hierzu bereit ist.

d) Ertragsteuern

69 Steuerliche Probleme können sich im wesentlichen unter zwei Aspekten ergeben. Zum einen können sich die steuerlichen Auswirkungen bei den jeweiligen Vertragspartnern der Transaktion später anders darstellen als ursprünglich geplant oder vorhersehbar. Nach allgemeiner Meinung sind **Irrtümer über die steuerlichen Konsequenzen kein Anfechtungsgrund**. Eine mögliche Klausel hierüber führt daher nur zur Rückabwicklung eines Vertrages, nicht jedoch zu seiner rückwirkenden Unwirksamkeit. Steuerrechtlich liegt daher eine zweite Transaktion vor, die die Wirkungen der ersten nicht beseitigt.

70 Zum anderen können steuerliche Risiken aus dem Bereich des Vertragsgegenstandes entstehen. Insbesondere, wenn es sich hierbei um Unternehmen oder Gesellschaften handelt, können durch spätere Betriebsprüfungen Steuernachzahlungen entstehen. Soweit in solchen Fällen der Vertragspartner zur Übernahme dieser Steuerlasten verpflichtet ist, sind diese im allgemeinen als steuerpflichtige Einnahmen zu behandeln, wobei jedoch Einzelheiten streitig sind. Bei der Übernahme eines Einzelunternehmens oder Anteilen an einer Personengesellschaft ist die nachträgliche Steuerzahlung durch den Vertragspartner als Minderung der Anschaffungskosten zu betrachten. Sofern es sich um Steuern einer Kapitalgesellschaft handelt, gilt das gleiche, sofern die Zahlung an den Vertragspartner und neuen Gesellschafter direkt erfolgt. Bei einer Zahlung in die Gesellschaft, deren Anteile übertragen wurden, stellt dies für die Gesellschaft im allgemeinen eine steuerpflichtige Einnahme dar.

V. Durchführung

1. Steuererklärungs- und Meldepflichten/Fristen

71 Es bestehen nur wenige zusätzliche Meldepflichten, die unmittelbar nach Abschluß einer Transaktion zu beachten sind. Üblicherweise sind die Ergebnisse von Austauschverträgen im Rahmen der allgemeinen Steuererklärungspflichten zu erfassen. Diese sollte man jedoch im wesentlichen in die Vertragsplanung und spätere Durchführung einbeziehen.

a) Umsatzsteuer

72 Soweit eine Transaktion der Umsatzsteuer unterliegt und möglicherweise das Recht zum Vorsteuerabzug besteht, ergeben sich bei dieser Steuerart zeitlich unmittelbare Folgen aus einem Vertrag.

– **Fristen**

Die Umsatzsteuererklärung für das abgelaufene Kalenderjahr ist bis zum 31. 5. bzw. 30. 9. des Folgejahres beim zuständigen Finanzamt einzureichen.

73

Darüber hinaus sind jedoch während des Jahres Umsatzsteuervoranmeldungen abzugeben, in denen laufend alle umsatzsteuerpflichtigen Vorgänge und abzugsfähigen Vorsteuern erfaßt werden. Im allgemeinen ist daher die Steuererklärung im Folgejahr nur eine Zusammenfassung der Umsatzsteuervoranmeldungen.

Diese Voranmeldungen sind je nach der Höhe der Steuerschuld des vorangegangenen Kalenderjahres für **jeden Monat oder für jedes Kalendervierteljahr** abzugeben. Die Abgabe hat bis zum zehnten Tag des Folgemonats zu erfolgen. Diese Frist kann um einen Monat verlängert werden, wobei für die Verlängerung der Abgabefristen bei monatlichen Voranmeldungszeiträumen eine Sondervorauszahlung an das Finanzamt zu leisten ist.

Gleichzeitig mit Abgabe der Voranmeldung ist auch die errechnete Steuerschuld an das Finanzamt zu leisten. Soweit aus der Voranmeldung ein Guthaben resultiert, wird dies erstattet, sobald das Finanzamt der Umsatzsteuervoranmeldung zugestimmt hat. Insbesondere bei größeren Guthaben erfolgt oftmals eine Umsatzsteuer-Sonderprüfung, bevor dem Guthaben zugestimmt wird.

– **Erfassungszeitpunkt**

Im Zusammenhang mit der Abgabe von Umsatzsteuervoranmeldungen bzw. -erklärungen ist der Zeitpunkt zu beachten, zu dem die einzelnen Umsätze und die Vorsteuern erfaßt werden müssen. Sobald eine Lieferung oder Leistung (Umsatz) ausgeführt worden ist, entsteht die Umsatzsteuer hierauf. Die Steuer ist dann im gleichen Voranmeldungszeitraum ihrer Entstehung in der Umsatzsteuervoranmeldung zu berücksichtigen. Gleiches gilt, soweit eine vertraglich vereinbarte **echte Teilleistung** ausgeführt wurde. Solche Teilleistungen liegen jedoch nicht vor, wenn lediglich Teile einer wirtschaftlich nicht teilbaren Leistung erbracht worden sind. Diese Frage hat besondere Relevanz bei Bauvorhaben oder der Lieferung von Anlagen oder größeren Maschinen. Bei einem Bauwerk zum Beispiel entsteht die Umsatzsteuer für die gesamte Bauleistung erst im Zeitpunkt der Abnahme, auch wenn sich die Leistung selbst über mehrere Jahre erstreckt. Wenn die Umsatzsteuersätze während der Dauer der Leistungserbringung erhöht werden, ist dann auf die gesamte Leistung der Umsatzsteuersatz anzuwenden, der bei Steuerentstehung gilt. Gegebenenfalls ist die Umsatzsteuer auf Vorauszahlungen nachzuberechnen.

74

Die Vorsteuer ihrerseits kann erst in die Umsatzsteuervoranmeldung eingestellt werden, wenn eine entsprechende Rechnung oder ein sonstiges Dokument mit Steuerausweis vorliegt und die Leistung/Lieferung ausgeführt oder bei Rechnung vor Leistungserbringung die Zahlung selbst geleistet worden ist.

b) Grunderwerbsteuer

75 Nach den Vorschriften des Grunderwerbsteuergesetzes sind nicht nur die beteiligten Parteien als Steuerschuldner, sondern darüber hinaus auch **Gerichte, Behörden und Notare** zur **Anzeige** an das zuständige Finanzamt verpflichtet, soweit die entsprechenden Rechtsvorgänge ein Grundstück betreffen. Bevor diese Meldung nicht erfolgt ist, dürfen Gerichte, Behörden oder Notare die entsprechenden Urkunden, die einen anzeigepflichtigen Vorgang betreffen, den Beteiligten nicht aushändigen.

Im Bereich der Grunderwerbsteuer erhalten die zuständigen **Finanzbehörden** somit **unmittelbar Kenntnis** von einem möglichen steuerpflichtigen Vorgang und können tätig werden. Darüber hinaus ist die Grundbucheintragung der Rechtsänderung an einem Grundstück abhängig von der sogenannten Unbedenklichkeitsbescheinigung des Finanzamtes. Diese wird nur erteilt, soweit die Grunderwerbsteuer gezahlt, gestundet, sichergestellt ist oder Steuerfreiheit vorliegt.

c) Zölle und Verbrauchsteuern

76 Bei der Einfuhr von Gegenständen in das Gebiet der EU ist vor Überführung in den freien Verkehr die entsprechende Gestellung und Zollanmeldung vorzunehmen. Erst wenn von den Zollbehörden die Zollanmeldung angenommen und die Ware freigegeben worden ist, kann über sie frei verfügt werden.

Mit Annahme der Zollanmeldung entsteht im Regelfalle auch die Zollschuld selbst. Die entsprechende Zahlungsfrist beträgt maximal 10 Tage.

77 Anstelle des vorgenannten können die Zollbehörden auch Erleichterungen für Unternehmen gewähren, die laufend Einfuhrabfertigungen vornehmen. Hierdurch wird das Anmeldeverfahren vereinfacht und die Zollerhebung zusammengefaßt. Die entsprechenden Anmeldungen sind dann am Ende des Monats für alle Einfuhren des abgelaufenen vorzunehmen (vereinfachte Anmeldung). Der Zahlungsbetrag ist in der Anmeldung selbst zu berechnen. Für die **Zahlung** kann eine **Frist von maximal 30 Tagen** bewilligt werden. Die Gestellung der Ware selbst kann durch das Anschreibeverfahren ersetzt werden. Hierbei werden die Waren nicht mehr körperlich vorgeführt, sondern sie verbleiben im Betrieb des Unternehmens. Die Veränderung des zollrechtlichen Status wird lediglich in der Buchführung nachvollzogen.

Für die Bewilligung der vorgenannten Erleichterungen ist regelmäßig eine Sicherheit zu stellen.

Der vorgenannte Ablauf gilt analog auch für Verbrauchsteuern.

d) Ertragsteuern

Soweit Transaktionen Auswirkungen auf den steuerpflichtigen Gewinn bzw. steuerpflichtige Einkommen eines der Beteiligten haben, wird dies im Rahmen der jeweiligen Steuererklärungen, die nach Ablauf des Kalenderjahres/Geschäftsjahres abzugeben sind, erfaßt.

Daneben kann das Finanzamt in regelmäßigen Abständen Auskünfte anfordern zur Bemessung der Steuervorauszahlungen. Auf diesem Wege können dann Veräußerungsgewinne den Finanzbehörden auch zeitnah bekannt werden.

2. Besondere Meldepflichten

Bei der Übertragung von Anteilen an einer Kapitalgesellschaft bzw. bei deren Gründung, Kapitalerhöhung/Herabsetzung, Umwandlung oder Auflösung hat der beurkundende Notar eine beglaubigte Abschrift an das zuständige Finanzamt zu übersenden. Vorher darf der Notar den Beteiligten die Urkunde, Ausfertigung oder beglaubigte Abschrift der Urkunde, nicht aushändigen. Soweit die Gesellschaft, deren Anteile übertragen werden, Grundbesitz hält, trifft den Notar die gleiche Pflicht. Diese Meldung des Notars führt dann im Regelfall zu entsprechenden Nachfragen der Finanzbehörden und somit auch zur zeitnahen Erfassung möglicher steuerlicher Gewinne oder der Grunderwerbsteuer.

Soweit ein Vertrag die Übertragung eines Gewerbebetriebes/Unternehmens zum Gegenstand hat, ist der Erwerber verpflichtet, den entsprechenden Beginn seiner Tätigkeit dem Finanzamt anzuzeigen.

Des weiteren besteht die Verpflichtung, die Gründung oder den Erwerb von Betrieben im Ausland oder der Beteiligung an einer ausländischen Personengesellschaft den Finanzbehörden mitzuteilen. Dies erfolgt zu dem Termin, zu dem auch die Steuererklärungen einzureichen sind.

3. Einbehaltungspflichten

a) Umsatzsteuer

Bei bestimmten Leistungen, z. B. Bauleistungen, hat der Leistungsempfänger und Vertragspartner im Inland anstelle des ausländischen Unternehmers die entsprechende Umsatzsteuer einzubehalten und an das Finanzamt im Wege des Abzugsverfahrens abzuführen. Der Leistungsempfänger zahlt an seinen Vertragspartner nur den vereinbarten Nettopreis. Für die Entstehung der Steuer und die Verpflichtung zur Einbehaltung und Abführung im Abzugsverfahren gelten die oben dargestellten Grundsätze der Umsatzsteuer. Bei Verletzung der Einbehaltungspflicht haftet der inländische Vertragspartner für die einzubehaltende Umsatzsteuer.

b) Ertragsteuern

81 Grundsätzlich ist jeder Vertragspartner für seine einkommen- oder körperschaftsteuerlichen Erklärungs- und Zahlungspflichten selbst verantwortlich. Es bestehen jedoch einige Ausnahmen, wonach der Zahlende für seinen Vertragspartner auch Einkommen- oder Körperschaftsteuer einzubehalten hat. Aus anderen Bereichen ist dies allgemein bekannt bezüglich der Lohnsteuer und der Kapitalertragsteuer.

Ähnliche Regelungen finden sich für die Zahlung der Vergütung an beschränkt steuerpflichtige Mitglieder eines Aufsichts-, Verwaltungs- oder Beirats oder ähnliches und bei Zahlungen an beschränkt steuerpflichtige Künstler, Sportler, Journalisten oder ähnliche.

Die **gleiche Abzugsverpflichtung** besteht auch bei der Zahlung von Vergütungen für die Nutzung **beweglicher Sachen oder Rechten**. Somit ist insbesondere bei Lizenzzahlungen ein Steuerabzug vorzunehmen. Hierbei sind jedoch mögliche Sonderregelungen aufgrund von Doppelbesteuerungsabkommen zu beachten. Aufgrund dieser Sonderregelungen ist bereits eine entsprechende Reduzierung oder Befreiung im vorhinein möglich. Da dieser Punkt oftmals erhebliche finanzielle Auswirkungen hat, sollte die Höhe und die Möglichkeit einer Reduzierung im vorhinein geprüft werden.

Bei einer Verletzung der Einbehaltungspflicht haftet grundsätzlich der inländische Vertragspartner für die einzubehaltenden Steuern.

23 Gesellschaftsrechtliche Verträge

	Rz.
I. Planung	82
1. Steuerrechtlicher Systemunterschied	83
a) Mitunternehmerschaft	84
b) Körperschaften	88
c) Ausländische Gesellschaftsformen	89
d) Steuerrechtliche Konsequenzen	90
e) Gesetzesänderungen	94
f) Belastungsvergleich	96
aa) Alte Rechtslage bis 2000	97
bb) Neue Rechtslage ab 2001	99
2. Wahl der Gesellschaftsform	100
a) Checkliste Gesellschaftsform	101
b) Kommentar Checkliste Gesellschaftsform Personengesellschaft	102
aa) Gewinn- und Verlustausgleich	102
bb) Entnahmen	103
cc) Gesellschaftervergütungen/Pensionsrückstellungen	104
dd) Verdeckte Gewinnausschüttungen	105
ee) Zeitpunkt der Ergebniszurechnung	106
ff) Beteiligung ausländischer Gesellschafter	107
gg) Finanzierung	108
hh) Umfang Betriebsvermögen/Transfer/Nutzungsüberlassung	109
ii) Steueranrechnung	111
jj) Grunderwerbsteuer	112
kk) Erbschaftsteuer	113
ll) Gewerbesteuer	114
mm) Behandlung der Anschaffungskosten	115
nn) Steuerrechtliche Haftung	116
c) Kommentar Checkliste Gesellschaftsform Kapitalgesellschaft	117

	Rz.
aa) Gewinn-/Verlustausgleich	117
bb) Entnahme	118
cc) Gesellschaftervergütungen/Pensionsrückstellung	119
dd) Verdeckte Gewinnausschüttungen	120
ee) Zeitpunkt der Ergebniszurechnung	122
ff) Beteiligung ausländischer Gesellschafter	123
gg) Finanzierung	124
hh) Umfang Betriebsvermögen/Transfer/Nutzungsüberlassung	125
ii) Steueranrechnung	126
jj) Grunderwerbsteuer	127
kk) Erbschaftsteuer	128
ll) Gewerbesteuer	129
mm) Behandlung Anschaffungskosten	130
nn) Steuerrechtliche Haftung	131
II. Gründung	132
1. Checkliste Gesellschaftsvertrag	133
a) Personengesellschaft	133
b) Kapitalgesellschaft	134
2. Kommentar Checkliste Gesellschaftsvertrag	135
a) Personengesellschaft	135
aa) Kapitalkonten/sonstige Gesellschafterkonten	135
bb) Gewinnermittlung/Gesellschaftervergütungen	136
cc) Gewinn-/Verlustzurechnungen	138
dd) Regelstatut KG	139
ee) Sacheinlagen	140
ff) Sonderbetriebsvermögen	142

	Rz.		Rz.
gg) Geschäftsjahr	143	2. Verträge der laufenden Geschäftstätigkeit	165
hh) Gründungskosten	145	IV. **Umstrukturierung**	166
ii) Beginn der steuerlichen Existenz	146	1. Gesellschafterwechsel	167
b) Kapitalgesellschaft	147	a) Personengesellschaft	167
aa) Wettbewerbsverbot	147	b) Kapitalgesellschaft	170
bb) Sacheinlagen	148	2. Umwandlungen	172
cc) vGA-Klausel	149	a) Gesamtrechtsnachfolge	173
dd) Dienstleistungsverpflichtungen/Gesellschaftervergütungen	150	aa) Verschmelzung	173
		bb) Spaltung	176
		cc) Formwechsel	179
ee) Gewinnermittlung, Unterschied Handelsbilanz/Steuerbilanz	151	b) Einzelrechtsnachfolge	180
		aa) Einbringung/Sacheinlage	180
ff) Gewinnverteilung	152	bb) Verdeckte Sacheinlage	182
gg) Geschäftsjahr	153	3. Weitere Umwandlungsmöglichkeiten	183
hh) Gründungskosten	154	a) Tauschgutachten/Mitunternehmererlaß	184
ii) Beginn der steuerrechtlichen Existenz	155	b) Realteilung	186
		c) Anwachsung	187
III. **Durchführung**	156	d) Betriebsaufspaltung	189
1. Allgemeine Meldepflichten	156	4. Steuerrechtlich motivierte Umwandlungen	191
a) Anmeldung	156	V. **Beendigung**	194
b) Umsatzsteuer	158	1. Personengesellschaft	195
c) Verkehrsteuern	159	a) Veräußerung	195
d) Ertragsteuern (Gewerbe-, Einkommen-, Körperschaftsteuer)	160	b) Liquidation	196
		2. Kapitalgesellschaft	197
e) Lohnsteuer/Sozialversicherung	162	a) Veräußerung	197
f) Verbrauchsteuern/Zölle	163	b) Liquidation	198
g) Kapitalertragsteuer	164		

I. Planung

82   Vor der Gründung einer Gesellschaft erfolgen zwangsläufig die Überlegungen zur zweckmäßigen Gesellschaftsform, die neben anderen Aspekten in erheblichem Maße auch von den steuerlichen Konsequenzen bestimmt werden. Im deutschen Steuerrecht besteht derzeit keine Möglichkeit der rechtsformunabhängigen oder rechtsformneutralen Besteuerung von Gesellschaften. Die Rechtsform der Gesellschaft hat direkte Konsequenzen für die Frage ihrer Besteuerung. Des weiteren sind in Abhängigkeit von der Gesellschaftsform auch bestimmte weitere Fragen in der Ausgestaltung des Gesellschaftsvertrages und der Beziehung der Gesellschafter zu ihrer Gesellschaft zu klären. Schließlich ist die **Gründung** der Gesellschaft – in welcher Rechtsform auch immer – ihr **steuerlicher Beginn**, was bei der zeitlichen Ablaufplanung zu beachten ist. Zwischen dem Zeitraum vor Gründung und nachher besteht keine rechtliche und steuerrechtliche Verbindung.

1. Steuerrechtlicher Systemunterschied

Im deutschen Steuerrecht besteht ein grundsätzlicher steuerrechtlicher Unterschied zwischen Mitunternehmerschaften und Körperschaften.

83

a) Mitunternehmerschaft

Der Begriff **Mitunternehmerschaft** ist im wesentlichen **deckungsgleich** mit der Bezeichnung **Personengesellschaft**. Er umfaßt alle Personengesellschaften, angefangen bei der einfachen Gesellschaft des bürgerlichen Rechts bis hin zu den Personenhandelsgesellschaften. Hinzu kommt die stille Gesellschaft, die handelsrechtlich keine Gesellschaft darstellt, aber steuerrechtlich bei bestimmten atypischen Ausgestaltungen als Mitunternehmerschaft und somit Gesellschaft im Sinne des Steuerrechts anerkannt ist.

84

Das Steuerrecht hat als eigene Abgrenzungskriterien **Mitunternehmerrisiko** und **Mitunternehmerinitiative** entwickelt, um eine Personengesellschaft/Mitunternehmerschaft zu qualifizieren. Folglich wird auch steuerrechtlich für den Gesellschafter die Terminologie „Mitunternehmer" verwandt. „Mitunternehmer" ist, wer aufgrund eines zivilrechtlichen Gesellschaftsverhältnisses zusammen anderen Mitunternehmern (Mitunternehmer-)Initiative entfalten kann und (Mitunternehmer-)Risiko trägt (BFH, BStBl. II 1993, 616). Beide Merkmale müssen gemeinsam vorliegen, können aber im Einzelfall mehr oder weniger ausgeprägt sein, so daß ein geringeres Risiko durch eine ausgeprägte Unternehmerinitiative kompensiert wird oder umgekehrt. Beide Merkmale müssen hierbei auf einem Gesellschaftsvertrag beruhen. Sie dürfen nicht nur auf einzelne Schuldverhältnisse als gegenseitige Austauschverträge zurückzuführen sein (BFH, BStBl. II 1994, 282).

85

Mitunternehmerinitiative bedeutet in diesem Zusammenhang die **gesellschaftsrechtliche Teilhabe an den unternehmerischen Entscheidungen**, wie sie im allgemeinen Geschäftsführern und leitenden Angestellten obliegt. Ausreichend ist jedoch bereits die Ausübung von Stimm-, Kontroll- und Widerspruchsrechten, ähnlich den Rechten eines Kommanditisten gemäß §§ 164, 166 HGB oder den Kontrollrechten eines Gesellschafters gemäß § 716 Abs. 1 BGB. Da bereits eine kommanditistenähnliche Stellung für die Erfüllung des Kriteriums Mitunternehmerinitiative ausreichend ist, sind Kommanditisten im allgemeinen als Mitunternehmer anzusehen.

Mitunternehmerrisiko bezeichnet grundsätzlich die **gesellschaftsrechtliche Teilhabe am Gewinn und Verlust** des laufenden Geschäftes sowie an den **stillen Reserven** bei Auflösung der Mitunternehmerschaft oder bei Austritt aus dieser. Eine Gewinnerzielungsabsicht ist für die Frage nach einer Mitunternehmerschaft kein Kriterium. Diese Frage tritt vielmehr schon vorher auf bei der Entscheidung, ob eine steuerlich relevante Tätigkeit vorliegt oder lediglich Liebhaberei. Als Liebhaberei bezeichnet man Tätigkeiten, die dauer-

86

haft aufgrund der Art der Tätigkeit oder auch der vorhersehbaren Einnahmen und Ausgaben keinerlei Überschuß aufweisen. Bekannt ist dieses Problem auch unter den Stichworten „Abschreibungsgesellschaft" und „Verlustzuweisungsgesellschaft". Diese Gesellschaften erzielen von der Art ihrer Konstruktion, z. B. durch überhöhte Kreditaufnahme und geringe Erträge, dauerhaft keine steuerpflichtigen Überschüsse. Der Zweck besteht lediglich darin, aus Gründen der Steuerersparnis für ihre Gesellschafter Verluste zu kreieren. Die Gewinne sollen dann im steuerfreien Bereich entstehen.

87 Grundsätzlich kann man festhalten, daß gesellschaftsrechtliche Verträge, die für ihre Mitglieder wenigstens das **Regelstatut eines Kommanditisten** einer KG bestimmen, als Mitunternehmerschaften anzusehen sind. Daher erfüllen im allgemeinen die Personengesellschaften nach deutschem Recht diese Kriterien. Darüber hinaus werden auch andere Verbindungen, wie das Beispiel der stillen Gesellschaft zeigt, als Mitunternehmerschaften anerkannt, wenn sie atypisch im Verhältnis zum handelsrechtlichen Leitbild ausgestaltet sind und für ihre Mitglieder eine Teilhabe an den Unternehmensentscheidungen und über Gewinn und Verlust hinaus an den stillen Reserven vorsehen. Gleiches gilt umgekehrt auch für klassische Personengesellschaften, die durch eine atypische Ausgestaltung für einzelne ihrer Mitglieder kein Unternehmerrisiko oder keine Unternehmerinitiative vorsehen können. Steuerrechtlich betrachtet liegt dann keine Mitunternehmerschaft vor. Im allgemeinen erzielen dann die Beteiligten, die nicht als Mitunternehmer zu qualifizieren sind, Einkünfte aus Kapitalvermögen.

Im steuerrechtlichen Bereich meint daher die Bezeichnung „Personengesellschaft" nicht nur die Personenhandelsgesellschaft, sondern **auch alle Mitunternehmerschaften** im vorstehend geschilderten Umfang.

b) Körperschaften

88 Der Begriff „Körperschaften" umfaßt zunächst die **Kapitalgesellschaften** des deutschen Rechts, daneben die Genossenschaften, Versicherungsvereine auf Gegenseitigkeit und sonstigen juristischen Personen des privaten Rechts, womit im wesentlichen die Vereine des BGB gemeint sind. Daneben werden auch nicht-rechtsfähige Vereine, Anstalten, Stiftungen, Zweckvermögen des privaten Rechts und die Betriebe gewerblicher Art von juristischen Personen des öffentlichen Rechts als Körperschaften erfaßt. Soweit vorstehende Gesellschaften gemeint sind, wird vereinfachend von Kapitalgesellschaften oder Körperschaften gesprochen.

c) Ausländische Gesellschaftsformen

89 Bei Gesellschaften ausländischen Rechts erfolgt die Klassifizierung als Mitunternehmerschaft oder Körperschaft entsprechend den oben genannten **Kriterien der Mitunternehmerschaft** bzw. dem **Leitbild** einer **deutschen Körperschaft**. Entsprechend erfolgt dann, wie bei deutschen Gesellschaften, die

steuerrechtliche Behandlung als Mitunternehmerschaft oder als Körperschaft. Sofern eine ausländische Personenverbindung weder den Kriterien einer Mitunternehmerschaft noch dem Leitbild einer Körperschaft entspricht, liegt zumindest aus steuerrechtlicher Sicht keine Gesellschaft vor. Übrig bleiben dann in solchen Fällen lediglich schuldrechtliche Verbindungen, die aus steuerrechtlicher Sicht wie Austauschverträge zu behandeln sind.

Die Klassifizierung einer ausländischen Gesellschaftsform zum Zwecke der deutschen Besteuerung erfolgt somit unabhängig von ihrer steuerrechtlichen Klassifizierung im Sitzland. Dies ist auch in anderen Steuerrechtsordnungen üblich. Eine Gesellschaft kann daher in Deutschland als Personengesellschaft behandelt werden, obwohl sie nach dem Recht ihres Sitz- oder Gründungsstaates als Kapitalgesellschaft behandelt wird oder umgekehrt. Gleiches kann im übrigen auch bei deutschen Personen- oder Kapitalgesellschaften erfolgen, die dann im Ausland steuerrechtlich entgegengesetzt klassifiziert werden. In solchen Fällen spricht man von **hybriden Gesellschaften**. Ihr Einsatz kann unter Finanzierungsaspekten erwünscht sein und daher auch gezielt herbeigeführt werden.

d) Steuerrechtliche Konsequenzen

Die Unterscheidung zwischen Mitunternehmerschaft und Körperschaft hat erhebliche steuerrechtliche Konsequenzen. Die Mitunternehmerschaft ist steuerrechtlich transparent. Sie ist lediglich Objekt der gemeinsamen Einkünfteerzielung, während die Zurechnung der Einkünfte direkt bei ihren Gesellschaftern erfolgt und dort der Besteuerung unterliegt entsprechend den steuerlichen Regelungen, die für die betreffende Person gelten. Die jeweiligen Mitunternehmer (Gesellschafter) sind Steuersubjekt. Eine **Ausnahme** bildet hier lediglich die **Gewerbesteuer**, die als Objektsteuer die Gesellschaft trifft und nicht die Gesellschafter. Im Gegensatz hierzu steht die zivilrechtliche Lage, wo auch die Personengesellschaft zumindest partiell eine eigene Rechtsfähigkeit besitzt.

Die Körperschaft hingegen wird auch steuerrechtlich als eigenständige Person anerkannt. Sie entfaltet gegenüber dem Gesellschafter steuerrechtlich Abschirmwirkung, da das Vermögen und die Erträge der Körperschaft zugerechnet werden und sie selbst Steuersubjekt ist.

Die wesentlichen praktischen **Konsequenzen** aus diesem Systemunterschied zeigen sich in der **Gewinn- und Verlustzurechnung**. Bei einer Mitunternehmerschaft werden Gewinne oder Verluste direkt den einzelnen Gesellschaftern zugerechnet und dort im Rahmen der Besteuerung des Gesellschafters berücksichtigt. Bei der Körperschaft hingegen verbleiben Gewinn oder Verlust bei dieser selbst und sind Grundlage für deren eigene Besteuerung. Ein Transfer der Gewinne ist nur möglich durch eine entsprechende Gewinnausschüttung an die Gesellschafter. Verluste können auf diesem

Wege selbstverständlich nicht an die Gesellschafter übertragen werden. Hierzu bedarf es dann einer Organschaft.

Durch diese unterschiedliche Zurechnung der Ergebnisse bei den Gesellschaftern ergeben sich auch Unterschiede in der Besteuerung, denn bei der Körperschaft erfolgt grundsätzlich die Besteuerung auf zwei Ebenen – zunächst bei der Gesellschaft und anschließend im Falle einer Gewinnausschüttung beim Gesellschafter –, während bei der Mitunternehmerschaft direkt die Zurechnung zum Gesellschafter erfolgt. Diese Zweistufigkeit der Besteuerung führt eigentlich auch zu einer **doppelten Besteuerung**, die jedoch bisher durch das Anrechnungsverfahren, bei dem die gezahlte Körperschaftsteuer auf die Steuerschuld des Gesellschafters angerechnet wurde, vermieden wurde (zum neuen Recht siehe unten Rz. 92). Das Anrechnungsverfahren zur Vermeidung der Doppelbesteuerung bei Körperschaften ist jedoch nur für inländische Gesellschafter möglich, sofern nicht im Einzelfall das Doppelbesteuerungsabkommen hiervon Ausnahmen vorsieht. Im allgemeinen verbleibt es bei einer doppelten Besteuerung, da die Gesellschaft zunächst im Land ihres steuerrechtlichen Sitzes ihren Gewinn versteuert und anschließend der Gesellschafter, der in einem anderen Land ansässig ist, dort die erhaltene Gewinnausschüttung als eigenes Einkommen versteuert. Oftmals werden im Falle von Gewinnausschüttungen im Lande der Gesellschaft zusätzlich Abzugsteuern (Quellensteuern) erhoben, die im allgemeinen nach den Regelungen der Doppelbesteuerungsabkommen für den Gesellschafter jedoch bei seiner eigenen Besteuerung anrechenbar sind.

Ein ähnliches Problem zeigte sich auch bei **steuerfreien Einnahmen** der Körperschaft, denn diese sind im Falle von Gewinnausschüttungen an den Gesellschafter von diesem zu versteuern. Bei Mitunternehmerschaften ergeben sich diese Probleme nicht.

92 Durch die grundlegende Änderung im Körperschaftsteuerrecht **entfällt ab dem Jahr 2001** das bisherige **Anrechnungsverfahren**. Es erfolgt gewissermaßen eine Rückkehr zur unabhängigen Besteuerung der Kapitalgesellschaft und ihrer Gesellschafter. Gemildert wird dies durch den Körperschaftsteuersatz und das sogenannte Halbeinkünfteverfahren. Zukünftig werden die Gewinne einer Kapitalgesellschaft unabhängig von der Ausschüttung oder Thesaurierung mit 25% Körperschaftsteuer belastet. Soweit eine natürliche Person eine Gewinnausschüttung erhält, ist diese nur zur Hälfte der Einkommensteuer zu unterwerfen. Bei natürlichen Personen beträgt die gesamte Steuerbelastung insgesamt 40% des Bruttogewinns der Kapitalgesellschaft. In Abhängigkeit von seinem persönlichen Steuersatz wird der Gesellschafter hierdurch zukünftig benachteiligt oder begünstigt. Gewinnausschüttungen an Kapitalgesellschaften wiederum sind bei diesen Gesellschaftern steuerfrei.

93 Eine weitere wesentliche Konsequenz aus der Unterscheidung ist die **Abschirmwirkung**, da diese nur bei einer Körperschaft gegeben ist. Wie zivil-

rechtlich im allgemeinen auch, werden **alle Vermögensgegenstände** und Schulden, die **im Eigentum** der Körperschaft stehen, dieser auch **zugerechnet**. Bei einer Mitunternehmerschaft wird zwar grundsätzlich das Vermögen dieser Mitunternehmerschaft steuerrechtlich gesondert erfaßt, es ist jedoch anteilig den Mitunternehmern zuzurechnen. Aber auch bestimmte Vermögensgegenstände und Schulden, die im Alleineigentum eines Gesellschafters stehen, werden steuerrechtlich dem Bereich der Mitunternehmerschaft zugerechnet. Weitere Unterscheidungen ergeben sich grundsätzlich auch bei schuldrechtlichen Austauschverträgen zwischen dem Gesellschafter und seiner Gesellschaft.

Dieser grundsätzliche Systemunterschied des deutschen Steuerrechts in Abhängigkeit von der steuerrechtlichen Qualifizierung der Gesellschaft führt zu unterschiedlichen steuerlichen Konsequenzen. Er ist daher Ausgangspunkt der Überlegungen zur Rechtsformwahl.

e) Gesetzesänderungen

In der Literatur wird seit langem über das Problem einer rechtsformunabhängigen Besteuerung von Gesellschaften diskutiert. In den Vorschlägen zur Steuerreform (Gesetz zur Senkung der Steuersätze und zur Reform der Unternehmensbesteuerung-Steuersenkungsgesetz) aus dem Jahre 2000 sollte den Personengesellschaften die Option zur Körperschaftsteuer eröffnet werden. Die Mitunternehmerschaften sollten dann steuerrechtlich als Körperschaften behandelt werden. Allerdings bedeutete dies, entgegen der Bezeichnung „Option", nicht nur einen Wechsel der Besteuerungsform, sondern aus steuerrechtlicher Sicht einen Rechtsformwechsel nach den Vorschriften des Umwandlungsteuergesetzes von der Mitunternehmerschaft (Personengesellschaft) in eine Körperschaft mit all den damit verbundenen Problemen, woran oftmals eine echte Umwandlung scheitert. Handelsrechtlich sollte selbstverständlich kein Rechtsformwechsel erfolgen. Gleiches sollte für die Rückumwandlung zu einem späteren Zeitpunkt gelten, sofern die Option in die entgegengesetzte Richtung ausgeübt würde. Im Ergebnis wäre dann eine zivilrechtliche Personengesellschaft für steuerliche Zwecke als Kapitalgesellschaft behandelt worden. Es war hierzu bereits der Begriff der virtuellen Körperschaft geprägt worden.

Dieses Modell ist daher auf erhebliche Kritik gestoßen und im Rahmen des Steuersenkungsgesetzes nicht weiterverfolgt worden.

Geändert wurde hingegen das Körperschaftsteuersystem **vom bisherigen Anrechnungsverfahren zur Definitiv-Besteuerung** auf der Ebene der Körperschaft und der Besteuerung der Dividendeneinkünfte zur Hälfte bei natürlichen Personen als Anteilseigner (Halbeinkünfteverfahren). Hierdurch werden die Gewinne der Körperschaft zunächst definitiv mit 25% besteuert, unabhängig von einer Gewinnausschüttung. Die anschließende Besteuerung der Dividende erfolgt dann zur Hälfte bei Ausschüttung an den Anteilseigner, sofern dieser eine natürliche Person ist. Sofern dieser seinerseits eine Körperschaft ist, erfolgt systemgerecht eine Steuerfreistellung der Gewinnausschüttungen einer Tochtergesellschaft, denn die Besteuerung soll abschließend beim Gesellschafter erfolgen.

Im Bereich der Personengesellschaften wurde der bisherige Gewerbesteuernachteil, der sich oftmals im Rechtsformvergleich zeigte (siehe nächstes Kapitel), durch die pauschalierte Anrechnung der Gewerbesteuer auf die Einkommensteuer gemildert. Gleichzeitig wurde die bisherige Tarifbegrenzung auf 43% bei der Einkommensteuer für gewerbliche Einkünfte aufgehoben. Dieser Nachteil wird zukünftig durch die Senkung des Spitzensteuersatzes auf 48,5% in 2001 und 2002, auf 47% in 2003 und 2004 und auf 42% ab 2005 für alle Einkünfte gemildert.

f) Belastungsvergleich

96 Ein Belastungsvergleich muß immer von der **konkreten Situation** ausgehen und hierzu die präferierte Variante darstellen. Je nach Sachverhaltsgestaltung kann dann eine Vielzahl von Variablen in diesen Vergleich einfließen. Es ist daher nicht möglich, ein allgemein gültiges Schema zu entwickeln. Ebenso würde eine Darstellung aller wesentlichen Variablen auch den Rahmen sprengen. Nachfolgend soll lediglich als Beispiel ein häufiger Fall aus der Betreuung mittelständischer Unternehmen dargestellt werden, und zwar zunächst auf der Basis des bisherigen Rechtes und anschließend auf der Basis des neuen Körperschaftsteuerrechtes. Von diesen Mandanten wird oftmals unter dem Motiv der Gewerbesteuerersparnis die Frage nach der Umwandlung in eine GmbH gestellt. Die nachfolgende (vereinfachte) Planrechnung unterstellt einen Jahresgewinn vor Steuern von 660.000 DM/ 330.000 €. Bisher wird die Tätigkeit durch eine Personengesellschaft mit zwei Gesellschaftern ausgeübt, während zukünftig dies durch eine GmbH erfolgen soll mit zwei Gesellschafter-Geschäftsführern, die je ein Jahresgehalt von 120.000 DM/60.000 € erhalten sollen. Weitere Einkünfte der Gesellschafter außerhalb der Gesellschaft werden nicht angenommen. Solidaritätszuschlag und Kirchensteuer bleiben aus Vereinfachungsgründen unberücksichtigt.

Bei den vorgenannten Annahmen ergibt sich für den einzelnen Gesellschafter folgende Berechnung:

aa) Alte Rechtslage bis 2000

	GbR Angaben in DM	GmbH Angaben in DM
Gesellschaft		
vorl. Gewinn	660.000	660.000
Geschäftsführer-Gehälter		– 240.000
Gewinn vor GewSt	660.000	420.000
Freibetrag	48.000	7.500
Bemessungsgrundlage GewSt	612.000	412.500
GewSt (400%)	– 112.400	– 82.500
Gewinn nach GewSt	547.600 : 2	337.500 : 2
Gesellschafter		
Gewinnausschüttung	273.800	168.750
Geschäftsführer-Gehalt		120.000
Summe	273.800	288.750
Freibeträge		– 2.000
		– 6.200
Bemessungsgrundlage ESt	273.800	280.550
EinkommenSt (43%/50%)	– 117.734	– 140.275
Einkommen netto	156.066	148.475

Die Differenz des Nettoeinkommens eines jeden Gesellschafter-Geschäftsführers zu seinem Anteil als Mitunternehmer ist gering. Durch die **enorme Spreizung** des **Einkommensteuersatzes** (43%/50%) entsteht im Vergleich zur anderen Rechtsform kein Vorteil. Des weiteren müßte man alle zusätzlichen Kosten hinzunehmen, die durch die Kapitalgesellschaft verursacht werden im Unterschied zur Personengesellschaft. Zu denken ist insbesondere an Notar- und Handelsregistergebühren und zusätzlichen Beratungsaufwand für Steuererklärungen und Verträge zwischen den Gesellschaftern und ihrer Gesellschaft. Bei einer anderen Fallkonstellation könnte die Vergleichsrechnung aber auch zu ganz anderen Ergebnissen und Schlußfolgerungen führen.

bb) Neue Rechtslage ab 2001

99

	GbR Angaben in Euro	GmbH Angaben in Euro
Gesellschaft		
vorl. Gewinn	330.000	330.000
Geschäftsführer-Gehälter		– 120.000
Gewinn vor GewSt	330.000	210.000
Freibetrag	24.500	3.835
Bemessungsgrundlage GewSt	305.500	206.105
GewSt (400%)	– 56.300	– 41.233
Gewinn nach GewSt	273.700	168.767
KSt 25%		– 42.192
Gewinn	273.700 : 2	126.575 : 2
Gesellschafter		
Gewinnausschüttung	136.850	63.288
Geschäftsführer-Gehalt		60.000
Summe	136.850	123.288
Freibeträge		– 1.044
		– 3.202
Bemessungsgrundlage ESt	136.850	119.042
ESt (48,5%)	– 66.372	– 28.594
ESt (48,5%) (Halbeinkünfteverf.)		– 14.571
Steuerermäßigung anteilig	12.668	
Einkommen netto	83.145	80.123

Das Ergebnis ist in der Tendenz ähnlich wie die Berechnung nach der bisherigen Rechtslage. Bei anderen Relationen zwischen Gewinn und Gehalt und insbesondere bei Gewerbesteuerhebesätzen über 400% können sich Vorteile für die Körperschaft ergeben.

2. Wahl der Gesellschaftsform

Bei der Wahl der jeweils angemessenen Form der Gesellschaft sind eine Vielzahl von Aspekten zu berücksichtigen. Neben den gesellschaftsrechtlichen Unterschieden sind die Aspekte der Mitbestimmung, der Bilanzierung und Prüfung, des ehelichen Güterrechtes, der Haftung u.v.m. zu bedenken. Nachfolgend sollen die wesentlichen Punkte dargestellt werden, die aus steuerrechtlicher Sicht bei der Wahl der zutreffenden Gesellschaftsform bedacht werden sollten.

a) Checkliste Gesellschaftsform

aa)	Gewinn-/Verlustausgleich
bb)	Entnahmen
cc)	Gesellschaftervergütungen/Pensionsrückstellung
dd)	Verdeckte Gewinnausschüttungen
ee)	Zeitpunkt der Ergebniszurechnung
ff)	Beteiligung ausländischer Gesellschafter
gg)	Finanzierung
hh)	Umfang Betriebsvermögen/Transfer/Nutzungsüberlassung
ii)	Steueranrechnung
jj)	Grunderwerbsteuer
kk)	Erbschaftsteuer
ll)	Gewerbesteuer
mm)	Behandlung Anschaffungskosten
nn)	steuerrechtliche Haftung

b) Kommentar Checkliste Gesellschaftsform Personengesellschaft

aa) Gewinn- und Verlustausgleich

102 Bei der Personengesellschaft erfolgt die steuerrechtliche Zurechnung des Ergebnisses bei den Gesellschaftern nach eigenen Vorschriften über die steuerrechtliche Gewinnermittlung unabhängig von der Bilanzierung bei der Gesellschaft selbst. Die Zurechnung ist bei der Einkommen-/Körperschaftsteuer des betreffenden Gesellschafters direkt und unmittelbar im selben Geschäftsjahr entsprechend der Beteiligungsquote. Dies gilt selbstverständlich **auch für ausgeschiedene Gesellschafter** letztmalig **auf den Stichtag ihres Ausscheidens.**

bb) Entnahmen

103 Bei der Entnahme von Vermögensgegenständen aus der Gesellschaft ist zwischen Geld-/Kontoguthaben und anderen Vermögensgegenständen zu unterscheiden. Die Entnahme von Liquidität ist jederzeit möglich, ohne daß hieraus steuerliche Folgen entstehen, da hierin **keine stillen Reserven** vorhanden sind. Es ist daher jederzeit möglich, die Liquidität der Gesellschaft für andere Zwecke zu nutzen, soweit nicht Regelungen des jeweiligen Gesellschaftsvertrages dem entgegenstehen. Im Gegensatz hierzu enthalten andere Wirtschaftsgüter im allgemeinen stille Reserven, da der aktuelle Buchwert niedriger ist als der Teilwert oder Verkehrswert. Eine Entnahme führt daher immer zur Aufdeckung dieser stillen Reserven, die als zusätzlicher Gewinn dem Jahresergebnis hinzugerechnet und versteuert werden.

Für die Entnahme von Verbindlichkeiten dürfte grundsätzlich das gleiche gelten wie für Geld, wobei im Einzelfall das weitere Schicksal der Darlehenszinsen als Betriebsausgaben zu klären ist.

Hiervon ist die Entnahme des **Jahresgewinnes** zu unterscheiden, da sich dessen Umfang nach dem **handelsrechtlichen Ergebnis** des jeweiligen Geschäftsjahres bemißt.

cc) Gesellschaftervergütungen/Pensionsrückstellungen

104 Steuerrechtlich werden **Vergütungen** an den Gesellschafter, z. B. aus Dienstleistungen, Geschäftsführertätigkeit, Darlehensüberlassung etc., als **Gewinnvorab** angesehen, die demgemäß steuerrechtlich keine Betriebsausgaben darstellen, sondern Teil des Gewinnanteiles des betreffenden Gesellschafters. Gleiches gilt für die Bildung von Pensionsrückstellungen aufgrund von Pensionszusagen an tätige Gesellschafter. Gesellschaftsverträge sollten daher immer eine Regelung enthalten, wonach solche Vergütungen handelsrechtlich im Gegensatz zur steuerrechtlichen Handhabung als Aufwand zu behandeln sind.

dd) Verdeckte Gewinnausschüttungen

Unter dem bisherigen Körperschaftsteuersystem führten verdeckte Gewinnausschüttungen bei Kapitalgesellschaften je nach Konstellation zu gravierenden steuerlichen Nachteilen. Die Gefahr der verdeckten Gewinnausschüttungen und der hieraus resultierenden Konsequenzen besteht bei Personengesellschaften nicht. Auch bei Personengesellschaften führen gesellschaftsfremde Aufwendungen selbstverständlich nicht zu steuerrechtlich abzugsfähigen Betriebsausgaben. Diese Aufwendungen werden als private Entnahmen behandelt. Da unter dem neuen Körperschaftsteuersystem keine Ausschüttungsbelastung mehr herzustellen ist bei einer verdeckten Gewinnausschüttung, auch wenn kein ausschüttungsfähiges Kapital zur Verfügung steht, sind die Folgen ähnlich wie bei einer Personengesellschaft. Im Ergebnis wird lediglich der Gewinn erhöht. Diese Gewinnerhöhung und die hieraus resultierende Mehrsteuer trifft im Falle einer Personengesellschaft durch die direkte Zurechnung den jeweils begünstigten Gesellschafter. Bei einer Kapitalgesellschaft trägt diese allein die steuerlichen Konsequenzen. Das Problem der verdeckten Gewinnausschüttungen sollte **insbesondere** bei **Familiengesellschaften** und inhabergeleiteten Gesellschaften bedacht werden, da sich hier die **Gefahr gesellschaftsfremder Aufwendungen** naturgemäß zeigt.

105

ee) Zeitpunkt der Ergebniszurechnung

Die Zurechnung des Ergebnisses (Gewinn oder Verlust) erfolgt beim Gesellschafter im gleichen Veranlagungszeitraum wie die Ermittlung bei der Gesellschaft selbst. Eine Phasenverschiebung zwischen der Entstehung des Gewinns bei der Gesellschaft und der steuerlichen Erfassung beim Gesellschafter ist dadurch von vornherein nicht möglich.

106

ff) Beteiligung ausländischer Gesellschafter

Ausländische Gesellschafter einer deutschen Personengesellschaft werden mit ihrem Gewinnanteil in Deutschland besteuert. Aus deutscher Sicht gilt die Beteiligung an einer Personengesellschaft als **Betriebsstätte in Deutschland**. Dem folgen auch die Doppelbesteuerungsabkommen zwischen Deutschland und anderen Staaten, da im allgemeinen Personengesellschaften nicht abkommensberechtigt sind und steuerrechtlich als transparent angesehen werden. Soweit dies nicht der Fall ist, sind in den meisten Fällen entsprechende Sonderregelungen in den betreffenden Doppelbesteuerungsabkommen vereinbart.

107

Nach dem allgemeinen Muster der OECD für Doppelbesteuerungsabkommen bedeutet diese Behandlung für einen ausländischen Gesellschafter, daß sein Gewinnanteil in Deutschland besteuert wird und in seinem Sitzland im allgemeinen steuerfrei ist, wobei eine **direkte Steuerbefreiung** in Betracht kommt oder aber eine indirekte durch Anrechnung der deutschen Steuer. Möglich ist in vielen Fällen jedoch trotzdem eine Berücksichtigung im Rahmen des Progressionsvorbehaltes.

gg) Finanzierung

108 Die Unterscheidung, ob der Geschäftsbetrieb der Gesellschaft durch **(Stamm-)kapital oder Gesellschafterdarlehen** finanziert werden soll, ist aus **steuerrechtlicher Sicht** bei der Personengesellschaft **irrelevant**. Alle Kapitalüberlassungen des oder der Gesellschafter(s) an die Personengesellschaft werden steuerrechtlich als Eigenkapital angesehen. (Zinsen siehe oben „Gesellschaftervergütung" Rz. 104).

hh) Umfang Betriebsvermögen/Transfer/Nutzungsüberlassung

109 Neben den handelsrechtlichen Kategorien des Betriebsvermögens, das das gesamthänderische Eigentum aller Gesellschafter ist, kennt das Steuerrecht noch die Kategorie des **Sonderbetriebsvermögens**. Sofern ein Gesellschafter Vermögensgegenstände seiner Gesellschaft lediglich zur Nutzung überläßt und nicht in das gesamthänderische Eigentum aller Gesellschafter überführt, wird dies als Teil des steuerlichen Betriebsvermögens der Personengesellschaft angesehen. Gleiches gilt für andere Vermögensgegenstände, die der Beteiligung des Gesellschafters an der Personengesellschaft lediglich dienen oder die Beteiligung verstärken, ohne daß diese Vermögensgegenstände der Gesellschaft zur Nutzung überlassen werden.

Dies bedeutet weiterhin, daß Vermögensgegenstände des Privatvermögens durch eine solche Nutzungsüberlassung zwangsweise betriebliches Vermögen werden und damit steuerlich verstrickt.

Wenn solche Vermögensgegenstände nicht mehr zur Nutzung überlassen werden oder der Beteiligung dienen, gelten sie als entnommen mit der oben beschriebenen Folge der Aufdeckung und Besteuerung der stillen Reserven. Gleiches gilt im Falle der Veräußerung des Anteils an der Personengesellschaft, weil dann ebenfalls bezüglich dieser Vermögensgegenstände des Sonderbetriebsvermögens eine Entnahme aus dem Betriebsvermögen vorliegt, sofern sie nicht mitveräußert werden. Letztlich ist ein Gewinn aus der Veräußerung solchen Betriebsvermögens Teil des Gewinnanteils des betreffenden Gesellschafters in gleicher Weise wie eine mögliche Gesellschaftervergütung (siehe oben).

110 Bisher war es durch den Mitunternehmererlaß möglich, Gegenstände des Betriebsvermögens oder des Sonderbetriebsvermögens zwischen verschiedenen Betriebsvermögen oder Sonderbetriebsvermögen ergebnisneutral und damit steuerneutral zu transferieren. Diese Möglichkeiten sind durch die Abschaffung des Mitunternehmererlasses und die neuen Regelungen in § 6 Abs. 3 bis 7 EStG erheblich eingeschränkt worden, was jedoch zukünftig zur

Förderung mittelständischer Personengesellschaften dem alten Rechtszustand wieder angenähert werden soll (siehe unten Rz. 184 f. „Mitunternehmererlaß").

ii) Steueranrechnung

Bei einer Personengesellschaft stellt sich die Frage der Steueranrechnung nicht, da diese selbst keine Einkommen- oder Körperschaftsteuer zahlt. Anders ist dies bei der Gewerbesteuer. Sofern der Gesellschafter selbst als natürliche Person gewerbetreibend oder eine Kapitalgesellschaft ist, erfolgt bei der **Gewerbesteuer** keine unmittelbare Gewinn- und Verlustzurechnung. Gewerbesteuerrechtlich werden die Gesellschaften und ihre Gesellschafter getrennt behandelt. Es bedarf dann einer **Organschaft**. Hierfür reicht die wirtschaftliche, finanzielle und organisatorische Eingliederung aus. Der Abschluß eines Gewinnabführungsvertrages ist nicht erforderlich.

111

jj) Grunderwerbsteuer

Bei der Grunderwerbsteuer bietet eine **Personengesellschaft** erhebliche **Vorteile**, da bei der Überführung eines Grundstückes aus dem Vermögen eines Gesellschafters in das Gesamthandsvermögen der Gesellschaft nur anteilig die Grunderwerbsteuer entsteht entsprechend der Beteiligungsquote des einbringenden Gesellschafters. Sofern lediglich eine Nutzung durch die Gesellschaft erfolgt und somit eine Einbringung nur in das Sonderbetriebsvermögen, entsteht keine Grunderwerbsteuer. Letztlich fällt bei einem Gesellschafterwechsel unter bestimmten Voraussetzungen ebenfalls keine Grunderwerbsteuer an, auch wenn die Bestimmungen hierzu verschärft wurden (siehe oben Rz. 49).

112

kk) Erbschaftsteuer

Bei der Erbschaftsteuer, die für Familiengesellschaften von erheblicher Bedeutung ist, werden als Bemessungsgrundlage beim Übergang einer Personengesellschaft oder eines Anteiles hieran nur die Steuerbilanzwerte des Betriebsvermögens zugrunde gelegt. Die **Ertragsaussichten** der Gesellschaft und die Erhöhung des Wertes hierdurch finden im Gegensatz zur Kapitalgesellschaft **keine Berücksichtigung**. Hinzu kommt ein Freibetrag von 256.000 €, ein Bewertungsabschlag von 25 % und grundsätzlich die Anwendung der niedrigsten Steuerklasse unabhängig vom Verwandtschaftsgrad. Voraussetzung für die Begünstigung ist jedoch die Fortführung des Unternehmens durch den Erben für fünf Jahre.

113

ll) Gewerbesteuer

114 Im Gegensatz zur allgemeinen ertragsteuerlichen Behandlung einer Beteiligung an einer Personengesellschaft wird für die Zwecke der Gewerbesteuer die Gesellschaft oder präziser ausgedrückt der Gewerbebetrieb als Steuersubjekt selbst betrachtet. Bei der Gewerbesteuer besteht daher keine Transparenz. Insoweit besteht dann kein Unterschied zu einer Kapitalgesellschaft.

Unterschiede bestehen jedoch in der Höhe der Besteuerung, da bei einer Personengesellschaft ein Freibetrag von 24.500 € gewährt wird gegenüber 3.835 € bei einer Kapitalgesellschaft. Des weiteren beträgt die Steuermeßzahl für den Gewerbeertrag nicht wie bei Kapitalgesellschaften durchgehend 5%, sondern steigt in Stufen von je 12.000 € von 1% in jeweils vollen Prozentpunkten an auf 5%. Hierdurch ergeben sich insbesondere für mittelständische Unternehmen Vorteile. Hinzu kommt durch die neueste Rechtsänderung **ab 2001** eine **pauschalierte Anrechnung** der Gewerbesteuer in **Höhe des 1,8fachen des Gewerbesteuermeßbetrages** auf die Einkommensteuer des Gesellschafters beziehungsweise bei mehreren Gesellschaftern jeweils anteilig. Durch diese Begünstigung soll der Nachteil ausgeglichen werden, daß Tätigkeitsvergütungen etc. (siehe oben) steuerrechtlich nicht als Betriebsausgaben gelten. Ob dies dann im Einzelfall auch so zutrifft, kann generell nicht gesagt werden. Allein die angebliche Gewerbesteuerersparnis durch die Abzugsfähigkeit der Geschäftsführervergütung rechtfertigt im allgemeinen keine Umwandlung eines Einzelunternehmens in eine Kapitalgesellschaft. Es empfiehlt sich daher bei Bedarf immer eine steuerliche Vergleichsrechnung unter Berücksichtigung auch aller zusätzlichen Kosten (siehe oben Rz. 96 ff.)

mm) Behandlung der Anschaffungskosten

115 Aus steuerrechtlicher Sicht gelten die Anschaffungskosten für eine Beteiligung an einer Personengesellschaft als **anteilige Anschaffungskosten aller Wirtschaftsgüter** der Personengesellschaft. Sofern über den Nominalbetrag des Kapitalkontos, das den Saldo der Buchwerte zeigt, hinaus ein Kaufpreis gezahlt wird, werden zunächst die Buchwerte der übergegangenen Wirtschaftsgüter aufgestockt bis zu ihren Teilwerten und ein verbleibender Restbetrag als Geschäftswert (good will) angesetzt. Die technische Darstellung erfolgt in einer steuerrechtlichen Ergänzungsbilanz. Diese aufgestockten Buchwerte (step up) bilden dann die Basis für die Bemessung der zukünftigen Abschreibungen. Somit ist im Ergebnis der Kaufpreis für die Beteiligung im Wege über die Abschreibungen steuerlich als Betriebsausgabe für den Erwerber abzugsfähig.

nn) Steuerrechtliche Haftung

Die steuerrechtliche Haftung richtet sich zunächst einmal nach den handels- und zivilrechtlichen Haftungsvorschriften. Aus diesem Grunde besteht daher bei einem persönlich haftenden Gesellschafter grundsätzlich ein größeres Haftungsrisiko für Steuerschulden der Gesellschaft als für den Gesellschafter einer Kapitalgesellschaft. Aus steuerrechtlicher Sicht ergibt sich eine zusätzliche Haftungsgrundlage für Steuern des Unternehmens, abgesehen von den Fällen der Haftung wegen Pflichtverletzung und Steuerhinterziehung, bei der Überlassung von Gegenständen (Sonderbetriebsvermögen) an die Gesellschaft bei einer wesentlichen Beteiligung. Gleiches gilt jedoch auch im Falle einer wesentlichen Beteiligung an einer Kapitalgesellschaft.

116

Im Falle einer **Betriebsübernahme** und somit nicht bei der Übernahme von Gesellschaftsanteilen **haftet der Erwerber** für Betriebsteuern eines bestimmten Zeitraumes.

c) Kommentar Checkliste Gesellschaftsform Kapitalgesellschaft

aa) Gewinn-/Verlustausgleich

Sofern das Ergebnis einer Kapitalgesellschaft dem Gesellschafter zugerechnet werden soll, ist der Abschluß eines Ergebnisabführungsvertrages erforderlich. Voraussetzung ist, daß die **Beteiligung von Beginn** des Geschäftsjahres an **gehalten** wird. Daher erfolgen viele Anteilsübertragungen zum Ende des Geschäftsjahres der Gesellschaft, da dann das Ergebnis des folgenden Jahres dem neuen Gesellschafter zugerechnet werden kann. Der Abschluß des Ergebnisabführungsvertrages und der Eintritt seiner Wirksamkeit können anschließend erfolgen. Neben der genannten finanziellen Eingliederung durch mittelbaren oder unmittelbaren Mehrheitsbesitz der Anteile wird eine organisatorische und wirtschaftliche Eingliederung nach neuester Rechtslage nicht mehr verlangt. Bei der Gewerbesteuer hingegen ist neben der finanziellen Eingliederung die wirtschaftliche und organisatorische Eingliederung erforderlich jedoch kein Ergebnisabführungsvertrag.

117

Problematisch wird der Abschluß von **Ergebnisabführungsverträgen bei mehreren Gesellschaftern**. Grundsätzlich ist steuerrechtlich auch eine **Mehrmütterorganschaft** anerkannt. Die Probleme der Ergebniszurechnung an mehrere Gesellschafter sind aber ungleich komplizierter zu lösen als bei der Personengesellschaft.

Sofern kein Ergebnisabführungsvertrag besteht, wird lediglich der Gewinn im Falle seiner Ausschüttung beim Gesellschafter erfaßt.

bb) Entnahme

118 Im Gegensatz zur Personengesellschaft ist bei einer Kapitalgesellschaft die Entnahme von Vermögensgegenständen, gleich welcher Art, nur gegen eine angemessene Vergütung möglich. Ansonsten würde die Entnahme als verdeckte Gewinnausschüttung qualifiziert. Überschüssige Liquidität aus einer Kapitalgesellschaft kann nur im Wege des Darlehens zeitweise an den Gesellschafter zurückfließen. Eine endgültige Rückzahlung kann nur bei Rücklagen im Wege der Gewinnausschüttung mit den entsprechenden steuerlichen Konsequenzen erfolgen oder bei Stammkapital im Wege einer Kapitalherabsetzung.

cc) Gesellschaftervergütungen/Pensionsrückstellung

119 Im Gegensatz zur Personengesellschaft sind bei der **Kapitalgesellschaft Vergütungen** an Gesellschafter als Betriebsausgaben **steuerlich abzugsfähig**. Beim Gesellschafter selbst sind sie nicht als Gewinnausschüttung zu behandeln, sondern bei einer Kapitalgesellschaft als Teil des gewerblichen Umsatzes und bei einer natürlichen Person entsprechend der jeweiligen steuerlichen Qualifikation als Einkünfte aus nichtselbständiger Arbeit, selbständiger Tätigkeit, Vermietung etc. Das Problem ist hierbei jedoch, auf die Angemessenheit zu achten, da ansonsten der nicht angemessene Teil der Vergütung als verdeckte Gewinnausschüttung qualifiziert wird. Dies führt dann zu einer entsprechenden Gewinnerhöhung mit den daraus resultierenden steuerlichen Folgen.

Im Gegensatz zur Personengesellschaft sind **Pensionsrückstellungen** aufgrund von Pensionszusagen für tätige Gesellschafter steuerrechtlich möglich.

dd) Verdeckte Gewinnausschüttungen

120 Im Gegensatz zu Personengesellschaften besteht bei Kapitalgesellschaften immer die Gefahr von verdeckten Gewinnausschüttungen. Dies gilt um so mehr, sofern natürliche Personen als Gesellschafter wesentlich beteiligt und in der Gesellschaft tätig sind. Die gleiche Gefahr besteht bei grenzüberschreitenden Verrechnungspreisen innerhalb von Unternehmensgruppen. Naturgemäß bilden diese Bereiche dann auch Schwerpunkte der steuerlichen Betriebsprüfung. Durch die Änderung des Körperschaftsteuerrechtes führen verdeckte Gewinnausschüttungen lediglich zu einer Gewinnerhöhung und den entsprechenden steuerlichen Konsequenzen hieraus, nicht jedoch mehr zur Herstellung einer Ausschüttungsbelastung. Gerade in einer Verlustsituation der Gesellschaft war diese Ausschüttungsbelastung, die zu einer entsprechenden Steuerzahlung führen konnte mangels versteuerter Rücklagen, besonders mißlich, während die Gewinnerhöhung oft durch Verlustvorträge kompensiert wurde.

Das Problem der verdeckten Gewinnausschüttung stellt sich auch, wenn die **Kapitalgesellschaft langfristig keinen Gewinn erwirtschaftet** bzw. nach der Art ihres Geschäfts und ihrer Organisation keine Gewinnerwartung besteht (Non-profit-Gesellschaft). Dieses Problem entsteht im allgemeinen bei Servicegesellschaften innerhalb von Konzernen, Abwicklungsgesellschaften für Joint Venture, Freiberufler-Gesellschaften oder Projektgesellschaften im öffentlich-rechtlichen Bereich. Sofern die Gesellschaft keinen Gewinn, der einer angemessenen Eigenkapitalverzinsung entspricht, erwirtschaftet, wird von den Finanzbehörden angenommen, daß die Vergütungen der Gesellschafter an ihre Gesellschaft für die Dienstleistungen zu niedrig bemessen sind. Die Differenz zu einer angemessenen Vergütung der Dienstleistung wird dann als verdeckte Gewinnausschüttung qualifiziert.

Schließlich müssen bei einer Kapitalgesellschaft schon aus steuerrechtlichen Gründen alle zivil- und gesellschaftsrechtlichen Erfordernisse und Formvorschriften beachtet werden, da ansonsten insbesondere im Verhältnis des Gesellschafters zu seiner Gesellschaft bei einer Verletzung von Formvorschriften die darauf beruhenden Zahlungen als verdeckte Gewinnausschüttungen angesehen werden. Ein Beispiel hierfür ist der Abschluß des Anstellungsvertrages mit einem herrschenden Gesellschafter-Geschäftsführer. Zuständig hierfür ist die Gesellschafterversammlung und nicht die Geschäftsleitung. Sofern dies nicht beachtet wird, wird der Vertrag steuerrechtlich nicht anerkannt. 121

ee) Zeitpunkt der Ergebniszurechnung

Im Gegensatz zur Personengesellschaft ist bei einer Kapitalgesellschaft der Zeitpunkt des **Gewinnzuflusses** beim Gesellschafter grundsätzlich **bestimmbar**. Im allgemeinen erfolgt die Zurechnung des Gewinns nur, sofern eine entsprechende Gewinnausschüttung nach den handelsrechtlichen Regeln erfolgt. Sofern der Gesellschafter seine Beteiligung im Privatvermögen hält, erfolgt die Besteuerung im Zeitpunkt des effektiven Zuflusses, während bei einer Beteiligung im Betriebsvermögen im Zeitpunkt des Gewinnausschüttungsbeschlusses eine Aktivierung erfolgt. 122

Darüber hinaus besteht innerhalb von Konzernen bei 100%igen Beteiligungen an Tochtergesellschaften die Verpflichtung zur phasengleichen Aktivierung der Gewinnausschüttung. Voraussetzung hierfür ist darüber hinaus die Deckungsgleichheit der Geschäftsjahre und die Feststellung des Jahresabschlusses der Tochtergesellschaft vor Aufstellung oder Prüfung des Jahresabschlusses bei der betreffenden Muttergesellschaft. Dann muß der Gewinnausschüttungsanspruch für den Gewinn des Vorjahres auch im Abschluß des Vorjahres der Muttergesellschaft erfaßt werden. Steuerrechtlich wird diese **phasengleiche Aktivierungspflicht** auch auf Mehrheitsbeteiligungen an anderen Gesellschaften und Beteiligungen außerhalb eines Konzerns ausgedehnt. Darüber hinaus jedoch wird eine phasengleiche Aktivierung von Gewinnausschüttungsansprüchen handels- und steuerrechtlich abgelehnt.

ff) Beteiligung ausländischer Gesellschafter

123 Die Beteiligung eines ausländischen Gesellschafters an einer deutschen Kapitalgesellschaft gilt nicht als Betriebsstätte in Deutschland. Sofern eine Gewinnausschüttung erfolgt, stellt sich nach dem jeweiligen Doppelbesteuerungsabkommen oder, sofern ein solches nicht vorhanden ist, nach deutschem Steuerrecht die Frage einer möglichen Quellensteuer auf die Gewinnausschüttung. Die Quellensteuer ist die eigene Steuer des Gesellschafters auf die Gewinnausschüttung. Anschließend erfolgt die Besteuerung der Dividende in seinem Sitzstaat nach den dortigen inländischen Vorschriften. Hierbei wird in aller Regel die Quellensteuer berücksichtigt in ähnlicher Weise wie die deutsche Steuer eines ausländischen Gesellschafters bei der Beteiligung an einer inländischen Personengesellschaft. Soweit der ausländische Gesellschafter seinerseits eine Kapitalgesellschaft ist mit einer bestimmten Beteiligungsquote an der deutschen Kapitalgesellschaft (im allgemeinen 25%), erfolgt meistens eine Begünstigung bei der Quellensteuer (sogenanntes **Schachtelprivileg**). Der ausländische Gesellschafter hatte jedoch im Gegensatz zu einem inländischen Gesellschafter keine Möglichkeit, die Körperschaftsteuer, die die Gesellschaft auf ihren Gewinn gezahlt hat, angerechnet zu erlangen. Es entstand daher nach altem Recht insoweit eine partielle Doppelbesteuerung. Nach neuem Körperschaftsteuerrecht hat sich diese partielle Doppelbesteuerung möglicherweise gemildert durch die Senkung des Steuersatzes auf 25%. Letztendlich bedarf es zur genauen Quantifizierung einer entsprechende Modellrechnung unter Berücksichtigung der Steuerfolgen in Deutschland und im Sitzstaat des Gesellschafters.

gg) Finanzierung

124 Im Gegensatz zu Personengesellschaften stellt sich bei einer Kapitalgesellschaft die Frage der Finanzierung des laufenden Geschäftsbetriebes. Dies kann zum einen durch **Stammkapital** und zum anderen durch **Fremdkapital/Gesellschafterdarlehen** erfolgen. Soweit der darlehensgebende Gesellschafter Steuerinländer ist, ergeben sich im allgemeinen hieraus noch keine Probleme. Schwieriger wird dies jedoch bei Steuerausländern. Gemäß § 8a KStG werden Zinszahlungen aufgrund von Gesellschafterdarlehen nur im eingeschränkten Umfange als Betriebsausgaben steuerrechtlich anerkannt. Der überschießende Teil wird als verdeckte Gewinnausschüttung qualifiziert und verursacht die entsprechenden Konsequenzen. Durch die jüngsten Rechtsänderungen wurden die Voraussetzungen für die steuerrechtliche Anerkennung von Betriebsausgaben für solche Gesellschafterdarlehen erheblich verschärft. Die Einzelheiten der Relation zwischen Eigen- und Fremdka-

pital sollen hier nicht weiter erörtert werden. Dies bedarf der Überprüfung im Einzelfalle. Im Ergebnis besteht jedoch aufgrund dieses Problems in einem wesentlichen Umfange die Notwendigkeit, die Geschäftstätigkeit der Gesellschaft und insbesondere ihre Anlaufverluste durch Eigenkapital zu finanzieren. Dies muß nicht zwangsläufig Stammkapital sein, sondern kann auch durch Einzahlungen in die Kapitalrücklage dargestellt werden. Denkbar sind selbstverständlich zinslose Darlehen.

hh) Umfang Betriebsvermögen/Transfer/Nutzungsüberlassung

Im Gegensatz zur Personengesellschaft besteht bei der **Kapitalgesellschaft nicht** zusätzlich die Kategorie des **Sonderbetriebsvermögens**. Alle Vermögensgegenstände, die der Beteiligung des Gesellschafters an der Kapitalgesellschaft dienen oder seine Beteiligung verstärken, verbleiben damit in ihrer bisherigen steuerrechtlichen Zuordnung. Sie werden nicht Sonderbetriebsvermögen der Gesellschaft. Etwas anders ist die Frage bei der Nutzungsüberlassung zu beantworten. Sofern der Gesellschafter einen Vermögensgegenstand seiner Gesellschaft zur Nutzung überläßt, der betriebsnotwendig ist, und der Gesellschafter an der Gesellschaft als herrschender Gesellschafter beteiligt ist, entsteht dadurch eine Betriebsaufspaltung (siehe unten Rz. 189 f. „Betriebsaufspaltung"). Auf diese Weise entsteht ein Gewerbebetrieb, in dem dieser Gegenstand, der der Gesellschaft zur Nutzung überlassen ist, steuerrechtlich verstrickt wird und die Einkünfte aus der Nutzungsüberlassung als gewerblich erfaßt werden. Oftmals entstehen durch solche Nutzungsüberlassungen (unechte) Betriebsaufspaltungen, deren Folgen im vorhinein nicht bedacht werden und auch nicht gewollt waren.

125

Ein Transfer zwischen dem Vermögen der Kapitalgesellschaft und dem Vermögen anderer Kapitalgesellschaften bzw. dem Vermögen des Gesellschafters ist grundsätzlich nur durch ein Verkehrsgeschäft möglich, denn Vermögenssphären sind rechtlich selbständig. Jeder Transfer ohne angemessene Gegenleistung stellt eine verdeckte Gewinnausschüttung dar.

ii) Steueranrechnung

Im Gegensatz zur Personengesellschaft stellt sich bei der Kapitalgesellschaft die Frage der Anrechnung der Steuer, die bereits von der Kapitalgesellschaft auf ihre Gewinne gezahlt wurde. Sofern eine Steueranrechnung nicht möglich ist, liegt insoweit eine Doppelbesteuerung vor. Im Inland wurde dies vermieden durch die Anrechnung der gezahlten Körperschaftsteuer beim jeweiligen inländischen Gesellschafter. **Ab 2001** erfolgt **grundsätzlich** eine **getrennte Besteuerung** bei der Gesellschaft und anschließend ohne Anrechnungsmöglichkeit beim Gesellschafter. Die Gefahr der Doppelbesteuerung wird jedoch zum einen durch den Körperschaftsteuersatz von 25% bei der Gesellschaft und dem Halbeinkünfteverfahren auf der Ebe-

126

ne des Gesellschafters (natürliche Person) vermieden. Nach dem Halbeinkünfteverfahren werden Gewinnausschüttungen für die Ermittlung der einkommensteuerpflichtigen Bemessungsgrundlage nur zur Hälfte angesetzt. Gewinnausschüttungen an Kapitalgesellschaften als Gesellschafter sind konsequenterweise steuerfrei ebenso wie die Veräußerungsgewinne aus Anteilen an Kapitalgesellschaften, da entsprechende Gewinne bereits vorher der Körperschaftsteuer unterlegen haben und bei ihrer Ausschüttung an den Gesellschafter als natürliche Person dort der Besteuerung nach dem Halbeinkünfteprinzip unterliegen. Auf diese Weise wird die Steuerlast innerhalb von Unternehmensgruppen erheblich reduziert.

Gewerbesteuerrechtlich gilt bei der Kapitalgesellschaft das gleiche, wie oben für die Personengesellschaft dargestellt. Eine Doppelbesteuerung wird vermieden, da jeder Gewerbebetrieb nur mit seinem Betrieb allein der Gewerbesteuer unterliegt.

jj) Grunderwerbsteuer

127 Die Grunderwerbsteuerbelastung bei Nutzung einer Kapitalgesellschaft ist grundsätzlich höher und weniger flexibel als bei einer Personengesellschaft.

Bei der Übertragung eines Grundstücks auf die Kapitalgesellschaft entsteht **in voller Höhe Grunderwerbsteuer**, da dieser Übergang als Rechtsträgerwechsel angesehen wird im Gegensatz zur Übertragung bei einer Personengesellschaft. Dort erfolgt allenfalls ein partieller Rechtsträgerwechsel, der nur zu einer teilweisen Steuerentstehung führt.

Bei der Übertragung von mindestens (unmittelbar oder mittelbar) 95% der Anteile an einer Kapitalgesellschaft oder bei einer Vereinigung von unmittelbar und mittelbar mindestens 95% der Anteile entsteht Grunderwerbsteuer, sofern die Gesellschaft Eigentümer eines inländischen Grundstücks ist. Bei einer grundbesitzenden Personengesellschaft entsteht Grunderwerbsteuer, sofern innerhalb von fünf Jahren mindestens 95% der Beteiligung den Gesellschafter wechselt.

kk) Erbschaftsteuer

128 Bemessungsgrundlage der Erbschaftsteuer ist der **Wert des Gesellschaftsanteils**. Dieser wird ermittelt unter Berücksichtigung des Vermögens der Gesellschaft und ihrer Ertragsaussichten (**Stuttgarter Verfahren**), während bei einer Personengesellschaft lediglich das Vermögen berücksichtigt wird. Bei einer ertragstarken Gesellschaft führt dies zu einer erheblichen Mehrbelastung. Die Begünstigung bei der Bewertung durch den Freibetrag und den Bewertungsabschlag und die niedrige Steuerklasse wie bei der Personengesellschaft erfolgt nur, sofern der Erblasser an dem Kapital der Gesellschaft zu mehr als 25% unmittelbar beteiligt war. Gleiches gilt im Falle der vorwegge-

nommene Erbfolge. Auch gilt wie bei der Personengesellschaft das Erfordernis, die übernommenen Anteile für mindestens fünf Jahre zu halten.

ll) Gewerbesteuer

Bezüglich der Ergebnisermittlung und Zurechnung ergeben sich bei der Gewerbesteuer keine Unterschiede zur Personengesellschaft mit Ausnahme der Vergütung an Gesellschafter. Nachteilig sind jedoch der geringere Freibetrag und der fehlende Staffeltarif mit den bereits oben geschilderten Hintergründen. Des weiteren fehlt die Möglichkeit der pauschalierten Gewerbesteueranrechnung auf die Steuer des Gesellschafters, wie dies bei Beteiligung an einer Personengesellschaft möglich ist. Im Ergebnis hilft jedoch auch hier nur eine steuerliche Vergleichsrechnung. 129

mm) Behandlung der Anschaffungskosten

Die Beteiligung an einer Kapitalgesellschaft ist einer planmäßigen Abschreibung für steuerliche Zwecke nicht zugänglich. Daher können die Anschaffungskosten für die Beteiligung an einer Kapitalgesellschaft steuerrechtlich nicht im Wege der Abschreibung als Betriebsausgaben geltend gemacht werden. Im Gegensatz zur Personengesellschaft gilt die Beteiligung nicht als anteiliger Erwerb der Vermögensgegenstände der Gesellschaft. Um also einen ähnlichen Effekt wie bei der Personengesellschaft zu erreichen, bedarf es daher weiterer Schritte, um Anteile in abschreibungsfähige Wirtschaftsgüter umzuwandeln. Näheres hierzu wird in Rz. 191 ff. beschrieben. 130

nn) Steuerrechtliche Haftung

Grundsätzlich besteht bei der steuerrechtlichen Haftung kein Unterschied zu einer Personengesellschaft, abgesehen von dem Haftungsrisiko eines persönlich haftenden Gesellschafters. Bei den allgemeinen Haftungsgrundlagen ist natürlich auch an die Frage der Konzernhaftung zu denken. Die spezielle Haftung für rückständige Steuern bei Betriebsübernahme trifft beim Erwerb von Gesellschaftsanteilen nur die Gesellschaft und nicht den Erwerber, so daß insoweit ein Unterschied zur Personengesellschaft besteht. 131

II. Gründung

Wenn unter Berücksichtigung aller notwendigen Aspekte die Entscheidung für die zweckmäßige Gesellschaftsform gefallen ist, kann deren Gründung erfolgen. Dies ist für die Kapitalgesellschaft entscheidend, da zu ihrem Beginn der notarielle Abschluß des Gesellschaftsvertrages erforderlich ist. Ebenso wie im Gesellschaftsrecht erfolgt auch im Steuerrecht eine Zurechnung der Tätigkeit und des Vermögens der Gründungsgesellschaft an die spä- 132 tere Kapitalgesellschaft, die erst durch Handelsregistereintragung entsteht. Eine solche Zurechnung erfolgt jedoch nicht für die Zeit vor der notariellen Gründung (Vor-Gründungsgesellschaft).

Nachfolgend werden die **steuerrechtlichen Gesichtspunkte** dargestellt, die bei der Gründung der Gesellschaft und der **Konzeption des Gesellschaftsvertrags** bedacht werden sollten. Der bereits beschriebene Systemunterschied zwischen den Gesellschaftsformen zeigt sich auch hier wieder.

1. Checkliste Gesellschaftsvertrag

133 **a) Personengesellschaft**

    aa) Definition Kapitalkonten, sonstige Gesellschafterkonten

    bb) Gewinnermittlung, Unterschied Handelsbilanz/Steuerbilanz

    cc) Gewinn-/Verlustzurechnung

    dd) Regelstatut KG

    ee) Sacheinlagen

    ff) Sonderbetriebsvermögen

    gg) Geschäftsjahr

    hh) Gründungskosten

    ii) Beginn der steuerrechtlichen Existenz

134 **b) Kapitalgesellschaft**

    aa) Wettbewerbsverbot

    bb) Sacheinlagen

    cc) vGA-Klausel

    dd) Dienstleistungspflichten/Gesellschaftervergütung

    ee) Gewinnermittlung, Unterschied Handelsbilanz/Steuerbilanz

    ff) Gewinnverteilung

    gg) Geschäftsjahr

    hh) Gründungskosten

    ii) Beginn der steuerrechtlichen Existenz

2. Kommentar Checkliste Gesellschaftsvertrag

a) Personengesellschaft

aa) Kapitalkonten/sonstige Gesellschafterkonten

Aus gesellschaftsrechtlicher Sicht ist zwischen Kapitalkonten und sonstigen Konten der Gesellschafter zu unterscheiden, sofern die Gesellschafter ihrer Personengesellschaft sowohl Eigenkapital als auch Fremdkapital überlassen. Aus steuerrechtlicher Sicht ist diese Unterscheidung für die Frage des Verlustausgleiches und seiner Beschränkung gemäß § 15a EStG ebenfalls von Relevanz, obwohl sonst keine Unterscheidung erfolgt zwischen Eigen- und Fremdkapital, welches vom Gesellschafter überlassen wird. Nach gesellschaftsrechtlichen Vorschriften werden einem beschränkt haftenden Gesellschafter auch Verluste zugerechnet, die sein Kapitalkonto übersteigen. Steuerrechtlich wird dies ebenfalls anerkannt, jedoch erfolgt hieraus eine Einschränkung des Verlustausgleiches. Verluste, die das Kapitalkonto übersteigen, werden lediglich im Rahmen der Einkünfte aus der Beteiligung gesondert vorgetragen und können mit späteren Gewinnen hieraus verrechnet werden. Ein **Ausgleich mit anderen Einkünften** des Gesellschafters ist **insoweit nicht möglich**. Maßstab für den Umfang des Kapitalkontos im Sinne des § 15a EStG sind alle gesamthänderisch gebundenen Einlagen, die Eigenkapitalcharakter tragen. Neben dem Festkapital aufgrund des Gesellschaftsvertrages ist es im wesentlichen ein gesellschaftsvertraglich bestimmtes Rücklagenkonto. Aus steuerrechtlicher Sicht hat sich daher die Unterscheidung in Festkapitalkonten, Rücklagenkonten und zumindest einem Verrechnungs- oder Privatkonto bewährt. Letztgenanntes Konto wird dann für den Verrechnungsverkehr zwischen der Gesellschaft und ihrem Gesellschafter benutzt. Handelsrechtlich hat dieses dann Fremdkapitalcharakter, während es steuerrechtlich grundsätzlich als Eigenkapital angesehen wird nicht jedoch als Kapitalkonto im Sinne des § 15a EStG.

135

bb) Gewinnermittlung/Gesellschaftervergütungen

Durch den grundsätzlichen Unterschied zwischen der handelsrechtlichen Qualifizierung von Gesellschaftervergütungen und der steuerrechtlichen erfordert dies Regelungen im Gesellschaftsvertrag. Insbesondere bei mittelständischen Gesellschaften ist vielfach die Praxis vertreten, wonach die Handelsbilanz gleich der Steuerbilanz sein soll. Es wird lediglich eine sogenannte Einheitsbilanz aufgestellt. Hinsichtlich der Gesellschaftervergütungen für Tätigkeit, Kapitalüberlassung etc. müssen Regelungen vorgesehen werden, wonach diese **Vergütungen** handelsrechtlich als **Aufwand** zu behandeln sind unabhängig von der anderen steuerrechtlichen Qualifizierung. Hierdurch ergibt sich dann zwangsläufig eine Differenz zwischen Handelsbilanz und Steuerbilanz.

136

137 Grundsätzlich ist daher festzulegen, ob die Handelsbilanz unter Berücksichtigung von steuerrechtlichen Prämissen aufgestellt werden soll oder nicht. Sofern die Bilanz streng nach handelsrechtlichen Grundsätzen aufgestellt wird, ist zu steuerlichen Zwecken lediglich eine Überleitungsrechnung dem Finanzamt einzureichen. Eine gesonderte Steuerbilanz fordert das Gesetz nicht (vgl. § 60 EStDV). Sofern keine Regelungen im Gesellschaftsvertrag enthalten sind, gilt für die Aufstellung der Bilanz das Handelsrecht. Je nach den Umständen können dann erhebliche Abweichungen zwischen dem handelsrechtlichen Gewinn und der steuerlichen Bemessungsgrundlage entstehen. Dies kann für die Gesellschafter, insbesondere wenn es sich um natürliche (Privat-)Personen handelt zu einem erheblichen finanziellen Problem führen. Handelsrechtlich kann z. B. ein Verlust oder lediglich ein geringer Gewinn entstehen, während steuerrechtlich ein wesentlich höherer Gewinn ermittelt wird zum Beispiel durch die **unterschiedliche Behandlung von Aufwandsrückstellungen**, der **Abzinsung** von Rückstellungen und der Verpflichtung zur **Wertaufholung** nach vorhergehenden Wertberichtigungen. Die Gesellschafter werden dann aufgrund dieses Gewinns zu Steuerzahlungen herangezogen, während sie andererseits aufgrund des handelsrechtlichen Ergebnisses keine oder nur geringe Entnahmen tätigen dürfen, sofern nicht auf ihrem Verrechnungskonto ein Guthaben aus Vorjahren besteht. Ein gleiches Problem kann entstehen, wenn durch Entnahmen der Vergangenheit die Hafteinlage nicht mehr vorhanden ist und erst durch Gewinne aufgefüllt werden muß, während steuerrechtlich keine Verlustvorträge in gleicher Höhe mehr zur Verfügung stehen. Der Gesellschaftsvertrag sollte daher, sofern dies mit Rücksicht auf die beteiligten Gesellschafter notwendig ist, entsprechende Entnahmeregelungen zum Zwecke der Steuerzahlung enthalten. Wenn jedoch handelsrechtlich grundsätzlich keine Entnahme mehr möglich ist, ohne das die Haftung wieder auflebt, bleibt wohl nur die Darlehensgewährung.

cc) Gewinn-/Verlustzurechnung

138 Es sollte grundsätzlich eine Regelung vorhanden sein, nach welchen **Quoten** den Gesellschaftern der Gewinn oder Verlust zugerechnet werden soll. Maßstab hierfür sind im allgemeinen die Beteiligungsverhältnisse nach dem Gesellschaftsvertrag bzw. die Kapitalverhältnisse. Möglich ist jedoch auch, die konkrete Verteilung des Jahresergebnisses einem Beschluß der Gesellschafter vorzubehalten. Steuerrechtlich dürfte dies im allgemeinen anzuerkennen sein, soweit vernünftige nachvollziehbare Gründe bei einer bestimmten Verteilung vorliegen und nicht andere Vorgänge hierdurch verdeckt werden. **Bedenklich** wäre z.B. eine **verdeckte Zahlung** von **Veräußerungserlösen** auf diese Weise.

dd) Regelstatut KG

Wie schon an anderer Stelle ausgeführt, muß einem Gesellschafter eine Stellung zukommen, die dem **Regelstatut** eines **Kommanditisten** entspricht. Sofern dies nicht der Fall ist, wird dieser Gesellschafter steuerrechtlich nicht als Mitunternehmer (Gesellschafter) angesehen. Die Leistungsbeziehungen zu ihm wären dann als Austauschvertrag wie zum Beipiel Darlehensüberlassung, typisch stille Gesellschaft o.ä. zu qualifizieren.

139

ee) Sacheinlagen

Sofern von einem oder mehreren Gesellschaftern Sacheinlagen erbracht werden sollen, können hierdurch nicht so sehr bei der Gesellschaft als vielmehr beim Gesellschafter Probleme entstehen. Zu bedenken ist insbesondere die Grunderwerbsteuer bei **Grundstücken als Einlageobjekt** und mögliche **ertragsteuerliche Auswirkungen** beim Gesellschafter, sofern der Gegenstand aus einem anderen Betriebsvermögen überführt wird. Es ist dann immer zu prüfen, ob die Sacheinlage zu Buchwerten erfolgen kann oder ob die Übertragung eine Entnahme darstellt mit der Aufdeckung und Versteuerung möglicher stiller Reserven (näheres hierzu Rz. 180 ff.). Als Alternative ist auch eine Nutzungsüberlassung möglich, die jedoch beim überlassenden Gesellschafter zu Sonderbetriebsvermögen führt.

140

Soweit Gegenstand der **Sacheinlage ein gesamter Betrieb** ist, entsteht gemäß § 1 Abs. 1 a UStG keine Umsatzsteuer. Werden jedoch einzelne Wirtschaftsgüter von einem Unternehmer als Sacheinlage eingebracht gegen Gewährung von Anteilen, so ist dies auch aus umsatzsteuerrechtlicher Sicht ein Tauschgeschäft, das nach den allgemeinen Regeln der Umsatzsteuer unterliegt. In Abhängigkeit vom Gegenstand der Sacheinlage könnten dann teilweise Steuerbefreiungen, zum Beispiel für Gesellschaftsanteile, einschlägig sein.

141

ff) Sonderbetriebsvermögen

Die Tätigkeitsvergütungen an Gesellschafter und die Vergütung für Nutzungsüberlassungen stellen bei diesen Sonderbetriebseinnahmen dar, die steuerrechtlich zusammen mit dem Ergebnis der Gesellschaft selbst der Gewerbesteuer unterliegen. Es stellt sich daher grundsätzlich die Frage, ob die hieraus resultierenden Gewerbesteuerbelastungen oder -entlastungen der Gesellschaft zugute kommen sollen oder aber im Rahmen der Ergebnisverteilung dem jeweiligen Gesellschafter zugerechnet werden sollen. Diese Frage stellt sich auch, sofern der betreffende Gesellschafter aus der Anschaffung seine Beteiligungsmehrwerte in einer Ergänzungsbilanz erfaßt und hieraus zusätzlichen Abschreibungsaufwand erhält.

142

gg) Geschäftsjahr

143 Bei der Gründung der Gesellschaft sind die Gesellschafter frei, ohne Genehmigung der Finanzbehörden das Geschäftsjahr zu bestimmen. Eine **spätere Umstellung** des Geschäftsjahres ist hingegen nur mit **Zustimmung** des zuständigen Finanzamtes möglich. Es müssen hierfür dann besondere Gründe vorliegen.

144 Ein vom Kalenderjahr abweichendes Geschäftsjahr führt auch zu einer entsprechenden Verschiebung der steuerlichen Erklärungspflichten, da bei einem Ende des Geschäftsjahres in einem laufenden Kalenderjahr das Ergebnis als in diesem Kalenderjahr bezogen gilt, während hingegen die gleichen Fristen zur Abgabe der Steuererklärung bestehen, als sei das Geschäftsjahr erst am 31. 12. beendet worden. Insbesondere in der Gründungsphase können sich hierdurch erhebliche Zeitgewinne ergeben. Ob hierdurch auch Steuerstundungseffekte entstehen, hängt von den Umständen des Einzelfalles ab. Im allgemeinen werden die Finanzbehörden durch die Festsetzung von Vorauszahlungen versuchen, gegenzusteuern. Auf die Dauer gesehen, dürften solche Stundungseffekte dann abnehmen.

Vorgenanntes gilt für alle Ertragsteuerarten, während bei der Umsatzsteuer zwingend eine Abgrenzung auf das Ende des Kalenderjahres vorzunehmen ist. Für Zwecke der Umsatzsteuer und der Umsatzsteuererklärung ist immer auf das Kalenderjahr abzustellen. Insoweit entsteht durch ein abweichendes Geschäftsjahr zusätzlicher Aufwand.

hh) Gründungskosten

145 Die Aufwendungen für die Gründung der Personengesellschaft sind **unmittelbar** bei dieser als Betriebsausgaben **abzugsfähig**. Die Umsatzsteuer aus den Gründungskosten ist als Vorsteuer erstattungsfähig, sofern die betreffende Leistung an die Gründungsgesellschaft erbracht wird und die Rechnung auf sie lautet und nicht auf einzelne Gesellschafter.

ii) Beginn der steuerlichen Existenz

146 Die Frage, ab wann die Gesellschaft steuerrechtlich anerkannt wird, hat insbesondere Konsequenzen für die Einkommen-, Gewerbe- und Umsatzsteuer. Die Personengesellschaft wird gewerbesteuerpflichtig, sobald sie einen Gewerbebetrieb unterhält. Dies ist der **Beginn der nach außen erkennbaren Tätigkeit**, wobei **auch Vorbereitungshandlungen** erfaßt werden. Einkommensteuerrechtlich für die Frage der einheitlichen und gesonderten Feststellung des Gewinns oder Verlustes wird dieser Zeitpunkt schon vorverlagert, so daß auch Vorbereitungskosten als Betriebsausgaben anerkannt werden. Bei der Umsatzsteuer ist die Situation ähnlich wie bei der Gewerbesteuer, so daß bereits gezahlte Umsatzsteuer aus den Vorbereitungskosten als Vorsteuer

abzugsfähig ist. Selbstverständlich müssen zusätzlich die übrigen Voraussetzungen, wie zum Beispiel Belegnachweise, vorliegen.

b) Kapitalgesellschaft

aa) Wettbewerbsverbot

Grundsätzlich darf ein Gesellschafter zu seiner Gesellschaft nicht in Wettbewerb treten. Sofern dies doch der Fall ist, hat die Gesellschaft Anspruch auf einen entsprechenden **Schadensersatz**. Wenn ein solcher Anspruch nicht geltend gemacht wird, ist dies steuerrechtlich als verdeckte Gewinnausschüttung an den betreffenden Gesellschafter zu qualifizieren. Grundsätzlich gilt dies unabhängig davon, ob der Gesellschafter seinerseits eine natürliche oder eine juristische Person ist. In der Praxis hat die Frage des Wettbewerbsverbotes im Rahmen von Konzernen keine Bedeutung. Die steuerlichen Konsequenzen beschränken sich vielmehr auf natürliche Personen als Gesellschafter. Die steuerrechtliche Rechtsprechung hierzu ist äußerst umfangreich und einschneidend in ihren Konsequenzen, wobei jedoch eine gewisse Beruhigung zu verzeichnen ist. 147

Diesem ganzen Problemkreis kann bei der Gesellschaftsgründung begegnet werden, sofern von Anfang an eine **unentgeltliche Befreiung** des oder der Gesellschafter **vom Wettbewerbsverbot** vereinbart wird. Möglich ist auch eine entsprechende Kompetenzzuweisung an die Gesellschafterversammlung, im Einzelfalle Regelungen zu treffen.

bb) Sacheinlagen

Aus steuerrechtlicher Sicht gilt dasselbe wie bei der Personengesellschaft. 148

cc) vGA-Klausel

Kapitalgesellschaften haben im Rahmen von steuerlichen Betriebsprüfungen mit an Sicherheit angrenzender Wahrscheinlichkeit mit dem Problem der verdeckten Gewinnausschüttung (vGA) zu kämpfen. Unter diesem Gesichtspunkt könnte man überlegen, eine entsprechende **Klausel** mit den **Anspruch auf Rückgewähr** dieser vGA in den Gesellschaftsvertrag aufzunehmen. Aus steuerrechtlicher Sicht ist dies nicht notwendig, da steuerrechtlich eine vGA nicht rückgängig gemacht werden kann. Eine Rückzahlung des begünstigten Gesellschafters stellt eine Einlage dar. Keinesfalls wird die frühere vGA mit steuerlicher Wirkung rückgängig gemacht. 149

dd) Dienstleistungsverpflichtungen/Gesellschaftervergütungen

Sofern die Gesellschafter für ihre Gesellschaft in irgendeiner Form tätig werden sollen, muß im vorhinein geregelt werden, ob dies auf gesellschafts- 150 rechtlicher oder schuldrechtlicher Grundlage erfolgt. Sofern die Gesellschafter auf schuldrechtlicher Grundlage handeln und hierfür eine Vergütung erhalten sollen, müssen im vorhinein die entsprechenden Verträge (z. B. Dienstvertrag, Mietvertrag, Darlehensvertrag etc.) in schriftlicher Form vorliegen. Selbstverständlich müssen diese Verträge einem **Drittvergleich** standhalten.

ee) Gewinnermittlung, Unterschied Handelsbilanz/Steuerbilanz

151 Ähnlich wie bei der Personengesellschaft stellt sich auch hier die Frage, ob eine sogenannte Einheitsbilanz aufzustellen ist oder ob die Bilanz nur nach handelsrechtlichen Grundsätzen aufgestellt werden soll. Dies ist entsprechend im Gesellschaftsvertrag zu definieren. Wichtig ist auch hier zu bedenken, daß lediglich die handelsrechtliche Bilanz Maßstab für mögliche Gewinnausschüttungen ist. Jedoch sind diese auch nur Bemessungsgrundlage für die Besteuerung des Gesellschafters, so daß sich das oben bei der Personengesellschaft beschriebene Problem der Ergebnisabweichung zwischen Handels- und Steuerbilanz für den Gesellschafter nicht stellt.

ff) Gewinnverteilung

152 Üblicherweise erfolgt bei einer Kapitalgesellschaft die Gewinnverteilung nach den **Beteiligungsverhältnissen**. Denkbar und zulässig ist jedoch auch eine abweichende Regelung. Es gilt grundsätzlich dasselbe wie bei der Personengesellschaft (siehe oben Rz. 138).

gg) Geschäftsjahr

153 Hier gilt dasselbe wie bei der Personengesellschaft (siehe oben Rz. 143 f.).

hh) Gründungskosten

154 Die Kosten der Gründung einer Kapitalgesellschaft sind zivilrechtlich von den Gesellschaftern zu tragen. Eine **Abwälzung** auf die Gesellschaft selbst ist jedoch **zulässig**, wenn dies in der Satzung verbindlich festgelegt ist. Aus steuerrechtlicher Sicht ist diese Satzungsbestimmung ebenfalls notwendig und die Angabe einer betragsmäßigen Obergrenze, bis zu der die Gründungskosten von der Gesellschaft getragen werden. Fehlt diese betragsmäßige Angabe in der Satzungsklausel, so soll die Übernahme der Gründungskosten insgesamt als verdeckte Gewinnausschüttung qualifiziert werden (OFD Karlsruhe, BB 1999, 300; BFH, BStBl. II 1990, 89).

ii) Beginn der steuerlichen Existenz

Analog der gesellschaftsrechtlichen Rechtslage wird die Kapitalgesellschaft steuerrechtlich anerkannt, sobald ihre Gründung durch Abschluß des notariellen Gesellschaftsvertrages erfolgt ist. Die Tätigkeit der dadurch entstandenen Gründungsgesellschaft wird steuerrechtlich unmittelbar als Tätigkeit der später eingetragenen Kapitalgesellschaft anerkannt. Dies hat Konsequenzen für die Zurechnung möglicher Erträge hieraus und für die Berechtigung, Vorsteuer aus Vorbereitungskosten gegenüber dem Finanzamt geltend machen zu können. Vor der notariellen Gründung besteht allenfalls eine Personengesellschaft, die jedoch entsprechend den allgemeinen Regeln steuerrechtlich zu behandeln ist. Zwischen dieser **Vorgründungsgesellschaft** und der späteren **Gründungsgesellschaft** besteht **steuerrechtlich keine Verbindung**. Daher können weder Aufwendungen noch Erträge aus der Vorgründungszeit der späteren Gesellschaft zugerechnet werden, noch ist die spätere Gesellschaft berechtigt, Umsatzsteuer aus der Vorgründungszeit als Vorsteuer geltend zu machen. Im übrigen würde dies auch an einem ordnungsgemäßen Belegnachweis (Rechnung) scheitern.

III. Durchführung

1. Allgemeine Meldepflichten

a) Anmeldung

Sofern eine Kapitalgesellschaft neu gegründet wird und anschließend ihre Tätigkeit aufnimmt, ist sie gemäß § 137 AO verpflichtet, dies dem zuständigen Finanzamt und der zuständigen Gemeindeverwaltung anzuzeigen. Personengesellschaften sind nicht verpflichtet, ihre Gründung anzuzeigen, aber die Aufnahme ihrer Erwerbstätigkeit gegenüber der zuständigen Gemeindeverwaltung, die dann ihrerseits das zuständige Finanzamt unterrichtet. Die Mitteilungen sind innerhalb eines Monats seit dem meldepflichtigen Ereignis vorzunehmen.

Sofern Steuerinländer, also natürliche Personen mit Wohnsitz oder gewöhnlichem Aufenthalt im Inland oder Kapitalgesellschaften mit Geschäftsleitung oder Sitz im Inland, im Ausland eine Betriebsstätte begründen oder erwerben oder die Beteiligung an einer ausländischen Personengesellschaft, sind sie verpflichtet, spätestens bei der nächsten Einkommen- oder Körperschaftsteuererklärung oder Erklärung zur gesonderten Gewinnfeststellung diese **Beteiligung dem Finanzamt anzuzeigen**.

Schließlich besteht gemäß § 138 Abs. 2 Nr. 3 AO für Steuerinländer die Verpflichtung, den Erwerb von Beteiligungen an einer Kapitalgesellschaft im Rahmen der nächsten Steuererklärung anzuzeigen, sofern die Beteiligung unmittelbar mindestens 10% und mittelbar mindestens 25% des Kapitals oder Vermögens beträgt.

b) Umsatzsteuer

158 Nach Aufnahme ihrer Tätigkeit hat die Gesellschaft in Abhängigkeit von der zu zahlenden Umsatzsteuer monatlich oder quartalsweise Umsatzsteuervoranmeldungen abzugeben und die hieraus entstehenden Steuerschuld an das Finanzamt abzuführen. Lediglich bei kleineren Unternehmen mit einer Umsatzsteuerschuld von nicht mehr als 512 Euro p.a. kann das Finanzamt auf die Voranmeldungen verzichten. Die Jahreserklärung zur Umsatzsteuer ist bis zur allgemeinen Steuererklärungsfrist abzugeben.

c) Verkehrsteuern

159 Spezielle Verkehrsteuern für die Übertragungen von Gesellschaftsanteilen oder die Gründung von Gesellschaften existieren nicht (mehr). Möglicherweise kann jedoch Grunderwerbsteuer anfallen, sofern Grundstücke übertragen werden. Gleiches gilt für die Übertragung von Anteilen an grundbesitzenden Gesellschaften.

d) Ertragsteuern (Gewerbe-, Einkommen-, Körperschaftsteuer)

160 Im Rahmen der steuerlichen Erfassung (siehe oben Anmeldung) fragt das Finanzamt auch dem **voraussichtlichen Gewinn** des ersten Geschäftsjahres, um entsprechende Vorauszahlungen festsetzen zu können. Möglicherweise erfolgen solche Anfragen auch kurz nach Ende des ersten Geschäftsjahres aus dem gleichen Zweck. Die Finanzbehörden können bis zum Ablauf des auf den jeweiligen Veranlagungszeitraum (Kalenderjahr) folgenden 15. Monat noch Vorauszahlungen festsetzen und anfordern.

161 Auf der Basis der handelsrechtlichen Jahresabschlüsse ist der steuerrechtliche Jahresgewinn zu ermitteln. Eine spezielle Steuerbilanz braucht hierfür nicht erstellt werden, da gemäß § 60 EStDV eine Überleitungsrechnung, in der die Abweichungen des handelsrechtlichen Jahresabschlusses gegenüber den steuerrechtlichen Vorschriften festgehalten werden, ausreichend ist. Der handelsrechtliche Jahresabschluß und ein möglicherweise vorhandener Bericht über die Prüfung des Jahresabschlusses sind dem Finanzamt zusammen mit den Steuererklärungen einzureichen. Im allgemeinen sind die Steuererklärungen bis zum 31. 5. des nächsten Kalenderjahres, das auf den Abschlußstichtag folgt, dem Finanzamt einzureichen. Bei Fertigung durch einen Steuerberater besteht eine allgemeine Fristverlängerung bis zum 30. 9. Darüber hinaus sind dann in Einzelfällen Fristverlängerungen möglich, die jedoch im allgemeinen nicht über den 28. 2. des übernächsten Jahres hinausgehen sollen.

e) Lohnsteuer/Sozialversicherung

Sobald Mitarbeiter gegen Vergütung beschäftigt werden, sind hierfür entsprechende Anmeldungen gegenüber der Sozialversicherung vorzunehmen. Die Beträge für Lohnsteuer und Sozialversicherung sind dann jeweils zu errechnen, anzumelden und abzuführen.

162

f) Verbrauchsteuern/Zölle

Soweit die Gesellschaft nach Aufnahme ihrer Tätigkeit mit verbrauchsteuerpflichtigen Waren (z. B. Mineralöl, Alkohol, Zigaretten) handelt oder zur Abwicklung ihrer Tätigkeit ein Zollager benötigt, sind entsprechende **Anmeldungen** beim zuständigen Hauptzollamt erforderlich.

163

g) Kapitalertragsteuer

Wenn an die Gesellschafter einer Kapitalgesellschaft Gewinnausschüttungen erfolgen, so hat die Gesellschaft die Kapitalertragsteuer hieraus einzubehalten, anzumelden und an ihr Finanzamt abzuführen. Das Verfahren ist ähnlich der Lohnsteuer. Gegenüber inländischen Gesellschaftern beträgt die Kapitalertragsteuer **20%** der gesamten Gewinnausschüttung also einschließlich des steuerfreien Anteiles. Insoweit findet das **Halbeinkünfteverfahren keine Anwendung**. Dies gilt grundsätzlich auch gegenüber ausländischen Gesellschaftern, wobei sich jedoch aus dem jeweils einschlägigen Doppelbesteuerungsabkommen eine Verminderung ergeben kann. Damit diese Verminderung von Anfang berücksichtigt werden kann, muß eine Freistellungsbescheinigung des Bundesamtes für Finanzen vorliegen, die auf Antrag erteilt wird. Soweit der Gesellschafter seinerseits eine Kapitalgesellschaft im EU-Gebiet ist, entfällt nach der Mutter-Tochter-Richtlinie die Kapitalertragsteuer.

164

2. Verträge der laufenden Geschäftstätigkeit

Für die Verträge der laufenden Geschäftstätigkeit der Gesellschaft wird auf Rz. 30 ff. verwiesen.

165

Da fast alle Verträge der laufenden Geschäftstätigkeit in irgendeiner Form Auswirkungen auf das Ergebnis und damit auf die steuerrechtliche Situation der Gesellschaft haben, muß das Rechnungswesen auch über alle entsprechenden Vorgänge informiert werden. Dies gilt um so mehr, wenn sich relevante Daten direkt aus den Verträgen ergeben und nicht zusätzlich noch Belege oder Rechnungen gefertigt werden. Dies wird oftmals von Mitarbeitern anderer Abteilungen übersehen.

IV. Umstrukturierung

166 Strukturänderungen einer Gesellschaft können sich sowohl auf der Ebene der Gesellschaft als auch auf der Ebene der Gesellschafter ergeben. Lediglich im ersten Falle spricht man allgemein von einer Umstrukturierung. Nachfolgend sollen jedoch beide Gesichtspunkte steuerrechtlich betrachtet werden.

1. Gesellschafterwechsel

a) Personengesellschaft

167 Steuerrechtlich ist zu unterscheiden zwischen den **verschiedenen Möglichkeiten** des Gesellschafterwechsels.

Zunächst besteht die Möglichkeit, daß ein neu hinzutretender Gesellschafter den Anteil und damit das **Kapitalkonto** eines ausscheidenden Gesellschafters **übernimmt**. Dieser Vorgang ist vergleichbar in seinem Ablauf und seinen Auswirkungen dem Gesellschafterwechsel bei einer Kapitalgesellschaft. Der ausscheidende Gesellschafter erhält vom neu hinzutretenden eine Zahlung für seinen Gesellschaftsanteil. Den Gewinn hieraus muß der ausscheidende Gesellschafter versteuern. Der neue Gesellschafter kann dann den Mehrpreis, der die Summe der Buchwerte und damit den Betrag des Kapitalkontos übersteigt, im Wege einer Ergänzungsbilanz auf die anteiligen Wirtschaftsgüter, die seinen Gesellschaftsanteil widerspiegeln, verteilen. Das Ergebnis der Ergänzungsbilanz des neu hinzutretenden Gesellschafters wird dann steuerrechtlich bei Ermittlung seines Jahresgewinnes berücksichtigt. Auf diese Weise erfolgt zumindest teilweise eine Verrechnung der Anschaffungskosten, nämlich soweit sie auf abschreibungsfähige Wirtschaftsgüter entfallen, mit laufenden Gewinnen.

In gleicher Weise ist auch eine Übernahme des Anteils des ausscheidenden Gesellschafters durch die verbleibenden Gesellschafter möglich.

168 Der **Eintritt** eines neuen Gesellschafters ist **auf zwei Wegen denkbar**. Zum einem im Wege einer „Kapitalerhöhung", indem der neu hinzutretende Gesellschafter eine Einlage in bar oder in Sachwerten vornimmt, die seinem zukünftigen Anteil an den Verkehrswerten (oder steuerrechtlich ausgedrückt an den Teilwerten) entspricht. Erst hierdurch erfolgt eine Mittelzuführung in das Gesellschaftsvermögen. Soweit die Zahlung (Einlage) des neuen Gesellschafters die vorhandenen Buchwerte im Zeitpunkt des Beitrittes übersteigt, wird die Differenz in seiner Ergänzungsbilanz auf die anteilig übernommenen Wirtschaftsgüter verteilt, mit denselben Konsequenzen wie vorstehend beim Gesellschafterwechsel beschrieben. Aus steuerrechtlicher Sicht wird der Eintritt eines neuen Gesellschafters als Einbringung gem. § 24 Umwandlungsteuergesetz der bisherigen Personengesellschaft in eine neue gewertet. Die bisherigen Gesellschafter haben dadurch die Möglich-

keit, steuerlich die Buchwerte der anteilig auf sie entfallenden Wirtschaftsgüter auf die Teilwerte aufzustocken. Dies führt selbstverständlich zur Aufdeckung und Versteuerung der stillen Reserven, wobei zukünftig höhere Abschreibungen entstehen. Zu den Zeiten, als ein Veräußerungsgewinn, und hierzu gehörte auch ein Gewinn aus der Aufstockung, dem ermäßigten Steuersatz unterlag, war eine solche Vorgehensweise durchaus sinnvoll. Heute wird vielleicht aus optischen Gründen diese Wertaufstockung gewünscht.

Als Alternative kann der Beitritt eines neuen Gesellschafters auch erfolgen durch die anteilige Übernahme von den bisherigen Gesellschaftern. Die Abwicklung und die Konsequenzen sind dann die gleichen, wie bereits beim Gesellschafterwechsel beschrieben. Bei dieser Verfahrensweise des Gesellschafterbeitritts erhält die Gesellschaft selbst keine Mittel zugeführt.

In jedem Falle ist bei einem Gesellschafterwechsel **ein Abschluß** zu erstellen, da dem ausscheidenden Gesellschafter bis zum Zeitpunkt seines Ausscheidens steuerrechtlich die Gewinne und Verluste zugerechnet werden. Unter diesem Gesichtspunkt kann es sinnvoll sein, den Gesellschafterwechsel zum gleichen Zeitpunkt vorzunehmen, auf den auch der Jahresabschluß aufgestellt wird. Bei kleineren Gesellschaften und einem geringen Geschäftsumfang wird die Finanzverwaltung möglicherweise auf einen Zwischenabschluß verzichten, soweit eine zeitanteilige Verrechnung des Jahresergebnisses auf den ausscheidenden und den neuhinzutretenden Gesellschafter möglich ist. 169

b) Kapitalgesellschaft

Bei der Kapitalgesellschaft erfolgt der Gesellschafterwechsel außerhalb der Gesellschaft durch **notarielle Übertragung** eines vorhandenen Gesellschaftsanteils, wobei der Gesellschaft selbst keine Mittel zufließen. Ein Mittelzufluß an die Gesellschaft erfolgt nur bei einer Kapitalerhöhung und der anschließenden Übernahme des oder der neuen Anteil(s)/(e) durch vorhandene oder neu hinzutretende Gesellschafter. 170

Bei der Übertragung der Anteile an einer Kapitalgesellschaft ist aus steuerrechtlicher Sicht die Frage der Zurechnung nichtausgeschütteter Gewinne zu bedenken. Steuerrechtlich ist gemäß § 20 Abs. 2 a EStG eine Gewinnausschüttung dem jeweiligen Anteilseigner zuzurechnen. Dieser ist nach der genannten Vorschrift derjenige, dem die Anteile im Zeitpunkt des Gewinnverteilungsbeschlusses zuzurechnen sind. Entsprechend erfolgt auch die Zurechnung eines möglicherweise vorhandenen Anrechnungsguthabens aus der Kapitalertragsteuer bzw. der Körperschaftsteuer der Gesellschaft, sofern letzteres nach dem Systemwechsel während einer Übergangsfrist noch relevant ist.

Sofern also der ausscheidende Gesellschafter noch eine Gewinnausschüttung erhalten soll, muß der entsprechende Gewinnverteilungsbeschluß vor Anteilsübertragung gefaßt werden. Die Zahlung kann dann später erfolgen. Oftmals werden in Anteilsabtretungsverträgen Regelungen getroffen, wonach dem übertragenden Gesellschafter noch ein Teil des nicht ausgeschütteten Gewinns zustehen soll. Soweit hierüber kein Gewinnverteilungsbeschluß vorliegt, stellt die entsprechende Zahlung des neuen Gesellschafters an den alten Gesellschafter lediglich eine zusätzliche Kaufpreiszahlung dar. Das steuerliche Anrechnungsguthaben kann auf diese Weise nicht übertragen werden.

Im Ergebnis entspricht diese **steuerrechtliche Handhabung** auch der **gesellschaftsrechtlichen Sicht**, wonach Gewinnansprüche immer unselbständiger Teil des Gesellschaftsanteils sind, sofern nicht durch einen Gewinnverteilungsbeschluß selbständige Rechte begründet worden sind.

171 Wenn aus zeitlichen Gründen eine Gewinnausschüttung auf der Grundlage eines Jahresabschlusses nicht abgewartet werden kann, sollte eine Vorabausschüttung überlegt werden. Problematisch hieran ist die möglichst genaue Ermittlung des voraussichtlichen Jahresergebnisses. Soweit dieses zu hoch geschätzt wird oder aber in dieser Höhe kein Kapital zur Verfügung steht, muß ggf. eine Rückzahlung gemäß §§ 30, 31 GmbHG erfolgen.

2. Umwandlungen

172 Zu den Umwandlungen zählen zunächst die Übertragungen im Wege der Gesamtrechtsnachfolge gemäß den Vorschriften des handelsrechtlichen Umwandlungsgesetzes. Durch die Reform des Umwandlungsrechtes besteht handelsrechtlich eine breite Palette von Möglichkeiten der Verschmelzung, Spaltung, Ausgliederung und des Formwechsels im Wege der Gesamtrechtsnachfolge zur Verfügung. Diese Möglichkeiten werden aus steuerrechtlicher Sicht vom Umwandlungssteuergesetz nur teilweise aufgegriffen, während darüber hinaus steuerrechtlich auch Vermögensübertragungen im Wege der Einzelrechtsnachfolge erfaßt werden. Leider sind durch die jüngsten Änderungen des Umwandlungssteuergesetzes und durch den Erlaß der Finanzverwaltung hierzu wieder zusätzliche Hürden für Umstrukturierungen aufgebaut worden, die aus steuerrechtlicher Sicht manche Umstrukturierung erschweren oder verhindern.

Steuerrechtlich regelt das Umwandlungssteuergesetz die Frage, unter welchen Voraussetzungen eine **Umwandlung zu Buchwerten oder zu Teilwerten** möglich ist. Als weitere Konsequenz hieraus entstehen dann steuerpflichtige Gewinne oder nicht. Weiter wird geregelt, wie nach Umwandlung Abschreibungen, steuerliche Haltefristen, steuerliche Verlustvorträge etc. zu behandeln sind. Schließlich ist bei Vorgängen, auf die das Umwandlungssteuergesetz Anwendung findet, eine Rückwirkung zulässig auf einen Zeitpunkt, der maximal acht Monate vor der Anmeldung zum Handelsregister oder dem Abschluß des maßgeblichen Vertrags liegt, sofern keine Handelsregistereintragung notwendig ist. Neue Umwandlungstatbestände neben den vorhandenen Möglichkeiten der Gesamtrechtsnachfolge werden durch die steuerrechtlichen Vorschriften nicht kreiert.

a) Gesamtrechtsnachfolge

aa) Verschmelzung

Die Verschmelzung zwischen Kapitalgesellschaften untereinander und auch zwischen Personengesellschaften untereinander werden vom Umwandlungsteuergesetz ebenfalls nachvollzogen. Es ist eine Verschmelzung zu Buchwerten möglich, so daß stille Reserven nicht aufgedeckt und versteuert werden müssen. Es besteht jedoch das **Wahlrecht**, zu Teil- oder Zwischenwerten anzusetzen, wodurch dann Gewinne entstehen. Bei der Verschmelzung von Personengesellschaften ist die Ausübung des Wahlrechtes für jeden der beteiligten Gesellschafter unabhängig von den anderen möglich. Die Darstellung erfolgt dann, wie bereits schon bei der Veräußerung beschrieben, durch Ergänzungsbilanzen. Da die Frage der Wertaufstockung und der Ergebnisse der Ergänzungsbilanzen erhebliche Konsequenzen haben kann für die Beteiligten, sollte dies im Verschmelzungsvertrag geregelt werden. 173

Problematischer wird die Frage der Verschmelzung bei der Beteiligung von Gesellschaften unterschiedlicher Rechtsform.

Bei der Verschmelzung einer Kapitalgesellschaft auf eine Personengesellschaft besteht zwar das vorstehend beschriebene Bewertungswahlrecht für die übergehenden Wirtschaftsgüter, aber die Verschmelzung führt zu einer Ausschüttung der Rücklagen der Kapitalgesellschaft an die Gesellschafter. Hierdurch entstehen dann bei den Beteiligten zusätzliche Einkünfte. Ein bestehender Verlustvortrag bei der Kapitalgesellschaft geht unter. 174

Die Verschmelzung einer Personengesellschaft auf eine Kapitalgesellschaft wird steuerrechtlich als Einbringung gemäß § 20 UmwStG behandelt und folgt daher **denselben Regeln wie die Übertragung durch Einzelrechtsnachfolge**. Grundsätzlich besteht auch das Bewertungswahlrecht, wie vorstehend beschrieben. Die Ausübung dieses Wahlrechtes erfolgt jedoch zwingend durch die aufnehmende Kapitalgesellschaft. Aus dieser Bewertung ergibt sich dann auch für die Gesellschafter der übertragenden Personengesellschaft ein möglicher Verschmelzungsgewinn. Daher sollten die Parteien im Verschmelzungsvertrag eindeutig regeln, wie die aufnehmende Kapitalgesellschaft das Wahlrecht ausüben soll. Soweit Steuerausländer an diesem Vorgang beteiligt sind, müssen möglicherweise zwingend Teilwerte angesetzt werden. Dies bedarf der Untersuchung im Einzelfalle. Die Frage eines Verlustvortrages stellt sich steuerrechtlich bei dieser Variante nicht, da bei einer Personengesellschaft der jeweilige Verlustvortrag in jedem Veranlagungszeitraum bei dem betreffenden Gesellschafter selbst festgestellt wird. 175

Soweit Grundstücke durch diese Vorgänge betroffen sind, ist in allen Fällen an die Grunderwerbsteuer zu denken.

bb) Spaltung

176 Handelsrechtlich kann die Spaltung durch Aufspaltung, Abspaltung oder Ausgliederung erfolgen. Dies unterliegt hinsichtlich des jeweils übertragenen Vermögens keinen Beschränkungen. Anders hingegen bei der steuerrechtlichen Regelung, wonach das übertragene Vermögen als Teilbetrieb zu qualifizieren sein muß. Die Ausgliederung von einzelnen Wirtschaftsgütern, die zusammen nicht als Teilbetrieb zu qualifizieren sind, ist durch das Umwandlungssteuergesetz nicht erfaßt. In solchen Fällen besteht kein Bewertungswahlrecht; es sind dann zwingend die Teilwerte anzusetzen, wodurch mögliche stille Reserven aufgedeckt und versteuert werden.

177 Die Auf- oder Abspaltung einer Kapitalgesellschaft auf eine andere Kapitalgesellschaft erfolgt steuerrechtlich nach denselben Regeln wie die vorstehend geschilderte Verschmelzung. Bei der Abspaltung muß auch das verbleibende Vermögen noch einen Teilbetrieb bilden. Steuerrechtlich wird auch ein Mitunternehmeranteil oder die Beteiligung an einer Kapitalgesellschaft, die das gesamte Nennkapital umfaßt, als Teilbetrieb qualifiziert.

Die Auf- oder Abspaltung einer Kapitalgesellschaft auf eine Personengesellschaft folgt steuerrechtlich den gleichen Grundsätzen wie die Verschmelzung einer Kapitalgesellschaft auf eine Personengesellschaft.

178 Die **Spaltung einer Personengesellschaft** hingegen ist **steuerrechtlich nicht geregelt**. Es werden hier die Grundsätze zur Realteilung angewandt, die auch bei der Realteilung einer Personengesellschaft durch Einzelrechtsnachfolge zur Anwendung gelangen (siehe unten Rz. 184 f.). Auf diesem Wege ist auch eine Buchwertfortführung und somit eine Vermeidung der Aufdeckung der stillen Reserven möglich, soweit die spätere Besteuerung dieser stillen Reserven gewährleistet ist. Soweit Steuerinländer beteiligt sind, ist dies grundsätzlich der Fall, während dies bei Steuerausländern im Einzelfalle dann der Prüfung bedarf. Wie in den anderen Fällen auch, sollte zwischen den Beteiligten geregelt werden, wie zukünftig die Wertansätze gewählt werden, da dies zu Steuerlasten führen kann. Soweit unter den Gesellschaftern zum Ausgleich unterschiedlich zugeteilter stiller Reserven Zahlungen (Spitzenausgleich) erfolgen, führt dies beim Empfänger zu steuerpflichtigen Einnahmen und beim Zahlenden zu Anschaffungskosten, die in einer Ergänzungsbilanz zu berücksichtigen sind. Die Möglichkeit der Buchwertfortführung wird hierdurch nicht beeinträchtigt. Die nach der Spaltung entstehenden Einheiten müssen alle als Teilbetrieb zu qualifizieren sein. Soweit lediglich Einzel-Wirtschaftsgüter verbleiben, ist insoweit eine Buchwertfortführung nicht möglich. Diese gelten als entnommen mit den entsprechenden Besteuerungsfolgen.

Soweit Grundstücke übertragen werden, fällt möglicherweise Grunderwerbsteuer an.

cc) Formwechsel

Im Gegensatz zur handelsrechtlichen Regelung, wonach auch der Formwechsel einer Personengesellschaft in eine Kapitalgesellschaft und umgekehrt als bloßer Rechtsformwechsel angesehen wird ohne Rechtsträgerwechsel, geht die steuerrechtliche Qualifizierung von einem Rechtsträgerwechsel aus. Dem entsprechend wird der Formwechsel einer Kapitalgesellschaft in eine Personengesellschaft steuerrechtlich wie eine Verschmelzung behandelt mit all seinen Konsequenzen. Als weitere Folge hat die Finanzverwaltung lange Zeit die Ansicht vertreten, soweit Grundstücke vorhanden seien, entstehe bei einem Formwechsel auch Grunderwerbsteuer. Dies steht jedoch in eindeutigem Widerspruch zu den zivilrechtlichen Regelungen. Zwischenzeitlich ist diese Streitfrage im Sinne der zivilrechtlichen Regelung durch die Rechtsprechung geklärt. 179

Umgekehrt wird der Formwechsel einer Personengesellschaft in eine Kapitalgesellschaft als Einbringung gem. § 20 UmwStG behandelt.

b) Einzelrechtsnachfolge

aa) Einbringung/Sacheinlage

Neben den vorstehend geschilderten Möglichkeiten der handelsrechtlichen Gesamtrechtsnachfolge und ihrer steuerrechtlichen Regelung besteht auch bei Vorgängen der Einzelrechtsnachfolge die Möglichkeit des **Bewertungswahlrechtes** und somit grundsätzlich der Buchwertfortführung. Steuerrechtlich wird dieser Vorgang als Einbringung bezeichnet. Gegenstand der Einbringung muß ein Betrieb oder Teilbetrieb oder ein Mitunternehmeranteil sein. Von diesem Betrieb oder Teilbetrieb müssen alle betriebsnotwendigen Teile übergehen. Möglich ist die begünstigte Einbringung auch, soweit Anteile an einer Kapitalgesellschaft eingebracht werden, wenn anschließend die übernehmende Kapitalgesellschaft unmittelbar über die Mehrheit der Stimmrechte an der Gesellschaft verfügt, deren Anteile eingebracht werden. Als Gegenleistung muß der Einbringende neue Anteile der übernehmenden Gesellschaft erhalten. **Hauptanwendungsbereich** der Einbringung ist somit die **Sacheinlage** nach den gesellschaftsrechtlichen Vorschriften. Neben der Gewährung von Anteilen ist jedoch auch die Einräumung von Gesellschafterdarlehen möglich. 180

Soweit die Erfordernisse eingehalten werden, hat die übernehmende Kapitalgesellschaft gemäß § 20 UmwStG das Wahlrecht, die übernommenen Wirtschaftsgüter mit Buch-, Zwischen- oder Teilwerten anzusetzen mit den entsprechenden steuerlichen Folgen für den Übertragenden. Die gewählten 181

Wertansätze haben dann Konsequenzen bei der Frage der zukünftigen Abschreibungen, steuerlichen Haltefristen und der Aufdeckung stiller Reserven. Des weiteren ist die Rückbeziehung auf einen Zeitpunkt möglich, der höchstens acht Monate vor der Anmeldung zur Eintragung in das Handelsregister bei handelsrechtlichen Einbringenden bzw. vor dem Tag des Abschlusses des Einbringungsvertrages bei Einzelrechtsnachfolge liegt. Somit sollte auch dieser Punkt zwischen den Beteiligten eindeutig geregelt werden.

In gleicher Weise ist gemäß § 24 UmwStG auch eine Einbringung von einer Personengesellschaft in eine andere Personengesellschaft möglich.

Bezüglich der Umsatzsteuer und der Grunderwerbsteuer gilt das zur Gesamtrechtsnachfolge Gesagte analog.

bb) Verdeckte Sacheinlage

182 Sofern bei einer Übertragung von Wirtschaftsgütern zu Buchwerten die Erfordernisse gemäß § 20 UmwStG nicht eingehalten werden, ob bewußt oder unbewußt, spricht man von einer verdeckten Sacheinlage. Es besteht dann **kein Bewertungswahlrecht** und auch nicht die Möglichkeit einer steuerlichen Rückbeziehung, um nur die wichtigsten Unterschiede zu nennen. Als Konsequenz einer verdeckten Sacheinlage erfolgt immer die Aufdeckung und Versteuerung der stillen Reserven. Steuerrechtlich wird die verdeckte Sacheinlage als Gewinnrealisierung durch Tausch oder Veräußerung qualifiziert.

3. Weitere Umwandlungsmöglichkeiten

183 Neben den vorstehend geschilderten Möglichkeiten des Umwandlungsteuergesetzes bestehen noch einige weitere, wobei deren Möglichkeiten bis vor kurzem noch wesentlich vielfältiger waren.

a) Tauschgutachten/Mitunternehmererlaß

184 Weggefallen sind seit 1999 das Tauschgutachten und der Mitunternehmererlaß. Nach dem Tauschgutachten war es möglich, Anteile an einer Kapitalgesellschaft unter bestimmten Voraussetzungen gegen Anteile an einer anderen Kapitalgesellschaft erfolgsneutral zu tauschen. Grundlage hierfür war das sogenannte Tauschgutachten des Bundesfinanzhofes aus dem Jahre 1957. Heute führt also der Tausch von Gesellschaftsanteilen außer in den Fällen des Umwandlungsteuergesetzes grundsätzlich wie jeder andere Tausch auch zu einer Gewinnrealisierung.

185 Nach dem Mitunternehmererlaß war es möglich, erfolgsneutral zwischen verschiedenen Betriebsvermögen von verschiedenen Mitunternehmerschaften, an denen der Gesellschafter beteiligt war, und zwischen den Sonderbetriebsvermögen des Gesellschafters in vielfältiger Weise Wirtschaftsgüter er-

folgsneutral zu übertragen. Diese Möglichkeiten wurden 1999 durch die Nachfolgevorschriften des § 6 Abs. 3 bis 7 EStG zunächst eingeschränkt. Hierdurch waren nur noch Überführungen von Wirtschaftsgütern zwischen zwei Betriebsvermögen desselben Steuerpflichtigen und von einem Betriebsvermögen in ein Sonderbetriebsvermögen desselben Steuerpflichtigen und umgekehrt möglich. Durch die **Änderungen ab 2001** erfolgt wieder eine weitgehende **Rückkehr zum alten Mitunternehmererlaß**. Hiernach ist auch die Überführung von Wirtschaftsgütern aus einem Betriebsvermögen in das Gesamthandsvermögen und umgekehrt, aus dem Gesamthandsvermögen in das Sonderbetriebsvermögen derselben Mitunternehmerschaft und umgekehrt und zwischen verschiedenen Sonderbetriebsvermögen verschiedener Mitunternehmer derselben Mitunternehmerschaft möglich. Hierzu bestehen jedoch einige Einschränkungen, um der steuerfreien Entstrickung durch Einschaltung von Objektgesellschaften entgegenzuwirken. Die Voraussetzungen und Folgen für eine Übertragung sind daher jeweils im Detail zu prüfen. Zwischenzeitlich wird im politischen Raum diskutiert, den alten Mitunternehmererlaß insgesamt wieder aufleben zu lassen und weiterzuentwickeln, insbesondere zur Förderung mittelständischer Personengesellschaften. Diese sind bei der gegenwärtigen Gesetzeslage gegenüber Kapitalgesellschaften benachteiligt.

b) Realteilung

Wie bereits schon erwähnt besteht steuerrechtlich für die Spaltung einer Personengesellschaft keine Regelung. Es finden hier die Grundsätze der Realteilung Anwendung. Diese Realteilung kann zum einen durch die Spaltung nach dem Umwandlungsgesetz erfolgen oder zum anderen durch Einzelrechtsnachfolge. Es ist dann ein Beschluß der Gesellschafter der Personengesellschaft notwendig, wonach die Gesellschaft ohne Liquidation beendet werden soll und die Wirtschaftsgüter auf die beteiligten Gesellschafter übergehen. Der Übergang selbst erfolgt nach den jeweiligen zivilrechtlichen Regeln für die Einzelrechtsnachfolge. Zivilrechtliche Probleme bereitet dies naturgemäß in den Fällen, in denen **außenstehende Vertragspartner** zustimmen müssen, wie z. B. bei zweiseitigen Verträgen und Verbindlichkeiten. Durch die bereits erwähnten steuerrechtlichen Änderungen ist auch in diesem Bereich durch die Kodifizierung der Realteilung in § 16 Abs. 3 S. 2 EStG eine Einschränkung gegenüber der bisherigen Übung erfolgt. Eine Realteilung ist nur noch möglich, soweit Teilbetriebe, Mitunternehmeranteile oder 100%ige Beteiligungen an Kapitalgesellschaften zugeteilt werden. Bisher war die Zuteilung der Wirtschaftsgüter als solches unerheblich, soweit sie lediglich anschließend in einem Betriebsvermögen steuerlich verstrickt blieben. Bisher war es auch möglich, einen Spitzenausgleich zwischen den Gesellschaftern zu vermeiden durch eine inkongruente Aufteilung des Gesellschaftsvermögens, insbesondere durch eine abweichende Zuordnung von liquiden Mitteln und Verbindlichkeiten. Dem dürfte durch die Neuregelung

186

der Boden im wesentlichen entzogen sein. Jede Zahlung eines Spitzenausgleiches ist daher nach den allgemeinen Regeln als Anschaffungskosten auf der einen Seite bzw. Veräußerungserlös auf der anderen Seite zu behandeln.

c) Anwachsung

187 Die Anwachsung gemäß §§ 738 BGB, 142 HGB ist lediglich im untechnischen Sinne eine Umwandlung. Genutzt wird dieser Weg zum Beispiel, um das Vermögen einer GmbH & Co. KG auf deren Komplementär GmbH zu übertragen, indem alle Kommanditisten aus der KG ausscheiden. In gleicher Weise kann bei einer Personengesellschaft die Übertragung des Vermögens auf einen verbleibenden Gesellschafter erfolgen.

188 Steuerrechtlich bestehen hierfür keine besonderen Vorschriften. Dementsprechend ist die steuerrechtliche Behandlung zum Beispiel des vorgenannten Anwachsungsmodells bei der GmbH & Co. KG umstritten. Nach Ansicht der Finanzverwaltung zwingt dieses Modells zur Aufdeckung aller stillen Reserven einschließlich eines Geschäfts- oder Firmenwertes. Sofern eine Abfindung für die ausscheidenden Gesellschafter gezahlt wird, entsteht ein Veräußerungsgewinn oder -verlust in Höhe der Differenz zum jeweiligen Kapitalkonto. In der Literatur werden hierzu abweichende Ansichten vertreten, wonach keine zwingende Aufdeckung der stillen Reserven erforderlich sei. Möglich wäre nach Ansicht der Finanzverwaltung auch eine Gewinnrealisierung, sofern die weichenden Kommanditisten Anteile an der Komplementär-GmbH als Abfindung erhalten.

d) Betriebsaufspaltung

189 Die Betriebsaufspaltung ist lediglich die steuerrechtliche Bewertung eines Zustandes, der als **Doppelunternehmen** bezeichnet werden kann. Ein Unternehmen, klassischerweise eine Personengesellschaft oder eine einzelne Person, hält die wesentlichen Betriebsgrundlagen und verpachtet diese an die Betriebsgesellschaft, klassischerweise eine Kapitalgesellschaft. Sofern zwischen beiden Unternehmen eine **personelle und sachliche Verflechtung** vorliegt, wird auch das Besitzunternehmen als gewerblich qualifiziert, obwohl es lediglich eine Verpachtung ausübt, die ohne die personelle und sachliche Verflechtung als reine Vermögensverwaltung zu qualifizieren wäre.

Diesen Zustand der Aufspaltung eines ursprünglich einheitlichen Betriebes auf zwei Unternehmen kann man gewollt herbeiführen. Meistens war eine Personengesellschaft als Besitzgesellschaft bereits vorhanden, während später die Betriebskapitalgesellschaft gegründet wurde. Die Übertragung des Betriebsvermögens, im wesentlichen des Umlaufvermögens, erfolgt dann zu Buchwerten, obwohl die Voraussetzungen nach dem Umwandlungsteuergesetz nicht vorlagen. Nach den Änderungen des Steuerrechts zum 1. Januar 1999 dürfte dies nicht mehr möglich sein, da in solchen Fällen zwingend eine Aufdeckung der stillen Reserven mit den entsprechenden steuerlichen Konsequenzen und ein Ansatz zum Teilwert erfolgt. Die beabsichtigte Herbeiführung einer Betriebsaufspaltung begegnet damit erheblichen Schwierigkeiten. Möglich sein dürfte lediglich noch eine Betriebsverpachtung.

Wichtig bleibt eine Betriebsaufspaltung dennoch unter dem Gesichtspunkt der sogenannten **unechten Betriebsaufspaltung**. Der häufigste Fall ist die Verpachtung von wesentlichen Betriebsgrundlagen, zum Beispiel Grundstücke, Gebäude, Maschinen, durch einen herrschenden Gesellschafter an seine Kapitalgesellschaft. Soweit zwischen dem verpachtenden Gesellschafter oder der verpachtenden Personengesellschaft und der Betriebskapitalgesellschaft bereits eine personelle Verflechtung besteht aufgrund der Beteiligungsverhältnisse und durch die Verpachtung von wesentlichen Betriebsgrundlagen dann auch eine sachliche Verflechtung entsteht, ist die Verpachtungstätigkeit als gewerblich zu qualifizieren, obwohl dies möglicherweise von den Beteiligten nicht beabsichtigt war. Durch die gewerbliche Qualifizierung wird der Gewinn aus der Verpachtung gewerbesteuerpflichtig, und ein möglicher späterer Erlös aus der Veräußerung der Wirtschaftsgüter ist ebenfalls zu versteuern. Bei Gewinnen aus der Veräußerung von Gegenständen des privaten Vermögens besteht eine solche Steuerpflicht lediglich bei sogenannten privaten Veräußerungsgeschäften und wesentlichen Beteiligungen.

4. Steuerrechtlich motivierte Umwandlungen

Die vorgehend beschriebenen Umwandlungsmöglichkeiten werden zum einen genutzt, um Beteiligungsstrukturen zu bereinigen und für neue wirtschaftliche Aufgaben die zutreffende Rechts- und Organisationsform zu erhalten. Gleichzeitig kann zum anderen mit solchen Umstrukturierungen auch ein steuerlicher Effekt erzielt werden, der insbesondere nach Akquisitionen gezielt zur Finanzierung eingesetzt wird. Die mögliche Einbindung eines neu erworbenen Unternehmens ist auch aus diesem Grunde nicht nur unter gesellschaftsrechtlichen und organisatorischen Aspekten zu prüfen.

Ausgangspunkt der Überlegungen ist der bereits beschriebene steuerrechtliche Systemunterschied zwischen Personen- und Kapitalgesellschaften und der hieraus resultierenden Behandlung der Anschaffungskosten (siehe oben Rz. 83 ff.). Der Beteiligungsansatz für erworbene Anteile an einer Kapitalgesellschaft unterliegt keiner planmäßigen Abschreibung. Im Falle eines dauernden Wertverlustes ist allenfalls eine Teilwertabschreibung möglich. Die Beteiligung an einer Personengesellschaft wird steuerrechtlich nicht anerkannt. Sie wird **direkt als Beteiligung** an dem gesamthänderisch gebundenen Vermögen der Personengesellschaft **angesehen**. Dieses unterliegt wie üblich nach den allgemeinen Vorschriften der Abschreibung. Diese Auswirkungen sind für den Erwerber je nach Gesellschaftsform ungünstig. Aus seiner steuerrechtlichen Sicht ist er nur am Erwerb von Personengesellschaften interessiert, was jedoch nicht immer möglich sein dürfte. Um dieses Problem zu lösen, stehen im wesentlichen drei Modelle zur Verfügung.

192 In der Vergangenheit vor Inkrafttreten des jetzigen Umwandlungs- und Umwandlungsteuerrechtes wurde oft das sogenannte **Roll-Over-Modell** genutzt, in dem der Erwerb einer Kapitalgesellschaft nicht direkt, sondern indirekt durch eine zwischengeschaltete neu gegründete Kapitalgesellschaft erfolgte. In einem zweiten Schritt erfolgte dann im Wege der Einzelrechtsnachfolge (asset deal) die Veräußerung des gesamten Betriebsvermögens von der erworbenen Gesellschaft an deren Muttergesellschaft. Auf diesem Wege wurde die Aufdeckung der stillen Reserven und der Ansatz der Teilwerte (**step up**) als Basis für zukünftige Abschreibungen erreicht. Ein steuerlicher Gewinn entstand für Zwecke der Körperschaftsteuer im wesentlichen nicht aufgrund des Anrechnungsverfahrens und einer nachfolgenden Teilwertabschreibung bei der Muttergesellschaft auf die zuvor erworbenen Anteile. Gewerbesteuerlich ergab sich jedoch der Nachteil, daß das erworbene Unternehmen den Gewinn aus der Veräußerung des gesamten Geschäftsbetriebes der Gewerbesteuer zu unterwerfen hatte, da insoweit die endgültige Besteuerung auf der Ebene der Gesellschaft und nicht auf der Ebene des Gesellschafters erfolgt. Durch die Änderung des Körperschaftsteuersystems ab 2001 dürfte dieses Modell vollends unattraktiv sein. Zusätzlich zur Gewerbesteuer, die schon nach der alten Rechtslage definitiv war, werden auch die Gewinne aus dem asset deal bei der Gesellschaft mit 25% definitiv besteuert. Dies ist besonders nachteilig, da durch den step up nur Buchgewinne entstehen und keine zusätzliche Liquidität zur Verfügung steht, aus der die Steuerzahlungen bedient werden könnten. Sinnvoll könnte ein step up auf diese Weise bei bestehenden Verlustvorträgen sein.

193 Mit Inkrafttreten des Umwandlungsrechtes konnte man dessen Möglichkeiten nutzen, die unter dem Stichwort „Formwechsel- oder Umwandlungsmodell, Verschmelzungsmodell oder Mitunternehmermodell" diskutiert wurden.

Beim Formwechsel- oder Umwandlungsmodell und auch beim Verschmelzungsmodell wurde nach Erwerb aller Anteile an einer Kapitalgesellschaft diese umgewandelt in eine Personenhandelsgesellschaft. Handelsrechtlich ist dies lediglich ein Formwechsel ohne weitere Auswirkung. Steuerrechtlich hingegen wird eine Vermögensübertragung oder Verschmelzung angenommen, in deren Rahmen dann eine **Aufstockung der Buchwerte** (step up) erfolgte **bis zur Höhe der ursprünglichen Anschaffungskosten** der Beteiligung. Für Zwecke der Gewerbesteuer wurde die Aufstockung der Buchwerte nicht nachvollzogen. Im Ergebnis sind auf diese Weise die Kosten für die erworbene Kapitalgesellschaft umgewandelt worden in abschreibungsfähiges Betriebsvermögen. Durch die Änderungen im Umwandlungsteuerrecht ab 2001 ist dies jedoch nicht mehr möglich, da gemäß § 4 Abs. 6 Umwandlungsteuergesetz (neue Fassung) ein Übernahmeverlust außer Ansatz bleibt und daher ein step up steuerrechtlich nicht zulässig ist (§ 4 Abs. 6 UmwStG a. F.).

Derzeit werden verschiedene Möglichkeiten diskutiert, wie zum Beispiel Organschaftsmodell oder down-stream merger auf eine Personengesellschaft, wobei die ersten Ergebnisse nicht positiv sind.

Naturgemäß werden solche Vorgänge von der Finanzverwaltung kritisch geprüft, so daß jeder Einzelfall der sorgfältigen Vorbereitung und Durchführung bedarf.

V. Beendigung

Neben den nachfolgend geschilderten klassischen Möglichkeiten der Veräußerung oder Aufgabe einer Gesellschaft besteht die Möglichkeit, diese auch durch Verschmelzung auf eine andere zu beenden. Dies ist schon an anderer Stelle behandelt. Auch die Insolvenz kann man unter diesem Gesichtspunkt betrachten, was hier jedoch nicht vertieft werden soll.

194

1. Personengesellschaft

a) Veräußerung

Sofern der Geschäftsbetrieb der Personengesellschaft insgesamt veräußert wird bzw. die Beteiligung an einer Personengesellschaft, gilt dies als Betriebsveräußerung im ganzen. Soweit der Erlös hieraus das Kapitalkonto des Gesellschafters übersteigt, ist ein steuerpflichtiger Gewinn entstanden. Nach der Abschaffung der Vorschriften über den ermäßigten Steuersatz standen Steuerermäßigungen hierfür nur im eingeschränkten Umfang zur Verfügung. Nunmehr erfolgt durch die neuesten Änderungen ab 2001 auf Antrag jedoch wieder eine ermäßigte Besteuerung für Gewinne bis 5 Mio. €, mindestens jedoch mit 19,9%, einmal im Leben des Steuerpflichtigen, sofern er das 55. Lebensjahr vollendet hat oder dauernd berufsunfähig ist.

195

Umsatzsteuer fällt nicht an ebenso wie Gewerbesteuer auf den Veräußerungsgewinn.

b) Liquidation

Soweit der Betrieb nicht insgesamt veräußert wird, sondern die Wirtschaftsgüter einzeln im Sinne einer Liquidation, ist dies steuerrechtlich als Betriebsaufgabe zu qualifizieren. Die ertragsteuerlichen Konsequenzen sind die gleichen wie bei Betriebsveräußerung im ganzen.

196

Im Gegensatz zur Veräußerung des Gesamtbetriebs ist bei der Liquidation auf die Veräußerung oder auch Entnahme der einzelnen Wirtschaftsgüter nach den allgemeinen Vorschriften Umsatzsteuer zu berechnen, sofern keine Steuerbefreiungen anwendbar sind.

2. Kapitalgesellschaft

a) Veräußerung

197 Die Veräußerung von Anteilen an einer Kapitalgesellschaft ist ertragsteuerpflichtig, soweit diese Anteile zu einem Betriebsvermögen gehören oder zu einem Privatvermögen und mindestens 1 % des Stammkapitals betragen. Soweit der Erlös die Anschaffungskosten für die Anteile übersteigt, entsteht ein steuerpflichtiger Gewinn. Dieser unterliegt aufgrund des Halbeinkünfteverfahrens nur einer ermäßigten Besteuerung. Gleichzeitig sind jedoch die Anschaffungs- und Veräußerungskosten nur zur Hälfte abzugsfähig. Dies gilt ebenfalls für Verluste aus der Veräußerung der Anteile.

Die Veräußerung der Anteile ist zwar umsatzsteuerbar, es besteht jedoch eine Steuerbefreiung, auf die verzichtet werden kann (**Option**). Dies kann manchmal sinnvoll sein, um den Vorsteuerabzug aus den mit der Veräußerung oder Anschaffung zusammenhängenden Kosten zu ermöglichen.

b) Liquidation

198 Die Beendigung einer Gesellschaft kann auch durch eine Liquidation erfolgen, wonach alle Wirtschaftsgüter veräußert und alle Verbindlichkeiten bereinigt werden und am Ende das verbleibende Vermögen an die Gesellschafter ausgekehrt wird. Soweit diese Vermögensauskehrung eine Gewinnausschüttung darstellt, erzielt der Gesellschafter steuerpflichtige Erträge. Soweit Stammkapital und Kapitalrücklagen (Einlage) zurückgezahlt werden, ist dies für den nicht wesentlich beteiligten Gesellschafter mit einem Anteil von weniger als 1 % am Stammkapital steuerrechtlich ohne Konsequenz. Für die wesentlich beteiligten und gewerblichen Gesellschafter treten dieselben steuerrechtlichen Konsequenzen ein, wie vorstehend für die Veräußerung beschrieben.

199 Handelsrechtlich führt der **Liquidationsbeschluß zur Änderung des Wirtschaftsjahres**, in dem das letzte aktive Wirtschaftsjahr zum Zeitpunkt der Liquidationseröffnung endet und das erste Wirtschaftsjahr der Liquidationsgesellschaft zu diesem Zeitpunkt beginnt. Es kann also ein abweichendes Wirtschaftsjahr entstehen. Um unnötige Abschlußarbeiten und mögliche Prüfungen zu vermeiden, sollte man den Liquidationseröffnungszeitpunkt auf den Beginn des nächsten Wirtschaftsjahres legen, soweit dies möglich ist.

Durch die Liquidation ändern sich auch die Steuererklärungspflichten. Die Gewerbe- und Körperschaftsteuererklärung ist im allgemeinen jeweils nur noch für einen Zeitraum von zusammen drei Jahren abzugeben, während die Umsatzsteuer weiterhin jährlich zu erklären ist.

24 Steuerrechtliches Vertrags-Controlling

	Rz.		Rz.
I. Begriff	200	IV. Erklärungs- und Meldepflichten	204
II. Steuerplanung	201		
III. Dokumentation	202	V. Verbesserung von Checklisten	205

I. Begriff

Der Begriff des Controllings stammt aus der Betriebswirtschaft und bezeichnet dort alle Maßnahmen, um insbesondere die kaufmännische Planung mit der späteren Realität zu vergleichen und nach Möglichkeit die Ursachen für eine Abweichung der Realität von den geplanten und erwarteten Ergebnissen zu ermitteln. Dieser Ansatz ist auf die Planung und spätere Überprüfung der steuerrechtlichen Auswirkungen von Austausch- und Gesellschaftsverträgen schwer zu übertragen, insbesondere sofern es sich nur die steuerlichen Auswirkungen handelt. Mit jeder Planung sind bestimmte steuerliche Wirkungen verbunden, die aufgrund der steuerrechtlichen Vorschriften beurteilt werden können. Das Ergebnis ergibt sich dann gewissermaßen zwangsläufig. Möglicherweise und mitunter gar nicht so selten vertreten die Finanzbehörden zu bestimmten Vorgängen eine andere Ansicht als der Steuerpflichtige. Oftmals wird dies erst in einer Betriebsprüfung für die Beteiligten bekannt. Erst wenn ein solcher Fall vorliegt, kennt man die Abweichung der Realität vom Plan und meistens auch die Ursache hierfür, nämlich die gegenteilige Ansicht der Finanzverwaltung. Anschließen können sich nur Überlegungen, wie dieses Problem für die Zukunft vermieden werden kann, sofern die gleichen oder ähnlichen Gestaltungen oder Vorgänge weiterhin vorliegen. Dies aber ist die Aufgabe jedes Beraters und insbesondere des steuerrechtlichen Beraters für seine Mandantschaft. 200

II. Steuerplanung

Steuerrechtlich betrachtet kommt der Planung zukünftiger Vorgänge und der Auswirkung von Gesetzes- und Sachverhaltsänderungen eine wesentlich größere Bedeutung zu. Unter diesem Blickwinkel findet insbesondere in jedem Unternehmen laufend ein steuerrechtliches Controlling statt. Es ist die Aufgabe des steuerrechtlichen Beraters oder in größeren Unternehmen der Steuerabteilung, die Sachverhalte in ihrer vielfältigen Art, die sich aus Austausch- oder Gesellschaftsverträgen ergeben können, zu beurteilen und über andere Lösungsmöglichkeiten nachzudenken, die steuerlich betrachtet zu günstigeren Ergebnissen führen. Das gleiche gilt auch bei beabsichtigten Gesetzesänderungen. Hier sollten so früh wie möglich die Auswirkungen ana- 201 lysiert und über Reaktionen nachgedacht werden, sofern denn ein Gegensteuern rechtlich und tatsächlich möglich ist.

Diese vorausschauende Planung wird neben dem Tagesgeschäft oftmals vernachlässigt, sei es, daß das Unternehmen nicht durch einen ständigen Berater betreut wird, der alle wesentlichen Vorgänge kennt und nach Möglichkeit an ihnen beteiligt ist, oder daß die eigene Steuerabteilung nicht ausreichend ausgestattet ist oder informiert wird. Oftmals werden die externen oder internen Berater erst hinzugezogen, wenn bereits Probleme aufgetreten sind.

III. Dokumentation

202 Zu einem steuerrechtlichen Controlling oder einer steuerrechtlichen Beurteilung gehört auch eine **ausreichende Dokumentation** der Vorgänge durch Aufbewahrung der notwendigen Unterlagen.

Zum einen ergeben sich aus dem Gesetz bereits entsprechende Anforderungen. Unabhängig von den handelsrechtlichen Vorschriften sind gemäß § 147 AO Bücher und Aufzeichnungen, Inventare, Jahresabschlüsse, Lageberichte, die Eröffnungsbilanz sowie die hierzu erforderlichen Arbeitsanweisungen und Organisationsunterlagen und Buchungsbelege für zehn Jahre aufzubewahren und die empfangenen Handels- oder Geschäftsbriefe, die Kopien der abgesandten Handels- oder Geschäftsbriefe und sonstigen Unterlagen mit steuerlicher Bedeutung für sechs Jahre.

203 Diese **Aufbewahrungsfristen** laufen nicht ab, soweit und solange die Unterlagen noch steuerrechtliche Bedeutung haben, weil die Festsetzungsfrist nicht abgelaufen ist. Die Aufbewahrungsfrist beginnt mit dem Schluß des Kalenderjahres, in dem die letzte Eintragung in die Bücher gemacht, das Inventar, die Öffnungsbilanz, der Jahresabschluß oder der Lagebericht aufgestellt, die Briefe empfangen oder abgesandt oder der Buchungsbeleg entstanden ist. Im Ergebnis erfolgt die Fristberechnung wie die Berechnung der steuerrechtlichen Festsetzungsverjährung. Der Verjährungsbeginn ist immer erst einheitlich am Jahresende. Durch lang andauernde Betriebsprüfungen oder auch sich anschließende langwierige Rechtsstreite mit der Finanzverwaltung können sich die Aufbewahrungsfristen ganz erheblich verlängern.

Daneben empfiehlt sich aber auch, zu wichtigen Vorgängen die weiteren Unterlagen und Arbeitspapiere, wie zum Beispiel interne Vermerke über steuerrechtliche Probleme, Besprechungsvermerke und ähnliches, aufzubewahren. Oftmals ist es bei späteren Streitigkeiten mit der Finanzverwaltung hilfreich oder entscheidend, den Ablauf und Hintergrund mancher Vorgänge darstellen zu können. So wird zum Beispiel in der Betriebsprüfung oftmals nach der Vorlage von Reise- und Besuchsberichten gefragt, um den Zweck von Reisen darstellen zu können oder nach der Vorlage von Protokollen des Vorstands oder der Geschäftsleitung zur besseren Beurteilung betrieblicher

Vorgänge. Zu den wichtigen Unterlagen gehören auch Aufstellungen über die Organisation des Unternehmens bzw. der Unternehmensgruppe und ihre Veränderung.

IV. Erklärungs- und Meldepflichten

Zu einem steuerrechtlichen Controlling im Sinne der Abwicklung und Nachverfolgung bestimmter Maßnahmen gehört auch die Feststellung der Erklärungs- und Meldepflichten. 204

Wie bereits dargestellt, ergeben sich aus steuerrechtlicher Sicht eine Vielzahl von Steuererklärungs-, Steueranmeldungs- und Steuervoranmeldungspflichten. Verbunden hiermit ist oftmals die Verpflichtung zur Einbehaltung von Zahlungsbeträgen und deren Weiterleitung an die Finanzbehörden, wie z. B. bei der Lohnsteuer, der Kapitalertragsteuer und in manchen Fällen bei der Umsatzsteuer. Nicht zu vergessen sind die regelmäßigen Termine für die diversen Steuervorauszahlungen.

Alle diese Pflichte müssen erfaßt und frühzeitig überwacht werden hinsichtlich ihrer fristgerechten Erledigung und Berücksichtigung für andere Bereiche wie zum Beispiel die Liquiditätsplanung.

V. Verbesserung von Checklisten

Schließlich gehört hierhin die Überlegung, die Checklisten aufgrund konkreter Projekterfahrungen laufend anzupassen. Eigentlich ist dies eine Selbstverständlichkeit, die jeder Berater auch ohne Checkliste laufend vornimmt. Mit jedem neuen Projekt, mit jedem Streitfall, sei es mit einem Vertragspartner, Gesellschafter oder der Finanzverwaltung, sammelt man neue Erfahrungen, die man anschließend weiter verwertet. 205

Teil 6
Vertragsrecht

25 Einführung

Der Begriff „Vertragsrecht" ist umfassend und betrifft die unterschiedlichsten Rechtsgebiete. Man versteht darunter alle rechtlichen Regeln, die für die Vorbereitung, den Abschluß, die Durchführung und gegebenenfalls das Scheitern eines Vertrages von Bedeutung sind.

Die wichtigsten dieser Regelungen finden sich im BGB. In einer komplexen Rechtsordnung, wie unsere, greifen jedoch die unterschiedlichsten Rechtsgebiete ineinander:

Zahlreiche **spezialgesetzlich geregelte Materien** sind ausgelagert: das Kartellrecht im Gesetz gegen Wettbewerbsbeschränkungen (**GWB**), das Wettbewerbsrecht im Gesetz gegen den unlauteren Wettbewerb (**UWG**), das der geschäftlichen Bezeichnungen im Gesetz über den Schutz von Marken und sonstigen Kennzeichen (**MarkenG**), das Recht der Handelsgesellschaften im **HGB**, im **GmbHG,** im **Aktiengesetz** und **Genossenschaftsgesetz,** um nur die wichtigsten beispielhaft anzuführen.

Vielfach sind **öffentlich-rechtliche Bestimmungen** zu beachten, vom Arzneimittelgesetz bis zur Zugabe-Verordnung. Bei der Ausschreibung öffentlicher Aufträge etwa sind die VOB/A, die VOL/A (Verdingungsordnung für Leistungen – ausgenommen Bauleistungen), die VOF (Verdingungsordnung für freiberufliche Leistungen), sowie §§ 97 ff. GWB die Vergabeverordnung u. a. öffentlich-rechtliche Vorschriften zu beachten, bei der öffentlichen Angabe von Preisen kann die Preisangabenverordnung relevant sein. Die Bestimmungen über Verbraucherdarlehensverträge (§§ 491 ff. BGB) und andere Bestimmungen sollen vor allem den privaten Endverbraucher (aber nicht nur ihn) schützen. Das Gesetz über das Kreditwesen regelt das Recht der Kredit- und Finanzinstitute, das Baugesetzbuch und die landesrechtlichen Bauordnungen sind bei der Errichtung von Bauwerken zu beachten. Auch diese Aufzählung ist nur beispielhaft.

Nicht zu unterschätzen ist die Gefahr, sich bei Vertragsverhandlungen, Vertragsabschlüssen und der Durchführung von Verträgen oder ihrem Scheitern **strafbar** zu **machen**. Das Spektrum reicht vom Eingehungsbetrug über gesetzlich verbotene Geschäfte (Geldwäsche, Untreue etwa) bis zu den Insolvenzstraftaten. Bei jedem Vertragsverhalten muß daher geistig die Parallelspur strafrechtlich sanktionierter oder mit Bußgeld bedrohter Handlungen als Kontrollinstanz abgefragt werden. Neben dem Strafgesetzbuch (StGB) und dem Gesetz über Ordnungswidrigkeiten (OWiG) gibt es eine Vielzahl strafrechtlicher Nebengesetze. Vor allem zahlreiche Gesetze und Verordnungen aus dem Bereich des öffentlichen Rechts enthalten Bestimmungen, deren Verletzung strafrechtlich oder als Ordnungswidrigkeit sanktioniert sind. Die wichtigsten sind abgedruckt in der Sammlung Strafrechtliche Nebengesetze von *Erbs/Kohlhaas* (vier Bände, ein Registerband).

6 Daneben sind **sozialrechtliche Bestimmungen** zu beachten (etwa bei Verträgen über den Vorruhestand von älteren Mitarbeitern), ferner arbeitsrechtliche Vorschriften, die zwingend sein können. Im eigenen Interesse jedes Vertragspartners sollten auch die steuerrechtlichen Auswirkungen vertraglichen Handelns geprüft werden.

7 Auch **EG-Vorschriften** gewinnen immer mehr an Gewicht, insbesondere die EG-Richtlinien, die Fristen enthalten, innerhalb der die nationalen Gesetzgeber sie in innerstaatliches Recht umsetzen müssen. Sich daraus ergebende voraussichtliche Rechtsänderungen sollten erforderlichenfalls bei einem Vertragsabschluß bedacht werden. Zwar gelten EG-Richtlinien vor Umsetzung in innerstaatliches Recht nicht zwischen Privatpersonen untereinander (EuGH 1990 I, 4156 – Marleasing), doch kann die Richtlinie zur Auslegung nationaler Vorschriften herangezogen werden.

Alle diese Bestimmungen setzen der Vertragsfreiheit Grenzen, auch wenn unsere Rechtsordnung von den Prinzipien der **Privatautonomie** und der **Vertragsfreiheit** beherrscht wird. Diese hat Verfassungsrang und wird als Ausfluß der allgemeinen Handlungsfreiheit durch Art. 2 Abs. 1 GG gewährleistet. Diese Verfassungsnorm schützt den einzelnen vor hoheitlichen Eingriffen in Verträge, die er abgeschlossen hat, und sie gewährleistet die Handlungsfreiheit im wirtschaftlichen Bereich (BVerfGE 8, 274, 328; 12, 341, 347; 73, 261, 270; 75, 108, 154; 89, 48, 61 und 214, 231 jeweils m. w. N.; st. Rspr.; kritisch hierzu: *Cornils*, NJW 2001, 3758). Diese Freiheiten sind allerdings nur in den Schranken des Art. 2 Abs. 1 2. Halbs. GG gewährleistet, also soweit keine Verletzung der Rechte anderer und kein Verstoß gegen die verfassungsmäßige Ordnung oder das Sittengesetz vorliegt (BVerfGE 70, 115, 123 m. w. N.). Außerdem erfährt die Vertragsfreiheit Beschränkungen durch andere Verfassungsbestimmungen, insbesondere durch Art. 12 Abs. 1, Art. 14 Abs. 2 und Art. 20 Abs. 1 GG (BVerfGE 81, 242, 255), also durch das Grundrecht der Berufsfreiheit und die Sozialstaatsklauseln, aber auch durch das in Art. 20 Abs. 3 GG verankerte Rechtsstaatsprinzip. Daher hat der Gesetzgeber vielfach vor allem aus sozialen Gründen die Vertragsfreiheit beschränkt, insbesondere im Wohnungsmietrecht, durch Kündigungsschutzklauseln (sowohl dort wie im Arbeitsrecht), und Bestimmungen über Verbraucherverträge (Legaldefinition: § 310 Abs. 3 BGB), und durch das Produkthaftungsgesetz. Diese Beschränkungen der Vertragsfreiheit sollen auch der Durchsetzung der **Vertragsgerechtigkeit** dienen (vgl. hierzu: *Zweigert/Kötz*, Einführung in die Rechtsvergleichung, Bd. II S. 10), doch stellt BVerfGE 89, 214, 231 klar, daß die Privatautonomie nicht zur beliebigen Disposition des Gesetzgebers steht.

Einführung Rz. 12 **Teil 6**

Im folgenden wird die **Vertragsgestaltung** vorwiegend **chronologisch** dargestellt, also ausgehend vom Statium erster vorvertraglicher Kontakte über den Vertragsabschluß bis zur Beendigung der vertraglichen Beziehungen und ihren rechtlichen Folgen. Die Rechtsprechungshinweise beschränken sich auf BGH-Entscheidungen, solche des BVerfG und anderer oberer Bundesgerichte. Nur wenn Rechtsprechung dieser Gerichte fehlt, wird ausnahmsweise Rechtsprechung der Oberlandesgerichte oder anderer Instanzgerichte zitiert, insbesondere in Fällen kontroverser Rechtsprechung. Rechtsliteratur wird nur zitiert, wenn das unumgänglich erscheint. 8

Ferner wird in der folgenden Darstellung, soweit erforderlich, streng zwischen „Austauschverträgen" (Einzelheiten hierzu: Teil 2) und „Gesellschaftsverträgen" (Einzelheiten hierzu: Teil 4) unterschieden werden. 9

Der Sonderstellung des Vereins nach BGB kann nicht Rechnung getragen werden. Der Vereinsbeitritt ist zwar Rechtsgeschäft, jedoch ein Vertrag sui generis, also eigener Art, die Rechtsbeziehungen zwischen Mitglied und Verein richten sich nach den besonderen vereinsrechtlichen Bestimmungen bzw. der Satzung. 10

Ebenfalls nicht Gegenstand der Darstellung sind Rechtsgeschäfte des Massenverkehrs, die früher als **faktische Vertragsverhältnisse** behandelt wurden (BGHZ 21, 319, 334 – Benutzung eines Parkplatzes; BGHZ 23, 175, 177 – Elektrizitätslieferung). Das Zustandekommen von Vertragsverhältnissen durch sozialtypisches Verhalten betrachtet der Bundesgerichtshof mittlerweile unter dem Gesichtspunkt des konkludenten Vertragsabschlusses (BGHZ 95, 393, 399; BGH, NJW-RR 1991, 176, 177). Die damit verbundenen Rechtsprobleme haben mit den hier behandelten wenig gemein; allenfalls richten sie sich nach AGB-Recht (§§ 305 ff. BGB). 11

Dieses wurde durch das Schuldrechtsmodernisierungsgesetz vom 26. 11. 2001 (BGBl. I, S. 138) ab 1. 1. 2002 in das BGB integriert, und zwar in §§ 305–310. Für diese Darstellung relevante inhaltliche Änderungen sind damit nach dem Stand des Redaktionsschlusses (10. 12. 2001) nicht verbunden. Zum neuen Recht siehe *Ott/Lüer/Heussen*, AnwaltsCheckbuch Schuldrechtsreform 2002 mit Synopse.

Das **Interesse des Auftraggebers** ist ebenfalls nicht eigentlich Gegenstand des Vertragsrechts und dieser Darstellung. Es ist vielmehr Inhalt des Auftrags an den Kautelarjuristen – also den Syndikus oder den Anwalt des Auftraggebers als unabhängigen Berater in allen Rechtsangelegenheiten (§ 3 Abs. 1 BRAO) –, dessen Interessen möglichst optimal durchzusetzen und in das Vertragswerk zu integrieren. Die vorstehenden Ausführungen haben gezeigt, daß damit nicht gemeint sein kann, sämtliche denkbaren wirtschaftlichen und rechtlichen Vorteile für den Auftraggeber zu sichern, denn ein 12 unausgewogenes Vertragswerk könnte sittenwidrig und damit (teilweise oder ganz, § 139 BGB) nichtig sein, gegen zwingende gesetzliche Vorschriften verstoßende Klauseln könnten unwirksam sein (nach § 138 BGB oder §§ 305 ff., 355 ff., 474 ff., 481 ff., 491 ff., 499 ff., 506, 549 ff., 611 f., 651 a ff., 655e BGB), oder sie könnten auch den Auftraggeber und dessen Rechtsberater in strafrechtliche Haftung bringen. Die **Technik des Vertragsdesign** besteht daher darin,

- die Interessen des Auftraggebers optimal umzusetzen,
- unter Berücksichtigung der in den Vertragsverhandlungen erzielten Ergebnisse einschließlich der getroffenen Kompromisse,
- unter Beachtung aller in Frage kommender gesetzlicher Bestimmungen, notfalls auch derjenigen ausländischen Rechts,
- wobei die Vertragssprache klar und unmißverständlich sein sollte, erforderlichenfalls verwendete, nicht eindeutig determinierte Begriffe zu definieren sind,
- Vorsorge zu treffen für den Fall, daß einzelne Vertragsklauseln gleichwohl einer gerichtlichen Kontrolle nicht standhalten durch Vereinbarung salvatorischer Klauseln oder – soweit zulässig – Verzicht auf die Berufung von Willensmängeln,
- Bestimmung von – evtl. auch alternativer – Gerichtsstandsklauseln einschließlich von Schiedsgerichtsklauseln und
- bei internationalen Verträgen die Bestimmung einer eindeutigen Rechtswahl.

13 Auch vorvertragliche Bindungen bis zum Abschluß des endgültigen Vertrages oder dessen Scheitern können erforderlich sein, insbesondere

- bei langwierigen Vertragsverhandlungen,
- wenn rechtliche, wirtschaftliche oder technische Vorfragen weiterer und längerer Untersuchungen bedürfen,
- oder Genehmigungen oder Unbedenklichkeitsbescheinigungen einzuholen sind, die privatrechtlicher oder öffentlich-rechtlicher (etwa kartellrechtlicher) Art sein können,
- oder wenn andere Hindernisse einem sofortigen Abschluß des Hauptvertrages entgegenstehen, die Vertragsparteien aber über einige grundsätzliche Fragen bereits Einigung erzielt haben.

14 Der Erläuterung der rechtlichen Relevanz vorvertraglichen Verhaltens, der Möglichkeiten vorvertraglicher Bindungen, der Vertragsgestaltung, der Durchführung des Vertrags und dessen Scheitern dient die nachfolgende Darstellung, die versucht, die wichtigsten Fallgestaltungen aufzugreifen, wegen der sich stets ändernden Vertragspraxis und der Angleichung an veränderte rechtliche Rahmenbedingungen aber nie vollständig sein kann.

26 Vorbereitung des Vertragsabschlusses

	Rz.
I. Rechtliche Qualifikation von Vorbereitungsmaßnahmen	16
1. Letter of intent/Absichtserklärung	16
a) Begriff	16
b) Zweck	18
c) Form	19
d) Rechtliche Bedeutung	20
e) Rechtsfolgen des Fehlens eines Letter of intent	21
f) Literatur	23
2. Memorandum of Understanding	24
3. Third Party Legal Opinion . . .	26
a) Begriff	26
b) Rechtliche Bedeutung und Rechtsfolgen	28
c) Literatur	29
4. Isolierte Geheimhaltungsvereinbarung	30
5. Vorvertrag und Option	31
6. Vertrauensschadenshaftung . .	36
7. Handelndenhaftung	38
II. Aufklärungs- und Schutzpflichten	43
1. Aufklärungspflichten	44
a) Grundsätze	44
b) Folgen	45
c) Beispiele	46
2. Schutzpflichten	47
III. Verpflichtung zur Vertraulichkeit	48
1. Zivilrechtlicher Schutz	49
2. Strafrechtlicher Schutz	54
IV. Verschulden bei Vertragsverhandlungen	56
1. Vertrauenshaftung	57
2. Erfüllungsgehilfen	60

	Rz.
3. Eigenhaftung des Vertreters . .	61
4. Beweislast	63
V. Allgemeine Geschäftsbedingungen/Formularverträge . . .	64
1. Begriff	65
2. Persönlicher und sachlicher Geltungsbereich	66
a) Sachlicher Anwendungsbereich	66
b) Persönlicher Anwendungsbereich	67
3. Einbeziehung	68
4. Zulässigkeit der Klauseln . . .	69
5. Verbraucherverträge	70
VI. Vollmachten	73
1. Verhandlungsvollmacht	74
2. Abschlußvollmacht	76
3. Duldungs- und Anscheinsvollmacht	78
a) Duldungsvollmacht	79
b) Anscheinsvollmacht	80
4. Vollmachtloser Vertreter	81
VII. Konsens und Dissens	83
1. Offener Einigungsmangel . . .	84
2. Versteckter Einigungsmangel	85
VIII. Scheinvertrag	86
IX. Anfechtbarkeit	88
1. Irrtum	89
2. Täuschung und Drohung . . .	92
3. Dauerschuldverhältnisse. . . .	93
4. Vermögensverschiebungen . .	96
X. Geschäftsgrundlage	97
XI. Sittenwidrigkeit	101
1. Allgemeines	102
2. Wucher	106
XII. Gesetzliche Verbote	107

15 Nach deutschem Recht kommt ein **Vertrag** durch die **Annahme** eines Vertragsangebots zustande, §§ 145 ff. BGB. Vor dem rechtsverbindlichen Abschluß eines Vertrages, der stets schriftlich fixiert werden sollte, finden jedoch in der Regel Verhandlungen zwischen den künftigen oder potentiellen Vertragspartnern statt, in denen Erklärungen abgegeben werden, die rechtlich unterschiedlich qualifiziert werden können.

I. Rechtliche Qualifikation von Vorbereitungsmaßnahmen

1. Letter of intent/Absichtserklärung

a) Begriff

16 Eine Legaldefinition fehlt, doch hat der Letter of intent im internationalen Kaufrecht indirekt auch in deutsches Recht Eingang gefunden, und zwar in Art. 14 CISG. Der Letter of intent läßt sich zutreffend mit „Absichtserklärung" übersetzen. Man versteht darunter die Bekundung der Bereitschaft, mit dem oder den Adressaten einen Vertrag abzuschließen. Vom Vertragsangebot unterscheidet sich der Letter of intent dadurch, daß die Erklärung noch **nicht rechtlich verbindlich,** sondern nur eine Bereitschaftserklärung sein soll, unter bestimmten Voraussetzungen einen Vertrag abschließen zu wollen. Diese Voraussetzungen können bei der Abgabe der Bereitschaftserklärung auch bereits genannt werden. Daher kann die Abgrenzung zum Vertragsangebot fließend sein. Es empfiehlt sich daher dringend, die Unverbindlichkeit der Erklärung ausdrücklich mit deren Abgabe zu verbinden („no binding clause").

17 Das gilt für Austauschverträge in gleicher Weise wie für Gesellschaftsverträge. Bei letzteren muß auch vermieden werden, daß durch eine „Annahmeerklärung" auf einen Letter of intent eine Vorgründungsgesellschaft oder gar eine Vor-Gesellschaft entsteht, die der Letter of intent gerade verhindern will.

b) Zweck

18 Der Letter of intent dient der Vertrauensbildung während der Vertragsverhandlungen, ihrer zeitlichen Fixierung (ab Zugang des Briefes oder mit Beginn der ersten Vorverhandlungen) sowie eventuell der Haftungsbegrenzung auf bestimmte Rechtswirkungen, die frei vereinbart werden können. Typisch sind folgende Klauseln:
– die Verpflichtung, während der Verhandlungen nicht parallel mit einem Dritten über den gleichen Gegenstand zu verhandeln;
– Geheimhaltungsvereinbarungen für bestimmte Verhandlungsthemen;
– Offenbarung eines bestimmten Know-hows mit der Verpflichtung, nach dem Scheitern der Verhandlung davon keinen Gebrauch zu machen;

– Übernahme bestimmter personeller und finanzieller Vorinvestitionen sowie Erstattungsregelungen hierfür;
– Haftungsvereinbarungen, die gegenständlich oder betragsmäßig begrenzt werden können;
– Haftungsausschlüsse für bestimmte Fallkonstellationen;
– Rechtswahl, Gerichtsstandsvereinbarungen, soweit zulässig.

c) Form

Der Letter of intent kann einseitige Erklärung sein. Sind ihm Gespräche vorausgegangen, kann er **kaufmännisches** oder **berufliches Bestätigungsschreiben** sein (unten Rz. 208 ff.). Der Letter of intent kann durch Gegenzeichnung aber auch zum gegenseitigen Vertrag werden. 19

d) Rechtliche Bedeutung

Der Letter of intent ist bereits vorvertragliches rechtsgeschäftliches Handeln und kann eine Haftung aus Verschulden beim Vertragsabschluß (culpa in contrahendo) auslösen, ferner Pflichten nach §§ 241 Abs. 2, 280 ff. BGB begründen. So etwa, wenn der Absender eines Letter of intent gar nicht ernsthaft die Absicht hatte, Vertragsbeziehungen zu dem Empfänger aufzunehmen, dieser jedoch im Hinblick auf solche Verhandlungen bereits wirtschaftliche Investitionen getroffen oder Verhandlungen mit anderen potentiellen Vertragspartnern unterlassen hat. 20

e) Rechtsfolgen des Fehlens eines Letter of intent

Fehlt ein Letter of intent oder ist sein Inhalt ungenügend, kann es für den Verhandlungspartner, der einen Vertrauensschaden erlitten hat, schwieriger sein, zu beweisen, daß sein Verhandlungspartner mit Vorinvestitionen rechnen mußte und dafür einstandspflichtig ist. Andererseits kann er seine Schadensersatzansprüche unbegrenzt geltend machen. Das können u. a. sein: 21

– grundsätzlich Ersatz des Vertrauensschadens (BGHZ 114, 87, 94),
– ausnahmsweise Ersatz des Erfüllungsinteresses (BGH, BB 1974, 1039, 1040),
– Schadensersatz wegen Verletzung von Aufklärungspflichten,
– Aufwendungsersatz für unnütze Vorinvestitionen.

In einem Letter of intent lassen sich derartige Risiken begrenzen, insbesondere pauschalieren oder auf einen Höchstbetrag beschränken. 22

f) Literatur

23 Da der Letter of intent im deutschen Recht zwar als „Absichtserklärung" nicht neu, aber als Begriff doch noch jung ist, soll ausnahmsweise weiterführende Literatur aufgeführt werden: *Heussen*, Letter of Intent, 2002, *Lutter*, Der Letter of intent, 2. Aufl. 1983, *Thümmel* in Münchener Vertragshandbuch, 4. Aufl., Band 3, 2. Halbband, Kap. I 1 mit einem Formular in englischer und deutscher Sprache und erläuternden Anmerkungen; ferner Kommentierungen vor § 145 BGB und zu Art. 14 CISG.

2. Memorandum of Understanding

24 Der Begriff wird oft ebenfalls mit „Absichtserklärung" übersetzt oder als „Dokumentation des ernsthaften Willens, aktiv zu einer endgültigen Vereinbarung zu gelangen" (*Hertel*, BB 1983, 1824, 1825). Wenn der Begriff neben dem Letter of Intent Bestand haben soll, muß man ihn klar davon abgrenzen.

25 Wörtlich übersetzt, ist das Memorandum of Understanding eine Aufzeichnung zum besseren Verständnis, eine Notiz über das Einvernehmen. Es ist im deutschen Recht gesetzlich nicht geregelt. Man versteht darunter eine (in der Regel vertragliche) **Festlegung von für die Parteien wesentlichen Punkten**, die die Geschäftsgrundlage für einen beabsichtigten, künftig abzuschließenden oder gleichzeitig abzuschließenden Vertrag festlegen und nach rechtswirksamem Zustandekommen des Hauptvertrags auch Anhaltspunkte für dessen Auslegung und Durchführung bilden können. Das Memorandum of Understanding sollte zu diesem Zweck von allen Vertragsteilen unterzeichnet werden.

3. Third Party Legal Opinion

a) Begriff

26 Dieses Rechtsinstitut verdankt seine Entstehung der Tatsache, daß es in den USA mangels entsprechender öffentlicher Register oft schwierig ist, Grundvoraussetzungen für eine wirtschaftliche Transaktion festzustellen: Ist die Handelsgesellschaft, die ein Vertragsangebot macht, rechtswirksam gegründet, sind die Handelnden vertretungsbefugt, bei wem liegen die Eigentums- oder Inhaberrechte am prospektiven Vertragsgegenstand? Aber auch nach deutschem Recht kann es schwierig sein, festzustellen, wer zu einem bestimmten Zeitpunkt welche Geschäftsanteile an einer GmbH hält, weil deren Abtretung im Handelsregister nicht verlautbart wird.

27 Die Third Party Legal Opinion wird **im Auftrag des Mandanten gegenüber dessen Verhandlungspartner** (dem möglichen späteren Vertragspartner) abgegeben und soll diesem die Sicherheit verschaffen, daß bestimmte Grundvoraussetzungen rechtlich (und daher in der Regel durch einen Rechtsanwalt) geklärt sind. Sie ist ein **Referenzgutachten** für die Gegenseite im Interesse

des Mandanten. Es sind daher **mögliche lnteressenkonflikte** zu prüfen und zu vermeiden.

b) Rechtliche Bedeutung und Rechtsfolgen

Im Verhältnis zwischen den Verhandlungspartnern erfüllt der Auftraggeber einer Third Party Legal Opinion dem Erklärungsempfänger gegenüber eine von diesem gestellte Bedingung. Sie soll diesem Sicherheit vermitteln und einen weiteren Haftenden für den Fall verschaffen, daß das Referenzgutachten falsch oder mangelhaft ist. Der Rechtsanwalt oder sonstige Rechtskundige, der eine Third Party Legal Opinion abgibt, kann dem Mandanten (seinem Auftraggeber) gegenüber wie auch insbesondere dem Empfänger der Erklärung, also dem Verhandlungspartner des Mandanten, aus §§ 823 ff. wie auch aus culpa in contrahendo direkt haften. Aus diesem Grund wird seitens des beauftragten Rechtsanwalts üblicherweise eine Haftungsbegrenzung gefordert, und es sollte erforderlichenfalls eine gesonderte Haftpflichtversicherung hierfür abgeschlossen werden.

28

c) Literatur

Thümmel, in: Münchener Vertragshandbuch, 4. Aufl., Band 3, 2. Halbband, Kap. I 3 mit einem Formular in englischer Sprache und deutscher Übersetzung sowie Anmerkungen; *Adolff*, Die zivilrechtliche Verantwortlichkeit deutscher Anwälte bei der Abgabe von Third Party Legal Opinions, München 1997.

29

4. Isolierte Geheimhaltungsvereinbarung

Vertrags(vor)verhandlungen erfolgen schrittweise. Jeder dieser Schritte kann einseitig oder in Form einer Vereinbarung dokumentiert werden. Enthält ein Letter of intent keine Geheimhaltungszusagen oder haben die Verhandlungsparteien auf einen Letter of intent verzichtet, ist jedoch eine Vertragspartei im Besitz eines geheimen Know-how, das die andere Vertragspartei im Falle des Zustandekommens des Hauptvertrags erwerben und ausbeuten will, ist es erforderlich, daß der Know-how-Inhaber sich dagegen schützt, daß im Falle des Scheiterns der Vertragsverhandlungen die andere Vertragspartei von dem offenbarten Know-how keinen Gebrauch macht. Insbesondere im internationalen Handelsverkehr hat sich daher die Übung entwickelt, in Fällen dieser Art eine isolierte Geheimhaltungsvereinbarung abzuschließen, in der der Inhalt des zu offenbarenden Know-how definiert wird und in der die andere Vertragspartei sich zur Geheimhaltung des offenbarten geheimen Know-how für den Fall des Scheiterns der Vertragsverhandlungen verpflichtet und ferner dazu, diese Geheimhaltungsverpflichtung auch allen ihren Mitarbeitern aufzuerlegen, die mit der Prüfung der Geeignetheit des Know-how-Inhalts notwendigerweise befaßt werden müssen.

30

5. Vorvertrag und Option

31 Im Gegensatz zum Letter of Intent verpflichtet der Vorvertrag die Parteien oder auch nur eine von ihnen zum späteren Abschluß eines Hauptvertrags (BGHZ 102, 384, 388). Aus dem Prinzip der Vertragsfreiheit folgt, daß auch eine einseitige Verpflichtung nur einer der Vertragsparteien des Vorvertrags, einen Hauptvertrag abzuschließen, zulässig ist (BGH, NJW 1990, 1233, 1234). Diese vorzeitige Bindung für die Zukunft kann sinnvoll sein, wenn der Hauptvertrag aus tatsächlichen oder rechtlichen Gründen noch nicht abgeschlossen werden kann oder nach dem Willen der Parteien noch nicht abgeschlossen werden soll.

32 Zum **Inhalt des Vorvertrags** ist die Rechtsprechung uneinheitlich. BGHZ 97, 147, 154 meint – allerdings nur inzident –, ein Vorvertrag müsse nicht die gleiche Vollständigkeit aufweisen wie der vorgesehene Hauptvertrag; in BGH, NJW 1990, 1234, 1235 wird aber mit Recht darauf abgestellt, auch ein Vorvertrag müsse „ein solches Maß an Bestimmtheit oder doch Bestimmbarkeit und Vollständigkeit enthalten, daß im Streitfall der Inhalt des Vertrages richterlich festgestellt werden kann". Diesem Erfordernis ist genügt, wenn die Bestimmungen des Vorvertrags den notwendigen Anhalt dafür bieten, eine fehlende Einigung der Parteien in einzelnen Punkten zu ergänzen (BGH, LM § 154 BGB Nr. 4).

33 Unterliegt der Hauptvertrag einer gesetzlichen **Formvorschrift**, gilt sie auch für den Vorvertrag, jedenfalls dann, wenn sie vor übereilter Bindung warnen und nicht nur Beweiszwecken dienen soll. Das gilt daher nicht bei nur gewillkürter, also auf Parteiwillen beruhender Formbedürftigkeit (BGH, NJW 1958, 1281).

34 Der Vorvertrag verpflichtet eine oder beide Parteien dazu, einen Hauptvertrag abzuschließen. Er unterscheidet sich daher vom **Rahmenvertrag**, der die Bedingungen für künftig abzuschließende Verträge festschreiben kann. Aus einem Rahmenvertrag kann jedoch grundsätzlich nicht auf Abschluß eines Vorvertrags geklagt werden, doch kann ein Rahmenvertrag die eine Vertragspartei dazu verpflichten, mit der anderen über den Abschluß eines weiteren Vertrages zu verhandeln. Ist sie dazu ohne sachlichen Grund nicht bereit, kann der anderen Vertragspartei ein Schadensersatzanspruch zustehen (BGH, NJW-RR 1992, 977, 978).

35 Von den eben genannten vertraglichen Bindungen, die einem Hauptvertrag vorausgehen können, unterscheidet sich der **Optionsvertrag**. Der Begriff der „Option" wird im Schrifttum nicht einheitlich verwendet. Als eigenständige Vertragsform macht sie jedoch nur Sinn, wenn eine Vertragspartei der anderen das Recht einräumt, durch einseitige rechtsgestaltende Willenserklärung ein Vertragsverhältnis zu begründen oder zu verlängern, weshalb die Einzelheiten und Bedingungen dieses Vertragsverhältnisses im Optionsvertrag bereits bestimmt sein müssen (*Georgiades*, in: FS Larenz 1973, S. 409 ff.). In der Praxis begegnet der Optionsvertrag vor allem im Kauf-,

(BGHZ 47, 387, 391), Miet-, Pacht- und (modifiziert) Verlagsrecht. Gesetzlich geregelt ist er beim Wiederkauf, §§ 456 ff. BGB. Die Ausübung der Option ist in der Regel an eine bestimmte Frist oder an ein bestimmtes Ereignis geknüpft. Im Verlagsrecht kann eine angemessene Gegenleistung für die Einräumung der Option erforderlich sein (BGHZ 22, 347). Gesetzliche Formvorschriften sollten sowohl für die Einräumung wie für die Ausübung des Optionsrechts eingehalten werden (streitig; vgl. *Georgiades*, in: FS Larenz 1973, S. 425).

6. Vertrauensschadenshaftung

Haftet der Schuldner dem Gläubiger auf den **Vertrauensschaden** („negatives Interesse"), hat der Geschädigte Anspruch auf Ersatz des Schadens, der ihm dadurch entstanden ist, daß er auf die ihm gegebenen unrichtigen Erklärungen, das Zustandekommen oder die Rechtswirksamkeit des Rechtsgeschäfts vertraut hat. Dieser Schaden ist nicht nach oben hin durch das Erfüllungsinteresse (Rz. 59) begrenzt (BGH, NJW-RR 1990, 229, 230 – Zur Haftung aus Verschulden beim Vertragsschluß wegen mangelnder Aufklärungspflicht; BGHZ 69, 53, 56 – Falsche Angaben beim Unternehmenskauf; BGHZ 57, 191, 193). Der Vertrauensschaden kann also im Einzelfall das Erfüllungsinteresse erreichen oder sogar übersteigen (BGH, LM § 276 BGB Fa 2). 36

Ein derartiger Anspruch unterliegt grundsätzlich der regelmäßigen **Verjährungsfrist** nach §§ 195, 199 BGB. Er soll dem Geschädigten in gewissem Sinn einen wirtschaftlichen Ausgleich dafür bieten, daß die Vertragsverhandlungen gescheitert sind (BGHZ 57, 191, 197 zum Schadensersatz aus Verschulden beim Vertragsschluß, nun § 311 Abs. 2 und 3 BGB). 37

7. Handelndenhaftung

Bei Austauschverträgen kommt auch eine **Haftung des Vertreters ohne Vertretungsmacht** in Betracht. Sie gilt auch bei **Überschreitung der Vertretungsmacht.** Der Schadensersatzanspruch geht auf Ersatz des Erfüllungsinteresses („positives Interesse"). 38

In gleicher Weise haftet, wer für eine nicht existente Gesellschaft oder einen nicht existierenden Verein auftritt und den Anschein erweckt, er vertrete eine rechtsfähige juristische Person. Auch er haftet nach §§ 177 ff., 179 BGB; eine Genehmigung scheidet mangels Existenz des angeblich Vertretenen aus.

Selbst ein Dritter kann unter den Voraussetzungen des § 311 Abs. 3 BGB wegen Verletzung von Pflichten nach § 241 Abs. 2 BGB haften.

Im **Gesellschaftsrecht** ist die Handelndenhaftung im Gründungsstadium von besonderer Bedeutung. Das gilt vor allem für die **GmbH.** Nach § 11 Abs. 2 GmbHG haftet, wer als Geschäftsführer oder wie ein solcher für die 39 künftige GmbH vor deren Eintragung in das Handelsregister rechtsgeschäftlich oder rechtsgeschäftsähnlich (BGHZ 53, 210, 214; 65, 378, 380 f.; 76, 320, 325) tätig wird. Diese Haftung setzt ein Handeln „im Namen der Gesellschaft" voraus, sie ist keine bloße Veranlassungshaftung (BGHZ 53, 210, 214; 65, 378, 380).

40 Bei der **Gründung einer GmbH** (und ebenso bei der Gründung eines Vereins) werden drei Stadien unterschieden:

Eine vor Abschluß des Gründungsvertrages sich bildende, die spätere GmbH-Tätigkeit vorbereitende Personenvereinigung bildet eine **Vorgründungsgesellschaft**. Sie wird rechtlich als eigenständige Gesellschaft bürgerlichen Rechts (§§ 705 ff. BGB) oder, wenn bereits ein Handelsgeschäft betrieben wird, als offene Handelsgesellschaft (§§ 105 ff. HGB) eingeordnet, für deren Schulden alle Beteiligten unbeschränkt persönlich haften. Rechte und Verbindlichkeiten gehen, weil GmbH-Recht noch nicht gilt, mit der GmbH-Gründung nicht automatisch auf die Vorgesellschaft oder später auf die GmbH über, sondern müssen, wenn sie in die GmbH eingebracht werden sollen, durch besonderes Rechtsgeschäft übertragen werden (BGHZ 91, 148, 151 m. w. N. = NJW 1984, 2164, ferner BGH, NJW 1998, 1645).

Nach Abschluß des (notariellen) Gründungsvertrages dagegen entsteht eine **Vorgesellschaft** (Vor-GmbH), die selbständig Träger von Rechten und Pflichten sein kann. Für die Handelndenhaftung gilt § 11 Abs. 2 GmbHG (oben Rz. 38). Dieser Vorschrift liegt der Gedanke zugrunde, daß die GmbH, in deren Namen gehandelt wird, vor der Eintragung noch nicht existiert und deshalb für den Fall, daß sie nicht entsteht oder nicht in das Geschäft eintritt, dem anderen Teil ein Schuldner gegeben werden muß (BGHZ 47, 25, 29 f.; 65, 378, 380 f.; 66, 359, 360). Es haftet, wer als Geschäftsführer der Vor-GmbH oder wie ein Geschäftsführer rechtsgeschäftlich auftritt, nicht dagegen, wer lediglich in Vollmacht eines Geschäftsführers handelt (BGHZ 66, 359, 361).

Die Vor-GmbH kann bereits persönlich haftende Gesellschafterin einer Kommanditgesellschaft werden, ebenfalls mit der Haftungsfolge des § 11 Abs. 2 GmbHG (BGHZ 80, 129, 133). Sie kann auch bereits als Eigentümerin im Grundbuch eingetragen werden (BGHZ 45, 338, 348 f.). Mit der **Eintragung der GmbH in das Handelsregister** entsteht die Gesellschaft als **juristische Person**. Die Vor-GmbH endet damit. Das Gesellschaftsvermögen der Vor-GmbH geht mit allen für diese begründeten Rechten und Verbindlichkeiten auf die GmbH über, ohne daß es eines rechtsgeschäftlichen Übertragungsaktes bedürfte (BGHZ 80, 129, 140; 80, 182, 184; 91, 148, 151). Mit der Eintragung der GmbH in das Handelsregister endet aber nicht die Vorbelastungshaftung. Insbesondere gehen Rechte und Verbindlichkeiten, die die Vor-GmbH erworben hat oder eingegangen ist, nicht automatisch mit der Eintragung der GmbH auf diese über, weil noch nicht GmbH-Recht gilt. Sie müssen durch besonderes Rechtsgeschäft übertragen werden (BGHZ 91, 148, 151; BGH, NJW 1998, 1645, 1646).

Der BGH hat seine Rechtsprechung zur persönlichen Haftung der Gesellschafter der Vor-GmbH mehrfach geändert. Nach dem **Grundsatzurteil des BGH vom 27. 1. 1997 (BGHZ 134, 333 = NJW 1997, 1507 mit Anm. von *Altmeppen*)** hat der BGH unter teilweiser Aufgabe früherer Rechtsprechung entschieden, daß die Gesellschafter einer Vor-GmbH für die Verbindlichkeiten dieser Gesellschaft auch nach ihrer Eintragung in das Handelsregister oder im Falle des Scheiters **unbeschränkt haften**. Es bestehe eine einheitliche Gründerhaftung in Form einer bis zur Eintragung der Gesellschaft andauernden Verlustdeckungshaftung und einer an die Eintragung geknüpften Vorbelastungs-(Unterbilanz-)Haftung. Beide seien eine Innenhaftung. BAG, NJW 1996, 3165 und 2000, 2915 und BSG, ZIP 1996, 1548 vertreten die gleiche Rechtsansicht.

Der Möglichkeit, die Handelndenhaftung vertraglich **auszuschließen oder zu mindern,** sind enge Grenzen gesetzt. Zwar ist § 11 Abs. 2 GmbHG grundsätzlich dispositiv (BGHZ 15, 204, 206; 53, 210, 213 zur Beschränkung der Haftung, BGH, NJW 1973, 798 zum Ausschluß). Eine Haftungsbegrenzung und erst recht ein Haftungsausschluß kann jedoch **nichtig** nach § 138 Abs. 1 BGB sein, eine Vereinbarung in AGB wird in der Regel entweder eine überraschende Klausel nach § 305c BGB darstellen oder nach § 307 BGB (früher: § 9 AGBG) unwirksam sein. Zur Problematik: *Jula* in: BB 1995, 1597 ff.

Auch wer vor der Eintragung einer **Aktiengesellschaft** in das Handelsregister in ihrem Namen handelt, haftet persönlich, § 41 Abs. 1 AktG.

II. Aufklärungs- und Schutzpflichten

Die Begriffe sind nicht inhaltsgleich. Aufklärungs- und Schutzpflichten können sich überschneiden. Letztere sind einerseits ein Unterfall der Aufklärungspflichten, sie gehen jedoch über den Bereich vertraglichen Handelns hinaus und können, wie bei der Produkthaftung, auch im außervertraglichen, insbesondere deliktischen Bereich entstehen. Nun: § 241 Abs. 2 BGB, sanktioniert in § 282 BGB!

1. Aufklärungspflichten

a) Grundsätze

Bereits bei sich anbahnenden Vertragsverhandlungen besteht die **Pflicht der Verhandlungspartner,** alle Tatsachen zu offenbaren, die für den Willensschluß des anderen Teiles von wesentlicher Bedeutung sind und deren Mitteilung von ihm nach Treu und Glauben erwartet werden kann (BGH, NJW 1970, 653, 655). Das kann auch dann gelten, wenn der angestrebte Vertrag für beide Parteien ein Handelsgeschäft nach § 343 HGB ist (BGH, NJW 1971, 1795, 1799 li. Sp.).

Daraus folgt keineswegs eine uneingeschränkte Aufklärungspflicht über alle für den anderen Vertragspartner erheblichen Umstände, die schon mit Rücksicht auf die stets widerstreitenden Interessen der Parteien nicht verlangt werden könnte. Es ist vielmehr auf die Verhältnisse des Einzelfalles und die Erfordernisse des redlichen Geschäftsverkehrs, also auf Treu und Glauben, abzustellen (BGH, NJW 1970, 653, 655; 1989, 1793, 1794). Eine Offenbarungspflicht wird vor allem dann bejaht, wenn Umstände vorliegen, die der andere Teil nicht kennt, die aber – für den Verhandlungspartner erkennbar – für dessen Entschluß, den Vertrag abzuschließen, von wesentlicher Bedeutung sein können.

b) Folgen

45 Verstöße gegen die Aufklärungspflicht können zu Ansprüchen aus Verschulden bei Vertragsverhandlungen (culpa in contrahendo = c. i. c.) und damit zur **Verpflichtung zum Schadensersatz** führen. Für nach dem 31. 12. 2001 abgeschlossene Schuldverhältnisse ergibt sich das aus § 311 Abs. 2 i. V. m. § 241 Abs. 2 BGB n. F. und gegebenenfalls auch aus §§ 280 ff. BGB n. F. Im Falle arglistiger Täuschung hat der Getäuschte das Recht, seine Erklärung nach §§ 123, 124 BGB anzufechten mit der Folge, daß der **Vertrag als von Anfang an nichtig** anzusehen ist, § 142 Abs. 1 BGB. Doch gehen die Vorschriften für die Haftung für Mängel der §§ 434, 435, 437 ff. BGB (Kaufvertrag), 633 ff. BGB (Werkvertrag) in der Regel vor.

c) Beispiele

46 – Fahrlässige Angaben oder Nichtangaben des Verkäufers über Eigenschaften der Kaufsache begründen keinen Anspruch auf Schadensersatz unter dem Gesichtspunkt der c. i. c. Die Haftung des Verkäufers für Eigenschaften der Kaufsache bestimmen sich vielmehr allein nach den Mängelansprüchen der §§ 437 ff. BGB, für vor dem 1. 1. 2002 abgeschlossene Verträge nach §§ 459 ff. BGB a. F. (BGHZ 60, 319, 321). Unrichtige Angaben über Umsatz und Erträge eines Unternehmens oder der Praxis eines Freiberuflers werden im Verkaufsfall nur dann als Unternehmenseigenschaften angesehen, wenn sie vertraglich zugesichert sind. Ist das nicht der Fall, begründen unrichtige Angaben des Verkäufers keinen Sachmangel, sie können aber eine Haftung aus c. i. c. begründen (BGH, NJW 1977, 1538, 1539 und NJW-RR 1989, 306, 307).

– Zusicherungsfähige Eigenschaften einer Kaufsache im Sinn von § 459 Abs. 2 BGB a. F. waren auch ihre wirtschaftlichen und rechtlichen Beziehungen zur Umwelt, sofern sie Brauchbarkeit oder Wert der Sache beeinflussen; jedoch müssen die rechtlichen Umweltbeziehungen in der Sache selbst ihren Grund haben, insbesondere dürfen sie nicht an Umstände in der Person des Erwerbers anknüpfen, wie die Rechtsfolge einer Ermäßigung der persönlichen Steuerschuld durch Wahrnehmung von Steuervorteilen (BGHZ 114, 263, 266). § 459 BGB a. F. ist in § 434 BGB n. F. aufgegangen mit der Folge, daß der Verkäufer im Beispielsfall nun nach §§ 437 Nr. 2 und 3, 440 i. V. m. §§ 323, 326 Abs. 5 bzw. §§ 280 ff. haften würde, der Käufer also zurücktreten, den Kaufpreis mindern oder Schadensersatz fordern könnte.

– Der Veräußerer einer in Wohnungseigentum umgewandelten Altbauwohnung, der den Erwerber schuldhaft über den geplanten, auf einer behördlichen Auflage beruhenden Einbau einer Feuertreppe vor dem einzigen Fenster der Wohnung nicht aufklärt, ist schadensersatzpflichtig wegen c. i. c., wenn der Erwerber am Vertrag festhält (BGH, NJW 1989, 1793, 1794), § 311 Abs. 2 BGB n. F.

– Der Vermittler von Warenterminoptionen muß unmißverständlich und grundsätzlich schriftlich über die Risiken derartiger Geschäfte informieren, doch genügt zur Herbeiführung der Börsentermingeschäftsfähigkeit kraft Information (§ 53 Abs. 2 BörsG) die Unterzeichnung der von den Spitzenverbänden der Kreditwirtschaft entwickelten Informationsschrift (BGH, WM 1995, 658). Gegenüber einem nicht erfahrenen Anleger hat allerdings in einer zweiten Stufe eine anleger- und objektgerechte Aufklärung zu erfolgen (BGH, WM 1996, 1260). Ferner können sich aus § 31 Abs. 2 Nr. 2 des Gesetzes über den Wertpapierhandel Informationspflichten ergeben. Zu den Anforderungen bei Börsentermingeschäften vgl. BGH, WM 1998, 2331.

Ist ein Vertragspartner wegen c. i. c. schadensersatzpflichtig, hat er grundsätzlich den Vertrauensschaden (unten Rz. 57 ff.) zu ersetzen (BGHZ 60, 319; BGH, NJW 1977, 1538, 1539 und NJW-RR 1989, 306, 307).

2. Schutzpflichten

Schutzpflichten als Teil der Aufklärungspflicht können insbesondere dann bestehen, wenn von dem Vertragsgegenstand **Gefahren für Gesundheit oder Eigentum** ausgehen können (BGHZ 64, 46, 49 – Haartonicum; grundsätzlich: BGHZ 51, 91, 95 – Hühnerpest, wo allerdings keine vertragliche Haftung, sondern deliktische Haftung aus §§ 823 ff. BGB angenommen wurde). Diese Rechtsprechung ist auch heute noch von Bedeutung, weil das Produkthaftungsgesetz nicht alle Haftungstatbestände abdeckt. Die Schutzpflichten sind nun ausdrücklich gesetzlich normiert: § 241 Abs. 2 BGB n. F.

47

III. Verpflichtung zur Vertraulichkeit

48 Bei Vertragsverhandlungen wird es sich nicht vermeiden lassen, Tatsachen zu offenbaren, die nicht allgemein und jedenfalls nicht dem Verhandlungspartner bekannt sind. Es kann sich dabei auch um **Geschäfts- oder Betriebsgeheimnisse** handeln, die offengelegt werden müssen, etwa bei Lizenzverhandlungen über technische Geräte oder die Herstellung von Produkten.

1. Zivilrechtlicher Schutz

49 Einen uneingeschränkten Schutz solcher Informationen nach dem Scheitern der Vertragsverhandlungen gibt es nicht. Im einzelnen gilt folgendes:

50 a) **Geschäfts- oder Betriebsgeheimnisse** werden geschützt durch § 1 UWG. Wird einem Kaufinteressenten bei den Kaufverhandlungen eine technische Neuerung bekanntgegeben, die er nach dem Scheitern der Verhandlungen unter Bruch des ihm geschenkten Vertrauens für sich ausnutzt, kann er nach § 1 UWG auf Unterlassung in Anspruch genommen werden, so lange die Neuerung nicht ohne Zutun des Anbieters offenkundig geworden ist (RG, GRUR 1942, 352, 357 – Quarzlampe). Gleiches gilt für den, der bei Vertragsverhandlungen ein Geschäfts- oder Betriebsgeheimnis erfährt und nach dem Scheitern der Verhandlungen unter Verwendung der erhaltenen Informationen ein Gerät nachbaut (BGH, GRUR 1961, 40, 41 = NJW 1960, 1999, 2000 – Wurftaubenpresse).

Der **Begriff des Geschäfts- oder Betriebsgeheimnisses** erfordert eine Tatsache, die im Zusammenhang mit einem Geschäftsbetrieb steht und nur einem eng begrenzten Personenkreis bekannt ist, also nicht offenkundig ist, sowie ferner, daß sie nach dem **bekundeten oder erkennbaren Willen** des Betriebsinhabers geheimgehalten werden soll sowie (kumulativ) ein berechtigtes wirtschaftliches Interesse des Betriebsinhabers an der Geheimhaltung. Auch ein an sich bekanntes Verfahren oder eine an sich bekannte Herstellungsvorrichtung kann für ein bestimmtes Unternehmen Gegenstand eines Betriebsgeheimnisses sein, sofern geheim ist, daß sich dieses Unternehmen dieses Verfahrens oder dieser Anlage bedient und daher möglicherweise besondere Erfolge erzielt (BGH, GRUR 1961, 40, 41 – Wurftaubenpresse; BGH, GRUR 1955, 424 – Möbelpaste).

51 b) Im **Arbeitsrecht** kann sich die Verschwiegenheitspflicht als nebenvertragliche Nebenverpflichtung aus dem Arbeitsvertrag ergeben; für gescheiterte Vertragsverhandlungen gelten die vorstehenden Ausführungen entsprechend.

52 c) Um unzweifelhaft zu dokumentieren, was für die Verhandlungsparteien jeweils als Geschäfts- oder Betriebsgeheimnis oder sonst der Vertraulichkeit unterliegende Tatsache gelten soll, kann es sinnvoll sein, diese Tatsachen in einem Letter of intent zu dokumentieren (oben Rz. 16) oder in einer isolier-

ten Geheimhaltungsvereinbarung (siehe oben Rz. 30), deren Inhalt über den Schutz, den § 17 UWG bietet, individuell ausgedehnt werden kann. Hierbei sowie bei einer späteren Vertraulichkeits-Abrede im schließlich abgeschlossenen Vertrag können §§ 14, 16 GWB zu beachten sein. Vertraulichkeits-Abreden werden jedoch in der Regel rechtswirksam sein.

d) Sonstiges Know-how, das nicht zu den Geschäfts- und Betriebsgeheimnissen zählt, wird nur nach den allgemeinen Grundsätzen geschützt: sittenwidrige Nachahmungen stets nach § 1 UWG, nach §§ 823 Abs. 1, 823 Abs. 2 BGB in Verbindung mit einer Strafnorm (nachstehend Rz. 54 f.) und § 826 BGB (Schadensersatzansprüche) bzw. § 1004 BGB (Beseitigungs- und Unterlassungsansprüche). 53

2. Strafrechtlicher Schutz

Wer ein Geschäfts- oder Betriebsgeheimnis, das ihm als Angestellter, Arbeiter oder Lehrling eines Geschäftsbetriebs infolge des **Dienstverhältnisses** anvertraut wurde oder von dem er in dieser Eigenschaft Kenntnis erhalten hat, kann sich nach § 17 UWG strafbar machen, wenn er es an Dritte unbefugt weitergibt. Wer die ihm im geschäftlichen Verkehr anvertrauten Vorlagen oder Vorschriften technischer Art, insbesondere Zeichnungen, Modelle, Schablonen, Schnitte, Rezepte zu Zwecken des Wettbewerbs oder aus Eigennutz unbefugt verwertet oder anderen mitteilt, ist nach § 18 UWG strafbar (§ 1 UWG gilt zivilrechtlich als Auffangtatbestand für die nicht in diesen Vorschriften erfaßten Tatbestände). Ferner macht sich nach § 203 StGB strafbar, wer als Angehöriger bestimmter Berufe (Arzt, Zahnarzt, Tierarzt, Apotheker, Angehöriger eines anderen Heilberufs, Rechtsanwalt, Patentanwalt, Notar, Amtsträger usw.) unbefugt ein fremdes Geheimnis, vor allem ein zum persönlichen Lebensbereich gehörendes Geheimnis oder ein Betriebs- oder Geschäftsgeheimnis offenbart, das ihm in seiner beruflichen oder amtlichen Funktion anvertraut oder sonst bekannt wurde. 54

Auch diese Vorschriften können in Verbindung mit § 823 Abs. 2 BGB Schadensersatzansprüche und in Verbindung mit § 1004 BGB Beseitigungs- und Unterlassungsansprüche begründen.

Ebenso strafbar sind (nach § 201 StGB) Verletzungen der **Vertraulichkeit des Worts,** also wer das nicht öffentlich gesprochene Wort eines anderen ohne dessen Zustimmung auf einen Tonträger aufnimmt oder eine so hergestellt Aufnahme gebraucht oder einem Dritten zugänglich macht. Ebenso ist strafbar, wer das nicht zu seiner Kenntnis bestimmte nicht öffentlich gesprochene Wort eines anderen mit einem Abhörgerät abhört, sowie nach § 202 a StGB das Ausspähen von Daten. 55

IV. Verschulden bei Vertragsverhandlungen

56 Wie vorstehend wiederholt erwähnt, ist einer der wichtigsten Haftungstatbestände bei der Vorbereitung des Vertragsabschlusses das Verschulden bei Vertragsverhandlungen („culpa in contrahendo", abgekürzt c. i. c.), seit 1. 1. 2002 gesetzlich geregelt in § 311 Abs. 2 und 3 BGB i. V. m. § 241 Abs. 2 BGB.

1. Vertrauenshaftung

57 Es ist heute allgemein anerkannt, daß mit dem Eintritt in Vertragsverhandlungen bereits ein Schuldverhältnis zwischen den Verhandlungspartnern mit Aufklärungs- und Obhutspflichten entsteht (*Flume*, AT II, 3. Aufl., S. 128). Das gilt insbesondere auch dann, wenn die Vertragsverhandlungen nicht zum Vertragsschluß führen. Die Rechtsprechung hat angenommen, daß in diesem vorvertraglichen Stadium ein vertragsähnliches Vertrauensverhältnis unter den Beteiligten erzeugt wird, das zur Beachtung erhöhter Sorgfalts- und Rücksichtspflichten führt. Je nach Lage des Falles kann dieses Vertrauensverhältnis verpflichten, solche Tatsachen zu offenbaren, die für die Entschließung des anderen Teiles erkennbar von Bedeutung sein können (BGH, NJW 1960, 720, 721).

Die Rechtsprechung hat den **Beginn** dieses Vertrauensverhältnisses immer mehr **vorverlagert** und läßt es bereits mit dem die beabsichtigten Vertragsverhandlungen vorbereitenden „geschäftlichen Kontakt" beginnen, unabhängig davon, ob es noch zu Vertragsverhandlungen kommt, die jedoch zumindest beabsichtigt sein müssen (BGHZ 66, 51, 54 (Gemüseblattfall) = NJW 1976, 712 = JZ 1976, 776 mit Anm. *Kreuzer* S. 778 ff.). In Fällen dieser Art, in denen es zu Vertragsverhandlungen noch nicht gekommen ist, wird die besondere Schutzpflicht daraus hergeleitet, daß „der Geschädigte sich zum Zwecke der Vertragsverhandlungen in den Einflußbereich des andere Teils begeben hat und damit redlicherweise auf eine gesteigerte Sorgfalt seines Verhandlungspartners vertrauen kann" (BGH, WM 1976, 428 m. w. N.). Durch die nun erfolgte Kodifizierung in § 311 Abs. 2 BGB hat sich an der durch die Rechtsprechung entwickelten Rechtslage nichts geändert. Diese ist auch nicht gehindert, das Rechtsinstitut der c. i. c. fortzuentwickeln (BT-Drucks. 14/6040, S. 163).

58 Der Schadensersatz geht grundsätzlich auf Ersatz des **Vertrauensschadens** („negatives Interesse"), also auf Ersatz des Schadens, der dem Geschädigten dadurch entstanden ist, daß er auf die ihm gegebenen unrichtigen Erklärungen oder auf die in ihm sonst erweckten schutzwürdigen Erwartungen vertraut hat. Dieser Schaden ist nach oben in der Regel durch das Erfüllungsinteresse begrenzt, kann dieses im Einzelfall jedoch sogar übersteigen (BGHZ 57, 191, 193; 69, 53, 56).

Der Geschädigte kann also verlangen so gestellt zu werden, wie er ohne das schuldhafte Verhalten stehen würde. Welcher Schaden dabei erstattungsfähig ist, richtet sich im Hinblick auf die Vielgestaltigkeit, in der ein Verschulden bei Vertragsschluß in Betracht kommen kann, nach der Ursächlichkeit des schadensstiftenden Verhaltens für den eingetretenen Schaden im Einzelfall (BGHZ 69, 53, 56 m. w. N.).

Wer auf das **Erfüllungsinteresse** („positives Interesse") haftet, hat den Gläubiger so zu stellen, wie er stehen würde, wenn der Schuldner ordnungsgemäß erfüllt hätte („Schadensersatz wegen Nichterfüllung"). Es geht entgegen § 249 S. 1 BGB in der Regel auf Leistung von Geld (BGH, LM § 325 BGB Nr. 3). 59

Beispiele siehe oben Rz. 46.

Eine Haftung aus c. i. c. wird sich vor allem bei **Austauschverträgen** ergeben, sie kann jedoch auch beim Abschluß von **Gesellschaftsverträgen** entstehen, wenn einem Gesellschafter gegenüber Offenbarungspflichten verletzt wurden (BGH, NJW 1993, 2107 für den Fall des Erwerbs einer stillen Beteiligung im Sinn des § 230 HGB durch einen Arbeitnehmer).

2. Erfüllungsgehilfen

Nach § 278 BGB hat der Schuldner ein Verschulden seines gesetzlichen Vertreters und der Personen, deren er sich zur Erfüllung seiner Verbindlichkeiten bedient, **in gleichem Umfang** zu vertreten wie eigenes Verschulden. Läßt sich ein Unternehmen bei Vertragsverhandlungen also durch seinen gesetzlichen Vertreter (Geschäftsführer der GmbH, Vorstandsmitglied der Aktiengesellschaft) oder durch einen mit Vollmacht ausgestatteten Angestellten (Prokuristen, Handlungsgehilfen) vertreten und begeht dieser eine Handlung oder Unterlassung, die eine Haftung aus c. i. c. begründet, so haftet auf Schadensersatz nicht der Vertreter, sondern der Vertretene. Das gilt jedenfalls im Regelfall. Es kann jedoch auch zu einer Eigenhaftung von Personen kommen, die in den geschäftlichen Kontakt eingebunden sind, ohne selbst Vertragspartei zu sein oder werden zu wollen. 60

3. Eigenhaftung des Vertreters

Eine Eigenhaftung des Vertreters kommt insbesondere in Betracht, wenn er **wirtschaftlich** selbst stark an dem Vertragsabschluß **interessiert** ist und aus dem Geschäft eigenen Nutzen erstrebt oder in besonderem Maße persönliches Vertrauen in Anspruch genommen hat (BGH NJW 1983, 676, 677 m. w. N. für den Fall des Alleingesellschafters und alleinigen Geschäftsführers einer GmbH). Auch ein von einer Vertragspartei bestellter Sachwalter, der in besonderem Maße das persönliche Vertrauen des Vertragsgegners in Anspruch nimmt und von dessen Entscheidung nach den gegebenen Umständen der Abschluß des beabsichtigten Rechtsgeschäfts maßgeblich abhängt, muß für die Verletzung von Pflichten aus dem durch die Anbahnung von Vertragsverhandlungen begründeten gesetzlichen Schuldverhältnis 61 selbst einstehen, und zwar auch dann, wenn er bei den Vertragsverhandlungen nicht als Vertreter der einen Partei aufgetreten ist, sondern wenn er lediglich seine dem Vertragsgegner mitgeteilte Zustimmung zu dem Vertragsschluß gegeben und dadurch den Entschluß des anderen Teils, sich auf das Geschäft einzulassen, entscheidend beeinflußt hat (BGHZ 56, 81, 84 ff.; 70, 337, 341). Das gilt selbst dann, wenn es sich um eine Pflichtverletzung des nicht am Vertrag beteiligten Dritten **nach** Vertragsabschluß handelt (BGHZ 70, 337, 344). Bei der **Sachwalterhaftung** muß das besondere Vertrauen über das normale Verhandlungsvertrauen hinausgehen (BGH, NJW-RR 1991, 1241, 1242 m. w. N.). Selbst Dritte, die kein Eigeninteresse am Vertragsabschluß haben, können haften (§ 311 Abs. 3 S. 2 BGB), wenn ein Verhandlungspartner sich wegen ihrer besonderen Sachkunde und ihrer Objektivität und Neutralität auf ihre Aussagen verläßt. Beispiele: Sachverständige oder sonstige Auskunftspersonen.

Auch die das Management bildenden Initiatoren und Gründer einer Publikums-KG haften den beitretenden Kommanditisten im Regelfall persönlich aus Verschulden bei Vertragsschluß für die Vollständigkeit und Richtigkeit der mit ihrem Wissen und Willen in Verkehr gebrachten Werbeprospekte (BGHZ 71, 284, 286 ff. – Prospekthaftung; vgl. auch BGHZ 72, 382; BGH, NJW 1980, 1162; 1982, 2492; 1984, 865; 1989, 175; 1990, 846; 1991, 1608).

62 Für die Haftung des **Maklers** aus c. i. c. kommt es auf die Umstände des konkreten Einzelfalls an. Er wird nicht generell als Erfüllungsgehilfe im Sinn des § 278 BGB angesehen, wofür nicht seine selbständige Stellung als Makler maßgebend ist, sondern der Umstand, daß der Makler durch seine Vermittlungstätigkeit eine eigene Leistung gegenüber dem Auftraggeber erbringt, die nicht ohne weiteres zugleich die Verpflichtung des Auftraggebers gegenüber dem späteren Vertragspartner erfüllt. Aus dessen Sicht erscheint der Makler nicht generell als Hilfsperson des Kontrahenten, sondern – je nach Sachlage – als Dritter, der durch seine Tätigkeit die Parteien zusammenbringt (BGH, BB 1996, 396, 397).

Das gilt jedoch nur, wenn sich der Makler vereinbarungsgemäß darauf beschränkt, seine Maklerdienste anzubieten. Übernimmt er darüber hinaus mit Wissen und Wollen einer der späteren Vertragsparteien Aufgaben, die typischerweise ihr obliegen, so wird er in deren Pflichtenkreis tätig, wird deren Hilfsperson und damit ihr Erfüllungsgehilfe nach § 278 BGB. Die Rechtsprechung hat das angenommen, wenn der Makler als beauftragter Verhandlungsführer oder Verhandlungsgehilfe einer Partei aufgetreten ist (BGHZ 47, 224, 230; 114, 263, 269; BGH, WM 1986, 1032, 1034).

4. Beweislast

63 Die Darlegungs- und Beweislast dafür, daß eine Aufklärungspflicht nicht verletzt wurde oder die Pflichtverletzung nicht ursächlich für den Vertragsschluß war, obliegt in der Regel demjenigen, dem der Schaden angelastet

wird, weil es sich um Vorgänge handelt, die sich in seinem Bereich abgespielt haben (BGH, NJW 1978, 41, 42 – Umkehr der Beweislast).

V. Allgemeine Geschäftsbedingungen/Formularverträge

Wer standardisierte Vertragstexte verwendet, muß sich Rechenschaft darüber ablegen, ob der beabsichtigte Vertrag unter Bestimmungen zur Regelung des Rechts der Allgemeinen Geschäftsbedingungen (§§ 305–310 BGB) fällt. Vor dem 1. 1. 2002 waren sie im ABG-Gesetz geregelt. Überleitungsvorschrift hierzu: Art. 229 § 5 S. 1 EGBGB, Erläuterungen hierzu: *Ott/Lüer/Heussen*, AnwaltsCheckbuch Schuldrechtsreform, S. 443 f., Rz. 5 f. 64

1. Begriff

Allgemeine Geschäftsbedingungen sind nach § 305 Abs. 1 BGB alle für eine Vielzahl von Verträgen **vorformulierte Vertragsbedingungen,** die eine Vertragspartei (Verwender) der anderen Vertragspartei bei Abschluß eines Vertrages stellt. Gleichgültig ist es, ob die Bestimmungen einen äußerlich gesonderten Bestandteil des Vertrages bilden (das „Kleingedruckte" auf der Rückseite von Formularverträgen) oder ob sie in die Vertragsurkunde selbst aufgenommen werden, welchen Umfang sie haben, in welcher Schriftart sie verfaßt sind und welche Form der Vertrag hat. 65

Nicht immer sieht man daher einem Vertrag äußerlich an, ob er AGB im Sinne des AGB-Gesetzes enthält. Auch wer seinen Vertrag im PC gespeichert hat und ihn für den konkreten Fall abruft, verwendet AGB. Auch einzelne Textbausteine, die unverändert in Verträge integriert wurden, wurden von der Rechtsprechung als AGB qualifiziert (BGH, NJW 1988, 410; OLG Hamm, NJW-RR 1988, 726; OLG Frankfurt, NJW 1991, 1489, 1490), und zwar selbst dann, wenn sie nur im Gedächtnis gespeichert und daraus wiedergegeben werden (BGH, NJW 1988, 410; streitig).

AGB liegen **nicht** vor, soweit die Vertragsbedingungen zwischen den Vertragsparteien im einzelnen ausgehandelt sind (§ 305 Abs. 1 S. 3 BGB), wobei ein echter Verhandlungsspielraum gegeben sein muß. Wichtig ist ferner, daß **individuelle Vertragsabreden** stets Vorrang vor AGB haben (§ 305b BGB). Das gilt uneingeschränkt auch im kaufmännischen Geschäftsverkehr. Dagegen helfen auch wirksame Schriftformklauseln nicht.

2. Persönlicher und sachlicher Geltungsbereich

a) Sachlicher Anwendungsbereich

Auf Verträge auf den Gebieten des Erb-, Familien- und **Gesellschaftsrechts** sowie auf Tarifverträge, Betriebs- und Dienstvereinbarungen findet Buch 2 Abschn. 2 BGB keine Anwendung (§ 310 Abs. 4 BGB). Sonstige AGB-Verträ- 66 ge auf dem Gebiet des Arbeitsrechts, die nach dem 31. 12. 2001 abgeschlossen wurden, unterliegen daher dem AGB-Recht der §§ 305 ff. BGB und seiner Klauselkontrolle, doch sind bei der Anwendung auf Arbeitsverträge die im Arbeitsrecht geltenden Besonderheiten angemessen zu berücksichtigen. § 305 Abs. 2 und 3 BGB (Einbeziehungsvoraussetzungen finden jedoch keine Anwendung [§ 310 Abs. 4 S. 1 und 2 BGB]). Den (vom AGB-Recht freigestellten) Tarifverträgen, Betriebs- und Dienstvereinbarungen (§ 310 Abs. 4 S. 1 2. Halbsatz) stehen Rechtsvorschriften im Sinn von § 307 Abs. 3 BGB gleich (§ 310 Abs. 4 S. 3 BGB). Daraus folgt, daß auch Einzelarbeitsverträge, die (ohne beiderseitige Tarifbindung) auf Tarifverträge usw. Bezug nehmen, nicht der Inhaltskontrolle, wohl aber dem Transparenzgebot unterliegen (BT-Drucks. 14/6857, S. 54, li. Sp. unten). Da die Bestimmungen für AGB nicht für Verträge auf dem Gebiet des Gesellschaftsrecht (zu dem die Rechtsprechung auch das Vereinsrecht zählt) Anwendung finden, gelten sie folglich nur für Austauschverträge, soweit sie nicht eines der genannten Gebiete betreffen.

Ferner sind in §§ 305a, 309 Nr. 7 BGB eine Reihe von Verträgen, die zumeist, aber nicht nur, der öffentlichen Versorgung dienen, vom sachlichen Anwendungsbereich des AGB-Rechts ausgenommen, in §§ 308 Nr. 5, 309 Nr. 8 Buchstabe b) ff) Verträge privilegiert, in denen die **VOB/B insgesamt einbezogen** ist.

b) Persönlicher Anwendungsbereich

67 Die §§ 305 Abs. 2 und 3, (Einbeziehung), 308 und 309 (Klauselverbote) BGB finden keine Anwendung auf Allgemeine Geschäftsbedingungen,

– die gegenüber einem **Unternehmer (§ 14)** verwendet werden,

– die gegenüber einer **juristischen Person** des öffentlichen Rechts oder einem öffentlich-rechtlichen Sondervermögen verwendet werden.

Von erheblicher Bedeutung ist jedoch, daß in diesen Fällen aber die **Generalklausel** des § 307 BGB gilt, so daß beispielsweise auch im kaufmännischen Geschäftsverkehr AGB unwirksam sind, wenn sie den Vertragspartner des Verwenders entgegen den Geboten von Treu und Glauben unangemessen benachteiligen, und zwar auch insoweit, als Klauseln verwendet werden, die nach den im kaufmännischen Geschäftsverkehr nicht geltenden §§ 308 und 309 BGB unwirksam sind. Jedoch ist auf die Gewohnheiten und Gebräuche des Handelsverkehrs angemessen Rücksicht zu nehmen.

Für die Geltung der §§ 305 bis 310 BGB im **internationalen Rechtsverkehr** sind die Vorschriften des deutschen IPR, insbesondere die Art. 29, 29a und 30 EGBGB maßgebend, wobei Art. 29a EGBGB, eingefügt durch das FernabsatzG vom 27. 6. 2000, vor allem dem **Verbraucherschutz** für Verträge aller Art dient, während Art. 29 EGBGB sich nur auf Verträge über die Lieferung beweglicher Sachen und die Erbringung von Dienstleistungen gegenüber einem Verbraucher bezieht. Art. 30 EGBGB gilt für Arbeitsverträge. Art. 29a EGBGB wählt als Anknüpfungspunkt für die Geltung des **Rechts eines EG- oder EWR-Mitgliedstaates** trotz anderer Rechtswahl den **engen Zusammenhang**, den der Vertrag mit einem dieser Gebiete aufweist und der in Art. 29a Abs. 2 EGBGB mit (nicht abschließenden) Regelbeispielen zu definieren sucht. Im einzelnen sind die Bestimmungen des deutschen IPR zum Verbraucherschutz kompliziert, unsystematisch und auch nicht lückenlos.

3. Einbeziehung

Soweit §§ 305–310 BGB Anwendung finden, werden Allgemeine Geschäftsbedingungen nur dann Bestandteil eines Vertrages, wenn sie nach § 305 Abs. 2 und 3 BGB einbezogen werden. Ausgenommen vom Erfordernis der Einbeziehung wurden die in §§ 305a, 310 Abs. 1 S. 1 BGB genannten Verträge unter den gesetzlich bestimmten Voraussetzungen. 68

4. Zulässigkeit der Klauseln

Bereits im Stadium der Vertragsvorbereitung ist es erforderlich, die Zulässigkeit der Klauseln zu prüfen, wenn der Vertrag (voraussichtlich) den §§ 305 ff. BGB unterliegen wird, weil sein Inhalt rechtlich nach § 305 Abs. 1 BGB als Allgemeine Geschäftsbedingungen zu qualifizieren ist oder zumindest ausgelegt werden könnte. Dabei ist bei allen nach dem 31. 12. 2001 abzuschließenden Verträgen, aber auch bei denen, die als Dauerschuldverhältnisse spätestens bis 31. 12. 2002 in neues Recht überzuführen sind (Art. 229 § 5 S. 2 EGBGB) zu bedenken, daß die Inhaltskontrolle (hierzu nachstehend Rz. 129) sich nicht schematisch nach dem bis 31. 12. 2001 geltenden Recht (nach dem inzwischen aufgehobenen AGB-Gesetz) erfolgen darf. Das Gesetz zur Modernisierung des Schuldrechts vom 26. 11. 2001 (BGBl. I, 3138; im folgenden: SchRModG) hat vielmehr als Folge des neuen allgemeinen Leistungsstörungsrechts und des neuen Kauf- und Werkvertragsrechts – die weitgehend, aber nicht völlig harmonisiert wurden – eine neue Systematik der Folgen von nicht oder nicht wie vereinbart erfüllten Verträgen eingeführt, die auch auf das nun in §§ 305 ff. BGB geregelte AGB-Recht von Einfluß ist. Zwar ist § 307 Abs. 2 BGB wortgleich mit § 9 Abs. 2 AGBG a. F.: 69

„Eine unangemessene Benachteiligung ist im Zweifel anzunehmen, wenn eine Bestimmung

1. mit wesentlichen Grundgedanken der gesetzlichen Regelung, von der abgewichen wird, nicht zu vereinbaren ist, oder

2. wesentliche Rechte oder Pflichten, die sich aus der Natur des Vertrages ergeben, so eingeschränkt, daß die Erreichung des Vertragszwecks gefährdet ist."

Doch hat der Begriff der **Pflicht aus einem Schuldverhältnis** in § 280 Abs. 1 BGB in der seit 1. 1. 2002 geltenden Fassung eine gegenüber dem bisherigen Recht ganz neue rechtliche Bedeutung erhalten, die auch auf die Verbotstatbestände unangemessener Klauseln in AGB ausstrahlt (Einzelheiten: *Graf v. Westphalen*, in NJW 2002, 12 ff., 17 ff.). Wie *v. Westphalen* (aaO., S. 19 f.) u. a. am Beispiel der **Einrede des nicht erfüllten Vertrages im Kaufrecht** darlegt, führt die Beseitigung der Mängelgewährleistungsvorschriften als Sonderregelungen dazu, daß die AGB-Klauselverbote inhaltlich erweitert werden. In AGB müsse daher nun sichergestellt werden, daß dem Käufer diese Einrede nicht klauselmäßig abgeschnitten werde. Unwirksam sei es insbesondere, wenn die Zulässigkeit dieser Einrede an die Tatbestandsvoraussetzungen des Aufrechnungsverbots (§ 309 Nr. 3 BGB n. F.) geknüpft werde.

Aber auch auf (oft nur geringfügige) Abweichungen im Wortlaut der Klauselverbote der §§ 307 ff. BGB n. F. gegenüber den Vorgängerbestimmungen im ABG-Gesetz ist zu achten, weil sie – in Verbindung mit dem **Pflichtenmodell** des SchRModG – zu einer Änderung der Rechtslage führen können. So plädiert *v. Westphalen* (aaO., S. 21 re.Sp) wohl zu Recht dafür, die Rechtswirksamkeit von Haftungs-Freizeichnungsklauseln auch im kaufmännischen Rechtsverkehr generell auf einfaches Verschulden zu begrenzen (§ 309 Nr 7b) i. V. m § 307 Abs. 2 BGB). Auch das AGB-Recht muß daher nach seiner Integration in das BGB und der Neuregelung der Folgen von Pflichtverletzungen im allgemeinen Leistungsstörungsrecht in Teilen neu interpretiert werden.

5. Verbraucherverträge

70 Der Begriff hat nun eine **Legaldefinition** erfahren in § 310 Abs. 3 BGB. Danach liegt ein **Verbrauchervertrag** vor, wenn Unternehmer (§ 14 BGB) mit einem Verbraucher (§ 13 BGB) einen Vertrag – gleichgültig welcher Art – abschließt. Es kann sich also um einen Kauf-, Dienst- oder Darlehensvertrag („Verbraucherdarlehensvertrag", § 491 BGB) handeln. Auf ihr finden die Vorschriften der §§ 305–310 BGB mit folgenden Maßgaben Anwendung (§ 310 Abs. 3 BGB):

– AGB gelten als vom Unternehmer gestellt, es sei denn, daß sie durch den Verbraucher in den Vertrag eingeführt wurden;

– die §§ 305c Abs. 2 (mehrdeutige Klauseln) und 306, 307 bis 309 BGB sowie Art 29a EGBGB sind auf vorformulierte Vertragsbedingungen auch dann anzuwenden, wenn diese nur zur **einmaligen Verwendung** bestimmt sind und soweit der Verbraucher auf Grund der Vorformulierung auf ihren Inhalt keinen Einfluß nehmen konnte;

– bei der Beurteilung der unangemessenen Benachteiligung nach § 307 Abs. 1 und 2 BGB sind auch die den Vertragsabschluß **begleitenden Umstände** zu berücksichtigen.

Diese Bestimmung wurde ursprünglich in § 24a AGBG a. F. eingefügt durch Gesetz vom 19. 7. 1996 (BGBl. I, 1013), sie ist in Kraft seit dem 25. 7. 1996. Mit ihr wurde die Richtlinie 93/13 EWG des Rates über mißbräuchliche Klauseln in Verbraucherverträgen vom 5. 4. 1993 (ABl. Nr. L95/29) umgesetzt, und zwar mit einer Verspätung von mehr als 1 $^{1}/_{2}$ Jahren, denn die Umsetzung hätte nach Art. 10 Abs. 1 S. 2 der Richtlinie bis 31. 12. 1994 erfolgen müssen, was eine mögliche Staatshaftung für Schadensfälle zwischen dem 1. 1. 1995 und dem 25. 7. 1996 zur Folge haben kann. Sie wurde in § 310 Abs. 3 BGB übernommen.

Nach der Legaldefinition des § 14 BGB ist **Unternehmer** eine natürliche oder juristische Person oder eine rechtsfähige Personengesellschaft, die bei Abschluß eines Rechtsgeschäfts **in Ausübung ihrer gewerblichen oder selbständigen beruflichen Tätigkeit** (also nicht privat) **handelt**, also auch Freiberufler, Handwerker und Landwirte, die im Rahmen ihrer gewerblichen, beruflichen oder sonst selbständigen Tätigkeit handeln. Eine rechtsfähige Personengesellschaft liegt vor, wenn sie mit der Fähigkeit ausgestattet ist, Rechte zu erwerben und Verbindlichkeiten einzugehen, also auch die Außen-GbR (BGH, NJW 2001, 1056) und entsprechend wohl auch der organschaftlich organisierte nicht eingetragene Verein (Karsten Schmidt in NJW 2001, 1002). 71

Verbraucher sind nach § 13 BGB natürliche Personen, die ein Rechtsgeschäft zu einem Zweck abschließen, der weder einer gewerblichen noch einer selbständigen beruflichen Tätigkeit zugerechnet werden kann. Die Bestimmungen der §§ 13, 14 BGB erfassen daher im wesentlichen **Austauschverträge**; nach dem Erwägungsgrund 10 der Richtlinie sind weiterhin ausgenommen insbesondere Arbeitsverträge sowie Verträge auf dem Gebiet des Erb-, Familien- und **Gesellschaftsrechts**, doch hat § 310 Abs. 4 BGB n. F. die arbeitsrechtliche Privilegierung weitgehend auf Tarifverträge, Betriebs- und Dienstvereinbarungen eingeschränkt. Ob das richtlinienkonform ist, ist fraglich.

Ihre **besondere Bedeutung** gewinnt die Bestimmung des § 310 Abs. 3 BGB jedoch in Verbindung mit dem Anhang zur EG-Richtlinie 93/13/EWG, in welchem ein Katalog von Klauseln aufgeführt und näher beschrieben ist, die gem. Art. 3 Abs. 3 der Richtlinie zu mißbilligen sind. Art. 3 Abs. 3 der Richtlinie lautet: „Der Anhang enthält eine als Hinweis dienende und nicht erschöpfende Liste der Klauseln, die für mißbräuchlich erklärt werden können." Sie sind fast ausnahmslos im Klauselkatalog der §§ 307 bis 309 BGB bereits enthalten, können diesen jedoch wegen der Notwendigkeit richtlinienkonformer Auslegung ergänzen. Auch diese richtlinienkonforme Auslegung ist grundsätzlich Aufgabe der nationalen Gerichte einschließlich der damit verbundenen Anwendung des Gemeinschaftsrechts auf den konkreten Fall, so daß insoweit eine Vorlage an den EuGH nur geboten ist, wenn sich bei der richtlinienkonformen Auslegung des AGB-Gesetzes Zweifel hinsichtlich der Auslegung der Richtlinie und ihres Anhangs ergeben. In § 309 Nr. 7 Buchstabe a) BGB n. F. wurde (zutreffend inhaltlich erweitert) 72 auch Nr. 1a) der mißbilligten Klauseln des Anhangs zu Art. 3 Abs. 3 der Richtlinie 93/13/EWG gesetzlich normiert.

VI. Vollmachten

73 Vielfach wird der Verhandlungspartner nicht der Inhaber oder der gesetzliche Vertreter der künftigen Vertragspartei sein, sondern ein Bevollmächtigter. Es ist wichtig, sich darüber zu vergewissern, daß der Verhandlungspartner auch tatsächlich Verhandlungsvollmacht und erforderlichenfalls Abschlußvollmacht hat. Bei Handelsgesellschaften sind die gesetzlichen Vertreter und die Prokuristen aus dem Handelsregister ersichtlich.

Die **Prokura** ermächtigt zu allen Arten von gerichtlichen und außergerichtlichen Geschäften und Rechtshandlungen, die der Betrieb eines Handelsgewerbes mit sich bringt. Zur Veräußerung und Belastung von Grundstücken ist der Prokurist jedoch nur ermächtigt, wenn ihm diese Befugnis besonders erteilt ist (§ 49 HGB). Die Beschränkung des Umfangs der Prokura ist Dritten gegenüber grundsätzlich unwirksam (§ 50 Abs. 1 HGB). Aus dem Handelsregister kann sich jedoch ergeben, daß der Prokurist nur zusammen mit einem anderen Prokuristen oder mit einem Geschäftsführer (GmbH) oder Vorstandsmitglied (AG) handeln darf.

1. Verhandlungsvollmacht

74 Ist jemand, ohne daß ihm Prokura erteilt ist, zum Betrieb eines Handelsgewerbes oder zur Vornahme einer bestimmten zu einem Handelsgewerbe gehörigen Art von Geschäften oder zur Vornahme einzelner zu einem Handelsgewerbe gehöriger Geschäfte ermächtigt, so hat er **Handlungsvollmacht,** die sich auf alle Geschäfte und Rechtshandlungen erstreckt, die der Betrieb des entsprechenden Handelsgewerbes oder die Vornahme derartiger Geschäfte gewöhnlich mit sich bringt. Zur Veräußerung oder Belastung von Grundstücken, zur Eingehung von Wechselverbindlichkeiten, zur Aufnahme von Darlehen und zur Prozeßführung ist der Handlungsbevollmächtigte jedoch nur ermächtigt, wenn ihm eine solche Befugnis besonders erteilt ist. Sonstige Beschränkungen der Handlungsvollmacht braucht ein Dritter nur dann gegen sich gelten zu lassen, wenn er sie kannte oder kennen mußte (§ 54 HGB).

Im nichtkaufmännischen Bereich wirkt die Willenserklärung eines Vertreters – mit Ausnahme der noch zu erörternden Ausnahmen – nur dann und so weit für und gegen den Vertretenen, wie die Vertretungsmacht des Vertreters reicht, § 164 Abs. 1 BGB.

75 Auch im kaufmännischen Bereich ist es natürlich möglich, die Vertretungsmacht des Verhandlungspartners intern zu binden, zwar möglicherweise nicht mit Außenwirkung, wenn ein Handlungsgehilfe (§ 59 HGB) verbindli-

che Willenserklärungen abgibt. Nicht selten wird ein Verhandlungspartner aber vor dem endgültigen Vertragsabschluß erklären, er müsse das Verhandlungsergebnis von einer vorgesetzten Stelle genehmigen lassen.

Es empfiehlt sich daher stets, sich frühzeitig über die Reichweite der Vollmacht seines Verhandlungspartners zu vergewissern.

2. Abschlußvollmacht

Wer Verhandlungsvollmacht hat, muß also noch nicht Abschlußvollmacht haben. Bei Verträgen, die dem AGB-Gesetz unterliegen, kann die Vertretungsmacht des Vertragspartners darauf beschränkt werden, daß die AGB des Verwenders unverändert übernommen werden. 76

Im kaufmännischen Bereich umfaßt die Vertretungsmacht von Handlungsbevollmächtigten (§ 54 HGB) und von Abschlußvertretern (§§ 55, 91 Abs. 1 HGB) die Vertretungsmacht zum Geschäftsabschluß als solchen und im Zweifel auch die zur Änderung oder Ergänzung der vom Unternehmer vorgesehenen Vertragsbedingungen. Allerdings ist der Abschlußvertreter nicht ohne weiteres bevollmächtigt, bereits abgeschlossene Verträge zu ändern, insbesondere Zahlungsfristen zu gewähren, § 55 Abs. 2 HGB. Das gilt nach § 91 Abs. 1 HGB auch für den Handelsvertreter.

Beide – Handlungsbevollmächtigte wie Handelsvertreter – gelten jedoch als ermächtigt, Mängelanzeigen und ähnliche Erklärungen entgegenzunehmen, auch wenn sie keine Abschlußvollmacht haben (§§ 55 Abs. 4, 91 Abs. 2 HGB).

Im HGB werden ferner eine Reihe von Vermutungen aufgestellt, die positiven **Vertrauensschutz** gewährleisten. So gilt, wer in einem Laden oder einem offenen Warenlager angestellt ist, als ermächtigt zu Verkäufen und Empfangnahmen, die in einem derartigen Laden oder Warenlager gewöhnlich geschehen, § 56 HGB. 77

Ferner schaffen § 75h HGB für den Handlungsgehilfen im Außendienst und § 91a HGB für den Handelsvertreter einen eigenen handelsrechtlichen **Vertrauenstatbestand**. Auch wenn der Handlungsgehilfe im Außendienst bzw. der Handelsvertreter nur mit der Vermittlung von Geschäften betraut ist, also keine Abschlußvollmacht hat, gilt das von diesen Personen gleichwohl abgeschlossene Geschäft als genehmigt, wenn der Unternehmer (der Prinzipal, wie das HGB noch etwas altmodisch formuliert) nach Kenntnis von dem Geschäftsabschluß dem Dritten gegenüber nicht unverzüglich das Geschäft ablehnt.

3. Duldungs- und Anscheinsvollmacht

78 Auch außerhalb des kaufmännischen Verkehrs können nicht mit Abschlußvollmacht ausgestattete Vertreter unter bestimmten Voraussetzungen dem Vertretenen gegenüber wirksam Geschäfte abschließen.

a) Duldungsvollmacht

79 Sie kann vorliegen, wenn
- der Vertretene das **wiederholte** (BGH, LM § 167 BGB Nr. 9 = NJW 1956, 460),
- Verhalten des Vertreters, dem er weder ausdrücklich noch stillschweigend Vollmacht erteilt hat, **kannte**,
- oder ihm dieses Verhalten bekannt wurde und es gleichwohl **duldete**,
- wenn der Geschäftsgegner diese Duldung nach Treu und Glauben und mit Rücksicht auf die Verkehrssitte dahin deuten durfte, daß der Vertreter Vollmacht habe (BGH, LM § 167 BGB Nr. 4 = MDR 1953, 345; BGH, LM § 164 BGB Nr. 34).

b) Anscheinsvollmacht

80 Sie kann vorliegen, wenn
- der Vertretene zwar das **Handeln** des Scheinverteters **nicht kannte**,
- es aber bei pflichtgemäßer Sorgfalt **hätte kennen** und **verhindern** können,
- und der Geschäftsgegner das Verhalten des Vertreters nach Treu und Glauben und mit Rücksicht auf die Verkehrssitte dahin auffassen durfte, daß es dem Vertretenen bei verkehrsmäßiger Sorgfalt nicht habe verborgen bleiben können und dieser es also duldete (BGH, NJW 1956, 1673, 1674; BVerwG, NJW-RR 1995, 73, 75).

4. Vollmachtloser Vertreter

81 Während in den Fällen der Duldungs- oder Anscheinsvollmacht der Vertretene die rechtsgeschäftlichen Handlungen und Erklärungen des Scheinvertreters gegen sich gelten lassen muß, ist das beim schlichten Vertreter ohne Vertretungsmacht nicht der Fall. Nach § 177 BGB hängt die Wirksamkeit des Vertrags für und gegen den Vertretenen in diesem Fall von dessen Genehmigung ab. Nach § 179 BGB haftet der vollmachtlose Vertreter dem Geschäftsgegner nach dessen Wahl auf Erfüllung oder auf Schadensersatz, der das Erfüllungsinteresse umfaßt.

82 Hat der **Vertreter** den **Mangel** der Vertretungsmacht **nicht gekannt,** so ist er zum Ersatz nur des Schadens verpflichtet, den der andere Teil dadurch erlei-

det, daß er auf die Vertretungsmacht vertraut, jedoch nicht über den Betrag des Interesses hinaus, welches der andere Teil an der Wirksamkeit des Vertrages hat. Er haftet also auf das Vertrauensinteresse (oben Rz. 36 f.).

Wenn der Vertragspartner des vollmachtlosen Vertreters den **Mangel** der Vertretungsmacht **kannte** oder kennen mußte, haftet der Vertreter nicht. Gleiches gilt, wenn er in der Geschäftsfähigkeit beschränkt war, es sei denn, daß er mit Zustimmung seines gesetzlichen Vertreters gehandelt hat, § 179 Abs. 3 BGB.

VII. Konsens und Dissens

Ein Vertrag kommt durch übereinstimmende Willenserklärungen zustande, wobei das Gesetz als Regelfall davon ausgeht, daß ein Verhandlungspartner einem anderen ein Vertragsangebot macht (§ 145 BGB), das der andere unverändert annimmt; erklärt er die Annahme unter Erweiterungen, Einschränkungen oder sonstigen Änderungen, gilt das als Ablehnung des Vertragsangebots verbunden mit einem neuen Vertragsantrag (§ 150 Abs. 2 BGB), den nun wieder der andere Verhandlungspartner annehmen oder ablehnen kann. In bestimmten Fällen bedarf es nicht der ausdrücklichen Annahme des Vertragsangebots, wenn sie den Umständen nach nicht zu erwarten ist oder derjenige, der das Vertragsangebot gemacht hat, auf eine Annahmeerklärung verzichtet hat und der Vertrag nun ohne weiteres in die Tat umgesetzt wird. Die übereinstimmenden Willenserklärungen, die, gegebenenfalls nach mehreren Verhandlungsstadien, erreicht werden, bilden den Konsens. 83

In der Praxis laufen Vertragsverhandlungen aber auch ganz anders ab, insbesondere, wenn ein kompliziertes Klauselwerk zu erstellen ist. Es wird über einzelne Punkte Einigung erzielt, andere Punkte werden zurückgestellt, um später über sie zu verhandeln. Dabei kann es geschehen, daß die Verhandlungspartner einen Punkt oder mehrere, über die sie sich einigen wollten, vergessen. Es liegt ein Einigungsmangel vor, ein **Dissens**.

Der Gesetzgeber hat in den §§ 154, 155 BGB zwei Fälle des Einigungsmangels regeln wollen: den **offenen** und den **versteckten Einigungsmangel** (zur Rechtsdogmatik: *Flume*, AT II, 3. Aufl., § 34; *Larenz/Wolf* AT, 8. Aufl., § 29 Rz. 69 ff.).

1. Offener Einigungsmangel

Solange sich die Verhandlungspartner nicht über alle Punkte eines Vertrags geeinigt haben, über die nach der Erklärung auch nur einer Partei eine Vereinbarung getroffen werden soll, ist **im Zweifel** der Vertrag nicht geschlossen. Die Verständigung über einzelne Punkte ist auch dann nicht bindend, wenn eine Aufzeichnung stattgefunden hat (§ 154 Abs. 1 BGB). Es handelt sich um eine **Auslegungsregel**. Die Verhandlungspartner sind nach dem 84

Grundsatz der Vertragsfreiheit und der Privatautonomie frei, zu vereinbaren, daß ein Vertrag mit dem Inhalt, über den Einverständnis erzielt wurde, bindend geschlossen werden soll, ungeachtet der noch ausstehenden Einigung über die noch zu regelnden Fragen. Das kann im Einzelfall durchaus sinnvoll sein, wenn beide Parteien sich grundsätzlich darüber einig sind, zusammenzuarbeiten, aber ein Nebenpunkt – und sei er noch so wichtig – noch der Klärung bedarf. Sie müssen sich dann nur der Gefahr bewußt sein, daß möglicherweise über diesen Nebenpunkt später eine Einigung nicht mehr erzielt wird.

Beispiel:
Haben sich Vertagsparteien nur darüber geeinigt, daß der Kaufpreis in bestimmter Höhe verrechnet werden soll, aber nicht darüber, mit welchen von mehreren in Betracht kommenden bestrittenen Gegenforderungen, ist der Vertrag wegen offenen Dissenses im Zweifel nicht zustande gekommen, weil ein Veräußerungsvertrag eine Einigung über die Gegenleistung voraussetzt (BGH, BB 1999, 710).

Unproblematisch ist § 154 BGB, solange der Vertrag noch von keiner der Parteien praktiziert wird. Probleme ergeben sich, wenn der Vertrag in **Vollzug** gesetzt wird, **ohne** daß es zur **Einigung** über den offengelassenen Nebenpunkt kommt. In diesem Fall kann sich auch konkludent aus den Umständen ein Bindungswille der Parteien ergeben. Das gilt insbesondere im Bereich des Arbeits- und Gesellschaftsrechts wie bei Dauerschuldverhältnissen (BGH, NJW 1983, 1727, 1728 für den Fall eines Handelsvertretervertrags; vgl. auch BGHZ 41, 271, 275). Regelungslücken sind erforderlichenfalls durch ergänzende Vertragsauslegung zu schließen, wenn feststeht, daß die Parteien die gesetzliche (dispositive) Regelung nicht wollten (BGH, NJW 1975, 1116, 1117).

Dissens begründet nicht die Nichtigkeit eines Vertrags; nach der gesetzlichen Auslegungsregel ist vielmehr das Rechtsgeschäft noch nicht zustande gekommen.

2. Versteckter Einigungsmangel

85 Ein versteckter Dissens liegt vor, wenn sich die Vertragsparteien beim Vertragsabschluß über einen Punkt, über den eine Vereinbarung getroffen werden sollte, in Wirklichkeit nicht geeinigt haben. In diesem Fall gilt nach § 155 BGB das Vereinbarte, der Vertrag wird also rechtswirksam, sofern anzunehmen ist, daß der Vertrag auch ohne eine Bestimmung über diesen Punkt geschlossen worden wäre. Entscheidend ist also wie im Fall des § 139 BGB (Teilnichtigkeit eines Rechtsgeschäfts) der mutmaßliche Parteiwille.

Haben sich die Vertragsparteien über einen für den Vertragsgegenstand wesentlichen Punkt nicht geeinigt, die „essentialia negotii" (z. B.: Kaufpreis,

Höhe des Mietzinses), gilt der Vertrag als nicht geschlossen, es sei denn, er ist bereits durchgeführt (siehe Beispiel oben Rz. 84).

VIII. Scheinvertrag

Scheingeschäfte der in § 117 BGB genannten Art sind weitaus seltener, als vielfach angenommen. Wird eine Willenserklärung, die einem anderen gegenüber abzugeben ist, **mit dessen Einverständnis** nur zum Schein abgegeben, so ist sie nach § 117 BGB **nichtig** (Abs. 1). Wird durch das Scheingeschäft aber ein anderes Rechtsgeschäft verdeckt, so finden die für das verdeckte Rechtsgeschäft geltenden Vorschriften Anwendung (Abs. 2).

86

Ein Scheingeschäft im Sinne des § 117 BGB liegt nur dann vor, wenn die Parteien einverständlich nur den äußeren Schein des Abschlusses eines Rechtsgeschäfts hervorrufen, dagegen die mit dem betreffenden Rechtsgeschäfts verbundene Rechtswirkung nicht eintreten lassen wollen. Es setzt deshalb voraus, daß den Parteien der **Geschäftswille** fehlt. Daraus folgt, daß es gegen den Scheincharakter eines Rechtsgeschäfts spricht, wenn der mit ihm erstrebte Zweck nur bei Gültigkeit des Rechtsgeschäfts erreicht werden kann (BGHZ 36, 84, 88).

Treuhandgeschäfte, Strohmanngeschäfte und **Umgehungsgeschäfte** sind daher keinesfalls Scheingeschäfte, weil in diesen Fällen die Vertragsparteien gerade den Eintritt der angestrebten Rechtsfolge wollen.

87

IX. Anfechtbarkeit

Unser Recht stellt eine Reihe von rechtlichen Möglichkeiten zur Verfügung, ein Rechtsgeschäft, das nicht nichtig ist, anzufechten. Die wichtigsten **Anfechtungstatbestände** für das Vertragsrecht sind: **Irrtum, Arglist, Drohung** und **Vermögensverschiebung**.

88

1. Irrtum

Wer bei der Abgabe einer Willenserklärung über deren Inhalt im Irrtum war oder eine Erklärung dieses Inhalts überhaupt nicht abgeben wollte, kann die Erklärung anfechten, wenn anzunehmen ist, daß er sie bei Kenntnis der Sachlage und bei verständiger Würdigung des Falles nicht abgegeben haben würde (§ 119 Abs. 1 BGB). Als Irrtum über den Inhalt der Erklärung gilt auch der Irrtum über verkehrswesentliche Eigenschaften (§ 119 Abs. 2 BGB). Anfechtbar ist auch die Falschübermittlung (§ 120 BGB). Die Anfechtung muß in diesen Fällen **ohne schuldhaftes Zögern** („unverzüglich", das ist eine Legaldefinition) erfolgen, nachdem der Anfechtungsberechtigte vom Anfechtungsgrund Kenntnis erlangt hat. Muß die Anfechtung – wie meist – gegenüber einem Abwesenden erfolgen, gilt sie als rechtzeitig, wenn die Anfech-

89

tungserklärung unverzüglich abgesendet wurde (§ 121 Abs. 1 BGB). Man unterscheidet vier Irrtumsfälle:

- den Irrtum in der Erklärungshandlung,
- den Irrtum über den Erklärungsinhalt,
- den Irrtum über verkehrswesentliche Eigenschaften und
- den Übermittlungsirrtum.

90 Der Irrtum ist zu unterscheiden vom Dissens (oben Rz. 83 ff.). **Nicht irrt,** wer eine Urkunde unterschreibt, ohne sich eine Vorstellung von ihrem Inhalt zu machen, also insbesondere, wer sie ungelesen unterschreibt. Das gilt auch für Ausländer, die der Verhandlungs- und Vertragssprache nicht mächtig sind (BGH, NJW 1995, 190), und selbst für Analphabeten. Unbeachtlich ist der reine **Kalkulationsirrtum.**

Auf die Irrtumsanfechtung kann verzichtet werden, weil es sich um dispositives Recht handelt. Zu den Möglichkeiten und Beschränkungen ausführlich: *Daniel Wiegand,* Vertragliche Beschränkungen der Berufung auf Willensmängel (2000), Münchener Universitätsschriften Bd. 146. Gegen eine spätere Irrtumsanfechtung kann man sich aber nicht durch Klauseln etwa des Inhalts schützen, daß beide Vertragspartner den Inhalt des Vertrags gelesen und von ihm Kenntnis genommen und ihn verstanden haben, jedenfalls nicht, wenn der Vertrag oder diese Klausel – wie meist – als AGB-Klausel anzusehen ist, weil Tatsachenbestätigungen, die insbesondere die Beweislast umkehren, entweder nach § 10 Nr. 5 oder nach § 11 Nr. 15 AGBG unwirksam sind, und zwar in der Regel auch im kaufmännischen Geschäftsverkehr nach § 9 AGBG.

91 **Konkurrenzen:** Das Anfechtungsrecht wegen des Irrtums über verkehrswesentliche Eigenschaften nach § 119 Abs. 2 BGB (nicht aber das aus § 119 Abs. 1 BGB und nicht das aus § 123 BGB, zu letzterem nachstehend Rz. 92) konkurriert mit den **Mängelansprüchen** der §§ 437 ff., 634 ff. BGB, **die vorgehen,** weil die erfolgreiche Anfechtung die Wilenserklärung und damit auch einen Vertrag rückwirkend beseitigt und damit auch die Mängelansprüche vernichten würde. Das ist im wesentlichen unstreitig für die **kaufvertragliche Mängelhaftung,** für die **mietvertragliche Gewährleistung** (§§ 536 ff. BGB, nicht ganz unstreitig), für die **werkvertraglichen Mängelansprüche.** Zu den **Gesellschaftsverträgen** siehe nachstehend Rz. 93 ff.

2. Täuschung und Drohung

92 Wer zur Abgabe einer Willenserklärung durch arglistige Täuschung oder widerrechtlich durch Drohung bestimmt wurde, kann die Erklärung nach § 123 Abs. 1 BGB **anfechten.** Hat ein **Dritter** die Täuschung verübt, so ist eine Erklärung, die einem anderen gegenüber abzugeben war, nur anfechtbar, wenn dieser die Täuschung kannte oder kennen mußte, § 123 Abs. 2 BGB. Dritter

in diesem Sinn ist aber nur, wer am Geschäft nicht beteiligt ist, also nicht, wer Verhandlungsvollmacht hatte.

Die Anfechtung wegen arglistiger Täuschung oder Drohung kann nur **binnen Jahresfrist** erfolgen, wobei die Frist im Fall der arglistigen Täuschung mit dem Zeitpunkt beginnt, in dem der Anfechtungsberechtigte die Täuschung entdeckt, im Falle der Drohung mit dem Zeitpunkt, in welchem die Zwangslage aufhört, § 124 Abs. 1 und 2 BGB.

Die vorstehenden Ausführungen in Rz. 88–92 gelten uneingeschränkt für einseitige Willenserklärungen und **Austauschverträge,** nicht jedoch für Gesellschaftsverträge. Näheres hierzu siehe Rz. 93 ff.

3. Dauerschuldverhältnisse

Sie unterscheiden sich von den Austauschverträgen dadurch, daß sie nicht auf den bloßen Austausch von Leistung und Gegenleistung gerichtet sind, sondern **beiderseitige Dauerverpflichtungen** begründen. Besondere Rechtsprobleme treten dabei insbesondere auf, wenn ein Dauerschuldverhältnis nicht rechtswirksam begründet wurde oder wenn es vorzeitig beendet werden soll. Denn an der Rückabwicklung der erbrachten Teilleistungen nach Bereicherungsrecht (wie bei den Austauschverträgen) ist den Vertragspartnern in der Regel nicht gelegen, sie ist oft auch unmöglich, wie bei den arbeitsrechtlichen, Miet- und **Gesellschaftsverträgen,** insbesondere, wenn sie bereits in Vollzug gesetzt wurden. Die erbrachte Arbeitskraft, die Nutzung der Mietsache und oft auch die Leistungen im Rahmen eines Gesellschaftsverhältnisses können nicht zurückerstattet werden.

Aus diesem Grund finden die Vorschriften über die **Anfechtung** wegen Irrtums, arglistiger Täuschung oder Drohung, die bei den Austauschverträgen das Vertragsverhältnis von Anfang an (ex tunc) nichtig macht (§ 142 Abs. 1 BGB), auf Dauerschuldverhältnisse **keine Anwendung.** Sie können nur aus wichtigem Grund außerordentlich fristlos **gekündigt** werden mit der Wirkung, daß das Rechtsverhältnis mit Rechtswirksamkeit der Kündigung (ex nunc) beendet wird. Wichtiger Grund: § 314 Abs. 1 S. 2. Besteht er in der Verletzung einer Pflicht aus dem Vertrag, ist die Kündigung erst nach erfolglosem Ablauf einer zur Abhilfe gesetzten Frist oder Abmahnung zulässig, es sei denn, ein Fall des § 323 Abs. 2 liege vor (§ 314 Abs. 2 BGB). Die Kündigung ist nur innerhalb angemessener Frist ab Kenntnis vom Kündigungsgrund zulässig (§ 314 Abs. 3 BGB).

Aus dem gleichen Grund gilt für in Vollzug gesetzte Dauerschuldverhältnisse nicht die Auslegungsregel des § 154 Abs. 1 S. 1 BGB (offener Einigungsmangel, oben Rz. 84).

Dagegen hat die Rechtsprechung diese Grundsätze nicht ausgedehnt auf Fälle der **Nichtigkeit nach § 134 BGB,** mit der Begründung, die Rechtsordnung könne eine fehlerhafte Gesellschaft nicht anerkennen, wenn bei ihrer

Gründung gegen ein gesetzliches Verbot verstoßen wurde und wichtige Gemeinschaftsinteressen entgegenstehen (BGHZ 62, 234, 241 m. w. N.; 97, 243, 250; BGH, WM 1980, 12, 14). In diesem Fall sind die beiderseitigen Leistungen der Parteien nach den Grundsätzen des Bereicherungsrechts zurückzugewähren.

95 Die wichtigsten Dauerschuldverhältnisse sind:
- Gesellschaftsverträge,
- Dienst- und Arbeitsverträge, daher auch
- Handelsvertreterverträge,
- Vertragshändlerverträge,
- Franchise-Verträge,
- Miet- und Pachtverträge,
- Bezugsverträge und sonstige
- Rahmenverträge,
- Sukzessivlieferungsverträge und
- Wiederkehrschuldverhältnisse.

Sie können (auf einen längeren Zeitraum) befristet sein oder aber unbefristet mit dem Recht der ordentlichen Kündigung abgeschlossen werden. Sie unterliegen jedoch stets aus wichtigem Grund dem Recht der außerordentlichen Kündigung.

4. Vermögensverschiebungen

96 Im Falle der Insolvenz können Rechtshandlungen des Insolvenzschuldners, die vor der Eröffnung des Insolvenzverfahrens vorgenommen wurden und die Insolvenzgläubiger benachteiligen, nach §§ 129 ff. InsO **angefochten** werden, und zwar **durch den Insolvenzverwalter**.

Außerhalb des Insolvenzverfahrens können Rechtshandlungen zum Zwecke der Befriedigung eines Gläubigers als diesem gegenüber unwirksam nach den Vorschriften des Anfechtungsgesetzes angefochten werden, wobei zu den nach § 3 Abs. 2 AnfG anfechtbaren entgeltlichen Verträgen **auch Gesellschaftsverträge** gehören, ebenso wie nach § 133 Abs. 2 InsO (näheres hierzu: BGHZ 96, 352, 357 = NJW 1986, 2252 zu § 31 Nr. 2 KO).

X. Geschäftsgrundlage

97 Als Geschäftsgrundlage eines Vertrages bezeichnet die Rechtsprechung – mit teils unterschiedlichem Wortlaut, aber im wesentlichen inhaltsgleich – „die nicht zum eigentlichen Vertragsinhalt erhobenen, bei Vertragsschluß aber

zutage getretenen **gemeinsamen Vorstellungen** beider Vertragsparteien oder **die dem Geschäftsgegner erkennbaren und von ihm nicht beanstandeten Vorstellungen der einen Vertragspartei** von dem Vorhandensein oder dem künftigen Eintritt gewisser Umstände, auf denen der Geschäftswille der Parteien sich aufbaut" (BGH, NJW 1991, 1478; 1997, 320, 323 – „Klimbim"; BAG, NJW 1991, 1562, 1563 jeweils m. w. N.; st. Rspr.; vgl. zum folgenden auch *Larenz/Wolf*, AT, 8. Aufl., § 38 Rz. 11 ff. und *Flume*, AT II, 3. Aufl., § 26). Es wurden **56 verschiedene Theorien** zur Geschäftsgrundlage gezählt.

Man unterscheidet die Fälle   98

– des **Fehlens** der Geschäftsgrundlage zur Zeit des Vertragsabschlusses (Beispiel: Börsenkursfälle RGZ 94, 65 ff.; die Vertragsparteien hatten sich über die Höhe des Börsenkurses eines Wertpapiers geirrt) und

– des **Wegfalls** der Geschäftsgrundlage, die zu einer Anpassung des Vertrags und seiner Bedingungen an die veränderten Umstände führen kann (Beispiele: BGH, NJW 1952, 137 – Volkswagensparer; BGHZ 25, 390, 392 ff. – Irrtum über den Umstellungssatz aufgrund der Währungsreform 1948).

Der erstgenannte Fall der von Anfang an **fehlenden Geschäftsgrundlage** läßt sich rechtsdogmatisch über § 119 Abs. 2 BGB lösen, als beiderseitiger Irrtum über verkehrswesentliche Eigenschaften, sofern nicht die Vorschriften über die Gewährleistungsmängel vorgehen (oben Rz. 91). Zweifelhaft ist, ob und inwieweit das Fehlen der Geschäftsgrundlage durch **richterliche Vertragsanpassung** gem. §§ 157, 242 BGB ausgeglichen werden kann (so: OLG Bremen, NJW 1963, 1455, 1457, aber weder im Ergebnis noch in der Begründung befriedigend), weil damit ein erheblicher Eingriff in das Prinzip der Privatautonomie verbunden ist (MünchKomm/*Kramer*, 4. Aufl., Rz. 135 zu § 119 BGB).

Der zweitgenannte Fall des **Wegfalls der Geschäftsgrundlage** ist – wie die Bei- 99
spielsfälle zeigen – vor allem ein Instrumentarium für das Krisenmanagement. Ihm liegt die im Gemeinen Recht entwickelte **clausula rebus sic stantibus** zugrunde, also der Gedanke, daß gegenseitige Verpflichtungen unter der stillschweigenden Voraussetzung eingegangen werden, das Verhältnis zwischen Leistung und Gegenleistung werde sich bis zur beiderseitigen Erfüllung des Vertrags nicht grundsätzlich ändern. Das BGB hat diesen Rechtsgedanken zunächst ausdrücklich nicht generell übernommen, so daß Fälle des Wegfalls der Geschäftsgrundlage mit Hilfe von § 242 BGB gelöst werden mußten. Seit 1. 1. 2002 ist diese Rechtsfigur in § 313 BGB n. F. unter dem Begriff der **Störung der Geschäftsgrundlage** gesetzlich geregelt mit folgendem Wortlaut:

(1) Haben sich Umstände, die zur Grundlage des Vertrags geworden sind, nach Vertragsschluß schwerwiegend verändert und hätten die Parteien den Vertrag nicht oder mit anderem Inhalt geschlossen, wenn sie diese Veränderung vorausgesehen hätten, so kann Anpassung des Vertrags verlangt werden, soweit einem Teil unter Berücksichtigung aller Umstände des Einzelfalles, insbesondere der vertraglichen oder gesetzli-

chen Risikoverteilung, das Festhalten am unveränderten Vertrag nicht zugemutet werden kann.

(2) Einer Veränderung der Umstände steht es gleich, wenn wesentliche Vorstellungen, die zur Grundlage des Vertrags geworden sind, sich als falsch herausstellen.

(3) Ist eine Anpassung des Vertrags nicht möglich oder einem Teil nicht zumutbar, so kann der benachteiligte Teil vom Vertrag zurücktreten. An die Stelle des Rücktrittsrechts tritt für Dauerschuldverhältnisse das Recht zur Kündigung.

100 Daneben finden sich im BGB einige spezialgesetzlich geregelte Fälle des Wegfalls der Geschäftsgrundlage, beispielsweise:

- in § 321 BGB, der bei **Vermögensverschlechterung** des Vertragspartners ein Leistungsverweigerungsrecht gibt („Unsicherheitseinrede");
- in § 519 BGB, der gegen den Anspruch auf Erfüllung eines **Schenkungsversprechens** die Einrede des Notbedarfs gewährt;
- in § 490 BGB, der im Fall der tatsächlichen oder auch nur drohenden **Vermögensverschlechterung** des Darlehensnehmers oder der Werthaltigkeit einer für ein Darlehen gestellten Sicherheit ein **Leistungsverweigerungsrecht** bzw. das Recht der fristlosen Kündigung des Darlehens einräumt.

Ein gesetzlich geregelter Fall des **Fehlens der Geschäftsgrundlage** findet sich in § 779 BGB, wonach ein Vergleich unwirksam ist, wenn der als Geschäftsgrundlage angesehene Sachverhalt nicht der Wirklichkeit entspricht.

Für den Fall, daß **Streit über die Geschäftsgrundlage** entsteht, ist es nützlich, die Geschäftsgrundlage **vertraglich festzuschreiben.** Hierzu gibt es zwei Instrumentarien: die **Präambel** oder **Vorbemerkung** (näheres unten Rz. 112) und die **salvatorischen Klauseln** (näheres unten Rz. 189).

XI. Sittenwidrigkeit

101 Nach § 138 Abs. 1 BGB ist ein Rechtsgeschäft nichtig, das gegen die guten Sitten verstößt. Zweck der Vorschrift ist der Schutz gegen Mißbrauch der Privatautonomie.

Die Nichtigkeit eines Vertrages nach § 138 BGB gilt sowohl für einmalige **Austauschverträge** als auch für **Dauerschuldverhältnisse.** Das gilt zumindest im Arbeitsrecht (BAG, AP Nr. 1 und 2 zu § 138 BGB). In Vollzug gesetzte **Gesellschaftsverträge** sollen hingegen nur dann nach § 138 BGB nichtig sein, wenn der **Gesellschaftszweck** sittenwidrig ist (BGH, NJW 1967, 36, 39; 1970, 1540, 1541). Dieser Einschränkung wird in der Rechtsliteratur mit Recht widersprochen: Sie steht im Gegensatz zu der Auffassung der Sittenwidrigkeit als Unerträglichkeit einer rechtsgeschäftlichen Regelung (MünchKomm/*Mayer-Maly*/*Armbrüster*, 4. Aufl., Rz. 162 zu § 138 BGB m. w. N.) und der Folge der Nichtigkeit, wenn ein Gesellschaftsvertrag gegen ein gesetzliches Verbot verstößt (§ 134 BGB), wo auch nicht (nur) auf den Zweck der Gesellschaft abgestellt wird, näheres hierzu unten Rz. 107.

1. Allgemeines

Der Begriff der Sittenwidrigkeit wird seit den Motiven (Mot. II, 727; *Mugdan* II, 406) dahin gehend umschrieben, sie liege vor, wenn eine Handlungsweise „den in den guten Sitten sich ausprägenden Auffassungen und dem Anstandsgefühl aller billig und gerecht Denkenden widerspricht". Auch der BGH orientiert sich hieran (Beispiele: BGHZ 10, 228, 232 = NJW 1959, 1665; 69, 295, 297). Insbesondere ist § 138 BGB auch zu den „Einbruchstellen" der Grundrechte des Grundgesetzes in das bürgerliche Recht bezeichnet worden (BVerfGE 7, 198, 206 – Lüth unter Bezugnahme auf *Dürig*). Bei der Prüfung, ob ein Rechtsgeschäft sittenwidrig ist, muß grundsätzlich auf den Zeitpunkt seiner Vornahme abgestellt werden (BGHZ 7, 111; 20, 71, 73; 72, 308, 314; 100, 353, 359; 107, 92, 96 m. w. N.), also auf den Zeitpunkt des Vertragsabschlusses. Zweifelhaft ist das allerdings in Fällen, in denen die Sittenwidrigkeit wegen eines Wertewandels nachträglich entfallen ist (so *Mayer-Maly/Armbrüster*, wie Rz. 101 in Rz. 134 ff. zu § 138 BGB). 102

Die Rechtsprechung hat eine vielfältige Kasuistik zu § 138 BGB (und dem ihm entsprechenden § 826 BGB) entwickelt. Im wesentlichen werden unter dem Gesichtspunkt der Sittenwidrigkeit folgende Fallgestaltungen geprüft: 103

– Ausnutzung von (vor allem wirtschaftlicher) Übermacht,
– Beschränkungen der Handlungsfreiheit, etwa durch Knebelung oder Mißbrauch von Formen und Möglichkeiten des Gesellschaftsrechts,
– schwere Äquivalenzstörungen (grundlegend zum Konsumentenkredit nun: Verbraucherdarlehen, §§ 491 ff. BGB: BGHZ 80, 153, 158),
– krasse Überforderung von mittellosen Angehörigen auf Grund von Bürgschaften (BVerfGE 89, 214, 235 = NJW 1994, 36, 39; BGH, NJW 2000, 362 und 1182),
– vorsätzliche Schädigung Dritter, wie Verleitung zum Vertragsbruch, Wechsel- und Scheckreiterei,
– Urteilsmißbrauch,

um nur die wichtigsten Schwerpunkte zu nennen.

Rechtsfolgen: Nichtigkeit des Rechtsgeschäfts, Rückabwicklung über Bereicherungsrecht, wobei nach § 817 BGB die Rückforderung ausgeschlossen ist, wenn beiden Vertragspartnern ein Verstoß nach § 138 BGB zur Last fällt, es sei denn, daß die Leistung in der Eingehung einer Verbindlichkeit bestand; in diesem Fall kann das zur Erfüllung einer solchen Verbindlichkeit Geleistete nicht zurückgefordert werden. Weitere Rechtsfolge: Schadensersatzpflicht nach § 826 BGB. 104

105 Zum **subjektiven Tatbestand** stellt die Rechtsprechung u. a. auf folgende Kriterien ab:

- verwerfliche Gesinnung,
- Bewußtsein der Sittenwidrigkeit,
- und vor allem Kenntnis oder fahrlässige Unkenntnis der Sittenwidrigkeitsmerkmale (BGHZ 80, 153, 160: „wenn sich der Darlehensgeber als objektiv sittenwidrig Handelnder zumindest leichtfertig der Einsicht verschließt, daß sich der Darlehensnehmer nur aufgrund seiner wirtschaftlichen schwächeren Lage auf die ihn beschwerenden Darlehensbedingungen einläßt").

Inhalt und Zweck des Rechtsgeschäfts und die gesamten sonstigen Geschäftsumstände sind zusammenfassend zu würdigen.

2. Wucher

106 Nach § 138 Abs. 2 ist insbesondere ein wucherisches Rechtsgeschäft **nichtig** (während die wucherähnlichen Rechtsgeschäfte unter § 138 Abs. 1 BGB subsumiert werden). Danach liegt Wucher vor, wenn jemand unter Ausnutzung der Zwangslage, der Unerfahrenheit, des Mangels an Urteilsvermögen oder der erheblichen Willensschwäche eines anderen sich oder einem Dritten für eine Leistung Vermögensvorteile versprechen oder gewähren läßt, die in einem auffälligen Mißverhältnis zu der Leistung stehen. Ergänzt wird die zivilrechtliche Folge der Nichtigkeit durch die Strafsanktion des § 302a StGB, die in Verbindung mit § 823 Abs. 2 BGB und § 826 BGB zu Schadensersatzansprüchen führen kann.

XII. Gesetzliche Verbote

107 Nach § 134 BGB ist ein Rechtsgeschäft, das gegen ein gesetzliches Verbot verstößt, **nichtig,** wenn sich nicht aus dem Gesetz etwas anderes ergibt. So führen Verstöße gegen Preisvorschriften nicht zur Nichtigkeit des Rechtsgeschäfts, sondern nur dazu, daß der zulässige Preis an die Stelle des preisrechtlich unzulässigen Preises tritt und damit Vertragspreis wird (BGHZ 89, 316, 319 f.).

Verbotsgesetze im Sinn des § 134 BGB müssen nicht förmliche Gesetze sein, sie können auch in Rechtsverordnungen enthalten sein, selbstverständlich auch in Landesrecht und in EG-Recht.

Die Nichtigkeit nach § 134 BGB erfaßt **Austauschverträge** ebenso wie **Gesellschaftsverträge** (BGHZ 62, 234, 238 – Rechtsberatung; 75, 214, 217 f. – Stille Beteiligung an einer Apotheke).

27 Vertragsinhalt und Vertragsstruktur

		Rz.
I.	Vertragsparteien	108
1.	Bezeichnung der Vertragsparteien	108
2.	Einbeziehung Dritter	109
II.	Präambel/Vorbemerkung	112
1.	Funktion	112
2.	Inhalt	113
III.	Bezeichnung des Vertragsgegenstandes	114
1.	Haupt- und Nebenpflichten	116
2.	Zusicherungen	118
3.	Haftungsklauseln	121
IV.	AGB und ihre Bedeutung	122
1.	Begriff	123
2.	Anwendungsbereich	124
3.	Inhaltskontrolle	129
V.	Bedeutung des gesetzlichen Leitbildes	131
1.	Individualverträge	132
	a) Inhaltskontrolle	133
	b) Vertragsauslegung	136
	c) Neue atypische Vertragsformen	137
	d) Dogmatische Nachbemerkung	138
2.	AGB-Verträge	141
VI.	Bedeutung öffentlich-rechtlicher und strafrechtlicher Vorschriften für private Verträge	142
VII.	Kartellrechtliche Probleme	145
VIII.	Bedeutung von EG-Richtlinien	146
IX.	Gemischte Verträge	147
1.	Erscheinungsformen	148
2.	Rechtliche Einordnung	149

		Rz.
X.	Sicherheiten	150
1.	Anzahlungen/Abschlagszahlungen	151
2.	Eigentumsvorbehalte	152
3.	Abtretungen	153
4.	Bürgschaften	154
5.	Garantien	155
6.	Akkreditive	157
7.	Vertragsstrafen	158
8.	Break-free-Vereinbarungen	159
XI.	Preisklauseln	160
1.	Wertsicherungs- und ähnliche Klauseln	161
2.	Indexierungsverbot	162
3.	Freistellungen und Genehmigungen	163
4.	Mietverträge	165
5.	Rechtsfolgen	167
6.	Kein Fremdwährungsverbot	168
XII.	Zeitvereinbarungen	169
1.	Nachfristklauseln	170
2.	Fixgeschäfte	174
XIII.	Konkurrenzschutzklauseln	176
1.	Wettbewerbsklauseln	177
2.	Alleinvertriebsklauseln	181
XIV.	Optionen	183
XV.	Schiedsgerichtsklauseln	184
1.	Vorteile	185
2.	Nachteile	186
3.	Formvorschriften	187
XVI.	Übliche Schlußbestimmungen	188
1.	Salvatorische Klauseln	189
2.	Gerichtsstandsklauseln	190
3.	Rechtswahlklauseln	191
4.	Schriftformklauseln	193
XVII.	Checkliste für Vertragsgestaltungen	194

I. Vertragsparteien

1. Bezeichnung der Vertragsparteien

108 Die Vertragsparteien sollten **vollständig** und **zutreffend** bezeichnet werden. Das sollte eine Selbstverständlichkeit sein, gegen die jedoch häufig verstoßen wird. Insbesondere sollte bei der Firma einer Personengesellschaft oder einer juristischen Person, die sich noch im Gründungsstadium befindet, der Zusatz „i. Gr." („in Gründung") hinzugefügt werden. Auch die zum Zeitpunkt des Vertragsabschlusses amtierenden gesetzlichen Vertreter sollten aufgeführt werden. Die GmbH wird gesetzlich vertreten durch ihre Geschäftsführer (§ 35 Abs. 1 GmbHG), die Aktiengesellschaft (§ 78 Abs. 1 AktG) durch den Vorstand (nicht durch den Vorstandsvorsitzenden, wie häufig formuliert wird).

> Wenn die **Vertragsunterzeichnung** nicht durch die gesetzlichen Vertreter einer Handelsgesellschaft erfolgt oder eine Naturalpartei nicht in eigener Person unterzeichnet, kann es sich empfehlen, bereits bei der Parteibezeichnung die Verhandlungs- und Abschlußbevollmächtigten zu benennen und ihre Funktion zu bezeichnen. Bei Vertretung durch Rechtsanwälte ist das allgemein üblich. Spätestens sind solche Angaben jedoch bei der Unterschrift erforderlich.

2. Einbeziehung Dritter

109 Es kann erforderlich sein, Dritte in den Vertrag einzubeziehen. Eine **Vernetzung mehrerer Verträge** kann in unterschiedlicher Weise erfolgen. Unproblematisch ist es, wenn Verträge mit Dritten (etwa Lieferanten) einbezogen werden sollen. Auf sie kann pauschal Bezug genommen werden, wenn sie als wesentlicher Bestandteil des Vertrags bezeichnet und mit dem Vertragstext ausgefertigt werden. Es ist dann lediglich erforderlich zu regeln, was gelten soll, wenn der Dritte nicht oder nicht gehörig leistet.

Hat einer der Vertragspartner nicht in Person zu leisten, sondern behält er sich vor, die Leistung durch einen Dritten erbringen zu lassen, ist es, wenn es sich um einen Formularvertrag oder eine AGB-Klausel handelt, bei Kauf-, Dienst- oder Werkverträgen erforderlich, den Dritten namentlich zu bezeichnen oder dem anderen Vertragsteil das Recht einzuräumen, sich vom Vertrag zu lösen (§ 309 Nr. 10 BGB). Im kaufmännischen Verkehr kommt es darauf an, ob der kaufmännische Kunde durch die Klausel im Einzelfall unangemessen benachteiligt wird (§ 307 BGB).

110 Verpflichtet sich eine Vertragspartei, **Leistungen Dritter** der anderen Partei zu verschaffen, muß sichergestellt werden, daß der erstrebte Erfolg eintritt. Soweit es sich darum handelt, bewegliche Gegenstände (Waren oder deren

Bestandteile) zu erwerben, ist das kein Problem der Vertragsvernetzung, wohl aber, wenn Rechte Dritter eingeräumt werden sollen, wie beim Lizenzvertrag (wenn der Lizenzgeber nicht alleiniger Inhaber der Schutzrechte ist) oder beim Herausgebervertrag im Verlagsrecht (in diesem Fall muß der Herausgeber sich verpflichten, alle Vervielfältigungs- und Verbreitungsrechte einschließlich der Nebenrechte dem Verlag einzuräumen).

> Es kann sich in diesen Fällen im beiderseitigen Interesse empfehlen, verbindliche Texte für die Rechteeinräumung zu vereinbaren, die mit dem Hauptvertrag koordiniert sein müssen.

Es bietet sich an, bei **Austauschverträgen** derartige Vernetzungen in der Vorbemerkung unterzubringen (nachstehend Rz. 112 f.). Man kann hierfür aber auch eine eigene Vertragsklausel wählen. Aus Gründen der Optik und der Übersichtlichkeit sollten derartige Vernetzungsklauseln nicht in die Schlußbestimmungen integriert werden, die nicht immer mit gleicher Sorgfalt gelesen werden. 111

Im **Gesellschaftsrecht** kann sich das Problem der Vertragsvernetzung vor allem im Bereich des Konzernrechts ergeben.

II. Präambel/Vorbemerkung

1. Funktion

Wichtigste Funktion der Vorbemerkung ist es, Anhaltspunkte für die **Geschäftsgrundlage** (näher hierzu oben Rz. 97 ff.) festzuschreiben. Sie ist nützlich sowohl für **Austausch- wie Gesellschaftsverträge.** Bei letzteren wird sich die Geschäftsgrundlage zwar in der Regel aus dem „Gegenstand des Unternehmens" ergeben, dessen Angabe im Gesellschaftsvertrag zwingend vorgeschrieben sein kann (z. B. § 3 Abs. 1 Nr. 2 GmbHG), doch wird dieser, um den geschäftlichen Aktivitäten möglichst weitem Raum zu geben, oft so weit gefaßt, daß er für die eigentliche Geschäftsgrundlage, für das Ziel und die gemeinsamen Vorstellungen der Vertragsparteien, oft unergiebig ist (Beispiel: „Gegenstand des Unternehmens ist der Handel mit Waren aller Art."; eine Bezeichnung, die heute wegen unzureichender Individualisierung wohl unzulässig wäre, BayObLGZ 1994, 224 = NJW-RR 1995, 31; vgl. a. *Scholz/Emmerich*, 9. Aufl. Rz. 13 zu § 3 GmbHG m. w. N.). 112

2. Inhalt

113 In die Vorbemerkung kann alles das ausgelagert werden, was nicht zum (begrifflich engeren) Vertragsgegenstand gehört, also zur Beschreibung der gegenseitigen **Rechte und Pflichten** (nachstehend Rz. 114 ff.).

Ein anschauliches Beispiel bieten die EG-Richtlinien, denen stets mehrere Seiten von Erwägungsgründen vorausgestellt sind und deutsche Gesetze jüngeren Datums, die oft zu Beginn einen Katalog von Begriffs-Definitionen enthalten. Natürlich wird eine vertragliche Vorbemerkung nicht so umfangreich ausfallen, weil in den Erwägungsgründen der EG-Richtlinien auch die Motive, also die Begründung des Richtliniengebers, enthalten sind, die aber zum Teil für die Auslegung verbindlich sind.

Aus der Vorbemerkung eines Vertrags sollte sich jedoch, soweit erforderlich, ergeben, welchen Zweck die Vertragsparteien mit dem Vertragsabschluß verfolgen. Die Vorbemerkung wird daher insbesondere bei **Dauerschuldverhältnissen** (hierzu vorstehend Rz. 93 ff.) von besonderer Bedeutung sein.

Man kann in der Vorbemerkung auch den Status quo festschreiben, von dem die Parteien ausgehen, also die Rechtslage, die die Vertragsparteien als vorgefunden betrachten: wer welche Rechtsposition innehat, wer welche Rechte dem anderen einräumen soll.

> In die Vorbemerkung kann auch ein Katalog von **Definitionen** einbezogen werden, die dann verbindlich die Terminologie des Vertrags bestimmen. Das wird sich insbesondere bei internationalen Verträgen empfehlen, um versteckte Einigungsmängel zu vermeiden.

Der Umfang der Vorbemerkung richtet sich natürlich stets nach dem konkreten Vertrag und danach, wie weit sein Inhalt von der gesetzlichen Norm (falls es dafür eine gibt) abweichen soll. Die Vorbemerkung ist **Vertragsinhalt** und für die **Vertragsauslegung** verbindlich. Entsprechend präzise sollte sie gefaßt werden.

III. Bezeichnung des Vertragsgegenstandes

114 Gleichgültig, ob es sich um **Austausch- oder Gesellschaftsverträge** handelt, ob ein Dauerschuldverhältnis begründet oder ein einmaliger Leistungsaustausch erfolgen soll: In jedem Fall sollte größte Sorgfalt auf die Bezeichnung des Vertragsgegenstandes verwendet werden. Das setzt voraus, daß sich die Vertragsparteien selbst darüber Rechenschaft abgelegt haben und sich auch darüber einig sind. Die Praxis zeigt, daß gegen diese Grundsätze nicht selten verstoßen wird.

Auch die **Bezeichnung** eines Vertrages als „Mietvertrag", „Gesellschaftsvertrag" oder „Dienstvertrag" ist nicht maßgebend, wenn der Inhalt des Vertrages ergibt, daß eine Falschbezeichnung vorliegt. Bei der Auslegung einer Willenserklärung ist zwar der erklärte Wille, also das, was als Wille für denjenigen erkennbar geworden ist, für den die Erklärung bestimmt war („Empfängerhorizont"), maßgebend, nicht ein innerer, unerklärt gebliebener Wille (BGHZ 47, 75, 78). Weicht aber die Bezeichnung eines Vertrages vom Erklärungsinhalt ab, so gilt, wie der Erklärungsempfänger die Willenserklärung nach Treu und Glauben und der Verkehrsanschauung verstehen mußte (§§ 133, 157 BGB). Ein übereinstimmender (erklärter) Wille der Parteien geht dem Wortlaut des Vertrags und jeder anderweitigen Interpretation vor (BGHZ 71, 75, 77 f. = NJW 1978, 1050; NJW 1989, 526, 527 (insoweit nicht in BGHZ 105, 250 abgedruckt); BGH, NJW 1992, 2489; 1994, 1528, 1529; 1998, 746, 747 m. w. N.).

115

Eine „falsa demonstratio" schadet folglich nicht. Ist der Vertragstext widersprüchlich, muß der **wirkliche Wille** der Vertragsparteien **erforscht** werden, wofür die allgemeinen Auslegungs- und Beweisregeln gelten. Trotz des Verbots, am buchstäblichen Wortlaut zu haften, muß sich eine Interpretation eines Vertrages immer zunächst am Wortlaut orientieren (BGH, NJW 1998, 2966).

1. Haupt- und Nebenpflichten

Die Hauptpflichten eines Vertrags sind in mehrfacher Hinsicht für die Auslegung des Vertragsverhältnisses und für die Beurteilung der Erfüllung von wesentlicher Bedeutung. Sowohl bei den **Austauschverträgen** wie bei den **Gesellschaftsverträgen** handelt es sich in der Regel um **Leistungspflichten**.

116

Beispiele:
- Bei den **Austauschverträgen** hat der eine Teil eine Ware zu liefern (Kaufvertrag), einen Gegenstand zur Verfügung zu stellen (Miete, Pacht, Leihe), eine persönliche Leistung zu erbringen (Werkvertrag, Dienstvertrag, Verlagsvertrag), der andere Teil hierfür in der Regel eine Vergütung zu zahlen (Kaufpreis, Miete und Pacht, Werk- und Dienstvergütung, Honorar) und/oder den Vertragsgegenstand pfleglich zu behandeln (bei der Leihe, aber auch bei der Miete und Pacht: Obhutspflichten nach § 241 Abs. 2 BGB). Daneben kann es weitere Hauptleistungspflichten geben: Pflicht der Freiheit von Sach- und Rechtsmängeln (§ 433 Abs. 1 S. 2 beim Kauf, § 633 Abs. 1 beim Werkvertrag). Eigentumsverschaffung (beim Kauf), Vervielfältigung und Verbreitung (beim Verlagsvertrag). Die Aufzählung erstrebt keine Vollständigkeit.
- Auch bei den **Gesellschaftsverträgen** bestehen in der Regel gegenseitige Leistungspflichten: Erbringung einer Einlage, sei es als Bareinlage oder als Sacheinlage, Dienstleistungspflichten der tätigen Gesellschafter, Treuepflichten.

Diese Hauptleistungspflichten sollten am Anfang eines Vertragswerks, nach der Vorbemerkung (Präambel) möglichst präzise festgeschrieben werden. Handelt es sich um einen atypischen Vertrag, der im Gesetz nicht ausdrücklich geregelt ist, oder um einen zusammengesetzten Vertrag, der aus den Elementen mehrerer gesetzlich geregelter Vertragstypen zusammengesetzt ist, ist das um so erforderlicher, damit nach Möglichkeit Streit zwischen den Vertragsparteien über ihre jeweiligen Leistungspflichten vermieden wird.

Diese Hauptleistungspflichten sind, wenn es doch zum Konflikt zwischen den Vertragsparteien kommt, auch wesentlich für die Auslegung des Vertrags und seine rechtliche Einordnung in die **gesetzlich geregelten** Vertragstypen, soweit das möglich ist, oder in die von der Rechtsprechung entwickelten Kriterien für **gesetzlich nicht geregelte** Vertragstypen (wie: Leasing, Factoring, Franchising, Consulting-, Computer-, Poolverträge, Joint-Venture-Verträge, Merchandising usw.).

117 Von erheblicher Bedeutung kann im Einzelfall auch sein, ob eine Leistungspflicht als Haupt- oder als **Nebenpflicht** vereinbart wird. Bei den gesetzlich geregelten Vertragstypen hat die Rechtsprechung in der Regel Kriterien entwickelt, welche Leistungspflichten als Hauptpflichten und welche als Nebenpflichten anzusehen sind. Im Einzelfall kann jedoch eine von der Rechtsprechung in der Regel als Nebenpflicht angesehene Leistungspflicht als Hauptleistungspflicht vereinbart werden, weil es für die Vertragsparteien von besonderer Wichtigkeit ist, daß ein Vertragsverhältnis mit der Erfüllung einer bestimmten Leistungspflicht steht und fällt. Denn die schuldhafte Verletzung von Hauptleistungspflichten kann zur Kündigung aus wichtigem Grund, zur Anfechtung oder zum Rücktritt vom Vertrag berechtigen, während die Verletzung einer Nebenpflicht nach § 242 BGB in der Regel nicht zur außerordentlichen Beendigung des Vertragsverhältnisses berechtigt, aber **Schadensersatzpflichten** nach §§ 280 ff. BGB auslösen kann, weil die Pflichtverletzung nach § 280 Abs. 1 BGB sich nicht nur auf Hauptpflichten, sondern auch auf (echte) vertragliche Nebenpflichten bezieht, die der Erfüllung des konkreten vertraglichen Leistungsinteresses des Gläubigers dienen.

So stellt die einem Besteller vereinbarungsgemäß obliegende Pflicht zum Abruf der vom Unternehmer zu erbringenden Werkleistung in der Regel keine Hauptverpflichtung dar, durch deren Nichterfüllung die Rechtsfolgen des § 326 BGB herbeigeführt werden können (BGH, NJW 1972, 99). Dagegen wurde in der vertraglich begründeten Verpflichtung des Mieters, die Mieträume nach Beendigung des Mietverhältnisses in dem Zustand der Übernahme zu hinterlassen, als Hauptleistungspflicht des Mieters angesehen, deren Verletzung unter den Voraussetzungen der §§ 280 ff. BGB nach heutiger Rechtslage einen Schadensersatzanspruch auf Geldzahlung begründen könne (BGHZ 104, 6, 10).

2. Zusicherungen

In diesem Zusammenhang sind besonders wichtig Zusicherungen des einen oder anderen Vertragspartners. Für das Kaufrecht ergibt sich das schon aus § 433 Abs. 1 S. 1 BGB. Diese Bestimmung verpflichtet den Verkäufer einer Sache dazu, dem Käufer die Sache frei von Sach- und Rechtsmängeln zu verschaffen. Was der Gesetzgeber unter Sach- und Rechtsmängeln versteht, ist in §§ 434, 435 BGB definiert. Nach dem Prinzip der Vertragsfreiheit sind die Vertragsparteien jedoch nicht gehindert, bestimmte Eigenschaften zuzusichern, auch wenn das Gesetz die „zugesicherten Eigenschaften" nicht mehr als Rechtsbegriff kennt. So kann der Verkäufer und erst Recht der Werkunternehmer sich verpflichten, daß der Gegenstand des Vertrages (Beispiele: ein technisches Gerät, die Zusammensetzung einer chemischen Substanz usw.) eine bestimmte Eigenschaft aufweist, die es dem Käufer oder Besteller des Werkvertrags gestattet, die Sache in seinem Betrieb in möglichst genau zu bestimmender Weise zu verwenden, ohne seinerseits mit Fehlern behaftete Güter herzustellen.

118

Aber auch in anderen Bereichen kann die Zusicherung bestimmter Eigenschaften von wesentlicher Bedeutung für das Vertragsverhältnis sein. Klauseln wie „steht dafür ein", „gewährleistet" oder „sichert zu" sprechen in der Regel dafür, daß eine Hauptleistungspflicht des Vertragspartners begründet werden sollte. Das ist wesentlich vor allem dann, wenn der Vertragspartner ein Spezialist für das Gebiet ist, in welchem er ein Werk erstellen oder besorgen soll, so daß der andere Vertragspartner sich auf seine Spezialkenntnisse verlassen können muß, auch wenn er über einige Kontrollmechanismen verfügt. Das gilt für technisches Gerät einschließlich EDV-Anlagen ebenso wie für den Verlagsvertrag wie für den Maklervertrag (der sich auf Grundstücke oder andere Gegenstände beziehen kann).

119

Bei den in Rz. 119 genannten Klauseln könnte es sich – je nach dem verwendeten Wortlaut und dem Sinnzusammenhang – aber auch um **Garantien** handeln. Seit Inkrafttreten des SchRModG am 1. 1. 2002 ist die **Beschaffenheits- und Haltbarkeitsgarantie** in § 443 BGB gesetzlich geregelt. Mit § 443 Abs. 1 BGB wurde Art. 6 Abs. 1 der Verbrauchsgüterkauf-Richtlinie der EG umgesetzt, so daß diese und ihre Erwägungsgründe für die Auslegung heranzuziehen sind (Richtlinie 1999/44/EG vom 25. 5. 1999, ABl. EG Nr. L 171 S. 12), auch wenn der deutsche Gesetzgeber die genannten Garantien für das Kaufrecht allgemein geregelt hat, nicht nur bezogen auf den Fall des Verbrauchsgüterkaufs (§§ 474 ff. BGB).

§ 443 Abs.1 enthält auch eine **Legaldefinition der Haltbarkeitsgarantie**, die in Erwägungsgrund 21 der Richtlinie ausführlicher formuliert ist als „Garantien..., die die Verbraucher gegen alle Mängel absichern, die innerhalb einer bestimmten Frist offenbar werden können". In § 443 Abs. 2 wird die widerlegliche gesetzliche Vermutung aufgestellt, daß ein während der Geltungsdauer der Garantieerklärung auftretender Sachmangel die Rechte aus der Garantie begründet. Die Garantieerklärung unterliegt der AGB-Klauselkontrolle nach §§ 307 ff. BGB (BGHZ 104, 82, 86), Die Rechte aus der Garantie, wenn sie abgegeben ist, dürfen durch vertragliche Vereinbarungen nicht ausgehöhlt werden (Erwägungsgrund 22 der Richtlinie).

> Wer einen Vertrag schriftlich fixiert, muß sich daher, wenn er nicht fachkundig ist (wie oft der juristische Berater), fachkundig darüber machen, welche Eigenschaften für den Gegenstand des Vertrags von besonderer Bedeutung sind und welche Zusicherungen und Garantien daher von der anderen Vertragsseite einzuholen sind.

120 Im Vertragstext sollten diese Zusicherungen und Garantien in einem gesonderten Abschnitt untergebracht werden. Man kann sie zusammenfassen unter einer Überschrift „Haftung des/der ..." Handelt es sich um einen AGB-Vertrag, also um eine Vertragsklausel, die für eine Mehrzahl von Verträgen verwendet wird (§ 305 Abs. 1 BGB), ist das schon deshalb erforderlich, um den späteren Einwand auszuschalten, es handle sich um eine überraschende Klausel (§ 305c Abs. 1 BGB).

3. Haftungsklauseln

121 Im engen Zusammenhang mit diesen Zusicherungen und Garantien stehen die Haftungsklauseln, die sie ergänzen. Mit ihnen kann auf den Vertragspartner, der bestimmte Gewährleistungen übernommen hat, die Haftung für Schäden überwälzt werden, die ihren Grund darin haben, daß Gewährleistungen und Garantien nicht eingehalten wurden. Wichtigster Anwendungsbereich sind Schadensersatzansprüche Dritter aufgrund des Produkthaftungsgesetzes. Aber auch sonstige Schäden kommen in Betracht, wenn etwa fehlerhafte Ware zurückgerufen werden muß oder nicht ausgeliefert werden kann, weil beispielsweise gesetzliche Bestimmungen oder technische Vorschriften nicht eingehalten sind oder durch das vom Vertragspartner zu liefernde Produkt Rechte Dritter beeinträchtigt werden (zur Garantie: § 444 2. Alternative).

IV. AGB und ihre Bedeutung

122 Die Verwendung Allgemeiner Geschäftsbedingungen (AGB, §§ 305–310 BGB) ist für den Rechtsverkehr unerläßlich. Historisch gehen sie wohl auf die Formulare der Kautelarjurisprudenz zurück. Seit der Mitte des 19. Jahrhunderts haben sich für die Geschäfte des Massenverkehrs AGB als besonders bedeutsam erwiesen (grundlegend die Monographie von *Ludwig Raiser*, Das Recht der AGB, 1935, Nachdruck 1961). Naturgemäß führten das

Rechtsinstitut der AGB einschließlich der Formularverträge und das Prinzip der Vertragsfreiheit dazu, daß sich die jeweils wirtschaftlich stärkere Vertragspartei bemühte, ihre Interessen auf Kosten der wirtschaftlich schwächeren Vertragspartei durchzusetzen. Dem versuchte die Rechtsprechung durch eine Inhaltskontrolle der AGB über §§ 138 Abs. 1, 242 BGB gegenzusteuern (vgl. hierzu *Ott*, NJW 1972, 420 ff.). Seit Inkrafttreten des AGB-Gesetzes am 1. 4. 1977 ist das Recht der AGB gesetzlich geregelt. Durch § 24a AGBG (in Kraft seit 25. 7. 1996) wurde die EG-Richtlinie über **mißbräuchliche Klauseln** in deutsches Recht umgesetzt. Seit 1. 1. 2002 ist das AGB-Recht in das BGB inkorporiert.

1. Begriff

Hierzu ausführlich vorstehend Rz. 64 und 65. Die EG-Richtlinie über mißbräuchliche Klauseln enthält in Art. 2 zusätzliche Begriffsbestimmungen und in einem Anhang einen **Katalog von Klauseln**, die über die Pflicht zur richtlinienkonformen Auslegung die Klauselverbote des AGBG inhaltlich teilweise verschärfen, so daß etwa Haftungsfreizeichnungen von Teilnehmern an gefährlichen Sportarten leerlaufen, soweit sie Lebens- und Gesundheitsrisiken betreffen (Nr. 1a RiLi), vgl. oben Rz. 72.

2. Anwendungsbereich

Nach § 23 Abs. 1 AGBG findet das AGB-Gesetz keine Anwendung bei Verträgen auf dem Gebiet des **Erb-, Familien- und Gesellschaftsrechts** sowie auf Tarifverträge, Betriebs- und Dienstvereinbarungen, vgl. ausführlich oben Rz. 66, 67.

Dagegen sind vom AGB-Recht **nicht** freigestellt vorformulierte Vertragsbedingungen in Verträgen zwischen **arbeitnehmerähnlichen Personen** und ihrem Auftraggeber, es sei denn, daß sie durch **Tarifvertrag** (§ 12a TVG) geregelt sind.

Nicht anwendbar ist das AGB-Gesetz ferner auf Individualabreden, also Vertragsbedingungen, die zwischen den Vertragsparteien im einzelnen ausgehandelt wurden (oben Rz. 65). Das AGB-Gesetz gilt ferner nicht für Vertragsbedingungen, die nur für den Einzelfall vorformuliert wurden, weil es dann am Begriffsmerkmal der „Vielzahl von Verträgen" (§ 305 Abs. 1 S. 1 BGB) fehlt, es sei denn, derartige Vertragsbedingungen seien in einem Vertrag zwischen einem Unternehmer und einem Verbraucher im Sinn des § 310 Abs. 3 BGB (vgl. die Legaldefinitionen für „Unternehmer" und „Verbraucher" in §§ 13, 14 BGB) enthalten. In diesem Fall gelten AGB stets als vom Unternehmer gestellt, wenn sie nicht durch den Verbraucher in den Vertrag eingeführt wurden. Ferner gelten die §§ 305c Abs. 2, 306, 307 bis 309 BGB sowie Art. 29a EGBGB in diesem Fall auch dann, wenn diese nur zur einmaligen

Verwendung bestimmt sind und soweit der Verbraucher aufgrund der Vorformulierung auf ihren Inhalt keinen Einfluß nehmen konnte. Ferner sind in diesem Fall bei der Beurteilung der unangemessenen Benachteiligung nach § 307 BGB auch die den Vertragsabschluß begleitenden Umstände zu berücksichtigen.

126 **Eingeschränkt** ist der Anwendungsbereich des AGB-Gesetzes bei den in §§ 305a, 309 Nr. 7 b), 310 Abs. 2 BGB aufgeführten Verträgen in dem dort genannten Umfang.

Wichtigste **Beispiele**:

– genehmigte Beförderungsbedingungen,

– Geschäftsbedingungen und Leistungsentgelte für Telekommunikation, Post usw.,

– Verträge der Elektrizitäts- und Gasversorgungsunternehmen,

– VOB-Verträge (§§ 308 Nr. 5, 309 Nr. 8 b) ff.).

Zu beachten ist, daß die Geltung des AGB-Rechts aber nur jeweils in dem genannten Umfang eingeschränkt ist.

127 Ferner unterliegen nach § 305a BGB die dort genannten Bedingungen nicht den Einbeziehungsvoraussetzungen des § 2 AGBG. Mit Wirkung vom 29. 7. 1994 ist im Zuge der Deregulierung die Genehmigungspflicht für Allgemeine Versicherungsbedingungen entfallen (§ 5 Abs. 3 Nr. 1 VAG) doch gilt die Privilegierung des § 23 Abs. 3 AGBG a. F. für Altverträge fort.

Schließlich finden die Vorschriften der §§ 305 Abs. 2 und 3, 308 und 309 BGB keine Anwendung auf AGB, die gegenüber einem **Unternehmer** verwendet werden oder die gegenüber einer juristischen Person des öffentlichen Rechts oder einem öffentlich-rechtlichen Sondervermögen verwendet werden (§ 310 Abs. 1 BGB). Doch gilt in diesen Fällen § 307 BGB, also die Generalklausel, von der eine Reihe von Unwirksamkeitsvorschriften der §§ 308, 309 BGB umfaßt werden. Auf die im Handelsverkehr geltenden Gewohnheiten und Gebräuche ist jedoch angemessen Rücksicht zu nehmen.

128 Zum **internationalen Geltungsbereich** siehe ausführlich oben Rz. 67 letzter Absatz.

3. Inhaltskontrolle

129 Alle AGB unterliegen einer Inhaltskontrolle, und zwar einer abstrakten Inhaltskontrolle nach § 1 ff. UKlaG (Klage auf Unterlassung und Widerruf) qualifizierter Einrichtungen im Sinn der §§ 3 und 4 UKlaG und von Verbänden sowie einer konkreten Inhaltskontrolle im Einzelfall.

Es muß bereits bei der Formulierung des Vertragstextes darauf geachtet werden, ob der Vertrag den §§ 305 ff. BGB unterliegt, und wenn ja, daß er keine danach unwirksame Klauseln enthält.

130
Da nach § 307 Abs. 3 BGB die Absätze 1 und 2 sowie auch die §§ 308, 309 BGB nur für Bestimmungen in AGB gelten, durch die von Rechtsvorschriften abweichende oder diese ergänzende Regelungen vereinbart werden, unterliegen der Inhaltskontrolle nicht preis- und leistungsbestimmende Klauseln, wohl aber Preisnebenabreden und Zahlungsbedingungen. Auch die übrigen Vorschriften des AGB-Rechts (Einbeziehung, Unklarheitenregelung usw.) gelten natürlich auch für derartige Preisnebenabreden.

V. Bedeutung des gesetzlichen Leitbildes

131
Das gesetzliche Leitbild eines bestimmten Vertragstyps ist sowohl im Individualvertrag wie im Formularvertrag (AGB-Vertrag) von rechtlicher Bedeutung. Das gilt nicht nur für **Austauschverträge**, sondern auch für **Gesellschaftsverträge**.

1. Individualverträge

132
Hier kommt dem gesetzlichen Leitbild vielfache und unterschiedliche Bedeutung zu: so bei der richterlichen Inhaltskontrolle von Verträgen, bei ihrer Auslegung und bei der rechtlichen Einordnung neuer atypischer Vertragsformen.

a) Inhaltskontrolle

133
Die Rechtsprechung hat aus §§ 138 Abs. 1, 242 BGB in Fällen eines groben Mißbrauchs der Vertragsfreiheit das Recht zur Inhaltskontrolle auch von Individualverträgen hergeleitet. So wurde eine Bestimmung in einem KG-Vertrag, die den persönlich haftenden Gesellschaftern das Recht einräumte, Kommanditisten nach freiem Ermessen aus der Gesellschaft auszuschließen, für nichtig erachtet, es sei denn, daß eine solche Regelung wegen außergewöhnlicher Umstände sachlich gerechtfertigt sei (BGHZ 81, 263, 266 f.; Ergänzung von BGHZ 68, 212, 215).

134
Ferner unterliegen der Mißbrauchskontrolle nach § 242 BGB die **Verträge, die das AGB-Recht (insbesondere also § 305a, § 310 Abs. 1, 2 und Abs. 4 BGB) von der Anwendung des AGB-Rechts ausnimmt.** Grundlegend: BGHZ 64, 238, 241 (zur Inhaltskontrolle von Publikums-KGen nach § 242 BGB; vgl. auch BGHZ 102, 172, 177 zur körperschaftlich strukturierten Publikumsgesellschaft).

Grund für die Sanktion der Nichtigkeit ist das Verlassen des gesetzlichen Leitbildes in §§ 140, 133 HGB, wonach für den Ausschluß eines Gesellschafters aus einer Personengesellschaft ein wichtiger Grund vorliegen muß, verbunden mit der Gefahr der Beeinträchtigung der persönlichen Entschließung für die Kommanditisten, wenn deren Ausschließung im freien Ermessen der persönlich haftenden Gesellschafter liegt (BGHZ 81, 263, 267).

135 Der BGH hat auch seine Rechtsprechung bekräftigt, wonach ein formelhafter Ausschluß der Gewährleistung für Sachmängel beim Erwerb neu errichteter oder noch zu errichtender Eigentumswohnungen und Häuser auch in einem notariellen Individualvertrag nach § 242 BGB unwirksam ist, wenn die Freizeichnung nicht mit dem Erwerber unter ausführlicher Belehrung über die einschneidenden Rechtsfolgen eingehend erörtert wurde (BGHZ 101, 350, 353 m. w. N.).

> Es ist daher bei der Gestaltung von Individualverträgen darauf zu achten, daß die Vertragsfreiheit beim Abbedingen auch dispositiven Rechts nicht überdehnt wird, um die Folge der Nichtigkeit oder zumindest Teilnichtigkeit (§ 139 BGB) zu vermeiden.

b) Vertragsauslegung

136 Nach § 157 BGB sind Verträge so auszulegen, wie Treu und Glauben mit Rücksicht auf die Verkehrssitte es erfordern. Der Wortlaut dieser Bestimmung verweist also auf den des § 242 BGB.

Im vorliegenden Zusammenhang interessiert insbesondere die **ergänzende Vertragsauslegung,** die erforderlich wird, wenn sich eine Regelungslücke zeigt. Eine solche liegt allerdings nicht vor, wenn die Vertragsparteien beim Vertragsschluß über einen bestimmten Punkt keine vom Gesetz abweichende Regelung treffen. Sie überlassen in diesem Fall vielmehr die Ausgestaltung dem Gesetz (BGHZ 9, 273, 277; 40, 91, 103).

Zeigt sich eine Regelungslücke (die auch dadurch entstehen kann, daß eine Vertragsklausel nach § 306 BGB nicht Vertragsbestandteil wurde oder unwirksam ist), darf die ergänzende Vertragsauslegung nicht zu einer inhaltlichen Abänderung des Vertrags führen, sondern es ist ein angemessener Interessenausgleich zwischen den Vertragsparteien zu ermitteln (lehrreich: BGHZ 90, 69, 77 f.; im entschiedenen Fall wurde eine unwirksame Tagespreisklausel in einem PKW-Kaufvertrag dadurch ersetzt, daß dem Käufer ein Rücktrittsrecht eingeräumt wurde). Diesen Interessenausgleich wird die Rechtsprechung stets der Systematik und dem Instrumentarium der geltenden Rechtsordnung entnehmen, das also auch insoweit Leitbildfunktion hat.

c) Neue atypische Vertragsformen

Die Rechtsordnung stellt eine Reihe von Vertragstypen zur Verfügung, die (meist dispositiv) im BGB, im HGB sowie in einer Reihe von Spezialgesetzen geregelt sind, so der Versicherungsvertrag im VVG, die Kapitalgesellschaften im GmbHG und AktG. Daneben hat die Wirtschaft gemischte Verträge (hierzu nachstehend Rz. 147 ff.) entwickelt, die also aus mehreren Vertragstypen zusammengesetzt sind, sowie atypische neue Vertragstypen, die dem ersten Anschein nach keinem gesetzlichen Vertragstyp zuzuordnen sind. 137

Auch letztere versucht die Rechtsprechung jedoch rechtlich dadurch in den Griff zu bekommen, daß sie sie dem Leitbild eines gesetzlichen Vertragstyps unterwirft. So ist nach der Rechtsprechung des BGH der Finanzierungsleasingvertrag grundsätzlich dem Mietrecht zuzuordnen (Nachweise bei *Wolf/Eckert*, Handbuch des gewerblichen Miet-, Pacht- und Leasingrechts, 8. Aufl., Rz. 1793, Fn. 11).

d) Dogmatische Nachbemerkung

Der Begriff vom gesetzlichen Leitbild ist § 307 Abs. 2 Nr. 1 BGB und der Literatur hierzu entnommen. Vorstehend wurde gezeigt, daß das gesetzliche Leitbild – wenn auch nicht unter diesem Begriff – jedoch auch auf dem Gebiet der Individualverträge von erheblicher Bedeutung ist. Die dogmatische Begründung für die Orientierung an den gesetzlichen Vorgaben ist uneinheitlich und schwankend. Es ist hier nicht der Ort, die unterschiedlichen Lösungsansätze darzustellen. Folgende eigene Überlegungen können jedoch vielleicht für die privatrechtliche Vertragsgestaltung eine Richtschnur bieten: 138

Die **verfassungsrechtliche Grundlage** für die Heranziehung gesetzlicher Normen zur Inhaltskontrolle und Auslegung von Verträgen sowie deren rechtliche Einordnung kann in Art. 20 Abs. 3 in Verbindung mit Art. 97 Abs. 1 GG gesehen werden. Nach Art. 97 Abs. 1 GG sind die Richter unabhängig und nur dem Gesetz unterworfen. Nach Art. 20 Abs. 3 GG ist die Rechtsprechung an Gesetz und Recht gebunden. Aus letztgenannter Vorschrift hat das Bundesverfassungsgericht die Aufgabe der Rechtsprechung hergeleitet, Wertvorstellungen, die der verfassungsmäßigen Rechtsordnung immanent, aber in den Texten der geschriebenen Gesetze nicht oder nur unvollkommen zum Ausdruck gelangt sind, in einem Akt des bewertenden Erkennens, dem auch willenhafte Elemente nicht fehlen, ans Licht zu bringen und in Entscheidungen zu realisieren, wobei der Richter sich von Willkür freihalten und seine Entscheidung auf rationaler Argumentation beruhen muß. *„Es muß einsichtig gemacht werden können, daß das geschriebene Gesetz seine Funktion, ein Rechtsproblem gerecht zu lösen, nicht erfüllt. Die richterliche Entscheidung schließt dann diese Lücke nach den Maßstäben der praktischen Vernunft und den ‚fundierten allgemeinen Gerechtigkeitsvorstellun-* 139 *gen der Gemeinschaft'."* (BVerfGE 34, 269, 287 unter Bezugnahme auf BVerfGE 9, 338, 349). Damit wurde verfassungsrechtlich das Recht zur richterlichen Rechtsfortbildung bekräftigt.

140 **Rechtssoziologisch** muß man sich vor Augen halten, daß die staatlichen Organe, also auch die Gerichte, ihre Entscheidungen nach den Prinzipien und Normen des materiellen Rechts treffen, als Maßstab der Entscheidung des konkreten Falles es immer der allgemeinen Regel oder des Prinzips bedarf und richterliche Entscheidungen auf allgemeinen Rechtsprinzipien, Rechtsnormen und etablierten sozialen Werten beruhen *(Petev* in: Achterberg, (Hrsg), Rechtsprechungslehre, 1986, S. 567, 575).

Wer daher vom dispositiven Recht bei der Vertragsgestaltung abweicht (und derartige Abweichungen sind nicht nur zulässig, sondern in einer Vielzahl von Fällen auch geboten), muß sich stets fragen, ob die gefundenen Lösungen noch systemimmanent sind und inwieweit sie der Interessenlage **aller** Vertragspartner noch gerecht werden. Wird einer der Vertragspartner geknebelt oder in seiner Entscheidungsfreiheit so eingeschränkt, daß er von ihr, ohne Schaden befürchten zu müssen, nicht mehr Gebrauch machen kann, ist in der Regel die Grenze zur Unwirksamkeit einer Vertragsklausel überschritten.

2. AGB-Verträge

141 Es wurde bereits darauf hingewiesen, daß der Begriff des gesetzlichen Leitbildes im Zusammenhang mit § 307 Abs. 2 Nr. 1 BGB bzw. seiner Vorgängervorschrift in § 9 AGBG a. F. entwickelt wurde, wonach eine unangemessene Benachteiligung im Zweifel anzunehmen ist, wenn eine Bestimmung mit wesentlichen Grundgedanken der gesetzlichen Regelung, von der abgewichen wird, nicht zu vereinbaren ist. Hierauf ist also gesteigerte Aufmerksamkeit zu richten, wenn bei einem Vertrag, auf den das AGB-Recht anwendbar ist, vom dispositiven Recht abgewichen wird. Als Abweichung von wesentlichen Grundgedanken der gesetzlichen Regelung hat die Rechtsprechung beispielsweise wiederholt Äquivalenzstörungen von Leistung und Gegenleistung behandelt (BGHZ 96, 103, 109 m. w. N. – Finanzierungsleasing).

Zur **„gesetzlichen Regelung, von der abgewichen wird"**, zählen nicht nur (positive) Gesetzesbestimmungen, „sondern auch alle Rechtssätze, welche durch Auslegung, Analogie und Rechtsfortbildung aus den gesetzlichen Vorschriften hergeleitet werden" (BGH, NJW 1987, 1931, 1932 f. a. E. mit weiteren Nachweisen).

Ferner ist zu beachten, daß eine nach dem AGB-Recht an sich wirksame Klausel unter besonderen Umständen des Einzelfalles gegen Treu und Glauben (§ 242 BGB) verstoßen kann mit der Folge, daß die Berufung darauf treuwidrig ist (BGH, NJW-RR 1986, 271, 272; BGHZ 105, 71, 88).

VI. Bedeutung öffentlich-rechtlicher und strafrechtlicher Vorschriften für private Verträge

Die Nichtbeachtung **öffentlich-rechtlicher Vorschriften** in einem privatrechtlichen Vertrag kann nach § 134 BGB zu dessen Nichtigkeit führen. Sie stellt jedenfalls einen Rechts- oder Sachmangel nach §§ 434, 435, 633 BGB dar. Die Haftung für ihn kann individualvertraglich ausgeschlossen oder beschränkt werden, beim AGB-Vertrag nur, soweit nicht eines der Klauselverbote der §§ 308, 309 BGB oder die Generalklausel des § 307 BGB entgegensteht. Andererseits schließt die Einhaltung der anerkannten Regeln der Technik (die allerdings nicht notwendig öffentlich-rechtliche Vorschriften sein müssen) beim Bauvertrag nicht die Fehlerhaftigkeit der Werkleistung aus (BGHZ 91, 206, 212). 142

Auch **EG-Recht** kann gesetzliche Verbote enthalten, deren Verstoß zur Nichtigkeit nach § 134 BGB führen kann (BGH, NJW-RR 1989, 998). **EG-Verordnungen** (nicht: Richtlinien) sind unmittelbar in den Mitgliedstaaten geltendes Recht und bedürfen keiner Umsetzung in nationales Recht, ein darin ausgesprochenes Verbot gilt direkt (BGHZ 125, 27, 35 – Irak-Handelsembargo), vgl. auch Art. 249 Abs. 2 EGV.

Zu den Rechtsgeschäften, die nach § 134 BGB nichtig sein können, gehören sowohl **Austauschverträge** wie auch **Gesellschaftsverträge**, auch familien- und erbrechtliche Verträge. Auch einseitige Rechtsgeschäfte fallen darunter, wie Kündigungen oder letztwillige Verfügungen. 143

Stets ist zu prüfen, ob ein Rechtsgeschäft einer **behördlichen Genehmigung** bedarf. Bei einseitigen Rechtsgeschäften wird unterschieden: Gestaltungsgeschäfte (wie Kündigung, Aufrechnung, Rücktritt, Minderung), die ohne die erforderliche Genehmigung oder Zustimmung (etwa nach §§ 15 ff. SchwbG) vorgenommen werden, sind nichtig, andere in der Regel schwebend unwirksam (BGHZ 37, 233, 235 f.). Zwei- und mehrseitige Rechtsgeschäfte, die ohne die erforderliche Genehmigung abgeschlossen werden, sind in der Regel nicht nichtig, sondern ebenfalls schwebend unwirksam. Wird die Genehmigung erteilt oder fällt das Genehmigungserfordernis infolge Gesetzesänderung weg, erlangt das Geschäft nachträglich seine unbeschränkte Wirksamkeit (BGH, NJW 1968, 1928). Das gilt jedoch nicht für ein Umgehungsgeschäft, für das die Vertragsparteien eine Genehmigung gar nicht einholen wollten, wenn es bereits vollzogen ist (BGH, NJW 1968, 1928).

Rechtsfolge der schwebenden Unwirksamkeit ist, daß bis zur Genehmigung die geschuldeten Leistungen nicht fällig werden (BGH, NJW 1974, 1080 – Baugenehmigung). Rechtsfolge der Nichtigkeit ist erforderlichenfalls Rückabwicklung nach Bereicherungsrecht.

Auch **berufsrechtliche** und erst recht **strafrechtliche** Vorschriften können zur Nichtigkeit eines Rechtsgeschäfts führen. So wurde die Abtretung einer 144 ärztlichen oder zahnärztlichen Honorarforderung an eine gewerbliche Verrechnungsstelle ohne Einwilligung des Patienten wegen Verletzung der ärztlichen Schweigepflicht (§ 203 Abs. 1 Nr. 1 StGB) als nach § 134 BGB nichtig angesehen (BGHZ 115, 123, 129), ebenso die Bestimmung in einem Vertrag über die Veräußerung einer Arztpraxis, in welcher der Veräußerer sich auch ohne Einwilligung der betroffenen Patienten verpflichtet, die Patienten- und Beratungskartei zu übergeben (BGHZ 116, 268, 274 f. – neben einem Verstoß nach § 203 Abs. 1 Nr. 1 StGB wurde auch die Verletzung des informationellen Selbstbestimmungsrechts der Patienten gem. Art. 2 Abs. 1 GG angenommen). Ebenso wurde beurteilt die Abtretung der Honorarforderung eines Rechtsanwalts (BGHZ 122, 115, 117), es sei denn, der Zessionar habe zuvor als Mitarbeiter des Zedenten die Angelegenheit des Mandanten umfassend kennengelernt (BGH, NJW 1995, 2915), sowie die Verpflichtung zur Übergabe der Handakten ohne Einwilligung der betroffenen Mandanten in einem Kanzleiübernahme-Vertrag (BGH, NJW 1995, 2026). Zur Rechtswirksamkeit des Verkaufs einer Rechtsanwaltkanzlei siehe jetzt aber BGH, NJW 2001, 2462.

VII. Kartellrechtliche Probleme

145 Verträge über **Wettbewerbsbeschränkungen, Preisabsprachen, Lizenzen** über Erwerb oder Benutzung von Patenten, Gebrauchsmustern usw. unterliegen den Vorschriften des GWB ebenso wie Zusammenschlüsse von **marktbeherrschenden Unternehmen.** Es kann sich folglich sowohl um Austauschverträge wie um Gesellschaftsverträge handeln. **Kartellverträge** und Kartellbeschlüsse sind grundsätzlich unwirksam, soweit sie geeignet sind, die Erzeugung und die Marktverhältnisse für den Verkehr mit Waren oder gewerblichen Leistungen durch Beschränkung des Wettbewerbs zu beeinflussen (§ 1 GWB), doch läßt das Gesetz zahlreiche Ausnahmen zu. Der Zusammenschluß von marktbeherrschenden Unternehmen ist anmelde- und anzeigepflichtig (§§ 35 ff. GWB). Zum Vertriebskartellrecht vgl. ferner Art. 81 EGV und die hierzu ergangenen Gruppenfreistellungs-Verordnungen.

Das GWB verbietet aufeinander abgestimmtes Verhalten, das eine Verhinderung1, Einschränkung oder Verfälschung des Wettbewerbs bezweckt (§ 1 GWB), doch sind Freistellungen möglich. Darüber hinaus gelten die Verbote der Art. 81 ff. des EG-Vertrages, wobei grundsätzlich der Vorrang des Gemeinschaftsrecht vor dem nationalen Recht zu beachten ist.

Verstöße gegen Vorschriften des GWB können nicht nur zur Nichtigkeit der Verträge führen, sondern auch strafrechtlich relevantes Verhalten darstellen, so bei Preisabsprachen von Bietern aufgrund von Ausschreibungen der öffentlichen Hand (Submissionsbetrug, zumeist in Verbindung mit Bestechungsdelikten). Daneben enthält § 18 GWB eine Reihe von Ordnungswidrigkeiten-Tatbeständen.

VIII. Bedeutung von EG-Richtlinien

Nationales Recht innerhalb der Europäischen Gemeinschaft wird zunehmend durch EG-Richtlinien bestimmt. Sie bedürfen grundsätzlich der Umsetzung durch den nationalen Gesetzgeber (Art. 249 Abs. 3 EG-Vertrag). Hierfür werden den Mitgliedstaaten in den Richtlinien Fristen gesetzt, die nicht selten (auch vom deutschen Gesetzgeber) erheblich überschritten werden. Der EuGH verneint eine **horizontale Direktwirkung** von Richtlinien mit der Folge, daß sich vor (auch nicht fristgemäßer) Umsetzung einer Richtlinie in nationales Recht niemand direkt auf die Richtlinie selbst stützen kann (EuGH, NJW 1994, 2473, 2474 und NJW 1996, 1401, 1402; vgl. auch EuGH, NJW 1986, 2178, 2181). Das nationale Gericht jedoch, wenn es vor oder nach der Richtlinie erlassene nationale Rechtsvorschriften anwendet, hat deren Auslegung so weit wie möglich am Wortlaut und Zweck der Richtlinie auszurichten (vgl. hierzu auch: *Winfried Brechmann*, Die richtlinienkonforme Auslegung, München 1994). 146

Gleichwohl sollten Rechtsanwender bei der Vertragsgestaltung bereits verabschiedete Richtlinien und auch Richtlinien-Entwürfe beachten und nach Möglichkeit dafür Sorge tragen, daß das Vertragswerk keine vorhersehbaren Unvereinbarkeiten mit dem sich abzeichnenden künftigen Recht enthält.

Die nicht rechtzeitige Umsetzung einer EG-Richtlinie kann jedoch zur Schadensersatzpflicht des säumigen Staates gegenüber seinen Bürgern führen, die infolge der Säumnis nicht in den von der Richtlinie geforderten Schutz gelangt sind (EuGH Urt. v. 8. 9. 1996, EuGRZ 1996, 450, 453 – Pauschalreise-Richtlinie).

IX. Gemischte Verträge

Sie sind atypische Verträge, weil sie keinem gesetzlichen Vertragstyp (voll) zugeordnet werden können. Rechtsdogmatisch werden sie uneinheitlich behandelt. 147

1. Erscheinungsformen

Die nachstehende Einteilung folgt *Martinek*, Moderne Vertragstypen, München 1991, Band 1, § 2. Er unterscheidet: 148

– Atypische Verträge im engeren Sinn oder Verträge sui generis (Neuschöpfungen), die selten sind, und

– gemischte Verträge im Sinn **typengemischter Verträge** (Verträge mixti iuris oder mixti generis), die er ihrerseits einteilt in:

- **Typenkombinationsverträge,** also Vertragsverbindungen oder zusammengesetzte Verträge, die Elemente mehrerer gesetzlicher Vertragstypen enthalten, wie der Kino- oder Theatervertrag, der aus Elementen der Platzmiete und des Werkvertrags (Aufführung) besteht. Auch der Bürogemeinschaftsvertrag von Freiberuflern gehört hierher, der aus mietrechtlichen und gesellschaftsrechtlichen (bürgerlich rechtliche Innengesellschaft) Elementen bestehen kann.

- **Verträge mit anderstypischen Gegenleistungen,** wie der Hausmeistervertrag, bei dem als Gegenleistung für die Überlassung einer Hausmeisterwohnung Hausmeisterdienste geschuldet werden.

- **Typenverschmelzungsverträge** oder gemischte Verträge im engeren Sinn. Als Beispiel wird in der Regel die gemischte Schenkung genannt, bei der für den Verkauf, die Überlassung des Gebrauchs einer Sache, die Herstellung eines Werks oder geleistete Dienste eine erheblich geringere als die übliche Gegenleistung erbracht wird.

2. Rechtliche Einordnung

149 Die rechtliche Einordnung derartiger gemischter Verträge ist äußerst umstritten. Die Rechtswissenschaft hat eine Reihe von Theorien entwickelt, die in den BGB-Kommentaren bisher bei § 305 BGB nachzulesen waren, künftig vielleicht in einer Einführung hierzu. Es gibt wohl auch keine einheitliche Lösung für alle Erscheinungsformen gemischter Verträge. Es empfiehlt sich daher, im Individualvertrag die Rechtsfolgen von Leistungsstörungen festzuschreiben. Die früheren Zweifel der Rechtsprechung, ob und inwieweit es rechtlich möglich sei, durch Individualvertrag einen gesetzlich normierten Vertragstypus einem anderen ebenfalls gesetzlich normierten Vertragstypus zu unterstellen, beispielsweise einen Vertrag mit eindeutig werkvertraglichen Elementen dem Kaufrecht zu unterstellen, sind durch die Vereinheitlichung und Harmonisierung des Leistungsstörungsrechts durch das SchRModG weitgehend obsolet. Da die gesetzlichen Regelungen des Leistungsstörungsrechts weitgehend dispositiv sind, können die Folgen einer Leistungsstörung auch einzelvertraglich abweichend vom Gesetz geregelt werden (Ausnahmen: die Rechtsfolgen von Gestaltungsrechten). Auch § 276 Abs. 1 S. 1 BGB n. F. gibt einen ausdrücklichen Hinweis darauf, daß die Verantwortlichkeit des Schuldners verschärft oder gemildert werden kann (vgl. hierzu auch *Daniel Zimmer,* NJW 2002, 1 ff.; offengelassen in BGHZ 74, 258, 269). Keinesfalls zulässig wegen Abweichung vom gesetzlichen Leitbild ist das in AGB-Verträgen (so: BGHZ 74, 258, 269).

Kollidieren bei Typenkombinationsverträgen die gesetzlichen Vorschriften, hat die Rechtsprechung es abgelehnt, den Vertrag in seine verschiedenen rechtlichen Bestandteile zu zerlegen. Er wird vielmehr dem Vertragsrecht unterstellt, in dessen Bereich der Schwerpunkt des Vertrages liegt (BGH,

NJW 1981, 341, 342 – Altenheimvertrag). Sind die rechtlichen Elemente des Vertrags jedoch trennbar, wurde die rechtliche Beurteilung im Einzelfall auch aufgespalten (so hat BGHZ 63, 306, 309 für eine zahnprothetische Behandlung Dienstvertragsrecht angewendet, auf die rein technische Anfertigung der Prothese jedoch das Gewährleistungsrecht des Werkvertrags).

Ein gemischter Vertrag kann auch angenommen werden, wenn er in mehrere Verträge aufgespalten wird, jedoch nach dem bekundeten Willen der Vertragsparteien alle diese Verträge eine Einheit bilden sollen (BGHZ 104, 18, 22). Ein gesetzlicher Formzwang gilt dann für alle Teilverträge. Es genügt jedoch, wenn die Einheitlichkeit der Verträge in einem der Teilverträge zum Ausdruck kommt.

X. Sicherheiten

Ein wesentliches Element der Gewährleistung einer ordnungsgemäßen Durchführung eines Vertrages ist ein abgewogenes System von Sicherheiten, die vor allem im Bereich der **Austauschverträge** von besonderer Bedeutung sind. Die wichtigsten werden nachstehend aufgeführt. 150

1. Anzahlungen/Abschlagszahlungen

Ist eine Vertragspartei vorleistungspflichtig, ist es üblich, Anzahlungen, Vorschüsse oder gestaffelte Abschlagszahlungen zu vereinbaren. Bei einigen Vertragstypen findet sich eine gesetzliche Regelung: Nach § 17 BRAGO kann der Rechtsanwalt von seinem Auftraggeber für die entstandenen und die voraussichtlich entstehenden Gebühren und Auslagen einen angemessenen Vorschuß fordern. Beim Werkvertrag bestimmt § 632a BGB ausdrücklich das Recht des Unternehmers auf Abschlagszahlungen, § 641 Abs. 1 S. 2 BGB, daß, wenn das Werk in Teilen abzunehmen und die Vergütung für die einzelnen Teile bestimmt ist, die Vergütung für jeden Teil bei dessen Abnahme fällig ist. 151

Bei anderen Verträgen ist Vorschuß oder Abschlagszahlung üblich. Nach § 16 Nr. 1 VOB/B können Abschlagszahlungen nach Baufortschritt gefordert werden. Nach § 23 VerlagsG hingegen ist das Honorar frühestens bei Ablieferung des Werks fällig; in der Praxis hingegen ist es üblich, daß ein Teil der Vergütung bei Abnahme des Manuskripts, der Rest bei Erscheinen des Werks gezahlt wird, in manchen Fällen wird ein Teil auch vorschußweise entrichtet. Das muß jedoch individualvertraglich vereinbart werden. Beim Reisevertrag hingegen dürfen Vorauszahlungen nur gegen Aushändigung eines Sicherungsscheines entgegengenommen werden (§ 651k Abs. 4 BGB).

2. Eigentumsvorbehalte

152 Wichtigstes Sicherungsmittel des Lieferanten beim Kauf- und Werklieferungsvertrag über bewegliche Sachen ist der Eigentumsvorbehalt bis zur vollständigen Zahlung der Gegenleistung, § 449 BGB. Er kann grundsätzlich auch in AGB vereinbart werden.

Für den kaufmännischen Geschäftsverkehr von besonderer Bedeutung sind Sonderformen des Eigentumsvorbehalts: der **erweiterte Eigentumsvorbehalt** und der **verlängerte Eigentumsvorbehalt**. Soweit diese in **AGB** vereinbart wurden, ist die hierzu ergangene **Rechtsprechung** zu beachten. Der erweiterte und verlängerte Eigentumsvorbehalt wird in erster Linie an § 307 BGB gemessen (BGHZ 94, 105, 112). Die Vorausabtretung muß hinsichtlich der abgetretenen Forderungen dem **Bestimmtheitserfordernis** entsprechen und der Gefahr einer unverhältnismäßigen und die wirtschaftliche Bewegungsfreiheit des Käufers unerträglich beschränkenden **Übersicherung** des Verkäufers vorbeugen (BGHZ 98, 303, 307 ff., insbesondere 308 und 311 ff.; vgl. auch BGH, NJW 1994, 1154). Um die Unwirksamkeit wegen Übersicherung zu vermeiden, wird in der Regel auch im kaufmännischen Geschäftsverkehr eine Freigabeklausel erforderlich sein, an die der BGH (BGHZ 98, 303, 307 ff.) strenge Anforderungen gestellt hat.

3. Abtretungen

153 In Frage kommen vor allem Lohn- und Gehaltsvorausabtretungen von Verbrauchern sowie Globalabtretungen im kaufmännischen Geschäftsverkehr. Für sie gelten die zum erweiterten und verlängerten Eigentumsvorbehalt entwickelten Grundsätze des **Bestimmtheitserfordernisses** und des **Übersicherungsverbots** (oben Rz. 152) entsprechend (BGHZ 108, 98, 104 ff. = NJW 1989, 2383; hierzu *Ott*, FLF 1990, 78 ff.).

Ferner ist zu beachten, daß es gesetzliche und schuldrechtliche Abtretungsverbote gibt (§ 399 BGB), die auch in AGB sowie in Tarifverträgen enthalten sein können.

4. Bürgschaften

154 Ein beliebtes Sicherungsmittel ist die Bürgschaft. Sie ist gegenseitiger Vertrag zwischen Bürgen und Gläubiger und formbedürftig nach § 766 S. 1 BGB. Eine Bürgschaftserklärung durch Telefax genügt ihr nicht (BGHZ 121, 224). Häufig wird gefordert, daß der Bürge auf die Einreden der Vorausklage (§ 771 BGB) sowie der Anfechtbarkeit und Aufrechenbarkeit (§ 770 BGB) sowie auf die Rechte aus § 776 BGB verzichtet und sich selbstschuldnerisch verbürgt. Ein formularmäßiger genereller Verzicht auf die Rechte aus § 766 BGB soll allerdings nach § 307 BGB unwirksam sein (BGHZ 144, 52, 58 unter Abweichung von BGHZ 78, 137, 141 ff., 95, 350, 358 f.); anderes kann gelten,

wenn sich der Verzicht lediglich auf Sicherheiten bezieht, die dem Kreditinstitut schon auf Grund seiner AGB zustehen (BGH, BB 2001, 2498).

Bei einer Bürgschaft **„auf erstes Anfordern"** muß der Bürge (in der Regel eine Bank) zunächst zahlen und kann seine Einwendungen erst in einem Rückforderungsprozeß geltend machen. Er kann jedoch schon im Erstprozeß einwenden, die Bürgschaft sichere nicht die dem Zahlungsbegehren des Gläubigers zugrundeliegende Hauptforderung, sofern sich das durch Auslegung aus der Bürgschaftsurkunde selbst ergibt (BGH, BB 1996, 346). Scheitert der auf eine Bürgschaft auf erstes Anfordern gestützte Anspruch, weil dessen Sicherung aus der Urkunde nicht zu entnehmen ist, kann er aus einer einfachen Bürgschaft begründet sein (BGH, BB 1999, 1181).

Die Bürgschaft kann auf einen **Höchstbetrag** begrenzt sein. Vor allem im Baurecht sind **Gewährleistungsbürgschaften,** im Werkvertragsrecht **Anzahlungsbürgschaften** üblich. Auch eine Reihe anderer besonderer Bürgschaftsformen kennt unser Recht.

Im **Gesellschaftsrecht** ist darauf zu achten, daß Haftungsbeschränkungen etwa der Kommanditisten oder vor allem der GmbH-Gesellschafter nicht dadurch ausgehöhlt werden, daß – wie bei der GmbH üblich – sich die beschränkt haftenden Gesellschafter selbstschuldnerisch verbürgen, vor allem gegenüber der finanzierenden Bank.

5. Garantien

Mit dem selbständigen **Garantieversprechen** verpflichtet sich der Garant einseitig zur Schadloshaltung für den Fall, daß der garantierte Erfolg nicht eintritt (Garantiefall; vgl. BGH, NJW 1985, 2941 m. w. N.), und zwar unabhängig von Verschulden oder etwaiger Unmöglichkeit. Der Garant haftet auch für alle nicht typischen Zufälle. Ein selbständiges Garantieversprechen besagt, daß der gewährleistete Erfolg ein anderer ist und weiter gehend sein soll als die bloße Vertragsleistung. Die fristgerechte Erfüllung einer vertraglichen Leistung kann in diesem Sinne garantiert werden (BGH, NJW 1985, 2941, 2942). 155

Der Umfang der Verpflichtung aus der Garantie, den Begünstigten schadlos zu halten, bestimmt sich nach den Grundsätzen des Schadensersatzrechts, Danach finden die §§ 249 f. BGB auf die Garantieverpflichtung Anwendung. Der Garant hat im Falle der Gewährleistung den Gläubiger so zu stellen, als ob der garantierte Erfolg eingetreten oder der Schaden nicht entstanden wäre (BGH, NJW 1985, 2941, 2942 m. w. N.).

Der Garantievertrag ist formfrei, die Vorschriften über die Bürgschaft gelten auch nicht entsprechend.

Der **Standby Letter of Credit (SLC)** ist ein garantieähnliches Instrument, das von Banken der USA aus dem Dokumenten-Akkreditiv entwickelt wurde, weil Bankgarantien nach dem Recht der USA weitgehend unzulässig sind. 156

Bei dieser Akkreditivreform wird keine Geldschuld begründet, sondern dem Begünstigten nur das Recht eingeräumt, auf die aus Standby Letter of Credit verpflichtete Bank einen Wechsel zu ziehen. Auf ihn können die für die Garantie auf erstes Anfordern (nicht: Bürgschaft!) entwickelten Rechtsgrundsätze angewendet werden, insbesondere ist der Einwand des Rechtsmißbrauchs zulässig (OLG Frankfurt, WM 1997, 1893, 1895; *Kümpel*, Bank- und Kapitalmarktrecht, 2. Aufl., Rz. 7.154 ff.). Es handelt sich keinesfalls um ein Wertpapier.

6. Akkreditive

157 Unter einem Dokumenten-Akkreditiv wird ein Zahlungsversprechen verstanden, das ein Kreditinstitut auf Veranlassung des Auftraggebers dem Begünstigten gegenüber abgibt und in dem das Kreditinstitut sich verpflichtet, gegen Vorlage bestimmter Dokumente Zahlungen zu leisten. Das selbständige, abstrakte Zahlungsversprechen des Kreditinstitus gegenüber dem Begünstigten ist ein Wesensmerkmal des Dokumenten-Akkreditivs (BGHZ 108, 348, 350 = BGH, NJW 1990, 255; BGHZ 60, 262, 264).

Der Inhalt des Akkreditiv-Geschäfts wird vor allem durch die Einheitlichen Richtlinien und Gebräuche für Dokumenten-Akkreditive in der revidierten Fassung von 1993 (ERA, gültig ab 1. 1. 1994) bestimmt, die nach deutschem Recht als AGB gelten. Diese Richtlinien bedürfen allerdings zu ihrer Geltung der vertraglichen Einbeziehung in das jeweilige Dokumenten-Akkreditiv. Eine Mindermeinung hält den Inhalt der ERA für einen weltweit anerkannten Handelsbrauch (vgl. *Kümpel*, Bank- und Kapitalmarktrecht, 2. Aufl., Rz. 7.143).

Das Akkreditiv wird ebenso wie Wechsel und Scheck nur erfüllungshalber gestellt (BGH, BB 1956, 546). Es ist selbständiges Zahlungsversprechen im Sinn von § 780 BGB.

7. Vertragsstrafen

158 Als wichtiges weiteres Sicherungsmittel ist das Vertragsstrafeversprechen zu nennen. Es ist ein gegenseitiger Vertrag, keine einseitige Erklärung. Es kann auch in AGB vereinbart werden, doch sind dann die Vorschriften des AGB-Gesetzes zu beachten, insbesondere § 309 Nr. 6 BGB.

8. Break-fee-Vereinbarungen

159 Bei internationalen **Unternehmenskäufen** und **Zusammenschlüssen** von Unternehmen sowie bei freundlichen Unternehmensübernahmen ist es üblich geworden, Break-fee-Vereinbarungen zu treffen: die vertragliche Zusicherung der Zahlung einer bestimmten Geldsumme für den Fall, daß sich eine Seite ohne die Zustimmung der anderen Seite aus der Transaktion zu-

rückzieht oder daß die Transaktion aus Gründen, die nur eine Seite zu vertreten hat, nicht durchgeführt werden kann. Dadurch soll dem nicht verantwortlichen Verhandlungspartner ein pauschalierter Ausgleich für die ihm entstandenen oft hohen Kosten gewährt werden. Näheres hierzu: *Sieger/ Hasselbach*, BB 2000, 625 ff.

XI. Preisklauseln

Ebenso wichtig wie die Sicherung der Vertragserfüllung ist die Sicherung der Gegenleistung gegen Preisverfall. Vertragsklauseln, die dieses Risiko absichern sollen, haben nur bei **Austauschverträgen** Bedeutung, und zwar sowohl bei Dauerschuldverhältnissen wie im internationalen Rechtsverkehr. 160

1. Wertsicherungs- und ähnliche Klauseln

Nach **bis 31. 12. 1998 geltendem Recht** bedurften Wertsicherungsklauseln nach § 3 S. 2 WährG der Genehmigung der Deutschen Bundesbank bzw. der Landeszentralbanken. Durch Art. 9 EuroEG wurde § 3 WährG aufgehoben (§ 1) und das Preisangabengesetz geändert. Es trägt nun die Überschrift **Preisangaben- und Preisklauselgesetz (PaPkG)**. In dessen neu gefaßten § 2 Abs. 1 wurde ein neues **Indexierungsverbot** aufgenommen, in § 2 Abs. 2 PaPkG wurde die Bundesregierung ermächtigt, durch Rechtsverordnung ohne Zustimmung des Bundesrates die Voraussetzungen näher zu bestimmen, unter denen Ausnahmen vom Preisklauselverbot einzeln oder allgemein genehmigt werden können oder solche Ausnahmen festzulegen, Ausnahmen für bestimmte Arten von Rechtsgeschäften aus Gründen des Verbraucherschutzes zu begrenzen und die Behörde zu bestimmen, die für die Erteilung dieser Genehmigungen zuständig ist (BGBl. I, 1242 ff., 1253). Aufgrund dieser Verordnungsermächtigung wurde die **Preisklauselverordnung (PrKV)** vom 23. 9. 1998 erlassen (BGBl. I, 3043). 161

Seit 1. 1. 1999 gilt für Wertsicherungsklauseln daher folgendes neue Recht (eingehend hierzu: *Schmidt-Räntsch*, NJW 1998, 3166 ff.).

2. Indexierungsverbot

In § 2 Abs. 1 S. 1 PaPkG wurde folgendes neue Indexierungsverbot aufgenommen: *„Der Betrag von Geldschulden darf nicht unmittelbar und selbsttätig durch den Preis oder Wert von anderen Gütern oder Leistungen bestimmt werden, die mit den vereinbarten Gütern oder Leistungen nicht vergleichbar sind".* 162

Das Gewicht dieses Verbotes liegt auf den Worten **„unmittelbar und selbsttätig"**. Sie stellen allein auf die Anpassungstechnik ab. Unmittelbar und selbsttätig ist eine Klausel daher nur, wenn sie ohne Zutun der Parteien wirkt, sich also ipso factu vollzieht (*Schmidt-Räntsch*, NJW 1998, 3167). Setzt die Änderung der Geldschuld dagegen neben der Änderung der Bezugsgröße noch ein Handeln eines oder aller Vertragspartner voraus, wirkt sie nicht mehr selbsttätig und automatisch.

Beispiele (nach § 1 PrKV):

– Klauseln, die hinsichtlich des Ausmaßes der Änderung des geschuldeten Betrages einen Ermessensspielraum lassen, der es ermöglicht, die neue Höhe der Geldschuld nach Billigkeitsgrundsätzen zu bestimmen (Leistungsvorbehaltsklauseln),

– Klauseln, bei denen die in ein Verhältnis zueinander gesetzten Güter oder Leistungen im wesentlichen gleichartig oder zumindest vergleichbar sind (Spannungsklauseln),

– Klauseln, nach denen der geschuldete Betrag insoweit von der Entwicklung der Preise oder Werte für Güter oder Leistungen abhängig gemacht wird, als diese die Selbstkosten des Gläubigers bei der Erbringung der Gegenleistung unmittelbar beeinflussen (Kostenelementeklauseln),

– Klauseln in Erbbaurechtsbestellungsverträgen und Erbbauzinsreallasten mit einer Laufzeit von mindestens 30 Jahren unter bestimmten Bedingungen.

Auch die Vereinbarung, daß ein Vertragsteil das Recht hat, die Geldleistung einseitig zu verändern (§ 315 BGB), ist als Ausnahme von der Automatik genehmigungsfrei (*Schmidt-Räntsch*, NJW 1998, 3167).

3. Freistellungen und Genehmigungen

163 In § 2 Abs. 1 S. 3 und 4 PaPkG wurden der Geld- und Kapitalverkehr, einschließlich der Finanzinstrumente im Sinn des § 1 Abs. 11 KWG sowie die hierauf bezogenen Pensions- und Darlehensgeschäfte vom Indexierungsverbot **ausgenommen**, ebenso Verträge von gebietsansässigen Kaufleuten mit Gebietsfremden. Ferner können nach § 2 Abs. 1 S. 2 PaPkG auf Antrag **Ausnahmen** genehmigt werden, „wenn Zahlungen langfristig zu erbringen sind oder besondere Gründe des Wettbewerbs eine Wertsicherung rechtfertigen und die Preisklausel nicht eine der Vertragsparteien unangemessen benachteiligt". Für die Genehmigung zuständig ist nach § 2 Abs. 2 Nr. 3 PaPkG i. V. m. § 7 PrKV das Bundesamt für Wirtschaft.

In § 2 PrKV wurden allgemeine Genehmigungsvoraussetzungen bestimmt. Danach setzt die Genehmigung voraus, daß die Preisklausel hinreichend bestimmt ist. Das ist nicht der Fall, wenn ein geschuldeter Betrag allgemein von der künftigen Preisentwicklung oder einem anderen Maßstab abhängen soll, der nicht erkennen läßt, welche Preise oder Werte bestimmend sein sollen.

Ferner werden Preisklauseln nicht genehmigt, wenn sie eine Vertragspartei 164
unangemessen benachteiligen. Das ist insbesondere der Fall, wenn

– einseitig ein Preis- oder Wertanstieg eine Erhöhung, nicht aber umgekehrt
  ein Preis- oder Wertrückgang eine entsprechende Ermäßigung des Zah-
  lungsanspruchs bewirkt oder
– der geschuldete Betrag sich gegenüber der Entwicklung der Bezugsgröße
  überproportional ändern kann.

In § 3 PrKV sind die Genehmigungsvoraussetzungen für Preisklauseln bei
langfristigen Zahlungen festgelegt, insbesondere für Preisklauseln, nach denen der geschuldete Betrag durch die Änderung eines vom Statistischen Bundesamt oder einem Statistischen Landesamt ermittelten Preisindex für die
Gesamtlebenshaltung oder eines vom Statistischen Amt der Europäischen
Gemeinschaft ermittelten Verbraucherpreisindexes bestimmt werden soll.

4. Mietverträge

Für **Mietverträge über Wohnraum** wurde die Zulässigkeit von Mietanpas- 165
sungsvereinbarungen nicht im PaPkG geregelt, sondern in der Neufassung
des § 10a MHG seit 1. 9. 2001 ersetzt durch § 557b BGB (Indexmiete). Auf
den Wortlaut dieser Bestimmung wird verwiesen.

Für **gewerbliche Miet- und Pachtverträge** und **Garagenmietverträge** gilt diese 166
Bestimmung nicht. Hierfür wurde vielmehr in § 4 Abs. 1 PrKV eine gesetzliche Fiktion geschaffen, wonach Miet- und Pachtverträge über Gebäude
oder Räume, soweit es sich nicht um Mietverträge über Wohnraum handelt,
als genehmigt gelten, wenn

– die Entwicklung des Miet- und Pachtzinses durch die Änderung eines von
  dem Statistischen Bundesamt oder einem Statistischen Landesamt ermittelten Preisindexes für die Gesamtlebenshaltung oder eines vom Statistischen Amt der Europäischen Gemeinschaft ermittelten Verbraucherpreisindexes **oder** durch die Änderung der künftigen Einzel- oder Durchschnittsentwicklung der Preise oder Werte für Güter oder Leistungen, die
  der Schuldner in seinem Betrieb erzeugt, veräußert oder erbringt **oder**
  durch die künftige Einzel- oder Durchschnittsentwicklung des Preises
  oder des Wertes von Grundstücken, wenn sich das Schuldverhältnis auf
  die land- und forstwirtschaftliche Nutzung beschränkt, bestimmt werden
  soll **und** (kumulativ),
– der Vermieter oder Verpächter für die Dauer von mindestens zehn Jahren
  auf das Recht zur ordentlichen Kündigung verzichtet **oder** der Mieter oder
  Pächter das Recht hat, die Vertragsdauer auf mindestens zehn Jahre zu
  verlängern.

5. Rechtsfolgen

167 Wird eine genehmigungspflichtige Klausel nicht zur Genehmigung vorgelegt, ist sie bis zur Genehmigung schwebend unwirksam, nach Versagung der Genehmigung ist sie nichtig. Nach § 139 BGB ist zu entscheiden, ob die Nichtigkeit den gesamten Vertrag ergreift oder nur Teilnichtigkeit der Klausel eintritt.

Für **Altverträge**, die Wertsicherungsklauseln enthalten und die nach den bisher geltenden Bestimmungen vor dem 1. 1. 1999 genehmigt wurden, ist keine erneute Genehmigung erforderlich. Die nach § 3 WährG erteilten Genehmigungen gelten fort (§ 8 S. 1 PrKV). Genehmigungsanträge nach § 3 WährG, die am 31. 12. 1998 noch nicht erledigt waren, werden auf das Bundesamt für Wirtschaft übergeleitet. Über Genehmigungsanträge, die nach dem 31. 12. 1998 gestellt werden, ist, auch wenn sie sich auf früher geschlossene Verträge beziehen, nach neuem Recht zu entscheiden (§ 8 S. 2 und 3 PrKV).

6. Kein Fremdwährungsverbot

168 Das in § 3 S. 1 WährG vorgesehene Fremdwährungsverbot ist ersatzlos entfallen. Für Grundpfandrechte an Grundstücken gilt seit dem 1. 1. 1999 § 28 S. 2 GBO i. V. m. der VO über Grundpfandrechte in ausländischer Währung und in Euro vom 30. 10. 1997 (BGBl. I, 2683), deren § 1 am 1. 1. 1999 in Kraft ist (Bek. vom 23. 12. 1998 BGBl. I, 4023). Danach können Geldbeträge von Hypotheken, Grundschulden und Rentenschulden in inländischer Währung (also bisher: Deutsche Mark) sowie in den Währungen Euro, eines der Mitgliedstaaten der Europäischen Union, der Schweizerischen Eidgenossenschaft und der Vereinigten Staaten von Amerika angegeben werden.

XII. Zeitvereinbarungen

169 Vorwiegend in **Austauschverträgen** ist es wichtig zu vereinbaren, wann Leistung und Gegenleistung fällig sind. Aber auch **Gesellschaftsverträge** können Zeitklauseln enthalten: etwa für die Erbringung der Einlagen. Auch können Gesellschaften auf eine bestimmte Zeit abgeschlossen werden. Sie werden dann durch Ablauf der im Gesellschaftsvertrag bestimmten Zeit aufgelöst (so ausdrücklich: § 131 Nr. 1 HGB für oHG und KG sowie § 60 Abs. 1 Nr. 1 GmbHG, eine entsprechende Befristung für die BGB-Gesellschaft wird ebenfalls allgemein für zulässig erachtet).

1. Nachfristklauseln

170 Wird ein Vertrag nicht oder nicht wie vereinbart erfüllt, stellt das Gesetz dem Gläubiger eine Reihe von Möglichkeiten zur Verfügung, gegen den säu-

migen Schuldner vorzugehen. Nach § 281 Abs. 1 BGB kann der Gläubiger unter den Voraussetzungen des § 280 Abs. 1 BGB Schadensersatz statt der Leistung (früher: Schadensersatz wegen Nichterfüllung) verlangen, wenn er dem Schuldner erfolglos eine **angemessene Frist** zur Leistung oder Nacherfüllung bestimmt hat. Die Fristsetzung ist in den Fällen des § 281 Abs. 2 BGB entbehrlich. Sobald der Gläubiger statt der Leistung Schadensersatz verlangt hat, ist der Anspruch auf die Leistung ausgeschlossen (§ 281 Abs. 4 BGB). **Anders als bis zu dem bis 31. 12. 2001 geltenden Recht muß die Fristsetzung nicht mehr mit einer Ablehnungsandrohung verbunden werden.**

Erbringt bei einem gegenseitigen Vertrag der Schuldner eine fällige Leistung nicht oder nicht vertragsgemäß, kann der Gläubiger, wenn er dem Schuldner erfolglos eine **angemessene Frist** zur Leistung oder Nacherfüllung bestimmt hat, vom Vertrag zurücktreten (§ 323 Abs. 1 BGB). Die Fristsetzung ist in den Fällen des § 323 Abs. 2 BGB entbehrlich.

Bei Sach- und Rechtsmängeln im Kaufvertragsrecht und im Werkvertragsrecht wird auf diese allgemeinen Regelungen der Leistungsstörung verwiesen (§§ 437 Nr. 2, 634 Nr. 3 und 4, 636 BGB)

Die Frist muß **angemessen** sein. Eine zu kurz bemessene Frist kann jedoch in der Regel eine angemessene Frist in Lauf setzen (BGH, NJW 1985, 2640).

Die Vorschriften sind dispositiv. Die Vertragsparteien können auf die Fristsetzung vertraglich verzichten, sie können die gesetzlichen Rechte erweitern, beschränken oder durch andere ersetzen (BGH, NJW 1985, 267, 268). 171

Insbesondere können die Vertragsparteien vertraglich auch festlegen, **welche Frist angemessen** ist, also im Vertrag festlegen, daß als angemessene Frist im Fall der Leistungstörung eine Frist von soundsoviel Tagen, Wochen, Monaten ist. Handelt es sich um einen AGB-Vertrag, sind allerdings die Vorschriften des AGB-Rechts (§§ 307 bis 309 BGB) zu beachten.

Zentrale Anspruchsvoraussetzung für Schadensersatzansprüche ist seit 1. 1. 2002 die **Pflichtverletzung**, das ist die **Verletzung einer Pflicht aus einem Schuldverhältnis** auf Grund Vertrages oder Gesetzes durch den Schuldner, § 280 Abs. 1 BGB. Voraussetzung ist, daß der Schuldner die Pflichtverletzung zu **vertreten** hat (S. 2). Der Schuldner hat grundsätzlich Vorsatz und Fahrlässigkeit zu vertreten (§ 276 BGB).

Für den **Verzugseintritt** ist nach § 286 Abs. 1 BGB notwendig, daß der Schuldner auf eine nach dem Eintritt der Fälligkeit ihm zugehende **Mahnung** nicht leistet. Der Mahnung steht die Erhebung der Klage auf die Leistung sowie die Zustellung eines Mahnbescheids im Mahnverfahren gleich. Ist für die Leistung eine Zeit nach dem Kalender bestimmt, kommt der Schuldner nach § 286 Abs. 2 Nr. 1 BGB ohne Mahnung in Verzug, wenn er nicht zu der bestimmten Zeit leistet. Gleiches gilt, wenn der Leistung ein Ereignis vorauszugehen hat und die Zeit für die Leistung in der Weise bestimmt ist, daß sie sich von der Kündigung ab nach dem Kalender berechnen läßt (§ 286 172

Abs. 2 Nr. 2 BGB). Ferner kommt kommt der Schuldner in Verzug, wenn er die Leistung ernsthaft und endgültig verweigert (§ 286 Abs. 2 Nr. 3 BGB) und wenn aus besonderen Gründen unter Abwägung der beiderseitigen Interessen der sofortige Eintritt des Verzuges gerechtfertigt ist (§ 286 Abs. 2 Nr. 4 BGB). Letztere Kriterien sind fragwürdig, da sehr subjektiv, die eigentlich nur unter der Bedingung von Fixgeschäften handhabbar sind.

Schließlich kommt der Schuldner einer Entgeltforderung **neben den in § 286 Abs. 1 und 2 BGB genannten Voraussetzungen** spätestens in Verzug, wenn er nicht innerhalb von 30 Tagen nach Fälligkeit und Zugang einer Rechnung oder gleichwertigen Zahlungsaufstellung leistet, ein **Verbraucher** (§ 13 BGB) jedoch nur, wenn auf diese Folgen in der Rechnung oder Zahlungsaufstellung besonders hingewiesen wurde. Ist der Zeitpunkt des Zugangs unsicher, kommt ein Schuldner, der nicht Verbraucher ist, spätestens 30 Tage nach Fälligkeit und Empfang der Gegenleistung in Verzug (§ 286 Abs. 3 BGB). Damit ist die mißglückte, vom 1. 5. 2000 bis 31. 12. 2001 gültige Fassung beseitigt. Zweifelhaft ist allerdings, ob damit – wie beabsichtigt – die Richtlinie 2000/35/EG ausreichend umgesetzt ist, weil mehrere dort vorgesehenen Alternativen nicht in den Gesetzeswortlaut aufgenommen wurden (Einzelheiten bei *Ott/Lüer/Heussen*, AnwaltsCheckbuch Schuldrechtsreform, Rz. 190 zu § 286 BGB, S. 489; zweifelhaft auch *Daniel Zimmer*, NJW 2002, 1, 10).

173 Im Internationalen Kaufrecht sehen Art. 47 Abs. 1, 49 Abs. 1, 63 Abs. 1 CISG ebenfalls die Setzung von Nachfristen vor.

2. Fixgeschäfte

174 Für die Annahme eines Fixgeschäftes genügt es nicht, wenn die Parteien vertraglich einen genauen Leistungszeitpunkt festgelegt haben. Ein Fixgeschäft erfordert darüber hinaus die Einigkeit der Parteien darüber, daß der **Vertrag mit der Einhaltung oder Nichteinhaltung der Lieferzeit „stehen oder fallen"** soll, wobei sich jeder Zweifel gegen die Annahme eines Fixgeschäftes auswirkt (BGHZ 110, 88, 96). Auch die Verwendung des Begriffs „fix" für sich allein reicht nicht für die Annahme eines Fixgeschäftes aus, wenn nicht überzeugende Umstände gegen diesen objektiven Erklärungswert sprechen. Eine solche „Fix-Klausel" in AGB kann überraschend nach § 305c Abs. 1 BGB oder unangemessen im Sinn des § 307 BGB sein (BGHZ 110, 88, 97).

Ist die Leistungszeit so wesentlich, daß die Nichteinhaltung der Frist zur dauernden Unmöglichkeit führt (Beispiel: BGHZ 60, 14, 16 – unausführbar gewordene Reise), liegt ein **absolutes Fixgeschäft** vor, für das § 275 BGB gilt.

175 Das **relative Fixgeschäft** ist dagegen geregelt in § 323 Abs. 2 Nr. 2 BGB und, wenn es ein- oder zweiseitiges Handelsgeschäft ist, in § 376 HGB. Unterschied: § 323 Abs. 2 Nr. 2 BGB läßt den Erfüllungsanspruch bestehen und gibt dem Gläubiger lediglich ein Rücktrittsrecht; nach § 376 HGB hat der

Gläubiger wahlweise ein Rücktrittsrecht oder im Verzugsfall einen Schadensersatzanspruch wegen Nichterfüllung; Erfüllung kann der Gläubiger danach nur beanspruchen, wenn er sofort nach dem Ablauf der Zeit oder der Frist der Gegenpartei erklärt, daß er auf Erfüllung bestehe.

Sonderrecht gilt für Börsentermingeschäfte (§ 50 BörsG) und in der Insolvenz (§ 104 InsO).

XIII. Konkurrenzschutzklauseln

Bei den Austauschverträgen sind bei manchen Dauerschuldverhältnissen Konkurrenzschutzklauseln üblich. Auch in Gesellschaftsverträgen können Konkurrenzschutzklauseln enthalten sein. 176

Sie finden sich insbesondere auch in **Aufhebungsverträgen** mit Arbeitnehmern, die aus einem Betrieb ausscheiden, oder beim Ausscheiden eines Gesellschafters. Konkurrenzverbote sind jedoch nicht uneingeschränkt zulässig. Sie können nach § 138 Abs. 1 BGB unwirksam sein. In einigen Fällen liegen gesetzliche Regelungen vor.

1. Wettbewerbsklauseln

Die §§ 60, 61 HGB sehen für Handlungsgehilfen ein **gesetzliches Wettbewerbsverbot** vor. Handlungsgehilfe ist, wer in einem Handelsgewerbe zur Leistung kaufmännischer Dienste gegen Entgelt angestellt ist (Legaldefinition in § 59 S. 1 HGB). Nach § 60 HGB darf der Handlungsgehilfe ohne Einwilligung des Arbeitgebers weder ein Handelsgewerbe betreiben noch in dem Handelszweig des Arbeitgebers für eigene oder fremde Rechnung Geschäfte machen. Nach § 61 HGB steht dem Arbeitgeber bei Verletzung des Wettbewerbsverbots wahlweise ein Schadensersatzanspruch oder ein Anspruch auf Herausgabe des gezogenen Gewinns zu. Das Wettbewerbsverbot kann vertraglich erweitert oder eingeschränkt werden. 177

Für die Zeit nach Beendigung des Dienstverhältnisses kann zwischen dem Arbeitgeber und dem **Handlungsgehilfen** ein **vertragliches Wettbewerbsverbot** vereinbart werden. Es bedarf der Schriftform und ist nur gegen Zahlung einer Karenzentschädigung verbindlich, §§ 74 ff. HGB.

Für die **selbständigen Handelsvertreter** ist kein gesetzliches Wettbewerbsverbot vorgesehen; nicht selten sind sie auch als Mehrfirmenvertreter tätig. In diesem Fall ist allerdings ein **vertragliches Wettbewerbsverbot** üblich, häufig auch ein Zustimmungsvorbehalt des Unternehmers bei der Übernahme einer weiteren Vertretung. Eine **nachvertragliche Wettbewerbsabrede** bedarf nach § 90a HGB der Schriftform. Sie kann nur für längstens zwei Jahre ab Beendigung des Vertragsverhältnisses getroffen werden, ist gegenständlich beschränkt und mit der Pflicht zur Zahlung einer Karenzentschädigung verbunden. 178

179 Auch **GmbH-Geschäftsführer** und **persönlich haftende Gesellschafter** einer Personengesellschaft (hierzu: § 112 HGB) unterliegen einem Wettbewerbsverbot, das Ausfluß der Treuepflicht gegenüber der Gesellschaft ist. Hieraus kann sich auch für den GmbH-Gesellschafter ein Wettbewerbsverbot ergeben.

> Da die Rechtslage hinsichtlich des GmbH-Gesellschafters nicht eindeutig ist, empfiehlt es sich, Wettbewerbsverbote, soweit gewünscht, in der **Satzung** festzulegen.

180 Bei allen Wettbewerbsverboten ist zu beachten, daß sie den vom Verbot Betroffenen nicht unangemessen in seiner wirtschaftlichen Betätigungsfreiheit einschränken dürfen (Art. 12 Abs. 1 GG; vgl. BVerfGE 81, 242, 253). Ferner sind die kartellrechtlichen Vorschriften (§ 1 GWB, Art. 81 EGV) zu beachten.

2. Alleinvertriebsklauseln

181 Alleinvertriebsverträge sind auf eine gewisse Dauer gerichtete Rahmenverträge eigener Art, durch die sich ein (selbständiger) Vertragshändler (Eigenhändler) verpflichtet, Waren eines Herstellers oder Lieferanten im eigenen Namen und auf eigene Rechnung zu vertreiben, und der Hersteller oder Lieferant sich verpflichtet, den Vertragshändler mit diesen Waren zu beliefern. Zwischen der dem Vertragshändler auferlegten Vertragspflicht und dem Warenbezug besteht ein enger Zusammenhang, denn der Warenvertrieb dient der Durchführung der Vertriebsfunktion des Vertragshändlers (BGHZ 54, 338, 341).

Der Vertragshändlervertrag ist gesetzlich nicht geregelt, weshalb die beiderseitigen Rechte und Pflichten im einzelnen vertraglich festgelegt werden sollten. Das gilt insbesondere für Fragen des Gebietsschutzes (BGH, NJW 1970, 1040) wie für die Rechtslage nach Beendigung des Vertragsverhältnisses (BGHZ 54, 338, 345).

182 Kartellrechtlich sind Alleinvertriebsverträge an § 16 GWB zu messen, wobei Gruppenfreistellungen zu beachten sind. Für grenzüberschreitende Verträge gilt § 96 GWB. Ferner ist das Verbot wettbewerbsbeschränkender Vereinbarungen und Verhaltensweisen nach Art. 81 des EG-Vertrags zu beachten.

Eine besondere Form von Alleinbezugs- und Alleinvertriebsbindungen wurde beim Franchising entwickelt mit erheblichen vertikalen Bindungen.

XIV. Optionen

Die Option in Austauschverträgen ist eine vertraglich begründete Anwartschaft, durch einseitige Erklärung ein Recht zu erwerben: einen Miet-, Kauf- oder Urhebervertrag abzuschließen, dessen Inhalt im voraus vertraglich vereinbart sein kann, oder ein bestehendes Vertragsverhältnis zu verlängern (vor allem bei der Miete und Pacht üblich). Das Vorkaufsrecht und das Wiederkaufsrecht (§§ 497 ff. BGB) sind daher Optionsrechte *(Larenz,* Schuldrecht II/1, 13. Aufl., § 44 IV 3).

183

Vom **Vorvertrag** unterscheidet sich die Option dadurch, daß nicht eine künftige Forderung begründet, sondern ein Gestaltungsrecht gewährt wird.

Ist der Vertrag formbedürftig, etwa wegen § 311b BGB, ist auch die Optionsabrede formbedürftig, nicht jedoch die Optionsausübungserklärung (BGH, NJW 1991, 2698). Für verlagsrechtliche Optionsvereinbarungen, die einen Verfasser verpflichten, künftige Werke zuerst einem bestimmten Verleger zum Abschluß eines Verlagsvertrags anzubieten, gilt, daß sie wegen Verstoßes gegen die guten Sitten nichtig sind, wenn sie ohne zeitliche oder gegenständliche Beschränkung für das gesamte künftige Schaffen des Verfassers gelten sollen und der Verleger für die Einräumung des Optionsrechts keine angemessene Gegenleistung übernimmt (BGHZ 22, 347, 353). Bei anderen Optionen wird die Gegenleistung in der Regel im Entgelt des Hauptvertrages oder aber im Entgelt für die Verlängerung, auf die eine Option besteht, eingerechnet sein.

XV. Schiedsgerichtsklauseln

Sowohl Austauschverträge als auch Gesellschaftsverträge enthalten häufig eine Schiedsgerichtsklausel, also die Vereinbarung der Parteien, daß die Entscheidung aller oder einzelner Streitigkeiten, die zwischen ihnen in Bezug auf ein bestimmtes Rechtsverhältnis vertraglicher oder nichtvertraglicher Art entstanden sind oder künftig entstehen, der Entscheidung durch ein Schiedsgericht zu unterwerfen (§ 1029 Abs. 1 ZPO). Jeder vermögensrechtliche Anspruch kann Gegenstand eines Schiedsverfahrens sein. Eine Schiedsvereinbarung über nichtvermögensrechtliche Ansprüche ist rechtswirksam, soweit die Parteien berechtigt sind, über den Gegenstand des Streites einen Vergleich zu schließen (§ 1030 Abs. 1 ZPO). Eine Schiedsvereinbarung über Rechtsstreitigkeiten, die den Bestand eines Mietverhältnisses über Wohnraum im Inland betreffen, ist jedoch unwirksam mit Ausnahme der in § 556a Abs. 8 BGB genannten Mietverhältnisse (§ 1030 Abs. 2 ZPO).

184

Die Parteien können das Verfahren zur Bestellung des Schiedsrichters oder der Schiedsrichter vereinbaren (§ 1035 Abs. 1 ZPO). Gibt die Schiedsvereinbarung jedoch einer Partei bei der Zusammensetzung des Schiedsgerichts ein Übergewicht, das die andere Partei benachteiligt, kann diese Partei bei Gericht beantragen, den oder die Schiedsrichter abweichend von der erfolgten Ernennung oder der Ernennungsregelung zu bestellen (§ 1034 Abs. 2 ZPO).

Das Schiedsgericht kann über seine eigene Zuständigkeit und im Zusammenhang damit über das Bestehen oder die Gültigkeit der Schiedsvereinbarung entscheiden (Kompetenz-Kompetenz), § 1040 Abs. 1 ZPO. Es kann auch Maßnahmen des einstweiligen Rechtsschutzes anordnen, soweit die Parteien nichts anderes vereinbart haben, § 1041 Abs. 1 ZPO.

Über den Nutzen von Schiedsverträgen gibt es naturgemäß unterschiedliche Auffassungen, weshalb zunächst die Vor- und Nachteile kurz angesprochen werden sollen, ferner die einzuhaltende Form.

1. Vorteile

185 Ein erheblicher Vorteil eines Schiedsgerichts ist, daß es wesentlich schneller einen Rechtsstreit endgültig entscheiden kann als die staatliche Gerichtsbarkeit, die mindestens zwei, bei höheren Streitwerten drei Instanzen zur Verfügung stellt, mit der Möglichkeit der Zurückverweisung an die Vorinstanz, wenn diese den Sachverhalt nicht ausreichend ermittelt hat. Gut besetzte Schiedsgerichte werden ferner einen Schiedsvergleich anstreben.

Ein weiterer Vorteil von Schiedsgerichten ist, daß die Parteien des Schiedsvertrags Einfluß auf die Zusammensetzung des Schiedsgerichts haben, sich also insbesondere qualifizierte Schiedsrichter aussuchen können. Üblich ist es, das Schiedsgericht mit drei Schiedsrichtern zu besetzen, von denen jede Partei einen Schiedsrichter bestimmt, während der Vorsitzende entweder durch die beiden benannten Schiedsrichter ernannt wird oder vom Präsidenten des Landgerichts oder vom Präsidenten der Industrie- und Handelskammer bestimmt wird.

Ein weiterer, nicht zu unterschätzender Vorteil ist die **Vertraulichkeit** des Schiedsgerichts. Insbesondere bei gesellschaftsrechtlichen Auseinandersetzungen können die Parteien erhebliches Interesse daran haben, daß die Sache nicht in öffentlicher mündlicher Verhandlung erörtert wird.

2. Nachteile

186 Ein Nachteil des Schiedsgerichts ist, daß es erhebliche Kosten verursachen kann. Will man qualifizierte Schiedsrichter gewinnen, empfiehlt es sich, deren Honorierung im Schiedsvertrag festzulegen, in der Regel orientiert an der Bundesgebührenordnung für Rechtsanwälte, wobei dem Vorsitzenden in der Regel ein höheres Honorar zugebilligt wird. Bedenkt man, daß die Parteien des Schiedsverfahrens sich ihrerseits durch Rechtsanwälte vertreten lassen werden, sind die Kosten mindestens doppelt so hoch wie vor dem ordentlichen Gericht. Dieser Nachteil wird aber dadurch aufgewogen, daß in der Re-

gel (wenn der Schiedsspruch unangefochten bleibt) nur eine Instanz benötigt wird.

Verfehlt wäre es auch, wollte man die Kosten des Schiedsgerichts dadurch gering halten, daß man nur einen einzigen Schiedsrichter, der dann notwendigerweise durch eine neutrale Stelle bestimmt werden müßte, vereinbart. Entscheidungen durch einen einzigen Schiedsrichter haben nur dann einen Sinn, wenn an ihn fachliche Qualifikationen gestellt werden wie bei einem Schiedsgutachter, der den Wert eines Grundstücks oder einer Gegenleistung nach § 315 BGB für alle Parteien verbindlich feststellen soll.

Vor dem staatlichen Gericht gilt die Einrede des Schiedsgerichts. Haben die Vertragsparteien für eine Rechtsstreitigkeit einen Schiedsvertrag geschlossen, so hat ein gleichwohl angerufenes Gericht die Klage als unzulässig abzuweisen, wenn der Beklagte sich auf den Schiedsvertrag beruft (§ 1032 Abs. 1 ZPO).

Um Zweifel auszuschließen, ob im Streitfall das Schiedsgericht oder das ordentliche Gericht zuständig ist, müssen die Streitigkeiten, für die das Schiedsgericht zuständig sein soll, im Schiedsvertrag ausreichend bestimmt bezeichnet werden.

3. Formvorschriften

Die Formvorschriften wurden gegenüber dem bisherigen Recht durch die seit 1. 1. 1998 geltende Neufassung der Vorschiften der §§ 1025 ff. ZPO erheblich gemildert. Nur Schiedsvereinbarungen, an denen ein **Verbraucher** beteiligt ist, müssen in einer von den Parteien eigenhändig **unterschriebenen Urkunde enthalten** sein, die keine andere Vereinbarungen als solche, die sich auf das schiedsrichterliche Verfahren beziehen, enthalten darf, aufgenommen bei notarieller Beurkundung. Den Begriff Verbraucher definiert das Gesetz in § 13 BGB allgemein. Der Formmangel wird jedoch durch Einlassung auf die schiedsgerichtliche Verhandlung zur Hauptsache geheilt.

Im übrigen muß die Schiedsvereinbarung entweder in einem von den Parteien unterzeichneten Schriftstück oder in zwischen ihnen gewechselten Schreiben, Fernkopien, Telegrammen oder anderen Formen der Nachrichtenübermittlung, die einen Nachweis der Vereinbarung darstellen, enthalten sein. Einseitiges widerspruchsloses Angebot genügt, ebenfalls die Bezugnahme auf andere Schriftstücke, die Schiedsklauseln enthalten. Auch durch die Begebung eines Konnossements kann eine Schiedsvereinbarung begründet werden, § 1031 Abs. 1 bis 4 ZPO.

Die mündliche Schiedsvereinbarung durch Kaufleute (§ 1027 Abs. 2 ZPO a. F.) ist allerdings nicht mehr möglich, ihr kam in der Praxis wohl auch kaum Bedeutung zu.

XVI. Übliche Schlußbestimmungen

188 Es ist üblich, Verträge mit Schlußbestimmungen abzuschließen, die üblicherweise salvatorische Klauseln, Schriftformklauseln, Gerichtsstands- und Rechtswahlklauseln enthalten.

1. Salvatorische Klauseln

189 Als salvatorische Klauseln bezeichnet man Bestimmungen, die verhindern sollen, daß ein Vertrag insgesamt unwirksam wird, weil eine – vielleicht wesentliche – Vertragsbestimmung rechtsunwirksam wird und wie sie zu ersetzen ist. Sie verkehrt die Vermutung des § 139 BGB in ihr Gegenteil (BGH, BB 1997, 646, 647). Grundsätzlich ist in einem solchen Fall die rechtsunwirksame Klausel durch die Vertragsparteien, also vertraglich, durch eine rechtswirksame Klausel zu ersetzen, durch die der wirtschaftliche Zweck weitgehend erreicht wird, der mit der rechtsunwirksamen Klausel erstrebt war. Voraussetzung ist natürlich, daß dieser Zweck legal war.

2. Gerichtsstandsklauseln

190 Sie sind nur zulässig im Rahmen des § 38 ZPO. Danach wird ein an sich unzuständiges Gericht des ersten Rechtszuges durch ausdrückliche oder stillschweigende Vereinbarung der Parteien zuständig, jedoch nur, wenn die Vertragsparteien (alle) Kaufleute, juristische Personen des öffentlichen Rechts oder öffentlich-rechtliche Sondervermögen sind (§ 38 Abs. 1 ZPO).

Die Zuständigkeit eines Gerichts des ersten Rechtszuges kann ferner vereinbart werden, wenn mindestens eine der Vertragsparteien keinen allgemeinen Gerichtsstand im Inland hat. Hat eine der Parteien einen inländischen allgemeinen Gerichtsstand, kann für das Inland aber nur ein Gericht gewählt werden, bei dem diese Partei ihren allgemeinen Gerichtsstand hat oder ein besonderer Gerichtsstand begründet ist (§ 38 Abs. 2 ZPO). Da eine inländische Partei grundsätzlich mehrere Gerichtsstände haben kann (etwa den der Hauptniederlassung und den einer Zweigniederlassung, § 21 ZPO), steht durchaus eine Wahlmöglichkeit zur Verfügung.

Im übrigen ist eine Gerichtsstandsvereinbarung – abgesehen von dem hier nicht interessierenden Fall, daß sie erst nach dem Entstehen der Streitigkeit abgeschlossen wird (§ 38 Abs. 3 Nr. 1 ZPO) – nur zulässig, wenn sie **ausdrücklich** und **schriftlich** für den Fall geschlossen wird, daß die im Klageweg in Anspruch zu nehmende Partei nach Vertragsschluß ihren Wohnsitz oder gewöhnlichen Aufenthaltsort aus dem Inland verlegt oder ihr Wohnsitz oder gewöhnlicher Aufenthalt im Zeitpunkt der Klageerhebung nicht bekannt ist (§ 38 Abs. 3 Nr. 2 ZPO).

Üblich ist ferner noch die Vereinbarung des **Erfüllungsortes,** doch begründet eine Vereinbarung über den Erfüllungsort die Zuständigkeit nur, wenn die Vertragsparteien Vollkaufleute sind (§ 29 Abs. 2 ZPO).

3. Rechtswahlklauseln

Jeder Vertrag sollte eine Rechtswahlklausel haben, und zwar schon deshalb, weil nicht auszuschließen ist, daß eine der Vertragsparteien zum Zeitpunkt des Beginns eines Rechtsstreits keinen allgemeinen Gerichtsstand im Inland hat. Ist für diesen Fall ein Gerichtsstand im Inland vereinbart, kann die Rechtswahlklausel den Streit darüber vermeiden, ob deutsches oder möglicherweise ausländisches Recht Anwendung findet. Andernfalls muß nach den Regeln des Internationalen Privatrechts (Art. 28 ff. EGBGB) das anzuwendende Recht bestimmt werden, wobei bei Verweisung auf ausländisches Recht etwaige Rückverweisungen dieses Rechts zu beachten sind.

191

Nach Art. 27 EGBGB können die Parteien das Recht, dem sie den von ihnen geschlossenen Vertrag unterstellen wollen, frei wählen. Die Rechtswahl muß ausdrücklich erfolgen oder sich mit hinreichender Sicherheit aus den Bestimmungen des Vertrags und aus den Umständen des Falles ergeben. Die Rechtswahl kann für den ganzen Vertrag oder nur für einen Teil davon getroffen werden.

Für den **internationalen Warenkauf** gilt das UN-Übereinkommen über Verträge über den internationalen Warenkauf, auch Einheitliches UN-Kaufrecht genannt (CISG). Nach Art. 6 CISG können die Parteien jedoch die Anwendung dieses Übereinkommens ausschließen oder vorbehaltlich des Art. 12 von seinen Bestimmungen abweichen oder deren Wirkung ändern. Ein solcher Ausschluß muß jedoch ausdrücklich erfolgen. Eine Klausel etwa des Inhalts „Es gilt deutsches Recht" oder „Es gilt französisches Recht" wird als nicht ausreichend angesehen (BGHZ 96, 313, 323 zum EKG).

192

4. Schriftformklauseln

Sie sind allgemein üblich. Bei den dem AGB-Gesetz unterliegenden Verträgen müssen dessen Vorschriften beachtet werden. Als unbedenklich gelten danach Klauseln, die lediglich beinhalten, daß gültige mündliche Abmachungen aus Beweisgründen schriftlich niederzulegen sind, doch muß das in der Klausel deutlich zum Ausdruck kommen.

193

Üblich ist es zu vereinbaren, daß Änderungen und Ergänzungen des Vertrags der Schriftform bedürfen (wenn sie nicht gesetzlich an eine qualifiziertere Form, etwa notarielle Beurkundung, gebunden sind) und daß das auch für den Verzicht auf die Schriftform gelte. Üblich ist es ferner zu vereinbaren, daß übereinstimmende schriftliche oder telegraphische Erklärungen der Schriftform genügen.

XVII. Checkliste für Vertragsgestaltungen

194 ▷ Welches wirtschaftliche und/oder rechtliche Ziel will der Auftraggeber verfolgen bzw. erreichen?
– Ist es nach deutschem Recht zulässig?
– Stehen EG-Vorschriften entgegen oder ist eine EG-Richtlinie, die das Rechtsgebiet des Vertragsgegenstandes regeln soll, in Vorbereitung?

▷ Wie läßt sich das Ziel des Auftraggebers am besten erreichen:
– mit einem Austauschvertrag?
– mit einem Gesellschaftsvertrag?
– mit einer anderen rechtlichen Gestaltung (etwa: Gründung eines Idealvereins nach §§ 21 ff. BGB oder eines nicht rechtsfähigen Vereins, einer Stiftung nach §§ 80 ff. BGB)?

▷ Sind vorvertragliche Regelungen erforderlich (Rz. 16 ff.) oder kann ein Vertrag nach Einigung der Parteien sofort schriftlich formuliert und unterzeichnet werden?

▷ Ist die zu empfehlende Vertragsform formbedürftig?

▷ Sind die Verfügungsbefugnisse des Vertragspartners (Eigentum, Lizenz, deren rechtliche Dauer) geprüft?

▷ Prüfung der Vollmachten der Personen. die den Vertrag unterzeichnen.

▷ Präambel/Vorbemerkung
– Mit Bestimmung der Geschäftsgrundlagen des Vertrages
– oder deren Auslagerung in eine gesonderte Urkunde, etwa ein Memorandum of Understanding.

▷ Erforderliche Leistungsbeschreibungen?
– Haupt- und Nebenpflichten,
– Zeitvereinbarungen,
– Zusicherungen,
– Haftungsklauseln und sonstige Sanktionen für den Fall der Nichterfüllung oder nicht vertragsgemäßen Erfüllung, insbesondere Sicherheiten einschließlich Vertragsstrafen.

▷ Vereinbarung der Gegenleistung
– Fälligkeiten, ggf. gestuft,
– Wertsicherungsklauseln,
– sonstige Absicherungen (Bürgschaften, Bankgarantien usw.).

▷ Ist eine Konkurrenzschutzklausel erforderlich?
▷ Sind Optionen sinnvoll?
▷ Ist eine Schiedsgerichtsklausel empfehlenswert?
▷ Schlußbestimmungen, die stets enthalten sollten:
  – salvatorische Klausel,
  – Gerichtsstandsklausel,
  – Rechtswahlklausel,
  – Schriftformklausel.
▷ Vereinbarung über die Vertragssprache im grenzüberschreitenden Verkehr
  – Bestimmung, die Fassung welcher Sprache verbindlich ist,
  – Rechtswahl (die an die Vertragssprache gebunden werden sollte),
  – Gerichtsstand (die der Vertragswahl korrespondieren sollte).
▷ Für Gesellschaftsverträge können zusätzliche Regelungen erforderlich sein:
  – Folgen des Ausscheidens eines Gesellschafters,
  – des Ausschlusses aus den Gesellschaft,
  – der Zwangsvollstreckung in einen Gesellschaftsanteil,
  – Beschlußfähigkeit bei Mitgliederversammlungen,
  – qualifizierte Mehrheiten für bestimmte Beschlüsse,
  – evtl. Sonderrechte für einzelne Gesellschafter.

28 Vertragsabschluß

	Rz.		Rz.
I. Formererfordernisse	196	II. Heilungsmöglichkeiten	207
1. Gesetzliche Formerfordernisse	197		
2. Gewillkürte Schriftform	201	III. Kaufmännisches und berufliches Bestätigungsschreiben	208
3. Telefax-Problematik	202		
4. Digitale Signatur	205		

Jeder Vertrag kommt durch die Annahme eines Vertragsangebots zustande, §§ 145 ff. BGB. Sofern das Gesetz nicht eine bestimmte **Form** vorsieht, kann ein Vertrag folglich auch mündlich zustande kommen. Zu **Beweiszwecken** empfiehlt sich jedoch stets zumindest die schriftliche Fixierung des Vertragsinhalts. 195

I. Formererfordernisse

Das Gesetz schreibt für bestimmte Verträge Schriftform oder notarielle Beurkundung vor. Die Vertragsparteien können ihrerseits im Vertrag jedoch vereinbaren, daß eine bestimmte Form für Änderungen und Ergänzungen des Vertrags einzuhalten ist (Beispiele oben Rz. 193). Sie können auch in einem Vorvertrag oder in einem Letter of intent (Begriff oben Rz. 16 f.) für den beabsichtigten Hauptvertrag die Einhaltung einer bestimmten Form vereinbaren, soweit das Gesetz nicht ohnehin zwingend eine bestimmte Form vorschreibt. 196

Alles das gilt sowohl für Austausch- wie für Gesellschaftsverträge.

1. Gesetzliche Formererfordernisse

In bestimmten Fällen sieht das Gesetz Schriftform oder notarielle Beurkundung vor. Diese gesetzlichen Formererfordernisse haben in der Regel entweder Warnfunktion, um die Beteiligten vor übereilten vertraglichen Bindungen zu schützen (§ 311b BGB – Grundstücksgeschäfte; § 766 BGB – Bürgschaft von Nichtkaufleuten), oder aber Beweisfunktion oder beides (wie § 311b BGB). 197

Aus diesem Grund sind vielfach Kaufleute, wenn für sie das Rechtsgeschäft ein **Handelsgeschäft** (Begriff: § 343 HGB) darstellt, von dem gesetzlichen Formerfordernis befreit, so bei der Bürgschaft (§ 766 S. 1 BGB), wenn auf seiten des Bürgen sowie beim Schuldversprechen und Schuldanerkenntnis (§§ 780, 781 S. 1 BGB), wenn auf seiten des Schuldners das Rechtsgeschäft ein Handelsgeschäft darstellt (§ 350 HGB). Eine solche Befreiung gibt es dagegen nicht für Grundstücksgeschäfte.

198 Ist **notarielle Beurkundung** vorgeschrieben, muß Beurkundung durch einen Notar erfolgen. Wird ein deutscher Notar (innerhalb seines Amtsbezirks) tätig, richtet sich die Beurkundung nach den Vorschriften des Beurkundungsgesetzes. In der Regel ausreichend ist auch die Beurkundung durch einen **ausländischen Notar,** die gerade im Gesellschaftsrecht nicht unüblich ist, weil sie oft weniger Kosten verursacht. Umstritten ist jedoch die Rechtswirksamkeit der Beurkundung durch einen Notar im Bereich des **Umwandlungsgesetzes** (*Katschinski,* Die Verschmelzung von Vereinen, 1999, S. 76).

Die Verwendung ausländischer Urkunden im Inland wie auch die inländischer Urkunden im Ausland bedarf jedoch in der Regel der **Legalisation,** das Verfahren wird durch die Auslandsvertretung des Staates, in dem die Urkunde verwendet werden soll, abgewickelt. Die Legalisation entfällt zwischen den Vertragsstaaten, die dem **Haager Übereinkommen** zur Befreiung ausländischer öffentlicher Urkunden von der Legalisation beigetreten sind; diese wird dann durch eine Bestätigung in der Form einer **Apostille** durch eine Behörde des Errichtungsstaates ersetzt.

Neben den Notaren sind auch die deutschen **Konsuln** im Ausland und die ausländischen Konsuln im Inland beurkundungsbefugt.

199 **Vorverträge** bedürfen regelmäßig der Form des Hauptvertrags, jedenfalls wenn sie Erklärungen enthalten, die beurkundungspflichtig sind. **Vollmachten** bedürfen in der Regel nicht der Form, welche für das Rechtsgeschäft bestimmt ist, auf die sich die Vollmacht bezieht (§ 167 Abs. 2 BGB), doch können Vollmachten im Einzelfall ebenfalls formbedürftig sein.

Ist durch Gesetz notarielle Beurkundung eines Vertrags vorgeschrieben, müssen beim **Beurkundungsvorgang** nicht notwendig alle Beteiligten anwesend sein. Es genügt, wenn zunächst der Antrag (Vertragsangebot) und sodann dessen Annahme vor einem Notar beurkundet wird (§ 128 BGB). Es ist jedoch darauf zu achten, daß die Zugangserfordernisse eingehalten werden, auf die (anders als auf die gesetzlich vorgeschriebene Form selbst) verzichtet werden kann. Ein solcher Verzicht sollte in jedem Fall ausdrücklich erklärt werden, um spätere Auslegungsschwierigkeiten zu verhindern (lehrreich: BGH, NJW 1995, 2217 f. – Verkauf eines GmbH-Geschäftsanteils; kritisch hierzu: *Armbrüster,* NJW 1996, 438 ff.).

Die notarielle Beurkundung kann auch durch einen gerichtlich protokollierten Vergleich durch Aufnahme der Erklärungen in ein nach den Vorschriften der ZPO errichtetes Protokoll ersetzt werden (§ 127a BGB).

Ist durch Gesetz für eine Erklärung **öffentliche Beglaubigung** vorgeschrieben, so muß die Erklärung schriftlich abgefaßt und die Unterschrift des Erklärenden von einem Notar beglaubigt werden, § 129 BGB.

200 Ist durch Gesetz **Schriftform** vorgeschrieben, so muß die Urkunde von dem Aussteller eigenhändig durch Namensunterschrift oder mittels notariell beglaubigten Handzeichens unterzeichnet werden. Bei einem Vertrag muß die

Unterzeichnung der Parteien auf derselben Urkunde erfolgen. Werden über den Vertrag mehrere gleichlautende Urkunden aufgenommen, so genügt es jedoch, wenn jede Partei die für die andere Partei bestimmte Urkunde unterzeichnet, § 126 BGB. Nicht erfüllt ist daher die gesetzliche Schriftform, wenn jeder Vertragsbeteiligte nur seine eigene (Angebots- oder Annahme-) Erklärung unterschreibt oder wenn ein Vertragsschluß nur einseitig schriftlich bestätigt wird.

2. Gewillkürte Schriftform

Auch wenn das Gesetz keine Schriftform vorsieht, können die Beteiligten eines Vertrags Schriftform vereinbaren, sei es in einem Vorvertrag für den Hauptvertrag oder sei es im Hauptvertrag für dessen Änderung und Ergänzung. Die Vorschriften des § 126 BGB gelten im Zweifel (soweit die Parteien also nichts anderes vereinbart haben) auch für die durch Rechtsgeschäft bestimmte, „gewillkürte" Schriftform. Zur Wahrung der Schriftform genügt jedoch in diesem Fall, soweit nicht ein anderer Wille der Vertragsparteien anzunehmen ist, telegraphische Übermittlung und Vertragsabschluß durch inhaltlich übereinstimmenden Briefwechsel, § 127 BGB.

201

3. Telefax-Problematik

Der allgemein üblich gewordene Übermittlungsweg von Schriftstücken durch Fernkopie (Telefax) hat die Rechtsprechung zunächst erheblich verunsichert. Einige ältere Entscheidungen von Oberlandesgerichten zeigen, daß die Richter mit der Technik, der Funktionsweise und den Fehlerquellen von Telefax-Übertragungen, Sendeprotokollen und „OK-Vermerken" wenig vertraut waren. Zwischenzeitlich liegt jedoch ausreichende Rechtsprechung vor, aus der sich ausreichend sichere Kriterien für vertragserhebliche Erklärungen mittels Telefax entnehmen lassen. Es lassen sich drei Problemkreise bilden: Genügt eine Übermittlung mittels Telefax der gesetzlichen Schriftform? Lassen sich Fristen durch Telefax-Übermittlung wahren? Wie läßt sich die Übertragung sichern, und mit welchen Übertragungsstörungen muß gerechnet werden, bzw. wem sind Übertragungsstörungen zuzurechnen?

202

Sieht das Gesetz **zwingend Schriftform** vor, so genügt eine Übermittlung durch Telefax nicht. Deshalb genügt eine Bürgschaftserklärung durch Telefax nicht der Schriftform des § 766 S. 1 BGB (BGHZ 121, 224, 228). Der BGH führt dort aus, zwar habe der Bürge die Urkunde eigenhändig unterzeichnet, doch fehle es an einer formgerechten „Erteilung" dieser Erklärung, deren Original ja beim Bürgen verblieben ist.

203

Man wird in allen Fällen, in denen gesetzliche Schriftform – und ggf. auch gewillkürte Schriftform – vorgeschrieben ist, davon ausgehen müssen, daß das Original der formbedürftigen Erklärung ausgehändigt werden muß, um dem Formerfordernis zu genügen, so daß die Übermittlung mittels Telefax lediglich als Ankündigung einer solchen Übermittlung verstanden werden kann. Das gilt auch für **einseitige Rechtsgeschäfte.** Daher kann nach § 174 BGB ein einseitiges Rechtsgeschäft (Kündigung, Anfechtung usw.), das ein Bevollmächtigter einem anderen gegenüber vornimmt, zurückgewiesen werden, wenn der Bevollmächtigte lediglich eine Fernkopie der Vollmachtsurkunde vorlegt. Ihr kann nicht entnommen werden, ob der Bevollmächtigte (noch) im Besitz einer Original-Vollmacht ist oder ob der ursprünglich Bevollmächtigte die Vollmachtsurkunde nach dem Erlöschen der Vollmacht zurückgegeben hat (§ 175 BGB).

Dagegen dürfte es möglich sein, durch Telefax-Übermittlung Fristen zu wahren, sofern das Original-Schriftstück dem Erklärungsempfänger noch zugeht, auch wenn der Zugang nach dem Ablauf der Frist erfolgt. Das läßt sich der Rechtsprechung zu fristwahrenden Schriftsätzen, die mittels Telefax übermittelt werden, entnehmen (BGH, NJW 1990, 188; 1994, 1879 und 2097).

204 Das **Zugangsrisiko** trägt jedoch auch in diesem Fall nach dem Grundgedanken des § 120 BGB der Erklärende, also der Absender der Telekopie. Mit Recht wurde ein „OK-Vermerk" auf dem Sendeprotokoll nicht als ausreichend angesehen, um den Zugang zu beweisen (BGH, NJW 1995, 665), denn ihm läßt sich nicht entnehmen, welches Schriftstück tatsächlich übermittelt wurde und ob es tatsächlich beim Empfänger eingegangen ist. Man denke an den Fall, daß versehentlich das Schriftstück mit der falschen Seite in das Gerät eingelegt wurde, so daß beim Empfänger lediglich ein weißes Blatt ausgedruckt wurde; zweifelhaft ist, ob dieser dann verpflichtet ist, den Erklärenden auf diesen Mangel hinzuweisen, zumal manche Fax-Kennungen den Absender auch gar nicht ermitteln lassen.

Da ferner alle Geräte, die noch nicht mit Normalpapier ausdrucken, keine urkundenechten Schriftstücke herstellen, empfiehlt es sich in jedem Fall, vertragliche Erklärungen einseitiger und zweiseitiger Art zusätzlich zur Telefax-Übermittlung **im Original nachzusenden,** erforderlichenfalls Original-Vollmachten beizufügen und in jedem Fall einer Telefax-Übermittlung ein entsprechendes Vorsatzblatt mit zu übersenden, aus dem sich zweifelsfrei der Absender ergibt und in dem der Empfänger gebeten wird, im Falle einer unvollständigen Übermittlung den Absender anzurufen. Wenn dadurch zwar auch nicht die Beweislast umgekehrt wird, könnte sich doch aus den Grundsätzen von Treu und Glauben im Einzelfall eine Verpflichtung des Empfängers ergeben, tätig zu werden.

4. Digitale Signatur

205 Nach Inkrafttreten des Gesetzes zur digitalen Signatur (Art. 3 IuKDG) stehen dessen Instrumentarien zur Verfügung, um Verfälschungen von signier-

ten digitalen Daten zuverlässig feststellen zu können und damit digitale Datenübertragungen zu sichern.

Die Richtlinie 1999/93/EG vom 13. 12. 1999 über gemeinschaftliche Rahmenbedingungen für elektronische Signaturen ist am 19. 1. 2000 in Kraft getreten (Abl. L 13/12). Die Mitgliedstaaten müssen die Richtlinie bis zum 19. 7. 2001 umsetzen. Zweck der Richtlinie ist es, die Verwendung elektronischer (also digitaler) Signaturen durch Schaffung von Rahmenbedingungen zu erleichtern und zur rechtlichen Anerkennung dieser elektronischen Signaturen beizutragen. Einzelheiten hierzu: *Kilian*, BB 2000, 733. Er weist zu Recht darauf hin, daß nach fast einhelliger Meinung elektronische Dokumente auch mit elektronischer Signatur nicht die Voraussetzungen des Urkundsbeweises (§ 416 ZPO) erfüllen, weil keine „verkörperte Gedankenerklärung" vorliegt, so daß „elektronische Urkunden" dieser Art allenfalls mit den Mitteln des Freibeweises (§ 286 ZPO) verwertet werden können. Rechtsprechung hierzu liegt, soweit ersichtlich, noch nicht vor. Die Richtlinie wurde mit dem Gesetz zur Anpassung der Formvorschriften des Privatrechts und anderer Vorschriften an den modernen Rechtsgeschäftsverkehr vom 13. 7. 2001 (BGBl. I, 1542) in deutsches Recht umgesetzt, unter Verletzung des Zitiergebots. 206

Die digitale Signatur versucht, mit Hilfe öffentlicher Schlüsselsysteme die Probleme der Integrität, der Identifizierung sowie des Vertraulichkeits- und Datenschutzes prinzipiell zu lösen (*Roßnagel*, Recht der Multimedia-Dienste, Einleitung zum Signaturgesetz, RdNr. 11). Der wachsende Markt des E-Commerce wird diese Form der Rechtsgeschäfte benötigen. Aus § 1 Abs. 1 des deutschen SigG soll sich eine Sicherheitsvermutung ergeben (*Roßnagel*, NJW 1998, 3312 ff.). Noch offen sind die Fragen der Anwendung des Verbraucherkreditgesetzes auf im E-Commerce geschlossene Verträge und die Handhabung der Widerrufsvorschriften. Hierzu und zur Anwendung der EG-Haustürgeschäfte-Richtlinie hat der BGH mit Beschluß vom 30. 11. 1999, NJW 2000, 521, einen Vorlagebeschluß an den EuGH gefaßt. Zur Anwendbarkeit des Haustürwiderrufsgesetzes im Internet vgl. *Ruoff*, NJW-CoR 2000, 38. In § 492 Abs. 1 S. 2 BGB wurde der Abschluß von Verbraucherdarlehensverträgen in elektronischer Form ausdrücklich untersagt. In § 312e BGB wurden die Pflichten beim elektronischen Geschäftsverkehr im Fernabsatz geregelt.

II. Heilungsmöglichkeiten

Formmängel können geheilt werden, soweit das Gesetz eine Heilung zuläßt. So wird der Mangel der notariellen Beurkundung eines Grundstückskaufvertrags seinem ganzen Inhalt nach gültig, wenn die Auflassung und die Eintragung in das Grundbuch erfolgen (§ 313 S. 2 BGB). Voraussetzung ist natürlich die Rechtswirksamkeit der Auflassung, sie darf also nicht von einem Geschäftsunfähigen abgegeben worden sein. 207

Auch sonst kann **Erfüllung** einen Formmangel heilen, so

- wenn der Bürge die Hauptverbindlichkeit erfüllt (§ 766 S. 2 BGB),
- wenn die Abtretung eines GmbH-Geschäftsanteils formgerecht erfolgt, auch wenn die Verpflichtung hierzu formnichtig war (§ 15 Abs. 4 S. 2 GmbHG),
- wenn der Beklagte sich auf die schiedsgerichtliche Verhandlung zur Hauptsache einläßt, obwohl ein formbedürftiger Schiedsvertrag nicht schriftlich abgeschlossen wurde (§ 1027 Abs. 1 S. 2 ZPO), oder
- wenn der ohne Einhaltung der erforderlichen Form geschlossene Vertrag in anderen als den genannten Fällen erfüllt wird,

doch gibt es **keinen allgemeinen Grundsatz** dieser Art, so daß jeweils im Einzelfall untersucht werden muß, ob Heilung eingetreten ist.

Geheilt wird, wie oben bereits ausgeführt, lediglich der **Formmangel**, nicht auch ein anderer Mangel des Vertrags (Mangel der Vollmacht, Mangel der Geschäftsfähigkeit).

III. Kaufmännisches und berufliches Bestätigungsschreiben

208 Ein Vertrag, der gesetzlich nicht an eine bestimmte Form gebunden ist, kann auch dadurch zustande kommen, daß eine Vertragspartei in einem Bestätigungsschreiben, das auch mittels Telefax übermittelt werden kann (OLG Hamm, NJW 1994, 3172), eine Vereinbarung als zwischen den Parteien getroffen wiedergibt und der Empfänger nicht unverzüglich widerspricht.

209 Voraussetzungen für die Annahme eines kaufmännischen oder beruflichen Bestätigungsschreibens sind:

- das Vorausgehen (mündlicher oder fernmündlicher) **Verhandlungen** zwischen Absender und Empfänger,
- die aus der **Sicht des Erklärenden** bereits formlos zu einem Vertragsabschluß geführt haben,
- dessen **Inhalt** durch das Schreiben **bestätigt** wird,
- das dem Erklärungsempfänger **zugehen** muß,
- der dem Inhalt **nicht widerspricht,**
- sofern der Erklärungsempfänger **Kaufmann** ist oder **ähnlich einem Kaufmann** am Geschäftsleben teilnimmt, wie: Architekt (BGH, WM 1973, 1376), Grundstücksmakler (BGHZ 40, 42, 43), Konkursverwalter (BGH, NW 1987, 1940, 1941), Rechtsanwalt (OLG Bamberg, BB 1973, 1371, 1372), so daß von ihm erwartet werden kann, daß er einem inhaltlich falschen Bestätigungsschreiben, das er sich nicht zurechnen lassen will, widersprechen wird.

Liegen die vorstehenden Voraussetzungen vor, gilt der Vertrag mit dem Inhalt, wie er bestätigt wird. **Schweigen** des Empfängers gilt hier ausnahmsweise als **Zustimmung** (BGHZ 7, 187, 189; 54, 236, 239). Das galt zunächst als Handelsbrauch und gilt nun **gewohnheitsrechtlich.**

Auf diese Weise kann folglich auch ein von den Vorverhandlungen abweichendes Ergebnis zum Vertragsinhalt werden, das Bestätigungsschreiben kann **konstitutiv** wirken. Das **gilt jedoch nicht,** wenn der Inhalt des Bestätigungsschreibens vom wirklichen Verhandlungsergebnis so weit abweicht, daß der Bestätigende verständlicherweise nicht mit dem Einverständnis des Erklärungsempfängers rechnen kann (BGHZ 7, 187, 190; 40, 42, 44; 93, 338, 343).

Das Bestätigungsschreiben muß die vorausgegangene Verhandlung nicht ausdrücklich erwähnen oder in Bezug nehmen (BGHZ 54, 236, 239), doch empfiehlt sich eine ausdrückliche Bezugnahme schon deshalb, weil das Bestätigungsschreiben der Verhandlung zeitlich unmittelbar folgen muß (BGH, WM 1975, 325). Der Erklärende selbst muß nicht Kaufmann sein.

Den **Zugang** des Bestätigungsschreibens und gegebenenfalls auch dessen Zeitpunkt hat der Absender des Bestätigungsschreibens erforderlichenfalls zu beweisen (BGH, NJW 1978, 886).

29 Durchführung von Verträgen

	Rz.		Rz.
I. Auslegung/Lückenfüllung	212	VI. Vorsorgliche Beweissicherung	219
II. Anfechtung/Kündigung/Rücktritt	213	1. Selbständiges Beweisverfahren	220
III. Vertrauensschutz bei Rückabwicklung	215	2. Privatgutachten	222
IV. Bereicherungsrechtliche Fragen	216	3. Eidesstattliche Versicherungen	223
V. Verbraucherschutz	217	4. Gedächtnisprotokolle	225
		5. Fotographische Dokumentationen	226
		6. Telefon-Mitschnitte	227

Kommt es bei der Durchführung von Verträgen zu **Konflikten,** stehen den Vertragsparteien eine Reihe von Rechtsbehelfen zur Verfügung, die zum größten Teil in der vorstehenden Darstellung bereits erörtert wurden. In diesem Fall wird im folgenden auf die vorstehenden Ausführungen verwiesen. 211

I. Auslegung/Lückenfüllung

Zeigt sich, daß im Vertragstext ein Begriff mehrdeutig ist oder daß er eine **Regelungslücke** enthält, gilt § 157 BGB: Der Vertrag ist so auszulegen, wie Treu und Glauben mit Rücksicht auf die Verkehrssitte es erfordern. 212

Hat der Vertrag eine Präambel oder Vorbemerkung, kann diese für die Auslegung oder Lückenfüllung nützlich sein (oben Rz. 112 f.).

Andernfalls müssen die Vertragsparteien, notfalls das Gericht, die Auslegung bzw. Lückenfüllung vornehmen. Hat der Vertrag eine salvatorische Klausel (oben Rz. 199), kann diese die Vertragsparteien auch dann zur Vertragsanpassung verpflichten, wenn kein Fall der Teilnichtigkeit vorliegt.

Für den Fall des offenen Einigungsmangels gibt § 154 Abs. 1 BGB eine Auslegungsregel (siehe oben Rz. 189 ff.).

II. Anfechtung/Kündigung/Rücktritt

Zur **Anfechtbarkeit** siehe oben Rz. 88 ff.

Für den Fall des **Wegfalls der Geschäftsgrundlage** siehe oben Rz. 97 ff.

Wer sich durch **Kündigung** vom Vertrag lösen will, muß zunächst prüfen, ob der Vertragstext eine Kündigungsklausel enthält und welche Modalitäten sie vorschreibt. Bei gesetzlich geregelten Vertragsverhältnissen finden sich oft im Gesetz zwingend einzuhaltende Kündigungsregelungen, so im Wohnraummietrecht; beim Darlehen ist das Kündigungsrecht des Schuldners in 213

§ 489 BGB geregelt, das außerordentliche Kündigungsrecht des Darlehensgebers wegen Vermögensverfalls des Darlehensgebers in § 490 BGB, bei Verbraucherdarlehensverträgen muß der Darlehensgeber die Vorschriften des § 498 BGB einhalten. Beim Werkvertrag kann der Besteller bis zur Vollendung des Werks jederzeit den Vertrag kündigen, schuldet jedoch die vereinbarte Vergütung, auf die der Unternehmer sich jedoch ersparte Aufwendungen anrechnen lassen muß, § 649 BGB.

Dauerschuldverhältnisse können aus wichtigem Grund stets außerordentlich gekündigt werden, siehe oben Rz. 93 ff.

214 Der **Rücktritt** vom Vertrag kann vertraglich vereinbart sein. Dann gelten §§ 346 ff. BGB.

Der Rücktritt hat beim gegenseitigen Vertrag insbesondere die in §§ 346 Abs. 2 bis 4, 347, 348 BGB bestimmten Rechte und Pflichten zur Folge.

III. Vertrauensschutz bei Rückabwicklung

215 Durch die Ausübung des Mangel- und Rücktritts-Rechts wird das bisherige Vertragsverhältnis umgestaltet. Es entsteht ein **Abwicklungsverhältnis.**

Nach § 346 BGB sind die Parteien dieses Abwicklungsverhältnisses (also die früheren Vertragsparteien) verpflichtet, einander die empfangen **Leistungen zurückzugewähren.** Für geleistete Dienste sowie für die Überlassung der Benutzung einer Sache ist der Wert zu vergüten bzw. die im Vertrag bestimmte Gegenleistung zu entrichten.

Läßt sich die Rückgewähr der empfangenen Leistungen wegen Verschlechterung, Untergangs oder einer aus einem anderen Grund eintretenden Unmöglichkeit der Herausgabe (etwa: Vermischung) nicht mehr durchführen, hat der Schuldner Wertersatz zu leisten (§ 346 Abs. BGB).

IV. Bereicherungsrechtliche Fragen

216 Erfolgt die Rückabwicklung eines Vertrags – sei es wegen Anfechtung, Nichtigkeit – nach Bereicherungsrecht, ist nach § 812 BGB das „Erlangte" zurückzugeben (Leistungskondiktion). Das gilt nicht, wenn der Leistende wußte, daß er zur Leistung nicht verpflichtet war (§ 814 BGB), wenn er also das Fehlen des rechtlichen Grundes seiner Leistung kannte. Ferner ist eine Rückforderung nach § 817 S. 2 BGB ausgeschlossen, wenn der Leistende wußte, daß das Geschäft gegen ein gesetzliches Verbot oder gegen die guten Sitten verstieß (BGHZ 44, 1, 6; 50, 90, 91).

Den Umfang des Bereicherungsanspruchs regeln die §§ 818 bis 820 BGB. Der in der Praxis wichtigste Einwand ist der, der Empfänger sei nicht mehr bereichert und deshalb nicht mehr zum Ersatz des Wertes verpflichtet, § 818

Abs. 3 BGB. Dabei ist ein Vergleich zwischen Vermögensmehrung und Vermögensminderung anzustellen und ein Saldo zu ziehen.

Im übrigen muß für die äußerst schwierigen bereicherungsrechtlichen Fragen auf die Darstellungen zum Bereicherungsrecht verwiesen werden.

V. Verbraucherschutz

Zugunsten des Schutzes von Verbrauchern gilt **vielfältiges** Sonderrecht, das jeweils heranzuziehen ist. 217

In § 494 BGB sind die Rechtsfolgen von Formmängeln bei Verbraucherkreditverträgen geregelt. In § 495 BGB wird dem Verbraucher ein Widerrufsrecht eingeräumt, über das er belehrt werden muß (§§ 355 ff. BGB).

Auch Haustürgeschäfte und ähnliche Geschäfte geben demjenigen ein Widerrufsrecht der durch mündliche Verhandlung an seinem Arbeitsplatz oder im Bereich seiner Privatwohnung, anläßlich einer Freizeitveranstaltung oder im Anschluß an ein überraschendes Ansprechen in Verkehrsmitteln oder im Bereich öffentlich zugänglicher Verkehrswege zum Abschluß eines entgeltlichen Vertrages bestimmt wurde (§§ 312, 355 ff. BGB).

In § 13a UWG ist ein gesetzliches Rücktrittsrecht für Abnehmer normiert, die durch eine unwahre oder zur Irreführung geeignete Werbeaussage unter im Gesetz näher bezeichneten Modalitäten zur Abnahme von Waren oder Leistungen bestimmt wurden. Die Folgen des Rücktritts bestimmen sich nach den Vorschriften der §§ 312, 357 Abs. 1 S. 1 und Abs. 2 BGB. Die Vorschrift dürfte praktisch von geringer Bedeutung sein. 218

AGB-Verträge (näher oben Rz. 64 ff.), können Klauseln enthalten, die überraschend sind und deshalb nicht Vertragsbestandteil werden oder den Vertragspartner des Verwenders entgegen den Geboten von Treu und Glauben unangemessen benachteiligen und deshalb unwirksam sind. In diesen Fällen tritt nach den vorstehenden Grundsätzen entweder an die Stelle der unwirksamen oder nicht Vertragsbestandteil gewordenen Klausel die gesetzliche Regelung; fehlt eine solche, muß eine Vertragsanpassung erfolgen. Ferner enthält § 305c Abs. 2 BGB eine gesetzliche Auslegungsregel, wonach Zweifel bei der Auslegung von AGB und AGB-Verträgen zu Lasten des Verwenders gehen.

VI. Vorsorgliche Beweissicherung

Gerät der Vertrag in die Krise, kommt es gar zum Rechtsstreit, kann es erforderlich sein, die nötigen Beweise zu sichern. Die Beweissicherung sollte allerdings nicht erst einsetzen, wenn der Konfliktfall bereits eingetreten ist; es gibt eine Reihe von Möglichkeiten, vorsorglich Beweismittel zu sichern, auch wenn ein Konfliktsfall noch gar nicht befürchtet werden muß. 219

Erster Schritt und wichtigstes Mittel zur Beweissicherung ist natürlich die sorgfältige Ausarbeitung und schriftliche Fixierung des Vertrags, unter Beachtung etwaiger zwingender Formvorschriften. Das war Gegenstand des Kapitels 27 (oben Rz. 108 ff.). Denn dort lassen sich die Verantwortungsbereiche abgrenzen, die Haupt- und Nebenpflichten fixieren, Haftungsklauseln regeln.

Darüber hinaus sollten bei jedem Vertrag die einzelnen Schritte dokumentiert werden, vom Beginn der Vertragsverhandlungen an, weil sich daraus später wichtige Anhaltspunkte für die Vertragsauslegung ergeben können. Die Niederlegung von ausführlichen und vollständigen **Aktenvermerken** gehört hierzu. Ärzte und Rechtsanwälte sind von Berufs wegen dokumentationspflichtig.

Erkennt man, daß der Vertrag in die Krise geraten wird, zeichnet ein Rechtsstreit sich ab, gibt es weitere Mittel der Beweissicherung. Die wichtigsten werden nachstehend vorgestellt:

1. Selbständiges Beweisverfahren

220 Ein förmliches Beweissicherungsverfahren ist in §§ 485 ff. ZPO geregelt. Auch wenn ein Hauptsacheprozeß noch nicht anhängig ist, kann auf Antrag einer Partei die Einnahme des **Augenscheins**, die **Vernehmung von Zeugen** oder die **Begutachtung durch einen Sachverständigen** angeordnet werden, wenn der Gegner zustimmt oder (wichtigster Fall) zu besorgen ist, daß das Beweismittel verlorengeht oder seine Benutzung erschwert wird. Gleiches gilt auch, wenn das Streitverfahren bereits anhängig ist („Während ... eines Streitverfahrens ... "), aber nach dem Verfahrensstand der Beweis noch nicht erhoben werden kann.

Erforderlich ist ein rechtliches Interesse an der sofortigen Beweiserhebung. Das ist regelmäßig der Fall, wenn ein tatsächlicher Zustand sich zu verändern droht, wie regelmäßig der Zustand einer Kaufsache, eines Bauwerks, wenn der Tod einer kranken oder alten Person zu besorgen ist.

Ist ein Rechtsstreit noch nicht anhängig, kann eine Partei insbesondere die schriftliche Begutachtung durch einen Sachverständigen beantragen, wenn sie ein rechtliches Interesse daran hat, daß der Zustand einer Person oder der Zustand oder Wert einer Sache, die Ursache eines Personenschadens, Sachschadens oder Sachmangels oder der Aufwand für die Beseitigung eines Personenschadens, Sachschadens oder Sachmangels festgestellt wird. Ein rechtliches Interesse ist immer dann anzunehmen, wenn die Feststellung der Vermeidung eines Rechtsstreits dienen kann (§ 485 Abs. 2 ZPO). Die Möglichkeit der Vermeidung eines Rechtsstreits besteht stets, weil sich die Parteien des Selbständigen Beweisverfahrens in diesem Verfahren vergleichen können.

Zwar hat der Antragsteller kein **Auswahlrecht** hinsichtlich der Person des Sachverständigen mehr, wie im früheren Recht. Auswahl und Ernennung des Sachverständigen erfolgen vielmehr durch das Gericht. Dem Antragsteller bleibt es jedoch unbenommen, **Anregungen** zur Auswahl des Sachverständigen zu geben. Da dem Antragsgegner rechtliches Gehör zu gewähren ist (Art. 103 Abs. 1 GG), sollte dieser sich möglichst frühzeitig in ein Selbständiges Beweisverfahren einschalten.

221

Die im Selbständigen Beweisverfahren erhobenen Beweise sind im späteren Hauptsacheprozeß **bindend**. Beruft sich eine Partei im Prozeß auf Tatsachen, über die selbständig Beweis erhoben wurde, so steht die selbständige Beweiserhebung einer Beweisaufnahme vor dem Prozeßgericht gleich (§ 493 Abs. 1 ZPO). War der Gegner in einem Termin im selbständigen Beweisverfahren nicht erschienen, so kann das Ergebnis nur aber immer benutzt werden, wenn der Gegner rechtzeitig geladen war (§ 493 Abs. 2 ZPO). Auch diese Rechtslage sollte den Antragsgegner veranlassen, sich so früh wie möglich am Selbständigen Beweisverfahren zu beteiligen.

2. Privatgutachten

In Fällen, in denen sich die Erhebung von Beweisen im Selbständigen Beweisverfahren nicht eignet oder in minder bedeutsamen Fällen, in denen man den Aufwand eines Selbständigen Beweisverfahrens scheut, kann jeder Beteiligte zumindest ein Privatgutachten einholen lassen.

222

Der Inhalt eines solchen Privatgutachtens gilt zwar im nachfolgenden Rechtsstreit nur als Parteivorbringen. Handelt es sich jedoch um einen öffentlich bestellten und beeidigten Sachverständigen oder ist er in Fachkreisen besonders angesehen, wird sich ein gerichtlich bestellter Sachverständiger mit dem Privatgutachten ernsthaft und kompetent auseinandersetzen.

Der Auftrag zur Erstattung von Privatgutachten sollte daher stets an öffentlich bestellte und beeidigte Sachverständige (soweit es sie gibt) erteilt werden oder an eine für den Fachbereich anerkannte Kapazität.

3. Eidesstattliche Versicherungen

Auch Eidesstattliche Versicherungen können ein brauchbares Mittel der Beweissicherung sein. In den Verfahren des vorläufigen Rechtsschutzes (Einstweilige Verfügung, Arrest, Einstweilige Anordnung) sind sie zulässige Mittel der Glaubhaftmachung (§ 294 Abs. 1 ZPO).

223

Im Hauptsacheverfahren ist die Eidesstattliche Versicherung zwar kein zulässiges Beweismittel. Die Person, die eine Tatsache an Eides Statt versichert hat, wird jedoch ihre Bekundungen mit besonderer Sorgfalt wählen, wenn sie unter der Strafdrohung des § 156 StGB steht.

Danach ist strafbar, wer vor einer zur Abnahme einer Versicherung an Eides Statt zuständigen Behörde eine solche Versicherung falsch abgibt oder unter Berufung auf eine solche Versicherung falsch aussagt.

Eidesstattliche Versicherungen sollten daher – auch wenn noch nicht feststeht, ob es zu einem Verfahren des vorläufigen Rechtsschutzes kommt – stets die Präambel tragen, daß sie zum Zwecke der Vorlage bei Gericht abgegeben wird und daß der erklärenden Person die Strafbarkeit der Abgabe einer falschen Eidesstattlichen Versicherung bekannt ist.

224 Der **Notar** ist zwar nach § 22 Abs. 2 BNotO zur Aufnahme Eidesstattlicher Versicherungen zuständig, jedoch nur in allen Fällen, „in denen einer Behörde oder sonstigen Dienststelle eine tatsächliche Behauptung oder Aussage glaubhaft gemacht werden soll", wozu auch die Gerichte gehören. Nicht zuständig ist er dagegen zur Abnahme Eidesstattlicher Versicherungen für Privatzwecke. Auch die notariellen Eidesstattlichen Versicherungen müssen daher, sollen sie die Strafdrohung des § 156 StGB auslösen (und nur dann sind sie von Beweiswert), zum Zweck der Vorlage bei Gericht oder einer anderen zur Entgegennahme von Eidesstattlichen Versicherungen zuständigen Stelle abgegeben werden.

In der Praxis wohl wichtigster Fall ist die Eidesstattliche Versicherung im Äußerungsrecht, wenn also der Verantwortliche für ein Presseerzeugnis sich wegen der Richtigkeit der Darstellung eines Informanten absichern will.

4. Gedächtnisprotokolle

225 Nicht zu unterschätzende Bedeutung für die vorsorgliche Beweissicherung können Gedächtnisprotokolle haben. Naturgemäß hängt ihre Aussagekraft vor allem davon ab, daß sie **zeitnah** nach dem Ereignis, das festgehalten werden soll, **schriftlich** fixiert werden.

Gedächtnisprotokolle sind den eingangs erwähnten Aktenvermerken verwandt. Sie geben in der Regel Gespräche oder ein Geschehen oder den Zustand einer Sache oder Person wieder, die sich auf andere Weise nicht dokumentieren läßt.

Es handelt sich natürlich nicht um ein förmliches Beweismittel. Gedächtnisprotokolle sind **Eigenurkunden** des Ausstellers. Sie haben keine Vermutung der Richtigkeit für sich. Wer jedoch ein Gedächtnisprotokoll, von dem ihm bekannt ist, daß es inhaltlich falsch ist, in einen Rechtsstreit einführt, steht immerhin unter der Strafdrohung des (versuchten) Prozeßbetrugs, § 263 StGB.

5. Fotographische Dokumentationen

Dokumentationen mittels Fotografien oder Videoaufnahmen können erhebliche beweissichernde Wirkung entfalten. Falls es auf den Zeitpunkt der Dokumentation ankommt, sollten sie entweder eine Datums- und gegebenenfalls eine Zeitanzeige enthalten. Falls kein Gerät zur Verfügung steht, das mit dieser Technik verbunden ist, muß man die Fotodokumentation mit einem Gedächtnisprotokoll kombinieren. 226

6. Telefon-Mitschnitte

Sie sind grundsätzlich verboten, weil sie die Vertraulichkeit des Wortes verletzen (§ 201 Abs. 1 Nr. 1 StGB). 227

Sie sind grundsätzlich erlaubt, wenn der Gesprächspartner darauf hingewiesen wird, daß das Gespräch zu Dokumentationszwecken auf Tonband aufgenommen wird und nicht widerspricht.

Ferner sind sie zulässig im Falle der Notwehr (etwa gegenüber einem Erpresser) oder im Falle des rechtfertigenden Notstands, wobei eine Güter- und Pflichtenabwägung stattzufinden hat.

Mithören von Telefongesprächen über eine Lautsprecher-Verstärkeranlage ist in gleicher Weise rechtlich zu qualifizieren. Der BGH hat ausgeführt, daß das Mithören eines Telefongesprächs über eine Mithöreinrichtung nicht ungewöhnlich sei, im wirtschaftlichen Leben öfter angetroffen werde und rein sachliche Gründe haben könne, die nicht mit dem Makel der Überlistung und damit der Unanständigkeit belastet seien (BGH, NJW 1964, 165), weshalb sich aus dem Mithören eines Telefongesprächs im geschäftlichen Verkehr ein Beweiserhebungsverbot nicht herleiten lasse (BGH, BB 1982, 948). 228

Anderes wird im privaten Rahmen zu gelten haben, in dem der Gesprächspartner nicht mit dem Mithören eines Dritten rechnen muß. Ferner hat BAG, NJW 1983, 1691 ein Beweisverwertungsgebot angenommen, wenn der Arbeitgeber dem Arbeitnehmer zu erkennen gegeben hat, daß er die Unterredung vertraulich behandeln wolle, insbesondere wenn sie unter vier Augen im Büro des Arbeitgebers hinter geschlossener Tür stattfinde, dieser jedoch gleichwohl über eine Bürosprechanlage die Unterredung mithören lasse.

Das Mithören eines Telefongesprächs, in welchem Vertragsverhandlungen geführt werden, ist folglich nicht generell unzulässig. Das wird auch für einen Mitschnitt zu gelten haben. Wenn keine Gründe der Notwehr oder des Notstands entgegenstehen, sollte ein Mitschnitt dem Gesprächspartner jedoch mitgeteilt und sein Einverständnis eingeholt werden.

Teil 7
Außergerichtliche Konfliktbeilegung

30 Institutionen und Verfahren im In- und Ausland

	Rz.
I. Wesen und Bedeutung von Außergerichtlicher Konfliktbeilegung (AKB)	1
1. Konfliktentscheidungen durch Dritte (heteronome Konfliktbeilegung)	2
2. Konfliktlösungen durch die Parteien (autonome Konfliktbeilegung)	3
II. Entwicklung der Institutionen der Außergerichtlichen Konfliktbeilegung	10
1. Entwicklung in der Bundesrepublik Deutschland	10
2. Entwicklung in USA und anderen Ländern	23
III. Die Bedeutung von AKB beim Konfliktmanagement von Verträgen	30
1. Die Stufen des Konfliktmanagements bei Verträgen	30
2. Vorteile von AKB	35
a) Interessengerechte Lösungen	36
b) Erhaltung guter Geschäftsbeziehungen	39
c) Ersparnis von Zeit	40
d) Ersparnis von Kosten	41
e) Planungssicherheit	44
f) Kontrolle über den Verhandlungsprozeß	45
g) Diskretion/Ausschluß der Öffentlichkeit	46
h) Besondere Sachkunde	47
i) Informelle (unförmliche) Verfahrensweise	48
IV. Systematische Darstellung einzelner Verfahren der AKB	50
1. Verhandlung	52
2. Moderation	53
3. Mediation/Vermittlung	54
4. Schlichtung	55
5. Neutraler Experte	56
6. Schiedsgutachten/Schiedsrichter	57
7. Schiedsschlichtung (Med/Arb)	58
8. Spezielle Schiedsverfahren (Tailored Arbitration)	59
9. Michigan Mediation	60
10. Miniverfahren (Mini-trial)	61

I. Wesen und Bedeutung von Außergerichtlicher Konfliktbeilegung (AKB)

Unter dem englischen Begriff Alternative Dispute Resolution (ADR), der im Deutschen im Regelfall als Informelle Streitbeilegung (so z.B. *Gottwald*, Einführung, in: Streitschlichtung, Bundesanzeiger Köln 1995, S. 10), Außergerichtliche Konfliktbeilegung (AKB) oder Außergerichtliche Streitbeilegung (ASB) bezeichnet wird, vereinigt sich eine Reihe von Techniken zur Konflikt**behandlung**. Unter Wissenschaftlern und Praktikern gibt es eine (in der Sache nicht weiterführende) Auseinandersetzung darüber, welche Verfahren davon umfaßt werden. Während vor allem die USA-Praxis unter

ADR alle Verfahren versteht, in denen **die Entscheidung nicht von einem öffentlichen Gericht** (wohl aber von Schiedsgerichten) getroffen wird, nenne ich die in diesem Beitrag erwähnten Verfahren solche der **Außergerichtlichen** Konfliktbeilegung (AKB). Außergerichtlich ist außergerichtlich, eben auch nicht-schiedsgerichtlich. Entscheidend scheint mir zu sein, ob der Konflikt durch die Parteien gelöst oder durch Dritte **entschieden** wird. Nachfolgend wird also der Begriff Außergerichtliche Konfliktbeilegung (AKB) ausschließlich für die Konfliktlösung durch die Konfliktparteien (autonome Konfliktlösung) verwendet. Zur besseren Übersicht werden in Ziff. IV aber auch Schiedsverfahren – obwohl dies im Sinne dieses Beitrags keine AKB-Verfahren sind – und Mischformen zwischen heteronomer und autonomer Konfliktlösung dargestellt.

Stellt man auf das **Wesen der Konfliktbeilegung** ab, so lassen sich zwei charakteristische Verfahrensweisen unterscheiden:

1. Konfliktentscheidungen durch Dritte (heteronome Konfliktbeilegung)

2 Hierbei handelt es sich um diejenigen Verfahren, bei denen ein **Dritter** die Macht hat, den Streit verbindlich zu entscheiden. Dabei geht es im wesentlichen um **rechtsgestützte** Verfahren, so beispielsweise um Entscheidungen von öffentlichen oder Schiedsgerichten, Schiedsgutachtern oder andere Verfahren, bei denen eine neutrale Person das Recht hat, einen Streit verbindlich zu schlichten. Hierzu sind auch solche Verfahren zu zählen, bei denen zwar die Entscheidung eines Dritten zunächst nicht verbindlich ist, dies aber nach einer bestimmten Zeit wird, wenn die Parteien nicht die vorgesehenen Maßnahmen ergreifen (z. B. Anrufung des staatlichen Gerichtes). Ein solches Verfahren, das in den Niederlanden praktiziert wird, beschreibt *Breidenbach*, Mediation, 1995, S. 296: Bei Mieterstreitigkeiten ist vor Einleitung eines Zivilprozesses eine für die Streitschlichtung vorgesehene Kommission anzurufen. Das Verfahren wird durch einen „Rat" der Kommission beendet, der nach zwei Monaten bindend wird, soweit nicht eine der Parteien vor Ablauf dieser Frist Klage erhoben hat.

2. Konfliktlösungen durch die Parteien (autonome Konfliktbeilegung)

3 Das Kernstück der Methoden von AKB sind die autonomen Konfliktlösungsverfahren. Hierbei handelt es sich, wenn man auf den Konfliktbehandlungsmechanismus abstellt, wirklich um alternative Verfahren gegenüber der Konfliktbehandlung durch Entscheidung der Gerichte. Das Wesen der autonomen Konfliktbeilegung ist es, daß das Ergebnis **einvernehmlich** von den Parteien erzielt wird. Das heißt, daß es dann, wenn die Parteien sich nicht einigen, keine **Entscheidung** gibt, daß also eine Konfliktbeendigung nur durch Ergebnisse zustande kommt, wenn sie auf der Mitwirkung und dem Einverständnis der beteiligten Parteien beruht. Dabei können diese **Konflikt-**

beilegungen sowohl direkt zwischen den Parteien vereinbart als auch durch dritte Personen vermittelt werden. Die autonome Konfliktbeilegung unterscheidet sich daher in folgenden Punkten wesentlich von der heteronomen Konfliktbeilegung.

- Die Lösung des Konflikts orientiert sich an den **Interessen** der Parteien, nicht an der Frage, wer Recht hat.
- Der Fokus der Problembehandlung ist auf die **Zukunft** gerichtet und versucht, das Problem zu **lösen**. Die heteronomen Verfahren untersuchen dagegen im Regelfall die Vergangenheit und versuchen im Wege der Entscheidung „den Schuldigen" zu finden.
- Demgemäß ist die autonome Konfliktbeilegung ein Verfahren, bei dem die Parteien selbst die **Verantwortung** für das Ergebnis behalten, während die heteronome Konfliktbeilegung die Verantwortung an eine andere Instanz (Richter, Gutachter) delegiert. Diese Delegation der Lösungsverantwortung führt zu einer Ent-Machtung der Konfliktparteien.

Zwangsläufig ergibt sich daraus, daß autonome Konfliktlösungen wesentlich besser geeignet sind, aktuelle Konflikte bei der Vertragsdurchführung zu lösen, als die heteronome Variante. Bei der weiteren Vertragsdurchführung sind die Parteien regelmäßig darauf angewiesen, daß ihre Beziehungen zueinander intakt sind, Probleme interessengerecht gelöst werden und die Kräfte sich möglichst schnell wieder auf die Vertragsabwicklung statt auf die Klärung der Frage, wer für das Problem verantwortlich ist, konzentrieren können. 4

Sind allerdings die Störungen des Vertrauens zwischen den Parteien so gravierend, daß eine kooperative Abwicklung des Vertrags nicht mehr möglich ist, dann haben natürlich, wenn auch diese Mittel versagen, die heteronomen Entscheidungsmechanismen durchaus ihre Bedeutung.

Klassische Beispiele autonomer Konfliktbehandlungsverfahren sind das **Verhandeln** und die **Mediation**. Während die Parteien bei der **Verhandlung** versuchen, allein einen Weg zu Zielen zu finden, zu deren Erreichung sie die Mitwirkung der anderen Partei brauchen, versuchen sie bei der Mediation, unter Einschaltung eines **Dritten ohne Entscheidungsgewalt** ein für beide Seiten optimales Ergebnis zu schaffen. Mediation ist also, einfach gesagt, nichts anderes als eine Verhandlung, die von einem Dritten unterstützt wird (*Goldberg/Sander/Rogers*, Dispute Resolution, 1992, S. 103). 5

Der Gesetzgeber hat sich in § 278 ZPO in der Fassung des vorliegenden Entwurfes des Gesetzes zur Reform des Zivilprozesses bemüht, dem Gericht sämtliche Verfahrensmöglichkeiten autonomer Konfliktlösung an die Hand zu geben. Insbesondere hat er das Gericht verpflichtet, in jeder Lage des Verfahrens **eine gütliche Einigung** anzustreben (§ 278 Abs. 1 ZPO). Diese Tendenz wird durch Einführung der Güteverhandlung im Zivilprozeß (§ 278 6

Abs. 2 ZPO) und die Möglichkeit der Empfehlung einer außergerichtlichen Streitschlichtung (§ 278 Abs. 5 ZPO) verstärkt.

Leider ist jedoch in der bisherigen Praxis vor den Gerichten von der Umsetzung dieser gesetzgeberischen Intention noch zu wenig zu spüren, mag es nun an der Überlastung der Gerichte, an der fehlenden Ausbildung der Richter in AKB oder an dem Wunsch der Parteien, sich zu streiten, liegen. Vor den Zivilgerichten ist im Regelfall wenig Raum für mediative Prozesse.

7 Auch die vom Gesetzgeber vorgeschriebene **Mündlichkeit** der Verhandlung kommt im Regelfall zu kurz; es wird zwar vor Gerichten viel gesprochen, aber wenig kommuniziert. **Das Medium der Mündlichkeit,** also das **Kommunizieren durch Sprechen,** erlaubt eine viel unmittelbarere und intensivere Verständigung als der Austausch von Schriftstücken. Die Chance der Mündlichkeit wird jedoch meistens vertan. Die Parteien nutzen, ohne vom Gericht im Regelfall daran gehindert zu werden, die mündliche Verhandlung überwiegend dazu, ihre Positionen zu fixieren; es findet kein Austausch von Informationen statt, sondern lediglich die Darlegung von kontroversen Standpunkten. Diese „mündlichen Verhandlungen" enden dann in der Verlesung bereits schriftlich formulierter Anträge. Da sich diese Anträge nicht an die andere Seite, sondern an das Gericht richten, symbolisiert dies treffend die eingeschränkte Tauglichkeit der mündlichen Verhandlung zur einvernehmlichen Regelung von Konflikten.

Positionelles Verhalten führt im Regelfall zur Eskalation und zum Abbruch der Kommunikation. Stellt die eine Partei den Antrag A, muß die andere Partei notwendigerweise den Antrag B stellen, und von diesem Zeitpunkt an konzentrieren sich die Bemühungen der Parteien darauf, Anspruchsgrundlagen für ihre Anträge zu finden und zu begründen. In einem solchen Klima ist es schwer, eine autonome Konfliktlösung zu etablieren. Der von der ZPO vorgeschriebene Versuch der gütlichen Einigung scheitert in der mündlichen Verhandlung im Regelfall daran, daß dieser viel zu spät, nämlich erst nach einer Phase schriftlicher Eskalation, stattfindet. Die vom Gesetzgeber in § 279 ZPO vorgesehene Möglichkeit zur Anberaumung von Güteterminen, die sicherlich bessere Einigungsmöglichkeiten böte, wird allerdings von den Gerichten nach Erkenntnissen des Verfassers kaum wahrgenommen.

8 Insoweit dürfte die obligatorische Einführung von Güteverhandlungen durch den bemerkenswerten Entwurf des Zivilprozeßreformgesetzes Abhilfe schaffen. Dieser sieht in § 278 Abs. 5 ZPO vor, daß das Gericht den Parteien die außergerichtliche Streitschlichtung in geeigneten Fällen vorschlagen und zu diesem Zweck das Verfahren aussetzen kann.

Grundsätzlich richtig ist auch der mit Einführung des § 15a EGZPO verfolgte Ansatz der obligatorischen Streitschlichtung. Der Bundesgesetzgeber ermöglicht es den Landesgesetzgebern, mit dem am 1. 1. 2000 in Kraft getretenen § 15a EGZPO bei bestimmten zivilrechtlichen Streitigkeiten die Erhebung einer Klage davon abhängig zu machen, daß ein Schlichtungsversuch gescheitert ist. Die Praxis in den Bundesländern, die als erste von der Möglichkeit der obligatorischen Streitschlichtung Gebrauch gemacht haben, zeigt jedoch, daß diese Form der Konfliktbeilegung kaum angenommen wird. Die Kläger bevorzugen im Regelfall zur Umgehung der Schlichtung das Mahnverfahren.

Bedauerlicherweise verkennt die bundesgesetzliche Öffnungsklausel, daß die Frage der Sinnhaftigkeit einer Schlichtung **nicht von der Höhe des Streitwertes, sondern vom Kern des jeweiligen Streites abhängig ist**. Hier wäre es beispielsweise angebracht gewesen, den Gerichten die Möglichkeit zu geben, **geeignete** Verfahren (ohne Beschränkung nach Streitwerten) in die Mediation (Schlichtung) zu verweisen.

II. Entwicklung der Institutionen der Außergerichtlichen Konfliktbeilegung

1. Entwicklung in der Bundesrepublik Deutschland

Seit Ende der 60er Jahre finden wir in der Bundesrepublik vermehrt **Schieds- und Schlichtungsstellen**, die überwiegend von **Berufsorganisationen** und **Handwerksverbänden** eingerichtet wurden, so beispielsweise Einrichtungen der Industrie- und Handelskammern, der Handwerkskammern, des Kfz-Handwerks, des Gebrauchtwagenhandels, der Architektenkammern, der Rechtsanwaltskammern, des Bauhandwerks, der Ärztekammern, des Textilreinigungs- und Schuhgewerbes, des Radio- und Fernsehtechnikerhandwerks usw. Sinn dieser Schlichtungsstellen ist es vor allem, den Beschwerden unzufriedener Kunden über die Produkte oder Dienstleistungen von Mitgliedern des jeweiligen Berufszweiges abzuhelfen. Zu diesem Bereich ist auch das Sachverständigenverfahren im Versicherungswesen (vergleiche hierzu näher *Morasch*, Schieds- und Schlichtungsstellen in der Bundesrepublik, Bundesanzeiger, Köln 1984, S. 87 ff.) und der Ombudsmann im Bankenbereich zu rechnen (vergleiche hierzu *Hoeren*, Der Ombudsmann in der Banken- und Versicherungswirtschaft, in: Streitschlichtung, Bundesanzeiger, Köln 1995, S. 149 ff.). Diese Schlichtungsstellen erfüllen die Aufgabe der **berufsständischen Selbstklärung**.

Daneben gibt es in einigen Bundesländern die 170jährige Tradition des **Schiedsmannamtes** (so in Berlin, Hessen, Niedersachsen, Nordrhein-Westfalen, Rheinland-Pfalz, Saarland, Schleswig-Holstein, näher hierzu *Siegel*, Alternativen zur Justiz: Der Schiedsmann, in: Alternativen in der Ziviljustiz, Bundesanzeiger Köln, 1982, S. 55 ff.), bei der Laien ehrenamtlich als Schlichter tätig werden. In Sachsen wurde jüngst die Tradition des Friedensrichters neu besetzt. Zudem ist die öffentliche Rechtsauskunfts- und Vergleichsstelle (ÖRA) in Hamburg zu nennen (vergleiche hierzu im einzelnen *Hennings*, Die Arbeit der öffentlichen Rechtsauskunfts- und Vergleichsstelle Hamburg: Hilfeleistung bei der Bewältigung von Rechtskonflikten durch Beratung und unparteiische Vermittlung, in: Alternativen in der Ziviljustiz, Bundesanzeiger, Köln 1982, S. 51 ff.).

12 Als Folge der Einführung der obligatorischen Streitschlichtung ist damit zu rechnen, daß in Zukunft private kommerzielle Schlichtungsstellen entstehen werden, deren Interesse natürlich die Regelung von Fällen jenseits der Wertgrenze von 600 bzw. 750 Euro sein wird.

Zudem sind in mehreren Gesetzen Vorschriften eingefügt worden, die die Durchführung von Schlichtungen vorsehen. So gewährt § 305 Abs. 1 Nr. 1 InsO die Möglichkeit alternativer Konfliktbehandlungsverfahren zum Zweck der Schuldenbereinigung.

Die Arbeitsgemeinschaft Baurecht im Deutschen AnwaltVerein hat eine neue Verfahrensordnung (SO Bau) erarbeitet, welche ein isoliertes Beweisverfahren und ein Schiedsverfahren miteinander kombiniert.

13 Eine weitere bemerkenswerte Initiative ist der Versuch des Ausschusses für außergerichtliche Konfliktbeilegung des DAV, mit verschiedenen IHKs die Einrichtung von gemeinsamen Schlichtungsstellen ins Leben zu rufen, vor denen wirtschaftliche Streitigkeiten geschlichtet werden können, an denen zumindest ein IHK-Mitglied oder eine von einem Mitglied des Anwaltvereins vertretene Partei beteiligt ist. Diese erfolgreiche Initiative durch das sogenannte „Münchener Modell" soll zukünftig auch auf andere IHKs angewendet werden. Rahmenbedingungen für eine erfolgreiche Schlichtung werden in dem Münchener Pilotprojekt erarbeitet (*Ponschab/Dudek*, Die Schlichtungsstelle zur Beilegung kaufmännischer Streitigkeiten, AnwBl. 2000, S. 308 f.).

14 Die Schieds- und Schlichtungsstellen in der ehemaligen DDR, die allerdings als gesellschaftliche Gerichte angesehen werden müssen und die aufgrund des Gesetzes über die gesellschaftlichen Gerichte tätig geworden sind, sind nach der Wiedervereinigung nicht erhalten geblieben (vergleiche dazu im einzelnen *Niederländer*, Schieds- und Schlichtungsstellen in der ehemaligen DDR, in: Streitschlichtung, Bundesanzeiger, Köln 1995, S. 95 ff.). Maßgeblich für die Arbeit dieser Kommissionen war es, daß im Vordergrund nicht das Rechtsproblem, sondern die Behandlung des sozialen Konfliktes stand. Bedauerlicherweise haben inzwischen auch die Schiedsstellen für Arbeitsrecht, die von der Regierung de Maizière am 29. 6. 1990 durch das Gesetz über die Errichtung von Schiedsstellen im Arbeitsrecht errichtet wurden, im November 1992 ihre Arbeit eingestellt, obwohl ihre Effizienz und Akzeptanz erheblich waren.

15 Trotz dieser zahlreichen Ansätze zu einer Außergerichtlichen Konfliktbeilegung ist es den verschiedenen Institutionen bisher nicht gelungen, die Gerichte wesentlich zu entlasten. Die Inanspruchnahme der Schlichtungsstellen bei verschiedenen Amtsgerichten in Bayern hatte trotz intensiver Öffentlichkeitsarbeit des Bayerischen Justizministeriums keinen befriedigenden Erfolg gezeigt.

Die zivilrechtliche Bedeutung der Tätigkeit der Schiedsmänner und -frauen ist im Laufe der Jahre praktisch bedeutungslos geworden. Den Zahlen des Justizministeriums des Landes Nordrhein-Westfalen läßt sich entnehmen, daß die Zahl der mit bürgerlichen Rechtsstreitigkeiten befaßten Schiedsfrauen und Schiedsmänner seit 1970 kontinuierlich abgenommen hat. Gab es 1970 noch 2090 Schiedspersonen, waren es 1980 nur noch 1432 und 1995 nur noch 1296 Schiedsmänner und -frauen. Im Jahre 1995 bearbeiten sie im Durchschnitt pro Jahr weniger als zwei Streitfälle. 16

Insgesamt ist es den vorhandenen Schieds- und Schlichtungsstellen nicht gelungen, die Durchführung streitiger Gerichtsverfahren maßgeblich zu reduzieren.

Ein wesentlicher Grund dafür, daß die Inanspruchnahme öffentlicher Schlichtungsstellen in Deutschland noch sehr zu wünschen übrig läßt, scheint wesentlich an der Einstellung der Bevölkerung gegenüber dem vielfach unbekannten Mediationsverfahren zu liegen.

Die vermehrten Aktivitäten auf dem Gebiet der Mediation und Schlichtung zeigen aber, daß die Bürger verstärkt für den Schlichtungsgedanken gewonnen werden und sich ein „Schlichtungsbewußtsein" in der Bevölkerung zu verankern beginnt.

Gegenwärtig sind die Eingangszahlen in Zivilsachen noch auf hohem Niveau. Im Jahr 1998 gab es vor den Amts- und Landgerichten in den alten Ländern insgesamt 1 652 975 neue Verfahren. In den neuen Bundesländern belief sich die Zahl auf insgesamt 335 649. 17

Die Eingänge erreichten in den letzten 5 Jahren aber nicht die beispielsweise von *Stock* prognostizierten hohen Werte (siehe *Stock*, Filterwirkung außergerichtliche Konfliktbearbeitung, in: Streitschlichtung, Bundesanzeiger, Köln 1995, S. 115, 116). So sanken die Eingangszahlen der Amts- und Landgerichte in den alten Bundesländern von 1987 bis 1998 insgesamt um 6992 Fälle oder 0,42%. Bezogen auf diesen Zeitraum sind die Eingangszahlen bei den Amtsgerichten um 2,06% gestiegen, seit 1994 ist jedoch ein kontinuierlicher Rückgang von insgesamt 128 707 oder 8,84% zu verzeichnen. Ein ähnliches Bild zeigt sich bei den Landgerichten. Dort sind die Eingänge von 1987 bis 1998 um 9,42% gesunken.

Auch in den neuen Bundesländern ist die Belastung zurückgegangen. Dort sind die erstinstanzlichen Eingangszahlen von 1995 bis 1998 um insgesamt 64653 oder 16,15% gesunken. Bei den Amtsgerichten ergibt sich ein Rückgang um 60437 oder 19,09 %, bei den Landgerichten um 4180 oder 5,01%. 18

Insgesamt kann von einer ansteigenden Tendenz bei den Eingängen in erstinstanzlichen Zivilsachen daher nicht die Rede sein. Im Gegenteil ist die Belastung in den letzten fünf Jahren gesunken (Statistisches Bundesamt Wiesbaden, Jahrgänge 1987 bis 1998; AnwBl. 5/2000 Sonderheft S. 6).

Eingangszahlen I. Instanz (alte Bundesländer)

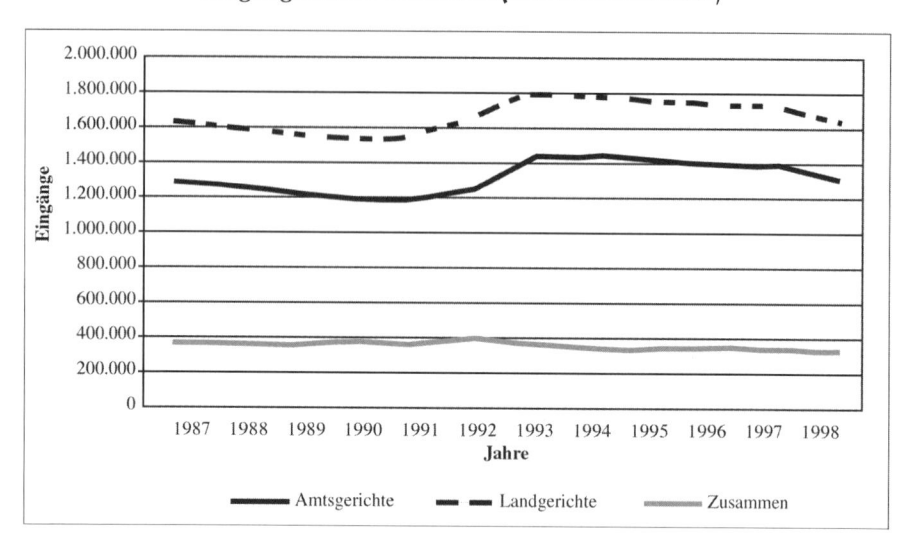

Eingangszahlen I. Instanz (neue Bundesländer, ohne Berlin-Ost)

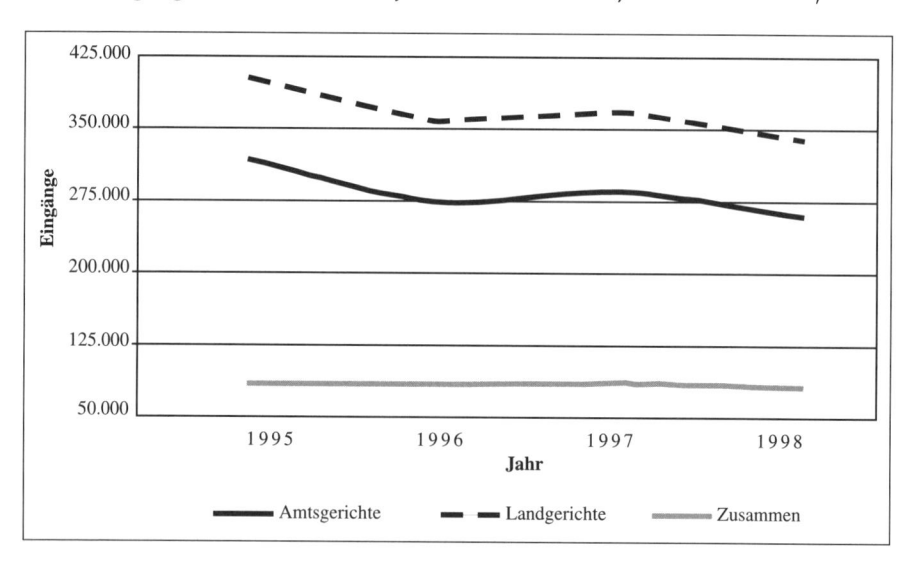

Soweit also als Grund für die Einführung von außergerichtlicher Konfliktbeilegung steigenden Zahlen der Eingänge bei den Gerichten angegeben wird, ist dieses Argument unzutreffend.

Die **Familienmediation** gehört zu den verbreitetsten Anwendungsgebieten der Mediation in Deutschland. Sie gewann vor allem im Zusammenhang mit Scheidungsverfahren und deren Scheidungsfolgen seit Ende der 80er Jahre an Bedeutung. Dies liegt u.a. daran, daß in keinem anderen Rechtsgebiet die persönlichen Beziehungen zwischen den Parteien so eng und dauerhaft sind. 19

Die ersten Erfahrungen auf dem Gebiet der **Mediation im öffentlichen Bereich** liegen seit 1988 vor. Seither wird in einer Vielzahl von Raumordnungs-, Planfeststellungs- und Genehmigungsverfahren in Deutschland die Mediation erprobt. Mediationsansätze fand man zunächst vor allem im Verkehrs- und Abfallbereich (dort hauptsächlich bei der Standortsuche für Deponien). In jüngster Vergangenheit wurden in Frankfurt a.M. die Ergebnisse des bisher umfangreichsten Umweltmediationsverfahrens vorgestellt, nachdem für die Erweiterung des Frankfurter Flughafens ein Mediationsverfahren durchgeführt wurde. Besonders aktiv wird die Mediation im öffentlichen Bereich in Österreich erprobt. Nach einer erfolgreichen Einigung der Beteiligten über die Trassenführung der Bahn im Gasteiner Tal hat das Team um Professor *Zilleßen* Anfang 2001 den Auftrag erhalten, die Neuplanung des Flughafens Wien-Schwechat im Rahmen einer Mediation zu klären. 20

In Deutschland steht die Entwicklung auf dem Gebiet der **Wirtschaftsmediation** erst am Anfang. Bei Konflikten im Wirtschaftsrecht wird zwischen den Konflikten **außerhalb** des Unternehmens und **innerhalb** des Unternehmens unterschieden. Zu den unternehmensexternen Streitigkeiten gehören u.a. Streitigkeiten mit einem anderen Konzern oder Streitigkeiten zwischen Unternehmern und Zulieferern. 21

Zu unternehmensinternen Streitigkeiten gehören beispielsweise Streitigkeiten zwischen Geschäftsführung und Betriebsrat (vgl. dazu näher *Ponschab/Dendorfer*, Mediation in der Arbeitswelt – eine ökonomisch sinnvolle Perspektive, Mediation und Recht, Beilage 1 zu Heft 2/2001 BRAK-Mitteilungen).

In beiden Bereichen besteht weniger ein theoretischer als vielmehr ein praktischer Nachholbedarf auf dem Gebiet der Wirtschaftsmediation. Dies beruht vor allem auf

– mangelnder Informiertheit des Managements über Mediation,
– geringerem Leidensdruck durch einen Prozeß im Vergleich zu den USA,
– der Tendenz der Deutschen zur Rechthaberei,
– dem Fehlen von geeigneten Mediatoren,
– fehlendem institutionellen Rahmen,
– mangelnder Erfassung der tatsächlichen Kosten eines Rechtsstreits.

Hinweise auf den Einsatz von Mediatoren im Wirtschaftsbereich finden sich insbesondere bei Insolvenzen, Unternehmensnachfolgeregelungen, Dauerschuldverhältnissen mit Lieferantenverbindlichkeiten, gesellschaftsrechtli- 22 chen Streitigkeiten oder Verträgen über die Lieferung schnell umzuschlagender Güter. Mediationstechniken wenden vermehrt diejenigen Unternehmen an, die im anglo-amerikanischen Bereich engagiert sind. Oft nutzen große Wirtschaftsunternehmen, insbesondere mit Hilfe ihrer Aufsichtsräte, das Instrumentarium der Mediation – ohne dies so zu benennen bzw. ohne sich dessen bewußt zu sein. Ein Streit, wie beispielsweise zwischen General Motors/Opel und VW um Ignazio Lopez ist eher die Ausnahme und wäre besser in einem Mediationsverfahren behandelt worden. Zunehmend wird die Mediation bei Konflikten im Unternehmen, insbesondere bei Streitigkeiten zwischen Geschäftsführung und Betriebsrat, eingesetzt. Im Jahre 2000 wurde unter anderem eine Mediation im Energiebereich durchgeführt, die einen Streitwert von DM 400 Mio. hatte und nach zweieinhalb Tagen erfolgreich beendet wurde. Dadurch konnten allein Prozeßkosten von über DM 20 Mio. vermieden werden.

Zu den wichtigsten Promotern der Wirtschaftsmediation in Deutschland gehört die 1998 gegründete Gesellschaft für Wirtschaftsmediation und Konfliktmanangement (gwmk). Die gwmk ist eine Gesellschaft, in der führende Wirtschaftsunternehmen, Verbände, Anwälte, Wirtschaftsprüfer, Vertreter von Wissenschaft, Lehre und der Justiz vertreten sind und deren Ziel es ist, der Wirtschaftsmediation in Deutschland zum Durchbruch zu verhelfen. Die gwmk bietet Parteien, die Konflikte durch Mediation lösen wollen, den institutionellen Rahmen durch die Bereitstellung von Mediationsklauseln und eine erprobte Verfahrensordnung. Zudem unterbreitet die Gesellschaft den streitenden Parteien Vorschläge von qualifizierten Mediatoren. Diese haben sich bereit erklärt, den Verhaltensrichtlinien für Mediatoren der Gesellschaft zu folgen (gwmk, Brienner Str. 9, 80333 München, E-Mail: mediation@gwmk.org, Internet-Adresse: www.gwmk.org).

2. Entwicklung in USA und anderen Ländern

23 Die Praxis der Außergerichtlichen Konfliktbeilegung hat in den USA seit den 60er Jahren erheblichen Aufschwung erhalten. Während die Konfliktlösungsmechanismen von ADR (Alternative Dispute Resolution) zunächst zur Lösung lokaler Bürgerrechtskonflikte und zum Interessenausgleich bei Nachbarschaftsstreitigkeiten (Neighbourhood Justice Centers) eingesetzt wurden, ist diese Entwicklung seit Beginn der 80er Jahre tatsächlich zu einem „Alternative Dispute Resolution Movement" (*Goldberg/Sander/Rogers*, Dispute Resolution, 1992, S. 6) geworden, als sich ADR-Verfahren in der Wirtschaft institutionalisierten.

24 Besondere Bedeutung für die Entwicklung von ADR hatte auch die Pound-Conference im Jahre 1976 (benannt nach *Roscoe Pound*, der im Jahre 1906 mit einer Rede die Gründe der öffentlichen Unzufriedenheit mit der Justiz dargelegt hatte). Im Jahre 1983 wurde das **National Institute for Dispute Resolution (NIDR)** gegründet, das die Entwicklung von fairen, effektiven und

effizienten Verfahren der Konfliktregelung fördern soll. NIDR hat schließlich bewirkt, daß inzwischen in 21 Bundesstaaten staatliche Büros für Konfliktbeilegung eingerichtet wurden. Bereits im Jahre 1972 wurde die **Society of Professional Dispute Resolution (SPIDR)** gegründet, um die Interessen von Personen zu vertreten, die die Alternative Konfliktbeilegung durchführen, und um die Ausbildung und die Professionalität der Mediatoren zu verbessern. Im Jahre 2000 hatte SPIDR mehr als 3600 Mitglieder.

Mediation ist heute in den USA die am weitesten verbreitete Methode AKB. Die große Bedeutung der Mediation in den USA wird in einer im Jahr 1996 von der Wirtschaftsprüfungsgesellschaft Deloitte & Touche durchgeführte Umfrage, an der sich 62 Rechtsabteilungen und 77 Anwaltskanzleien beteiligten, deutlich. 65 % der Teilnehmer bezeichneten die Mediation als die von ihnen bevorzugte Form der Streitbeilegung, während nur 28 % die Schiedsgerichtsbarkeit nannten (*Duve/Ponschab*, Wann empfehlen sich Mediation, Schlichtung oder Schiedsverfahren in wirtschaftsrechtlichen Streitigkeiten?, Konsens 1999, 263 [265]). 25

In einer Umfrage der American Bar Association äußerten immerhin 52 % der befragten Anwälte, sie bevorzugten die Mediation als Form der Streitbeilegung gegenüber einem Gerichtsverfahren.

Aus Präzedenzfällen in den USA lassen sich sogar Haftungsansprüche wegen Fahrlässigkeit gegenüber Anwälten herleiten, wenn diese es unterlassen, den Mandanten auf die Möglichkeit außergerichtlicher Konfliktbeilegung, insbesondere Mediation, hinzuweisen (*Cochran*, Arbitration J 1993, S. 8 ff.).

Wie weit sich ADR in den USA etabliert hat, zeigt sich am sogenannten Alternative Dispute Resolution Act von 1998, den der amerikanische Kongreß beschlossen und Präsident Clinton im Oktober 1999 unterzeichnet hat (105th Congress H.R. 3528). Alle amerikanischen Bundesgerichte erster Instanz – die Federal District Courts – sind demnach ermächtigt, gerichtseigene ADR-Programme einzuführen. Das Gesetz gibt nur Leitlinien vor. Beispielsweise muß das Verfahren vertraulich, und Dritte, die ein derartiges Projekt leiten, müssen besonders ausgebildet sein.

Aufgrund der ständig steigenden Bedeutung von ADR hat sich inzwischen eine „Wachstumsindustrie ADR" herausgebildet, die durch verschiedene Institutionen der Außergerichtlichen Konfliktbeilegung repräsentiert wird, so insbesondere 26

– das **Center for Public Resources (CPR)**, dem vor allem große Industrieunternehmen und Anwaltskanzleien angehören. Immerhin haben sich mehr als 200 Anwaltskanzleien und mehr als 600 Unternehmen, unter ihnen viele der größten US-Firmen, einseitig verpflichtet, vor Beginn einer gerichtlichen Auseinandersetzung mit einem anderen Unterzeichner-Unternehmen eine Außergerichtliche Konfliktbeilegung durchzuführen

(Center for Public Resources, Model ADR Procedures: Mediation of Business Disputes, revised 1991).

– Auch die 1926 gegründete **American Arbitration Association (AAA)** bietet nicht nur Arbitration (also Schiedsgerichtsbarkeit), sondern auch Außergerichtliche Konfliktbeilegungen autonomer Art an. Wie *Breidenbach* (Mediation, 1995, S. 25) berichtet, wurden 1992 in Seminaren allein 500 Mediatoren ausgebildet, sowie 1 000 Rechtsanwälten die Grundlagen der Mediation vermittelt. Gegenwärtig sind 50 000 Schiedsrichter, Mediatoren und andere Personen, die im Bereich von ADR tätig sind, bei der AAA „abrufbar".

27 Die steigende Bedeutung von ADR in den USA zeigt sich auch daran, daß heute an etwa 150 (von insgesamt 175) law schools Lehrveranstaltungen zum Thema Dispute Resolution angeboten werden, während dies 1980 nur bei 25 law schools der Fall war. Dabei unterrichten 574 Professoren juristischer Fakultäten auf dem Gebiet der ADR (zitiert nach *Breidenbach*, Mediation, 1995, S. 28, 29).

Von 1980 bis 1990 stieg die Zahl der Staaten in den USA mit mindestens einem Dispute Resolution Programm von 18 auf alle 50 Bundesstaaten, insgesamt existieren gegenwärtig ca. 1200 solcher Programme (zitiert nach *Breidenbach*, Mediation, 1995, S. 12). Auch der Staat greift immer mehr durch die Gesetzgebung in den Gang der Dinge ein, indem er die Anwendung von ADR-Verfahren vor Eintritt in ein Gerichtsverfahren zuläßt oder vorschreibt. Im Jahre 1992 regelten in den Einzelstaaten bereits mehr als 2000 Gesetze und Verordnungen den Einsatz von Mediation. So ist es durchaus üblich, daß eine Klage bei Gericht erst dann als zulässig angesehen wird, wenn die Konfliktparteien vorher versucht haben, ihre Auseinandersetzung durch Mediation zu regeln (zitiert nach *Zilleßen*, a. a. O., S. 28).

28 Besonders interessant ist das Beispiel der Firma Motorola, die Ende der 80er Jahre auf Platz Nr. 60 der Fortune-Liste der größten Unternehmen stand mit einem damaligen Umsatz von 6,7 Milliarden US-$ und ca. 97 000 Mitarbeitern. Die Firma Motorola entschied sich, ein ADR-Programm einzuführen. Die Mitarbeiter der Rechtsabteilung wurden in ADR-Verfahren ausgebildet, und außerdem wurde ein entsprechendes Handbuch über Mediation, Schlichtung etc. für den firmeninternen Gebrauch hergestellt. Weiterhin wurde ein vierteljährlicher ADR-Rundbrief versandt und regelmäßige ADR-Trainings durchgeführt. Erfolg dieser Bemühungen war nicht nur, daß die allgemeine Zufriedenheit der Geschäftspartner von Motorola wuchs, sondern auch, daß die Firma ihr Budget für Gerichtsverfahren seit 1984 um 75% reduzieren konnte (*Weise*, The ADR Program at Motorola 5 Neg J. 381 [1989]).

Entsprechend der Entwicklung in den USA gewinnt der Gedanke der außergerichtlichen Konfliktbeilegung auch in den europäischen Ländern erheblich an Bedeutung. Besonders stark ist die Verbreitung der Mediation in **Großbri-**

tannien. Verschiedene Organisationen, wie das 1990 mit Unterstützung der britischen Industrie gegründete CEDR (Center for Dispute Resolution), die British Academy of Experts und IDR Europe Limited, bieten Mediationsdienstleistungen an. Die führende englische Vereinigung auf dem Gebiet der Wirtschaftsmediation (CEDR) berichtet von 257 Mediationen mit einem Durchschnittswert von 18,5 Mio. US-$ (Resolutions 22, 1999, S. 7).

In Großbritannien hat man allein durch die Einführung einer gerichtlichen Kostenregelung im Rahmen der neuen Zivilprozeßordnung (April 1999) die Zahl der Mediationsverfahren verdoppelt. Jeder Richter hat bei der Kostenentscheidung eines Rechtsstreits zu prüfen, ob ein Verfahren der AKB durchgeführt wurde. Kann die obsiegende Partei dies nicht nachweisen, hat der Richter die Möglichkeit, ihr die Gerichtskosten aufzuerlegen. 29

Auch auf europäischer Ebene finden sich Bestrebungen, außergerichtliche Streitschlichtung zu etablieren. Im Mai 2000 wurde in Lissabon der Startschuss für das Europäische Netz für die außergerichtliche Beilegung verbraucherrechtlicher Streitigkeiten (European Extra-Judicial Network EEJ-NET) gegeben. Langfristig sollen alle Arten von Verbraucherstreitigkeiten im Zusammenhang mit Waren und Dienstleistungen mit Hilfe der in jedem Mitgliedstaat errichteten „Clearingstelle" geregelt werden. So sollen Kosten, Formalitäten, Zeit und Hindernisse, wie etwa Sprachprobleme im Rahmen von grenzüberschreitenden Streitigkeiten, reduziert werden (Pressemitteilung der EU-Kommission vom 8. Mai 2000).

III. Die Bedeutung von AKB beim Konfliktmanagement von Verträgen

1. Die Stufen des Konfliktmanagements bei Verträgen

Das Konfliktmanagement bei Verträgen spielt sich auf **zwei Stufen** ab: 30
Die **erste Stufe** ist die **präventive Konfliktbeilegung**. Diese Konfliktlösung findet beim Verhandeln und Abschluß von Verträgen statt. Verträge sind im Regelfall nichts anderes als Regeln für die naturgemäß vorhandenen konkurrierenden Interessen der Vertragspartner. So hat beispielsweise der Lieferant eines Produktes das Interesse, seine Ware zu übergeben, den dafür vorgesehenen Preis zu erhalten und sich dann möglichst bald anderen Aufgaben zuzuwenden. Der Kunde dagegen hat das Interesse, den Lieferanten zu verpflichten, eine besonders hochwertige Ware zu liefern und diese Pflicht durch ausführliche Gewährleistungsvorschriften sicherzustellen. Je mehr der Kunde nun auf Festschreibung von Gewährleistung drängt, um so mehr wird seinerseits wiederum der Lieferant darauf bestehen, bestimmte Gewährleistungen gesondert vergütet zu erhalten. Im Rahmen eines Vertrages werden die Parteien dann versuchen, einen angemessen Interessenausgleich zu finden und somit diesen „natürlichen" Interessenkonflikt präventiv, das heißt vor seiner ersten Manifestation, durch bestimmte Regeln zu lösen. Es

ist selbstverständlich, daß Menschen unterschiedliche Interessen haben. Entscheidend ist jedoch, wie sie damit umgehen.

31 Bei einem Vertragsschluß werden daher Fragen gestellt wie:
– Welche unterschiedlichen Interessen haben die Parteien?
– Welche Konflikte können daraus zu einem späteren Zeitpunkt resultieren?
– Wie kann man diese Konflikte interessengerecht und angemessen (d.h. fair und unter dem Gesichtspunkt der Legitimität) lösen?

Haben die Vertragsparteien die möglichen Konflikte umfassend gewürdigt und geregelt **und** halten sich die Parteien auch an die festgelegten Regelungen, so ist eine reibungslose Vertragsabwicklung gesichert.

32 Nach Vertragsabschluß entstehen jedoch öfters Konflikte, weil Interessen vertraglich nicht geregelt sind oder weil eine Partei gegen die festgelegten Regeln verstößt. Dann ist eine **aktuelle Konfliktbeilegung**, die die **zweite Stufe** des Konfliktmanagements bei Verträgen darstellt, erforderlich.

Dies ist beispielsweise der Fall, wenn ein Lieferant die zugesagten Termine nicht einhält, Gewährleistung nicht erbringt oder ein Gesellschafter das Wettbewerbsverbot verletzt. Hier liegt ein Verstoß gegen die festgelegten vertraglichen Regeln vor.

Anders wäre dagegen ein Fall einzuordnen, wenn beispielsweise eine Bierbrauerei die gesamte Logistik für die bei ihr gebrauten Biersorten einem Fuhrunternehmen überträgt und sich zwei Jahre später entschließt, auch ein Mineralwasser zu produzieren. Wenn nun das Fuhrunternehmen dringend daran interessiert ist, auch dieses Mineralwasser zu vertreiben, dann entsteht ein Konflikt, der bei **Vertragsabschluß noch nicht gesehen** und daher auch **nicht geregelt** wurde.

33 Wie die Erfahrung zeigt, sind vor allem die Methoden von AKB hervorragend dazu geeignet, solche **aktuellen Konflikte** bei der **Vertragsdurchführung** in den Griff zu bekommen. Erfahrungsgemäß tendiert die Rechtskultur in unserem Lande zu schnell dazu, solche Konflikte vor Gericht zu bringen. Zwar können auch vor Gericht noch Lösungen gefunden werden, die eine einvernehmliche Konfliktbeendigung ergeben. Allerdings zeigt sich auch, daß die Gefahr der Verselbständigung des Konfliktes steigt, je höher man auf der Leiter der Eskalation steht. Ein Konflikt gerät regelmäßig dann außer Kontrolle (der Parteien), wenn diese den Weg der autonomen Lösung verlassen und die Lösung einem Dritten, hier: dem Richter, überlassen. Ein Gerichtsprozeß bedeutet nichts anderes, als daß die Parteien die autonome Kontrolle über die Konfliktbeendigung abgegeben haben. Und das Gewinnen eines Prozesses bedeutet im Regelfall nur, daß man weniger verliert als die andere Seite.

Die Wirkung von Zivilprozessen beschreibt *Mark H. McCormack,* der als Unternehmer und ehemaliger Anwalt Konflikte aus der Sicht des Betroffenen und des Beraters gut kennt, wie folgt: 34

„Zivilprozesse sind fast immer eine schwere Belastung für das Vermögen der Parteien. Die schreckliche Wahrheit ist, daß das Nettoergebnis immer ein Verlust ist. Ein Rechtsstreit schafft keine neuen Reichtümer. Prozesse erschließen keine Ölquellen und bauen keine Bungalows ... Prozesse haben nur einen Effekt – und das auch nur manchmal –, nämlich Geld von Partei A zu Partei B zu transferieren" (McCormack, Die Wahrheit über Anwälte, Deutsche Ausgabe Heyne, München, 1988, S. 236).

2. Vorteile von AKB

Für den Einsatz von AKB beim Konfliktmanagement von Verträgen sprechen demgemäß **verschiedene gewichtige Vorteile** gegenüber der Konfliktentscheidung durch ein Gericht: 35

a) Interessengerechte Lösungen

Konfliktentscheidungen lassen im Regelfall nur eine Entweder-Oder-Lösung zu; solche Entscheidungen gewähren der einen Seite, was sie der anderen Seite versagen, und führen daher im Regelfall allenfalls (also bestenfalls) zu einem **Nullsummenspiel**. Hierbei gewinnt die eine Partei – wie im Sport – das, was die andere Seite verliert. Wer einen Anspruch hat, setzt sich durch, wer keinen Anspruch hat oder beweisen kann, verliert. Die beteiligten Parteien werden also zu positionellem Denken und Verhalten gezwungen. 36

Die Frage bei einer rechtsgestützten Konfliktbeendigung (also vor allem im Prozeß) lautet nicht:

„Welche Lösungen gibt es, damit wir unsere Interessen verwirklichen können?"

sondern:

„Wie kann ich einen Anspruch begründen, der mir das gewünschte Ergebnis bringt?"

Dieses Verhalten führt zur „Reduktion von Komplexität", die allgemein als besonderer Erfolg juristischer Durchdringung von Sachverhalten gerühmt wird. Diese „Reduktion von Komplexität" führt im Regelfall zur Herausarbeitung des „entscheidungsrelevanten Sachverhaltes" und somit zu einer „Entleerung" des Lebenssachverhaltes. Was übrig bleibt, ist ein auf juristische Bedürfnisse reduziertes Skelett wirklicher Begebenheiten und Bedürfnisse. Konfliktbeendigungen, die sich auf Rechtsaspekte stützen, sind daher **phantasielos** und – notgedrungen – **kreativitätsarm**. Dies gilt zumindest im Hinblick auf das Finden von attraktiven Lösungen. Erstaunliche Kreativität entwickeln dagegen die Beteiligten von rechtsgestützten Konfliktbeendigungen im Hinblick darauf, den vorhandenen Sachverhalt solange zu „bearbeiten", bis er in das Korsett des gewünschten Anspruchstatbestandes paßt.

37 AKB setzt demgegenüber bei den **Interessen** der Parteien an und hat die Möglichkeit, Lösungen zu finden, ohne durch gesetzliche Regelungen eingeschränkt zu sein, bzw. Lösungen zu entwickeln, die vom Recht gar nicht vorgesehen oder vorgegeben sind. Natürlich findet die **inhaltliche Autonomie** von AKB dort ihre Grenzen, wo die Parteien Lösungen treffen, die mit dem Rechtssystem kollidieren. Denn insbesondere dort, wo zwischen den beteiligten Parteien **kein Gleichgewicht der Macht** herrscht, tendieren „Lösungen" im Regelfall dazu, eine der Parteien unangemessen zu benachteiligen. Zu Recht haben in solchen Fällen der Gesetzgeber und die Rechtsprechung die inhaltliche Autonomie der beteiligten Parteien beschränkt und somit auch die Grenzen der Vertragsfreiheit bestimmt, indem sie vor allem Rechtsbereiche mit typischen Machtungleichgewichten zwingenden Regeln unterworfen haben (Beispiele hierfür sind: das Arbeitsrecht, das Mietrecht, das Recht der Allgemeinen Geschäftsbedingungen, die Statuierung von Aufklärungspflichten).

38 Ein gutes **Beispiel** dafür, wie AKB zufriedenstellende Lösungen liefern kann, die das Gesetz nicht vorsieht, ist das Beispiel der Mängelgewähr bei gekauften Gegenständen. Lassen Sie uns zur Veranschaulichung folgenden Fall bilden:

Sie besuchen das führende Inneneinrichtungs-Studio Ihrer Stadt und erwerben dort eine Kreation des berühmten Designers Romani – ganz in schwarz. Stolz führen Sie diesen Schreibtisch andertags Ihrem Partner vor, der wegen der Farbe des Schreibtisches und seiner abstrusen Form völlig entsetzt ist. Da Sie stets auf den Rat Ihres Partners hören, überlegen Sie nun, was Sie tun können.

Nach geltendem Recht haben Sie neben einem Nachbesserungsanspruch lediglich die Möglichkeit, den Tisch gegen Rückzahlung des Kaufpreises zurückzugeben (Rücktritt) oder aber den Kaufpreis zu mindern; Voraussetzung hierfür wäre allerdings, daß ein **Mangel** vorliegt. Dies ist aber sicherlich nicht der Fall, wenn Ihrem Partner Form und Farbe des Tisches nicht gefällt. Unter der Geltung des Rechtes sind Sie machtlos und müßten also diesen Schreibtisch – sehr zum Ärger Ihres Partners – behalten.

Die Kaufleute, die im Regelfall die Zufriedenheit ihrer Kunden mehr interessiert als die Frage, wer Recht hat, haben sinnigerweise für solche Fälle die Möglichkeit des **Umtausches,** oder, wenn Sie keinen anderen geeigneten Schreibtisch finden, die Möglichkeit des **Gutscheins** entwickelt; der Käufer kann in diesem Fall also für den bezahlten Preis eine andere Ware bei dem Kaufmann erstehen. Durch diese Gewinner/Gewinner-Lösung sind die Interessen beider Parteien zufriedengestellt: Die eine Seite erhält ihren Kaufpreis, die andere Seite kann das, was sie nicht behalten will, zurückgeben.

Das Recht dagegen bietet nur folgende **Lösungen:**

Entweder muß der Käufer den von ihm nicht gewünschten Tisch behalten, oder er kann ihn zurückgeben, dann muß andererseits der Kaufmann einen von ihm bereits realisierten Gewinn rückgängig machen und verliert.

An diesem sehr einfachen Beispiel mag klar werden, welche beachtliche Vorteile Außergerichtliche Konfliktbeilegung bietet, die sich auf Interessen stützt.

b) Erhaltung guter Geschäftsbeziehungen

Wenn es den Vertragsparteien möglich ist, beim Auftreten von Konflikten auf die Interessen abzustellen, statt Positionen zu vertreten, ist es im Regelfall auch möglich, Lösungen zu finden, in denen sich beide Parteien wiederfinden. Durch solche Lösungen, die wir als Gewinn/Gewinn-Lösungen bezeichnen, bleiben die langfristigen Beziehungen zwischen den Parteien erhalten, auf die es im Regelfall ankommt. Bei **Entscheidungslösungen**, bei denen es im Regelfall nur Sieger oder Verlierer gibt, leiden dagegen die Beziehungen zwischen den Parteien, so daß es für den „Sieger" erforderlich ist, den von ihm errungenen „Sieg" mit erheblicher Anstrengung durchzusetzen und auch für die weitere Dauer der Vertragsbeziehungen diesen Druck anhalten zu lassen. Dies wiederum führt zwangsläufig zu erheblichen Vorsichtsmaßnahmen der obsiegenden Partei und sehr häufig dazu, daß durch diese Eskalation so viele Kräfte gebunden werden, daß auch für den Sieger erhebliche Verluste eintreten. Beim Einsatz von AKB müssen die Geschäftsbeziehungen nicht einem einmaligen „Sieg" geopfert werden. Es können dagegen langjährige lukrative Geschäftsbeziehungen aufrechterhalten und somit eine kostenträchtige Neuakquirierung von Kunden vermieden werden. Langfristig sind gute Beziehungen die wichtigste Grundlage für eine erfolgreiche Vertragsabwicklung.

39

c) Ersparnis von Zeit

Ein Mediationsverfahren ist, abgesehen von der direkten Verhandlung zwischen den Parteien, im Regelfall das schnellste Konfliktlösungsverfahren. Die Verhandlungen können meist nach kurzer Vorlaufzeit aufgenommen werden, sobald sich die Parteien auf einen geeigneten Mediator geeinigt haben. Die Mediation selbst kann zügig an ein bis zwei Tagen durchgezogen werden.

40

Das aus Gerichtsverfahren bekannte Verzögern mündlicher Verhandlungen kann durch Mediationsvereinbarungen (welche die Fristen für die Bestellung des Mediators und das Scheitern der Mediation bestimmen) und durch die Unterstützung von Organisationen wie die gwmk vermieden werden. Die Bestimmung des Zeitpunktes, an dem das Mediationsverfahren stattfinden soll, steht den Parteien im Gegensatz zum Gerichtsverfahren frei. Dies ist insofern vorteilhaft, als dadurch die Flexibilität der Parteien nicht beeinträchtigt wird.

Formale Schriftsätze sind dem Mediationsverfahren unbekannt. Es bleibt den Parteien und dem Mediator überlassen, ob sie in ihrem Verfahren eine kurze Darstellung der Sachlage für erforderlich halten. Folglich ist die Vorbereitungszeit der Parteien auf das Mediationsverfahren in der Regel geringer als für einen gerichtlichen Prozeß.

d) Ersparnis von Kosten

41 Mit Ausnahme des Verhandelns ist die Mediation das kostengünstigste außergerichtliche Konfliktlösungsinstrument. Insbesondere in den Fällen, in denen die Parteien eine Einigung erzielen, bietet eine Konfliktlösung im Rahmen einer Mediation erhebliche Kostenvorteile. Denn neben den Anwaltskosten müssen nicht auch noch Gerichtskosten gezahlt werden.

Falls Unternehmen durch die hausinternen Anwälte ihrer Rechtsabteilung vertreten werden, können gerade bei hohen Streitwerten und komplexen Sachverhalten ganz erhebliche Summen eingespart werden.

Bei der Beteiligung von Anwälten entsprechen deren Kosten etwa denen, die bei einem Prozeß vor einem ordentlichen Gericht im Falle einer Vergleichseinigung anfallen (7,5/10 Geschäftsgebühr, 7,5/10 Besprechungsgebühr und 15/10 Vergleichsgebühr gem. BRAGO). Sollte es zu keiner Einigung kommen (obschon Mediationsverfahren eine Erfolgsquote von 80% aufweisen), erhöhen sich die Anwaltsgebühren im Regelfall nicht, da die Geschäftsgebühr auf die Prozeßgebühr angerechnet wird und die außergerichtliche Besprechungsgebühr auch bei einem Gerichtsverfahren dann anfällt, wenn die Parteien in einer wirtschaftlichen Streitigkeit vor der Einreichung einer Klage Verhandlungen führen (*Duve/Ponschab*, Wann empfehlen sich Mediation, Schlichtung oder Schiedsverfahren in wirtschaftsrechtlichen Streitigkeiten?, Konsens 1999, S. 267).

42 Im wirtschaftlichen Bereich sind beim Auftreten von Konflikten nicht nur die unmittelbaren Kosten der Verfahrensbeteiligten (also Anwälte, Richter, Mediatoren u.ä.) als Kosten anzusehen, sondern auch die von den Beteiligten aufgewendete Zeit (z. B. Tätigkeit der Rechtsabteilung, zeitlicher Aufwand der Geschäftsführung, Beteiligung von Unternehmensangehörigen als Zeugen etc.). Diesen gesamten Bereich faßt man unter dem Begriff **Transaktionskosten** zusammen. Hierzu gehören letztlich auch die weiteren Nachteile, die durch die positionelle Streiterledigung entstehen, so insbesondere die Störung der zukünftigen Geschäftsbeziehungen zwischen den Konfliktparteien (die dann rasch zu Gegnern werden) oder der Parteien, die in diesen Streit involviert werden (z. B. Konzernunternehmen, befreundete Unternehmen, wirtschaftlich abhängige Unternehmen etc.). Aber auch die durch den Prozeß verursachten Kosten unterliegen in den meisten Unternehmen kei-

nem controlling. Das würde sich schlagartig ändern, wenn die Kosten der Rechtsverfolgung – richtigerweise – als operative Kosten angesehen würden. Zumeist wird bei der Bewertung von streitigen Auseinandersetzungen auch die Auswirkung des sozialen und geschäftlichen Umfelds der Konfliktparteien viel zu wenig berücksichtigt.

Kosten verschiedener Konfliktlösungsverfahren

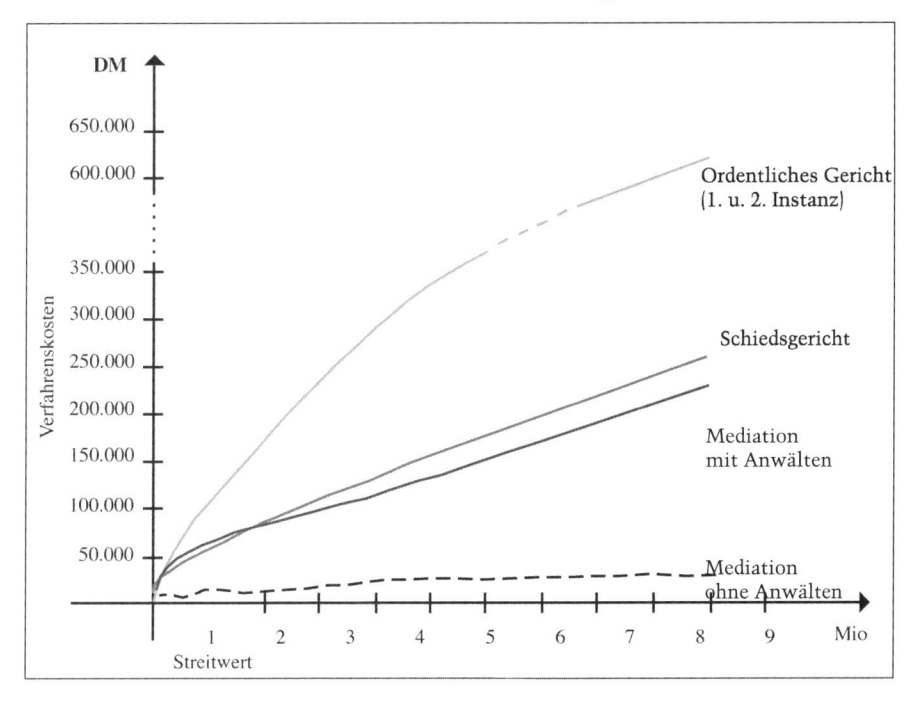

[Diagramm: Verfahrenskosten (DM) in Abhängigkeit vom Streitwert (Mio), mit Kurven für Ordentliches Gericht (1. u. 2. Instanz), Schiedsgericht, Mediation mit Anwälten, Mediation ohne Anwälten]

Dies zeigt sehr eindrucksvoll folgendes **Beispiel**: 43

Lee Iacocca war der leitende Manager der amerikanischen Ford Corporation, deren Hauptgesellschafter Henry Ford II war. Wie Iacocca in seinem Buch erzählt (*Lee Iacocca*, Eine amerikanische Karriere, Ullstein, 1987), wurde Henry Ford II aufgrund seines enormen Erfolges als Generalmanager zunehmend eifersüchtig auf ihn und versuchte aus diesem Grund, ihn als Mitarbeiter loszuwerden. Als dies trotz verschiedener Versuche nicht gelang, kündigte er eines Tages das Anstellungsverhältnis von Iacocca. Vielleicht ging er davon aus, daß sich Iacocca als wohlverdienter Manager mit der ihm zu zahlenden Abfindung genüßlich zur Ruhe setzen und Golf spielen würde. Doch das war nicht das Holz, aus dem Lee Iacocca geschnitzt war. Nach einiger Zeit der Überlegung übernahm er die gleiche Position, die er bei Ford innegehabt hatte, bei Chrysler, einem Unternehmen, das zum damaligen Zeitpunkt praktisch bankrott war. Durch erhebliche Anstrengungen und auch mit Hilfe der amerikanischen Regierung gelang es Iacocca, den angeschlagenen Konzern wieder so flott zu machen, daß er zu einem mächtigen Rivalen von Ford heranwuchs. Es wäre nun natürlich völlig unsinnig, die Kosten der streitigen Auseinandersetzung zwischen Henry Ford II und Lee Iacocca nur danach zu bemessen, was Iacocca an Abfindungen oder für die Einschaltung von Anwälten zu zahlen war. Entscheidend ist doch hier letztlich, daß es dem Ford-Konzern Milliarden gekostet hat, daß der vermeintliche „Verlierer" Iacocca Chrysler als Konkurrenten aufbaute und dadurch Ford erhebliche Marktanteile abnahm.

e) Planungssicherheit

44 Mediation beseitigt die Planungsunsicherheit, da in den überwiegenden Fällen in kurzer Zeit verbindliche Lösungen gefunden werden.

Außerdem werden die Prozeßkosten für die Parteien überschaubar. In der Regel werden die Mediationskosten von den Parteien geteilt. Während ein Gerichtsverfahren das Risiko der Gerichtskostenübernahme birgt, sind die Mediationskosten kontrollierbar. Das Mediationsverfahren ist somit hinsichtlich der Kosten das sicherere und vorhersehbarere Verfahren.

f) Kontrolle über den Verhandlungsprozeß

45 Im Gerichtsverfahren entscheidet allein der Richter, ob Beweise aufzunehmen sind und wie der Prozeß fortläuft. Am Schluß fällt der Richter ein Urteil, auf das die Parteien nur bedingt Einfluß nehmen können. Aufgrund des „Eigenlebens" eines Prozesses können selbst erfahrene Anwälte den Prozeß nicht steuern. Bei der Mediation dagegen behalten die Parteien die absolute Kontrolle, es kommt zu keinen Ergebnissen, die die Parteien nicht akzeptieren können. Sie haben jederzeit die Möglichkeit, das Verfahren zu beenden.

g) Diskretion/Ausschluß der Öffentlichkeit

46 Besonders wichtig ist für viele Auseinandersetzungen, daß die Öffentlichkeit nicht erfährt, welcher Streit mit welchen Mitteln und zu welchen Kosten von den beteiligten Parteien beigelegt wird. Dies gilt natürlich in besonderem Maße für Unternehmen, denen im Regelfall daran gelegen ist, solche Dinge nicht in die Öffentlichkeit zu tragen.

So ist ganz unzweifelhaft nicht nur den beteiligten Firmen, sondern möglicherweise der ganzen Branche ein erheblicher Schaden dadurch entstanden, daß Volkswagen und Opel ihre Auseinandersetzung um Ignacio Lopez zunächst vor den Gerichten austrugen, um dort im einzelnen zu klären, ob, in welchem Umfang und mit welchen anderen Personen ein führender Manager von VW möglicherweise seine Treuepflichten gegenüber einem anderen Unternehmen verletzt hat. Die Problematik eines derartigen Vorgehens haben die Parteien wohl im Laufe des Gerichtsverfahrens eingesehen und daraufhin einen Vergleich geschlossen. Hätte man dies eher, also an einem niedrigen Punkt der Eskalation getan, hätten sich die Parteien erhebliche Transaktionskosten erspart.

h) Besondere Sachkunde

Streitbeendigungsmaßnahmen, die der Autonomie der Parteien unterliegen, geben im Regelfall auch die Möglichkeit, fachlich besonders geeignete Personen hierfür heranzuziehen. Wenn es beispielsweise um die Schlichtung von Baustreitigkeiten oder Auseinandersetzungen bei EDV-Projekten geht, wird es natürlich für die Schlichtung von erheblichem Vorteil sein, wenn die hier tätige dritte Person über Spezialkenntnisse verfügt. 47

i) Informelle (unförmliche) Verfahrensweise

Die mangelnde Formalität der AKB-Verfahren (also keine Bindung an strikte Prozeßordnungen) bringt im Regelfall den Vorteil mit sich, daß man ohne aufwendige Verfahren die Möglichkeiten einer einvernehmlichen Regelung prüfen kann. Anders als in der AKB sind solche Prozeduren jedoch immer dann erforderlich, wenn durch eine **Entscheidung** eines Gerichtes endgültige Urteile zu Lasten einer Partei getroffen werden. 48

Es gibt aber auch Fälle, in denen **Maßnahmen der AKB nicht als Konfliktbeilegungsmaßnahme** geeignet sind. Solche Fälle sind insbesondere: 49

– Zahlungsverweigerung

Dies ist der Fall, wenn der Schuldner nicht zahlen **will.** Ist es dagegen so, daß der Schuldner nicht zahlen **kann,** dann hilft im Regelfall weder ein förmliches noch ein unförmliches Verfahren, sondern nur der Versuch, dem Schuldner wieder wirtschaftliches Leben einzuhauchen.

– Eilmaßnahmen

Diese sind unter Zuhilfenahme der staatlichen Gerichte immer dann geboten, wenn die Gefahr erheblicher Vermögensverschlechterung oder die Schaffung vollendeter Tatsachen droht, die die eine Seite keinesfalls akzeptieren kann. Hierher gehören beispielsweise die Erwirkung einer einstweiligen Verfügung, wenn ein Mitbewerber einen erheblichen Wettbewerbsverstoß begeht, oder eines Arrestes, wenn die Gefahr besteht, daß der Schuldner sich ins Ausland absetzt.

– **Präzedenzfälle**

Immer dann, wenn es darum geht, in Fällen von grundsätzlicher Bedeutung klare Entscheidungen zu erwirken (z. B. über die Gültigkeit von Allgemeinen Geschäftsbedingungen), sind gerichtliche Entscheidungen angebracht.

– **Ungleiche Machtverteilung**

Wenn die Macht der Parteien ungleich verteilt ist, versucht die stärkere Partei sehr oft, die andere Partei zu knebeln. Hiergegen hilft im Regelfall nur eine gerichtliche Entscheidung.

– **Wunsch nach Öffentlichkeit**

AKB ist ein ungeeignetes Mittel, wenn es einer Partei gerade darauf ankommt, das Verhalten der anderen Partei publik zu machen. Möglicherweise soll so die Öffentlichkeit auf den Streit aufmerksam gemacht werden oder gar der Ruf der anderen Partei geschädigt werden. Dasselbe gilt auch dann, wenn es einer Partei um Revanche oder ähnliche Motive geht.

IV. Systematische Darstellung einzelner Verfahren der AKB

50 In den USA wurden in den letzten Jahren zahlreiche interessante Verfahren der Alternative Dispute Resolution entwickelt, die teilweise **auch an den Gerichten** durchgeführt werden.

Besonders interessant ist in diesem Zusammenhang auch das von Frank Sander entwickelte und inzwischen bei den Gerichten in Washington und Houston eingerichtete „mehrtürige Gerichtsgebäude" (multidoor courthouse): In einem Eingangsverfahren untersucht das Gericht die eingehenden Fälle und stellt fest, welches Lösungs- oder Entscheidungsverfahren sich zur Behandlung dieser Sache am besten eignet, und weist sie dann der zuständigen Schlichtungs- oder Entscheidungsinstitution zu (näher dazu *Sander*, Dispute Resolution within and outside the courts – an overview of the USA experience, in: Streitschlichtung, Bundesanzeiger, Köln 1995, S. 37 ff.).

51 Nachfolgend werden nur diejenigen Verfahren dargestellt, bei denen eine Anwendung im deutschen Sprachraum vorstellbar ist, dagegen wurden andere Verfahren hier außer acht gelassen, deren Anwendung eher unwahrscheinlich ist (so z. B. die Beauftragung von **privaten Richtern,** die im Auftrage staatlicher Gerichte Fälle entscheiden; dieses Verfahren ist unter dem Stichwort „Rent a Judge" bekanntgeworden). Zur besseren Übersicht werden auch heteronome Konfliktlösungsverfahren aufgeführt, die nach der unter Rz. 1 gegebenen Definition nicht zum Bereich AKB gehören.

Systematische Darstellung einzelner Verfahren der AKB   Rz. 53 **Teil 7**

System der Methoden		
Autonom		**Heteronom**	**Mischformen**
Parteien allein	Einbezug eines Dritten		
Verhandlung	Moderation (Facilitation)	Schiedsgutachten	Schiedsschlichtung (Med/Arb)
	Mediation (Vermittlung/ Schlichtung)	Schiedsrichter	Spezielle Schiedsverfahren (Tailored arbitration)
	Neutraler Experte		Michigan Mediation
			Miniverfahren (Minitrial)

Bei den Verfahren geht es im einzelnen um folgendes:

1. Verhandlung

Dieses Instrument ist aus der täglichen Praxis bekannt. Wir verhandeln ständig, sei es beruflich oder privat. Kein Tag vergeht ohne Verhandlungen. Aber man muß auch genau sehen, daß es Situationen gibt, in denen der Wille oder die Möglichkeit zu verhandeln fehlt. 52

Eine Verhandlungssituation liegt nur dann vor, wenn man die andere Partei zur Erreichung eines gewünschten Zieles braucht. Immer dann, wenn dieses Ziel auch dadurch erreicht werden kann, daß die andere Partei zur Mitwirkung gezwungen wird, ist keine Verhandlungssituation gegeben. Insofern ist der Begriff der „mündliche Verhandlung" im Prozeßrecht unzutreffend, weil hier zumindest der Richter die Macht hat, einseitige Entscheidungen zu treffen, zu denen er, von der Antragstellung abgesehen, die Mitwirkung keiner der beteiligten Parteien braucht.

2. Moderation

Unter Moderation wird die Einbeziehung einer dritten Partei in Verhandlungen oder Gespräche verstanden, wobei dieser Dritte selbst nicht Teilnehmer der Verhandlung ist, sondern sich ausschließlich auf den Prozeß zwischen den Parteien konzentriert, um sie einem gemeinsamen Ergebnis näherzubringen. 53

3. Mediation/Vermittlung

54 Bei der Mediation handelt es sich um eine Verhandlung zwischen Parteien, die einen Dritten zu ihrer Unterstützung heranziehen. Folglich bleiben die Parteien „Konflikteigentümer", handeln selbstbestimmt und, zumindest was die Einigung anbelangt, freiwillig. Das Verfahren ist nicht förmlich. Der Mediator unterstützt die Parteien auf dem Weg zur einverständlichen Lösung ihrer Konflikte. Er besitzt keine Entscheidungsgewalt, und die Parteien sind nicht verpflichtet, eine Lösung zu akzeptieren. Die Mediation ist im Regelfall vertraulich und unterliegt, soweit sie von Anwälten durchgeführt wird, darüber hinaus der beruflichen Verschwiegenheit. Da der Mediator keine Entscheidungen trifft, hat er die Möglichkeit zum Einzelgespräch. Die Mediation strebt eine verbindliche Vereinbarung zwischen den Parteien an, die von ihnen persönlich erarbeitet und verantwortet wird.

4. Schlichtung

55 In der Regel wird von Schlichtung gesprochen, wenn Parteien für die Unterstützung ihrer Verhandlungen einen Dritten hinzuziehen, der keine abschließende Entscheidungsgewalt hat, aber einen Entscheidungsvorschlag unterbreiten soll. Regelmäßig werden die Parteien versuchen, den Schlichter von ihrem Standpunkt zu überzeugen, um auf diese Weise seinen Vorschlag zu beeinflussen.

5. Neutraler Experte

56 Bei der neutralen Bewertung durch einen Experten können die Parteien einen Fachmann hinzuziehen, dem der Fall von beiden Seiten aus ihrer Sicht vorgetragen wird. Der Experte teilt dann aufgrund seiner Erfahrung den Parteien mit, wie er deren Aussichten in diesem Fall sieht. Im Anschluß daran kann der neutrale Experte, falls dies von den Parteien gewünscht wird, mit ihnen über die Möglichkeiten einer Einigung diskutieren.

6. Schiedsgutachten/Schiedsrichter

57 Die Tätigkeit eines Schiedsrichters/Schiedsgutachters ist **Konfliktentscheidung** auf Rechtsbasis. Sie ist eine Tätigkeit, die der der öffentlichen Gerichte ähnlich ist, unterscheidet sich jedoch im Regelfall hiervon durch ein weniger förmliches Verfahren und dadurch, daß die Parteien ihre Schiedsrichter selbst auswählen können. Darüber hinaus vollzieht sich dieses Verfahren außerhalb der Öffentlichkeit, so daß die Verschwiegenheit gewahrt bleibt. Immer, wenn die Parteien dies vereinbaren, kann ein Schiedsspruch ausnahmsweise **nicht bindend** sein (zu den Mischformen nachfolgend).

7. Schiedsschlichtung (Med/Arb)

Schiedsschlichtung ist ein Verfahren, bei dem ein zunächst autonomes Verfahren in ein heteronomes übergeht; teilweise wird auch der umgekehrte Weg – Einbau der Mediation in ein Schiedsverfahren – praktiziert. Zunächst wird von einem Dritten eine Mediation mit den Parteien versucht. Ist diese nicht erfolgreich, so geht das Verfahren in ein Schiedsverfahren über. Insofern erinnert dieses Verfahren an das Verfahren vor einem öffentlichen Gericht, in dem ein Richter zunächst eine gütliche Einigung anstrebt und nach deren Mißlingen entscheidet. Allerdings ist es in diesem Verfahren auch durchaus möglich, daß Mediator und Schiedsrichter verschiedene Personen sind, wodurch deren Funktionen klarer getrennt werden. 58

8. Spezielle Schiedsverfahren (Tailored Arbitration)

Die Parteien haben die Möglichkeit, durch Vereinbarung das Schiedsgericht nur über gewisse Fragen entscheiden zu lassen. Sie können also die Entscheidung durch das Schiedsgericht beispielsweise darauf beschränken, daß der Schiedsrichter nur darüber entscheidet, ob eine der beiden Parteien Ersatz leisten muß oder daß das Schiedsgericht nur innerhalb eines von vornherein vorgegebenen Schadensersatzrahmens entscheiden kann. 59

9. Michigan Mediation

Michigan Mediation ist ein **nicht bindendes Schiedsverfahren,** hat also mit Mediation eigentlich gar nichts zu tun. Das von den Parteien gewählte Schiedsgericht entscheidet in der Sache, wobei jede der beteiligten Parteien das Recht hat, diese Entscheidung nicht anzunehmen und die Sache bei Gericht weiterzuverfolgen. Unterscheidet sich aber zu einem späteren Zeitpunkt die Entscheidung des öffentlichen Gerichtes nur unwesentlich von der Entscheidung des Schiedsgerichtes, so hat die Partei, die das ordentliche Gericht angerufen hat, alle Kosten zu tragen. Die Kostenverteilung im späteren Verfahren entscheidet sich also allein danach, inwieweit die spätere Entscheidung des öffentlichen Gerichts von der des Schiedsgerichtes abweicht. 60

10. Miniverfahren (Mini-trial)

Beim Miniverfahren handelt es sich um eine der interessantesten Entwicklungen von ADR, die man auch als Vergleichskonferenz bezeichnet (vergleiche dazu näher *Bühring-Uhle,* Alternative Streitbeilegung und Handelsstreitigkeiten, in: Streitschlichtung, Bundesanzeiger, Köln 1995, S. 72/73 und *Breidenbach,* Mediation, 1995, S. 303). Dieses Miniverfahren kann ohne oder mit Hinzuziehung eines Dritten durchgeführt werden. Im Regelfall tragen beide Seiten, üblicherweise deren Anwälte, unter einem vorgegebenen 61

Zeitlimit die Zusammenfassung ihrer Streitpositionen vor. Hierbei sind die entscheidungsbefugten oder entscheidungstragenden Führungskräfte der Parteien anwesend. Wenn beide Parteien ihre Positionen vorgetragen und begründet und gegebenenfalls die Gelegenheit zur Erwiderung gehabt haben, ziehen sich die Führungskräfte beider Seiten – ohne Anwälte – zu einer Beratung zurück, um auf der Grundlage der ihnen dargelegten Streitpositionen interessengerechte Lösungen auszuhandeln. Falls ein neutraler Dritter eingeschaltet ist, nimmt dieser an der Beratung teil und unterstützt die Parteien in der Suche nach einer angemessenen Lösung. Das Entscheidende ist, daß die leitenden Angestellten der beteiligten Unternehmen ständig vor Augen haben, was passiert, wenn sie diesen Fall rechtlich durchfechten (als sogenannte Beste Alternative zu einer Verhandlungsübereinkunft). Bei einem Gerichtsverfahren entziehen sie sich im Regelfall dieser Konfrontation nämlich dadurch, daß sie nicht vor Gericht erscheinen. Darüber hinaus bauen sie im Gespräch mit den eigene Anwälten, in dem nur die eigene Sichtweise zählt, oft überoptimistische Vorstellungen über ihre Aussichten im Rechtsstreit auf.

Dieses Verfahren wurde in einem sehr komplexen Fall von Patent- und Markenverletzung entwickelt, in dem sich die Parteien jahrelang vor einem Bundesgericht in Los Angeles bekämpft hatten. Nachdem im Verlauf der Jahre astronomisch hohe Anwaltsgebühren gezahlt worden waren, einigten sich die Beteiligten auf die Durchführung eines Miniverfahrens. Nachdem die Anwälte beider Parteien innerhalb von etwa zwei Tagen den Fall aus juristischer Sicht gewürdigt hatten, brauchten die leitenden Angestellten der beteiligten Unternehmen **weniger als eine Stunde,** um eine beiderseits annehmbare geschäftliche (also nicht rechtsgestützte) Lösung zu finden. So wurde dieses sehr effektive Verfahren geboren.

Anhang

I. Allgemeine Hinweise

	Rz.
1. Zweck	1
2. Inhaltliche Hinweise	4
3. Verwaltung von Vertragsmustern	5
3.1 Allgemeine Vertragsverwaltung	6
3.2 Standardmuster und Standardklauseln	7
4. Stilistische Hinweise	8
5. Inhaltliche Gliederung zwischen Text und Anlagen	9
6. Anlagen als Muster	10
7. Numerierungssysteme	13

1. Zweck

In der Vorauflage hatten wir in Teil 3 und in Teil 5 Vertragsmuster mit vollständig ausformulierten Texten aufgenommen, um an diesen Beispielen zu erläutern, wie der modulare und einheitlich strukturierte Vertragsaufbau bei unterschiedlichen Vertragsmustern funktioniert. Daraus sind, wie wir aus Leserreaktionen bemerkt haben, Mißverständnisse entstanden. Einige Leser wiesen darauf hin, daß der „Bauträgervertrag" an verschiedenen Stellen nicht mehr aktuell sei oder daß der „Lizenzvertrag" an dieser oder jener Stelle inhaltlich zu ergänzen sei. Die meisten dieser Hinweise waren vollkommen zutreffend, wenn man den jeweiligen Vertragsentwurf als inhaltlichen Vorschlag versteht. So war er aber nicht gedacht – es sollte vielmehr nur **Aufbau** und **Text** als **schlüssiges Vertragsdesign** vorgestellt werden. 1

Um diese Irrtümer zu vermeiden, haben wir die Funktionsmuster in der zweiten Auflage nicht mehr übernommen. Wir stellen statt dessen beispielhafte **Gliederungen** für fünf **typische Austauschverträge** und vier **typische Gesellschaftsverträge** vor, die nach unserer Erfahrung alle Punkte enthalten, die geregelt werden müssen. Auf einen konkreten Textvorschlag haben wir deshalb verzichtet, weil in der allgemein zugänglichen Literatur (die jeweils angegeben ist) solche Textvorschläge leicht gefunden werden können. 2

Unser Verzicht beruht darüber hinaus auf folgenden Überlegungen: 3

- Der Text jeden Vertrages sieht aus der Perspektive der einen Vertragspartei vollkommen anders aus als aus derjenigen der anderen. Wer das Vertragsdesign in der Hand hat, dominiert den Text („wer schreibt, der bleibt"). Findet man ein Muster aus der einen Perspektive, so muß man den Text auf die andere Perspektive ohnehin umarbeiten.
- Wenn man nur mit Checklisten statt mit Textmustern arbeitet, muß man den Text der jeweiligen Situation folgend selbst entwickeln und weiß, daß

man sich auf vorgeschlagene Formulierungen nicht verlassen darf. Diese Unsicherheit fördert die Qualität des Textes, wenn sie auch mehr Arbeit macht. Wir können allerdings nicht ausschließen, daß der eine oder andere regelungsbedürftige Punkt in einer Checkliste **nicht** enthalten ist.

– In der neuen Reihe **AnwaltsCheckbuch** werden für eine Vielzahl von Rechtsgebieten eigene kleine Textbücher mit kommentierten Vertragsmustern und Textalternativen vorgestellt, die viel besser aktualisiert werden können, als dies in einem Handbuch möglich ist.

– Wir stellen schließlich im Abschnitt IV noch eine Checkliste vor, die die **Übersicht** über **komplexe Vertragsprojekte** sichern soll, die aus einer Vielfalt von Leistungen oder aus einem Netzwerk von Verträgen bestehen.

2. Inhaltliche Hinweise

4   Was den **Inhalt** der vorgeschlagenen Schemata betrifft, so ist folgender vorsorgliche **Hinweis** angebracht:

Die folgenden Checklisten sind um Vollständigkeit bemüht. Aufgrund der Komplexität vertraglicher Beziehungen kann es jedoch notwendig sein, die jeweilige Checkliste zu ergänzen oder zu modifizieren. Umgekehrt zeigt eine allgemeine Erfahrung im Umgang mit Checklisten, daß im Einzelfall oft nur wenige der in den folgenden Checklisten angesprochenen Punkte relevant sein können. Der Bearbeiter sollte sich an beidem nicht stören.

Insbesondere bei Austauschverträgen sind die **Auswirkungen der Schuldrechtsreform** zu beachten. Soweit derartige Verträge mit dem Ziel mehrfacher Verwendung entworfen werden, sind darüber hinaus die gesetzlichen Regelungen zu Formularverträgen und ihre Ausprägung durch die Rechtsprechung zu berücksichtigen.

3. Verwaltung von Vertragsmustern

5   Das Know-how von Anwälten und Vertragsmanagern besteht im Kern weniger in ihrer Bibliothek, sondern in der **Sammlung** der **Verträge**, die sie **selbst** schon einmal entworfen und verhandelt haben. Dieses Wissen geht allzu oft verloren, weil es nicht systematisch erfaßt und gepflegt wird. Das **einheitliche Aufbausystem** ist ein wichtiger Schritt in diese Richtung, der Erfolg wird aber nur eintreten, wenn man bei der Verwaltung der eigenen Texte und Muster **systematisch richtig** vorgeht.

3.1 Allgemeine Vertragsverwaltung

6   Im Bereich der Vertragsdurchführung und des Vertragscontrollings ist es notwendig, auf die Vertragstexte stets schnell und zuverlässig zurückgreifen zu können. Man sollte deshalb unmittelbar nach Unterzeichnung eine **Arbeits-**

kopie bei demjenigen Manager belassen, der in die Vertragsdurchführung eingeschaltet ist, eine weitere **Informationskopie** sollte in einer **zentralen Abteilung** (meist: Rechtsabteilung) abgelegt werden, weil Kaufleute und Ingenieure oft damit überfordert sind, **Fristen** zu überwachen oder sonstige rechtliche Maßnahmen im Auge zu behalten, die der Vertrag vorsieht.

Wichtig ist es natürlich, die Übersicht über die zentral archivierten Verträge und ihre Fristen etc. zu behalten. Ohne EDV-Unterstützung ist das schwierig, und deshalb sollte man mit geeigneten Softwareprogrammen die relevanten Vertragsdaten in retrievalfähiger Form so archivieren, daß man immer kurzfristig auf sie zurückgreifen kann (dazu oben Teil 1, Rz. 242). Auch an dieser Stelle zeigt sich, wie wertvoll ein einheitlicher Aufbau der Verträge ist, denn z. B. die Kündigungsfristen können sich nur im Abschnitt „Vertragsdurchführung" finden.

3.2 Standardmuster und Standardklauseln

Viele Unternehmen verwenden für häufig vorkommende Vorgänge Standardmuster oder Standardklauseln, die dann ggf. im Einzelfall unterschiedlich zusammengestellt oder verändert werden. Bei der Verwaltung solcher Texte muß man streng darauf achten, diese Standardmuster und -klauseln getrennt von den jeweils neu zusammengestellten und/oder veränderten Textbeständen zu halten, damit man die einmal standardmäßig erarbeiteten **Grundformulierungen** nicht verliert.

7

Die Gefahr ist besonders groß, wenn man einen bestimmten Vertragstyp einmal aus der einen und dann aus der **anderen Perspektive** erarbeiten muß. So kommt es z. B. bei Bauunternehmen oft vor, daß sie einerseits als Anbieter gegenüber dem **Kunden** auftreten, andererseits Aufträge als **Subunternehmer** entgegennehmen. Wenn das Unternehmen in beiden Fällen die Entwurfsregie gewinnen kann, sieht der Vertrag, den das Unternehmen mit seinen Kunden abschließt, vollkommen anders aus als der Subunternehmervertrag. Manager können oft genug diese Unterschiede im Vertragsdesign und im Vertragsinhalt nicht sehen oder bewerten sie falsch. Die Anpassung eines vorliegenden Vertragsmusters auf eine andere taktische Situation ist keine einfache Aufgabe und muß den **Juristen** vorbehalten bleiben.

Die entsprechenden Muster sollten auch jeweils Vermerke enthalten, aus welcher **Perspektive** sie geschrieben sind, denn das ergibt sich manchmal nicht auf dem ersten Blick aus dem Text selbst.

Standardmuster, die man selbst erstellt, entstehen zwangsläufig in den eigenen Textsystemen, müssen aber, wenn man sie einfach verwalten und organisieren will, in Volltext-Retrieval-Systeme eingebracht werden (vgl. oben Teil 1, Rz. 242).

4. Stilistische Hinweise

8 Zum Entwurfsstil ist oben (Teil 1, Rz. 217 ff.) ausführliches gesagt worden. Die wichtigste Regel lautet:

> Verträge müssen für diejenigen verständlich sein, die sie benutzen, und dürfen gleichwohl die begriffliche Präzision nicht verlieren.

Zur Verständlichkeit trägt es erheblich bei, wenn die Parteien nicht abstrakt (z. B.: „Auftraggeber" und „Auftragnehmer"), sondern konkret mit ihren jeweiligen Namen bezeichnet werden.

Dabei muß man allerdings **Kompromisse** machen können, wenn man Standardformulare an **individuelle** Situationen anpaßt. Es kann sehr aufwendig sein, eine lange Vertragsurkunde an allen in Frage kommenden Stellen zu überarbeiten.

5. Inhaltliche Gliederung zwischen Text und Anlagen

9 Der Wunsch, das inhaltliche Wissen und die Formulierungen aus früher erarbeiteten Verträgen für neue Aufgaben übernehmen zu können, scheitert meist aus drei Gründen:

– Man verkennt den **Wert** der **Entwurfsregie** und hat dann allzu selten die Möglichkeit, die eigene Position in eigenen Formulierungen auszudrücken.

– Man baut die Verträge nicht nach **einheitlichen Strukturen** auf, wie wir es in diesem Buch vorschlagen, sondern regelt den gleichen Gegenstand je nach Zufall an unterschiedlichen Stellen einzelner Verträge: Damit ist ein **Vergleich** zwischen mehreren Lösungen fast unmöglich.

– In den Vertragstext werden die technischen/kaufmännischen Individualregelungen, also zum Beispiel die Höhe des Preises, die technische Qualität etc. in den rechtlichen Text integriert, so daß oft schon bei einfachen Verträgen eine Trennung zwischen rechtlichen, technischen und kaufmännischen Aussagen nicht mehr möglich ist. Dadurch verwischen sich die **einheitlichen rechtlichen Strukturelemente** bis zur Unkenntlichkeit.

Diesen Fehlern kann man ausweichen, wenn man sich grundsätzlich angewöhnt, alles, was Ingenieure und Kaufleute geregelt haben wollen, so weit als möglich in die **Anlagen** zu verweisen und im Vertrag selbst die dort geregelten Punkte nur in Form eines Erinnerungspunktes zu regeln. Man gewinnt damit gleichzeitig einen **weiteren Vorteil:** Für Ingenieure und Kaufleute ist es erfahrungsgemäß sehr schwierig, die sie betreffenden Themen aus dem gesamten Vertragstext herauszufiltern, weswegen sie sich oft genug **weigern**, diesen überhaupt auch nur zu **lesen**. Oft wissen sie auch nicht, daß der Vertrag keinesfalls nur juristische Inhalte hat, sondern auf die Vertragsdurchführung unmittelbaren Einfluß nimmt. Das Bewußtsein hierfür verstärkt man, wenn man den Managern die für sie verständlichen Anlagen als in erster Linie relevant zuweisen kann.

Schließlich erleichtert dieses Verfahren auch den **Änderungsdienst,** denn erfahrungsgemäß ergeben sich im Bereich der technischen/kaufmännischen Regelungen immer Änderungsnotwendigkeiten, die aber den Vertragstext im übrigen nicht berühren.

Zusammengefaßt kann man sagen: In den **Haupttext** gehört eher das **Allgemeine,** und in die **Anlagen** gehört eher das **Besondere.**

6. Anlagen als Muster

Anlagen zu Vertragstexten kann man in zwei große Gruppen einteilen: 10

- ▷ **individuelle Anlagen:** Das sind beispielsweise die Leistungsbeschreibung und die Preisvereinbarung.
- ▷ **standardisierte Anlagen:** Das sind Muster und Formulare, die keine oder nur wenige individualisierende Elemente enthalten. Hierzu gehören etwa:
  – Musterverträge,
  – Bürgschaften,
  – Genehmigungen,
  – Erklärungen Dritter,
  – Versicherungsscheine,
  – Know-how-Schutzvereinbarungen.

Da die standardisierten Anlagen meist irgendeinem im Verhandlungsteam 11 bekannt sind, kümmert man sich um sie am wenigsten, und oft genug liegen sie zum Zeitpunkt des Vertragsabschlusses nicht oder nur unvollständig durchdacht vor. Das kann **gravierende Folgen** haben: Ist etwa im Vertragstext bestimmt, daß der Auftragnehmer eine Bürgschaft zu stellen hat, so ist selten der Inhalt der Bürgschaft genau genug beschrieben, denn wenn man sich diese Mühe machen würde, könnte man den Bürgschaftstext gleich als Anlage zum Vertrag nehmen. Aber auch dieses Verfahren wäre nicht sicher genug, denn die **Bürgschaft** muß von der **Bank** ausgestellt und akzeptiert werden, und diese verwendet in der Regel **eigene Formulare** und hat konkrete

Vorstellungen über die Ausgestaltung der Bürgschaft. Der richtige Weg ist also folgender:

> ▷ Zunächst müssen alle Anlagen, die von dritter Seite stammen, mit dieser im Wortlaut abgestimmt werden.
> ▷ Sodann werden sie als Anlage zum Vertrag genommen.
> ▷ Der Vertrag selbst enthält dann lediglich den Verweis auf die Anlagen, ohne den Inhalt näher zu beschreiben.

12 Dieses Verfahren bewährt sich aber nicht nur bei Anlagen, die mit Dritten abzustimmen sind, sondern auch bei Musterverträgen: Es ist eine bedeutende organisatorische Unterstützung im Rahmen der Vertragsdurchführung, wenn zum Beispiel bei Rahmenverträgen die künftigen Einzelverträge in einer bestimmten Struktur vorgegeben werden, die alle Beteiligten dazu zwingt, die dort relevanten Gesichtspunkte nicht zu übersehen.

7. Numerierungssysteme

13 Jeder Vertrag braucht Numerierungen, um Gliederung und Aufbau deutlich zu machen. Hierzu werden üblicherweise zwei Systeme verwandt:

▷ **alphanumerische Systeme:** Sie bestehen aus einer Mischung aus Zahlen und Buchstaben, etwa wie folgt:
- A
- I.
- 1.
- a)
- aa)

▷ **dezimale Systeme:** Sie werden häufig im technisch-naturwissenschaftlichen Bereich gebraucht und wie folgt aufgebaut:
- 1.
- 1.1
- 1.1.1
- 1.1.1.1

14 Bei juristischen Texten verwendet man normalerweise alphanumerische Gliederungen, denn selten sind Verträge so lang und komplex, daß sie nicht mit einer normalen Paragraphenfolge erschlossen werden könnten.

Es erweist sich außerdem als ästhetisch störend, wenn die Zahlenfolgen bei dezimalen Systemen allzu lang werden. Das kann schnell geschehen, wenn sie **streng logisch** aufgebaut werden und dadurch eine extreme numerische Tiefenstaffelung in der Hierarchie der Gliederungspunkte erzeugt wird, z. B. „Hierarchiemonster" wie 1.473 etc.

Nach unserer Erfahrung schadet es aber nichts, aus Gründen der Übersichtlichkeit numerisch-logische Brüche zu riskieren, wenn man Dezimalgliederungen verwendet.

Die Entscheidung für ein bestimmtes Numerierungssystem hängt letztlich nur von zwei Faktoren ab:

– Die Numerierung muß einen vernünftigen Rückschluß auf den **Aufbau** des Vertrages zulassen und dessen Verständnis so weit als möglich unterstützen.

– Die Numerierung muß möglichst leicht **zitierbar** sein.

Nach unserer Erfahrung kann man mit digitalen Gliederungssystemen beide Wirkungen am besten erreichen, denn auch bei komplexen Verträgen kommt man mit drei Ziffern in der Regel aus.

Die digitale Numerierung hat den großen Vorteil, daß man schon am Paragraphen selbst erkennt, in welchem Vertragsabschnitt man sich befindet: § 4.6 zum Beispiel ist in allen Verträgen dann einheitlich eine Vorschrift im Bereich der **Vertragsdurchführung,** und ein Paragraph, der mit „3." anfängt, kann sich nur mit der **Leistungssicherung** beschäftigen.

Der Wert einer aussagekräftigen Numerierung wird noch erheblich verstärkt, wenn man **richtig formulierte Zwischenüberschriften** verwendet. Man sollte sich das auch für **kurze Verträge** angewöhnen, bei denen dann allerdings die Überschriften für die Teilbereiche („Vertragliche Grundlagen/Inhalt der Leistungen/Sicherung der Leistungen/Vertragsdurchführung/Allgemeine Bestimmungen") entfallen werden.

Auch wenn man auf solche Zwischenüberschriften verzichtet, sollte man den Aufbau kurzer Verträge an diesem Schema orientieren.

II. Checklisten für Austauschverträge

	Rz.		Rz.
1. Dienstvertrag für freie Mitarbeiter	17	4. Mietvertrag über Gewerbeimmobilie	20
2. Vertrag für Handelsvertreter	18	5. Lizenz- und Know-how-Vertrag	21
3. Vertrag eines GmbH-Geschäftsführers	19		

1. Dienstvertrag für freie Mitarbeiter

a) Vertragliche Grundlagen 17

aa) Parteien

▷ Parteien
▷ Vertretung, Vollmachten

bb) Präambel

▷ **Ziele** der Parteien
▷ **Qualifikation** des freien Mitarbeiters
▷ **Tätigkeitsbereich** des Unternehmens und des freien Mitarbeiters innerhalb des Unternehmens

b) Inhalt der Leistung

aa) Arbeitsgebiet und Tätigkeit

▷ **Arbeitsleistung**: Form der Erbringung und Art der Leistung
▷ **Tätigkeitsgebiet**: Genaue Beschreibung des räumlichen und sachlichen Tätigkeitsgebiets des Mitarbeiters; soweit geographisch, Definition in Anlage
▷ **Weiterbildungspflicht**: Verpflichtung des freien Mitarbeiters, sich in seinem Tätigkeitsgebiet weiterzubilden
▷ **Informationspflicht**: Pflicht des freien Mitarbeiters, Unternehmen über die neuen Entwicklungen zu informieren
▷ **Recht** des Mitarbeiters, im übrigen Zeit und Ort seiner Tätigkeit frei zu bestimmen.

bb) Vergütung

▷ **Art**
- Einzelhonorar
- Erfolgshonorar
- Monatliches/jährliches Fixum

▷ **Höhe**
- (teilweise) umsatzabhängige Vergütung
  - Berechnungsgrundlage
- Sondervergütung für Sonderleistungen des Mitarbeiters (z. B. schriftliche Gutachten etc.)
  - Definition der Sonderleistung
  - Gesonderte Verhandlungspflicht

▷ **Fortzahlung**
- (Abbedingung der) Pflicht des Auftraggebers zur Vergütungsfortzahlung bei
  - vorübergehender Arbeitsverhinderung des freien Mitarbeiters
  - bei Annahmeverzug des Auftraggebers

▷ **Sozialabgaben** durch Mitarbeiter zu entrichten

▷ **Steuern**
- inkl. Mehrwertsteuer
- Einkommensteuer unmittelbar durch Mitarbeiter zu entrichten

c) Sicherung der Leistungen

aa) Sicherung der Arbeitsleistung

▷ **Bereitstellungspflicht** des Unternehmers
- Vorleistungspflichten

▷ **Einschaltung Dritter**

bb) Gemeinsame Sicherungspflichten

▷ **Geheimhaltungsverpflichtung** des freien Mitarbeiters (Verpflichtungserklärung in der Anlage)
- Definition vertraulicher Informationen
- während Vertragslaufzeit
- nach Beendigung des Vertrages

- Dauer
- Kompensation
- Einschaltung Dritter
  - Ausweitung der Verpflichtung auf Dritte durch freien Mitarbeiter – Geheimhaltung Dritter

▷ **Wettbewerbsverbot** des freien Mitarbeiters
- Umfang
- Dauer nach Beendigung des Vertrages
- Kompensation

d) Vertragsdurchführung
aa) Beginn des Vertrages
▷ **Beginn**
- Auftragserteilung
- kalendarische Bestimmung

bb) Lauf des Vertrages
▷ **Aufwendungsersatz**
- Pflicht des Unternehmers zum Aufwendungsersatz
  - vorherige Genehmigung der Aufwendungen durch Unternehmer
  - Nachweispflicht des Mitarbeiters über Aufwendungen
- Abbedingung
- Art des Ersatzes
  - Pauschale
  - tatsächliche Aufwendungen

cc) Beendigung des Vertrages
▷ **Fristablauf** Festlegung des Terminierungsdatums
▷ **Beendigung** des Auftrages
- Definition der Auftragserfüllung
▷ **Kündigungsfristen** und **Schriftform** der Kündigung

dd) Nach Beendigung des Vertrages
▷ **Rückgabepflicht**

- Umfang
  - sämtliche Materialien/Dokumente, die durch Mitarbeiter aufgrund der Vertragsbeziehung mit Unternehmer entstanden sind
- Ausschluß eines Zurückbehaltungsrechts

e) Allgemeine Bestimmungen

▷ **Erfüllungsort und Gerichtsstand**

▷ **Schriftformklausel:** Änderungen des Vertrages nur schriftlich; Nichtbestehen von Nebenabreden oder sonstigen Vereinbarungen

▷ **Salvatorische Klauseln:** Unwirksamkeit eines Teils des Vertrages führt nicht zur Gesamtunwirksamkeit; Auslegung der unwirksamen Klausel unter Zugrundelegung gesetzlicher Leitbilder

▷ **Schiedsregelungen**

f) Anlage

▷ **Vollmachten** der Parteien

▷ **Nachweis der Qualifikationen** des Mitarbeiters in Kopie

▷ **Definition** der Leistungspflicht, soweit ein Werk geschuldet

▷ **Geographische Definition** des Tätigkeitsgebiets

▷ **Verschwiegenheitserklärung** des Mitarbeiters

Literatur: *Kallmann* in: Münchener Vertragshandbuch, 4. Aufl., Band 4, 1. Halbband, München, 1998, S. 733–739.

2. Vertrag für Handelsvertreter

18 **a) Vertragliche Grundlagen**

aa) Präambel

▷ **Tätigkeitsgebiet** des Unternehmens

▷ **Sachliches und räumliches Tätigkeitsgebiet** des Handelsvertreters

bb) Vollmachten

▷ **Vollmacht** des Unternehmers und/oder Handelsvertreters zum Abschluß des Vertrages (Vollmachtsurkunde(n) in der Anlage)

b) Inhalt der Leistung

aa) Leistung des Handelsvertreters

▷ **Bemühen um Vermittlung** oder **Abschluß** von Verträgen
▷ **(Nicht-)Berechtigung** oder **Verpflichtung** zum Inkasso
  – Treuhänderische Tätigkeit des Handelsvertreters
    – Anderkonto
    – keine Berechtigung des Handelsvertreters zur Aufrechnung
  – Umfang des Inkasso
  – Unzulässige Vereinbarungen zwischen Kunden und Handelsvertreter: Stundung, Ratenzahlung, Zahlungsziele
▷ **Übernahme** bestehenden Kundenstamms
  – Definition des bestehenden Kundenstamms
▷ **Beschreibung** des sachlichen Tätigkeitsbereichs (genaue Definition in Anlage – Verweis hier)
▷ Falls Gebiets- oder Bezirksvertretung: Beschreibung des räumlichen Tätigkeitsbereichs (genaue Definition in Anlage – Verweis hier)
▷ **Vereinbarung einer Exklusivität** des Handelsvertreters in dem Gebiet
  – Recht des Unternehmers oder Dritter, im geschützten Bereich tätig zu werden
▷ **Recht** des Handelsvertreters, über Bezirk hinaus tätig zu werden
▷ **Befugnis einseitiger Bezirksveränderung** durch Unternehmer
▷ **Recht** des Handelsvertreters zum **Einsatz von Hilfspersonen**
  – keine Entstehung von Vertragsbeziehungen der Hilfsperson mit dem Unternehmer
▷ **Vollmacht** des Handelsvertreters zum Abschluß von Verträgen für den Unternehmer
▷ **Recht** des Handelsvertreters, **Delkredere** abzugeben
▷ (Recht des Unternehmers auf) **Festlegung der Preise**, zu denen Handelsvertreter Angebot abgeben oder Vertrag mit Kunden des Unternehmers abschließen darf
▷ **Berichterstattungspflicht** des Handelsvertreters
  – Weisungsbefugnis des Unternehmers hinsichtlich Form, Häufigkeit und Zeitpunkt der Handelsvertreterberichte

bb) Geldleistung

▷ **Fixbetrag**

▷ **Provisionsvereinbarung**
  – Berechnungsgrundlage für die Provision
    – nach Netto-Warenwert gestaffelter degressiver Prozentbetrag
  – keine Provision für nachvertraglich zustande gekommene Verträge
  – keine Überhangprovision
  – Provisionskürzung in besonderen Fällen
  – Provisionsminderung bei Krankheit
    – Dauer
    – Fixbetrag
    – maximale Kürzung
  – Provisionsminderung bei Entgeltreduzierungen
  – Mindestprovision
  – Ausdehnung der Provisionspflicht
  – Provision unabhängig von Entgeltzahlung
  – Provisionsvorschuß
  – (Teilweises) Entfallen der Provision, wenn Kunde nicht oder nur teilweise erfüllt
  – Entfallen der Provision für Geschäfte, bei denen Provision ausgeschiedenem Handelsvertreter zusteht

▷ **Delkredereprovision**
  – Berechnungsgrundlage
  – Fälligkeit

▷ **Inkassoprovision**
  – Berechnungsgrundlage
  – Fälligkeit

▷ **Abrechnungsperiode**
▷ **Fälligkeit** des Fixbetrages
▷ **Berechnungsgrundlage** mit/ohne Steuern
▷ **Nebenleistungen** des Unternehmers

c) Sicherung der Leistung

aa) Sicherung der Hauptleistung

▷ **Kundenschutz** des Handelsvertreters

- ▷ **Muster und Mittel** der Absatzförderung
  - Bereitstellungspflicht des Unternehmers
  - Verpflichtung des Handelsvertreters, Muster und sonstige Mittel der Absatzförderung sorgfältig aufzubewahren und zweckentsprechend zu verwenden
  - Eigentumsverbleib beim Unternehmer
- ▷ **Wettbewerbsverbot** während und nach Ende der Vertragsbeziehung
  - Schriftliches Zustimmungserfordernis des Unternehmers bei Aufnahme weiterer Tätigkeit des Handelsvertreters für Dritte während der Laufzeit dieses Vertrages
  - Frist des Wettbewerbsverbots nach Beendigung der Vertragsbeziehung
    - Festlegung einer Karenzentschädigung inklusive/exklusive Umsatzsteuer
  - Vertragsstrafe im Fall der Zuwiderhandlung
- ▷ **Verbot zu Eigengeschäften** des Handelsvertreters
- ▷ **Weisungsgebundenheit** des Handelsvertreters
- ▷ **Urlaub** des Handelsvertreters
  - Bemessung des Urlaubsanspruchs
    - z. B.: tarifvertragliche Regelungen im Gebiet des Handelsvertreters
    - Pflicht der Rücksichtnahme des Handelsvertreters bei Planung der Urlaubszeit
      - Beschränkung auf Betriebsferien des Unternehmers oder der Kunden
    - Pflicht des Handelsvertreters, Betreuung der Kunden während der Abwesenheit sicherzustellen
- ▷ **Krankheit** des Handelsvertreters
  - Pflicht des Handelsvertreters zur Mitteilung der Arbeitsunfähigkeit wegen Krankheit
  - Berechtigung des Unternehmers, bei längerer Krankheit selbst oder durch Dritte tätig zu werden
  - Lohnfortzahlung im Krankheitsfall
    - Festlegung der Dauer
    - Festlegung der Berechnungsgrundlage für Lohnfortzahlung
  - keine Kürzung der Provision im Krankheitsfall

bb) Sicherung der Geldleistung

▷ **Bürgschaft** etc.
▷ **Pflicht zur Zahlung**, wenn Unternehmer Geschäft durchführt oder hätte durchführen müssen
▷ **Pflicht** des Unternehmers **zur Übergabe** der durch Handelsvertreter abgeschlossenen oder vermittelten Verträge
  – Frist zur Übergabe
  – Genehmigungsfiktion, soweit Unternehmer nicht widerspricht
▷ Pflicht des Unternehmers zur Übergabe der Liste der auf Delkredere durch Handelsvertreter abgeschlossenen oder vermittelten Verträge
  – Frist zur Übergabe
  – Genehmigungsfiktion, soweit Unternehmer nicht widerspricht

cc) Gemeinsame Sicherung

▷ **Informationspflicht**
  – unverzügliche Mitteilung des Handelsvertreters
    – von Vermittlung oder Abschluß eines Vertrages
    – über bedeutsame Tatsachen, die Markt und Kunden betreffen
  – unverzügliche Mitteilung des Unternehmers gegenüber dem Handelsvertreter
    – über Annahme oder Ablehnung des von Handelsvertreter vermittelten Geschäfts, soweit keine Abschlußvollmacht besteht
    – bei Plan des Unternehmers, zukünftig wesentlich weniger Geschäfte abschließen, als zu erwarten war
    – bei Preisänderungen und Änderung der Lieferbedingungen
    – bei Betriebsumstellung
    – bei Betriebseinstellung
▷ **Pflicht des Handelsvertreters zur Geheimhaltung**
  – von Geschäfts- und Betriebsgeheimnissen
  – soweit Dritte unvermeidlich von Geschäfts oder Betriebsgeheimnissen Kenntnis erlangen, Verpflichtung, diesen dieselben Verpflichtungen aufzuerlegen
  – Vertragsstrafe im Falle der Zuwiderhandlung
▷ (kein) **Aufwendungsersatzanspruch** des Handelsvertreters
▷ **Pflicht** des Handelsvertreters zur **Rechnungslegung**
▷ **Pflicht** des Handelsvertreters zum Führen einer aktuellen **Kundenkartei**

d) **Vertragsdurchführung**

aa) **Beginn**

▷ **kalendarische Bestimmung des Beginns**
▷ **Probezeit**
  – Frist

bb) **Laufzeit**

▷ **auf (un)bestimmte Zeit**
▷ **bestimmte Zeit** mit Verlängerungsoption
  – Ausübungsfrist und Laufzeit nach Ausübung

cc) **Beendigung**

▷ **Kündigung der Delkrederevereinbarung**
  – Kündigungsfristen
  – außerordentliche Kündigungsgründe
  – Kündigung läßt übrigen Vertrag unberührt
▷ **Kündigung der Inkassoberechtigung**
  – Kündigungsfristen
  – außerordentliche Kündigungsgründe
  – Kündigung läßt übrigen Vertrag unberührt
▷ **Ablauf der Laufzeit**
▷ **Erreichung einer Altersgrenze**
▷ **Kündigungsfrist bei Probezeit**
  – durch ordentliche Kündigung
  – Kündigungsfristen
  – durch außerordentliche Kündigung
  – außerordentliche Kündigungsgründe

dd) **Pflichten nach Beendigung**

▷ **Rückgabepflichten** des Handelsvertreters
  – der Muster und sonstige Mittel der Absatzförderung
  – der Kundenkartei
▷ **Ausgleichsanspruch** des Handelsvertreters
  – Voraussetzungen

- Höhe
- Wegfall
- Befristung

e) Schlußbestimmungen

aa) Schriftform

▷ **keine Nebenabreden**

▷ **Änderung** und/oder Ergänzung des Vertrages bedarf Schriftform, deren Verzicht Schriftform bedarf

bb) Auslegung

▷ **Teilunwirksamkeit** läßt Wirksamkeit des Vertrages im übrigen unberührt

▷ **Änderung** unwirksamer Klausel durch wirksame Klausel, die in wirtschaftlicher Hinsicht unwirksamer Klausel möglichst nahe kommt

cc) Gerichtsstand

▷ **Festlegung eines Gerichtsstandes**

f) Anlage

▷ **Vollmachtsurkunde(n)** der den Vertrag Abschließenden

▷ **Definition** des sachlichen Tätigkeitsbereichs durch Beschreibung der Produkte und Kundenprofile

▷ falls Gebiets- oder Bezirksvertreter Definition des geographischen Tätigkeitsbereichs, möglichst durch Landkarte oder Postleitzahlen

Literatur: *Benthin* in: Wurm/Wagner/Zartmann: Das Rechtsformularhandbuch, 13. Aufl., Köln 1994, S. 1280; *Kanzleiter* in: Kersten/Bühling: Formularhandbuch und Freiwillige Gerichtsbarkeit, 20. Aufl., Köln 1994, § 132; *v. Westphalen* in: Hopt, Vertrags- und Formularbuch zum Handels-, Gesellschafts-, Bank- und Transportrecht, 2. Aufl., München 2000, S. 22–35.

3. Vertrag eines GmbH-Geschäftsführers

a) **Vertragliche Grundlagen** 19

aa) **Präambel**

▷ **Beschreibung des Tätigkeitsfeldes** des zu führenden Unternehmens sowie der Qualifikationen und des bisherigen Tätigkeitsfelds des Geschäftsführers (Verweis auf Dokumente in der Anlage)

bb) **Parteien**

▷ **Parteien**

▷ **Bevollmächtigung** des Vertragspartners, Vereinbarung mit dem Geschäftsführer zu treffen (Vollmacht in der Anlage)

cc) **Einfluß Dritter auf den Vertrag**

▷ **Zustimmung des Aufsichtsrats** bei Gesellschaft im Regelungsbereich des (Montan-)MitbestG

▷ **Zustimmung der Gesellschafterversammlung**

b) **Inhalt der Leistungen**

aa) **Arbeitsleistung**

▷ **Beschreibung** und Beschränkung des sachlichen Tätigkeitsgebiets
▷ **Nebentätigkeit oder Vollzeittätigkeit**
▷ **Vollmacht des Geschäftsführers**
▷ **beschränkte Innenvollmacht**
▷ **Geschäfte ohne Vertretungsmacht**
▷ **Berechtigung zur Vornahme derartiger Geschäfte**
▷ **Bevollmächtigung**
▷ **Zustimmungserfordernis**
▷ **Erteilung einer Einzelvollmacht**
▷ unechte **Gesamtvertretung**
▷ **Personen**, mit denen gemeinschaftliche Stellvertretung wirksam ausgeübt werden kann
▷ **Befreiung** von § 181 BGB

▷ **Nebenleistungen**
  – Aufwendungsersatz nach Nachweis
  – Pauschale

bb) Gegenleistung

▷ **Vergütung**
▷ **Fixbetrag**
▷ **umsatzabhängiger Betrag**
▷ **Umsatzkriterien**
▷ **Berechnungsgrundlage**
▷ **zielvorgabeabhängiger Betrag**
▷ **Definition** der Zielvorgabe und des zusätzlichen Gehalts
▷ **Mischform**
▷ **Urlaubsanspruch**
  – Höhe
  – Erhöhung nach Betriebszugehörigkeit
    – Berechnung der Zahl des weiter gehenden Urlaubs
  – Zeitraum des Jahres, innerhalb dessen kein Urlaub genommen werden darf
  – Zeitraum des Jahres, innerhalb dessen Urlaub genommen werden muß
▷ **Sonstige Leistungen**
  – Kfz
  – Wohnung

c) Sicherung der Leistungen

aa) Sicherung der Arbeitsleistung

▷ **Wettbewerbsklausel**
▷ **Verpflichtung des Geschäftsführers, nicht anderweitig tätig zu werden**
▷ **Verpflichtung des Geschäftsführers, nach Beendigung der Vertragsbeziehung** nicht für ein Konkurrenzunternehmen tätig zu werden
▷ **Befristung der Verpflichtung**
▷ **Kompensation** durch GmbH

bb) Gemeinsame Sicherung

▷ **Pflicht des Geschäftsführers zur Geheimhaltung** von Geschäfts- und Betriebsgeheimnissen
  – Definition
  – Vertragsstrafe
▷ **Haftungsfreistellung** für Geschäftsführer
▷ **Bestellung weiterer Geschäftsführer**
▷ **Regelung von Kompetenzstreitigkeiten** mehrerer Geschäftsführer
  – verbindliche Regelung durch Stelle
  – Gesellschafterversammlung
  – Aufsichtsrat

a) Vertragsdurchführung
aa) Beginn

▷ **kalendarische Bestimmung** des Beginns
▷ **Probezeit**
▷ **Dauer**

bb) Laufzeit

▷ auf (un)bestimmte Zeit
▷ falls für bestimmte Zeit geschlossen: Verlängerungsoption
  – Fristbestimmung des Zeitpunkts der Ausübung der Option
  – Bestimmung der Vertragsdauer nach Ausübung der Option

cc) Beendigung

▷ **Befristung** der Laufzeit
▷ **Altersgrenze**
▷ **Frist bei Probezeit**
▷ **ordentliche Kündigung**
  – Kündigungsfristen, gestaffelt nach Zeit der Betriebszugehörigkeit
  – Adressat der Kündigung durch Geschäftsführer
▷ **außerordentliche Kündigung**
  – außerordentliche Kündigungsgründe

dd) Nachvertragliche Pflichten

▷ **Hinterbliebenenversorgung**

▷ **Pensionsansprüche**

e) Allgemeine Bestimmungen
aa) Schriftform

▷ **keine Nebenabreden**

▷ **Änderung** und/oder Ergänzung des Vertrages bedarf Schriftform, deren Verzicht Schriftform bedarf

bb) Auslegung

▷ Teilunwirksamkeit läßt Wirksamkeit des Vertrages im übrigen unberührt

▷ **Änderung unwirksamer Klausel** durch wirksame Klausel, die in wirtschaftlicher Hinsicht unwirksamer Klausel möglichst nahe kommt

cc) Gerichtsstand

▷ **Festlegung eines Gerichtsstandes**

f) Anlage

▷ **Nachweis der Qualifikationen** des Geschäftsführers

▷ **Vollmacht** zum Abschluß des Vertrages für die GmbH

Literatur: Heidenhain/Meister in: Münchener Vertragshandbuch, Bd. 1, 3. Aufl., München 1999, S. 515–518; *Kranzleiter* in: Kersten/Bühling: Formularhandbuch und Freiwillige Gerichtsbarkeit, 20. Aufl., Köln 1994, § 144; *Schmidt, K.,* Gesellschaftsrecht, 3. Aufl., Köln 1997, S. 1069–1089.

4. Mietvertrag über Gewerbeimmobilie

20 **a) Präambel**

▷ **Absichten:** wesentliche, mit dem Vertragsschluß verbundene Motive der Parteien; Vereinbarung über bestimmte vertragliche Nutzung des Objekts durch den Mieter

▷ **Zustimmungserfordernisse:** möglicherweise notwendige Zustimmungen Dritter insbes. hinsichtlich Wertsicherungsklausel und einer Zweckentfremdungsgenehmigung zur Umwandlung von Wohnraum in Gewerberaum

▷ **Vollmachten:** Vollmacht der Parteien für den Abschluß des Mietvertrages (Vollmachten selbst in der Anlage)

b) Inhalt der Leistung

aa) Sachleistung

▷ **Definition der Sachleistung:** Vermietung einer Immobilie, die in der Anlage näher bestimmt wird

▷ **Zustand der Immobilie:** ob renoviert oder renovierungsbedürftig; falls letzteres, Zusatz, daß Mieter mit dem Zustand einverstanden ist

▷ **(Verbot der) Untervermietung** (ohne vorherige schriftliche Zustimmung des Vermieters): soweit Untervermietung gestattet, Verpflichtung des Mieters, Untermietvertrag so auszugestalten, daß Vermieter beim Ausscheiden des Mieters in den Vertrag eintreten kann; Widerruflichkeit der Zustimmung bei wichtigem Grund

▷ **Werbung:** Berechtigung/Verbot, Werbung im Einklang mit gesetzlichen Regelungen anzubringen

bb) Vergütung

▷ **Mietzins:** Höhe der Zahlung und deren Berechnung

- **Fixbetrag:** Zahlung einer bestimmten Summe in gewissen Intervallen
- **Umsatzabhängiger Betrag:** Mietzins, der (neben einem Fixbetrag) vom Umsatz/Gewinn des Mieters abhängig ist; Definition von Umsatz und Gewinn sowie davon prozentual zu entrichtendem Mietzins
- **Kombination:** beider Arten

▷ **Erhöhung:**

- **indexabhängige Erhöhung:** Bezugsmaßstab der Erhöhung ist Index der Lebeshaltungskosten – oder
- **Spannungsklausel:** Bezugsmaßstab der Erhöhung ist Vergleichsmiete
- **Gleitklausel:** Erhöhung tritt automatisch mit Veränderung des Bezugsmaßstabs ein – oder
- **Leistungsvorbehalt:** Bezugsmaßstab ist Grundlage vertraglicher Vereinbarung über die Erhöhung des Mietzinses

- **gestaffelte Erhöhung:** Erhöhung des Fixbetrags nach gewissem Zeitraum
- **Möglichkeit jederzeitiger Erhöhung**

▷ **Betriebskosten/Nebenkosten:** monatlicher Fixbetrag, Definition in Anlage; Verweisung hier

▷ **Vorleistungspflicht:** Mieter hat im voraus Zins zu entrichten

▷ **Fälligkeit:** Mietzins und Nebenkosten sowie Abschlagszahlung für Betriebskosten regelmäßig zum dritten Werktag des Monats; Abrechnung der Betriebskosten nach Grundsätzen des Kontokorrent; Bestimmung der Fristen

▷ **Steuern:** Festlegung, ob Beträge inkl. MwSt

c) Sicherung der Leistung

aa) Sicherung der Sachleistung

▷ **Zusicherung:** Vermieter versichert, zur Vermietung des Objekts zur gewerblichen Nutzung berechtigt zu sein; oder: Haftungsbegrenzung (s. u.)

▷ **Gewährleistungsrechte:** Haftungsbegrenzung und -ausschluß des Vermieters

▷ **Mängelanzeige:** Pflicht des Mieters, Mängel unverzüglich anzuzeigen
  - Rechtsfolge der Nichtanzeige: Haftungsausschluß
  - Haftungsbegrenzung

▷ **Versicherungsschutz:** Verpflichtung des Mieters, Abschluß von in der Anlage aufgeführten Versicherungen nachzuweisen sowie Kopien der Policen dem Vermieter auszuhändigen

bb) Sicherung der Vergütung

▷ **Einzugsermächtigung:** Berechtigung des Vermieters, Mietzins einzuziehen – oder:

▷ **Verzugszinsen:** Regelung über die Zinsen, die im Verzugsfalle durch Mieter zu zahlen sind

▷ **Bürgschaft:** unbedingte, unwiderrufliche, unbefristete selbstschuldnerische Bürgschaft einer deutschen Großbank oder Sparkasse

▷ **Kaution:** Höhe und Art (siehe Bürgschaft) sowie ggf. Verzinsung

▷ **Aufrechnungsmöglichkeit** des Mieters nur mit unbestrittenen oder rechtskräftig festgestellten Forderungen

▷ **Zurückbehaltungsrecht:** Mieter nur bei unbestrittenen oder rechtskräftig festgestellten Forderungen zur Zurückbehaltung berechtigt

- ▷ soweit Mietzins an Umsatz/Gewinn ausgerichtet, **Pflicht** des Mieters, Mietobjekt zum vertraglich vorgesehenen Gebrauch zu nutzen, und **Einsichtnahmerecht** des Vermieters in die Bücher des Mieters
- ▷ falls Untervermietung gestattet: **Vorausabtretung** der durch zukünftige Untervermietung entstehenden Ansprüche an den Vermieter in Höhe des vom Mieter geschuldeten Mietzinses

cc) Gemeinsame Sicherung

- ▷ **Konkurrenzschutz:** Verpflichtung des Vermieters, nicht im selben oder in naheliegendem Objekt an Konkurrenzunternehmen zu vermieten; Verpflichtung des Mieters, kein Geschäft zu betreiben, daß in Konkurrenz zum Geschäft des Vermieters steht
- ▷ **Einverständniserklärung** des Mieters mit Abtretung der Rechte des Vermieters an Dritte
- ▷ **Duldungs- oder Mitwirkungspflicht** des Mieters bei Sanierung und Instandsetzung

d) Vertragsdurchführung

aa) Beginn des Vertrages

- ▷ **kalendarische Bestimmtheit** der Übergabe
- ▷ **Übergabe der Mietsache:** Regelung der Übergabemodalitäten und Festlegung eines Übergabeprotokolls

bb) Lauf des Vertrages

- ▷ **Informationspflicht:** Verpflichtung des Mieters, Vermieter über Mängel der Mietsache zu informieren. Andernfalls Schadensersatzanspruch des Vermieters
- ▷ **Betretungsrecht:** Recht des Vermieters, selbst oder mit Dritten das Mietobjekt nach Ankündigung innerhalb der üblichen Besuchszeiten zu betreten
- ▷ **Duldungspflicht:** Pflicht des Mieters, bauliche Veränderungen oder Modernisierungsmaßnahmen zu dulden
- ▷ **Schönheitsreparaturen:** Verpflichtung des Mieters, innerhalb bestimmter, nach Räumen gestaffelter Fristen Schönheitsreparaturen auf eigene Kosten fachgerecht durchführen zu lassen (Verweis auf Anlage)
- ▷ **Instandhaltung und Instandsetzung:** Verpflichtung des Mieters, Mietobjekt instand zu halten und instand zu setzen
- ▷ **Reinigung und Verkehrssicherung:** Übernahme von Verkehrssicherungs- und Wegereinigungspflichten durch den Mieter (Verweis auf Anlage)

▷ **Optionsrecht:** Recht des Mieters, im Fall des Verkaufs des Mietobjekts dieses zu erwerben

cc) Beendigung des Vertrages

▷ **Befristung:** Lauf des Vertrages nur für eine bestimmte Zeit
  – **mit Optionsklausel:** Mieter hat das Recht, nach Ablauf der Frist eine Verlängerung um einen hier festgelegten Zeitraum zu verlangen oder
  – **mit Verlängerungsklausel:** nach Ablauf der Frist verlängert sich der Vertrag um einen hier festgelegten Zeitraum, wenn es nicht von einer Partei gekündigt wird
▷ **unbefristeter Mietvertrag:** Festlegung einer ordentliche Kündigungsfrist oder einer einseitigen Befristung, wonach nur der Vermieter darauf verzichtet, Vertrag innerhalb eines gewissen Zeitraums zu kündigen
▷ **fristlose Kündigung:** Berechtigung des Vermieters bei Vorliegen im Vertrag bestimmter Gründe fristlos zu kündigen; z. B. Nutzung des Objekts für andere Zwecke als vertraglich vereinbart; Mietrückstände, die zu definieren sind

dd) Pflichten nach Beendigung

▷ **Einbauten:** Recht des Vermieters zur Übernahme und/oder Entfernungspflicht des Mieters sowie Wiederherstellung des ursprünglichen Zustandes, soweit Vermieter nicht sein Übernahmerecht ausübt

e) Allgemeine Bestimmungen

▷ **Erfüllungsort und Gerichtsstand**
▷ **Schriftformklausel:** Änderungen des Vertrages nur schriftlich; Nichtbestehen von Nebenabreden oder sonstigen Vereinbarungen
▷ **Salvatorische Klauseln:** Unwirksamkeit eines Teils des Vertrages führt nicht zur Gesamtunwirksamkeit; Auslegung der unwirksamen Klausel unter Zugrundelegung gesetzlicher Leitbilder
▷ **Schiedsregelungen**

f) Anlagen

▷ **Vollmachten** der Parteien
▷ **Beschreibung** des Mietobjekts mittels Grundbuchauszug
▷ Auflistung der **Betriebskosten** nach Anlage III zu § 27 der 2. Berechnungsverordnung

▷ **Liste der Nebenkosten:** Festbetrag von Verwaltungs-, Reparaturkosten sowie der Instandhaltungsrücklage, der in seiner Höhe den Kosten zum Zeitpunkt des Vertragsabschlusses entspricht und auch im weiteren Vertragsverlauf nicht variabel ist
▷ **Liste der** durch den Mieter abzuschließenden **Versicherungen** (z. B.: Versicherung des durch die Gebäudeversicherung nicht gedeckten Inventars gegen Wasser, Feuer, Diebstahl; Betriebshaftpflicht gegen Personen- und Sachschäden; Betriebsunterbrechungsversicherung; Glasversicherung)
▷ **Schönheitsreparaturen:** Fristen für Schönheitsreparaturen nach Räumen gestaffelt
▷ **Verkehrssicherungspflichten:** Umfang der dem Mieter obliegenden Verkehrssicherungspflichten
▷ **Übergabeprotokoll:** Detailliertes Protokoll über den Zustand der Mietsache zum Zeitpunkt der Übergabe

Literatur: *Blank* in: Münchener Vertragshandbuch, Bd. 4, 1. Halbband, 4. Aufl., München 1998, S. 557–577.

5. Lizenz- und Know-how-Vertrag

a) Vertragliche Grundlagen

aa) Präambel

▷ **Tätigkeitsgebiet:** allgemeine Darstellung des Tätigkeitsfeldes des Lizenz- und Know-how-Gebers (im folgenden Geber) und des Lizenz- und Know-how-Nehmers (im folgenden Nehmer)
▷ **Absichten:** wesentliche Motive, die die Parteien mit dem Vertragsschluß verbinden

bb) Einfluß Dritter

▷ **Zustimmungserfordernisse:** mögliche Zustimmungen Dritter, insbesondere nationaler und europäischer Kartellbehörden
▷ **Bedingungen:** falls die Wirksamkeit des Vertrages von der Zustimmung Dritter abhängt

b) Inhalt der Leistung

aa) Sachleistung

▷ **Definition der Sachleistung:** Beschreibung der Lizenzen und des Know-how (genaue Beschreibung in der Anlage)

▷ **Räumlicher Bereich:** Bestimmung des geographischen Bereichs, für den Lizenz und Know-how übertragen werden (genaue Definition in der Anlage)

▷ **Exklusivität:** Vereinbarung über (Verbot der) Lizenzierung/Know-how-Weitergabe an Dritte durch den Geber innerhalb des geographischen Bereichs der Lizenz

bb) Vergütung

▷ **Geldleistung:** Höhe der Zahlung oder deren Berechnungsgrundlage und die Art der Zahlung; mögliche Varianten – auch in Kombination:

   – **Einmalzahlung:** einmalige Zahlung einer festgelegten Summe

   – **Pauschalbetrag:** Zahlung einer bestimmten Summe in gewissen Intervallen

   – **Ertragsabhängiger Betrag:** Höhe der Zahlung richtet sich nach mit Lizenz und Know-how erwirtschaftetem Ertrag; z. B. degressiver Prozentsatz vom durch die Lizenz und das Know-how erwirtschafteten Ertrag; Festlegung absoluter Ertragszahlen und des Prozentsatzes sowie der Anteile, die davon jeweils auf Lizenz und Know-how entfallen

▷ **Fälligkeit:** Festlegung des Leistungszeitpunktes für Geber und Nehmer

▷ **Steuern und Zölle:** Einfluß von Steuern und Zöllen auf die Zahlung

c) Sicherung der Leistung

aa) Sicherung der Sachleistung

▷ **Zusicherung des Gebers:**

   – Know-how geheim, wesentlich und individualisierbar

   – hinsichtlich Lizenz nichts bekannt, was Wirksamkeit des Patents aufheben könnte; keine Verletzung der Rechte Dritter durch das Patent

▷ **Gewährleistungsrechte:**

   – Anwendung von Rechts- oder Sachmängelgewährleistungsrecht

   – Haftungsbeschränkung und Haftungsausschluß

   – Haftung nach PHG bei Lizenzen, die der Produktion von Sachen dienen

bb) Sicherung der Vergütung

▷ **Sicherheiten/Vorauszahlungen:**
- Vorleistungspflicht des Nehmers
- Stellung von Sicherheiten durch den Nehmer

▷ **Ausübungspflicht:** Bei ertragsabhängiger Zahlung Verpflichtung des Nehmers, Lizenz auszuüben

▷ **Informations- und Kontrollrechte:** Einsichtsrecht des Gebers in die Bücher des Nehmers; Informationspflicht des Nehmers über Produktionsschwierigkeiten

▷ **Offenbarungspflicht:** soweit Lizenz der Vervielfältigung eines Produkts dient
- Verpflichtung des Nehmers, Produkte durch Seriennummern mit dem Hinweis auf den Geber zu versehen, über die Vergabe dieser Nummern und den Verbleib der numerierten Produkte Buch zu führen und dem Geber Einsichtnahme in die Bücher zu gewähren

▷ **Unterlizenzen:** Berechtigung des Nehmers zur Vergabe von Unterlizenzen; Berechnungsmodus und Festlegung der zusätzlichen Gebühren

▷ **Wegfall von Lizenz oder Know-how:** Know-how bekannt oder Patent erfolgreich angegriffen, Minderung der Zahlungen des Nehmers um oben definierten entsprechenden Anteil

▷ **Währungsschwankungen:** Verteilung von Währungsrisiken

cc) Gemeinsame Sicherung

▷ **Beistandspflicht:** Gemeinsame Verteidigung bei Angriff Dritter auf das Patent

▷ **Unterlassenspflicht:** Verpflichtung des Nehmers, Angriff auf das Patent weder selbst durchzuführen noch Dritte dabei zu unterstützen

▷ **Geheimhaltung:** Verpflichtung des Nehmers auf Geheimhaltung und darauf, Dritte zur Geheimhaltung zu verpflichten, wenn diese unvermeidlich im Rahmen des normalen Geschäftsganges Kenntnis vom Know-how erlangen; Möglichkeit der Beweislastumkehr, wonach Nehmer beweisen muß, daß Know-how nicht durch ihn in die Öffentlichkeit gekommen ist

d) Vertragsdurchführung

aa) Beginn des Vertrages

▷ **Bestimmung des Beginns:** Beginn des Vertrages alternativ mit Frist, Leistungsbewirkung oder Aufforderung

bb) Lauf des Vertrages

▷ **Übertragung:** Rein praktische Übergabe von Know-how und Lizenz

▷ **Schulung:** Verpflichtung des Gebers, Mitarbeiter des Nehmers zu schulen; Zahl und Position der (zu) Schulenden, Entgelt für Geber, Umfang der Schulung

▷ **Optionen:** bei exklusivem Vertrag Recht des Nehmers, in Vertrag für anderen geographischen Bereich einzutreten, falls dort eine Lizenz zu vergeben ist; Befristung dieser Option

▷ **Meistbegünstigung:** Veränderung des Vertragsinhalts zu den für Nehmer günstigsten Bedingungen, die Geber mit Dritten vereinbart hat

▷ **Feedback:** Weitergabe neu gewonnener Erkenntnisse; unentgeltliche Nutzungsberechtigung oder gebührenpflichtige Lizenz

cc) Beendigung des Vertrages

▷ **Befristung:** Beendigungstermin

▷ **ordentliches Kündigungsrecht:** kumulativ oder alternativ ein ordentliches Kündigungsrecht mit Festlegung der Fristen

▷ **fristlose Kündigung:** Vereinbarung eines außerordentlichen Kündigungsrechts

– **Gründe**

- **Recht des Gebers:** z. B. Zahlungsverzug und Zahlungsverweigerung des Nehmers, Weitergabe des Know-hows an Dritte ohne Einwilligung des Gebers
- **Recht des Nehmers:** z. B. Know-how ist nicht mehr geheim; das Patent wurde erfolgreich angegriffen
- **beidseitige Kündigungsrechte:** z. B. Absatzschwierigkeiten des Produkts sowie sonstige nicht erfüllte, von beiden Seiten gehegte Erwartungen (siehe Präambel)

dd) Pflichten nach Beendigung des Vertrages

▷ **Herausgabepflicht:** Pflicht des Nehmers, alle vom Geber erhaltenen Dokumente an diesen zurückzugeben und Kopien davon zu vernichten

▷ **Unterlassungspflicht:** Pflicht des Nehmers, Know-how weiterhin geheimzuhalten

e) Allgemeine Bestimmungen

▷ **Rechtswahl**

▷ **Erfüllungsort und Gerichtsstand**
▷ **Schriftformerfordernis**
▷ **Salvatorische Klauseln**
▷ **Schiedsregelungen**

f) **Anlagen**
▷ **Definition** des Patents
▷ **Umschreibung** des Know-hows
▷ **Definition** des geographischen Bereichs

Literatur: *Harte-Bavendamm/Kindermann* in: Münchener Vertragshandbuch, Bd. 3, 1. Halbband, 4. Aufl., München 1998, S. 674–684; *Schultz-Süchtig* in: Münchener Vertragshandbuch, Bd. 3, 1. Halbband, 4. Aufl., München 1998, S. 703–775; *Greuner* in: Münchener Vertragshandbuch, Bd. 3, 1. Halbband, 4. Aufl., München 1998, S. 827–853; *Pagenberg/Geissler*, Lizenzverträge, 3. Aufl. Köln 1991, Vertrag Nr. 1.

III. Checklisten für Gesellschaftsverträge

	Rz.		Rz.
1. Gesellschaft Bürgerlichen Rechts	22	3. Kommanditgesellschaft	24
2. Gesellschaft mit beschränkter Haftung	23	4. Aktiengesellschaft (kleine AG)	25

1. Gesellschaft Bürgerlichen Rechts

a) Vertragliche Grundlagen 22

aa) Präambel

▷ **Tätigkeitsfeld** der Parteien und der zu gründenden Gesellschaft

bb) Parteien

▷ **Bestimmung** der Parteien
▷ **Bevollmächtigung** der Parteien (Vollmacht in Anlage)
▷ **Gesellschafterstellung** der Parteien

cc) Name und Namensrechte

▷ **Name** der Gesellschaft
▷ **Verzicht** der Gesellschafter auf Vergütung für Namensrechte während Bestehens der GbR

dd) Sitz

▷ **Sitz** der Gesellschaft
▷ **Ort** der Ausübung
  – Verpflichtung zum Abschluß eines Mietvertrages

ee) Gesellschaftszweck

▷ **Beschreibung des Zwecks** der Gesellschaft
▷ **Beschränkung auf das Innenverhältnis**

ff) Genehmigungen

▷ **Wirksamkeit** des Vertrages unter der Bedingung öffentlich-rechtlicher oder zivilrechtlicher Genehmigung

gg) Einlage

▷ **Differenzierung** nach Art der Einlage und Gesellschafter
  – Geldbeträge
    – Höhe und Fristen der Zahlung
▷ Sachleistung
    – Art der Sachleistung (Verweis auf Anlage) oder sämtliche Gegenstände werden als Einlage erbracht mit Ausnahme der in einer Liste (Verweis auf Anlage) aufgeführten Gegenstände
    – Festlegung des vertragsgemäßen Gebrauchs der Sacheinlage
    – Ausschluß der Gewährleistung für Sacheinlage
    – bei Grundstücken: Notarielle Beurkundung des Vertrages
  – Forderungen (Verweis auf Anlage)

hh) Beiträge

▷ **Umfang**
▷ **Höhe**
▷ **Frist** zur Erbringung

ii) Dauer

▷ **Beginn**
▷ **Ende**
  – Befristung
  – unbefristete Dauer mit ordentlicher Kündigung
    – Festlegung der Kündigungsfristen
    – Festlegung der Förmlichkeiten einer Kündigung
      – Schriftform
      – Adressat der Kündigung
      – Wirkung der Kündigung
        – Auflösung der Gesellschaft
        – Ausscheiden eines Gesellschafters
▷ für Dauer der Gesellschaft schuldrechtlicher Ausschluß der Rechte auf Aufhebung der Bruchteilsgemeinschaft und auf Durchführung der Teilungsversteigerung

jj) Geschäftsjahr
▷ **Beginn und Ende** des Geschäftsjahrs

kk) Ergebnisverwendung
▷ **Ergebnisermittlung**
  – Berechnungsgrundlage und Berechnungsmodi
▷ **Entnahmen**
  – Zulässigkeit von Entnahmen
  – Möglichkeit einer Vorentnahme
  – Definition von Entnahmen
  – bei Sachentnahmen: Festlegung der Berechnungsweise
▷ **Gewinne**
  – Ermittlung
  – Verteilung
    – Art und Umfang der Verteilung
      – nach Gesellschaftsanteilen
      – nach Höhe der Einlage des einzelnen Gesellschafters im Verhältnis zur Summe der Einlagen in die Gesellschaft
  – Verpflichtung zur Investition der Gewinne in die Arbeit der Gesellschaft
  – Minderung der Ansprüche auf Gewinnverteilung bei Krankheit
    – Krankheitsdauer
    – prozentuale Minderungsquote
  – Minderung der Ansprüche bei Ausscheiden
▷ **Verluste**
  – Nachleistungspflicht der Gesellschafter
  – Art und Umfang der Nachleistung
▷ **Kontrolle**
  – Berechtigung zur Überprüfung durch Gesellschafter oder Dritten
▷ **Bildung einer Rücklage**

b) Innere Ordnung der Gesellschaft
aa) Zusammenarbeit
▷ **Verpflichtung** der Gesellschafter zur Zusammenarbeit
▷ **Art und Umfang** der Zusammenarbeit

bb) Informationsrechte
▷ **Pflicht** der Gesellschafter, einander über relevante Tatsachen zu informieren
  – Festlegung relevanter Tatsachen
  – Art und Umfang der Informationspflicht
▷ **Recht** der Gesellschafter, jederzeit Bücher einzusehen
▷ **Unterrichtungspflicht** des geschäftsführenden Gesellschafters gegenüber anderen Gesellschaftern
  – Umfang
  – Frist

cc) Wirtschaftsplan
▷ **Erstellung** eines Wirtschaftsplans
▷ Umfang: Voraussichtliche Einnahmen und Ausgaben
▷ Verpflichteter zur Erstellung: Geschäftsführender Gesellschafter
▷ Frist
▷ Zustimmungserfordernisse nicht geschäftsführender Gesellschafter
▷ Obergrenzen des Wirtschaftsplans für Fall der Nichtzustimmung

dd) Geschäftsführung
▷ **Festlegung** der Geschäftsführungsbefugnis im Innenverhältnis
  – gemeinsame Geschäftsführungsbefugnis für bestimmte Geschäfte
  – Einzelgeschäftsführungsbefugnis für bestimmte Geschäfte
▷ **Verhältnis** des Geschäftsführungsbefugten gegenüber den anderen Gesellschaftern (Verweis auf Geschäftsordnung in Anlage)

ee) Tätigkeit
▷ **Priorisierung** der Tätigkeit für die Gesellschaft

▷ **Art und Umfang** der Tätigkeit des geschäftsführenden Gesellschafters
  – Pflichten
    – Buchführung
    – Erstellen einer Steuerbilanz
    – Erstellen eines Wirtschaftsplans
    – Rechnungslegung gegenüber anderen Gesellschaftern
  – Umfang
  – Fälligkeit
  – Aufbauorganisation
  – Ablauforganisation
▷ **Verweis** auf Geschäftsordnung in Anlage
▷ **Art und Umfang** der Tätigkeitsvergütung
  – Fälligkeit
  – Berechnungsgrundlage oder Fixbetrag
  – Gleitklausel
▷ **Umfang** der Tätigkeiten der übrigen Gesellschafter

ff) Kostenerstattung

▷ **Ersatz** durch die Gesellschafter gemachten notwendigen Aufwendungen

gg) Haftung

▷ **interne Haftungsbeschränkung auf Gesellschaftsvermögen**
▷ **interne Haftungserweiterungen für geschäftsführenden Gesellschafter**
▷ **interne Haftungsbeschränkungen für geschäftsführenden Gesellschafter**
▷ **interne Freistellungspflichten**
▷ **Verpflichtung, in Geschäftsschreiben auf die beschränkte Haftung hinzuweisen**
▷ Verpflichtung zum Abschluß einer Haftpflichtversicherung

hh) Krankheit, Berufsunfähigkeit

▷ **Minderung** des Anspruchs auf Gewinnverteilung

ii) Urlaubsanspruch

▷ **Ausschluß**

▷ **Umfang**
  – Zahl der Urlaubstage
    – Anwendung des BUrlG
    – Anwendung tarifvertraglicher Regelungen
  – Verpflichtung, Urlaub zu bestimmten Zeiten (nicht) zu nehmen

jj) Gesellschafterversammlung

▷ **Zeitpunkt** der oder Fristen für Gesellschafterversammlung
▷ **außerordentliche Gesellschafterversammlung**
  – Voraussetzungen außerordentlicher Versammlung
▷ **Formalia** ordentlicher und außerordentlicher Gesellschafterversammlung
  – Ladungsfristen
  – Form und Inhalt der Ladung
  – Gang der Gesellschafterversammlung
  – Protokollierung
  – Verweis auf Geschäftsordnung (in Anlage)
▷ **Vertretung**
  – Art der Vertretung
  – Verpflichtung zur Vertretung bei Gesellschafteranteil, der von mehr als einer Person gehalten wird
▷ **Ausschlußfrist** für Klagen gegen Gesellschafterbeschlüsse

kk) Beschlußfassung

▷ **Beschlußfähigkeit**
  – Prozentzahl der teilnehmenden Gesellschafter
▷ **Beschlußfassung** nur in Gesellschafterversammlung möglich
▷ **Berechnung** der Stimmen
  – nach Gesellschaftern
  – nach Gesellschaftsanteil
  – nach Höhe der Einlage im Verhältnis zur Summe aller Einlagen
▷ **relative Mehrheit** zur Beschlußfassung
  – der (anwesenden) Gesellschafter

- ▷ **Quoren** für
  - Ausschluß eines Gesellschafters
  - Auflösung der Gesellschaft
  - Aufnahme neuer Gesellschafter
  - Änderung des Gesellschaftervertrages
  - Übertragung eines Gesellschafteranteils
  - jeweils prozentuale Bestimmung der notwendigen Mehrheit
    - der (anwesenden) Gesellschafter
- ▷ **Einstimmigkeit** der Gesellschafter
  - Fälle notwendiger Einstimmigkeit

c) Außenverhältnisse der Gesellschaft

aa) Vertretung der Gesellschafter und der Gesellschaft

- ▷ **Einzelgeschäftsführungsbefugnis**
- ▷ **Gesamtgeschäftsführungsbefugnis**
- ▷ **Möglichkeit** der **Alleinvertretung**
  - Form der Vollmachtserteilung
  - Umfang der Vollmacht
- ▷ **Übertragung** der Geschäftsführungsbefugnis auf Nichtgesellschafter
  - Voraussetzungen
- ▷ Pflicht des geschäftsführenden Gesellschafters, auf Beschränkung der Vertretungsmacht hinzuweisen

bb) Wettbewerb

- ▷ **Verbot** der Gesellschafter, in Wettbewerb mit der GbR zu treten
- ▷ **Ermächtigung** der Gesellschafterversammlung, Richtlinien für Beurteilung der Wettbewerbswidrigkeit zu entwickeln

cc) Vertraulichkeit

- ▷ **Pflicht** der Gesellschafter zur Verschwiegenheit
  - Bestimmung geheimhaltungsbedürftiger Informationen

d) Strukturänderung der Gesellschaft
aa) Aufnahme weiterer Gesellschafter
▷ **Möglichkeit**
▷ **Notwendigkeit** einer Beschlußfassung
▷ **Option** einzelner Gesellschafter, ohne Beschluß der Gesellschafterversammlung bestimmte Gesellschafter aufzunehmen

bb) Kündigung eines Gesellschafters
▷ **Kündigungsgründe** des die Gesellschaft verlassenden Gesellschafters
▷ **außerordentliche** Kündigungsgründe der in der Gesellschaft verbleibenden Gesellschafter
  - Krankheit eines Gesellschafters
    - Dauer der Krankheit
  - Berufsunfähigkeit
    - Definition der Berufsunfähigkeit
  - Pfändung eines Gesellschaftsanteils durch einen Privatgläubiger
  - rechtskräftiger Eröffnungsbeschluß über Konkursverfahren eines Gesellschafters

cc) Ausscheiden eines Gesellschafters
▷ **Ausschließung**
  - Ausschlußgrund
    - wichtiger Grund, der zur außerordentlichen Kündigung berechtigen würde
  - Beschluß der Gesellschafterversammlung
  - Rechtsfolge
    - Anwachsen des Anteils zugunsten der anderen Gesellschafter
    - Ausschluß der Beteiligung an schwebenden Geschäften
▷ **Tod**
  - Vererbung von Gesellschafteranteilen
  - Anwachsen des Anteils zugunsten der anderen Gesellschafter
▷ **Übertragung** eines Gesellschafteranteils
  - Voraussetzungen
  - Rechtsfolge

dd) Auflösung der Gesellschaft
▷ **Auflösungsgründe**
▷ **Vorkaufsrecht** der Gesellschafter an eingebrachten Gegenständen
  – Befristung

ee) Abfindung
▷ **Bewertung**
  – Bewertungsgrundlage und Bewertungskriterien
    – Erstellung einer Abfindungsbilanz oder letzter Jahresabschluß
      – Buchwert
      – Buchwert zuzüglich stiller Reserven und Firmenwert
      – bei Zugrundelegung des letzen Jahresabschlusses
        – Berechnungsgrundlage bis zum tatsächlichen Ausscheiden
  – Bewertungszeitpunkt
  – Berücksichtigung der Einlage
  – Anpassung für Fall zu geringer Höhe nach Rechtsprechung oder Gesetz
  – Berücksichtigung des Good Will
▷ **Fälligkeit**
  – Fristbestimmung durch Eintritt des Ereignisses
  – Ratenzahlung
▷ **Ausschluß** späterer Forderungen des ausgeschiedenen Gesellschafters oder dessen Erben
▷ **Abfindung** bei Kündigung/Ausschluß/Tod
  – Festlegung der prozentualen Verringerung der Summe je nach Ursache des Ausscheidens
▷ **keine Abfindung** bei Auflösung
▷ **Pensionszahlungen** für ausgeschiedene Gesellschafter
  – Dauer
  – Höhe
  – Ausschluß
▷ **Witwen- und Waiserente**
  – Dauer

- Höhe
- Ausschluß

ff) Pflichten nach Beendigung

▷ **Fortdauer der Verschwiegenheitsverpflichtung**
- Dauer dieser Verpflichtung

▷ **Pflicht** des ausscheidenden Gesellschafters, alle **relevanten Unterlagen** an die Gesellschaft **herauszugeben**

▷ Pflicht des Geschäftsführers
- zur Aushändigung der Geschäftsunterlagen an Dritten (z. B. Treuhänder)
- Wettbewerbsverbot
  - Dauer
  - Kompensation

▷ **bei Auflösung Verzicht** der Gesellschafter
- auf Durchführung einer Teilungsverfügung
- auf Aufhebung der Bruchteilsgemeinschaft
- Dauer dieser Verpflichtung

▷ **Wettbewerbsverbot** für Gesellschafter
- bei Fortbestehen der Gesellschaft
- Dauer der Verpflichtung

e) Allgemeine Bestimmungen

aa) Schriftform

▷ **keine Nebenabreden**

▷ **Änderung** und/oder Ergänzung des Vertrages bedarf Schriftform, deren Verzicht Schriftform bedarf

bb) Auslegung

▷ **Teilunwirksamkeit** läßt Wirksamkeit des Vertrages im übrigen unberührt

▷ **Änderung** unwirksamer Klausel durch wirksame Klausel, die in wirtschaftlicher Hinsicht unwirksamer Klausel möglichst nahe kommt

cc) Schiedsgutachten

▷ **Einholung eines Schiedsgutachtens**
  - Anwendungsbereich
  - Kostentragung

dd) **Gerichtsstand**

▷ **Festlegung eines Gerichtsstandes**

f) Anlagen

▷ **Vollmachten** der Unterzeichnenden

▷ **Liste der eingebrachten Gegenstände** bzw. Liste der nicht eingebrachten Gegenstände

▷ **Liste der eingebrachten Forderungen**

▷ **Geschäftsordnung** der Gesellschaft

Literatur: *Marsch-Barner* in: Münchener Vertragshandbuch, Bd. 1, 4. Aufl., München 1998, S. 1–75; *Schmidt, K.*, Gesellschaftsrecht, 3. Aufl., Köln 1997, S. 1730–1818; *Vollhard* in: Hopt, Vertrags- und Formularhandbuch zum Handels-, Gesellschafts-, Bank- und Transportrecht, 2. Aufl., München 2000, S. 68–95.

2. Gesellschaft mit beschränkter Haftung

a) **Vertragliche Grundlagen**

aa) **Präambel**

▷ **Tätigkeitsfeld** der Parteien und der zu gründenden Gesellschaft

bb) **Parteien**

▷ **Bestimmung** der Parteien
▷ **Bevollmächtigung** der Parteien (Vollmacht in Anlage)
▷ **Gesellschafterstellung** der Parteien

cc) **Firma**

▷ **Firma der GmbH**

▷ **Namensrechte**
  – Verzicht der Gesellschafter während Bestehens der GmbH
  – Recht des namensgebenden Gesellschafters auf Streichung

dd) Sitz
▷ **Sitz** der Gesellschaft
▷ **Ort** der Ausübung

ee) Gegenstand des Unternehmens
▷ **Bestimmung** des Geschäftsgegenstandes
▷ **Erweiterung** auf Geschäfte, die damit unmittelbar oder mittelbar zusammenhängen
▷ **behördliche Genehmigung**
  – als Bedingung
  – als Ausschluß derartiger Tätigkeit

ff) Stammkapital und Stammeinlage
▷ **Höhe** des Stammkapitals
▷ **Stammeinlage**
  – Höhe der Einlage pro Gesellschafter
  – Differenzierung nach Art der Einlage und Gesellschafter
    – Geldbeträge
      – Bestimmung der Höhe und Fristen der Zahlung
    – Sachleistung
      – Art der Sachleistung (Verweis auf Anlage)
      – Festlegung des vertragsgemäßen Gebrauchs der Sacheinlage
      – Ausschluß der Gewährleistung für Sacheinlage
      – Vollzug der Einbringung
      – bei Einbringung eines Handelsgewerbes: Bilanzstichtag
  – Verpflichtung zum Aufgeld
    – Entstehungsvoraussetzung
      – Gesellschafterbeschluß
        – Mehrheit
    – Höhe
    – Frist

- Höhe des sofort zu erbringenden Anteils
- Verzinsung rückständiger Einlagen
  - Prozentsatz nach Fälligkeit

▷ **Pflicht zur Nachleistung**
- Verpflichtete
- Höhe der maximalen Nachleistungspflicht

gg) Dauer

▷ **Beginn** mit notarieller Beurkundung und Eintragung
▷ **Ende**
- Befristung
- unbefristete Dauer mit ordentlicher Kündigung
  - Kündigungsfristen
  - Formalia einer Kündigung
    - Schriftform
    - Adressat
- Wirkung
  - Liquidation der GmbH
  - Fortführung unter bisherigen Gesellschaftern

hh) Geschäftsjahr

▷ **Beginn** und **Ende** des Geschäftsjahrs

ii) Ergebnisverwendung

▷ **Ermittlung**
- Berechnungsmodus

▷ **Gewinnausschüttung**
- Notwendigkeit eines Beschlusses
- Verteilung nach Gesellschaftsanteilen

▷ **Gewinnrücklage**
- Höhe
- Beschluß

▷ **Entnahmen**
- Zulässigkeit

- Definition
- bei Sachentnahme: Berechnungsgrundlage

▷ **Verluste**

- Nachleistungspflicht (siehe Einlage)

▷ **Kompetenz** zur Entscheidung über Ergebnisverwendung
▷ **qualifizierte Mehrheiten** für die Verwendung
▷ **Pflicht zu Einstellungen** in die Rücklage

- Art und Umfang

▷ **Beschränkung** der Rücklagenbildung
▷ **zwingende Mindestausschüttungen**
▷ **Abschlagsdividende**

- Voraussetzung: Gesellschafterbeschluß/Ermächtigung des Geschäftsführers und Zwischenbilanz
- Soweit mehr als tatsächlich am Jahresende Erwirtschaftetes ausgezahlt:
  - Rückzahlungspflicht der Gesellschafter samt festgelegtem Zinssatz

b) Innere Ordnung der Gesellschaft

aa) Geschäftsführer

▷ **Zahl** der Geschäftsführer
▷ **Stellung** von Gesellschaftern als Geschäftsführer
▷ **Bestellung** und **Abberufung** durch Gesellschafterversammlung
▷ **Vertretungsmacht** der Geschäftsführer

- Passivvertretung
  - Einzelvertretung
- Aktivvertretung
  - Einzelvertretung
  - (un)echte Gesamtvertretung
    - Mehrheitsentscheidung
    - Regelung bei Stimmengleichheit
  - Berechtigung der Gesellschafterversammlung, Einzelvertretung oder Befreiung von § 181 BGB zu erteilen oder Aktivvertretung anders zu regeln

- vorherige Genehmigung der Gesellschafterversammlung zu bestimmten Geschäften
▷ **Pflichten** des Geschäftsführers
  - Bindung an Gesellschafterbeschlüsse und Dienstvertrag
  - Verweis auf Geschäftsführervertrag und gesetzliche Regelungen
▷ **Schlichtungsstelle** bei Kompetenzstreitigkeiten mehrerer Geschäftsführer
  - Gesellschafterversammlung
  - Aufsichtsrat

bb) Aufsichtsrat
▷ **Anwendung AktG**
  - Aufhebung aktienrechtlicher Vorschriften mit (qualifizierter) Mehrheit der Gesellschafter
▷ **Anwendung BetrVG**
▷ **Anwendung des MitbestG**
▷ **Entstehungsvoraussetzung**
  - Gesellschafterbeschluß
▷ **Mitglieder**
  - Zahl und Amtszeit
  - Abberufung
  - Aufwandsentschädigung und Vergütung
▷ **innere Ordnung**
  - Geschäftsordnung (in Anlage)
▷ **Aufgaben**
  - Überwachung der Geschäftsführung
  - Delegation von Kompetenzen der Gesellschafterversammlung
    - Voraussetzung: Gesellschafterbeschluß
    - Bestellung, Abberufung von Geschäftsführern
    - Änderung von Geschäftsführerverträgen
    - Weisungsberechtigung gegenüber Geschäftsführern

cc) Gesellschafterversammlung
▷ **Einberufung**

- Einberufungsrecht
  - jeder Geschäftsführer einzeln
- ordentliche Gesellschafterversammlung: unmittelbar nach Vorliegen eines Jahresabschlusses
- außerordentliche Gesellschafterversammlung: Verlangen durch Geschäftsführer oder Gesellschafter
- Quorum
- Einberufungsgründe
- Ort der Versammlung

▷ **Formalia** ordentlicher und außerordentlicher Gesellschafterversammlung
- Ladungsfristen
  - Berechnungsgrundlage
- Form und Inhalt der Ladung
- Gang der Gesellschafterversammlung
- Protokollierung
- Voraussetzungen der Abweichung von den Formalia
  - einstimmiger Beschluß sämtlicher Gesellschafter

▷ **Vertretung**
- Art der Vertretung
- Schriftform der Vollmacht
- Verpflichtung zur Vertretung bei Gesellschafteranteil, der von mehr als einer Person gehalten wird

▷ **Ort** der Gesellschafterversammlung
- Sitz der Gesellschaft
- einstimmiges Verlangen der Gesellschafter

▷ **Beschränkung** von Teilnahmerechten

▷ **Beschlüsse** außerhalb von Versammlungen
- ohne Formalia soweit Beteiligung aller Gesellschafter

▷ **Leitung** und Protokolle
- durch Geschäftsführer
- durch ältesten Gesellschafter
- Wahl des Leiters und Protokollführers

dd) Stimmrechte und Beschlußfassung

▷ **Ausschluß** von Stimmrechten
- Gründe

▷ **Gewichtung** von Stimmen
- nach Gesellschaftern
- nach Gesellschafteranteilen

▷ **Wirkung** von Enthaltungen als Neinstimmen

▷ **Themen**, die der Beschlußfassung durch die Gesellschafterversammlung bedürfen
- Bestellung und Abberufung von Geschäftsführern
- Zustimmung zu Geschäften des Geschäftsführers, die über den normalen Geschäftsgang hinausgehen
- Zusammenlegung von Gesellschafteranteilen
- Kapitalerhöhung
- Gewinnrücklage
- Gewinnvortrag
- Geschäftsordnung der Geschäftsführung

ee) Beschlußfähigkeit und Abstimmung

▷ **bei prozentualem Anteil** der Stammeinlage
▷ **Verfahren bei Beschlußunfähigkeit**
▷ **offene oder geheime Abstimmung**
- falls offene Abstimmung: auf Verlangen geheime Abstimmung

ff) Mehrheit

▷ **relative** Mehrheit
▷ **qualifizierte** Mehrheit in gesetzlich oder vertraglich vorgeschriebenen Fällen

gg) Widerspruch und Anfechtung

▷ **Ausschlußfrist** für **Widerspruch** gegen Protokoll
▷ **Ausschlußfrist** für **Anfechtung** von Gesellschafterbeschlüssen

hh) Informationsrechte

▷ **Recht jedes Gesellschafters** jederzeit Auskunft über alle Angelegenheiten der Gesellschaft zu erhalten
▷ **Hinzuziehung** von zur Berufsverschwiegenheit verpflichteten Dritten
  – Kosten
  – Herausgabepflicht des Geschäftsführers
  – Recht des Geschäftsführers, vertrauliche Dokumente zu anonymisieren

ii) Jahresabschluß, Bilanz und Lagebericht
▷ Pflicht des Geschäftsführers zur Erstellung und unverzüglichen Vorlage bei den Gesellschaftern samt Ergebnisverwendungsvorschlag
▷ **Frist** zur Erstellung
▷ **Unterschrift** sämtlicher Geschäftsführer
▷ **Genehmigungsfiktion** der Feststellung der Bilanz
  – nach Fristablauf
  – ohne Widerspruch
    – durch Minderheit der Gesellschafter
    – durch einzelne Gesellschafter
▷ **Erweiterung** der Offenlegungspflichten

jj) Leistungsverkehr
▷ **Verbot** für Gesellschaft, Vorteile zu gewähren
  – Ausnahmen:
    – Gewinnverteilungsbeschluß
    – normaler Geschäftsverkehr
▷ **Definition** des Begünstigten
▷ **Erstattungsanspruch** im Fall der Zuwiderhandlung

c) Außenverhältnisse der Gesellschaft

aa) Vertretung der Gesellschaft
▷ durch Geschäftsführung

bb) Verträge mit Gesellschaftern
▷ **Genehmigungsbedürftigkeit** mit Mehrheit in Gesellschafterversammlung

▷ **Einstimmigkeit** bei Verträgen, die Gesellschafter Sondervorteile gewähren

cc) Wettbewerbsverbot

▷ **Verbot** für Gesellschafter, direkt oder indirekt in Wettbewerb mit Gesellschaft zu treten
▷ **Ermächtigung** der Gesellschafterversammlung, Richtlinien der Wettbewerbswidrigkeit zu entwickeln

dd) Verschwiegenheitsverpflichtung

▷ **Bestimmung** geheimhaltungsbedürftiger Informationen der Gesellschaft
▷ **Pflicht, Vertraulichkeit** zu wahren

d) Strukturänderungen der Gesellschaft

aa) Verfügung über Gesellschaftsanteile

▷ **Abtretung, Belastung oder Verkauf** von Gesellschaftsanteilen
  – Ausschluß
  – mit Zustimmung der Gesellschafter
    – Mehrheiten
  – Vorkaufsrecht der Gesellschafter
▷ **Anteiliges Vorkaufsrecht** nach Verhältnis der Gesellschafteranteile zueinander
  – bei Nichtausübung durch einzelnen Gesellschafter Anwachsen des Vorkaufsrechtsanteils bei den übrigen Gesellschaftern
  – bei Ausübung
    – Verpflichtung der anderen Gesellschafter zur Zustimmungserteilung
    – Verpflichtung des Vorkaufenden zur unverzüglichen Offenlegung des Kaufvertrages
  – Wertbestimmung des Anteils nach Regeln der Abfindung
  – bei Nichtausübung durch alle Gesellschafter: Verpflichtung zur Zustimmung zum Verkauf
    – Ausnahme: in Person des Käufers liegende Gründe
  – Ankaufsrecht der Gesellschafter
▷ **Ausschluß** der Teilung von Gesellschafteranteilen

bb) Tod eines Gesellschafters

▷ **Übergang** des Anteils auf Erben
▷ **Einziehung** des Anteils gegen Entgelt nach Regeln der Abfindung
▷ **Recht** der Gesellschafter auf Abtretung des Anteils an Gesellschafter oder Dritten

cc) Austritt eines Gesellschafters

▷ **Recht auf Austritt** nur zu jährlichem Stichtag
▷ **Frist zur Ausübung** des Austritts
▷ bis zum Austritt Recht des ausscheidenden Gesellschafters, seine Rechte auszuüben
▷ **Fortsetzung** der Gesellschaft nach Austritt
▷ **freie Abtretbarkeit** des Gesellschaftsanteils
▷ **Pflicht** des ausscheidenden Gesellschafters, Anteil an von den Gesellschaftern zu bestimmende Person abzutreten
▷ **Duldungspflicht** des ausscheidenden Gesellschafters zur Einziehung
▷ **Beschluß** der Gesellschafter **über Einziehung oder Abtretung** bis zum Wirksamwerden des Austritts

dd) Einziehung von Geschäftsanteilen

▷ **Wirksam mit Zustimmung** des betroffenen Gesellschafters
▷ **Wirksam ohne Zustimmung** bei
  – Eröffnung eines Konkursverfahrens
  – Eröffnung eines Gesamtvollstreckungsverfahrens
  – Eröffnung eines gerichtlichen Vergleichsverfahrens über Vermögen des betroffenen Gesellschafters
  – wichtigem Grund in der Person des betroffenen Gesellschafters, der einen Ausschluß rechtfertigen würde
  – Pfändung des Geschäftsanteils
    – Dauer der Pfändung
  – Auflösungsklage durch Gesellschafter
  – Austritt des Gesellschafters
▷ soweit Geschäftsanteil mehreren Personen zusteht, ausreichend, daß Voraussetzung bei einer Person gegeben ist

▷ **Möglichkeit der Befriedigung der Gläubiger** durch übrige Gesellschafter und Befugnis zur Einziehung ohne Widerspruch des betroffenen Gesellschafters
▷ **statt Einziehung Abtretungsverlangen** durch Mehrheit der Gesellschafter
▷ **Neubildung eingezogener Gesellschafteranteile**
  – Voraussetzung: Qualifizierte Mehrheit
▷ **Vergütung**
  – nach Verkehrswert
  – nach Buchwert
▷ **Anrechnung** der Aufwendungen auf seinen Entgeltanspruch
▷ **statt Einziehung Möglichkeit der Übertragung** auf durch die Gesellschafter zu bestimmende Person
▷ **Wirksamkeit** der Abtretung oder Einziehung unabhängig von Streit über die Höhe der Abfindung
▷ **Erklärungsberechtigung** auf seiten der Gesellschaft
  – Geschäftsführung nach Beschluß der Gesellschafterversammlung
    – kein Stimmrecht des betroffenen Gesellschafters

ee) Ausschluß eines Gesellschafters
▷ **Vorliegen wichtiger Gründe**
▷ **Wirkung des Ausschlusses**
  – Vergütung

ff) Bewertung und Abfindung
▷ **Bewertungsgrundlage** und Bewertungskriterien
  – Erstellung einer Abfindungsbilanz oder letzter Jahresabschluß
    – Verkehrswert
    – Buchwert
    – Buchwert zuzüglich stiller Reserven und Firmenwert
    – bei Zugrundelegung des letzen Jahresabschlusses
      – Berechnungsgrundlage bis zum tatsächlichen Ausscheiden
  – Bewertungszeitpunkt
▷ **Fälligkeit**
  – Fristbestimmung durch Eintritt des Ereignisses
  – Ratenzahlung

▷ **Anpassung** für Fall zu geringer Höhe nach Rechtsprechung oder Gesetz
▷ **Ausschluß späterer Forderungen** des ausgeschiedenen Gesellschafters oder dessen Erben
▷ **Abfindung bei Kündigung/Ausschluß/Tod**
  – Festlegung der prozentualen Verringerung der Summe je nach Ursache des Ausscheidens
▷ **keine Abfindung bei Liquidation**

gg) Vereinigung
▷ **Zulässigkeit**
  – voll eingezahlte Gesellschaftsanteile
  – keine Nachschußpflicht
▷ **Zustimmung** der Gesellschafterversammlung durch qualifizierte Mehrheit

hh) Auflösung
▷ **Liquidation** durch Geschäftsführer
▷ **Verteilung des Überschusses** im Verhältnis der Geschäftsanteile

ii) Herausgabe von Unterlagen
▷ **Pflicht** eines ausscheidenden Gesellschafters **zur Herausgabe** sämtlicher für GmbH relevanter Unterlagen
▷ **Frist zur Herausgabe**

e) Allgemeine Bestimmungen

aa) Bekanntmachungen
▷ **Bundesanzeiger**
▷ **Tageszeitung**

bb) Gründungsaufwand
▷ **Kostentragungspflicht**

cc) Schiedsverfahren
▷ **Anwendungsbereich**
▷ **Regeln**

Kommanditgesellschaft　　　　　　　　　　　　　　　　　　Rz. 24 **Anh**

▷ **Ort** des Verfahrens
▷ **Kosten**

dd) Schriftform und Beurkundung

▷ **keine Nebenabreden**
▷ **Änderung** des Gesellschaftervertrages nur durch Beschluß der Gesellschafterversammlung

- qualifizierte Mehrheit oder Einstimmigkeit
- Schriftform
- Beurkundung

ee) Auslegung

▷ **Teilunwirksamkeit** läßt Wirksamkeit des Vertrages im übrigen unberührt
▷ **Änderung** unwirksamer Klausel durch wirksame Klausel, die in wirtschaftlicher Hinsicht unwirksamer Klausel möglichst nahe kommt

f) Anlagen

▷ **Vollmachten** der Unterzeichnenden
▷ **Liste** der **Gegenstände**, die Sacheinlage sind
▷ **Liste** der **Forderungen**, die als Einlage eingebracht werden
▷ **Geschäftsordnung** des Aufsichtsrats

Literatur: *Heidenhain/Meister* in: Münchener Formularhandbuch, Bd. 1, 4. Aufl., München 1998, S. 341–476; *Schmidt, K.*, Gesellschaftsrecht, 3. Aufl., Köln 1997, S. 996–1206.

3. Kommanditgesellschaft

a) Vertragliche Grundlagen　　　　　　　　　　　　　　　　　　　　　　24
aa) Präambel

▷ **Tätigkeitsfeld** der Parteien und der zu gründenden KG

bb) Parteien

▷ **Bestimmung** der Parteien

- ▷ **Bevollmächtigung** der Parteien
- ▷ **Stellung** der Parteien als Kommanditist und Komplementär

cc) Name und Namensrechte

- ▷ **Name** der Gesellschaft mit Zusatz
- ▷ **Verzicht** der Komplementäre auf Vergütung für Namensrechte während Bestehens der KG

dd) Sitz

- ▷ **Sitz** der KG
- ▷ **Ort** der Ausübung
  - Verpflichtung zum Abschluß eines Mietvertrages

ee) Zweck der KG

- ▷ **Beschreibung** des Zwecks der KG
- ▷ **Berechtigung** der KG zur Vornahme derartiger Handelsgeschäfte

ff) Einfluß Dritter auf den Vertrag

- ▷ **Wirksamkeit** des Vertrages unter der Bedingung öffentlich-rechtlicher oder privatrechtlicher Genehmigungen
- ▷ **Wirksamkeit** unter Bedingung der Eintragung ins Handelsregister

gg) Einlage

- ▷ **Pflichteinlage**
  - Art der Pflichteinlage
  - Darlehen
  - Stille Einlage
  - Einbringung eines Handelsgeschäfts
    - Bestimmung des Handelsgeschäfts (Verweis auf Liste in der Anlage)
  - Geldleistung
  - Sachleistung
    - Bestimmung der Sacheinlage (Verweis auf Liste in der Anlage)
    - Gewährleistung
      - Ausschluß
      - Beschränkung
  - individuelle Höhe der Pflichteinlage für jeden Gesellschafter

— Fristsetzung
  – Ratenzahlung
— Zinsen bei Verzug

▷ **Haftsumme**
— Verpflichtung für Kommanditisten, Haftsumme zu erbringen
— individuelle Höhe der Hafteinlage für jeden Kommanditisten
— Fristsetzung
— Zinsen bei Verzug
— Pflicht zur registerrechtlichen Anmeldung der Erhöhung oder Herabsetzung der Haftsumme

hh) Konten

▷ für Kommanditisten: Einrichtung von jeweils einem
— Darlehenskonto
— Einlagekonto
— Rücklagenkonto

▷ **Art und Umfang** der Konten
▷ **Zinssatz** auf den Konten
▷ **Verfügungsberechtigung** und Umbuchung

ii) Dauer

▷ **Beginn**
▷ **Ende**
— Befristung
— unbefristete Dauer
— Beschluß der Gesellschafter
  – Gründe
  – Quorum
  – Frist

jj) Geschäftsjahr

▷ **Beginn und Ende** des Geschäftsjahrs

kk) Ergebnisverwendung

▷ **Ergebnisermittlung**
- Berechnungsgrundlage und Berechnungsmodi

▷ **Entnahmen**
- Zulässigkeit von Entnahmen
- Möglichkeit einer Vorentnahme
  - Zustimmung der Gesellschafterversammlung
- Definition von Entnahmen
- bei Sachentnahmen: Festlegung der Berechnungsweise

▷ **Gewinne**
- Ermittlung des Gewinns
- Verteilung des Gewinns
  - Art und Umfang der Verteilung
    - nach Gesellschaftern
    - nach Höhe der Einlage des einzelnen Gesellschafters im Verhältnis zur Summe der Einlagen der Gesellschaft
    - Fixbetrag
    - Ausschluß einzelner Gesellschafter
- Verpflichtung zur Investition der Gewinne in die **Gesellschaft**
- Minderung der Ansprüche bei Ausscheiden

▷ **Verluste**
- nach Gesellschaftern
- nach Höhe der Einlage des einzelnen Gesellschafters
- Beschränkung der Höhe/Ausschluß

▷ **Kontrolle**
- Berechtigung zur Überprüfung durch Kommanditisten oder Dritten

▷ **Rücklage**
- Ausgleich negativer Rücklagen

b) Innere Ordnung der KG

aa) Zusammenarbeit

▷ **Verpflichtung** der Gesellschafter zu Zusammenarbeit

bb) Informationsrechte

▷ **Pflicht** des geschäftsführenden Gesellschafters, die übrigen über außergewöhnliche Geschäfte zu informieren

▷ **Recht** der Gesellschafter, selbst oder durch Dritte Bücher einzusehen

cc) Geschäftsführung

▷ **Recht und Pflicht des Komplementärs zur Alleinvertretung**
  - Recht anderer (persönlich haftender) Gesellschafter zum Widerspruch
    - Rechtsfolgen
    - Einberufung der Gesellschafterversammlung als Lösung
  - Möglichkeit der Bevollmächtigung Dritter

▷ **Entzug der Geschäftsführungsbefugnis** durch Gesellschafterbeschluß
  - Frist
  - Quorum
  - Wirkung
    - Begründung einer Kommanditistenstellung
    - Eintrittsrecht Dritter, soweit Befähigung zur Geschäftsführung
    - Begründung einer Komplementärstellung eines bisherigen Kommanditisten
      - Zustimmungserfordernis des Betroffenen
      - Quorum der Gesellschafterversammlung

▷ **Recht** des geschäftsführenden Gesellschafters, Geschäftsführung niederzulegen
  - Voraussetzungen
  - Wirkung
    - Eintritt eines anderen Komplementärs in die Stellung des Geschäftsführers
    - Beschluß der Gesellschafterversammlung und Zustimmung des neuen Geschäftsführers

▷ **Exklusivität**

▷ **Pflichten** des Geschäftsführers
  - Haftungsverschärfung
  - summenmäßige Haftungsbegrenzung

▷ **Vergütung**
- Fixum
- Summe
- **Umsatzabhängiger Betrag**
- Berechnungsgrundlage
- **Frist der Bezahlung**
- **interne Verrechnung** der Vergütung
- **Berücksichtigung des Lebenshaltungsindexes**

dd) **Geschäftsjahr**

▷ **Kalenderjahr**
▷ **Überleitungsvorschriften** für das erste Geschäftsjahr, soweit nicht identisch mit Kalenderjahr

ee) **Jahresabschluß**

▷ **Verpflichteter**: Alternativ geschäftsführender Gesellschafter, Kommanditist, Beirat
▷ **Umfang**
- Aufstellung (Erstellung eines unterschriftsreifen Entwurfs)
- Feststellung (Anerkennung seiner Richtigkeit)
▷ **Ausschlußfrist** für Einwendungen und Genehmigungsfiktion
▷ **Verpflichtung der Handelsbilanzerstellung** nach steuerrechtlichen Vorschriften durch geschäftsführenden Gesellschafter
- Ladung zur Gesellschafterversammlung nach Erstellung
  - Formalia der Ladung
  - Wartezeit bis zur Einberufung

ff) **Kostenerstattung**

▷ **Kostenerstattung** für Aufwendungen der Gesellschafter

gg) **Haftung**

▷ **des Komplementärs**
- Verschuldensmaßstab
- Haftungshöhe
  - Staffelung nach Grad des Verschuldens

hh) Krankheit, Berufsunfähigkeit

▷ **Krankheit** eines Komplementärs
  - Dauer
  - Folgen
    - Ausscheiden
    - Umwandlung der Stellung von Kommanditist in Komplementär
      - Nachrücken eines Kommanditisten in die Stellung als Komplementär

ii) Urlaubsanspruch des Komplementärs

▷ **Höhe**
  - Anwendung des BUrlG
  - Anwendung tarifvertraglicher Regelungen

jj) Gesellschafterversammlung

▷ **Regelungsbereich**
  - Möglichkeit der Beschlußfassung im verkürzten Verfahren zwischen Komplementären
    - Voraussetzungen

▷ **Einberufungsrecht**
▷ **Einberufungspflicht**
▷ **Formalia** der Ladung
▷ **Ort**
▷ **Leitung**
▷ **Protokoll**

kk) Beschlußfassung

▷ **Regelungsbereich**
▷ **Form**
▷ **Stimmverteilung**
  - Anteil an der Gesamteinlage
  - Zahl der Gesellschafter
  - erhöhtes Stimmrecht einzelner Gesellschafter
  - Ausschluß des Stimmrechts einzelner Kommanditisten

- kein Ausschluß bei Beschlüssen über Kernfragen von Gesellschafterrechten
- Ruhen einer Stimme
  - Voraussetzung
▷ **Beschlußfähigkeit**
- Zahl der Stimmen zur Beschlußfähigkeit
- Vorgehen bei Beschlußunfähigkeit
▷ **Beschlüsse** mit notwendiger Einstimmigkeit
- Änderung oder Ergänzung des Gesellschaftsvertrags
▷ **Festlegung** von Quoren für gewisse Beschlüsse
  - **einfache Mehrheit**
    - nur für Geschäftsführungsbeschlüsse und Beschlüsse über laufende Angelegenheiten
  - **absolute Mehrheit**
  - **qualifizierte Mehrheit**
▷ **Bevollmächtigung Dritter** oder von anderen Gesellschaftern
  - keine unzulässige Stimmrechtsübertragung durch verdrängende Vollmacht
  - Recht der Gesellschafter, aus wichtigem Grund Bevollmächtigten zurückzuweisen
  - Berechtigung unerfahrener Gesellschafter, Dritten bei Beschlußfassung hinzuzuziehen
▷ **Genehmigungsfiktion**
  - Voraussetzungen
    - Zusendung des Protokolls
      - Form der Zustellung
    - Fristablauf
      - Fristbestimmung

c) **Außenverhältnisse der KG**
aa) **Vertretung**
▷ **Alleinvertretungsrecht** des Komplementärs

bb) Wettbewerb

▷ **Verpflichtung** für Komplementär und Kommanditisten, nicht in Wettbewerb mit der KG zu treten

– Ermächtigung der Gesellschafterversammlung zum Erlaß von Richtlinien

cc) Vertraulichkeit

▷ **Verpflichtung** des Komplementärs und der Kommanditisten zur Vertraulichkeit

– Definition vertraulicher Informationen
– Umfang der Vertraulichkeitsverpflichtung
  – Während und nach Beendigung der Gesellschafterstellung
  – Einschaltung Dritter

d) Strukturänderung der KG

aa) Aufnahme weiterer Gesellschafter

▷ **(keine) Bevollmächtigung** eines Gesellschafters zum Abschluß eines Aufnahmevertrages

▷ **Voraussetzungen** für Gesellschafterstellung

▷ **Zahlungspflicht** eines Agios durch eintretenden Gesellschafters

bb) Ausscheiden eines Gesellschafters

▷ **Berechtigung** des Komplementärs, seine Stellung in die eines Kommanditisten umzuwandeln

– Voraussetzungen

▷ **Kündigung**

– Formalia ordentlicher Kündigung
  – Frist
  – Schriftform
  – Adressat der Kündigung
– Wirkung
  – Fortsetzung der Gesellschaft
    – Abfindungsanspruch des ausscheidenden Gesellschafters
  – Liquidation der Gesellschaft

- Quorum der übrigen Gesellschafter
- Freistellungsanspruch des ausscheidenden Kommanditisten von Verbindlichkeiten der KG
  - mit/ohne Sicherheitsleistung
  - (un)bedingter Freistellungsanspruch

▷ **Tod**
- Wirkungen des Todes auf die Gesellschaft
  - (un)beschränkte Vererblichkeit
  - Ausschluß der Vererblichkeit
    - Anwachsen des Anteils unter den übrigen Gesellschaftern mit Abfindung der Erben
    - Eintritt der Erben als Kommanditist oder Komplementär
      - Vertreterklausel bei mehreren Erben eines Kommanditistenanteils

▷ **Ausschluß** eines Gesellschafters
- Voraussetzungen
  - wichtiger Grund
  - rechtskräftiges Urteil des Ausschlusses
  - Beschluß der Gesellschafter
    - Quorum
    - kein Stimmrecht des auszuschließenden Gesellschafters
  - Frist

▷ **Ausscheiden** eines Gesellschafters aus sonstigen Grund
- Voraussetzungen
  - Eröffnung des Konkursverfahrens
  - Eröffnung eines Vergleichsverfahrens
- Frist

cc) Rechtsgeschäftliche Verfügungen

▷ **(Un-)Zulässigkeit der Verfügung** über einen Gesellschaftsanteil oder Einräumung einer Unterbeteiligung
- Genehmigung durch Gesellschafterbeschluß
- Zustimmung des persönlich haftenden Gesellschafters
- privilegierte Verfügung zugunsten bestimmter Personen

dd) Auflösung der KG
▷ **Ausscheiden** von Gesellschaftern
▷ **Zustimmung** der Gesellschafter
  – Form
  – Quorum
▷ **Beschluß** der Gesellschafter
  – Form
  – Quorum
▷ **(Ausschluß der) Auflösung bei Kündigung** durch Privatgläubiger
  – Erklärung des Fortbestehens durch übrige Gesellschafter
▷ **(Ausschluß der) Auflösung bei Konkurseröffnung** über Vermögen eines Gesellschafters
  – Erklärung der Gesellschafter des Fortbestehens der KG gegenüber Konkursverwalter
    – Form
    – Frist
    – Quorum

ee) Abfindung
▷ **Bewertungsgrundlage**
  – Erstellung einer Abfindungsbilanz oder letzter Jahresabschluß
    – Buchwert
    – Buchwert zuzüglich stiller Reserven und Firmenwert
    – Anpassung bei Änderung des Buchwerts infolge einer Betriebsprüfung
    – bei Zugrundelegung des letzen Jahresabschlusses
      – Berechnungsgrundlage bis zum tatsächlichen Ausscheiden
    – Einbeziehung der Forderungen der Gesellschaft gegen ausscheidenden Gesellschafter und des Gesellschafters gegen die Gesellschaft oder Dritte
      – keine Berücksichtigung schwebender Geschäfte
  – Bewertungszeitpunkt
▷ **Bewertungskriterien**
  – Differenzierung nach Grund des Ausscheidens

- Prozentuale Verringerung des Abfindungsanspruchs bei Ausschluß/Tod/Kündigung
- Anpassung für Fall zu geringer Höhe nach Rechtsprechung oder Gesetz

▷ **Fälligkeit**
- mit Feststellung der Auseinandersetzungsbilanz
- Fristbestimmung durch Eintritt des Ereignisses
- Ratenzahlung

▷ **Abfindung** bei Liquidation

ff) Pflichten nach Beendigung

▷ **Verschwiegenheit**
- Umfang
- Dauer

▷ **Wettbewerbsverbot**
- Umfang
- Dauer
- Kompensation

▷ **Rückgabeverpflichtung**
- Verpflichtung der Gesellschafter, sämtliche Geschäftsunterlagen beim Ausscheiden an Vertreter der KG zu übergeben

e) Allgemeine Bestimmungen

aa) Schriftform

▷ **keine Nebenabreden**

▷ **Änderung** und/oder **Ergänzung** des Vertrages bedarf Schriftform, deren Verzicht Schriftform bedarf

bb) Auslegung

▷ **Teilunwirksamkeit** läßt Wirksamkeit des Vertrages im übrigen unberührt

▷ **Änderung** unwirksamer Klausel durch wirksame Klausel, die in wirtschaftlicher Hinsicht unwirksamer Klausel möglichst nahe kommt

cc) Schiedsgutachten

▷ **Voraussetzungen**

- ▷ **Anwendungsbereich**
- ▷ **Kostentragung**

dd) Gerichtsstand

- ▷ **Festlegung** eines Gerichtsstandes

e) Anlagen

- ▷ **Bevollmächtigung** der Unterzeichner
- ▷ **Liste über eingebrachtes Handelsgewerbe**
- ▷ **Liste über eingebrachte Sachleistung**

Literatur: *Riegger* in: Münchener Vertragshandbuch, Bd. 1, 4. Aufl., München 1998, S. 201–292; *Schmidt, K.*, Gesellschaftsrecht, 3. Aufl., Köln 1997, S. 1527–1620; *Vollhard* in: Hopt: Vertrags- und Formularhandbuch zum Handels-, Gesellschafts-, Bank- und Transportrecht, 2. Aufl., München 2000, S. 127–158.

4. Aktiengesellschaft (kleine AG)

Im Aktienrecht existieren nur wenige disponible Regelungen. Die Checkliste beschränkt sich jedoch nicht auf abdingbare Vorschriften, sondern versucht – wie bei allen Checklisten – einen umfassenden Überblick zu bieten. 25

a) Vertragliche Grundlagen

aa) Präambel

- ▷ **Tätigkeitsfeld** der zu gründenden Gesellschaft

bb) Parteien

- ▷ **Bestimmung** der Parteien
- ▷ **Bevollmächtigung** der Parteien (Nachweis in Anlage)
- ▷ **Verpflichtung** der Parteien, Bindungen dieser Satzung auch auf spätere Aktionäre festzustellen
- ▷ **Einräumung** von Sondervorteilen für bestimmte Gesellschafter
    - Bestimmung der Sondervorteile
    - Bestimmung der Gesellschafter

cc) Firma
▷ **Name** der zu gründenden Gesellschaft
▷ soweit keine Sachfirma
  – Verzicht der Gesellschafter auf Namensrechte während Bestehens der AG
  – Verzicht der Gesellschafter auf Namensrechte während Zugehörigkeit

dd) Sitz
▷ **Sitz** der Gesellschaft
▷ **Ort** der Ausübung

ee) Gegenstand des Unternehmens
▷ **Bestimmung** des Geschäftsgegenstandes

ff) Bekanntmachungen
▷ **Bundesanzeiger**

gg) Grundkapital
▷ **Höhe**
▷ **Nennbetrag** der Aktie
▷ **Möglichkeit** der **Erhöhung**
▷ **Verpflichtung** der Gesellschafter zur Nachzahlung bei Unterbilanzierung

hh) Gesellschaftsvermögen
▷ **Art**
  – Barmittel
  – Guthaben (Konkretisierung in Anlage)
  – Eigentum (Konkretisierung in Anlage)
  – Beteiligungen (Konkretisierung in Anlage)
  – Sonstige Rechte (Konkretisierung in Anlage)

ii) Einlagen
▷ **Verpflichtung** zur Zahlung bei
  – Gründung
  – Erwerb noch nicht voll eingezahlter Aktien
  – Zuteilung gezeichneter Aktien bei Kapitalerhöhung

▷ **Höhe**
  – Nennbetrag
  – erhöhter Ausgabebetrag
▷ **Sacheinlage**
  – Definition (in Anlage)
  – Ausschluß der Gewährleistung
  – Haftungshöchstbetrag
▷ **Frist** zur Erbringung
▷ **Verbot des Erlasses**
▷ **Verbot der Rückzahlung**

jj) Rücklagen

▷ **Höhe**
▷ **Bildung freiwilliger Rücklagen**
  – Höhe
  – Voraussetzungen
▷ **Auflösung freiwilliger Rücklagen**
  – Höhe
  – Voraussetzungen

kk) Gewinne

▷ **Ermittlung**
  – Abzug der gesetzlichen Rücklage
  – Abzug von Verlustvorträgen
▷ **Verbot der Auszahlung** falls unter Höhe des Grundkapitals
  – sonstige Verbote
    – Voraussetzungen
  – Verwendung
    – Gewinnrücklage
    – Vortrag auf neue Rechnung
    – Verteilung unter Aktionäre

ll) Aktien
▷ **Nennbetrag**
▷ **Zahl** der Aktien eines jeden Nennbetrags
▷ **Art** der Aktie
 – Namensaktien
  – Führen eines Aktienbuchs
 – Inhaberaktien
 – Vorzugsaktien
▷ **Beschränkung** der Übertragung
 – vinkulierte Namensaktien
 – Inhaberaktien
  – Veräußerungs- und Erwerbsverbote
  – Veräußerung nur mit Zustimmung der Hauptversammlung
   – Quorum
   – Verpflichtung zur Zustimmung
    – Voraussetzungen
  – Vorkaufsrechte
   – Berechtigte
   – Ausübung

b) Innere Ordnung der Gesellschaft

aa) Hauptversammlung
▷ **Einberufungsrecht**
 – durch Aufsichtsrat
 – durch Vorstand
 – durch Aktionär
  – Gründe
  – Quoren
▷ **Formalia** ordnungsgemäßer Ladung
 – Form
  – Bekanntmachung
  – schriftliche Ladung
 – Ladungsfrist

▷ **Frist** der Einberufung
  – Lauf der Frist ab Geschäftsjahr
    – bei Einberufungsbeschluß durch Vorstand oder Aufsichtsrat
    – bei Einberufungsantrag durch Aktionär
▷ **Ort**
▷ **Teilnahmeberechtigung**
  – beschränkte Teilnahmeberechtigung bei vinkulierten Namensaktien: Anmeldung
    – Frist der Anmeldung
  – Pflicht der Aktionäre, Aktien bei festgelegten Stellen zu hinterlegen
    – Ort: Notar
    – Dauer: Frist vor und nach Hauptversammlung
    – Hinterlegungsbescheinigung durch Notar
▷ **Vorsitz**
  – Vorsitzender des Aufsichtsrates
▷ **Anfechtungsberechtigung** der Aktionäre
  – Ausschluß bei individuellem Rechtsmißbrauch

bb) Form des Aufsichtsrates

▷ **Zahl** der Mitglieder
▷ **Ernennung**
  – Entsendungsrecht durch Gesellschafter
▷ **Wahl**
  – durch Belegschaft nach BetrVG
  – durch Hauptversammlung
▷ **Amtszeit**
▷ **Recht einzelner Aktionäre** – Dritte oder sich selbst zu bestimmen
  – Übergang dieses Rechts bei Ablehnung durch berechtigten Aktionär
▷ **Niederlegungsrecht vor Ablauf der Amtszeit**
  – Adressat
    – Aufsichtsratsvorsitzender
    – Vorstandsvorsitzender

- Frist
- Gründe

▷ **Niederlegungsrecht von Aufsichtsratsmandaten** vor Antritt des Amtes
  - für ordentliche Mitglieder
  - für Ersatzmitglieder
  - Adressat
    - Aufsichtsratsvorsitzender

▷ **Abberufung** vor Ablauf der Amtszeit
  - durch Hauptversammlung
    - Quorum
  - durch Gericht auf Antrag des Aufsichtsrates
    - Vorliegen eines wichtigen Grundes
      - Beschränkung auf kraß gesellschaftswidriges Verhalten

▷ **Begrenzung** der Aufsichtsratsmandate eines Aufsichtsrates

▷ **Bestimmung** von Ersatzmitgliedern
  - Wahl nach Regeln der Wahl ordentlicher Mitglieder
  - Amtszeit im Fall der Aufsichtsratsmitgliedschaft
    - Beginn mit Wahl
    - Ende mit Beendigung der Amtszeit des ersetzten ordentlichen Mitglieds

▷ **Wahl** des Vorsitzenden

▷ **Vertretungs- und Delegationsverbot** für Mitglieder

▷ **Bildung von Ausschüssen**
  - Zahl
  - Besetzung
  - Aufgaben
  - Stimmrecht des Aufsichtsratsvorsitzenden

▷ **Aufsichtsratsgremium**
  - Besetzung
  - Aufgaben

cc) Rechte und Pflichten des Aufsichtsrates

▷ **Verpflichtung, dem Unternehmensinteresse zu dienen**

- **Verpflichtung zur Verschwiegenheit**
  - Umfang
- **Recht, Vorstandsvorsitzenden zu bestimmen**
- **Überwachung des Vorstands**
  - Zweckmäßigkeits- und Rechtmäßigkeitskontrolle
  - beratende Funktion zukünftigen Verhaltens des Vorstandes
- **Recht, stellvertretende Vorstandsvorsitzende zu bestimmen**
- **Recht einzelner Aufsichtsratsmitglieder**, den Vorstand auf Unterlassung rechtswidriger Geschäftsführungsmaßnahmen zu verklagen
- **Aufgaben des Aufsichtsratsgremiums**
  - Kontakt mit Vorstand
  - Beratung des Vorstandes
  - Koordinierung der Arbeit des Aufsichtsrates und Sitzungsvorbereitung
  - Finanzierungsfragen und Investitionspolitik
  - Personalangelegenheiten
- **Vergütung**
  - Fixbetrag
  - Festlegung der Höhe durch Hauptversammlung
  - dividendenabhängig
  - Kombination aus Fixbetrag und variabler Vergütung
  - Erhöhte Vergütung für
    - Vorsitzenden
    - Stellvertreter
    - Ausschußleiter
  - Festlegung der erhöhten Vergütung
- **Aufwandsentschädigung**

dd) Beschlußfassung des Aufsichtsrats

- **Beschlußfähigkeit**
  - Ladung aller Mitglieder
    - Formalia ordnungsgemäßer Ladung
  - Zahl notwendig anwesender Mitglieder
  - Zahl notwendig abstimmenden Mitglieder

- Abstimmung nur über TOP in Ladung
  - Ausnahmen
  - kein Widerspruch eines anwesenden Mitgliedes
  - Quorum anwesender Mitglieder
▷ **In ordentlicher Sitzung**
  - Berechtigung zur Einberufung
  - Frist der Ladung
    - Verkürzung der Frist in dringenden Fällen
  - Form der Ladung
▷ **Abwesenheit eines Mitglieds**
  - schriftliche Stimmabgabe
  - Vertagung
    - Antrag
    - Quorum
    - Ausschluß nochmaliger in nächster Sitzung beantragter Vertagung
▷ **Verfahren bei Stimmengleichheit**
  - erneute Aussprache
  - erneute Wahl
    - Vorsitzender hat zwei Stimmen
▷ **außerhalb ordentlicher Sitzung**
  - Zulässigkeit vereinfachten Verfahrens
    - kein Widerspruch eines Aufsichtsratsmitglieds
  - Form der Beschlußfassung
    - Umlaufverfahren
    - Fax
    - Telefon
    - E-Mail
  - Niederschrift über Beschlüsse und Sitzungen
    - Unterschrift des Vorsitzenden oder dessen Stellvertreters
▷ **Voraussetzungen nichtiger Aufsichtsratsbeschlüsse**
  - grob fehlerhafte Beschlüsse

▷ **Voraussetzungen anfechtbarer Beschlüsse**
  – in allen übrigen Fällen
▷ **Geltendmachung unwirksamer Aufsichtsratsbeschlüsse**
  – Frist

ee) Rechte und Pflichten des Vorstands
▷ **Verpflichtung, dem Unternehmensinteresse zu dienen**
▷ **Verpflichtung zur Sorgfalt** eines ordentlichen und gewissenhaften Geschäftsleiters
▷ **Verbot des Tätigwerdens** vor Eintragung ins Handelsregister
▷ **Verpflichtung zur Eintragung von Änderungen des Gesellschaftsvertrages im Handelsregister**
▷ **Verpflichtung zur Führung der Handelsbücher**
▷ **Berichterstattungspflicht** gegenüber Aufsichtsrat
▷ **Verbot der Aufgabenübertragung** auf Aufsichtsrat
▷ **Zustimmungsbedürftigkeit** bestimmter Geschäfte durch den Aufsichtsrat
  – Bestimmung zustimmungsbedürftiger Geschäfte
▷ **Recht des Vorstandes, bei Zustimmungsverweigerung Hauptversammlung zur Zustimmung zu befragen**
▷ **Verpflichtung des Vorstandes, für bestimmte Fragen Entscheidung der Hauptversammlung herbeizuführen**
  – Umfang der Verpflichtung
  – Natur der Frage
▷ **Recht, Aktionäre im Rahmen des AktG unterschiedlich zu behandeln**, soweit sachlicher Grund vorliegt
▷ **Verpflichtung, sich eine Geschäftsordnung zu geben**, die der Genehmigung des Aufsichtsrates bedarf
▷ **Zahl** der Mitglieder
▷ **Zusammensetzung**
  – ordentliche Mitglieder
  – stellvertretende Mitglieder
▷ **Bestellung** des Vorstandes
  – Wahl durch Hauptversammlung
  – Wahl oder Entsendung nach Mitbestimmungsrecht

- ▷ **Dauer** der Bestellung
- ▷ **Mehrheitswahl** bei Beschlußfassung
  - bei Stimmengleichheit Stimme des Vorstandsvorsitzenden entscheidend

ff) **Stimmrecht**

- ▷ **Erhöhung der gesetzlich notwendigen Mehrheiten**
- ▷ **erleichterte Stimmregelungen**
- ▷ **Stimmrecht nach Nennwert der Aktie**
- ▷ **Stimmrechte und Ausschluß**
  - Möglichkeit der Beschränkung des Stimmrechts auf einen gewissen Prozentsatz des Gesamtkapitals
    - qualifizierte Mehrheit
  - **Notwendigkeit der Vorlage eines Nummernverzeichnisses**
    - Formalia der Vorlage
  - Ausschluß des Stimmrechts bei Vorzugsaktien
- ▷ **Möglichkeit/Verbot von Stimmrechtskonsortien**
- ▷ **Möglichkeit/Verbot von Stimmbindungsverträgen**

gg) **Aktionär**

- ▷ **Treuepflichten**
  - im Verhältnis zur AG
  - im Verhältnis der Aktionäre untereinander
- ▷ **Ausschluß** aus wichtigem Grund
  - Voraussetzungen
- ▷ **Entzug des Fragerechts** bei Mißbrauch nach Abwägung
- ▷ **Entzug des Rederechts** bei Mißbrauch nach Abwägung

hh) **Beschlußfassung in der Hauptversammlung**

- ▷ **Vorsitz** in Hauptversammlung
- ▷ **Beschlußfähigkeit**
- ▷ **Umfang** der Beschlußfassung
  - Bestellung der Aktionärsvertreter im Aufsichtsrat
  - Satzungsänderungen

- Maßnahmen der Kapitalbeschaffung und der Kapitalherabsetzung
- Entlastung der Mitglieder des Vorstandes und des Aufsichtsrates
- Gewinnverwendung

▷ **Folgen** von Stimmengleichheit
▷ **Möglichkeit** der **Stichwahl**
▷ **Anfechtung** von Beschlüssen
▷ **Quoren** für Auflösung und Verschmelzung der Gesellschaft

ii) Geschäftsjahr und Jahresabschluß

▷ **Festlegung** des Geschäftsjahrs
▷ **Verpflichtung** des Vorstandes zur Aufstellung und Vorlegung
- des Jahresabschlusses
- des Geschäftsberichts

▷ **Verfahren**
- Frist des Abschlusses
- Abschlußprüfer
- Aufsichtsrat
- Feststellung durch Vorstand und Aufsichtsrat
- Feststellung durch Hauptversammlung
  - differenzierte Gewinnrücklage abhängig davon, wer Feststellung getroffen hat

c) Außenverhältnisse der Gesellschaft

▷ **Vertretung** der Gesellschaft
- Gesamtvertretung
  - Zahl der zur Gesamtvertretung nötigen Vorstandsmitglieder
- unechte Gesamtvertretung
- Einzelvertretung
  - Bevollmächtigung durch Aufsichtsrat
- gleiche Vollmacht für stellvertretende ordentliche Vorstandsmitglieder
- Zustimmungserfordernisse
  - durch Aufsichtsrat
  - Definition zustimmungsbedürftiger Geschäfte des Vorstandes

d) Strukturänderungen der Gesellschaft
aa) Kapitalerhöhung gegen Einlage
▷ **Beschluß** der Hauptversammlung
- Quorum der Beschlußfassung
- Umfang der Kapitalerhöhung
- Nennbetrag oder höherer Mindestbetrag der Aktien

▷ falls Sacheinlage: Prüfung durch Sachverständigen

▷ **Durchführung**
- Anmeldung des Kapitalerhöhungsbeschlusses zum Handelsregister
- Zeichnung neuer Aktien
- Einzahlung des gesetzlichen Mindestbetrags
- Anmeldung der Durchführung der Kapitalerhöhung zur Eintragung in das Handelsregister
- Ausgabe neuer Aktien

bb) Genehmigtes Kapital
▷ **Beschluß** der Hauptversammlung
- Quorum
- Höhe des genehmigten Kapitals (im Ermessen des Vorstandes)
- Zeitpunkt (im Ermessen des Vorstandes)

▷ **Umfang** der Ermächtigung des Vorstandes
- Erhöhung gegen Aktien mit Bareinlage oder Sacheinlage

▷ Berechtigung zur Kapitalerhöhung aus Gesellschaftsmitteln
- Form

▷ **Berechtigung zur bedingten Kapitalerhöhung**
- Form

cc) Kapitalherabsetzung
▷ **Beschluß** der Hauptversammlung
- Quorum

▷ durch Reduzierung von Aktien oder Nennwert

▷ **Zulässigkeit** als Mittel der Kapitalerhöhung

dd) Ausschluß von Bezugsrechten

▷ **Verfahren**
- durch Vorstand
  - Bevollmächtigung des Vorstandes
    - durch Hauptversammlung
    - für konkreten Fall
  - Beschluß des Vorstandes
  - Genehmigung durch Aufsichtsrat
- durch Hauptversammlung
  - Begründung durch Vorstand
  - Beschluß der Hauptversammlung
    - Quorum

▷ **Begründetheit**
- sachlicher Grund
- Erforderlichkeit
- Angemessenheit

e) Allgemeine Bestimmungen

aa) Entstehungsvoraussetzungen

▷ **notarielle Beurkundung** des Gesellschaftsvertrages

▷ **Eintragung** der AG in das **Handelsregister**

bb) Gründungsbericht

▷ **Erstellung**

▷ **Grundlage** für Prüfung durch
- Aufsichtsrat
- Vorstand
- Gründungsprüfer
  - Bestimmung

cc) Abschlußprüfer

▷ **Benennung** eines Abschlußprüfers für das erste Geschäftsjahr

dd) Gründungsaufwand

▷ **Kostentragung**

ee) Bevollmächtigung

▷ **Name** des Bevollmächtigten

▷ **Bevollmächtigung** zur Änderung der Satzung, falls Registergericht dies bei Eintragung verlangt

▷ **Befreiung** von § 181 BGB

f) Anlagen

▷ **Vollmachten** der Parteien

▷ **Konkretisierung** und Wertbestimmung des Gesellschaftsvermögens

— Eigentum

— Forderungen

— Beteiligungen

— Sonstiger Rechte

▷ **Definition** der Sacheinlage

Literatur: *Hölters* in: Münchener Vertragshandbuch, Bd. 1, 4. Aufl., München 1998, S. 685–712; *K. Schmidt*, Gesellschaftsrecht, 3. Aufl., Köln 1997, S. 790–938.

IV. Checkliste für komplexe Vertragsprojekte

	Rz.
1. Planung	27
a) Informationen	28
aa) Ziele, die der Vertrag erreichen soll	28
bb) Eigene Interessen	28
cc) Interessen des Vertragspartners	28
dd) Interessen Dritter	28
ee) Informationen über den Vertragspartner	28
ff) Due Diligence	28
gg) Wirtschaftsauskünfte	28
b) Alternativen	29
c) Zeitrahmen	30
d) Finanzielle Mittel	31
e) Andere Beteiligte	32
f) Störfaktoren	33
g) Risikobewertung	34
h) Projektmanagement	35
i) Vorvertragliche Vereinbarungen	36
2. Vertragsdesign	37
a) Austauschverträge	38
b) Gesellschaftsrechtliche Verträge	39
3. Vertragsverhandlung	40
a) Verhandlungsregie	40
aa) Austauschverträge	40
bb) Gesellschaftsverträge	40
b) Abbruch der Verhandlungen	41
c) Vertragsschluß	42
aa) Klärung, welche Personen Unterschriften leisten	42

	Rz.
bb) Formelle Voraussetzungen von Vollmachten	42
cc) Inhaltliche Voraussetzung der Vollmachten	42
dd) Haftungsbefreiungen für Unterzeichner, die inhaltlich nicht haften wollen (zum Beispiel Treuhänder, Anwälte etc.)	42
ee) Offenes Ansprechen ungeklärter Fragen und Hinweis darauf, daß an ihnen der Vertrag scheitern wird, wenn sie nicht geklärt (oder wenigstens umgangen) werden können	42
ff) Verteilung von Verantwortlichkeiten gerade in der Schlußphase für alles, was noch beizubringen ist (formelle Dokumente, Bestätigungen, Erklärungen Dritter)	42
gg) Festlegung des Schlußtermins (Closing) und dessen Vorbereitung	42
4. Vertragsdurchführung	43
a) Herbeiführen der Wirksamkeit	43
b) Leistungsänderungen	44
c) Erfüllung	45
d) Vertragsauflösung	46
5. Vertragscontrolling	47

Diese Checkliste unterscheidet sich von den anderen hier vorgestellten dadurch, daß sie das **gesamte Projekt** ins Auge faßt, in dem der Vertrag eine Rolle spielt. In der Praxis zeigt sich nämlich, daß man immer zu kurz greift, wenn man nur über den Vertrag selbst nachdenkt, ohne sich zu vergewissern, in welchem Umfeld er steht und wie er seine ordnende Kraft entwickeln soll. Das gilt sogar für die Fälle, in denen das Projekt sich im Vertrag selbst erschöpft, denn auch in diesen Fällen muß man die Schnittstellen zu anderen Verträgen und anderen Leistungen mit ins Auge fassen, weil der Inhalt des Vertrages von solchen **Umgebungsbedingungen** mittelbar oder un-

26

mittelbar abhängt. Naturgemäß bleibt diese Checkliste sehr abstrakt. Sie ist aber für den Leser nützlich, der sie als Basis-Checkliste für Projekte begreift und sich für die ihm vertrauten Projekte eine entsprechend konkretere Fassung anfertigt.

Wie im Teil 1 dargestellt, kann man jedes Projekt sinnvoll in die Stufen

– Planung (Teil 1, Rz. 1 ff.)
– Design (Teil 1, Rz. 217 ff.)
– Verhandlung (Teil 1, Rz. 368 ff.)
– Durchführung (Teil 1, Rz. 635 ff.)
– Controlling (Teil 1, Rz. 686 ff.)

aufteilen.

Bei vielen Vertragsprojekten ist das Umfeld dessen, was zu tun ist, so umfangreich, daß man nicht mehr sinnvoll von Vertrags-Planung, sondern von Planung im allgemeinen sprechen muß.

1. Planung

27 In dieser Phase werden Anwälte selten mit einbezogen, und das meiste wird auch nicht durch sie, sondern durch andere Beteiligte (Fachabteilungen, Stabsabteilungen, Banken, Unternehmensberater etc.) erledigt, auf deren Ergebnisse man sich verlassen muß. Wird man erst im Stadium der Vertragsentwürfe eingeschaltet, sollte man aber doch überprüfen, ob an die wichtigsten Planungsthemen gedacht worden ist, damit sie ggf. nachgeholt werden können.

a) Informationen

28 aa) Ziele, die der Vertrag erreichen soll

bb) Eigene Interessen

cc) Interessen des Vertragspartners

dd) Interessen Dritter

ee) Informationen über den Vertragspartner

– Firmenbezeichnung
– Rechtsform und Vertretungsverhältnisse
– Niederlassungen und Handelsregistereintragungen
– Grundbuchauszüge
– Warenzeichenregister

ff) Due Diligence

Dieser Begriff ist aus Firmenkaufverträgen übernommen, kann aber für jede Art Vertrag nutzbar gemacht werden. Er bezeichnet die Tätigkeit des Sammelns und Überprüfens von Informationen, die für den Vertragsinhalt in irgendeiner Weise relevant sein werden.

- betriebswirtschaftliche Due Diligence

  Jeder Vertrag steht in einem betriebswirtschaftlich/organisatorisch/technischen Umfeld, das verstanden werden muß, bevor man rechtliche Regeln sinnvoll formulieren kann, (z.B.):
  - Umsatz
  - Gewinn
  - Deckungsbeiträge
  - Bilanzkennzahlen

- steuerliche Due Diligence

  Jeder Vertrag hat steuerliche Konsequenzen, die durchdacht werden müssen, (z.B.)
  - Status quo
  - Status nach Durchführung des Vorhabens
  - Auslandssteuerrecht
  - Haftung für Steuern

- rechtliche Due Diligence

  Hier werden die Rechtsverhältnisse der Wirtschaftsgüter und Personen geprüft, die in der betriebswirtschaftlichen Due Diligence als relevant erkannt worden sind,
  - Personen
  - Identität von natürlichen Personen (Personalausweis etc.)
  - Identität von juristischen Personen
  - Wohnsitzüberprüfungen
  - finanzielle Mittel
  - Verträge, die auf das Projekt Einfluß nehmen
  - Verfügungsbeschränkungen oder Zustimmungserfordernisse, die den Vertrag beeinflussen

gg) Wirtschaftsauskünfte

Die im Rahmen der Due Diligence gewonnenen Erkenntnisse werden stichprobenweise überprüft.

b) Alternativen

29 Nach der Informationsphase ist zu fragen, ob in rechtlicher Hinsicht empfohlen werden kann,
- das Projekt weiterzuverfolgen,
- andere Alternativen (gestaffelt oder parallel) ins Auge zu fassen,
- das Projekt abzubrechen.

c) Zeitrahmen

30 Es ist der Zeitrahmen zu bestimmen, innerhalb dessen
- die Vertragsentwürfe vorliegen müssen,
- die Verhandlungen abzuschließen sind,
- die Durchführung des Projekts erreicht werden muß,

wobei spätestens in dieser Phase Personen für Ergebnisse verantwortlich gemacht werden müssen.

d) Finanzielle Mittel

31 Da die Erfüllung der vertraglichen Verpflichtungen in den späteren Verträge im Rahmen der Risikoverteilung immer eine bedeutende Rolle spielt, muß schon in der Planungsphase überlegt werden,
- ob die finanziellen Mittel zur Verfügung stehen,
- wenn nein: woher sie kommen,
- wie Ansprüche zu sichern sind (Erfüllungsbürgschaften, Gewährleistungsbürgschaften etc.),
- wie die Liquidität bereitgestellt werden kann.

Steht nämlich Liquidität nicht auf einfache Weise (Barzahlung) jederzeit (!) bis zum geplanten Projektende in direktem Zugriff zur Verfügung, ist die Sicherung der Finanzierung im Vertrag selbst sehr oft ein anspruchsvolles Vorhaben, dessen rechtliche Komplexität den Vertragsverhandlern selten klar genug ist.

e) Andere Beteiligte

Schon in der Planungsphase müssen Dritte, die auch nur mittelbar mit dem Projekt zu tun haben, mindestens informativ, oft aber auch aktiv einbezogen werden (z.B.): 32

– Betriebsräte, Gewerkschaften
– Banken
– Inhaber von Rechten
– Vertragspartner (zum Beispiel Vermieter, Lieferanten, Kunden)
– Sicherungsgeber und Sicherungsnehmer
– Behörden (Finanzamt, Kartellbehörde)

f) Störfaktoren

In jedem einzelnen Planungsabschnitt muß an die Störfaktoren gedacht werden, die das gewünschte Ergebnis zunichte machen könne, z.B.: 33

– fehlende Zustimmung Dritter (Mitgesellschafter, Aufsichtsrat, öffentlich-rechtliche Körperschaften, Erben, Ehegatten, Eltern, Sicherungsgläubiger, Miteigentümer, Vertragspartner)
– fehlende finanzielle Mittel
– Wegfall von Personen
– allgemeine Konjunkturentwicklungen
– Börsenentwicklungen
– politische Entwicklungen
– Umweltveränderungen

g) Risikobewertung

Bereits in der Planungsphase, auf jeden Fall aber in den später folgenden Entwurfs- und Verhandlungsphasen, ist eine parallel laufende Risikobewertung notwendig, die sich an der einfachen Frage orientiert: „Unterstellt, wir hätten damals gewußt, was wir heute wissen: 34

– hätten wir das Projekt gestartet?"
– hätten wir es fortgeführt?"
– sollen wir es jetzt fortführen?"

Die Grenzbedingung für den Abbruch ist stets auch der Status quo, also der Entschluß, nichts zu unternehmen (einer der schwersten überhaupt).

h) Projektmanagement

35 Spätestens gegen Ende der Planungsphase muß ein Projektmanagement eingerichtet werden, das für das Projektergebnis die persönliche Verantwortung übernimmt.

Nach aller Erfahrung muß diese Verantwortung bei jeder der beiden Parteien, nicht aber bei einem Dritten liegen, der nicht entscheidungsbefugt ist. Werden Dritte eingesetzt (zum Beispiel die Investmentbank, die Wirtschaftsprüfer, die Steuerberater, die Anwälte), die den jeweils anderen gegenüber keine Weisungsbefugnis haben können, führt das zwangsläufig zu großen Organisations- und Entscheidungsproblemen (Näheres Teil 1, Rz. 81 ff.).

i) Vorvertragliche Vereinbarungen

36 Die Planungsphase kann mit ihnen oder Teilen solcher Vereinbarungen (vor allem: Geheimhaltungsvereinbarung) beginnen, oder aber enden, wenn die Entwurfs- und Verhandlungsphase voraussichtlich länger dauert. Typische Formen sind:

– Letter of Intent

– Rahmenverträge

– Optionsverträge, Vorkaufsrecht

– Vorverträge

2. Vertragsdesign

37 Der Aufbau der Verträge ist an einer Vielzahl von Beispielen für Austauschverträge und gesellschaftsrechtliche Verträge hier dokumentiert. Der einheitliche Grundaufbau ist folgender:

38 **a) Austauschverträge**

– vertragliche Grundlagen

– Inhalt der Leistungen

– Sicherung der Leistungen

– Vertragsdurchführung

– allgemeine Bestimmungen

– Anlagen

39 **b) Gesellschaftsrechtliche Verträge**

– vertragliche Grundlagen

- innere Ordnung der Gesellschaft
- Außenverhältnisse der Gesellschaft
- Strukturänderungen der Gesellschaft
- allgemeine Bestimmungen
- Anlagen

3. Vertragsverhandlung

a) Verhandlungsregie

In der Regel empfiehlt es sich, diejenigen Punkte, an denen der Vertrag scheitern kann, an den Beginn der Verhandlung zu ziehen und ihnen vor allem die meiste Zeit zu widmen. Wenn Verhandlungen sich an einem Punkt festfressen, geht man einfach zum nächsten Punkt über; nur in Ausnahmefällen sollte man Nebenpunkte, die unproblematisch sind, behandeln, um die Stimmung zu glätten.

aa) Austauschverträge

Bei Austauschverträgen stehen zum Beispiel folgende Themen im Zentrum:
- Leistungsbeschreibung (technisch/kaufmännisch/organisatorisch)
- notwendige Mitwirkung der Vertragspartner an der Leistung der anderen Seite (technisch/kaufmännisch/organisatorisch)
- Leistungen, die Dritte erbringen müssen (Parallelunternehmer/Subunternehmer/Behörden/sonstige Dritte)
- Bedingungen und Befristungen
- Qualität und Qualitätssicherung (Zusicherungen, Garantien)
- Risikoübergang (Übertragungsstichtag/Zeitrahmen/Milestones)
- Zahlungssicherung (Bürgschaften, Garantien, persönliche Haftung etc.)
- Rechtsfolgen bei Vertragsänderungen, insbesondere Leistungsänderungen
- allgemeine Leistungssicherungen (Wettbewerbsschutz)
- Definition von Ermessensspielräumen durch Dritte (Schiedsgutachter)
- Geldleistungen und andere Gegenleistungen
- rechtliche Rahmenbedingungen

bb) Gesellschaftsverträge

Bei Gesellschaftsverträgen stehen meist folgende Themen im Zentrum:
- Höhe von Kapital und Einlagen
- Höhe der Gesellschaftsanteile
- Personen und Einfluß des Geschäftsführers
- Zustimmungserfordernisse und Kontrollrechte
- Stimmrechte
- Wettbewerbsfragen
- Aufnahme weiterer Gesellschafter
- Wert der Gesellschaftsanteile und Abfindungsansprüche
- Gesellschaftervereinbarungen außerhalb des Gesellschaftsvertrages

b) Abbruch der Verhandlungen

41 Wenn die Risikobewertung (siehe oben bei Rz. 34) laufend im Auge behalten wird, kann man unschwer erkennen, wann eine abbruchnahe Situation entstanden ist. In der Verhandlungsphase kann man einen einfachen Maßstab heranziehen: Das ist die Bilanz der Zugeständnisse (siehe Teil 1, Rz. 562).

Wenn man keine Chance mehr sieht, sie gleichgewichtig zu gestalten und die Gegenseite trotz Hinweises nicht mehr reagiert, ist der Zeitpunkt eingetreten.

c) Vertragsschluß

42 Wenn die Verhandlungen voraussichtlich zum Vertragsschluß führen, ist **rechtzeitig vorher** die Organisation des Vertragsschlusses zu veranlassen, der bei komplexen Vorhaben erhebliche Koordinierungsarbeit erfordert. Dazu gehören zum Beispiel

aa) Klärung, welche Personen Unterschriften leisten

bb) Formelle Voraussetzungen von Vollmachten

cc) Inhaltliche Voraussetzung der Vollmachten

dd) Haftungsbefreiungen für Unterzeichner, die inhaltlich nicht haften wollen (zum Beispiel Treuhänder, Anwälte etc.)

ee) Offenes Ansprechen ungeklärter Fragen und Hinweis darauf, daß an ihnen der Vertrag scheitern wird, wenn sie nicht geklärt (oder wenigstens umgangen) werden können

ff) Verteilung von Verantwortlichkeiten gerade in der Schlußphase für alles, was noch beizubringen ist (formelle Dokumente, Bestätigungen, Erklärungen Dritter)

gg) Festlegung des Schlußtermins (Closing) und dessen Vorbereitung

4. Vertragsdurchführung

a) Herbeiführen der Wirksamkeit

Viele Verträge, vor allem die notariell beurkundeten, stehen unter Wirksamkeitsvorbehalten. Im Interesse der Planungssicherheit müssen diese so schnell wie möglich beseitigt werden. 43

– Bedingungen
– Befristungen
– Genehmigungen

b) Leistungsänderungen

Bei komplexen Werkverträgen, Industrieanlagenverträgen etc. sind häufig Leistungsänderungen vorgesehen, die nur in einem geordneten Projektmanagement erfolgreich abgewickelt werden können. Auf sie ist bei der Vertragsdurchführung besonders zu achten. 44

– Bereich der Sachleistungen
– Bereich der Geldleistungen
– andere Faktoren

c) Erfüllung

Die Erfüllung der Hauptleistung hat eine Fülle von rechtlichen Folgen (Fälligkeit der Vergütung, Beginn der Gewährleistungsfrist, Beginn von Rügepflichten etc.) und bedarf daher schon aus Beweisgründen der rechtlichen Überwachung. 45

– Abnahme/Übergabe
– Qualitätskontrolle

d) Vertragsauflösung

Droht der Vertrag zu scheitern, müssen formelle und inhaltliche Voraussetzungen geprüft und Risikoabwägungen vorgenommen werden. 46

– Bedingungen für vertraglich vereinbarte Rücktritte/Kündigungen

- Bedingungen für gesetzliche Rücktritte/Kündigungen
- formell richtige Durchführung dieser Maßnahmen (Fristsetzung, Ablehnungsandrohung, Zustellungen etc.)

5. Vertragscontrolling

47 Die Phase des Controllings beginnt, wenn

- feststeht, daß der Vertrag nicht rückabgewickelt wird,
- alle Leistungen endgültig ausgetauscht sind,
- alle Handlungen und Erklärungen, die erfolgen sollten, tatsächlich abgegeben bzw. erfolgt sind.

Sodann sind die in Rz. 28 definierten Ziele und Interessen mit dem Istzustand zu vergleichen, der zu diesem Zeitpunkt vorhanden ist. Das geschieht in den drei Bereichen

- Betriebswirtschaftliches Controlling,
- Steuerliches Controlling,
- Rechtliches Controlling.

Der Bereich des rechtlichen Controllings spielt dabei nur dann eine Rolle, wenn Rechtsstreitigkeiten offenkundig sind oder rechtliche Auseinandersetzungen sich soweit verdichtet haben, daß in steuerlicher Hinsicht Rückstellungen gebildet werden müssen. Fehlen solche Ereignisse, können zwar noch unentdeckte vertragliche Risiken verbleiben (zum Beispiel nicht entdeckte Altlasten); man wird es aber für zulässig ansehen, solche Risiken nicht dem Projekt, sondern den allgemeinen Betriebsführungsrisiken anzulasten.

V. Abrede über die außergerichtliche Streitbeilegung

	Rz.		Rz.
1. Erfaßte Streitigkeiten	48	5. Verfahrensziel, Formfragen	54
2. Auswirkung auf Klageerhebung u.a.	50	6. Benennung des Mediators/Schlichters	55
3. Beginn und Ende des Verfahrens	52	7. Verfahrensdokumentation	56
4. Verfahrensgrundsätze	53	8. Einzelrechtsnachfolge	57
		9. Kosten	59

1. Erfaßte Streitigkeiten

a) Formulierungsbeispiel Austauschvertrag

Die Beteiligten dieses Vertrags vereinbaren, daß bei Uneinigkeit über die Auslegung oder die Abwicklung des Vertrags vor Bestreiten des Rechtswegs (Alternative bei verabredeter Schiedsgerichtsbarkeit: vor Anrufung des Schiedsgerichts, das nach der Schiedsabrede vom heutigen Tag für die Durchführung von Rechtsstreitigkeiten anstelle des staatlichen Gerichts treten soll) ein Verfahren der außergerichtlichen Streitbeilegung nach Maßgabe der folgenden Bestimmungen durchgeführt wird.   48

b) Formulierungsbeispiel Gesellschaftsvertrag

Die Beteiligten dieses Vertrags vereinbaren, daß bei Uneinigkeit über die Auslegung oder Abwicklung des Vertrags und bei sämtlichen Rechtsstreitigkeiten zwischen der Gesellschaft und den Gesellschaftern oder unter den Gesellschaftern, die in Zusammenhang mit dem Gesellschaftsvertrag stehen oder bei Streitigkeiten über die Wirksamkeit von Gesellschafterbeschlüssen vor Bestreiten des Rechtswegs (Alternative bei verabredeter Schiedsgerichtsbarkeit: vor Anrufung des Schiedsgerichts, das nach der Schiedsabrede vom heutigen Tag für die Durchführung von Rechtsstreitigkeiten an Stelle des staatlichen Gerichts treten soll) ein Verfahren der außergerichtlichen Streitbeilegung nach Maßgabe der folgenden Bestimmungen durchgeführt.   49

Erläuterung zu 1:

Der Klarstellung bedarf, für welche Streitigkeiten die Abrede gelten soll; die Präzisierung ist schon deshalb erforderlich, um klarzustellen, für welche Streitigkeiten zeitlich befristet die Erhebung von Klagen vor der ordentlichen Gerichtsbarkeit oder von Schiedsgerichtsklagen unzulässig ist (siehe dazu noch unten bei 2).

Bei Austauschvereinbarungen ist zur Umschreibung der erfaßten Streitigkeiten eine einfachere Formulierung ausreichend als bei Gesellschaftsverträgen; soweit bei Gesellschaftsverträgen Streitigkeiten über die Wirksamkeit von Gesellschafterbeschlüssen von der Abrede über die außergerichtliche Streitbelegung ausgenommen werden sollen, bedürfte dies einer entsprechenden Änderung gegenüber der Musterformulierung.

2. Auswirkung auf Klageerhebung u.a.

a) Formulierungsbeispiel Austauschvertrag

50 Vor der Durchführung eines solchen Verfahrens ist die Erhebung einer Klage vor den ordentlichen Gericht ebenso wie die Verfolgung eines Mahnverfahrens vor der ordentlichen Gerichtsbarkeit (Alternative: Anrufung des Schiedsgerichts) grundsätzlich unzulässig.

Dies gilt nicht, wenn unter den Beteiligten ein Anspruch streitig ist, der vor dem 1. 1. 2002 entstanden ist und zu verjähren droht. Ein Anspruch droht im Sinne der Bestimmungen dieser Abrede zu verjähren, wenn die Verjährungsfrist nur noch weniger als ein halbes Jahr beträgt. Wenn bei drohender Verjährung eine Klage erhoben wird, kann allerdings danach bis zum ersten Beweistermin jeder der Beteiligten vom anderen verlangen, daß dieser einem Ruhen des Verfahrens zum Zweck der Durchführung eines außergerichtlichen Streitbeilegungsverfahrens zustimmt. Während des Ruhens des Verfahrens ist das entsprechende Verfahren durchzuführen; das streitige Verfahren darf erst weiterbetrieben werden, wenn das Verfahren der außergerichtlichen Streitbelegung gekündigt oder gescheitert ist.

50a Wenn ein Anspruch erst ab dem 1. 1. 2002 entsteht, gilt statt dessen: Die Durchführung des Mediationsverfahrens stellt ein „Verhandeln" im Sinne des § 203 BGB n. F. dar. Vorsorglich vereinbaren die Beteiligten, für den Fall, daß das Mediationsverfahren gerichtlich nicht als „Verhandeln" im Sinne von § 203 BGB n. F. angesehen wird, die Verlängerung der Verjährungsfrist bezüglich des im Mediationsverfahren erhobenen Anspruchs. Die Verjährungsfrist wird um die Dauer des Mediationsverfahrens verlängert, längstens darf die Verlängerung der Verjährungsfrist aber zu einer Verjahrungsfrist von 30 Jahren ab dem gesetzlichen Verjährungsbeginn führen.

Maßnahmen des einstweiligen Rechtsschutzes sind (Alternative: nicht) zulässig.

b) Formulierungsbeispiel Gesellschaftsvertrag

51 Vor der Durchführung eines solchen Verfahrens – ausgenommen Verfahren, die über die Wirksamkeit von Gesellschafterbeschlüssen geführt werden – ist die Erhebung einer Klage vor den ordentlichen Gerichten ebenso wie die Verfol-

gung eines Mahnverfahrens vor der ordentlichen Gerichtsbarkeit (Alternative: Anrufung des Schiedsgerichts) grundsätzlich unzulässig.

Dies gilt nicht, wenn unter den Beteiligten ein Anspruch streitig ist, der vor dem 1. 1. 2002 entstanden ist und zu verjähren droht. Ein Anspruch droht im Sinne der Bestimmungen dieser Abrede zu verjähren, wenn die Verjährungsfrist nur noch weniger als ein halbes Jahr beträgt. Wenn bei drohender Verjährung eine Klage erhoben wird, kann allerdings bis zum ersten Beweistermin jeder der Beteiligten vom anderen verlangen, daß dieser einem Ruhen des Verfahrens zum Zweck der Durchführung eines außergerichtlichen Streitbeilegungsverfahrens zustimmt. Während des Ruhens des Verfahrens ist das entsprechende Verfahren durchzuführen; das streitige Verfahren darf erst weiterbetrieben werden, wenn das Verfahren der außergerichtlichen Streitbelegung gekündigt oder gescheitert ist.

Wenn ein Anspruch erst ab dem 1. 1. 2002 entsteht, gilt statt dessen: Die Durchführung des Mediationsverfahrens stellt ein „Verhandeln" im Sinne des § 203 BGB n. F. dar. Vorsorglich vereinbaren die Beteiligten, für den Fall, daß das Mediationsverfahren gerichtlich nicht als „Verhandeln" im Sinne von § 203 BGB n. F. angesehen wird, die Verlängerung der Verjährungsfrist bezüglich des im Mediationsverfahren erhobenen Anspruchs. Die Verjährungsfrist wird um die Dauer des Mediationsverfahrens verlängert, längstens darf die Verlängerung der Verjährungsfrist aber zu einer Verjährungsfrist von 30 Jahren ab dem gesetzlichen Verjährungsbeginn führen. Unabhängig von der hier getroffenen Abrede über die außergerichtliche Streitbeilegung ist die Erhebung von Klagen zulässig, soweit es sich um Rechtsstreitigkeiten über die Wirksamkeit von Gesellschafterbeschlüssen handelt, wenn solche Verfahren vor Gericht unabhängig von der Frage der Verjährung nur zeitlich befristet erhoben werden können (z. B. Anfechtungsstreitigkeiten im Aktienrecht); auch in diesem Fall kann dann allerdings jeder der Beteiligten bis zum ersten Beweistermin von den anderen verlangen, daß diese einem Ruhen des Verfahrens zum Zweck der Durchführung eines außergerichtlichen Streitbeilegungsverfahrens zustimmen. Während des Ruhens des gerichtlichen Verfahrens ist das entsprechende außergerichtliche Streitbeilegungsverfahren durchzuführen. Das gerichtliche Verfahren darf erst weiter betrieben werden, wenn das Verfahren der außergerichtlichen Streitbeilegung gekündigt oder gescheitert ist.

Maßnahmen des einstweiligen Rechtsschutzes sind (Alternative: nicht) zulässig.

Erläuterung zu b:

Die Abrede über die außergerichtliche Streitbeilegung ist grundsätzlich nur dann sinnvoll, wenn zeitlich befristet die Erhebung von Klagen bei Gericht ausgeschlossen wird. Dies sollte ausdrücklich vereinbart werden. Allerdings ergibt sich hier noch das Problem der drohenden Verjährung von Ansprüchen. Dabei ist noch zu berücksichtigen, daß sich das Verjährungsrecht nach der am 1.1.2002 eintretenden Schuldrechtsreform wesentlich geändert hat.

51b Soweit es um die Verjährung von Ansprüchen geht, die erst ab dem 1.1.2002 entstehen, gilt: § 203 BGB (n. F.) enthält nunmehr eine Bestimmung, daß Verhandlungen zwischen dem Gläubiger und dem Schuldner über den Anspruch zu einer Hemmung der Verjährungen führen, bis zumindest ein Teil die Fortsetzung der Verhandlungen verweigert. Eine Mediation stellt m.E. eine solche Verhandlung über Ansprüche dar. Dies ist deswegen auch nochmals in der Abrede geklärt. Für den Fall, daß Gerichte hierzu eine andere Sichtweise vertreten, wird hilfsweise noch die Verjährung verlängert um die Mediationsdauer. Dies ist nunmehr nach § 202 Abs. 2 (n. F.) maximal bis zu einer Verjährungsfrist von 30 Jahren ab dem gesetzlichen Verjährungsbeginn möglich. Das entsprechende Verbot der Verlängerung der Verjährung im § 225 (a. F.) gilt nach dem neuen Rechtszustand nicht mehr.

51c Soweit in die Mediationsabrede Ansprüche einbezogen sind, die bereits vor dem 1. Januar 2002 entstanden sind und zu diesem Zeitpunkt noch nicht verjährt sind, kann auf Grund der Überleitungsvorschriften (Art. 229 EGBGB § 6) teilweise noch das Verjährungsrecht nach der alten Fassung zur Anwendung kommen.

Dazu galt:

Die außergerichtliche Streitbeilegung als solche führte, wenn das Verfahren nicht vor einer anerkannten Gütestelle im Sinne des § 794 Abs. 1 Nr. 1 ZPO betrieben wird, nicht dazu, daß der Ablauf von Verjährungsfristen gehindert oder gehemmt würde. Kautelare Versuche außerhalb der §§ 202 ff. BGB a. F., eine Hemmung der Verjährung für Altverbindlichkeiten zu vereinbaren, sind in Hinblick auf § 225 Satz 1 BGB a. F. äußerst riskant. Als nicht vollständig gesichert müssen auch Abreden vorprozessualer Art gewertet werden, sich in einem streitigen Verfahren nicht auf die Verjährung zu berufen, wenn diese auf einem außergerichtlichem Streitbeilegungsverfahren beruht (petitio de non petendo). Deshalb wird hier für Altforderungen die Erhebung von Klagen trotz außergerichtlicher Streitbeilegungsabrede für zulässig gehalten, wenn die Verjährung droht. In diesem Fall sollte dann allerdings trotz der Klageerhebung das Verfahren der außergerichtlichen Streitbeilegung noch möglich bleiben. Deshalb wurde hier die Verpflichtung aufgenommen, einem Antrag auf Ruhen des Verfahrens nach § 251 ZPO zuzustimmen.

Im Gesellschaftsrecht ergibt sich das zusätzliche Problem, daß für den Fall, daß Beschlußmängelstreitigkeiten in die Abrede über die außergerichtliche Streitbeilegung einbezogen sind diese, zum Teil nur zeitlich befristet geltend gemacht werden können (siehe z. B. Anfechtungsklage nach dem Aktienrecht § 246 AktG und Anfechtung der Wahl von Aufsichtsratsmitgliedern nach dem AktG nach § 251 Abs. 3 AktG). Für diese Fälle sollte die Abrede über die außergerichtliche Streitbeilegung der Erhebung einer gerichtlichen Klage überhaupt nicht entgegenstehen; allerdings wurde ebenfalls die Verpflichtung aufgenommen, dem Antrag auf Ruhen des Verfahrens zuzustimmen.

3. Beginn und Ende des Verfahrens

Formulierungsbeispiel:

Das Verfahren der außergerichtlichen Streitbeilegung wird begonnen durch den Antrag eines der Beteiligten gegenüber dem anderen. Es kann jeder der Beteiligten das Verfahren der außergerichtlichen Streitbeilegung vorzeitig durch eine Kündigung beenden, die aus jedem (Alternative: nur aus wichtigen) Grund zulässig ist. Nach Kündigung des Verfahrens der außergerichtlichen Streitbeilegung ist die Klageerhebung wieder zulässig. Die Klageerhebung wird auch dann wieder zulässig, wenn das Verfahren der außergerichtlichen Streitbeilegung ergebnislos endet.

4. Verfahrensgrundsätze

Formulierungsbeispiel:

Als Verfahren der außergerichtlichen Streitbeilegung findet ein sogenanntes Mediationsverfahren statt, d. h. ein Verfahren, bei dem unter Beiziehung eines neutralen Dritten (Mediators) durch die Beteiligten eigenverantwortlich eine konsensuale Konfliktregelung erstrebt wird.

Alternative:

Als Verfahren der außergerichtlichen Streitbeilegung findet ein sogenanntes „Schlichtungsverfahren" statt, das nach der Güte- und Schlichtungsordnung der Bundesnotarkammer durchgeführt wird.

Alternative:

Als Verfahren der außergerichtlichen Streitbeilegung findet ein Schlichtungsverfahren nach den §§ 18 und 19 des Statuts des SGH (Schlichtungs- Schiedsgerichtshof Deutscher Notare) statt. Die Schlichtungs- und Schiedsordnung ist in der Urkunde des Notars Dr. Hans Wolfsteiner in München vom 19. 1. 2000 URNr. 82/2000 enthalten. Der Inhalt ist den Beteiligten bekannt. Auf diese wird verwiesen.

Erläuterung zu 4:

Die außergerichtliche Streitbeilegung kann auf verschiedene Art und Weise stattfinden. Sinnvoll ist es, daß der konkrete Streitbeilegungsmodus näher bezeichnet wird, z. B. die Bezeichnung als Moderation/Mediation/Schlichtung, und diese Begriffe nicht völlig einheitlich verwendet werden noch näher konkretisiert werden. Soweit Streitbeilegungsverfahren durch Institutionen betrieben werden (z. B. Schlichtungs- und Schiedsgerichtshof Deutscher Notare – SGH), kann auf das entsprechende Statut verwiesen werden; soweit sonstige Stellen Schlichtungsordnungen veröffentlicht haben (z. B. die Bundesnotarkammer in ihrer Schlichtungs- und Güterordnung, kann auf diese verwiesen werden.

5. Verfahrensziel, Formfragen

Formulierungsbeispiel:

54 Verfahrensziel ist, soweit der Streit nicht anderweitig beigelegt wird (z. B. dadurch, daß ein Beteiligter Ansprüche des anderen erfüllt oder daß ein Beteiligter sich der Auffassung des anderen anschließt), die Herbeiführung einer vertraglichen Vereinbarung über die streitige Angelegenheit, ggf. unter Einbeziehung weiterer rechtlicher Aspekte im Verhältnis zwischen den Beteiligten. Soweit die Vereinbarung nicht beurkundungsbedürftig ist, ist die Vereinbarung durch den Mediator/Schlichter aufzusetzen und durch die Beteiligten durch Unterschrift auf demselben Dokument zu bestätigen. Die Vereinbarung ist wirksam zustande gekommen, wenn ein von beiden Beteiligten unterzeichnetes Schriftstück vorliegt. Sollte die Vereinbarung beurkundungsbedürftig sein, ist Ziel des Streitbeilegungsverfahrens ein durch den Mediator/Schlichter vorformulierter und durch die beiden Beteiligten gegengezeichneter gemeinsamer Beurkundungsauftrag an einen Notar, wobei den Beteiligten bewußt ist, daß die Vereinbarung in diesem Fall erst mit der notariellen Beurkundung wirksam zustande gekommen ist.

6. Benennung des Mediators/Schlichters

Formulierungsbeispiel:

55 Der Mediator/Schlichter wir durch die Beteiligten übereinsstimmend benannt. Einigen sich die Beteiligten nicht auf einen Mediator/Schlichter, ist dieser durch RA . . . ., der sich selbst nicht benennen darf, zu benennen.

Der Mediator/Schlichter muß Rechtsanwalt oder Notar sein (Alternative: muß Jurist, Psychologe oder Angehöriger eines sozialwissenschaftlichen Berufs sein und seine Befähigung zur Mediation wie folgt nachgewiesen haben . . .).

Alternative:

Der Schlichter wird durch den Sekretär des Schlichtungs- und Schiedsgerichtshof Deutscher Notare (SGH) benannt.

7. Verfahrensdokumentation

Formulierungsbeispiel:

In dem Mediation-Schlichtungsverfahren sind der Beginn des Verfahrens, die einzelnen Verfahrensschritte und die Beendigung des Verfahrens zu dokumentieren. Zu dokumentieren ist insbesondere auch eine evtl. ausgesprochene Kündigung eines Beteiligten oder das Scheitern des Mediationsverfahrens. Für die Dokumentation zuständig ist der Mediator/Schlichter. 56

8. Einzelrechtsnachfolge

a) Formulierungsbeispiel Austauschverträge

Die hier getroffene Abrede über die außergerichtliche Streitbeilegung soll auch gegenüber eventuellen Sonderrechtsnachfolgern verbindlich sein. Jeder der Beteiligten verpflichtet sich deshalb, eventuellen Sonderrechtsnachfolgern die hier getroffene Abrede mit Weitergabeverpflichtung aufzuerlegen. 57

b) Formulierungsbeispiel Gesellschaftsrecht

Die hier getroffene Abrede über die außergerichtliche Streitbeilegung soll auch gegenüber eventuellen Nachfolgern im Gesellschaftsverhältnis gelten. Jeder der Beteiligten verpflichtet sich deshalb, diese Abrede eventuellen Sonderrechtsnachfolgern mit Weitergabeverpflichtung aufzuerlegen. Soweit nach den Bestimmungen des Gesellschaftervertrags die Veräußerung von Anteilen der Zustimmung der Gesellschaft oder durch Gesellschafter bedarf, darf diese nur erteilt werden, wenn der Rechtsnachfolger in die entsprechende Abrede mit eintritt. 58

Erläuterung:

Abreden über die außergerichtliche Streitbeilegung gehen auf Gesamtrechtsnachfolger ohne weiteres kraft Gesetzes über; für die Sonderrechtsnachfolge existiert eine einschlägige höchstrichterliche Rechtsprechung noch nicht; man wird allerdings auf die Rechtsprechung zum Schiedsgerichtsrecht mit abstellen können. Danach wird die gesetzliche Erstreckung auf den Sonderrechtsnachfolger sehr differenziert beurteilt:

Auf Abtretungsempfänger erstreckt sich eine solche Abrede (BGH, ZIP 1977, 2082), ebenso auf den persönlich haftenden Gesellschafter einer OHG/KG (BGH, NJW-RR 1191, 423), während sich die Abrede nicht auf den Kommanditisten erstrecken soll. Zur Sicherheit sollte deshalb jedem Gesellschafter auferlegt werden, solche Abreden auch auf Sonderrechtsnachfolger zu erstrecken. Wenn im Gesellschaftsrecht die Abtretung von Beteiligungen ohnehin (sei es nach dem Gesetz, sei es nach der Satzung) der Zustimmung des Geschäftsführers oder weiterer Gesellschafter bedarf, kann die Übernahme der Abrede über die außergerichtliche Streitbeilegung durch den Rechtsnachfolger zum (weiteren) Kriterium für die Erteilung der entsprechenden Zustimmungen gemacht werden.

9. Kosten

Formulierungsbeispiel:

59 Die Kosten des Mediationsverfahrens tragen die Beteiligten je zur Hälfte. Auf Anforderung des Mediators haben sie jeweils zur Hälfte angeforderte Kostenvorschüsse zu erbringen.

Sachregister

Die **fett** gedruckten Zahlen verweisen auf den Teil (**Einf** auf die Einführung, **Anh** auf den Anhang), die normal gedruckten Zahlen auf die Randziffern.

Abbruch von Vertragsverhandlungen **Einf** 44; **1** 404, 622 ff.
– bei komplexen Vertragsprojekten **Anh** 41
– Bilanz der Zugeständnisse **1** 622
– Drohung mit **1** 590
– Folgenabschätzung **1** 624 ff.
– Gesichtsverlust durch **1** 623
– Gründe **1** 627 f.
– Investitionen **1** 623
– statt Nachverhandeln **1** 624
– Verhalten, Klarheit **1** 626
Abfindungspflicht, bei Vertragsbeendigung **2** 222
Ablauforganisation **Einf** 55
– Anpassung **1** 161 ff.
– Krisenmanagement **1** 148
– Krisensituationen **1** 159 ff.
– Probleme in der **1** 159
– Rechtsmanagement in der **1** 159 ff.
– Standardsituationen **1** 159 ff.
Abnahme, beim Werkvertrag **2** 220
Abschlagszahlungen **2** 163; **6** 151
Abschlußvollmacht **6** 76 f.
Abschreibungen
– für Abnutzung **5** 60
– für Anteile an Kapitalgesellschaften **5** 60, 130
Absichtserklärung s. *Letter of Intent; Memorandum of Understanding*
Abstimmung von Vertragsentwürfen, interne **1** 207
Abtretung
– Ausschluß **2** 42 ff.
– Bestimmtheit **6** 153
– Erklärung **2** 209
– Globalzession **2** 184

– Übersicherungsverbot **6** 152 f.
– Verbot **6** 153
  – unter Genehmigungsvorbehalt **2** 82
– von „Vorsteuerguthaben" **5** 47 f.
– von Ansprüchen **2** 41 ff.
– von Steuervergütungsanspruch **5** 47 f.
– Voraus- **6** 152
– zur Sicherung **2** 184
Abwicklungspflichten, bei Vertragsdurchführung **2** 222 ff.
Abzahlungskauf, Einwendungsdurchgriff bei finanziertem **2** 70
Ad-hoc-Verträge **1** 432
AG s. *Aktiengesellschaft*
AGB-Gesetz (ab 1. 1. 2002: §§ 305 ff. BGB) **6** 64 ff., 218
– Anwendungsbereich **2** 123; **6** 124 ff.
  – Einschränkungen **6** 126 f.
  – im kaufmännischen Verkehr **6** 127
  – internationaler **6** 128
  – persönlicher **6** 67
  – sachlicher **6** 66
– bei arbeitsrechtlichen Verträgen **6** 124 f.
– gesetzliches Leitbild **1** 276
– kaufmännischer Geschäftsverkehr, Anwendung im **6** 67
– Klauseln
  – individuell verhandelte **1** 278
  – überraschende **1** 277
– Klauselverbote **2** 5
– Standardverträge **1** 276 ff.
– Unternehmer nach **6** 71
– Verbraucher nach **6** 71

- Verbraucherverträge nach 6 70, 125
  - Katalog mißbräuchlicher Klauseln 6 71, 123
Akkreditiv
- Dokumenten- 6 157
- Einheitliche Richtlinien und Gebräuche 6 157
- Inhalt 6 157
Aktiengesellschaft
  s. a. Gesellschaft; Gesellschafter; Kapitalgesellschaften
- & Co. KG, Zulässigkeit der Einmann- 4 42
- Aktien
  - Einziehung 4 108, 540 f.
  - Inhaber- 4 508 ff.
  - Namens- 4 508 ff.
  - Nennbetrags- 4 504, 506
  - Stück- 4 505, 507
  - Vererblichkeit 4 541
  - Verfügungen über 4 539
  - vinkulierte Namens- 4 509 f.
  - Vinkulierung 2 82
  - Vinkulierung mit Gesellschaftergruppierung 4 520 f.
- Aufsichtsrat 4 531 ff.
  - Amtszeit 4 532 f.
  - Aufgaben 4 531
  - Beschlußfähigkeit 4 532 f.
  - Entsendungsrechte von Gesellschaftern 4 520 f.
  - Kontrolle durch Gesellschafter 4 534 ff.
  - Mitgliederzahl 4 532 f.
  - Satzungsänderungsbefugnis 4 532 f.
  - Satzungsbestimmungen zum 4 532 f.
  - Vergütung 4 532 f.
  - zustimmungsbedürftige Geschäfte 4 532 f.
- Außenverhältnisse 4 525 ff.
- Bareinlagen 4 513 ff.
- Bilanzierung 4 530
- Buchführung 4 530
- Dauer 4 522
- Einlagen 4 511 ff.
  - Fälligkeit 4 515 ff.
  - Sach- 4 513 ff.
  - Sachübernahmen 4 513 f.
- Ergebnisverwendung 4 537 f.
  - Zuständigkeit 4 565
- Familien- 4 484 ff.
  - Ankaufsrecht 4 487
  - schuldrechtliche Abreden bei Einzelrechtsnachfolge 4 486 ff.
- Firma 4 490 f.
- Geschäftsführung 4 527 ff.
  - allgemeine Satzungsbestimmungen 4 528
  - konkreter Bestellungsakt 4 529
- Geschäftsjahr 4 523
- Gesellschafter 4 511 f.
  - Abfindung 4 542
  - Aufnahme weiterer 4 169
  - Auskunftsanspruch 4 535
  - Ausschließung 4 540
  - Dienstleistungspflicht 4 524
  - Einfluss auf Organbesetzung 4 520 f.
  - Einlagen 4 511 ff.
  - Entsendungsrechte 4 520 f.
  - Gruppen 4 518 ff.
  - Kontrollrechte 4 535
  - Kündigung 4 174
  - Nutzungsüberlassungspflicht 4 524
  - schuldrechtliche Abreden 4 518 f.
  - Stämme 4 518 ff.
  - Tod 4 540 f.
  - Wechsel 4 169
- gesetzliche Grundlagen 4 480
- Grundkapital 4 501 f.
  - Einteilung 4 503 ff.
  - Mindest- 4 120

Sachregister

- Gründungskosten 4 543
- Hauptversammlung
  4 132 ff., 535 ff.
  - Einberufungsrecht 4 535
  - gesetzliche Regelungen 4 135
  - Ort 4 93
- Jahresabschluß, Zuständigkeit 4 565
- Kapitalverlust von 1/2 4 595
- kleine 4 481, 531, 535, 537, 540
  - Checkliste Anh 25
- konzernrechtliche Vorschriften, Konzernhaftung 4 30 f.
- Nachgründung 4 498
- Namensrechte 4 492 f.
- personalistische 4 484 ff.
  - Ankaufsrecht 4 487
  - schuldrechtliche Abreden bei Einzelrechtsnachfolge 4 486 ff.
- Satzung, möglicher Inhalt 4 79
- Sitz 4 494 f.
- sonstige Vertragsbestimmungen 4 543
- Strukturänderungen 4 539 ff.
- Teilgewinnabführungsvertrag bei partiarischem Rechtsverhältnis 2 158
- Unternehmensgegenstand 4 496 ff.
- Vertrag, Checkliste Anh 25
- vertragliche Grundlagen 4 490 ff.
- Vertretung 4 526, 528 f.
  - allgemeine Satzungsbestimmungen 4 528
  - konkrete Festlegung der Befugnis 4 529
- Vorstand
  - Geschäftsordnung für 4 527
- Vorteile 4 482 f.
Alleinvertriebsklauseln 6 181 f.
- Franchising 6 182
- Kartellrecht 6 182

Allgemeine Geschäftsbedingungen 6 64 ff., 122 ff.
  s. a. AGB-Gesetz (ab 1. 1. 2002 §§ 305 ff. BGB)
- „Fix"-Klauseln 6 174
- Arbeitskampfklauseln 2 143
- Begriff 6 65, 123
- Einbeziehung 2 121 ff.; 6 68
  - „Prinzip der Kongruenzgeltung" 2 124 f.
  - „Prinzip des letzten Wortes" 2 124 f.
  - bei nachträglicher Änderung 2 126
  - im unternehmerischen Verkehr 2 124 ff.
  - Widerspruch gegen 2 124
- einseitige Risikoüberwälzung 1 277
- Haftungsklauseln, überraschende 6 120
- Haftungsvereinbarungen 2 201, 205
- Inhaltskontrolle 6 129 f.
- Klauselverbote, EG-rechtskonforme Auslegung 6 123
- Kollision von Klauseln 2 124 f.
- Leistungsänderungsklausel 1 659
- Preisgleitklauseln 2 153
- Schriftformklauseln 6 65
- Sicherungsabreden 2 187
- Side letters 1 206
- Unternehmer
  - Einbeziehung gegenüber 2 124 ff.
  - Verwendung gegenüber 2 122, 124 ff.
- unwirksame Klauseln, Heilung durch salvatorische Klauseln 2 217
- Verbraucherverträge 6 70 ff.
- Vertragsstrafe 6 158
- Verwendung gegenüber Unternehmern 2 122, 124 ff.

979

– Wertsicherungsklauseln 2 153, 159 f., 217
– Zulässigkeit von Klauseln 6 69
allgemeine Vertragsbestimmungen
– im Austauschvertrag 2 225 ff.
– Position im Vertrag 2 7
Alternative Dispute Resolution (ADR) s. Außergerichtliche Konfliktbeilegung
Alternativen, wirtschaftliche Einf 58
Anfechtung 6 88 ff.
– bei Dauerschuldverhältnissen 6 93 ff.
– bei gesellschaftsrechtlichen Verträgen 6 92 ff.
– bei Vermögensverschiebungen 6 96
– durch den Insolvenzverwalter 6 96
– Frist 6 89, 92
– wegen Drohung 6 92
– wegen Irrtums 6 89 ff.
  – Ausschlußklauseln 6 90
  – Konkurrenzen 6 91
  – über steuerliche Folgen 5 69
  – Unterschied zum Dissens 6 90
– wegen Kalkulationsirrtum 6 90
– wegen Täuschung 6 92
Anlagen zum Vertrag, Trennung vom Text 1 269
Anrechnungsverfahren s. Körperschaftsteuer
Anscheinsvollmacht 6 80
Anwartschaftsrecht, als Leistungssicherung 2 179
Anzahlungen 6 151
– Bürgschaft 6 154
Arbeitnehmer, Vertreter, Beteiligung 4 45
Arbeitsrecht, Verträge, AGB-Gesetz (ab 1. 1. 2002: §§ 305 ff. BGB) 6 124 f.
Arbeitstechnik

– Charts s. Charts
– Mind-mapping s. Mind-mapping
– Teamwork s. Projektteam
– Texte 1 259 ff.
– Zettelsystem s. Zettelsystem
Argumente
– Austausch 1 400
– Bewertung 1 400
– Unterstützung 1 398
– Verwerfen 1 398
Aufbauorganisation Einf 55
– Analyse 1 152
– Aufgabenverteilung 1 155 ff.
  – Kriterien 1 156 f.
– Frühwarnsysteme 1 154
– Rechtsmanagement in der 1 148, 150 ff.
Aufhebungsvertrag, Konkurrenzschutzklauseln im arbeitsrechtlichen 6 176
Aufklärungspflichten
– Verletzung 6 45 f.
  – durch arglistige Täuschung 6 45
– vor Vertragsabschluß 6 43 ff.
  – Beispiele 6 46
  – Folgen 6 45
Aufrechnung 2 165
– Verbot 2 165
Auskunftpflichtverletzung, Haftung des Beraters bei 1 82
Auslegung des Vertrages s. Vertragsauslegung
Außergerichtliche Konfliktbeilegung 7 1 ff.
  s. a. Außergerichtliche Streitbeilegung
– aktuelle 7 32 ff.
– Alternative Dispute Resolution (ADR) 7 1, 23 ff.
– Alternative Dispute Resolution Act 7 25
– Ausschluß der Öffentlichkeit bei 7 46
– autonome 7 1, 3 ff.

Sachregister

- Bedeutung 7 1 ff.
- bei Vertragsdurchführung 7 32 ff.
- beim Konfliktmanagement von Verträgen 7 30 ff.
- besondere Sachkunde bei 7 47
- Diskretion durch 7 46
- durch die Parteien 7 3 ff.
- durch Dritte 7 2
- durch neutralen Experten 7 56
- Entlastung der Zivilgerichte 7 15 ff.
- Entwicklung der Institutionen
  - außerhalb Deutschlands 7 23 ff.
  - in Deutschland 7 10 ff.
- Erhaltung von Geschäftsbeziehungen durch 7 39
- Fälle der Nichteignung 7 49
- Güteverhandlung, obligatorische 7 8
- heteronome 7 2 ff., 51
- im Insolvenzverfahren 7 12
- im Zivilprozeß 7 6 ff.
- in den USA 7 23 ff.
- in der EU 7 29
- in Großbritannien 7 28 f.
- informelle Verfahrensweise bei 7 48
- inhaltliche Autonomie, Grenzen der 7 37
- Institutionen 7 10 ff.
  - American Arbitration Association (CPR) 7 26
  - Center for Dispute Resolution (CEDR) 7 28
  - Center for Public Resources (CPR) 7 26
  - der Berufsorganisationen 7 10
  - der Handwerksverbände 7 10
  - European Extra-Judicial Network (EEJ-NET) 7 29
  - Friedensrichter 7 11
  - National Institute for Dispute Resolution (NIDR) 7 24
  - Öffentliche Rechtechtsauskunfts- und Vergleichsstelle 7 11
  - Schiedsmannamt 7 11
  - Society of Professional Dispute Resolution (SPIDR) 7 24
  - zivilrechtliche Bedeutung von Schiedsmännern 7 16
- interessengerechte Lösungen 7 3 f., 36 ff.
- Kommunikation 7 7
- Kontrolle über den Verhandlungsprozeß durch 7 45
- Kostenersparnis durch 7 41 ff.
- Kostenkontrolle durch 7 44
- Med/Arb 7 58
- Mediation s. Mediation
- Methoden 7 50 ff.
- „Michigan Mediation" 7 60
- Miniverfahren 7 61
- Moderation 7 53
- „Münchener Modell" 7 13
- mündliche Gerichtsverhandlung 7 7
- Planungssicherheit durch 7 44
- positionelles Verhandeln
  - im Zivilprozeß 7 7
  - Nachteile 7 42
- präventive 7 30 f.
- Schiedsgutachten 7 57
- Schiedsschlichtung 7 58
- Schiedsverfahren 7 57
  - spezielle 7 59
- Schlichter
  - mit besonderer Sachkunde 7 47
- Schlichtung 7 55
- SO Bau 7 12
- Streitschlichtung, obligatorische 7 8 f., 12
- Tailored Arbitration 7 59

981

Sachregister

- unförmliche Verfahrensweise bei **7** 48
- Verantwortung der Parteien **7** 3 f.
- Verfahren **7** 48 ff.
- Verhandlung **7** 52
- Vermittlung **7** 54
- Vorbereitung, Zeitersparnis bei **7** 40
- Vorteile **7** 35 ff.
- Wesen **7** 2 ff.
- Zeitersparnis durch **7** 40
- zukunftsgerichtete Problemlösung durch **7** 3 f.

Außergerichtliche Streitbeilegung *s. a. Außergerichtliche Konfliktbeilegung; Mediation*
- Abrede über *s. Schiedsgerichtsvereinbarungen*
- Auswirkungen auf Klageerhebung
  - bei Austauschverträgen **Anh** 50 f.
  - bei gesellschaftsrechtlichen Verträgen **Anh** 51
- Einzelrechtsnachfolge
  - bei Austauschverträgen **Anh** 57 f.
  - bei gesellschaftsrechtlichen Verträgen **Anh** 58
- erfasste Streitigkeiten
  - bei Austauschverträgen **Anh** 48 f.
  - bei gesellschaftsrechtlichen Verträgen **Anh** 49
- Formfragen **Anh** 54
- Kosten **Anh** 59
- Mediation
  - Gerechtigkeit **1** 351
  - Vereinbarungen **1** 335
- Mediator
  - Benennung **Anh** 55
- Schlichter, Benennung **Anh** 55
- Verfahren
  - Beginn **Anh** 52

- Dokumentation **Anh** 56
- Ende **Anh** 52
- Grundsätze **Anh** 53
- Ziel **Anh** 54

Austauschverträge **Einf** 30, **2** 1 ff.
- allgemeine Bestimmungen **2** 225 ff.
- Basischeckliste **2** 1 ff.
- Checklisten **Anh** 17 ff.
- Geldleistung *s. Vergütung; Geldleistung*
- Grundlagen **2** 102 ff.
- Leistungspflichten **6** 116
- Leistungsstörungen **1** 329 ff.
- Mexikanisches Duell als Alternativlösung bei **1** 334
- Rangfolge von Regelungen *s. Rangfolge von Regelungen*
- Regelungen für die Vertragsdurchführung **1** 636
- Regelungssysteme außerhalb von *s. Regelungssysteme außerhalb des Vertragstextes*
- Rückabwicklung wegen steuerlicher Folgen **5** 69
- Steuerklauseln **5** 64 ff.
- Steuerrecht *s. Steuerrecht bei Austauschverträgen*
- Vernetzung, Klausel über Vertrags- **6** 111
- Vorfragen **2** 9 ff.
  - Einfluß Dritter auf *s. Einfluß Dritter auf den Vertrag*
  - externe Effekte **2** 96 ff.
  - Formerfordernisse *s. Formerfordernisse*
  - Haftungsrisiken *s. Haftung*
  - öffentlich-rechtliche Beschränkungen *s. Einfluß Dritter auf den Vertrag*
  - steuerrechtliche Folgen *s. Steuerrecht*

982

Sachregister

- Übertragung von Rechten und Pflichten *s. Übertragung von Rechten und Pflichten*
- Verhältnis zu anderen Verträgen *s. Verhältnis zwischen mehreren Verträgen*
- Vertragspartner *s. Vertragspartner*
- Vertragssprache *s. Vertragssprache*

Bareinlagen
- bei Aktiengesellschaften 4 513 ff.
- bei der GmbH 4 410

Beendigung, des Vertrages 2 212 ff.
Befristung 2 211
Begriffe
- Auslegungshilfen 1 290
- Definitionen, im Vertrag 2 110
- Erklärung 1 288
- Fach-, juristische 1 283
- System, juristisches 1 358
- unbestimmte Rechts-, Definition 1 343
- Vieldeutigkeit 1 288

Beihilfen, staatliche *s. EG-Beihilfenrecht*
Belehrungspflichten, bei Formerfordernissen 2 31
Berater
- Abbruch der Beratung 1 78
- Aufgabenbeschreibung 1 56
- Auswahl 1 60
- Beratungsgebiete 1 53 ff.
- Einschaltung bei Krisen 1 640
- Funktion 1 66 ff.
- Grundregeln für Zusammenarbeit 1 71 ff.
- Haftung *s. Beraterhaftung*
- Koordinierung mit Projektteam 1 56, 77
- Krisensituationen 1 75 ff.
- Leistungsdruck 1 76 f.
- Notare als 1 58, 61
- Rechtsanwälte als 1 58
- Rolle 1 66 ff.
- Steuerberater als 1 59
- Tätigkeitsumfang 1 66 ff.
- Unternehmensberater als 1 67
- Verhandlungsorganisation, Sorge für 1 448
- Verträge mit *s. Beraterverträge*
- Vorteile 1 55
- Zeitdruck 1 76 f.
- Zusammenarbeit mit 1 66 ff., 648

Beraterhaftung 1 79 ff.
- bei Auskunftspflichtverletzung 1 82
- Beweislast 1 85 f.
- deliktische 1 81
- für eingeschaltete Dritte 1 90 f.
- gegenüber Auftraggeber 1 80 ff.
- gegenüber Dritten 1 83 f.
- Mitverschulden des Geschädigten 1 86
- Nachforschungspflicht 1 82
- Sekundärhaftung 1 88 f.
- Verjährung 1 87, 89
- Vertrag mit Schutzwirkung zugunsten Dritter 1 84

Beraterverträge 1 61 ff.
- Aufgabenbeschreibung 1 56
- Gebührenordnungen 1 62
- Haftungsvereinbarung 1 65
- Honorar 1 61 ff.
- Mindestinhalt 1 61

Bereicherungsrecht 6 216
Berufsfreiheit 6 7
Beschaffenheit, Vereinbarungen über *s. Gewährleistung*
Bestätigungsschreiben
- berufliches 6 208 ff.
- kaufmännisches 1 434; 6 208 ff.
  - konstitutive Wirkung 6 209
  - Letter of Intent als 6 19

983

- Schweigen auf 6 209
- Voraussetzungen 6 209
- Zugang 6 210
Betriebsaufspaltung 5 189 f.
- „einheitlicher geschäftlicher Betätigungswille" 4 544
- bei Kapitalgesellschaften 5 125
- Betriebsgrundlagen, Überlassung wesentlicher 4 544
- echte 4 547
- Erscheinungsformen 4 547 ff.
- kapitalistische 4 550
- mitunternehmerische 4 551
- Nutzungsüberlassungsvertrag 4 552
  - Dauer 4 554
  - Höhe des Nutzungsentgelts 4 553
- steuerliche Fragen 4 545
- umgekehrte 4 549
- unechte 4 548; 5 190
- Verzahnung der Gesellschaftsverträge 4 555
- zivilrechtliche Fragen 4 546
Betriebsgeheimnisse
- Begriff 6 50
- Schutz
  - strafrechtlicher 6 54
  - zivilrechtlicher 6 48 ff.
Betriebsprüfung 5 21 ff.
- verbindliche Zusage nach 5 23
Betriebsübergang
- Haftung bei 2 89 ff.
- für Betriebsteuern 5 63
Betriebsübernahme s. Betriebsübergang
Betriebsverfassungsrecht 4 45
Betriebsvermögen
- Sonder- 5 109, 142
- von Kapitalgesellschaften 5 125
- von Personengesellschaften 5 109 f.
Betriebswirtschaftliche Entscheidungen Einf 33
Beurkundung s. Formerfordernisse

Beweissicherung
- durch Dokumentation 6 219
- eidesstattliche Versicherung 6 223 f.
  - Aufnahme durch Notar 6 224
  - Strafbarkeit einer falschen 6 223
- förmliche, nach ZPO 6 220
- fotografische Dokumentation 6 226
- Gedächtnisprotokolle 6 225
- Privatgutachten 6 222
- selbständiges Beweisverfahren 6 220 f.
  - Gutachterauswahl 6 221
  - Konsequenzen für Hauptsacheverfahren 6 221
- Telefon
  - Mithören 6 228
  - Mitschnitte 6 227 f.
- vorsorgliche 6 219 ff.
Beweissicherungsverfahren s. Beweissicherung
BGB-Gesellschaft s. Gesellschaft bürgerlichen Rechts
Bilanz der Zugeständnisse 1 29, 384, 541 ff.
- Ablehnen von Zugeständnissen, Begründung 1 549
- Alternativen, Veranschaulichen von 1 562 ff.
- Änderung nach Leistungsänderung 1 659
- emotionale Bewertung 1 557 f.
- Entscheidungskompetenzen 1 565
- Fordern von Zugeständnissen, Begründung 1 549
- interne Konflikte 1 615
- Kommunikation bei Kampf um 1 425
- Leistung/Gegenleistung, Gegenüberstellen von 1 551 ff.
- letzte Forderungen 1 566 f.
- Perspektiven

- komplexes Denken **1** 543
- kultureller Hintergrund **1** 542
- sozialer Hintergrund **1** 542
- Preisverhandlungen **1** 551
- rechtliche Bewertung **1** 559
- Risikobewertung, objektive **1** 556
- Scheinzugeständnisse **1** 550
- Skizzen, interne, zur **1** 562 ff.
- Ultimaten **1** 534
- Vergleichsnetze **1** 544 ff.
- Verhandlung über **1** 547 ff.
  - Sachleistungen **1** 551
- Verhandlungsregie **1** 521
- Vorteile, Suchen beiderseitiger **1** 560 f.
- Zugeständnisse
  - als Schwäche **1** 542
  - vorschnelle **1** 557, 619 f.
- zur Abwehr des Verhandlungsabbruches **1** 590

Bilanzierung **4** 114; 127 f.
Bonus **2** 164
Brainstorming, als Planungsverfahren **1** 173
Break fee-Vereinbarungen, als Leistungssicherung **6** 159
Buchführung **4** 114, 127 f.
Bürgschaft
- „cheapest insurer" **1** 332
- als Drittsicherheit **2** 193
- als Leistungssicherung **2** 178; **6** 154
- Anzahlungs- **6** 154
- auf erstes Anfordern **6** 154
- Einrede der Vorausklage **6** 154
- Gewährleistungs- **2** 178; **6** 154
- Höchstbetrags- **6** 154

Charts **1** 191, 256 ff.
Checklisten **1** 234 ff.; **2** 2 f.
- für Austauschverträge **Anh** 17 ff.
- für gesellschaftsrechtliche Verträge **Anh** 22 ff.
- für Vertragsentwurf **1** 234

- Pflege **1** 235
- Prüf- **1** 236
- Verbesserung **5** 205
- zur Vertragsvorbereitung **1** 234
- zur Vorbereitung von Verträgen **1** 265

CISG *s. UN-Kaufrecht*
Computer-Hardware, Ausstattung **1** 250
culpa in contrahendo *s. Verschulden bei Vertragsschluß*

Darlehen, partiarisches **2** 156 ff.
Datenbanken, Informationen aus **1** 241
Dauerschuldverhältnisse **2** 7
- Anfechtung bei **6** 93 ff.
- Kündigung **6** 93 ff.
- Präambel bei **6** 113
- Rückabwicklung **6** 93
Deckungsgeschäft, kongruentes **2** 141
Denken, vernetztes **Einf** 29 ff., 45 f.
Denkverbote, in Planungsverfahren **1** 173
Dienstvertrag, für freien Mitarbeiter, Checkliste **Anh** 17
DIN/ISO 9000 ff. **Einf** 74; **1** 148, 221, 275, 637, 690
Dissens **6** 83 ff.
Dokumentation, des Parteiwillens **2** 12
Dokumenten-Akkreditiv **6** 157
Doppelbesteuerungsabkommen *s. Steuerrecht*
Drittsicherheiten *s. Leistungssicherung*
Due Diligence **Anh** 28
Duldungsvollmacht **6** 79
Durchführung, eines Vertrages *s. Vertragsdurchführung*
Durchführungsregie **1** 645 f.
- Gewinnen der **1** 646
- Vertragsdesign **1** 273

985

EG-Beihilfenrecht 3 79 ff.
– Anmeldepflicht 3 84 ff.
– Beeinträchtigung des Handels zwischen Mitgliedstaaten 3 83
– Befugnisse der EU-Kommission im 3 30, 79
– Beschwerden benachteiligter Konkurrenten 3 87
– betroffene Unternehmen, Rolle im Verfahren 3 87
– Drittbetroffenheit von Unternehmen 3 87
– Entscheidungen im 3 34
– Informationsrecht betroffener Unternehmen 3 87
– Rückforderung durch Mitgliedstaat 3 34
– Rückzahlungspflicht 3 33, 85
– staatliche Beihilfe
  – als Maßnahme selektiven Charakters 3 82
  – Begriff 3 81 ff.
– Stellungnahmerecht betroffener Unternehmen 3 87
– Untersagung von Beihilfen, Ausnahmen 3 80
– Verdrängung nationalen Verwaltungsrechts 3 85
– Vereinbarkeit 3 33
– Verfahrensordnung 3 87
EG-Kartellrecht 3 2, 30, 34, 38 ff.
– Abteilung, zuständige, innerhalb der EU-Kommission 3 96 f.
– allgemeines Kartellverbot 3 39 ff.
  – Einzelfreistellungen 3 42, 46 f.
  – Entscheidungspraxis zum 3 40 f.
  – extensive Auslegung 3 41
  – Freistellung 3 42 f.
  – Gruppenfreistellung 3 42 ff.
  – Rechtsprechung zum 3 40 f.
  – Zwischenstaatlichkeitsklausel 3 40

– Anmeldung 3 47
– Bedeutung 6 145
– Beschwerderecht von Betroffenen 3 61
– Beschwerderecht von Konkurrenten 3 55 ff.
  – berechtigtes Interesse an 3 55
  – Form 3 57
  – Formular C 3 57
– Comfort Letters 3 48 f.
– Entscheidungen
  – bei Mißbrauchsaufsicht 3 60
  – der EU-Kommission 3 48 f.
  – Möglichkeit zur Stellungnahme 3 58
  – Veröffentlichungserfordernis 3 58
– Ermessensspielraum der EU-Kommission 3 49
– Formular A/B 3 47
– Freistellung 3 42 ff.
  – Wirkung 3 50 ff.
– Fusionskontrolle 3 30, 68 ff.
  – „one-stop-shop"-Prinzip 3 69
  – Anmeldeverfahren 3 68 ff., 74 f.
  – Auflagen 3 77
  – Bedingungen 3 77
  – bei Gemeinschaftsunternehmen 3 71
  – bei Übernahme mit Kontrollerwerb 3 71
  – Beteiligung Dritter 3 78
  – Entscheidungsfristen 3 74
  – Formblatt CO 3 74
  – marktbeherrschende Stellung 3 73
  – Marktzutrittsschranken 3 73
  – Umsatzschwellenwerte 3 72
  – Verhaltensleitlinien 3 75, 104
  – Veröffentlichungspflicht 3 78
  – Vorprüfungsfrist 3 76
  – Vorprüfungsverfahren 3 76 f.

Sachregister

- Zusagenangebote des Unternehmens **3** 77
- Zusammenschluß von gemeinschaftsweiter Bedeutung **3** 71 f.
- Zuständigkeiten innerhalb der EU-Kommission **3** 96 f.
- Fusionskontrollverordnung **3** 68, 71 ff.
- Gruppenfreistellungsverordnungen **3** 42 ff.
  - für vertikale Vereinbarungen **3** 45, 51 ff.
  - Struktur **3** 44
  - weiße und schwarze Listen **3** 44
  - Widerruf **3** 44
- informelle Unterrichtung der EU-Kommission
  - durch Konkurrenten **3** 56
- Kartellverbot, allgemeines **3** 39 ff.
- marktbeherrschende Stellung **3** 62 ff.
  - Begründung oder Stärkung **3** 73
  - Kriterien der EU-Kommission **3** 64
  - Marktanteile **3** 64
  - Mißbrauch **3** 65 ff.
  - räumlich relevanter Markt **3** 63
  - sachlich relevanter Markt **3** 63
  - Verantwortung von Unternehmen **3** 65
- Marktmacht bei vertikalen Vereinbarungen **3** 45, 51
- Mißbrauch einer marktbeherrschende Stellung **3** 65 ff.
- Mißbrauchsverbot **3** 59 ff.
  - Auswirkung auf Freistellung vom Kartellverbot **3** 59
  - Folgen eines Verstoßes **3** 59

- präventiver Kontakt zur EU-Kommission **3** 60
- Regelbeispiele des Art. 82 EGV **3** 66 f.
- Untersuchung durch die EU-Kommission **3** 60
- Negativattest **3** 46 f.
- Untersuchungsbefugnisse der EU-Kommission **3** 54
- Verbot des Mißbrauchs einer marktbeherrschende Stellung **3** 59 ff.
- Verfahrensrechte von Konkurrenten **3** 57
- Wettbewerbsbeschränkung
  - als Teil eines Gesamtsystems **3** 40
  - Beeinträchtigung des Handels als **3** 40
  - Entscheidungspraxis zum Vorliegen einer **3** 40
  - Nichtigkeit nicht freigestellter **3** 46, 52
  - Rechtsprechung zum Vorliegen einer **3** 40
  - Sanktionen **3** 46, 50, 54

EG-Recht **3** 1 ff.
- Bedeutung **3** 33; **6** 7, 142
- Beihilfen *s. EG-Beihilfenrecht*
- Beschwerde an die EU-Kommission **3** 35 ff.
  - Verhalten bei **3** 35
- EG-Vertrag *s. EG-Vertrag*
- Entscheidungen *s. EU-Kommission*
- Gesetzgebungsverfahren **3** 9 f., 26 ff.
  - effektive Interessenvertretung im **3** 13
  - EU-Rat im **3** 17
  - Europäisches Parlament im **3** 17, 21, 27 f., 137 ff.
  - Mehrheitserfordernisse **3** 26
  - Mitentscheidungsverfahren **3** 27

987

- Prinzip der begrenzten Einzelermächtigung 3 26
- Vermittlungsausschuß 3 27
- Vorschlagsrecht der EU-Kommission 3 12 f.
- Zusammenarbeitsverfahren 3 28
- Grundfreiheiten
  s. EG-Vertrag
- Kartellrecht s. EG-Kartellrecht
- Richtlinien s. EG-Richtlinien
- Sekundärrecht 3 9
- Sensibilität für 3 33
- Überwachung durch EU-Kommission 3 14 f.
- Unkenntnis 3 33
- Verfahrenseinleitung s. EU-Kommission
- Verletzung
  - Beschwerde wegen 3 35
  - durch Mitgliedstaat 3 30
- Verordnungen s. EG-Verordnungen
- Verwaltungsverfahren vor der EU-Kommission 3 4
- Wettbewerbsrecht s. EG-Kartellrecht; EG-Beihilfenrecht

EG-Richtlinien 3 9
- Bedeutung 6 7, 146
- Direktwirkung, horizontale 6 146
- Umsetzung 6 146
  - Rechtsfolgen nicht rechtzeitiger 6 146
  - rechtzeitige 3 14

EG-Verordnungen 3 9
- Bedeutung 6 142

EG-Vertrag 3 8 ff.
- Aufgaben der EG 3 9
- Gesetzgebungsverfahren
  s. EG-Recht
- Grundfreiheiten 3 88 f.
  - Auslegung 3 89
  - Ausnahmen für Anwendung 3 89
  - Folgen eines Verstosses 3 88
  - Zuständigkeiten innerhalb der EU-Kommission 3 99
- Verletzung durch Mitgliedstaat 3 14
- Ziele der EG 3 9

EG-Wettbewerbsrecht s. EG-Kartellrecht, EG-Beihilfenrecht

Ehegatte, Zustimmung zu Vermögensübertragung 2 81

Eigenkapitalersatz 4 33
- bei Gesellschafterdarlehen 2 64 f.
- bei Nutzungsüberlassung durch Gesellschafter 2 64 f.
- Sanierungsprivileg 2 65

Eigenschaften, zugesicherte
  s. Gewährleistung

Eigentumsübergang, dingliche Einigung 2 209

Eigentumsvorbehalt
- AGB-Kontrolle 6 152
- als Leistungssicherung 2 181; 6 152
- bei Globalzession 2 184

Einbringung s. Umwandlung

Einfluß Dritter auf den Vertrag 2 74 ff.
- öffentlich-rechtliche Beschränkungen 2 75 ff.
  - Einfluß auf Erreichung des Vertragszwecks 2 79
  - Einfluß auf Wirksamkeit des Vertrages 2 75 ff.
  - Vorkaufsrechte 2 83
- privatrechtliche Beschränkungen 2 80 ff.
  - Einfluß auf Vertragsdurchführung 2 82
  - Einfluß auf Wirksamkeit des Vertrages 2 81
  - schlicht schuldrechtliche 2 80

Sachregister

- Vorkaufsrechte 2 83 f.
  - Umgehung 2 84
  - Zustimmung, vertragliche Regelung der Einholung 2 76 f.
- Einfuhrumsatzsteuer s. Umsatzsteuer
- Einwendungen, Durchgriff 2 70 f.
- Emotionen
  - Äußerung 1 398
  - Ernstnehmen 1 392
  - Interpretation 1 398
- Entwurfsregie **Anh** 9
  - bei Standardverträge 1 232
  - Gegenentwürfe 1 232
  - Verhandlungsregie 1 519
  - Vertragsdesign 1 229, 273
- Entwurfsstrategie 1 217 ff., 229
- Erbschaftsteuer
  - bei Kapitalgesellschaften 5 128
  - bei Personengesellschaften 5 113
  - bei vorweggenommener Erbfolge 5 128
- Erfüllungsgehilfen, Verschulden bei Vertragsschluß durch 6 60, 62
- Erfüllungsort, Vereinbarung 2 227; 6 190
- Ermächtigung, gesetzliche Formerfordernisse 2 20
- Ersetzungsklauseln 2 231
- Ertragsteuern
  - Abschreibungen für Abnutzung 5 60
  - Abzugspflicht bei Nutzungsvergütung 5 81
  - Anschaffungskosten 5 60
  - Anteile an Kapitalgesellschaften
    - Gewinnausschüttungen nach Übertragung 5 59
    - Übertragung 5 59
  - anwendbares Recht 5 13
  - aufgedeckte stille Reserven, Übertragung 5 58
  - bei Austauschverträgen 5 57 ff.
  - bei Unternehmensveräußerung 5 57
  - beim Erwerber 5 60
  - beim Veräußerer 5 57 ff.
  - Einbehaltungspflichten 5 81
    - Haftung 5 81
  - Erträge aus veräußertem Wirtschaftsgut 5 59
  - Jahresabschluß 5 161
  - Kollisionsrecht 5 13
  - Meldepflichten 5 161 f.
  - Rücklage nach § 6b EStG 5 58
  - Steuerbilanz 5 161
  - Steuererklärung, Abgabefrist 5 161
  - Steuererklärungspflichten 5 78
  - Steuerklauseln 5 69 f.
  - Steuerpflicht
    - beschränkte 5 13
    - unbeschränkte 5 13
  - Überleitungsrechnung 5 161
  - Vorauszahlungen 5 160
- EuGVÜ, Gerichtsstandsvereinbarungen s. Gerichtsstandsvereinbarungen
- EU-Kommission 3 11 ff.
  - „Lobbying" bei der 3 4
  - Abteilung, zuständige 3 96 ff.
  - als „Hüterin der Verträge" 3 14 f., 30
  - als Vollzugsbehörde 3 29 ff.
  - Anhörungen
    - Formvorschriften 3 117
    - offizielle 3 116 ff.
  - Aufgabenbereiche 3 12
  - Entscheidungen 3 9
    - an einzelne Unternehmen gerichtete 3 34
  - Exekutivbefugnis 3 29, 36 f.
  - Generaldirektionen 3 31
  - Grünbücher 3 13
  - im Gesetzgebungsverfahren, Vorschlagsrecht 3 12 f.

989

- Kommissare 3 11 f.
  - Anzahl 3 11
  - politische Unabhängigkeit 3 11
- Kontakt mit der 3 2
- Mitarbeiter 3 31
- Struktur 3 31
- Umgang mit der 3 3
- Untersuchungsbefugnisse im EG-Kartellrecht 3 54
- Verfahren vor der 3 110 ff.
  - offizielle Anhörung 3 116 ff.
- Verfahrenseinleitung 3 110 ff.
  - bei Beschwerden 3 113 f.
  - Form 3 112 ff.
  - Vorarbeiten durch Unternehmen 3 115
- Verhandeln mit der s. Verhandeln mit der EU-Kommission
- Verwaltung des Haushalts 3 16
- Verwaltungsverfahren vor der 3 4
- Weißbücher 3 13

Europäische Union
- „Lobbying" bei der 3 4
- Bedeutung 3 1
- EG-Vertrag s. EG-Vertrag
- EU-Kommission s. EU-Kommission
- EU-Rat 3 17 f.
  - effektive Interessenvertretung beim 3 18
  - Einstimmigkeitserfordernis 3 17
  - im Gesetzgebungsverfahren 3 17, 27 f.
  - Mehrheitsentscheidungen 3 17
- Europäisches Parlament 3 19 ff.
  - Ausschüsse 3 21, 139
  - Befugnisse 3 17, 20
  - im Gesetzgebungsverfahren s. EG-Recht

- Organisation 3 21
- Selbstverständnis 3 20
- Förderprogramme 3 16, 153
- Gesetzgebungsverfahren s. EG-Recht
- Institutionen 3 7 ff.
  - Umgang mit den 3 7, 124 ff.
  - Verhandeln mit den s. Verhandeln im EG-Gesetzgebungsverfahren
  - Verträge mit s. Verträge mit EU-Institutionen
- Organe 3 7 ff.
- Struktur 3 7 ff.
- Strukturfonds 3 16
- Vertrag 3 8
- Wirtschafts- und Sozialausschuß 3 22 f.
  - Funktion 3 22 f.
  - im Gesetzgebungsverfahren 3 22

Europäische wirtschaftliche Interessenvereinigung s. EWIV
Europarecht s. EG-Recht
EU-Vertrag 3 8
EWIV
  s. a. Gesellschaft; Gesellschafter
- Geschäftsführung 4 334
- Gesellschafter
  - Pflichten 4 333
  - Rechte 4 333
- gesetzliche Grundlage 4 331
- vertragliche Grundlage 4 332
- Vertretung 4 334

Fachleute, Übernahme durch Besteller 1 330
Fälligkeit, Regelungen 2 162
Fehler
- Ausnutzung 1 19
- Vermeidung 1 19
Finanzbehörden
- verbindliche Auskunft 5 64
- Verpflichtung 5 27
Firma 4 40, 81 ff.

Sachregister

- der Aktiengesellschaft 4 490 f.
- der GbR 4 82, 85
- der GmbH 4 395 ff.
- der GmbH & Co. KG 4 336 f., 454 f.
- der Kommanditgesellschaft 4 336
- der OHG 4 298 ff.
- der Partnerschaftsgesellschaft 4 83, 85
- einer Gesellschaft, Verklagen unter 4 81
- einer Handelsgesellschaft 4 81, 84
- Fortführung, Haftung bei 2 87 f.
- Namensfortführung
  - allgemeines Recht zur 4 90
  - nur bei Tod 4 89
- Namensrechte 4 87 ff.
  - Interessenlage 4 88

Firmenfortführung
- Haftung bei 2 87 f.
- Ausschluß 2 88

Firmennetzwerk 1 246
- Einbindung des Anwalts in das 1 247

Fixgeschäfte
- „Fix"-Klauseln, AGB-Kontrolle 6 174
- absolute 6 174
- Begriff 6 174
- relative 6 175

Flexibilität
- als Planungsfaktor 1 104 ff.
- Änderungsvereinbarungen nach Vertragsschluß 1 115 ff.
- Auffangplanung 1 106, 109
- beim Vertragsdesign 1 268
- Leistungsänderung 1 112
- Preisgleitklauseln 1 112
- Vertragskonzeption 1 107 ff.
- Vertragstaktik Einf 42 f.

Forderung, Übergang, Abbedingung 2 44

Formbedürftigkeit s. Formerfordernisse

formeller Vertragsschluß 1 629 ff.
- „Hochzeitsdilemma" 1 634
- Befürchtungen bei 1 634
- Entscheidung unter Zeitdruck 1 629 f., 632
- Fehler 1 630
- Mindestbedingungen für Entscheidung für 1 632
- Projektteam nach 1 103
- Qualitätsmängel durch Zeitdruck 1 632
- Störfaktoren nach 1 122 f.
- Vertragsreue 1 634
- vorheriges Durchgehen des Vertragstextes 1 632

Formerfordernisse 6 196 ff.
- bei außergerichtlicher Streitbeilegung Anh 54
- bei Garantieversprechen 6 155
- bei Gerichtsstandsvereinbarungen 6 190
- bei gesellschaftsrechtlichen Verträge 4 62 ff., 556
- bei Option 6 35, 183
- bei Schiedsgerichtsvereinbarungen 6 187
- bei Teilverträgen 6 149
- bei verdeckten Gewinnausschüttungen 5 121
- bei Vollmachten 6 199
- bei Vorverträgen 2 22 f.; 6 33, 199
- beim Letter of Intent 6 19
- Belehrungspflichten 2 31
- besondere prozedurale Pflichten 2 10, 30 ff.
- Beurkundung
  - Anwesenheit 6 199
  - bei Gründung einer Kapitalgesellschaft 4 62
  - bei Umwandlung 4 63
  - Vorgang 6 199
  - Zugangserfordernisse 6 199

991

– Beurkundungsbedürftigkeit 2 10
– E-Mail 2 29
– Formbedürftigkeit
  – bei beteiligungsverwaltenden Gesellschaften 4 97
  – bei Doppelgesellschaften 4 69
  – bei Grundbesitz im Gesellschaftsvermögen 4 68, 97
  – bei immobilienverwaltenden Gesellschaften 4 97 f.
  – Umfang 2 24 f.; 4 70
– gesetzliche 2 13 ff.; 6 197 ff.
  – bei dinglichem Vollzug 2 18
  – bei Ermächtigungshandlungen 2 20
  – bei Schuldbestärkung 2 17
  – bei Sicherung 2 17
  – bei Zustimmungshandlungen 2 20 f.
  – für einzelne Vertragsbestandteile 2 16 ff.
  – nach Vertragstypus 2 14 f.
  – nach Vertragszweck 2 14 f.
– gewillkürte Form 2 10
– Heilungsmöglichkeiten 6 207
– Hinweispflichten 2 31
– Mängel, Heilung 6 207
– mehreren Verträgen 2 69
– notarielle Beurkundung 6 198
  – durch ausländischen Notar 6 198
– öffentliche Beglaubigung 6 199
– Schriftform s. Schriftform
– steuerrechtliche, bei Austauschverträgen 5 30 f.
– Telefax 2 29
– Telegramme 2 29
– Telekommunikation 2 29
– Unterschrift 2 26
  – nach den Anlagen 2 28
– Urkunden
  – aus mehreren Blättern 2 26 f.
  – Einheitlichkeit der 2 26 ff.
  – Gestaltung 4 71

– Legalisation ausländischer 6 198
– Trennung 2 30
– Trennung von Mantel und Satzung 4 71
Formwechsel s. Umwandlung
Fortgeltungsklausel, bzgl. Rahmenvertrag 2 111
Freigabeklauseln 2 189
Freigabeverpflichtung s. Sicherungsabreden
Fusionskontrolle s. EG-Kartellrecht

Garantie
  s. a. Gewährleistung
– als Drittsicherheit 2 195
– als Leistungssicherung 2 174; 6 155 f.
– auf erstes Anfordern 2 195; 6 156
– Form 6 155
– Standby Letter of Credit 6 156
– Verpflichtungsumfang 6 155
Garantieversprechen s. Garantie
GbR s. Gesellschaft bürgerlichen Rechts
Gefühle s. Emotionen
Geheimhaltungsvereinbarung
  s. a. Geheimnisschutz; Geschäftsgeheimnisse; Betriebsgeheimnisse
– in Letter of Intent 6 18
– isolierte 6 30
– Vertraulichkeitsverpflichtung in 6 52
Geheimnisschutz
  s. a. Geschäftsgeheimnisse; Betriebsgeheimnisse
– als Leistungssicherung 2 199
– durch Wettbewerbsrecht 6 50, 52 ff.
– strafrechtlicher 6 54
– zivilrechtlicher 6 48 ff.
Geldleistung 2 147 ff.

- Änderung, einseitige **6** 162
- Sicherung **2** 180 ff.
- Vergütung *s. Vergütung*
- Verzug *s. Verzug*
- Zahlungsmodalitäten *s. Zahlungsmodalitäten*

Geltungsbereich
- des Vertrages
  - räumlicher **2** 112
  - sachlicher **2** 111

Genehmigung
- behördliche Erforderlichkeit **6** 143
- bei Vertreter ohne Vertretungsmacht **6** 81
- Vorbehalt, Abtretungsverbot unter **2** 82

Gerichtsstand
- auschließlicher, Vereinbarung über **2** 228
- Wahl-, Vereinbarung über **2** 228

Gerichtsstandsvereinbarungen **2** 228; **6** 190
- EuGVÜ **2** 228
- Formerfordernisse **6** 190
- Internationales Zivilprozeßrecht **2** 228

Gesamtgläubiger **2** 55
Gesamtschuldner **2** 55 f.
- Ausgleichspflicht **2** 56
- bei Schuldbeitritt **2** 194

Geschäftsführer
  s. a. GmbH-Geschäftsführer; Geschäftsführung; GmbH-Geschäftsführer; Geschäftsführung
- Gesellschafter-, Kündigung **4** 587 ff.
- Haftung, persönliche **4** 30 ff.
- strafrechtliche Risiken **1** 154
- Wettbewerbsverbot **4** 143

Geschäftsführung **4** 123 ff.
  s. a. Geschäftsführer; GmbH-Geschäftsführer
- Abgrenzung zu Vertretungsmacht **4** 123

- der Aktiengesellschaft **4** 527 ff.
- der EWIV **4** 334
- der GmbH **4** 422 ff.
- der Kommanditgesellschaft **4** 338 f.
- der OHG **4** 323
- Grundlagenänderung **4** 124
- Zwecküberschreitung **4** 124

Geschäftsgeheimnisse
  s. a. Geheimnisschutz; Betriebsgeheimnisse
- Begriff **6** 50
- Schutz
  - strafrechtlicher **6** 54
  - zivilrechtlicher **6** 48 ff.

Geschäftsgrundlage
- Anhaltspunkte in Vertragspräambel **6** 112
- Begriff **6** 97
- bei gesellschaftsrechtlichen Verträgen **6** 112
- durch Memorandum of Understanding **6** 25
- Fehlen **6** 98
- Vereinbarung **2** 79
- Wegfall *s. Wegfall der Geschäftsgrundlage*

Geschäftsjahr
- bei Kapitalgesellschaften **5** 153
- bei Personengesellschaften **5** 143 f.

Gesellschaft
- abhängige, Verletzung des Eigeninteresses **4** 30
- Anteile
  - Grunderwerbsteuer bei Übertragung **5** 50 f.
  - Steuernachzahlung nach Übernahme **5** 70
- Aufbewahrungsfristen **5** 202 f.
- ausländische
  - als Gesellschafterin **4** 76 f.
  - Beteiligungsfähigkeit **4** 76 f.
- Ausscheiden eines Gesellschafters **4** 181, 282 f.

- Nebenansprüche 4 224 f.
- Außen-, Bezeichnung 4 81 ff.
- Außenverhältnisse 4 159 ff.
- Beiträge
  - Anforderung 4 558 ff.
  - Anforderungsschreiben 4 563
  - Einberufung der Gesellschafterversammlung zur Einforderung 4 561
  - Einforderungsbeschluß der Gesellschafterversammlung 4 562
  - Verfahren der Einforderung 4 559 ff.
  - Zuständigkeit für Einforderung 4 558
- Besteuerung, Rechtsformabhängigkeit 5 6
- Beteiligungsfähigkeit 4 72 ff.
- Bezeichnung s. Firma
- Bilanzierung s. Bilanzierung
- Buchführung s. Buchführung
- Dauer 4 110 ff.
- Doppelunternehmen 5 189
- Einlagen, Geltendmachung 4 558 ff.
- Einmann-, Zulässigkeit 4 42
- Engagement der Gesellschafter 4 18 ff.
- Ergebnisverwendung 4 136 ff., 564 ff.
  - Frist 4 566
  - Verfahren 4 568
  - Zuständigkeit 4 564 f.
- Familien-
  - Gefahr gesellschaftsfremder Aufwendungen 5 105
  - gesellschaftsvertragliche Beschränkungen 4 104, 106
- Firma s. Firma
- Form s. Gesellschaftsform
- Freiberufler-, gesellschaftsvertragliche Beschränkungen 4 104 f.
- Geschäftsjahr 4 114 ff.
- Gesellschafter s. Gesellschafter

- gewerblich tätige 4 99
- Gründung s. Gesellschaftsgründung
- Haftung, in der Gründungsphase 4 32 ff.
- Haftungsbeschränkung 4 167
- im Gründungsstadium, korrekte Bezeichnung 6 108
- inländische
  - als Gesellschafterin 4 72 ff.
  - Beteiligungsfähigkeit 4 72 ff.
- Innen-
  - Bezeichnung 4 80
- innere Ordnung 4 123 ff.
- Insolvenzreife 4 596
- Jahresabschluß s. Jahresabschluß
- Kapital 4 117 ff.
- Kapital- s. Kapitalgesellschaften
- Kündigung
  - außerordentliche 4 110
  - ordentliche 4 110
- non profit-, verdeckte Gewinnausschüttungen in 5 120
- Nutzung einer vorhandenen
  - eines Gesellschafters 4 47 ff.
- Organe, Kompetenz 4 96
- Personen- s. Personengesellschaften
- postalische Erreichbarkeit 4 92
- Projektbezug 4 17
- Publizitätspflichten s. Publizitätspflichten
- Rechnungslegung s. Rechnungslegung
- Sitz 4 91 ff.
- Strukturänderungen 4 168 ff.
- Tätigkeitsschwerpunkt 4 95
- Unternehmensgegenstand 4 94 ff.
- Unternehmensgruppen, grenzüberschreitende Verrechnungspreise innerhalb 5 120
- verdeckte Gewinnausschüttung, Wettbewerbsverbot 4 155 f.

- Vertrag s. gesellschaftsrechtliche Verträge
- Vertretung 4 159 ff.
- Wettbewerbsverbot s. Gesellschafter
- Zeit- 4 110 f., 114
- zeitliche Dauer 4 16
- Zweck 4 94 ff.
  - sittenwidriger 6 94, 101

Gesellschaft bürgerlichen Rechts 4 247 ff.
- als Gesellschafterin 4 72
- Außengesellschaft, Bezeichnung 4 230 f.
- Außenverhältnisse 4 268 ff.
- Beteiligung, Abtretung 4 170
- Bezeichnung 4 82, 85
- Bilanzierung 4 253 f.
- Buchführung 4 253 f.
- Dauer 4 241
- Einnahmen-Überschußrechnung 4 253 f.
- Empfangsvollmacht, wechselseitige 2 52
- Ergebnisverwendung 4 259 ff.
  - gesetzliche Regelung 4 260
  - Rücklagenbildung 4 261, 263
  - Verluste 4 262 f.
- Familien- 4 238
- Firma 4 82, 85
- Fortsetzungsklausel 4 288
- Freiberufler- 4 238, 243
- Geschäftsführung
  - durch einzelne Gesellschafter 4 250, 252
  - durch Nichtgesellschafter 4 249, 251
- Geschäftsjahr 4 242
- Gesellschafter 4 236 f.
  - Abfindung 4 289 ff.
  - Ansprüche beim Ausscheiden 4 293
  - Aufnahme weiterer 4 275 ff.
  - Ausschließung 4 181, 282 f.
  - besondere Anforderungen 4 238
  - Dienstleistungspflichten 4 244 ff.
  - Einlagen 4 243
  - Einwendungsrechte 4 257 f.
  - Gruppen 4 239 f.
  - Kontrollrechte 4 255 f.
  - Kündigung 4 278 ff.
  - Nutzungsüberlassungspflichten 4 244 ff.
  - Stämme 4 239 f.
  - Stimmrecht 4 236 f., 257 f.
  - Tod 4 187, 284 ff.
  - Wechsel 4 275 ff.
  - Wettbewerbsverbot 4 264 ff.
- Gesellschafterversammlung 4 257 f.
- Gewinnverteilung 4 114
- grundstücksverwaltende 4 243
- Haftungsbeschränkung 4 230, 272, 274
- immobilienverwaltende 4 290 f.
- Innengesellschaft, Bezeichnung 4 229
- innere Ordnung 4 247 ff.
- Kapital 4 243
- Nachfolgeklausel
  - allgemeine 4 286
  - qualifizierte 4 287
- Namensrechte 4 87, 232
- Rechnungsabschluß 4 114
- Sitz 4 233 f.
- Strukturänderungen 4 275 ff.
- Unternehmensgegenstand 4 235
- Verlust, Teilnahme der Gesellschafter am 4 137
- Vertrag, Checkliste **Anh** 22
- vertragliche Grundlagen 4 229 ff.
- Vertretung 4 268 ff.
  - gesetzliche Regelung 4 269 ff.
  - Legitimationsurkunde 4 271
  - Umfang der Vertretungsmacht 4 270

995

- Wettbewerbsverbot
  - gesellschaftsspezifische Regelung 4 265 f.
  - gesetzliches 4 145
  - Öffnungsklausel 4 265 f.
  - Zusammenhang mit Unternehmensgegenstand 4 265 f.
- Zweck 4 235

Gesellschaft mit beschränkter Haftung s. GmbH

Gesellschafter 4 100 ff.
- „abgestimmtes Verhalten" 4 107
- Abfindung 4 202 ff.
  - ehevertragliche Regelungen 4 216
  - erbrechtliche Regelungen 4 218
  - Interessenlage 4 204 ff.
  - nach Ertragswert 4 209
  - nach Vermögenswert 4 209
- Abfindungsklauseln s. gesellschaftsrechtliche Verträge
- Anforderungen, besondere 4 103 ff.
- Ankaufsberechtigung 4 108
- Aufnahme weiterer 4 168 ff.
- Ausfallhaftung bei Kapitalgesellschaften 4 32
- Auskunftsrechte 4 129 ff.
  - Mißbrauchsgefahr 4 131
- ausländischer
  - bei Kapitalgesellschaften 5 123
  - bei Personengesellschaften 5 107
  - Darlehen 5 124
- Ausscheiden
  - Ansprüche 4 219 ff.
  - Nebenansprüche der Gesellschaft 4 224 f.
  - Szenario 1 326 f., 337 ff.
- Ausschließung 4 180 ff.
- Beiträge 4 118 ff.
- Beitritt weiterer, bei Unternehmensumstrukturierung 4 53
- besondere Kenntnisse 4 24
- Beteiligungsfähigkeit, gesellschaftsvertragliche Beschränkungen 4 104 ff.
- Beteiligungsquote 4 102
- Darlehen
  - ausländischer 5 124
  - bei Kapitalgesellschaften 5 124
  - bei Personengesellschaften 5 108
  - in der Insolvenz 2 64 f.
- der Aktiengesellschaft 4 511 f.
- der GbR 4 236 f.
- der OHG 4 311 ff.
- Dienstleistungsverpflichtungen 4 121 f.
  - bei Kapitalgesellschaften 5 150
- Differenzhaftung, allgemeine 4 32
- Einlagen 4 119 f.
- Eintritt bei Personengesellschaften 5 168
- Eintrittshaftung 2 58
- Engagement in der Gesellschaft 4 18 ff.
  - Außenwirkung 4 25
  - Fähigkeit zu 4 18
  - Personenbezug 4 26
- finanzielles Engagement 4 19
  - rechtliche Kriterien 4 20
  - wirtschaftliche Kriterien 4 21
- Geschäftsführer s. GmbH-Geschäftsführer
- Geschäftsführung 4 22
- Gesellschaft als 4 72 ff.
- gesellschaftsvertraglich eingegangene Pflichten in Abgrenzung zu schuldrechtlichen 4 121
- getrennte Besteuerung
- Gewinnanspruch, Vorab- 4 121
- Gruppen 4 107 ff.

Sachregister

- Haftung
  - persönliche 4 28 ff.
  - unmittelbare Außen- 4 31
- Haftungserweiterung 2 59
- Handelsbilanz, steuerliche Folgen 5 137
- Konten bei Personengesellschaften 5 135, 167
- Kontrollrechte 4 129 ff.
  - Beiziehung Dritter 4 130
  - Mißbrauchsgefahr 4 131
- Kündigung
  - Adressat 4 176
  - Folge- 4 179
  - Form 4 173, 177
  - Kündbarkeit 4 175
  - Zeitpunkt der Wirksamkeit 4 178
- Liste 4 575 f.
- Nachhaftung 2 58
  - Erweiterung 2 59
  - Verlängerung 2 59
- Namen 4 100 f.
- natürliche ausländische Person 4 75
- Nutzungen zugunsten der Gesellschaft 4 24
- Nutzungsüberlassung durch den - in der Insolvenz 2 64 f.
- Nutzungsüberlassungsverpflichtungen 4 121 f.
- persönlich haftende, Wettbewerbsverbot 6 179
- Poolverträge 4 107
- schuldrechtlich eingegangene Pflichten
  - in Abgrenzung zu gesellschaftsvertraglichen 4 121
- sonstige Tätigkeiten
  - für die Gesellschaft 4 23
- Stämme 4 107 ff.
- Stimmbindungsverträge 4 107
- Stimmgewicht 4 107 f., 134
- Stimmrecht 4 102
  - Mehrfach- 4 102
- Tätigkeitsverpflichtungen für die Gesellschaft 4 22 f.
- Teilhabe am Gesellschaftsergebnis, Anspruch auf 4 102
- Tod 4 186 ff.
  - Ausscheiden der Erben 4 192
  - Ausschluß der Erben 4 192
  - Fortführung der Gesellschafter nach 4 190
  - Gestaltungsmöglichkeiten 4 189 ff.
  - Nachfolgeberechtigung einer bestimmten Person 4 193 ff.
  - Testamentsvollstreckung 4 198 ff.
  - uneingeschränkte Vererblichkeit des Anteils 4 191
- Treuepflicht, allgemeine 4 144
- Übertragbarkeit der Stellung als 4 37
- Vererblichkeit der Stellung als 4 37 f.
- Vergütungen
  - bei Kapitalgesellschaften 5 119, 150
  - bei Personengesellschaften 5 104, 136 f., 142
- Verlustausgleich bei Personengesellschaften 5 135
- Verlustteilnahme 4 136 f.
- Versammlung s. Gesellschafterversammlung
- Vorkaufberechtigung 4 108
- Wechsel 4 168 ff.
  - bei Kapitalgesellschaften 5 170 f.
  - bei Personengesellschaften 5 167 ff.
- Wettbewerbsverbot 4 140 ff.
  - Abgrenzung zu arbeitsvertraglichen Regelungen 4 142 f.
  - als notwendiger Bestandteil des Gesellschaftsvertrages 4 154

- als verdeckte Gewinnausschüttung 4 155 f.
- aus Treuepflicht 6 179
- aus Treuepflicht 6 179
- des persönlich haftenden 6 179
- gesetzliche Regelungen 4 144 ff.
- Rechtsfolgen eines Verstosses 4 147, 151
- steuerliche Gefahren 4 155 f.
- Verhältnis zum Kartellrecht 4 154

Gesellschafter-Geschäftsführer, Anstellungsvertrag, verdeckte Gewinnausschüttungen 5 121

Gesellschafterversammlung 4 132 ff.
- Anfechtung 4 134
- auf Minderheitenverlangen 4 584 ff.
  - Behandlung durch den Vorstand 4 586
  - Behandlung durch die Geschäftsführung 4 586
  - Einberufungsvorlage 4 585
- außerordentliche 4 581 ff.
  - Durchführung 4 583
  - Erfordernis 4 581
  - Tagesordnung 4 582
  - Vorbereitung 4 583
- Einberufung 4 134
  - bei Kündigung des Gesellschafter-Geschäftsführers 4 589
- Gestaltungsmöglichkeiten, gesellschaftsvertragliche 4 134 f.
- Mehrheitsentscheidungen 4 134
- ordentliche 4 577 ff.
  - Durchführung 4 579
  - Einladungsschreiben 4 580
  - Gegenstand 4 577
  - Vorbereitung 4 578
- Ort 4 93
- Pflicht zu 4 132 f.
- Protokollierung 4 134

- Rügen 4 134

Gesellschaftsanteil
- Andienungsrecht als Alternativlösung, beiderseitiges 1 337
- Übernahmerecht als Alternativlösung, einseitiges 1 337

Gesellschaftsform
- ausländische 5 89
- Besteuerung, rechtsformunabhängige 5 94
- Systemunterschied, steuerrechtlicher 5 83 ff.
- Wahl 4 27 ff.; 5 100 ff.
  - arbeitsrechtliche Aspekte 4 44
  - Checkliste 5 101
  - mitbestimmungsrechtliche Aspekte 4 45
  - steuerrechtliche Aspekte 4 46; 5 82 ff.
  - zivilrechtliche Aspekte 4 28 ff.

Gesellschaftsgründung
- gemeinsame Interessenverfolgung 4 4 ff.
  - zeitliche Dauer 4 16
- gemeinsame Zweckverfolgung 4 10
- Hindernisse
  - berufsrechtliche 4 13
  - kartellrechtliche 4 15
  - steuerrechtliche 4 14
  - wettbewerbsrechtliche 4 12
- Kooperationsformen ohne
  - abgest immte Zulieferungs- und Abnahmeverpflichtungen 4 6
  - Aktienoptionspläne 4 7
  - Dienstvertrag mit Ergebnisbeteiligung 4 7
  - Kartellabsprachen 4 9
  - partiarisches Darlehen 4 8
- Nutzung vorhandener Gesellschaften 4 47 ff.
  - Sinnhaftigkeit 4 50

Sachregister

– Umstrukturierung 4 51 ff.
– Projektbezug 4 17
gesellschaftsrechtliche Verträge
4 1 ff.
– Abfindungsklauseln
    – Auszahlungsmodalitäten
      4 210
    – bei Ausschluß ohne wichtigen
      Grund 4 210
    – Bewertung nach dem „Stuttgarter Verfahren" 4 213 f.
    – Buchwertklauseln 4 210
    – erbrechtliche Auswirkungen
      4 217 f.
    – familienrechtliche Auswirkungen 4 216
    – Gestaltungsmöglichkeiten
      4 209, 211 ff.
    – Gläubigerbenachteiligung 4 210
    – Mißverhältnis zwischen Abfindungs- und Anteilswert 4 210
    – Rechtsprechung zu 4 210 f.
    – zur Streitverhütung 4 207
    – Zusammenhang mit Kapitalkonten 4 215
– Anfechtung 6 92 ff.
– Basischeckliste 4 78
– Branchenschutzklauseln 4 158
– Formerfordernisse s. Formerfordernisse
– Grundlagen 4 80 ff.
– Konzept
    – betriebswirtschaftliche Prüfung 4 54 ff.
    – endgültiges 4 61
    – rechtliches 4 4 ff.
    – steuerliche Prüfung 4 55 ff.
– Konzeptionierung 4 1 ff.
    – Dokumentation 4 3
    – zeitliche Abfolge 4 2
– Konzeptprüfung
    – Herbeiführung 4 57 ff.
    – Organisation 4 56 ff.

– Konzernrecht, Vernetzung von
  Verträgen im 6 111
– Leistungspflichten 6 116
– Letter of Intent bei 6 17
– Mandantenschutzklauseln
  4 158
– Mexikanisches Duell als Alternativlösung bei 1 337 ff.
– Nachfolgeklauseln 4 189 ff.
    – qualifizierte 4 193 ff.
– Nichtigkeit 6 94, 101
– ökonomische Analyse 1 344
– Regelungen für die Vertragsdurchführung 1 636
– Registrierung 4 557
– Rückabwicklung 6 93
– Steuerrecht s. Steuerrecht bei
  gesellschaftsrechtlichen Verträgen
– Teilnichtigkeit 4 228
– Vernetzung 6 111
– Verschulden bei Vertragsschluß,
  bei Offenbarungspflichtverletzung 6 59
– Vertragsabschluß 4 556 f.
    – Vertretung 4 556
– Vertragsänderung 4 227
– Vertragsdurchführung 4 558 ff.
– Vollständigkeitsklausel 4 226
– Wettbewerbsverbot
    – Regelungsgrenzen 4 157 f.
    – Regelungsmöglichkeiten
      4 157
Gesellschaftsverträge s. gesellschaftsrechtliche Verträge
Gesetz
– Leitbild des s. gesetzliches Leitbild
– Umgehung 2 97 f.
– Verbots- 6 107
gesetzliches Leitbild
– Bedeutung 6 131 ff.
– bei Allgemeinen Geschäftsbedingungen 6 141
– bei Individualverträgen 6 132 ff.

999

Sachregister

- atypische Vertragsformen 6 137
- dogmatische Begründung 6 138 ff.
- Inhaltskontrolle 6 133 ff.
- Mißbrauchskontrolle 6 134 f.
- rechtssoziologische Grundlage 6 140
- Regelungslücken 6 136
- verfassungsrechtliche Grundlage 6 139
- Vertragsauslegung 6 136

Gestaltungsrechte, Ausübung, bei Mehrheit von Vertragspartner von 2 56

Gewährleistung
- als gesetzliche Risikoverteilung und Interessen der Parteien 2 132
- als Leistungssicherung 2 173
- bei „share-deal" 2 135
- Beschaffenheitsvereinbarungen 2 132 ff.
- Beweislast 2 175
- Bürgschaft 2 178; 6 154
- Garantie 2 134 ff.
  - Rechtsfolgen der 2 174
- Rügepflichten 2 175
- Sachmangel aufgrund öffentlich-rechtlicher Bestimmungen 2 79
- Verjährung 2 176, 178
- zugesicherte Eigenschaften 2 134 f.

Gewährleistungsbürgschaft 2 178; 6 154

Gewerbesteuer
- Anrechnung
  - bei Kapitalgesellschaften 5 126
  - pauschalierte 5 95, 114
- bei Betriebsveräußerung 5 195
- bei Kapitalgesellschaften 5 129
- bei Personengesellschaften 5 111, 114
- Organschaft 5 111

- Steuerpflicht, Beginn 5 146
- Steuersubjekt 5 90, 114

Globalsicherheiten, Freigabeverpflichtung 2 188 f.

GmbH
- „Unterbilanz", einfache 4 592 ff.
- & Co. KG s. GmbH & Co. KG
- allgemeine Satzungsbestimmungen 4 447
- als Gesellschafterin 4 74
- Anteile
  - Abtretung 4 169
  - Andienungspflicht mit Ankaufsrecht 4 437, 439
  - eindeutige Bezeichnung im Vertrag 2 109
  - Einziehung 4 108, 441 ff.
  - Teilung 4 168, 435
  - Veräußerung 4 168
  - Vererblichkeit 4 188, 445
  - Verfügbarkeit 4 435 ff.
  - Vinkulierung 2 82; 4 37
  - Vorkaufsrecht der weiteren Gesellschafter 4 437 f.
  - zwangsweise Abtretung 4 441 ff.
- Aufnahme weiterer Gesellschafter 4 168
- Außenverhältnisse 4 419 ff.
- Bilanzierung 4 425 f.
- Buchführung 4 425 f.
- Dauer 4 416
- Eigenkapitalersatz s. Eigenkapitalersatz
- Einlagen 4 407 ff.
  - Bar- 4 410
  - Fälligkeit 4 413
  - Misch- 4 412
  - Sach- 4 411
  - Verfahren der Einforderung 4 560
- Ergebnisverwendung 4 430 ff.
- Firma 4 395 ff.
  - Fantasie- 4 396 f.
  - Misch- 4 396 f.

1000

- Namens- **4** 396 f.
- Sach- **4** 396 f.
- Geschäftsführung **4** 422 ff.
  - allgemeine Satzungsbestimmungen **4** 423
  - konkreter Bestellungsakt **4** 424
  - zustimmungspflichtige Geschäfte **4** 422
- Geschäftsjahr **4** 417
- Gesellschafter **4** 407 ff.
  - Abfindung **4** 446
  - Ausschließung **4** 441 ff.
  - Dienstleistungspflichten **4** 418
  - Einwendungsrechte **4** 428 f.
  - Gruppen **4** 414 f.
  - Kontrollrechte **4** 427
  - Kündigung **4** 174 f., 440
  - Nutzungsüberlassungspflichten **4** 418
  - Öffnungsklausel bei Wettbewerbsverbot **4** 433 f.
  - Stämme **4** 414 f.
  - Stimmrecht **4** 428 f.
  - Tod **4** 445
  - Wettbewerbsverbot **4** 433 f.
- Gesellschafter-Geschäftsführer
  - Kündigung **4** 587, 590
- Gesellschafterversammlung **4** 428 f.
  - Ort **4** 93
- Gesellschafterwechsel **4** 168
- Gewinne **4** 431 f.
- Gründung **6** 40
- Gründungskosten **4** 447
- Handwerks- **4** 41
- innere Ordnung **4** 419 ff.
- Kapitalverlust von 1/2 **4** 595
- Namensrechte **4** 398 f.
- Satzung, möglicher Inhalt **4** 79
- Sitz **4** 400 f.
- Stammkapital **4** 404 ff.
  - Mindest- **4** 120
- Strukturänderungen **4** 435 ff.
- Unternehmensgegenstand **4** 402 f.
- verdeckte Gewinnausschüttungen **4** 418
- Verluste **4** 430
- Vertrag, Checkliste **Anh** 23
- vertragliche Grundlagen **4** 395 ff.
- Vertragsänderung **4** 227
- Vertretung **4** 419 ff.
  - Festlegung des konkreten Umfangs **4** 424
- Vor-, Handelndenhaftung bei **6** 40 ff.
- Wettbewerbsverbot
  - Befreiung **4** 150
  - gesetzliches **4** 149 ff.
  - Öffnungsklausel **4** 150

GmbH & Co. KG
- Anteile
  - Anbietungspflicht mit Ankaufsrecht **4** 474
  - Ankaufsrechte **4** 469, 474
  - Bestimmungen bzgl. Verfügung über **4** 466 ff.
  - eingeschränkte Veräußerlichkeit **4** 468
  - freie Veräußerlichkeit **4** 467, 470 f.
  - freie Vererblichkeit **4** 475
  - qualifizierte Nachfolgeregelung **4** 476 ff.
  - Vorkaufsrechte **4** 469, 472 f.
- Beteiligungen, Bestimmungen bzgl. Verfügung **4** 466 ff.
- beteiligungsidentische **4** 450
- Einheits- **4** 451
- Einmann-, Zulässigkeit **4** 42
- Erscheinungsformen **4** 449 ff.
- Firma **4** 336 f., 454 f.
- Fremdorganschaft **4** 126
- Gesellschafter
  - Ausschließung **4** 479
  - Tod **4** 475 ff.
- Identitätsgrundsatz **4** 465

Sachregister

- Publikums- **4** 452
- Rechnungslegung **4** 43
- Schutzpflichten zugunsten Komplementär-KG **2** 39
- Selbstkontrahierung
  - Befreiung **4** 458 ff.
  - Handelsregisteranmeldung der Befreiung **4** 462
- typische **4** 449
- Unternehmensgegenstand **4** 456 f.
- Verzahnung der Gesellschaftsverträge **4** 450 f., 463 ff.

GmbH-Geschäftsführer *s. a. Geschäftsführer; Geschäftsführung*
- Altersversorgung **4** 44
- Anstellungsvertrag, Checkliste **Anh** 19
- arbeitsrechtliche Stellung **4** 44
- Gesellschafter-
  - Kündigung **4** 587
  - Sozialversicherung **4** 44
- Haftpflichtversicherung **4** 36
- Haftung **4** 36
- Haftungsverlagerung auf GmbH, vertragliche **4** 36
- Handelndenhaftung
  - bei GmbH-Gründung **6** 39 ff.
  - vor Eintragung **4** 32
- Sozialversicherung **4** 44
- Wettbewerbsverbot **4** 149 ff.; **6** 179

Grunderwerbsteuer
- anwendbares Recht **5** 11
- bei Austauschverträgen **5** 49 ff.
- bei Gesellschaften **5** 159
- bei Kapitalgesellschaften **5** 127
- bei Personengesellschaften **5** 112
- bei Übertragung von Gesellschaftsanteilen **5** 50 f.
- bei Umwandlung **5** 175, 178 f.
- Bemessungsgrundlage **5** 52
- Entstehung ohne Rechtsträgerwechsel **5** 50

- Kollisionsrecht **5** 11
- Notare, Meldepflichten **5** 75
- Personengesellschaften
  - zur Vermeidung **5** 51
- Steuererklärungspflichten **5** 75
- Steuergegenstand **5** 50 f.
- Steuerklauseln **5** 67
- Steuerschuldner **5** 53

Grundpfandrechte **2** 185
- Sicherungszweck **2** 187

Gutachten, Referenz- **6** 27
Gutachter, Projekt- **1** 335

Haftung
- Ausschlüsse **2** 203
- Begrenzung *s. Haftungsvereinbarungen*
- bei Betriebsübergang **2** 89 ff.; **5** 63
- bei Firmenfortführung **2** 87 f.
  - Ausschluß **2** 88
- bei Vermögensübernahme **2** 86
- beim Erwerb von Gesellschaftsanteilen **2** 93 f.
- Beschränkung *s. Haftungsvereinbarungen*
- Betriebsübernehmer für Betriebsteuern **5** 63
- Deliktische durch Third Party Legal Opinion **6** 28
- des überlegenen Risikoträgers **1** 347
- des Vertreters für eine nicht existente Gesellschaft **6** 38
- des Vertreters ohne Vertretungsmacht **2** 47; **6** 38
- Durchgriff im Gesellschaftsrecht **4** 30
- Erwerber bei Personengesellschaften **5** 116
- Folgen, Regelung **2** 204 ff.
- für Betriebsteuern **5** 63
- für enttäuschtes Vertrauen auf Vertragschluß **1** 216

1002

Sachregister

- für rückständige Leistungen der Gesellschaft 2 93
- für Steuerschulden 5 63
  - Schuldner 5 64 f.
- Gesellschaftsform, als Aspekt bei der Wahl der 4 28 ff.
- Haftung bei Publikums-Kommanditgesellschaft, der Initiatoren und Gründer 6 61
- Handelnden- 6 38 ff.
  - Ausschluß 6 42
  - Begrenzung 6 42
  - bei GmbH-Gründung 6 39 ff.
  - Rechtsprechung 6 41
- Klauseln 6 121
  - überraschende 6 120
- Konzern- 4 30 f.
- Milderungen 2 203
- öffentlich-rechtliche 2 95
- Prospekt- 6 61
- Sachwalter- 6 61
- -risiken aus dem Leistungsaustausch 2 85 ff.
- steuerrechtliche 2 91 f.
  - bei Kapitalgesellschaften 5 131
  - bei Personengesellschaften 5 116
  - des Betriebsübernehmers 5 131
- Überwälzung durch Haftungsklauseln 6 121
- Unbeschränkte, gesellschaftsrechtliche 4 28 f.
- Vereinbarungen s. Haftungsvereinbarungen
- Verjährung, Regelungen über 2 208
- Verschulden, Regelungen 2 203
- Vertrauens-, bei Verschulden bei Vertragsschluß 6 57 ff.
- Vertrauensschaden- 6 36 f.
  - unbegrenzte 6 36
  - Verjährung 6 37

- von Beratern s. Beraterhaftung
- vorvertragliche s. Verschulden bei Vertragsschluß
- wegen Nichtabschluß eines Vertrages 2 22 f.
- wegen Unterkapitalisierung 4 30

Haftungsausschlüsse s. Haftungsvereinbarungen

Haftungsbegrenzungen s. Haftungsvereinbarungen

Haftungsvereinbarungen
- AGB-Kontrolle 2 201, 205
- allgemeine 2 201 ff.
- Haftungsausschlüsse 2 203
- Haftungsbegrenzung
  - bei Third Party Legal Opinion 6 28
- Haftungsbegrenzungen 2 203
- Haftungsbeschränkung
  - durch Einzelvereinbarung 4 28
  - gesellschaftsrechtliche 4 28 f.
  - Klauseln 1 277
- Haftungsfolgen, Regelung 2 204 ff.
- in Letter of Intent 6 18, 22
- Verjährungsregelungen 2 208
- Verschuldensregelungen 2 203
- zum Verschulden bei Vertragsschluß 2 202

Halbteilungsverfahren s. Körperschaftsteuer

Handelsbilanz
- bei Kapitalgesellschaften 5 151
- bei Personengesellschaften 5 137

Handelsregister
- gesellschaftsrechtliche Vertretungsmacht, Eintragung 4 165
- Vorgreiflichkeit des Sitzes 4 93

Handelsvertreter
- Vertrag, Checkliste **Anh** 18
- Vollmacht 6 76 f.

1003

– Wettbewerbsverbot 6 178
Handlungsfreiheit 6 7
Handlungsgehilfe 6 177
Handlungspflichten, nachvertragliche 2 224
Handlungsrahmen, rechtlicher, Vertrag **Einf** 30
Handlungsvollmacht 6 74 ff.
Handwerks-GmbH 4 41
Harvard-Methode **Einf** 24, 28; 1 220, 352, 391
– „nächstbeste Alternative" 1 375
Hauptleistungspflichten s. *Leistungspflichten*
Hauptversammlung der Aktiengesellschaft 4 132 ff., 535 ff.
Haustür-Widerrufsgesetz 6 217
Herausgabepflichten 2 223
Hinweispflichten, bei Formerfordernissen 2 31

Individualverträge, gesetzliches Leitbild bei 6 132 ff.
Informationen
– Aktualisieren von 1 31 f.
– als Grundlage der Vertragstaktik **Einf** 40
– als Planungsfaktor 1 24 ff.
– aufgedeckte unvollständige 1 583
– aus Datenbanken 1 241
– besondere 1 25
– erkennbar falsche 1 598 ff.
– fehlende 1 359
– Geben 1 28 f.
– Gefälle **Einf** 40
– in der Ablauforganisation 1 162
– Lücken 1 51
  – bei Verhandlungen unter vier Augen 1 456
  – der Gegenseite 1 516
  – mangelhafte
    – bei Vertragsschluß 1 630
– Nehmen 1 30
– Prüfen 1 31 f.

– Richtigkeit 1 395
– Sammeln 1 26
– ungeordnete 1 251
Informationspflichten
– als Leistungssicherung 2 198
– Verletzung, Regelung der Folgen 2 198
Informationsrechte
– als Leistungssicherung 2 198
– bei partiarischem Rechtsverhältnis 2 157
Informelle Streitbeilegung s. *Außergerichtliche Konfliktbeilegung*; *Außergerichtliche Streitbeilegung*
Ingenieure, Haftung 1 80
Insolvenz
– Abbedingung von Normen 2 63
– des Vertragspartners 2 63 ff.
– Erlöschen von Verträgen 2 63
– Reife einer Gesellschaft 4 596
– Vermögensverschiebungen vor -, Anfechtung 6 96
– Verschleppung, Haftung des GmbH-Geschäftsführer 4 36
– Verwalter
  – Anfechtungsrecht bei Vermögensverschiebungen 6 96
  – Wahlrecht bzgl. Vertragserfüllung 2 63
Insolvenzverwalter s. *Insolvenz*
Institutionen der Außergerichtlichen Konfliktbeilegung s. *Außergerichtliche Konfliktbeilegung*
Interessen
– des Vertragspartners, Erforschung 1 398
– Eigene, Verdeutlichung 1 398
Interessensicherung, gegenseitige **Einf** 15
Internationales Privatrecht **Einf** 12; 2 4
– Rechtswahl s. *Rechtswahl*

Internationales Zivilprozeßrecht, Gerichtsstandsvereinbarungen *s. Gerichtsstandsvereinbarungen*
Irrtum, Motiv 2 217

Jahresabschluß 4 564 ff.
– bei Aktiengesellschaft, Zuständigkeit 4 565
– Frist 4 566
– Prüfung 4 567
– Verfahren 4 568
– Zuständigkeit 4 564 f.

Kapitalertragsteuer
– Abführungspflicht 5 164
– Doppelbesteuerungsabkommen, Verminderung durch 5 164
– Halbeinkünfteverfahren 5 164
– Meldepflicht 5 164
Kapitalgesellschaft *s. a. GmbH, Aktiengesellschaft*
Kapitalgesellschaften
– Abfindungsregelung, Erforderlichkeit 4 203
– als Körperschaften *s. Körperschaften*
– Anschaffungskosten, steuerliche Behandlung 5 130, 191 ff.
– Anteile
  – Abschreibung 5 60, 130
  – Ertragsteuern auf Gewinnausschüttungen nach Übertragung 5 59
  – notarielle Übertragung 5 170
  – Zurechnung bei Gewinnverteilung 5 170
– Anzeigepflicht bei Tätigkeitsaufnahme 5 156
– Ausfallhaftung der Gesellschafter 4 32
– Ausschließung eines Gesellschafters 4 182, 185
  – Gestaltungsrechte der weiteren Gesellschafter 4 184

– Bareinlagen 4 119
– Betriebsstätte
  – in Deutschland 5 123
– Betriebsvermögen
  – Nutzungsüberlassung 5 125
  – Transfer 5 125
  – Umfang 5 125
  – Verkehrsgeschäfte über 5 125
– Differenzhaftung, allgemeine 4 32
– Drittorganschaft, Möglichkeit der 4 39
– Eigenkapitalersatz *s. Eigenkapitalersatz*
– Eigenkapitalschutzsystem, dualistisches 4 33
– Einmann-, Zulässigkeit 4 42
– Entnahme 5 118
– Erbschaftsteuer 5 128
– Ergebnisabführungsvertrag 5 117
– Ergebniszurechnung
  – Zeitpunkt 5 122
  – Zufluss 5 122
– Erwerb von Anteilen, Haftung beim 2 93
– Finanzierung 5 124
– Fremdkapital 5 124
– Fremdorganschaft 4 126, 160
– Gerichtsstand, allgemeiner 4 93
– Geschäftsjahr 5 153
– Gesellschafter
  – ausländischer 5 123
  – Darlehen 5 124
  – Darlehen eines ausländischen 5 124
  – Dienstleistungsverpflichtungen 5 150
  – getrennte Besteuerung 5 126
  – Vergütungen 5 150
  – Wechsel 5 170 f.
– Gesellschafterdarlehen, in der Insolvenz 2 64 f.
– Gesellschaftervergütungen 5 119

1005

Sachregister

- Gewerbesteuer 5 129
  - Anrechnung 5 126
- Gewinnausschüttungen 5 117
  - nach Anteilsübertragung 5 59
  - phasengleiche Aktivierung 5 122
  - Rückzahlung 5 171
  - steuerfreie 5 126
  - Vermögensauskehrung als 5 198
  - Vorab- 5 171
- Gewinne 4 138 f.
- Gewinnermittlung 5 151
- Gewinnverteilung 5 152
- Gewinnzurechnung 5 117
  - bei Anteilsübertragung 5 170
- Grunderwerbsteuer 5 127
  - bei Anteilsübertragung 5 127
- Gründung
  - Stufen- 4 34
- Gründungsgesellschaft 5 155
- Gründungskosten, Abwälzung 5 154
- Haftung in der Gründungsphase 4 32 ff.
- Haftung, steuerrechtliche 5 131
- Haftungsbeschränkung 4 28 f.
- Halbeinkünfteverfahren, bei Anteilsveräußerung 5 197
- Handelndenhaftung vor Eintragung 4 32
- Handelsbilanz, Unterschied zu Steuerbilanz 5 151
- Kapitalaufbringungsvorschriften 4 32
- Kapitalerhaltungsvorschriften 4 32
- Kapitalerhöhung
  - Schütt-aus-hol-zurück-Verfahren 4 35
  - Verrechnung mit Altforderungen 4 35
- Kapitalherabsetzung 5 118
- Liquidation 5 198 f.

- Änderung der Steuererklärungspflichten durch 5 199
- Änderung des Wirtschaftsjahres durch 5 199
- Kapitalrückzahlung bei 5 198
- Mehrmütterorganschaft 5 117
- Namensrechte 4 87
- non profit-, verdeckte Gewinnausschüttungen in 5 120
- Nutzungsüberlassung durch Gesellschafter in der Insolvenz 2 64 f.
- Offenlegungspflicht, Verletzung 4 43
- Pensionsrückstellungen 5 119
- Publizität 4 43
- qualifizierte Nachfolgeklausel, Folgen 4 197
- Rechnungslegung 4 43
- Sacheinlage
  - verdeckte 4 34 f.
- Sacheinlagen 4 119; 5 148
- Schachtelprivileg 5 123
- Sitz 4 91
- Stammkapital 5 124
- Steueranrechnung 5 126
- steuerrechtliche Existenz, Beginn 5 155
- steuerrechtliche Kriterien 5 117 ff.
- Testamentsvollstreckung 4 201
- Tochtergesellschaft, phasengleiche Aktivierung von Gewinnausschüttungen 5 122
- Tod eines Gesellschafters, Gestaltungsmöglichkeiten 4 189 ff., 197
- Typenmischung mit Personengesellschaften 4 448
- Übertragbarkeit, von Anteilen 4 37
- Veräußerung 5 197

Sachregister

- verdeckte Gewinnausschüttungen *s. verdeckte Gewinnausschüttungen*
- Vererblichkeit von Anteilen 4 38
- Verluste 4 136
- Verlustzurechnung 5 117
- Vertreter korrekte Bezeichnung 6 108
- Vollstreckungstitel gegen Wirkung 4 81
- Vorgesellschaft 6 40
- Vorgründungsgesellschaft 5 155; 6 40
- Wettbewerbsverbot
  - steuerliche Konsequenzen 5 147
  - zulasten eines Gesellschafters 4 143

Kartellrecht
- Ausschließlichkeitsbindungen 2 78
- Bedeutung 6 145
- europäisches *s. EG-Kartellrecht*
- Fusionskontrolle 2 75
- Verstösse, Rechtsfolgen 6 145

Kartellverbot, allgemeines *s. EG-Kartellrecht*

KG *s. Kommanditgesellschaft*

Know-how
  s. a. Geheimnisschutz
- Schutz 6 53
- Übernahme durch Besteller 1 330
- Vertrag, Checkliste **Anh** 21

Kommanditgesellschaft
- als Gesellschafterin 4 73
- Anteile
  - Schenkungen 4 359 f.
  - Übertragung im Rahmen vorweggenommener Erbfolge 4 359 f.
- Beendigung 4 361
- Bilanzierung 4 351
- Buchführung 4 351
- Entnahmen 4 351
- Firma 4 336
- Geschäftsführung 4 338 f.
  - Widerspruchsrecht des Kommanditisten gegen 4 339
- Gesellschafter
  - Ausscheiden 4 354
  - Beitritt 4 354
  - Stimmrecht 4 340
  - Wechsel 4 356 f.
- Gesellschafterbeschlüsse 4 340
- Gewinn 4 350
- Kommanditist
  - als Mitunternehmer 5 85 ff.
  - Einlage durch Abbuchung vom Konto des Anteilsübergebers 4 360
  - gesplittete Einlage 4 347
  - Haftsumme 4 346 ff.
  - Haftung 4 344 ff.
  - Haftung bei Eintritt 4 349
  - Haftung vor Eintragung 4 349
  - Informationsrecht 4 341
  - Kontrollrecht 4 341
  - Neueintritt als 4 360
  - Pflichteinlage 4 345, 347
  - Rückzahlung der Haftsumme 4 348
  - Tod 4 361
  - Übertragung des Anteils unter Lebenden 4 356 f.
  - Umwandlung in Komplementär 4 358
  - Vererblichkeit des Anteils 4 188
  - Vermeidung der Eintrittshaftung des 2 94
  - vertragliche Änderungen des Kontrollrechts 4 342
  - Wettbewerbsverbot 4 148, 343
  - Widerspruchsrecht gegen Geschäftsführung 4 339
  - Wiederaufleben der Haftung 4 348
- Komplementär

– Umwandlung in Kommanditist 4 358
– Publikums-, Haftung der Initiatoren und Gründer 6 61
– Sitz 4 336
– Strukturänderungen 4 353 ff.
– Umwandlung der Gesellschafterstellung 4 358
– Verlust 4 350
– Vertrag, Checkliste **Anh** 24
– Vertretung 4 352
– Zweck 4 335
Kommanditist *s. Kommanditgesellschaft*
Kommunikation
– als Planungsfaktor 1 92 ff.
– Ankündigungspolitik, Gesichtsverlust 1 330
– bei Vertragsverhandlungen 1 427 ff.
– Bereitschaft zu 1 379
– Formen, männliche /weibliche 1 424
– gruppendynamische Prozesse 1 93
– im Projektteam 1 95, 461
– in der Ablauforganisation 1 162
– Lösung von Konflikten durch 1 607
– Mißverständnisse, erkennbare 1 583 f.
– offene Informationspolitik 1 667
– Störungen 1 126
– Umgang mit der Presse 1 668
– Unternehmenskultur 1 94 ff.
– Unterstützung durch Unternehmensberater 1 668
– Wiederherstellen 1 571
– Zusammenwirken im Team 1 461
Kommunikationstheorie, moderne **Einf** 65
komplexe Vertragsprojekte **Anh** 26 ff.

– Alternativen **Anh** 29
– Dritte, als andere Beteiligte **Anh** 32
– Due Diligence **Anh** 28
– Erfüllung **Anh** 45
– finanzielle Mittel **Anh** 31
– Informationen **Anh** 28
– Leistungsänderungen **Anh** 44
– Planung **Anh** 27
– Risikobewertung **Anh** 34, 41
– Störfaktoren **Anh** 33
– Verhandlungsregie
   – bei Austauschverträgen **Anh** 40
   – bei gesellschaftsrechtlichen Verträgen **Anh** 40
– Vertragsauflösung **Anh** 46
– Vertragscontrolling **Anh** 47
– Vertragsdesign **Anh** 37 ff.
   – bei Austauschverträgen **Anh** 38
– Vertragsdurchführung **Anh** 43 ff.
– Vertragsschluß, Organisation **Anh** 42
– Vertragsverhandlungen **Anh** 40 ff.
– Vertragsverhandlungen, Abbruch **Anh** 41
– vorvertragliche Vereinbarungen **Anh** 36
– Wirksamkeit des Vertrages, Herbeiführen **Anh** 43
– Zeitrahmen **Anh** 30
Konfliktbeilegung, Außergerichtliche *s. Außergerichtliche Konfliktbeilegung; Außergerichtliche Streitbeilegung*
Konflikte
– interne 1 615 ff.
– Lösung durch Kommunikation 1 607
Konfliktmanagement von Verträgen
– Bedeutung der Außergerichtlichen Konfliktbeilegung 7 30 ff.
– Stufen 7 30 ff.

Sachregister

Konkurrenzschutz, als Leistungssicherung 2 200
Konkurrenzschutzklauseln 6 176 ff.
– Alleinvertriebsklauseln 6 181 f.
– Wettbewerbsklauseln
  s. Wettbewerbsverbot
Konkurs s. Insolvenz
Kontokorrentabrede 2 111
Konzern
– Haftung 4 30 f.
  – Rechtsfolgen 4 31
– qualifizierter faktischer 4 30
Konzernrecht, Vernetzung von Verträgen im 6 111
Körperschaften
  s. a. Körperschaftsteuer; Kapitalgesellschaften
– Abschirmungswirkung, bei der Zurechnung von Vermögensgegenständen 5 93
– als Steuersubjekte 5 90
– ausländische Gesellschaftsform als 5 89
– Belastungsvergleich zur Mitunternehmerschaft 5 96 ff.
– doppelte Besteuerung 5 91
– Einnahmen, steuerfreie 5 92
– Formen 5 88
– Gewinnausschüttungen 5 91 f.
  – Quellensteuer 5 91, 123
– Gewinnzurechnung 5 91
– steuerrechtliche Konsequenzen 5 90 ff.
– Thesaurierung, von Gewinnen 5 92
– Verlustzurechnung 5 91
– Zurechnung von Vermögensgegenständen 5 93
Körperschaftsteuer
  s. a. Ertragsteuern; Körperschaften
– Anrechnungsverfahren 5 91, 126
– Halbeinkünfteverfahren 5 92, 95, 126

– bei Kapitalertragsteuer 5 164
– Steuersatz 5 92, 95
– verdeckte Gewinnausschüttung, Wettbewerbsverbot 4 155 f.
Kosten
– „cheapest cost avoider" 1 331
– Aufwand 1 274
– Ersparnis durch Außergerichtliche Konfliktbeilegung 7 41 ff.
– Tragung, Vereinbarung 2 235
– Transaktions- 7 42
– Vermeidung als Alternativlösung 1 331
Kreativität
– bei Lösungen 1 392
– im Planungsverfahren 1 171, 173
Kreditsicherheiten
– Sicherungsabreden s. Sicherungsabreden
– Sicherungsmittel 2 183 ff.
– typische 2 182 ff.
Krise
– Verhinderung durch Verträge **Einf** 31
– Vertrag in der s. Vertrag in der Krise
Krisenmanagement, Ablauforganisation 1 148
Krisensituationen 1 159 ff.
Kündigung 6 213
– aus wichtigem Grund 2 214 f.
– außerordentliche 2 214 f.
– bei Dauerschuldverhältnissen 6 93 ff.
– des Schuldbeitretenden 2 194
– eines Gesellschafters s. Gesellschafter
– Frist 2 213
– ordentliche 2 213
– Recht zur bei Tod des Vertragspartner 2 66

Langzeitverträge 1 49
Leasing, Vertragstypus 2 118

1009

Leistungen
  s. a. Leistungsinhalt, Gegenleistung
- Änderung *s. Leistungsänderungen*
- Beschaffenheit
  - Garantie für 2 134 ff.
  - Vereinbarungen über 2 132 ff.
  - Zusicherung von 2 134 f.; 6 118 ff.
- Bestimmungsrechte *s. Leistungsbestimmung*
- Bezugsquellen von Rohstoffen 1 331
- Definition 2 131
- Dritter 1 347; 2 145; 6 109 f.
  - Vorbehalt der Erbringung durch 6 109
- Geld- *s. Geldleistung*
- Inhalt *s. Leistungsinhalt*
- Ort, Vereinbarung über 2 227
- Pflichten *s. Leistungspflichten*
- Qualitätsebenen 1 330
- Qualitätsprüfungen 1 331
- Sach- *s. Sachleistung*
- Sicherung *s. Leistungssicherung*
- technische 1 204
- Verweigerung *s. Leistungsverweigerungsrecht*
- Vollzug 2 209
- Vorleistung, Verantwortlichkeit für 2 145
- Zeit 2 146

Leistungsänderungen
- als Alternativlösung 1 330
- als Änderung der Rahmenbedingungen 1 659
- Flexibilität 1 112
- in AGB 1 659
- Verhandlung über 1 658
- Vertragsdurchführung 1 656

Leistungsbestimmung
- durch Dritte 2 168
- durch Schiedsgutachten 2 168

- grobe Unbilligkeit, vertragliche Festlegung von Maßstäben 2 168
- Recht zur 2 151, 167 f.

Leistungsinhalt 1 204; 2 128 ff.
- bei Typenmischung 2 137 f.
- Definition 1 347
- in Vertragsanlagen 1 269
- Sachleistung *s. Sachleistung*
- technische Leistungen als 1 204
- Verhandeln über 1 551 f.

Leistungsort, Vereinbarung über 2 227

Leistungspflichten 6 116
- Änderungen **Anh** 44
- beschreibende Klauseln, AGB-Kontrolle 6 130
- Erfüllung **Anh** 45
  - als Heilung eines Formmangels 6 207
- Haupt- 2 129 f.; 6 116
  - Abgrenzung zu Nebenpflichten 6 117
  - Beschreibung 6 116
  - Parteidisposition über 2 130
  - Rechtsfolgen einer Verletzung 6 117
  - salvatorische Klauseln bzgl. 2 230
  - Vertragsauslegung 6 116
- nachvertragliche 2 222 ff.
- Neben- 2 129 f.
  - Abgrenzung zu Hauptpflichten 6 117
  - besondere 2 221
  - Rechtsfolgen einer Verletzung 6 117
- Nebenabreden, AGB-Kontrolle 6 130
- Obliegenheiten 2 130
- wechselseitige 2 7

Leistungssicherung 2 173 ff.; 6 150 ff.
- Abschlagszahlungen 6 151
- Akkreditiv 6 157
- allgemeine 2 196 ff.

Sachregister

- Anwartschaftsrechte 2 179
- Anzahlungen 6 151
- Break fee-Vereinbarungen 6 159
- Bürgschaft *s. Bürgschaft*
- Drittsicherheiten 2 192 ff.
- Eigentumsvorbehalt 6 152
- Garantie *s. Garantie*
- Geheimnisschutz 2 199
- gesetzliche Formerfordernisse bei 2 17
- Gewährleistung 2 173
- Globalsicherheiten, Freigabeverpflichtung bei 2 188 f.
- Informationspflichten 2 198
- Informationsrechte 2 198
- Konkurrenzschutz 2 200
- Kreditsicherheiten, typische 2 182 ff.
- Qualitätssicherungsvereinbarungen 2 177
- Sicherung des Zahlungsflusses 2 191
- Übersicherung 2 184
  - Freigabeverpflichtung bei 2 188 f.
- Versicherungen 2 197
- Vertragsstrafe 6 158
- Vertraulichkeitsvereinbarungen 2 199
- Verwertung
  - freihändige 2 190
  - Klauseln 2 190
- Vormerkung 2 179

Leistungsstörungen
  s. a. Vertrag in der Krise
- Alternativen in Austauschverträgen 1 329 ff.
- Rechtsfolgen, Festlegung 6 149

Leistungsverweigerungsrecht
- Ausschluß 2 166
- Leistungsvorbehalte 2 140 ff.

Leistungsvorbehalte
- Arbeitskampf 2 142 f.
  - Klauseln in der AGB-Kontrolle 2 143

- höhere Gewalt 2 141
- Selbstbelieferung 2 141

Leistungszeit, Vereinbarungen über 6 169 ff.

Letter of Intent
- „no binding clause" 6 16
- als kaufmännisches Bestätigungsschreiben 6 19
- Bedeutung, rechtliche 6 20
- Begriff 6 16 f.
- bei gesellschaftsrechtlichen Verträgen, Unverbindlichkeit 6 17
- fehlender
  - Rechtsfolgen 6 21 f.
  - Schadensersatz aufgrund 6 21 f.
- Form 6 19
- Gegenzeichnung 6 19
- Geheimhaltungsvereinbarungen 6 18
- Haftungsvereinbarungen 6 18, 22
- Rechtswirkungen 1 214 ff.
- Unverbindlichkeitsklausel 6 16
- Verschulden bei Vertragschluß aufgrund 6 20
- Vertragsangebot, Unterschied zu 6 16
- Vertragsstrategie 1 229
- Zweck 1 214; 6 18

Literatur, juristische 1 240

Lizenz, Vertrag, Checkliste Anh 21

Lizenz- und Know-how-Vertrag, Checkliste Anh 21

Logik Einf 32 ff.

Lohnsteuer
- Abführungspflicht 5 162
- Anmeldungen 5 162

Machtverhältnisse
- als Planungsfaktor 1 35 ff.
- als psychologische Faktoren 1 380 f.

1011

- bei Außergerichtlicher Konfliktbeilegung 7 37
- bei Vertragsdurchführung 1 643 f.
- bei Vertragsgestaltung **Einf** 11
- bei Vertragsplanung 1 202
- bei Vertragsverhandlungen 1 380, 566, 592
- Sprachstil 1 295
- Verhandlungsregie 1 500
- Verhandlungsstil 1 402

Mahnung, bei Verzug 6 172
Makler, Verschulden bei Vertragsschluß 6 62
Management, als Serviceaufgabe **Einf** 52
Maßnahmen, organisatorische **Einf** 72
Mediation 7 54
  s. a. *Außergerichtliche Konfliktbeilegung; Außergerichtliche Streitbeilegung*
- „Michigan Mediation" 7 60
- als Form der Außergerichtlichen Konfliktbeilegung 7 5
- Familien- 7 19
- Gesellschaft für Wirtschaftsmediation und Konfliktmanagement 7 22
- im Arbeitsrecht 7 21
- im öffentlichen Bereich 7 20
- in den USA 7 25 ff.
- Kombination mit Schiedsverfahren 7 58
- Kosten 7 44
- Wirtschafts- 7 21 f.

Memorandum of Understanding 6 24 f.
- Geschäftsgrundlage, Festlegung 6 25

Mexican Shoot-Out s. *Mexikanisches Duell*
Mexikanisches Duell
- als Alternativlösung bei Austauschverträgen 1 334
- als Alternativlösung bei gesellschaftsrechtlichen Verträgen 1 337 ff.
- Macht 1 350

Mietvertrag, über Gewerbeimmobilie, Checkliste **Anh** 20
Minderjährige
- Ergänzungspflegschaft 2 50
- Geschäftsfähigkeit 2 67
- Vertretung 2 50
  - Genehmigung durch Vormundschaftsgericht 2 50

Mind-mapping 1 191, 256 ff.
Mißbrauch, einer marktbeherrschende Stellung, Verbot s. *EG-Kartellrecht*
Mitbestimmungsrecht 4 45
Mitunternehmerschaft s. a. *Personengesellschaften* 5 84 ff.
- atypische stiller Gesellschafter, als Mitunternehmer 5 87
- ausländische Gesellschaftsform als 5 89
- Belastungsvergleich zu Körperschaften 5 96 ff.
- gemeinsame Einkünfteerzielung 5 90
- Gewinnzurechnung 5 91
- Kommanditist als Mitunternehmer 5 85 ff., 139
- Mitunternehmer, Begriff 5 85
- Mitunternehmererlaß 5 110, 184 f.
- Mitunternehmerinitiative 5 85
- Mitunternehmerrisiko 5 85 ff.
- Option zur Körperschaftsteuer 5 94
- steuerrechtliche Konsequnzen 5 90 ff.
- Steuersubjekt 5 90
- Verlustzurechnung 5 91
- Zurechnung von Vermögensgegenständen 5 93

Mitwirkungspflichten

Sachregister

- bei Hauptleistungspflichten
  2 144
- des Bestellers 1 330

Nachfrist
- bei Verzug
  - angemessene 6 170
  - Entbehrlichkeit 6 173
  - Vereinbarung über Angemessenheit 6 171
- Klauseln über 6 170 ff.
Nachfristklauseln 6 170 ff.
Nebenleistungspflichten
  s. Leistungspflichten
Notare
- als Berater 1 58, 61
- Meldepflichten
  - bei Grunderwerbsteuer 5 75
  - bei Übertragung von Gesellschaftsanteilen 5 79
Nutzungsüberlassungsvertrag, bei Betriebsaufspaltung s. Betriebsaufspaltung

Obliegenheiten 2 130
Offenbarungspflichten
- bei gesellschaftsrechtlichen Verträgen, Verschulden bei Vertragsschluß bei Verletzung 6 59
Offene Handelsgesellschaft
- Abfindung 4 327
  - Kapitalkonten 4 320
  - Umfang des Guthabens 4 320
- als Gesamthandsgemeinschaft
  4 310
- als Gesellschafterin 4 73
- Bilanzierung 4 322
- Buchführung 4 322
- Dienstleistungen, Einbringung von 4 313
- Doppelgesellschaften 4 297
- Einzelvertretungsbefugnis 4 324
- Entnahmen 4 321
- Firma 4 298 ff.
- Firmenfortführung 4 300
- Firmenzusätze 4 299
- Gesamtvertretungsbefugnis
  4 324
- Geschäftsanteil, Verfügung über 4 325
- Geschäftsführer, Dritte als
  4 323
- Geschäftsführung 4 323
- Gesellschafter
  - Beiträge 4 311 ff.
  - Darlehenskonto 4 319
  - Gesellschaftsanteil 4 318
  - Informationsrecht 4 308
  - Kapitalanteil 4 318 ff.
  - Kapitalkonten 4 319 f.
  - Konten 4 318 ff.
  - Leistungsstörungen bei Einlageerbringung 4 315 ff.
  - Pflichten 4 303 ff.
  - Rechte 4 303 ff.
  - Rücklagenkonto 4 319 f.
  - Stimmrecht 4 303 ff.
  - Tod 4 326
  - Umfang der Beitragspflicht
    4 314
  - Verlustsonderkonto 4 319
  - Vermögensanteil 4 318
  - Wettbewerbsverbot 4 309
- Gesellschafterbeschlüsse
  4 304 f.
- Gewerbebetrieb 4 296 f.
- Handelsgesetzbuch, Voraussetzungen nach 4 295
- Jahresabschluß 4 322
- rechtliche Selbständigkeit
  4 310
- Sacheinlagen 4 312
- Sacheinlagen, Einbringung zur Nutzung 4 312
- Selbstorganschaft 4 323
- Sitz 4 301
- Unternehmensgegenstand 4 302
- vertragliche Grundlagen
  4 295 ff.
- Vertretung 4 324

– Wettbewerbsverbot, gesetzliches 4 146 f.
– Zweck 4 296 f.
Öffentliches Recht
– Bedeutung für private Verträge 6 4, 142 f.
– Beschränkungen durch 2 75 ff.
– Einfluß auf Erreichung des Vertragszwecks 2 79
– Verbot durch 2 75, 78
– Verwaltungsakt mit belastender Drittwirkung 2 77
– Vorkaufsrecht 2 83
OHG s. Offene Handelsgesellschaft
Option 6 35, 183
– als Vertragsform 6 35
– Ausübung 6 35
– Formerfordernisse 6 35, 183
– Gegenleistung für Einräumung 6 35, 183
– Unterschied zu Vorvertrag 6 183

Partnerschaft s. Partnerschaftsgesellschaft
Partnerschaftsgesellschaft
– Bezeichnung 4 83, 85
– Firma 4 83, 85
– Gesellschafter
  – Pflichten 4 330
  – Rechte 4 330
  – Nachteile 4 329
  – Vorteile 4 329
Pensionsrückstellungen
– bei Kapitalgesellschaften 5 119
– bei Personengesellschaften 5 104
Personengesellschaft
  s. a. Gesellschaft bürgerlichen Rechts; Offene Handelsgesellschaft; Kommanditgesellschaft; Stille Gesellschaft; Partnerschaftsgesellschaft; Mitunternehmerschaft

Personengesellschaften
– Abfindungsregelung, Erforderlichkeit 4 202
– Änderungen im Gesellschafterbestand 2 58
– Anschaffungskosten, steuerliche Behandlung 5 115, 191
– Anteile
  – anteilige Übernahme bei Eintritt 5 169
  – Anwachsung bei Ausscheiden 4 108
  – Übernahme eines ausscheidenden Gesellschafters 5 167
– Aufdeckung stiller Reserven bei Eintritt eines Gesellschafters 5 168
– Auflösung durch Kündigung eines Gesellschafters 4 174
– Ausschließung eines Gesellschafters 4 180, 182
  – Gestaltungsrechte der weiteren Gesellschafter 4 184
– Beiträge, Verfahren der Einforderung 4 559
– Beteiligung, Abtretung 4 170
– Betriebsaufgabe 5 196
– Betriebsstätte in Deutschland 5 107, 123
– Betriebsveräußerung 5 195
– Betriebsvermögen
  – Nutzungsüberlassung 5 109 f.
  – Sonder- 5 109, 142
  – Transfer 5 109 f.
  – Umfang 5 109 f.
– Drittorganschaft, Ausschluß der 4 39
– Entnahmen 5 103
  – von Verbindlichkeiten 5 103
– Erbschaftsteuer 5 113
– Ergebniszurechnung, Zeitpunkt 5 106
– Erwerb von Anteilen, Haftung beim 2 94
– Festkapitalkonto 5 135

1014

- Finanzierung 5 108
- Gerichtsstand, allgemeiner 4 93
- Gesamthandsvermögen, Einlagen zum 4 119
- Geschäftsjahr 5 143 f.
  - bei Umsatzsteuer 5 144
  - Umstellung 5 143
  - vom Kalenderjahr abweichendes 5 144
- Gesellschafter
  - ausländischer 5 107
  - Darlehen 5 108
  - Einbringung bei Eintritt 5 168
  - Einkünftezurechnung 5 90 f.
  - Eintritt 5 168
  - Eintritt durch anteilige Übernahme 5 169
  - Eintrittshaftung 2 94
  - Ergänzungsbilanz bei Eintritt 5 168
  - Kapitalerhöhung bei Eintritt 5 168
  - Nachhaftung 2 58
  - steuerliche Folgen aus der Handelsbilanz 5 137
  - Tätigkeitsvergütungen 5 142
  - Vergütungen 5 136 f.
  - Vergütungen für Nutzungsüberlassungen 5 142
  - Verlustausgleich 5 135
  - Wechsel 5 167 ff.
- Gesellschafter-Geschäftsführer
  - Kündigung 4 588
- Gesellschafterkonten, sonstige 5 135
- Gesellschaftervergütungen 5 104
- Gesellschaftsvertrag
  - möglicher Inhalt 4 79
  - steuerliche Konzeption 5 133 ff.
- Gewerbesteuer 5 111, 114
  - pauschalierte Anrechnung 5 95, 114

- Gewinne 4 138 f.
- Gewinnermittlung 5 136 f.
- Gewinnvorab 5 104
- Gewinnzurechnung 5 102, 138
- Grunderwerbsteuer 5 112
  - Vermeidung 5 51
- Grundlagengeschäft 4 37
- Grundstücke als Einlageobjekte 5 140
- Gründungskosten 5 145
- Haftung, steuerrechtliche 5 116
- Handelsbilanz 5 137
  - Überleitungsrechnung 5 137
- Kapital 5 108
- Kapitalkonto 5 135
  - Übernahme eines ausscheidenden Gesellschafters 5 167
- Kündigung eines Gesellschafters
  - Wirkung 4 174 f.
- Liquidation 5 196
- Mitunternehmerschaft
  s. Mitunternehmerschaft
- Nachfolgeklauseln 4 195 f.
- Namensrechte 4 87
- Pensionsrückstellungen 5 104
- Privatkonto 5 135
- qualifizierte Nachfolgeklausel
  - Verhältnis zu den Erben 4 195
  - Verhältnis zum Eintrittsberechtigten 4 196
- Quoten, Ergebniszurechnung nach 5 138
- Rechnungslegung 4 43
- Rückgewähr von Gegenständen
  - eines Gesellschafters 4 220
  - Gestaltung 4 222
- Rücklagenkonto 5 135
- Sacheinlagen 5 140 f.
- Schulden
  - Befreiung eines Gesellschafters von 4 221
  - Gestaltung der Befreiung eines Gesellschafters von 4 223

- Selbstorganschaft 4 39, 125, 160
- Sicherheitsleistung, Befreiung eines Gesellschafters von 4 221, 223
- Sitz 4 91
- Sonderbetriebsvermögen 5 109, 142
  - Zurechnung daraus resultierender Gewerbesteuer 5 142
- Steueranrechnung 5 111
- Steuerbilanz 5 137
- steuerliche Existenz, Beginn 5 146
- steuerrechtliche Kriterien 5 102 ff.
- stille Reserven 5 103
- Testamentsvollstreckung 4 199 f.
- Tod eines Gesellschafters 4 38, 189 ff.
- Typenmischung mit Kapitalgesellschaften 4 448
- Übertragbarkeit der Gesellschafterstellung 4 37
- Umwandlung 2 60
- Veräußerung 5 195
- Veräußerungserlöse verdeckte Zahlung 5 138
- verdeckte Gewinnausschüttungen 5 105
- Vererblichkeit der Gesellschafterstellung 4 38
- Verlust, Teilnahme der Gesellschafter am 4 137
- Verlustausgleich 5 135
- Verlustzurechnung 5 102, 138
- Verrechnungskonto 5 135
- Verschmelzung, Bewertungswahlrecht 5 173 ff.
- Vertragsänderung 4 227
- Vollstreckungstitel gegen, Wirkung 4 81
- Wettbewerbsverbot zulasten eines Gesellschafters 4 142
- Zwischenabschluß bei Eintritt eines Gesellschafters 5 169

Personenhandelsgesellschaften
s. *Personengesellschaften*

Pflichten
- Beschreibung in Präambel 6 113
- Leistungs- s. *Leistungspflichten*

Planungsfaktoren 1 21 ff.
- bei der Vertragsstrategie 1 2
- Berater 1 53 ff.
- Bewertung 1 22
- Beziehungen 1 35 ff.
- Entschlossenheit 1 98 ff.
- finanzielle Mittel 1 46 ff.
- Flexibilität 1 104 ff.
- Informationen 1 24 ff.
- Kommunikation 1 92 ff.
- Liquiditätsplanung 1 48
- Machtverhältnisse 1 35 ff.
- Phasen 1 22
- Planungspfeil als Werkzeug 1 22
- Prioritäten 1 43
- Projektteams 1 50 ff.
- Refinanzierung 1 48 f.
- Störfaktoren 1 119 ff.
- Strukturen, feste 1 104 ff.
- Verfahren s. *Planungsverfahren*
- Zeitrahmen 1 39 ff.

Planungsfehler
- als Störfaktor 1 124

Planungsverfahren
- Brainstorming 1 173
  - Denkverbote 1 617
- Kreativität 1 171, 173
- Perspektivwechsel 1 173
- Phasen 1 172
- Prioritäten, Setzen von 1 173, 178
- Situationsanalyse 1 173

positive Vertragsverletzung 1 311

Präambel 2 103 ff.; 6 112 f.
- Auslegung des Vertrages 6 113
- bei Dauerschuldverhältnissen 6 113
- Definitonenkatalog 6 113

- Dokumentationsfunktion 2 107
- Erläuterungsfunktion 2 106
- Funktion 6 112
- Inhalt 6 113
- Struktur 2 108
- Umfang 6 113
- Vertragsinhalt 6 113

Preis *s. a. Vergütung*
- Absprachen, Verträge über 6 145
- Klauseln *s. Wertsicherungsklauseln*

Preisgleitklauseln, Flexibilität 1 112
Preisklauseln *s. Wertsicherungsklauseln*
Prinzipien, Festhalten an Einf 42
Privatautonomie 6 7
Projektmanagement 1 334
- bei komplexen Vertragsprojekten Anh 35

Projektteam
- als einheitliche Anlaufstelle 1 51
- als Planungsfaktor 1 50 ff.
- Auswahl der Leitung 1 52
- bei der Vertragsdurchführung 1 647 f.
- Binnenstruktur 1 50
- Kommunikation 1 95, 461
- Kompetenzen für Vertragsdurchführung 1 648
- Koordinierung mit Berater 1 56
- nach Vertragsschluß 1 103
- Teamwork 1 261 f.
- Zusammenarbeit mit Beratern 1 648

Projektverträge, als Arbeitsplattformen 1 230
Prokura 6 73
Prorogation *s. Gerichtsstandsvereinbarungen*
Protokolle
- interne 1 528
- Vereinbarung über 1 528

psychologische Faktoren Einf 33; 1 38, 378 ff.
- „Freude am Untergang" 1 578
- Agressivität bei Vertragskrisen 1 675 f.
- bei der Verhandlungsorganisation 1 447
- Denkverbote 1 616 f.
- Eigenschaften der Parteien, ideale 1 379
- emotionale Sachverhalte, Reaktionen auf 1 395
- Emotionen bei Vertragskrisen 1 677
- hinter Argumenten 1 381
- in Verhandlungsszenarien 1 374 f.
- Lüge 1 386 f.
- Machtsignale 1 380 f.
- Mißtrauen 1 385
- Streß bei Vertragskrisen 1 673
- unbewußte Motive 1 382
- Vertrauen 1 385 ff.
- Verweigerungshaltung, irrationale 1 342
- Wahrheit 1 386 f.

Publizitätspflichten 4 569 ff.
- bei großen Gesellschaften 4 573
- bei kleinen Gesellschaften 4 571
- bei mittelgroßen Gesellschaften 4 572
- betroffene Gesellschaften 4 569
- Sanktionen 4 574
- Umfang 4 570

Qualitätssicherung, Vereinbarungen über 2 177
Quellensteuer *s. Steuerrecht*

Rabatt 2 164
Rangfolge von Regelungen 2 113
- interne 2 127
Realteilung *s. Umwandlung*
Rechnungslegung
- Sanktionen 4 43
- Vorschriften 4 43

1017

Recht
- anwendbares 2 225 f.
- dispositives 1 351, 358
  - der Vertragstypen 2 117 f.
  - Interessenlage bei Abweichung 6 140
- Formulierungen, rechtliche 1 443
- Rechtsordnung, fremde 1 498
- Überprüfung 1 358
- zwingendes Einf 12; 2 114 ff.
Rechte, Beschreibung in Präambel 6 113
Rechtsanwälte
- als Berater 1 58
- als Informationsbroker 1 144
- als Krisenmanager 1 144
- als Vertragsmanager 1 144
- Aufgaben Einf 57
- Ausländische, Zusammenarbeit mit 5 28 f.
- bei Vertragsverhandlungen Einf 62 f.
- Einbeziehung, frühzeitige 1 55 ff.
- Einschaltung in Vertragskrisen 1 669, 671 f.
- Haftung 1 80
- in der Vertragsdurchführung 1 637
- Interessenkonflikt bei Vertragskrisen 1 672
- spezialisierte Sicht Einf 64
- Tätigkeit
  - als Service 1 148, 155
  - wesentliche 1 151
- Zusammenarbeit mit Steuerberatern 5 20
Rechtsformwechsel s. Umwandlung
Rechtsmanagement
- als Risikomanagement 1 139 ff.
- in der Ablauforganisation 1 159 ff.
- in der Aufbauorganisation 1 148, 150 ff.
- Kosten 1 164 ff.
- Nutzen 1 167 ff.
- Outsourcing 1 166 f.
Rechtsprechung 1 239
- als Leitlinie 1 312
Rechtsstaatsprinzip 6 7
Rechtswahl 2 225 f.
- ausdrückliche 2 32
- Deliktstatut 2 226
- freie 6 191
- Klauseln über 6 191 f.
- UN-Kaufrecht 2 225
  - Ausschluß 6 192
- Verbraucherverträge nach EGBGB 6 72
- Vertragssprache als konkludente 2 32
Regelungssysteme außerhalb des Vertragstextes
- Allgemeine Geschäftsbedingungen s. Allgemeine Geschäftsbedingungen
- Einbeziehung 2 119 ff.
- Fassung, jeweils geltende 2 120
- gesetzliche 2 119
- untergesetzliche 2 119 f.
- Verweisung auf 2 119 f.
  - Auslegung 2 120
- von Dritten 2 119 f.
Registerstand
- bei Geschäften über GmbH-Geschäftsanteile 2 109
- bei Grundstücksgeschäften 2 109
Rente, Preisverrentung s. Vergütung
Risiko
- „cheapest insurer" 1 332
- „superior risk bearer" 1 333
- Absicherbarkeit 1 127
- Begrenzung durch Teilprojekte 1 111
- Beherrschung 1 390

1018

- bei Verträgen **Einf** 13 ff.
- Beschreibung im Vertragstext 1 630
- Bewertung 1 127 ff.
  - bei komplexen Vertragsprojekten **Anh** 34, 41
  - bei Verträgen **Einf** 13
  - objektive 1 556
  - offene Differenzen über 1 583, 585
- Einschätzung 1 176
- einseitige Überwälzung durch AGB 1 277
- Ermessensspielräume, Interpretation von 1 346
- Erscheinungsformen in Verträgen 1 219 f.
- Faktoren 1 128 ff.
  - bei Verträgen **Einf** 15
  - Kalkulation 1 694
- finanzielles 1 127
- gesetzliche Verteilung, Gewährleistung als 2 132
- in der Phase zwischen Abschluß Durchführung 1 650 f.
- Kategorien 1 347
- kaufmännisches **Einf** 16
- Kunden-, Begrenzung 1 333
- künftiger Leistungsänderungen 1 656
- künftiges 1 31
- Management *s. Risikomanagement*
- Minderung durch Wahl der Gesellschaftsform 4 29
- neu erkanntes 1 583
- Pilotprojekt- 1 218
- Prognosen **Einf** 16 f.; 1 112
  - objektive Beschreibung der 1 556
- rechtliches **Einf** 16; 1 127
- steuerliches 5 21 ff.
- Vereinbarungen über 5 64
- strafrechtliches 1 154; 6 5

- Streik-, Leistungsvorbehalt bzgl. 2 142 f.
- Streit-, Verminderung 1 335 f., 353 f.
- technisches **Einf** 16; 1 127
- Übernahme
  - durch den Überlegenen 1 333
  - durch Dritte 1 332
  - verbindliche **Einf** 19
- Unbekanntes, Entdeckung 1 390
- Unterschätzung, erkennbare 1 583
- Verhältnis der -faktoren 1 128
- Vermeidung 1 331, 347
- Verschiebung, versuchte 1 359
- Verteilung **Einf** 22; 1 389 f.
  - durch Verträge **Einf** 14
  - individuelle Anpassung 1 325
  - Modelle 1 345
  - ökonomische Analyse vertraglicher 1 343 f.
- Zonen, Isolierung 1 353
- Zufalls- 1 349 f.
- Zuweisung, gesetzliche 1 345
Risikomanagement, rechtliches 1 139 ff., 559
Rückabwicklung des Vertrages
- als geordneter Rückzug 1 683 f.
- als Schadensbegrenzung 1 683
- aufgrund Vertragskrise 1 682 ff.
- Bereicherungsrecht 6 215 f.
- Modus, Vereinbarung 2 78
- Optionen zur Vermeidung 1 685
- Vertrauensschutz bei 6 215
- zur Sicherung von Restvorteilen 1 683
Rücktrittsrecht 2 216
- gesetzliches 6 214
- vertraglich vereinbartes 6 214
Rügepflichten, bei Gewährleistung 2 175

Sacheinlagen
- als Einbringung 5 180 f.

Sachregister

– bei Aktiengesellschaften
   4 513 ff.
– bei der GmbH   4 411
– bei Kapitalgesellschaften
   5 148
– bei Personengesellschaften   5 140 f.
– verdeckte   5 182
Sachleistung
– als Hauptleistungspflicht
   2 129 f.
– Arten   2 129 ff.
– Definition   2 131
– Mitwirkungspflichten des Ver-
   tragspartners   2 144
– Modalitäten   2 139
– Sicherung   2 173 ff.
– Substutitionsbefugnis   2 145
– Vorbehalte   2 140 ff.
– Zeit   2 146
Sachverständiger, externer   1 335
salvatorische Klauseln   2 217,
   230 f.; 6 189
– als Ersetzungsklauseln   2 231
– bei Hauptleistungspflichten
   2 230
– Heilung unwirksamer AGB-Klau-
   seln durch   2 217
– Mißverständlichkeit   1 314
– Wirkungen   2 231
Schaden
– Berechnung bei Verzug   2 172
– Erfüllungsinteresse   6 59
– Ersatz für   *s. Schadensersatz*
– Vertrauens-   6 36, 58
– Verzugs-   2 172
Schadensersatz
– pauschalierter   2 205, 207
– wegen Nichterfüllung   6 59
– bzgl. Garantie   2 174
Scheinvertrag   6 86 f.
Schiedsgerichtsvereinbarungen
   2 233 f.; 6 184 ff.
   *s. a. Außergerichtliche Streitbei-
   legung*

– Formerfordernisse   6 187
– mit Verbrauchern, Formerforder-
   nisse   6 187
– mündliche   6 187
– Nachteile   6 186
– Schiedsgericht, Zuständig-
   keit   6 184
– Schiedsrichterbestellung   6 184
– Vorteile   6 185
– wesentliche Vereinbarungen   2 234
Schiedsgutachten
– als Außergerichtliche Konfliktbeilegung   7 2, 57
– Leistungsbestimmung durch
   2 168
– Vereinbarung   2 232
Schiedsklauseln   2 232 ff.
Schiedsrichter, Bestellung in
   Schiedsgerichtsvereinbarung
   6 184
Schiedsverfahren
– „Michigan Mediation"   7 60
– als Außergerichtliche Konfliktbeilegung   7 57
– Kombination mit Mediation
   7 58
– Schiedsgericht   7 2
– spezielle
   – als Außergerichtliche Konfliktbeilegung   7 59
– vor institutionellem Schiedsgericht   2 234
Schiedsvertrag   *s. Schiedsgerichtsvereinbarungen*
Schlichtung
   *s. a. Außergerichtliche Konflikt-
   beilegung; Außergerichtliche
   Streitbeilegung*
– als Außergerichtliche Konfliktbeilegung   7 55
Schriftform   2 10; 6 200 ff.
– Ausschluß der formlosen Abbedingung   2 229

– bei Partnerschaftsgesellschaft
   4 64
– digitale Signatur **6** 205 f.
– EWIV, reduzierte bei Gründung
   4 65
– gewillkürte **6** 201
– Klauseln **2** 229; **6** 65, 193
– Probleme **2** 26 ff.
– Telefax **6** 202 ff.
Schuldbeitritt, als Drittsicherheit
   2 194
Schutz
– Pflichten zugunsten Dritter
   2 37 ff.
– Wirkung zugunsten Dritter, Vertrag mit **2** 37 ff.
Schutzpflichten, vor Vertragsabschluß **6** 47
schwierige Verhandlungssituationen **Einf** 66; **1** 568 ff.
– „Basarspiele" **1** 592
– „Bilanz der Entschuldigungen"
   1 570, 587, 607
– Abblocken von Vorschlägen, stereotypes **1** 589
– Änderung von Anweisungen
   1 618
– Argumente
   – offensichtlich unlautere
     1 602 ff.
   – verdeckte Schein- **1** 602
– Behebung **1** 570
– Denkverbote **1** 616 f.
– Destruktion **1** 605 ff.
– Drohungen **1** 581
   – versteckte **1** 613
– Fallgruppen **1** 582
– Fehlen innerer Stabilität **1** 620
– Forderungen
   – ultimative **1** 549, 581
   – unsinnige **1** 578 f.
   – zu geringe **1** 593 f.
   – zu hohe **1** 592
– formalisiertes Verhalten **1** 589
– Gefühlsausbrüche **1** 588

– Gefühlsschwankungen **1** 619 ff.
– Informationen, erkennbar falsche
   1 598 ff.
– Irreführung, bewußte **1** 600
– Kommunikation, Wiederherstellen der **1** 571
– Konflikte
   – interne **1** 615 ff.
   – Lösung durch Kommunikation **1** 607
– Konfrontation, offene **1** 609
– Krisen, offene **1** 571 ff.
– Lösungsmöglichkeiten
   – praktische **1** 574
   – theoretische **1** 573
– Machtspiele **1** 605 ff.
– Manipulation
   – von Meinungen **1** 602 ff.
   – von Tatsachen **1** 598 ff.
– Mißverstehen, bewußtes **1** 612
– Nachgeben, heuchlerisches
   1 610 f.
– neutrale Probleme **1** 583 ff.
– Notlüge **1** 600
– Pattsituationen
   – Auflösen von **1** 579 f.
   – unverschuldete **1** 553, 585
– pessimistische Einschätzung
   1 619
– Prinzipienreiterei **1** 610 f.
– Skepsis, latente **1** 612
– Strategie der Leere **1** 575 ff.
– Symptome, Beschreibung der
   1 572
– Tagesordnung, Diskutieren der
   1 526
– Taktieren **1** 591 ff.
   – Erkennen von **1** 591
– Tatsachen
   – Verdrängung von **1** 598 ff.
   – Verheimlichung von **1** 598 ff.
– Unhöflichkeiten **1** 614
– Unpünktlichkeit **1** 587
– Unzuverlässigkeit **1** 587

1021

- Ursache, Ermittlung der   1 573
- Verantwortlichkeit   1 669
- Verdachtsäußerungen, fragwürdige   1 602
- Verhaltensweisen, allgemeine   1 569 ff.
- Vertragsdurchführung, Folgen bei der   1 569
- Vertragsklauseln, bewußt unklare   1 598 ff.
- Vier-Stufen-Plan bei offenen Krisen   1 571 ff.
- Zugeständnisse, Zurücknehmen von   1 595
- Zusagen, inhaltsleere   1 596
- Zweifel, unbegründete   1 597

selbständiges Beweisverfahren   6 220 f.
Sicherheitsleistung, bei Verschmelzung   2 61 f.
Sicherungsabreden   2 186 ff.
- AGB-Kontrolle   2 187
- Freigabeklauseln   2 189
- Freigabeverpflichtung   2 188
- Sicherungszweckabrede   2 187
- Übersicherung   s. *Leistungssicherung*
- Verfügungsbefugnis des Sicherungsgebers   2 187

Sicherungsabtretung   s. *Abtretung*
Sicherungsübereignung   2 183
Sicherungszession   s. *Abtretung*
Sicherungszweck   s. *Sicherungsabreden; Grundpfandrecht*
Signatur, digitale   6 205 f.
Sittenwidrigkeit
- bei Globalzession   2 184
- Grundrechte   6 102
- Kasuistik   6 103
- Rechtsfolgen   6 104
- subjektiver Tatbestand   6 105
- von Rechtsgeschäften   6 101 ff.
- von Verträgen   **Einf** 12; 6 12
- Wucher   2 147; 6 106
- Zeitpunkt   6 102

Skonto   2 164
Software
- Grafik-   1 191
- mit Textscanner   1 243
- Suchsysteme   1 244
- Textretrieval-   1 244 f., 260
- zum Vertragscontrolling   1 688
- zur Vertragsdesign-Unterstützung   1 242 ff., 260
Sozialklauseln   6 7
Sozialrecht, zu beachtende Bestimmungen bei privaten Verträgen   6 6
Sozialversicherung
- Abführungspflicht   5 162
- Anmeldungen   5 162
Spaltung   s. *Umwandlung*
Sprache
- Fach-   1 282
- Fach-, juristische   1 283
- Fremd-   1 284 ff.
- Konjunktiv als Werkzeug   1 421
- Sprachebenen   1 280 ff.
- Stil   s. *Sprachstil*
- Umgangs-   1 281, 358
- Verständnishorizont   1 286
- Vertragsdesign   1 289 ff.
Sprachstil   1 285 ff.
- Arten   1 289
- Befehlsform   1 295
- destruktiver   1 295
- Eleganz   1 297
- Gesichtsverlust   1 296
- konstruktiver   1 291 ff.
- Machtpositionen, Ausdruck von   1 295
- neutraler   1 290
- persönlicher   1 292
Standardsituationen, Ablauforganisation   1 159 ff.
Standardverträge
- AGB-Gesetz (ab 1. 1. 2002: §§ 305 ff. BGB)   **Einf** 12; 1 276 ff.
- Entwurfsregie   1 232

- für Standardsituationen **1** 154
Standby Letter of Credit **6** 156
Steuerberater
- als Berater **1** 59
- ausländische, Zusammenarbeit mit **5** 28 f.
- Haftung **1** 80
- Zusammenarbeit mit Rechtanwälten **5** 20

Steuerbilanz
- bei Ertragsteuern **5** 161
- bei Kapitalgesellschaften **5** 151
- bei Personengesellschaften **5** 137

Steuern
  s. a. Steuerrecht
- aufgrund Prüfung anfallende, Vereinbarung über Tragung **2** 235

Steuerrecht **5** 107, 123
  s. a. Steuern
- anwendbares **5** 9 ff.
- Anzeigepflicht
  - bei ausländischer Beteiligung **5** 157
  - bei ausländischer Betriebsstätte **5** 157
  - bei Beteiligungserwerb **5** 157
  - der Aufnahme eines Gewerbebetriebs **5** 79
  - von Beteiligungen im Ausland **5** 79
- Aufbewahrungsfristen **5** 202 f.
- ausländische Rechtssysteme **5** 14 ff.
- bei Austauschverträgen
  s. Steuerrecht bei Austauschverträgen
- bei gesellschaftsrechtlichen Verträgen *s. Steuerrecht bei gesellschaftsrechtlichen Verträgen*
- Betriebsprüfung *s. Betriebsprüfung*
- Doppelbesteuerungsabkommen **5** 14 ff.
- Anrechnungsverfahren bei **5** 91
- Betriebsstätte in Deutschland **5** 107
- direkte Steuerbefreiung **5** 107
- Quellensteuer **5** 91, 123
- Einbehaltungspflichten **5** 80 f.
- Erklärungspflichten **5** 204
  - Verschiebung mit Geschäftsjahr **5** 144
- Folgen
  - Planung **5** 1 ff.
- Fristen **5** 71 ff.
- Gestaltungsmöglichkeiten
  - Mißbrauch **5** 3 f., 8
  - Priorität **5** 19
- Gewerbesteuer
  s. Gewerbesteuer
- Haftung
  - des GmbH-Geschäftsführer **4** 36
  - für Steuerschulden **2** 91 f.; **5** 63
  - Schuldner **5** 64 f.
- in Deutschland **5** 15 ff.
- internationales **5** 9 ff.
- Kapitalertragsteuer *s. Kapitalertragsteuer*
- Kollisionsrecht **5** 9 ff.
- Körperschaften *s. Körperschaften*
- Lohnsteuer *s. Lohnsteuer*
- Meldepflichten **5** 71 ff., 156 ff., 204
  - besondere **5** 79
  - des Notars **5** 75, 79
- Mitunternehmerschaft
  s. Mitunternehmerschaft
- Planung, Unsicherheit bei **5** 21
- Quellensteuer auf ausländische Gewinnausschüttungen **5** 91
- rechtsformabhängige Besteuerung **5** 6
- rechtsformunabhängige Besteuerung **5** 94

- Steueranrechnung
  - bei Kapitalgesellschaften 5 126
  - bei Personengesellschaften 5 111
- Steuerbefreiung, direkte 5 107
- Steuererklärungspflichten 5 71 ff.
- Steuernachzahlung nach Übernahme eines Gesellschaftsanteils 5 70
- Steuerpflichtiger, Konsequenzen für 5 64 f.
- steuerrechtliche Folgen
  - aus dem Vertrag 2 99 ff.
    - Berücksichtigung 2 100
    - Planung 2 101
- Steuervorauszahlungen, Auskünfte zur Bemessung 5 78
- Umsatzsteuer s. Umsatzsteuer
- Umwandlungsteuer s. Umwandlung
- verbindliche Auskunft, Zeitpunkt des Antrags auf 5 26
- Verbrauchsteuern s. Verbrauchsteuern
- zivilrechtliche Gestaltung, Auswirkungen 5 19

Steuerrecht bei gesellschaftsrechtlichen Verträgen 5 82 ff.
- Bedeutung 5 6 ff.
- Umstrukturierung 5 7, 166 ff.

Steuerrecht bei Austauschverträgen 5 30 ff.
s. a. Steuerrecht
- Bedeutung 5 1 ff.
- Checkliste 5 33
- Durchführung 5 71 ff.
- Ertragsteuern 5 57 ff.
- Formvorschriften 5 30 f.
- Grunderwerbsteuer 5 49 ff.
- Rückbeziehung von Verträgen 5 61 f.
- schriftliche Dokumentation 5 31

- Steuerklauseln 5 64 ff.
- Umsatzsteuer 5 34 ff.
- Verbrauchsteuern 5 55
- Verkehrsteuern 5 49
- Vertragssprache 5 32
- Zölle 5 54

Steuerrecht bei gesellschaftsrechtlichen Verträgen
s. a. Steuerrecht
- bzgl. laufender Geschäftstätigkeit 5 165
- Durchführung 5 156 ff.
- Gesellschaftsbeendigung 5 194 ff.
- Gründung 5 132 ff.
- Konzeption von Gesellschaftsverträgen 5 132 ff.
- Planung 5 82 ff.
- Umwandlung s. Umwandlung

stille Beteiligung s. Stille Gesellschaft

Stille Gesellschaft
- als Innengesellschaft 4 362
- atypische 4 364, 370, 377, 379
  - als Mitunternehmerschaft 5 87
- Auflösung 4 376
- Auseinandersetzung 4 377 f.
- Beendigung 4 376 ff.
- gesetzliche Regelung 4 362 ff.
- innere Organisation 4 372
- Nachteile 4 365
- partiarische Rechtechtsverhältnisse, Abgrenzung zu 2 156; 4 363
- Schenkung. im Wege vorweggenommener Erbfolge 4 365 f.
- stiller Gesellschafter
  - Einlageleistung 4 367
  - Gewinnbeteiligung 4 368
  - Haftung 4 371
  - Kontrollrechte 4 370
  - Kündigungsrecht 4 374 f.
  - Nachschußpflicht 4 369

- Pflichten 4 367 ff.
- Rechte 4 367 ff.
- Tod 4 374 f.
- Überwachungsrechte 4 370
- Verlustbeteiligung 4 369
- Strukturänderungen 4 374 f.
- Unternehmer, Tod 4 374 f.
- Verlust, Teilnahme des Stillen am 4 137
- Vertretung 4 373
- Vorteile 4 365
- zur Beteiligung von Familienangehörigen
  - Voraussetzungen 4 366
  - Vorteile 4 365

Störfaktoren
- Gewährleistungsfälle 1 205
- Kommunikationsstörungen 1 126
- nach Vertragschluß 1 122 f.
- Planungsfehler 1 124
- Reaktion auf 1 121
- Verzug 1 125

Strafrecht, Bedeutung für private Verträge 6 144
Streit, Vermeidung 1 347
Streitbeilegung
- Außergerichtliche, Abrede über *s. Außergerichtliche Streitbeilegung*
- informelle *s. Außergerichtliche Konfliktbeilegung; Außergerichtliche Streitbeilegung*

Streitschlichtung *s. Außergerichtliche Konfliktbeilegung; Außer gerichtliche Streitbeilegung*
Strohmanngeschäfte 6 87
Subventionen, staatliche *s. EG-Beihilfenrecht*
System zur Entwicklung vertraglicher Regeln 1 318 ff.
- „Check and Balance" 1 336 f.
- Alternativlösungen, Entwicklung von 1 328 ff.
- Einflußfaktoren

- auf Risikoakzeptanz 1 343 ff.
- auf Risikoverteilung 1 343 ff.
- emotionale Lagen 1 320
  - Analyse der 1 348
- Entwicklung gesetzlicher Regeln 1 319
- Gerechtigkeit 1 351
- Handlungsabläufe, formale 1 334
- ideelle Interessen, Analyse der 1 348
- Informationen 1 349 f.
- Interessen 1 320
- Komplexität 1 355
- Kontrollrechte 1 357
- Machtverhältnisse 1 320, 348 ff.
- ökonomische Interessen, Analyse der 1 348
- Phasen 1 358 ff.
  - Abduktion 1 362, 366
  - Analogie 1 364, 366
  - Deduktion 1 365 f.
  - Induktion 1 363, 366
  - Vereinbarung 1 365 f.
- Probleme gesetzlicher Lösungen 1 323
- Spieltheorie 1 350
- Thesen 1 320 ff.
- Vertragsnetze 1 367
- Vertragsverhandlungen 1 363
- Vorgehen
  - naives 1 358 f.
  - systematisch richtiges 1 360 ff.
- Vorgehensmodelle, formale 1 334
- Werkzeuge 1 322
- zur negativen Abgrenzung 1 318
Systemverantwortung 1 271; 2 72 f.
- Qualitätssicherungsvereinbarungen 2 177

Tatsachen
- Einschätzung, realistische
  1 388 f.
- Erkennen 1 388
- Orientierung an 1 392
- überraschende neue 1 583
Teamwork, im Projektteam
  1 261 f.
Telefax
- Schriftformerfordernis 6 202 ff.
- Urkundenerstellung mit 6 204
- Zugangsrisiko 6 204
Third Party Legal Opinion
- Bedeutung, rechtliche 6 28
- Begriff 6 26 f.
- Haftung, deliktische 6 28
- Haftungsbegrenzung 6 28
- Interessenkollisionen, mögliche
  6 27
- Rechtsfolgen 6 28
- Verschulden bei Vertragsschluß
  aufgrund 6 28
Treuhandgeschäfte 6 87
Typenmischung s. Vertragstypus
Typenverschmelzung s. Vertragstypus

Übergabe, beim Werkvertrag 2 220
Übertragung von Rechten und
  Pflichten 2 35 ff.
- Abtretung von Ansprüchen
  s. Abtretung
- Drittbegünstigung 2 35 f.
- Schutzpflichten zugunsten Dritter 2 37 ff.
  - Abbedingung 2 40
  - bei GmbH & Co. KG 2 39
- Übergang von Forderungen, Abbedingung 2 44
- Vertragsübergang, antizipierter
  2 45
Umgehungsgeschäfte 6 87
Umsatzsteuer
- „Vorsteuerguthaben", Abtretung
  5 47 f.

- anwendbares Recht 5 10
- auf Gründungskosten 5 145
- auf Teilleistungen 5 74
- auf Vergütungen 2 161
- Ausgangsumsatz 5 35 ff.
- bei Austauschverträgen 5 34 ff.
- bei Betrieb als Sacheinlage 5 141
- bei Betriebsaufgabe 5 196
- bei Betriebsveräußerung 5 195
- Belegnachweis 5 43, 46
- Bemessungsgrundlage 5 40
- Einbehaltungspflichten 5 80
- Einfuhr- 5 56
- Entstehung 5 74
- Erfassungszeitpunkt 5 74
- Fristen 5 73
- Geschäftsjahr bei 5 144
- Kollisionsrecht 5 10
- Option 5 38
  - bei Anteilsveräußerung 5 197
- Rechnung 5 43, 46
- Sonderprüfung 5 73
- Steuerbefreiung 5 38
  - bei Anteilsveräußerung 5 197
- Steuerentstehung 5 45 f.
- Steuererklärung, Abgabefrist
  5 158
- Steuererklärungspflichten
  5 72 ff.
- Steuerklauseln 5 66
- Steuersatz 5 39
- Steuerschuld, Zahlung 5 73
- Steuervergütungsanspruch,
  Abtretung 5 47 f.
- Umsatz, steuerbarer 5 36
- Unternehmer 5 37
- vereinbarter Preis
  - als Bruttopreis 5 34
  - als Nettopreis 5 66
- Voranmeldungen 5 73, 158
- Vorsteuer, in Voranmeldungen
  5 74
- Vorsteuerabzug 5 41 ff., 46
  - bei Holdinggesellschaften
    5 42

Sachregister

- Vorsteuerberichtigung 5 44
Umwandlung
- Anwachsung 5 187 f.
- bei Umstrukturierung eines Unternehmens 4 52
- Betriebsaufspaltung s. *Betriebsaufspaltung*
- Einbringung 5 180 f.
  - bei Formwechsel 5 179
  - Bewertungswahlrecht 5 181
  - Rückbeziehung des Vertrages 5 181
  - Sacheinlage als 5 180 f.
- Einzelrechtsnachfolge 5 180 ff.
- Formwechsel 5 179
  - Modell 5 193
- formwechselnde 4 511
- Gesamtrechtsnachfolge 5 173 ff.
- Gläubigerschutz
  - Abbedingung 2 62
  - allgemeiner 2 61
- Grunderwerbsteuer bei 5 175, 178 f.
- Mitunternehmeranteil
  - bei Einbringung 5 180
  - bei Realteilung 5 186
- Mitunternehmererlaß 5 184 f.
- Nachhaftung 2 60 ff.
- Realteilung 5 186
  - bei Spaltung 5 178
  - Spitzenausgleich bei 5 186
- Roll-Over-Modell 5 192
- Rückbeziehung von Verträgen 5 62
- Sacheinlage
  - als Einbringung 5 180 f.
  - verdeckte 5 182
- Spaltung 5 176 ff.
  - Bewertungswahlrecht 5 176, 178
  - einer Kapitalgesellschaft 5 177
  - einer Personengesellschaft 5 178
  - Gläubigerschutz 2 62

- step up 5 193
- steuerliche Motivation 5 191 ff.
- steuerrechtliche Konsequenzen 5 172 ff.
- Tauschgutachten 5 184
- Teilbetrieb
  - bei Einbringung 5 180
  - bei Realteilung 5 186
  - bei Spaltung 5 176 f.
- Verschmelzung 5 173 ff.
  - bei Formwechsel 5 179
  - bei Spaltung 5 177 f.
  - Gesellschaften unterschiedlicher Rechtsform 5 174 f.
  - Gläubigerschutz 2 61 f.
  - Kapital- auf Personengesellschaft 5 174
  - mit Steuerausländern 5 175
  - Modell 5 193
  - nach Einbringungsvoschriften 5 175
  - Personen- auf Kapitalgesellschaft 5 175
  - Sicherheitsleistung bei 2 61 f.
  - zu Teilwerten 5 173
  - zu Zwischenschenwerten 5 173
Universalsukzession, von Rechtsverhältnissen 2 66
UN-Kaufrecht
- Geltung 2 225
- Letter of Intent 6 16
- Verzug, Nachfrist 6 173
Unterbeteiligung
- „Dominanz" der Hauptbeteiligung 4 384
- allgemeine Vertragsbestimmungen 4 394
- an minderjährige Familienangehörige, Voraussetzungen 4 382
- atypische 4 381, 391, 393
- Auflösungsgründe 4 390
- Auseinandersetzung 4 389, 391 ff.
- Beendigung 4 384, 389

1027

– Beginn 4 384
– Entnahme 4 385
– Formen 4 381
– Gegenstand 4 380
– Geschäftsführung 4 386
– Gesellschafter
  – Einlagenleistung 4 384
  – Gewinnbeteiligung 4 384
  – Informationsrechte 4 387
  – Kontrollrechte 4 387
  – Pflichten 4 383 ff.
  – Rechte 4 383 ff.
  – Tod 4 384
  – Verlustbeteiligung 4 384
  – Wechsel des Unterbeteiligten 4 388
– Kündigungsrecht 4 384
– Nachteile 4 382
– Vertretung 4 386
– Vorteile 4 382
Unterlassungspflichten 2 224
Unternehmensberater
– als Berater 1 67
– als Unterstützung bei Kommunikation 1 668
– Haftung 1 80
Unternehmensjuristen 1 141 ff.
– Tätigkeit, wesentliche 1 151
Unternehmenskauf
– „share-deal", Gewährleistung bei 2 135
– Break-fee-Vereinbarungen 6 159
– Due Diligence s. Due Diligence
– Ertragsteuern beim Veräußerer 5 57
– Haftung bei Firmenfortführung 2 87 f.
– Steuerklauseln 5 64
– Umwandlung nach 5 191
Unternehmenskultur
– Kommunikation 1 94 ff.
– Verhandlungsstil 1 413
Urkunden s. Formerfordernisse
Verbote, gesetzliche 6 107

Verbraucherkreditgesetz 6 217
– Einwendungsdurchgriff 2 70 f.
– verbundene Geschäfte 2 70
Verbraucherschutz, durch Wettbewerbsrecht 6 218
Verbraucherschutzrecht 6 217 f.
Verbraucherverträge
– nach AGB-Gesetz 6 70 ff., 125
– Katalog mißbräuchlicher Klauseln 6 71, 123
– nach EGBGB 6 72
Verbrauchsteuern
– Anmeldepflichten 5 77
– anwendbares Recht 5 12
– bei Austauschverträgen 5 55
– Kollisionsrecht 5 12
– Meldepflicht 5 163
– Steuerklauseln 5 68
verdeckte Gewinnausschüttungen 5 118, 120 f., 124 f.
– Formerfordernisse 5 121
– Gründungskosten als, übernommene 5 154
– in non profit-Gesellschaften 5 120
– Rückzahlung, Klausel 5 149
– Vermeidung 5 121
– zivilrechtliche Erfordernisse 5 121
Verdingungsordnungen 6 4
Verein
– Gründung, Stadien 6 40
– nach BGB 6 10
Verfassungsrecht
– Berufsfreiheit 6 7
– gesetzliches Leitbild bei Individualverträgen, Grundlage 6 139
– Handlungsfreiheit, bei Vertragsgestaltung 6 7
– Rechtsstaatsprinzip 6 7
– Sozialklauseln 6 7
– Vertragsfreiheit, Einschränkungen 6 7
– Vertragsgerechtigkeit 6 7

Sachregister

Verfügungsbefugnis, des Sicherungsgebers 2 187
Vergaberecht 6 4
Vergütung 2 147 ff.
– Abhängigkeit von Umsatz, Gewinn etc. 2 156 ff.
  – Bemessungsgrundlage 2 157
  – Informationsrechte 2 157
  – Sicherungsmechanismen 2 157
– beschreibende Klauseln, AGB-Kontrolle 6 130
– Bestimmung nach Ermessen
  s. *Leistungsbestimmung*
– Festpreis 2 149
– gesetzliche Regelungen, Abbedingung 2 148
– Mindest- 2 150
– nach Aufwand 2 152
  – Beweislast 2 152
– Nebenabreden, AGB-Kontrolle 6 130
– Preisgleitklauseln 2 153, 219
– Preisklauselverordnung 2 160
– Preisrahmen 2 150 f.
– Preisverhandlungen 1 551 ff.
– Preisverrentung 2 154 f.
– Sittenwidrigkeit 2 147
– Umsatzsteuer auf 2 161
– Wertsicherungsklauseln
  s. *Wertsicherungsklauseln*
– Zurückbehalt, bei Werklohn 2 178
– Zusatz- 1 333
Verhaltensregeln **Einf** 72
Verhältnis zwischen mehreren Verträgen 2 68 ff.
– Einwendungsdurchgriff 2 70
– Formerfordernisse 2 69
– Koordination 2 72
– Systemverantwortung 2 72 f.
Verhandeln im EU-Gesetzgebungsverfahren
– Checkliste 3 150
– Durchführung 3 134 ff.

– EU-Kommission, Kontakt mit der 3 134 ff.
– EU-Rat, Kontakte mit dem 3 146
– Europäisches Parlament
  – Auswahl eines Parlamentariers als Ansprechpartner 3 143
  – Beachtung parteipolitischer Ausrichtung 3 142
  – Kontakt mit dem 3 138, 141 ff.
  – Positionspapier für Parlamentarier 3 144
  – Register für „Lobby-isten" 3 140
  – Treffen mit einem Parlamentarier 3 144 f.
– Identifizierung relevanter Vorhaben, Notwendigkeit 3 129
– Informationsquellen 3 128, 130
– Informationsservice 3 127 ff.
– inoffizielle Gespräche 3 148
– mit EU-Institutionen 3 124 ff.
– Mitgliedstaaten, Kontakte mit 3 146
– Monitoring-Service 3 127 ff.
– notwendige Interessenvertretung 3 124 ff.
– Planung 3 124 ff.
– private Organisationen, Kontakt mit betroffenen 3 131 f.
– Strategiekontrolle 3 151
– Unternehmen, Kontakt mit betroffenen 3 131 f.
– Wirtschaftsverbände, Kontakt mit betroffenen 3 131 f.
– Zeitfaktor 3 147 ff.
Verhandeln mit der EU-Kommission
– Abteilungen innerhalb der EU-Kommission
  – Zusammenarbeit 3 98
  – zuständige 3 96 ff.
– Beauftragung eines Experten 3 90 ff.
– Berührungsängste 3 32

1029

Sachregister

- bzgl. Beihilfenanmeldung
  3 86 f.
- Checklisten   3 100, 120
- Durchführung   3 101 ff.
- Erfahrung
  - im Umgang mit der EU-Kommission   3 91 f.
  - von „Lobbyisten"   3 91
- Erschwernisse   3 32
- Experten   3 90 ff.
  - für Kartellrecht   3 92
  - mit Fremdsprachenkenntnissen   3 94 f.
- Fremdsprachenkenntnisse
  3 94 f.
- informelles Vorgespräch
  3 104 ff.
  - Besetzung einer Unternehmensdelegation bei   3 106
  - Briefing der EU-Kommission
    3 107 ff.
  - im EG-Kartellrecht   3 104
  - Protokollführung   3 109
- Kontaktaufnahme   3 101 ff.
  - per Telefon   3 102
  - Zeitpunkt   3 103
- Kontakte zur „Brüsseler
  Szene"   3 93
- offizielle Anhörungen als Erschwernis   3 118 f.
- offizielles Verfahren   s. EU-Kommission
- Planung   3 29 ff.
- Spielraum im EG-Kartellrecht
  3 49
- Strategie
  - Anpassung nach Verhandlung
    3 110
  - Kontrolle   3 121 ff.
- Unternehmen Kontakte zu   3 93
- Verbände Kontakte zu   3 93
- vertrauliche Informationen Kennzeichnung   3 108
- vor einer Fusionsanmeldung
  3 70, 75

Verhandlungen
  s. a. Vertragsverhandlungen
- als Außergerichtliche Konfliktbeilegung   7 5, 52
Verhandlungen mit der EU-Kommission, bzgl. Marktabgrenzung   3 63
Verhandlungsablauf   1 522 ff.
- Anfangsphase   1 524 ff.
  - Umgehung von Schwierigkeiten in der   1 524 ff.
- Beeinträchtigung durch destruktives Verhalten   1 586 ff.
- Bewertung der eigenen Position
  1 538 ff.
- Eingriffe Dritter   1 583
- Protokolle, Vereinbarung über
  1 528
- Schlußverhandlung
  - mangelhafte Vorbereitung der
    1 630
  - Nachfragen bei der   1 632
- Statements, über strategische
  Ziele   1 529 ff.
- Störfelder   1 534
- Verhandlungsstil   s. Verhandlungsstil
- Vertragsinhalt, Verhandlung
  über   1 529 ff.
- Wesentliches, Priorität des   1 527
Verhandlungsorganisation   1 432 ff.
- „Verhandlungsdrehbuch"
  - Einüben des   1 464, 470
- Abstimmungsprobleme   1 446 f.
- Ad hoc-Verträge   1 432 f.
- Aktenführung   1 487
- Aktennotizen als Beweis   1 434
- Alkohol   1 486
- Arbeitstechnik   1 474 f.
- Ausweichräume   1 494
- Beeinträchtigung durch destruktives Verhalten   1 586 ff.
- Details   1 476 ff.
- Dokumente   1 482

Sachregister

- Einzelfragen, gemeinsames Durcharbeiten von **1** 525 f.
- Entertainment **1** 495
- Entscheidungsmacht **1** 441, 444 f.
- Entwurfsverhandlung **1** 440 f.
- Essen **1** 485
- Gesprächsführung **1** 450
- Getränke **1** 483
- Hilfsmittel
  - Aktenkoffer **1** 488
  - Computer **1** 490
  - E-Mail **1** 492
  - Flip-Charts **1** 480
  - Mobiltelefone **1** 489
  - Projektoren **1** 480
  - Sekretariatsdienste **1** 493
  - Stellwände **1** 480
  - Taschenrechner **1** 491
  - Telefax **1** 492
- interne Aufzeichnungen, Kennzeichnung von **1** 474 f.
- Konferenzen **1** 435
  - ineffiziente **1** 438
  - Planungspunkte bei **1** 452 ff.
  - Verträge als Ergebnis von **1** 438 ff.
  - Verträge ohne **1** 436 f.
- Koordinationsarbeit **1** 447
- Protokolle **1** 481
- Rahmen, laufende Erneuerung **1** 473
- Rauchen **1** 484
- Schlaf **1** 496
- Schlußverhandlung **1** 442 ff.
  - Vorbereitung der **1** 443 ff.
- Sitzordnung **1** 477
- Sprachprobleme **1** 497 f.
- Strategie **1** 440, **1** 450
- Tagesordnung **1** 449 f., 455, 506
  - Abstimmen der **1** 455
  - Diskutieren der **1** 526
  - fehlende **1** 473
- Taktik **1** 446 ff.
- Übersicht, Behalten der **1** 499

- Unterlagen, Vorbereitung **1** 478
- Verhandlungsbedingungen
  - jederzeitiges Treffen von **1** 587
  - überraschendes Verlangen neuer **1** 587
- Verhandlungsort **1** 465 ff.
  - „Heimvorteil" **1** 465 f.
  - am eigenen Ort **1** 465 f.
  - am Ort des Verhandlungspartners **1** 467
  - psychologische Faktoren **1** 466
- Verhandlungspartner, Bedürfnisse der **1** 451
- Verhandlungsregie **1** 449 ff.
  - aktiver Einfluß auf **1** 450
- Verhandlungsteilnehmer **1** 456 ff.
- Verhandlungsthemen **1** 453 f.
  - interne Meinung zu **1** 454
- Verhandlungszeit *s. Zeitplanung*
- Verhandlungsziel
  - formelles **1** 446
  - inhaltliches **1** 446
- Vertragsanlagen **1** 482
- Vertragsschluß, Beweis des **1** 434
- Visitenkarten **1** 479
- visuelle Hilfsmittel **1** 480
- von Einzelunternehmern **1** 447
- Vorbereitung, ungenügende **1** 438
- Vorverhandlung **1** 439
  - mit der öffentlichen Hand **1** 445
- Zettelsystem **1** 475
Verhandlungsregie **1** 500 ff.
- bei komplexen Austauschvertragsprojekten **Anh** 40
- bei komplexen gesellschaftsrechtlichen Vertragsprojekten **Anh** 40
- durch visuelle Hilsmittel **1** 480
- Entwurfsregie **1** 519

– Gesprächsführung 1 500
– Initiative, Ergreifung der 1 505
– Machtverhältnisse 1 500
– Schwerpunkte, Aufdecken von 1 531 f.
– tatsachenorientiertes Verhalten 1 507
– Übernahme 1 504 ff.
  – Verhinderung der 1 506
– Verhandlungsstil 1 507
– Verhandlungsteam s. Verhandlungsteam
– Werkzeuge 1 502 ff.
  – Bestätigungstechnik 1 532
  – Bewerten 1 520
  – Brechen von Regeln 1 513 f.
  – Detaillieren 1 518
  – Dokumentieren 1 519
  – Einsatz der 1 510 ff.
  – Entscheiden 1 521
  – Grundregeln 1 503
  – Informieren 1 516
  – Strukturieren 1 515 ff.
  – Verhindern von Mißverständnissen 1 516
  – Wiederholen 1 512
  – Zusammenfassen der Ergebnisse 1 511
– Zuweisen anhand Tagesordnung 1 506
Verhandlungssituationen, schwierige s. schwierige Verhandlungssituationen
Verhandlungsstil 1 395 ff., 533
– „3-F-Formel" 1 407 ff.
  – Feststellungen 1 407 f., 411
  – Forderungen 1 407 f., 411
  – offene Fragen 1 407 ff.
– als taktischer Vorteil 1 397
– Analyse unsinniger Forderungen 1 578
– Anpassungsstrategie 1 507
– Arbeitsatmosphäre, Schaffung einer 1 400
– Argumentation

– bildhafte 1 400
– Grenzen der 1 401
– Bedeutung 1 397
– Behauptungen, Kontrolle von 1 405
– bei Beanstandungen 1 587
– Bemerkungen, bestätigende 1 420
– Bilanz der Zugeständnisse, Verhandlung über 1 547 ff.
– deutsche Verhandlungspartner, internationale Einschätzung 1 397
– Elemente 1 395
  – Übersicht 1 412
– emotionaler 1 396
– ergebnisorientierter 1 398, 405
– Farbschema, nach De Bono 1 396, 399
– Forderungen
  – inhaltliche 1 535
  – letzte 1 566 f.
  – Reaktion auf 1 536
– Formen, Bewertung der 1 407 ff.
– Fragen 1 549
– Glaubwürdigkeit 1 594
– Hilfsmittel 1 399 ff.
– Informationen, Richtigkeit von 1 395
– Isoliertechnik 1 585
  – bei destruktiver Verhandlungspartnern 1 608
– Klarheit 1 413 f.
– Kommunikation
  – direkte 1 421 ff.
  – indirekte 1 421 ff.
– Kompromißvorschläge
  – aktive 1 557 f.
  – Vermeidung der Ablehnung von 1 558
– Konjunktiv 1 548
– Konsequenz 1 395
– konstruktiver 1 411, 413
– kontrollierender 1 396
– Körpersprache 1 395, 415 ff.

Sachregister

- kreativer **1** 396
- Lösungen, gemeinsames Erarbeiten von **1** 561
- Machtpositionen **1** 402
- Mitgefühl, Darstellung von **1** 395
- Nachfragen, kritisches **1** 405
- Nachgiebigkeit **1** 403
- Objektivität, vermeintliche **1** 400
- Offenheit, durch Fragen **1** 407
- optimistischer **1** 396
- ostasiatisches Verständnis **1** 420 f.
- Perspektiven **1** 396
- pessimistischer **1** 396
- Reden, endloses **1** 420
- Schlußverhandlung **1** 442
- Schweigen **1** 395, 419, 537, 549, 558, 576, 604, 609
- Sprache **1** 395, 415 ff.
- Stilwechsel **1** 413 f.
- Strategie der Leere **1** 575 ff.
- taktische Werkzeuge als Kontrolle der Gegenseite **1** 406
- tatsachenorientierter **1** 396
- Unterbrechungen **1** 419
- Unternehmenskultur **1** 413
- Verhalten **1** 415 ff.
  - andeutendes **1** 425
  - destruktives **1** 402 ff., 407
  - direktes **1** 424 f.
  - emotional richtiges **1** 578
  - indirektes **1** 423
  - konstruktives **1** 405 f., 407
  - neutrales **1** 400 f., 407
- Verhaltensweisen, unterstützende **1** 410
- Verstärkung positiver Ansätze **1** 576 f.
- Wahl eines **1** 397
- Zuhören, aktives **1** 338
- Zumutungen, Ablehnen von **1** 405

Verhandlungsstrategie **1** 368 ff.

- ergebnisorientierte **1** 392
- Interessengegensätze
  - bewußte Verteilung der **1** 389 ff.
  - Verschleierung der **1** 389 f.
- Modelle **1** 388 ff.
- Rückzugslinie **1** 375
- tatsachenorientierte **1** 391 ff.
- Verzicht auf **1** 376
- Vorbereitung **1** 375

Verhandlungstaktik
- Erklärungen, zustimmende **1** 532
- Statements, ablenkende **1** 531

Verhandlungsteam
- Abstimmung, interne **1** 540
- aus der Rolle fallen
  - Kompetenzüberschreitung **1** 462
  - Versprechen nicht einlösen **1** 462
- Denkverbote **1** 616 f.
  - Verfahren zur Verhinderung von **1** 616 f.
- Gruppendynamik **1** 461
- Interessen, einzelner Mitglieder **1** 621
- Konflikte, interne **1** 509
- Rollenspiele **1** 460
- Rollenverteilung **1** 458 f.
- Spannungen im **1** 461
- Verhandlungsführer, Entlastung des **1** 508 f.
- Vorbereitung, interne **1** 457
- Zusammensetzung bei ausländischen Verhandlungspartnern **1** 463
- Zusammenspiel der Mitglieder **1** 509
- Zweierteam **1** 459

Verhandlungsvollmacht **6** 74 f.

Verjährung
- der Haftung, Regelungen **2** 208

1033

- von Gewährleistungsrechten
  2 176, 178
Verkehrsteuer
- Steuerklauseln **5** 67
Verkehrsteuern
- bei Austauschverträgen **5** 49
- bei gesellschaftsrechtlichen Verträgen **5** 159
Vermögensübernahme, Haftung bei **2** 86
vernetztes Denken **Einf** 29 ff., 45 f.
Vernetzung, von Verträgen **6** 109 ff.
Verschmelzung *s. Umwandlung*
Verschulden, Regelungen **2** 203
Verschulden bei Vertragsschluß **6** 56 ff.
- aufgrund Letter of Intent **6** 20
- aufgrund Third Party Legal Opinion **6** 28
- bei Aufklärungspflichtverletzung **6** 45 f.
- bei gesellschaftsrechtlichen Verträgen bei Offenbarungspflichtverletzung **6** 59
- Beweislast **6** 63
- Darlegungslast **6** 63
- des Maklers **6** 62
- durch Erfüllungsgehilfen, Zurechnung **6** 60, 62
- durch Vertreter, Zurechnung **6** 60
- Erfüllungsinteresse, Ersatz des **6** 59
- Haftungsvereinbarungen **2** 202
- Sachwalterhaftung **6** 61
- Vertrauenshaftung **6** 57 ff.
- Vertrauensschaden, Ersatz des **6** 58
- Vertrauensverhältnis, Beginn **6** 57
- Vertrauensverhältnis, vorvertragliches **6** 57
- Vertreter, Eigenhaftung **6** 61 f.

- wegen Nichtabschluß eines Vertrages **2** 22 f.
Verschwiegenheitspflicht aus Arbeitsvertrag **6** 51
Versicherungen
- „cheapest insurer" **1** 332
- als Leistungssicherung **2** 197
Vertrag
- Abschluß *s. Vertragsabschluß*
- Abstimmung mit anderen Verträgen **1** 271
- als Ergebnis von Konferenzen **1** 438 ff.
- als Hilfe bei Vertragsdurchführung **1** 11
- als Mittel zur Krisenverhinderung **Einf** 31
- als niedergeschriebene Konversation **1** 498
- als rechtlicher Handlungsrahmen **Einf** 30
- als vereinbarte Gesetze **Einf** 4 ff.
- als Verknüpfung unterschiedlicher Projektziele **1** 5 ff.
- als Zusammenspiel heterogener Wirkungen **Einf** 31
- Änderung *s. Vertragsänderung*
- einvernehmliche **Einf** 21
- Erleichterung **Anh** 9
- Angebot, Unterschied zu Letter of Intent **6** 16
- Anlagen **1** 269; **2** 236; **Anh** 9
- als Muster **Anh** 10 ff.
- individuelle **Anh** 10
- standardisierte **Anh** 10 ff.
- Anpassung *s. Vertragsanpassung*
- atypische **6** 148
- Auflösung *s. Vertragsauflösung*
- Auslegung *s. Vertragsauslegung*
- Austausch- *s. Austauschverträge*
- Beendigung **2** 212 ff.

Sachregister

- Abfindungen bei **2** 222
- Befristung **2** 211
- Beginn **2** 210
- berufsrechtliche Vorschriften, Bedeutung **6** 144
- Bestandteile, gesetzliche Formerfordernisse für einzelne **2** 16 ff.
- Bestätigungsschreiben, kaufmännisches s. *Bestätigungsschreiben*
- Beweiskraft **1** 226
- Bezeichnung **2** 103 f.; **6** 115
- Beziehung s. *Vertragsbeziehung*
- Bezugnahme auf andere **6** 109
- Bindung durch Kontrolle **1** 13
- Controlling s. *Vertragscontrolling*
- Design s. *Vertragsdesign, Vertragsgestaltung*
- Dokumentation s. *Vertragsdokumentation*
- Durchführung s. *Vertragsdurchführung*
- dynamische Elemente **Einf** 21 ff.
- EG-Recht **Einf** 12; **6** 146
- Erfüllungsansprüche aus **1** 218
- Erstellung s. *Vertragsgestaltung; Vertragsdesign*
- faktische **6** 11
- Flexibilität **Einf** 21
- Formen **1** 217 ff.
- Formular- **6** 64 ff., 122
- Fortgeltung **2** 111
- fremdsprachiger **1** 498
- Fremdsprachiger, und Finanzbehörden **2** 34
- Funktion im Rechtssystem **Einf** 1 ff.
- gegensätzliche Interessen **Einf** 35
- Gegenstand s. *Vertragsgegenstand*
- Geltungsbereich **2** 111 f.
- gemischte **6** 147 ff.
- Erscheinungsformen **6** 148
- rechtliche Einordnung **6** 149
- Gerechtigkeit durch Verfassungsrecht **6** 7
- Gesamtcharakter, Veränderung durch Teilnichtigkeit **2** 230
- Geschichte **Einf** 2 ff.
- gesellschaftliches und soziales Umfeld **Einf** 10
- gesellschaftsrechtlicher s. *gesellschaftsrechtliche Verträge*
- Gestaltung s. *Vertragsgestaltung; Vertragsdesign*
- Gliederung, einheitliche **1** 257
- Grundlagen **2** 102 ff.
- Individual-, gesetzliches Leitbild bei **6** 132 ff.
- individuelle Abreden und AGB-Gesetz **6** 65
- Inhalt s. *Vertragsinhalt*
- Interessensicherung, gegenseitige **Einf** 15
- Internationales Privatrecht **Einf** 12
- Kartellrecht **6** 145
- knebelnde **Einf** 12
- komplexe **Einf** 29 ff.; **1** 435
- komplexe Projekte s. a. *komplexe Vertragsprojekte*
  - Checkliste **Anh** 26 ff.
- Krise s. *Vertrag in der Krise*
- Laufzeit **2** 211
- Leistungsinhalt s. *Leistungen; Leistungsinhalt*
- Management s. *Vertragsmanagement*
- mit ausländischen Vertragspartnern **1** 210 ff.
- mit Schutzwirkung zugunsten Dritter **2** 37 ff.
- modularer Aufbau **1** 268, 353
- Motive **1** 529 f.
- mündlicher **1** 228
- Muster s. *Vertragsmuster*

1035

- Nichtigkeit
  - aufgrund gesetzlichen Verbots **6** 107
  - aufgrund Sittenwidrigkeit **6** 104
  - öffentlich-rechtliche Vorschriften, Bedeutung **6** 142 f.
  - ohne Konferenzen **1** 436 f.
  - ohne Verhandlungskonferenzen **1** 436 f.
- Options *s. Option*
- ostasiatisches Verständnis **Einf** 3, 18, 22 ff.
- Planung *s. Vertragsplanung*
- Präambel *s. Präambel* **2** 105 ff.
- psychologische Faktoren **Einf** 33
- Rahmen- **1** 108; **2** 111
  - Strukturvorgaben in **Anh** 12
  - Unterschied zum Vorvertrag **6** 34
- Rangfolge von Regelungen **2** 113
- rechtliche Einheit nach § 139 **2** 25
- Regeln **Einf** 34
- Risiken **Einf** 13 ff.
- Risikobewertung **Einf** 13
- Risikofaktoren **Einf** 15
- Risikoprognosen **Einf** 16 f.
- Risikoverteilung **Einf** 14
- Rubrum **2** 103 f.
- Rückabwicklung *s. Rückabwicklung des Vertrages*
- Rückbeziehung **5** 61 f.
- Schadensersatzansprüche aus **1** 218
- Schein- **6** 86 f.
- Schlußbestimmungen **6** 188 ff.
- schriftlicher **1** 228
- Sittenwidrigkeit **Einf** 12; **6** 12
- Sprachfassungen, unklare **1** 498
- Standard- **Einf** 12
- statische Elemente **Einf** 21 ff.
- stilistische Eigenschaften **1** 231
- strafrechtliche Vorschriften, Bedeutung **6** 144

- Strategie *s. Vertragsstrategie*
- Strohmanngeschäfte **6** 87
- Struktur **1** 1, 263 ff.
  - komplexer Individualverträge **1** 268
  - Mängel **1** 264
  - Vorschläge **1** 265; **2** 1 ff.; **4** 1 ff.; **5** 1 ff.
- strukturloser **1** 263
- Strukur
  - einheitliche **Anh** 9
- System *s. Vertragssystem*
- Taktik *s. Vertragstaktik*
- tatsächliche Basis **Einf** 54
- Teilnichtigkeit, Abbedingung der **2** 230
- Treuhandgeschäfte **6** 87
- Typus *s. Vertragstypus*
- über Lizenzen
  - Kartellrecht **6** 145
- über Preisabsprachen
  - Kartellrecht **6** 145
- über Wettbewerbsbeschränkungen
  - Kartellrecht **6** 145
- Übergang, antizipierter **2** 45
- Überschrift **2** 103
- Umgehung **2** 97 f.
- Umgehungsgeschäfte **6** 87
- Unwirksamkeit, schwebende **2** 81
- Urkunde, einheitliche **1** 434
- Vergleichs- **1** 228
- Verhältnis zu Gesetzen **2** 113 ff.
- vernetztes Denken **Einf** 29 ff.
- Vernetzung mehrerer **6** 109 ff.
- Verstöße **1** 311
- Vertragssprache *s. Vertragssprache*
- Verwaltung *s. Vertragsverwaltung*
- Vor- *s. Vorverträge*
- Vorbemerkung *s. Präambel*
- Vorbereitung *s. Vertragsvorbereitung*

- wesentliche Regelungspunkte, Festlegung **6** 25
- Wirksamkeit **1** 226, 649 f.
  - Einfluß öffentlich-rechtlicher Beschränkungen **2** 75 ff.
  - Einfluß privatrechtlicher Beschränkungen **2** 81
  - Herbeiführen **Anh** 43
  - schwebende Un- **2** 81
- Ziele **Einf** 59; **Anh** 28
- zugunsten Dritter **2** 35 f.
- zur Positionssicherung **Einf** 60
- zwingendes Gesetzesrecht **Einf** 12

Vertrag in der Krise **Einf** 32; **1** 641, 661 ff.
- Änderung der Vertragsgrundlagen **1** 661 f.
- Auslöser **1** 664
- Behebung
  - durch juristische Mittel **1** 674
  - durch offene Informationspolitik **1** 667 f.
- Bewältigung **Einf** 32
- Einschaltung von Rechtsanwälten **1** 669, 671 f.
- Entscheidung durch das Management **1** 672
- Faktoren bei mehrdeutigem Vertragsinhalt **1** 670
- Fehleinschätzung von Tatsachen **1** 664
- Konflikte, offene **1** 643
- Krisensitzungen **1** 673 ff.
  - Ergebnisse **1** 680
  - Verfahren in **1** 678
- Leistungsstörung
  - durch höhere Gewalt **1** 664
  - unverschuldete **1** 664
  - verschuldete **1** 664
- Personenwechsel **1** 663
- Prozeß **1** 642, 672, 681
- Reaktionen auf Agressivität der Gegenseite **1** 676
- rechtliche Bewertung **1** 669 f.

- Regelung durch Vertrag **1** 670
- Rückabwicklung des Vertrages *s. Rückabwicklung des Vertrages*
- Situationseinschätzung **1** 662 f.
- Strategie **1** 661 ff.
- Taktik **1** 661 ff.
- Umgang mit der Presse **1** 668
- Unterstützung durch Berater **1** 671 f.
- Verhinderung **1** 665 ff.
- Vertragsbruch **1** 642, 644
  - offener **1** 664
  - verdeckter **1** 664
- Vertragsqualität **1** 663
- Vertragsreue **1** 634, 661
- Zwischenvergleichsverhandlungen **1** 679

Verträge mit EU-Institutionen **3** 152 ff.
- Ausschreibungsverfahren **3** 154 f.
- Förderprogramme **3** 153
- öffentliche Aufträge an Privatunternehmen **3** 152 ff.

Vertragsabschluß **6** 195 ff.
- allgemeine Zustimmung **1** 445
- Anfechtbarkeit *s. Anfechtung*
- Angebot und Annahme **6** 83
- Aufklärungspflichten vor *s. Aufklärungspflichten*
- Beweismethoden **1** 434
- Dissens **6** 83 ff.
  - Unterschied zum Irrtum **6** 90
- durch Briefwechsel **1** 434
- Einigungsmangel
  - offener **6** 84
  - versteckter **6** 85
- formeller *s. formeller Vertragsschluß*
- Genehmigung durch Aufsichtsrat **1** 445
- Geschäftswille, fehlender **6** 86
- konkludenter **6** 11
- Konsens **6** 83

1037

- Organisation bei komplexen Vertragsprojekten **Anh** 42
- Schutzpflichten vor **6** 47
- Strafbarkeitsrisiko **6** 5
- Unterzeichnung, Bezeichnung der Handelnden **6** 108
- Vertraulichkeit vor, Verpflichtung zu *s. Vertraulichkeitsverpflichtung*
- Vollmacht zum **6** 76 f.
- Vorbereitung **6** 15 ff.
  - durch Absichtserklärung *s. Letter of Intent; Memorandum of Understanding*
  - Maßnahmen **6** 16 ff.

Vertragsänderung *s. Vertragsanpassung*

Vertragsanpassung
- bei Projektverträgen **1** 116
- einvernehmliche **Einf** 21
- Formerfordernisse bei Abänderungsvertrag **2** 28
- Rechtsprechung **1** 113
- Treu und Glauben **1** 116
- Verhandlungen **1** 117

Vertragsauflösung, bei komplexen Vertragsprojekten **Anh** 46

Vertragsauslegung **1** 223, 227; **6** 212
- Andeutungstheorie **2** 10 ff.
- bei Einigungsmangel **6** 84
- bei Formerfordernissen **2** 10 ff.
- bei Regelungslücken **6** 136
- ergänzende **6** 136
- mittels Präambel **6** 113
- nach den Hauptleistungspflichten **6** 116
- nach Empfängerhorizont **6** 115

Vertragsbeginn **2** 210

Vertragsbeziehung
- als bewegliche Bindung **Einf** 22 f.
- konstruktive **1** 10
- Voraussetzungen einer erfolgreichen **Einf** 71

Vertragscontrolling **Einf** 74; **1** 686 ff.; **5** 205
- Aufbau **1** 688
- Bandbreite **1** 690
- Begriff **1** 686
- bei komplexen Vertragsprojekten **Anh** 47
- DIN/ISO 9000 ff. **1** 690
- Dokumentation **5** 202 f.
- Dokumentenverwaltung **1** 693
- Erklärungspflichten **5** 204
- Geltendmachung von Rechten **1** 689
- Gemeinsames, der Vertragsparteien **1** 695
- Mängelkontrolle **1** 689
- Meldepflichten **5** 204
- Nachkalkulation **1** 694
- Pflichtenüberwachung **1** 689
- praktische Durchführungsebene **1** 689
- Schwierigkeiten **1** 686
- steuerliches **5** 200 ff.
- Steuerplanung **5** 201
- Vergleichsnetze **1** 688
- Vertragsdokumentation **1** 691 ff.
  - Auslegung **1** 693
  - Prozeß **1** 692
- Vertragsplanung **1** 686
- Vertragsverwaltung **Anh** 6
- Werkzeuge **1** 687 ff.

Vertragsdesign **Einf** 60; **1** 217 ff., 107 ff.
s.a. Vertragsgestaltung
- Abstimmung mehrerer Verträge **1** 271
- Alternativlösungen **1** 325
- Arbeitstechnik **1** 251 ff.
- Ausformulierungsumfang, notwendiger **1** 298 f.
- Begriff **1** 221 ff.
- Begriffe **1** 279 ff.
- bei Gegenentwürfen **1** 232
- bei komplexen Austauschvertragsprojekten **Anh** 38

- bei komplexen gesellschaftsrechtlichen Vertragsprojekten **Anh** 39
- Bindungsintensitäten, mögliche **1** 230
- Durchführungsregie **1** 273
- Elemente **1** 224 f., 263 ff.
- Entwurfsregie **1** 229, 273
- Entwurfsstrategie **1** 217 ff., 229
- Formulierungen, unklare **1** 359
- Gestaltungsspielraum **1** 320
- individuelle Anpassung **1** 325
- Konzept, interne Abstimmung über **1** 633
- Leitbild, gesetzliches **1** 336
- modulares **2** 6 ff.
- Nummerierungssysteme **Anh** 13 ff.
- Optionen **1** 336
  - Komplexität von **1** 336
- Planungssicherheit durch **1** 273 ff., 327
- Rechtslage, ungeklärte **1** 327
- Schlußverhandlung **1** 442
- Sollbruchstellen **1** 303, 325
- Sprache **1** 279 ff.
- strategische Ziele **1** 229
- Struktur **6** 108 ff.
- Strukturvorgaben, in Rahmenverträgen **Anh** 12
- System zur Entwicklung vertraglicher Regeln *s. System zur Entwicklung vertraglicher Regeln*
- Technik, zugunsten des Auftraggebers **6** 12
- Trennung von Text und Anlagen **1** 269
- Umgliederung, notwendige **1** 266
- Verhaltensalternativen, Erkennen von **1** 343
- Verhandlungsregie **1** 273
- Vertragsinhalt **1** 222 ff., 300 ff.
- Vertragsnetze **1** 354
- Vertragstaktik **1** 273
- Vertragsurkunde **1** 270

- Vorbemerkung, Vernetzungsklauseln **6** 111
- Werkzeuge **1** 233 ff.
- Zettelsystem **1** 255
- Zukunftsbindungen, abstrakte **1** 306
- Zwischenüberschriften **Anh** 16

Vertragsdokumentation **1** 691 ff.
Vertragsdurchführung **Einf** 60, 72 f.; **1** 635 ff.; **6** 211 ff.
- Abstimmungsprobleme **1** 40
- Abwicklungspflichten **2** 222 ff.
- Ansprechpartner **1** 648
- bei Austauschverträgen **2** 209 ff.
  - Geldleistung **1** 765
  - Sachleistung **1** 654
- bei bedingtem Vertragsschluß **1** 649
- bei komplexen Vertragsprojekten **Anh** 43 ff.
- bei zu genehmigendem Vertragsschluß **1** 649
- Beschleunigung **1** 40
- Durchführungsregie **1** 645 f.
  - Gewinnen der **1** 646
- Einfluß privatrechtlicher Beschränkungen auf **2** 82
- erfolgreiche – trotz destruktiven Verhandlungsstils **1** 403
- fremdsprachiger Verträge und Finanzbehörden **2** 34
- Frühwarnsystem **1** 665 f.
- Hilfe für **1** 290
- in der Krise *s. Vertrag in der Krise*
- Kompetenzen für **1** 648
- Krisensituationen **1** 103
- Leistungsänderungen **1** 656
  - als Änderung der Rahmenbedingungen **1** 659
  - Verhandlung über **1** 658
- Leistungssicherung **1** 651
- Machtverhältnisse **1** 643 f.
- mangelnde gesetzliche Vorgaben **1** 635, 638

1039

Sachregister

- nachvertragliche Pflichten
  2 222 ff.
- Pflege der Vertragsbeziehung
  1 643
- Pflichten aus dem Vertrag 1 639
- Planung 1 635 ff.
  - Perspektiven 1 639 f.
- Planungsfaktoren 1 639 f.
- Positionen der Gegenseite,
  Berücksichtigung der 1 639 ff.
- Projektteam bei der 1 647 f.
- Reaktion auf Störungen 1 666
- Rechte aus dem Vertrag 1 639
- Rechtshandlungen im Bereich
  der 1 660
- Regelungen
  - für Austauschverträge 1 636
  - für gesellschaftsrechtliche Verträge 1 636
- Schadensersatzanspruch
  unternehmerische Ziele 1 655
- Schwierigkeiten 1 40, 97
- Situationskontrolle 1 643
- Sollbruchstellen 1 335
- Sprache als Werkzeug 1 280
- Störfaktoren 1 674
- Strafbarkeitsrisiko 6 5
- Strategie 1 641 ff.
- Taktik 1 641 ff.
- Treuhandabwicklungen 1 652
- Verbot, Vereinbarung des Rückabwicklungsmodus 2 78
- Verhaltensweisen Dritter 1 651
- Vertrag als Hilfe bei 1 11
- Vertragsverwaltung Anh 6
- Wegfall der Geschäftsgrundlage s. *Wegfall der Geschäftsgrundlage*
- Zettelsystem 1 255
- Ziel 1 642
  - Erreichung trotz Krise 1 643
Vertragserfüllung
- als gemeinsames Ziel Einf 36
- Ort, Vereinbarung über 2 227
Vertragsfreiheit 6 7

- Beschränkungen 2 114 ff.
Vertragsgegenstand
- Bezeichnung 6 114 ff.
  - „falsa demonstratio" 6 115
- Haftungsklauseln 6 121
- Zusicherungen 6 118 ff.
Vertragsgerechtigkeit 6 7
Vertragsgestaltung Einf 47, 77 ff.
  s. a. *Vertragsdesign*
- Auftraggeber, Interessen des
  6 12
- Checklisten Einf 79 f.; 6 194
- ergebnisorientierte Einf 60,
  93 ff.
- flexible Konzeption 1 110 ff.
- Formularbücher Einf 78, 80
- Grenzen Einf 12
- Machtverhältnisse Einf 11
- modulare Vertragsmuster
  Einf 79
- Privatautonomie 6 7
- Qualität 1 40
- Qualitätssicherung Einf 72
- Sprache als Werkzeug 1 279
- Steuerrecht 5 1 ff.
- Vertragsformularen Einf 78
- Vertragsfreiheit 6 7
- Werkzeuge Einf 78 ff.
Vertragshandbuch, Inhalt 1 68
Vertragshändler, Alleinvertriebsklauseln 6 181 f.
Vertragsinhalt 1 300 ff.; 6 108 ff.
- Ausgewogenheit, inhaltliche
  1 315
- Auslegung s. *Vertragsauslegung*
- Begriffe, gesetzliche 1 312
- Entscheidungsfreiheit 1 305 ff.
- externe Effekte 2 96 ff.
- Hauptleistungen 1 310
- Leitbilder, gesetzliche 1 312
- Lückenschließung 1 313 f.
- Mitwirkungspflichten 1 309
- Nebenleistungen 1 310
- Rechtsfolgen, Regelungen der
  1 311

1040

Sachregister

– Risikobeschreibung 1 302 f.
– Risikoverteilung 1 304
– Schiedsgutachter 1 316 f.
– Systemverantwortung 1 308
– Umfang 1 301
Vertragsmanagement **Einf** 47 ff.
– als kreative Aufgabe **Einf** 53
– als Serviceaufgabe **Einf** 52
– Einfluß von Informationen
  1 33 f.
– Grundregeln **Einf** 75 f.
– im Unternehmen 1 137
– Risikobewertung 1 127 ff.
– Zeitplanung **Einf** 51
Vertragsmuster 1 237
– Standardklauseln **Anh** 7
– Standardmuster **Anh** 7
  – standardisierte Anlagen
    Anh 10 ff.
– Verwaltung **Anh** 5 ff.
Vertragsorganisation, Verhandlungs-
  team *s. Verhandlungsteam*
Vertragsparteien
– Bezeichnung 2 103; 6 108
– Einbeziehung Dritter 6 109 ff.
Vertragspartner 2 46 ff.
– Änderung 2 57 ff.
  – im Gesellschafterbestand bei
    Personengesellschaften 2 58
  – Rechtsformwechsel 2 60
  – Spaltung 2 61 f.
  – Verschmelzung 2 61 f.
  – Vertragsbeendigung 2 59, 62
– fremdsprachige 1 210 ff.
– Geschäftsfähigkeit 2 67
– Informationen über **Anh** 28
– Kontrolle des **Einf** 82
– Mehrheit 2 55 f.
  – Außenverhältnis 2 55
  – Ausübung von Gestaltungs-
    rechten 2 56
  – Innenverhältnis 2 56
– Mitwirkungspflichten *s. Mit-
  wirkungspflichten*
– Tod 2 66

– Verhandlung als Test des **Einf** 18
Vertragsplanung 1 1 ff., 175 ff.
  s. a. Vertragsvorbereitung
– Ablauf 1 177 ff.
– Alternativlösungen 1 411
– Alternativplanung 1 32, 114 f.
– Auffangplanung 1 106, 109, 136
– bei komplexen Vertragsprojekten
  Anh 27
– Details 1 174
– Eckdaten 1 174
– Fehler 1 124
– Grundregel **Einf** 55
– Machtverhältnisse 1 202
– Planungsfaktoren *s. Planungs-
  faktoren*
– Planungsfehler 1 28
– Planungssicherheit 1 40
– Planungsszenarien 1 170 ff.
– Steuerrecht 5 19 ff.
– ungenügende 1 630 f.
– Verfahren, verkürztes 1 437
– Vertragsvorbereitung 1 174 ff.
– Zeitaufwand 1 4
– Zeitplanung *s. Zeitplanung*
– Zusammenarbeit, Manager und
  Juristen 1 137 ff.
– Zwischenbilanz 1 127
Vertragsprojekt
– Phasen, Aufteilung in 1 330
Vertragsprojekte
– komplexe *s. komplexe Vertrags-
  projekte*
– Komplexe, Checkliste **Anh** 26 ff.
Vertragsrecht 6 1 ff.
– EG-Recht 6 7
– EG-Richtlinien 6 7
– öffentlich-rechtliche Bestimmun-
  gen 6 4
– sozialrechtliche Bestimmungen
  6 6
Vertragsreue 1 634, 651
Vertragssammlungen 1 238
Vertragsschluß, Vertrauen auf
  2 22 f.

1041

Sachregister

Vertragssprache 2 32 ff.
- als konkludente Rechtswahl
  2 32, 225
- Auseinanderfallen von Gerichtssprache und 2 3
- bei Austauschverträgen,
  steuerrechtliche
  Konsequenzen 5 32

Vertragsstil s. Sprachstil

Vertragsstrafe 2 205 ff.
- als Leistungssicherung 6 158
- in Allgemeinen Geschäftsbedingungen 6 158

Vertragsstrafen 1 333

Vertragsstrategie Einf 29 ff., 35 ff.;
  1 1 ff.
- als Führungsaufgabe 1 3
- Gesamtstrategie 1 1
- Unternehmensstrategie 1 3
- Vertragsstruktur 1 1
- Vertragsziel 1 10
- Zeitplanung 1 45
- Ziele 1 5 ff.

Vertragssystem
- modulares 1 270 ff.
  - Checklisten in Vertragsmodu-
    len 1 274
  - Verknüpfung der Ele-
    mente 1 273
- statisches Einf 69

Vertragstaktik Einf 29 ff., 35 ff.,
- Alternativen Einf 44
- Erfolgssicherung 1 13
- Festhalten an Prinzipien Einf 42
- Flexibilität Einf 42 f.
- Gegenmaßnahmen, Provo-
  kation von 1 296
- Grenzen 1 19 f.
- Information als Grundlage
  Einf 40
- Informationsgefälle Einf 40
- Kontrolle der Gesamtsituation
  1 38
- Patt-Situationen Einf 41

- Sprachstil 1 286 f.
- Starrheit Einf 42
- strategische Ziele Einf 39
- Theorie und Praxis Einf 38
- Werkzeuge 1 16 ff.
- Ziele
  - negative 1 14
  - positive 1 13

Vertragstypus
- anderstypische Gegenleistung,
  Vertrag mit 6 148
- dispositives Recht 2 117 f.
- Einordnung nach Hauptleistungspflicht 6 116
- gesetzliche Formerfordernisse gemäß 2 14 f.
- rechtliche Einordnung 6 149
- Regelung gemäß des Parteiwillens
  2 118
- Typenkombination 6 148 f.
- Typenmischung 2 118; 6 148
  - Leistungsinhalt bei 2 137 f.
  - Regelung des Verhältnisses der
    Leistungsverpflichtungen
    2 138
- Typenverschmelzung 2 118;
  6 148
- Zuordnung zu einem gesetzlichen 2 117 f.

Vertragsverhandlungen Einf 61 ff.
- „Basarmentalität" 1 294
- „challenge" und „encounter"
  Einf 68
- „Negotiation Dance" Einf 19;
  1 532
- Abbruch 1 97
- Ablauf s. Verhandlungsablauf
- als Kommunikationsplattform
  Einf 18
- als soziale Rituale Einf 18 ff.;
  1 369
- als Spiele 1 369
- als Test des Vertragspartners
  Einf 18

1042

Sachregister

- Alternativen **1** 427 ff.
- Alternativtexte **1** 259
- amerikanisches Verständnis **Einf** 68
- Änderungsverhandlungen **1** 117
- Argumente **1** 381, 395
  - Beschreiben der **1** 464
  - tatsachenorientiertes, Rollenspiele **1** 460
- Auseinandersetzungen bei **1** 376
- Begriff der Verhandlung **1** 368
- bei komplexen Vertragsprojekten **Anh** 40 ff.
- bei Standardverträgen **1** 206
- Berater, Einbeziehung von **1** 464
- Beziehungen **1** 427 ff.
- Chaostheorien **1** 370
- Check-up vor Beginn **1** 501
- Detailplanung, Unmöglichkeit der **1** 373
- Differenzen, Überbrücken von **1** 398
- Entscheidungskompetenz **1** 100
- ergebnisorientierte **1** 252
- Fehler, strategische **1** 368
- Festgefahrene, Lösung von **1** 392
- Flexibilität **1** 383
- Forderungen bei **1** 407
- Gefühle **Einf** 66, 70
- Gegenargumente, Sammeln der **1** 464
- Gemeinsamkeiten, Finden von **1** 398
- Gesichtsverlust bei **Einf** 67, 69; **1** 338, 407
- Gesprächsführung, Gewinn der **1** 455
- Grundmuster
  - situationsbedingtes Brechen von **1** 503
  - stereotype **1** 503
- Harvard-Methode *s. Harvard-Methode*
- Intelligenz **1** 426
- Interessen **1** 427 ff.
- Kommunikation **1** 427 ff.
- kommunikative Strategie **Einf** 61
- Konflikte, Früherkennung **1** 431
- Konfliktelemente **1** 427 ff.
- Kontroversen, Nutzen von **1** 398
- Konzept, Änderung des **1** 523
- Krisensituationen, **1** 464
- logische Argumente **Einf** 66
- Lösungen, Suchen nach *s. Bilanz der Zugeständnisse*
- Machtspiele **1** 380, 566, 592
- mathematische Modelle **1** 370
- mit der öffentlichen Hand **1** 445
- mit Dolmetscher **1** 465, 497
- mit Moderator **1** 504, 506
- Nachgiebigkeit **Einf** 70
- Optimismus **1** 101
- Optionen **1** 427 ff.
- Organisation *s. Verhandlungsorganisation*
- ostasiatisches Verständnis **Einf** 66, 69; **1** 437, 451, 456, 463, 542, 607
- parallele, als Vertrauensbruch **1** 612
- Pessimismus **1** 101
- Planung, Chart **1** 23
- Positionen **1** 380
  - Aufgabe inhaltlicher **1** 384
- Praktiken, unfaire **1** 398
- psychologische Faktoren *s. psychologische Faktoren*
- rechtlicher Rahmen **1** 427 ff.
- Regeln
  - offene **1** 371
  - unbewußte **1** 372
  - versteckte **1** 371
- Regie *s. Verhandlungsregie*
- Respekt, gegenseitiger **1** 398
- Rollen
  - Organisator **1** 458
  - Ranghöchster **1** 458
  - Sprecher **1** 458, 460, 508 f.

1043

Sachregister

- Rollenverteilung 1 414
- Scheinargumente 1 381
- Scheinsicherheit 1 372
- Scheitern **Einf** 69
  - Geheimhaltung bei 6 30
- schwierige s. *schwierige Verhandlungssituationen*
- soziale Sanktionen **Einf** 67
- spezialisierte Sicht **Einf** 63 f.
- Spielraum für individuelle Regeln 1 203
- Spielräume 1 530
- Spieltheorien 1 370
- Stärken und Schwächen des Verhandlungspartners 1 377
- Status 1 380
- Stil s. *Verhandlungsstil*
- Strafbarkeitsrisiko 6 5
- Strategie s. *Verhandlungsstrategie*
- strategische Ziele, Statements über 1 530 ff.
- Strukturen, Chaos 1 513 ff.
- Szenario-Entwicklung 1 374 f.
- Taktik s. *Verhandlungstaktik*
- über AGB-Klauseln 1 278
- über den Leistungsinhalt 1 551 f.
- überraschende Wendung **Einf** 62
- unter vier Augen 1 456
- Unterbrechung
  - für Bewertung der eigenen Position 1 538 ff.
  - für Essen 1 485
  - für interne Diskussion 1 461
  - zur Behebung schwieriger Verhandlungssituationen 1 570
- Unterstützung 1 9
- Vereinbarungen, Einhalten von 1 383
- Verhandlungsführer 1 414
- Verhandlungslinie, Änderung durch Anweisungen 1 618
- Verhandlungspartner
  - ausländische 1 463
  - schwierige 1 393
- Verhandlungsperiode
  - zu lange 1 631
- Verhandlungssituationen
  - angenehme 1 384
- Verhandlungssituationen, schwierige s. *schwierige Verhandlungssituationen*
- Verhandlungsteam s. *Verhandlungsteam*
- vernetztes Denken bei 1 429 ff.
- Verpflichtungen 1 427 ff.
- Verständnis versprochener Vorteile 1 385
- Vollmacht zu 6 74 f.
- Vorbereitung 1 383
- Vorschläge 1 383
- widersprüchliche Informationen, Vermeidung von 1 383
- Zielsetzungen, Übereinstimmung der 1 407
- Zugeständnisse s. *Bilanz der Zugeständnisse*
- Zuverlässigkeit 1 383

Vertragsverwaltung
- allgemeine **Anh** 6
- Standardklauseln **Anh** 7
- Standardmuster **Anh** 7

Vertragsvorbereitung
  s. a. *Vertragsplanung*
- Abstimmung der Entwürfe, interne 1 207 ff.
- Brainstorming 1 182 ff.
- Darstellungen von Konzepten, schriftliche 1 209
- Dokumentation 1 193
- Entwurfsregie 1 179, 200 ff., 442
- Ideensammlung 1 182 ff.
- Information über Vertragspartner 1 194
- Letter of Intent 1 214 ff.
- Mindestumfang der Rechtsprüfung 1 197
- Organisation, interne 1 180 f.
- Planung s. *Vertragsplanung*
- Planungssicherheit 1 176

- Protokolle **1** 193
- Rechtslage **1** 195 ff.
- Tatsachen
  - Bilder **1** 191 f.
  - Meinungen **1** 187 ff.
- Teamwork **1** 180 f.
- Verträge mit ausländischen Vertragspartnern **1** 210 ff.
- Vertragsstrategie **1** 199
- Zettelsystem, Strukturierung durch **1** 254

Vertragsziel **1** 10
Vertragszweck, gesetzliche Formerfordernisse gemäß **2** 14 f.
Vertrauensschutz
- bei Rückabwicklung **6** 215
- nach HGB, Vollmacht **6** 77

Vertrauensverhältnis, vorvertragliches **6** 57
Vertraulichkeit
- des Worts, Strafbarkeit der Verletzung **6** 55
- Vereinbarungen als Leistungssicherung **2** 199

Vertraulichkeitsverpflichtung
  s. a. Geheimhaltungsvereinbarung
- in Geheimhaltungsvereinbarung **6** 52
- in Letter of Intent **6** 52
- vor Vertragsabschluß **6** 48 ff.

Vertreter *s. Vollmacht*
Vertretung *s. Vollmacht*
Verwertungsklauseln **2** 190
Verzug
- Ablehnungsandrohung, mit Fristsetzung verbundene **6** 170
- bei Fixgeschäften **6** 174 f.
- Eintritt **6** 172
- Mahnung **2** 170; **6** 172
- Nachfrist
  - angemessene **2** 171; **6** 170
  - Entbehrlichkeit **6** 173
  - Vereinbarung über Angemessenheit **6** 171

- Nachfristklauseln **6** 170 ff.
- Recht zur Lösung vom Vertrag bei **2** 170 f.
- Regelungen **2** 169 ff.
- Schaden durch pauschale Berechnung des **2** 172
- Zins **6** 172

Verzugsschaden **2** 172
Videokonferenzsysteme **1** 248 f.
Vollmacht **2** 46 ff.; **6** 73 ff.
- Abschluß- **6** 76 f.
- Aktiengesellschaft, Vertretung **4** 526, 528 f.
- an Dritte **2** 49
- Anscheins- **6** 80
- Dokumentation **2** 46
- Duldungs- **6** 79
- Einräumung zwischen den Vertragsparteien **2** 48
- Empfangs- **2** 52
- EWIV, Vertretung **4** 334
- Formerfordernisse **2** 20 f.; **6** 199
- gesellschaftsrechtliche Vertretungsmacht
  - Adressaten **4** 162
  - Legitimationsurkunde **4** 166
  - Registrierung **4** 165
  - Umfang **4** 164
  - Verleihung **4** 163 ff.
  - vertragliche Regelung **4** 161 f.
- GmbH, Vertretung **4** 419 ff.
- Handelsvertreter **6** 76 f.
- Handlungs- **6** 74
  - im kaufmännischen Verkehr **6** 75 ff.
- Kommanditgesellschaft, Vertretung **4** 352
- Prokura **4** 39; **6** 73
- Urkunde, als Anlage **2** 46
- Verhandlungs- **6** 74 f.
- Vertrauensschutz nach HGB **6** 77
- Vertreter

– Eigenhaftung aus Verschulden bei Vertragsschluß 6 61 f.
– Zurechnung bei Verschulden bei Vertragsschluß 6 60
– Vertreter für nicht existente Gesellschaft, Haftung 6 38
– Vertreter ohne Vertretungsmacht 2 47; 6 81 f.
  – Haftung 6 38, 82
  – Widerrufsrecht 2 47
– Vertreter von Kapitalgesellschaften, korrekte Bezeichnung 6 108
– Vertretung Minderjähriger 2 50
– Vertretungsmacht, Abgrenzung zu Geschäftsführung 4 123
– Vertretungsverhältnisse, in Vertragsrubrum 2 103
– wechselseitige Empfangs- bei GbR 2 52
Vorkaufsrecht 2 83 f.
– öffentlich-rechtliches 2 83
– Umgehung 2 84
Vormerkung als Leistungssicherung 2 179
Vorschuß 2 163
Vorstand
– Geschäftsordnung für 4 527
– strafrechtliche Risiken 1 154
– Wettbewerbsverbot, gesetzliches 4 152
Vorsteuer s. Umsatzsteuer
Vorvertrag 6 13 f., 31 ff.
– Bestimmbarkeit 6 32
– Formerfordernisse 2 22 f.; 6 33, 199
– Inhalt 6 32
– Unterschied zu Option 6 183
– Unterschied zum Rahmenvertrag 6 34

Wegfall der Geschäftsgrundlage 1 657; 2 218 f.; 6 98 ff.
– gesetzliche geregelte Fälle 6 100
– vertragliche Festlegung 6 100
Werkvertrag

– Abnahme 2 220
– Übergabe 2 220
Wertsicherungsklauseln 2 153, 159 f., 217; 6 160 ff.
– Anpassungstechnik 6 162
– Freistellungen 6 163
– Genehmigungen 6 163 f.
– in Altverträgen 6 167
– in Fremdwährung 6 168
– in Mietverträgen
  – gewerbliche 6 166
  – über Garagen 6 166
  – über Wohnraum 6 165
– in Pachtverträgen 6 166
– Indexierungsverbot 6 162
– Ungenehmigte, Rechtsfolgen 6 167
Wettbewerbsbeschränkungen, Verträge über 6 145
Wettbewerbsrecht
– europäisches s. EG-Kartellrecht; EG-Beihilfenrecht
– Geheimnisschutz durch>
  – strafrechtlicher 6 54
  – zivilrechtlicher 6 50, 52 f.
– Verbraucherschutz durch 6 218
Wettbewerbsverbot
– Angemessenheit 6 180
– Gesellschafter s. Gesellschafter
– GmbH-Geschäftsführer 6 179
– Handelsvertreter 6 178
– Handlungsgehilfen 6 177
– nachvertragliches 6 178
– steuerliche Konsequenzen 5 147
– Unterlassungspflichten aus 2 224
Widerrufsrecht des Erklärungsgegners bei Vertreter ohne Vertretungsmacht 2 47
Willenserklärung, Zugang s. Zugang von Willenserklärungen
Wirtschaftprüfer, Haftung 1 80
Wucher 2 147; 6 106

Zahlung
– Abschlags- 2 163

Sachregister

- Fluß, Sicherung des **2** 191
- Modalitäten *s. Zahlungsmodalitäten*
- Vorschüsse **2** 163
- Weg, Wahl des **2** 180

Zahlungsfluß, Sicherung des **2** 191

Zahlungsmodalitäten
- Abschlagszahlungen, Rechtsfolgen von **2** 163
- Aufrechnung
  s. Aufrechnung
- Boni **2** 164
- Fälligkeitsregelungen **2** 162
- Leistungsverweigerungsrecht
  s. Leistungsverweigerungsrecht
- Rabatte **2** 164
- Skonti **2** 164
- Vorschüsse, Rechtsfolgen von **2** 163
- Zurückbehaltungsrecht
  s. Zurückbehaltungsrecht

Zahlungsversprechen
  s. Akkreditiv

Zahlungsweg **2** 180

Zeitplanung
- Alternativensuche **1** 84
- bei Vertragsprojekten
  Einf 51, 59
- Open-end-Verhandlung **1** 525
- Umplanung, als Störfaktor **1** 455
- Verhandlungen **1** 468 ff.
  - fehlende Strukturierung **1** 473
  - frühzeitige **1** 470
  - Pausen **1** 471
  - Taktik **1** 469 f.
  - Vorteile durch Planung **1** 473
  - Zeitdruck **1** 469
  - Zwischenergebnisse **1** 472
- Verhandlungsregie **1** 470
- Vertragsmanagement **Einf** 51
- Vertragsstrategie **1** 45
- Zeit, fehlende **1** 359
- Zeitaufwand **1** 40, 274

- Zeitaufwand für Formulierungen **1** 472
- Zeitbedarf für interne Beratung **1** 538
- Zeitdruck **1** 259, 359, 442, 671
  - bei Vertragsschluß **1** 629 f., 632
- Zeiteinteilung
  - Folgen falscher **1** 42
  - Folgen richtiger **1** 42
- Zeitrahmen
  - als Planungsfaktor **1** 39 ff.
  - bei komplexen Vertragsprojekten **Anh** 30

Zeitvereinbarungen **6** 169 ff.
- Nachfristklauseln **6** 170 ff.

Zession von Ansprüchen
  s. Abtretung

Zettelsystem **1** 253 ff., 687
- Dokumentation **1** 255
- Ideenbewertung **1** 254
- Strukturierung **1** 254
- Verhandlungsorganisation **1** 475

Ziele
- Orientierung an **1** 392
- Strategische Vertragstaktik
  Einf 39
- wirtschaftlich gewollte **1** 358

Zinsen bei Verzug **6** 172

Zölle
- Anmeldepflichten **5** 76 f.
  - Erleichterungen **5** 77
- Anschreibeverfahren **5** 77
- anwendbares Recht **5** 12
- bei Austauschverträgen **5** 54 ff.
- EU-Recht **5** 54
- Kollisionsrecht **5** 12
- Kompetenz der EU **5** 14
- Meldepflicht **5** 163
- Sachhaftung **5** 63
- Steuerklauseln **5** 68
- Zahlungsfrist **5** 77

Zugang von Willenserklärungen
- Beweislast **2** 53

1047

- Empfangsvollmacht 2 52
- gesetzliche Regelungen
  - Abdingbarkeit 2 53
  - Modifikation der 2 53 f.
- Klauseln mit Rechtsfiktion 2 54
- Vereinbarungen über 2 51 ff.
Zugeständnisse, Bilanz der
    s. *Bilanz der Zugeständnisse*
Zurückbehaltungsrecht
- Ausschluß 2 166
- bei Werklohn 2 178
Zusammenarbeit, Manager und Juristen
- Dialog 1 153

- in Krisen 1 158
- Informationswege 1 148
- Interessenkonflikte 1 155
- Leistungsfähigkeit 1 149
- Rechtsgutachten 1 196
- Schnittstellen 1 148
Zustimmung
- des Ehegatten zu Vermögensübertragung 2 81
- Einholung, vertragliche Regelung der 2 76 f.
- gesetzliche Formerfordernisse 2 20 f.

Bitte beachten Sie
die nachfolgenden Verlagsanzeigen

Zöller
Zivilprozessordnung

Begründet von Dr. *Richard Zöller*. Bearbeitet von Notar Prof. Dr. *Reinhold Geimer*, Prof. Dr. *Reinhard Greger*, Präsident des BayObLG *Peter Gummer*, Richter am AG *Kurt Herget*, Richter am OLG a.D. Dr. *Peter Philippi*, Reg.Dir. a.D. *Kurt Stöber*, Prof. Dr. *Max Vollkommer*. 23., neu bearbeitete Auflage 2002, 2852 S., gbd. 149,50 €.
ISBN 3-504-47012-7.

Wie bei jeder Neuauflage des Zöller üblich, ist auch die 23. Auflage wieder eine gründliche Neubearbeitung, vor allem auch unter vollständiger Berücksichtigung der einschneidenden Reformen, die seit Erscheinen der 22. Auflage das Prozessrecht maßgeblich geändert haben: ZPO-Reformgesetz, Zustellungsreformgesetz, EG-Zustellungsdurchführungsgesetz, 7. Gesetz zur Änderung der Pfändungsfreigrenzen, Euro-Änderungsgesetze, Unterlassungsklagengesetz, Mietrechtsreformgesetz, Schuldrechtsmodernisierungsgesetz, Lebenspartnerschaftsgesetz, Gewaltschutzgesetz, Formanpassungsgesetz, neues Anerkennungs- und Vollstreckungsausführungsgesetz. Berücksichtigt wurden auch die Neuerungen im europäischen Zivilprozessrecht, wie etwa Beweisaufnahme-VO und VO über die gerichtliche Zuständigkeit und die Anerkennung und Vollstreckung in Zivil- und Handelssachen. Die wichtigsten neuen Verordnungen sind im Anhang abgedruckt. Alles drin im Zöller – ohne Nachtrag!

Verlag Dr. Otto Schmidt · Köln

Vorwerk (Hrsg.)
Das Prozessformularbuch

Herausgegeben von RA beim BGH Dr. *Volkert Vorwerk*. Bearbeitet von RA Dr. *Frank Dehn*, Präsident des AG a.D. *Walter Dellmans*, RA *Curt Engels*, RA *Dietrich Freyberger*, RA Dr. *Josef Fullenkamp*, Präsident des LG Dr. *Peter Götz von Olenhusen*, Richter am OLG Dr. *Kai Jaspersen*, RA Dr. *Norbert Joachim*, Vors. Richter am OLG *Bernhard Kaul*, RA Dr. *Dirk Kleveman*, RA und Notar Dr. *Ulrich Kramer*, RAin *Annette Kuhlmann*, RA und Notar *Walther Leitzke*, Richter am AG *Friedrich Löwenberg*, RA Dr. *Hubert Menken*, RA Dr. *Siegfried Mennemeyer*, RAin Dr. *Birgit Mester*, RA *Hans-Joachim Müller*, RA Dr. *Randolf Müller*, Regierungsdirektor *Klaus Otto*, RA und Notar Dr. *Manfred Parigger*, Richter am OLG *Jan Piekenbrock*, RA und Notar Dr. *Enno Poppen*, Richter am AG Dr. *Olaf Riecke*, Dipl.-Rpfl. *Ernst Riedel*, Dipl.-Rpfl. *Antje Riesenberg*, Dipl.-Rpfl. *Peter Riesenberg*, RA *Norbert Schneider*, Vors. Richter am OLG a.D. *Walter Schrader*, RA und Mediator (BAMF) Dr. *Rudolf Schröder*, Vors. Richter am OLG Dr. *Winfried Schuschke*, RA und Notar *Joachim Teubel*, RA Dr. *Johannes Trappe* und RA beim BGH Dr. *Volkert Vorwerk*. 6., völlig neu bearbeitete Auflage 2000, 2.207 S., gbd., einschließlich CD, 99,– €. ISBN 3-504-07014-5

Das „Prozessformularbuch" – eine völlige Neubearbeitung – will dem Anwalt als kompetenter Wegweiser und Berater bei der prozessualen Durchsetzung der Rechte seines Mandanten dienen. Für alle Stadien des Verfahrens – von der Zeit vor der Klageerhebung bis hin zur Zwangsvollstreckung – bietet das Buch leicht in die Praxis umsetzbare Muster für Schriftsätze und Anträge, die mit kosten- und gebührenrechtlichen Anmerkungen versehen und auch auf der beigefügten CD enthalten sind. Ergänzt werden die Muster durch ausführliche Erläuterungen, Hinweise für das taktische Vorgehen, Praxistips und Checklisten für den Anwalt. Besonders praxisrelevanten Fallgestaltungen – wie etwa dem Verkehrsunfall, aber auch Familien- und Kindschaftssachen und arbeitsgerichtlichen Verfahren – sind eigene Kapitel gewidmet.

Verlag Dr. Otto Schmidt · Köln

Heussen

Anwalts-Checkbuch Letter of Intent

Von RA Dr. *Benno Heussen*. 144 Seiten, 2001, DIN A5, brosch. 34,80 €. ISBN 3-504-65900-9.

Was will der Mandant überhaupt mit einem Letter of Intent erreichen? Wie formuliert man eine maßgeschneiderte Lösung rechtlich und tatsächlich richtig? Diese schwierigen Fragen beantwortet Ihnen jetzt ein Meister der Vertragsgestaltung in allen Einzelheiten im ersten Band der neuen Reihe Anwalts-Checkbuch. Von der richtigen Fragestellung über Planung, Verhandlung und Gestaltung des Letter of Intent bis zur Kontrolle der Ergebnisse bleibt kein Aspekt einer professionellen Mandatsführung unberücksichtigt. Neben taktischen Überlegungen und Musterklauseln helfen Ihnen vor allem die detaillierten Checklisten, dass Ihnen kein Mandat platzt, nur weil Sie was vergessen oder übersehen haben.

Ring

Anwalts-Checkbuch Scheidungs- und Trennungsvereinbarungen

Herausgegeben von RA Dr. *Benno Heussen*. Bearbeitet von RAin Ameli Ring. 135 Seiten, 2001, DIN A5, brosch. 34,80 €. ISBN 3-504-65902-5

Wenn die Ehe am Ende ist, können gut ausgehandelte Scheidungs- und Trennungsvereinbarungen wenigstens wieder einen neuen Familienfrieden herstellen. Und zwar besser, als ein Gericht dies jemals tun könnte. Hier ist der Anwalt als kreativer Manager und verantwortungsvoller Mentor gefragt. Dieser Band der neuen Reihe Anwalts-Checkbuch führt Sie checklistenorientiert durch das gesamte Mandat und sicher zu tragfähigen Lösungen für alle Scheidungsfolgesachen. Von der Planung über die Verhandlung und Gestaltung bis zur Durchführung und Kontrolle einer Vereinbarung. Dazu gibt es Gestaltungsmuster für verschiedene Szenarien. Damit die Beziehung zu Ihrem Mandanten auf keinen Fall in die Brüche geht.

Verlag Dr. Otto Schmidt · Köln

Notizen

Notizen

Notizen

Notizen

Heussen (Hrsg.), Handbuch Vertragsverhandlung und Vertragsmanagement, 2. Auflage

- Hinweise und Anregungen: _____
  _____
  _____
  _____
  _____

- In Teil _____ Rz. _____ Zeile _____ von oben/unten
muß es statt _____
_____
_____

richtig heißen: _____
_____
_____

Heussen (Hrsg.), Handbuch Vertragsverhandlung und Vertragsmanagement, 2. Auflage

- Hinweise und Anregungen: _____
  _____
  _____
  _____
  _____

- In Teil _____ Rz. _____ Zeile _____ von oben/unten
muß es statt _____
_____
_____

richtig heißen: _____
_____
_____

Absender:

_____

_____

_____

So können Sie uns auch erreichen:
lektorat@otto-schmidt.de

<u>Wichtig:</u> Bitte immer den Titel des Werks angeben!

Antwortkarte

Verlag Dr. Otto Schmidt KG
– Lektorat –
Unter den Ulmen 96-98

50968 Köln

Absender:

_____

_____

_____

So können Sie uns auch erreichen:
lektorat@otto-schmidt.de

<u>Wichtig:</u> Bitte immer den Titel des Werks angeben!

Antwortkarte

Verlag Dr. Otto Schmidt KG
– Lektorat –
Unter den Ulmen 96-98

50968 Köln